8th Edition

Essentials of Modern
Business Statistics
with Microsoft® Excel®

데이터 분석을 위해 엑셀로 100% 구현된

앤더슨의 경영통계학

David R. Anderson · Dennis J. Sweeney · Thomas A. Williams · Jeffrey D. Camm
James J. Cochran · Michael J. Fry · Jeffrey W. Ohlmann 저

장영순 · 김도현 · 권영훈 · 김응규 · 박진한
서종현 · 유태종 · 이근철 · 허 정 · 황윤민

 CENGAGE   한올

Andover • Melbourne • Mexico City • Stamford, CT • Toronto • Hong Kong • New Delhi • Seoul • Singapore • Tokyo

Essentials of Modern Business Statistics with Microsoft® Excel®, 8th Edition

**David R. Anderson,
Dennis J. Sweeney,
Thomas A. Williams,
Jeffrey D. Camm,
James J. Cochran,
Michael J. Fry,
Jeffrey W. Ohlmann**

© 2022 Cengage Learning Korea Ltd.

Original edition © 2021 South Western, a part of Cengage Learning.
Essentials of Modern Business Statistics with Microsoft® Excel®, 8th Edition by David R. Anderson, Dennis J. Sweeney, Thomas A. Williams, Jeffrey D. Camm, James J. Cochran, Michael J. Fry, Jeffrey W. Ohlmann
ISBN: 9780357131626

This edition is translated by license from South Western, a part of Cengage Learning, for sale in Korea only.

For permission to use material from this text or product, email to
asia.infokorea@cengage.com

ISBN-13: 979-11-6647-193-3

Cengage Learning Korea Ltd.
14F YTN Newsquare 76 Sangamsan-ro
Mapo-gu Seoul 03926 Korea
Tel: (82) 2 330 7000
Fax: (82) 2 330 7001

Cengage Learning is a leading provider of customized learning solutions with office locations around the globe, including Singapore, the United Kingdom, Australia, Mexico, Brazil, and Japan. Locate your local office at: **www.cengage.com**

Cengage Learning products are represented in Canada by Nelson Education, Ltd.

To learn more about Cengage Learning Solutions, visit **www.cengageasia.com**

Printed in Korea
Print Number: 01   Print Year: 2022

Essentials of Modern
Business Statistics
with Microsoft® Excel®

데이터 분석을 위해 엑셀로 100% 구현된

앤더슨의 경영통계학

저자 서문

이 책은 *Essentials of Modern Business Statistics with Microsoft® Excel®*의 8판이다. 이번 판에서는 두 명의 저명한 학자인 Cincinnati 대학의 Michael J. Fry와 Iowa 대학의 Jeffrey W. Ohlmann이 저자로 참여하였다. 두 분 모두 통계 및 비즈니스 분석 분야에서 뛰어난 교수이자, 연구원, 실무자이다. 그들의 업적을 저자소개 부분에 자세히 기술하였다. Mike와 Jeff가 공동저자로 참여하면서 Essentials of Modern Business Statistics with Microsoft Excel의 효용성이 높아졌을 것으로 기대한다.

이 책은 경영학 및 경제학 분야의 학생들에게 통계에 대한 개념과 다양한 응용 사례를 소개하는 것이 목적이며, 수학적 지식이 부족한 독자들을 대상으로 서술되었다.

데이터 분석 및 통계 방법론은 이 책의 핵심적인 부분이다. 활용사례에서 각 방법에 대한 논의와 전개가 이루어지며 의사결정 및 문제 해결에 대한 통찰력을 제공하는 통계적 결과가 함께 제공된다.

이 책은 응용 중심으로 이루어져 있지만, 방법론에 대한 자세한 설명을 제공함과 동시에 각 주제에서 일반적으로 통용되는 표기법을 사용하려고 노력하였다. 따라서 학생들에게는 이 책이 고급 통계학을 공부하기 위한 좋은 준비서가 될 것이다. 또한, 심도 있는 공부에 도움이 되는 참고문헌은 부록에 수록하였다.

통계분석을 위한 Microsoft Excel 사용

Essentials of Modern Business Statistics with Microsoft Excel은 통계적 개념과 응용을 강조한 통계 교과서이다. 그러나 대부분의 실제 문제는 수작업으로 해결하기에는 데이터의 양이 방대하므로 문제 해결을 위한 통계 소프트웨어 패키지가 필요하다. 사용할 수 있는 우수한 통계 패키지가 많이 있으나, 대부분의 학생과 회사원들에게는 스프레드시트의 사용 경험이 중요하기 때문에 많은 학교의 통계 강좌에서 스프레드시트 패키지를 사용하고 있다. 그 중 Microsoft Excel은 대학뿐 아니라 기업에서 가장 널리 사용되는 스프레드시트 소프트웨어이며, 이 책은 마이크로소프트 엑셀 소프트웨어를 사용하는 통계 강좌를 위해 작성되었다.

엑셀과 관련한 내용은 각 장에 포함되어 있으며, 응용문제 해결에 중요한 역할을 한다. 이 책의 독자들은 셀 선택, 수식 입력, 복사와 같은 엑셀 기초에는 익숙하지만, 엑셀의 통계분석 도구에는 익숙하지 않다고 가정하였다. 따라서 엑셀에 대한 소개와 통계분석 도구에 대한 소개를 부록 E에 포함하였다.

통계적 분석방법을 설명한 이후에 엑셀을 활용하는 방법을 기술하였다. 이를 통해 독자들은 엑셀을 사용하는 방법을 충분히 이해할 수 있다고 생각하지만, 통계적 분석방법이 가장 중요한 내용이다. 각 절에서 표준화된 통계분석을 위한 엑셀 사용법을 제공하고 있으며, 사용법은 데이터 입력과 접근, 함수와 수식 입력, 도구 적용, 옵션 선택의 네 가지 단계로 구성된다. 이러한 일관된 형식으로 엑셀을 설명함으로써 독자가 엑셀 사용의 세부적인 사항에 얽매이지 않고 통계적 방법에 집중할 수 있도록 도와줄 것이다.

워크시트 그림은 종종 중첩되어 표현되는데, 앞에 있는 워크시트에는 수식의 결과값이, 뒤에 있는 워크시트에는 수식이 표시되어 있다. 데이터가 포함된 셀, 엑셀 함수와 수식을 포함한 셀, 데이터 분석 도구를 사용한 결과를 구분하고 강조하기 위해 다른 색상과 음영을 사용하였다.

8판의 변경 사항

Essentials of Modern Business Statistics with Microsoft Excel 이전 판에 대한 긍정적인 반응에 감사드린다. 이번 8판을 만들면서도 기존 판의 스타일과 가독성을 유지하였다. 8판의 주요한 변경 사항은 다음과 같다.

- 소프트웨어. 통계적 분석을 수행하는 방법을 보여주기 위해 최신 버전의 엑셀을 사용하여 단계별 설명 및 화면 캡처를 제시하였다. 이 외에도 MindTap Reader를 통해 Excel Online 및 R에 대한 설명도 추가하였다.

- 실제 데이터를 이용한 새로운 예제 및 연습문제. 이번 판에서는 각 응용문제를 보다 명확하게 나타내기 위해 각 문제에 제목을 추가하였다. 또한, 실제 데이터 및 참고문헌을 기반으로 160개 이상의 새로운 예제와 연습문제를 추가하였다. 월스트리트 저널(The Wall Street Journal), USA 투데이(USA Today), 파이낸셜 타임즈(The Finantial Times), 포브스(Forbes) 등의 데이터를 사용하여 경영 및 경제분야에서 통계의 다양한 활용을 보여주는 예제 및 연습문제를 만들었다. 흥미로운 문제와 실제 데이터를 사용함으로써 학생들은 더 많은 관심을 갖고 통계 방법론과 활용 방법을 더 효과적으로 배울 수 있을 것으로 생각한다.

- 사례연구. 이번 판에는 새로운 4가지 사례연구를 추가하였다. 이 책에 있는 47개의 사례연구는 학생들에게 다소 많은 양의 큰 자료를 분석하고, 분석결과를 바탕으로 보고서를 준비하는 기회를 제공할 것이다.

- R 사용방법에 관한 부록. 인기 있는 오픈소스 소프트웨어인 R 및 RStudio의 사용방법에

관한 부록을 제공하였다. 이 책에 있는 문제나 사례문제를 풀기 위해 R을 반드시 사용해야 하는 것은 아니지만 관심 있는 강사와 학생을 위해 부록에서 R 및 RStudio를 소개하였다.

특징과 교육방법

저자 Anderson, Sweeney, Williams, Camm, Cochran, Fry, Ohlmann은 이전 판의 특징들을 최대한 반영하였다. 독자들이 중요하게 생각해야 하는 것은 다음과 같다.

기초문제와 응용문제

각 장의 마지막에 있는 연습문제는 기초문제와 응용문제로 나뉘어진다. 기초문제를 통해 수식의 사용방법과 그에 필요한 계산방법을 공부하고, 응용문제를 통해 각 장의 내용을 실제 문제들에 적용하는 방법을 학습한다. 따라서 먼저 계산방법을 집중적으로 공부한 후 통계적 응용 및 해석 등의 내용을 살펴보도록 하는 것이 바람직하다.

여백주석 및 요점정리

여백주석은 중요한 점을 강조하고 추가적인 통찰력을 제공한다. 여백에 표시되는 이러한 주석은 이 책에서 설명하고 있는 용어와 개념을 잘 이해할 수 있도록 도와준다.

각 절의 마지막에 있는 요점정리는 통계적 방법론과 활용에 대한 추가적인 통찰력을 제공하기 위해 만들어졌다. 요점정리는 방법론의 주의사항과 한계점 및 활용방안, 추가적인 기술적 고려사항 등을 포함하고 있다.

데이터 파일

250개 이상의 데이터 파일이 웹사이트에서 제공된다. 웹사이트에서 제공되는 데이터라는 것을 나타내기 위해 교재에 DATAfile 로고를 표시하였고, 모든 사례연구와 많은 양의 지료를 활용하는 연습문제의 데이터가 제공된다.

마인드탭(MindTap)

마이크로소프트에서 제공하는 새로운 Excel Online을 활용하는 MindTap은 경영통계 교육과정을 위한 완벽한 디지털 솔루션이다. 독자들이 기본적인 통계 개념부터 비판적 사고를 요구하는 응용문제까지 적극적으로 다룰 수 있도록 하고, 향후 직장생활에 도움이 될 소프트웨어를 배울 수 있도록 해준다. 이 책의 많은 절과 관련된 R 부록도 MindTap을 통해 접근할 수 있다.

MindTap은 대화형 eBook과 자동 채점 방식의 연습문제를 포함하는 맞춤형 디지털 솔루션이다. 이러한 자료를 통해 학생들이 수업 내용을 더 잘 이해할 수 있도록 한다. MindTap에 대한 자세한 내용은 Cengage 담당자에게 문의하기 바란다.

학생을 위한 가이드

학생들은 이 책을 보다 효율적으로 공부하기 위해 온라인 자료들을 활용할 수 있다. 자료는 www.cengage.com/decisionsciences/anderson/embs/8e에서 제공된다.

강사를 위한 가이드

강의를 위한 자료들은 www.cengage.com/decisionsciences/anderson/embs/8에 있는 강사 웹사이트를 통해 제공된다.

- 연습문제 솔루션: 저자가 준비한 솔루션에는 이 책의 모든 문제의 해답이 포함되어 있다. 온라인에서 열람과 인쇄가 가능하다.
- 사례문제 솔루션: 저자가 준비한 모든 사례문제의 해답을 제공한다.
- 강의자료 슬라이드: 강의자료 슬라이드에는 그림을 포함한 강의에 도움이 될 수 있는 내용을 담고 있다.
- 문제은행: Cognero가 제공하는 Cengage Learning Testing은 문제의 작성, 편집 및 관리가 가능하고, 다양한 문제들을 생성해서 LMS, 교실을 비롯한 원하는 곳에서 배포할 수 있도록 하는 온라인 시스템이다.

감사의 말

통계응용사례(Statistics in Practice) 콘텐츠를 제공해주신 관계자분들에게 특별히 감사를 드리고 싶다. 콘텐츠를 제공해주신 분은 개별 콘텐츠에 표시하였다. 또한, 이 책을 출간하는 동안 편집과 지원을 제공해 준 선임 제품 관리자 Aaron Arnsparger, 콘텐츠 관리자 Conor Allen, 수석 학습 디자이너 Brandon Foltz, 디지털 담당 책임자 Mark Hopkinson, MPS Limited의 선임 프로젝트 관리자 Santosh Pandey와 Manoj Kumar에게 감사의 말씀을 전하고 싶다.
이 책을 검토하고, 개선의견을 제공해주신 분들에게도 감사의 말씀을 전한다.

저자 소개

David R. Anderson David R. Anderson은 신시내티 대학교, Carl H. Lindner 경영대학의 명예교수이다. 노스다코타 주 Grand Forks에서 태어났으며, 퍼듀 대학교에서 학사, 석사, 박사 학위를 받았다. Anderson 교수는 신시내티 대학교에서 정량분석 및 운영관리학과 학과장과 경영대학 부학장을 역임했으며, 신시내티 대학교 경영자 과정의 첫 번째 책임자였다.

Anderson 교수는 신시내티 대학교에서 대학원 과정의 회귀분석, 다변량분석 및 경영과학 뿐만 아니라 경영학 전공 학생을 위한 통계학 입문과목을 가르쳤으며, 워싱턴 D.C.에 있는 노동부에서 통계 과정을 가르쳤다. Anderson 교수는 우수한 교수법과 학생지도로 다수의 상을 받았다.

Anderson 교수는 통계, 경영과학, 선형계획법, 생산 및 운영관리 분야의 교과서 10권을 공동 집필했으며, 샘플링 및 통계 방법 분야에서 컨설턴트로 활발하게 활동하고 있다.

Dennis J. Sweeney Dennis J. Sweeney는 신시내티 대학교 Carl H. Lindner 경영대학의 명예교수이다. 아이오와주 Des Moines에서 태어난 그는 드레이크 대학교에서 학사학위를 받았고, 인디애나 대학교에서 M.B.A. 및 D.B.A.를 취득하였으며, NDEA 펠로우였다. Sweeney 교수는 프록터 앤 갬블의 경영과학 그룹에서 근무했으며, 듀크 대학교에서 1년 동안 객원교수로 재직하였다. Sweeney 교수는 신시내티 대학교에서 정량분석학과 학과장과 경영대학 부학장을 역임하였다.

Sweeney 교수는 경영과학, 통계 분야에서 30개 이상의 논문을 발표하였다. 미국 국립과학재단, IBM, 프록터 앤 갬블, 페더레이티드 백화점, 크로거, 듀크 에너지로부터 지원을 받아 연구를 수행하였으며, 해당 연구결과는 Management Science, Operations Research, Mathematical Programming, Decision Sciences 등의 저널에 게재되었다.

Sweeney 교수는 통계, 경영과학, 선형계획법, 생산 및 운영관리 분야의 교과서 10권을 공동 집필하였다.

Thomas A. Williams Thomas A. Williams는 로체스터 공과대학교 경영대학 경영과학 전공 명예교수이다. 뉴욕 주 Elmira에서 태어난 그는 클락슨 대학교에서 학사, 렌슬리어 공과대학교에서 석·박사학위를 받았다.

로체스터 공과대학교 경영대학에 근무하기 전에 Williams 교수는 신시내티 대학교 경영대학 교수로 7년 동안 재직하면서 정보시스템 학부 프로그램을 개발하고, 프로그램 책임자로 근무하였다. 또한, RIT 의사결정학과 초대 학과장이었으며, 대학원 과정의 회귀분석, 의사결정론, 경영과학 및 통계 등을 가르쳤다.

Williams 교수는 경영과학, 통계, 생산 및 운영관리, 수학 분야의 교과서 11권을 공동집필했다. 수많은 Fortune 500대 기업의 컨설턴트였으며, 데이터 분석활용에서 대규모 회귀모델 개발에 이르기까지 다양한 프로젝트에 참여하였다.

Jeffrey D. Camm Jeffrey D. Camm은 웨이크 포레스트 대학교 경영학부 Inmar 석좌교수이며 비즈니스 애널리틱스 프로그램 부학장이다. 오하이오 주 신시내티에서 태어나 제이비어 대학교에서 학사 학위를 받았고, 클렘슨 대학교에서 박사학위를 받았다.

웨이크 포레스트 대학교의 교수진으로 합류하기 전에는 신시내티 대학교 교수로 재직했다. 또한 스탠포드 대학 및 다트머스 대학의 Tuck 경영대학원의 경영학 객원교수도 역임했다.

Camm 박사는 운영관리 및 마케팅 문제에 기반한 최적화 분야에서 30편 이상의 논문을 발표했다. 그는 Science, Management Science, Operations Research, Interfaces 및 기타 전문 저널에 자신의 연구를 발표하였다. Camm 박사는 신시내티 대학교에서 우수강의자로 선정되었으며, 2006년에는 최적화 실무 강의로 미국경영과학회(INFORMS) 상을 수상하였다. 자신이 말한 것을 반드시 실천하는 그는 수많은 기업과 정부기관에서 운영과학 분야 컨설턴트로 일하였다. 또한 2005년부터 2010년까지 INFORMS Journal on Applied Analytics의 편집장을 역임하였다.

James J. Cochran James J. Cochran은 앨라배마 대학교의 연구 부학장이자 응용통계학과 교수이면서 Rogers-Spivey 교수이다. 오하이오 주 Dayton에서 태어났으며 라이트 주립대학교에서 학사, 석사 및 MBA, 박사학위를 취득하였다. 2014년부터 앨라배마 대학교에 재직했으며 스탠포드 대학교, Universidad de Talca, University of South Africa, Pole Universitaire Leonard de Vinci에서 방문 연구원으로 재직하였다.

Cochran 교수는 운영과학 및 통계 개발 및 응용과 관련한 논문 40편 이상을 Management Science, American Statistician, Communications in Statistics—Theory and Methods, Annals of Operations Research, European Journal of Operational Research, Journal of Combinatorial Optimization, Interfaces, Statistics and Probability Letters 등의 저널에 발표하였다. 2008년 운영과학 실무 교육에 대한 INFORMS 상을 받았고 2010년 Mu Sigma Rho 통계 교육상을 받았다. 2005년 국제통계연구소(International Statistics Institute)에 선출되었고 2011년 미국통계학회(American Statistical Association) 펠로우로 선정되었으며, 2017년에는 INFORMS 펠로우로 선정되었다. 또한, 2014년에는 Founders Award, 2015년에는 미국통계학회로부터 Karl E. Peace Award, 2018년에는 INFORMS로부터 대통령상을 받았다. 실제 문제에 대한 응용 프로그램의 품질을 개선하기 위한 수단으로 효과적인 운영과학 및 통계교육을 강력하게 주장하는 Cochran 교수는 우루과이, 남아프리카 공화국, 콜롬비아, 인도, 아르헨티나, 케냐, 쿠바, 크로아티아, 카메룬, 네팔, 몰도바, 불가리아에서 워크숍들을 주관하였다. 그는 수많은 기업과 비영리 단체에서 통계 컨설턴트로 일했고, 2006년부터 2012년까지 INFORMS Transactions on Education의 편집장을 역임하였으며, INFORMS Journal of Applied Analytics, International Transactions in Operational Research and Significance의 편집위원으로 활동하고 있다.

Michael J. Fry Michael J. Fry는 신시내티 대학교 Carl H. Lindner 경영대학 비즈니스 분석 및 정보시스템학과(OBAIS: Operations, Business Analytics, and Information Systems) 교수이며, 비즈니스 분석 센터의 학술담당 이사이다. 텍사스 주 Killeen에서 태어났으며 텍사스 A&M 대학교에서 학사학위를 받았고, 미시간 대학교에서 공학석사 및 박사학위를 받았다. 그는 2002년부터 신시내티 대학교에 재직하면서 학과장을 역임했고, Lindner Research Fellow로 선정되었다. 또한 코넬대학교의 Samuel Curtis Johnson 경영대학원과 브리티시 컬럼비아대학교의 Sauder 경영대학원에서 방문교수를 역임하였다.

Fry 교수는 Operations Research, M&SOM, Transportation Science, Naval Research Logistics, IIE Transactions, Critical Care Medicine 및 Interfaces등의 저널에 25편 이상의 연구논문을 발표했다. 그는 Production and Operations Management, INFORMS Journal of Applied Analytics(구 Interfaces), Omega 및 Journal of Quantitative Analysis in

Sports와 같은 저널의 편집이사로 활동하고 있다. 관심분야는 공급망 관리, 스포츠 및 공공 정책 운영분야에 데이터 분석을 적용하는 것으로, 연구를 위해 델, 스타벅스, 그레이트 아메리칸 보험그룹, 신시내티 소방서, 오하이오 주 선거관리위원회, 신시내티 벵골스, 신시내티 동물원과 식물원 등 다양한 조직과 협력하였다. 운영과학 실무분야의 Daniel H. Wagner Prize 최종 후보로 선정되었으며, 신시내티 대학교에서 연구 및 강의 우수성을 인정받았다. 2019년에 신시내티 대학교의 OBAIS 학과대표로 팀을 이끌고 INFORMS UPS George D. Smith Prize를 수상하였다.

Jeffrey W. Ohlmann Jeffrey W. Ohlmann은 아이오와 대학교 Tippie 경영 대학의 비즈니스 분석학과 부교수이자 Huneke 연구교원이다. 네브래스카 주 Valentine에서 태어났으며 네브래스카 대학에서 학사학위를 받았고, 미시간 대학교에서 석사 및 박사학위를 취득하였으며, 2003년부터 아이오와 대학교에 재직하고 있다.

Ohlmann 교수는 의사결정 문제의 모델링 및 솔루션에 관한 연구를 바탕으로 Operations Research, Mathematics of Operations Research, INFORMS Journal on Computing, Transportation Science 및 European Journal of Operational Research와 같은 저널에 24편 이상의 논문을 발표하였다.

트랜스프라이트, 린코어, 카길, 해밀턴 카운티 선거관리위원회 및 3개 내셔널 풋볼리그 프랜차이즈와 같은 회사와 협력하는 등 산업체와 관련된 연구로 George B. Dantzig 학위논문상을 받았고 운영과학 실무분야의 Daniel H. Wagner Prize for Excellence 결선진출자로 선정되었다.

역자 서문

최근 자료수집 및 처리 방법의 비약적 발전과 개인의 디지털 기기 사용이 급격히 늘어나면서 사용할 수 있는 데이터가 기하급수적으로 증가하고 있다. 경영·경제 분야를 비롯한 모든 사회과학 분야에서도 의사결정에 필요한 정보를 추출하고 이를 지식으로 내재화하는 것이 필수적인 요소가 되었다. 통계학은 데이터를 수집·정리하고 정보를 추출하는 데 필수 불가결한 학문 분야이며, 객관적 의사결정의 기반이 되는 통찰력과 직관력을 키우기 위한 가장 중요한 도구이다. 그러나 통계학의 기본 철학을 올바르게 이해하지 못한 채 각종 방법론을 적용함으로써 잘못된 판단을 내리는 경우가 있으며, 통계라는 도구를 통해 데이터를 왜곡하려는 시도 또한 발생하곤 한다. 따라서, 데이터를 생성하고 정보를 추출하는 조직과 이를 활용하는 조직 모두에게 통계학에 대한 올바른 이해는 필수적이라고 할 수 있다. 많은 통계학 교재는 수식을 중심으로 각 방법론을 설명하고 있어 사회과학을 전공하는 독자들이 통계적 방법론을 확실히 이해하고 기본 철학을 내재화하는 데 한계가 존재한다. 이러한 이유로 통계학을 수강한 학생들은 단순히 방법론의 기술적 측면만을 습득하는 데 급급하게 되고 시간이 지나면 까맣게 잊어버려 정작 실무에서 통계적 방법론을 활용하는 데 어려움을 겪게 된다. 이 책은 이러한 측면을 개선하기 위해 통계학 각 방법론의 명확한 철학 및 기본원리와 올바른 활용방법을 알기 쉽게 설명하고 있다.

이 책은 "Essentials of Modern Business Statistics"의 8판을 번역한 책이다. 원저는 기존의 통계학 관련 교재에서 많이 다루었던 수식과 증명을 최소화하고 기본적인 사칙연산 등만을 활용하여 통계학의 기본원리와 응용방법을 쉽게 설명함으로써 누구나 통계학을 흥미롭고 올바르게 배울 수 있도록 하였다. 또한, 많은 조직에서 사용하고 있는 마이크로소프트 엑셀의 활용방법을 세세하게 제시함으로써 손쉽게 통계 도구를 적용하여 문제를 해결할 수 있도록 하였다. 또한, 다양한 분야에서 실제로 얻어진 자료를 이용하여 예제와 연습문제를 구성하고 사례연구를 제시하고 있어 독자들은 본문에서 학습한 지식을 실무에 적용하는 능력을 배양하는 데 부족함이 없을 것이다.

이 책은 단순히 통계학의 기초 이론만을 전달하는 것이 아니라 다양한 분야에서 이의 적용방법을 배양하는 것이 목적이므로, 경영대학 학생들에게 오랫동안 통계학을 강의하고 통계학과 응용 분야를 전공한 교수들로 역자진을 구성하였다. 따라서, 원저의 번역에 있어서 역자들의 강의 경험과 각종 노하우를 반영하기 위해 노력하였다. 원저에서 설명하고자 하는 핵심 내용을 최대한 정확히 전달하도록 노력하였으며, 이해하기 어렵거나 국내 현실에 맞지 않는 부분은 가능한 범위 내에서 수정함으로써 번역서의 한계를 뛰어넘기 위해 많은 시간을 할애하였다. 이러한 노력에도 미진한 부분이 다수 발견될 수 있다. 이러한 점은 계속해서 보완하고 수정할 것이며, 이를 위해 독자들의 가감 없는 의견과 충고가 필요하다.

이 책의 출판을 맡아준 한올출판사의 임순재 사장님을 비롯하여 나상욱 이사님과 최혜숙 실장님 등 많은 분의 도움에 감사드린다. 또한, 이 책이 나오기까지 성원과 지지를 보내준 가족에게 지면을 빌어 감사와 사랑의 마음을 전한다.

역자들 씀

Contents

Chapter 14
단순선형회귀분석

Chapter 15
다중회귀분석

Appendixes

1

자료와 통계학

블룸버그 비즈니스위크(Bloomberg Businessweek)
NEW YORK, NEW YORK

블룸버그 비즈니스위크는 가장 널리 읽히는 비즈니스 잡지 중 하나이다. 최신 이슈에 관한 특집 기사와 함께 국제 비즈니스, 경제 분석, 정보 처리 및 과학기술과 관련한 정규 기사를 제공한다. 특집 기사와 정규 기사를 통해 독자들이 최신 기술 수준을 이해하고 이것이 비즈니스와 경제 상황에 어떤 영향을 미치는지 이해할 수 있다.

블룸버그 비즈니스위크는 현재의 주요 관심사에 대한 심층 보고서를 제공한다. 심층 보고서에는 비즈니스와 경제 정보를 이해하는 데 도움이 되는 통계자료와 요약이 포함되기도 한다. 예를 들어 클라우드 컴퓨팅 도입이 주요 업무에 미치는 영향, 미국 우편 서비스가 직면한 위기, 부채 위기가 생각보다 더 심각한 이유 등의 사례들이 있다. 또한, 블룸버그 비즈니스위크는 생산 지수, 주가, 뮤추얼 펀드, 금리 등 경제 상태에 대한 다양한 통계도 제공한다.

블룸버그 비즈니스위크는 자체 비즈니스 관리에도 통계나 통계정보를 사용한다. 예를 들어, 구독자에 대한 연례 설문조사는 회사가 구독자 인구 통계, 독서 습관, 구매 가능성, 라이프스타일 등에 대해 이해할 수 있도록 해준다. 블룸버그 비즈니스위크의 경영자들은 구독자들과 광고주들에게 더 나은 서비스를 제공하기 위해 설문조사에서 얻어진 통계정보를 이용한다. 북미 구독자를 대상으로 한 설문조사에 따르면, 블룸버그 비즈니스위크 구독자 중 64%는 컴퓨터 구매를 근무 시간 중에 하는 것으로 나타났다. 이러한 통계는 블룸버그 비즈니스위크의 경영자들에게 구독자들이 컴퓨터 개발에 관한 기사에 관심이 있음을 인식하게 해주었다. 구독자 설문조사 결과는 잠재

스몰 프라이 디자인은 미수금과 현금 흐름을 관리하기 위해 기술통계량을 사용한다.

광고주들에게도 활용될 수 있다. 구독자 중 직장에서 컴퓨터를 구매하는 비율이 높다는 점은 컴퓨터제조업자들이 블룸버그 비즈니스위크에 광고를 고려할 수 있는 동기가 될 것이다.

이 장에서는 통계분석에 사용되는 자료(data)의 형식과 자료를 수집하는 방법을 설명할 것이다. 자료를 의미 있고 쉽게 해석될 수 있는 통계 정보(information)로 변화시키는 방법으로 기술통계와 통계적 추론을 소개한다.

통계 응용 사례를 제공해준 연구관리자인 Charlene Trentham에게 감사를 표한다.

우리는 신문이나 잡지, 웹사이트에서 다음과 같은 글들을 흔히 보게 된다.

- 실업률은 2018년 4월 3.9%에서 5월 3.8%로 18년 만에 최저치로 떨어졌고, 지난 6개월 동안 4.1%를 유지했다(월스트리트저널, 2018년 6월 1일).
- 테슬라(Tesla)는 약 54억 달러의 유동성으로 2017년을 마감했으며, 올해 28억 달러의 현금이 소진될 것으로 예상된다(블룸버그 비즈니스위크, 2018년 4월 19일).

- 미국의 대형 은행들은 2018년 첫 3개월 동안 양호한 실적을 기록했다. 뱅크오브아메리카와 모건스탠리는 각각 69억 달러와 27억 달러의 분기 순이익을 올렸다(이코노미스트, 2018년 4월 21일).
- 퓨리서치센터(Pew Research Center)의 연구에 따르면 미국 성인의 15%가 온라인 데이트 사이트나 모바일 앱을 사용한다(월스트리트저널, 2018년 5월 2일).
- 미국질병통제예방센터에 따르면 항생제 내성 박테리아에 의해서 미국에서만 최소 200만 명의 환자와 23,000명의 사망자가 발생한다(월스트리트저널, 2018년 2월 13일).

앞에서 나온 숫자들(3.8%, 3.9%, 4.1%, 54억 달러, 28억 달러, 69억 달러, 27억 달러, 15%, 200만 달러, 23,000개)을 통계(statistics)라고 부른다. 이처럼 통계치라는 용어는 다양한 비즈니스와 경제 환경을 이해하는 데 도움을 주는 평균, 중앙값, 비율, 최댓값과 같은 숫자를 말한다. 그러나 통계는 숫자로 나타나는 사실보다 더 많은 분야를 포함한다. 통계(statistics)는 자료를 수집하고, 분석하고, 표현하고, 해석하는 예술이자 과학이라고 정의할 수 있다〈학문 분야로서의 통계는 통계학(statistics)이라고 부른다〉. 특별히 경영 및 경제 분야에서는 자료를 모으고, 분석하고, 표현하고, 해석하는 과정에서 추출된 정보는 의사결정자들이 경영, 경제 환경을 더 잘 이해하고, 더 많은 정보를 이용하여 보다 나은 결정을 할 수 있도록 도와준다. 이 책에서는 경영이나 경제 분야의 의사결정에 이용되는 통계를 주로 설명한다.

1절에서는 경영이나 경제 분야에 적용된 통계 예제를 다루며, 2절에서는 자료(data)를 정의하고 데이터 세트(data set)의 개념을 소개한다. 또한 변수(variable)와 관측값(observation) 등의 주요 용어와 정량 자료와 범주형 자료의 차이를 설명하고, 횡단면 자료(cross-sectional data)와 시계열 자료(time series data)에 대해 설명한다. 3절에서는 기존의 자료, 설문조사, 새로운 결과를 얻기 위한 실험으로부터 자료를 수집하는 방법을 설명한다. 기술통계를 작성하고 통계적 추론에 사용되는 자료의 이용 방법은 4절과 5절에서 설명한다. 1장의 마지막 4개 절에서는 통계분석에서 컴퓨터의 역할, 비즈니스 애널리틱스에 대한 소개 및 통계의 역할, 빅데이터 및 데이터 마이닝에 대한 소개, 통계분석에서의 윤리적 지침에 대해 논의한다.

 1 경영 및 경제 분야에서의 활용

오늘날의 글로벌 경영 및 경제 환경에서는 누구나 엄청난 양의 통계정보를 접하게 된다. 가장 성공적인 경영인이나 의사결정자들은 정보를 이해하고 효과적으로 이용하는 방법을 알고 있다. 이 절에서는 경영 및 경제 분야에서 사용되는 통계의 몇 가지 예제를 소개한다.

1 회계

회계법인들이 기업을 감사할 때 통계적 표본추출 절차를 이용한다. 예를 들면 회계법인이 기업 재무제표에 나타난 외상매출금이 실제 외상매출금을 반영하고 있는지의 여부를 검토한다고 하자. 일반적으로 외상매출금 전표를 모두 검토하고 타당성을 검토하려면 많은 시간과 비용이 소요된다. 이런 상황에서의 일반적 관행은 전표의 일부(표본)를 추출하여 추출된 표본 계정의 정확성을 검토한 후 재무상태표에 표시된 외상매출금이 적정한지를 판단하는 것이다.

2 재무

재무 분석가는 투자 컨설팅을 진행할 때 다양한 통계정보를 사용한다. 주식의 경우 주가수익비율(PER: Price/Earning Ratios)과 배당수익률을 포함한 다양한 재무 자료를 검토한다. 주식시장 평균 정보를 개별 주식과 비교하는 것은 주식이 과대평가되었는지, 과소평가되었는지를 판단하는 출발점이 된다. 예를 들어, 2017년 S&P 500대 기업의 평균배당수익률은 1.88%였다. 같은 기간 동안 마이크로소프트(Microsoft)의 평균배당수익률은 1.72%(야후 파이낸스, Yahoo Finance)였으며, 이러한 배당수익률에 대한 통계정보는 마이크로소프트의 배당수익률이 S&P 500대 기업의 평균배당수익률보다 낮음을 의미한다. 마이크로소프트에 대한 이런 정보들은 분석가들이 마이크로소프트 주식의 매도, 매수, 보유 등을 추천하는 데 도움을 준다.

3 마케팅

상점에서 계산할 때 사용하는 전자스캐너를 통해 마케팅 연구에 활용할 수 있는 다양한 자료를 수집한다. 에이씨닐슨(AC Nielson)과 인포메이션리소스회사(Information Resource Inc.)와 같은 정보제공자들은 식료품점의 스캐너에서 수집한 매출정보를 통계적으로 요약하여 제조업자에게 판매한다. 제조업자들은 할인 등의 가격정책을 결정하거나 제품을 매장에 어떻게 진열할지에 필요한 통계자료를 구입하는 데 많은 돈을 지불한다. 브랜드 관리자들은 촉진활동과 판매 사이의 관계를 더 잘 이해하기 위해 스캐너 통계자료와 촉진활동 통계자료를 검토한다. 이런 분석은 마케팅전략 수립에 유용하게 이용된다.

4 생산운영관리

생산운영관리의 핵심 분야인 품질관리의 중요성이 높아짐에 따라 통계적 품질관리가 더욱 중요해졌다. 다양한 통계적 품질관리 차트들이 생산공정을 모니터하고 있다. 특히 x-bar 차트는 생산공정 관리에서 평균값을 사용한다. 예를 들어 기계가 용기에 음료수 12온스를 주입한다고 하자. 생산부서 직원들은 주기적으로 표본 용기를 추출하고 표본의 평균 x-bar를 계산하여 x-bar 차트에 표시한다. x-bar 값이 관리상한선(upper control limit) 위에 있으면 과다 주입한 것이고 관리하한선(lower control limit) 밑에 있으면 과소 주입한 것이다. x-bar 값이 상한선과 하한선 사이에 있으면 공정이 '관리 상태에 있다'라고 하고 생산을 계속한다. x-bar 차트는 생산공정에 수정이 필요한가를 결정하는 데 도움을 준다.

5 경제

경제학자들은 흔히 경제의 미래를 전망하고 예측하며, 예측 시에 다양한 통계정보를 이용한다. 예를 들어, 인플레이션율을 예측하는 데 생산자물가지수, 실업률, 공장가동률 등과 같은 통계정보를 이용하며, 이러한 통계지표들은 인플레이션율을 예측하는 자동 예측모델에 이용된다.

6 정보시스템

정보시스템 관리자들은 회사의 컴퓨터 네트워크 운영을 책임진다. 다양한 통계정보는 관리자가 근거리통신망(LAN), 원거리통신망(WAN), 네트워크 세그먼트, 인트라넷, 다른 데이터통신망을 포함한 컴퓨터 네트워크의 성능을 평가한다. 시스템의 평균 이용자 수, 시스템의 특정 컴포넌트의 다운로드 비율, 여러 시간대에서 측정된 이용자들이 사용하고 있는 통신대역 비율 등과 같은 통계는 시스템 관리자가 컴퓨터 네트워크를 더 잘 이해하고 관리하는 데 도움을 주는 통계정보들이다.

② 자료

자료(데이터, data)는 설명하거나 해석을 위해 수집·분석하고 요약되는 사실과 숫자들이다. 특정한 연구를 위해 수집되는 모든 자료를 연구를 위한 데이터 세트(data set)라고 부른다. 〈표 1-1〉은 세계무역기구(WTO: World Trade Organization)에 참여하고 있는 60개국의 정보를 담고 있다. WTO는 국제거래에서 자유로운 거래를 장려하고 있고, 거래 분쟁을 해결하는 포럼을 운영하고 있다.

1 원소, 변수, 관측값

원소(elements)는 자료를 수집하기 위한 대상이다. 〈표 1-1〉에서는 각 나라가 원소가 되며, 첫 번째 열에 나라 이름, 즉 원소 이름이 나열되어 있다. 60개국에 대한 데이터 세트는 60개의 원소를 갖고 있다.

변수(variable)는 원소들에서 관심의 대상이 되는 구체적인 특성이다. 〈표 1-1〉의 데이터 세트는 다음의 5가지 변수를 포함하고 있다.

- WTO 가입 형태: 세계무역기구에서 각국의 가입 형태, 즉 member나 observer를 나타낸다.
- 일인당 GDP($): 각국의 생산품과 서비스의 총 시장가격($)을 인구수로 나눈 값. 이 값은 각국의 생산성을 비교하는 데 사용된다.
- 무역수지($1,000): 달러로 표현된 각국의 수입과 수출의 차이를 나타낸다.
- 피치 등급: 피치 그룹(Fitch Group)[1]이 매긴 각국의 신용등급으로 AAA에서 F까지 있으며, 등급 내에서는 +와 -가 있다.
- 피치 전망: 신용등급이 다가오는 2년 내에 옮겨가려는 방향에 대한 지표로 Negative, Sta-

---

1) 피치 그룹은 미국증권거래위원회가 지명한 세 개의 통계평가기관 중 하나이다. 나머지 두 회사는 스탠다드앤무어스(Standard and Poor's)와 무디스(Moody's)이다.

ble, Positive로 표시된다.

모든 원소들에 대해 각각의 변수를 측정한 것을 자료라고 하며, 특정 원소를 측정하여 얻은 값의 집합을 관측값(observation)이라고 한다. 〈표 1-1〉에서 첫 번째 원소에 대한 관측값은 Member, 3,615, BB-, Stable이고, 2번째 원소에 대한 관측값은 Member, 49,755, AAA, Stable이다. 따라서 60개의 원소에 대한 데이터 세트는 60개의 관측값으로 구성된다.

표 1-1_ WTO에 속한 60개국에 관한 데이터 세트

국가	WTO 가입 형태	1인당 GDP($)	피치 등급	피치 전망
Armenia	Member	3,615	BB-	Stable
Australia	Member	49,755	AAA	Stable
Austria	Member	44,758	AAA	Stable
Azerbaijan	Observer	3,879	BBB-	Stable
Bahrain	Member	22,579	BBB	Stable
Belgium	Member	41,271	AA	Stable
Brazil	Member	8,650	BBB	Stable
Bulgaria	Member	7,469	BBB-	Stable
Canada	Member	42,349	AAA	Stable
Cape Verde	Member	2,998	B+	Stable
Chile	Member	13,793	A+	Stable
China	Member	8,123	A+	Stable
Colombia	Member	5,806	BBB-	Stable
Costa Rica	Member	11,825	BB+	Stable
Croatia	Member	12,149	BBB-	Negative
Cyprus	Member	23,541	B	Negative
Czech Republic	Member	18,484	A+	Stable
Denmark	Member	53,579	AAA	Stable
Ecuador	Member	6,019	B-	Positive
Egypt	Member	3,478	B	Negative
El Salvador	Member	4,224	BB	Negative
Estonia	Member	17,737	A+	Stable
France	Member	36,857	AAA	Negative
Georgia	Member	3,866	BB-	Stable
Germany	Member	42,161	AAA	Stable
Hungary	Member	12,820	BB+	Stable
Iceland	Member	60,530	BBB	Stable
Ireland	Member	64,175	BBB+	Stable
Israel	Member	37,181	A	Stable
Italy	Member	30,669	A-	Negative
Japan	Member	38,972	A+	Negative
Kazakhstan	Observer	7,715	BBB+	Stable
Kenya	Member	1,455	B+	Stable
Latvia	Member	14,071	BBB	Positive
Lebanon	Observer	8,257	B	Stable
Lithuania	Member	14,913	BBB	Stable
Malaysia	Member	9,508	A-	Stable
Mexico	Member	8,209	BBB	Stable

국가	WTO 가입 형태	1인당 GDP($)	피치 등급	피치 전망
Peru	Member	6,049	BBB	Stable
Philippines	Member	2,951	BB+	Stable
Poland	Member	12,414	A-	Positive
Portugal	Member	19,872	BB+	Negative
South Korea	Member	27,539	AA-	Stable
Romania	Member	9,523	BBB-	Stable
Russia	Member	8,748	BBB	Stable
Rwanda	Member	703	B	Stable
Serbia	Observer	5,426	BB-	Negative
Singapore	Member	52,962	AAA	Stable
Slovakia	Member	16,530	A+	Stable
Slovenia	Member	21,650	A-	Negative
South Africa	Member	5,275	BBB	Stable
Spain	Member	26,617	A-	Stable
Sweden	Member	51,845	AAA	Stable
Switzerland	Member	79,888	AAA	Stable
Thailand	Member	5,911	BBB	Stable
Turkey	Member	10,863	BBB-	Stable
United Kingdom	Member	40,412	AAA	Negative
United States	Member	57,638	AAA	Stable
Uruguay	Member	15,221	BB+	Positive
Zambia	Member	1,270	B+	Negative

2 측정을 위한 척도

자료 수집을 위해서는 명목척도, 순서(서열)척도, 구간척도, 비율척도의 측정 척도(measurement scale) 중 하나를 선택해야 한다. 척도는 자료에 포함된 정보의 양을 결정하고 가장 적절한 자료 요약 및 통계적 분석 방법을 선택하는 데 중요한 역할을 한다.

변수에 대한 자료가 원소의 속성을 구분하는 기호나 이름으로 구성되는 경우에는 명목척도 (nominal scale)를 사용한다. 예를 들면 〈표 1-1〉에서, 첫 번째 변수인 'WTO 가입 상태'는 명목척도이다. 왜냐하면 'Member'와 'Observer'는 WTO 가입의 형태를 구분하기 위해 사용된 기호이기 때문이다. 명목척도는 기호 이외에 숫자코드도 사용될 수 있다. 예를 들면 수집한 자료를 정리하기 위해 데이터베이스에 입력할 때 Member를 1, Observer를 2로 하는 숫자코드를 사용할 수 있다. 이 경우 1과 2는 숫자코드로서 WTO 가입 형태를 의미하는 일종의 기호이다. 이는 숫자로 표현되어 있지만 사실은 명목척도이다.

자료가 명목자료의 특성을 갖고 있으면서 동시에 자료의 순서가 의미를 갖는 경우를 서열척도(또는 순서척도, ordinal scale)라고 한다. 예를 들면 〈표 1-1〉에서 피치등급의 측정 척도는 가장 우수한 등급인 AAA에서 가장 나쁜 등급인 F까지 순서로 나타나 있으므로 피치등급은 서열척도이다. 등급 표시는 명목자료와 유사한 속성을 가지나, 신용도에 따른 순서라는 특성을 나타내는 데 사용된다. 서열자료도 학년을 숫자로 표시하듯이 숫자코드로 표시할 수 있다.

자료가 서열척도의 특성을 갖는 동시에 값들의 차이가 의미를 갖는 경우에는 구간척도(interval scale)가 된다. 구간자료는 언제나 숫자로 표현한다. 미국학습능력시험(SAT: Scholastic Aptitude Test) 점수는 구간자료의 예이다. SAT 수학점수가 620, 550, 470인 3명의 학생들이 수학에서 얼마나 우수한가를 수학 점수를 이용해 순서를 정할 수 있을 뿐 아니라, 점수 차이가 의미를 갖게 된다. 예를 들어 620점인 첫 번째 학생과 550점인 두 번째 학생의 점수 차이는 620-550=70으로 첫 번째 학생이 두 번째 학생보다 70점이 높으며, 두 번째 학생과 세 번째 학생의 차이는 550-470=80으로 두 번째 학생이 세 번째 학생보다 80점 높은 점수를 받았다.

자료가 구간 척도의 특성을 갖고 있으면서 두 값의 비율이 의미가 있다면 비율척도(ratio scale)가 된다. 거리, 높이, 무게, 시간 등의 변수는 비율척도를 사용한다. 비율척도는 변수가 아무 값을 갖지 않을 때, 즉 영점에 있다는 의미에서 숫자 0을 사용한다. 예를 들어 자동차 원가에 대해 생각해 보자. 원가가 0의 값을 가지면 자동차 생산에 어떠한 비용도 들어가지 않았으며, 이는 무료임을 의미한다. 또한, 가격이 $30,000와 $15,000인 자동차들의 경우에는 비율척도 특성에 따라 $30,000를 $15,000로 나누어 가격이 2배가 차이난다는 것을 의미한다.

3 범주형 자료와 양적 자료

자료는 범주형 자료와 양적(정량적) 자료로 구분할 수 있다. 범주형 자료(categorical data)는 각 원소의 특징을 나타내기 위해 이름이나 기호를 사용한다. 범주형 자료는 명목척도나 서열척도를 사용하며 문자나 숫자로 표현한다. 양적 자료(quantitative data)는 자료의 양이나 크기를 표현하기 위해 숫자를 사용하며, 구간척도나 비율척도를 사용한다.

범주형 변수(categorical variable)는 범주형 자료를 갖는 변수이고 양적 변수(quantitative variable)는 양적 자료를 갖는 변수이다. 변수는 범주형인가 또는 양적인가에 따라 적합한 통계분석 방법이 달라진다. 변수가 범주형이라면 사용할 수 있는 통계분석 방법은 제한적이다. 범주(분류)에 따라 관측값을 세거나 비율을 계산하여 범주형 자료를 요약한다. 범주형 자료가 숫자 코드로 표현되었더라도 사칙연산을 수행할 수 없으므로 의미 있는 결과를 도출하기 어렵다. 2.1절에서는 범주형 자료의 요약방법에 관해 설명한다.

반대로 양적 변수는 수리적 연산으로 의미 있는 결과를 도출할 수 있다. 예를 들면 양적 변수의 평균값을 계산하기 위해 자료의 값을 모두 더한 것을 자료의 수로 나눈다. 일반적으로 평균값은 의미가 있고 해석도 쉽다. 양적 자료는 다양한 통계분석 방법을 적용할 수 있다. 2.2절과 3장에서는 양적 자료를 요약하는 방법에 관해 설명한다.

4 횡단면 자료와 시계열 자료

통계분석의 목적을 위해 자료를 횡단면 자료와 시계열 자료로 구분할 수 있다. 횡단면 자료(cross-sectional data)는 동일하거나 거의 비슷한 시점에 수집된 자료를 말한다. 〈표 1-1〉의 자료는 횡단면 자료로, WTO 회원 60개국에 대한 5개 변수의 측정값을 동일한 시점에 조사하였다. 한편, 시계열 자료(time series data)는 여러 시점에서 반복적으로 수집한 자료이다. 〈그림 1-1〉은

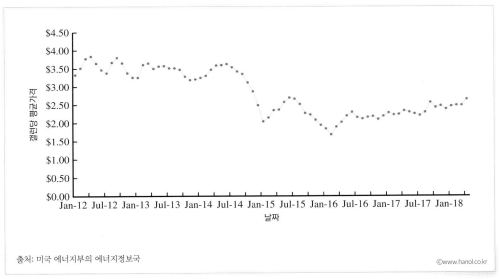

출처: 미국 에너지부의 에너지정보국

©www.hanol.co.kr

🔺 그림 1-1 _ 미국 일반 휘발유의 갤런당 평균가격

2012년부터 2018년까지 미국 도시에서 일반 휘발유의 갤런당 평균가격에 대한 그래프이다. 2012년 1월부터 2014년 6월까지 휘발유 가격은 2014년 7월부터 2015년 1월까지 장기간에 걸쳐 가격이 하락하기 전에 갤런당 $3.19에서 $3.84 사이에서 움직였다. 갤런당 평균가격의 최저점은 2016년 1월($1.68)이었으며, 그 이후로 평균가격은 점진적으로 상승하는 추세로 나타난다.

시계열 그래프들은 비즈니스나 경제지에 자주 등장한다. 분석가들은 이런 그래프를 통해 과거에 어떤 사건이 있었는지를 이해할 수 있고, 시간 흐름에 따른 경향을 파악할 수 있으며, 미래를 예측한다. 시계열 그래프의 종류는 〈그림 1-2〉에 보는 것과 같이 다양하다. 〈그림 1-2〉(A)는 2008년부터 2018년까지 다우존스 산업평균 지수를 보여준다. 열악한 경제 상황으로 인해 2008년에 지수가 급락했으며, 2009년 2월에 최저점(7,062)에 도달했다. 이후 9년 만에 괄목할 만한 상승세를 보이며 2018년 1월에 최고점(26,149)을 기록했다.

〈그림 1-2〉(B)는 2008년부터 2017년까지 맥도날드(McDonald's Inc.)의 순이익을 나타낸 것이다. 2008년과 2009년의 침체된 경제 상황은 회사의 순이익이 사상 최고로 상승하면서 실제로 맥도날드에 도움이 되었다. 맥도날드의 순이익이 증가하게 된 원인은 경기 침체기에 소비자들이 값비싼 고급 레스토랑 이용을 줄이는 대신 맥도날드 같은 저렴한 대안에 관심을 가졌기 때문이다. 맥도날드의 순이익은 2010년과 2011년에 사상 최고치를 기록했고, 2012년에는 다소 감소했다가 2013년에 정점을 찍었다. 이후 3년 동안 상대적으로 낮은 순이익을 기록한 후 2017년 순이익은 51억 9,000만 달러로 증가했다.

〈그림 1-2〉(C)는 1년 동안 사우스 플로리다의 호텔 점유율에 대한 시계열 그래프이다. 사우스 플로리다의 기후가 관광객들에게 매력적인 2월과 3월의 객실사용률은 95%와 98%로 나타났다. 실제로 1월에서 4월까지가 사우스 플로리다 호텔의 성수기이다. 한편, 8월에서 10월 사이는 객실사용률이 낮은데 9월이 50%로 나타났다. 폭염과 태풍이 이 기간 동안의 호텔 이용률 감소의 주 원인이다.

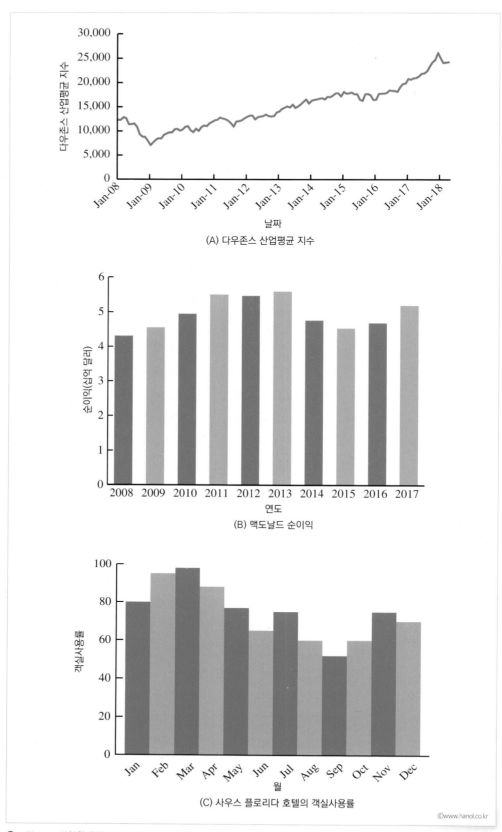

(A) 다우존스 산업평균 지수

(B) 맥도날드 순이익

(C) 사우스 플로리다 호텔의 객실사용률

© www.hanol.co.kr

🔺 그림 1-2_ 다양한 종류의 시계열 자료 그래프

③ 자료의 출처

자료는 현존하는 자료, 설문조사, 실험 등으로부터 얻을 수 있다.

1 현존하는 자료

어떤 경우에는 통계분석에 필요한 자료가 이미 존재할 수 있다. 기업은 종업원, 고객, 경영상태 등 다양한 자료에 대해 데이터베이스를 구축한다. 종업원들의 월급, 나이, 숙련도 등은 내부의 개인신상정보에서 얻을 수 있으며, 다른 내부 정보인 매출액, 광고비, 유통비용, 재고수준, 생산품질 등에 관한 자료도 구할 수 있다. 또한, 많은 기업은 고객에 관한 세부정보를 관리한다. 〈표 1-2〉는 기업 내부 기록에서 일반적으로 구할 수 있는 자료들이다.

자료를 수집하고 관리하는 전문기업들은 유용성이 큰 대량의 경영 및 경제 관련 자료를 만든다. 기업들은 이러한 외부 자료를 구독하거나 구매한다. 던 앤 브래드스트리트(Dun & Bradstreet), 블룸버그(Bloomberg), 다우존스 앤 컴퍼니(Dow Jones & Company)는 고객사들에게 폭넓은 비즈니스 데이터베이스 서비스를 제공하는 3대 회사이다. 닐슨컴퍼니(Nielson Company)와 IRI는 광고주나 제조업체에 판매할 수 있는 자료를 수집하고 가공하는 분야에서 명성을 쌓고 있다.

다양한 산업협회와 전문기관에서도 자료를 구할 수 있다. 미국여행산업협회(Travel Industry Association of America)는 미국 여행객 수나 여비지출액과 같은 여행 관련 정보를 관리한다. 이런

표 1-2_ 회사 내부 자료에서 구할 수 있는 자료

출처	기업 내부 자료에서 구할 수 있는 자료 예시
종업원 기록	이름, 주소, 주민등록번호, 월급, 휴가일수, 병가일수, 보너스 등
생산 기록	부품이나 제품 번호, 생산량, 직접 인건비, 재료비 등
재고 기록	부품이나 제품 번호, 재고량, 재주문점, 경제적 주문량, 할인계획 등
판매 기록	제품 번호, 판매량, 지역별 판매량, 고객형태별 판매량 등
신용 기록	고객 이름, 주소, 전화번호, 신용한도, 계좌번호 등
고객 기록	나이, 성별, 수입, 가족 수, 주소, 선호도 등

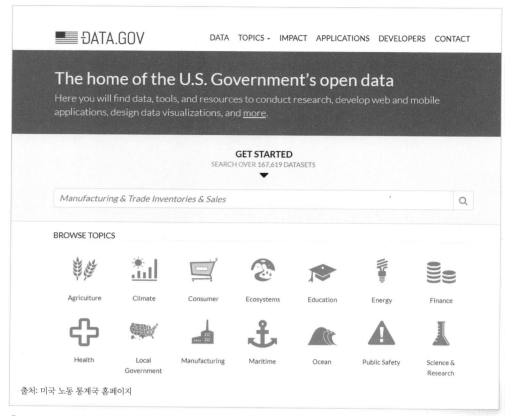

출처: 미국 노동 통계국 홈페이지

🔺 그림 1-3_ DATA.GOV의 홈페이지

자료는 여행업계나 개인들에게도 매우 흥미로운 정보일 것이다. 대학원 입학관리처는 시험성적과 학생의 특징, 졸업관리 교육프로그램 자료를 관리한다. 이런 자료들은 구입 권한이 있는 이용자들이 적당한 가격을 지불하고 이용할 수 있다.

인터넷은 자료와 통계정보의 중요한 출처이다. 거의 모든 기업이 운영하는 웹사이트에서는 기업 정보나 매출액, 종업원 수, 생산량, 가격, 상품 상세정보 등을 제공하고 있다. 많은 기업은 인터넷을 통해 정보를 제공하는 데 특화하고 있으며, 그 결과로 집에서 주식시장에 접속할 수 있게 되었고 식당의 음식 가격이나 급여정보 등 거의 무한한 정보를 얻을 수 있게 되었다.

정부 기관도 중요한 자료 출처이다. DATA.GOV는 국민들이 미국 연방 정부에서 수집한 자료에 더 쉽게 액세스할 수 있도록 2009년 미국 정부에서 운영하기 시작한 웹사이트다. 여기에는 미국 연방 부처와 기관들의 150,000개 이상의 데이터 세트가 포함되어 있으며, 자체 웹사이트와 데이터 저장소를 유지 관리하는 연방 기관들도 존재한다. 〈표 1-3〉은 정부 기관들이 제공하는 자료 목록의 일부를 나타낸 것이고, 〈그림 1-3〉은 DATA.GOV 웹사이트 홈페이지의 이미지이다. 많은 주 정부와 지방 정부들도 온라인으로 데이터 세트를 제공한다. 캘리포니아주와 텍사스주는 data.ca.gov와 data.texas.gov에서 개방형 데이터 포털을 제공하며, 뉴욕시는 opendata.cityofnewyork.us에서, 오하이오주 신시내티시는 data.cincinnati-oh.gov에서 데이터 포털을 제공한다.

정부기관	이용 가능한 자료
인구조사국(Census Bureau)	인구, 가구당 인구, 가구당 수입 등
연방준비위원회(Federal Reserve Board)	통화 공급량, 지불준비금, 환율, 할인율에 관한 자료
행정예산국(Office of Management and Budget)	연방정부의 세입, 세출, 부채에 관한 자료, 경영활동관련 자료,
상무부(Department of Commerce)	산업별 이익률, 성장률 등
노동통계국(Bureau of Labor Statistics)	소비지출, 시간당 수입, 실업률, 안전기록, 국제통계 등
DATA.GOV	농업, 소비자, 교육, 건강 및 제조 데이터를 포함한 150,000개 이상의 데이터 세트

2 관측연구

관측연구는 특정 환경에서 발생한 사건을 관측하여 관심 있는 변수에 대한 자료를 기록하고, 이 자료를 통계적으로 분석하는 것이다. 예를 들어, 월마트 고객이 쇼핑에 사용하는 시간, 고객 성별, 지출액 등에 대한 자료를 모으기 위해 월마트를 방문하는 고객 그룹을 무작위로 추출하고 관찰할 수 있다. 수집된 자료에 대한 통계분석은 쇼핑에 사용하는 시간과 고객 성별 등이 어떻게 매출에 영향을 미치는지를 결정하는 데 도움을 준다.

어떤 연구자가 포춘 500대 기업의 CEO 성별과 자기자본 이익률(ROE: Return On Equity)로 측정되는 기업의 성과 사이의 관계를 연구하는 데 관심이 있다고 하자. 연구자는 기업 표본을 선택하고 선택한 각 기업의 CEO 성별과 ROE를 기록한다. 이 자료에 대한 통계분석은 기업 성과와 CEO 성별의 관계를 파악하는 데 도움을 준다. 이 예와 같이 관측연구는 연구자가 표본으로 추출되는 각 기업 CEO의 성별과 ROE 등을 통제할 수 없다.

설문조사나 여론조사는 흔히 사용되는 관측연구의 예로, 이런 조사를 통해 응답자들의 의견을 관찰할 수 있다. 예를 들면 뉴욕주의 입법부가 교량과 도로 보수를 위해 휘발유 세금을 올리는 데 대한 찬반 의견을 묻기 위해 전화조사를 실시하였다고 하자. 설문조사 자료에 대한 통계분석 결과는 뉴욕주의 입법부가 휘발유 세금을 올리기 위해 투표를 실시할 것인가를 결정하는 데 도움을 줄 것이다.

3 실험

관측연구와 실험의 중요한 차이는 관리 가능한 통제 상태에서 수행되는가이다. 잘 정의된 실험에서 수집한 자료는 현존하는 자료나 관측연구에서 얻은 자료 대비 종종 더 많은 정보를 제공한다. 예를 들어 제약회사에서 신약이 혈압에 얼마나 영향을 주는가를 실험하는 경우, 혈압은 우리가 관심을 갖는 변수가 된다. 신약의 복용량은 혈압에 영향을 줄 것으로 예상되므로 혈압과 인과관계가 있을 것으로 기대되는 변수가 된다. 연구자들은 신약 효과를 측정하기 위해 표본을 선택한 후, 서로 다른 실험집단에게 서로 다른 양을 복용하게 하여 신약 복용량을 통제한다. 각 실험집단에서 신약 복용 전후의 혈압을 측정한 후 실시한 통계분석은 신약이 혈압에 얼마나 많은 영향을 주는가를 밝히는 데 도움을 준다.

*최대규모로 실시한 실험 통계조사로 1954년에 실시한 살크 폴리오(Salk polio) 백신에 관한 실험이 있다. 미국 전체 초등학교 1, 2, 3학년을 대상으로 약 200만 명의 어린이들이 실험에 참여하였다.

*13장에서는 실험 데이터를 분석하는 데 적합한 통계적 방법에 대해 논의할 것이다.

4 시간과 비용 이슈

의사결정에 필요한 자료를 수집하고 통계분석을 하기 위해서는 시간과 비용을 생각해야 한다. 짧은 시간에 자료를 수집해야 하는 경우 현존하는 자료를 이용하는 것이 바람직하며, 중요한 자료가 존재하지 않는 경우에는 추가적인 시간과 비용을 들여야 할 것이다. 의사결정자는 자료 수집과 통계분석이 기여하는 가치를 반드시 고려하여야 하며, 자료 수집 비용과 통계분석 비용은 창출되는 효용을 넘어서면 안 된다.

5 자료 수집 오류

관리자들은 통계자료 수집 시 오류가 존재할 가능성을 인지해야 한다. 오류가 있는 자료를 사용하는 것은 자료를 사용하지 않는 것보다 나쁠 수 있다. 이러한 오류는 다양한 경로에서 발생한다. 예를 들어 설문조사에서 42세를 24세로 잘못 기입하거나, 면접원의 질문을 잘못 이해하고 대답하거나, 면접원이 잘못된 질문을 하는 경우 등이다.

경험이 많은 숙련된 데이터 분석가들은 오류가 없도록 자료를 수집하고 기입하는 데 많은 노력을 기울인다. 이를 위해 자료의 정확성을 검토하는 일종의 프로그램을 이용할 수도 있다. 예를 들면 프로그램은 22세 응답자가 20년 근무했다는 응답 자료에 대한 정확도의 검토를 지시한다. 또한, 데이터 분석가들은 이상치(outlier)라는 매우 크거나 작은 값을 갖는 자료를 검토한다. 오류는 자료 수집 과정에서 주로 발생한다. 자료를 맹목적으로 사용하거나, 부주의하게 수집된 자료를 이용하면 잘못된 정보를 도출하게 되고, 잘못된 결론을 내리게 된다.

> * 3장에서는 통계학자들이 이상치를 식별하기 위해 사용하는 몇 가지 방법을 제시한다.

④ 기술통계

미디어, 기업보고서, 기타 간행물 등에 나오는 많은 통계정보는 독자들이 이해하기 쉽게 요약된 가시적인 자료로 구성되어 있다. 이처럼 표, 그래프, 숫자로 요약하는 것을 기술통계(descriptive statistics)라고 한다.

〈표 1-1〉의 WTO에 참여하는 60개국의 자료를 다시 살펴보자. 기술통계는 이 자료를 요약하는 방법을 알려준다. 예를 들어 향후 2년간 국가신용의 방향을 나타내는 피치전망을 생각해 보자. 피치전망은 'Positive', 'Stable', 'Negative'로 표시된다. 〈표 1-4〉는 피치전망의 각 범주에 속하는 국가의 수를 표 형태로 요약한 것이고, 〈그림 1-4〉는 그래프 형태 중 하나인 막대그래프(bar chart)로 요약한 것이다. 〈표 1-4〉와 〈그림 1-4〉를 보면, 피치전망 평가에서 가장 많이 차지하는 평가는 'Stable'로 73.2%를 차지한다는 것을 알 수 있으며, 'Negative'는 20%, 'Positive'는 6.7%로 나타난다.

〈그림 1-5〉는 양적 변수인 1인당 GDP를 그래프 형태 중 하나인 히스토그램(histogram)으로 요약한 것이다. 히스토그램을 통해 60개국의 1인당 GDP가 \$0에서 \$80,000까지 분포하고, \$0에서 \$10,000 사이에 가장 많이 분포되어 있으며, \$70,000 이상인 국가는 하나밖에 없다는 것을 알 수 있다.

* 2장과 3장에서는 기술통계에서 사용하는 표, 그래프, 수치적 방법들을 설명한다.

표나 그래프 이외에도 기술통계량(numerical descriptive statistics)이라 불리는 수치를 이용하여 자료를 간단하게 요약할 수 있다. 가장 많이 사용되는 기술통계량은 평균이다. 〈표 1-1〉에 있는 60개국의 1인당 GDP를 합산한 후 60으로 나누어 평균을 계산하면 1인당 GDP의 평균은 $21,279가 된다. 평균은 해당 변수에 대한 자료의 중심 위치를 의미한다.

표 1-4_ 60개 국가의 피치전망에 대한 도수와 비율분포표

피치전망	도수	비율(%)
Positive	4	6.7
Stable	44	73.2
Negative	12	20.0

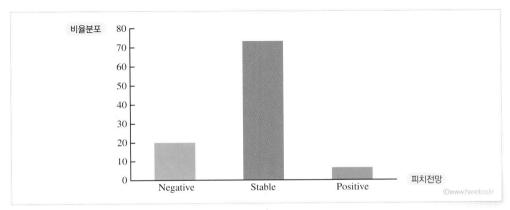

🔺 그림 1-4_ 60개 국가의 피치전망에 대한 막대그래프

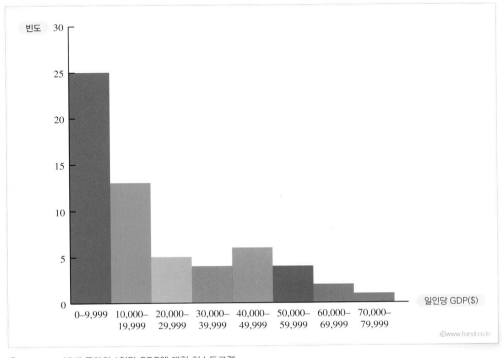

🔺 그림 1-5_ 60개 국가의 1인당 GDP에 대한 히스토그램

⑤ 통계적 추론

* 미국 정부는 10년마다 인구총조사(census)를 실시한다. 시장조사기관은 매일 표본조사를 실시한다.

우리 주변의 다양한 상황들은 개인, 기업, 유권자, 가계, 제품, 소비자 등 수많은 원소로 이루어진 큰 그룹들의 정보를 요구하고 있으나, 시간, 비용 등의 문제로 이 그룹의 일부분의 자료만을 수집할 수밖에 없다. 특정한 연구대상이 되는 전체 집합을 모집단(population)이라 하고, 일부분의 집합을 표본(sample)이라고 한다. 다음은 모집단과 표본의 정의이다.

모집단(population)
특정 연구에서 관심의 대상이 되는 모든 원소의 집합을 모집단이라고 한다.

표본(sample)
모집단의 부분집합이다.

모집단의 모든 자료를 수집하기 위한 조사를 전수조사(census)라고 하며, 표본으로부터 자료를 수집하는 것을 표본조사(sample survey)라고 한다. 통계학은 통계적 추론(statistical inference) 과정을 통해 표본 자료를 활용하여 모집단의 특성을 추정하고 가설을 검정한다.

통계적 추론의 예로 로저스 인더스트리(Rogers Industries)에서 수행한 연구를 살펴보자. 로저스는 랩톱 컴퓨터, 태블릿 같은 충전식 전자제품에 사용되는 리튬 배터리를 제조하는 기업이다. 배터리 수명을 늘리기 위해 로저스는 오래 지속되고 안전하게 사용할 수 있는 새로운 고체 리튬 배터리를 개발했다. 새로 개발된 배터리의 지속시간을 분석하는 경우, 모집단은 새로운 기술을 사용하여 생산할 수 있는 모든 리튬 배터리로 정의된다. 새로운 배터리의 장점을 평가하기 위해 신기술인 솔리드 스테이트 기술로 제조된 200개의 배터리 표본을 검사했다. 〈표 1-5〉는 이 표본에서 수집한 자료로 통제된 조건에서 재충전이 필요할 때까지 각 배터리가 지속된 시간을 나타낸다.

로저스는 표본 자료를 사용하여 솔리드 스테이트 기술로 생산할 수 있는 모든 배터리의 평균 지속시간을 추론하고자 한다. 〈표 1-5〉에 있는 200개 표본의 값을 합산한 뒤 이를 200으로 나누면 배터리 표본의 평균 지속시간은 18.84시간이 되어, 모집단의 배터리 평균 지속시간을 18.84시간으로 추정할 수 있다. 〈그림 1-6〉은 로저스 인더스트리의 통계적 추론 과정을 그림으로 정리한 것이다.

통계분석가는 모집단의 특성을 추정하기 위해 표본을 사용할 때마다 추정치의 정확도에 대한 설명을 추가한다. 로저스 인더스트리의 예에서 통계분석가가 배터리 평균 지속시간에 대한 점추정치는 18.84시간이며 오차범위는 ±0.68시간이라고 한다면, 배터리 평균 지속시간의 구간 추정치는 18.16시간에서 19.52시간이 된다. 또한, 통계분석가는 18.16시간에서 19.52시간 사이에 어느 정도의 신뢰도를 갖고 모집단의 평균이 포함되는가에 대해서도 언급할 것이다.

DATA files
Rogers
www.hanol.co.kr

표 1-5_ 로저스 인더스트리 배터리 200개 표본의 재충전까지 지속시간

배터리 수명(시간)									
19.49	18.18	18.65	19.45	19.89	18.94	17.72	18.35	18.66	18.23
19.08	19.92	19.01	18.84	17.73	19.70	18.37	18.69	19.98	18.80
19.11	18.26	19.05	17.89	19.61	18.52	18.10	19.08	18.27	18.29
19.55	18.81	18.68	17.43	20.34	17.73	17.66	18.52	19.90	19.33
18.81	19.12	18.39	19.27	19.43	19.29	19.11	18.96	19.65	18.20
19.18	20.07	18.54	18.37	18.13	18.29	19.11	20.22	18.07	18.91
18.44	19.04	18.88	19.51	18.84	20.98	18.82	19.40	19.00	17.53
18.74	19.04	18.35	19.01	17.54	18.14	19.82	19.23	19.20	20.02
20.14	17.75	18.50	19.85	18.93	19.07	18.83	18.54	17.85	18.51
18.74	18.74	19.06	19.00	18.77	19.12	19.58	18.75	18.67	20.71
18.35	19.42	19.42	19.41	19.85	18.23	18.31	18.44	17.61	19.21
17.71	18.04	19.53	18.87	19.11	19.28	18.55	18.58	17.33	18.75
18.52	19.06	18.54	18.41	19.86	17.24	18.32	19.27	18.34	18.89
18.78	18.88	18.67	18.19	19.07	20.12	17.69	17.92	19.49	19.52
19.91	18.46	18.98	19.18	19.01	18.79	17.90	18.43	18.35	19.02
18.06	19.11	19.40	18.71	18.91	18.95	18.51	19.27	20.39	19.72
17.48	17.49	19.29	18.49	17.93	19.42	19.19	19.46	18.56	18.41
18.24	17.83	18.28	19.51	18.17	18.64	18.57	18.65	18.61	17.97
18.73	19.32	19.37	18.60	19.16	19.44	18.28	19.20	17.88	18.90
19.66	19.00	18.43	19.54	19.15	18.62	19.64	18.87	18.31	19.54

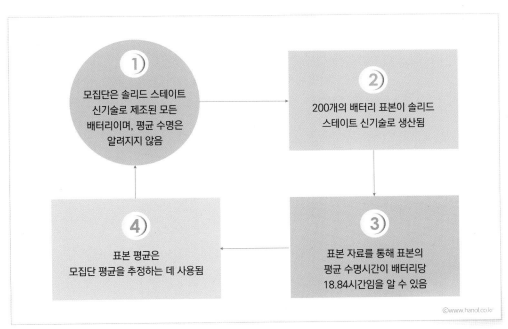

① 모집단은 솔리드 스테이트 신기술로 제조된 모든 배터리이며, 평균 수명은 알려지지 않음

② 200개의 배터리 표본이 솔리드 스테이트 신기술로 생산됨

③ 표본 자료를 통해 표본의 평균 수명시간이 배터리당 18.84시간임을 알 수 있음

④ 표본 평균은 모집단 평균을 추정하는 데 사용됨

ⓒwww.hanol.co.kr

🔺 그림 1-6_ 로저스 인더스트리 사례에서 통계적 추론 과정

엑셀을 활용한 통계분석

통계분석은 많은 양의 자료처리를 수반하기 때문에 컴퓨터를 이용한다. 이 책에서는 엑셀을 이용하여 어떻게 통계분석을 할 것인가를 설명한다. 이 책은 통계학에 관한 교재로 스프레드시트에 관한 교재가 아니라는 점을 강조하고 싶다. 따라서 이 책에서는 자료의 수집, 분석, 표현 및 해석을 위한 적절한 통계적 절차를 중심으로 설명한다. 다만, 엑셀은 많은 조직에서 광범위하게 이용되는 소프트웨어이므로 엑셀 활용능력은 큰 도움이 될 것이다. 이 책의 대부분의 절은 통계적 절차를 유용하게 적용할 수 있는 사례를 설명하면서 시작한다. 이후, 통계분석 절차와 이의 적용방법을 설명한 뒤, 엑셀을 활용하여 이런 절차를 실행하는 방법을 제시한다.

1 데이터 세트와 엑셀 워크시트

데이터 세트는 〈표 1-1〉의 WTO에 참가하고 있는 60개국에 대한 자료와 같은 방법으로 엑셀 워크시트에 작성한다. 〈그림 1-7〉은 엑셀 워크시트에 데이터 세트를 작성한 예이다. 셀 B1:E1(B1에서 E1까지)에는 변수명, 셀 A2:A61에는 국가명을 입력하여 1행과 A열이 레이블로 구성되도록 하였으며, 보라색으로 처리된 셀 B2:E61에는 수집한 값을 입력하였다. 행이 많은 워크시트를 모두 표시하는 것은 실용적이지 않기 때문에 공간 절약을 위해 15~54행은 숨겨놓은 상태이다.

통계분석에서 가장 주안점을 두는 것이 바로 자료이다. 워크시트에서 1행의 제목을 제외한 각 행은 하나의 관측대상에 대한 관측값이며 각 열은 하나의 변수값을 의미한다. 예를 들어, 워크시트의 2행은 첫 번째 관측대상인 아르메니아의 관측값이고, 3행은 두 번째 대상인 호주의 관측값이며, 4행은 세 번째 관측 대상인 오스트리아의 관측값이다. 따라서 A열의 이름인 국가명은 60개의 관측값들이 어디에 속하는지를 쉽게 알아볼 수 있게 해준다. 워크시트의 B열은 변수 WTO 가입 형태에 대한 자료이고, C열은 변수 1인당 GDP($)에 대한 자료이다.

* 참고: 15~54행은 숨김

* 엑셀 워크시트의 15~54행을 숨기려면 먼저 15~54행을 선택한 후, 마우스 오른쪽 버튼을 클릭하고 숨기기를 선택한다. 숨긴 행을 다시 표시하게 하려면 14~55행을 선택한 후, 마우스 오른쪽 버튼을 클릭하고 숨기기 취소 버튼을 선택한다.

	A	B	C	D	E	F
1	국가	WTO 가입 형태	1인당 GDP($)	피치 등급	피치 전망	
2	Armenia	Member	3615	BB-	Stable	
3	Australia	Member	49755	AAA	Stable	
4	Austria	Member	44758	AAA	Stable	
5	Azerbaijan	Observer	3879	BBB-	Stable	
6	Bahrain	Member	22579	BBB	Stable	
7	Belgium	Member	41271	AA	Stable	
8	Brazil	Member	8650	BBB	Stable	
9	Bulgaria	Member	7469	BBB-	Stable	
10	Canada	Member	42349	AAA	Stable	
11	Cape Verde	Member	2998	B+	Stable	
12	Chile	Member	13793	A+	Stable	
13	China	Member	8123	A+	Stable	
14	Colombia	Member	5806	BBB-	Stable	
55	Switzerland	Member	79888	AAA	Stable	
56	Thailand	Member	5911	BBB	Stable	
57	Turkey	Member	10863	BBB-	Stable	
58	United Kingdom	Member	40412	AAA	Negative	
59	Uruguay	Member	15221	BB+	Positive	
60	United Stabletes	Member	57638	AAA	Stable	
61	Zambia	Member	1270	B+	Negative	
62						

⬥ 그림 1-7_WTO에 참여하는 60개국의 엑셀 워크시트

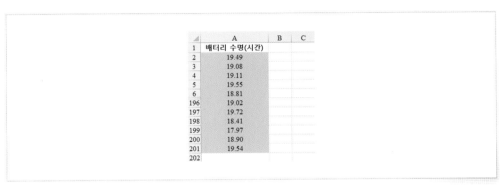

⬥ 그림 1-8_ 로저스 인더스트리 데이터 세트를 입력한 엑셀 워크시트

〈표 1-5〉의 로저스 인더스트리 자료를 엑셀에서 분석해보자. 〈표 1-5〉는 각 열에 20개씩의 값이 있는 10개의 열로 구성되어 있다. 여러 개의 열로 구성되어 있지만 결국 한 개의 변수(배터리 지속시간)에 대한 자료가 된다. 일반적으로 통계 워크시트에서는 〈그림 1-8〉의 엑셀 워크시트와 같이 각 변수의 모든 값들을 하나의 열에 입력한다. 7~195행은 공간 절약을 위해 숨겨진 상태이다.

2 통계분석에서의 엑셀 활용

이 책에서는 통계분석 절차와 엑셀의 활용 방법을 구분하여 설명한다. 엑셀의 활용 방법은 '엑셀을 활용한 막대그래프와 원그래프 작성', '엑셀을 활용한 도수분포 작성'과 같은 제목으로 구분한다. 통계분석을 위해 엑셀을 활용하는 경우에는 자료입력/자료열기, 함수와 수식입력, 도구 사용, 편집옵션 같은 4가지 작업이 필요할 수 있다.

자료입력/자료열기　자료입력을 위한 셀을 선택하고 적절한 레이블과 자료를 입력하거나, 교재의 엑셀 파일을 연다.
함수와 수식입력　셀 위치를 정한 후 엑셀 함수와 수식을 입력하고. 결과를 설명하는 레이블을 입력한다.
도구사용　자료의 분석과 표현을 위해 엑셀의 도구를 사용한다.
편집옵션　분석결과를 보기 좋게 구분하거나 여러 형태로 표현하기 위해 편집한다. 예를 들어 엑셀의 차트 도구를 이용하면 제목, 범례, 레이블 등의 요소를 추가, 제거, 수정하여 차트를 편집할 수 있다.

엑셀을 어떻게 활용하는지를 보기 위해 엑셀의 AVERAGE 함수를 사용하여 〈표 1-5〉에서 배터리 200개에 대한 평균 수명을 계산하는 방법을 살펴보자. 〈그림 1-9〉에서 앞에 위치한 워크시트는 자료와 분석 결과를 보여주는 것으로 값 워크시트(value worksheet)라고 부르며, 뒤에 있는 워크시트는 평균 수명 계산식을 표시한 것으로 수식 워크시트(formula worksheet)라고 부른다. 보라색으로 표시한 부분은 자료가 포함된 셀이고, 녹색으로 채워진 부분은 수식 워크시트의 함수식과 값 워크시트의 해당 결과이다.

▲ 그림 1-9_ 엑셀의 평균 계산 기능을 사용하여 로저스 인더스트리의 배터리 평균 지속시간 계산

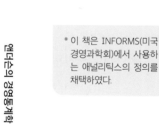

DATA files
Rogers
www.hanol.co.kr

자료입력/자료열기 파일 Rogers를 연다. 셀 A2:A201은 자료이고 셀 A1은 레이블이다.

함수 및 수식 입력 엑셀에서 평균을 구하기 위해 AVERAGE 함수를 이용하여 셀 E2에 다음과 같이 입력한다.

$$=AVERAGE(A2:A201)$$

이와 유사하게 함수 =MEDIAN(A2:A201)을 셀 E3에 입력하면 중앙값을 계산할 수 있다.

무엇에 관한 결과인가를 확인할 수 있도록 레이블 "Average Lifetime"을 셀 D2에 입력하고, "Median Lifetime"을 셀 D3에 입력하였다. 값 워크시트를 보면, 평균 수명은 18.84시간, 배터리 수명의 중앙값은 18.84시간이 된다.

⑦ 애널리틱스

이용 가능한 자료의 급격한 증가, 자료 저장 비용의 효율성 증가, 컴퓨터 처리 속도 증가, 고객과 비즈니스 운영의 이해를 위한 자료의 중요성에 대한 관리자의 인식 변화 등으로 의사결정에서 자료를 활용하는 경우가 급격히 증가했다. 애널리틱스(Analytics)는 자료를 기반으로 의사결정을 하기 위해 사용하는 분석 기술들을 포함하는 개념으로, 더 나은 결정을 내리기 위해 자료로부터 깊은 통찰(또는 시사점)을 이끌어내는 과학적인 절차이다. 애널리틱스(우리말로는 '분석' 정도로 번역할 수 있다)는 자료 또는 사실 기반 의사결정에 사용되며, 의사결정을 위한 대안적 접근 방식(alternative approaches)보다 객관적인 것으로 간주된다. 애널리틱스 도구는 자료로부터 시사점을 도출하고, 계획 수립을 위한 예측력을 향상시키고, 잠재한 위험을 정량화하고, 더 나은 대안을 제시하여 의사결정을 돕는다.

애널리틱스에는 간단한 보고서로부터 최적화 기술(최적의 결정을 도출하는 정교한 알고리즘)에 이르기까지 다양한 기술들이 포함될 수 있다. 애널리틱스에는 일반적으로 기술 분석, 예측 분석 및 처방 분석의 세 가지 범주의 분석 영역이 존재한다.

기술 분석(descriptive analytics)은 과거에 발생한 사건을 설명하는 분석 기술을 포함하는 것으로 데이터 쿼리(data queries), 보고서, 기술통계, 자료 시각화, 자료 대시보드, 가상분석 등의 방법이 있다.

예측 분석(predictive analytics)은 과거 자료를 이용하여 만든 모형을 사용하여 미래를 예측하거나, 한 변수가 다른 변수에 미치는 영향을 평가하는 분석 기법들로 구성된다. 예를 들어, 과거의 제품 판매량은 미래의 판매량을 예측하는 수학적 모형을 만드는 데 사용할 수 있다. 이 모형을 이용하여 과거의 판매량으로부터 판매량의 성장추세나 계절성 등의 특성을 분석할 수 있다. 식품 제조업에서는 소매점의 POS 스캐너 자료를 이용하여 쿠폰이나 판매 이벤트로 인해 판매량이 증가할 것인지를 추정하는 데도 활용할 수 있다. 선형회귀분석, 시계열 분석, 시뮬레이션 등이 예측 분석 범주에 속한다.

처방 분석(prescriptive analytics)은 기술 및 예측 분석과 다르게 최상의 행동 방침을 제시한다. 즉, 처방 모형이 산출하는 값이 최적의 의사결정 방법이 되는 것이다. 제약조건(constraints)하에서 목표(objective)를 최대화하거나 최소화하는 해(solutions)를 도출하는 최적화 모델(optimization models)은 처방 모형의 범주에 속한다. 항공업계는 수익을 극대화하기 위해 항공편 가격 책정 모형에 과거의 항공티켓 구매 자료를 사용하는데, 이러한 분석도 처방 분석의 한 예이다.

⑧ 빅데이터와 데이터 마이닝

최근 기업들은 신용카드 리더기, 바코드 스캐너, POS 단말기, 온라인 자료 수집 등을 통해 매일 많은 양의 자료를 수집한다. 터치스크린 모니터를 사용하여 주문을 입력하고 계산서를 발급하는 소규모 가게들도 상당한 양의 자료를 수집한다. 대규모 유통사인 월마트는 매일 2천만 건에서 3천만 건의 거래 자료를 수집하고, 프랑스의 오랑주 S.A(Orange S.A.)나 미국의 AT&T 같은 통신 기업은 하루 3억 건 이상의 통화 기록을 생성하며, 비자(Visa)는 초당 6,800건의 지불 거래와 하루 약 6억 건의 거래를 처리한다. 또한, 트위터(Twitter)와 같은 소셜 미디어에 특정 기업의 제품이나 서비스에 관해 사용자들이 작성한 글을 모니터링하여 텍스트 자료가 수집되고, 서비스 사용을 위한 통화에서 음성 자료가 수집되며("고객 서비스 품질 향상을 위해 이 통화는 녹음됩니다"라는 말을 종종 들을 수 있다), 쇼핑 행동을 분석하기 위해 매장 안에 설치한 비디오카메라 등에서 영상 자료가 수집된다.

빅데이터(big data)는 일반적으로 매우 많거나 복잡한 자료를 지칭한다. 즉, 우리 주변에서 사용하는 일반적인 소프트웨어로는 적절한 시간 내에 자료를 관리, 처리, 분석할 수 없을 만큼의 대량의 자료를 의미한다. 자료 분석가들은 빅데이터의 4가지 특징(4v)인 크기(volume), 속도(velocity), 다양성(variety), 정확성(veracity)으로 빅데이터를 정의한다. 크기는 자료의 양, 속도는 자료를 수집하고 처리하는 속도, 다양성은 자료 유형의 종류, 정확성은 자료의 신뢰성을 의미한다.

데이터웨어하우징(data warehousing)이라는 용어는 자료를 수집, 저장, 관리하는 것을 의미하며, 최근의 컴퓨터 능력은 몇 초 내에 매우 방대한 자료를 저장 가능한 시대를 열고 있다. 데이터웨어하우스 내에 있는 자료를 분석하여 새로운 전략을 수립하고 높은 수익을 달성할 수 있는 의사결정에 도움을 받을 수 있다. 예를 들어 제네럴일렉트릭(GE)은 비행기가 이착륙할 때마다 항공기 엔진에 부착한 센서에서 매우 많은 양의 자료를 수집하여, 엔진 성능을 모니터링하고 수리가 필요하거나 문제가 발생할 가능성을 발견하면 고객에게 먼저 알림을 보낼 수 있다.

데이터 마이닝(data mining)은 대규모 데이터베이스에서 의사결정에 유용한 정보를 도출하는 방법을 다룬다. 분석가들은 통계학, 수학, 컴퓨터 과학을 조합해 데이터웨어하우스에서 데이터를 채굴하여 유용한 정보를 추출하기 때문에 데이터 마이닝이라는 이름이 붙여졌다. 이 분야 개척자인 Kurt Thearling 박사는 데이터 마이닝을 "대규모 데이터베이스에서 자동으로 예측 정보를 추출하는 것"으로 정의하여 "자동(automated)"과 "예측(predictive)"을 강조하였다. 데이터 마이닝은 아마존(Amazon), 반스앤노블(Barnes & Noble)과 같은 유통업체에서 특정 상품을 구매한 기록이 있는 고객이 다른 상품을 구매할 의향을 파악하는 데 활용되고 있다. 예를 들어, 고객이 쇼핑몰 웹사이트에 로그인하여 쇼핑 중일 때 이 고객이 관심을 가질 만한 상품들을 팝업 창 등을 이용해 노출시킬 수 있다. 또는 특정 쇼핑에서 $20 이상을 구매한 고객들을 구분하여 이들에게만 할인 쿠폰이나 이벤트 행사 안내 메일을 보낼 수도 있다.

데이터 마이닝은 다중회귀분석, 로지스틱 회귀분석, 상관관계분석 같은 통계적 방법론에 대한 의존도가 매우 높다. 그러나 데이터 마이닝을 효과적으로 이용하려면 통계적 방법론과 인공지능, 머신러닝(machine learning) 등 컴퓨터 공학에서 사용되는 기술들의 융복합이 필요하다.

⑨ 통계분석을 위한 윤리적 지침

윤리적 행동은 우리가 하려는 모든 일에서 추구되어야 할 가치이다. 통계학은 자료의 수집, 분석, 보고 및 해석 등의 과정에서 중요한 역할을 하므로 윤리적 문제가 발생한다. 통계 분야의 비윤리적 행동으로는 부적절한 표본 추출, 부적절한 자료 분석, 오해의 소지가 있는 그래프 작성, 부적절한 통계 요약 및 통계 결과의 편향된 해석 등이 있다.

통계분석이 필요한 연구를 진행 중이라면 통계분석의 전 과정에서 공정하고 객관적이며 중립적이어야 한다. 또한, 언론에서 발표되는 통계를 접할 때는 항상 자료의 출처와 분석의 목적 및 객관성에 문제가 없는지에 관해 각별한 주의가 필요하다.

미국통계협회(American Statistical Association)는 '통계 실무를 위한 윤리적 지침서'를 2018년 4월에 편찬했다. 이 지침서는 8개 주제 영역에서 52개의 지침으로 구성되어 있다. 세부 내용을 보면 데이터 및 방법의 무결성, 과학·공공·기금자·고객에 대한 책임, 연구 주제에 대한 책임, 연구팀 동료에 대한 책임, 다른 통계학자나 통계실무자에 대한 책임, 통계법 위법에 대한 책임, 조직·개인·변호사·통계 전문가를 고용하는 고용주의 책임에 관한 내용이다.

통계 연구 분야에서 윤리적 문제에 관한 사례를 살펴보자. 1.5절에서 새로운 고체 기술로 생산한 200개의 리튬 배터리 표본에 대한 통계 문제를 다루었다. 여기서 표본 배터리의 평균 지속시간을 구한 결과는 18.84시간으로 나타났고, 이는 곧 새로운 고체 상태 기술로 생산한 모든 리튬 배터리의 평균 지속시간의 추정치가 되었다. 그러나 이 평균값은 로저스가 추출한 배터리 표본에서 얻은 값이므로, 만약 다른 표본들이 추출되었다면 평균 배터리 지속시간은 다른 값으로 나타났을 것이다.

로저스의 경영진이 표본 분석의 결과로 새 배터리의 재충전 직전까지의 평균 지속시간이 20시간 이상으로 나오기를 바란다고 가정해보자. 로저스의 경영진이 20시간 이상의 표본 평균을 얻을 때까지 200개 배터리의 표본을 반복하여 추출한다면 우연히 원하는 결과를 얻을 수 있을 것이며, 로저스는 이 결과를 신기술로 생산한 배터리 판매에 활용할 것이다. 이 경우 소비자들은 신제품이 더 좋은 성능을 발휘한다고 오인하게 될 것이다. 이 같은 통계적 연구 방식은 비윤리적이며, 통계를 심각하게 오용하는 것이다.

자료와 통계 방법의 무결성에 관한 윤리적 지침들은 주로 자료처리에 관한 문제를 다룬다. 예를 들어, 통계분석자들은 통계 실험에서 사용한 모든 자료와 추출한 표본에 대한 신뢰성 있는 설명을 할 수 있어야 한다. 위의 사례에서 18.84시간이란 결과를 확인한 후, 지속시간이 18시간 이하로 나타난 배터리 표본들은 제조 공정의 문제로 인한 결함으로 밝혀져 모두 폐기했다고 가정해보자. 이후 남아 있는 표본들의 평균 지속시간이 22시간으로 나타났고, 로저스는 솔리드 스테이트 기술로 생산한 배터리의 지속시간이 22시간이라고 주장한다면 이 주장에 윤리적 문제가 있는가?

표본에 포함된 배터리들의 평균 지속시간이 22시간에 미치지 못한다는 이유로 지속시간이 18시간 미만인 배터리들을 폐기했다면, 새로 개발한 신기술의 성능이 기존 기술보다 좋다는 주장이 비윤리적이라는 것에는 의심의 여지가 없다. 폐기된 배터리를 제조 공정상 문제로 통계 분석에 포함시키지 않았다고 하더라도 이 통계분석을 수행한 분석자는 이런 자료들에 대해서도 신뢰성 있게 설명해야 한다. 그렇지 않으면 분석 결과에 오해의 소지가 있으며 분석자와 기업 모두에게 비윤리적인 행동이 될 수 있다.

또한, 통계분석가는 이미 계획한 결론을 염두에 두고 편향된 분석을 수행하면 안 된다. 이런 편향성은 대표성 없는 표본을 사용할 때 주로 발생한다. 예를 들어, 대부분의 식당들은 실내 흡연을 허용하지 않고 있다. 그러나 담배업계의 한 로비스트가 식당 내 흡연을 허용하는 것에 찬성하는 사람들의 비율을 추정하기 위해 흡연이 허용되는 식당에서만 인터뷰를 진행한다고 가정해보자. 인터뷰에 응한 사람들의 90%가 식당 내 흡연을 찬성하는 것으로 나타났고, 로비스트는 식당을 이용하는 손님들의 90%가 식당 내 흡연 허용에 찬성한다고 주장한다. 우리는 이 경우가 의도적으로 흡연을 허용하는 식당에서 표본을 추출한 것이므로 통계분석 결과가 편향되었다는 것을 이미 알고 있지만, 이런 분석 결과의 해석에 익숙하지 않은 사람이라면 연구의 세부 사항(흡연이 허용되는 식당에서만 표본을 수집했다는 것)을 간과하고 결과를 오해할 수 있다.

통계학은 자료를 모으고, 분석하고, 표현하고, 해석하는 예술이자 학문으로, 경영·경제 분야를 전공하는 대부분 학생은 통계학을 수강해야 한다. 이 장에서는 경영·경제 분야에서 통계를 활용하는 사례들도 함께 설명하였다.

자료는 수집하고 분석한 객관적 사실들과 수치로 구성된다. 자료 수집과 측정에는 명목척도, 서열척도, 구간척도, 비율척도의 4가지 척도가 사용된다. 자료가 이름이나 기호를 사용하여 표현되면 명목척도가 되고, 명목척도 특성을 가지면서 순서 특성도 가지면 서열척도이며, 순서자료이고 차이가 고정된 단위로 표현될 수 있으면 구간척도가 된다. 구간척도의 모든 특성을 가지면서 두 값의 비율이 의미를 가지면 비율척도가 된다.

자료는 범주형 자료와 양적 자료로 구분된다. 범주형 자료는 각 원소의 특성을 구분하기 위해 이름이나 기호가 사용되고, 명목척도나 서열척도를 사용하며, 기호나 숫자 코드로 표현한다. 양적 자료의 측정값은 숫자로 표현되고, 구간척도나 비율척도를 사용한다. 자료가 양적일 때만 사칙연산이 의미가 있으므로, 양적 자료에 사용되는 통계적 방법이 범주형 자료에 항상 적용될 수 있는 것은 아니다.

4절과 5절에서는 기술통계와 통계적 추론을 소개하였다. 기술통계는 표, 그래프, 숫자 등을 이용해 요약한 정보를 제공하고, 통계적 추론은 표본을 이용하여 모집단의 특성을 추정하고 가설검정을 수행한다. 이 장의 마지막 3개의 절은 통계분석에서 컴퓨터의 역할과 빅데이터, 데이터 마이닝, 통계분석에서 윤리적 지침에 관해 설명하였다.

1. 숫자적 사실로서의 통계와 연구 분야로서의 통계의 차이에 대해 논하라.

2. 태블릿PC 컴패리즌(Tablet PC Comparison)은 태블릿PC에 대한 다양한 정보를 제공한다. 이 웹사이트에서는 가격, 운영체제, 화면크기, 배터리 시간, CPU 제조사 등을 기준으로 소비자들이 쉽게 비교할 수 있도록 해준다. 10개의 태블릿PC 표본으로 구성된 〈표 1-6〉을 이용하여 다음 물음에 답하라(Tablet PC Comparison website).

   a. 이 자료에서 원소의 개수는?

   b. 이 자료에서 변수의 개수는?

   c. 범주형 변수와 양적 변수는 각각 어떤 변수인가?

   d. 각 변수에 사용된 척도는?

3. 〈표 1-6〉을 이용하여 다음 물음에 답하라.

   a. 태블릿PC의 평균 가격은?

   b. Windows를 사용하는 태블릿PC와 Android를 사용하는 태블릿PC의 평균 가격을 비교하면?

📊 표 1-6_ 태블릿PC 10대에 대한 제품 정보

태블릿PC	가격	운영체제	화면크기	배터리 시간	CPU 제작사
Acer Iconia W510	599	Windows	10.1	8.5	Intel
Amazon Kindle Fire HD	299	Android	8.9	9	TI OMAP
Apple iPad 4	499	iOS	9.7	11	Apple
HP Envy X2	860	Windows	11.6	8	Intel
Lenovo ThinkPad Tablet	668	Windows	10.1	10.5	Intel
Microsoft Surface Pro	899	Windows	10.6	4	Intel
Motorola Droid XYboard	530	Android	10.1	9	TI OMAP
Samsung Ativ Smart PC	590	Windows	11.6	7	Intel
Samsung Galaxy Tab	525	Android	10.1	10	Nvidia
Sony Tablet S	360	Android	9.4	8	Nvidia

    c. TI OMAP의 CPU를 사용하는 태블릿PC의 비율은?

    d. Android를 사용하는 태블릿PC의 비율은?

4. 〈표 1-7〉은 무선 전화기 8대에 대한 자료이다(Consumer Reports). 전화기의 종합 점수는 0에서 100점으로 평가하였고, 음성품질은 "Poor", "Fair", "Good", "Very Good", "Excellent"로 평가하였다. 통화시간은 제조사가 주장하는 배터리가 완전 충전된 상태에서의 단말기 사용시간이다.

    a. 이 자료에서 원소의 개수는?

    b. 가격, 종합점수, 음성품질, 통화시간 변수를 범주형 변수와 양적 변수로 구분하면?

    c. 각 변수에 사용된 척도는?

5. 〈표 1-7〉을 이용하여 다음 물음에 답하라.

    a. 전화기의 평균 가격은?

    b. 전화기의 평균 통화시간은?

    c. 음성품질이 'Excellent'인 비율은?

6. J.D. 파워와 협회(J.D. Power and Associates)는 최근 구매한 자동차에 대한 품질을 평가하기 위해 설문조사를 하였다. J.D. 파워의 초기 품질 조사에서는 고객에게 다음과 같은 질문을 하

📊 표 1-7_ 전화기 8대에 대한 자료

제조사	모델	가격	종합점수	음성품질	통화시간 (시간)
AT&T	CL84100	60	73	Excellent	7
AT&T	TL92271	80	70	Very Good	7
Panasonic	4773B	100	78	Very Good	13
Panasonic	6592T	70	72	Very Good	13
Uniden	D2997	45	70	Very Good	10
Uniden	D1788	80	73	Very Good	7
Vtech	DS6521	60	72	Excellent	7
Vtech	CS6649	50	72	Very Good	7

였다. 각 질문에 대한 응답은 범주형 자료인가, 양적 자료인가?

   a. 차량을 구매하였는가, 임대하였는가?

   b. 차량의 가격은?

   c. 차량 외관에 대한 종합 평가는? (매우 나쁨, 평균, 우수, 매우 우수)

   d. 갤런당 평균 주행거리는?

   e. 새 차에 대한 전반적 평가는? (10점 만점. 1점은 최하, 10점은 최상으로 평가)

7. 테네시(Tennessean) 내슈빌(Nashville)에 위치한 온라인 신문사인 테네시안(The Tennessean)은 매일 다양한 이슈들에 대한 구독자 의견을 수집하기 위해 투표를 하고 있다. "테네시주의 소득세를 금지하는 개헌에 찬성하는가?"에 대한 최근의 투표에서 762명이 응답하였다. 이에 대한 응답은 "예", "아니오", "모르겠다"이다(The Tennessean website).

   a. 이 투표의 표본 크기는?

   b. 이 응답 자료는 범주형 자료인가, 양적 자료인가?

   c. 이 응답을 잘 요약하는 지표로서 평균이 합리적인가, 비율이 합리적인가?

   d. 응답자 중 67%가 "예"라고 응답하였다면, 응답자는 몇 명인가?

8. 교통통계 옴니버스 가구조사국(The Bureau of Transportation Statistics Omnibus Household Survey)은 "운전자가 운전 중에 손으로 휴대전화를 사용하는 것을 허용해야 하는가?"에 대한 설문조사를 실시하였다. 질문에 가능한 응답은 "매우 찬성", "다소 찬성", "다소 반대", "매우 반대"로, 44명이 매우 찬성, 130명이 다소 찬성, 165명이 다소 반대, 741명이 매우 반대로 응답하였다.

   a. 이 질문에 대한 응답은 양적 자료인가, 범주형 자료인가?

   b. 이 문제에 대한 응답을 잘 요약하는 지표로서 평균과 비율 중 어느 것이 합리적인가?

   c. 운전 중 손으로 휴대전화를 사용하는 것에 매우 찬성하는 비율은?

   d. 이 결과가 운전 중 손으로 휴대전화하는 것을 찬성하거나 반대하는 것을 일반화할 수 있다고 생각하는가?

9. 하와이관광국(The Hawaii Visitors Bureau)에서는 하와이 방문객에 대한 자료를 수집하고 있다. 다음 질문은 입국 비행기 승객을 대상으로 하는 16개 질문 문항 중 일부이다.

> • 하와이 방문 횟수: 첫 번째, 두 번째, 세 번째, 네 번째, 5번 이상
> • 이 여행의 가장 중요한 목적: 휴가, 회의, 신혼여행 등 10가지 종류
> • 숙박 장소: 호텔, 아파트, 친지의 집, 캠핑 등 11가지 종류
> • 여행 일수

   a. 모집단은 어떻게 정의할 수 있는가?

   b. 설문지를 이용하는 것이 입국 비행기 승객 모집단에 접근하는 좋은 방법인가?

   c. 4가지 질문항목에 대한 응답을 범주형 자료와 양적 자료로 구분하면?

10. 다음의 자료는 렌트카 업체인 허츠(Hertz), 에이비스(Avis), 달러(Dollar)의 4년치 자동차 렌트 현황이다.

운용 중인 차(단위: 1,000대)				
렌트카 업체	1년차	2년차	3년차	4년차
허츠	327	311	286	290
달러	167	140	106	108
에이비스	204	220	300	270

    a. 각 회사의 연차별 렌트 현황을 나타내는 시계열 그래프를 하나의 좌표축에 작성하라.

    b. 시장점유율 측면에서의 선두업체는 무엇이며, 선두업체의 시장점유율 변화에 관해 설명하라.

    c. 각 업체의 4년차 렌트 현황을 막대그래프로 작성하라. 이 그래프를 그리기 위한 자료는 횡단면 자료인가, 시계열 자료인가?

11. 어느 대기업의 매니저는 다른 기업으로 이직할 때 연봉이 $10,000는 인상되어야 한다고 생각한다. 이 정도의 연봉 인상이 적절한지를 판단하기 위한 기업 내부 또는 외부 자료로는 어떤 것들이 있겠는가?

12. 전자 세금납부 시스템 제공업체인 컴플릿 텍스(Complete Tax)의 조사 대행사인 오피니언 리서치사(Opinion Research Corporation)는 전자 세금납부 방식의 사용 여부에 관해 18세 이상 1,021명에게 무작위 전화 설문조사를 실시하였다. 설문조사 결과 684명은 전자 세금납부 방식으로 납부할 것이라고 응답하였다.

    a. 전자 세금납부 시스템을 사용할 것으로 예상되는 비율을 추정하는 데 사용될 수 있는 통계량은?

    b. 설문조사 결과, 세금 환급 준비에 가장 많이 사용되는 방법은 세무사 같은 세금 전문가를 고용하는 것이다. 만일 60%가 이 방법을 사용한다고 응답했다면, 이 방법을 사용한다고 응답한 응답자는 몇 명인가?

    c. 세금을 환급받는 방법으로는 직접환급 신청, 온라인 세금 서비스 이용, 그리고 세금 소프트웨어의 이용이 있다. 세금 환급 방법에 관한 자료는 범주형 변수인가, 양적 변수인가?

13. 블룸버그 비즈니스위크는 북아메리카 지역의 구독자 관련 연구를 위해 2,861명으로 구성된 구독자 표본으로부터 설문 응답을 받았다. 응답자의 59%가 연간 수입이 $75,000 이상이고, 50%가 아메리칸 익스프레스(American Express) 신용카드를 소유하고 있었다.

    a. 모집단을 정의하라.

    b. 연간 수입은 범주형 변수인가, 양적 변수인가?

    c. 아메리칸 익스프레스 신용카드의 소유 여부는 범주형 변수인가, 양적 변수인가?

    d. 이 연구는 횡단면 연구인가, 시계열 연구인가?

    e. 이 연구에서 블룸버그 비즈니스위크가 사용할 만한 통계적 추론에 관해 설명하라.

14. 배론(Barron)의 대형기관투자자 조사(Big Money poll)에서 131명의 투자관리자에게 설문조사

를 실시한 결과는 다음과 같다.

> · 43%는 주식시장이 낙관적이거나 매우 낙관적이라고 응답하였다.
> · 다음 12개월 동안 주식의 평균 예상 수익률은 11.2%이다.
> · 21%는 보건의료산업이 다음 12개월 동안 시장을 이끌어갈 분야라고 예상하였다.
> · 기술 및 통신주가 성장을 재개하는 데 걸리는 시간은 평균 2.5년이라고 예상하였다.

a. 조사결과에서 제시된 2가지 기술통계량은?

b. 모든 투자관리자로 구성된 모집단을 대상으로 다음 12개월 동안 기대되는 주식의 평균 수익률을 추론하라.

c. 기술 및 통신주가 성장을 재개하는 데 걸리는 시간을 추론하라.

15. 7년간 수행된 한 의학 연구에 의하면, 여성의 어머니가 임신 중에 DES라는 약을 복용한 경우에는 그 약을 복용하지 않은 경우보다 여성이 암 유발 조직을 가질 확률이 2배가 된다.

a. 이 연구는 두 모집단을 비교하는 것이다. 각각의 모집단을 정의하라.

b. 자료는 조사에 의해 수집되었는가, 실험에 의해 수집되었는가?

c. 임신 중에 어머니가 DES를 복용한 모집단에서 추출된 3,980명의 여성 표본에서 63명이 암 유발 조직이 발달한 것으로 나타났다. 이 모집단에서 1,000명당 조직에 이상이 있는 여성의 수를 추정하는 데 사용할 수 있는 기술통계량은?

d. 연구결과와 c의 조사결과를 이용하면, 어머니가 임신 중에 DES를 복용하지 않은 여성의 경우에 조직 이상이 예상되는 수는 1,000명당 몇 명인가?

e. c와 같이 의학 연구는 종종 대표본(이 경우 3,980명)을 사용한다. 그 이유는 무엇이겠는가?

데이터 분석을 위해
엑셀로 100% 구현된
앤더슨의 경영통계학

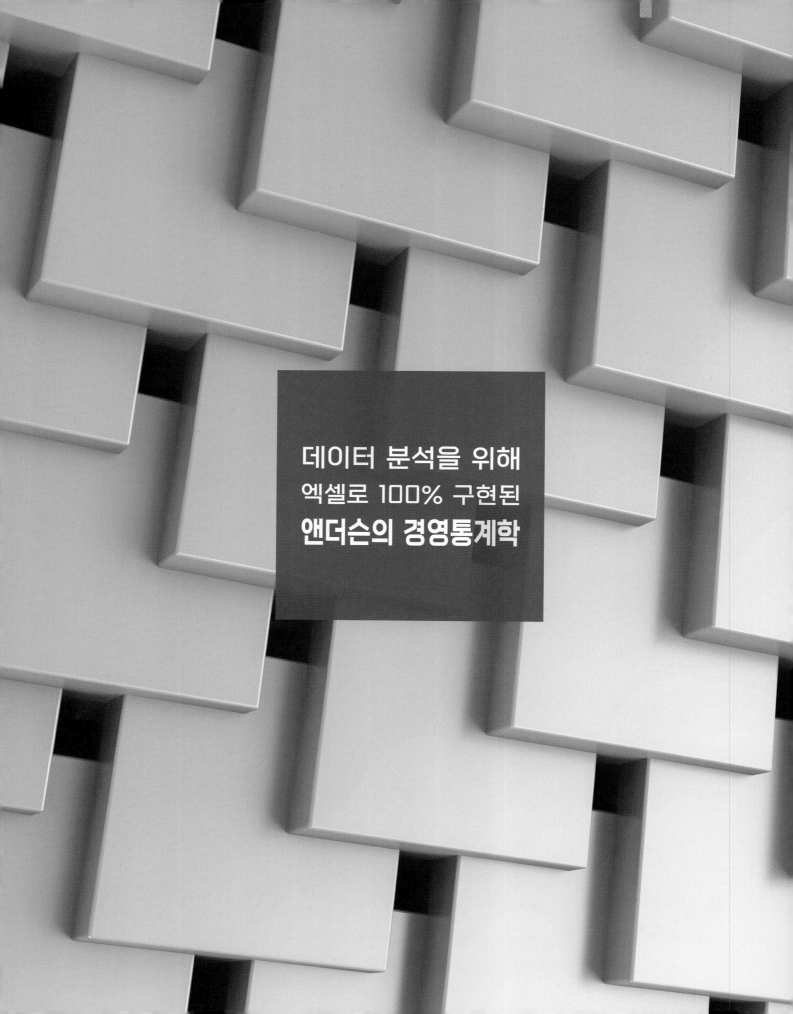

데이터 분석을 위해
엑셀로 100% 구현된
앤더슨의 경영통계학

2

기술통계
표와 그래프를 이용한 표현

콜게이트-팔모라이브 컴퍼니(Colgate-Palmolive Company)
NEW YORK, NEW YORK

콜게이트-팔모라이브는 1806년 뉴욕에서 조그마한 비누와 양초 매장으로 시작하여, 전 세계 200여개 이상의 나라에서 34,000명이 넘는 종업원들이 일하고 있다. 콜게이트(Colgate), 팔모라이브 (Palmolive), 패블로소(Fabuloso)라는 브랜드로 잘 알려졌지만, 아이리시 스프링(Irish Spring), 힐스 사이언스 다이어트(Hill's Science Diet), 소프트소웁(Softsoap), 에이젝스(Ajax products) 등도 판매한다.

콜게이트-팔모라이브는 가정용 세제의 품질 보증 프로그램에 통계를 이용한다. 예를 들면, 세제의 양에 대한 고객만족도 통계분석이다. 규격이 여러 가지인 각각의 상자 안에는 같은 중량의 세제가 들어 있지만 세제의 부피는 분말의 밀도에 따라 달라진다. 세제의 밀도가 높은 세제는 상자에 표시된 중량을 채우는 데 필요한 부피가 작게 되고, 소비자들이 상자를 열었을 때 상자가 덜 채워진 것처럼 보일 수도 있다.

세제 가루가 무거운 문제를 해결하기 위해 세제의 밀도 허용범위를 정하였다. 주기적으로 표본을 추출하여 밀도를 측정하고, 밀도가 허용범위 내로 유지되는 데 필요한 조치가 취해질 수 있도록 요약 자료가 생산부서로 전달된다.

매주 150개 표본의 밀도에 대한 도수분포와 히스토그램이 표와 그래프로 만들어진다. 밀도가 0.40보다 높으면 허용범위를 초과한 것

콜게이트-팔모라이브 컴퍼니는 통계자료를 활용하여 제품 품질을 유지한다.

이다. 도수분포표와 히스토그램을 보면, 밀도는 0.40 이하로서 품질 가이드라인을 충족하고 있음을 알 수 있다. 이러한 정보를 알게 된 관리자는 공정품질관리에 대해 만족할 것이다.

이번 장에서는 도수분포표와 막대그래프, 히스토그램, 줄기-잎 그림, 교차표 같은 기술통계 분야의 표와 그래프에 대해 설명할 것이다. 이렇게 표와 그래프로 표현하는 목적은 자료를 이해하고 해석하기 쉽게 요약하는 것이다.

밀도 자료의 도수분포표

밀도	도수
0.29-0.30	30
0.31-0.32	75
0.33-0.34	32
0.35-0.36	9
0.37-0.38	3
0.39-0.40	1
총계	150

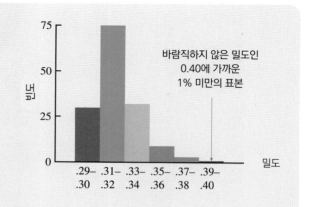

1장에서 언급했듯이 자료는 범주형 자료(categorical data)와 양적 자료(quantitative data)로 구분된다. 범주형 자료는 구분을 위해 이름이나 기호를 사용하며, 양적 자료는 수량을 표시하기 위해 숫자를 사용한다. 이 장에서는 범주형 자료와 양적 자료를 요약하는 데 사용되는 표와 그래프를 소개한다. 표와 그래프로 표현된 자료들은 연차보고서, 신문기사, 연구보고서 등에 자주 등장하므로 이러한 표와 그래프를 올바르게 해석하는 것은 중요하다. 본 장에서는 한 변수를 표와 그래프를 이용하여 요약하는 방법부터 설명할 것이다. 마지막 절에서는 관심이 있는 두 변수 간의 관계를 요약하는 방법에 대해 알아본다. 이 장의 마지막 절에서는 데이터 세트에 대한 정보를 요약하고 설명하는 그래프를 표현할 때 사용하는 용어인 자료 시각화(data visualization)를 소개하고 효과적으로 그래프를 표현할 수 있는 가이드라인에 대해 설명한다.

1 범주형 자료 요약

> **도수분포표**(frequency distribution)
> 도수분포표는 겹치지 않는 여러 범주(category) 혹은 계급(class)에 속한 관측치의 수(도수, frequency)를 표의 형태로 정리한 것이다.

1 도수분포표

우선 도수분포표(frequency distribution)의 정의를 살펴보고, 이후 범주형 자료를 요약하는 데 사용되는 표와 그래프를 설명하도록 하겠다.

범주형 자료를 도수분포표로 요약하고 해석하기 위해 다음 예제를 살펴보자. Coca-Cola, Diet Coke, Dr. Pepper, Pepsi, Sprite는 가장 대중적인 청량음료이다. 〈표 2-1〉은 고객들이 구매한 청량음료 50개의 자료로 구성된 표본이다.

* 일반적으로 frequency distribution은 도수분포로 번역이 되며 각 범주에 속한 관측치의 수가 어떻게 퍼져있는가를 의미하는 것이고, 이를 표의 형태로 정리한 것이 도수분포표(frequency distribution table)가 된다. 이 교재에서는 상황에 따라 도수분포 혹은 도수분포표를 모두 frequency distribution으로 번역하였다.

표 2-1_ 청량음료 50개의 구매자료

Coca-Cola	Coca-Cola	Coca-Cola	Sprite	Coca-Cola
Diet Coke	Dr. Pepper	Diet Coke	Dr. Pepper	Diet Coke
Pepsi	Sprite	Coca-Cola	Pepsi	Pepsi
Diet Coke	Coca-Cola	Sprite	Diet Coke	Pepsi
Coca-Cola	Diet Coke	Pepsi	Pepsi	Pepsi
Coca-Cola	Coca-Cola	Coca-Cola	Coca-Cola	Pepsi
Dr. Pepper	Coca-Cola	Coca-Cola	Coca-Cola	Coca-Cola
Diet Coke	Sprite	Coca-Cola	Coca-Cola	Dr. Pepper
Pepsi	Coca-Cola	Pepsi	Pepsi	Pepsi
Pepsi	Diet Coke	Coca-Cola	Dr. Pepper	Sprite

DATA files
SoftDrink
www.hanol.co.kr

도수분포표를 만들기 위해 청량음료 종류별 개수를 세어보면, Coca-Cola는 19개, Diet Coke는 8개, Dr. Pepper는 5개, Pepsi는 13개, Sprite는 5개이다. 〈표 2-2〉는 이러한 결과를 요약한 도수분포표로, 50개 청량음료 구매 자료에서 5가지 브랜드가 어떻게 분포되어 있는지를 보여준다. 도수분포표는 〈표 2-1〉에 있는 원자료 대비 더 많은 통찰력을 제공한다. 예를 들어, 도수분포표로부터 구매량 기준 코카콜라가 1위, 펩시가 2위, 다이어트 코크가 3위, 스프라이트와 닥터 페퍼가 공동 4위임을 알 수 있다.

표 2-2_ 청량음료 판매량 도수분포표

청량음료	도수
Coca-Cola	19
Diet Coke	8
Dr. Pepper	5
Pepsi	13
Sprite	5
합계	50

2 상대도수분포표와 백분율도수분포표

도수분포표는 겹치지 않도록 구분한 계급에 속한 항목들의 개수(빈도)를 보여주나, 각 항목의 비율이나 백분율에 관심이 있는 경우도 있다. 상대도수(relative frequency)는 그 범주에 속한 항목의 비율을 의미한다. 자료가 n개인 경우 상대도수는 다음과 같이 구할 수 있다.

상대도수(relative frequency)

$$계급의\ 상대도수 = \frac{계급의\ 도수}{n} \tag{2.1}$$

상대도수에 100을 곱한 값을 계급의 백분율도수(percentage frequency)라고 한다.

상대도수분포표(relative frequency distribution)는 각 계급의 상대도수를 표의 형태로 나타낸 것이고, 백분율도수분포표(percent frequency distribution)는 각 계급의 백분율도수를 표의 형태로 나타낸 것이다. 〈표 2-3〉은 청량음료 자료의 상대도수분포표와 백분율도수분포표이다. 〈표 2-3〉에서 Coca-Cola의 상대도수는 19/50=0.38, Diet Coke의 상대도수는 8/50=0.16이고, 백분율분포표에서 Cock-Cola의 구매율은 38%, Diet-Coke의 구매율은 16%이다. 또한, 상위 3개 브랜드의 구매율은 38%+26%+16%=80%라는 점을 알 수 있다.

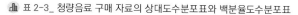

표 2-3_ 청량음료 구매 자료의 상대도수분포표와 백분율도수분포표

청량음료	상대도수	백분율도수
Coca-Cola	0.38	38
Diet Coke	0.16	16
Dr. Pepper	0.10	10
Pepsi	0.26	26
Sprite	0.10	10
합계	1.00	100

DATA files
SoftDrink
www.hanol.co.kr

3 엑셀을 활용한 도수분포표, 상대도수분포표, 백분율도수분포표 작성

50개 청량음료 표본에 대한 도수분포표를 작성하는 데 피벗 테이블을 사용할 것을 권장한다. 자료입력과 도구사용의 두 가지 작업이 필요하다.

자료입력/자료열기 SoftDrink 파일을 열고 자료는 셀 A2:A51에 제목은 셀 A1에 있는지 확인한다.

도구사용 다음의 단계를 따라 추천 피벗 테이블을 이용하여 도수분포표를 작성할 수 있다.

1단계 데이터 세트에서 아무 셀이나 선택(셀 A1:A51)

2단계 리본 메뉴에서 '삽입' 탭 클릭

3단계 '표' 그룹에서 '추천 피벗 테이블' 클릭: 도수분포표를 보여주는 미리보기가 나타남

4단계 '확인' 클릭: 도수분포표가 새 워크시트에 나타남

〈그림 2-1〉은 50개 청량음료 구매 자료에 대한 도수분포표를 나타낸 것으로, 피벗 테이블 보고서의 중요한 요소인 '피벗 테이블 필드' 작업창이 존재한다. '피벗 테이블 필드'의 사용법은 나중에 설명할 것이다.

편집옵션 도수분포표 출력에서 열 제목을 변경할 수 있다. 예를 들어, 셀 A3(행 레이블)의 제목을 "청량음료"로 변경하려면 셀 A3을 클릭하고 "청량음료"라고 입력하고, 셀 B3(구매한 브랜드 수)의 제목을 "도수"로 변경하려면 셀 B3을 클릭하고 "도수"라고 입력한다. 셀 A9(총합계)의 제목을 "합계"로 변경하려면 셀 A9를 클릭하고 "합계"라고 입력한다. 〈그림 2-2〉에는 제목을 수정한 결과를 제시하였으며, 추가적으로 셀 C3과 D3에 각각 "상대도수" 및 "백분율도수"라는 제목이 입력되어 있다. 이제 상대도수분포표와 백분율도수분포표를 작성하는 방법을 살펴보자.

함수와 수식 입력 〈그림 2-2〉는 청량음료 구매 자료의 상대도수분포표 및 백분율도수분포표를 작성하는 방법을 나타낸 것으로, 뒤쪽 그림은 수식 워크시트, 앞쪽 그림은 값 워크시트이다. 식 (2.1)을 사용하여 Coca-Cola의 상대도수를 계산하기 위해 셀 C4에 =B4/\$B\$9를 입력하면 0.38이 나오고 이는 코카콜라의 상대도수가 된다. 셀 C4를 셀 C5:C8에 복사하여 붙이면 다른 청량음료 각각에 대한 상대도수를 계산할 수 있다. Coca-Cola의 백분율도수를 계산하기 위해

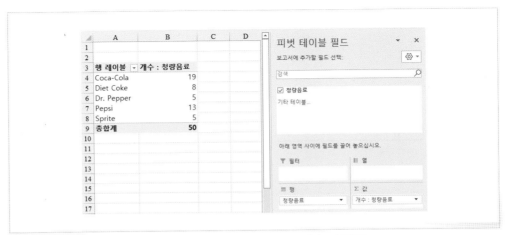

△ 그림 2-1 _ 엑셀의 추천 피벗 테이블 도구를 사용하여 작성한 청량음료 구매의 도수분포표

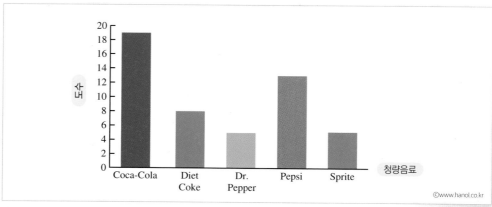

	A	B	C	D
1				
2				
3	청량음료	도수	상대도수	백분율도수
4	Coca-Cola	19	=B4/$B$9	=C4*100
5	Diet Coke	8	=B5/$B$9	=C5*100
6	Dr. Pepper	5	=B6/$B$9	=C6*100
7	Pepsi	13	=B7/$B$9	=C7*100
8	Sprite	5	=B8/$B$9	=C8*100
9	합계	50	=SUM(C4:C8)	=SUM(D4:D8)
10				
11				

	A	B	C	D	E
1					
2					
3	청량음료	도수	상대도수	백분율도수	
4	Coca-Cola	19	0.38	38	
5	Diet Coke	8	0.16	16	
6	Dr. Pepper	5	0.1	10	
7	Pepsi	13	0.26	26	
8	Sprite	5	0.1	10	
9	합계	50	1	100	
10					

◈ 그림 2-2_ 엑셀의 추천 피벗 테이블 도구를 사용하여 작성한 청량음료 구매의 상대도수분포표 및 백분율도수분포표

셀 D4에 = C4×100을 입력하면 38을 얻을 수 있고, 이는 청량음료 구매의 38%가 코카콜라임을 의미한다. 셀 D4를 셀 D5:D8에 복사하여 붙여넣으면 다른 청량음료 각각에 대한 백분율도수를 계산할 수 있다. 상대도수와 백분율도수의 합계를 계산하기 위해서는 셀 C9 및 D9에서 엑셀의 SUM 함수를 사용한다.

4 막대그래프와 원그래프

막대그래프(bar chart)는 도수분포표나 상대도수분포표, 백분율도수분포표로 정리한 범주형 자료를 그래프로 표현할 때 사용한다. 그래프의 가로축에는 계급의 이름을 표시하고 도수, 상대도수, 백분율도수는 세로축에 표시한다. 각 계급의 이름 위에 일정한 폭의 막대를 사용하며, 막대의 길이로 도수, 상대도수, 백분율도수를 나타낸다. 범주형 자료에서는 범주들이 분리되어 있다는 사실을 강조하기 위해 막대 간에 일정 간격을 두어 그린다. 〈그림 2-3〉은 구매한 50개

◈ 그림 2-3_ 청량음료 구매 자료의 막대그래프

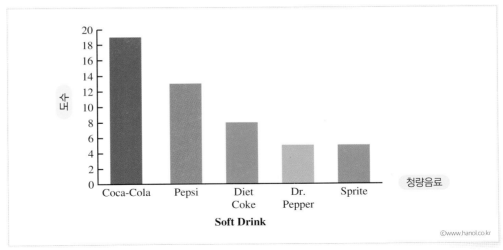

🔺 그림 2-4_ 도수 크기별로 정렬한 청량음료 구매 자료의 막대그래프

청량음료의 도수분포를 막대그래프로 나타낸 것으로, Coca-Cola, Pepsi, Diet Coke가 가장 선호되는 브랜드라는 사실을 쉽게 알 수 있다. 〈그림 2-4〉와 같이 도수가 큰 순서로 막대를 정렬하면 브랜드 선호도를 더욱 명확하게 확인할 수 있다. 〈그림 2-3〉과 〈그림 2-4〉는 막대를 세로로 표현한 것이며, 이를 가로로 표현할 수도 있다.

원그래프(pie chart)는 범주형 자료의 상대도수나 백분율도수를 표현하는 다른 방법 중 하나이다. 원그래프는 모든 자료를 포함하는 원을 그리고 각 계급(범주)별 상대도수 크기에 상응하는 비율대로 원을 나눈다. 예를 들면 원은 360도이고 Coca-Cola의 상대도수는 0.38이므로 0.38 × 360=136.8도를 Coca-Cola 계급(범주)으로 설정하며, Diet Coke는 0.16 × 360=57.6도를 차지하게 된다. 다른 계급도 동일한 방법으로 계산하면 〈그림 2-5〉와 같은 원그래프를 그릴 수 있으며, 원그래프 내의 각 구역에는 도수, 상대도수, 백분율도수의 값을 표시할 수 있다. 원그래프가

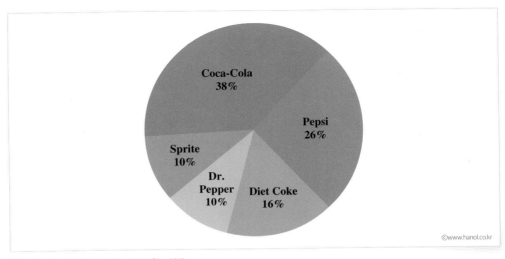

🔺 그림 2-5_ 청량음료 구매 자료의 원그래프

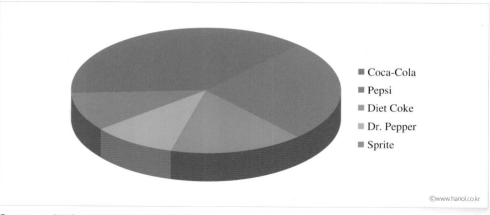

◑ 그림 2-6_ 청량음료 구매 자료의 3차원 원그래프

자료를 시각화하기 위해 널리 사용되고 있으나, 각 구역으로 구분된 원그래프 조각의 크기를 비교하는 데 어려움이 있기 때문에 데이터 시각화 전문가들은 원그래프의 사용을 추천하지 않는다. 대부분의 경우 막대그래프는 명목형 자료를 표현하는 가장 좋은 방법이며, 도수가 큰 순서대로 정리된 〈그림 2-4〉의 막대그래프가 크기를 비교하는 데 가장 용이하다는 것을 알 수 있다.

색상, 음영, 범례, 글꼴 및 3차원 효과 등 다양한 옵션을 사용하여 막대그래프 및 원그래프의 시각적 효과를 높일 수 있으나, 과도한 옵션을 사용하면 시각적 오해를 유발할 수 있으므로 주의해야 한다. 예를 들어, 〈그림 2-6〉의 3차원 효과가 적용된 원그래프와 〈그림 2-3〉~〈그림 2-5〉의 단순한 그래프를 비교해보면 3차원 효과가 그래프를 이해하는 데 큰 도움을 주는 것은 아니라는 것을 알 수 있다.

일반적으로 막대그래프는 비율의 비교를 위한 가장 좋은 방법은 아니며, 2.5절에서 효과적인 시각적 표현을 위한 추가적인 가이드라인을 제시한다.

DATA files
SoftDrink
www.hanol.co.kr

5 엑셀을 활용한 막대그래프 작성

엑셀의 추천 차트 도구를 사용하여 50개의 청량음료 구매 자료에 대한 막대그래프를 만들 수 있으며, 자료입력/자료열기 및 도구사용 작업이 필요하다.

자료입력/자료열기 SoftDrink 파일을 연다. 셀 A2:A51은 자료이고 셀 A1은 레이블이다.

도구사용 막대그래프의 작성을 위해 추천 차트를 이용할 때, 다음의 단계를 따른다.

1단계 데이터 세트에서 아무 셀이나 선택(셀 A1:A51)

2단계 리본 메뉴에서 '삽입' 탭 클릭

3단계 '차트' 그룹에서 '추천 차트' 클릭: 막대그래프를 보여주는 미리보기가 나타남

4단계 '확인' 클릭: 막대그래프가 새 워크시트에 나타남

〈그림 2-7〉은 위의 단계에 따라 작성한 막대그래프이다. 그림에서 엑셀의 추천 차트 도구를 사용하면 막대그래프와 도수분포표를 동시에 만들 수 있다는 것을 알 수 있으며, 피벗 차트 필드 작업창도 함께 나타나 있는 것도 볼 수 있다.

* 엑셀에서는 〈그림 2-7〉의 막대그래프를 묶은 세로 막대형 그래프라고 부른다.

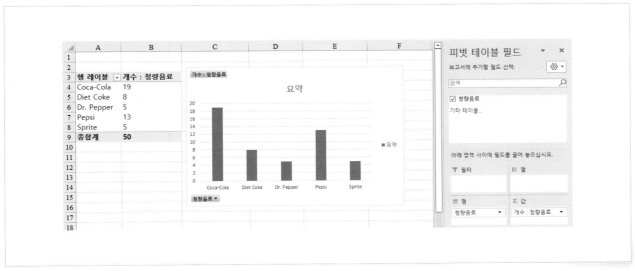

● 그림 2-7 _ 엑셀의 추천 차트 도구를 사용하여 작성한 청량음료 구매 자료의 막대그래프

편집옵션 막대그래프에 제목을 넣거나 좌표축에 제목을 넣는 방법을 살펴보자.

1단계 '차트 제목'을 클릭하고 "청량음료 구매 자료의 막대그래프"로 제목 변경

2단계 '차트 요소' 버튼 ⊞(차트의 오른쪽 상단 모서리 옆에 있음) 클릭

3단계 차트 요소 목록이 나타나면 '축 제목' 체크(축 제목의 선택 표시 생성)

4단계 가로축의 '축 제목'을 "청량음료"로 변경

5단계 세로축의 '축 제목'을 "도수"로 변경

6단계 차트의 막대 중 하나를 마우스 오른쪽 버튼으로 클릭하고 '정렬'을 선택한 다음 '숫자 내림차순 정렬' 클릭

〈그림 2-8〉은 수정된 막대그래프이다.

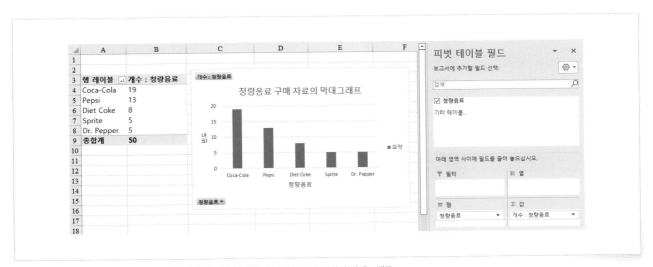

● 그림 2-8 _ 엑셀의 추천 차트 도구를 사용하여 작성한 청량음료 구매 자료의 정렬된 막대그래프

기초문제

1. 어떤 질문에 대한 응답이 A, B, C의 3가지이다. 120명의 응답자 중 A라고 응답한 사람은 60명, B는 24명, C는 36명이었다. 도수분포표와 상대도수분포표를 작성하라.

2. 상대도수분포표의 일부분이 다음과 같이 주어져 있다.

계급	상대도수
A	0.22
B	0.18
C	0.40
D	

   a. 계급 D의 상대도수는?

   b. 표본의 크기는 200이다. 계급 D의 도수는?

   c. 도수분포표를 작성하라.

   d. 백분율도수분포표를 작성하라.

3. 어떤 질문에 대해 "예"는 58명, "아니오"는 42명, "모르겠다"는 20명이 응답하였다.

   a. 원그래프를 작성할 때 "예"라고 응답한 부분은 몇 도가 되는가?

   b. "아니오"라고 응답한 부분은 원그래프에서 몇 도가 되겠는가?

   c. 원그래프를 작성하라.

   d. 막대그래프를 작성하라.

응용문제

4. 2018년 미국에서 가장 흔한 6개의 성은 알파벳 순서로 Brown, Garcia, Johnson, Jones, Smith, Williams(미국 인구조사국 웹사이트)로 나타났다. 다음은 이러한 성을 가진 50명을 추출한 결과이다.

DATA files
Names2018
www.hanol.co.kr

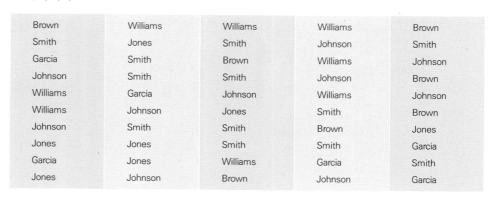

Brown	Williams	Williams	Williams	Brown
Smith	Jones	Smith	Johnson	Smith
Garcia	Smith	Brown	Williams	Johnson
Johnson	Smith	Smith	Johnson	Brown
Williams	Garcia	Johnson	Williams	Johnson
Williams	Johnson	Jones	Smith	Brown
Johnson	Smith	Smith	Brown	Jones
Jones	Jones	Smith	Smith	Garcia
Garcia	Jones	Williams	Garcia	Smith
Jones	Johnson	Brown	Johnson	Garcia

   a. 상대도수분포표와 백분율도수분포표를 작성하라.

b. 막대그래프를 작성하라.

c. 크기순으로 정렬된 막대그래프를 작성하라.

d. 원그래프를 작성하라.

e. 가장 일반적인 3가지 성은 무엇인가? 어떤 그래프에서 이를 명확하게 확인할 수 있는가?

5. 닐슨 미디어 리서치(Nielson Media Research)는 25개 상위 TV쇼 프로그램을 발표하였다. 다음의 자료는 25개 상위 TV쇼 프로그램을 제작한 방송사이다.

CBS	CBS	NBC	FOX	CBS
CBS	NBC	NBC	NBC	ABC
ABC	NBC	ABC	ABC	NBC
CBS	NBC	CBS	ABC	NBC
NBC	CBS	CBS	ABC	CBS

a. 도수분포표와 백분율도수분포표, 막대그래프를 작성하라.

b. 어느 방송국이 가장 인기 있는 방송국인가? 방송국 ABC, CBS, NBC의 인기를 비교하라.

6. 많은 항공사에서 설문조사를 이용하여 비행 경험에 관한 고객 만족도 자료를 수집한다. 비행을 마치고 난 뒤, 이용객들에게 온라인 설문사이트를 이메일로 알리고 예약 프로세스, 체크인 프로세스, 수하물 정책, 출입구 청결, 승무원들의 서비스, 음식서비스, 도착시간의 정확성 등을 포함한 다양한 요소에 대해 평가를 받는다. 각 질문에 대한 평가는 5점 척도로 탁월(E), 매우 좋음(V), 좋음(G), 보통(F), 나쁨(P)으로 평가된다. 사우스캐롤라이나(South Carolina), 머틀 해변(Myrtle Beach)에서 애틀란타(Atlanta)까지 델타 항공을 이용한 승객들에게 "이 비행에서의 전반적 경험을 기초로 비행사를 평가해 주십시오."라는 질문의 응답 결과는 다음과 같다.

E	E	G	V	V	E	V	V	V	E
E	G	V	E	E	V	E	E	E	V
V	V	V	F	V	E	V	E	G	E
G	E	V	E	V	E	V	V	V	V
E	E	V	V	E	P	E	V	P	V

a. 위 자료를 백분율도수분포표와 막대그래프로 나타내라. 이 결과로부터 알 수 있는 델타 항공편의 전반적인 고객 만족도는 어떠한가?

b. 온라인 설문조사에서 응답자들은 기대에 미치지 못한 비행의 모든 측면에 대한 의견을 제시하였다. 고객 만족도를 개선할 방법을 찾고 있는 관리자에게 이 정보가 도움이 되겠는가?

7. **온라인 호텔 등급** 트립어드바이저(TripAdvisor)는 전 세계 호텔을 평가하는 온라인 웹사이트이다. HotelRatings 파일은 레이크뷰 호텔 이용자 649명이 평가한 자료로, 응답 항목은 Excellent, Very Good, Average, Poor, Terrible로 구분된다.

a. 도수분포표를 작성하라.

b. 백분율도수분포표를 작성하라.

c. 백분율도수분포표에 대한 막대그래프를 작성하라.

d. 고객이 쉐라톤애너하임 호텔에서의 숙박을 어떻게 평가하는지 설명하라.

e. 다음은 팀버 호텔에 숙박한 1,679명의 이용객이 평가한 자료이다. 레이크뷰 호텔의 결과와 팀버 호텔의 결과를 비교하라.

평가(Rating)	도수
Excellent	807
Very Good	521
Average	200
Poor	107
Terrible	44

② 양적 자료 요약

1 도수분포표

1절에서 정의한 바와 같이 도수분포표는 서로 겹치지 않는 계급에 속한 관측치의 수를 보여주는 표이다. 이 정의는 범주형 자료뿐만 아니라 양적 자료에도 적용할 수 있다. 그러나 양적 자료를 사용하여 도수분포를 작성할 때는 계급들이 서로 겹치면 안 된다는 점을 주의해야 한다.

〈표 2-4〉의 양적 자료는 회계법인 Sanderson and Clifford의 20개 고객사에 대한 연말 감사에 소요된 기간이다. 이러한 양적 자료에서 계급을 정의할 때 다음을 고려해야 한다.

1. 서로 겹치지 않는 계급의 개수
2. 각 계급의 폭
3. 각 계급의 경계값

DATA files
Audit
www.hanol.co.kr

다음은 〈표 2-4〉에 있는 감사 시간의 도수분포표를 만드는 단계를 설명한 것이다.

* 같은 폭으로 계급을 만들면 이용자들이 잘못 해석할 확률이 줄어든다.

계급의 수(number of classes) 계급은 자료를 그룹화하는 데 사용할 범위를 설정하여 만들며, 계급의 수는 일반적으로 5~20개가 적당하다. 자료의 형태를 잘 보여줄 수 있을 만큼의 계급의 수를 정하는 것이 목적이지만, 관측치의 개수가 너무 적은 계급들이 존재할 수도 있다. 〈표 2-4〉는 자료의 개수가 적기 때문에($n=20$) 5개의 계급을 이용하여 도수분포표를 작성하기로 한다.

📊 표 2-4_ 연말 감사 시간(일)

12	14	19	18
15	15	18	17
20	27	22	23
22	21	33	28
14	18	16	13

계급의 폭(width of the classes)　두 번째 단계는 계급의 폭을 결정하는 것이다. 일반적으로 각 계급의 폭을 동일하게 하는 것이 바람직하며, 계급 수가 많으면 많을수록 계급의 폭은 좁아지게 된다. 계급의 폭을 결정하기 위해 자료의 가장 큰 값과 가장 작은 값을 찾은 후, 정해진 계급의 수를 이용하여 다음의 수식을 이용하여 적절한 계급의 폭을 결정한다.

$$\text{개략적인 계급의 폭} = \frac{\text{최댓값} - \text{최솟값}}{\text{계급의 수}} \qquad (2.2)$$

식 (2.2)를 참고하되 도수분포표 작성자들의 선호에 따라 편리한 값을 이용하면 된다. 예를 들면 계급의 폭이 9.28로 계산되면, 도수분포표 표현이 더욱 편리하도록 이를 반올림하여 10을 사용할 수 있다.

연말 감사 자료의 최댓값은 33, 최솟값은 12, 이전 단계에서 결정한 계급의 수는 5이므로 계급의 폭은 (33-12)/5 = 4.2가 되나, 이용하기 편하도록 5를 계급 폭으로 사용하기로 한다.

현실적으로 계급의 수와 계급의 폭은 시행착오(trial and error)를 거쳐 결정된다. 결정한 계급의 수와 식 (2.2)를 이용하여 계급의 폭을 결정하는 과정을 다양한 계급의 수에 따라 반복하여 수행한다. 분석가들은 자료를 잘 요약할 수 있는 가장 좋은 도수분포표를 나타내는 계급의 수와 계급의 폭의 조합을 결정하면 된다.

> * 최적의 도수분포표가 하나만 존재하는 것은 아니다. 여러 사람이 서로 다른 도수분포표를 작성해도 적절한 것으로 받아들여질 수 있다. 히스토그램의 목적은 자연스럽게 그룹화하여 자료의 변화 형태를 명확히 보여주는 것이다.

계급의 경계값(Class limits)　계급의 경계값은 각 자료가 오직 하나의 계급에 속할 수 있도록 결정되어야 한다. 계급의 하한은 그 계급에서 관찰할 수 있는 최솟값으로 결정하고, 계급의 상한은 그 계급에서 관찰할 수 있는 최댓값으로 결정된다. 범주형 자료로 도수분포표를 만들 때는 자료의 값들이 자연스럽게 독립된 계급에 속하기 때문에 계급의 경계값을 정의할 필요가 없다. 그러나 〈표 2-4〉의 연말 감사 자료와 같은 양적 자료에서는 각 값들이 속하는 계급이 무엇인가를 명확하게 할 수 있도록 경계값이 결정되어야 한다.

〈표 2-4〉의 감사 시간 자료를 이용하면, 감사 시간 10일이 첫 번째 계급의 하한, 14일이 상한이다. 이 계급을 〈표 2-6〉에 10-14로 표기한다. 최솟값인 12는 10-14 계급에 속한다. 두 번째 계급의 하한은 15일, 상한은 19일로 정한다. 이러한 방법을 계속하면 5개의 계급 10-14, 15-19, 20-24, 25-29, 30-34로 나눌 수 있다. 처음 두 계급의 하한 10과 15를 이용하면 계급의 폭은 15-10=5가 된다.

계급의 수, 계급의 폭, 계급의 경계값이 주어지면 각 계급에 속하는 자료의 수를 계산하여 도수분포표를 작성할 수 있다. 예를 들면 〈표 2-4〉에 있는 자료인 12, 14, 14, 13은 계급 10-14에 속한다. 모든 계급에 대해 이러한 분류 작업을 계속하면 〈표 2-5〉의 도수분포표를 얻을 수 있다. 도수분포표로부터 다음과 같은 정보를 얻을 수 있다.

1. 가장 많은 도수가 나타나는 감사 시간은 15-19일이다. 20번 중에서 8번이 이 계급에 속한다.
2. 30일 이상 걸린 감사는 오직 한 번 수행되었다.

감사기간(일)	도수
10-14	4
15-19	8
20-24	5
25-29	2
30-34	1
합계	20

계급의 중앙값(Class midpoint)　어떤 경우에는 양적 자료의 도수분포표에서 계급들의 중앙값을 알고자 할 경우가 있다. 계급의 중앙값(class midpoint)은 계급의 상한과 하한의 평균을 사용한다. 감사 시간 자료에서 다섯 계급의 중앙값은 각각 12, 17, 22, 27, 32이다.

2　상대도수분포표와 백분율도수분포표

양적 자료에 대해서도 상대도수분포표와 백분율도수분포표를 만들 수 있다. 상대도수는 어떤 계급에 속하는 관측치의 비율로, 관측치가 n개일 때 계급의 상대도수는 다음과 같다.

$$계급의\ 상대도수 = \frac{계급의\ 도수}{n}$$

상대도수에 100을 곱하면 계급의 백분율도수가 된다.

〈표 2-6〉은 〈표 2-5〉의 계급도수와 $n=20$을 이용하여 작성한 상대도수분포표와 백분율도수분포표이다. 감사 시간의 0.4, 즉 40%가 감사 시간이 15~19일이 소요되었으며, 0.05, 즉 5%만이 30일 이상이었다.

■ 표 2-6_ 감사 시간 자료의 상대도수분포표와 백분율도수분포표

감사기간(일)	상대도수	백분율도수
10 -14	0.20	20
15 -19	0.40	40
20 -24	0.25	25
25 -29	0.10	10
30 -34	0.05	5
합 계	1.00	100

3　엑셀을 활용한 도수분포표 작성

엑셀의 피벗 테이블을 이용하여 감사자료에 대한 도수분포표를 작성해보자.

자료입력/자료열기　Audit 파일을 연다. 셀 A2:A21는 자료이고 셀 A1은 레이블이다.

도구사용　피벗 테이블을 이용할 때 데이터 세트의 각 열을 필드라고 부른다. 감사자료에서 자료가 있는 셀 A2:A21과 레이블인 셀 A1이 감사 시간 필드가 된다.

1단계 데이터 세트에서 아무 셀이나 선택(셀 A1:A21)

2단계 리본 메뉴에서 '삽입' 탭 클릭

3단계 '표' 그룹에서 '피벗 테이블' 클릭

4단계 '피벗 테이블 만들기' 대화상자가 나타나면 '확인' 클릭: '피벗 테이블' 및 '피벗 테이블 필드' 작업창이 새 워크시트에 나타남

5단계 '피벗 테이블 필드' 작업창에서:

'감사 시간'을 '행' 영역으로 드래그

'감사 시간'을 '값' 영역으로 드래그

6단계 '값' 영역에서 '합계: 감사 시간' 클릭

7단계 표시되는 옵션 목록에서 '값 필드 설정' 선택

8단계 '값 필드 설정' 대화상자가 나타나면:

'값 필드 요약 기준'에서 '개수' 선택

'확인' 클릭

〈그림 2-9〉는 피벗 테이블 필드를 이용하여 작성한 결과이다. 〈표 2-5〉와 같은 도수분포표를 작성하기 위해서는 감사 시간의 자료를 포함하는 행 자료를 다음과 같은 단계로 조정해 주어야 한다.

1단계 피벗 테이블의 셀 A4 또는 감사 시간이 포함된 임의의 셀을 마우스 오른쪽 버튼으로 클릭

2단계 표시되는 옵션 목록에서 '그룹' 선택

3단계 그룹화 대화상자가 나타나면:

'시작': 상자에 10 입력

'종료': 상자에 34 입력

'단위': 상자에 5 입력

'확인' 클릭

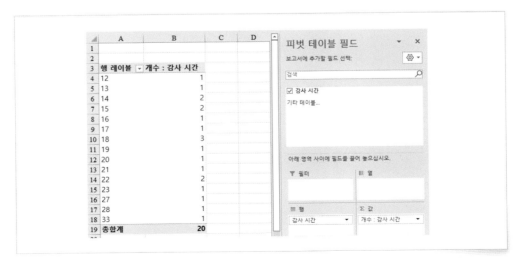

🔺 그림 2-9 _ 피벗 테이블 필드를 이용하여 작성한 감사 시간 자료의 초기 도수분포표

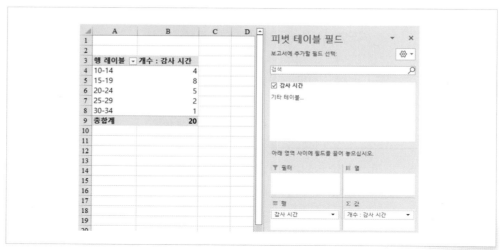

△ 그림 2-10_엑셀의 도구를 이용하여 완성된 감사 시간 자료의 도수분포표

〈그림 2-10〉은 완성된 피벗 테이블이다.

* 이전 절에서 설명한 엑셀 사용 방법으로 상대도수 분포표와 백분율도수분 포표를 작성할 수 있다.

편집옵션 〈표 2-5〉의 레이블과 일치하도록 피벗 테이블의 레이블을 변경할 수 있다. 셀 A3의 제목을 "감사 시간(일)"으로 변경하려면 셀 A3을 클릭하고 "감사 시간(일)"을 입력한다. 셀 B3의 제목을 "도수"로 변경하려면 셀 B3을 클릭하고 "도수"를 입력한다. A9(총합계)의 제목을 "합계"로 변경하려면 A9 셀을 클릭하고 "합계"를 입력한다.

4 점그래프

자료를 그래프로 표현하는 방법 중 가장 간단한 방법이 점그래프(dot plot)이다. 〈그림 2-11〉은 〈표 2-4〉의 감사 시간 자료에 대한 점그래프로, 가로축은 자료의 범위를 의미하고 각 자료의 값은 가로축 위쪽에 점으로 표시한다. 〈그림 2-11〉에서 가로축의 18(일) 위쪽에 3개의 점이 있으므로 감사 시간이 18일인 경우가 3번 관찰되었음을 알 수 있다. 점그래프는 2개 이상 변수값의 분포를 비교하는 데 유용하게 사용된다.

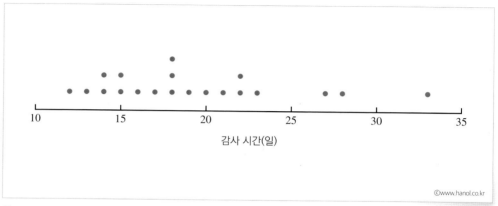

△ 그림 2-11_감사 시간 자료의 점그래프

5 히스토그램

히스토그램(histogram)은 양적 자료를 그래프로 표현하는 일반적인 방법이다. 히스토그램은 관심의 대상이 되는 변수를 가로축에 두고 도수, 상대도수, 백분율도수를 세로축에 작성하는 것으로, 계급의 폭을 가로길이, 도수, 상대도수, 백분율도수의 크기를 세로길이로 하는 사각형들로 표현된다.

〈그림 2-12〉는 감사 시간 자료의 히스토그램이다. 도수가 많은 계급은 15-19일로 해당하는 계급의 사각형 높이로 도수가 8임을 알 수 있다. 상대도수와 백분율도수에 대한 히스토그램도 〈그림 2-12〉의 도수를 나타낸 히스토그램과 모양이 동일하게 된다. 〈그림 2-12〉에서 히스토그램의 막대들은 서로 붙어있는데, 이것이 막대그래프와 히스토그램의 다른 점이고 히스토그램을 작성하는 관례이다. 감사 시간의 계급은 10-14, 15-19, 20-24, 25-29, 30-34이고, 각 계급의 사이에는 14에서 15, 19에서 20, 24에서 25, 29에서 30처럼 1씩 차이가 나기 때문에 계급 사이에 해당하는 공간이 필요한 것으로 보이나, 히스토그램에서는 이러한 공간이 존재하지 않는다. 감사 시간 자료의 히스토그램에서 계급 사이에 공간을 두지 않은 것은 첫 번째 계급의 하한인 10과 마지막 계급의 상한인 34 사이에 어떠한 값이라도 존재할 수 있음을 의미한다.

히스토그램을 활용하면 분포의 형태를 시각적으로 확인할 수 있다. 〈그림 2-13〉은 꼬리의 치우친 정도(왜도, skewness)가 서로 다른 4가지 형태의 상대도수분포로부터 작성한 히스토그램이다. 히스토그램에서 꼬리가 왼쪽으로 길게 나오면 왼쪽으로 치우친(skewed to the left) 분포라고 하고 오른쪽으로 꼬리가 길게 나오면 오른쪽으로 치우친(skewed to the right) 분포라고 한다. 그림 A는 꼬리가 완만하게 왼쪽으로 치우친 분포로, 시험에서 100%를 초과하는 점수는 없고 대부분이 70%를 넘으며 몇 개의 매우 낮은 점수가 존재하는 전형적인 시험 점수 분포의 예이다. 그림 B는 꼬리가 오른쪽으로 완만하게 치우친 히스토그램으로 소수의 고가 주택이 존재하는 주택가격 자료에서 흔히 나타난다.

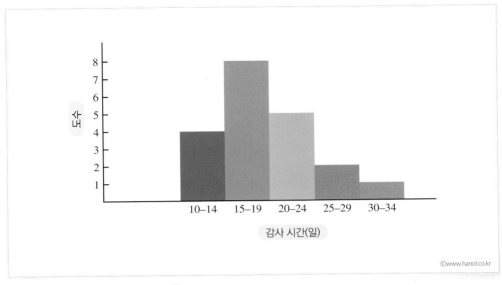

©www.hanol.co.kr

🔺 그림 2-12_감사 시간 자료의 히스토그램

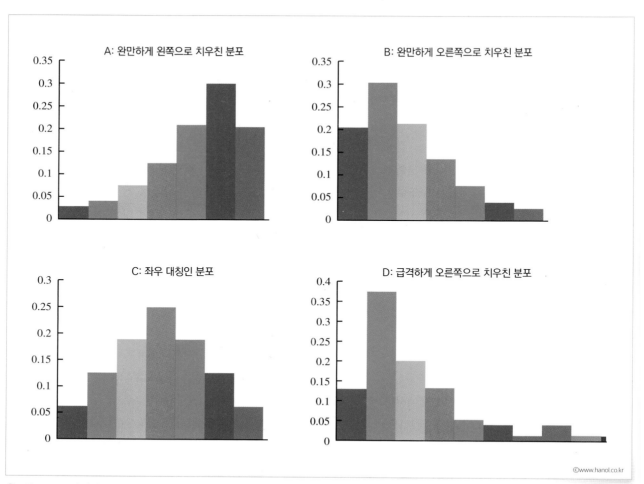

△ 그림 2-13_꼬리의 치우친 정도가 다른 히스토그램들

그림 C는 좌우 분포가 같거나 유사한 좌우 대칭형(symmetric) 히스토그램으로 실제 사례에서 완벽하게 좌우 대칭인 경우는 찾기 어렵지만 대략적으로 좌우 대칭인 경우는 매우 많이 존재한다. SAT 점수, 사람들의 키와 몸무게 등의 자료들은 일반적으로 대칭적 형태가 된다. 그림 D는 꼬리가 오른쪽으로 급격하게 치우친 분포의 히스토그램으로, 이러한 분포는 여성 의류점의 하루 판매액의 자료에서 종종 관찰할 수 있다. 주택가격, 봉급, 매출 등 경영이나 경제 분야의 자료는 꼬리가 오른쪽으로 치우친 분포가 자주 관찰된다.

6 엑셀을 활용한 히스토그램 작성

〈그림 2-10〉에서 감사 시간 자료에 대한 도수분포표를 작성하기 위한 엑셀의 피벗 테이블을 설명하였다. 엑셀을 활용하여 도수분포표를 〈그림 2-14〉와 같은 그래프로 만들기 위해서는 추천 차트 도구를 이용하여 다음의 단계를 거치면 된다.

도구사용 감사 시간 자료에 대한 히스토그램을 작성하기 위해 다음 순서에 따라 추천 차트 도구를 이용한다.

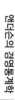

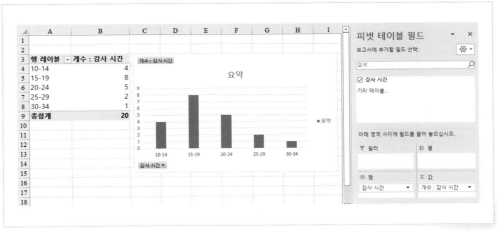

● 그림 2-14_감사 시간 자료의 히스토그램 작성에 사용하는 초기 차트

1단계 피벗 테이블 보고서의 아무 셀이나 선택(셀 A3:B9)

2단계 리본 메뉴에서 '삽입' 탭 클릭

3단계 '차트' 그룹에서 '추천 차트' 클릭: 추천 차트를 보여주는 미리보기가 나타남

4단계 '확인' 클릭

〈그림 2-14〉의 워크시트에 감사 시간 자료에 대한 차트가 나타나 있다. 막대를 구분하는 간격을 제외하면 〈그림 2-12〉의 히스토그램과 유사하다. 이 차트를 편집하여 막대 사이의 간격을 제거하거나 축 제목이나 차트 제목을 입력할 수 있다.

편집옵션 막대 사이의 간격을 제거하고, 차트 제목으로 "감사 시간 자료의 히스토그램", 가로축 제목으로 "감사 시간(일)", 세로축 제목으로 "도수"를 입력한다.

1단계 차트의 막대에서 마우스 오른쪽 버튼을 클릭하여 나타나는 옵션 목록에서 '데이터 계열 서식' 선택

2단계 '데이터 계열 서식' 작업 창이 나타나면:

'계열 옵션'을 클릭하여 옵션 표시

'간격 너비'를 0으로 설정

작업 창 우측 상단 '닫기' 버튼 ⊠ 클릭

3단계 '차트 제목'을 클릭하고 "감사 시간 자료의 히스토그램"으로 변경

4단계 '차트 요소' 버튼 ⊞ (차트의 오른쪽 상단 모서리 옆에 위치) 클릭

5단계 '차트 요소' 목록이 나타나면:

'축 제목' 확인란 선택

'범례' 확인란 선택 취소

6단계 가로축의 '축 제목'을 "감사 시간(일)"으로 변경

7단계 세로축의 '축 제목'을 "도수"로 변경

〈그림 2-15〉는 편집 옵션으로 수정한 히스토그램이다.

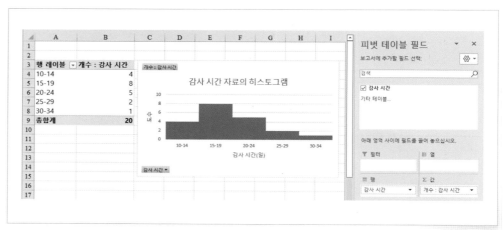

●그림 2-15_엑셀의 추천 차트 도구를 사용하여 만든 감사 시간 자료의 히스토그램

7 누적도수분포

범주형 자료는 누적도수분포(cumulative frequency distribution)로도 나타낼 수 있다. 누적도수분포는 도수분포의 계급의 수, 계급의 폭, 계급의 경계값을 그대로 이용하지만, 각 계급의 도수 대신 계급의 상위 한계값보다 작거나 같은 값을 갖는 자료의 수를 보여준다. 〈표 2-7〉의 첫 번째와 두 번째 열은 감사 시간 자료의 누적도수분포표이다.

누적도수를 이해하기 위해 "24일 이하"라는 계급을 보자. 이 계급의 누적도수는 24와 같거나 작은(이하) 값을 갖는 자료들의 도수의 합을 나타낸다. 〈표 2-5〉에 있는 도수분포에서 24와 같거나 작은 자료는 계급 10-14, 15-19, 20-24에 속한 자료로서 이러한 계급의 도수 합은 4+8+5=17이다. 따라서 이 계급의 누적도수는 17이 된다. 〈표 2-7〉의 누적도수분포표는 4건의 감사가 14일 이내에, 19건이 29일 이내에 끝났음을 보여준다.

마지막으로 누적상대도수분포(cumulative relative frequency distribution)는 각 계급의 상한보다 작거나 같은 누적도수의 비율이고, 누적백분율도수분포(cumulative percent frequency distribution)는 누적도수의 백분율이다. 누적상대도수분포는 상대도수분포에서 상대도수를 더하거나 누적도수를 전체도수로 나누어 계산한다. 후자를 이용하면, 〈표 2-7〉의 세 번째 열에 있는 누적상대도수는 2번째 행에 있는 누적도수를 전체도수($n=20$)로 나누어 계산할 수 있으며, 누적백분율도수는 누적상대도수에 100을 곱해서 얻을 수 있다. 24일 이하 계급의 누적상대도수와 누적백분율도수는 각각 0.85와 85%가 되어 0.85, 즉 85%는 감사 시간이 24일 이하라는 것을 알 수 있다.

📊 표 2-7_ 감사 시간 자료의 누적도수분포표, 누적상대도수분포표, 누적상대백분율도수분포표

감사 시간(일)	누적도수	누적상대도수	누적상대백분율도수
14일 이하	4	0.20	20
19일 이하	12	0.60	60
24일 이하	17	0.85	85
29일 이하	19	0.95	95
34일 이하	20	1.00	100

DATA files
AptitudeTest
www.hanol.co.kr

8 줄기-잎 그림

줄기-잎 그림(stem-and-leaf display)은 자료의 순서와 형태를 동시에 보여주는 그림이다. 〈표 2-8〉의 자료는 해스켄스사(Haskens Manufacturing)에 입사하려는 50명의 지원자를 대상으로 실시한 150문항의 적성검사 중 각 지원자가 맞춘 정답의 개수이다.

📊 표 2-8_ 적성검사에서 정답 문항 수

112	72	69	97	107
73	92	76	86	73
126	128	118	127	124
82	104	132	134	83
92	108	96	100	92
115	76	91	102	81
95	141	81	80	106
84	119	113	98	75
68	98	115	106	95
100	85	94	106	119

줄기-잎 그림을 그리기 위해서는 자료를 크기순으로 정렬한 다음 줄기(stem)와 잎(leaf)으로 나누고, 세로선을 기준으로 줄기를 왼쪽에 잎을 오른쪽에 표시한다. 〈표 2-8〉의 첫 행의 5개 자료 112, 72, 69, 97, 107로 줄기-잎 그림을 그리기 위해 십의 자리까지를 줄기로 하고 일의 자리를 잎으로 정한다고 하면 다음의 줄기-잎 그림을 그릴 수 있다.

```
 6 │ 9
 7 │ 2
 8 │
 9 │ 7
10 │ 7
11 │ 2
12 │
13 │
14 │
```

〈표 2-8〉의 모든 자료에 대해 공통적인 줄기는 한 번만 작성하고 잎은 해당하는 자료의 수만큼 계속하여 작성하면, 다음의 줄기-잎 그림을 얻을 수 있다.

```
6 │ 8 9
7 │ 2 3 3 5 6 6
8 │ 0 1 1 2 3 4 5 6
9 │ 1 2 2 2 4 5 5 6 7 8 8
```

10	0 0 2 4 6 6 6 7 8
11	2 3 5 5 8 9 9
12	4 6 7 8
13	2 4
14	1

세로선 왼쪽의 숫자(6, 7, 8, 9, 10, 11, 12, 13, 14)는 줄기가 되고, 오른쪽의 숫자는 잎이 된다. 예를 들어, 첫 번째 행은 줄기가 6이고 잎이 8, 9이며, 두 번째 행이 의미하는 자료는 72, 73, 73, 75, 76, 76이 된다.

줄기-잎 그림으로 표현된 자료의 형태를 확인하기 위해 각 줄기에 해당하는 잎을 사각형 안에 넣으면 다음의 그림과 같이 되고, 이 그림을 좌측으로 90도 회전시키면 계급의 값이 60-69, 70-79, 80-89 등인 히스토그램과 유사한 모습이 된다.

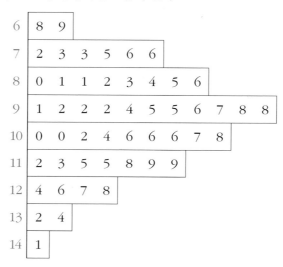

줄기-잎 그림이 히스토그램과 동일한 정보를 제공하고 있는 것처럼 보이지만 줄기-잎 그림 만의 두 가지 장점이 있다.

1. 줄기-잎 그림은 손으로 그리기 쉽다.
2. 줄기-잎 그림은 각 계급 내의 실제 자료를 보여주기 때문에 히스토그램보다 많은 정보를 제공한다.

도수분포표나 히스토그램에서 계급의 개수가 절대적으로 정해져 있지 않은 것처럼 줄기-잎 그림도 줄기와 잎의 개수에 특정한 기준이 있는 것은 아니다. 줄기-잎 그림이 많은 자료를 너무 축소하여 표현하고 있다면 줄기를 늘여서 줄기-잎 그림을 넓게 퍼뜨릴 수 있다. 적성검사 자료의 줄기-잎 그림에서 잎이 0~4인 경우와 5~9인 경우를 둘로 나누어 별도의 줄기에 표시함으로써 줄기를 둘로 늘일 수 있다.

*확장된 줄기-잎 그림에서 동일한 줄기가 2번 나올 때마다 첫 번째는 0-4의 잎 값에 해당하고 두 번째는 5-9의 잎에 해당한다.

6	8 9
7	2 3 3
7	5 6 6
8	0 1 1 2 3 4
8	5 6
9	1 2 2 2 4
9	5 5 6 7 8 8
10	0 0 2 4
10	6 6 6 7 8
11	2 3
11	5 5 8 9 9
12	4
12	6 7 8
13	2 4
13	
14	1

자료 72, 73, 73은 줄기 7의 첫 번째 행에, 75, 76, 76은 줄기 7의 두 번째 행에 표시되어 있다. 이 확장된 줄기-잎 그림은 계급이 65-69, 70-74, 75-79 등으로 구분된 도수분포표와 유사하다.

다음의 자료는 패스트푸드점에서 15주 동안 팔린 햄버거 수이다.

1565	1852	1644	1766	1888	1912	2044	1812
1790	1679	2008	1852	1967	1954	1733	

4자리 숫자로 표현된 자료들의 줄기-잎 그림은 다음과 같다.

Leaf unit = 10

15	6
16	4 7
17	3 6 9
18	1 5 5 8
19	1 5 6
20	0 4

> *줄기-잎 그림에 사용되는 잎의 단위는 한 자리 숫자이다. 잎의 단위는 줄기-잎에 있는 자료로 원자료를 추정할 수 있도록 도와주며, 100, 10, 1, 0.1 등을 사용할 수 있다.

4자리 숫자에서 앞의 2자리를 줄기로 하였고 잎은 십의 단위 숫자로 하여 앞의 3자리 숫자만으로 줄기-잎 그림을 작성하였다. 줄기-잎 그림 위에 잎의 단위가 10인 것을 표시함으로써 첫 행의 자료는 156은 156 × 10 = 1560이 된다는 것을 알 수 있고, 이는 줄기-잎 그림에 사용된 원자료의 근사치가 된다. 이 예와 같이 각 잎에 하나의 숫자만을 사용하는 규칙을 적용하면, 정확한 값을 확인할 수는 없지만 자릿수가 많은 자료도 줄기-잎 그림으로 표현할 수 있다. 일반적으로 잎의 단위가 따로 표시되지 않으면 잎의 단위는 1로 가정한다.

1. 막대그래프와 히스토그램은 모두 자료의 도수분포를 그래프로 표현한 것으로 근본적으로 동일하다. 히스토그램은 막대 사이에 간격이 없는 막대그래프이나, 일부 이산형 양적 자료에 대해서는 막대 사이에 공간을 둘 수도 있다. 예를 들어 대학생들이 수강신청하는 과목의 수는 오직 자연수로 구성되어 있어 1.5, 2.73과 같은 중간값들은 존재하지 않는다. 그러나 〈표 2-4〉의 감사 시간 자료와 같은 연속형 양적 자료의 히스토그램에서는 막대 사이에 간격을 두는 적은 적절하지 않다.

2. 계급의 적정 경계값은 자료의 정확도에 따라 결정된다. 예를 들어 〈표 2-4〉의 감사 시간 자료에서 계급의 경계값은 정수를 사용하였다. 12.3, 14.4 등과 같이 소수점 이하 한 자리를 사용한 자료라면, 경계값도 소수점 이하 한 자리를 사용하여 계급을 10.0-14.9와

같이 설정한다. 자료가 12.34, 14.45처럼 소수점 이하 둘째 자리까지이면 경계값도 소수점 이하 둘째 자리까지를 사용하여, 10.00-14.99와 같이 설정한다.

3. 경계값의 상한 또는 하한만이 존재하는 계급을 개방형 계급(open-end class)이라고 한다. 〈표 2-4〉의 감사 자료에서 두 번의 감사가 58일과 65일 걸렸다고 하자. 계급 폭이 5인 35-39, 40-44, 45-49 같은 계급을 사용하지 않고, 계급을 단순화하여 "35 이상"이라는 개방형 계급을 사용한다면 이 계급의 도수는 2가 된다. 일반적으로 개방형 계급은 분포의 위쪽, 아래쪽, 혹은 양쪽 끝에 나타난다.

4. 누적도수분포표에서 마지막 계급에 해당하는 누적도수의 값은 총 도수와 일치한다. 누적상대도수분포표의 마지막 값은 1.00이고 누적상대비율도수분포표의 마지막 값은 100이 된다.

연습문제

기초문제

8. 다음 자료에 대한 물음에 답하라.

DATA files
Frequency
www.hanol.co.kr

14	21	23	21	16
19	22	25	16	16
24	24	25	19	16
19	18	19	21	12
16	17	18	23	25
20	23	16	20	19
24	26	15	22	24
20	22	24	22	20

a. 계급의 값이 12-14, 15-17, 18-20, 21-23, 24-26인 도수분포표를 작성하라.

b. 문항 (a)의 계급의 값을 이용하여 상대도수분포표와 백분율도수분포표를 작성하라.

9. 다음 자료에 대한 누적도수분포표와 누적상대도수분포표를 작성하라.

계급	도수
10-19	10
20-29	14
30-39	17
40-49	7
50-59	2

10. 문제 9의 자료를 이용하여 히스토그램을 작성하라.

11. 다음 자료에 대한 물음에 답하라

8.9	10.2	11.5	7.8	10.0	12.2	13.5	14.1	10.0	12.2
6.8	9.5	11.5	11.2	14.9	7.5	10.0	6.0	15.8	11.5

a. 점그래프를 작성하라.

b. 도수분포표를 작성하라.

c. 백분율도수분포표를 작성하라.

12. 다음 자료에 대한 줄기-잎 그림을 작성하라.

11.3	9.6	10.4	7.5	8.3	10.5	10.0
9.3	8.1	7.7	7.5	8.4	6.3	8.8

13. 다음 자료에 대한 줄기-잎 그림을 작성하라. 단, 잎의 단위를 10으로 하라.

1161	1206	1478	1300	1604	1725	1361	1422
1221	1378	1623	1426	1557	1730	1706	1689

응용문제

14. 한 병원의 직원들은 응급치료를 받으러 온 환자의 대기시간에 관해 연구하고 있다. 한 달 동안 측정한 대기시간(분)이 다음과 같다.

    2 5 10 12 4 4 5 17 11 8 9 8 12 21 6 8 7 13 18 3

0-4, 5-9 등의 계급의 값을 이용하여 다음 질문에 답하라.

a. 도수분포표를 작성하라.

b. 상대도수분포표를 작성하라.

c. 누적도수분포표를 작성하라.

d. 누적상대도수분포표를 작성하라.

e. 응급실에서 환자들의 대기시간이 9분 이하인 비율은?

15. CBSSports.com은 공격점수와 수비점수로 미국농구협회(NBA; National Basket Association) 선수들을 평가하기 위해 종합 선수평가 시스템을 개발하였다. 다음의 점수는 NBA 게임 일부분에서 상위 50명의 경기당 평균 점수이다(CBSSports.com 웹사이트).

27.0	28.8	26.4	27.1	22.9	28.4	19.2	21.0	20.8	17.6
21.1	19.2	21.2	15.5	17.2	16.7	17.6	18.5	18.3	18.3
23.3	16.4	18.9	16.5	17.0	11.7	15.7	18.0	17.7	14.6
15.7	17.2	18.2	17.5	13.6	16.3	16.2	13.6	17.1	16.7
17.0	17.3	17.5	14.0	16.9	16.3	15.1	12.3	18.7	14.6

DATA files
NBAPlayerPts
www.hanol.co.kr

최소 10점 최고 30점, 폭을 2점으로 하는 계급을 사용하여 다음 물음에 답하라.

a. 도수분포표를 작성하라.

b. 상대도수분포표를 작성하라.

c. 누적백분율분포표를 작성하라.

d. 히스토그램을 작성하라.

e. 이 그림은 꼬리가 한쪽으로 치우쳐 있는가? 이에 대해 설명하라.

f. 게임당 평균 점수가 최소 20점인 선수는 몇 %인가?

16. 런던 경제대학교(London School of Economics)와 하버드 비즈니스 스쿨(Harvard Business School)은 CEO들이 어떻게 시간을 보내는지를 연구하였다. 그 결과, 전화 회의, 비즈니스 식사, 공개 행사를 제외하고는 회의에서 가장 많은 시간을 보내는 것으로 나타났다(The Wall Street Journal). 다음의 자료는 표본 25명의 CEO가 주당 회의에서 보내는 시간이다.

DATA files
CEOTime
www.hanol.co.kr

14	15	18	23	15
19	20	13	15	23
23	21	15	20	21
16	15	18	18	19
19	22	23	21	12

a. 일주일에 회의에서 보내는 최소 시간과 최대 시간은?

b. 계급의 폭을 2시간으로 하여 백분율도수분포표를 작성하라.

17. 엔트리프리누어(Entrepreneur) 잡지는 성장률, 지점 수, 창업비용 및 재정적 안정성 같은 성과 측정을 사용하여 프랜차이즈 업계의 순위를 매긴다. 지점 수에서 상위 20개 미국 프랜차이즈 업체 자료는 다음과 같다(The World Almanac).

DATA files
Franchise
www.hanol.co.kr

Hampton Inn	1,864	Jan-Pro Franchising Intl. Inc.	12,394
ampm	3,183	Hardee's	1,901
McDonald's	32,805	Pizza Hut Inc.	13,281
7-Eleven Inc.	37,496	Kumon Math & Reading Centers	25,199
Supercuts	2,130	Dunkin' Donuts	9,947
Days Inn	1,877	KFC Corp.	16,224
Vanguard Cleaning Systems	2,155	Jazzercise Inc.	7,683
Servpro	1,572	Anytime Fitness	1,618
Subway	34,871	Matco Tools	1,431
Denny's Inc.	1,668	Stratus Building Solutions	5,018

계급의 값을 0-4999, 5000-9999, 10000-14999와 같은 방식으로 구분하여 다음 질문에 답하라.

a. 미국 내 지점 수의 도수분포표와 백분율도수분포표를 작성하라.

b. 히스토그램을 작성하라.

c. 분포의 모양에 대해 논하라.

18. EngineeringSalary 파일은 19개 공과대학교(School) 졸업생에 대한 초봉(Staring), 졸업 10년 후 측정한 중간 경력 급여의 중앙값(Mid-Career)로 구성된다(월스트리트저널). Staring과 Mid-Career에 각각에 대한 줄기-잎 그림을 작성하고 두 그림의 차이점에 대해 논하라.

③ 표를 이용한 두 변수 자료 요약

지금까지는 한 개의 범주형 또는 양적 변수 자료를 요약하는 방법을 설명하였다. 때때로 관리자나 의사결정자는 두 변수 간의 관계를 파악하기 위한 표나 그래프를 요구한다. 이 절에서는 두 변수에 대한 자료를 요약하는 방법을 학습한다.

1 교차표

교차표(crosstabulation)는 쌍으로 얻어진 두 변수에 관한 자료를 요약하는 표이다. 두 변수가 모두 범주형 또는 양적 자료로 형태가 같거나, 또는 서로 형태가 다르더라도 교차표를 사용할 수 있다. LA지역 300개 레스토랑의 품질 평가와 음식 가격 자료를 수집한 자가트의 레스토랑 리뷰(Zagat's Restaurant Review) 자료를 활용해 교차표를 만들어 보자. 〈표 2-9〉에는 첫 10개 레스토랑의 품질 등급과 음식 가격에 대한 자료로, 품질 등급은 'Good', 'Very Good', 'Excellent'로 측정된 범주형 변수이고 음식 가격은 $10에서 $49 사이의 양적 변수이다.

〈표 2-10〉은 이 자료로 작성한 교차표로 첫번째 행과 열은 각각 품질 평가와 음식 가격 변수의 계급으로 품질 평가의 계급은 Good, Very Good, Excellent로 음식 가격의 계급은 $10-19, $20-29, $30-39, $40-49로 구분하였다. 교차표의 열과 행이 만나는 셀에는 해당하는 레스토랑의 개수가 들어가게 된다. 예를 들어 〈표 2-9〉의 레스토랑 5의 품질 평가는 Very Good이며 음식 가격은 $33이므로 〈표 2-10〉에 두 번째 행과 세 번째 열이 만나는 셀에 속하게 되며,

📊 표 2-9_ LA지역 300개 레스토랑의 품질 평가와 음식 가격

레스토랑	품질 평가	음식 가격($)
1	Good	18
2	Very Good	22
3	Good	28
4	Excellent	38
5	Very Good	33
6	Good	28
7	Very Good	19
8	Very Good	11
9	Very Good	23
10	Good	13
⋮	⋮	⋮

📊 표 2-10_LA지역의 300개 레스토랑의 품질 평가와 음식 가격의 교차표

품질 평가	음식 가격				합계
	$10-19	$20-29	$30-39	$40-49	
Good	42	40	2	0	84
Very Good	34	64	46	6	150
Excellent	2	14	28	22	66
합계	78	118	76	28	300

해당 셀에 해당하는 모든 레스토랑의 수를 합하면 46개가 된다.

*양적 변수를 그룹핑하면, 교차표를 작성할 때 양적 변수가 마치 범주형 변수인 것처럼 다룰 수 있다.

〈표 2-10〉의 교차표에서는 음식 가격 변수에서 4개의 계급을 사용하였지만, 음식 가격의 계급의 수를 늘이거나 줄일 수도 있다. 교차표에서 양적 변수에 대한 자료를 그룹화하는 방법은 양적 변수에 대한 도수분포표를 작성할 때 사용하는 계급의 수를 결정하는 것과 유사하다. 이 예에서는 음식 가격의 계급을 4개로 구분하는 것이 음식의 품질 평가와 음식 가격의 관계를 합리적으로 나타낼 수 있는 것으로 판단하였다.

〈표 2-10〉에서 도수가 64개로 가장 많은 계급은 레스토랑의 품질 평가가 Very Good, 음식 가격이 $20-29인 셀이다. 품질 평가와 음식 가격이 각각 Excellent와 $10-19인 레스토랑은 2개만 존재한다는 것을 알 수 있다. 마지막 열과 마지막 행은 각각 품질 평가와 음식 가격의 도수분포가 된다. 마지막 열로부터 품질 평가가 Good이 84개, Very Good이 150개, Excellent가 66개임을 알 수 있다.

교차표의 마지막 열을 합계로 나누면 품질 평가 변수의 상대도수와 백분율도수분포표가 되며, 마지막 행을 합계로 나누면 음식 가격의 상대도수분포표와 백분율도수분포표를 구할 수 있다.

*상대도수열에 표시된 값들의 합은 정확히 1.00이 되지 않고 백분율도수분포에 표시된 값의 합은 정확히 100이 되지 않는다. 그 이유는 상대도수열에 표시된 값은 반올림된 값이기 때문이다.

품질 평가	상대도수	백분율도수
Good	0.28	28
Very Good	0.50	50
Excellent	0.22	22
합계	1.00	100

음식 가격	상대도수	백분율도수
$10 -19	0.26	26
$20 -29	0.39	39
$30 -39	0.25	25
$40 -49	0.09	9
합계	1.00	100

각 변수별 도수분포와 상대도수분포는 교차표의 마지막 행과 열에서 구할 수 있지만, 이것들은 두 변수 간의 관계를 설명하지 못한다. 교차표가 갖는 중요한 의미는 두 변수의 관계를 직관적으로 파악할 수 있게 해준다는 점이다. 〈표 2-10〉의 교차표를 보면 음식 가격이 높은 레스토랑일수록 품질 평가도 높고, 음식 가격이 낮을수록 품질 평가도 낮음을 알 수 있다.

교차표의 항목을 행 백분율 또는 열 백분율로 변환하면 두 변수 간의 관계에 대한 더 많은 통찰력을 얻을 수 있다. 행 백분율은 각 도수를 해당 행의 합계로 나눈 것으로 〈표 2-11〉에 〈표 2-10〉의 행 백분율을 계산한 결과를 표시하였다. 〈표 2-11〉의 각 행은 해당하는 품질 평가 범주(계급)에 대한 음식 가격의 백분율도수분포이다. 품질 평가가 가장 낮은(Good) 레스토랑 중에서 가장 저렴한 레스토랑이 가장 높은 비율을 차지하며(50.0% 레스토랑의 식사 가격은 $10-19이고

앤더슨의 경영통계학

📊 표 2-11_ 각 품질 평가 범주에 대한 행 백분율

품질 평가	음식 가격				합계
	$10-19	$20-29	$30-39	$40-49	
Good	50.0	47.6	2.4	0.0	100
Very Good	22.7	42.7	30.6	4.0	100
Excellent	3.0	21.2	42.4	33.4	100

47.6%는 $20-29), Excellent 품질 평가를 받은 레스토랑 중 가장 높은 비율은 더 비싼 레스토랑(42.4%의 음식가격은 $30-39이고 33.4%는 $40-49)으로 나타난다. 따라서 음식 가격이 더 높은 레스토랑이 더 높은 품질 평가를 받는 것을 파악할 수 있다.

교차표는 두 변수 간의 관계를 조사하는 데 사용되는 것으로, 대부분의 통계 연구보고서에서는 많은 교차표들이 사용된다. LA지역 레스토랑 설문조사에서 교차표는 하나의 범주형 변수(품질 평가)와 하나의 양적 변수(음식 가격)로 이루어져 있으나, 교차표는 두 변수가 모두 범주형 또는 양적 변수일 때도 사용할 수 있다. 그러나 양적 변수인 경우에는 먼저 변수 값에 대한 계급을 만들어야 한다. 예를 들어, 레스토랑 사례에서는 음식 가격을 4가지 계급($10-19, $20-29, $30-39, $40-49)으로 구분하였다.

DATA files
Restaurant
www.hanol.co.kr

2 엑셀 피벗 테이블을 활용한 교차표 작성

Excel의 피벗 테이블 도구를 사용해 둘 이상의 변수에 대한 데이터를 동시에 요약할 수 있다. 로스앤젤레스의 레스토랑 300개 표본에 대한 품질 평가 및 음식 가격의 교차표를 엑셀로 작성해보자.

자료입력/자료열기　Restaurant 파일을 연다. 셀 B2:C301은 자료이고 A열과 셀 B1:C1은 레이블이다.

도구사용　레스토랑 데이터세트의 세 열(레스토랑, 품질 평가, 식사 가격($)) 각각은 엑셀에서 필드로 간주한다. 필드는 피벗 테이블의 행, 열 또는 값을 나타내도록 선택할 수 있다.

1단계　셀 A1 또는 데이터 세트의 아무 셀이나 선택

2단계　리본에서 '삽입' 탭 클릭

3단계　'표' 그룹에서 '피벗 테이블' 클릭

4단계　'피벗 테이블 만들기' 대화상자가 나타나면:

'확인' 클릭: '피벗 테이블' 및 '피벗 테이블 필드' 작업창이 새 워크시트에 나타남

5단계　'피벗 테이블 필드' 작업창에서:

'품질 평가'를 '행' 영역으로 드래그

'식사 가격'을 '열' 영역으로 드래그

'레스토랑'을 '값' 영역으로 드래그

6단계　'값' 영역에서 '합계: 레스토랑' 클릭

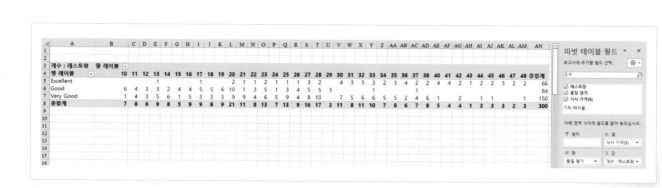

● 그림 2-16_레스토랑 자료에 대한 초기 피벗 테이블 필드 작업 창 및 피벗 테이블

7단계 표시되는 옵션 목록에서 '값 필드 설정' 선택

8단계 '값 필드 설정' 대화상자가 나타나면:

'값 요약 기준'에서 '개수' 선택

'확인' 클릭

〈그림 2-16〉은 위 단계에 따라 생성된 피벗 테이블과 피벗 테이블 필드 작업창이다.

편집옵션 피벗 테이블을 완성하려면 식사 가격이 포함된 행을 그룹화하고 품질 평가 행을 적절한 순서로 배치해야 한다.

1단계 피벗 테이블의 셀 B4 또는 식사 가격이 포함된 다른 셀을 마우스 오른쪽 버튼으로 클릭

2단계 표시되는 옵션 목록에서 '그룹' 선택

3단계 '그룹화' 대화상자가 나타나면:

'시작' 상자에 10 입력

'종료' 상자에 49 입력

'단위' 상자에 10 입력

'확인' 클릭

4단계 셀 A5의 'Excellent'를 마우스 오른쪽 버튼으로 클릭

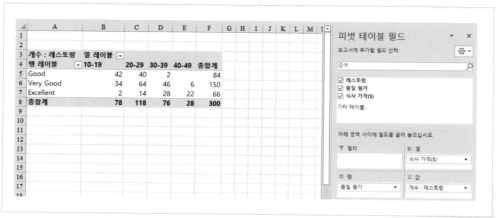

● 그림 2-17_레스토랑 자료에 대한 편집된 피벗 테이블

5단계 '이동'을 선택하고 '끝으로 "Excellent" 이동' 클릭

〈그림 2-17〉은 최종 피벗 테이블로 〈표 2-10〉의 교차표와 동일한 정보를 제공한다.

3 심슨의 역설

두 변수의 관계를 보기 위해 2개 이상의 교차표에 있는 자료들을 합쳐서 교차표를 작성할 수도 있다. 이 경우 합친 교차표에서 두 변수 간의 관계에 대한 결론을 내릴 때는 세심한 주의가 필요하다. 합친 교차표와 합치지 않은 교차표에서 완전히 다른 결론이 나올 수도 있기 때문이다. 이런 현상을 심슨의 역설(Simpson's Paradox)이라고 한다. 이의 예로서 두 법정에서 두 판사가 내린 판결을 살펴보자.

법관 Ron Luckett과 Dennis Kendall은 지난 3년간 일반법원과 지방법원에서 근무하였다. 그들이 내렸던 판결 중 일부는 항소되었는데, 대부분의 항소는 기각되었으나, 일부는 판결이 뒤집혔다. 각 판사별로 판결(기각, 뒤집힘)과 법원 형태(일반법원, 지방법원)의 2가지 변수로 교차표를 작성하였고, 이후 법원 형태를 결합하여 판결(기각, 뒤집힘)과 판사(Luckett, Kendall)의 두 변수로만 구성된 새로운 교차표를 작성하였다.

	판사		
판결	Luckett	Kendall	합계
기각	129 (86%)	110 (88%)	239
뒤집힘	21 (14%)	15(12%)	36
합계(%)	150 (100%)	125 (100%)	275

새로운 교차표에서 열 백분율을 보면 Luckett 판사의 판결에 대한 항소심이 86%가 기각되었고, Kendall 판사의 항소심은 88%가 기각되었다. 이 합친 교차표에서 Kendall 판사에 대한 항소심이 기각되는 비율이 더 높기 때문에 Kendall 판사의 판결이 더 신뢰할 수 있다는 결론을 내릴 수 있다.

다음은 합치기 전 각 판사별로 작성된 교차표이다.

	Luckett 판사				Kendall 판사		
판결	일반법원	지방법원	합계	판결	일반법원	지방법원	합계
기각	29(91%)	100(85%)	129	기각	90(90%)	20(80%)	110
뒤집힘	3(9%)	18(15%)	21	뒤집힘	10(10%)	5(20%)	15
합계(%)	32(100%)	118(100%)	150	합계(%)	100(100%)	25(100%)	125

Luckett의 교차표를 보면 일반법원에서 판결한 소송 중 91%가 기각되었고, 지방법원에서 판결한 소송 중 85%가 기각되었다. Kendall의 경우 일반법원에서 판결한 소송 중 90%가 기각되었고, 지방법원에서 판결한 소송 중 80%가 기각되었다. 두 판사의 열 백분율을 비교해보면 Luckett이 Kendall보다 두 법정에서 모두 더 신뢰할 수 있는 판결을 내렸음을 알 수 있다. 각 판사별 교차표와 합친 교차표는 서로 모순된 결과를 보여주며, 이를 Simpson의 역설이라고 부른다.

두 법정의 독립된 교차표를 합치면 원래의 교차표가 된다. 두 판사에 대해 항소가 뒤집힌 비율이 일반법원보다 지방법원에서 훨씬 많았다. Luckett의 판결이 지방법원에서 훨씬 많이 행해졌으며, 교차표를 합치면 Kendall의 판결이 우수한 것으로 나타난다. 그러나 두 법정의 교차표를 분리하여 보면 Luckett의 판결이 우수함을 알 수 있다. 그러므로 원래의 교차표를 이용하여 두 판사의 결과를 평가할 때 법원 형태는 매우 중요한 변수임을 알 수 있다. 이처럼 교차표가 합쳐진 자료에서 작성된 경우, 숨은 변수가 결론에 영향을 미칠 수 있다는 점을 반드시 인지해야 한다.

연습문제

19. 다음 자료는 두 범주형 변수 x와 y에 대한 30개의 관측값이다. x의 범주는 A, B, C이고, y의 범주는 1, 2이다.

DATA files
Crosstab
www.hanol.co.kr

Observation	x	y	Observation	x	y
1	A	1	16	B	2
2	B	1	17	C	1
3	B	1	18	B	1
4	C	2	19	C	1
5	B	1	20	B	1
6	C	2	21	C	2
7	B	1	22	B	1
8	C	2	23	C	2
9	A	1	24	A	1
10	B	1	25	B	1
11	A	1	26	C	2
12	B	1	27	C	2
13	C	2	28	A	1
14	C	2	29	B	1
15	C	2	30	B	2

a. x를 행, y를 열로 하는 교차표를 작성하라.

b. 행 백분율을 계산하라.

c. 열 백분율을 계산하라.

d. x와 y는 어떤 관계가 있는가?

20. 다음은 양적 변수 x와 y에 대한 20개의 관측값이다.

DATA files
Crosstab2
www.hanol.co.kr

Observation	x	y	Observation	x	y
1	28	72	11	13	98
2	17	99	12	84	21
3	52	58	13	59	32

4	79	34	4	17	81
5	37	60	15	70	34
6	71	22	116	47	64
7	37	77	17	35	68
8	27	85	18	62	67
9	64	45	19	30	39
10	53	47	20	43	28

a. x를 행, y를 열로 하는 교차표를 작성하라. x의 계급을 10-29, 30-49, …, y의 계급을 40-59, 60-79, …으로 구분하라.

b. 행 백분율을 작성하라.

c. 열 백분율을 작성하라.

d. x와 y는 어떤 관계가 있는가?

응용문제

21. 데이토나 500 자동차 경주는 데이토나 해변에서 매년 열리는 500마일 자동차 경주이다. 다음은 1988년에서 2012년까지 우승자 25명의 평균 속도와 자동차 제조사의 교차표이다(The 2013 World Almanac).

제조사	시간당 평균 속도					계
	130-139.9	140-149.9	150-159.9	160-169.9	170-179.9	
Buick	1					1
Chevrolet	3	5	4	3	1	16
Dodge		2				2
Ford	2	1	2	1		6
계	6	8	6	4	1	25

a. 행 백분율을 계산하라.

b. 적어도 시간당 150마일의 평균 속도로 우승한 Chevrolet는 몇 %인가?

c. 열 백분율을 계산하라.

d. 평균 속도가 160-169.9마일로 우승한 자동차 중 Chevrolet는 몇 %인가?

22. 다음은 데이토나 500 자동차 경주에서 우승자 25명의 우승 연도와 평균 속도의 교차표이다(The 2013 World Almanac).

평균 속도	연도					계
	1988-1992	1993-1997	1998-2002	2003-2007	2008-2012	
130-139.9	1			2	3	6
140-149.9	2	2	1	2	1	8
150-159.9		3	1	1	1	6
160-169.9	2		2			4
170-179.9			1			1
계	5	5	5	5	5	25

a. 행 백분율을 계산하라.

b. 평균 속도와 연도 간 어떤 관계가 있는가? 이러한 관계의 원인은 무엇인가?

23. 오크트리 골프장(Oak Tree Golf Course) 경영진은 그린의 상태에 대해 일부 골퍼로부터 그린이 너무 빠르다는 불평을 들었다. 이에 대한 정확한 조사를 위해 100명의 남성 골퍼와 100명의 여성 골퍼를 상대로 설문조사를 실시하여 다음의 결과를 얻었다.

〈남성 골퍼〉

	그린 조건	
핸디캡	너무 빠름	좋음
15타 미만	10	40
15타 이상	25	25

〈여성 골퍼〉

	그린 조건	
핸디캡	너무 빠름	좋음
15타 미만	1	9
15타 이상	39	51

a. 두 교차표에 대해 행을 남성 골퍼와 여성 골퍼로 구분하고 열을 너무 빠름, 좋음으로 구분하여 합쳐진 새로운 교차표를 작성하라. 어느 그룹에서 그린이 빠르다고 하는 비율이 높은가?

b. 초기 교차표의 낮은 핸디캡 그룹에서, 성별 그룹(남성 골퍼, 여성 골퍼) 중 그린이 빠르다고 하는 비율이 높은 그룹은 어디인가?

c. 초기 교차표의 높은 핸디캡 그룹에서, 성별 그룹(남성 골퍼, 여성 골퍼) 중 그린이 빠르다고 하는 비율이 높은 그룹은 어디인가?

d. 그린이 빠르다고 하는 비율에 대해 어떠한 결론을 내릴 수 있는가? 문항 (a)의 결론과 문항 (b) 및 문항 (c)의 결론이 일치하는가? 불일치한다면 이유는 무엇인가?

④ 그래프를 이용한 두 변수 자료 요약

두 변수에 관한 자료의 패턴과 경향을 이해하는 데 그래프가 유용하게 활용된다. 이 절에서는 두 변수 간의 관계를 밝히는 데 도움이 되는 그래프들을 소개한다.

1 산점도와 추세선

산점도(scatter diagram)는 두 양적 변수 간의 관계를 나타내는 그래프이며, 추세선(trendline)은 두 변수 간의 관계를 개략적으로 나타내는 선이다. 〈표 2-12〉는 샌프란시스코 전자제품 매장의 광고횟수와 매출액($100)을 10주간 조사한 것이다. 이 매장은 지난 10주 동안 주말마다 TV 광고를 내보냈으며, 관리자는 광고 기간 중 광고횟수와 매출액의 관계를 분석하고자 한다.

📊 표 2-12_샌프란시스코 전자제품 매장 표본 자료

주	광고횟수 x	매출액($100) y
1	2	50
2	5	57
3	1	41
4	3	54
5	4	54
6	1	38
7	5	63
8	3	48
9	4	59
10	2	46

〈그림 2-18〉은 〈표 2-12〉의 자료에 대한 산점도와 추세선[1]으로, 주당 광고횟수(x)는 가로축에, 매출액(y)은 세로축에 나타낸다. 첫번째 주에는 $x=2$, $y=50$으로 각 축에 해당하는 점 (2, 50)을 찍고, 나머지 9개 주에 대해서도 같은 방식으로 점을 찍어 산점도를 그린다.

〈그림 2-18〉의 산점도에서 광고횟수가 많을수록 매출액도 높아지는 것을 알 수 있다. 산점도의 모든 점들이 추세선 위에 있지 않기 때문에 이 관계가 완벽하다고는 할 수 없으나, 점들의 형태와 추세선을 통해 두 변수는 양(+)의 관계임을 알 수 있다.

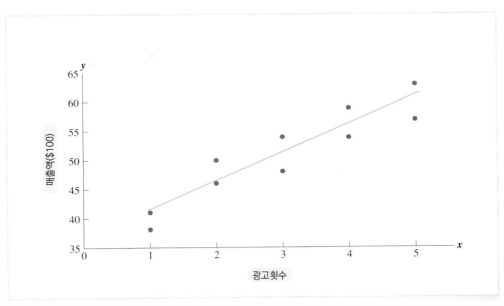

◉ 그림 2-18_전자제품 매장에 대한 산점도와 추세선

---

1) 추세선의 식은 $y = 36.15 + 4.95x$이다. 추세선의 기울기는 4.95이며 y절편은 36.15이다. 추세선에 대해서는 14장의 단순회귀분석에서 자세히 다룰 것이다.

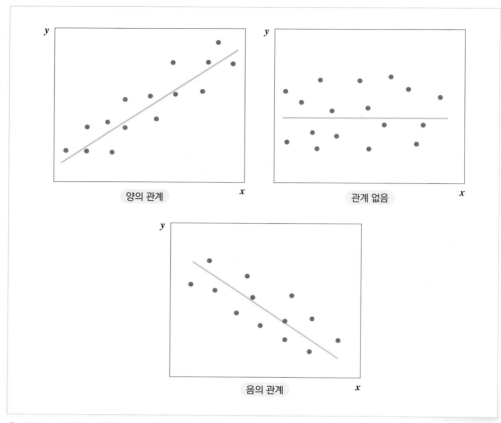

△ 그림 2-19_산점도 형태별 관계 유형

〈그림 2-19〉는 산점도의 일반적 형태들을 나타낸 것으로, 상단 왼쪽 그림은 양(+)의 관계가 있는 경우, 상단 우측은 변수 간 특별한 관계가 없는 경우, 아래 그림은 x가 증가하면 y는 감소하는 음(-)의 관계가 있는 경우를 보여준다.

2 엑셀을 활용한 산점도와 추세선 작성

엑셀을 사용하여 샌프란시스코 전자제품 매장 자료에 대한 산점도와 추세선을 작성해 보자.

자료입력/자료열기 Electronics 파일을 연다. 셀 B2:C11은 자료이고 A열과 셀 B1:C1은 레이블이다.

도구사용 엑셀 워크시트의 자료로 산점도(엑셀에서는 산점도를 산점도라고 부른다)를 만드는 방법은 다음과 같다.

1단계 셀 B1:C11 선택

2단계 리본에서 '삽입' 탭 클릭

3단계 '차트' 그룹에서 '분산형(X, Y) 또는 거품형 차트 삽입' 클릭

4단계 산점도 하위 유형 목록이 나타나면:

'분산형'(왼쪽 상단의 차트) 클릭

데이터슈의 경영통계학

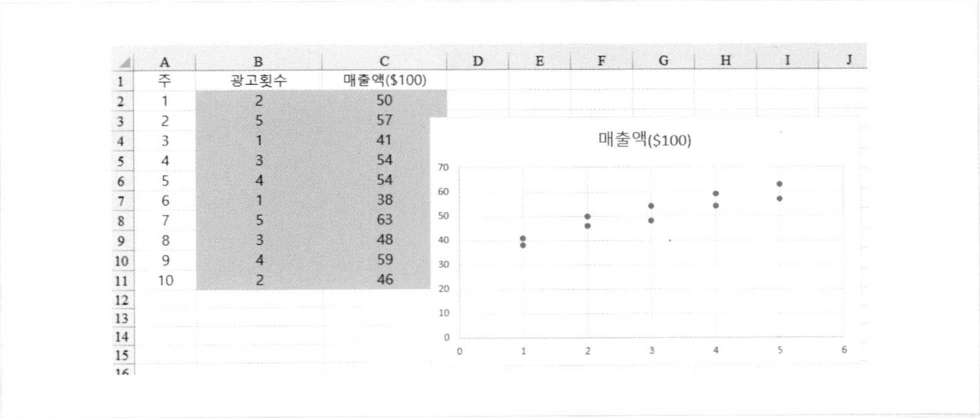

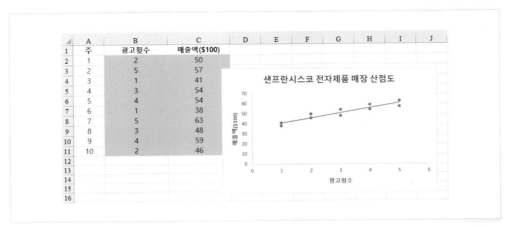

△ 그림 2-20_엑셀의 차트 도구를 사용한 샌프란시스코 전자제품 매장의 초기 산점도

〈그림 2-20〉은 위의 단계에 따라 작성한 산점도이다.

편집옵션 산점도를 편집하여 차트 제목을 넣거나, 축 제목을 추가하고, 추세선을 표시할 수 있다. 예를 들어 "샌프란시스코 전자제품 매장 산점도"를 차트 제목으로 사용하고 가로축 제목에 "광고횟수"를, 세로축 제목에 "매출액($100)"을 삽입하는 방법을 살펴보자.

1단계 '차트 제목'을 클릭하고 "샌프란시스코 전자제품 매장 산점도"로 수정

2단계 '차트 요소' 버튼 ⊞(차트의 오른쪽 상단 모서리 옆에 있음) 클릭

3단계 차트 요소 목록이 나타나면:

'축 제목' 확인란 체크(축 제목에 대한 자리 표시자 생성)

'눈금선' 확인란의 체크 취소(차트에서 눈금선 제거)

'추세선' 확인란 체크

4단계 가로축의 '축 제목'을 "광고횟수"로 변경

5단계 세로축의 '축 제목'을 "매출액($100)"으로 변경

△ 그림 2-21_엑셀의 차트 도구에서 편집옵션을 적용한 샌프란시스코 전자제품 매장의 산점도와 추세선

6단계 추세선을 점선에서 실선으로 변경하려면 추세선을 마우스 오른쪽 버튼으로 클릭하고
'추세선 서식' 선택

7단계 '추세선 서식' 작업창에서:

'채우기 및 선' 옵션 선택 ※엑셀의 해당 차트 그림 추가

'대시 종류' 상자에서 '실선' 선택

'서식 추세선' 작업창 닫기

〈그림 2-21〉은 편집옵션을 적용하여 수정한 산점도와 추세선이다.

3 묶은 막대그래프와 누적 막대그래프

2.1절에서 막대그래프는 범주형 자료의 도수, 상대도수, 백분율도수를 요약한 그래프라고 설명하였다. 두 변수의 자료를 요약하여 하나의 그래프에 함께 표시하기 위해 막대그래프의 확장형인 묶은 막대그래프와 누적 막대그래프를 사용한다. 하나의 그래프에 두 변수를 함께 표시하면 변수 간의 관계를 더 잘 이해할 수 있다.

묶은 막대그래프(side-by-side bar chart)는 하나의 그래프에 여러 개의 변수들을 다수의 막대로 표현하는 방법이다. LA의 레스토랑 300개 자료에서 품질 평가는 Good, Very Good, Excellent의 범주형 자료이고 음식 가격은 $10-49 사이의 값을 갖는 양적 변수이며, 〈표 2-10〉의 교차표에서 음식 가격의 계급은 $10-19, $20-29, $30-39, $40-49로 하였다.

〈그림 2-22〉는 레스토랑 자료에 대한 묶은 막대그래프로 품질 평가별로 막대의 색상을 달리하여 표시하였으며, 각각의 막대는 음식 가격별 품질 평가의 도수가 된다. 음식 가격에 따라 품질 평가가 어떻게 분포하는가를 쉽게 알기 위해 각 음식 가격별로 품질 평가에 대한 막대를 붙여서 작성하였다. 가장 낮은 음식 가격($10-19)에서 Good과 Very Good이 가장 많고 Excellent는 매우 적으나, 가장 높은 음식 가격($40-49)에서는 Excellent가 대부분이고 Very

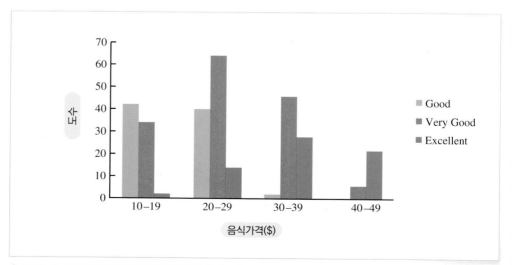

▲ 그림 2-22_음식 가격과 품질 평가에 관한 묶은 막대그래프

표 2-13_각 음식 가격 범주에 대한 열 백분율

품질 평가	음식 가격			
	$10-19	$20-29	$30-39	$40-49
Good	53.8%	33.9%	2.6%	0.0%
Very Good	43.6	54.2	60.5	21.4
Excellent	2.6	11.9	36.8	78.6
합계	100.0%	100.0%	100.0%	100.0%

Good은 약간 있으며 Good은 없는 것으로 나타나 음식 가격에 따라 품질 평가의 분포가 다른 것을 알 수 있다.

〈그림 2-22〉는 음식 가격과 품질 평가 사이의 관계를 잘 보여준다. 음식 가격이 증가함에 따라 주황색 막대의 높이가 감소하고 파란색 막대의 높이는 증가한다. 이는 음식 가격이 올라갈수록 품질 평가가 좋아지는 경향이 있음을 의미한다. 또한, 예상대로 Very Good의 품질 평가는 중간 가격대에서 더 높은 빈도를 갖는 경향이 있다.

누적 막대그래프(stacked bar chart)는 하나의 막대 안에 여러 개의 변수를 표시하여 비교하는 것으로, 하나의 막대 안에 각 계급의 상대도수에 따라 분할한 후 분할된 직사각형을 다른 색으로 채우게 된다.

〈표 2-10〉의 도수를 해당 열의 합계로 나누어 열 백분율로 변환할 수 있다. 예를 들어, $10-19 범위의 식사 가격을 제공하는 78개 레스토랑 중 42개 레스토랑이 품질 평가에서 Good을 받았으므로 78개 음식점 중 Good을 받은 음식점의 비율을 (42/78)100, 즉 53.8%가 된다. 〈표 2-13〉은 각 식사 가격 범주에 대한 열 백분율을 계산한 것이고, 〈그림 2-23〉은 〈표 2-13〉을 사용하여 누적 막대그래프를 작성한 것이다. 누적 막대그래프는 백분율을 기반으로 하므로

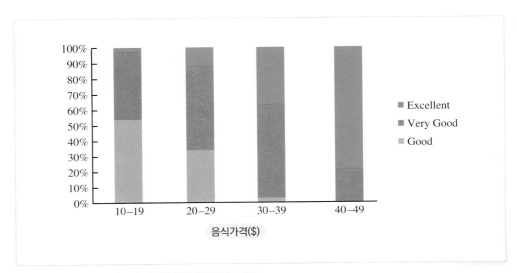

● 그림 2-23_음식 가격과 품질 평가에 관한 묶은 막대그래프

〈그림 2-23〉은 변수 간의 관계를 〈그림 2-22〉보다 더 명확하게 보여준다. 음식 가격대가 낮은 범위($10-19)에서 높은 범위($40-49)로 이동함에 따라 주황색 막대의 길이는 감소하고 파란색 막대의 길이는 증가한다.

4 엑셀을 활용한 묶은 막대그래프와 누적 막대그래프 작성

〈그림 2-17〉에 엑셀의 피벗 테이블 도구를 사용하여 작성한 LA 300개 레스토랑에 대한 도수분포표가 나타나 있다. 엑셀의 추천 차트 도구와 〈그림 2-17〉의 피벗 테이블을 사용하여 레스토랑 자료에 대한 묶은 막대그래프와 누적 막대그래프를 작성해보자.

도구사용: 다음의 단계에 따라 묶은 막대그래프를 작성할 수 있다.

   1단계 피벗 테이블 보고서에서 아무 셀이나 선택(셀 A3:F8)

   2단계 리본에서 '삽입' 탭 클릭

   3단계 '차트' 그룹에서 '추천 차트' 클릭: 가로축에 품질 등급이 있는 막대그래프를 보여주는 미리보기가 나타남

   4단계 '확인' 클릭(또는 차트 삽입 대화 상자의 왼쪽 '모든 차트'에 나열된 다른 그래프 유형 중 하나를 선택하여 형태를 미리 볼 수 있음)

   5단계 리본에서 '디자인' 탭 클릭

   6단계 '데이터' 그룹에서 '행/열 전환' 클릭. 가로축에 음식 가격인 묶음 막대그래프가 나타남

편집옵션 묶은 막대그래프를 편집하여 막대 색상과 축 레이블을 변경할 수 있다.

   1단계 '차트 요소' 버튼 ➕(그래프의 오른쪽 상단 모서리 옆에 있음) 클릭

   2단계 '차트 요소' 목록이 나타나면 '축 제목' 체크(축 제목에 대한 자리 표시자 생성)

   3단계 가로축의 '축 제목'을 "음식 가격($)"으로 변경

   4단계 세로축의 '축 제목'을 "도수"로 변경

   5단계 그래프의 각 막대를 마우스 오른쪽 버튼으로 클릭한 후, '채우기'와 '윤곽선'을 〈그림 2-24〉와 같은 색상으로 변경

* 엑셀은 〈그림 2-24〉의 막대그래프를 묶은 세로 막대형 그래프라고 부른다.

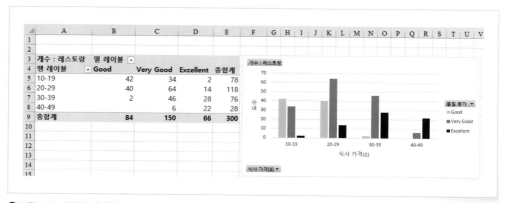

🔺 그림 2-24_엑셀의 추천 차트 도구를 사용하여 작성한 레스토랑 자료에 대한 묶은 막대그래프

〈그림 2-24〉는 편집된 묶은 막대그래프이다.

다음 단계를 사용하여 묶은 막대그래프를 누적 막대그래프로 변경할 수 있다.

6단계 리본에서 '디자인' 탭 클릭. '종류' 그룹에서 '차트 종류 변경' 클릭

7단계 '차트 종류 변경' 대화 상자가 나타나면 '누적 세로 막대형' 옵션 선택 후 '확인' 클릭

보충설명

1. 시계열은 연속적인 시점이나 기간 동안 측정한 변수에 대한 관찰 결과이다. 가로축은 시간을, 세로축은 값을 표시한 산점도를 시계열 그래프라고 한다.
2. 누적 막대그래프를 사용하여 백분율이 아닌 도수를 표시할 수도 있다. 이 경우 여러 색상으로 구분된 각 막대의 크기는 비율의 크기가 아닌 전체 막대 길이(도수) 대비 해당 도수의 비율을 의미한다.

연습문제

DATA files
Scatter
www.hanol.co.kr

기초문제

24. 두 양적 변수 x, y에 대하여 20개의 관측값을 얻었다.

Observation	x	y	Observation	x	y
1	−22	22	11	−37	48
2	−33	49	12	34	−29
3	2	8	13	9	−18
4	29	−16	14	−33	31
5	−13	10	15	20	−16
6	21	−28	16	−3	14
7	−13	27	17	−15	18
8	−23	35	18	12	17
9	14	−5	19	−20	−11
10	3	−3	20	−7	−22

a. x와 y의 관계를 보여주는 산점도를 작성하라.

b. x와 y는 어떤 관계에 있는가?

25. 다음은 두 개의 범주형 변수에 대한 자료이다. 첫 번째 변수 x의 값은 A, B, C, D가 될 수 있고, 두 번째 변수 y는 I 또는 II가 될 수 있다. 다음의 표는 두 변수가 가질 수 있는 값들의 조합에서 얻어진 도수이다.

	y	
x	I	II
A	143	857
B	200	800
C	321	679
D	420	580

a. 수평축을 x로 하는 묶은 막대그래프를 작성하라.

b. x와 y는 어떤 관계에 있는가?

26. 다음 교차표는 두 범주형 변수 x와 y의 자료를 요약한 표이다. 변수 x는 낮음, 중간, 높음, 변수 y는 예, 아니오의 값을 가질 수 있다.

	y		
x	예	아니오	합계
낮음	20	10	30
중간	15	35	50
높음	20	5	25
합계	55	50	105

a. 행 백분율을 계산하라.

b. (a)의 결과를 이용하여 x를 수평축으로 하는 누적 막대그래프를 작성하라.

응용문제

27. 다음은 중형차량의 운행속도(SPEED, miles/hour)와 연료효율(MPG, miles/gallon)에 관한 연구 자료이다.

운행속도	30	50	40	55	30	25	60	25	50	55
연료효율	28	25	25	23	30	32	21	35	26	25

a. 운행속도를 가로축, 연료효율을 세로축으로 하는 산점도를 작성하라.

b. 두 변수는 어떤 관계인가?

28. Snow 파일은 51개의 미국 주요 도시에 대한 30년 동안의 연평균 강설량 자료이다. 예를 들어, Ohio Columbus의 연평균 최저기온은 44도(°F)이고 연평균 강설량은 27.5인치이다.

a. 가로축을 연평균 최저기온(Average Low temp), 세로축을 평균 연간 강설량(Average Snowfall)으로 하여 산점도를 작성하라.

b. 두 변수는 어떤 관계가 있는가?

c. 산점도에서 비정상적으로 보이는 자료에 대해 설명하라.

29. 사람들은 중년까지는 심장의 건강 상태를 우려하지 않는다. 그러나 최근 연구에 따르면 혈압과 같은 위험인자를 조기에 관찰하는 것이 중요하다는 것이 밝혀졌다(Wall Street Journal). 고

혈압은 심장 질환의 주요 위험 인자로 여겨진다. 다음의 표는 다양한 연령대의 수많은 남성과 여성을 대상으로 혈압을 측정하여 고혈압 환자의 비율을 계산한 것이다.

나이(Age)	남자(Male)	여자(Female)
20-34	11.00%	9.00%
35-44	24.00%	19.00%
45-54	39.00%	37.00%
55-64	57.00%	56.00%
65-74	62.00%	64.00%
75+	73.30%	79.00%

a. 가로축을 나이, 세로축을 성별에 따른 고혈압 환자의 비율로 하는 묶은 막대그래프를 작성하라.
b. (a)의 그래프에서 고혈압과 나이의 관계에 관해 무엇을 알 수 있는가?
c. 성별에 따른 차이를 설명하라.

5 자료 시각화: 효과적인 자료 시각화 방안

자료 시각화는 데이터 세트의 정보를 요약해 그래프 등의 형태로 표현할 때 사용하는 용어이다. 자료 시각화의 목적은 자료에 포함된 중요한 정보를 효과적이고 명확하게 보여주는 것이다. 이 절에서는 효과적인 그래프 표현에 대한 지침을 제시하고, 연구 목적에 따른 적절한 그래프 형태에 대해 논의하며, 대시보드(Dashboard)의 활용법을 설명한다.

1 효과적인 그래프 표현 방법

〈표 2-14〉은 구스틴화학(Gustin Chemical)의 미국 내 목표 판매액과 실제 판매액에 관한 자료로, 목표 판매액과 실제 판매액의 두 양적 변수와 지역이라는 범주형 변수로 구성되어 있다. 구스틴화학의 경영진은 지역별 목표 판매액과 성과를 확인하기 위해 이 자료를 그래프로 작성하려고 한다.

〈그림 2-25〉는 목표 판매액과 실제 판매액의 묶은 막대그래프로, 지역 내 또는 지역 간 판매 목표와 실제 판매액을 쉽게 비교할 수 있다. 〈그림 2-25〉에서 남동부 지역이 목표 판매액과 실제 판매액이 가장 비슷하며, 북서부 지역은 목표치보다 실제 판매액이 상회하는 유일한 지역임

 표 2-14_지역별 목표 판매액과 실제 판매액

판매 지역	목표 판매액($1,000)	실제 판매액($1,000)
북동부	540	447
북서부	420	447
남동부	575	556
남서부	360	341

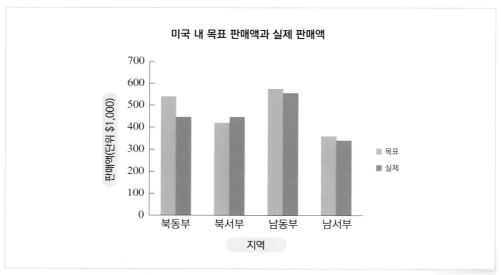

�€ 그림 2-25_목표 판매액과 실제 판매액에 관한 묶은 막대그래프

을 알 수 있다. 그래프를 효과적으로 표현하는 문제는 과학적인 측면과 아울러 예술적 측면도 중요하다. 다음의 지침에 유념하면 그래프를 통한 시각적 효과를 향상시킬 수 있다.

- 명확하고 간결한 제목
- 그림은 간단해야 하며, 이차원 표현으로 충분할 때는 3차원 표현 피하기
- 각 축의 제목을 명확하게 붙이고 단위를 함께 표현
- 범주의 구분을 위해 색상을 사용하는 경우에는 구분이 잘 되는 색 사용
- 범주의 개수가 많아 다양한 색상과 선을 사용한다면 각 색상과 선에 대한 설명을 반드시 추가하고 그래프 안에서 잘 보이는 곳에 설명을 배치

2 그래프 표현 형식 선택

이 장에서는 막대그래프, 원그래프, 점그래프, 히스토그램, 줄기-잎 그림, 산점도, 묶은 막대그래프, 누적 막대그래프 등 다양한 그래프들을 살펴보았다. 각 그래프들은 목적에 따라 적절하게 활용할 수 있다.

1) 각 그래프의 사용 목적

- 막대그래프 - 범주형 자료의 도수분포나 상대도수분포 표현
- 원그래프 - 범주형 자료의 상대도수분포나 백분율분포 표현
- 점그래프 - 양적 자료의 분포 표현
- 히스토그램 - 양적 자료를 그룹화하여 각 그룹(계급)에 대한 도수분포 표현
- 줄기-잎 그림 - 양적 자료의 순서와 분포 형태를 함께 표현

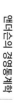

2) 비교 시 유용한 그래프

- 묶은 막대그래프 - 두 변수의 비교
- 누적 막대그래프 - 두 범주형 변수의 상대도수 또는 백분율도수 비교

3) 관계 확인이 용이한 그래프

- 산점도 - 양적 자료의 두 변수 관계 확인
- 추세선 - 산점도에 그려진 자료의 근사적 선형관계 확인

3   데이터 대시보드

데이터 대시보드(data dashboard)는 가장 널리 사용되는 시각화 도구 중의 하나로, 요약된 자료를 한눈에 읽고 쉽게 이해할 수 있도록 해주는 방법이다. 데이터 대시보드의 대표적인 예로 자동차 계기판을 들 수 있다. 이를 통해 차량 속도, 연료량, 엔진 온도 등에 관한 중요한 정보를 한눈에 얻을 수 있듯이, 기업도 성과 측정을 위해 현재 재고량, 일일 판매량, 즉시 출고율, 분기당 수익 같은 핵심 성과 지표(KPIs: Key Performance Indicators)를 활용한다.

의사결정에 데이터 대시보드를 사용하는 방법을 설명하기 위해 그로간 정유(Grogan Oil Company)의 사례를 살펴보자. 그로간은 텍사스 오스틴(본사), 휴스턴과 댈러스에 사무실을 두고 있다. 그로간 정유에서는 소프트웨어, 인터넷 및 전자 메일 등 직원들이 사용하는 컴퓨터 시스템에 문제가 발생하면 오스틴 사무실에 위치한 IT 콜센터에 도움을 요청한다.

〈그림 2-26〉은 콜센터의 운영 현황을 파악하기 위한 데이터 대시보드 중 일부이다. 이 대시보드에는 여러 시각적 그래프들을 한 곳에 배치하여 콜센터의 KPI를 한눈에 관찰할 수 있다. 그래프에 나타난 자료들은 오전 8시부터 근무를 시작하는 교대조에 대한 것이다. 왼쪽 상단에 있는 누적 막대그래프는 시간대별 문제 발생 유형(소프트웨어, 인터넷 또는 이메일)에 따른 통화 유입량을 나타낸 것으로, 교대 근무 시작 직후 처음 몇 시간 동안은 통화량이 많고 시간이 지남에 따라 이메일 문제에 관한 통화량은 감소하며, 소프트웨어 문제로 인한 통화량이 오전 중 가장 높은 것을 알 수 있다. 대시보드의 우측 상단에 있는 막대그래프는 콜센터 직원이 각 유형의 문제에 소비한 시간과 통화 유입이 없는 유휴 시간이 백분율로 나타나 있다. 이러한 그래프들은 최적의 콜센터 직원 수를 결정하는 데 활용될 수 있다. 예를 들어, 문제의 형태와 유휴 시간 등을 조합하여 시스템의 부하를 측정하면 IT 관리자가 전문 지식을 갖춘 콜센터 직원을 몇 명 확보해야 하는가에 대한 단서를 얻을 수 있다.

대시보드 가운데 오른쪽에는 사무실별 통화량이 묶은 막대그래프로 나타나 있어, 사무실 위치별로 어떤 유형의 문제가 주로 발생하는지를 식별할 수 있다. 예를 들어, 오스틴 사무실은 이메일에서 비교적 많은 문제가 발생하고, 댈러스 사무실에서는 소프트웨어 문제가 상대적으로 더 많이 발생한다는 것을 알 수 있다. 댈러스에 위치한 사무실은 현재 새로운 소프트웨어를 설

DATA files
Grogan
www.hanol.co.kr

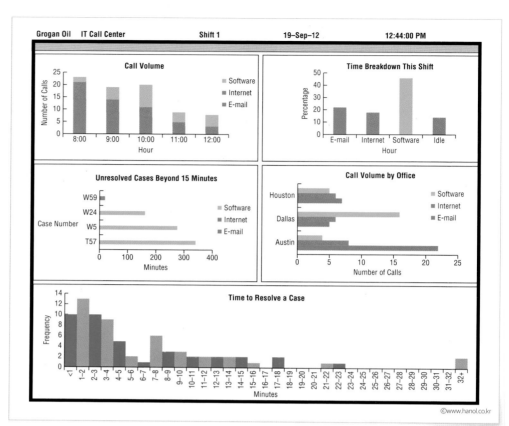

◐ 그림 2-26_그로간 정유 IT 콜센터의 초기 데이터 대시보드

치하고 있어 이에 관한 콜센터 통화량이 많았는데, IT 관리자는 사전에 달라스 사무소의 이런 상황을 보고 받았기 때문에 소프트웨어 전담 콜센터 직원의 수를 늘릴 수 있었다.

데이터 대시보드의 가운데 왼쪽 그래프에는 15분 이상 처리되지 않은 상태로 지속된 민원 자료가 나타나 있어 그로간의 경영진은 문제 해결을 위해 추가적인 자원이 필요한지 여부를 결정할 수 있다. T57 민원의 경우 300분 이상 해결되지 않았고 다음 교대조에게 이 문제가 넘겨진 상태이다. 하단의 히스토그램은 현재까지 문제를 해결하는 데 걸린 시간의 분포가 나타나 있다.

그로간 정유사의 데이터 대시보드는 기업의 여러 기능 중에서 운영 측면에 사용된 사례로 실시간 업데이트를 통해 담당 직원이 몇 명 필요한가와 같은 운영 수준의 의사결정에 사용된다. 또한, 이는 전략 및 전술 수준에서도 사용될 수 있다. 예를 들어, 물류 관리자는 제3자물류[2]가 제시간에 운송을 완료하였는가와 비용에 대한 KPI를 관찰할 수 있으며, 운송 형태와 제3자물류 업체 선택과 같은 전술적 결정에도 활용될 수 있다.

4 자료 시각화 사례: 신시내티 동물원과 식물원

오하이오주 신시내티에 위치한 신시내티 동물원과 식물원은 세계에서 두 번째로 오래된 동

---

2) 제3자물류란 기업이 자사 공급사슬의 전체 또는 일부를 외부의 전문 물류업체에게 위탁하여 운영하는 것을 의미한다.

물원이다. 동물원의 경영진들은 관람객이 많이 방문한 날에 관리자가 현장에서 관람객과 상호
작용하면서 동물원 운영 상황을 확인하고 문제 발생 여부와 문제 발생 가능성을 실시간으로
파악할 수 있도록 동물원에서 생성되는 자료를 시각화할 필요가 있다고 결론내렸다.

신시내티 동물원은 사용 편의성, 실시간 업데이트, iPad 호환성 등을 고려하여 IBM의 코그
노스(Cognos) 고급 자료 시각화 소프트웨어를 사용하기로 결정하였고, 〈그림 2-27〉과 같은 자료
대시보드를 개발하여 동물원 경영진이 다음의 핵심 성과 지표를 추적할 수 있도록 하였다.

- 판매할 기념품목 분석(동물원 내 위치별 판매량 및 판매액)
- 위치 분석(당일 방문자가 동물원에서 시간을 보내는 위치에 대한 지도 및 디스플레이 사용)
- 관람객 지출액
- 출납원 매출 실적
- 날씨별 매출액과 관람객 수
- 동물원 회원 대상 보상 프로그램 성과

동물원 경영자들이 동물원 밖에서도 동물원 상황을 실시간으로 관찰할 수 있도록 아이패드
애플리케이션도 개발하여 〈그림 2-28〉에 있는 데이터 대시보드를 통해 다음의 정보를 제공한다.

- 관람객 유형별 실시간 방문 자료
- 동물원 내에서 가장 빨리 판매되는 품목의 실시간 분석
- 동물원 내 방문객의 실시간 위치 정보

신시내티 동물원의 경영자들은 데이터 대시보드를 통해 동물원 내 직원의 숫자, 날씨별 기념

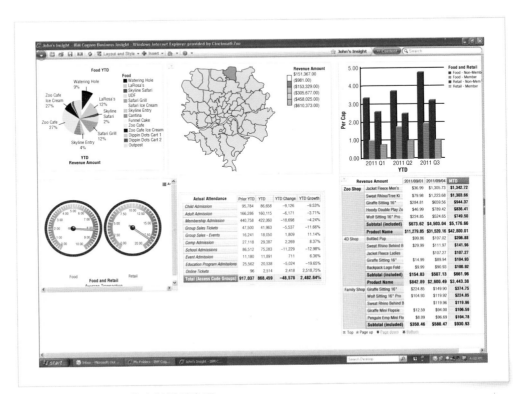

🔺 그림 2-27_신시내티 동물원의 데이터 대시보드

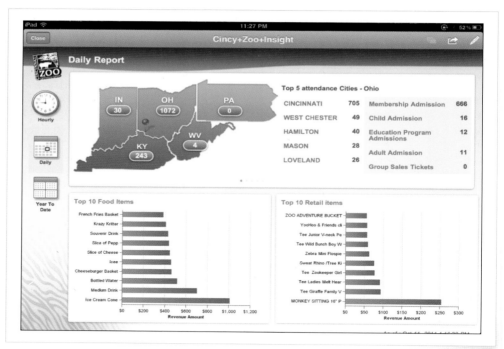

▲ 그림 2-28_신시내티 동물원의 아이패드 자료 대시보드

품목 조정, 관람객 위치별 타깃 광고에 관한 의사결정을 할 수 있게 되었다. 자료 대시보드를 구축한 첫 해에 $500,000의 매출 증대, 동물원 관람객 수 증가, 고객서비스 향상, 마케팅 비용의 절감 등의 성과를 달성하였다.

 보충설명

1. 자료 시각화를 위해 Excel, Power BI, JMP, R, SAS Visual Analytics, Spotfire, Tableau 등 다양한 소프트웨어가 사용된다.
2. 지리적 자료를 시각화하는 도구는 지리 정보 시스템 (GIS; Geographic Information System)이다. GIS 는 지도의 색상, 기호 및 글자를 사용하여 변수가 지리적으로 어떻게 분포되어 있는지를 알려준다. 예를 들어, 새로운 유통센터를 찾고자 하는 기업은 미국 전역에서 제품 수요 발생과 변화에 관한 정보가 필요하다. 빨간색 영역은 높은 수요를, 파란색은 낮은 수요를, 색상이 없는 지역은 제품이 판매되지 않는 지역을 의미하도록 GIS를 만들 수 있다.

요점정리

데이터 세트는 표본수가 적당하더라도 수집된 형식 그대로를 직접 이용하여 해석하기 어려운 경우가 많다. 이때 그래프를 활용해 자료를 요약하고 시각화하여 자료에 숨겨진 의미를 쉽게 파악할 수 있다. 도수분포, 상대도수분포표, 백분율도수분포표, 막대그래프, 원그래프는 단일

○ 그림 2-29_자료 요약을 위한 표와 그래프 방법론

범주형 변수에 대한 자료 요약 방법이며, 도수분포표, 상대도수분포표, 백분율도수분포표, 히스토그램, 누적도수분포표, 누적상대도수분포표, 누적백분율도수분포표, 줄기-잎 그림은 단일 양적 변수의 자료를 요약하는 방법이다.

교차표는 두 변수에 대한 자료를 요약한 표이고, 산점도는 두 양적 변수에 대한 자료를 요약한 것이며, 묶은 막대그래프와 누적 막대그래프는 두 범주형 변수에 대한 자료를 요약한 그래프이다. 자료가 가진 정보 전달에 효과적인 그래프 유형을 선택하고 작성하는 지침에 대해 논의하였다. 데이터 대시보드는 기업의 성과를 관찰하기 위해 자료를 해석하기 쉬운 방식으로 구성한 시각적 그래프들이다. 〈그림 2-29〉는 이 장에서 소개한 표와 그래프 유형을 요약한 것이다.

보충문제

DATA files
SAT2019
www.hanol.co.kr

30. 매년 180만 명 이상의 고등학생이 미국 대학 입학시험인 SAT를 치른다. 2019년 SAT는 증거 기반 읽기와 쓰기, 수학으로 구성되어 있으며, 만점은 1,600점이다. SAT 점수에 대한 다음의 표본을 얻었다.

910	1,040	910	1,110	900
1,200	1,160	1,020	870	1,270
940	1,420	470	1,260	1,080
1,060	920	450	1,310	1,210
1,180	1,080	1,380	1,030	820
920	600	1,040	850	800

a. 도수분포표와 히스토그램을 작성하라. 계급은 600에서 시작하고 계급의 폭은 100으로 하라.

b. 분포의 모양에 대해 설명하라.

c. 표와 그래프를 통해 알 수 있는 다른 점들은 무엇인가?

31. MedianHousehold 파일은 미국 50개 주에 각각에 대해 2명의 소득자가 있는 가구 소득의 중앙값 자료이다(American Community Survey, 2013).

a. 중위 가구 소득의 도수분포표와 백분율도수분포를 작성하라. 계급은 65.0에서 시작하고 계급의 폭은 5로 하라.

b. 히스토그램을 작성하라.

c. 분포의 모양에 대해 설명하라.

d. 가구의 중위 소득이 가장 높은 주는?

e. 가구의 중위 소득이 가장 낮은 주는?

32. 다음은 미국 각 주의 2021년 인구이다(The World Almanac).

State	Population	State	Population	State	Population
Alabama	4.8	Louisiana	4.5	Ohio	11.5
Alaska	0.7	Maine	1.3	Oklahoma	3.8
Arizona	6.4	Maryland	5.8	Oregon	4.3
Arkansas	2.9	Massachusetts	6.5	Pennsylvania	12.7
California	37.3	Michigan	9.9	Rhode Island	1.0
Colorado	5.0	Minnesota	5.3	South Carolina	4.6
Connecticut	3.6	Mississippi	3.0	South Dakota	0.8
Delaware	0.9	Missouri	6.0	Tennessee	6.3
Florida	18.8	Montana	0.9	Texas	25.1
Georgia	9.7	Nebraska	1.8	Utah	2.8
Hawaii	1.4	Nevada	2.7	Vermont	0.6
Idaho	1.6	New Hampshire	1.3	Virginia	8.0
Illinois	12.8	New Jersey	8.8	Washington	6.7
Indiana	6.5	New Mexico	2.0	West Virginia	1.9
Iowa	3.0	New York	19.4	Wisconsin	5.7
Kansas	2.9	North Carolina	9.5	Wyoming	0.6
Kentucky	4.3	North Dakota	0.7		

a. 도수분포표, 백분율도수분포표, 히스토그램을 작성하라. 계급의 폭은 2.5백만으로 하라.

b. 분포에 어떤 치우침이 있는가?

c. 50개 주의 인구에 관해 발견한 점은 무엇인가?

33. 월스트리트 저널에 따르면, 신생 기업은 자금 조달 능력이 성공의 열쇠가 된다. 다음은 50개 창업 기업이 모금한 자금(백만 달러) 자료이다.

81	61	103	166	168
80	51	130	77	78
69	119	81	60	20
73	50	110	21	60

192	18	54	49	63
91	272	58	54	40
47	24	57	78	78
154	72	38	131	52
48	118	40	49	55
54	112	129	156	31

a. 줄기-잎 그림을 작성하라.

b. 작성한 줄기-잎 그림을 해석하라.

34. 소비자의 불만들은 자주 Better Business Bureau(BBB)에 보고된다. BBB에 가장 많은 불만이 보고된 산업은 은행(Bank), 케이블과 위성 TV(Cable), 추심업체(Collection), 이동전화사업자(Cell), 자동차 딜러사(Car) 등이다(USA Today). BBB 파일은 200명의 소비자로부터 수집한 자료이다.

a. 소비자 불만에 대한 도수분포표와 백분율도수분포표를 작성하라.

b. 백분율도수분포의 막대그래프를 작성하라.

c. 불만이 가장 많은 산업은?

d. 불만에 관한 백분율도수분포에 대해 설명하라.

35. 미국인구조사국(U.S. Census Bureau serves)은 국민과 경제에 대한 양적 정보를 제공하는 기관이다. 다음 교차표는 세대주의 교육 수준(고졸 이상)과 가구 소득에 따른 가구 수(단위: 1000가구)를 나타낸 것이다(U.S. Census Bureau 웹사이트).

교육 수준	가구 수입				계
	$25,000 미만	$25,000~$49,999	$50,000~$99,999	$100,000 이상	
고졸	9,880	9,970	9,441	3,482	32,773
대졸	2,484	4,164	7,666	7,817	22,131
석사	685	1,205	3,019	4,094	9,003
박사	79	160	422	1,076	1,737
계	13,128	15,499	20,548	16,469	65,644

a. 세대주의 교육 수준에 대한 백분율도수분포표를 작성하라. 세대주가 석사 이상인 경우는 몇 %인가?

b. 가구 수입에 대한 백분율도수분포표를 작성하라. 가구 수입이 $50,000인 경우는 몇 %인가?

c. 가구 수입이 $25,000 미만인 가구의 교육 수준과 가구 수입이 $100,000 이상인 가구의 교육 수준을 비교하라. 열 백분율을 계산하여 다른 흥미로운 결과를 찾아 설명하라.

36. 〈표 2-15〉는 Colleges 파일에 있는 103개 사립 전문대와 대학교 자료의 일부분으로 대학명(School), 설립연도(Year Founded), 등록금(Tuition & Fees), 입학 후 6년 이내 졸업한 비율(% Graduate)로 구성된다(The World Almanac).

표 2-15_지역별 목표 판매액과 실제 판매액

School	Year Founded	Tuition & Fees	% Graduate
American University	1893	$36,697	79.00
Baylor University	1845	$29,754	70.00
Belmont University	1951	$23,680	68.00
⋮	⋮	⋮	⋮
Wofford College	1854	$31,710	82.00
Xavier University	1831	$29,970	79.00
Yale University	1701	$38,300	98.00

a. 행을 Year Founded로, 열을 Tuition & Fees로 하는 교차표를 작성하라. 단 Year Founded 변수의 계급은 범위를 1,600에서 2,000까지, 폭은 50을 사용하고, Tuition & Fees 변수의 계급은 범위를 1에서 45,000까지, 폭은 5,000을 사용하라.

b. (a)의 교차표에서 행 백분율을 계산하라.

c. Year Founded와 Tuition & Fees는 어떤 관계가 있는가?

37. 〈표 2-15〉와 관련하여,

a. 행을 Year Founded로, 열을 % Graduate로 하는 교차표를 작성하라. Year Founded에 대해 1,600부터 시작하여 2,000까지 50씩 증가하는 계급을 사용하고, % Graduate에 대해 35%에서 시작하여 100%까지 5% 단위로 증가하는 계급을 사용하라.

b. (a)의 교차표에서 열 백분율을 구하라.

c. 두 변수 간의 관계에 대해 설명하라.

38. 〈표 2-15〉와 관련하여,

a. Year Founded와 Tuition & Fees 간의 관계를 보여주는 산점도를 작성하라.

b. 두 변수 간의 관계에 대해 설명하라.

39. 〈표 2-15〉와 관련하여,

a. Tuition & Fees와 % Graduate 간의 관계를 산점도로 나타내라.

b. 두 변수 간의 관계에 대해 설명하라.

사례연구 **1. 펠리칸 스토어**

내셔널 클로딩(National Clothing)사의 한 사업부인 펠리칸 스토어(Pelican Stores)는 미국 전역에서 여성의류 매장을 운영하는 체인점이다. 이 체인은 최근 다른 내셔널 의류매장 고객에게 할인 쿠폰을 발송하는 판촉행사를 진행했다. 〈표 2-16〉은 행사 기간 중 특정 1일의 펠리칸 스토어 매장에서 신용카드로 거래된 100건의 표본 자료(PelicanStores 파일)의 일부이다. 결제 형태(Method of Payment)에서 Proprietary Card는 내셔널 클로딩 충전카드를 사용하여 결제한 것을 의미하고, 고객 형태(Type of Customer)에서 할인쿠폰을 이용하여 구매한 고객은 Promotional,

표 2-16_펠리칸 스토어에서 신용카드로 결제한 고객 100명의 표본 자료

고객	고객 형태	품목	순매출	결제 형태	성별	결혼 여부	나이
1	Regular	1	39.50	Discover	Male	Married	32
2	Promotional	1	102.40	Proprietary Card	Female	Married	36
3	Regular	1	22.50	Proprietary Card	Female	Married	32
4	Promotional	5	100.40	Proprietary Card	Female	Married	28
5	Regular	2	54.00	MasterCard	Female	Married	34
⋮	⋮	⋮	⋮	⋮	⋮	⋮	⋮
96	Regular	1	39.50	MasterCard	Female	Married	44
97	Promotional	9	253.00	Proprietary Card	Female	Married	30
98	Promotional	10	287.59	Proprietary Card	Female	Married	52
99	Promotional	2	47.60	Proprietary Card	Female	Married	30
100	Promotional	1	28.44	Proprietary Card	Female	Married	44

할인쿠폰을 사용하지 않고 구매한 고객은 Regular로 표시하였다. 할인쿠폰은 펠리칸 스토어의 일반 고객에게는 발송하지 않았기 때문에 쿠폰을 받지 않았으면 구매하지 않을 사람들이 쿠폰을 제시하면서 구매할 것이라고 기대하고 있으며, 판촉 대상 고객들이 계속 매장에서 구매하기를 희망한다.

〈표 2-16〉의 변수 중, 품목(Items)은 고객이 구매한 수량이고 순매출(Net Sales)은 신용카드에 청구된 총액($)을 의미한다.

펠리칸의 경영진은 이 자료로 자사 고객들의 특성을 파악하고, 할인쿠폰의 효과도 분석하고자 한다.

경영보고서

기술통계의 표와 그래프를 활용하여 경영진이 고객 프로필을 관리하고 판촉행사를 평가하는 데 도움이 되는 보고서를 작성하라. 보고서에는 다음의 내용들이 포함되어야 한다.

1. 주요 변수에 대한 백분율도수분포
2. 결제 형태(Method of Payment)별 품목(Items)을 확인할 수 있는 막대그래프와 원그래프
3. 고객 유형(Type of Customer)와 순매출(Net Sales)의 교차표. 고객 유형별 유사점과 차이점
4. 순매출(Net Sales)과 고객 연령(Age) 간의 관계를 분석하기 위한 산점도

DATA files
PelicanStores
www.hanol.co.kr

사례연구 **2. 영화 개봉**

영화산업은 경쟁이 치열하다. 50개 이상의 스튜디오에서 매년 극장 개봉을 위해 수백 편의 새로운 영화를 제작하고 각 영화별 흥행 수입은 매우 다양하다. 〈표 2-17〉은 2016년에 극장에서 개봉된 상위 100개 영화에 대한 자료(Movies2016 파일) 중 일부이다(Box Office Mojo 웹사이트). Opening Gross Sales는 개봉 첫 주의 매출, Total Gross Sales는 총매출, Number of The-

표 2-17_2016년 극장 개봉 영화 10편의 성과 자료

Movie Title	Opening Gross Sales($ millions)	Total Gross Sales($ millions)	Number of Theaters	Weeks in Release
Rogue One: A Star Wars Story	155.08	532.18	4,157	20
Finding Dory	135.06	486.30	4,305	25
Captain America: Civil War	179.14	408.08	4,226	20
The Secret Life of Pets	104.35	368.38	4,381	25
The Jungle Book	103.26	364.00	4,144	24
Deadpool	132.43	363.07	3,856	18
Zootopia	75.06	341.27	3,959	22
Batman v Superman: Dawn of Justice	166.01	330.36	4,256	12
Suicide Squad	133.68	325.10	4,255	14
Sing	35.26	270.40	4,029	20

aters는 영화가 상영된 극장 수, Weeks in Release는 상영한 주 수로 영화의 성공 여부를 측정하는 변수들이다.

경영보고서

기술통계에 대한 표와 그래프를 작성하여 변수들이 영화의 성공에 어떻게 기여하는지를 알아볼 수 있는 보고서를 작성하라. 보고서에는 다음의 내용들이 포함되어야 한다.

1. 각각의 변수에 대한 표와 그래프와 이 변수들이 극장에서 개봉하는 영화에 대해 무엇을 알려주는가에 대한 서술
2. 총매출(Total Gross Sales)과 개봉 첫 주의 매출(Opening Gross Sales) 간의 관계를 조사하기 위한 산점도와 이에 대한 설명
3. 총매출(Total Gross Sales)과 상영된 극장 수(Number of Theaters) 간의 산점도와 이에 대한 설명
4. 총매출(Total Gross Sales)과 상영한 주 수(Weeks in Release) 간의 산점도와 이에 대한 설명

DATA files
Movies2018
www.hanol.co.kr

데이터 분석을 위해
엑셀로 100% 구현된
앤더슨의 경영통계학

데이터 분석을 위해
엑셀로 100% 구현된
앤더슨의 경영통계학

3

기술통계
수리적 측도를 이용한 표현

스몰 프라이 디자인(Small Fry Design)
SANTA ANA, CALIFORNIA

1997년에 설립된 스몰 프라이 디자인(Small Fry Design)은 유아용 장난감과 액세서리를 디자인하고 수입하는 회사이다. 테디베어, 모빌, 음악이 나오는 장난감, 딸랑이와 애착담요 등의 제품군을 갖추고 있으며 고품질의 색채, 질감, 음향 기술이 적용된 봉제완구를 생산한다. 제품 디자인은 미국, 생산은 중국에서 이루어지고 있으며, 유아용 가구 매장, 아동용 액세서리 및 의류 매장, 선물 가게, 고급 백화점, 주요 카탈로그 회사 등을 통해 미국 전역에 1,000개 이상의 소매점에서 판매되고 있다.

현금 흐름 관리는 기업의 가장 중요한 일상 업무 중 하나로, 단기 채무를 감당할 수 있는 충분한 현금 수입 확보는 사업의 성공과 실패를 결정하는 중요한 수단이다. 미수금을 분석하고 관리하는 것은 현금 흐름 관리의 핵심 요소이다. 미결제 청구서의 경과 기간과 가치를 측정함으로써 경영진은 현금 가용성을 예측하고 미수금의 변동 상황을 확인할 수 있다. 스몰 프라이 디자인은 2가지 현금 흐름 관리 규칙을 수립하였다. 첫째, 미결제 청구서의 경과기간은 45일을 넘기지 않는다. 둘째, 60일 이상 경과된 미결제 청구서의 규모가 전체 미수금의 5%를 넘지 않는다.

스몰 프라이 디자인은 미수금과 현금 흐름을 관리하기 위해 기술통계량을 사용한다.

최근의 미수금 현황을 요약한 미결제 청구서 경과 기간에 관한 기술통계량은 오른쪽과 같다.

평균	40일
중앙값	35일
최빈값	31일

이러한 통계량으로부터 미결제 청구서의 평균 경과 기간은 40일(평균)이고, 미결제 청구서의 50%는 35일(중앙값) 이상 경과되었으며, 가장 많은 수의 미결제 청구서 경과 기간은 31일(최빈값)임을 알

수 있었다. 또한, 자료의 요약을 통해 60일 이상 경과된 미결제 청구서의 규모가 3% 정도임을 알 수 있었다. 경영진은 통계 정보를 바탕으로 미수금과 현금 수입 흐름이 통제 가능한 수준임에 만족하였다.

3장에서는 스몰 프라이 디자인에서 이용한 다양한 통계적 측도를 계산하고 해석하는 방법에 대해 학습한다. 평균, 중앙값, 최빈값뿐만 아니라 범위, 분산, 표준편차, 백분율, 상관관계와 같은 기술통계량을 다루게 된다. 이러한 수리적 측도는 자료를 이해하고 해석하는 데 도움이 될 것이다.

이 내용을 제공해 준 스몰 프라이 디자인의 John A, McCarthy 사장님께 고마움을 전한다.

---

*점추정에 대한 자세한 내용은 7장에서 다룬다.

2장에서는 자료를 요약하는 방법으로 표와 그래프의 활용을 다루었다. 3장에서는 자료를 요약하는 또 다른 방법인 여러 가지 수리적 측도에 대해 학습한다. 우선 하나의 변수로 이루어진 자료의 수리적 측도를 산출하는 방법을 다루고, 두 개 변수 간의 관계를 측정하는 측도를 학습한다. 특히, 위치, 산포, 형태, 관계를 나타내는 수리적 측도를 다룰 것이다. 이러한 측도가 표본으로부터 계산되면 이를 표본 통계량(sample statistics)이라 하고, 전체 모집단으로부터 계산되면

모집단 모수(population parameters)라고 한다. 특히, 통계적 추론에서 사용되는 표본 통계량은 모집단 모수의 점추정량(point estimator)이라고 한다.

 위치 측도

1 평균

> * 평균은 산술평균(arithmetic mean)이라고 불리기도 한다.

위치를 나타내는 가장 중요한 측도는 평균(mean 또는 average value)으로, 평균은 자료의 중심위치를 나타낸다. 표본에서 계산된 평균은 표본평균(sample mean)이라고 하며 $\bar{x}$로 표기하고, 모집단에서 계산된 평균은 모평균(population mean)이라고 하며, 그리스 소문자 μ(mu)로 표기한다.

통계학과 관련된 수식에서는 일반적으로 변수 x의 첫 번째 자료는 x_1, 두 번째 자료 x_2, i번째 자료는 x_i로 표기한다. n개의 관측값으로 구성된 표본의 표본평균은 다음과 같이 계산된다.

> * 표본평균 $\bar{x}$는 일종의 표본 통계량이다.

표본평균(sample mean)

$$\bar{x} = \frac{\sum x_i}{n} \qquad (3.1)$$

위의 수식에서 분자는 n개의 관측값을 합한 것으로 다음과 같은 식이 된다.

> * 그리스 대문자 Σ(Sigma)는 합을 의미하는 기호이다.

$$\sum x_i = x_1 + x_2 + \cdots + x_n$$

5개의 대학 강좌로 구성된 표본에서 수강생 수는 다음과 같다고 하자.

$$46 \quad 54 \quad 42 \quad 46 \quad 32$$

x_1, x_2, x_3, x_4, x_5를 이용하여 5개 각 강좌의 수강생 수는

$$x_1 = 46 \qquad x_2 = 54 \qquad x_3 = 42 \qquad x_4 = 46 \qquad x_5 = 32$$

와 같이 나타낼 수 있으며, 표본평균은 다음과 같이 44명이 된다.

$$\bar{x} = \frac{\sum x_i}{n} = \frac{x_1 + x_2 + x_3 + x_4 + x_5}{5} = \frac{46 + 54 + 42 + 46 + 32}{5} = 44$$

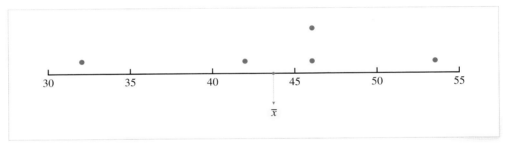

🔺 그림 3-1_ 수강생 수에 대한 점그래프에서 중심점의 의미인 평균

평균의 시각적 해석과 극단값(extreme value)으로부터 받는 영향을 설명하기 위해 〈그림 3-1〉의 점그래프를 살펴보자. 점그래프의 수평축은 길고 좁은 막대기이고 각 점은 동일한 무게를 갖는 다고 가정하면, 평균은 균형을 맞추기 위해 막대기의 아래를 받치고 있는 받침대 또는 중심점이 된다. 이것은 놀이터의 시소와 같은 원리지만, 시소는 받침점이 항상 중앙에 있어 양 끝의 무게에 따라 올라가고 내려가는 운동을 하게 되고 〈그림 3-1〉의 점그래프에서는 받침점이 관측값의 위치에 따라 움직이게 된다. 만약 최댓값을 54에서 114로 움직이면, 중심점은 수평축의 중심을 잡기 위해 최댓값이 움직인 오른쪽 방향으로 이동하게 될 것이다. 오른쪽 방향으로 얼마나 움직여야 할 것인가는 새로운 수강생의 관측값을 이용하여 다음과 같이 다시 계산되어야 한다.

$$\bar{x} = \frac{\sum x_i}{n} = \frac{x_1 + x_2 + x_3 + x_4 + x_5}{5} = \frac{46 + 114 + 42 + 46 + 32}{5} = \frac{280}{5} = 56$$

수강생 평균값이 12만큼 증가하여 56명이 되었으므로, 중심점이 오른쪽으로 12만큼 옮겨질 것이다.

평균의 계산을 위한 다른 예제를 살펴보자. 〈표 3-1〉은 어느 대학의 취업지원팀에서 경영학과 졸업생들의 첫 월급에 대한 설문조사를 실시하여 얻은 결과이다. 경영학과 졸업생 12명의 첫 월급 평균은 다음과 같이 계산할 수 있다.

$$\bar{x} = \frac{\sum x_i}{n} = \frac{x_1 + x_2 + \cdots + x_{12}}{12}$$
$$= \frac{5{,}850 + 5{,}950 + \cdots + 5{,}880}{12}$$
$$= \frac{71{,}280}{12} = 5{,}940$$

* 표본평균 $\bar{x}$는 모평균 μ의 점추정량이다.

식 (3.1)은 n개의 관측값으로 구성된 표본에서 표본평균을 계산하는 방법을 보여준다. 모평균 역시 같은 방법을 사용하나 표기를 다르게 하여 모집단으로부터 계산된 평균임을 구분할 수 있도록 한다. 모집단 전체의 관측값의 수는 n으로 표기하고, 모평균은 μ로 표기한다.

모평균(population mean)

$$\mu = \frac{\sum x_i}{N} \tag{3.2}$$

📊 표 3-1_ 경영학과 졸업생 12명의 첫 월급

졸업생	첫 월급(단위:$)	졸업생	첫 월급(단위:$)
1	5850	7	5890
2	5950	8	6130
3	6050	9	5940
4	5880	10	6325
5	5755	11	5920
6	5710	12	5880

DATA files
StartingSalaries
www.hanol.co.kr

2 중앙값

중앙값(median)은 중심위치를 나타내는 또 다른 측도이다. 중앙값은 관측값을 오름차순(작은 값에서부터 큰 순서대로) 나열하였을 때, 중앙에 있는 값을 의미한다. 자료가 홀수개이면 가운데 있는 값, 짝수개이면 가운데 있는 두 값의 평균을 사용하며, 다음과 같이 정의된다.

> **중앙값**(median)
> 데이터를 오름차순으로 정렬한다.
> (a) 관측값의 개수가 홀수이면 중앙값은 중앙에 위치한 값이다.
> (b) 관측값의 개수가 짝수이면 중앙값은 중앙에 위치한 두 값의 평균이다.

위의 정의를 5개 강좌의 수강생 수에 대한 중앙값을 계산하는 데 적용해 보자. 데이터를 오름차순으로 정렬하면 다음과 같다.

$$32 \quad 42 \quad 46 \quad 46 \quad 54$$

관측값의 개수가 5개(n=5)로 홀수이므로, 중앙값은 중앙에 있는 값 46명이 된다. 자료에는 동일한 값을 갖는 관측값(46)이 2개 포함되어 있지만, 오름차순으로 나열하면 독립적인 것으로 취급한다.

〈표 3-1〉에 있는 경영학과 졸업생 12명의 첫 월급에 대한 중앙값도 다음과 같이 자료를 오름차순으로 정렬하여 계산할 수 있다.

$$5710 \quad 5755 \quad 5850 \quad 5880 \quad 5880 \quad \underbrace{5890 \quad 5920} \quad 5940 \quad 5950 \quad 6050 \quad 6130 \quad 6325$$

Middle Two Values

※ Middle Two Values: 중앙에 위치한 두 값

n=12로 관측값의 개수가 짝수가 되어 중앙에 위치한 두 값을 찾아 평균을 계산해야 한다. 이 예에서는 5890과 5920이 중앙에 위치한 값이므로 중앙값은 다음과 같이 계산할 수 있다.

$$\text{Median} = \frac{5890 + 5920}{2} = 5905$$

*연소득이나 재산 가치의 위치를 나타내는 측도로는 보통 중앙값이 쓰인다. 왜냐하면, 소수의 극단적으로 큰 연소득이나 재산 가치가 평균에 큰 영향을 미쳐 중심위치를 왜곡하기 때문이다. 이런 경우에는 중앙값이 중심위치를 나타내는 데 더 적합하다.

평균은 자료의 중심위치를 나타내는 데 가장 널리 사용되는 측도이나, 중앙값이 더 효과적일 때도 있다. 평균은 극단적으로 크거나 작은 값에 영향을 받는다. 예를 들어, 〈표 3-1〉에서 가장 많은 첫 월급을 받은 학생이 $15,000을 받았다고 가정하고(아마 가족기업이기 때문일 것이다), 〈표 3-1〉에서 가장 큰 값인 $6,325를 $15,000으로 수정한 후 평균을 다시 계산하면 표본평균도 $5,940에서 $6,663으로 변경된다. 그러나 중앙값은 여전히 $5,890과 $5,920의 평균값인 $5,905로 변화하지 않는다. 극단적으로 높은 첫 월급이 포함되면 평균보다 중앙값이 더 좋은 중심위치의 측도가 되는 것이다. 특별히 크거나 작은 값이 포함된 자료에서는 중심위치의 측도로 평균보다 중앙값이 더 적합하다고 할 수 있다.

3 최빈값

위치를 나타내는 또 다른 측도로 최빈값(mode)이 있다. 최빈값의 정의는 다음과 같다.

> **최빈값**(mode)
> 최빈값은 도수가 가장 큰 값(데이터 세트 내에서 가장 많이 존재하는 관측값)이다.

5개 강좌의 수강생 수 자료에서 유일하게 46이 2번 나온 값이므로 46의 도수가 가장 큰 2가 되어 최빈값이 된다. 마찬가지로 첫 월급 예제에서는 $5,880이 유일하게 2번 나왔으며, 이 값이 최빈값이 된다.

가장 큰 도수(빈도)를 갖는 값이 2개 이상일 때는 어떻게 해야 할까? 이럴 때는 최빈값이 2개 이상이 된다. 만약 자료에 2개의 최빈값이 존재하면 이봉(bimodal), 3개 이상의 최빈값이 존재하면 다봉(multimodal)이라고 한다. 3개 이상의 최빈값은 자료의 중심위치를 설명하는 데 적합하지 않기 때문에, 다봉인 경우에는 최빈값은 거의 사용하지 않는다.

4 엑셀을 활용한 평균, 중앙값, 최빈값 계산

DATA files
StartingSalaries
www.hanol.co.kr

엑셀은 평균, 중앙값, 최빈값을 계산하는 함수를 제공한다. 〈표 3-1〉의 첫 월급 자료를 사용해서 〈그림 3-2〉의 엑셀 파일과 같은 계산 결과를 만들 수 있다. 그림에서 함수식이 표현된 워크시트가 뒤쪽의 시트(수식 워크시트)이고, 앞쪽 시트(값 워크시트)에 계산 결과가 표현되어 있다.

자료입력/자료열기 StartingSalaries 파일을 연다. 셀 B2:B13은 자료이고 A열과 셀 B1은 레이블이다.

함수와 수식 입력 평균을 계산하기 위해서는 엑셀의 AVERAGE 함수를 다음과 같은 방식으로 사용하며, 이를 셀 E2에 입력한다.

$$=AVERAGE(B2:B13)$$

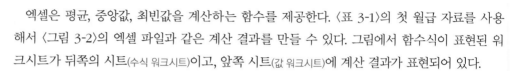

● 그림 3-2_ 첫 월급 자료의 평균, 중앙값, 최빈값을 계산하기 위한 엑셀 워크시트

같은 방법으로, 수식=MEDIAN(B2:B13)은 셀 E3에, =MODE.SNGL(B2:B13)은 셀 E4에서도 입력한다.

셀 E2:E4의 수식은 〈그림 3-2〉의 뒤쪽 워크시트에, 엑셀에서 계산된 결과는 앞쪽 워크시트에 표현되어 있으며, 결과값의 의미를 구분하기 위해 셀 D2:D4에 각 계산 결과의 이름(레이블)을 입력한다. 앞에서 설명한 결과와 같은 값이 평균(5940), 중앙값(5905), 최빈값(5880)으로 생성되었음을 확인하자.

5 가중평균

표본평균과 모평균의 수식에서 각각의 x_i는 동일한 중요도, 즉 가중치를 갖는다. 예를 들어 표본평균의 수식은 다음과 같이 전개할 수 있다.

$$\bar{x} = \frac{\sum x_i}{n} = \frac{1}{n}\left(\sum x_i\right) = \frac{1}{n}(x_1 + x_2 + \cdots + x_n) = \frac{1}{n}(x_1) + \frac{1}{n}(x_2) + \cdots + \frac{1}{n}(x_n)$$

전개된 식의 의미는 각각의 표본들의 가중치가 1/n로 동일함을 보여준다. 이러한 계산 방법이 가장 일반적인 경우이지만, 각각의 표본들에 상대적인 가중치를 부여하고 평균을 계산하는 경우도 필요하다. 이러한 방식으로 계산된 평균을 가중평균(weighted mean)이라고 하며, 다음과 같이 계산된다.

가중평균(weighted mean)

$$\bar{x} = \frac{\sum w_i x_i}{\sum w_i} \qquad (3.3)$$

여기서 w_i는 관측값 i의 가중치

표본 자료를 사용하면 식 (3.3)은 가중표본평균이 되고, 모집단 자료를 사용하면 식 (3.3)의 $\bar{x}$ 대신 μ를 사용하고 가중모평균이 된다.

과거 3개월간 5번의 원재료 구매 이력에 대한 자료를 이용하여 가중평균을 계산해 보자.

구매번호	파운드당 가격($)	구매파운드
1	3.00	1200
2	3.40	500
3	2.80	2750
4	2.90	1000
5	3.25	800

파운드당 가격은 $2.80에서 $3.40으로 각기 다르고, 구매량도 500파운드에서 2,750파운드까지 다양하다. 원자재의 파운드당 평균가격을 알고 싶다면, 분모가 되는 구매량이 매번 다르기 때문에 가중평균을 사용해야 한다. 파운드당 가격은 x_1=$3.00, x_2=$3.40, x_3=$2.80, x_4=$2.90, x_5=$3.25이다. 파운드당 가중평균은 매번 달랐던 구매량을 가중치로 적용하여 계산하면 된다. 본 예제에서 가중치는 w_1=1200, w_2=500, w_3=2750, w_4=1000, w_5=800이 되어, 식 (3.3)을 적

용하면 다음과 같이 가중평균을 계산할 수 있다.

$$\bar{x} = \frac{1200(3.00) + 500(3.40) + 2750(2.80) + 1000(2.90) + 800(3.25)}{1200 + 500 + 2750 + 1000 + 800}$$

$$= \frac{18,500}{6250} = 2.96$$

파운드당 평균가격은 가중평균에 의해 \$2.96이 된다. 가중평균을 적용하지 않고, 평균 계산 식인 식 (3.1)을 그대로 적용하면 파운드당 평균가격은 (3.00+3.40+2.80+2.90+3.25)/5=15.35/5=\$3.07이 되어 실제 구매가격보다 높은 값으로 계산된다.

가중평균을 계산하는 데 있어서 가중치 적용은 적용 분야에 따라 달라진다. 대학생들의 평균평점(GPA; Grade Point Average)을 예로 들면, 일반적으로 A학점은 4점, B학점은 3점, C학점은 2점, D학점은 1점, F학점은 0점이 부여되고 가중치는 수강 과목의 시간 수로 부여한다. 가중평균의 핵심은 각 관측값의 중요도가 변할 때 분석자는 관측값의 중요도를 가장 잘 반영하는 가중치를 선택하여 평균을 결정해야 한다는 것이다.

6 기하평균

기하평균(geometric mean)은 n개 관측값의 곱에 $1/n$승(n제곱근)을 하여 계산하는 것으로, 일반적으로 $\bar{x}_g$로 표기하며, 다음과 같이 계산한다.

> **기하평균**(geometric mean)
> $$\bar{x}_g = \sqrt[n]{(x_1)(x_2)\cdots(x_n)} = [(x_1)(x_2)\cdots(x_n)]^{1/n} \qquad (3.4)$$

기하평균은 재무 자료에서 성장률을 분석하는 데 흔히 사용된다. 이런 종류의 자료에 산술평균을 적용하면 잘못된 결과를 얻게 된다.

〈표 3-2〉의 뮤추얼 펀드의 과거 10년간 연평균 수익률을 기하평균을 이용하여 계산해 보자. 우선 첫해 시작 시점에 투자한 \$100의 10년 뒤 가치를 계산해 보자. 1년 뒤 펀드의 가치는 첫해의 수익률이 –22.1%이므로

$$\$100 - .221(\$100) = \$100(1 - .221) = \$100(.779) = \$77.90$$

0.779는 〈표 3-2〉에서 첫해의 성장인자가 되며, 1년 뒤의 가치는 연초의 투자 금액과 그 해의 성장인자를 곱하여 산출할 수 있는 것을 알 수 있다. 1년 뒤 펀드의 가치 \$77.90은 2년차 연초의 가치가 되고, 2년차 수익률이 28.7%이므로 2년차 말의 가치는

$$\$77.90 + .287(\$77.90) = \$77.90(1 + .287) = \$77.90(1.287) = \$100.2573$$

이 된다. 여기서 1.287은 2년차의 성장인자이다. 위의 식에서 1년차 말의 가치인 \$77.90을 해당 가치를 계산하기 위한 식인 \$100×0.779로 바꾸면 대입하면

$$\$100(.779)(1.287) = \$100.2573$$

* 성장인자(growth factor)는 1+(0.01×수익률(%))이며, 1보다 작으면 마이너스 성장을 나타내고, 1보다 크면 플러스 성장을 나타낸다. 성장인자는 0보다 작을 수 없다.

DATA files
MutualFund
www.hanol.co.kr

📊 표 3-2_ 뮤추얼 펀드의 연간 수익률과 성장인자

연도	수익률(%)	성장인자
1	-22.1	0.779
2	28.7	1.287
3	10.9	1.109
4	4.9	1.049
5	15.8	1.158
6	5.5	1.055
7	-37.0	0.630
8	26.5	1.265
9	15.1	1.151
10	2.1	1.021

이 된다. 즉, 2년차 말의 가치는 초기 투자금에 2년간 성장인자를 곱함으로써 구할 수 있다. 이러한 방법을 일반화하면, 10년차 말의 가치는 초기 투자금에 10년간의 성장인자를 곱하여 다음과 같이 계산할 수 있다.

$$\$100[(.779)(1.287)(1.109)(1.049)(1.158)(1.055)(.630)(1.265)(1.151)(1.021)] =$$
$$\$100(1.334493) = \$133.4493$$

최초 투자금 $100는 10년 뒤 $133.4493이 되며, 10년 동안 성장인자의 곱은 1.334493이 된다. 즉, 최초 투자금에 1.334493을 곱함으로써 10년 뒤 회수 금액을 계산할 수 있다. 예를 들어, 최초 투자금이 $2,500라면 10년 뒤 회수 금액은 $2,500 × 1.334493으로 계산하여 약 $3,336가 된다.

그렇다면, 10년간 투자금의 연평균 수익률은 어떻게 계산해야 할까? 10년간 성장인자의 기하평균이 이 질문의 답이 될 것이다. 10년간 성장인자의 곱이 1.334493이기 때문에, 1.334493의 1/10 승은 다음과 같이 계산되며 이는 10년간 평균 수익률을 나타내는 기하평균이 된다.

$$\bar{x}_g = \sqrt[10]{1.334493} = 1.029275$$

기하평균 계산 결과로부터 연평균 수익률은 (1.029275-1)×100%=2.9275%임을 알 수 있으며, 첫 투자금이 $100일 때, 10년 뒤에는 $100×1.029272^{10}=$133.4493이 된다.

수익률의 산술평균은 곱셈 형태로 나타나는 평균 수익률을 계산하는 데 사용할 수 없다. 〈표 3-2〉에 있는 10년간 투자 수익률의 합은 50.4이고, 단순 산술평균값은 50.4÷10=5.04%가 된다. 투자 중개인이 이 펀드의 연평균 투자 수익률이 5.04%라고 투자를 권유할 수도 있으나, 이는 투자자에게 잘못된 정보를 전달할 뿐만 아니라 완전히 잘못된 방법이다. 연평균 투자 수익률이 5.04%이면 평균 성장인자가 1.0504이고, 최초 투자금이 $100일 때, 10년 후 회수금은 $100 × 1.0504^{10}=$163.51이 된다. 그러나 앞서 계산해 보았듯이 실제 회수금은 $133.45로, 투자 중개인이 주장하는 5.04%의 연평균 투자 수익률은 뮤추얼 펀드의 실제 성장률을 극도로 과장한 것이다. 산술평균은 덧셈으로 이루어진 자료 분석 결과에서만 적합한 방법이고, 연평균

* $\sqrt[n]{}$은 대부분의 계산기나 엑셀 등에서 POWER 함수로 계산한다. 예를 들어, 엑셀에서 $\sqrt[10]{1.334493}$은 POWER(1.334493, 1/10) = 1.029275로 계산할 수 있다.

성장률과 같은 곱셈으로 이루어진 자료 분석 결과는 기하평균이 적합한 방법이다.

　　재무, 투자, 은행 등에서 다루는 문제는 기하평균의 적용이 가장 일반적이며, 연속된 기간의 평균 변화율을 계산하는 데 기하평균을 사용해야 한다. 다른 예로는 인구나 곡물 수확량, 오염도 수준, 출생률, 사망률의 변화 등이 있으며, 연간 변화율 이외에도 분기, 월, 주, 일별 변화에도 동일하게 활용할 수 있다.

7 엑셀을 활용한 기하평균 계산

　　엑셀의 GEOMEAN 함수를 사용해 〈표 3-2〉 뮤추얼 펀드 예제의 기하평균을 계산할 수 있다. 〈그림 3-3〉에서 뒤쪽의 시트는 수식 워크시트이고, 앞쪽은 계산 결과를 나타낸 값 워크시트이다.

자료입력/자료열기　MutualFund 파일을 연다. 셀 B2:B11은 자료이고, A열과 셀 B1은 레이블이다.

함수와 수식 입력　성장인자를 계산하기 위해서 셀 C2에

$$=1+.01*B2$$

를 입력한다. 나머지 성장인자를 계산하기 위해 셀 C3:C11에 C2의 수식을 복사하여 붙여넣는다. 셀 F2에는 셀 C2:C11의 성장인자에 대한 기하평균을 계산하기 위해서 다음의 수식을 입력한다.

$$=GEOMEAN(C2:C11)$$

　　결과값의 의미 전달을 위해 셀 C1에는 "성장인자", 셀 E2에는 "기하평균"으로 레이블을 입력한다. 기하평균 1.029275는 이전에 계산한 결과와 같음을 확인할 수 있다.

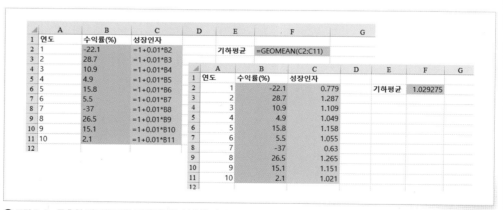

🔺 그림 3-3_ 뮤추얼 펀드에 대한 기하평균을 산출한 엑셀 워크시트

8 백분위수

　　백분위수(percentile)는 가장 작은 값부터 큰 값까지 자료가 퍼져있는 정도를 가늠할 수 있는 정보를 제공하는 측도이다. 서로 다른 n개의 관측치에서 백분위수(pth percentile)는 자료를 둘로 나누었을 때 p백분위수보다 작은 관측치들은 약 p%이고 큰 관측치들은 약 $(100-p$%$)$가 되는 지점을 의미한다.

대학에서 흔히 입학점수를 백분위수로 나타낸다. 예를 들어 630점을 받은 응시생의 점수가 다른 학생들의 점수와 비교해서 어떤 수준인지 알 수 없으나 630점이 82백분위수가 된다면 전체 응시생 중에 630점보다 낮은 점수를 받은 학생의 비율이 82%이고, 높은 점수를 받은 학생의 비율이 18%임을 알 수 있다.

n개의 관측치로 구성된 자료에서 p백분위수를 계산하기 위해서는 모든 자료를 오름차순으로 정렬하여 가장 작은 값(최솟값)을 1번째 위치, 그 다음 값을 2번째 위치로 지정한다. p백분위수의 위치를 L_p라고 하면, L_p는 다음과 같이 계산할 수 있다.

* p백분위수의 위치를 계산하기 위해 다양한 방법이 사용되나, 결과는 서로 유사하고 특히, 관측치의 개수가 클수록 거의 동일하게 된다. 이 책에서는 엑셀의 PERCENTILE. EXC 함수에서 사용하는 계산 방법을 소개하였다.

p백분위수의 위치(location of the Pth percentile)

$$L_p = \frac{p}{100}(n+1) \tag{3.5}$$

〈표 3-1〉에서 소개한 12명 졸업생의 첫 월급 자료를 활용하여 80백분위수를 계산해 보자. 우선 아래와 같이 12명의 첫 월급 자료를 오름차순으로 정렬한다.

위치	5710	5755	5850	5880	5880	5890	5920	5940	5950	6050	6130	6325
	1	2	3	4	5	6	7	8	9	10	11	12

정렬된 자료의 각각의 관측치의 위치는 그 값 밑에 표기되어 있다. 가장 작은 값인 5710은 위치 1, 5755는 위치 2가 된다. 식 (3.5)에 p=80과 n=12를 대입하면, 80백분위수의 위치는 다음과 같이 계산된다.

$$L_{80} = \frac{p}{100}(n+1) = \left(\frac{80}{100}\right)(12+1) = 10.4$$

L_{80}=10.4의 의미는 80백분위수는 위치 10의 값과 위치 11의 값 사이의 40%에 해당하는 위치의 값이라는 것이다. 즉, 80백분위수는 위치 10의 값+0.4(위치 11의 값−위치 10의 값)이 되어 다음과 같이 계산할 수 있다.

$$80백분위수 = 6050 + .4(6130 - 6050) = 6050 + .4(80) = 6082$$

이 예제에서 50백분위수를 계산해 보면, p=50, n=12이므로

$$L_{50} = \frac{p}{100}(n+1) = \left(\frac{50}{100}\right)(12+1) = 6.5$$

가 되어, 50백분위수는 위치 6의 값 5890과 위치 7의 값 5920 사이의 50%에 해당하는 위치의 값이 된다. 따라서, 50백분위수는 중앙값임을 알 수 있다.

$$50분위수 = 5890 + .5(5920 - 5890) = 5890 + .5(30) = 5905$$

9 사분위수

데이터 세트를 4등분하여 관측치들이 약 1/4, 즉 25%씩 포함되도록 구분하여 분석하는 것이 유용한 경우가 있다. 이때, 4등분의 기준이 되는 점을 사분위수(quartiles)라고 하며 다음과

같이 정의한다.

* 사분위수는 백분위수에서 특정한 값이기 때문에, 백분위수 계산 방법을 그대로 적용할 수 있다.

$$Q_1 = \text{1사분위수, 즉 25백분위수}$$

$$Q_2 = \text{2사분위수, 즉 50백분위수(중앙값)}$$

$$Q_3 = \text{3사분위수, 즉 75백분위수}$$

사분위수는 백분위수에서 특정한 위치를 지정한 것이므로 백분위수 계산 방법을 사분위수 계산에 적용할 수 있다.

n개의 관측치를 갖는 자료의 사분위수를 계산하기 위해 〈표 3-1〉의 졸업생 첫 월급 자료를 활용해보자. 백분위수 예제에서 이미 50백분위수가 5,905임을 계산하였으므로, 2사분위수 =5,905가 된다. 1사분위수와 3사분위수를 계산하기 위해서는 25백분위수와 75백분위수를 계산해야 한다.

1사분위수 Q_1, 즉 25백분위수는

$$L_{25} = \frac{p}{100}(n + 1) = \left(\frac{25}{100}\right)(12 + 1) = 3.25$$

에 따라 위치 3의 값 5850과 위치 4의 값 5880 사이의 25%에 위치한 값이 되므로, 다음과 같이 계산하면 된다.

$$Q_1 = 5850 + .25(5880 - 5850) = 5850 + .25(30) = 5857.5$$

3사분위수 Q_3, 즉 75백분위수는

$$L_{75} = \frac{p}{100}(n + 1) = \left(\frac{75}{100}\right)(12 + 1) = 9.75$$

에 따라 위치 9의 값 5950과 위치 10의 값 6050 사이의 75%에 위치한 값이 되므로, 다음과 같이 계산하면 된다.

$$Q_3 = 5950 + .75(6050 - 5950) = 5950 + .75(100) = 6025$$

사분위수를 25백분위수, 50백분위수, 75백분위수로 정의하여 사분위수 계산을 백분위수 계산과 동일한 방법을 사용하였다. 경우에 따라서는 다른 방법을 사용하기도 하고 산출된 값이 조금씩 차이가 날 수도 있으나, 모든 사분위수 계산 방법의 목적은 자료를 똑같이 4등분하는 것이다.

10 엑셀을 활용한 백분위수, 사분위수 계산

엑셀은 백분위수와 사분위수를 계산하는 함수를 제공한다. 〈표 3-1〉의 사례를 사용하여 p백분위수와 사분위수를 계산하여 〈그림 3-4〉의 결과를 도출하기 위해서는 다음의 단계를 거쳐야 한다. 〈그림 3-4〉에서 뒤쪽의 시트는 수식 워크시트이고, 앞쪽은 계산 결과를 나타낸 값 워크시트이다.

자료입력/자료열기 *StartingSalaries* 파일을 연다. 셀 B2:B13은 자료이고, A열과 셀 B1은 레이블이다.

▲	A	B	C	D	E
1	졸업생	첫 월급(단위:$)		백분위수	값
2	1	5850		80	=PERCENTILE.EXC(B2:B13,D2/100)
3	2	5950			
4	3	6050			
5	4	5880		사분위수	값
6	5	5755		1	=QUARTILE.EXC($B$2:$B$13,D6)
7	6	5710		2	=QUARTILE.EXC($B$2:$B$13,D7)
8	7	5890		3	=QUARTILE.EXC($B$2:$B$13,D8)
9	8	6130			
10	9	5940			
11	10	6325			
12	11	5920			
13	12	5880			
14					

▲	A	B	C	D	E
1	졸업생	첫 월급(단위:$)		백분위수	값
2	1	5850		80	6082.00
3	2	5950			
4	3	6050			
5	4	5880		사분위수	값
6	5	5755		1	5857.50
7	6	5710		2	5905.00
8	7	5890		3	6025.00
9	8	6130			
10	9	5940			
11	10	6325			
12	11	5920			
13	12	5880			
14					

⬤ 그림 3-4_ 첫 월급 데이터의 백분위수와 사분위수를 산출한 엑셀 워크시트

함수와 수식 입력　엑셀의 PERCENTILE.EXC 함수가 p백분위수 계산에 쓰이며, 다음과 같이 자료가 있는 셀과 p 값을 입력한다.

$$=PERCENTILE.EXC(B2:B13,p/100)$$

80분위수를 계산하고 싶으면, 셀 D2에 80을 입력하고 이를 활용한 다음의 수식을 셀 E2에 입력한다.

$$=PERCENTILE.EXC(B2:B13,D2/100)$$

사분위수는 25백분위, 50백분위, 75백분위 수이므로 사분위수를 계산하기 위해서 엑셀의 PERCENTILE.EXC를 사용할 수 있으며, 사분위수 계산을 위한 별도의 함수인 QUARTILE.EXC도 사용할 수 있다. QUARTILE.EXC 함수는 다음과 같이 사용한다.

$$=QUARTILE.EXC(B2:B13,quart)$$

여기서 1사분위수의 경우는 $quart$에 1을, 2사분위수는 2를, 3사분위는 3을 대입한다. 세 개의 사분위수를 계산하기 위해 셀 D6:D8에 1, 2, 3을 입력한 후, 1사분위수를 계산하기 위해서 셀 E6에 다음과 같이 입력한다.

$$=QUARTILE.EXC($B$2:$B$13,D6)$$

2사분위수와 3사분위수를 계산하기 위해서는 셀 E6의 수식을 셀 E7과 셀 E8에 복사한다. 엑셀의 계산 결과인 5857.5, 5905, 6025는 이전에 계산한 결과와 같음을 확인할 수 있다.

연습문제

기초문제

1. 10, 20, 12, 17, 16으로 구성된 표본의 평균과 중앙값을 계산하라.

2. 10, 20, 21, 17, 16, 12로 구성된 표본의 평균과 중앙값을 계산하라.

3. 다음과 같이 자료와 가중치가 주어져 있다.

x	가중치(w)
3.2	6
2.0	3
2.5	2
5.0	8

   a. 가중평균을 구하라.

   b. 가중치 없이 표본평균을 구하라. 두 계산 결과의 차이를 설명하라.

4. 5개의 기간별 수익률이 다음과 같이 주어졌을 때, 평균 수익률을 계산하라.

기간	수익률(%)
1	-6.0
2	-8.0
3	-4.0
4	2.0
5	5.4

5. 27, 25, 20, 15, 30, 34, 28, 25로 구성된 표본의 20백분위수, 25백분위수, 65백분위수, 75백분위수를 계산하라.

6. 53, 55, 70, 58, 64, 57, 53, 69, 57, 68, 53으로 구성된 표본의 평균, 중앙값, 최빈값을 계산하라.

DATA files
eICU
www.hanol.co.kr

7. 응급환자를 위한 의사와 간호사가 부족한 상황을 해결하기 위해 애틀란타의 에모리(Emory) 병원은 원격 중환자실(electric Intensive-Care Units: eICUs)를 도입하였다(에모리 대학 뉴스). 원격 중환자실은 전자 모니터링 장치와 영상과 음성을 활용한 양방향 의사소통 도구를 도입하여 모든 치료 환경이 구축되지 않은 중환자실의 환자를 원격으로 진단하고 처방을 내릴 수 있는 시스템이다. 원격 중환자실의 관리를 위한 핵심지표로 환자와 원격 의료인력 간의 첫 영상대면을 위한 대기시간을 꼽을 수 있다. 다음의 데이터는 40명의 환자가 원격 의료인력과 첫 영상대면까지 대기한 대기시간(Wait Time)을 나타낸다.

Wait Time (minutes)			
40	46	49	44
45	45	38	51
42	46	41	45
49	41	48	42
49	40	42	43
43	42	41	41
55	43	42	40
42	40	49	43
44	45	61	37
40	37	39	43

a. 평균 대기시간을 계산하라.

b. 대기시간의 중앙값을 계산하라.

c. 대기시간의 최빈값을 계산하라.

d. 1사분위수와 3사분위수를 계산하라.

DATA files
AdvertisingSpend
www.hanol.co.kr

8. 비즈니스 인사이더(Business Insider)는 가장 많은 광고비를 지출한 기업의 리스트를 발표하였다. 2014년 기준 Procter & Gamble이 50억 달러로 가장 많은 광고비를 지출하였고, 2위는 Comcast로 30.8억 달러를 지출하였다. 상위 12개 기업의 광고비 지출액(Advertising)이 다음과 같다.

Company	Advertising ($ billions)	Company	Advertising ($ billions)
Procter & Gamble	$5.00	American Express	$2.19
Comcast	3.08	General Motors	2.15
AT&T	2.91	Toyota	2.09
Ford	2.56	Fiat Chrysler	1.97
Verizon	2.44	Walt Disney Company	1.96
L'Oreal	2.34	J.P. Morgan	1.88

a. 평균 광고비 지출액은?

b. 광고비 지출액의 중앙값은?

c. 1사분위수와 3사분위수를 계산하라.

9. OutdoorGearLab은 클라이밍, 캠핑, 등산, 백패킹 등에 쓰이는 장비를 시험하고 평가하는 조직이다. 다음의 자료는 하드쉘 재킷에 대한 통기성, 내구성, 다용성, 디자인, 기동성, 무게 등을 평가하여 점수(Rating)를 산출한 것으로, 가장 낮은 점수가 0점이고 가장 높은 점수가 100점이다.

42	66	67	71	78	62	61	76	71	67
61	64	61	54	83	63	68	69	81	53

a. 평균, 중앙값, 최빈값을 계산하라.

b. 1사분위수와 3사분위수를 계산하라.

c. 90백분위수를 계산과정을 포함하여 산출하라.

10. 닐슨(Nielsen)은 미국에서 사용자들이 다양한 플랫폼(디지털, 오디오, TV)을 통해서 접하는 미디어 콘텐츠의 총 소비시간을 조사하였다. 닐슨은 TV 시청시간이 소비자 연령대에 따라 다양하게 분포하고 있으며 스트리밍 장치를 이용한 미디어 콘텐츠의 소비가 점점 늘어가고 있음을 알 수 있었다. 다음 자료는 2016년 18-34세 시청자와 35-49세 시청자를 대상으로 조사한 주간 TV 시청시간이다.

18-34세 시청자: 24.2   21.0   17.8   19.6   23.4   19.1   14.6
               27.1   19.2   18.3   22.9   23.4   17.3   20.5

35-49세 시청자: 24.9   34.9   35.8   31.9   35.4   29.9   30.9
               36.7   36.2   33.8   29.5   30.8

a. 18-34세 시청자의 평균 시청시간과 시청시간의 중앙값을 계산하라.

b. 35-49세 시청자의 평균 시청시간과 시청시간의 중앙값을 계산하라.

c. 두 집단의 평균과 중앙값을 비교하였을 때, 어느 집단이 TV를 더 많이 시청한다고 할 수 있는가?

11. 새로운 온라인 멀티플레이어 게임을 출시하고 월간 다운로드 횟수를 조사하였다. 다음의 표는 작년(Month, previous year)과 올해(Month, current year)의 월간 다운로드 횟수(downloads)를 나타낸다.

Month(previous year)	Downloads(thousands)	Month(current year)	Downloads(thousands)
February	33.0	January	37.0
March	34.0	February	37.0
April	34.0	March	37.0
May	32.0	April	38.0
June	32.0	May	37.0
July	35.0	June	36.0
August	34.0	July	37.0

앤더슨의 경영통계학

September	37.0	August	35.0
October	37.0	September	33.0
November	35.0	October	32.0
December	33.0		

a. 작년 다운로드 횟수의 평균, 중앙값, 최빈값을 계산하라.

b. 올해 다운로드 횟수의 평균, 중앙값, 최빈값을 계산하라.

c. 작년 다운로드 횟수의 1사분위수, 3사분위수를 계산하라.

d. 올해 다운로드 횟수의 1사분위수, 3사분위수를 계산하라.

e. (a)와 (b)의 결과를 비교하였을 때, 작년에 비해 올해 다운로드 횟수는 어떻게 변하였는가?

DATA files
UnemploymentRates
www.hanol.co.kr

12. 미국 노동 통계국은 각 주별 실업자 비율을 조사하였다. UnemploymentRates 파일의 자료는 각 주(state)별 작년의 실업자 비율(unemployment rate, previous year)과 올해의 실업자 비율(unemployment rate, current year)을 나타낸다. 작년과 올해 실업자 비율의 1사분위수, 중앙값, 3사분위수를 각각 계산하여 작년과 올해의 실업자 비율에 어떤 변화가 있었는가를 설명하라.

13. 대부분의 대학은 등급별 환산점수를 이수한 학점의 비율을 가중치로 하는 가중평균을 통해 평점을 계산하고, A(4), B(3), C(2), D(1), F(0)의 등급별 환산점수를 부여한다. 총 60학점을 이수한 학생이 9학점에 A등급, 15학점에 B등급, 33학점에 C등급, 3학점에 D등급의 성적을 받았다.

a. 해당 학생의 평점을 계산하라.

b. 경영대학에 지원하기 위해서는 60학점의 평점이 2.5 이상이어야 한다. 해당 학생은 경영대학에 지원이 가능한가?

14. 다음의 데이터는 4가지 분야의 뮤추얼 펀드 수익률을 조사한 것이다.

펀드의 종류	펀드의 수	총 수익률(%)
국내주(domestic equity)	9,191	4.65
해외주(international equity)	2,621	18.15
전문주(Specialty Stock)	1,419	11.36
하이브리드(Hybrid)	2,900	6.75

a. 펀드의 수를 가중치로 하여 뮤추얼 펀드 전체의 평균 수익률을 계산하라.

b. 뮤추얼 펀드 전체의 평균 수익률을 계산할 때, (a)와 같이 펀드의 수가 가중평균의 가중치로 사용되는 것이 적절한가? 적절한 가중치로 쓸 수 있는 다른 값이 있는가?

c. $10,000의 투자금을 국내주에 $2,000, 해외주에 $4,000, 전문주에 $3,000, 하이브리드에 $1,000을 투자한다면 기대 수익금은 얼마인가?

15. 코닝 서플라이(Corning Supplies)이 연간 수익률은 2014년 5.5%, 2015년 1.1%, 2016년 -3.5%, 2017년 -1.1%, 2018년 1.8%였다. 총 기간 동안 평균 증가율은?

16. 투자 첫해에 $10,000를 스티버스(Stivers) 뮤추얼 펀드에 투자하고, $5,000을 트리피(Trippi) 뮤추얼 펀드에 투자하였다. 각 투자금의 연말 가치가 다음의 표와 같다면, 어떤 뮤추얼 펀드의 수익률이 높은가?

년	스티버스(Stivers)	트리피(Trippi)
1	11,000	5,600
2	12,000	6,300
3	13,000	6,900
4	14,000	7,600
5	15,000	8,500
6	16,000	9,200
7	17,000	9,900
8	18,000	10,600

17. 보유 자산이 9년 동안 $5,000에서 $3,500으로 줄었다면, 9년간 평균 자산 증가율은 얼마인가?

② 변동성 측도

위치의 측도와 함께 변동성, 즉 자료의 퍼짐 정도를 고려하는 것은 데이터 분석에 매우 유용하다. 예를 들어 제조 기업의 구매 담당자가 두 개의 공급업체에 정기적으로 구매 업무를 수행하는 상황을 가정하자. 몇 개월 후에, 두 업체의 주문 후 배송 완료까지 소요 기간이 평균 10일임을 알게 되었다. 〈그림 3-5〉는 두 공급업체의 주문 후 배송 완료까지 소요 기간을 히스토그램으로 정리한 것이다. 두 공급업체의 평균 소요 기간은 10일로 동일하지만, 두 회사가 구매 일정을 충족시키는데 같은 신뢰도를 보여준다고 할 수 있는가? 히스토그램에서 배송 완료까지 걸리는 시간의 변동성, 즉 데이터의 퍼짐 정도를 고려한다면 어느 공급업체를 선호하겠는가?

원자재와 부품을 일정에 맞게 공급받는 것은 모든 제조기업에게 매우 중요하다. 제이씨 클락 유통(J.C Clark Distributors)은 7~8일 내로 배송받는 경우가 존재하지만, 13~15일에 배송되는 경우도 존재하기 때문에, 이런 경우 생산계획에 큰 차질을 초래한다. 이 예제는 배송 완료까지 걸리

*배송 시간의 높은 변동성은 생산 일정의 불확실성을 증가시킨다. 이 절에서 제시하는 방법론은 변동성을 측정하고 이해하는 데 도움을 준다.

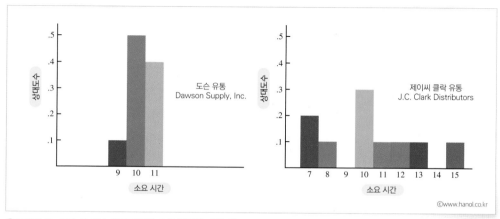

◆ 그림 3-5_ 주문 후 배송 완료까지의 소요 기간에 대한 히스토그램

는 기간의 변동성이 공급업자 선택에 최우선의 고려 요소임을 보여준다. 거의 대부분의 구매 담당자는 변동성이 낮은 도슨 유통(Dawson Supply, Inc.)을 선택할 것이다.

1 범위

가장 단순한 변동성의 측도는 범위(range)이다.

범위

$$범위 = 최댓값 - 최솟값$$

〈표 3-1〉의 경영학과 졸업생의 첫 월급 자료에서 가장 많은 첫 월급은 $6,325이고 가장 적은 첫 월급은 $5,710이므로, 범위는 6,325-5,710=615가 된다. 범위가 변동성의 측도 중에서 가장 쉽게 산출할 수 있는 값이지만, 범위만 변동성의 측도로 활용하는 경우는 극히 드물다. 각 양끝의 2개 값만 활용한 측도이면서 극단값의 영향을 받기 때문이다. 예를 들어 한 학생의 첫 월급이 $15,000이라면 범위는 15,000-5,710=9290이다. 12명 중 11명의 첫 월급이 $5,710와 $6,130 사이에 존재하므로, 9,290이라는 큰 범위값은 변동성을 적절히 설명한다고 할 수 없다.

2 사분위 범위

극단값의 단점을 보완한 변동성의 측도가 사분위 범위(IQR: Inter-Quartile Range)이며, 3사분위수와 1사분위수의 차이값으로 계산한다. 즉, 사분위 범위는 3사분위수와 1사분위수 사이에 존재하는 50% 자료에 대한 변동성을 의미한다.

사분위수 범위

$$IQR = Q_3 - Q_1 \tag{3.6}$$

첫 월급 데이터에서 Q_3=6,025, Q_1=5,857.5이므로 IQR=6,025-5,857.5=167.5이다.

3 분산

분산(variance)은 모든 데이터를 사용하여 계산되는 변동성의 척도이다. 기본 개념은 평균과 각 데이터 간의 차이를 활용하는 것이다. 자료 x_i 와 평균(표본일 경우 $\bar{x}$, 모집단을 경우 μ)과의 차이를 평균으로부터의 편차(deviation)라고 하며, 표본평균과의 편차는 $(x_i-\bar{x})$로, 모평균과의 편차는 $(x_i-\mu)$로 표기한다. 분산은 이 편차를 제곱하여 계산한다.

모집단에서 편차 제곱의 평균을 모분산(population variance)이라고 하며 그리스 소문자 σ^2(시그마(sigma) 제곱(square))으로 표현한다. 관측치의 수가 N이고 모평균이 μ인 모집단의 분산(모분산)은 다음과 같이 정의된다.

모분산

$$\sigma^2 = \frac{\sum(x_i - \mu)^2}{N} \tag{3.7}$$

대부분의 통계 분석은 표본 자료를 이용한다. 표본분산을 계산할 때에는 모분산 σ^2를 추정하는 방법을 적용한다. 수식의 자세한 원리를 설명하는 것은 이 책의 범위를 벗어나기 때문에 생략하지만, 표본분산에서는 편차 제곱의 합을 관측치의 개수인 n으로 나누지 않고, n-1로 나눈다는 것을 기억해야 한다. 이는 표본분산이 모분산의 불편추정값(unbiased estimate)이 되도록 해준다. 표본분산은 s^2로 표기하고 다음과 같이 정의된다.

* 표본분산 s^2은 모분산 σ^2의 점추정량이다.

표본분산

$$s^2 = \frac{\sum(x_i - \bar{x})^2}{n - 1} \tag{3.8}$$

3.1장에서 소개한 5개 대학 강좌 사례의 자료를 사용하여 표본분산을 계산해 보자. 〈표 3-3〉은 평균과의 편차와 편차 제곱을 계산한 것이다. 평균으로부터의 편차 제곱합은 $\sum(x_i - x)^2 = 256$이고 n-1=4이므로, 표본분산은 다음과 같이 계산된다.

$$s^2 = \frac{\sum(x_i - \bar{x})^2}{n - 1} = \frac{256}{4} = 64$$

* 분산은 두 집단 이상의 변동성을 비교하는 척도로 적합하다.

표본분산은 평균과의 편차를 제곱 $(x_i - \bar{x})^2$하여 계산하기 때문에 단위도 역시 제곱이 된다. 예를 들어 강좌 수의 표본분산은 s^2=64(명)^{2}이 된다. 분산의 단위가 제곱으로 표현되면 이를 수치적으로 해석하거나 직관적으로 이해하는 데 어려움이 있다. 따라서, 분산은 둘 이상의 변수 간 변동성의 크기를 비교하는 척도라고 생각하는 것이 바람직하다. 변수를 비교할 때 분산이 가장 큰 변수가 변동성이 가장 큰 것으로 이해하면 되는 것이고, 분산의 값에 대한 더 이상의 해석은 불필요하다.

표본분산을 계산하는 다른 예로 〈표 3-1〉의 12명의 경영학과 졸업생 자료를 생각해보자. 3.1절에서 첫 월급의 평균은 \$5,940이었으며, 〈표 3-4〉의 계산과정을 통해 표본분산은 s^2=27,440.91 로 얻어진다.

모든 자료에서 편차의 합은 항상 0임을 알 수 있다〈$\sum(x_i - \bar{x})$〉. 양의 편차값과 음의 편차값이 서로 상쇄되어 총합이 0이 되는 것이다. 〈표 3-3〉과 〈표 3-4〉에서도 편차의 합이 모두 0으로 계산되었다.

📊 표 3-3_ 강좌 수 자료에서 평균으로부터의 편차와 편차 제곱

강좌의 학생 수(x_i)	학생 수 평균($\bar{x}$)	평균으로부터의 편차($x_i - \bar{x}$)	평균으로부터의 편차 제곱($x_i - \bar{x}$)^2
46	44	2	4
54	44	10	100
42	44	−2	4
46	44	2	4
32	44	−12	144
		0	256
		$\sum(x_i - \bar{x})$	$\sum(x_i - \bar{x})^2$

📊 표 3-4_ 첫 월급 데이터에 대한 표본분산 계산

초임(x_i)	표본평균($\bar{x}$)	편차($x_i - \bar{x}$)	편차제곱($x_i - \bar{x}$)^2
5850	5940	-90	8100
5950	5940	10	100
6050	5940	110	12100
5880	5940	-60	3600
5755	5940	-185	34225
5710	5940	-230	52900
5890	5940	-50	2500
6130	5940	190	36100
5940	5940	0	0
6325	5940	385	148225
5920	5940	-20	400
5880	5940	-60	3600
		0	301850
		$\Sigma(x_i - \bar{x})$	$\Sigma(x_i - \bar{x})^2$

식 (3.8)을 적용하면

$$s^2 = \frac{\Sigma(x_i - \bar{x})^2}{n - 1} = \frac{301,850}{11} = 27,440.91$$

4 표준편차

표준편차(standard deviation)는 분산의 양의 제곱근이다. 표본표준편차와 모표준편차의 수식은 다음과 같으며, 표본표준편차는 s로, 모표준편차는 σ로 표기한다.

* 표본표준편차 s는 모표준편차 σ의 점추정량이다.

표준편차

$$\text{표본표준편차} = s = \sqrt{s^2} \tag{3.9}$$
$$\text{모표준편차} = \sigma = \sqrt{\sigma^2} \tag{3.10}$$

5개 강좌의 학생수 사례에서 표본분산은 s^2=64이므로, 표본표준편차 s= $\sqrt{64}$ = 8이 된다. 첫 월급 자료에서 표본표준편차는 $s = \sqrt{27,440.91}$ = 165.65가 된다.

분산을 표준편차로 변환하는 이유는 무엇일까? 분산의 계산단위가 제곱임을 생각해보자. 예를 들어, 첫 월급 자료에서 표본분산 s^2=27,440.91($)^{2}이고, 표본표준편차는 표본분산의 제곱근이기 때문에 단위가 $가 된다. 즉, 첫 월급 자료의 표본표준편차는 $165.65이다. 표준편차는 원자료와 동일한 단위로 측정할 수 있게 되므로 원자료와 같은 단위로 측정된 평균이나 다른 통계량과의 비교·분석을 쉽게 해준다.

* 표준편차의 단위와 원자료의 단위가 같으므로 분산보다 해석하기 쉽다.

5 엑셀을 활용한 표본분산, 표본표준편차 계산

엑셀은 표본분산과 표본표준편차를 계산하는 함수를 제공한다. 〈표 3-1〉의 첫 월급 데이터를 이용해서 엑셀의 표본분산과 표본표준편차를 계산해 보자. 〈그림 3-6〉은 〈그림 3-2〉에 분산과 표준편차의 계산을 추가한 것이다.

DATA files
StartingSalaries
www.hanol.co.kr

⬥ 그림 3-6_ 첫 월급 데이터의 표본분산과 표본표준편차를 산출한 엑셀 워크시트

자료입력/자료열기 *StartingSalaries* 파일을 연다. 셀 B2:B13은 자료, A열과 셀 B1은 레이블이다.
함수와 수식 입력 엑셀의 AVERAGE, MEDIAN, MODE.SNGL 함수는 앞서 설명한 실습에서
E2:E4에서도 이미 입력되어 있다. VAR.S 함수가 표본분산을 계산하기 위한 함수로 셀 E5에
다음과 같이 입력한다.

$$=VAR.S(B2{:}B13)$$

같은 방법으로, 수식=STDEV.S(B2:B13)을 셀 E6에 입력하고, 셀 D2:D6에 각 계산 결과를
설명하는 레이블을 입력한다. 앞서 계산한 결과와 동일한 표본분산(27,440.91)과 표본표준편차
(165.65)가 얻어졌다.

6 변동계수

* 변동계수는 평균에 대한
표준편차의 상대적인 크
기를 측정하는 변동성의
측도이다.

어떤 경우에는 표준편차가 평균과 비교해 얼마나 큰가를 알아야 하는 경우가 있다. 변동계수
(coefficient of variation)가 이를 위한 척도이며 단위는 퍼센트이다.

변동계수

$$\left(\frac{표준편차}{평균} \times 100\right)\% \tag{3.11}$$

대학 강좌의 학생 수 자료에서 표본평균은 44이고 표본표준편차는 8이었다. 따라서 변동계
수는 (8/44) × 100% = 18.2%가 되며, 이는 표본표준편차가 표본평균의 18.2%임을 의미한다.
첫 월급 자료에서 표본평균은 5,940이고 표본표준편차는 165.65이므로 변동계수는 (165.65/
5,940) × 100% = 2.79%가 되어, 표본표준편차가 표본평균의 2.79%에 지나지 않는다. 일반적
으로 변동계수는 서로 다른 평균과 표준편차를 갖는 변수들의 변동성을 비교할 때 사용한다.

7 엑셀의 기술통계 도구 활용

데이터 세트에 대한 여러 가지 기술통계량을 계산하기 위해 엑셀에서 제공하는 통계 함수를 활용하였으며, 하나의 기술통계량을 산출하기 위해 서로 다른 하나의 엑셀 함수를 이용하였다. 예를 들어, 평균을 계산하기 위해서는 MEAN, 표본표준편차를 계산하기 위해서는 STDEV.S의 서로 다른 함수를 이용하였다. 엑셀은 통계 함수 이외에 통합된 데이터 분석 도구도 제공한다. 그중 하나가 '기술 통계법'이라는 도구로, 이는 여러 종류의 기술통계량을 한꺼번에 계산하여 제공한다. 〈그림 3-7〉은 〈표 3-1〉에서 소개된 첫 월급 데이터를 활용해서 '기술 통계법' 도구를 실행한 결과로 다음의 단계를 수행하여 얻을 수 있다.

자료입력/자료열기 StartingSalaries 파일을 연다.

도구사용 엑셀의 '기술 통계법' 도구를 실행하기 위해서 다음의 단계를 따른다.

    단계1. 리본에서 '데이터' 탭 클릭

    단계2. '분석' 그룹에서 '데이터 분석' 클릭

    단계3. '통계 데이터 분석' 대화상자에서 '기술 통계법'을 선택하고 '확인' 클릭

    단계4. '기술 통계법' 대화상자(〈그림 3-7〉 참조)가 나타나면

        '입력 범위'에 B1:B13 입력

        '데이터 방향'은 '열' 선택

        '첫 번째 행 이름표 사용'에 체크

        '출력 옵션' 내 '출력 범위'를 선택

        '출력 범위'에 D1 입력(출력이 시작될 가장 위쪽의 왼쪽 위치를 의미)

        '출력 옵션' 내 '요약 통계량'에 체크

        '확인' 클릭

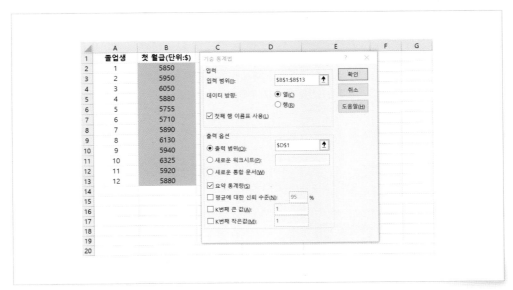

⬥ 그림 3-7_ 첫 월급 데이터에 대한 엑셀의 기술 통계법 도구의 대화상자

▲	A	B	C	D	E
1	졸업생	첫 월급(단위:$)			첫 월급(단위:$)
2	1	5850			
3	2	5950		평균	5940
4	3	6050		표준 오차	47.8199
5	4	5880		중앙값	5905
6	5	5755		최빈값	5880
7	6	5710		표준 편차	165.65
8	7	5890		분산	27440.91
9	8	6130		첨도	1.72
10	9	5940		왜도	1.09
11	10	6325		범위	615
12	11	5920		최소값	5710
13	12	5880		최대값	6325
14				합	71280
15				관측수	12
16					

◆ 그림 3-8_ 첫 월급 데이터에 대한 엑셀의 기술 통계법 도구 사용 결과

〈그림 3-8〉의 셀 D1:D15는 기술 통계법 도구의 사용 결과를 보여준다. 일부는 이 절에서 다루었으나 다루지 않은 통계량 정보도 산출된다. 나머지 기술통계량들은 이후에 다루거나 심화학습에서 다룰 것이다.

보충설명

1. 통계 소프트웨어와 엑셀은 이 절에서 소개한 기술통계량을 계산하기 위한 도구를 기본적으로 제공한다. 워크시트에 데이터를 입력하고 간단한 명령을 통해서 해당 도구를 적용하고 결과를 산출할 수 있다.

2. 표준편차는 주식과 주식형 펀드의 위험을 측정하는 데 많이 사용된다. 표준편차 분석을 통해서 월별 수익률이 장기 평균 수익률에서 얼마나 변동하는지를 알 수 있기 때문이다.

3. 표본평균 $\bar{x}$와 편차 제곱 $(x_i - \bar{x})^2$의 결과를 소수점 특정자리에서 반올림하면 분산과 표준편차 계산에 오차가 생긴다. 반올림 오차를 줄이기 위해서 적어도 소수점 이하 6번째 자리에서 반올림할 것을 추천한다.

4. 표본분산을 계산하기 위해 다음의 수식도 사용할 수 있다.

$$s^2 = \frac{\sum x_i^2 - n\bar{x}^2}{n-1}$$

여기서, $\sum x_i^2 = x_1^2 + x_2^2 + \cdots + x_n^2$

5. 평균절대오차(MAE: Mean Absolute Error)는 변동성을 측정하는 또 다른 측도이다. 평균절대오차는 각 관측치와 평균과의 차이(편차)의 절대값을 합한 값을 자료의 수로 나누어 계산된다. 표본을 구성하는 관측치의 개수가 n이면 평균절대오차는 다음과 같이 계산한다.

$$MAE = \frac{\sum |x_i - \bar{x}|}{n}$$

3.1절의 강좌 수 자료에서 $\bar{x} = 44$, $\sum |x_i - \bar{x}| = 28$이 되어, $MAE = 28 \div 5 = 5.6$이 된다.

연습문제

기초문제

18. 10, 20, 12, 17, 16으로 구성된 표본의 범위와 사분위 범위를 계산하라.

19. 10, 20, 12, 17, 16으로 구성된 표본의 분산과 표준편차를 계산하라.

20. 27, 25, 20, 15, 30, 34, 28, 25으로 구성된 표본의 범위, 사분위 범위, 분산, 표준편차를 계산하라.

응용문제

21. 미국 전역 90,000개 이상의 주유소에 대한 무연휘발유의 평균 가격을 조사하였더니 1갤런 당 $3.28이었다(출처: MSN auto). 다음의 자료는 샌프란시스코에 위치한 20개의 주유소에서 추출한 무연휘발유 가격(Price per Gallon($))이다.

| 3.59 | 3.59 | 4.79 | 3.56 | 3.55 | 3.71 | 3.65 | 3.60 | 3.75 | 3.56 |
| 3.57 | 3.59 | 3.55 | 3.99 | 4.15 | 3.66 | 3.63 | 3.73 | 3.61 | 3.57 |

a. 표본 자료를 활용하여 샌프란시스코의 무연휘발유 평균 가격을 추정하라.

b. 표본표준편차를 구하라.

c. 표본의 평균 가격과 미국 전역의 평균 가격을 비교하라. 무연휘발유 가격을 바탕으로 판단할 때, 샌프란시스코의 물가 수준은 어떻다고 볼 수 있는가?

22. 다음의 표는 미국의 14개 주요 도시에서 애틀랜타와 솔트레이크시티로 여행하는 왕복 항공권의 가격이다.

a. 애틀랜타(Cost to Fly to Atlanta)와 솔트레이크시티(Cost to Fly to Salt Lake City) 왕복 항공료의 평균을 구하라. 애틀랜타 왕복 항공료가 솔트레이크시티 왕복 항공료보다 저렴한가? 그렇다면 이 차이의 원인은 무엇이겠는가?

b. 왕복 항공료에 대한 두 표본의 범위, 분산, 표준편차를 각각 계산하라. 이 측도들의 결과 두 도시의 왕복 항공료에 대해 어떤 것을 알 수 있는가?

Round-Trip Cost ($)		
Departure City	Atlanta	Salt Lake City
Cincinnati	340.10	570.10
New York	321.60	354.60
Chicago	291.60	465.60
Denver	339.60	219.60
Los Angeles	359.60	311.60
Seattle	384.60	297.60
Detroit	309.60	471.60
Philadelphia	415.60	618.40
Washington, DC	293.60	513.60
Miami	249.60	523.20
San Francisco	539.60	381.60
Las Vegas	455.60	159.60
Phoenix	359.60	267.60
Dallas	333.90	458.60

23. Varatta Enterprises는 산업용 배관밸브를 판매하는 업체이다. 다음 테이블은 가장 최근 회계연도의 각 영업 사원(Salesperson)별 연간 매출 실적(Sales Amount, $100)을 정리한 것이다.

a. 평균, 분산, 표준편차를 계산하라.

b. 이전 회계연도에서 평균 매출액이 $300,000이고 표준편차는 $95,000이었다. 이전 회계연도와 최근 회계연도의 평균과 표준편차에서 어떠한 차이점을 발견할 수 있는가?

Salesperson	Sales Amount ($1000)	Salesperson	Sales Amount ($1000)
Joseph	147	Wei	465
Jennifer	232	Samantha	410
Phillip	547	Erin	298
Stanley	328	Dominic	321
Luke	295	Charlie	190
Lexie	194	Amol	211
Margaret	368	Lenisa	413

DATA files
CellPhoneExpenses
www.hanol.co.kr

24. 2016년 소비자 지출 조사에 의하면 미국인은 연평균 $1,124를 휴대폰 통신비로 소비하는 것으로 나타났다(미국 노동 통계청). 연령별 소비 성향에 차이가 있는가를 알아보기 위해, 3개의 연령별 그룹(18-34, 35-44, 45세 이상)에서 각각 10명의 통신비를 표본 추출하여 다음의 자료를 얻었다.

18-34	35-44	45 and Older
1,355	969	1,135
115	434	956
1,456	1,792	400
2,045	1,500	1,374
1,621	1,277	1,244
994	1,056	825
1,937	1,922	763
1,200	1,350	1,192
1,567	1,586	1,305
1,390	1,415	1,510

a. 각 그룹별 평균, 분산, 표준편차를 계산하라.

b. 주어진 자료에서 어떤 결론을 얻을 수 있는가?

25. Advertising Age는 매년 광고비를 가장 많이 지출한 100대 기업의 리스트를 작성한다. Advertising 파일의 자료는 20개의 자동차 산업 관련 기업(Automotive)과 20개의 백화점 산업 기업(Department Store)의 연간 광고비를 표본 추출한 것이다.

a. 각 산업별 평균 광고비를 계산하라.

b. 각 산업별 광고비 표준편차를 계산하라.

c. 각 산업별 광고비 범위를 계산하라.

d. 각 산업별 광고비 사분위 범위를 계산하라.

e. (a)와 (d)의 결과를 바탕으로 두 산업 간 차이에 대해 설명하라.

26. 플로리다에 위치한 Bonita Fairway Golf Course에서 플레이한 아마추어 골퍼의 2018년과 2019년 스코어가 다음와 같다.

2018년 : 74	78	79	77	75	73	75	77
2019년 : 71	70	75	77	85	80	71	79

a. 각 연도별 스코어의 평균과 표준편차를 계산하라.

b. 2018년과 2019년 골퍼의 실력에 차이가 있는가? 2019년에 실력 향상이 있었다면 어떠한 측면의 향상이 있었는가?

③ 분포의 형태, 상대 위치, 이상값 검출 측도

앞 절에서는 자료의 중심위치와 변동성을 측정하는 여러 가지 방법을 학습하였다. 이 외에도 전체 자료의 분포 모양을 측정하는 것도 자료 분석에서 중요한 부분이다. 2장에서는 히스토그램이 분포의 형태를 보여주는 시각적 표현임을 학습하였다. 분포의 모양을 수치적으로 측정하는 측도를 왜도(skewness)라고 한다.

1 분포의 형태

〈그림 3-9〉는 상대 도수 분포를 이용한 4가지 히스토그램을 나타낸 것이다. 패널 A와 B에 있는 히스토그램은 약간 비스듬한 분포로, 패널 A의 히스토그램은 왼쪽으로 비스듬하고(왼쪽 꼬리

* 엑셀은 SKEW 함수를 이용해서 왜도를 계산한다.

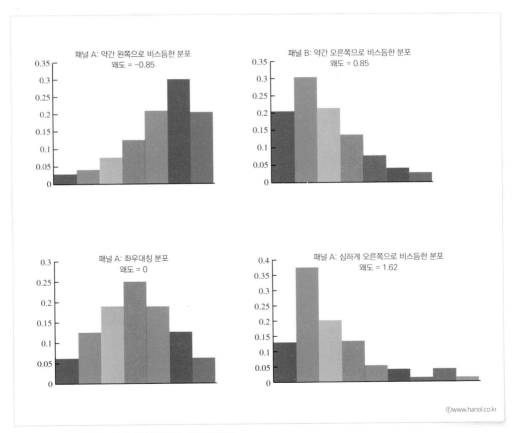

○ 그림 3-9_4가지 분포의 의도를 보여주는 히스토그램

가 길고) 왜도는 −0.85가 되며, 패널 B의 히스토그램은 오른쪽으로 비스듬하고(오른쪽 꼬리가 길고) 왜도는 +0.85가 된다. 패널 C의 히스토그램은 좌우대칭 형태이며 이때 왜도는 0이 된다. 패널 D의 히스토그램은 패널 B보다 오른쪽으로 더 많이 비스듬하고(오른쪽 꼬리가 더 길고) 왜도는 패널 B의 분포보다 큰 1.62가 된다. 실제로 왜도를 계산하는 공식은 매우 복잡하다.[1] 그러나 통계 소프트웨어에서 기본적인 통계 측도로 산출해 주며 분포의 모양이 왼쪽으로 비스듬하면 (skewed to the left) 음수 값을 갖고, 오른쪽으로 비스듬하면(skewed to the right) 양수 값을 갖는다. 분포의 형태가 좌우대칭(symmetric)일 때 왜도는 0이 된다.

좌우대칭인 분포에서는 평균과 중앙값이 동일하게 된다. 자료의 왜도가 양수이면 평균은 중앙값보다 크게 되고, 자료의 왜도가 음수이면 평균은 중앙값보다 작게 된다. 패널 D의 히스토그램은 여성 의류점 자료를 사용한 것으로, 평균 구매 비용은 $77.60이지만 중앙값은 $59.70이다. 이러한 현상은 상대적으로 적은 수지만 큰 비용을 지불한 고객이 존재하므로 평균은 증가하지만, 중앙값은 이에 영향을 받지 않기 때문에 발생한다. 자료가 심하게 치우치게 되면(왜도의 절대값이 크게 되면) 중심위치의 측도로 중앙값이 더 나을 수 있다.

2 z-점수

위치, 변동성, 분포의 형태와 더불어 데이터 세트 내에서 특정 관측치의 상대적 위치에 대한 분석이 필요할 때가 있다. 상대적인 위치의 측도는 평균에서 특정 값이 얼마나 떨어져 있는가를 보여준다. 평균과 표준편차를 이용해서 모든 관측치의 상대적 위치를 계산할 수 있다. n개의 관측치 $x_1, x_2, \cdots, x_n$에 대한 표본평균 $\bar{x}$와 표본표준편차 s를 얻었다고 할 때, 각 관측치 x_i의 상대적 위치를 나타내는 측도로 z-점수(z-score)를 사용할 수 있으며, 식 (3.12)와 같이 계산한다.

점수

$$z_i = \frac{x_i - \bar{x}}{s} \qquad (3.12)$$

여기서 z_i = x_i의 z- 점수
$\bar{x}$ = 표본평균
s = 표본표준편차

z-점수는 보통 표준화값(standardized value)이라고도 하며, x_i가 평균으로부터 표준편차의 몇 배나 떨어져 있는가를 나타낸다. 예를 들어 $z_1 = 1.2$인 x_1은 표본평균보다 1.2×표준편차만큼 크며, $z_2 - 0.5$인 x_2는 표본평균보다 0.5×표준편차 만큼 작다. z-점수가 양수인 관측치는 평균보다 큰 값이고, z-점수가 음수인 관측치는 평균보다 작은 값이며, z-점수가 0이면 평균과 같다.

---

1) 표본 데이터의 왜도를 계산하는 공식

$$\text{Skewness} = \frac{n}{(n-1)(n-2)} \sum \left(\frac{x_i - \bar{x}}{s} \right)^3$$

수강생 수(x_i)	평균과의 편차($x_i - \bar{x}$)	z-점수 $\left(\dfrac{x_i - \bar{x}}{s}\right)$
46	2	2/8 = 0.25
54	10	10/8 = 1.25
42	−2	−2/8 = −0.25
46	2	2.8 = 0.25
32	−12	−12/8 =1.50

관측치의 z-점수는 자료 내에서 관측치의 상대적 위치를 나타내는 측도로 볼 수 있으므로, 서로 다른 두 자료의 z-점수가 같다면 평균으로부터의 상대적 거리는 같다고 할 수 있다. 〈표 3-5〉는 3.1절에서 소개한 5개 강좌의 학생수에 대한 z-점수를 계산한 것이다. 표본평균 $\bar{x}=44$ 이고 표본표준편차 $s=8$이므로 다섯 번째 관측치 32의 z-점수는 −1.5가 되어 평균보다 표준편차 의 1.5배만큼 작게 된다. 〈그림 3-10〉은 강좌 수강생 데이터의 점그래프로, 각각의 x_i와 이에 매 칭되는 z-점수를 별도의 그래프에 나타낸 것이다.

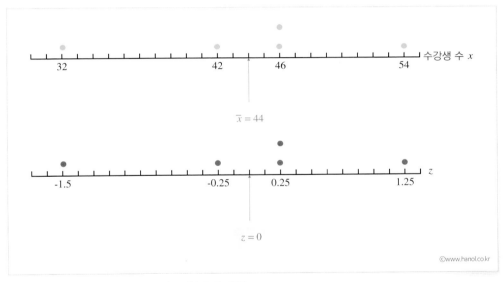

🔺 그림 3-10_ 수강생 자료의 점그래프와 z-점수의 점그래프

3 체비셰프의 정리

체비셰프의 정리(Chebyshev's theorem)는 평균과 특정한 표준편차 거리 사이에 존재하는 자료 의 비율에 관한 정리이다.

체비셰프의 정리

1보다 큰 z-점수에 대해 평균과 $\pm z_x$표준편차 사이에 있는 자료의 비율은 적어도 $(1 - 1/z^2)$이다.

z-점수가 2, 3, 4일 때, 체비셰프의 정리를 적용하면 다음과 같은 결론을 얻을 수 있다.

- 평균과 2×표준편차 사이에 있는 자료의 비율은 적어도 0.75, 즉 75%이다.
- 평균과 3×표준편차 사이에 있는 자료의 비율은 적어도 0.89, 즉 89%이다.
- 평균과 4×표준편차 사이에 있는 자료의 비율은 적어도 0.94, 즉 94%이다.

* 체비셰프의 정리에서 $z>1$을 만족할 때, z는 꼭 정수여야 할 필요는 없다.

체비셰프의 정리에 대한 예제로, 경영통계를 수강하는 학생 100명의 중간고사 점수에 대해 생각해 보자. 평균과 표준편차가 각각 70점과 5점이라면, 얼마나 많은 학생의 점수가 60점과 80점 사이, 또는 58점과 82점 사이에 있을 수 있겠는가?

60점과 80점 사이의 점수라면 60점은 평균보다 표준편차의 2배만큼 작은 위치에 있고, 80점은 평균보다 표준편차의 2배만큼 큰 위치에 있다. 체비셰프의 정리를 이용하면 평균과 2×표준편차 사이의 자료의 비율은 적어도 0.75, 즉 75%임을 알 수 있다. 따라서 적어도 75%의 학생이 60점과 80점 사이에 있다.

58점과 82점에 대해서는 58점의 z-점수는 (58-70)/5=-2.4로 평균에서 표준편차의 2.4배만큼 작은 위치에 있고, 82점의 z-점수는 (82-70)/5=2.4로 평균에서 표준편차의 2.4배만큼 큰 위치에 있다. 체비셰프의 정리에 의하면 z=2.4인 경우

$$\left(1 - \frac{1}{z^2}\right) = \left(1 - \frac{1}{(2.4)^2}\right) = .826$$

이 되어, 적어도 82.6%의 학생이 해당 점수 내에 포함된다.

4 경험적 법칙

체비셰프의 정리의 장점은 분포의 형태에 관계없이 모든 자료에 적용할 수 있다는 것으로, 〈그림 3-9〉에 있는 어떤 형태의 분포에도 사용할 수 있다. 그러나 실제로 많은 경우 자료들은 〈그림 3-11〉과 같이 대칭이며 종 모양의 형태를 보인다. 자료가 이러한 분포를 따를 때, 평균과 특정한 표준편차 사이에 존재하는 데이터의 비율은 경험적 법칙(empirical rule)을 이용하여 구할 수 있다.

* 경험적 법칙은 정규분포를 기반으로 하고 있으며 이는 6장에서 학습한다. 정규분포는 본 교재에서 매우 자주 다루게 되는 학습 주제이다.

경험적 법칙

자료가 종 형태의 분포를 따른다면

- 평균과 1×표준편차 사이에 있는 데이터의 비율은 약 68%이다.
- 평균과 2×표준편차 사이에 있는 데이터의 비율은 약 95%이다.
- 평균과 3×표준편차 사이에 있는 데이터의 비율은 약 99.7%이다. 즉, 거의 전부라고 할 수 있다.

생산라인에서 수성세제가 용기에 자동으로 주입되는 경우, 주입되는 수정세제의 무게를 측정한 자료는 종 모양의 형태로 분포한다. 주입되는 무게의 평균이 16온스이고, 표준편차가 0.25온스라면 경험적 법칙에 의해서 다음과 같은 사실을 알 수 있다.

- 생산 제품의 68%는 15.75온스에서 16.25온스 사이의 무게를 가진다. (평균과 1×표준편차 이내

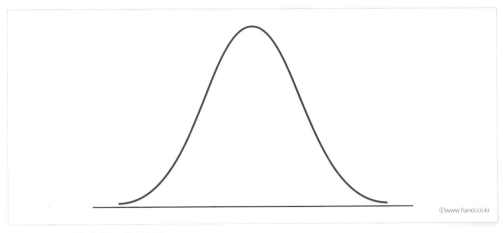

▲ 그림 3-11 _ 대칭이며 종 모양인 분포

의 무게)

- 생산 제품의 95%는 15.50온스에서 16.50온스 사이의 무게를 가진다. (평균과 2x표준편차 이내
의 무게)
- 생산 제품의 99.7%는 15.25온스에서 16.75온스 사이의 무게를 가진다. (평균과 3x표준편차 이
내의 무게)

5 이상값 탐지

때때로 데이터 세트 내에 비정상적으로 크거나 작은 값이 하나 이상 존재할 수 있다. 이러한 극단값들을 이상값(outlier)이라고 부른다. 본격적인 데이터 분석을 하기 전에 이상값에 대한 검출 및 검토를 신중하게 진행하는 것이 통계학자들의 중요한 역할 중 하나이다. 이상값들은 부정확하게 기록된 자료일 수 있으므로 수정되거나 제거되는 과정이 반드시 필요하다. 그러나 이상값에 대한 신중한 검토를 진행했음에도 불구하고 정확하게 기록된 보기 드문 값이라면 그대로 데이터 세트에 포함하여 사용해야만 한다.

표준화값인 z-점수를 이용해서 이상값을 검출할 수 있다. 경험적 법칙에 따르면 종 모양인 분포에서는 거의 모든 자료가 평균과 표준편차의 3배 사이에 존재하므로, z-점수가 -3보다 작거나 +3보다 크다면 이상값 여부를 검토할 수 있는 대상으로 지정할 수 있다.

〈표 3-5〉에 있는 강좌별 학생수 자료에 대한 z-점수를 생각해보자. 5번째 강좌의 z-점수는 -1.50으로 가장 작지만, 이 값은 -3과 +3 사이에 있으므로 z-점수를 이용한 방법에서는 이상값이 없다고 판단할 수 있다.

이상값을 검출하는 또 다른 방법은 1사분위수(Q_1), 3사분위수(Q_3)와 사분위 범위(IQR)를 동시에 활용하는 것이다. 이러한 방법을 사용하기 위해 다음과 같이 이상값의 상한과 하한을 계산한 후, 관측치가 하한보다 작거나 상한보다 크다면 이상값으로 분류한다.

$$하한 = Q_1 - 1.5(IQR)$$
$$상한 = Q_3 + 1.5(IQR)$$

〈표 3-1〉의 첫 월급 데이터에서 Q_1=5,857.5, Q_3=6,025, IQR=167.5이므로 이상값의 상한과 하한을 구하면 다음과 같다.

$$하한 = Q_1 - 1.5(\text{IQR}) = 5857.5 - 1.5(167.5) = 5606.25$$
$$상한 = Q_3 + 1.5(\text{IQR}) = 6025 + 1.5(167.5) = 6276.25$$

* 1사분위수, 3사분위수와 사분위 범위를 이상값 검출에 이용하는 방법은 z-점수를 이용한 방법과 반드시 일치하지 않는다. 둘 중 하나 또는 두 가지 방법을 다 사용할 수 있다.

〈표 3-1〉의 첫 월급 자료에서 5,606.25보다 작은 값은 존재하지 않으나, 상한값 6,276.25보다 큰 값 6,325가 존재한다. 따라서 6,325의 첫 월급을 받은 학생의 임금이 정상적인 자료 수집 및 기록 과정을 거친 것인지를 확인해야 하는 것이다.

보충설명

1. 체비셰프의 정리는 모든 데이터 세트에 적용할 수 있으며 평균과 표준편차의 몇 배의 값 사이에 존재하는 최소한의 데이터 비율을 나타낸다. 자료의 분포가 종 모양의 형태를 가지고 있다면 경험적 법칙에 의해 평균과 2x표준편차 사이에는 근사적으로 95%의 자료가 있다고 할 수 있으나, 체비셰프의 정리에 의하면 적어도 75%는 포함되어 있다고 할 수 있다.

2. 통계학자들은 데이터 세트를 분석하기 이전에 자료의 타당성을 검토한다. 데이터 세트의 크기가 매우 큰 연구에서는 자료의 수집, 기록 등의 단계에서 오류가 흔하게 발생한다. 이상값 검출은 자료의 타당성을 검토하는 방법의 하나로 사용된다.

연습문제

기초문제

27. 10, 20, 12, 17, 16으로 구성된 표본에서, 각 관측치의 z-점수를 계산하라.

28. 표본평균이 500, 표본표준편차가 100인 데이터 세트에서, 520, 650, 500, 450, 280의 z-점수를 계산하라.

29. 표본평균이 30, 표본표준편차가 5인 데이터 세트에서, 체비셰프의 정리를 이용하여 다음의 범위 내에 속하는 자료의 비율을 구하라.
    a. 20 ~ 40
    b. 15 ~ 45
    c. 22 ~ 38
    d. 18 ~ 42
    e. 12 ~ 48

30. 38. 표본평균이 30, 표본표준편차가 5인 종 모양 형태의 데이터 세트에서 경험적 법칙을 활용해서 다음의 범위에 속하는 자료의 비율을 구하라.
    a. 20 ~ 40
    b. 15 ~ 45
    c. 25 ~ 35

앤더슨의 경영통계학

120

31. 성인 대상 수면시간에 대한 조사 결과 평균 수면시간은 6.9시간, 표준편차는 1.2시간이었다.

    a. 체비셰프의 정리를 이용하여 수면시간이 4.5~9.3시간일 비율을 구하라.

    b. 체비셰프의 정리를 이용하여 수면시간이 3.9~9.9시간일 비율을 구하라.

    c. 자료의 분포가 종 모양의 형태를 따른다고 할 때, 경험적 법칙을 적용하여 수면시간이 4.5~9.3시간일 비율을 구하라. (a)와 비교하여 어떤 차이가 있는가?

32. 캘리포니아의 많은 가정들이 뒷마당에 홈 오피스, 아트 스튜디오, 취미 공방 등으로 활용하기 위한 창고를 짓는다. 나무를 이용하여 제작한 고객 맞춤형 창고의 평균 가격이 $3,100이고, 표준편차는 $1,200이다.

    a. 창고의 가격이 $2.300라면 z-점수는?

    b. 창고의 가격이 $4,900라면 z-점수는?

    c. (a)와 (b)의 z-점수를 바탕으로 두 가격이 이상값에 해당할지에 대해 설명하라.

    d. 캘리포니아 알바니 지역에서 뒷마당 사무실용 창고의 가격이 $13,000이다. 이는 이상값인가? 판단의 근거에 대해 설명하라.

33. 매년 Money magazine은 물가, 교육환경, 편의시설, 안전성, 거주 적합성 등의 항목을 기준으로 각 지역을 평가하여 미국에서 가장 살기 좋은 지역을 선정한다. 다음의 표는 2017년 Money magazine이 선정한 각 주별 가장 살기 좋은 도시(City)와 해당 도시의 미국 중산층 평균 소득(Median Household Income)이다(출처: Money magazine).

DATA files
Bestcities
www.hanol.co.kr

City	Median Household Income ($)	City	Median Household Income ($)
Pelham, AL	66,772	Bozeman, MT	49,303
Juneau, AK	84,101	Papillion, NE	79,131
Paradise Valley, AZ	138,192	Sparks, NV	54,230
Fayetteville, AR	40,835	Nashua, NH	66,872
Monterey Park, CA	57,419	North Arlington, NJ	73,885
Lone Tree, CO	116,761	Rio Rancho, NM	58,982
Manchester, CT	64,828	Valley Stream, NY	88,693
Hockessin, DE	115,124	Concord, NC	54,579
St. Augustine, FL	47,748	Dickinson, ND	71,866
Vinings, GA	73,103	Wooster, OH	43,054
Kapaa, HI	62,546	Mustang, OK	66,714
Meridian, ID	62,899	Beaverton, OR	58,785
Schaumburg, IL	73,824	Lower Merion, PA	117,438
Fishers, IN	87,043	Warwick, RI	63,414
Council Bluffs, IA	46,844	Mauldin, SC	57,480
Lenexa, KS	76,505	Rapid City, SD	47,788
Georgetown, KY	58,709	Franklin, TN	82,334
Bossier City, LA	47,051	Allen, TX	104,524
South Portland, ME	56,472	Orem, UT	54,515
Rockville, MD	100,158	Colchester, VT	69,181

Waltham, MA	75,106	Reston, VA	112,722
Farmington Hills, MI	71,154	Mercer Island, WA	128,484
Woodbury, MN	99,657	Morgantown, WV	38,060
Olive Branch, MS	62,958	New Berlin, WI	74,983
St. Peters, MO	57,728	Cheyenne, WY	56,593

a. 평균과 중앙값을 구하라.

b. 평균과 중앙값의 결과를 비교하여 소득 자료의 분포 모양을 설명하라.

c. 범위와 표준편차를 구하라.

d. 1사분위수와 3사분위수를 구하라.

e. 데이터 세트 내에 이상값이라고 할 수 있는 값이 있는가? 판단 근거를 설명하라.

34. 다음은 10개의 NCAA 농구 경기에서 승리 팀(Winning Team)과 진 팀(Losing Team), 각 팀의 점수(Points) 및 점수 차이(Winning Margin)를 조사한 결과이다.

DATA files
NCAA
www.hanol.co.kr

Winning Team	Points	Losing Team	Points	Winning Margin
Arizona	90	Oregon	66	24
Duke	85	Georgetown	66	19
Florida State	75	Wake Forest	70	5
Kansas	78	Colorado	57	21
Kentucky	71	Notre Dame	63	8
Louisville	65	Tennessee	62	3
Oklahoma State	72	Texas	66	6
Purdue	76	Michigan State	70	6
Stanford	77	Southern Cal	67	10
Wisconsin	76	Illinois	56	20

a. 승리팀의 평균 점수와 표준편차를 계산하라.

b. NCAA 전체 경기에서 승리팀의 점수 분포가 종 모양의 형태를 가진다면, (a)의 평균과 표준편차를 활용하여 84점 이상 득점한 승리 팀의 비율을 추정하라. 90점 이상 득점한 승리 팀의 비율은 얼마인가?

c. 점수 차이의 평균과 표준편차를 계산하라. 자료에 이상값이 포함되어 있다고 볼 수 있는가? 판단의 근거를 설명하라.

35. 뉴욕타임즈에 의하면 애플은 학생들이 학업에 활용할 수 있는 기기에 대한 특별 마케팅을 실시한다고 발표하였다. 구글 크롬북과 경쟁하고 있는 공립 학교 교육용 기기 시장의 점유율을 높이기 위해 더 빠른 처리속도를 가진 9.7인치 아이패드를 기존보다 낮은 가격으로 제공하기로 한 것이다. 다음의 자료는 18개 교육구 표본에서 애플 아이패드를 교육용으로 사용하는 학생들의 비율이다.

DATA files
iPads
www.hanol.co.kr

15	22	12	21	26	18	42	29	64
20	15	22	18	24	27	24	26	19

a. 애플 아이패드를 사용하는 학생의 비율에 대한 평균과 중앙값을 계산하라.

b. 애플 아이패드를 사용하는 학생의 비율에 대한 1사분위수와 3사분위수를 계산하라.

c. 애플 아이패드를 사용하는 학생의 비율에 대한 범위와 사분위 범위를 계산하라.

d. 애플 아이패드를 사용하는 학생의 비율에 대한 분산과 표준편차를 계산하라.

e. 데이터 세트 내에 이상값이 있는가?

f. 애플 아이패드를 사용하는 학생의 비율에 대해 어떤 결과를 설명할 수 있는가?

 4 **다섯 수치 요약과 상자그림**

방대한 양의 자료를 요약할 수 있는 좋은 방법은 요약 통계량을 기반으로 그래프를 그려보는 것이다. 이 절에서는 데이터 세트의 다양한 특징을 나타내기 위해 사용할 수 있는 다섯 수치 요약과 상자그림에 대해서 설명한다.

1 다섯 수치 요약

자료를 요약하는 데 유용한 다섯 수치 요약(five-number summary)에서는 다음의 5가지 숫자가 사용된다.

1. 최솟값
2. 1사분위수 (Q_1)
3. 중앙값 (Q_2)
4. 3사분위수 (Q_3)
5. 최댓값

〈표 3-1〉의 첫 월급 자료를 오름차순으로 정렬하면 다음과 같다.

5710　5755　5850　5880　5880　5890　5920　5940　5950　6050　6130　6325

최솟값은 5710, 최댓값은 6325이며, Q_1=5857.5, Q_2=5905, Q_3=6025가 되므로, 첫 월급 예제의 다섯 수치 요약값은 다음과 같다.

5710　　5857.5　　5905　　6025　　6325

다섯 수치 요약은 모든 자료가 5710에서 6325 사이에 분포하고 중앙값, 즉 분포의 정중앙은 5905이며, 1사분위수와 3사분위수로부터 전체 자료 중 50%는 5857.5에서 6025 사이에 존재한다는 것을 나타낸다.

2 상자그림

상자그림(box plot)은 다섯 수치 요약을 그래프로 표현한 것이다. 상자그림의 주요 요소는 사분위 범위(IQR = Q_3−Q_1)이다. 〈그림 3-12〉는 첫 월급 예제 자료의 상자그림으로, 다음과 같은 순서로 작성할 수 있다.

1. 박스의 끝은 1사분위수(Q_1)와 3사분위수(Q_3)가 된다. 첫 월급 예제에서 Q_1=5857.5,

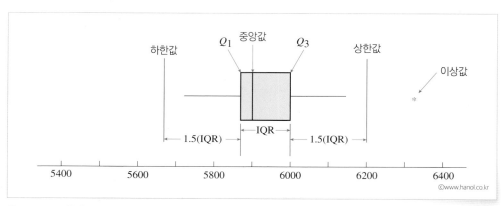

○ 그림 3-12_ 첫 월급 예제 자료의 상자그림(상하값, 하한값 포함)

Q_3=6025이며, 이 박스는 데이터의 50%를 나타낸다.

2. 박스 안의 세로선은 중앙값(Q_2)에 그린다. 첫 월급 예제에서 Q_2 = 5905이다.

3. 사분위 범위(IQR=Q_3-Q_1)를 이용해 경계값을 결정한다. 상자그림의 하한값은 Q_1에서 아래쪽으로 1.5×IQR에, 상한값은 Q_3에서 위쪽으로 1.5×IQR에 위치한다. 첫 월급 예제에서 IQR=Q_3-Q_1=6025-5857.5=167.5이므로 하한값은 Q_1-1.5×IQR = 5857.5-1.5×167.5=5606.25이고 상한값은 Q_3×1.5xIQR = 6025 + 1.5×167.5=6276.25이다. 이를 벗어나는 자료는 이상값으로 간주한다.

4. 〈그림 3-12〉의 그래프에서 수평으로 연결된 선을 수염(whisker)이라고 한다. 이 선은 박스의 끝에서 3단계에서 계산한 경계값을 넘지 않는 범위에 있는 자료의 최솟값과 최댓값까지 그린다. 첫 월급 예제에서 하한값을 넘지 않는 최솟값은 5710이고, 상한값을 넘지 않는 최댓값은 6130이다.

5. 마지막으로 이상값으로 간주된 자료를 작은 점으로 표현해 준다. 〈그림 3-12〉에서는 이상값이 한 개 존재하며 그 값은 6325이다.

〈그림 3-12〉는 상한값과 하한값을 포함하고 있으며, 그림 내의 여러 선들은 경계값이 어떻게 계산되었고 첫 월급 자료에서 어디에 위치하는지를 보여준다. 상한값과 하한값은 계산하긴 하지만, 일반적으로 상자그림에서 표시하지는 않는다. 〈그림 3-12〉는 상자그림을 그리는 방법을 설명하기 위해서 상한값, 하한값이 그려져 있으나 〈그림 3-13〉과 같이 일반적인 상자그림에서는 박스와 수염, 점으로 표현된 이상값만을 나타낸다.

*상자그림은 이상값을 검출하는 또 하나의 방법이다. 그러나 z-점수가 -3 이하이거나 +3이상이면 이상값으로 검출하는 방법과 반드시 일치하지는 않는다. 두 가지 방법을 모두 이용할 수 있다.

3 엑셀을 활용한 상자그림 작성

엑셀의 '통계 차트 삽입' 기능을 활용하여 첫 월급 자료의 상자그림을 작성할 수 있다.

*엑셀에서는 상자그림을 상자 수염 차트라고 한다.

자료입력/자료열기 StartingSalaries 파일을 연다. 자료는 셀 B2:B13에 입력되어 있다.

도구사용 다음 단계에 따라 엑셀의 '통계 차트 삽입'을 활용하여 상자그림을 작성한다.

1단계 데이터 세트 (B2:B13)의 전체 셀 선택
2단계 리본메뉴에서 '삽입' 탭 클릭

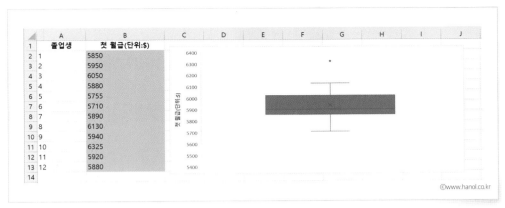

● 그림 3-13_ 엑셀을 활용하여 작성한 첫 월급 자료의 상자그림

3단계 '차트' 그룹에서 '통계 차트 삽입' ▥을 클릭하고 '상자 수염' 선택: 워크시트
에 상자그림이 생성됨

편집 옵션:

1단계 '차트 제목' 클릭 후 delete 키 입력

2단계 가로축 밑 '1'을 클릭하고 'delete' 키 입력

3단계 '차트 요소' 버튼 ⊞(그래프의 오른쪽 상단 모서리 옆에 있음) 클릭

4단계 '차트 요소' 목록이 나타나면:

'눈금선'을 클릭하여 체크를 삭제

'축 제목'을 클릭하여 체크 생성

가로축의 '축 제목'을 클릭하고 'delete' 키 입력

세로축의 '축 제목'을 클릭하고 "첫 월급($)" 입력

5단계 세로축을 우클릭하고 '축 서식' 선택

6단계 '축 서식' 작업창에서 '눈금'을 선택하고 '주 눈금' 메뉴에서 '안쪽' 선택

〈그림 3-13〉은 엑셀에서 작성한 상자그림의 결과이다.

4 상자그림을 이용한 비교분석

상자그림은 2개 이상의 그룹들을 시각적으로 요약하고 그룹 간의 비교를 용이하게 해준다.
예를 들어, 회계(accounting), 재무(finance), 정보시스템(info system), 경영(management), 마케팅(mar-
keting) 등 전공에 따른 졸업생의 첫 월급을 비교하는 후속 연구를 한다고 하자. 111명의 경영대
학 졸업생들의 전공과 첫 월급 자료가 MajorSalaries 파일에 포함되어 있다.

5 엑셀을 활용한 상자그림 비교분석

엑셀의 '통계 차트 삽입' 기능을 활용하여 각 전공별 첫 월급 자료를 비교할 수 있는 상자그
림을 작성할 수 있다.

자료입력/자료열기　MajorSalaries 파일을 연다. 자료는 셀 A2:B112에 입력되어 있다.

도구사용　다음 단계에 따라 엑셀의 '통계 차트 삽입'을 활용하여 전공별 상자그림을 작성한다.

　1단계　데이터 세트 (A2:B112)의 전체 셀을 선택

　2단계　리본메뉴에서 '삽입' 탭 클릭

　3단계　'차트' 그룹에서 '통계 차트 삽입' 📊을 클릭하고 '상자 수염' 선택: 워크시트에 상자그림이 생성됨

편집 옵션:

　1단계　'차트 제목' 클릭 후 "전공별 졸업생의 첫 월급 비교분석" 입력

　2단계　전공을 알파벳순으로 왼쪽에서 오른쪽으로 정렬하기 위해서:

　　　　리본에서 '데이터' 탭 선택

　　　　'정렬 및 필터' 그룹에서 '정렬' 선택

　　　　'정렬' 대화상자에서 '정렬 기준'을 '전공'으로 선택

　　　　'정렬' 대화상자에서 '정렬'을 '오름차순'으로 선택

　　　　'정렬' 대화상자의 '확인' 클릭

　3단계　차트 내의 임의의 영역을 클릭하여 차트를 선택하고 '차트 요소' 버튼 ➕(그래프의 오른쪽 상단 모서리 옆에 있음) 클릭

　4단계　'차트 요소' 목록이 나타나면:

　　　　'눈금선'을 클릭하여 체크를 삭제

　　　　'축 제목'을 클릭하여 체크 생성

　　　　가로축의 '축 제목'을 클릭하고 "전공" 입력

　　　　세로축의 '축 제목'을 클릭하고 "첫 월급($)" 입력

　5단계　세로축을 우클릭하고 '축 서식' 선택

　6단계　'축 서식' 작업창에서,

　　　　'축 옵션'에서 '경계'의 '최솟값'에 4,000 입력

　　　　'눈금'을 선택하고 '주 눈금' 메뉴에서 '안쪽' 선택

〈그림 3-14〉는 비교분석을 위해 엑셀에서 작성한 상자그림의 결과이다.

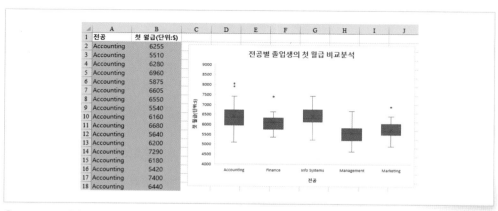

⬆ 그림 3-14 _ 엑셀에서 작성한 전공별 첫 월급 자료의 비교분석을 위한 상자그림

〈그림 3-14〉로부터 다음과 같은 해석이 가능하다.

- 회계 전공의 첫 월급이 높으며, 경영과 마케팅 전공의 첫 월급이 낮다.
- 중앙값을 기준으로 회계와 정보시스템 전공의 첫 월급이 비슷하고 다른 전공보다 높다. 재무가 그 다음 수준이며, 경영과 마케팅이 낮은 수준을 보인다.
- 높은 첫 월급의 이상치가 존재하는 전공은 회계, 재무, 마케팅이다.

작성한 상자그림을 기반으로 이외에도 다양한 해석이 가능할 것이다.

보충설명

1. 엑셀의 상자그림은 여러 가지 옵션을 제공한다. 상자그림의 상자를 우클릭한 후 나타나는 메뉴에서 '데이터 계열 서식'을 선택하면 '데이터 계열 서식' 작업창이 나타나고, 이는 차트의 모양을 수정할 수 있게 해준다. 평균값 표시나 이상값 표시, 모든 관측치 표시 등을 선택할 수도 있다. 비교분석을 위해서 그룹별 차이 값이나 평균값을 연결하는 선 등을 생성할 수도 있다.

2. '데이터 계열 서식' 작업창에서는 사분위수 계산에 2가지 옵션을 선택할 수 있다. 중앙값을 포함하거나 제외하는 것으로, 기본선택 값은 중앙값 제외이다. 이 옵션은 이 책에서 설명한 방법으로 사분위수를 계산하는 것이다. 따라서, 엑셀에서 사분위수 계산을 선택할 때 중앙값 제외를 선택하는 것이 이 교재의 방법론에 부합한다.

연습문제

기초문제

36. 27, 25, 20, 15, 30, 34, 28, 25로 구성된 표본에서 다섯 수치 요약값을 계산하라.

37. 36번 문제의 상자그림을 그려라.

38. 5, 15, 18, 10, 8, 12, 16, 10, 6으로 구성된 표본에서 다섯 수치 요약과 상자그림을 작성하라.

39. 1사분위수가 42, 3사분위수가 50이다. 상자그림의 상한값과 하한값을 계산하라. 65인 관측치는 이상값으로 볼 수 있는가?

응용문제

DATA files
Runners
www.hanol.co.kr

40. 플로리다의 네이플시는 매년 1월에 하프마라톤 대회를 개최한다. 미국뿐 아니라 전 세계 상위 수준의 마라토너들이 참가한다. 다음은 19-24세 그룹의 남자 22명의 순위(Finish)와 기록(Men), 여자 31명의 순위(Finish)와 기록(Women)이다. 기록의 단위는 분이며, 순위 순으로 정렬되어 있다.

Finish	Men	Women	Finish	Men	Women	Finish	Men	Women
1	65.30	109.03	11	109.05	123.88	21	143.83	136.75
2	66.27	111.22	12	110.23	125.78	22	148.70	138.20
3	66.52	111.65	13	112.90	129.52	23		139.00
4	66.85	111.93	14	113.52	129.87	24		147.18

5	70.87	114.38	15	120.95	130.72	25		147.35
6	87.18	118.33	16	127.98	131.67	26		147.50
7	96.45	121.25	17	128.40	132.03	27		147.75
8	98.52	122.08	18	130.90	133.20	28		153.88
9	100.52	122.48	19	131.80	133.50	29		154.83
10	108.18	122.62	20	138.63	136.57	30		189.27
						31		189.28

a. 남자 1등은 여자 1등보다 몇 분 더 빨리 뛰었는가? 만약 성별을 고려하지 않으면 여자 1등 인 선수는 전체 53명 중 몇 등으로 기록되었을까?

b. 남자와 여자 성적 각각의 중앙값은? 두 그룹을 중앙값으로 비교하라.

c. 남자와 여자 그룹에 대한 다섯 수치 요약을 작성하라.

d. 각 그룹에 이상값은 존재하는가?

e. 각 그룹에 대한 상자그림을 작성하라. 남자와 여자 그룹 중 변동성이 심한 그룹은 어느 그 룹인가? 판단의 근거를 설명하라.

41. 다음은 21개 제약회사의 연간 매출자료(Sales)로 단위는 백만 달러이다.

8,408	1,374	1,872	8,879	2,459	11,413
608	14,138	6,452	1,850	2,818	1,356
10,498	7,478	4,019	4,341	739	2,127
3,653	5,794	8,305			

DATA files
PharmacySales
www.hanol.co.kr

a. 다섯 수치 요약값을 계산하라.

b. 상한값과 하한값을 계산하라.

c. 이상값이 존재하는가?

d. 존슨앤존슨은 가장 많은 매출인 14,138백만 달러의 매출을 올렸으나, 자료 입력단계에서 의 오류로 41,138 백만 달러로 잘못 입력하였다면, (c)의 이상값 검출 방법으로 검출할 수 있었겠는가?

e. 상자그림을 그려라.

42. 컨슈머 리포트(Consumer Reports)는 미국 내 4개(AT&T, Sprint, T-Mobile, Verizon)의 모바일 통신사에 대한 고객 만족도를 조사하였다. 만족도는 가격, 접속 품질, 통화 연결 실패, 잡음, 고객 지원 등 을 포함하여 0에서 100점 사이로 평가하였다. 다음의 표는 20개 도시(City)의 만족도 점수이다.

DATA files
CellService
www.hanol.co.kr

Metropolitan Area	AT&T	Sprint	T-Mobile	Verizon
Atlanta	70	66	71	79
Boston	69	64	74	76
Chicago	71	65	70	77
Dallas	75	65	74	78
Denver	71	67	73	77
Detroit	73	65	77	79
Jacksonville	73	64	75	81

Las Vegas	72	68	74	81
Los Angeles	66	65	68	78
Miami	68	69	73	80
Minneapolis	68	66	75	77
Philadelphia	72	66	71	78
Phoenix	68	66	76	81
San Antonio	75	65	75	80
San Diego	69	68	72	79
San Francisco	66	69	73	75
Seattle	68	67	74	77
St. Louis	74	66	74	79
Tampa	73	63	73	79
Washington	72	68	71	76

a. T-Mobile의 중앙값은?

b. T-Mobile의 다섯 수치 요약을 계산하라.

c. T-Mobile에 이상값이 있다고 할 수 있는가? 판단의 근거는?

d. (b)와 (c)를 다른 통신사에 대해서도 수행하라.

e. 4개 통신사의 서비스 만족도에 대한 상자그림을 그리고, 서비스 간 비교 결과를 설명하라.
   컨슈머 리포트는 어느 회사의 만족도가 가장 높은 수준이라고 추천하겠는가?

43. 포춘(Fortune magazine)은 2014년 기준 존경받는 기업에 대한 순위를 선정하여 발표하였다.
Return은 상위 50개 기업의 연간 수익률(%)을 나타낸다. 같은 기간에 S&P의 평균 수익률은
18.4% 였다.

DATA files
AdmiredCompanies
www.hanol.co.kr

a. 상위 50개 기업의 연간 수익률의 중앙값을 구하라.

b. 상위 50개 기업 중 S&P 평균보다 높은 수익률을 달성한 기업의 비율은?

c. 주어진 자료의 다섯 수치 요약값을 계산하라.

d. 이상값이 있는가?

e. 상자그림을 작성하라.

44. 교통통계국은 미국과 캐나다, 미국과 멕시코 간 부두를 통한 출입국 자료를 수집한다.
BorderCrossing 파일은 8월 한 달 동안 가장 많은 출입국이 일어난 50개 부두를 이용한
이용자 수(Personal Vehicles)에 관한 자료이다.

DATA files
BorderCrossings
www.hanol.co.kr

a. 평균과 중앙값을 구하라.

b. 1사분위수와 3사분위수를 구하라.

c. 다섯 수치 요약값을 계산하라.

d. 이상값이 존재하는가를 상자그림을 이용하여 파악하라.

⑤ 두 변수 간의 연관성 측도

지금까지는 한 변수에 관한 자료를 요약하는 측도를 설명하였다. 그러나 의사결정자 및 관리자는 두 변수 간의 관계에 대한 분석 또한 필요로 한다. 이 절에서는 두 변수 간의 관계를 나타내는 측도로 공분산과 상관계수에 관해 설명한다.

2.4절에 있는 샌프란시스코의 전자 장비 판매점 사례에서, 판매점의 관리자는 주말 TV 광고의 횟수와 그 다음 주의 매출액과의 관계를 확인하고자 하였다. 표본은 〈표 3-6〉과 같이 $100 단위의 판매자료 10개(n=10)로 이루어져 있다. 〈그림 3-15〉의 산점도는 TV 광고가 많을수록 매출액이 높아지는 양의 관계가 있으며 두 변수 간의 관계가 근사적으로 선형관계임을 보여준다. 다음 절에서는 두 변수의 선형관계 정도를 나타내는 기술통계량인 공분산(covariance)을 설명한다.

1 공분산

두 변수에 대해 쌍으로 얻어진 n개의 관측치 $(x_1, y_1), (x_2, y_2), \cdots, (x_n, y_n)$가 주어진 경우, 표본공분산은 다음과 같이 계산한다.

> **표본공분산**
>
> $$s_{xy} = \frac{\sum(x_i - \bar{x})(y_i - \bar{y})}{n - 1} \tag{3.13}$$

식 (3.13)은 x_i와 y_i가 짝을 이루어져 만들어진 식이다. 표본공분산은 x_i와 x의 표본평균 $\bar{x}$의 편차$(x_i - \bar{x})$와 짝을 이루는 y_i와 y의 표본평균 $\bar{y}$의 편차$(y_i - \bar{y})$를 곱하여 모두 합하고, n-1로 나누어 구한다.

광고횟수 x와 매출액 y가 이루는 선형관계의 정도를 측정하기 위해 식 (3.13)을 이용하여 표본공분산을 계산해 보자. 〈표 3-7〉은 $\sum(x_i - \bar{x})(y_i - \bar{y})$를 계산하는 과정을 나타낸 것이다. 표에서 $\bar{x}$ = 30 / 10 = 3이고, $\bar{y}$ = 510/10 = 51이다. 표의 결과를 식 (3.13)에 대입하여 다음과 같

📊 표 3-6_ 전자 장비 판매점의 표본 자료

주	TV 광고횟수(x)	매출액(단위:$100)($y$)
1	2	50
2	5	57
3	1	41
4	3	54
5	4	54
6	1	38
7	5	63
8	3	48
9	4	59
10	2	46

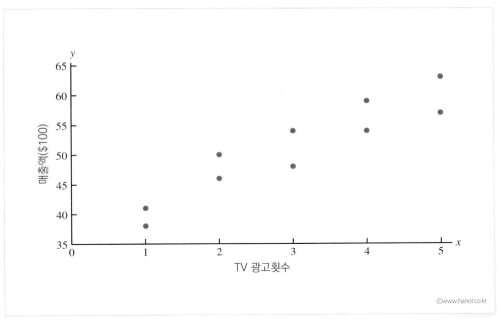

y
65
60
55
50
45
40
35
0   1   2   3   4   5   x

매출액($100)

TV 광고횟수

©www.hanol.co.kr

⬢ 그림 3-15_ 전자 장비 판매점의 산점도

이 표본공분산 s_{xy}를 얻을 수 있다.

$$s_{xy} = \frac{\sum(x_i - \bar{x})(y_i - \bar{y})}{n-1} = \frac{99}{9} = 11$$

N개의 데이터 세트인 모집단의 공분산(모공분산)을 계산하는 방법은 식 (3.13)과 비슷하지만 모집단 전체를 대상으로 하므로 다른 표기를 사용한다.

📊 표 3-7_ 표본공분산의 계산

	x_i	y_i	$x_i - \bar{x}$	$y_i - \bar{y}$	$(x_i - \bar{x})(y_i - \bar{y})$
	2	50	−1	−1	1
	5	57	2	6	12
	1	41	−2	−10	20
	3	54	0	3	0
	4	54	1	3	3
	1	38	−2	−13	26
	5	63	2	12	24
	3	48	0	−3	0
	4	59	1	8	8
	2	46	−1	−5	5
Totals	30	510	0	0	99

$$s_{xy} = \frac{\sum(x_i - \bar{x})(y_i - \bar{y})}{n-1} = \frac{99}{10-1} = 11$$

| 모집단의 공분산(모공분산) | $\sigma_{xy} = \dfrac{\sum (x_i - \mu_x)(y_i - \mu_y)}{N}$ | (3.14) |

변수 x의 모평균 μ_x와 변수 y의 모평균 μ_y가 모집단의 공분산에 사용되며, 모집단의 공분산은 σ_{xy}로 표현되고, 모집단의 개수는 N으로 표현된다.

2 공분산의 해석

*공분산은 두 변수 간의 선형관계를 측정하는 척도이다.

표본공분산을 해석하기 위해 〈그림 3-16〉을 생각해 보자. 〈그림 3-16〉은 〈그림 3-15〉에 $\bar{x} = 3$인 세로선과 $\bar{y} = 51$인 가로선이 추가된 것만 제외하면 동일한 차트이다. 두 점선은 그래프를 4개 구역으로 나눈다. 1사분면은 x_i가 $\bar{x}$보다 크고 y_i가 $\bar{y}$보다 큰 영역, 2사분면은 x_i가 $\bar{x}$보다 작고 y_i가 $\bar{y}$보다 큰 영역이다. 따라서, $(x_i - \bar{x})(y_i - \bar{y})$의 값이 1사분면에서는 양수, 2사분면에서는 음수이다. 같은 방법으로 3사분면에서는 $(x_i - \bar{x})(y_i - \bar{y})$가 양수이고, 4사분면에서는 음수이다.

s_{xy}의 값이 양수이면 s_{xy}에 영향을 주는 점들이 1사분면이나 3사분면에 많이 있다는 의미이므로, s_{xy}가 양수이면 x와 y 사이에 양의 선형관계가 있음을 의미한다. 즉, x가 증가하면 y도 증가한다는 뜻이다. s_{xy}가 음수이면 두 변수 사이에 음의 선형관계가 있음을 의미하고, x가 증가하면 y는 감소한다는 뜻이다. 마지막으로 자료가 4개 사분면에 골고루 퍼져 있다면 s_{xy}는 0에 가까울 것이며, 이는 x와 y 사이에 선형관계가 없음을 의미한다. 〈그림 3-17〉은 3가지 유형의 s_{xy} 값을 갖는 산점도를 나타낸 것이다.

〈그림 3-16〉을 살펴보면 판매점의 산점도는 〈그림 3-17〉의 첫 번째 패턴을 따르고 있어 양의 선형관계를 가지며, 실제로 표본공분산을 계산한 결과 $s_{xy} = 11$이다.

앞서 설명한 바와 같이 큰 수의 양의 공분산은 강한 양의 선형관계를 의미하며 큰 수(절대값이 큰 수)의 음의 공분산은 강한 음의 선형관계를 의미한다. 그러나 공분산은 x와 y의 단위에

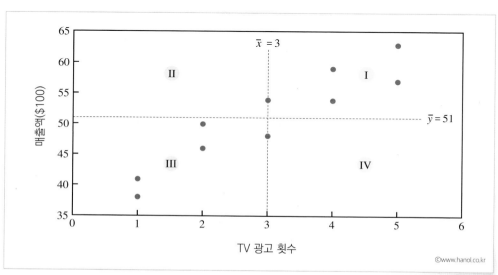

● 그림 3-16_ 4개의 사분면으로 분할된 전자 장비 판매점의 산점도

영향을 받는다는 문제점으로 인해 공분산을 선형관계의 강약을 측정하는 측도로 활용하는 데에는 한계가 있다. 예를 들면, x가 키이고, y가 몸무게라고 하면, 키를 센티미터로 잴 때 $(x_i - \bar{x})$의 값이 미터로 재는 경우보다 훨씬 큰 값이 나온다. 따라서 키를 센티미터로 재면 관계에 변화가 없음에도 불구하고, 식 (3.13)의 $\sum(x_i - \bar{x})(y_i - \bar{y})$가 미터로 잴 때보다 커지게 된다. 이러한 영향을 받지 않도록 해주는 측도가 상관계수(correlation coefficient)이다.

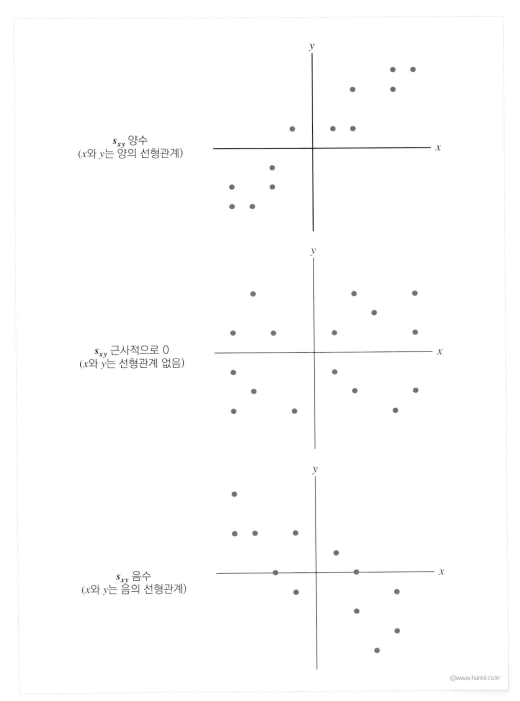

○ 그림 3-17 _ 표본공분산의 해석

3 상관계수

표본 자료에서 피어슨 상관계수(Pearson product moment correlation coefficient)는 다음과 같이 정의된다.

피어슨 상관계수: 표본자료

$$r_{xy} = \frac{s_{xy}}{s_x s_y}$$
(3.15)

여기서

r_{xy} = 표본상관계수

s_{xy} = 표본공분산

s_x = x의 표본표준편차

s_y = y의 표본표준편차

식 (3.15)는 피어슨 표본상관계수(〈피어슨 표본상관계수를 간단히 표본상관계수(sample correlation coefficient)라고도 한다〉를 구하는 식으로, 표본공분산 s_{xy}를 x의 표본표준편차 s_x와 y의 표본표준편차 s_y의 곱으로 나누어 계산한다. 샌프란시스코 전기 장비 판매점의 자료를 이용하여 표본상관계수를 계산해 보자. 〈표 3-6〉에 있는 데이터를 사용하여 다음과 같이 두 변수의 표본표준편차를 구할 수 있다.

$$s_x = \sqrt{\frac{\sum (x_i - \bar{x})^2}{n-1}} = \sqrt{\frac{20}{9}} = 1.49$$

$$s_y = \sqrt{\frac{\sum (y_i - \bar{y})^2}{n-1}} = \sqrt{\frac{566}{9}} = 7.93$$

s_{xy}= 11이므로 표본상관계수는 다음과 같이 계산된다.

$$r_{xy} = \frac{s_{xy}}{s_x s_y} = \frac{11}{(1.49)(7.93)} = .93$$

모집단의 상관계수(모상관계수, population correlation coefficient)는 그리스 소문자 ρ(rho)를 이용하여 ρ_{xy}로 표기하고 다음과 같이 구한다.

피어슨의 상관계수: 모집단 자료

$$\rho_{xy} = \frac{\sigma_{xy}}{\sigma_x \sigma_y}$$
(3.16)

여기서

ρ_{xy} = 모집단의 상관계수

σ_{xy} = 모공분산

σ_x = x의 모표준편차

σ_y = y의 모표준편차

표본상관계수 r_{xy}는 모상관계수 ρ_{xy}의 추정량이다.

4 상관계수의 해석

우선 완벽한 양의 선형관계를 갖는 간단한 예를 생각해 보자. 〈그림 3-18〉은 다음의 자료에 대한 산점도이다.

x_i	y_i
5	10
10	30
15	50

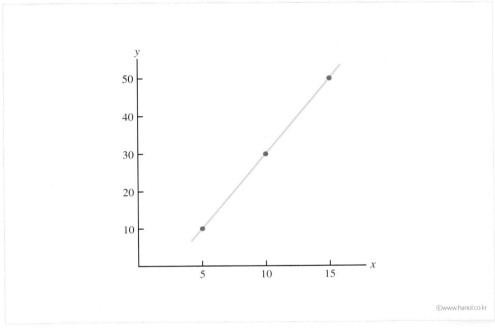

© www.hanol.co.kr

🔺 그림 3-18_ 완벽한 양의 선형관계를 나타내는 산점도

세 점을 연결하는 직선은 점 x와 y 사이에 완벽한 양의 선형관계가 있음을 보여준다. 표본상관계수를 계산하려면 S_{xy}, S_x, S_y를 계산하여야 한다. 〈표 3-8〉의 계산 과정을 이용하면 다음과 같은 결과를 얻을 수 있으며, 표본상관계수는 1이 된다.

$$s_{xy} = \frac{\sum(x_i - \bar{x})(y_i - \bar{y})}{n - 1} = \frac{200}{2} = 100$$

$$s_x = \sqrt{\frac{\sum(x_i - \bar{x})^2}{n - 1}} = \sqrt{\frac{50}{2}} = 5$$

$$s_y = \sqrt{\frac{\sum(y_i - \bar{y})^2}{n - 1}} = \sqrt{\frac{800}{2}} = 20$$

$$r_{xy} = \frac{s_{xy}}{s_x s_y} = \frac{100}{5(20)} = 1$$

표 3-8_ 표본상관계수 계산 과정

	x_i	y_i	$x_i - \bar{x}$	$(x_i - \bar{x})^2$	$y_i - \bar{y}$	$(y_i - \bar{y})^2$	$(x_i - \bar{x})(y_i - \bar{y})$
	5	10	-5	25	-20	400	100
	10	30	0	0	0	0	0
	15	50	5	25	20	400	100
Totals	30	90	0	50	0	800	200

$$\bar{x} = 10 \qquad \bar{y} = 30$$

* 상관계수의 범위는 -1에서 +1 사이이다. -1이나 +1에 가까운 값은 강한 선형 상관관계를 의미하며, 상관계수가 0에 가까울수록 약한 선형관계를 의미한다.

일반적으로 데이터 세트의 모든 점이 양의 기울기를 가진 선 위에 있다면 표본상관계수는 +1이 된다. 즉, 표본상관계수가 +1이면 x와 y는 완벽한 양의 선형관계에 있다. 만약 모든 점들이 음의 기울기를 가진 직선 위에 있다면 표본상관계수는 -1이 되고, x와 y는 완벽한 음의 선형관계에 있게 되는 것이다.

x와 y가 양의 선형관계에 있지만 선형관계가 완벽하지 않으면 r_{xy}의 값이 1보다 작으며 모든 관측치가 직선 위에 있지 않게 된다. 따라서 자료가 완벽한 선형관계와 차이가 많이 날수록 r_{xy}의 크기는 점점 작아지게 되어, r_{xy}의 값이 0이면 x와 y는 선형관계가 아니고 0에 가까울수록 약한 선형관계임을 의미한다.

전자 장비 판매점 사례에서 r_{xy}=+0.93이므로 TV 광고횟수와 매출액은 강한 양의 선형관계에 있다고 볼 수 있다. 즉, TV 광고횟수가 늘어나면 그에 따라 매출액도 늘어난다는 해석이 가능하다.

마지막으로 기억해야 할 중요한 점은, 상관계수는 선형관계의 정도를 나타내는 측도이지 원인과 결과를 분석하는 방법은 아니라는 것이다. 즉, 두 변수의 상관관계가 높다고 해서 한 변수의 변화가 다른 변수의 변화에 영향을 준다는 뜻이 아니란 것이다. 예를 들어 레스토랑의 음식의 수준과 가격이 양의 상관관계가 존재한다고 할 때, 단순히 가격을 올린다고 음식의 수준이 올라가지 않는다.

5 엑셀을 활용한 표본공분산, 표본상관계수 계산

DATA files
Electronics
www.hanol.co.kr

엑셀은 공분산과 상관계수를 계산하는 함수를 제공한다. 앞서 사용한 〈표 3-6〉에 있는 전자 장비 판매점의 자료를 이용하여 표본공분산과 표본상관계수를 계산해 보자. 〈그림 3-19〉의 결과를 도출하기 위해서 다음의 단계를 거쳐야 한다.

자료입력/자료열기 Electronics 파일을 연다. 셀 B2:C11은 자료이고, A열과 셀 B1:C1은 자료의 레이블이다.

함수와 수식 입력 엑셀의 COVARIANCE.S 함수가 표본공분산 계산에 쓰인다. 셀 F2에 다음과 같이 입력한다.

$$=COVARIANCE.S(B2:B11,C2:C11)$$

비슷한 방법으로 셀 F3에 =CORREL(B2:B11,C2:C11)을 입력하면 표본상관계수를 계산할

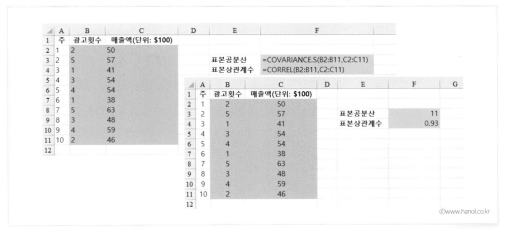

◐ 그림 3-19_ 공분산과 상관계수를 구하기 위한 엑셀함수의 사용

수 있다. 결과를 구분하기 위해서 셀 E2:E3에 레이블을 입력한다. 표본공분산 11과 표본상관계수 0.93을 얻을 수 있으며, 이는 앞선 풀이에서 구한 값과 같다.

보충설명

1. 상관계수는 두 양적 변수의 선형관계를 측정하는 측도이다. 두 변수가 비선형 관계인 경우에도 상관계수가 0에 가까우면 선형관계가 없다고 말할 수 있다. 예를 들어, 다음의 산점도는 100일 동안 소매점이 사용한 환경관리비용과 외부 최고온도를 타점한 것이다. 표본상관계수는 $r_{xy}=-0.007$이므로 두 변수 간 선형관계는 없다고 말할 수 있다. 그러나 산점도의 형태는 강한 비선형관계가 있음을 나타낸다. 즉, 외부 최고온도가 올라가면 환경관리비용은 초기에는 줄어들지만, 일정 온도가 넘어서면 온도를 낮추기 위한 비용에 의해서 환경관리비용이 급격하게 증가한다.

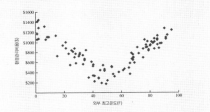

2. 두 변수의 관계를 나타내는 데 상관계수가 매우 유용하지만, 스피어만 순위상관계수(Spearman rank-correlation coefficient)와 같은 다른 방법도 존재한다. 적어도 하나 이상의 변수가 명목형 혹은 순서형일 때, 스피어만 순위상관계수를 사용한다.

연습문제

기초문제

45. 다음은 두 변수에 대한 5개의 관측치로 구성된 표본이다.

x_i	4	6	11	3	16
y_i	50	50	40	60	30

a. x를 가로축, y를 세로축으로 하는 산점도를 작성하라.

b. (a)의 결과를 바탕으로 두 변수의 상관관계를 설명하라.

c. 표본공분산을 계산하고 결과를 설명하라.

d. 표본상관계수를 계산하고 결과를 설명하라.

46. 다음은 두 변수에 대한 5개의 관측치로 구성된 표본이다.

x_i	6	11	15	21	27
y_i	6	9	6	17	12

a. x를 가로축, y를 세로축으로 산점도를 작성하라.

b. (a)의 결과를 바탕으로 두 변수의 상관관계를 설명하라.

c. 표본공분산을 계산하고 결과를 설명하라.

d. 표본상관계수를 계산하고 결과를 설명하라.

응용문제

47. StockComparison 파일은 기술 기업인 Apple과 소비재 기업인 Procter&Gamble(P&G)의 2013년부터 2018년까지의 주가 자료이다.

a. 가로축을 Apple의 주가(Apple Adjusted Stock Price)로, 세로축을 P&G의 주가(P&G Adjusted Stock Price)로 하여 산점도를 작성하라.

b. 두 주가의 관계는 어떠한가?

c. 표본공분산을 계산하고 결과를 설명하라.

d. 표본상관계수를 계산하고 두 주가의 관계를 설명하라.

48. 최근 40여년간 미국 전역의 가정집에서 연기 감지기 보급률이 계속 증가하면서 2015년에 96%를 달성하였다. 이러한 연기 감지기 보급률의 증가와 함께 가정 화재에 의한 사망률은 어떻게 되었을까? SmokeDetectors 파일에는 17년간 연기 감지기 보급률과 가정 화재로 인한 인구 100만명당 사망률 데이터가 저장되어 있다.

a. 연기 감지기 보급(Percentage of Homes with Smoke Detectors)과 가정 화재 사망률(Home Fire Deaths per Million of Population) 간에 어떠한 상관관계가 있겠는가? 판단의 근거를 설명하라.

b. 표본상관계수를 계산하고 연기 감지기 보급과 가정 화재 사망률 간의 관계에 대해 설명하라.

c. 산점도를 작성하라.

49. 러셀1000은 미국 대기업으로 구성된 주식시장 지표이고, 다우존스 산업 평균은 30개 대기업으로 구성된 지표이다. Russell 파일은 1988년부터 2012년까지 러셀1000(Russell 1000 % Return)과 다우존스(DJIA % Return)에 대한 연수익률이다.

a. 산점도를 작성하라.

b. 각 지표별 표본평균과 표본표준편차를 계산하라.

c. 표본상관계수를 계산하라.

d. 두 지표의 유사점과 차이점은 무엇인가?

DATA files
BestPrivateColleges
www.hanol.co.kr

50. 무작위로 선택된 30개의 미국 사립대학으로 구성된 표본 자료가 BestPribateColleges 파일에 저장되어 있다. Admit Rate (%)는 각 대학에 지원한 수험생 중 입학한 학생의 비율이고, 4-yr Grad. Rate (%)는 입학한 학생 중 4년 이내 졸업한 학생의 비율이다.

a. 두 변수간의 산점도를 작성하라. 산점도를 바탕으로 두 변수 간에 어떤 관계가 있다고 판단할 수 있는가?

b. 표본상관계수를 계산하라. 표본상관계수로부터 두 변수가 어떤 관계에 있다고 할 수 있는가?

⑥ 데이터 대시보드: 분석 효과를 높이기 위한 수리적 측도의 활용

2.5절에서 데이터 세트에 대한 정보를 요약하고 표시하는 그래프를 활용한 자료 시각화를 소개하였다. 자료 시각화의 목표는 가능한 한 효과적이고 명확하게 중요 정보를 표시하는 것이다. 가장 널리 쓰이는 자료 시각화 도구는 데이터 대시보드이다. 이는 기업이나 조직의 성과를 파악하고 이해하고 해석하기 위해서 여러 가지 시각적 도표들을 모아 놓은 집합이다. 이 절에서는 대시보드에 수리적 측도를 추가하여 효과를 높이는 방법을 설명한다.

핵심성과지표(KPI: Key Performance Indicators)는 경쟁사와의 비교나 경영 목표를 분석하는 데 중요한 측도이므로, KPI의 평균, 표준편차와 같은 수리적 측도를 대시보드에 추가하는 것은 매우 중요하다. 또는 수리적 측도를 시각화 자료의 일부분으로 포함하는 그래프를 대시보드에 추가할 수도 있다. 가장 중요한 것은 KPI를 쉽게 파악하고, 이해하고, 해석하기 위해 대시보드에 어떻게 추가할 것인가를 고민해야 한다는 점이다.

대시보드에 수리적 측도를 활용하는 방법의 예제로 2.5절에서 소개된 그로간 정유의 사례를 살펴보자. 그로간 정유는 텍사스 오스틴(본사), 휴스턴, 달라스의 3개 도시에 사무실을 두고 있다. 그로간 정유의 IT 콜센터는 오스틴에 있으며 소프트웨어, 인터넷, 이메일 등을 포함한 컴퓨터에 관한 문제에 대응하고 있다. 〈그림 3-20〉은 그로간 정유가 콜센터의 성과를 관리하기 위해서 개발한 대시보드로, 주요 구성은 다음과 같다.

- 왼쪽 상단의 누적 막대그래프는 각 문제 형태(소프트웨어, 인터넷, 이메일)별 전화 건수를 보여준다.
- 오른쪽 상단의 막대그래프는 근로자들이 각 형태의 문제를 처리하는 데 소요되는 시간과 휴식시간의 비율을 보여준다.
- 왼쪽 중간의 막대 그래프는 15분이상 해결되지 않은 문제의 해결 시간을 표시한다.
- 오른쪽 중간의 막대 그래프는 문제 형태에 따른 각 지역 사무실별 전화 건수를 보여준다.
- 가장 아래의 히스토그램은 문제 해결에 소요되는 시간의 분포를 보여준다.

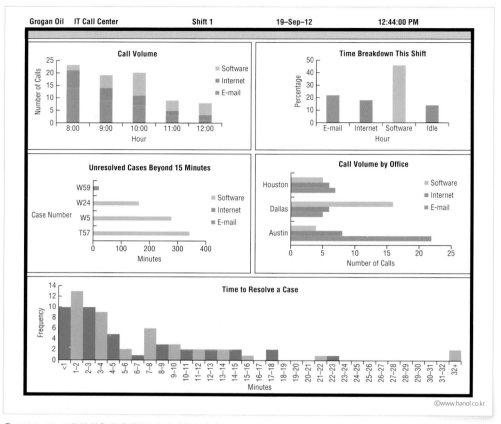

○ 그림 3-20_ 그로간 정유 IT 콜센터의 초기 데이터 대시보드

콜센터 성과에 대한 통찰력을 높이기 위해 그로간 정유의 IT 관리자는 현재의 대시보드에 해결된 문제의 유형별 상자그림을 추가하기로 하였다. 또한, 왼쪽 아래쪽에 각 케이스별로 문제를 해결한 시간을 보여주는 그래프를 추가하였다. 마지막으로 IT 관리자는 근무 교대 후 첫 몇 시간 동안 각 문제에 대한 요약 통계를 추가하였다. 〈그림 3-21〉은 수정된 대시보드이다.

IT 콜센터는 문제 해결에 필요한 목표 시간을 평균 10분으로 설정하였으며, 15분이 넘어가면 바람직하지 않은 것으로 결정하였다. 이러한 목표를 반영하기 위해서 10분의 목표 시간에는 검은색 가로선을, 받아들일 수 있는 한계 시간인 15분에는 붉은색 가로선을 상자그림에 추가하였다.

대시보드의 요약통계량은 이메일 문제 해결에 평균 5.8분, 인터넷 문제 해결에 평균 3분, 소프트웨어 문제 해결에 평균 5.4분이 소요되었음을 직관적으로 알 수 있게 해준다. 목표값인 10분보다는 평균값이 모두 낮은 상황임을 알 수 있다.

상자그림은 이메일 관련 문제 해결 시간이 다른 두 형태의 문제보다는 길며, 표준편차도 더 크다는 사실을 나타내는 등 새롭게 추가된 두 개의 그래프들은 이메일 문제에 더 관심을 가져야 함을 알게 해준다. 이메일 관련 문제에 대한 상자그림의 수염이 15분을 넘기 때문에 이상값이라고 판명될 수도 있다. 개별 문제에 대한 해결 시간에 관한 그래프에서도 이메일 관련 문제는 9시 대에 한계 시간인 15분을 넘긴 전화가 두 건 있음을 보여준다. 이는 콜센터의 관리자가

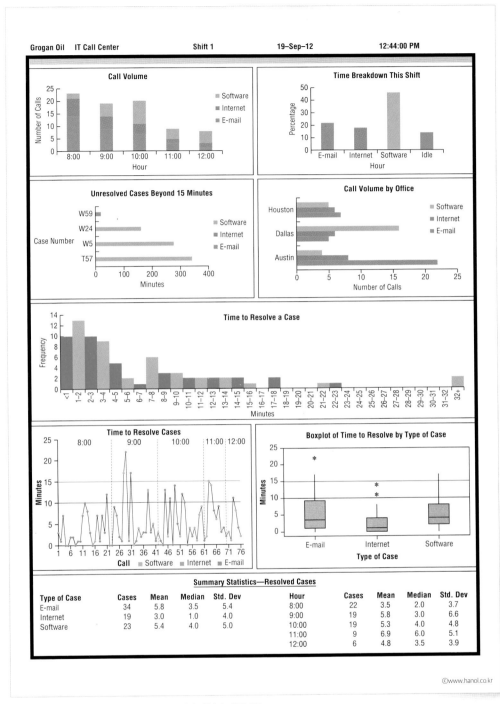

● 그림 3-21 _ 그로간 정유 IT 콜센터의 수정된 데이터 대시보드

인터넷이나 소프트웨어보다 왜 이메일의 문제 해결 소요 기간의 변동 폭이 심한지를 확인해야 하는 이유가 된다. 이러한 분석을 기초로 한계 목표인 15분보다 긴 문제 해결 시간이 필요했던 2개의 케이스에 대해서 심도 있는 조사를 진행하기로 결정하였다.

개별 문제 해결 시간에 관한 그래프는 근무 교대 첫 시간 동안 많은 전화가 오고, 상대적으

*대시보드의 세분화 버튼
은 추가적인 정보에 접근
하고, 자료를 더 세분화
하여 분석할 수 있는 기
능도 제공한다.

로 해결 시간도 짧으며, 아침 시간이 지남에 따라 점진적으로 문제 해결 시간이 증가함을 보여준다. 이는 복잡한 문제는 업무가 어느 정도 진행된 이후에 발생되거나 시간이 지나면서 누적된 밀린 전화에 의한 문제 해결 소요 기간의 증가로 해석이 가능하다. 대시보드 가장 아래쪽의 요약 통계량은 9시 대에 가장 긴 시간이 소요된 문제가 발생하였음을 보여주며, 개별 해결 시간 그래프에서 이러한 이유가 이메일 관련 2문제, 소프트웨어 관련 1문제에 있음을 설명해준다. 이외의 대부분 문제는 모두 15분 이내에 해결되었다는 사실도 확인 가능하다.

그로간 정유에서 도입한 대시보드는 선택 기능을 제공하기도 한다. 관리자가 커서를 화면의 어떤 곳을 클릭하거나 터치하면 문제 해결 시간, 통화가 걸려온 시간, 지역 등의 추가 정보 등을 확인할 수 있으며, 개별 문제에 대해 클릭하면 개별 문제의 자세한 추가적인 분석을 제공한다.

요점정리

* 통계적 추론에서 표본통계량은 모수의 점추정량이다.

이 장에서는 위치와 변동성, 분포의 형태를 설명하는 데 사용하는 여러 가지 기술통계량을 설명하였다. 2장에서 학습한 표와 그래프 표현과 다르게, 3장에서는 숫자를 이용해서 요약하는 방법을 설명하였다. 표본으로부터 얻은 측도값을 표본통계량이라고 하고, 모집단으로부터 얻은 측도값은 모수라고 한다. 아래의 표본통계량과 모수의 표기법은 반드시 구분할 수 있어야 한다.

	표본통계량	모수
평균	$\bar{x}$	μ
분산	s^2	σ^2
표준편차	s	σ
공분산	s_{xy}	σ_{xy}
상관계수	r_{xy}	ρ_{xy}

위치를 나타내는 측도로 평균, 중앙값, 최빈값, 가중평균, 기하평균, 백분위수, 사분위수를 설명하였고, 변동성의 측도로 범위, 사분위 범위, 분산, 표준편차, 변동계수를 설명하였다. 분포의 형태를 가늠하기 위한 측도로 왜도를 설명하였다. 음수값의 왜도는 꼬리가 왼쪽으로 길어 왼쪽으로 비스듬한 모양의 분포를 나타내며, 양수 값의 왜도는 꼬리가 오른쪽으로 길어 오른쪽으로 비스듬한 분포의 형태를 나타낸다. 평균과 표준편차를 활용하는 방법으로 분포에 대한 추가적인 정보를 얻을 수 있는 체비셰프의 정리와 이상값을 검출하는 경험적 법칙을 설명하였다. 3.4절에서는 다섯 수치 요약과 상자그림을 통해서 중심 위치, 변동성, 분포의 형태를 동시에 확인할 수 있음을 설명하였다. 3.5절에서는 공분산과 상관계수를 통해서 두 변수의 관계를 파악하는 방법을 설명하였으며, 마지막 절에서는 수리적 측도가 데이터 대시보드의 효과를 높이는 데 기여할 수 있음을 설명하였다. 본 장에서 다룬 기술통계량은 엑셀을 비롯한 대부분의 통계 소프트웨어에서 제공하는 기본 기능으로 계산할 수 있다.

DATA files
Coaches
www.hanol.co.kr

51. USA Today는 2017년 기사를 통해서 미국 대학 체육협회 미식축구 감독의 연봉이 지속적으로 오르고 있다고 보도하였다. Coaches 파일에는 23개 대학(School)의 기존 감독 연봉(Previous Coach's Salary)과 새로운 감독 연봉(New Coach's Salary)이 저장되어 있다.

   a. 기존 감독 연봉과 새로운 감독 연봉 각각의 중앙값을 구하라.

   b. 기존 감독 연봉과 새로운 감독 연봉 각각의 범위를 구하라.

   c. 기존 감독 연봉과 새로운 감독 연봉 각각의 표준편차를 구하라.

   d. (a)와 (c)의 결과를 근거로 기존 감독 연봉과 새로운 감독 연봉의 차이에 대해 설명하라.

DATA files
WaitTracking
www.hanol.co.kr

52. El Paso 내과 병원의 평균 대기시간은 29분 이상으로 전국 평균인 21분을 넘어서고 있다. 대기시간 문제를 해결하기 위해 몇몇 내과의 진료실에 대기시간 추적 시스템을 설치하였다. 환자들은 대기 현황을 확인하고 도착시간을 조정함으로써 대기시간을 줄이는 데 사용하고 있다. 다음의 표는 추적 시스템이 없는 진료실의 환자 대기시간(Without Wait Tracking System)과 추적 시스템이 있는 병원의 환자 대기시간(With Wait Tracking System)이 표본이다.

추적 시스템이 없는 진료실의 환자 대기시간	추적 시스템이 있는 병원의 환자 대기시간
24	31
67	11
17	14
20	18
31	12
44	37
12	9
23	13
16	12
37	15

   a. 두 가지 경우에 대한 대기시간의 평균과 중앙값을 구하라.

   b. 두 가지 경우에 대한 대기시간의 분산과 표준편차를 구하라.

   c. 대기시간 추적 시스템이 있는 진료실의 대기시간이 더 짧다고 할 수 있는가? 판단의 근거를 설명하라.

   d. 추적 시스템이 없는 진료실의 자료에서 10번째 환자의 z-점수를 계산하라.

   e. 추적 시스템이 있는 진료실의 자료에서 6번째 환자의 z-점수를 계산하라. (d)의 결과와 비교하면 어떤 점을 알 수 있는가?

   f. z-점수를 기준으로 각각의 자료에서 이상값이 존재한다고 할 수 있는가? 판단의 근거를 설명하라.

DATA files
Sleep
www.hanol.co.kr

53. 전체 미국 기업은 작업자의 불면증으로 인해 1년에 632억 달러의 비용 손실을 입는다고 알려져 있다. 2013년의 월스트리트 저널에 의하면 작업자는 숙면을 취하지 못해서 1년에 7.8일 분량의 작업량을 잃고 있다고 한다. 다음은 표본으로 선택된 작업자 20명의 수면시간이다.

$$\begin{array}{cccccccccc} 6 & 5 & 10 & 5 & 6 & 9 & 9 & 5 & 9 & 5 \\ 8 & 7 & 8 & 6 & 9 & 8 & 9 & 6 & 10 & 8 \end{array}$$

    a. 표본평균을 계산하라.

    b. 표본분산과 표본표준편차를 계산하라.

54. 스마트폰은 대부분의 사람들에게 의사소통의 가장 기본적인 수단으로 쓰이고 있다. 다음은 50명의 스마트폰 사용자가 한 달 동안 의사소통의 도구로 스마트폰을 사용한 시간이다.

353	458	404	394	416
437	430	369	448	430
431	469	446	387	445
354	468	422	402	360
444	424	441	357	435
461	407	470	413	351
464	374	417	460	352
445	387	468	368	430
384	367	436	390	464
405	372	401	388	367

    a. 평균 사용시간을 계산하라.

    b. 표준편차를 계산하라.

    c. 이상값이 있다고 볼 수 있나? 판단의 근거를 설명하라.

55. 대중교통과 자가운전은 가장 대표적인 출퇴근 수단이다. 다음의 표본은 두 가지 방법을 이용한 사람들의 출퇴근 시간으로, 단위는 분이다.

대중교통(Public):	28	29	32	37	33	25	29	32	41	34
자가운전(Automobile):	29	31	33	32	34	30	31	32	35	33

    a. 각각의 표본평균을 구하라.

    b. 각각의 표본표준편차를 구하라.

    c. (a)와 (b)의 결과를 바탕으로 어떤 출퇴근 수단이 더 좋다고 할 수 있는가? 판단의 근거를 설명하라.

    d. 각 방법에 대한 상자그림을 작성하고 비교하라. 두 상자그림을 비교하면 (c)의 결과와 같다고 할 수 있는가?

56. FoodIndustry 파일에는 47개 레스토랑 체인의 이름(Company/Chain name)과 매장별 평균 매출(2012 U.S. Average Sales per Store, $1000s), 음식 종류(Segment)가 저장되어 있다.

    a. 47개 레스토랑 체인의 매장별 평균 매출을 계산하라.

    b. 1사분위수와 3사분위수를 계산하고 사분위수를 해석하라.

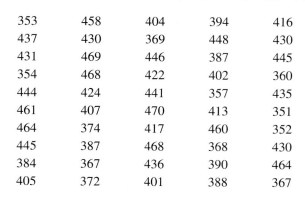

DATA files
Travel
www.hanol.co.kr

c. 상자그림을 작성하고 이상값의 유무에 대해서 설명하라.

d. 각 음식 종류별로 구분된 평균 매출의 도수분포표를 작성하고 비교 설명하라.

57. Travel+Leisure magazine은 매년 세계 500대 호텔의 순위를 발표한다. 호텔의 크기, 편의 시설, 더블룸의 가격 등을 포함한 간략한 설명과 함께 평점을 발표한다. 다음의 자료는 상위 12개 호텔의 호텔명(Hotel), 위치(Location), 객실 수(Rooms), 더블룸 가격(Cost/Night) 정보이다.

호텔	위치	객실 수	가격($)
Boulders Resort & Spa	Phoenix, AZ	220	499
Disney's Wilderness Lodge	Orlando, FL	727	340
Four Seasons Hotel Beverly Hills	Los Angeles, CA	285	585
Four Seasons Hotel	Boston, MA	273	495
Hay-Adams	Washington, DC	145	495
Inn on Biltmore Estate	Asheville, NC	213	279
Loews Ventana Canyon Resort	Phoenix, AZ	398	279
Mauna Lani Bay Hotel	Island of Hawaii	343	455
Montage Laguna Beach	Laguna Beach, CA	250	595
Sofitel Water Tower	Chicago, IL	414	367
St. Regis Monarch Beach	Dana Point, CA	400	675
The Broadmoor	Colorado Springs, CO	700	420

a. 평균 객실 수는?

b. 더블룸의 평균 가격은?

c. 객실 수를 가로축, 더블룸의 가격을 세로축으로 해서 산점도를 작성하라. 두 변수의 관계에 대해 설명하라.

d. 표본상관계수를 계산하라. 객실 수와 더블룸의 가격은 어떤 관계에 있다고 할 수 있는가?

58. 2014년 32개 NFL 팀의 평균 가치는 전년보다 5% 상승하여 11.7억 달러이다. 다음 자료는 팀별 연간 수익(Revenue, $millions)과 현재 가치(Current Value, $millions)이다.

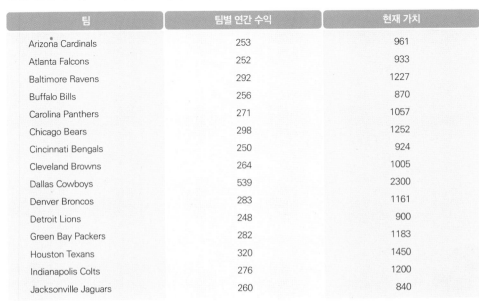

팀	팀별 연간 수익	현재 가치
Arizona Cardinals	253	961
Atlanta Falcons	252	933
Baltimore Ravens	292	1227
Buffalo Bills	256	870
Carolina Panthers	271	1057
Chicago Bears	298	1252
Cincinnati Bengals	250	924
Cleveland Browns	264	1005
Dallas Cowboys	539	2300
Denver Broncos	283	1161
Detroit Lions	248	900
Green Bay Packers	282	1183
Houston Texans	320	1450
Indianapolis Colts	276	1200
Jacksonville Jaguars	260	840

Kansas City Chiefs	245	1009
Miami Dolphins	268	1074
Minnesota Vikings	234	1007
New England Patriots	408	1800
New Orleans Saints	276	1004
New York Giants	338	1550
New York Jets	321	1380
Oakland Raiders	229	825
Philadelphia Eagles	306	1314
Pittsburgh Steelers	266	1118
San Diego Chargers	250	949
San Francisco 49ers	255	1224
Seattle Seahawks	270	1081
St. Louis Rams	239	875
Tampa Bay Buccaneers	267	1067
Tennessee Titans	270	1055
Washington Redskins	381	1700

a. 가로축을 연수익, 세로축을 팀 가치로 하여 산점도를 작성하라. 두 변수의 관계에 대해 설명하라.

b. 표본상관계수를 계산하고 두 변수 간 관계의 정도에 대해 설명하라.

59. 메이저리그 야구팀의 스프링 트레이닝 기간의 성적과 정규 시즌 성적은 관련이 있을까? 최근 6년간 기록에서 스프링 트레이닝 기간의 성적과 정규 시즌 성적 간의 상관계수는 0.18이었다. 다음의 자료는 14개 팀의 스프링 트레이닝 기간의 성적(Spring Training)과 정규 시즌 성적(Regular Season)이다.

팀	스프링 트레이닝	정규 시즌	팀	스프링 트레이닝	정규 시즌
Baltimore Orioles	.407	.422	Minnesota Twins	.500	.540
Boston Red Sox	.429	.586	New York Yankees	.577	.549
Chicago White Sox	.417	.546	Oakland A's	.692	.466
Cleveland Indians	.569	.500	Seattle Mariners	.500	.377
Detroit Tigers	.569	.457	Tampa Bay Rays	.731	.599
Kansas City Royals	.533	.463	Texas Rangers	.643	.488
Los Angeles Angels	.724	.617	Toronto Blue Jays	.448	.531

a. 스프링 트레이닝 성적과 정규 시즌 성적 간의 상관계수를 구하라.

b. 스프링 트레이닝 성적에서 정규 시즌 성적을 가늠할 수 있는가? 판단의 근거를 설명하라.

60. 1850년에 설립된 파나마 레일로드 회사는 대서양과 태평양을 빠르고 쉽게 연결할 수 있는 철도를 건설하였다. 다음 표는 1853년부터 1880년 사이의 파나마 레일로드 회사의 연간 주식 수익률(Return of Stock)이다.

연도	주식 수익률
1853	− 1
1854	− 9
1855	19
1856	2
1857	3
1858	36
1859	21
1860	16
1861	− 5
1862	43
1863	44
1864	48
1865	7
1866	11
1867	23
1868	20
1869	− 11
1870	− 51
1871	− 42
1872	39
1873	42
1874	12
1875	26
1876	9
1877	− 6
1878	25
1879	31
1880	30

a. 주식 수익률의 그래프를 작성하라. 뉴욕 주식 시장은 1853년에서 1880년까지 연평균 8.4%의 수익을 올렸다. 그래프를 바탕으로 파나마 레일로드는 뉴욕 주식시장보다 수익률이 좋았다고 할 수 있는가? 판단의 근거를 설명하라.

b. 파나마 레일로드의 연평균 수익률을 계산하라. 이는 뉴욕 주식시장의 수익률을 능가하였는가?

사례연구 **1. 펠리칸 스토어**

　　펠리칸 스토어는 미국 전역에서 여성의류 매장을 운영하는 체인점이다. 이 체인은 최근 다른 내셔널 의류매장 고객에게 할인 쿠폰을 발송하는 판촉행사를 진행했다. 〈표 3-9〉는 행사 기간 중 특정 1일의 펠리칸 스토어 매장에서 신용카드로 거래된 100건의 표본 자료(PelicanStores 파일)의 일부이다. 결제형태(Method of Payment)에서 Proprietary Card는 내셔널 클로딩 충전카드를 사용하여 결제한 것을 의미하고, 고객 형태(Type of Customer)에서 할인쿠폰을 이용하여 구매한 고객은 Promotional, 할인쿠폰을 사용하지 않고 구매한 고객은 Regular로 표시하였다. 할인쿠폰은 펠리칸 스토어의 일반 고객에게는 발송하지 않았기 때문에 쿠폰을 받지 않으면 구매하지 않을 사람들이 쿠폰을 제시하면서 구매할 것이고 기대하고 있으며, 판촉 대상 고객들이 계속 매장에서 구매하기를 희망한다.

〈표 3-9〉의 변수 중, 품목(Items)은 고객이 구매한 수량이고 순매출(Net Sales)은 신용카드에 청구된 총액($)을 의미한다. 펠리칸의 경영진은 이 자료로 자사 고객들의 특성을 파악하고, 할인쿠폰의 효과도 분석하고자 한다.

📊 표 3-9_ 펠리칸 스토어에서 신용카드로 결제한 고객 100명의 표본 자료

	품목	수량	순매출	결제수단	성별	결혼 여부	나이
1	Regular	1	39.50	Discover	Male	Married	32
2	Promotional	1	102.40	Proprietary Card	Female	Married	36
3	Regular	1	22.50	Proprietary Card	Female	Married	32
4	Promotional	5	100.40	Proprietary Card	Female	Married	28
5	Regular	2	54.00	MasterCard	Female	Married	34
6	Regular	1	44.50	MasterCard	Female	Married	44
7	Promotional	2	78.00	Proprietary Card	Female	Married	30
8	Regular	1	22.50	Visa	Female	Married	40
9	Promotional	2	56.52	Proprietary Card	Female	Married	46
10	Regular	1	44.50	Proprietary Card	Female	Married	36
⋮	⋮	⋮	⋮	⋮	⋮	⋮	⋮
96	Regular	1	39.50	MasterCard	Female	Married	44
97	Promotional	9	253.00	Proprietary Card	Female	Married	30
98	Promotional	10	287.59	Proprietary Card	Female	Married	52
99	Promotional	2	47.60	Proprietary Card	Female	Married	30
100	Promotional	1	28.44	Proprietary Card	Female	Married	44

경영 보고서

이 장에서 학습한 내용을 바탕으로 기술통계량을 계산하고 분석 결과를 설명하는 보고서를 작성하라. 보고서에는 다음의 내용이 포함되어야 한다.

1. 순매출액(Net Sales)에 대한 기술통계량과 고객 유형(Type of Customer)별 순매출액(Net Sales)에 대한 기술통계량
2. 고객 연령(Age)과 순매출(Net Sales) 간의 관계에 대한 기술통계량

사례연구 **2. 영화개봉**

영화산업은 경쟁이 치열하다. 50개 이상의 스튜디오에서 매년 극장 개봉을 위해 수백 편의 새로운 영화를 제작하고 각 영화별 흥행 수입은 매우 다양하다. 〈표 3-10〉은 2016년에 극장에

서 개봉된 상위 100개 영화에 대한 자료(Movies2016 파일) 중 일부이다(Box Office Mojo 웹사이트). Opening Gross Sales는 개봉 첫 주의 매출, Total Gross Sales는 총매출, number of Theaters는 영화가 상영된 극장 수, Weeks in Release는 상영한 주 수로 영화의 성공 여부를 측정하는 변수들이다.

📊 표 3-10_ 2016년 극장 개봉 영화 10편의 성과 자료

DATA files
Movies2018
www.hanol.co.kr

Without Wait Tracking System	With Wait Tracking System
24	31
67	11
17	14
20	18
31	12
44	37
12	9
23	13
16	12
37	15

경영 보고서

수리적 측도를 활용해서 개봉 영화의 성공 정도를 분석하는 보고서를 작성하라. 보고서에는 다음의 내용이 포함되어야 한다.

1. 4개 변수에 대한 기술통계량과 해석

2. 이상값을 갖고 있다고 판단되는 영화와 판단의 근거

3. 총매출액(Total Gross Sales)과 다른 변수 간의 관계

사례연구 **3. 헤븐리 초콜릿 웹사이트 상거래**

헤븐리 초콜릿(Heavenly Chocolates)은 뉴욕 사라토카 스프링스에 위치한 초콜릿 생산시설과 소매점을 보유하고 있는 회사이다. 2년 전 회사는 인터넷을 통해서 제품을 판매하기 시작하였으며 온라인 판매 실적이 예상을 뛰어넘자 의사결정자는 매출 증대를 위한 전략을 고민하기 시작하였다. 웹사이트 고객에 대한 분석을 위해 지난달 고객 50명의 구매 자료를 수집하였으며, 구매 자료는 구매가 이루어진 요일(Day), 고객이 사용한 브라우저 종류(Browser), 웹사이트 이용 시간(Time, min), 웹사이트 내 이용-페이지 수(Pages Viewed), 구매금액(Amount Spent, $)으로 구성되어 있고(HeavenlyChocolates 파일), 〈표 3-11〉에 자료의 일부가 제시되어 있다. 헤븐리 초콜릿은 웹사이트 이용시간이 길수록, 웹사이트 내 이용페이지가 많을 수록 더 많은 금액을 구매한다는 사실을 분석하고 싶어하며, 구매 요일과 사용 브라우저가 구매금액과 어떤 관계가 있는지도 관심이 있다.

표 3-11_ 헤븐리 초콜릿 웹사이트 거래에 관한 고객 50명의 구매 자료

	요일	브라우저 종류	웹사이트 이용시간	이용페이지 수	구매금액
1	Mon	Chrome	12.0	4	54.52
2	Wed	Other	19.5	6	94.90
3	Mon	Chrome	8.5	4	26.68
4	Tue	Firefox	11.4	2	44.73
5	Wed	Chrome	11.3	4	66.27
6	Sat	Firefox	10.5	6	67.80
7	Sun	Chrome	11.4	2	36.04
⋮	⋮	⋮	⋮	⋮	⋮
48	Fri	Chrome	9.7	5	103.15
49	Mon	Other	7.3	6	52.15
50	Fri	Chrome	13.4	3	98.75

경영 보고서

수리적 측도를 활용해서 고객에 대한 정보를 분석하는 보고서를 작성하라. 보고서에는 다음의 내용이 포함되어야 한다.

DATA files
HeavenlyChocolates
www.hanol.co.kr

1. 웹사이트 이용시간과 웹사이트 내 이용페이지 수에 관한 그래프를 그리고 수리적 측도로 요약하라. 거래당 금액의 평균을 계산하라. 이러한 수리적 요약값에서 웹사이트 이용자들의 어떠한 특징을 파악할 수 있는가?

2. 요일에 따른 구매금액의 도수분포표를 작성하고, 총 구매금액, 거래별 평균 구매금액을 계산하라. 헤븐리 초콜릿 웹사이트 거래의 요일별 특징이 무엇인가를 설명하라.

3. 고객의 사용 브라우저에 따른 구매 도수분포표를 작성하고, 총 구매금액, 거래별 평균 구매금액을 계산하라. 헤븐리 초콜릿 웹사이트 거래의 브라우저별 특징이 무엇인가를 설명하라.

4. 웹사이트 이용시간을 가로축으로, 구매금액을 세로축으로 하여 산점도를 작성하고 표본상관계수를 계산한 후, 결과를 설명하라.

5. 웹사이트 내 이용페이지 수와 총 구매금액 간의 산점도를 작성하고 표본상관계수를 계산한 후, 결과를 설명하라.

6. 웹사이트 이용시간과 웹사이트 내 이용페이지 수의 산점도를 작성하고 표본상관계수를 계산한 후, 결과를 설명하라. 이때, 웹사이트 내 이용페이지 수를 가로축으로 하여 산점도를 작성하라.

사례연구　**4. 아프리카 코끼리 개체 수**

1980년대 중반까지 아프리카에는 수백만 마리의 코끼리가 서식하고 있었으나, 밀렵으로 코끼리의 개체 수가 급격히 줄었다. 코끼리는 아프리카 생태계에서 매우 중요하다. 열대 우림에서 코끼리는 상단의 우거진 잎을 치우면서 키가 작은 새로운 나무가 자랄 수 있도록 도와주며, 사바나에서는 덤불을 줄여서 동물들이 먹이를 찾고 풀을 뜯기 좋은 환경을 만들어 준다. 게다가

표 3-12_ 1979년, 1989년, 2007년, 2012년 아프리카 국가별 코끼리 개체 수

국가명	1979	1989	2007	2012
Angola	12,400	12,400	2,530	2,530
Botswana	20,000	51,000	175,487	175,454
Cameroon	16,200	21,200	15,387	14,049
Cen African Rep	63,000	19,000	3,334	2,285
Chad	15,000	3,100	6,435	3,004
Congo	10,800	70,000	22,102	49,248
Dem Rep of Congo	377,700	85,000	23,714	13,674
Gabon	13,400	76,000	70,637	77,252
Kenya	65,000	19,000	31,636	36,260
Mozambique	54,800	18,600	26,088	26,513
Somalia	24,300	6,000	70	70
Tanzania	316,300	80,000	167,003	117,456
Zambia	150,000	41,000	29,231	21,589
Zimbabwe	30,000	43,000	99,107	100,291

DATA files
AfricanElephants
www.hanol.co.kr

코끼리는 소화를 통해서 많은 종의 씨앗을 퍼뜨린다.

현재 코끼리의 상황은 국가별로 매우 다르다. 어떤 나라에서는 코끼리의 개체 수를 보호하기 위해서 강력한 정책을 사용하기도 한다. 예를 들어 케냐는 불법 상아 거래의 성장을 저지하기 위해 밀렵꾼들로부터 압수된 코끼리 상아 5톤 이상을 파괴했다. 다른 나라에서는 고기와 상아 밀렵, 서식지 상실, 인간과의 영역 충돌 등으로 개체 수가 위험한 상황이다. 〈표 3-12〉는 1979년, 1989년, 2007년, 2012년에 아프리카 국가들에서 확인된 코끼리의 개체수이다.

David Sheldrick Wildlife Trust는 케냐의 Warden of Tsavo East 국립공원을 만들고 야생동물 보호국의 국장을 역임한 자연주의자 David Leslie William Sheldrick을 기리기 위해 1977년에 설립되었다. David Sheldrick Wildlife Trust의 관리자는 1979년 이후 여러 아프리카 국가에 서식하는 코끼리의 개체 수 변화가 어떤 의미를 갖는가를 분석하고자 한다.

경영 보고서

수리적 측도를 활용하여 1979년 이후 아프리카 국가별 코끼리 개체 수 변화에 대한 정보를 분석하는 보고서를 작성하라. 보고서에는 다음의 내용이 포함되어야 한다.

1. 1979년에서 1989년 10년간 국가별 코끼리 개체 수의 평균 변화량을 계산하라. 가장 많은 변화가 일어난 국가는 어디인가?

2. 1989년부터 2007년까지 18년간 국가별 평균 변화량을 계산하라. 가장 많은 변화가 일어난 국가는 어디인가?

3. 2007년부터 2012년까지 5년간 국가별 평균 변화량을 계산하라. 가장 많은 변화가 일어난 국가는 어디인가?

4. 질문 1, 2, 3의 결과를 비교하고 그 결과를 설명하라.

데이터 분석을 위해
엑셀로 100% 구현된
앤더슨의 경영통계학

미 항공우주국(National Aeronautics and Space Administration)
WASHINGTON, DC

미 항공우주국(NASA: National Aeronautic and Space Administration)은 미국의 민간우주 프로그램과 항공우주 연구를 담당하는 정부기관이다. NASA는 유인우주탐사로 잘 알려져 있으며, NASA의 미션은 "지식, 교육, 혁신, 경제활력 및 지구 보호자 역할을 강화하기 위해 과학, 기술, 항공 및 우주 탐사 발전을 주도"하는 것이다. 17,000명 이상의 직원을 보유한 NASA는 국제우주정거장 작업, 허블 망원경으로 태양계 너머 탐사, 달과 화성에 대한 미래 우주 비행사 임무 계획 등 다양한 우주 기반 임무를 관장한다.

NASA의 주요 임무는 우주탐사이지만, 그들의 전문적인 기술은 전 세계의 국가와 기관을 지원하고 있다. 한 예로 칠레 코피아포의 산호세 광산에서 2,000피트가 넘는 지하에 33명의 광부가 매몰되어 갇혔다. 신속하고 안전하게 광부들을 지상으로 구출하는 것도 중요하지만, 가능한 많은 광부를 구조하기 위해 신중하게 구조활동을 계획하고 구현하는 것이 훨씬 더 중요하였다. 칠레 정부는 구조방법 개발을 위해 NASA에 도움을 요청하였고, NASA는 캡슐 설계와 장기간 폐쇄공간 체류 문제에 전문성이 있는 엔지니어 한 명, 두 명의 의사, 한 명의 심리학자로 구성된 팀을 파견하였다.

다양한 구조방법의 성공 및 실패 확률은 관련된 모든 사람에게 중요한 문제였다. 이와 같은 이례적인 구조상황에 적용할 수 있는 과거 자료가 없었기 때문에 NASA 과학자들은 단기 및 장기 우주 임무에서 돌아온 우주 비행사들이 경험한 유사한 상황을 기반으로 다양한 구조방법의 성공 및 실패에 대한 주관적 확률 추정치를 개발하였다. NASA가 제시한 확률 추정치는 칠레 정부가 구조방법을 선택하는 지

NASA 과학자들은 우주 비행에서 경험한 유사한 상황을 바탕으로 확률을 계산하였다.
REUTERS/Hugo Infante/Government of Chile/Handout

침이 되었고, 광부들이 구조박스로 올라갈 때 생존방법에 대한 통찰력을 제공하였다. NASA 팀과 협의하여 칠레 정부가 선택한 구조방법은 한 번에 한 명씩 광부를 구조하는 데 사용할 수 있는 13피트 길이의 924파운드 강철 구조캡슐을 만드는 것이었다. 매몰된 지 68일 만에 마지막 광부가 올라오면서 모든 광부가 구조되었다.

본 장에서는 확률과 다양한 상황에서 확률을 계산하고 해석하는 방법을 학습한다. 주관적 확률 외에도 확률부여를 위한 고전적 방법 및 상대도수 방법을 설명할 것이고, 확률의 기본 관계, 조건부 확률, 베이즈 정리도 다룰 것이다.

이 내용을 제공해 주신 NASA의 Michael Duncan 박사와 Clinton Cragg에게 감사드린다.

* 확률에 관한 초기 연구는 1650년대 페르마(Pierre de Fermat)와 파스칼(Blaise Pascal) 사이의 일련의 편지에서 시작되었다.

경영자는 다음과 같은 불확실성에 대한 분석에 기초하여 의사결정을 한다.

1. 가격을 인상하면 매출액이 감소될 가능성은 어느 정도인가?
2. 새로운 공정이 생산성을 증가시킬 가능성은 어느 정도인가?
3. 프로젝트를 계획된 시간에 완수할 가능성은 어느 정도인가?
4. 새로운 투자가 수익성이 있을 가능성은 어느 정도인가?

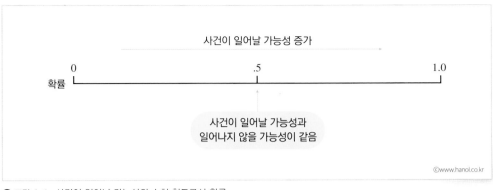

△ 그림 4-1_ 사건이 일어날 가능성의 수치 척도로서 확률

확률(probability)은 사건(event)이 발생할 가능성(likelihood)의 수치적 척도이다. 따라서 앞에서 언급한 네 가지 사건과 관련된 불확실성의 정도를 측정하는 데 확률을 사용할 수 있다. 확률을 구할 수 있다면, 각 사건이 일어날 가능성을 결정할 수 있다.

확률은 0과 1 사이의 값으로 주어진다. 확률이 0에 가까우면 사건이 발생할 가능성이 거의 없음을 의미하고, 1에 가까우면 사건이 거의 확실하게 발생한다는 것을 의미하며, 0과 1 사이에 있는 확률은 사건이 일어날 가능성의 정도를 나타낸다. 예를 들어 내일 비가 온다는 사건을 생각해 보자. 일기예보에서 내일 비가 올 확률이 거의 0에 가깝다고 하면 우리는 비가 올 가능성이 거의 없다고 생각하고, 비가 올 확률이 0.9라고 하면 내일 비가 올 것으로 생각하며, 확률이 0.5라면 비가 올 가능성과 오지 않을 가능성이 같다는 것을 의미한다. 〈그림 4-1〉은 사건이 일어날 가능성의 수치적 척도로서 확률의 관점을 묘사한 것이다.

① 확률실험, 계산규칙과 확률 부여하기

* 확률론에서 실험을 확률실험(random experiment)이라고도 하며, 결과를 미리 알 수는 없으나 결과로 나올 수 있는 모든 경우가 알려져 있으며, 이론적으로 무수히 반복할 수 있다.

확률에서 실험(experiment)은 잘 정의된 결과를 생성하는 과정으로 정의되며, 한 번의 실험에서는 가능한 실험결과 중 하나의 사건만이 발생한다. 다음은 여러 가지 실험과 실험결과를 예시한 것이다.

확률실험	발생 가능한 실험결과
동전 던지기	앞면, 뒷면
검사할 부품 선택	결함, 결함 없음
판매 통화 수행	구매, 구매 없음
주사위 굴리기	1, 2, 3, 4, 5, 6
축구 경기	승리, 패배, 비김

실험에서 발생 가능한 모든 결과를 확인하여 표본공간(sample space)을 정의할 수 있다.

표본공간의 한 원소는 실험에서 얻어진 하나의 결과가 되며 표본점(sample point)이라고 한다. 앞의 표에서 첫 번째 실험인 동전 던지기에서 동전의 앞면 또는 뒷면이 실험의 결과로 얻어질 수 있으므로 앞면과 뒷면이 실험결과(표본점)가 된다. 따라서, 표본공간 S는 다음과 같다.

$$S = \{앞면, 뒷면\}$$

두 번째 실험인 검사할 부품 선택에 대한 표본공간은 다음과 같다.

$$S = \{결함, 결함 없음\}$$

이들 두 실험은 두 개의 실험결과(표본점)를 가진다. 그러나 네 번째 실험인 주사위 던지기에서 주사위 윗면에 나타나는 점의 수를 실험결과라고 정의했을 때, 가능한 실험결과는 이 실험의 표본공간 S에서 6개의 점(원소)이 된다.

$$S = \{1, 2, 3, 4, 5, 6\}$$

1 계산규칙, 조합, 순열

확률을 부여하려면 실험결과를 정의하고 셀 수 있어야 한다. 여기서는 확률계산에 필요한 3가지 계산규칙을 설명한다.

다단계 실험 첫 번째 계산규칙은 다단계 실험(multi-step experiments)에 적용할 수 있다. 동전 두 개를 던지는 실험을 생각해 보자. 이 실험에서 가능한 실험결과는 몇 개인가? 동전 두 개를 던지는 실험은 1단계에서 첫 번째 동전을 던지고 2단계에서 두 번째 동전을 던지는 2단계 실험으로 볼 수 있다. 앞면(Head)을 H로, 뒷면(Tail)을 T로 표기한다면, (H, H)는 첫 번째 동전이 앞면이고 두 번째 동전도 앞면인 실험결과를 의미한다. 이러한 표기를 계속하면 동전 던지기 실험의 표본공간 S는 다음과 같다.

$$S = \{(H, H), (H, T), (T, H), (T, T)\}$$

따라서 이 실험의 결과는 4가지이다. 다단계 실험에서 계산규칙은 실험결과 목록을 작성하지 않고도 실험결과의 개수를 결정할 수 있다.

동전 두 개를 던지는 실험에서 첫 번째 동전의 실험결과 개수는 2개($n_1 = 2$), 두 번째 동전의 실험결과는 2개($n_2 = 2$)이므로 계산규칙으로부터 실험결과 개수는 $2 \times 2 = 4$임을 알 수 있다. 앞에서 설명했듯이 표본공간 $S = \{(H, H), (H, T), (T, H), (T, T)\}$이다. 6개의 동전을 던지는 실험에서 실험결과의 개수는 $2 \times 2 \times 2 \times 2 \times 2 \times 2 = 64$가 된다.

수형도(tree diagram)는 다단계 실험을 시각적으로 표현하는 그래프 표현방법이다. 〈그림 4-2〉는 두 개의 동전을 던지는 실험의 나무그림이다. 실험 단계의 순서는 나뭇가지(tree)의 왼쪽에서 오른쪽으로 이동한다. 1단계는 첫 번째 동전 던지기 실험이고, 2단계는 두 번째 동전 던지기 실험으로, 각 단계에서 앞면, 뒷면 두 가지 실험결과가 나온다. 1단계의 2개 가지는 1단계 실험결과에 대응하고, 1단계 가지의 마디(node) 각각에 2단계의 가능한 결과 2개를 나타내는 가지를 그린다. 나뭇가지의 왼쪽 끝에서 오른쪽 끝까지의 각 경로는 다단계 실험에서 발생할 수 있는 특정한 결과를 나타낸다.

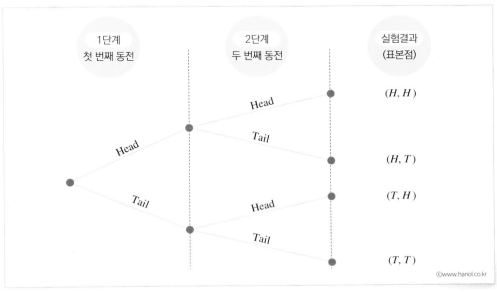

🔺 그림 4-2_ 두 개의 동전을 던지는 실험에서의 수형도

켄터키 전력회사(Kentucky Power & Light Company)의 발전용량 확대 프로젝트를 분석하는데 다단계 실험의 계산규칙을 활용해보자. 켄터키 전력회사는 북부 켄터키에 있는 발전소 중 하나의 발전용량을 증가시키는 프로젝트를 시작하였다. 이 프로젝트는 첫 번째 설계단계와 두 번째 건설단계의 두 단계로 진행된다. 각 단계는 가능한 한 치밀하게 계획되고 통제되지만, 경영자는 프로젝트를 완료하는 데 필요한 정확한 시간을 사전에 예측할 수 없다. 유사한 건설 프로젝트를 분석한 결과, 설계단계에서는 2, 3 또는 4개월이 소요되고, 건설단계에서는 6, 7 또는 8개월이 소요됨을 알게 되었다. 경영자는 추가 전력 수요 때문에 전체 프로젝트를 완료하는 데 10개월을 목표로 설정하였다.

이 프로젝트는 설계단계에서 세 가지 소요기간이 있고, 건설단계에서도 세 가지 소요기간이 있는 다단계 실험이므로 계산규칙에 의해 3×3=9가지 실험결과가 나올 수 있다. 예를 들어, (2, 6)은 설계단계에서 2개월, 건설단계에서 6개월이 소요된다는 것을 의미하며, 프로젝트를 완성하는 데 2+6=8개월이 소요된다. 〈표 4-1〉은 켄터키 전력회사 프로젝트에서 나올 수 있는 9가지 실험결과를 요약한 것이고, 〈그림 4-3〉은 수형도를 이용하여 9가지 실험결과(표본점)를 시각적으로 나타낸 것이다.

표 4-1_ 켄터키 전력회사 프로젝트의 실험결과

소요기간(단위: 월)

1단계 설계	2단계 건설	실험결과의 기호	프로젝트 전체 소요기간
2	6	(2, 6)	8
2	7	(2, 7)	9
2	8	(2, 8)	10
3	6	(3, 6)	9
3	7	(3, 7)	10
3	8	(3, 8)	11
4	6	(4, 6)	10
4	7	(4, 7)	11
4	8	(4, 8)	12

계산규칙과 수형도는 프로젝트 경영자가 실험결과를 확인하고 가능한 소요기간을 결정하는 데 도움이 된다. 〈그림 4-3〉으로부터 프로젝트의 소요기간은 8개월에서 12개월임을 알 수 있고, 원하는 기간인 10개월 이하인 결과는 9가지 중에서 6가지임을 알 수 있다. 실험결과를 확인하는 것은 도움이 되지만, 프로젝트가 10개월 안에 끝날 확률을 결정하려면 각 실험결과가 발생할 확률을 알아야 한다.

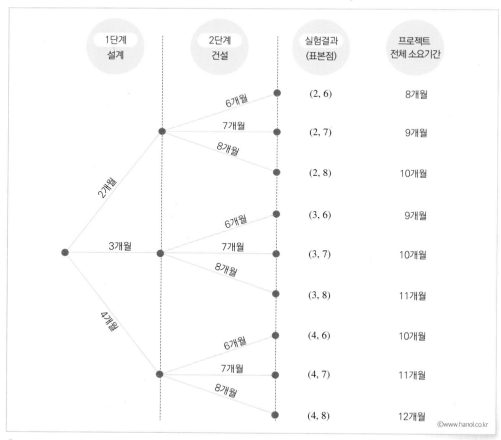

그림 4-3_ 켄터키 전력회사 프로젝트의 수형도

조합 두 번째 계산규칙은 N개에서 n개를 뽑는 실험의 실험결과를 계산하는 방법이다. 이를 조합(combination) 계산규칙이라고 한다.

> ### 조합 계산규칙
> 서로 다른 N개에서 서로 다른 n개를 뽑는 방법의 수는
>
> $$C_n^N = \binom{N}{n} = \frac{N!}{n!(N-n)!} \tag{4.1}$$
>
> 여기서
> $$N! = N(N-1)(N-2) \cdots (2)(1)$$
> $$n! = n(n-1)(n-2) \cdots (2)(1)$$
>
> 그리고
> $$0! = 1$$

* 기호 !는 팩토리얼(factorial) 이다. 예를 들어 5!=5×4 ×3×2×1=120이다.

* 크기가 N인 유한 모집단 에서 서로 다른 크기가 n 개인 표본을 추출하는 경우의 수를 계산하는 데 조합의 규칙을 이용한다.

조합 계산규칙의 예로 품질관리에서 불량 여부를 검사하기 위해 5개 부품 중에서 2개를 무작위로 뽑는 경우를 생각해 보자. 5개 부품 중에서 서로 다른 두 개를 뽑는 경우의 수는 몇 가지일까? 식 (4.1)의 계산규칙에 의하면 N=5이고 n=2일 때, 다음과 같은 경우의 수가 발생한다.

$$C_2^5 = \binom{5}{2} = \frac{5!}{2!(5-2)!} = \frac{(5)(4)(3)(2)(1)}{(2)(1)(3)(2)(1)} = \frac{120}{12} = 10$$

따라서 5개 부품 중에서 서로 다른 2개를 무작위로 추출하는 방법은 10가지이다. 5개의 부품을 A, B, C, D, E로 표시한다면, 10가지의 조합 또는 실험결과는 AB, AC, AD, AE, BC, BD, BE, CD, CE, DE가 된다.

다른 예로서 플로리다 복권시스템은 매주 승자를 결정하기 위하여 53개의 숫자 그룹에서 무작위로 6개의 숫자를 뽑는다. 식 (4.1)의 조합 계산규칙에 의하면 서로 다른 53개의 숫자 그룹에서 서로 다른 6개를 뽑는 경우의 수는 다음과 같다.

$$\binom{53}{6} = \frac{53!}{6!(53-6)!} = \frac{53!}{6!47!} = \frac{(53)(52)(51)(50)(49)(48)}{(6)(5)(4)(3)(2)(1)} = 22,957,480$$

조합 계산규칙에 따르면 복권추첨에서 약 2천 3백만 가지의 실험결과가 나올 수 있으며, 복권을 사는 사람은 22,957,480분의 1의 당첨 확률을 가진다.

순열 세 번째 계산규칙은 순열(permutation) 계산규칙이다. 순열 계산규칙은 서로 다른 N개에서 서로 다른 n개를 뽑아서 일렬로 나열하는 경우의 계산방법이다. 동일한 n개가 선택되었더라도 n개가 서로 다른 순서로 배열되었다면 다른 실험결과가 된다.

> ### 순열 계산규칙
> N개에서 서로 다른 n개를 동시에 뽑는 순열의 수는
>
> $$P_n^N = n! \binom{N}{n} = \frac{N!}{(N-n)!} \tag{4.2}$$

순열 계산규칙은 조합 계산규칙과 밀접한 관계가 있다. 그러나 선택된 n개의 개체를 n! 가지

의 방법으로 정렬할 수 있으므로 동일한 개수의 개체에 대해 조합보다 더 많은 수의 순열이 발생한다.

예를 들어 불량품 검사를 위해 5개 부품 중에서 2개를 뽑는 품질관리 문제에서 얼마나 많은 순열이 있을까? 식 (4.2)에 따르면 $N = 5$, $n = 2$일 때, 순열의 수는 다음과 같이 20개로 계산된다.

$$P_2^5 = \frac{5!}{(5-2)!} = \frac{5!}{3!} = \frac{5 \times 4 \times 3 \times 2 \times 1}{3 \times 2 \times 1} = \frac{120}{6} = 20$$

부품을 A, B, C, D, E로 표시하면, 20개의 순열의 결과는 AB, BA, AC, CA, AD, DA, AE, EA, BC, CB, BD, DB, BE, EB, CD, DC, CE, EC, DE, ED이다.

2 확률 부여하기

실험결과에 확률을 부여하는 방법 중 가장 널리 활용되는 방법은 고전적 방법, 상대도수 방법, 주관적 방법이다. 확률부여 방법에 상관없이 두 가지의 확률부여 기본조건(basic requirements for assigning probabilities)이 충족되어야 한다.

확률부여 기본조건

1. 각 실험결과에 부여되는 확률은 반드시 0과 1 사이에 있어야 한다. E_i를 i번째 실험결과라 하고 P(E_i)를 확률이라고 하면, 이 조건은 수식으로 다음과 같이 나타낼 수 있다.

   모든 i에 대해, $\qquad 0 \leq P(E_i) \leq 1 \qquad$ (4.3)

2. 모든 실험결과의 확률의 합은 반드시 1이어야 한다. n개의 실험결과가 있다면 이 조건은 수식으로 다음과 같이 나타낼 수 있다.

   $$P(E_1) + P(E_2) + \cdots + P(E_n) = 1 \qquad (4.4)$$

확률을 부여하는 고전적 방법(classical method)은 각각의 실험결과가 발생할 가능성이 동일할 때 적합하다. n개의 실험결과가 있다면 각 실험결과의 확률은 $1/n$이다. 이 방법을 사용하면 두 가지 기본조건이 자동적으로 충족된다. 각각의 실험결과가 발생할 가능성이 동일한 표본공간을 균등표본공간(equally likely sample space)이라고 한다.

예를 들어 동전을 던지는 실험에서 앞면과 뒷면의 실험결과가 발생할 가능성은 동일하다. 따라서, 앞면이 나올 확률은 1/2(=0.5)이고, 마찬가지로 뒷면이 나올 확률도 1/2(=0.5)이 된다.

또 다른 예로 주사위를 던지는 실험에서도 6가지의 각 실험결과가 발생할 가능성이 서로 동일하게 되어, 각 실험결과에 확률 1/6을 부여할 수 있다. 주사위의 윗면에 1의 눈이 나타날 확률을 $P(1)$이라고 하면, $P(1)=1/6$이 되고, 동일하게 $P(2)=1/6$, $P(3)=1/6$, $P(4)=1/6$, $P(5)=1/6$, $P(6)=1/6$이 된다. 각 확률은 0 이상이고, 합이 1이기 때문에 두 가지 확률부여 기본조건인 식 (4.3)과 식 (4.4)를 모두 충족시킨다.

확률을 부여하는 상대도수 방법(relative frequency method)은 실험을 많이 반복하여 실험결과의 발생 비율을 추정할 수 있는 자료가 있는 경우에 적합하다. 예를 들어 병원의 X-레이 실에서의 대기시간에 관한 연구를 생각해 보자. 20일 동안 오전 9시에 진료를 기다리는 환자의 수를 조사하여 다음과 같은 자료를 얻었다.

대기 환자 수	발생일 수
0	2
1	5
2	6
3	4
4	3
	합계 20

자료에서 20일 동안 2일은 기다리는 환자가 없었고, 5일은 한 명의 환자가 서비스를 기다리고 있었다. 상대도수 방법을 사용하면 환자가 기다리지 않을 확률은 2/20=0.10이며 한 명의 환자가 기다릴 확률은 5/20=0.25, 두 명의 환자가 기다릴 확률은 6/20=0.30, 세 명의 환자가 기다릴 확률은 4/20=0.20, 네 명의 환자가 기다릴 확률은 3/20=0.15이다. 고전적 방법과 마찬가지로 상대도수 방법도 식 (4.3)과 식 (4.4) 확률의 기본적 조건을 자동적으로 충족시킨다.

확률을 부여하는 주관적 방법(subjective method)은 각각의 실험결과가 동일할 가능성이 있다고 현실적으로 가정할 수 없고, 관련 데이터가 거의 없을 때 가장 적합하다. 실험결과에 확률을 부여하기 위해 경험이나 직관과 같은 이용 가능한 모든 정보를 활용한다. 이용 가능한 모든 정보를 고려한 후 실험결과가 발생할 것이라는 믿음의 정도(0에서 1까지)를 나타내는 확률값을 부여한다. 주관적 방법은 개인의 믿음의 정도를 나타내기 때문에 지극히 개인적이므로, 같은 실험결과에 대해 사람들은 서로 다른 확률을 부여할 수 있다.

주관적 방법은 식 (4.3)과 식 (4.4)의 두 가지 확률의 기본조건이 충족되도록 특별히 주의해야 한다. 개인의 믿음의 정도에 관계없이 각 실험결과에 부여된 확률값은 0과 1 사이에 있어야 하고 모든 확률의 합은 1.0이어야 한다.

주택의 구매를 위해 판매자에게 구매가를 제시한 Tom과 Judy의 경우를 생각해 보자. 그들의 제안에 대해 두 가지 결과가 가능하다.

$$E_1 = 제안이 받아들여짐$$
$$E_2 = 제안이 거부됨$$

Judy는 제안이 받아들여질 확률이 0.8이라고 믿고 있다. 따라서 Judy는 $P(E_1)=0.8$, $P(E_2)=0.2$로 설정하였다. 그러나 Tom은 제안이 받아들여질 확률이 0.6이라고 믿고 있어, $P(E_1)=0.6$, $P(E_2)=0.4$로 설정하였다. E_1에 대한 Tom의 확률 추정치는 그들의 제안이 받아들여질 것에 대해 더 큰 비관론을 반영한다는 점에 유의하라. Judy와 Tom은 두 가지 확률의 기본조건을 충족하는 확률을 부여하였다. 그들의 확률 추정치가 다르다는 사실은 주관적 방법의 개인적 특성을 반영하고 있다.

경영자는 고전적 방법이나 상대도수 방법이 적용될 수 있는 상황에서도 경영자의 주관적 확률 추정치를 적용하기를 원할 수 있다. 그러한 경우에는 고전적 방법 또는 상대도수 방법의 추정치를 주관적 확률 추정치와 결합하여 가장 좋은 확률 추정치를 구할 수 있다.

* 4.5의 베이즈 정리는 주관적으로 정의된 사전확률과 다른 방법으로 얻어진 조건부 확률들을 이용하여 수정된 확률(사후확률)을 계산하는 방법을 제공한다.

3 켄터키 전력회사 프로젝트의 확률

켄터키 전력회사 프로젝트에 대한 추가분석을 수행하려면 〈표 4-1〉에 나열된 9개의 실험결과 각각의 확률을 계산하여야 한다. 경영자는 경험과 판단에 근거하여 실험결과의 가능성이 동일하지 않다고 결론지어 확률을 부여하는 고전적 방법을 사용할 수 없었다. 경영자는 과거 3년 동안 유사한 40개 프로젝트의 소요기간을 분석하여 〈표 4-2〉의 결과를 얻었다.

📊 표 4-2_ 40개 켄터키 전력회사 프로젝트의 소요기간

소요기간(개월)

1단계 설계	2단계 건설	표본점	과거 프로젝트에서 표본점 발생 횟수
2	6	(2, 6)	6
2	7	(2, 7)	6
2	8	(2, 8)	2
3	6	(3, 6)	4
3	7	(3, 7)	8
3	8	(3, 8)	2
4	6	(4, 6)	2
4	7	(4, 7)	4
4	8	(4, 8)	6
			합계 40

연구결과를 검토한 후 경영자는 확률부여에 상대도수 방법을 사용하기로 하였다. 경영자가 주관적 확률 추정치를 제공할 수 있었지만 현재의 프로젝트가 과거 40개 프로젝트와 매우 유사하다고 생각하여, 상대도수 방법이 최선이라고 판단하였다.

확률을 계산하기 위해 〈표 4-2〉의 자료를 사용할 때, 결과 (2, 6)은 1단계에서 2개월이 소요되고 2단계에서 6개월이 소요됨을 의미하며 40개 프로젝트에서 6번 발생하였음을 알 수 있다. 상대도수 방법을 사용하여 이 결과에 6/40=0.15의 확률을 부여할 수 있다. 같은 방법으로 결과 (2, 7)에는 40개 프로젝트 중 6개가 발생하였으므로 확률 6/40=0.15를 부여하며, 이 방법을 계속하여 〈표 4-3〉과 같이 켄터키 전력회사 프로젝트 표본점의 확률을 부여할 수 있다. $P(2, 6)$은 표본점 (2, 6)의 확률이고, $P(2, 7)$은 표본점 (2, 7)의 확률이다.

📊 표 4-3_ 상대도수 방법을 이용한 켄터키 전력회사 프로젝트에 대한 확률부여 방법

표본점	프로젝트 소요기간	표본점의 확률
(2, 6)	8개월	$P(2, 6) = 6/40 = 0.15$
(2, 7)	9개월	$P(2, 7) = 6/40 = 0.15$
(2, 8)	10개월	$P(2, 8) = 2/40 = 0.05$
(3, 6)	9개월	$P(3, 6) = 4/40 = 0.10$
(3, 7)	10개월	$P(3, 7) = 8/40 = 0.20$
(3, 8)	11개월	$P(3, 8) = 2/40 = 0.05$
(4, 6)	10개월	$P(4, 6) = 2/40 = 0.05$
(4, 7)	11개월	$P(4, 7) = 4/40 = 0.10$
(4, 8)	12개월	$P(4, 8) = 6/40 = 0.15$
		합계 1.00

1. 통계에서 실험의 개념은 물리학의 실험 개념과 다소 차이가 있다. 물리학에서 연구자는 인과관계를 배우기 위해 실험실 등 통제된 환경에서 실험을 수행한다. 통계적 실험에서는 확률이 결과를 결정하며, 심지어 똑같은 방법으로 실험을 반복해도 완전히 다른 결과가 발생할 수 있다. 확률이 결과에 미치는 영향 때문에 통계 실험을 확률실험이라고 한다.

2. 크기가 N인 모집단에서 비복원(한번 선택한 개체를 다시 선택하지 않는 방식)으로 크기 n의 확률 표본을 추출할 때, 구성될 수 있는 서로 다른 표본의 개수를 찾기 위해 조합 계산규칙이 사용된다.

연습문제

기초문제

1. 실험이 3단계(1단계에 3가지 결과, 2단계에 2가지 결과, 3단계에 4가지 결과)에 걸쳐 시행된다면, 실험결과는 몇 가지인가?

2. 서로 다른 6개의 항목에서 서로 다른 3개를 뽑는 경우의 수는 몇 개인가? 항목을 표시하기 위해 문자 A, B, C, D, E, F를 사용하고 결과의 목록을 작성하라.

3. 서로 다른 6개 중에서 서로 다른 3개를 뽑아 일렬로 나열하는 경우의 수(순열)는 몇 개인가? 항목을 표시하기 위해 문자 A, B, C, D, E, F를 사용하고 결과의 목록을 작성하라.

4. 한 개의 동전을 세 번 던지는 실험을 생각해 보자.
   a. 이 실험에 대한 수형도를 작성하라.
   b. 실험결과의 목록을 작성하라.
   c. 각 실험결과의 확률은 얼마인가?

5. 어느 실험의 결과는 발생할 가능성이 동일한 E_1, E_2, E_3, E_4, E_5의 5개가 된다. 각 실험결과에 확률을 부여하고 식 (4.3)과 식 (4.4)의 기본조건이 충족됨을 보여라. 이때 사용한 확률부여 방법은 무엇인가?

6. 3개의 결과(E_1, E_2, E_3)가 가능한 실험을 50번 반복하였을 때, E_1은 20번, E_2는 13번, E_3는 17번 발생하였다. 각 실험결과에 확률을 부여하라. 이때 사용된 확률부여 방법은 무엇인가?

7. 의사결정자는 4가지 실험결과가 일어날 확률을 $P(E_1)=0.10$, $P(E_2)=0.15$, $P(E_3)=0.40$, $P(E_4)=0.20$과 같이 주관적으로 추정하였다. 확률을 이렇게 부여하는 방법이 타당한가? 이에 대해 설명하라.

8. 밀포드(Milford) 시에서 구획을 변경하려면 두 단계를 거쳐야 한다. 1단계로 도시계획과에서 구획변경을 검토하여 긍정적 의견이나 부정적 의견을 제시한다. 2단계로 시의회에서 도시계획과의 의견을 검토하고 구획변경안의 찬반에 대해 투표를 한다. 어느 아파트 개발업자가 제출한 구획변경안 처리를 실험으로 생각하자.

a. 이 실험에 얼마나 많은 표본점이 존재하는가? 표본점을 목록으로 작성하라.

b. 이 실험에 대한 수형도를 작성하라.

9. 2015년 미국 성인을 대상으로 한 갤럽 여론조사에 따르면 미국에서 흡연자 비율이 가장 높은 주는 켄터키 주이다. 켄터키 북부, 인디애나 남동부, 오하이오 남서부를 포함하는 트라이-스테이트(Tri-State) 지역의 다음 데이터를 생각해 보자.

주	흡연자	비흡연자
켄터키	47	176
인디애나	32	134
오하이오	39	182
합계	118	492

a. 자료를 활용하여 트라이-스테이트 지역의 성인이 흡연할 확률을 계산하라.

b. 트라이-스테이트 지역 각 주의 성인이 흡연자일 확률은 얼마인가? 어느 주에서 성인이 흡연자일 가능성이 가장 낮은가?

10. 치약을 제조하는 어느 회사는 서로 다른 5가지 디자인을 연구하고 있다. 소비자가 각 디자인을 선택할 가능성이 동일하다고 가정하자. 각 디자인을 선택할 확률은 얼마인가? 소비자들이 선호하는 하나의 디자인을 선택하는 실험에서 다음의 자료를 얻었다. 한 디자인이 선택되는 확률이 다른 디자인이 선택되는 확률과 동일하다고 확신하는가? 이에 대해 설명하라.

디자인	디자인을 선택한 소비자의 수
1	5
2	15
3	30
4	40
5	10

11. 파워볼 복권은 44개 주, 컬럼비아 특별구 및 버진 아일랜드에서 매주 2회씩 추첨한다. 파워볼에 참가하기 위해 $2의 티켓을 구매하고, 1에서 69까지의 숫자 중 5개를 선택한 다음 1에서 26까지의 파워볼 숫자 중 1개를 선택한다. 각 게임의 당첨번호를 결정하기 위해 복권당국자는 1에서 69까지 번호가 매겨진 69개의 흰색 공에서 5개를 뽑고, 1에서 26까지 번호가 매겨진 26개의 빨간색 공에서 1개를 뽑는다. 파워볼에 당첨되기 위해서는 순서에 상관없이 5개의 흰색 공에 있는 숫자와 빨간색 파워볼의 숫자를 맞추어야 한다. 숫자 4-8-19-27-34와 파워볼 숫자 10은 15억 8,600만 달러의 기록적인 당첨금을 제공하였다.

a. 얼마나 많은 파워볼 복권 결과가 가능한가? (힌트: 5개의 흰색 공을 선택한 다음 1개의 빨간색 파워볼을 선택하는 2단계 확률실험을 고려하라)

b. 파워볼에 당첨될 확률은 얼마인가?

② 사건과 확률

이 장의 서두에서 일상 언어에서 사용되는 것과 같이 사건이라는 용어를 사용하였으며, 4.1 절에서 실험의 개념과 연관된 실험결과 또는 표본점을 소개하였다. 표본점과 사건은 확률 연구의 기초를 제공하므로, 이 절에서는 표본점과 관련된 사건(event)의 공식적인 정의와 사건의 확률을 결정하는 방법을 설명한다.

사건
표본점들의 집합

예를 들어 켄터키 전력회사 프로젝트에서 경영자가 전체 프로젝트가 10개월 이내에 완료될 수 있는 사건에 관심이 있다고 가정하자. 〈표 4-3〉을 참조하면 6개의 표본점 (2, 6), (2, 7), (2, 8), (3, 6), (3, 7), (4, 6)은 10개월 이내에 프로젝트를 마칠 수 있는 경우이다. C를 10개월 이내에 프로젝트를 끝내는 사건이라고 하면 C는 다음과 같이 표현할 수 있다.

$$C = \{ (2, 6), (2, 7), (2, 8), (3, 6), (3, 7), (4, 6) \}$$

6개의 표본점 중 하나라도 실험결과로 나타나면 사건 C가 발생하였다고 한다. 켄터키 전력회사 경영자는 다음의 사건에도 관심이 있을 수 있다.

$$L = \text{프로젝트를 10개월 미만에 끝내는 사건}$$
$$M = \text{프로젝트를 11개월 이상에 끝내는 사건}$$

〈표 4-3〉의 정보를 사용하면 이러한 사건은 다음과 같은 표본점으로 구성되어 있음을 알 수 있다.

$$L = \{ (2, 6), (2, 7), (3, 6) \}$$
$$M = \{ (3, 8), (4, 7), (4, 8) \}$$

켄터키 전력회사 프로젝트에서 다양한 사건을 정의할 수 있지만, 모든 경우에 사건은 실험에서 표본점의 집합으로 정의되어야 한다.

〈표 4-3〉에서 각 표본점의 확률이 주어지면 다음 정의를 사용하여 켄터키 전력회사 경영자가 고려하는 사건의 확률을 계산할 수 있다.

사건의 확률

사건의 확률은 사건에 포함된 각 표본점의 확률의 합과 같다.

이 정의에 따라, 특정 사건의 확률은 사건을 구성하는 표본점의 확률을 더하여 구할 수 있다. 따라서 프로젝트를 10개월 이내에 끝낼 사건 $C=\{$ (2, 6), (2, 7), (2, 8), (3, 6), (3, 7), (4, 6) $\}$의 확률 $P(C)$는 다음과 같이 계산된다.

$$P(C) = P(2, 6) + P(2, 7) + P(2, 8) + P(3, 6) + P(3, 7) + P(4, 6)$$
$$= 0.15 + 0.15 + 0.05 + 0.10 + 0.20 + 0.05 = 0.70$$

이와 동일하게 프로젝트를 10개월 미만에 끝내는 사건 $L = \{$ (2, 6), (2, 7), (3, 6) $\}$의 확률은

$$P(L) = P(2, 6) + P(2, 7) + P(3, 6)$$
$$= 0.15 + 0.15 + 0.10 = 0.40$$

이 되고, 프로젝트를 11개월 이상에 끝내는 사건 $M = \{$ (3, 8), (4, 7), (4, 8) $\}$의 확률은 다음과 같다.

$$P(M) = P(3, 8) + P(4, 7) + P(4, 8)$$
$$= 0.05 + 0.10 + 0.15 = 0.30$$

실험에서 표본점과 그 확률을 알고 있다면 항상 사건의 확률을 계산할 수 있다. 그러나 표본점이 아주 많은 경우에는 표본점의 식별과 확률부여가 불가능하지는 않지만, 매우 번거로운 일이 된다. 다음 절부터는 모든 표본점 확률을 알지 못하는 경우에 사건의 확률을 계산하는 데 이용되는 몇 가지 기본적인 확률 법칙에 관해 설명한다.

보충설명

1. 표본공간 S도 사건이다. S는 모든 실험결과들을 포함하기 때문에 확률은 1이다. 즉 $P(S) = 1$
2. 확률부여에 고전적 방법을 사용할 때는 각 실험결과가 발생 가능성이 같다고 가정한다. 이 경우 사건의 확률은 사건에 속한 실험결과의 개수를 전체 실험결과의 수로 나누어 구할 수 있다.

연습문제

기초문제

12. 실험의 결과 E_1, E_2, E_3, E_4가 동일하게 발생한다고 하자.

    a. E_2가 발생할 확률은 얼마인가?

    b. 어느 두 표본점, 예를 들어 E_1 또는 E_3가 일어날 확률은 얼마인가?

c. 어느 세 표본점, 예를 들어 E_1 또는 E_2 또는 E_4가 일어날 확률은 얼마인가?

13. 52개의 카드 중 하나를 뽑는 실험에서 각 카드가 나올 확률은 1/52이다.

    a. 에이스가 나올 사건의 표본점 목록을 작성하라.

    b. 클로버가 나올 사건의 표본점 목록을 작성하라.

    c. *J, Q, K*가 나올 사건의 표본점 목록을 작성하라.

    d. 문항 (a), (b), (c)의 사건이 발생할 확률을 구하라.

14. 두 개의 주사위를 던지는 실험에서, 주사위를 던진 후 나타나는 숫자를 합한다고 가정하자.

    a. 얼마나 많은 표본점이 존재하는가? (힌트: 다단계 실험에 대한 계산규칙을 사용)

    b. 표본점의 목록을 작성하라.

    c. 7이 나올 확률은 얼마인가?

    d. 9 이상이 나올 확률은 얼마인가?

    e. 실험의 결과 6개의 짝수(2, 4, 6, 8, 10, 12)와 5개의 홀수(3, 5, 7, 9, 11)가 나오기 때문에 짝수가 홀수보다 더 많이 나온다. 이 주장에 동의하는가? 설명하라.

    f. 확률부여에 어떤 방법을 이용하였는가?

응용문제

15. 〈표 4-2〉와 〈표 4-3〉에 있는 켄터키 전력회사의 표본점과 확률을 이용해 다음의 질문에 답하라.

    a. 설계단계인 1단계에서 4개월이 소요된다면 설계단계는 예산을 초과할 것이다. 설계단계가 예산을 초과하는 사건에 속하는 표본점의 목록을 작성하라.

    b. 설계단계가 예산을 초과할 확률은 얼마인가?

    c. 건설단계인 2단계에서 8개월이 소요된다면 예산을 초과하게 된다. 건설단계가 예산을 초과하게 되는 사건에 속하는 표본점의 목록을 작성하라.

    d. 건설단계가 예산을 초과할 확률은 얼마인가?

    e. 두 단계 모두 예산을 초과할 확률은 얼마인가?

16. CBS뉴스와 뉴욕타임즈가 미국 성인 1,000명을 대상으로 "지구 온난화가 당신의 일생 동안에 영향을 미칠 것이라고 생각하는가?"라는 질문을 하였다. 다음의 연령대별 응답을 기준으로 물음에 답하라.

응답	18-29세	30세 이상
예	134	293
아니오	131	432
모름	2	8

    a. 18-29세 응답자가 지구 온난화가 영향을 미치지 않을 것이라고 생각할 확률은 얼마인가?

    b. 30세 이상의 응답자가 지구 온난화가 영향을 미치지 않을 것이라고 생각할 확률은 얼마인가?

c. 무작위로 선택된 응답자의 경우, 응답자가 "예"라고 대답할 확률은 얼마인가?

d. 설문조사 결과에 의하면 지구 온난화에 대한 우려가 18-29세와 30세 이상 사이에 차이가 있는가?

17. 다음 표는 "언제 재정적으로 독립할 수 있을 것인가?"라는 질문에 대한 10대 청소년 944명의 응답 결과라고 가정하자.

재정적으로 독립하는 나이	응답자 수
16-20세	191
21-24세	467
25-27세	244
28세 이상	42

14-18세 나이의 모집단으로부터 10대를 무작위로 선택하여 설문조사를 하는 실험을 생각하자.

a. 4가지 연령 범주 각각에 대해 재정적으로 독립할 확률을 계산하라.

b. 25세 이전에 독립할 확률은?

c. 24세 이후에 독립할 확률은?

d. 위의 확률은 10대들이 재정적으로 독립하게 될 시기에 대한 기대가 다소 비현실적일 수 있음을 시사하는가?

③ 확률의 기본 법칙

1 여사건

주어진 사건 A에 대해, A의 여사건(complement of A)은 A에 속하지 않는 모든 표본점으로 구성된 사건이다. A의 여사건은 A^c로 표기한다. 〈그림 4-4〉는 여사건의 개념을 설명하는 벤 다이어그램(Venn diagram)이다. 사각형의 영역은 모든 표본점을 포함하는 표본공간이며 사건 A는 원으로 표현하였고, 사각형의 음영 처리된 부분은 A의 여사건으로 A에 속하지 않는 모든 표본점이다.

어떤 경우에 있어서도 사건 A와 A의 여사건 중 하나는 반드시 발생하므로 다음의 결과를 얻을 수 있으며, 이를 $P(A)$에 대해 정리하면 식 (4.5)를 얻는다.

$$P(A) + P(A^c) = 1$$

여사건을 이용한 확률계산

$$P(A) = 1 - P(A^c) \qquad (4.5)$$

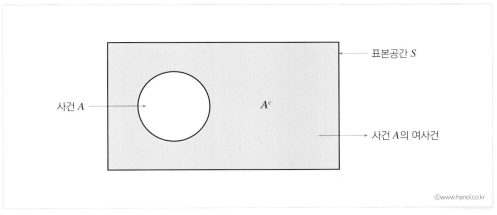

○ 그림 4-4_ 사건 A의 여사건

여사건의 확률 $P(A^c)$가 주어지면 식 (4.5)를 이용하여 사건 A의 확률을 쉽게 계산할 수 있다. 예를 들어 판매관리자가 판매보고서를 보고난 뒤, 새로 접촉한 고객의 80%가 구매를 하지 않았다고 말하는 경우를 생각해 보자. A를 구매하는 사건이라고 하면 A^c는 구매하지 않는 사건이 되고, 관리자의 말은 $P(A^c)=0.8$이라는 것이다. 식 (4.5)를 이용하여 $P(A)$를 다음과 같이 구할 수 있다.

$$P(A) = 1 - P(A^c) = 1 - 0.8 = 0.20$$

즉, 새로 접촉한 고객이 구매할 확률은 20%라고 말할 수 있다.

다른 예로 구매부서에서는 공급자가 결함이 없는 부품을 공급할 확률이 0.9라고 한다. 따라서, 결함이 있을 확률은 1-0.9=0.1이라고 결론내릴 수 있다.

2 확률의 덧셈법칙

확률의 덧셈법칙은 두 사건 중 적어도 하나가 발생할 확률을 알고자 할 때 유용하다. 즉, 사건 A와 B의 경우 사건 A가 발생하거나, 사건 B가 발생하거나, 둘 다 발생할 확률을 계산할 때 유용하다.

확률의 덧셈법칙을 설명하기 전에 사건의 결합과 관련된 두 가지 개념, 즉 사건의 합집합과 사건의 교집합을 설명한다. 두 사건 A와 B가 주어졌을 때 A와 B의 합집합(union of A and B)은 다음과 같이 정의된다.

두 사건의 합집합

사건 A와 B의 합집합은 A나 B 또는 둘 다에 속하는 모든 표본점을 포함하는 사건이며 $A \cup B$로 표기한다.

〈그림 4-5〉의 벤 다이어그램은 사건 A와 사건 B의 합집합을 보여준다. 두 개의 원은 사건 A의 모든 표본점과 사건 B의 모든 표본점을 포함하며, 원이 겹치는 부분은 사건 A와 B가 동시에 일어나는 표본점이다.

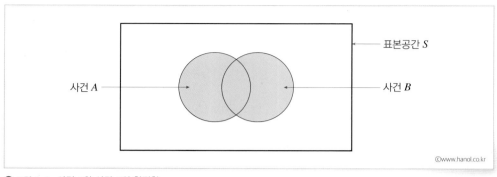

🔺 그림 4-5_ 사건 *A*와 사건 *B*의 합집합

사건 *A*와 사건 *B*의 교집합(intersection of *A* and *B*)은 다음과 같이 정의된다.

두 사건의 교집합

두 사건 *A*와 *B*가 주어졌을 때, *A*와 *B*의 교집합은 *A*와 *B*에 동시에 포함되는 표본점을 가진 사건이며 $A \cap B$로 표기한다.

〈그림 4-6〉은 사건 *A*와 사건 *B*의 교집합을 나타내는 벤 다이어그램으로, 두 원이 겹치는 부분이 교집합이다. 이는 사건 *A*와 *B*에 동시에 포함되는 표본점이다.

확률의 덧셈법칙(addition law)은 사건 *A*나 사건 *B* 또는 둘 다 발생할 확률, 즉 두 사건의 합집합 확률을 계산하는 데 사용된다. 덧셈법칙은 다음과 같다.

덧셈법칙

$$P(A \cup B) = P(A) + P(B) - P(A \cap B) \tag{4.6}$$

직관적으로 덧셈법칙에서 처음 두 항 $P(A) + P(B)$는 $A \cup B$의 모든 표본점을 설명한다. 그러나 교집합 $A \cap B$의 표본점들은 *A*와 *B* 둘 다에 속해 있으므로 $P(A) + P(B)$를 계산할 때 $A \cap B$의 표본점들은 2번 계산된다. 따라서 $P(A \cap B)$를 한 번 빼주어 2번 계산되는 확률을 수정해야 한다.

덧셈법칙을 적용한 예로 50명의 종업원이 있는 소규모 조립공장을 생각해 보자. 종업원은 정

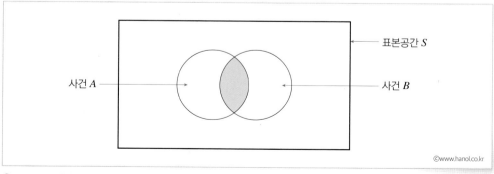

🔺 그림 4-6_ 사건 *A*와 사건 *B*의 교집합

해진 시간에 작업 할당량을 완료하고 조립된 제품이 최종 검사를 통과해야 하나, 작업을 늦게 끝내거나 불량품을 조립하여 성능 기준을 충족하지 못하는 종업원이 있다. 생산관리자는 50명 중 5명이 늦게 작업을 완료했고, 50명 중 6명이 불량품을 조립했으며, 50명 중 2명이 모두 늦게 작업을 마치면서 불량품을 조립했다는 사실을 발견했다. 이 예제에서 다음과 같이 사건을 정의하자.

$$L = 늦게\ 작업을\ 마친\ 사건$$
$$D = 불량품을\ 조립한\ 사건$$

상대도수에 의한 확률은 다음과 같다.

$$P(L) = \frac{5}{50} = .10$$

$$P(D) = \frac{6}{50} = .12$$

$$P(L \cap D) = \frac{2}{50} = .04$$

생산관리자는 늦게 작업을 마치거나 불량품을 조립한 종업원에게 낮은 점수를 주기로 하였다. 따라서 생산관리자가 관심이 있는 사건은 $L \cup D$가 된다. 생산관리자가 종업원에게 낮은 점수를 줄 확률은 얼마인가? 확률에 관한 이 질문은 두 사건의 합집합에 관한 것으로, 구체적으로 $P(L \cup D)$를 의미한다. 식 (4.6)을 이용하면 합집합의 확률은 다음과 같다.

$$P(L \cup D) = P(L) + P(D) - P(L \cap D)$$

위 식 오른쪽 세 항의 확률을 알고 있으므로 다음을 얻는다.

$$P(L \cup D) = .10 + .12 - .04 = .18$$

무작위로 뽑힌 종업원이 낮은 점수를 받을 확률은 0.18이다.

덧셈법칙의 또 다른 예로, 대형 컴퓨터 소프트웨어 회사의 인사관리자가 수행한 최근의 연구를 생각해 보자. 이 연구에 따르면 2년 이내에 회사를 떠난 직원의 30%는 급여가 불만족스러워 회사를 떠났고, 20%는 업무가 불만족스러워 회사를 떠났으며, 12%는 두 가지 모두가 불만족스러워 회사를 떠났다. 급여 또는 업무 불만족으로 2년 내 회사를 떠나는 확률은 얼마인가? 이 문제를 해결하기 위해 다음과 같이 사건을 정의하자.

$$S = 급여의\ 불만족으로\ 회사를\ 떠나는\ 사건$$
$$W = 업무의\ 불만족으로\ 회사를\ 떠나는\ 사건$$

예제에서 $P(S) = 0.30$, $P(W) = 0.20$, $P(S \cap W) = 0.12$가 되므로, 식 (4.6)을 이용하면 다음을 얻는다.

$$P(S \cup W) = P(S) + P(W) - P(S \cap W) = .30 + .20 - .12 = .38$$

따라서, 급여문제 또는 업무문제로 2년 내 회사를 떠날 확률은 0.38임을 알 수 있다.

확률의 덧셈법칙에 대한 설명을 마치가 전에 상호 배반사건(mutually exclusive events)에 대해 발

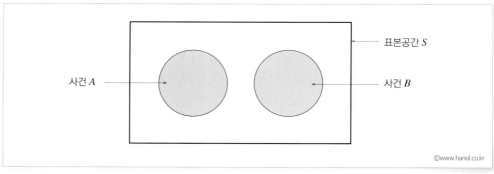

생하는 특별한 경우를 생각해 보자.

상호 배반사건

두 사건에 공통 표본점이 없는 사건을 상호 배반사건이라고 정의한다.

한 사건이 발생했을 때 다른 사건이 발생할 수 없는 경우 사건 A와 B는 상호 배반사건이 된다. 따라서 사건 A와 사건 B가 상호 배반사건이 되기 위해서는 교집합에 표본점이 없어야 한다. 〈그림 4-7〉은 사건 A와 B가 상호 배반사건임을 보여주는 벤 다이어그램이다. 이 경우 $P(A \cap B) = 0$이고 확률의 덧셈법칙은 다음과 같다.

상호 배반사건에 대한 확률의 덧셈법칙

$$P(A \cup B) = P(A) + P(B)$$

연습문제

기초문제

18. 실험결과 E_1, E_2, E_3, E_4, E_5의 발생확률이 동일한 표본공간에서 다음 사건을 생각해 보자.

$$A = \{E_1, E_2\}$$
$$B = \{E_3, E_4\}$$
$$C = \{E_2, E_3, E_5\}$$

a. $P(A)$, $P(B)$, $P(C)$를 구하라.

b. $P(A \cup B)$를 구하라. 사건 A와 B는 상호 배반사건인가?

c. A^c, C^c와 $P(A^c)$, $P(C^c)$를 구하라.

d. $A \cup C^c$와 $P(A \cup C^c)$를 구하라.

e. $P(B \cup C)$를 구하라.

19. 표본공간 $S = \{E_1, E_2, E_3, E_4, E_5, E_6, E_7\}$이라 하고, 각 표본점에 $P(E_1) = 0.05$, $P(E_2) = 0.20$, $P(E_3) = 0.20$, $P(E_4) = 0.25$, $P(E_5) = 0.15$, $P(E_6) = 0.10$, $P(E_7) = 0.05$와 같이 확률을 부여하자. 사건 A, B, C를 다음과 같이 정의하자.

$$A = \{E_1, E_4, E_6\}$$
$$B = \{E_2, E_4, E_7\}$$
$$C = \{E_2, E_3, E_5, E_7\}$$

a. $P(A)$, $P(B)$, $P(C)$를 구하라.

b. $A \cup B$와 $P(A \cup B)$를 구하라.

c. $A \cap B$와 $P(A \cap B)$를 구하라.

d. 사건 A와 C는 상호 배타적인가?

e. B^c와 $P(B^c)$를 구하라.

응용문제

20. 2018년 Pew Research Center에서는 미국에서 소셜미디어 플랫폼의 사용에 관해 조사하였다. 설문조사에 따르면 무작위로 선택된 미국인이 Facebook을 사용할 확률은 0.68이고 LinkedIn을 사용할 확률은 0.25이며, Facebook과 LinkedIn을 모두 사용할 확률은 0.22였다.

a. 무작위로 선택된 미국인이 Facebook이나 LinkedIn을 사용할 확률은 얼마인가?

b. 무작위로 선택된 미국인이 소셜미디어 플랫폼을 사용하지 않을 확률은 얼마인가?

21. 모닝스타 투자리서치에서 제공하는 뮤추얼펀드 정보에는 뮤추얼펀드의 종류(국내주식, 해외주식, 채권)와 해당 펀드의 모닝스타 등급이 나와 있다. 등급은 별 1개(최저등급)부터 별 5개(최고등급)까지 표시된다. 25개의 뮤추얼펀드로 구성된 표본에 관한 다음의 정보가 있다고 하자.

· 16개 펀드는 국내 주식펀드

· 13개 펀드는 별 3개 이하

· 국내 주식펀드 중 7개는 별 4개

· 국내 주식펀드 중 2개는 별 5개

뮤추얼펀드의 투자전략을 연구하기 위해 25개 뮤추얼펀드 중 하나를 무작위로 추출하였다고 가정하자.

a. 국내 주식펀드가 선택될 확률은?

b. 별 4개 또는 5개 등급의 펀드가 선택될 확률은?

c. 국내 주식펀드이면서 별 4개 또는 5개 등급의 펀드가 선택될 확률은?

d. 국내 주식펀드이거나 별 4개 또는 5개 등급의 펀드가 선택될 확률은?

22. 한 마케팅 회사에서 소셜미디어를 통해 18-29세를 대상으로 하는 새로운 음료의 이름을 테스트하려고 한다. Pew Research Center의 연구에 따르면 미국 성인(18세 이상)의 35%가 소셜미디어를 사용하지 않는 것으로 나타났다. 30세 이상 미국 성인의 비율은 78%이다.

18-29세이거나 소셜미디어를 사용하는 미국 성인 인구 비율이 67.2%라고 가정하자.

a. 무작위로 선택된 미국 성인이 소셜미디어를 사용할 확률은?

b. 무작위로 선택된 미국 성인이 18-29세일 확률은?

c. 무작위로 선택된 미국 성인이 18-29세이고 소셜미디어 사용자일 확률은?

23. 미국의 한 아이비리그의 신입생 입학방법은 조기입학과 정규입학으로 구분된다. 최근에 한 아이비리그 대학이 조기입학을 위해 2,851건의 지원서를 받았다고 가정하자. 이 중 1,033명의 학생들은 조기 입학허가를 받았고, 854명은 즉시 거부되었으며, 964명은 정규입학 대상으로 연기되었다. 과거에 이 학교는 정규전형에서 조기전형 연기자의 18%를 합격시켰다. 조기입학생과 정규입학생을 합한 전체 입학 정원은 2,375명이었다. 사건 E, R, D를 각각 조기입학원서를 낸 학생 중 입학허가를 받는 사건, 거부되는 사건, 정규입학 대상으로 연기되는 사건으로 정의하자.

a. $P(E)$, $P(R)$, $P(D)$를 구하라.

b. 사건 E와 D는 상호 배반인가? $P(E \cap D)$를 계산하라.

c. 입학허가를 받은 2,375명 중에서 무작위로 한 명을 뽑는다면 조기입학 허가를 받은 학생일 확률은 얼마인가?

d. 한 학생이 조기입학 원서를 냈다고 하자. 그 학생이 조기입학이 허가되거나, 정규입학 대상으로 연기될 확률을 구하라.

④ 조건부 확률

종종 확률은 연관된 사건이 이미 발생했는지에 따라 영향을 받는다. 사건 A가 발생할 확률을 $P(A)$라고 하자. 새로운 정보를 통해 관련된 사건 B가 이미 발생했음을 알게 되었다면, 이 정보를 이용하여 사건 A에 대한 새로운 확률을 계산하려 할 것이다. 사건 A의 이 새로운 확률을 조건부 확률(conditional probability)이라고 부르고 $P(A \mid B)$로 표기한다. 사건 B가 발생했다는 조건에서 사건 A의 확률을 고려하고 있음을 나타내기 위해 표기법 |을 사용한다. 따라서 $P(A \mid B)$는 "B가 주어진 경우 A의 확률"이라고 읽는다.

조건부 확률을 적용한 예로 미국 동부의 주요 대도시에 근무하는 경찰관 남녀의 승진 상황을 생각해 보자. 경찰관 1,200명 중 960명은 남자, 240명은 여자이다. 지난 2년 동안 324명의 경찰이 승진하였다. 남녀 경찰의 구체적인 승진 내역은 〈표 4-4〉와 같다.

승진결과를 검토한 후, 여성경찰위원회는 남성 경찰은 288명이 승진하였지만 여성 경찰은 36명만 승진하였다는 사실을 근거로 여성차별 문제를 제기하였다. 경찰청은 상대적으로 낮은 여성의 승진은 여성차별 때문이 아니라 전체 여성 경찰관의 수가 적기 때문이라고 주장하였다. 차별문제를 분석하는 데 조건부 확률을 이용해 보자. 다음과 같이 사건을 정의하자.

표 4-4_ 지난 2년간 경찰관의 승진 현황

	남자	여자	계
승진	288	36	324
승진하지 못함	672	204	876
계	960	240	1,200

$$M = 경찰관이\ 남성$$
$$W = 경찰관이\ 여성$$
$$A = 경찰관이\ 승진$$
$$A^c = 경찰관이\ 승진하지\ 못함$$

〈표 4-4〉에 있는 값들을 1,200명으로 나누면 다음과 같이 확률에 관한 정보를 얻을 수 있다.

$$P(M \cap A) = \frac{288}{1,200} = 0.24 = 무작위로\ 선택된\ 경찰관이\ 남성이고\ 승진할\ 확률$$

$$P(M \cap A^c) = \frac{672}{1,200} = 0.56 = 무작위로\ 선택된\ 경찰관이\ 남성이고\ 승진하지\ 못할\ 확률$$

$$P(W \cap A) = \frac{36}{1,200} = 0.03 = 무작위로\ 선택된\ 경찰이\ 여성이고\ 승진할\ 확률$$

$$P(W \cap A^c) = \frac{204}{1,200} = 0.17 = 무작위로\ 선택된\ 경찰이\ 여성이고\ 승진하지\ 못할\ 확률$$

이 값은 두 사건의 교집합 확률을 제공하며 결합확률(joint probability)이라고 부른다. 경찰관 승진 상황에 대한 확률정보를 요약한 〈표 4-5〉를 결합확률표라고 한다.

결합확률표의 주변에 있는 값은 각 사건의 확률을 개별적으로 제공한다. 즉 $P(M) = 0.80$, $P(W) = 0.20$, $P(A) = 0.27$, $P(A^c) = 0.73$이다. 이러한 확률은 결합확률표의 주변에 위치하기 때문에 주변확률(marginal probability)이라고 한다. 주변확률은 결합확률표의 해당 행 또는 열의 결합확률을 합하여 구할 수 있다. 예를 들어 승진의 주변확률은 $P(A) = P(M \cap A) + P(W \cap A) = 0.24 + 0.03 = 0.27$이다. 주변확률에 의하면 경찰의 80%가 남성이고, 경찰의 20%가 여성이며, 모든 경찰관의 27%는 승진을 하였고, 73%는 승진하지 못하였음을 알 수 있다.

표 4-5_ 승진에 관한 결합확률표

결합확률이 표 안에 나타남	남자(M)	여자(W)	계
승진(A)	0.24	0.03	0.27
승진하지 못함(A^c)	0.56	0.17	0.73
계	0.80	0.20	1.00

주변확률이
표의 주변에 나타남

남자 경찰관인 경우에 승진할 확률을 계산하여 조건부 확률에 관해 살펴보자. 조건부 확률은 기호로 $P(A|M)$으로 표기한다. $P(A|M)$은 사건 M(남성)이 주어진 경우, 사건 A(승진)가 일어날 확률을 계산한다는 의미로, $P(A|M)$은 960명의 남자 경찰관의 승진문제에 관심이 있음을 나타낸다. 960명의 남자 경찰관 중 288명이 승진되었으므로 경찰관이 남자일 때 승진할 확률은 $288/960 = 0.30$이다. 즉, 경찰관이 남자라면 지난 2년 동안 승진할 확률은 30%이다.

⟨표 4-4⟩에 있는 값들은 각 범주에 속한 경찰관의 수를 나타내기 때문에 이러한 절차를 쉽게 적용할 수 있다. $P(A|M)$과 같은 조건부 확률은 ⟨표 4-4⟩의 도수자료가 아닌 관련 사건의 확률에서 직접 계산할 수도 있다.

⟨표 4-4⟩에서 $P(A|M) = 288/960 = 0.30$이 됨을 알았다. 이 분수의 분자와 분모를 각각 분석 대상인 경찰관 총 수인 1,200명으로 나누면 다음과 같다.

$$P(A \mid M) = \frac{288}{960} = \frac{288/1,200}{960/1,200} = \frac{.24}{.80} = .30$$

따라서 조건부 확률 $P(A|M)$이 $0.24/0.80$으로 계산될 수 있음을 알 수 있다. ⟨표 4-5⟩의 결합확률표에서 사건 A와 사건 M의 결합확률은 0.24, 즉 $P(A \cap M)=0.24$이며, 0.80은 무작위로 선택된 경찰관이 남자일 주변확률, 즉 $P(M)=0.80$임에 주목하자. 따라서 조건부 확률 $P(A|M)$은 결합확률 $P(A \cap M)$ 대비 주변확률 $P(M)$의 비율로 계산할 수 있음을 알 수 있다.

$$P(A \mid M) = \frac{P(A \cap M)}{P(M)} = \frac{.24}{.80} = .30$$

조건부 확률이 결합확률 대비 주변확률의 비율로 계산된다는 사실에서 다음의 사건 A와 B에 대한 일반적인 조건부 확률 공식을 얻을 수 있다.

조건부 확률

$$P(A \mid B) = \frac{P(A \cap B)}{P(B)} \tag{4.7}$$

또는

$$P(B \mid A) = \frac{P(A \cap B)}{P(A)} \tag{4.8}$$

⟨그림 4-8⟩의 벤 다이어그램은 조건부 확률을 직관적으로 이해하는 데 도움을 준다. 오른쪽의 원은 사건 B가 일어났음을 보여주고, 사건 A와 겹치는 부분은 사건 $A \cap B$를 나타낸다. 사건 B가 발생했을 때, 사건 A는 사건 $A \cap B$가 발생한 경우에만 유일하게 관찰된다. 따라서 비율 $P(A \cap B)/P(B)$는 사건 B가 이미 발생한 경우 사건 A를 관찰할 수 있는 조건부 확률이 된다.

여성 경찰관에 대한 차별문제로 돌아가 보자. ⟨표 4-5⟩의 첫 번째 행의 주변확률은 경찰관이 승진할 확률 $P(A)=0.27$(남성과 여성에 관계없이)임을 보여준다. 그러나 남녀 차별문제의 중요한 이슈는 두 가지 조건부 확률 $P(A|M)$과 $P(A|W)$와 관련되어 있다. 즉, 경찰관이 남성일 때 승진할 확률과 경찰관이 여성일 때 승진할 확률의 문제이다. 이러한 두 확률이 같다면 남녀 간

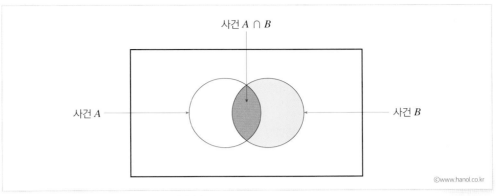

사건 $A \cap B$

사건 A　　사건 B

©www.hanol.co.kr

● 그림 4-8_ 조건부 확률 $P(A \mid B) = P(A \cap B)/P(B)$

의 승진기회가 같기 때문에 차별주장은 근거가 없다. 그러나 두 조건부 확률이 다르다면 남성과 여성 경찰이 승진 결정에서 다르게 취급된다는 입장을 뒷받침한다.

$P(A \mid M) = 0.30$임은 이미 계산하였고, 경찰관이 여성일 때 승진할 확률, 즉 $P(A \mid W)$를 계산하기 위해 〈표 4-5〉의 확률과 식 (4.7)의 조건부 확률 공식을 이용하면 다음의 조건부 확률을 얻을 수 있다.

$$P(A \mid W) = \frac{P(A \cap W)}{P(W)} = \frac{.03}{.20} = .15$$

어떤 결론을 내리겠는가? 경찰관이 남성일 때 승진할 확률 0.30은 경찰관이 여성일 때 승진할 확률 0.15의 두 배이다. 조건부 확률을 이용하는 그 자체로는 이 경우 차별이 존재한다는 것을 증명하지는 못하지만, 조건부 확률은 여성 경찰관이 제기하는 주장을 뒷받침하고 있다.

1 독립사건

앞의 예에서 $P(A) = 0.27$, $P(A \mid M) = 0.30$, $P(A \mid W) = 0.15$이었다. 승진확률이 경찰관의 성별에 영향을 받고 있다는 것을 알았다. 특히 $P(A \mid M) \neq P(A)$이기 때문에 승진사건 A와 경찰관이 남성인 사건 M은 종속사건이 된다. 즉, 사건 A(승진)의 확률은 사건 M(경찰관이 남성)의 존재 여부에 따라 달라진다. 마찬가지로 $P(A \mid W) \neq P(A)$이기 때문에 사건 A와 사건 W는 종속사건이 된다. 그러나 사건 A가 사건 M의 존재에 따라 변하지 않는다면, 즉 $P(A \mid M) = P(A)$라면 사건 A와 사건 M은 독립사건(independent events)이라고 한다. 따라서 다음과 같이 두 사건의 독립성에 대한 정의를 내릴 수 있다.

독립사건

다음의 식 (4.9) 또는 (4.10)을 만족하면 두 사건 A와 B는 독립이고, 만족하지 않으면 두 사건은 종속이다.

$$P(A \mid B) = P(A) \tag{4.9}$$

$$P(B \mid A) = P(B) \tag{4.10}$$

2 확률의 곱셈법칙

확률의 덧셈법칙은 두 사건의 합집합의 확률 계산에 사용되지만, 곱셈법칙은 두 사건의 교집합의 확률 계산에 사용되며, 조건부 확률의 정의에 기초하고 있다. 식 (4.7)과 식 (4.8)을 $P(A \cap B)$에 대해 정리하면 다음과 같은 곱셈법칙(multiplication law)을 얻을 수 있다.

확률의 곱셈법칙

$$P(A \cap B) = P(B)P(A \mid B) \qquad (4.11)$$

또는

$$P(A \cap B) = P(A)P(B \mid A) \qquad (4.12)$$

확률의 곱셈법칙을 활용하는 예로 고속 인터넷, 케이블 텔레비전 및 전화서비스를 제공하는 통신회사를 생각해 보자. 특정 도시의 경우 가구의 84%가 초고속 인터넷 서비스에 가입되어 있다고 한다. H를 가구가 초고속 인터넷 서비스에 가입한 사건이라고 하면 $P(H)=0.84$이다. 이미 초고속 인터넷 서비스에 가입한 가구가 케이블 TV 서비스에도 가입(사건 C)할 확률은 0.75 즉, $P(C \mid H)=0.75$로 알려져 있다. 초고속 인터넷 서비스와 케이블 TV 서비스에 모두 가입할 가구의 확률은 얼마인가? 확률의 곱셈법칙을 이용하여 $P(C \cap H)$를 다음과 같이 구할 수 있다.

$$P(C \cap H) = P(H)P(C \mid H) = 0.84 \times 0.75 = 0.63$$

이제 가구의 63%가 초고속 인터넷 서비스와 케이블 TV 서비스를 모두 가입하고 있음을 알 수 있다.

이 절을 끝내기 전에 독립사건에 대한 곱셈법칙의 특별한 경우를 생각해 보자. $P(A \mid B) = P(A)$ 혹은 $P(B \mid A) = P(B)$일 때, 사건 A와 B는 독립사건이 되므로, 독립사건의 특수한 경우에 대해 식 (4.11)과 (4.12)를 사용하면 다음과 같은 독립사건에 대한 곱셈법칙을 얻는다.

독립사건에 대한 곱셈법칙

$$P(A \cap B) = P(A)P(B) \qquad (4.13)$$

독립인 두 사건에서 교집합의 확률 계산은 단순히 각 사건의 확률을 곱하면 된다. 독립인 사건의 곱셈법칙은 사건이 독립인지를 판별하는 다른 방법을 제공한다. 즉, $P(A \cap B) = P(A)P(B)$이면 A와 B는 독립이고, $P(A \cap B) \neq P(A)P(B)$이면 A와 B는 종속이다.

독립사건에 대한 곱셈법칙의 적용 예를 살펴보자. 주유소 관리자는 과거의 경험을 통해 고객의 80%가 휘발유를 구입할 때 신용카드를 사용한다는 사실을 알고 있다고 하자. 휘발유를 구입하는 다음 두 고객이 신용카드를 사용할 확률은 얼마인가? 다음과 같이 사건을 정의하자.

A = 첫 번째 고객이 신용카드를 사용하는 사건

B = 두 번째 고객이 신용카드를 사용하는 사건

구하고자 하는 사건은 $A \cap B$가 되며, 다른 정보가 주어지지 않으면 A와 B가 독립적 사건이라고 합리적으로 가정할 수 있으므로 확률은 다음과 같이 구할 수 있다.

$$P(A \cap B) = P(A)P(B) = 0.80 \times 0.80 = 0.64$$

사건들이 종종 관련되어 있기 때문에 조건부 확률에 관심을 갖는다는 점을 주목해야 한다. 이러한 경우 사건은 종속되어 있다고 말하고 사건의 확률을 계산하기 위해 식 (4.7)과 (4.8)의 조건부 확률을 이용하여야 한다. 두 사건이 관련되지 않으면 독립적이며, 사건의 확률은 다른 사건이 일어났는지 여부에 영향을 받지 않는다.

보충설명

상호 배반사건과 독립사건을 혼동하지 말아야 한다. 0이 아닌 확률을 갖는 두 사건은 상호 배반이면서 독립적일 수 없다. 만일 상호 배반사건 중 한 사건이 발생했다면,	다른 사건은 발생할 수 없으므로 다른 사건이 일어날 확률은 0이 된다. 따라서 두 사건은 종속적이다.

연습문제

기초문제

24. 두 사건 A와 B에 대해 $P(A)$=0.5, $P(B)$=0.6, $P(A \cap B)$=0.4이다.
    a. $P(A \mid B)$를 구하라.
    b. $P(B \mid A)$를 구하라.
    c. A와 B는 독립인가? 그 이유를 설명하라.

25. 두 사건 A와 B는 상호배반적이며, $P(A)$=0.30, $P(B)$=0.40이다.
    a. $P(A \cap B)$를 구하라.
    b. $P(A \mid B)$를 구하라.
    c. 통계학을 전공하는 한 학생은 상호 배반사건과 독립사건은 같은 개념으로, 두 사건이 상호 배반이면 독립이라고 주장한다. 이러한 주장에 동의하는가? 이 문제의 정보를 이용하여 설명하라.
    d. 이 문제의 결과로 볼 때, 상호 배반사건과 독립사건에 대한 일반적인 결론은 무엇인가?

응용문제

26. 다음은 미국 18-34세 사이의 성인을 대상으로 한 "현재 가족과 함께 살고 있습니까?"라는 질문의 설문 결과이다.

	예	아니오	합계
남성	106	141	247
여성	92	161	253
합계	198	302	500

a. 이 자료에 대한 결합확률표를 작성하라.

b. '남성', '여성' 및 '예', '아니오'의 응답 각각에 대한 주변확률은 얼마인가?

c. 18-34세 사이의 남성 미국인이 가족과 함께 살 확률은 얼마인가?

d. 18-34세 사이의 여성 미국인이 가족과 함께 살 확률은 얼마인가?

e. 18-34세 사이의 미국인이 가족과 함께 살 확률은 얼마인가?

f. 18-34세 사이의 미국인 중 49.4%가 남성이라면, 이 문제에서 사용한 표본은 좋은 표본이라고 생각하는가? 그 이유는?

27. 다음은 경영대학원 입학시험(GMAT)을 치르는 학생들에게 학부 전공과 전일제 또는 시간제로 MBA를 이수할 의향을 조사한 결과를 요약한 것이다.

		학부 전공			
		경영학	공학	기타	합계
예정하고 있는	전일제	352	197	251	800
등록 상태	시간제	150	161	194	505
	합계	502	358	445	1,305

a. 결합확률표를 작성하라.

b. 학부 전공(경영학, 공학, 기타)의 주변확률을 활용하여 어떤 학부 전공이 가장 많은 잠재적인 MBA 학생을 배출하는지 설명하라.

c. MBA 학위를 취득하기 위해 전일제로 수업을 들으려는 학생의 학부 전공이 공학일 확률은 얼마인가?

d. 학생의 학부 전공이 경영학인 경우, MBA 학위를 취득하기 위해 전일제로 수업에 참석할 확률은 얼마인가?

e. 사건 F는 학생이 MBA 학위를 취득하기 위해 전일제 수업을 들으려는 경우를 나타내고, 사건 B는 학생의 학부 전공이 경영학인 경우를 나타낸다. 사건 F와 B는 독립적인가? 이유를 설명하라.

28. 남편과 아내가 가정의 재정에 대해 어떻게 느끼는지를 이해하기 위해 머니 매거진은 가구 소득이 5만 달러 이상인 25세 이상 기혼 성인 1,010명을 대상으로 설문조사를 실시하였다. 다음은 "누가 살림을 더 잘 하는가?"라는 질문의 응답 결과이다.

응답자	누가 잘하는가?		
	나	배우자	차이 없음
남편	278	127	102
아내	290	111	102

a. 결합확률표를 작성하라.

b. 누가 잘하는가(나, 배우자, 차이 없음)에 대한 주변확률을 구하고 결과를 분석하라.

c. 응답자가 남편인 경우, 아내보다 살림을 더 잘한다고 느낄 확률은 얼마인가?

d. 응답자가 아내인 경우, 남편보다 살림을 더 잘한다고 느낄 확률은 얼마인가?

e. '배우자'가 살림을 더 잘한다는 응답이 있을 때, 응답자가 남편일 확률은 얼마인가?

f. '차이 없음' 이라는 응답이 있을 때, 응답자가 남편일 확률과 아내일 확률은 각각 얼마인가?

29. 자유투 성공률이 93%인 NBA 선수가 농구 경기 후반에 파울을 당해 두 개의 자유투를 던지게 되었다고 하자.

a. 이 선수가 두 개의 슛을 모두 성공시킬 확률은?

b. 적어도 하나가 성공할 확률은?

c. 두 개의 슛 모두 실패할 확률은?

d. 농구 경기 후반에 팀은 종종 게임 시간을 정지시키기 위해 자유투 성공률이 가장 낮은 상대팀 선수에게 고의로 파울을 범하는 전략을 사용한다. 자유투 성공률이 가장 낮은 상대팀 선수의 자유투 성공률이 58%라고 한다. 이 선수에 대해 위 질문 (a), (b), (c)의 확률을 구하고, 자유투 성공률 58%인 선수에게 고의로 파울을 하는 것이 자유투 성공률 93%인 선수에게 파울을 하는 것보다 더 좋은 전략이라는 것을 증명하라.

30. 2018년 Pew Research Center 설문조사에 따르면 미국인들은 휴대전화를 포기하는 것보다 텔레비전을 포기할 수 있다고 생각한다. 다음은 텔레비전이나 휴대전화를 포기할 수 있는 미국인들의 결합확률표이다.

		텔레비전을 포기할 수 있음		
		예	아니오	계
휴대전화를 포기할 수 있음	예	0.31	0.17	0.48
	아니오	0.38	0.14	0.52
	계	0.69	0.31	

a. 휴대전화를 포기할 수 있는 확률은 얼마인가?

b. 휴대전화를 포기할 수 있는 사람이 텔레비전도 포기할 수 있는 확률은 얼마인가?

c. 휴대전화를 포기할 수 없는 사람이 텔레비전을 포기할 수 있는 확률은 얼마인가?

d. 휴대전화를 포기할 수 없는 사람과 포기할 수 있는 사람 중 어느 쪽이 텔레비전을 포기할 수 있는 확률이 더 높은가?

5 베이즈 정리

조건부 확률을 설명하면서 새로운 정보를 얻었을 때 확률을 수정하는 것이 확률분석의 중요한 단계라고 하였다. 우리는 종종 관심 있는 특정 사건에 대한 초기 또는 사전확률(prior probability) 추정치를 이용하여 분석을 시작한다. 그런 다음 표본, 보고서, 또는 제품 테스트 등을 통해 사건에 대한 추가 정보를 얻는다. 즉, 이러한 새로운 정보가 주어지면 사후확률(posterior probability)이라고 하는 수정된 확률을 계산하여 사전확률값을 업데이트한다. 베이즈 정리(Bayes' the-

©www.hanol.co.kr

⬢ 그림 4-9 _ 베이즈 정리를 이용한 확률 수정 과정

📊 표 4-6_ 두 공급업체의 과거 부품 품질 수준

	양품 비율	불량품 비율
공급업체 1	98	2
공급업체 2	95	5

orem)는 이러한 확률을 계산하는 방법을 제공한다. 〈그림 4-9〉는 이러한 확률 수정과정의 단계를 설명한 것이다.

베이즈 정리 적용의 예로 두 공급업체로부터 부품을 받는 제조회사를 생각해 보자. A_1을 공급업체 1로부터 부품을 공급받는 사건, A_2를 공급업체 2로부터 부품을 공급받는 사건이라고 하자. 현재 부품의 65%는 공급업체 1로부터, 35%는 공급업체 2로부터 구매한다. 따라서 부품을 무작위로 선택하면, 사전확률을 $P(A_1) = 0.65$, $P(A_2)=0.35$로 부여할 수 있다.

구입한 부품의 품질은 공급업체에 따라 달라진다. 과거 자료에 따르면 두 공급업체의 품질 등급은 〈표 4-6〉과 같다. G는 부품이 양품인 사건, B는 부품이 불량인 사건이라고 하면 〈표 4-6〉에 있는 정보는 다음과 같은 조건부 확률값을 제공한다.

$$P(G \mid A_1) = .98 \quad P(B \mid A_1) = .02$$
$$P(G \mid A_2) = .95 \quad P(B \mid A_2) = .05$$

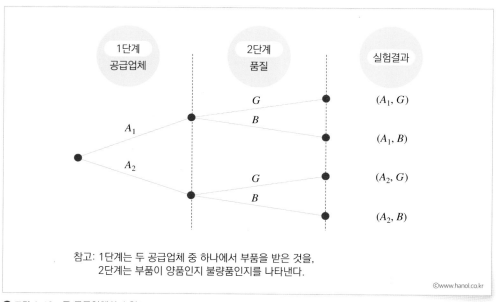

참고: 1단계는 두 공급업체 중 하나에서 부품을 받은 것을,
2단계는 부품이 양품인지 불량품인지를 나타낸다.

©www.hanol.co.kr

⬢ 그림 4-10_ 두 공급업체의 수형도

〈그림 4-10〉의 수형도는 두 공급업체로부터 부품을 공급받고, 부품이 양품인지 불량품인지를 발견하는 두 단계로 된 과정을 보여주며, 총 4가지의 실험결과가 있음을 알 수 있다.

각 실험결과는 두 사건의 교집합이므로 확률을 계산하기 위해서는 곱셈법칙을 활용하여 다음과 같이 구할 수 있다.

$$P(A_1, G) = P(A_1 \cap G) = P(A_1)P(G \mid A_1)$$

이러한 결합확률을 계산하는 과정은 〈그림 4-11〉의 확률트리라고 불리는 그림으로 나타낼 수 있다. 트리의 1단계 가지 위의 확률은 사전확률이고 2단계의 가지 위의 확률은 조건부 확률로, 실험결과의 확률을 알기 위해서는 실험결과로 이어지는 각 가지의 확률을 곱하면 된다. 이러한 결합확률은 각 가지의 확률과 함께 〈그림 4-11〉에 나타내었다.

제조회사의 생산공정에 사용된 부품이 불량이면 기계가 고장이 난다고 가정하자. 불량 부품이라는 정보가 주어졌을 때, 해당 부품이 공급업체 1에서 나올 확률과 공급업체 2에서 나올 확률은 각각 얼마인가? 〈그림 4-11〉의 확률트리와 베이즈 정리를 사용하여 이 질문에 답할 수 있다.

B를 부품이 불량인 사건으로 정의하면, 구하고자 하는 확률은 사후확률 $P(A_1 \mid B)$와 $P(A_2 \mid B)$가 된다. 조건부 확률 법칙으로부터 사후확률은 다음과 같이 구할 수 있다.

$$P(A_1 \mid B) = \frac{P(A_1 \cap B)}{P(B)} \tag{4.14}$$

식 (4.14)의 분자 $P(A_1 \cap B)$는 확률트리를 참조하면,

$$P(A_1 \cap B) = P(A_1)P(B \mid A_1) \tag{4.15}$$

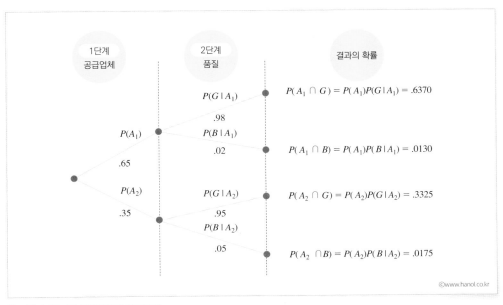

▲ 그림 4-11_ 두 공급업체의 확률트리

그리고 사건 B는 두 가지 경우 $A_1 \cap B$와 $A_2 \cap B$에만 일어나므로 분모 $P(B)$는 다음과 같이 계산 된다.

$$P(B) = P(A_1 \cap B) + P(A_2 \cap B)$$
$$= P(A_1)P(B \mid A_1) + P(A_2)P(B \mid A_2) \tag{4.16}$$

식 (4.15)와 식 (4.16)을 식 (4.14)에 대입하고, $P(A_2 \mid B)$에 대해서도 같은 작업을 반복하면 두 사건에 대한 베이즈 정리를 얻을 수 있다.

* 장로교회 목사인 Thomas Bayes(1702-1761)는 오늘날 사용되는 베이즈 정리의 창시자로 알려져 있다.

베이즈 정리(두 사건의 경우)

$$P(A_1 \mid B) = \frac{P(A_1)P(B \mid A_1)}{P(A_1)P(B \mid A_1) + P(A_2)P(B \mid A_2)} \tag{4.17}$$

$$P(A_2 \mid B) = \frac{P(A_2)P(B \mid A_2)}{P(A_1)P(B \mid A_1) + P(A_2)P(B \mid A_2)} \tag{4.18}$$

식 (4.17)과 예제에서 제시된 확률값을 사용하면 다음을 얻는다.

$$P(A_1 \mid B) = \frac{P(A_1)P(B \mid A_1)}{P(A_1)P(B \mid A_1) + P(A_2)P(B \mid A_2)}$$
$$= \frac{(.65)(.02)}{(.65)(.02) + (.35)(.05)} = \frac{.0130}{.0130 + .0175}$$
$$= \frac{.0130}{.0305} = .4262$$

또한 식 (4.18)을 사용하여 $P(A_2 \mid B)$는 다음과 같이 구할 수 있다.

$$P(A_2 \mid B) = \frac{(.35)(.05)}{(.65)(.02) + (.35)(.05)}$$
$$= \frac{.0175}{.0130 + .0175} = \frac{.0175}{.0305} = .5738$$

이 예제에서는 무작위로 선택한 부품이 공급업체 1의 부품일 확률 0.65로 시작하였으나, 부품이 불량하다는 정보가 주어지면 부품이 공급업체 1의 부품일 확률은 0.4262로 떨어진다. 실제로 부품이 불량한 경우 공급업체 2로부터 나올 가능성은 50% 이상으로 $P(A_2 \mid B) = 0.5738$이 된다.

베이즈 정리는 사후확률을 계산하려는 사건이 상호배반적이며 이들의 합집합이 전체 표본공간일 때 적용할 수 있다. n개의 상호 배반사건 $A_1, A_2, \cdots, A_n$의 합집합이 전체 표본공간을 이룰 때, 사후확률 $P(A_i \mid B)$를 계산하기 위한 베이즈 정리는 다음과 같다.

베이즈 정리

$$P(A_i \mid B) = \frac{P(A_i)P(B \mid A_i)}{P(A_1)P(B \mid A_1) + P(A_2)P(B \mid A_2) + \cdots + P(A_n)P(B \mid A_n)} \tag{4.19}$$

184

앤더슨의 경영통계학

사전확률 $P(A_1)$, $P(A_2)$, $\cdots$, $P(A_n)$과 조건부 확률 $P(B\,|\,A_1)$, $P(B\,|\,A_2)$, $\cdots$, $P(B\,|\,A_n)$이 주어져 있다면 사건 A_1, A_2, $\cdots$, A_n의 사후확률 계산에 식 (4.19)를 사용할 수 있다.

1 표 접근법

표 접근법(tabular approach)은 베이즈 정리를 쉽게 계산하는 데 유용하다. 부품 공급업체 문제에 대한 표 접근법은 〈표 4-7〉에 나와 있다. 계산 방법은 다음 단계를 따른다.

1단계 다음의 세 개의 열을 준비한다.

1열 – 사후확률이 필요한 상호 배반사건 A_i

2열 – 사건의 사전확률 $P(A_i)$

3열 – 각 사건에 주어진 새로운 정보 B의 조건부 확률 $P(B\,|\,A_i)$

2단계 4열에서 곱셈법칙을 사용하여 각 사건과 새로운 정보 B의 결합확률 $P(A_i\,|\,B)$를 계산한다. 이 결합확률은 2열의 사전확률과 3열의 해당 조건부 확률을 곱하여 구한다. 즉,

$$P(A_i \cap B) = P(A_i)P(B\,|\,A_i)$$

3단계 4열의 결합확률을 합한다. 결합확률의 합은 새로운 정보의 확률 $P(B)$가 된다. 따라서 〈표 4-7〉로부터 부품이 공급업체 1에서 제공되고 불량일 확률은 0.0130이고, 부품이 공급업체 2에서 공급되고 불량일 확률이 0.0175임을 알 수 있다. 이것이 불량 부품을 얻을 수 있는 유일한 두 가지 방법이기 때문에, 합계 0.0130 + 0.0175 = 0.0305는 두 공급업체로부터 발생하는 불량 부품이 나올 확률이다.

4단계 5열에는 조건부 확률의 기본적인 관계를 사용하여 사후확률을 계산한다.

$$P(A_i\,|\,B) = \frac{P(A_i \cap B)}{P(B)}$$

여기서 결합확률 $P(A_i \cap B)$는 4열에 있고 확률 $P(B)$는 4열의 합이므로, 4열의 각 결합확률을 4열의 합으로 나누어 주면 된다.

📊 표 4-7_ 두 공급업체 문제에서 베이즈 정리 계산을 위한 표 접근법

(1) 사건 A_i	(2) 사전확률 $P(A_i)$	(3) 조건부 확률 $P(B\,|\,A_i)$	(4) 결합확률 $P(A_i \cap B)$	(5) 사후확률 $P(A_i\,|\,B)$
A_1	0.65	0.02	0.0130	0.0130/0.0305 = 0.4262
A_2	0.35	0.05	0.0175	0.0175/0.0305 = 0.5738
	1.00		$P(B)$ = 0.0305	1.0000

🔍 **보충설명**

1. 베이즈 정리는 의사결정 분석에서 널리 사용된다. 사전확률은 종종 의사결정자가 제공한 주관적인 추정치이다. 최적의 의사결정을 위해 표본 정보를 얻어 사후확률을 계산한다.

2. 사건과 여사건은 상호 배반사건이고 이들의 합집합은 전체 표본공간이다. 따라서 베이즈 정리는 사건과 여사건의 사후확률을 계산하는 데에는 언제나 사용될 수 있다.

31. 사건 A_1, A_2의 사전확률이 $P(A_1) = 0.40$, $P(A_2) = 0.60$이고, 교집합의 확률 $P(A_1 \cap A_2) = 0$이다. $P(B|A_1) = 0.20$, $P(B|A_2) = 0.05$라 하자.

    a. 사건 A_1과 A_2는 상호 배반사건인가?

    b. $P(A_1 \cap B)$와 $P(A_2 \cap B)$를 계산하라.

    c. $P(B)$를 계산하라.

    d. 베이즈 정리를 이용하여 $P(A_1|B)$와 $P(A_2|B)$를 계산하라.

32. 사건 A_1, A_2, A_3의 사전확률은 $P(A_1) = 0.20$, $P(A_2) = 0.50$, $P(A_3) = 0.30$이다. A_1, A_2, A_3가 주어진 경우, 사건 B의 조건부 확률은 $P(B|A_1) = 0.50$, $P(B|A_2) = 0.40$, $P(B|A_3) = 0.30$이다.

    a. $P(B \cap A_1)$, $P(B \cap A_2)$, $P(B \cap A_3)$를 계산하라.

    b. 베이즈 정리를 사용하여 사후확률 $P(A_2|B)$를 계산하라.

    c. 베이즈 정리를 적용하는데 표 접근법을 사용하여 사후확률 $P(A_1|B)$, $P(A_2|B)$, $P(A_3|B)$를 계산하라.

33. 한 컨설팅회사가 대규모 연구 프로젝트 입찰에 참가하였다. 회사 경영자는 처음에 프로젝트를 수주하거나 수주하지 못할 가능성이 50대50이라고 생각했다. 그러나 입찰을 주관한 기관이 추가 정보를 요청하였다. 과거 경험에 따르면 성공한 입찰의 75%와 실패한 입찰의 40%에 대해 기관이 추가 정보를 요청하였다.

    a. 입찰이 성공할 사전확률(즉, 추가 정보 요청 이전)은 얼마인가?

    b. 입찰이 궁극적으로 성공할 경우, 추가 정보를 요청할 조건부 확률은 얼마인가?

    c. 추가 정보 요청이 있을 때 입찰이 성공할 사후확률은 얼마인가?

34. ParFore는 골프 장비와 골프 의류를 판매하는 웹사이트를 만들었다. 경영진은 여성 웹사이트 방문자에게 어필할 수 있는 특별 제안과 남성 웹사이트 방문자에게 어필할 수 있는 또 다른 특별 제안을 원한다. 과거 웹사이트 방문자의 표본에서 방문자의 60%가 남성이고, 40%가 여성이라는 사실을 알게 되었다.

    a. 현재 웹사이트 방문자가 여성일 확률은 얼마인가?

    b. ParFore의 여성 방문자 중 30%가 이전에 Dillard 백화점 웹사이트를 방문했고, 남성 방문자 중 10%가 이전에 Dillard 백화점 웹사이트를 방문하였다. ParFore 웹사이트의 방문자가 이전에 Dillard 백화점 웹사이트를 방문한 적이 있다면 여성일 확률은 얼마인가? ParFore 웹사이트의 여성 방문자에게 어필하는 특별제안을 해야 하는가, 아니면 남성 방

문자에게 어필하는 특별제안을 해야 하는가?

35. 미국 질병 통제 예방 센터(CDC) 내에 위치한 국립 보건 통계 센터는 건강보험에 가입한 미국 성인의 수를 추적한다. 이 기관에 따르면 2018년 18세 미만의 5.1%, 18-64세의 12.4%, 65세 이상의 1.1%가 건강보험에 가입하지 않았다. 미국인의 약 22.8%가 18세 미만이고, 미국인의 61.4%가 18-64세이다.

   a. 미국에서 무작위로 선택된 사람이 65세 이상일 확률은 얼마인가?

   b. 무작위로 선택된 사람이 무보험 미국인이라고 가정할 때, 그 사람이 65세 이상일 확률은 얼마인가?

요점정리

이 장에서는 기본적인 확률 개념을 소개하고 확률분석을 사용하여 의사결정에 유용한 정보를 제공하는 방법을 설명하였으며, 확률이 사건이 일어날 가능성의 수치적 척도로 어떻게 해석될 수 있는지에 대해서도 설명하였다. 또한 사건을 구성하는 실험결과(표본점)의 확률을 합산하거나 확률의 덧셈, 조건부 확률 및 곱셈법칙에 의해 설정된 관계를 이용하여 사건의 확률을 계산할 수 있음을 확인하였다. 추가적인 정보를 사용할 수 있는 경우 베이즈 정리를 이용하여 확률의 수정 또는 사후확률을 구하는 방법을 보여주었다.

보충문제

36. 프린세스 크루즈는 18세 이상의 성인을 대상으로 충분히 휴식을 취할 때까지 며칠의 휴가가 필요한지를 설문을 통해 조사하여, 다음과 같은 답변을 얻었다.

충분한 휴식을 위한 휴가 기간	도수
1일 이하	422
2일	181
3일	80
4일 이상	121
충분한 휴식이라고 느끼지 못함	201

   a. 설문조사에 참여한 성인은 몇 명인가?

   b. 확률이 가장 높은 응답은 무엇인가? 이 응답의 확률은 얼마인가?

   c. 응답자가 충분한 휴식이라고 느끼지 않을 확률은 얼마인가?

   d. 응답자가 충분한 휴식이라고 느끼는 데 2일 이상이 걸릴 확률은 얼마인가?

37. 다음은 TV 프로그램에 대한 의견을 제시하기 위해 소셜미디어와 다른 웹사이트를 이용하는지에 대해 1,364명을 대상으로 한 설문조사 결과이다.

구분	TV 프로그램에 대한 의견을 표현하기 위해 소셜미디어와 다른 웹사이트를 이용한다.	TV 프로그램에 대한 의견을 표현하기 위해 소셜미디어와 다른 웹사이트를 이용하지 않는다.
남자	395	291
여자	323	355

a. 결합확률표를 작성하라.

b. 응답자가 여성일 확률은 얼마인가?

c. 응답자가 여성일 경우, TV 프로그램에 대한 의견을 표명하기 위해 소셜미디어와 다른 웹 사이트를 이용할 조건부 확률은 얼마인가?

d. F는 응답자가 여성인 사건을, A는 응답자가 TV 프로그램에 대한 의견을 표명하기 위해 소셜미디어와 다른 웹사이트를 이용하는 사건을 나타낸다. 사건 F와 A는 독립인가?

38. 새로운 TV쇼에 대한 시청자 평가를 위한 설문조사 결과가 다음과 같다.

평가	도수
나쁨	4
평균 이하	8
평균	11
평균 이상	14
우수	13

a. 무작위로 선택된 시청자가 새로운 TV쇼를 평균 이상으로 평가할 확률은?

b. 무작위로 선택된 시청자가 새로운 TV쇼를 평균 이하로 평가할 확률은?

39. 미국 인구조사국은 국민과 경제에 대한 정량적 자료의 주요 원천이다. 다음의 교차표는 가구 소득과 가구주의 교육수준에 따른 가구 수(단위: 1,000가구)를 나타낸 표로, 가구주가 고등학교 졸업 이상인 경우만을 포함하였다.

가구주 교육 수준	가구소득 $25,000 미만	가구소득 $25,000 ~$49,999	가구소득 $50,000 ~$99,999	가구소득 $100,000 이상	계
고등학교 졸	9,880	9,970	9,441	3,482	32,773
대학 졸	2,484	4,164	7,666	7,817	22,131
석사	685	1,205	3,019	4,094	9,003
박사	79	160	422	1,076	1,737
계	13,128	15,499	20,548	16,469	65,644

a. 결합확률표를 작성하라.

b. 가구주가 석사 이상의 학력을 가지고 있을 확률은?

c. 고졸 가구주의 가구 소득이 $100,000 이상일 확률은?

d. 가구 소득이 $25,000 미만일 확률은?

e. 학사학위를 가진 가구주의 가구 소득이 $25,000 미만을 벌 확률은?

f. 가구 소득과 가구주의 교육 수준은 무관한가?

40. 다음은 2018명의 MBA 지원자를 대상으로 한 설문조사 결과이다.

구분		두 학교 이상 지원	
		예	아니오
나이	23 이하	207	201
	24~26	299	379
	27~30	185	268
	31~35	66	193
	36 이상	51	169

a. 결합확률표를 작성하라.

b. 무작위로 선택된 지원자가 23세 이하일 확률은?

c. 무작위로 선택된 지원자가 27세 이상일 확률은?

d. 무작위로 선택된 지원자가 둘 이상의 학교에 지원했을 확률은?

41. 문제 40번 MBA 지원자 자료에서,

a. 어떤 사람이 둘 이상의 학교에 지원했다고 가정할 때, 그 사람이 24-26세일 확률은?

b. 어떤 사람이 37세 이상이라고 가정할 때, 그 사람이 둘 이상의 학교에 지원했을 확률은?

c. 어떤 사람이 24-26세 이거나 둘 이상의 학교에 지원했을 확률은?

d. 어떤 사람이 한 학교에만 지원했다고 가정하자. 그 사람이 31세 이상일 확률은?

42. 소비재를 생산하는 대기업이 TV에 비누 제품을 광고하였다. TV 광고의 효과 등을 파악하기 위해 개인을 대상으로 설문조사를 한 후, 다음과 같이 사건을 정의하고 확률을 부여하였다.

B = 제품을 구매한 사건, $P(B) = 0.20$

S = 광고를 본 것을 기억하는 사건, $P(S) = 0.40$

$B \cap S$ = 제품을 구매하고 광고를 본 것을 기억하는 사건, $P(B \cap S) = 0.12$

a. 광고를 본 것을 기억한다고 할 때, 제품을 구매할 확률은? 광고를 보는 것이 제품을 구매할 확률을 높여주는가? 의사결정자로서 광고를 계속하도록 권고할 것인가? (광고비용은 합리적이라고 가정)

b. 이 회사 비누 제품을 구매하지 않는 소비자는 경쟁업체로부터 제품을 구매한다고 할 때, 이 회사의 시장점유율을 어떻게 예상하는가? 광고를 계속하면 이 회사의 시장점유율이 증가할 것으로 기대하는가? 그 이유는 무엇인가?

c. 회사가 다른 광고를 테스트하여 다음과 같이 확률을 부여하였다. $P(S) = 0.30$, $P(B \cap S)$ = 0.10. 이 다른 광고의 $P(B \mid S)$는 얼마인가? 어떤 광고가 고객 구매에 더 큰 영향을 미친다고 생각하는가?

43. Cooper Realty는 뉴욕 알바니에 있는 소규모 부동산회사로 주로 주거용 부동산을 전문으로 취급한다. 회사는 최근 매물로 나온 물건들이 며칠 내로 팔릴 것인가에 관심을 두고 있다. 전년도에 800가구의 판매를 분석한 결과는 다음과 같다.

구분		판매될 때까지의 기간			
		30일 이하	31~90일	90일 초과	계
최초 호가	$150,000 미만	50	40	10	100
	$150,000 ~$199,999	20	150	80	250
	$200,000 ~$250,000	20	280	100	400
	$250,000 초과	10	30	10	50
	계	100	500	200	800

a. 사건 A를 매물로 나온 지 90일을 초과하여 판매된 주택이라고 정의한다면, A의 확률은?

b. B를 최초 호가가 $150,000 미만인 사건이라고 정의하면, B의 확률은?

c. $A \cap B$의 확률을 계산하라.

d. 최초 호가가 $150,000 미만인 주택을 매물로 내어놓는 계약을 체결했다면, Cooper Realty가 판매하는 데 90일 이상이 걸릴 확률은?

e. 사건 A와 B는 독립인가?

44. 미국의 많은 학부생들이 해외에서 공부한다. 유학 중인 학부생의 60%가 여성이고, 유학을 하지 않는 학부생의 49%가 여성이라고 가정하자.

a. 여학생이 해외에서 공부할 확률은?

b. 남학생이 해외에서 공부할 확률은?

c. 여학생의 전체 비율은? 남학생의 전체 비율은?

45. 한 석유회사가 알래스카 땅에 대한 옵션을 구입하였다. 예비 지질조사에서 다음의 사전확률을 부여하였다.

$$P(\text{고품질 석유}) = 0.50$$
$$P(\text{중품질 석유}) = 0.20$$
$$P(\text{석유 없음}) \quad = 0.30$$

a. 석유를 발견할 확률은?

b. 첫 번째 유정에서 200피트의 시추 후 토양 테스트를 수행한다. 토양 테스트에서 특유한 유형의 토양을 찾을 확률은 다음과 같다.

$$P(\text{특유한 토양} \mid \text{고품질 석유}) = 0.20$$
$$P(\text{특유한 토양} \mid \text{중품질 석유}) = 0.80$$
$$P(\text{특유한 토양} \mid \text{석유 없음}) \quad = 0.20$$

회사는 토양 테스트를 어떻게 해석해야 하는가? 수정된 확률은 무엇이고, 석유를 발견할 새로운 확률은 얼마인가?

사례연구 **1. 해밀턴 카운티의 판사들**

해밀턴 카운티의 판사는 매년 수천 건의 사건을 심리한다. 처분된 사건의 압도적 다수에서 판결은 그대로 유지된다. 그러나 어떤 경우에는 항소가 제기되고, 항소 중 일부는 뒤집힌다.

The Cincinnati Enquirer의 기자 Kristen DelGuzzi는 3년 동안 해밀턴 카운티 판사가 처리한 사건을 조사하였다. 〈표 4-8〉은 민사법원(common pleas court), 가정법원(domestic relations court), 지방법원(municipal court)의 판사 38명이 182,908건의 사건을 처리한 결과로, 소송건수(total cases disposed), 항소건수(appealed cases), 뒤집힌 건수(reversed cases)를 조사한 것이다. 두 명의 판사(Dinkelacker와 Hogan)는 3년 동안 같은 법원에서 근무하지 않았다.

처리 사건 조사 목적은 판사들의 성과를 평가하는 것이다. 항소는 종종 판사가 저지른 실수의 결과이며, 조사를 통해 어느 판사가 훌륭한 판결을 내리고 어느 판사가 실수를 많이 하는가를 알고자 했다. 당신이 자료 분석을 요청받았다고 하자. 확률과 조건부 확률에 대한 지식을 활용하여 판사들의 순위를 정하라. 다른 법원에서 처리하는 사건에 대한 항소 및 뒤집힐 가능성도 분석할 수 있을 것이다.

경영 보고서

판사의 순위가 포함된 보고서를 작성하라. 보고서에는 다음의 내용이 포함되어야 한다.

1. 3개 법원에서 사건이 항소되고 뒤집힐 확률
2. 각 판사별 항소 확률
3. 각 판사별 사건이 뒤집힐 확률
4. 각 판사별로 항소되었을 때 판결이 뒤집힐 확률
5. 각 법원 내 판사의 순위와 순위 결정을 위해 사용한 기준 및 그 기준을 선택한 이유

DATA files
Judge
www.hanol.co.kr

표 4-8_ 해밀턴 카운티 법정의 소송건수, 항소건수 및 뒤집힌 건수

민사법원			
판사	소송건수	항소건수	뒤집힌 건수
Fred Cartolano	3,037	137	12
Thomas Crush	3,372	119	10
Patrick Dinkelacker	1,258	44	8
Timothy Hogan	1,954	60	7
Robert Kraft	3,138	127	7
William Mathews	2,264	91	18
William Morrissey	3,032	121	22
Norbert Nadel	2,959	131	20
Arthur Ney, Jr.	3,219	125	14
Richard Niehaus	3,353	137	16
Thomas Nurre	3,000	121	6
John O'Connor	2,969	129	12
Robert Ruehlman	3,205	145	18
J. Howard Sundermann	955	60	10
Ann Marie Tracey	3,141	127	13
Ralph Winkler	3,089	88	6
계	43,945	1,762	199

가정법원			
판사	소송건수	항소건수	뒤집힌 건수
Penelope Cunningham	2,729	7	1
Patrick Dinkelacker	6,001	19	4

Deborah Gaines	8,799	48	9
Ronald Panioto	12,970	32	3
계	30,499	106	17

지방법원			
판사	소송건수	항소건수	뒤집힌 건수
Mike Allen	6,149	43	4
Nadine Allen	7,812	34	6
Timothy Black	7,954	41	6
David Davis	7,736	43	5
Leslie Isaiah Gaines	5,282	35	13
Karla Grady	5,253	6	0
Deidra Hair	2,532	5	0
Dennis Helmick	7,900	29	5
Timothy Hogan	2,308	13	2
James Patrick Kenney	2,798	6	1
Joseph Luebbers	4,698	25	8
William Mallory	8,277	38	9
Melba Marsh	8,219	34	7
Beth Mattingly	2,971	13	1
Albert Mestemaker	4,975	28	9
Mark Painter	2,239	7	3
Jack Rosen	7,790	41	13
Mark Schweikert	5,403	33	6
David Stockdale	5,371	22	4
John A. West	2,797	4	2
계	108,464	500	104

사례연구 **2. 랍스 마켓(Rob's Market: RM)**

RM은 미국 남서부 지역 식품점 체인이다. RM의 비즈니스 인텔리전스 이사인 David Crawford는 RM 로열티 카드(고객이 할인된 가격을 받기 위해 체크아웃할 때 스캔하는 카드)를 사용하는 고객의 구매행동을 연구하고자 한다. 고객이 로열티 카드를 사용하면 판매시점(point of sale) 데이터, 즉 고객이 체크아웃할 때 구매한 제품 목록을 RM이 알 수 있다. David는 함께 구매한 제품을 알면 더 나은 가격정책 및 디스플레이 전략을 수립할 수 있고, 판매 및 다양한 쿠폰 할인 수준에 대한 잠재적 영향의 이해도 높일 수 있다고 생각했다. 이는 고객이 매장에서 체크아웃할 때 장바구니에 무엇이 있는지에 대한 연구로 이러한 유형의 분석을 장바구니분석(market basket analysis)이라고 한다.

프로토타입 연구로서 David는 빵, 젤리, 땅콩버터와 관련된 고객 구매행동을 조사하려고 한다. Daivd의 요청에 따라 RM의 IT 그룹은 1주일 동안 1,000명의 고객이 구매한 데이터 세트를 제공하였다. 데이터 세트에는 각 고객에 대한 다음과 같은 변수가 포함되어 있다.

DATA files
MarketBasket
www.hanol.co.kr

- 빵 – 통밀(wheat), 정제밀(white), 없음(none)
- 젤리 – 포도(grape), 딸기(strawberry), 없음(none)
- 땅콩버터 – 크리미(creamy), 내추럴(natural), 없음(none)

데이터 세트에서 변수는 왼쪽에서 오른쪽으로 위의 순서대로 나타나며 각 행은 고객이다. 예를 들어 데이터 세트의 첫 번째 줄에 정제밀(white), 포도(grape), 없음(none)이라면 고객 1이 정제밀 빵, 포도 젤리를 구입하고 땅콩버터는 구입하지 않았음을 의미하며, 두 번째 줄에 정제밀, 딸기, 없음이라면 고객 2가 정제밀 빵, 딸기 젤리를 구입하고 땅콩버터를 구입하지 않았음을 의미한다. 6번째 줄에 없음, 없음, 없음은 6번째 고객이 아무것도 구입하지 않았음을 의미한다.

David는 이들 세 가지 제품과 관련된 고객의 구매행동을 더 잘 이해하기 위해 초기 연구를 하려고 한다.

경영 보고서

RM 로열티 카드를 사용하는 고객의 구매행동에 대한 통찰력을 제공하는 보고서를 작성하라. 보고서에는 다음에 대한 추정치가 포함되어야 한다.

1. 고객이 세 가지 제품 중 어느 것도 구매하지 않을 확률
2. 고객이 정제밀 빵을 구매할 확률
3. 고객이 통밀 빵을 구매할 확률
4. 고객이 정제밀 빵을 구매한다고 가정할 때, 포도 젤리를 구매할 확률
5. 고객이 정제밀 빵을 구매한다고 가정할 때, 딸기 젤리를 구매할 확률
6. 고객이 정제밀 빵을 구매한다고 가정할 때, 크리미 땅콩버터를 구매할 확률
7. 고객이 정제밀 빵을 구매한다고 가정할 때, 내추럴 땅콩버터를 구매할 확률
8. 고객이 통밀 빵을 구매한다고 가정할 때, 크리미 땅콩버터를 구매할 확률
9. 고객이 통밀 빵을 구매한다고 가정할 때, 내추럴 땅콩버터를 구매할 확률
10. 고객이 정제밀 빵, 포도 젤리, 크리미 땅콩버터를 구매할 확률

* 이러한 질문에 답하는 한 가지 방법은 피벗 테이블(2장에서 설명)을 사용하여 절대 도수를 얻고 피벗 테이블 결과를 사용하여 관련 확률을 계산하는 것이다.

데이터 분석을 위해
엑셀로 100% 구현된
앤더슨의 경영통계학

선거 유권자 대기시간(Voter Waiting Times in Elections)

선거 기간 동안 대부분의 미국 사람들은 투표장에 도착해 직접 투표한다. 최근 선거에서 일부 유권자들의 투표 대기시간이 극도로 길어졌다. 이처럼 긴 대기시간은 투표를 위해 줄을 서서 기다릴 수 없는 유권자들의 선거권을 박탈할 수 있어서 문제가 되었다. 이를 해결하기 위해 통계학자들은 선거구 투표장소와 유권자들의 대기시간을 추정하는 모델을 개발했다. 이 모델은 대기행렬 분야의 수학 방정식을 사용해 유권자의 대기시간을 추정한다. 대기시간은 투표소 위치별 투표기 대수, 투표부스 수, 투표용지 길이, 유권자 도착률 등 여러 요소에 따라 달라진다.

유권자 도착과 관련된 자료는 유권자 도착이 포아송분포로 알려진 확률분포를 따른다는 것을 보여준다. 통계학자들은 포아송분포의 속성을 사용해 임의의 기간 동안 도착하는 유권자 수에 대한 확률을 계산할 수 있다. 예를 들어, x는 1분 동안 특정 선거구 위치에 도착하는 유권자 수를 나타내고 이 지역의 평균 도착률이 분당 2명이라고 가정할 때, 다음 표는 1분 동안 도착하는 유권자 수의 확률을 나타내준다.

x	확률
0	0.1353
1	0.2707
2	0.2707
3	0.1804
4	0.0902
5 이상	0.0527

통계학자들은 이러한 확률값을 대기행렬에 기반한 모델의 입력값으로 사용해 각 선거구 위치별 유권자 대기시간을 추정한 후, 유권자 대기시간을 제어하기 위해 각 선거구 투표소에 투표기 또는 투표부스를 몇 대 대 배치할지를 추천한다. 유권자의 선거구 투표소 도착 모델을 설계하는 데 사용되는 포아송 분포와 같은 이산확률분포가 이 장의 주제이다. 포아송 분포 외에도 유용한 확률 정보를 제공하는 이항분포에 대해서도 알아본다.

이 사례는 Muer Yang, Michael J. Fry, Ted Allen, W. David Kelton의 연구자료에 기초한다.

이 장에서는 확률변수의 개념과 확률분포를 설명한다. 이 장의 초점은 이산확률분포로, 특히 현실에서 광범위하게 사용되는 대표적 이산확률분포인 이항분포와 포아송분포를 다룬다. 이산확률분포에 대해서 이 장에서 2가지 형태를 살펴볼 것인데, 첫 번째로는 표로 표현하는 방식을 살펴본다. 4장에서 실험 결과들에 확률값을 배열했던 방식처럼 이산확률분포에 대해 첫 번째 열에 확률변수를 두 번째 열에 확률값을 표시한다. 두 번째로는 각 확률변수의 확률값을 수학적 함수를 사용하여 계산하는 방법을 알아본다.

1 **확률변수**

* 실험과 실험결과 개념은 4장에서 논의했다.

확률변수(random variable)*는 숫자를 이용하여 실험결과를 설명하는 방법이다. 확률변수는 반드시 숫자 값을 가져야 한다.

실제로 확률변수는 가능한 실험결과에 숫자를 연관시킨 것으로, 실험결과 값에 따라 이산형이 되거나 연속형이 된다.

* 확률변수는 실험의 결과를 숫자로 표현하는 방법이다.

1 이산확률변수

유한한 숫자 값이나 0, 1, 2, … 처럼 무한하지만 셀 수 있는 값을 가진 변수를 이산확률변수 (discrete random variable)라 한다. 공인회계사(CPA) 시험 응시생에 대한 실험을 생각해 보자. CPA 시험은 4과목으로 구성되며, 확률변수 x를 CPA 시험에서 통과한 과목 수로 정의하면, 확률변수 x는 유한한 값 0, 1, 2, 3, 4를 갖기 때문에 이산확률변수라고 한다.

이산확률변수의 다른 예로 고속도로 요금소에 도착하는 차에 대한 실험을 생각해 보자. 관심이 있는 확률변수 x는 일정 시간 동안 도착하는 차의 수이다. x의 가능한 값은 0, 1, 2, … 이므로, 확률변수 x는 무한하지만 셀 수 있는 수열에서 하나의 값을 갖는다.

많은 실험결과는 자연스럽게 숫자 값으로 표현될 수 있지만, 일부는 그렇지 않다. 예를 들어 설문조사에서 최근의 TV광고의 메시지를 기억하는가를 물었다고 하자. 이러한 실험에서 두 가지 결과가 나올 수 있다. 하나는 메시지가 기억나지 않는다는 응답이고 다른 하나는 기억한다는 응답이다. 이산확률변수 x를 메시지를 기억하지 못하면 $x=0$, 기억하면 $x=1$로 정의하여 실험결과를 숫자로 표현할 수 있다. 이러한 확률변수의 값은 0, 1 이외에 5나 10과 같이 임의의 숫자로도 사용할 수 있으며, 확률변수의 정의에 맞으면 된다. 즉 실험의 결과를 숫자로 표현한다면 어떤 숫자로 표현이 되든 x는 확률변수이다. 〈표 5-1〉은 이산확률변수의 몇 가지 예를 나타낸 것이다. 각 예제에서 이산확률변수의 값은 유한하거나 0, 1, 2, … 와 같이 무한하지만 셀 수있다. 이 장에서는 이러한 종류의 이산확률변수에 관해 자세히 설명할 것이다.

📊 표 5-1_ 이산확률변수의 예제

실험	확률변수(x)	확률변수의 가능한 값들
동전 던지기	던져진 동전의 윗면	동전 앞면: 1 동전 뒷면: 0
주사위 던지기	주사위 윗면의 보이는 숫자	1, 2, 3, 4, 5, 6
다섯 명의 고객	주문하는 고객 수	0, 1, 2, 3, 4, 5
하루 병원 운영	방문하는 환자 수	0, 1, 2, 3, …
두 가지 제품에 대한 고객 선택	고객이 선택하는 제품	하나도 선택 안하는 경우 0; 제품 A 선택하는 경우 1; 제품 B 선택하는 경우 2

📊 표 5-2_ 연속확률변수 예제

실험	확률변수(x)	가능한 확률변수의 값
은행운영	고객들이 도착하는 간격(분)	$x \geq 0$
청량음료 채우기 (최고 12.1 온스)	청량음료의 양(온스)	$0 \leq x \leq 12.1$
새로운 화학공정 테스트	원하는 반응이 일어날 때의 온도 (최저 150도, 최고 212도)	$150 \leq x \leq 212$
주식 시장에 10,000달러 투자	1년 후 가치	$x \geq 0$

2 연속확률변수

확률의 값이 구간이나 구간의 모음에 속하는 숫자로 주어지는 확률변수를 연속확률변수 (continuous random variable)라 한다. 시간, 몸무게, 거리, 온도 등의 실험결과는 연속확률변수로 표현할 수 있다. 예를 들어 주요 보험회사의 고객 상담실에 걸려오는 전화를 모니터하는 실험을 생각해 보자. 관심의 대상이 되는 확률변수 x를 연속적으로 걸려오는 전화 사이의 간격(분으로 측정)이라고 하면, 확률변수 x는 $x \geq 0$이 된다. 실제로 x는 1.26분, 2.751분, 4.3333분 등과 같이 무한히 많은 값들을 가질 수 있다. 다른 예로 애틀랜타 북부와 조지아를 잇는 고속도로 I-75의 90마일 구간을 생각해 보자. 애틀랜타의 응급서비스에 대해 확률변수 x를 I-75의 이 구간 내에서 다음 사고 지점까지의 거리라고 정의하면, x는 $0 \leq x \leq 90$에 있는 어떤 값도 가질 수 있는 연속확률변수가 된다. 연속확률변수의 추가적인 예들은 〈표 5-2〉에 나와 있다. 각 예들은 구간에서 어떤 값도 갖을 수 있는 연속확률변수를 보여준다.

* 연속확률변수와 연속확률분포는 6장에서 논의한다.

보충설명

확률변수가 이산형인가 연속형인가를 결정하는 한 가지 방법은 확률변수가 가질 수 있는 값이 직선의 일부분인지 아닌지 생각하는 것이다. 확률변수의 두 값을 선정하여 확률변수가 두 점 사이의 모든 값을 가질 수 있다면 연속확률변수이다.

연습문제

기초문제

1. 동전을 두 번 던지는 실험을 생각해 보자.
   a. 실험결과 목록을 작성하라.
   b. 앞면의 개수를 확률변수로 정의하라.
   c. 각 실험결과에서 확률변수의 값은 무엇인가?
   d. 확률변수는 이산형인가 연속형인가?

앤더슨의 경영통계학

2. 제품을 조립하는 실험을 생각해 보자.

    a. 제품을 조립하는 데 소요되는 시간(단위: 분)을 확률변수로 정의하라.

    b. 확률변수가 가질 수 있는 값은 무엇인가?

    c. 확률변수는 이산형인가 연속형인가?

응용문제

3. 3명의 학생이 여름에 브룩우드 연구소에서 근무하기 위해 면접을 볼 계획이다. 면접결과는 합격과 불합격 둘 중 하나이다. 실험결과는 3명의 면접결과로 정의된다.

    a. 실험결과를 나열하라.

    b. 일자리를 얻게 될 학생의 수를 확률변수로 정의하라. 확률변수가 연속형인가?

    c. 각각의 실험결과를 확률변수의 값으로 나타내라.

4. 인구조사국(Census Bureau)은 미국 북동부 지역 9개 주의 실업률을 알고자 한다. 특히 실업률이 3.5% 미만인 북동부 주가 몇 개인지를 알고자 한다. 이러한 확률변수가 취할 수 있는 값은 무엇인가?

5. 혈액 유형을 분석하기 위해 실험실 담당자는 두 가지 절차를 수행해야 한다. 첫 번째 절차는 1개 또는 2개의 단계를 거치며, 두 번째 절차에서는 1개, 2개 또는 3개의 단계를 거친다. 실험결과는 각 절차에서 수행된 단계의 수로 정의된다.

    a. 혈액분석을 하면 나오게 되는 실험결과를 나열하라.

    b. 혈액분석을 위해 거친 총 단계의 수를 확률변수로 정의하는 경우, 각 실험결과를 확률변수의 값으로 나타내라.

6. 다음은 실험과 이에 연관된 확률변수이다. 각 확률변수가 가질 수 있는 값들과 이산확률변수인지 연속확률변수인지를 밝혀라.

실험	확률변수(x)
a. 20문항의 시험에 응시	올바르게 푼 문항의 개수
b. 1시간 동안 톨게이트에 도착한 차 관찰	톨게이트에 도착한 차의 대수
c. 50건의 세금환급 감사	부당 환급 건수
d. 근로자 업무 관찰	근무시간(8시간) 중 비생산적인 시간
e. 상품의 무게	무게

2 이산확률분포

확률분포(probability distribution)는 확률변수의 값에 확률이 어떻게 부여되는지를 나타낸 것이다. 이산확률변수 x의 확률분포는 확률변수 각각의 값이 발생할 확률을 나타내는 확률함수

* 고전적 방법, 주관적 방법, 상대도수적 방법은 4장에 소개되었다.

(probability function) $f(x)$에 의해 정의된다. 고전적 방법, 주관적 방법, 상대도수적 방법* 등이 이산확률분포를 도출하는 데 사용될 수 있으며, 이를 활용하여 이산확률분포를 표의 형식으로 작성할 수 있다.

확률변수에 확률을 부여하는 고전적 방법은 각 실험결과가 발생할 가능성이 모두 동일할 때 사용할 수 있다. 예를 들면 주사위 던지는 실험에서 실험결과는 1, 2, 3, 4, 5, 6 중의 하나이며 각 결실험과가 발생할 확률은 모두 같다. 따라서 확률변수 x는 주사위 윗면 눈의 수와 $f(x)$를 x의 확률함수라면, 확률변수 x의 확률분포는 〈표 5-3〉과 같다.

확률을 부여하는 주관적 방법도 확률변수의 값이 나타날 확률을 부여하는 데 사용할 수 있다. 각 확률변수의 값이 나타날 확률을 개인이 주관적이지만 최적의 판단을 통해 부여하며, 고전적 방법과 달리 사람마다 확률분포가 다르게 된다.

상대도수적 방법은 실험이 합리적인 수준으로 많이 시행되었을 때 적용될 수 있다. 이때 실험으로부터 얻은 자료를 모집단이라 생각하고 상대도수를 계산하여 확률을 부여한다. 상대도수적 방법을 사용하여 얻어진 이산확률분포를 경험이산분포(empirical discrete distribution)라고 한다. 방대한 자료(예를 들면 상품 판매 자료, 신용카드 자료, 온라인 소셜 미디어 자료 등)에서 이러한 분포가 광범위하게 사용되고 있다.

뉴욕 사라토가(Saratoga)에 있는 디카를로 자동차(DiCarlo Motors)의 자동차 일일 판매 대수의 확률분포를 개발하는 데 상대도수적 방법을 사용한다고 하자. 지난 영업일 300일 중 54일은 한 대도 못 팔았고, 117일은 1대, 72일은 2대, 42일은 3대, 12일은 4대, 3일은 5대를 팔았다. 확률변수 x=하루 판매 대수로 정의하면, 과거의 자료에서 x는 0, 1, 2, 3, 4, 5를 갖는 이산확률변수임을 알 수 있다. 확률함수 $f(0)$는 자동차를 한 대도 팔지 못할 확률, $f(1)$은 한 대를, $f(2)$는 두 대를 팔 확률을 의미한다. 차를 한 대도 못 파는 날은 300일 중 54일이므로 $f(0)=54/300$

표 5-3_ 주사위 던지기 실험에서 주사위 윗면 눈의 수의 확률분포

주사위 윗면 눈의 수 x	x의 확률 $f(x)$
1	1/6
2	1/6
3	1/6
4	1/6
5	1/6
6	1/6

표 5-4_ 디카를로 자동차가 하루에 판매하는 자동차 대수의 확률분포

x	$f(x)$
0	0.18
1	0.39
2	0.24
3	0.14
4	0.04
5	0.01
계	1.00

=0.18을 부여할 수 있으며, 이는 차를 한 대도 못 팔 확률이 0.18이라는 의미이다. 비슷한 방법으로 차를 한 대 파는 날은 300일 중 117일이므로 $f(1)=117/300=0.39$로 차를 한 대를 팔 확률은 0.39가 된다. 이러한 방법으로 $f(2)$, $f(3)$, $f(4)$, $f(5)$를 계산하여 〈표 5-4〉의 자동차 판매대수의 확률분포를 구할 수 있다.

확률변수와 확률분포를 정의하는 장점은 확률분포가 알려지면 의사결정자가 관심을 두고 있는 다양한 사건의 확률을 상대적으로 쉽게 알 수 있다는 것이다. 예를 들면 〈표 5-4〉에 있는 디카를로 자동차의 확률분포에서 가능성이 가장 큰 판매 대수는 1대이며 그 확률은 $f(1)=0.39$임을 알 수 있다. 또한 하루에 3대 이상 판매할 확률은 $f(3)+f(4)+f(5)=0.14+0.04+0.01=0.19$가 된다. 이러한 확률분포를 통해 의사결정자는 자동차 판매과정을 이해하는 데 도움을 받게 된다.

이산확률변수의 확률함수를 구하려면 다음의 두 가지 조건을 만족해야 한다.

* 이러한 조건은 4장에 나오는 실험결과에 확률을 부여하기 위한 2가지 기본조건과 동일하다.

이산확률함수에 요구되는 조건

$$f(x) \geq 0 \tag{5.1}$$

$$\sum f(x) = 1 \tag{5.2}$$

〈표 5-4〉에 있는 확률변수 x의 확률은 모든 x값에 대해 0 이상으로 식 (5.1)의 요구 조건을 만족하고, 확률의 합은 1이 되어 식 (5.2)도 만족한다. 따라서 디카를로 자동차의 확률함수는 타당한 이산확률함수임을 알 수 있다.

확률분포를 〈그림 5-1〉과 같이 그래프로도 표현할 수 있으며, 그래프에서 확률변수 x의 값은 가로축에, 확률은 세로축에 표현되어 있다.

표와 그래프 외에도 확률함수 $f(x)$를 계산하는 수식이 확률분포를 표현하는 데 많이 이용된다. 이산확률분포의 가장 간단한 예로 이산균일확률분포(discrete uniform probability distribution)를 들 수 있다. 이산균일확률분포의 확률함수 $f(x)$는 식 (5.3)으로 정의된다.

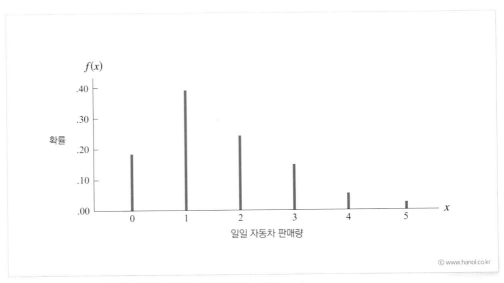

🔺 그림 5-1 _ 디카를로 자동차의 하루 판매량에 대한 확률분포 그래프

$$f(x) = 1/n \qquad (5.3)$$

여기서, n=확률변수가 가지는 값들의 개수

예를 들어 주사위를 던지는 실험에서 확률변수 x를 주사위 윗면에 나타나는 눈의 수라고 하면, 확률변수 x=1, 2, 3, 4, 5, 6이므로 n=6이다. 모든 확률변수의 확률이 동일하므로 이산균일확률함수를 적용하여 다음과 같이 확률함수의 식을 구할 수 있다.

$$f(x) = 1/6 \qquad x = 1, 2, 3, 4, 5, 6$$

널리 사용되는 대부분의 이산확률분포는 함수로 정의되어 있다. 대표적인 예로 이항분포, 포아송분포 등이 있으며, 이 장의 뒷부분에서 소개한다.

연습문제

기초문제

7. 확률변수 x의 확률분포가 다음과 같다.

x	f(x)
20	0.20
25	0.15
30	0.25
35	0.40

a. 확률분포가 타당한가를 설명하라.

b. x=30일 확률은?

c. x가 25 이하일 확률은?

d. x가 30보다 클 확률은?

응용문제

8. 탬파 종합병원에서 20일 동안의 병실 사용현황을 조사하였더니, 3일은 1개 병실만이 사용되었고, 5일은 2개, 8일은 3개, 4일은 4개의 병실이 사용되었다.

a. 상대도수 방법을 이용하여 주어진 기간에 사용된 병실 수의 확률분포를 구하라.

b. 확률분포를 나타내는 그래프를 그려라.

c. 확률분포가 타당한 이산확률분포의 요구조건을 만족시키는가?

9. 다음 표는 정보시스템의 선임관리자나 중간관리자의 직업만족도를 나타내는 점수의 백분율 도수분포표이다. 점수는 최저 1점(매우 불만족)에서 최고 5점(매우 만족)으로 평가되었다.

직업만족 점수	정보시스템 선임관리자(%)	정보시스템 중간관리자(%)
1	5	4
2	9	10
3	3	12
4	42	46
5	41	28

a. 선임관리자의 직업만족도의 확률분포를 구하라.

b. 중간관리자의 직업만족도의 확률분포를 구하라.

c. 선임관리자의 직업만족도가 4 또는 5일 확률은?

d. 중간관리자가 매우 만족할 확률은?

e. 선임관리자와 중간관리자의 전반적인 직업만족도를 비교하라.

10. 피닉스 지역에 있는 회사들의 우편물 분류기는 고장형태에 따라 수리에 1, 2, 3 또는 4시간이 소요된다. 다양한 수리시간을 요구하는 고장형태는 비슷한 빈도로 발생된다.

a. 수리시간의 확률분포함수를 수식으로 표현하라.

b. 확률분포를 그래프로 표현하라.

c. 확률분포가 이산확률분포에 요구되는 요건들을 만족함을 보여라.

d. 수리시간이 3시간 소요될 확률은?

e. 서비스 요청이 방금 들어 왔으나 고장형태는 알려지지 않았다. 그 시간은 오후 3시였고 기술자는 5시에 도착하였다. 기술자가 6시가 지나서 수리를 끝낼 확률은?

11. 한 정신과 의사는 새로운 환자의 믿음을 얻기 위해 필요한 진료회수(x)는 1, 2, 3번 중 하나이며, 확률함수는 다음과 같다고 생각하였다.

$$f(x) = \frac{x}{6}, \qquad x = 1, \ 2, \ 3$$

a. $f(x)$는 확률함수로 타당한가를 설명하라.

b. 환자의 믿음을 얻기 위해 2번 진료할 확률은?

c. 환자의 믿음을 얻기 위해 적어도 2번 진료할 확률은?

12. 다음의 표는 MRA회사의 첫 1년간 추정이익(단위: $1.000)에 대한 확률분포의 일부이다. 음수의 확률변수 값은 손실을 의미한다.

x	f(x)
-100	0.10
0	0.20
50	0.30
100	0.25
150	0.10
200	

a. $f(200)$의 값은 무엇인가? 이 값의 의미를 해석해 보라.

b. MRA회사가 이익을 남길 확률은 얼마인가?

c. 이익이 적어도 $100,000일 확률은 얼마인가?

기댓값과 분산

1 기댓값

확률변수의 기댓값(expected value)*, 즉 평균은 확률변수의 중심위치를 나타내는 척도이다. 이산확률변수의 기댓값을 계산하는 식은 다음과 같다.

이산확률변수의 기댓값

$$E(x) = \mu = \sum xf(x) \tag{5.4}$$

두 기호 $E(x)$와 μ 모두는 확률변수의 기댓값을 표시하기 위해 사용된다. 식 (5.4)에서 이산확률변수의 기댓값을 계산하기 위해 확률변수 값과 그에 해당하는 확률을 곱해서 더하여야 함을 알 수 있다. 5.2절의 디카를로 자동차의 판매자료를 이용하여 하루 평균 자동차 판매대수를 계산하면 〈표 5-5〉의 결과를 얻을 수 있다. 표에서 $xf(x)$ 열의 합은 하루에 판매되는 자동차 대수의 기댓값이 1.5대임을 의미한다. 자동차 판매는 하루에 0, 1, 2, 3, 4, 5대가 가능하지만 디카를로에서는 하루 평균 1.5대 판매가 기대됨을 알 수 있다. 한 달에 30일 근무한다고 가정하면 한 달 평균 판매량도 하루 평균 판매량을 이용하여 30×1.5=45대로 추정할 수 있다.

표 5-5_ 디카를로 자동차에서 하루에 판매한 자동차 대수의 기댓값 계산방법

x	f(x)	xf(x)
0	.18	0(.18)= .00
1	.39	1(.39)= .39
2	.24	2(.24)= .48
3	.14	3(.14)= .42
4	.04	4(.04)= .16
5	.01	5(.01)= .05
		1.50

$$E(x) = \mu = \sum xf(x)$$

2 분산

기댓값은 확률변수의 중심위치를 알려 주지만 변동성의 척도가 필요한 경우가 있다. 3장에서 자료의 변동성 측정을 위해 분산을 이용하는 것과 마찬가지로 확률변수의 변동성 측정을 위해 분산(variance)을 사용한다. 이산확률변수의 분산을 계산하는 식은 다음과 같다.

이산확률변수의 분산

$$Var(x) = \sigma^2 = \sum (x - \mu)^2 f(x) \tag{5.5}$$

표 5-6_ 디카를로 자동차에서 하루에 판매한 자동차 대수의 분산 계산방법

x	$x - \mu$	$(x-\mu)^2$	$f(x)$	$(x-\mu)^2 f(x)$
0	0 − 1.50 = −1.50	2.25	.18	2.25(.18) = .4050
1	1 − 1.50 = −.50	.25	.39	.25(.39) = .0975
2	2 − 1.50 = .50	.25	.24	.25(.24) = .0600
3	3 − 1.50 = 1.50	2.25	.14	2.25(.14) = .3150
4	4 − 1.50 = 2.50	6.25	.04	6.25(.04) = .2500
5	5 − 1.50 = 3.50	12.25	.01	12.25(.01) = .1225
				1.2500

$$\sigma^2 = \Sigma(x - \mu)^2 f(x)$$

식 (5.5)에서 보는 바와 같이 분산계산에서 중요한 요소는 확률변수의 값과 평균값의 차이인 편차 $x - \mu$이다. 확률변수의 분산을 계산하려면 편차의 제곱을 계산한 다음 그에 해당하는 확률함수의 값을 가중치로 곱한다. 확률변수의 분산을 표현하는 데에는 $Var(x)$ 또는 σ^2을 사용한다.

〈표 5-6〉은 디카를로 자동차의 하루 판매 자동차 대수에 관한 분산 계산과정을 나타낸 것으로, 분산은 1.25임을 알 수 있다. 표준편차(standard deviation) σ는 분산의 양의 제곱근이기 때문에 디카를로 자동차가 하루에 판매한 자동차 대수의 표준편차는 다음과 같다.

$$\sigma = \sqrt{1.25} = 1.118$$

표준편차는 확률변수와 같은 단위로 측정(=1.118대)되어 확률변수의 변동성을 설명하는 데 유용하지만, 분산 σ^2의 단위는 제곱형태가 되어 해석하기가 어려운 문제가 있다.

3 엑셀을 활용한 기댓값, 분산, 표준편차 계산

엑셀을 이용하여 이산확률변수에 대한 기댓값, 분산, 표준편차를 계산하기는 매우 쉽다. 한 가지 방법은 〈표 5-4〉 및 〈표 5-5〉와 같이 계산이 필요한 셀에 해당하는 수식을 넣는 것이고, 계산을 더 쉽게 하기 위해서는 엑셀의 SUMPRODUCT 함수를 활용하는 것이다. 〈그림 5-2〉는 엑셀을 활용하여 기댓값, 분산, 표준편차를 계산한 것으로 다음의 절차에 따라 구할 수 있다.

자료입력/자료열기 확률변수의 이름, 값, 확률을 셀 A1:B7에 입력한다.

함수와 수식입력 엑셀의 SUMPRODUCT 함수는 첫번째 범위에 있는 값과 이와 대응되는 다른 범위의 값을 곱하고 난 뒤 합계를 계산하는 함수이다. 디카를로 자동차의 일일 판매량의 기댓값 계산에 SUMPRODUCT 함수를 사용하기 위해 셀 B9에 다음의 함수를 넣는다.

$$= SUMPRODUCT(A2:A7, B2:B7)$$

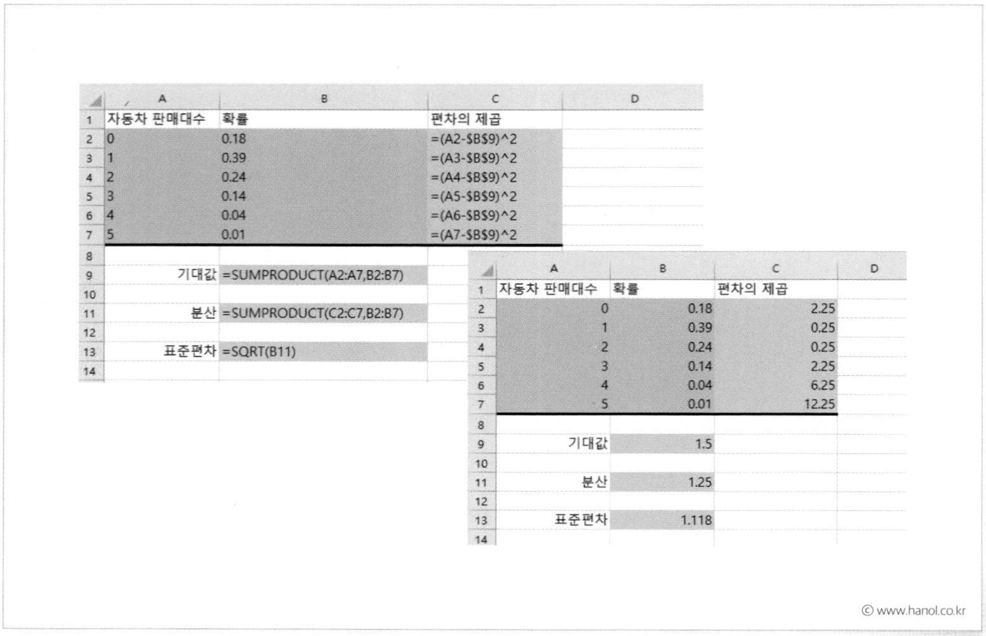

◐ 그림 5-2_ 기댓값, 분산, 표준편차를 계산한 엑셀 워크시트

첫 번째 범위인 셀 A2:A7은 확률변수의 값(자동차 판매 대수)이며, 두 번째 범위인 셀 B2:B7은 그에 대응하는 확률이다. 따라서 셀 B9에 있는 SUMPRODUCT 함수는 A2×B2+A3×B3+A4×B4+A5×B5+A6×B6를 계산한다. 이는 기댓값 공식인 식 (5.4)를 계산하는 것으로, 셀 B9의 결과는 기댓값인 1.5가 된다. 셀 C2:C7의 수식은 평균 1.5(셀 B9의 값)와 확률변수의 차이(편차)의 제곱을 계산하는 식으로, 계산결과는 〈표 5-5〉의 값과 동일하다. 분산을 계산하기 위해서는 편차 제곱(셀 C2:C7)의 값과 이에 대응하는 확률(셀 B2:B7)을 곱하여 더하면 되므로 SUMPRODUCT 함수를 이용하여 셀 B11과 같이 1.25로 구할 수 있다. 표준편차는 분산의 제곱근이므로 표준편차를 계산하기 위해서는 엑셀의 SQRT 함수를 셀 B13에 =SQRT(B11)을 입력하여 1.118을 얻을 수 있다.

연습문제

기초문제

13. 확률변수 x의 확률분포는 다음과 같다.

x	f(x)
3	0.25
6	0.50
9	0.25

a. x의 기댓값 $E(x)$를 계산하라.

b. x의 분산 σ^2을 계산하라.

c. x의 표준편차 σ를 계산하라

14. 확률변수 y의 확률분포는 다음과 같다.

y	f(y)
2	0.20
4	0.30
7	0.40
8	0.10

a. y의 기댓값 $E(y)$를 계산하라.

b. y의 분산 $Var(y)$와 표준편차 σ를 계산하라.

응용문제

15. 뉴튼자동차 보험이 자동차 사고에 지급한 보험금의 확률분포는 다음과 같다.

보험금(단위: $)	확률
0	0.58
500	0.04
1,000	0.04
3,000	0.03
5,000	0.02
8,000	0.01
10,000	0.01

a. 기댓값을 이용하여 회사의 손익분기점이 되는 자동차 보험료를 결정하라.

b. 보험회사는 자동차 보험료로 연 $520를 부과하려 한다. 보험계약자에게 돌아가는 보상의 기댓값은 얼마인가? (힌트: 회사로부터 지급받는 보험금의 기댓값에서 보험료를 차감하라) 보험가입자가 이러한 보상의 기댓값에도 불구하고 자동차보험에 가입하는 이유는 무엇인가?

16. 다음은 정보시스템의 선임관리자와 중간관리자 표본의 직업만족도 점수의 확률분포이다. 점수는 최저 1(매우 불만족)에서 최고 5(매우 만족)로 평가되었다.

직업만족 점수	확률	
	정보시스템 선임관리자	정보시스템 중간관리자
1	0.05	0.04
2	0.09	0.10
3	0.03	0.12
4	0.42	0.46
5	0.41	0.28

a. 선임관리자 직업만족도의 기댓값은?

b. 중간관리자 직업만족도의 기댓값은?

c. 선임관리자와 중간관리자 직업만족도의 분산은?

d. 선임관리자와 중간관리자 직업만족도의 표준편차는?

e. 선임관리자와 중간관리자의 전반적인 직업만족도를 비교하라.

17. 캐롤라이나(Carolina) 사의 제품 수요는 매달 달라진다. 과거 2년간의 자료를 기초로 작성한 수요의 확률분포가 다음과 같다.

수요량	확률
300	0.20
400	0.30
500	0.35
600	0.15

   a. 회사가 매월 수요의 기댓값에 근거하여 생산한다면, 월별 생산량은 얼마인가?

   b. 제품 가격이 $70이고 원가는 $50라고 하자. (a)의 결과에 따라 원재료를 준비하였으나 실제로 300개를 주문받았다면 이익이나 손해는 얼마인가?

18. J. R. Ryland 컴퓨터 회사는 신형 컴퓨터 생산을 위하여 공장을 확장하려 한다. CEO는 중간 정도로 확장할지, 대형크기로 확장할지에 대한 결정을 해야 한다. 새로운 제품에 대한 수요가 불확실하므로 수요의 확률을 추정하였다. 수요가 낮거나 중간 정도이거나 높을 확률은 각각 0.20, 0.50, 0.30으로 추정되었다. 변수 x와 y를 각각 중간 정도 확장과 대형크기 확장에 따른 연말이익(단위: $1000)이라고 하자.

		중간 정도 확장		대형크기 확장	
		x	$f(x)$	y	$f(y)$
수요	낮은 수요	50	0.20	0	0.20
	중간 수요	150	0.50	100	0.50
	높은 수요	200	0.30	300	0.30

   a. 확장에 관한 두 대안의 이익의 기댓값을 구하라. 기댓값을 최대화하기 위한 확장전략은 무엇인가?

   b. 두 확장 대안의 이익의 분산을 계산하라. 위험이나 불확실성을 최소화하기 위한 확장전략은 무엇인가?

4   이변량 분포, 공분산, 재무 포트폴리오

   두 확률변수를 포함하는 확률분포를 이변량 확률분포(bivariate probability distribution)라고 한다. 이변량 확률분포를 이해하려면 이변량 실험을 생각해 보는 것이 유용하다. 이변량 실험의 각 결과는 쌍으로 얻어진 두 개의 값(각 확률변수당 하나씩)으로 구성된다. 예를 들어 한 쌍의 주사위를 던지는 이변량 실험을 생각해 보면, 주사위를 던진 결과는 첫 번째 주사위로부터 얻은 결과와 두 번째 주사위로부터 얻은 결과인 두 개의 값으로 구성된다. 또 다른 예로, 1년 동안 금융시장을 관측해 주식 펀드와 채권 펀드의 수익률을 기록하는 실험을 생각해 보면, 이 실험 결과 역시 주식 펀드 수익률과 채권 펀드의 수익률이라는 두 가지 확률변수의 결과 값이 쌍으로 얻어진다. 이러한 이변량 확률분포에서는 주로 두 확률변수 간의 관계에 관심을 갖는다. 이 절에서는 이변량 분포를 소개하고 공분산 및 상관계수가 확률변수 간 선형관계의 정도를 나타내는 척도로 어떻게 사용되는지 소개한다. 또한, 재무 포트폴리오를 구성하고 분석하는 데 이변량 확률분포가 어떻게 사용될 수 있는지 알아본다.

1 경험적 이변량 이산확률분포

5.2절에서 뉴욕 사라토가(Saratoga)에 위치한 디카를로 자동차 대리점의 일일 판매에 관한 경험적 이산 분포를 설명하였다. 디카를로는 뉴욕 제네바(Geneva)에 또 다른 대리점이 있다. 〈표 5-7〉은 각 대리점에서 300일 동안 판매된 차량 수를 나타낸다. 맨 아래 줄 합계의 숫자는 5.2절의 사라토가에 위치한 디카를로 대리점의 일일 판매량에 대한 빈도수를 보여주며, 맨 오른쪽 합계는 제네바 대리점의 일일 판매량이다. 또한, 표에서 제네바 대리점 행의 "1"과 사라토가 대리점 열의 "2"에 위치한 33은 제네바 대리점에서 한 대를 판매하고 사라토가 대리점에서 두 대를 판매한 날이 총 300일 중 33일임을 나타낸다.

여기서 디카를로 자동차 대리점의 작업 일수를 관찰하며 판매된 차량 수를 기록하는 이변량 실험을 고려해보자. 제네바 대리점의 차량 판매량을 x로, 사라토가 대리점의 차량 판매량을 y로 정의하고, 〈표 5-7〉의 각 판매량을 총 판매량(300)으로 나눠서 두 디카를로 대리점의 자동차 판매에 대한 경험적 이변량 이산확률분포를 작성한다. 〈표 5-8〉은 이러한 이변량 이산 확률분포를 보여주는데, 하단에는 사라토가 대리점의 주변 분포(marginal distribution)를, 우측에는 제네바 대리점의 주변 분포를 나타내고 있다.

📊 표 5-7_ 디카를로 사라토가와 제네바 자동차 대리점의 일일 판매량(총 300일 기준)

제네바 대리점	사라토가 대리점						합계
	0	1	2	3	4	5	
0	21	30	24	9	2	0	86
1	21	36	33	18	2	1	111
2	9	42	9	12	3	2	77
3	3	9	6	3	5	0	26
합계	54	117	72	42	12	3	300

📊 표 5-8_ 디카를로 사라토가와 제네바 자동차 대리점의 일일 판매에 대한 이변량 이산 확률분포

제네바 대리점	사라토가 대리점						합계
	0	1	2	3	4	5	
0	.0700	.1000	.0800	.0300	.0067	.0000	.2867
1	.0700	.1200	.1100	.0600	.0067	.0033	.3700
2	.0300	.1400	.0300	.0400	.0100	.0067	.2567
3	.0100	.0300	.0200	.0100	.0167	.0000	.0867
합계	.18	.39	.24	.14	.04	.01	1.0000

〈표 5-7〉은 두 대리점 판매에 대한 이변량 확률분포로, 이변량 확률은 종종 결합 확률(joint probabilities)로도 불린다. 표에서, 제네바 대리점에서 자동차가 한 대도 안 팔리고 사라토가 대리점에서 자동차가 한 대가 팔릴 결합 확률은 $f(0,1) = 0.1000$이고, 제네바에서 한 대 팔리고 사라토가에서 4대가 팔릴 결합 확률은 0.0067이다. x는 4개의 가능한 값이, y는 6개의 가능한 값이 있고, 각 실험 결과별로 하나의 이변량 확률이 존재하므로, 총 24개의 이변량 확률이 존재한다.

* 표본 자료로부터 공분산과 상관계수를 계산하는 방법은 3장에서 논의하였다.

디카를로 두 대리점의 총 판매량에 대한 확률분포와 기댓값 및 분산을 알아보자. 디카를로 두 대리점 총 판매량을 s라고 하면, $s = x + y$가 되고 〈표 5-8〉의 경험적 이변량 확률분포에서 $f(s=0) = 0.0700$, $f(s=1) = 0.0700 + 0.1000 = 0.1700$, $f(s=2) = 0.0300 + 0.1200 + 0.0800 = 0.2300$ 등으로 나타난다. s 값에 대한 확률분포를 〈표 5-9〉에 표시하고, 기댓값과 분산을 각각 계산하면 $E(s) = 2.6433$, $Var(s) = 2.3895$가 된다.

이변량 확률분포를 사용하면 두 확률변수 간의 관계를 알 수 있다. 공분산 또는 상관계수는 두 확률변수 간 연관성을 측정하기 위한 좋은 척도이다. 두 대리점의 자동차 판매량을 나타내는 두 확률변수인 x와 y 사이의 공분산을 계산하기 위한 식은 다음과 같다.

확률변수 x와 y의 공분산[1]

$$\sigma_{xy} = [Var(x+y) - Var(x) - Var(y)]/2 \tag{5.6}$$

▥ 표 5-9_ 디카를로 자동차 대리점 일일 판매량의 기댓값과 분산

s	f(s)	sf(s)	s − E(s)	[s − E(s)]²	[s − E(s)]² f(s)
0	.0700	.0000	−2.6433	6.9872	.4891
1	.1700	.1700	−1.6433	2.7005	.4591
2	.2300	.4600	−0.6433	0.4139	.0952
3	.2900	.8700	0.3567	0.1272	.0369
4	.1267	.5067	1.3567	1.8405	.2331
5	.0667	.3333	2.3567	5.5539	.3703
6	.0233	.1400	3.3567	11.2672	.2629
7	.0233	.1633	4.3567	18.9805	.4429
8	.0000	.0000	5.3567	28.6939	.0000
		$E(s) = 2.6433$			$Var(s) = 2.3895$

▥ 표 5-10_ 디카를로 제네바 대리점의 일일 판매량의 기댓값과 분산

x	f(x)	xf(x)	x − E(x)	[x − E(x)]²	[x − E(x)]² f(x)
0	.2867	.0000	−1.1435	1.3076	.3749
1	.3700	.3700	− .1435	0.0206	.0076
2	.2567	.5134	.8565	0.8565	.1883
3	.0867	.2601	.1.8565	1.8565	.2988
		$E(x) = 1.1435$			$Var(x) = .8696$

---

1) $Var(x+y)$를 모를 땐 다른 공식인 $\sigma_{xy} = \sum_{i,j} [x_i - E(x_i)][y_i - E(y_i)] f(x_i, y_i)$를 사용한다.

여기서 $Var(s) = Var(x + y)$는 〈표 5-9〉에서 이미 2.3895로 얻어졌고, $Var(y)$ 역시 〈표 5-6〉에서 1.25로 얻어졌다. $Var(x)$는 〈표 5-10〉으로부터 0.8696으로 계산할 수 있다.

계산된 값들을 식 (5.6)에 대입하면 확률변수 x와 y의 공분산은 다음과 같이 계산할 수 있다.

$$\sigma_{xy} = [Var(x + y) - Var(x) - Var(y)]/2 = (2.3895 - .8696 - 1.25)/2 = .1350$$

얻어진 공분산 0.1350은 디카를로 두 대리점의 판매량 간에 양의 관계가 있음을 나타낸다. 관계의 강도를 더 잘 알기 위해 두 확률변수 x와 y에 대한 상관계수는 다음과 같이 계산할 수 있다.

확률변수 x와 y의 상관계수

$$\rho_{xy} = \frac{\sigma_{xy}}{\sigma_x \sigma_y} \tag{5.7}$$

식 (5.7)에서 두 확률변수의 상관계수는 공분산을 각 확률변수의 표준편차를 곱한 값으로 나눈 결과인 것을 알 수 있다. 따라서 디카를로 두 대리점 판매량의 상관계수를 얻기 위해서는 각 대리점의 표준편차를 계산해야 하는데 이는 분산의 제곱근으로 구할 수 있다.

$$\sigma_x = \sqrt{.8696} = .9325$$
$$\sigma_y = \sqrt{1.25} = 1.1180$$

공분산과 표준편차를 이용하여 두 확률변수 간 선형관계의 정도를 나타내는 상관계수를 계산할 수 있다.

$$\rho_{xy} = \frac{\sigma_{xy}}{\sigma_x \sigma_y} = \frac{.1350}{(.9325)(1.1180)} = .1295$$

상관계수는 두 변수 간 선형관계의 정도를 나타내는 척도이다. +1에 가까울수록 강한 양의 선형관계를 나타내고, -1에 가까울수록 강한 음의 선형관계를 나타내며, 0에 가까울수록 선형관계라고 볼 수 없다. 따라서 디카를로 두 대리점의 일일 판매량 간 상관계수 0.1295는 두 대리점 판매량 간에 약한 양의 관계가 있음을 의미한다. 만약 상관계수가 0에 가깝다면, 두 대리점의 일일 판매량이 서로 독립적이라고 결론내렸을 것이다.

2 재무분야 응용

이제 우리가 배운 개념을 재무 포트폴리오를 설계할 때 수익과 리스크 간 균형을 유지하는 데 어떻게 활용하는지 살펴보자. 어떤 기업의 재무전문가가 내년에 발생할 수 있는 네 가지 경제 시나리오별로 대형주 펀드에 투자할 경우의 수익률(%) x, 장기 국채 펀드에 투자할 경우의 수익률(%) y에 대한 확률분포를 〈표 5-11〉과 같이 개발했다.

표 5-11_ 경제 시나리오별 대형주 펀드 x와 국채 장기형 펀드 y의 투자 수익 확률분포

경제 시나리오	확률 f(x, y)	대형주 펀드(x)	장기 국채 펀드(y)
불황	.10	−40	30
약한 성장	.25	5	5
안정적 성장	.50	15	4
강한 성장	.15	30	2

〈표 5-11〉은 각 행의 경제 시나리오별로 확률변수 x와 y의 발생 가능성에 대한 결합확률로, 이는 총 (4)(6)=24가지 상황별 결합확률을 고려했던 디카를로 자동차 사례보다 간단하다.

우선 단일 확률변수의 기댓값을 계산하기 위해 5.3절의 공식을 사용하여 다음과 같이 대형주 펀드에 대한 기대수익률 $E(x)$와 장기 국채 펀드에 대한 기대수익률 $E(y)$를 계산할 수 있다.

$$E(x) = .10(-40) + .25(5) + .5(15) + .15(30) = 9.25$$
$$E(y) = .10(30) + .25(5) + .5(4) + .15(2) = 6.55$$

대형주 펀드 기대수익률이 9.25%로 더 높기 때문에 대형주 펀드에 투자하는 것이 더 나은 투자라는 결론을 내릴 수 있다. 그러나 재무전문가는 투자자들에게 투자와 관련된 리스크도 고려하도록 조언하는데, 수익률의 표준편차가 클수록 수익률을 달성하지 못할 수 있다는 것을 의미하므로 수익률 표준편차를 리스크 척도로 사용한다. 표준편차를 계산하려면 먼저 분산을 계산해야 하는데, 5.3절의 분산 공식을 사용해 대형주 펀드와 장기 국채 펀드 투자에 대한 수익률 변동을 나타내는 분산을 다음과 같이 계산할 수 있다.

$$Var(x) = .1(-40 - 9.25)^2 + .25(5 - 9.25)^2 + .50(15 - 9.25)^2 + .15(30 - 9.25)^2 = 328.1875$$
$$Var(y) = .1(30 - 6.55)^2 + .25(5 - 6.55)^2 + .50(4 - 6.55)^2 + .15(2 - 6.55)^2 = 61.9475$$

따라서 대형주 펀드에 대한 투자 수익률의 표준편차는 $\sigma_x = \sqrt{328.1875} = 18.1159\%$, 장기 국채 펀드에 대한 투자 수익률 표준편차는 $\sigma_y = \sqrt{61.9475} = 7.8707\%$가 된다. 이 결과에서 투자 수익률 표준편차가 더 작은 장기 국채 펀드에 투자하는 것이 덜 위험하다는 결론을 내릴 수 있다. 기대수익 기준으로는 대형주 펀드가 우수하고, 위험 기준은 장기 국채 펀드가 더 안전하여 우수하게 되므로, 대형주 펀드와 장기 국채 펀드에 어떻게 투자하는지는 결국 수익률과 위험에 대한 태도에 달려 있다. 공격적인 투자자는 기대수익이 높은 대형주 펀드를 선택할 수 있고, 보수적인 투자자는 위험이 낮은 국채 장기형 펀드를 선택할 수 있다. 다른 선택으로 두 펀드를 적절히 혼합하여 투자하는 포트폴리오에 대한 가능성을 살펴보자.

먼저 전액 대형주 펀드에 투자하는 경우와 전액 장기 국채 펀드에 투자하는 경우, 마지막으로 대형주 펀드와 장기 국채 펀드에 각각 절반씩 균등하게 투자하는 경우인 세 가지 대안을 고려해보자. 대형주 펀드와 장기 국채 펀드 중 한 가지만 투자할 경우의 기댓값과 표준편차는 이미 구하였으므로 세 번째 대안인 두 펀드에 동일하게 투자하는 포트폴리오 경우의 기댓값과 표준편차를 계산하자.

이 포트폴리오를 평가하기 위해 기대수익률을 계산하기 위해 각 펀드별 절반씩 투자하는 포트폴리오의 수익률을 r로 정의하면 $r=0.5x+0.5y$가 되고, 이 포트폴리오의 기대수익률은

$E(r) = E(0.5x + 0.5y)$가 된다. 여기서 $0.5x + 0.5y$는 확률변수 x와 y 선형결합이다. 다음의 공식 (5.8)은 확률변수인 x와 y의 선형결합의 기댓값을 쉽게 계산하는 공식이다. 식 (5.8)에서 a는 확률변수 x의 계수이고 b는 확률변수 y의 계수를 나타내는데, 이 포트폴리오 경우에는 각 펀드별 투자비율이 된다.

확률변수 x와 y의 선형결합의 기댓값

$$E(ax + by) = aE(x) + bE(y) \tag{5.8}$$

앞에서 $E(x) = 9.25$, $E(y) = 6.55$로 계산하였고, 각 펀드별 투자비율은 각각 0.5이므로, 식 (5.8)을 사용하여 포트폴리오의 기댓값을 다음과 같이 계산할 수 있다.

$$E(.5x + .5y) = .5E(x) + .5E(y) = .5(9.25) + .5(6.55) = 7.9$$

계산 결과 포트폴리오에 대한 투자 기대수익률은 7.9%이다. 예를 들어 $100를 투자하면 $100(0.079)=$7.90의 기대수익을, $1,000을 투자하면 $1,000(0.079)=$79.00의 수익을 기대할 수 있다.

기대수익을 계산했지만 리스크는 어떻게 파악할까? 앞에서 언급한 바와 같이 재무전문가들은 표준편차를 위험의 척도로 사용한다. 이 포트폴리오 투자의 경우 위험을 평가하기 위해서 두 확률변수 선형결합의 분산과 표준편차를 계산해야 한다. 두 확률변수 간 공분산을 안다면, 다음의 식 (5.9)를 통해 두 확률변수 간 선형결합의 분산을 계산할 수 있다.

두 확률변수 선형결합의 분산

$$Var(ax + by) = a^2 Var(x) + b^2 Var(y) + 2ab\sigma_{xy} \tag{5.9}$$

여기서 σ_{xy}는 x와 y의 공분산이다.

식 (5.9)를 적용하기 위해 각 확률변수별 분산과 확률변수 간의 공분산이 필요하다는 것을 알 수 있다. 앞에서 각 확률변수별 분산이 $Var(x) = 328.1875$, $Var(y) = 61.9475$라는 것을 계산했다. 또한 $Var(x+y) = 119.46$이 된다. 이러한 결과로부터 확률변수 x와 y의 공분산은 다음과 같이 구할 수 있다.

* $Var(x+y) = 119.46$은 이전 절의 디카를로 사례와 같은 방식으로 계산하였다.

$$\sigma_{xy} = [Var(x + y) - Var(x) - Var(y)]/2 = [119.46 - 328.1875 - 61.9475]/2 = -135.3375$$

x와 y 사이에 음의 공분산 값이 계산되었는데, 이는 x가 x의 평균보다 높은 값일 때, 반대로 y는 y의 평균보다 낮은 값인 경향을 보임을 의미한다.

식 (5.9)를 사용해 포트폴리오 투자 수익의 분산을 계산하면,

$$Var(.5x + .5y) = .5^2(328.1875) + .5^2(61.9475) + 2(.5)(.5)(-135.3375) = 29.865$$

이 된다. 따라서 포트폴리오의 표준편차는 $\sigma_{.5x + .5y} = \sqrt{29.865} = 5.4650\%$이며, 이는 대형주 펀드 50%, 장기 국채 펀드 50% 투자 포트폴리오에 대한 리스크를 의미한다.

표 5-12_세 가지 투자 대안의 기대수익률, 분산, 표준편차

투자 대안	기대수익률(%)	분산	표준편차(%)
대형주 펀드 100%	9.25	328.1875	18.1159
장기 국채 펀드 100%	6.55	61.9475	7.8707
포트폴리오(대형주 50%, 장기 국채 50%)	7.90	29.865	5.4650

지금까지의 결과를 종합하여 대형주 펀드에만 투자하거나, 장기 국채 펀드에만 투자하거나, 대형주 펀드와 장기 국채 펀드 간에 투자 금액을 동일하게 나누어 포트폴리오를 만드는 세 가지 투자 대안을 비교하기 위해 세 가지 대안 각각에 대한 기대수익률, 분산 및 표준편차를 보여주는 〈표 5-12〉를 작성하였다.

세 가지 대안 중 당신은 어떤 대안을 선호하는가? 대형주 펀드에 100% 투자할 경우 기대수익률은 9.25%로 가장 높지만 위험도 역시 표준편차 18.1159%로 가장 높다. 장기 국채 펀드에 100% 투자하는 것은 기대수익률은 낮지만 위험은 상당히 작다. 마지막으로 대형주 펀드에 50%, 장기 국채 펀드에 50% 포트폴리오로 투자할 경우 7.90%로 중간 정도의 수익률을 기대할 수 있고, 개별 펀드에 100% 투자하는 것보다 표준편차 5.4650%로 가장 위험성이 낮다. 특히 장기 국채 펀드에만 투자하는 것보다 수익률도 높고 위험도 적다. 따라서 각 펀드당 절반씩 포트폴리오 구성해 투자하는 것이 장기 국채 펀드에만 투자하는 것보다 확실히 나은 선택이라고 결론내릴 수 있다.

대형주 펀드에 전액 투자할지 절반씩 포트폴리오 구성해 투자할지 여부는 위험에 대한 당신의 태도에 달려 있다. 그러나 포트폴리오 투자가 리스크가 상당히 적으면서도 수익률은 적절히 높기 때문에 많은 사람들이 선택할 수 있을 것이다. 식 (5.9)의 공식을 보면 주식과 채권 펀드 간 공분산의 마이너스 정도가 클수록 한 가지 펀드에 전액 투자하는 위험보다 포트폴리오의 위험도가 더욱 작아진다는 것을 알 수 있다.

방금 분석한 포트폴리오는 대형주 주식형 펀드에 50%, 장기 국채 채권형 펀드에 50% 투자하는 경우였다. 다른 포트폴리오에 대한 기대수익률과 분산은 어떻게 계산될까? 식 (5.8)과 (5.9)를 사용하여 이러한 계산을 쉽게 수행할 수 있다.

주식형 펀드에 25%, 채권형 펀드에 75%를 투자하는 포트폴리오를 만든다고 가정해 보자. 이 포트폴리오의 수익률 $r = 0.25x + 0.75y$이므로 식 (5.8)을 사용해 기대수익률을 계산하면

$$E(.25x + .75y) = .25E(x) + .75E(y) = .25(9.25) + .75(6.55) = 7.225$$

이 되고, 식 (5.9)를 사용해 분산을 계산하면

$$Var(.25x + .75y) = (.25)^2 Var(x) + (.75)^2 Var(y) + 2(.25)(.75)\sigma_{xy}$$
$$= .0625(328.1875) + (.5625)(61.9475) + (.375)(-135.3375)$$
$$= 4.6056$$

이 되며, 표준편차는 $\sigma_{.25x + .75y} = \sqrt{4.6056} = 2.1461$이다.

이변량 이산확률분포는 두 개의 확률변수에 대한 것이기 때문에 두 변수 간의 연관성을 측정하는 것이 중요하다. 공분산과 상관계수는 두 확률변수 간 연관성을 측정하는 두 가지 척도이다. 상관계수가 1 또는 -1에 가까울수록 두 확률변수 간 강한 상관관계가 있음을 나타내고, 0에 가까우면 변수 간 약한 상관관계가 있음을 알 수 있다. 만일 두 확률변수가 서로 독립적이면 공분산과 상관계수는 0이 된다.

또한, 확률변수의 선형결합에 대한 기댓값과 분산을 계산하는 방법을 설명하였다. 재무 포트폴리오는 통계적 관점에서 두 확률변수의 선형결합이다. 이는 가중 평균이라고 불리는 특별한 종류의 선형결합으로 각 계수는 음수가 아니고 계수의 합이 1이 된다. 주식형 펀드와 채권형 펀드에 대한 투자로 구성된 포트폴리오의 기댓값과 분산을 계산하는 방법을 예시로 보여주었으며, 이러한 방법론은 다른 두 종류의 금융자산으로 구성된 포트폴리오의 기댓값과 분산을 계산하는데도 동일하게 적용할 수 있다. 포트폴리오의 위험도 측정지표인 표준편차에 개별 확률변수들의 공분산이 미치는 영향은 다양한 투자 대안들 중 적절한 포트폴리오 구성이 위험도를 줄여준다는 이론적 근거가 된다.

보충설명

1. 식 (5.8)과 (5.9)는 재무 포트폴리오 구성 및 분석의 핵심 구성요소이며 3개 또는 그 이상의 확률변수들에서도 활용된다.
2. 두 확률변수의 선형결합의 기댓값과 분산을 계산하기 위한 식 (5.8)과 (5.9)는 세 개 이상의 확률변수로 확장할 수 있다. 식 (5.8)의 확장은 간단히 각 추가 확률변수에 대해 항을 하나씩 더 추가하여 확장할 수 있다. 식 (5.9)의 확장은 더 복잡하여 모든 확률변수의 쌍별로 별도의 공분산 항이 필요하다.
3. 식 (5.9)의 공분산은 왜 확률변수들 간의 음의 관계가 포트폴리오 리스크인 분산을 감소시켜주는지를 보여준다.

연습문제

기초문제

19. 다음은 확률변수 x와 y에 대한 이변량 분포이다.

$f(x, y)$	x	y
.2	50	80
.5	30	50
.3	40	60

a. x와 y에 대한 기댓값과 분산을 계산하라.

b. $x+y$에 대한 확률분포를 제시하라.

c. (b)의 결과를 사용해 $E(x+y)$와 $Var(x+y)$를 계산하라.

d. x와 y에 대한 공분산과 상관관계를 계산하라. x와 y는 양의 관계인가 음의 관계인가? 아니면 어떠한 관계도 없는가?

e. $x+y$의 분산이 x의 분산과 y의 분산의 합보다 큰지, 작은지, 아니면 같은지를 그 이유와 함께 설명하라.

20. 투자 포트폴리오를 고민하는 사람이 있다. 그는 두 개의 주식을 고려 중이며 x는 주식 1에 대한 투자수익률이고 y는 주식 2에 대한 투자수익률이다. 주식 1에 대한 기대수익률 $E(x)$는 8.45%, 분산 $Var(x)$는 25이고, 주식 2에 대한 기대수익률 $E(y)=3.20\%$, 분산 $Var(y)=1$이다. 두 수익률 간 공분산 σ_{xy}는 −3이다.

a. 주식 1 투자의 표준편차는 얼마인가? 주식 2 투자의 표준편차는 얼마인가? 위험 척도로 표준편차를 고려할 때, 어떤 주식이 더 위험한 투자인가?

b. 주식 1에 500달러를 투자할 경우 기대수익률과 표준편차는 얼마인가?

c. 각 주식에 50% 비중으로 투자할 경우 기대수익률과 표준편차는 얼마인가?

d. 주식 1에 70%, 주식 2에 30% 비중으로 투자할 경우 기대수익률과 표준편차는 얼마인가?

e. x와 y에 대한 상관계수를 계산하고 두 주식 수익률 사이의 관계를 설명하라.

응용문제

21. 캐나다 상공회의소는 수도권에 있는 300개 레스토랑에 대한 평가를 수행하였다. 각 레스토랑은 가격(1: 가장 싼 가격 ~ 3: 가장 비싼 가격)과 품질(1: 가장 낮은 품질 ~ 3: 가장 높은 품질)에 대해 3점 척도의 평가를 받았으며, 등급에 대한 교차표는 다음과 같다. 42개 식당은 품질 1, 식사 가격 1로 평가되었고, 39개 식당은 품질 1, 식사 가격 2 평가를 받았다. 48개 식당은 품질과 식사 가격 모두 3을 받았다.

품질(x)	가격(y)			합계
	1	2	3	
1	42	39	3	84
2	33	63	54	150
3	3	15	48	66
합계	78	117	105	300

a. 캐나다 수도권 레스토랑들에서 무작위로 선택한 레스토랑의 품질 및 식사가격의 이변량 확률분포를 구하라(x=품질 평가, y=가격 평가).

b. 품질 평가 x에 대한 기댓값과 분산을 계산하라.

c. 가격 평가 y에 대한 기댓값과 분산을 계산하라.

d. *Var*(*x*+*y*) = 1.6691일 때 *x*와 *y*의 공분산을 계산하라. 이 결과를 볼 때, 품질과 가격 간의 관계는 어떠한가? 예상한 결과인가?

e. 품질과 가격 사이의 상관계수를 계산하라. 이 결과를 볼 때, 품질과 가격 간의 관계는 어떠한가? 수도권에서 저가이면서도 고품질의 식사가 제공되는 레스토랑을 찾을 수 있는가? 이유는?

22. J.P. Morgan Asset Management는 재무 투자에 대한 정보를 공개한다. 2002년과 2011년 사이 S&P 500의 기대수익률은 5.04%, 표준편차는 19.45%였고, 같은 기간 주요 채권 펀드의 기대수익률은 5.78%, 표준편차는 2.13%였다. 또한 S&P 500과 주요 채권 펀드 간 상관관계는 −0.32이다. 당신은 S&P 500 인덱스 펀드와 주요 채권 펀드로 구성된 포트폴리오 투자를 고려하고 있다.

a. S&P 500 인덱스 펀드와 주요 채권 펀드 사이의 공분산은 얼마인가?

b. S&P 500 인덱스 펀드에 50%, 핵심 채권 펀드에 50% 투자하는 포트폴리오를 구성하면 기대수익률과 표준편차는 얼마인가?

c. S&P 500 인덱스 펀드에 20%, 핵심 채권 펀드에 80% 투자하는 포트폴리오를 구성하면 기대수익률과 표준편차는 얼마인가?

d. S&P 500 인덱스 펀드에 80%, 핵심 채권 펀드에 20% 투자하는 포트폴리오를 구성하면 기대수익률과 표준편차는 얼마인가?

e. (b), (c), (d) 포트폴리오 결과 중 기대수익률이 가장 큰 포트폴리오는 무엇인가? 표준편차가 가장 작은 것은 무엇인가? 이러한 포트폴리오 중 최고의 투자는 어떤 포트폴리오인가?

f. (b), (c), (d)의 3가지 투자 관점에서 포트폴리오 각각의 장점과 단점을 논하라. 당신은 투자금을 S&P 500 인덱스 펀드에 모두 투자할 것인가? 아니면 주요 채권 펀드에 모두 투자할 것인가? 아니면 3가지 포트폴리오 중 하나에 모두 투자할 것인가? 이유는 무엇인가?

 5 **이항확률분포**

이항확률분포는 많은 응용분야를 갖고 있는 이산확률분포로, 이항실험이라고 불리는 다단계 실험과 연관되어 있다.

1 **이항실험**

이항실험(binomial experiment)은 다음 네 가지 특성을 보인다.

특성1. 실험은 동일한 $n = 8$의 시행으로 구성되어 있다.
특성2. 각 시행은 성공(S)과 실패(F)로 나타난다.

| 시행 | 1 | 2 | 3 | 4 | 5 | 6 | 7 | 8 |
| 결과 | S | F | F | S | S | F | S | S |

© www.hanol.co.kr

🔺 그림 5-3_ 8번의 시행으로 이루어진 이항실험에서 결과의 예

이항실험의 특성

1. 실험은 n개의 동일한 시행으로 구성되어 있다.
2. 각 실험은 두 가지 결과를 가진다. 그 결과를 성공, 실패라고 부른다.
3. 성공확률은 p이며 반복실험에서 변하지 않는다. 따라서 실패확률 $1-p$도 반복 실험에서 변하지 않는다.
4. 각 실험은 독립적으로 행해진다.

* 스위스의 수학자 가운데 베르누이 학파의 시초인 제이콥 베르누이(Jakob Bernoulli, 1654-1705)는 이항분포뿐만 아니라 순열, 조합에 관한 이론 등 확률에 관한 논문들을 발표하였다.

특성 2, 3, 4가 만족되면 그 시행을 베르누이 시행(Bernoulli trial)이라고 한다. 이에 더하여 특성 1이 만족되면 이항실험이라 한다. 〈그림 5-3〉은 8개의 이항실험의 성공과 실패의 연속 과정을 예로 보여준다.

이항실험에서의 주요한 관심사는 n번 시행에서 얻어지는 성공의 횟수이다. 만일 $x=n$번 시행에서의 성공 횟수라고 정의하면 x의 값은 0, 1, 2, …, n이 된다. x가 취할 수 있는 값이 유한하므로 x는 이산확률변수이다. 이 확률변수와 관련된 확률분포를 이항확률분포(binomial probability distribution)라고 한다. 예를 들면 동전던지기를 5번 시행하는 실험에서 윗면이 앞면인지 뒷면인지를 관찰한다고 하자. 5번의 던지기에서 앞면의 수를 센다고 할 때, 이 실험은 이항실험의 특성을 가지고 있는가? 관심이 있는 확률변수는 무엇인가? 다음을 생각해 보자.

1. 실험은 5번의 동일한 시행으로 구성되어 있다. 각 시행에서 하나의 동전을 던진다.
2. 각 시행에서 앞면과 뒷면의 두 가지 결과가 나온다. 앞면을 성공, 뒷면을 실패라고 정의할 수 있다.
3. 각 시행에서 앞면일 확률과 뒷면일 확률은 동일하다. 따라서 $p=0.5$, $1-p=0.5$이다.
4. 어느 한 시행이 다른 시행 결과에 영향을 미치지 않기 때문에 각 시행은 독립적이다.

이에 따라 이 실험은 이항실험의 특성을 만족한다. 관심이 있는 확률변수 $x=5$번 시행에서 앞면의 수로 정의면, $x = 0, 1, 2, 3, 4, 5$의 값을 갖는다.

다른 예로 무작위로 10가구를 방문한 보험판매원을 생각해 보자. 실험결과는 각 가구가 보험

에 가입하면 성공, 그렇지 않으면 실패로 분류된다. 과거의 경험으로 판매원이 무작위로 찾아간 집에서 보험에 가입할 확률은 0.10이라는 사실을 알고 있다. 이항실험의 특성을 확인해 보자.

1. 실험은 동일한 10번의 시행으로 구성된다. 각 시행은 한 가구를 방문하는 것이다.
2. 각 시행에는 두 가지 결과가 나온다. 가구가 보험에 가입하면 성공, 가입하지 않으면 실패로 구분할 수 있다.
3. 각 시행에서 가입할 확률은 $p = 0.10$로, 각 시행에서 동일하다.
4. 가구는 무작위로 선택되었으므로 시행은 독립적이다.

4가지 특성을 모두 만족하므로 이 예제는 이항실험이다. 관심이 있는 확률변수는 방문한 10가구 중 보험에 가입한 가구 수이다. 이 경우 $x = 0, 1, 2, 3, 4, 5, 6, 7, 8, 9, 10$이다.

이항실험의 특성 3은 정상성 가정(stationarity assumption)이라고 부르는데, 시행이 서로 독립이라는 특성 4와 때때로 혼동되기도 한다. 둘이 어떻게 다른가를 보기 위해, 보험판매원의 경우를 다시 생각해 보자. 날짜가 지남에 따라 판매원이 지쳐가고 의욕을 잃어간다고 하자. 예를 들어 10번째 방문의 성공 확률이 0.05로 떨어졌다고 하자. 이 경우 특성 3(정상성)이 만족되지 않아 이항실험이 되지 않는다. 특성 4가 만족되더라도, 즉 각 가구가 보험에 가입하는 것이 독립적이라고 해도 특성 3이 만족되지 않기 때문에 이항실험이 되지 않는다.

이항실험에서 n번 시행에서 x번 성공할 확률은 이항확률함수로 불리는 특정한 수식을 적용함으로써 계산할 수 있다. 이 수식은 4장에서 설명한 확률개념을 이용하여 유도할 수 있다.

2 마틴 의류가게 Martin Clothing Store **문제**

세 명의 고객이 마틴 의류가게에 들려 구매를 결정하는 문제를 생각해 보자. 과거의 경험으로 상점관리자는 한 고객이 구매할 확률은 0.30이라고 추정하였다. 3명 중 두 명이 구매할 확률은 얼마일까?

〈그림 5-4〉의 트리도표에 세 명의 고객이 구매를 결정하는 경우에 대한 8가지 결과를 제시하였다. S를 구매(성공), F를 비구매(실패)로 표기하였으며, 3번의 시행에서 2번 성공하는 결과에 관심이 있다. 세 명의 구매의사결정을 이항실험으로 볼 수 있는가의 문제를 확인해 보자. 이항실험의 네 가지 조건을 확인하여 다음을 알 수 있다.

1. 실험은 세 번의 동일한 시행으로 표현될 수 있다. 한 번의 시행은 한 명이 가게에 들어오는 시행으로 볼 수 있다.
2. 각 시행은 구매(성공), 비구매(실패)의 두 가지 결과로 구성된다.
3. 각 고객이 구매할 확률(0.30)은 모든 고객들에게 동일하게 적용된다.
4. 각 고객들의 구매행위는 다른 고객들의 구매행위와 독립적이다.

그러므로 이항실험의 조건을 만족한다.

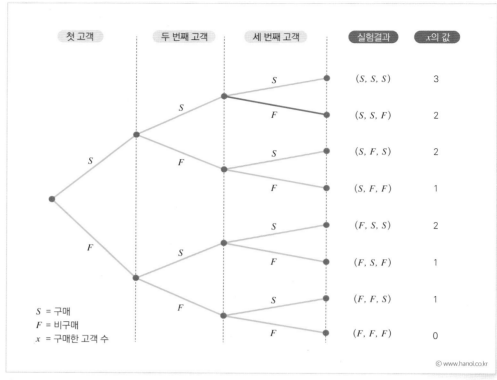

첫 고객　　두 번째 고객　　세 번째 고객　　실험결과　　x의 값

S = 구매	
F = 비구매	
x = 구매한 고객 수	

(S, S, S)　3
(S, S, F)　2
(S, F, S)　2
(S, F, F)　1
(F, S, S)　2
(F, S, F)　1
(F, F, S)　1
(F, F, F)　0

© www.hanol.co.kr

⬤ 그림 5-4_ 마틴 의류가게 문제에 대한 나무도표

n번의 시행에서 정확히 x번 성공할 경우의 수는 4장에서 설명했듯이 서로 다른 n개 중에서 x개를 뽑는 개수로 n번의 이항실험에서 성공인 x개를 뽑는 조합의 수가 되어 다음과 같이 계산된다.

n번 시행에서 정확히 x번 성공할 경우의 수

$$\binom{n}{x} = \frac{n!}{x!(n-x)!} \tag{5.10}$$

여기서 $n! = n(n-1)(n-2)\cdots(2)(1)$이고, 정의에 의해 $0! = 1$

마틴 의류가게 문제에서 식 (5.6)을 이용하여 두 명이 구매할 경우 실험결과의 수를 계산해 보자. 시행횟수 $n=3$, 성공횟수 $x=2$이므로 실험결과의 수는 다음과 같이 얻을 수 있다.

$$\binom{n}{x} = \binom{3}{2} = \frac{3!}{2!(3-2)!} = \frac{(3)(2)(1)}{(2)(1)(1)} = \frac{6}{2} = 3$$

식 (5.10)은 고객 3명 중 2명이 구매하는 실험결과는 3가지임을 보여주며, 〈그림 5-3〉에서 3가지 실험결과는 (S, S, F), (S, F, S), (F, S, S)로 표시된다.

식 (5.10)을 이용하여 세 명 모두 구매하는 결과의 수를 계산하면

$$\binom{n}{x} = \binom{3}{3} = \frac{3!}{3!(3-3)!} = \frac{3!}{3!0!} = \frac{(3)(2)(1)}{3(2)(1)(1)} = \frac{6}{6} = 1$$

이 되고, 〈그림 5-4〉에서 3명 모두 구매하는 실험결과는 (S, S, S)임을 알 수 있다. n번 시행에서 성공횟수가 x인 확률을 계산하기 위해서는 각 실험결과의 확률을 알아야만 한다. 이항실험에서 각 시행은 독립적이므로 각 실험결과에서 나타나는 성공과 실패의 확률을 곱하여 특정 실험결과의 확률을 얻을 수 있다.

두 명이 구매하는 실험결과 중, 앞의 두 명이 구매하고 세 번째가 비구매하는 실험결과는 (S, S, F)로 표시되고 확률은

$$pp(1 - p)$$

가 되므로, 구매할 확률이 $p=0.30$이라면 확률값은 다음과 같다.

$$(.30)(.30)(.70) = (.30)^2(.70) = .063$$

성공이 2회, 실패가 1회 나오는 또 다른 2가지의 실험결과의 확률 또한 다음과 같이 모두 동일하게 된다.

시행결과

첫 번째 고객	두 번째 고객	세 번째 고객	실험결과	확률
구매	구매	비구매	(S, S, F)	$pp(1 - p) = p^2(1 - p)$ $= (.30)^2(.70) = .063$
구매	비구매	구매	(S, F, S)	$p(1 - p)p = p^2(1 - p)$ $= (.30)^2(.70) = .063$
비구매	구매	구매	(F, S, S)	$(1 - p)pp = p^2(1 - p)$ $= (.30)^2(.70) = .063$

이러한 관찰결과는 성립한다. 이를 확장하면, 이항실험에서 n번의 시행에서 x회 성공하는 결과의 확률은 다음과 같이 계산할 수 있다.

$$p^x(1 - p)^{(n-x)} \tag{5.11}$$

마틴 의류가게 문제에서 두 사람이 구매할 실험결과의 확률은 $p^2(1 - p)^{(3-2)} = p^2(1 - p)^1 = (0.30)^2 \times (0.70)^1 = 0.063$이다.

식 (5.10)은 이항실험에서 성공이 x회인 실험결과의 개수이고, 식 (5.11)은 성공이 x회인 실험결과의 확률이므로, 식 (5.10)과 식 (5.11)을 결합하여 다음과 같이 이항확률함수를 구할 수 있다.

이항확률함수

$$f(x) = \binom{n}{x} p^x (1-p)^{(n-x)}$$

(5.12)

여기서

x = 성공횟수

$f(x)$ = n회 시행에서 성공의 횟수가 x일 확률

n = 시행횟수

p = 각 시행에서 성공이 일어날 확률

$1-p$ = 각 시행에서 실패가 일어날 확률

$$\binom{n}{x} = \frac{n!}{x!(n-x)!}$$

마틴 의류가게 문제에서 한 명의 고객도 구매하지 않을 확률, 한 명의 고객이 구매할 확률, 두 명의 고객이 구매할 확률, 세 명 모두 구매할 확률, 즉 구매 고객 수의 확률분포는 〈표 5-13〉과 같이 구할 수 있으며, 〈그림 5-5〉는 이 확률분포를 그래프로 표현한 것이다.

이산확률함수는 모든 이항실험에 적용될 수 있다. 이항실험의 특성을 만족시키며, n과 p의 값을 안다면 식 (5.12)를 이용하여 n회 시행에서 성공의 횟수가 x인 확률을 계산할 수 있다. 마틴 실험에서 3명이 아닌 10명의 고객이 방문하는 경우에도 식 (5.12)의 이항확률함수를 적용할 수 있다. $p=0.30$이므로 10명 중 4명이 구매할 확률은 $n=10$, $x=4$를 대입하여 확률을 다음과 같이 구할 수 있다.

$$f(4) = \frac{10!}{4!6!}(.30)^4(.70)^6 = .2001$$

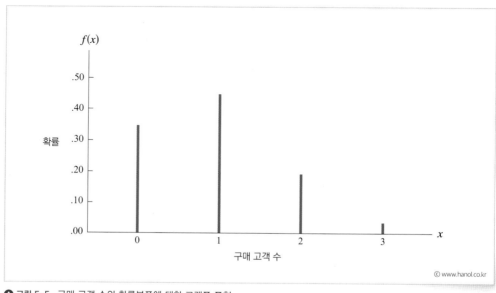

🔺 그림 5-5_ 구매 고객 수의 확률분포에 대한 그래프 표현

x	f(x)
0	$\dfrac{3!}{0!3!}(.30)^0(.70)^3 = .343$
1	$\dfrac{3!}{1!2!}(.30)^1(.70)^2 = .441$
2	$\dfrac{3!}{2!1!}(.30)^2(.70)^1 = .189$
3	$\dfrac{3!}{3!0!}(.30)^3(.70)^0 = \dfrac{.027}{1.000}$

3 엑셀을 활용한 이항분포의 확률 계산

특정 수식으로 주어지는 많은 확률함수에 대해 엑셀에서는 확률과 누적확률을 계산할 수 있는 함수 등을 제공한다. 이 절에서는 이항확률과 누적이항확률을 계산하는 엑셀의 BINOM. DIST 함수에 대해 설명한다. 〈그림 5-6〉은 엑셀을 활용하여 〈표 5-13〉의 마틴 의류상점에 관한 이항확률을 계산한 것으로 다음의 단계를 거쳐서 계산하였다.

자료입력/자료열기 이항확률을 계산하기 위해서는 시행횟수(n), 성공확률(p), 확률변수의 값(x)을 알아야 한다. 마틴 의류가게의 경우 시행횟수 $n=3$을 셀 D1에, 성공확률 $p=0.3$을 셀 D2에 입력하였으며, 확률변수 $x=0, 1, 2, 3$의 경우에 대한 확률을 계산하기 위해 이를 B5:B8에 입력하였다.

함수와 수식입력 BINOM.DIST 함수는 4가지 입력요소가 필요하다. 첫 번째는 확률변수 x의 값, 두 번째는 시행횟수 n, 세 번째는 성공확률 p, 네 번째는 FALSE와 TRUE 중 하나이며, 이항확률을 계산하기 원한다면 FALSE, 누적확률을 계산하기 원한다면 TRUE를 입력한다. 성공

🔵 그림 5-6_ 구매고객 수에 대한 이항확률을 계산한 엑셀 워크시트

횟수가 0일 확률을 셀 C5에 계산하기 위해 수식 =BINOM.DIST(B5, \$D\$1, \$D\$2, FALSE)를 셀 C5에 입력하여 0.343을 얻었으며 이는 $f(0)$이 되고 〈표 5-7〉에 있는 값과 동일하다. 셀 C5를 복사하여 C6:C8에 넣으면, $x=1$, 2, 3의 확률이 각각 계산된다.

엑셀의 BINOM.DIST 함수를 이용하여 누적이항확률도 계산할 수 있다. 예를 들어, 마틴 의류가게에 들어온 10명의 고객 중에서 의류를 구매하는 고객의 누적확률을 생각해 보자. $x=1$의 누적확률은 1명 이하의 고객이 구매할 확률, $x=2$의 누적확률은 2명 이하의 고객이 구매할 확률 등을 의미한다. 따라서 $x=10$의 누적확률은 1.00이 된다. 다음의 절차를 따라 〈그림 5-7〉의 누적이항확률을 계산하였다.

자료입력/자료열기 시행횟수(n) 10을 셀 D1에, 성공확률(p) 0.3을 셀 D3에, 확률변수 값(x) 0에서 10까지를 셀 B5:B15에 입력한다.

함수와 수식입력 각 확률변수에 대한 이항확률은 C행에, 누적이항확률은 D행에 계산해보자. 10번 시행에서 0번 성공할 확률을 계산하기 위해 수식 =BINOM.DIST(B5, \$D\$1, \$D\$2, FALSE)를 셀 C5에 입력한다. 여기서 4번째 값인 FALSE는 이항확률을 계산하는 옵션이다. 셀 C5에 있는 0.0282는 $f(0)$이며, 이 수식을 C6:C15에 복사하면 나머지 확률들을 계산할 수 있다. 누적확률을 계산하기 위해 =BINOM.DIST(B5, \$D\$1, \$D\$2, TRUE)를 셀 D5에 입력한다. 여기서 4번째 입력 값에는 누적확률을 의미하는 TRUE를 사용하였다. 나머지 누적확률을 계산하기 위해 셀 D5에 있는 수식을 D6:D15에 복사한다. 얻어진 결과로부터 셀 D5에 있는 누적확률은 C5에 있는 개별 확률과 동일하고, 각 누적확률은 그전 누적확률+C열에 있는 확률이다.

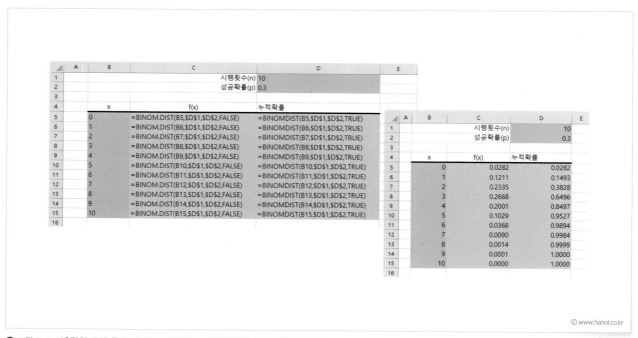

© www.hanol.co.kr

🔷 그림 5-7_ 10명의 고객 중 구매고객 수에 대한 이항확률과 누적이항확률을 계산한 엑셀 워크시트

예를 들면 $x=4$의 누적확률은 $0.6496+0.2001=0.8497$이 된다. $x=10$의 누적확률은 1이 되며, $x=10$의 확률이 0이므로 $x=9$의 누적 확률도 1이 된다.

4 이항분포의 기댓값과 분산

3절에서는 이산확률변수의 기댓값과 분산을 계산하는 식을 설명하였다. 확률변수가 시행횟수 n, 성공확률 p인 이항분포를 따르는 경우, x의 기댓값과 분산은 다음과 같이 간편하게 구할 수 있다.

이항분포의 기댓값과 분산

$$E(x) = \mu = np \tag{5.13}$$

$$Var(x) = \sigma^2 = np(1 - p) \tag{5.14}$$

세 명의 고객이 방문하는 마틴 의류가게 문제에서, 식 (5.9)를 이용하면 구매 고객의 기댓값은 다음과 같다.

$$E(x) = np = 3(.30) = .9$$

다음 달에 마틴 의류가게에 1,000명이 방문한다면, 평균 구매고객 수는 $\mu=np=1000 \times 0.30 = 300$명이다. 그러므로 평균 구매고객을 늘리기 위해서는 방문하는 고객 수를 증가시키고 방문한 고객이 구매할 확률을 높이기 위한 노력이 필요하다.

세 명의 고객이 있는 마틴 의류가게 문제에서 구매고객의 분산과 표준편차는 다음과 같다.

$$\sigma^2 = np(1 - p) = 3(.3)(.7) = .63$$
$$\sigma = \sqrt{.63} = .79$$

다음 달에 방문할 1,000명의 고객에 대해 구매고객의 분산과 표준편차는 다음과 같이 구해진다.

$$\sigma^2 = np(1 - p) = 1,000(.3)(.7) = 210$$
$$\sigma = \sqrt{210} = 14.49$$

연습문제

기초문제

23. $n=2$, $p=0.4$인 이항실험에서 다음 물음에 답하라.

    a. 이 실험의 나무도표를 작성하라.

    b. 한 번 성공할 확률 $f(1)$을 구하라.

c. $f(0)$를 구하라.

d. $f(2)$를 구하라.

e. 적어도 한 번 성공할 확률을 구하라.

f. 기댓값, 분산, 표준편차를 구하라.

24. $n=10$, $p=0.10$인 이항실험에서 다음 물음에 답하라.

a. $f(0)$을 구하라.

b. $f(2)$를 구하라.

c. $P(x \leq 2)$를 구하라.

d. $P(x \geq 1)$를 구하라.

e. $E(x)$를 구하라.

f. $Var(x)$와 σ를 구하라.

25. $n=20$, $p=0.70$인 이항실험에서 다음 물음에 답하라.

a. $f(12)$를 구하라.

b. $f(16)$을 구하라.

c. $P(x \geq 16)$을 구하라.

d. $P(x \leq 15)$를 구하라.

e. $E(x)$를 구하라.

f. $Var(x)$와 σ를 구하라.

응용문제

26. 뮤직360은 10대와 성인들에게 최근 12개월 동안 어떠한 방법으로 음악을 들었는지를 조사하였다. 10대들의 1/3 정도가 음악을 듣기 위해 구글의 video-sharing 사이트를 이용했고, 10대들의 35%가 Pandora Media Inc.의 온라인 서비스를 이용하였다. 10명의 10대들을 뽑아 음악을 듣는 방법을 물었다고 가정하자.

a. 10명의 10대에게 Pandora Media Inc.의 온라인 서비스 이용 유무를 질문하는 것이 이항실험 조건을 만족하는가?

b. 10명 중 한 명도 Pandora Media Inc.의 온라인 서비스를 이용하지 않을 확률은?

c. 10명 중 4명이 Pandora Media Inc.의 온라인 서비스를 이용할 확률은?

d. 10명 중 적어도 2명이 Pandora Media Inc.의 온라인 서비스를 이용할 확률은?

27. 새로운 기계가 정상적으로 작동할 때 불량률은 3%이다. 이 기계에서 생산된 제품 2개를 무작위로 뽑았을 때 불량품의 개수에 관심이 있다고 하자.

a. 이 문제가 이항실험 특성에 부합하는가를 검토하라.

b. 이 문제를 〈그림 5-4〉와 같이 두 번 시행하는 실험문제로 생각하여 나무도표를 그려라.

c. 한 개의 불량품이 나오는 경우의 실험결과는 총 몇 개인가?

d. 불량품이 하나도 없는 경우, 하나인 경우, 두 개인 경우의 확률을 계산하라.

28. 적국의 공격을 경고하기 위해 개발된 미사일 탐지시스템이 공격을 탐지할 확률은 0.90이라고 가정하자. 이항확률분포를 이용하여 다음 질문에 답하라.

a. 하나의 탐지시스템이 공격을 탐지할 확률은?

b. 두 개의 탐지시스템이 독립적으로 운영될 때 적어도 하나의 시스템이 미사일 공격을 탐지할 확률은?

c. 세 개의 시스템이 운영될 때, 적어도 하나의 시스템이 미사일 공격을 탐지할 확률은?

d. 여러 개의 탐지시스템을 운영하는 것을 추천하겠는가? 그 이유를 설명하라.

29. 퓨(Pew)리서치센터가 실시한 조사에 따르면 부모와 함께 사는 18~34세 연령층의 75%가 가계비에 기여한다고 응답했다. 부모와 함께 사는 18~34세 연령층에서 15명을 무작위로 선택하여 가계비 기여에 관해 물어본다고 가정하자.

a. 부모와 함께 사는 18~34세 연령층에서 15명을 선정하는 것은 이항실험인가?

b. 만일 무작위로 선정한 15명을 조사한 결과 가계비에 기여하는 사람이 없다고 나왔을 경우, 이를 토대로 퓨리서치센터의 조사결과에 의문을 제기할 수 있는지를 설명하라.

c. 무작위 선정한 18~34세 연령층 15명 중 최소 10명이 가계비에 기여할 확률은 얼마인가?

30. 어느 대학은 기초통계 과정을 끝내지 못하고 포기하는 학생의 비율이 20%라는 사실을 발견하였다. 20명의 학생이 이 과정을 신청하였다고 하자.

a. 2명 이하가 포기할 확률은?

b. 4명이 포기할 확률은?

c. 3명 이상이 포기할 확률은?

d. 포기하는 학생수에 대한 기댓값은?

6 포아송 확률분포

* 포아송 확률분포는 대기 줄에 새로운 대상이 도착하는 모형에 자주 사용된다.

이 절에서는 특정한 시간이나 공간에서 일어나는 사건의 횟수를 추정하는 데 유용한 이산확률변수를 공부한다. 예를 들어 한 시간 동안 세차장에 도착하는 차의 수, 고속도로 10마일 구간에서 수리를 필요로 하는 차의 수, 100마일의 파이프라인에서 누수가 되는 곳의 수 등에 관심이 있는 경우에 해당될 수 있다. 다음의 두 가지 특성을 만족하면 발생횟수에 관한 확률변수는 포아송 확률분포(Poisson probability distribution)를 따른다고 한다.

* 시메옹 포아송(Simeon Poisson)은 1802년에서 1808년까지 파리의 에꼴 폴리테크닉(Ecole Polytechnique)에서 수학을 가르쳤다. 1837년에 발표한 논문 "범죄와 평결의 확률에 관한 연구"에 나중에 포아송분포라고 알려진 논의가 들어 있다.

포아송실험의 특성

1. 두 구간의 길이가 같다면 발생확률이 동일하다.
2. 어떤 구간에서 발생하거나 발생하지 않는 사건은 다른 구간에서 발생하거나 발생하지 않는 사건과 독립이다.

포아송 확률함수(Poisson probability function)는 다음의 식 (5.15)와 같이 정의된다.

포아송 확률함수

$$f(x) = \frac{\mu^x e^{-\mu}}{x!} \tag{5.15}$$

여기서

$f(x)$ = 구간에서 x회 발생할 확률
μ = 구간에서 발생횟수의 기댓값 또는 평균
e = 2.71828

포아송 분포에서 확률변수 x는 주어진 구간에서 발생한 사건의 수를 나타내는 이산확률변수이며, 발생횟수는 상한이 없으므로 $x = 0, 1, 2, \cdots$ 가 된다. 실제로 x가 상당히 큰 수이면 $f(x)$가 0에 가까워지므로 매우 큰 x의 확률은 무시할 수 있다.

1 시간의 구간을 포함하는 예제

주중 아침 15분 동안 자동차를 탄 채로 은행 서비스를 받기 위해 창구에 도착하는 자동차 대수에 관심이 있다고 하자. 같은 시간 동안 어느 두 구간에 도착하는 차의 확률은 동일하고, 다른 시간에 도착하는 차들과 독립적이라면 포아송 확률함수를 적용할 수 있다. 이러한 가정이 만족되고 과거의 자료로 볼 때 15분 동안 도착하는 자동차는 평균 10대라고 하면, 확률함수는 다음과 같이 얻어진다.

$$f(x) = \frac{10^x e^{-10}}{x!}$$

여기서 확률변수 x = 15분 동안 도착하는 자동차의 대수이다. 만일 경영자가 15분 동안 5대가 도착할 확률을 알고 싶다면 $x = 5$를 이용하여 다음과 같이 확률을 구할 수 있다.

$$f(5) = \frac{10^5 e^{-10}}{5!} = .0378$$

이러한 확률함수도 계산기를 이용하여 계산할 수 있다. 엑셀 역시 포아송 확률과 누적확률을 계산하기 위해 POISSON.DIST이라는 포아송 함수를 제공하고 있다. 이러한 함수는 다양한 포아송 분포의 확률과 누적확률을 쉽게 계산할 수 있다. 이 절 마지막 부분에서 엑셀을 이용하여 이러한 확률의 계산방법을 설명할 것이다.

* 포아송분포의 특징은 평균과 분산이 같다는 것이다.

앞의 예제에서 15분 동안 도착하는 포아송 분포의 평균 μ = 10이다. 포아송 분포의 특성은 분포의 평균과 분산이 같다는 것이다. 그러므로 15분 동안 도착하는 차의 대수의 분산 σ^2 = 10이고, 표준편차 $\sigma = \sqrt{10}$ = 3.16이다.

앞의 예제는 15분 동안에 일어나는 문제나 다른 시간 동안 일어나는 문제에도 사용할 수 있다. 3분 동안 한 대만 도착할 확률을 구하고 싶다고 하면 15분 동안 평균 10대가 도착하기 때문에, 1분 동안 도착하는 평균 대수는 10/15 = 2/3대가 되고, 3분 동안 도착하는 평균은 2/3 × 3 = 2대가 된다. 따라서 3분 동안 평균 μ = 2대가 도착하는 문제에서 x대가 도착하는 포아송 확률함수는 다음과 같이 주어진다.

$$f(x) = \frac{2^x e^{-2}}{x!}$$

이를 이용하면 3분 동안 1대가 도착할 확률은 다음과 같이 계산할 수 있다.

$$f(1) = \frac{2^1 e^{-2}}{1!} = .2707$$

15분 동안 5대가 도착할 확률은 0.378이었으나, 3분 동안 1대가 도착할 확률은 0.2707로 동일하지 않다. 따라서 다른 시간의 구간에 대해 포아송 확률을 계산할 때는 먼저 그 구간 동안에 일어나는 평균을 계산하고 확률을 계산하여야 한다.

2 길이 또는 거리를 포함하는 예제

새로 포장한 고속도로에 한 달 동안 다시 심각한 도로파손이 발생하는 횟수에 관심이 있다고 하자. 같은 길이의 어떤 구간에서도 파손이 있을 확률은 동일하고, 어느 한 구간에서 파손의 발생은 다른 구간에서의 파손 발생에 영향을 주지 않는다면 포아송 분포를 적용할 수 있다.

새로 포장한 후 한 달 동안 주요 파손지점이 1마일당 평균 2개가 있다고 하자. 길이 3마일에 파손지점이 없을 확률을 계산해 보자. 3마일에 발생하는 평균 파손지점 수 μ = (2곳/마일)×3마일 = 6곳이므로, 식 (5.11)을 이용하여 파손이 전혀 발생하지 않을 확률은 $f(0) = 6^0 e^{-6}/0!$ = .0025가 된다. 그러므로 3마일에 주요한 파손이 하나도 없을 경우는 거의 일어나지 않는다. 사실, 이 예제에서 3마일에 주요한 파손이 한 군데 이상 있을 확률은 1-0.0025 = 0.9975이다.

3 엑셀을 활용한 포아송 분포의 확률 계산

포아송 분포의 확률과 누적확률을 계산하는 엑셀 함수는 POISSON.DIST로, 이항확률을 계산하는 방법과 유사하다. 예를 들어 〈그림 5-8〉은 주중 아침 15분 동안 자동차를 탄 채로 은행 서비스를 받기 위해 창구에 평균 10대 도착하는 자동차 대수 문제의 결과로, 다음의 절차를 따라 계산하였다.

자료입력/자료열기　포아송 확률을 계산하려면 주어진 기간 동안 발생하는 평균 횟수(μ)와 확률을 계산하고자 하는 횟수(x)를 알아야 한다. 앞의 문제에서 우리가 관심이 있는 사건은 도착하는 자동차 대수이다. 도착하는 자동차는 평균은 10대이며, 이를 셀 D1에 입력한다. 도착하는 자동차 대수를 0에서 20대까지 계산하려고 한다면, 횟수(x) 0에서 20까지를 셀 A4:A24에 넣는다.

함수와 수식입력　POISSON.DIST 함수는 3개의 입력요소를 가진다. 첫 번째는 횟수 x, 두 번째는 평균 μ, 마지막으로 FALSE 혹은 TRUE 선택으로, 개별 확률을 계산하기 위해서 FALSE, 누적확률을 계산하기 위해서는 TRUE를 선택한다. 15분 동안 한 대도 오지 않을 확률을 계산하기 위해 수식 =POISSON.DIST(A4, \$D\$1, FALSE)를 셀 B4에 넣는다. 한 대부터 20대까지 도착할 확률을 계산하기 위해 셀 B4를 B5:B24에 복사한다. 5대가 도착할 확률 0.0378이 셀 B9에 계산된다.

　POISSON.DIST 함수를 이용하면 0에서 20까지 모든 확률들을 쉽게 계산할 수 있다. 계산기로 이를 계산하려면 많은 단계를 거쳐야 한다. 포아송 확률에 대한 그래프를 작성하기 위해 엑셀의 차트마법사를 이용할 수 있으며, 결과를 〈그림 5-8〉에 제시하였다. 이러한 그림은 다양한 수의 도착확률에 대한 훌륭한 그래프 표현을 제공한다. 이 그림에서 도착하는 자동차가 9대와 10대일 때 확률이 가장 높고, 이와 멀어질수록 확률이 낮아지는 것을 쉽게 알 수 있다.

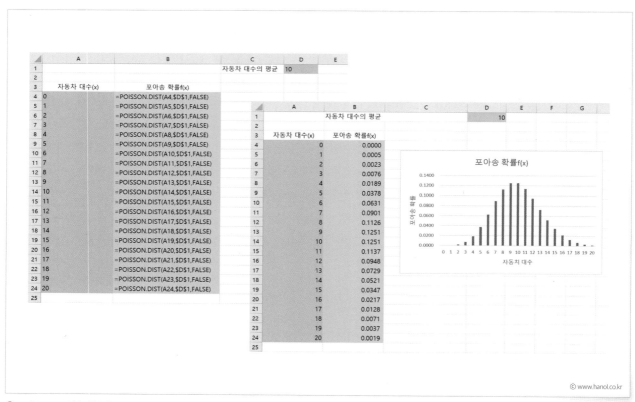

○ 그림 5-8_ 포아송 확률을 계산하기 위한 엑셀 워크시트

	A	B	C	D	E
1			자동차 대수의 평균	10	
2					
3	자동차 대수(x)	누적확률			
4	0	=POISSON.DIST(A4,$D$1,TRUE)			
5	1	=POISSON.DIST(A5,$D$1,TRUE)			
6	2	=POISSON.DIST(A6,$D$1,TRUE)			
7	3	=POISSON.DIST(A7,$D$1,TRUE)			
8	4	=POISSON.DIST(A8,$D$1,TRUE)			
9	5	=POISSON.DIST(A9,$D$1,TRUE)			
10	6	=POISSON.DIST(A10,$D$1,TRUE)			
11	7	=POISSON.DIST(A11,$D$1,TRUE)			
12	8	=POISSON.DIST(A12,$D$1,TRUE)			
13	9	=POISSON.DIST(A13,$D$1,TRUE)			
14	10	=POISSON.DIST(A14,$D$1,TRUE)			
15	11	=POISSON.DIST(A15,$D$1,TRUE)			
16	12	=POISSON.DIST(A16,$D$1,TRUE)			
17	13	=POISSON.DIST(A17,$D$1,TRUE)			
18	14	=POISSON.DIST(A18,$D$1,TRUE)			
19	15	=POISSON.DIST(A19,$D$1,TRUE)			
20	16	=POISSON.DIST(A20,$D$1,TRUE)			
21	17	=POISSON.DIST(A21,$D$1,TRUE)			
22	18	=POISSON.DIST(A22,$D$1,TRUE)			
23	19	=POISSON.DIST(A23,$D$1,TRUE)			
24	20	=POISSON.DIST(A24,$D$1,TRUE)			
25					

	A	B	C	D	E
1			자동차 대수의 평균	10	
2					
3	자동차 대수(x)	누적확률			
4	0	0.0000			
5	1	0.0005			
6	2	0.0028			
7	3	0.0103			
8	4	0.0293			
9	5	0.0671			
10	6	0.1301			
11	7	0.2202			
12	8	0.3328			
13	9	0.4579			
14	10	0.5830			
15	11	0.6968			
16	12	0.7916			
17	13	0.8645			
18	14	0.9165			
19	15	0.9513			
20	16	0.9730			
21	17	0.9857			
22	18	0.9928			
23	19	0.9965			
24	20	0.9984			
25					

그림 5-9_ 누적포아송 확률을 계산하기 위한 엑셀 워크시트

POISSON.DIST 함수를 이용하여 누적확률분포를 계산하는 방법은 이항분포에서 했던 것과 동일하게 다음의 절차를 거치면 된다.

자료입력/자료열기 누적포아송 확률을 계산하기 위해, 주어진 기간 동안 평균 도착 대수(μ) 10을 셀 D1에, 0대에서 20대까지의 자동차 대수(x)에 대한 누적확률을 계산하기 위해 x값 0, 1, 2, … , 20을 셀 A4:A24에 넣는다.

함수와 수식입력 〈그림 5-8〉에 있는 수식을 〈그림 5-9〉의 셀 B4:B24에 입력하되, 누적확률을 계산하기 위해 함수의 3번째 입력요소에 FALSE 대신에 TRUE를 넣는다.

〈그림 5-9〉에는 5대 이하일 확률이 0.0671이고 4대 이하일 확률이 0.0293이므로 정확하게 5대가 도착할 확률 $f(5)=0.0671-0.0293=0.0378$이 된다. 이 확률은 이 절 앞부분과 〈그림 5-8〉에서 계산된 것과 동일하다. 이러한 누적확률을 이용하면 확률변수 x의 임의의 범위에 대한 확률을 쉽게 계산할 수 있다. 예를 들어 자동차가 6대에서 16대 도착할 확률을 계산할 경우, 〈그림 5-9〉에서 16대 이하가 도착할 확률 − 5대 이하가 도착할 확률 = 0.9513 − 0.0671 = 0.8842로 쉽게 계산할 수 있다. 얻어진 확률값이 높으므로 15분 동안 도착하는 자동차 대수는 대부분 6대에서 15대 사이라고 결론내릴 수 있다. 21대 이상 도착할 확률 = 1 − 20대 이하 도착할 확률 = 1 − 0.9984 = 0.0016이므로, 21대 이상 도착할 가능성은 거의 없게 된다.

31. $\mu=3$인 포아송 분포에 대해 다음 질문에 답하라.

    a. 포아송 확률함수는 무엇인가?

    b. $f(2)$를 계산하라.

    c. $f(1)$을 계산하라.

    d. $p(x \geq 2)$를 계산하라.

32. 한 시간 동안에 평균 2번 발생하는 포아송 분포에 대해 다음 질문에 답하라.

    a. 포아송 확률함수를 작성하라.

    b. 3시간 동안에 발생하는 평균 횟수는?

    c. 3시간 동안에 x회 발생할 포아송 확률함수는?

    d. 1시간 동안에 두 번 발생할 확률은?

    e. 3시간 동안에 6번 발생할 확률은?

    f. 2시간 동안에 5번 발생할 확률은?

33. 어느 항공사의 예약창구에는 한 시간 동안 평균 48회의 전화가 걸려온다.

    a. 5분 동안 전화가 3회 걸려올 확률은?

    b. 15분 동안 10번 전화가 걸려올 확률은?

    c. 현재 대기 중인 전화가 없다고 하자. 현재의 전화를 끝내기 위해 5분이 소요된다면, 전화 통화를 하는 동안 평균 몇 명이 통화를 위해 기다리고 있겠는가? 대기 중인 전화가 없을 확률은?

    d. 현재 통화 중인 전화가 없다면 전화에 방해받지 않고 개인적으로 3분을 쉴 확률은?

34. 2011년 뉴욕시에서는 월요일에서 금요일 오후 3시에서 6시까지 11,232건의 자동차 사고가 발생하였다. 즉, 시간당 평균 14.4건의 사고가 발생하고 있다.

    a. 15분 동안 사고가 발생하지 않을 확률은?

    b. 15분 동안 적어도 사고가 한 건 이상 발생할 확률은?

    c. 15분 동안 사고가 4건 이상 발생할 확률은?

35. 주요 국제공항에는 항공승객들이 독립적이며 무작위적으로 1분에 평균 10명이 도착하고 있다.

    a. 1분에 한 명도 도착하지 않을 확률은?

    b. 1분에 3명 이하가 도착할 확률은?

c. 15초 동안 한 명도 도착하지 않을 확률은?

d. 15초 동안 적어도 한 명 이상이 도착할 확률은?

36. 국립 해양 및 대기 관리원(NOAA)에 따르면 콜로라도 주는 6월(6월은 30일로 구성된다)에 평균 18건의 토네이도가 발생한다.

a. 하루에 토네이도가 평균 몇 회 발생하는가?

b. 하루에 토네이도가 한 번도 발생하지 않을 확률은?

c. 하루에 토네이도가 한 번 발생할 확률은?

d. 하루에 토네이도가 한 번 이상 발생할 확률은?

요점정리

확률변수는 실험결과를 숫자로 표현하는 방법이며, 확률분포는 확률변수가 갖는 값들의 확률을 표현한 것으로 확률함수 $f(x)$로 정의된다. 확률함수가 정의되면 기댓값과 분산, 표준편차를 구할 수 있다.

이 장에서는 두 가지 형태의 이산확률분포를 소개하였다. 첫 번째 형태는 확률변수와 그에 따르는 확률이 표로 주어지는 경우이다. 이 형태에서 경험적 이산확률분포를 구하기 위해 상대도수적 확률부여 방법을 사용하는 것을 소개하였다.

두 번째 방법은 확률을 구하기 위해 수학적 함수를 이용하는 방법이다. 이항분포, 포아송 분포가 이러한 형태의 분포이다. 이항분포는 다음의 특성을 갖는 실험에서 n회 시행 중 성공이 x회인 확률을 계산하는 데 이용된다.

1. 실험은 n번의 동일한 시행으로 구성된다.

2. 각 시행은 성공과 실패 두 가지 결과만 갖는다.

3. 성공확률 p는 시행에 따라 변하지 않는다. 결과적으로 실패확률 $1 - p$도 시행에 따라 변하지 않는다.

4. 시행은 독립적이다.

4가지 특성을 모두 만족시킨다면 이항확률분포를 이용하여 n회 시행에서 성공이 x회인 확률과 평균, 분산 등을 계산할 수 있다.

포아송 분포는 일정한 시간이나 공간에서 사건이 발생하는 횟수의 확률을 계산하는 데 이용된다. 포아송 분포를 적용하기 위해서는 다음의 가정이 필요하다.

1. 사건이 발생하는 확률은 길이가 같은 임의의 구간에서도 서로 동일하다.

2. 어느 구간에서의 사건 발생 여부는 다른 구간에서의 사건 발생 여부에 영향을 주지 않는다.

37. 미국 해안경비대(U.S. Coast Guard)는 사고 난 시점의 바람의 조건 등 보트 사고에 관한 다양한 정보를 제공한다. 다음의 표는 4,401건의 사고에 관한 정보이다.

바람의 조건	사고 비율
없음	9.6
가벼운 바람	57.0
적당한 바람	23.8
강한 바람	7.7
폭풍우	1.9

x를 사고 당시 바람의 조건을 나타내는 확률변수라 하자. $x=0$은 없음, $x=1$은 가벼운 바람, $x=2$는 적당한 바람, $x=3$은 강한 바람, $x=4$는 폭풍우를 나타낸다.

a. 확률분포를 작성하라.

b. 기댓값을 구하라.

c. 분산과 표준편차를 구하라.

d. 이러한 결과로부터 보트 사고 당시의 바람에 대해 어떠한 설명을 할 수 있는가?

38. Car Repair Ratings website는 미국과 캐나다에 있는 정비소를 평가한 결과를 발표한다. 수리까지의 고객 대기시간은 평가 항목 중 하나이다. 다음의 표는 캐나다 온타리오에 있는 40개 정비소의 평가 결과(1 = 느림, …, 10 = 빠름)이다.

고객 대기시간	정비소의 수
1	6
2	2
3	3
4	2
5	5
6	2
7	4
8	5
9	5
10	6

a. 고객 대기시간 x를 가로축으로 하여 확률분포를 나타내는 그래프를 작성하라.

b. 고객 대기시간이 적어도 9점이면 훌륭한 서비스이다. 새로운 고객이 훌륭한 서비스를 받을 확률은?

c. x에 대한 기댓값과 분산은?

d. 40개의 정비소 중에 7개 정비소가 평가를 받고 새로운 계약을 맺었다고 하자. 7개의 정비소 중에 2개가 훌륭한 서비스로 평가되었다. 새로운 계약을 맺은 정비소가 훌륭한 서비스를 제공할 확률과 기존의 정비소가 훌륭한 서비스를 제공한 확률을 비교하라.

39. 퓨(Pew) 리서치 센터는 인터넷, 스마트폰, 이메일, 유선전화를 사용하는 성인을 대상으로 너무 어려워서 사용을 포기한 것이 있는가를 조사하였다. 조사 결과 인터넷 53%, 스마트폰

49%, 이메일 36%, 유선전화 28% 비율로 사용을 포기했다는 응답을 받았다.

    a. 20명의 인터넷 이용자가 질문에 응하였다면, 3명이 너무 어려워 포기할 확률은?

    b. 20명의 유선전화 소유자가 질문에 응하였다면, 5명 이하가 너무 어려워 포기할 확률은?

    c. 2,000명의 스마트폰 소유자가 질문에 응하였다면, 평균 몇 명이 너무 어려워 포기하겠는가?

    d. 2,000명의 이메일 이용자가 질문에 응하였다면, 평균 몇 명이 너무 어려워 포기하겠는가? 분산과 표준편차를 구하라.

40. 많은 회사들은 원자재나 부품을 관리하기 위해 표본검사(acceptance sampling)라는 품질관리 기법을 사용한다. 표본검사는 공급업체에서 납품한 부품 중 n개를 조사하여 결함률이 일정 수준 이하이면 납품을 받아들이는 방법이다. n개의 부품을 조사하는 것은 n회 시행하는 이항실험으로 볼 수 있으며, 조사된 부품은 정상과 결함으로 구분된다. 레이놀드 전자회사는 납품된 부품 중 5개를 검사하여 결함률이 1% 이하인 경우에 받아들이기로 하였다.

    a. 공급제품의 결함률이 1%라고 할 때, 표본검사에서 결함이 발견되지 않을 확률은?

    b. 공급제품의 결함률이 1%라고 할 때, 표본검사에서 하나의 부품이 결함일 확률은?

    c. 공급제품의 결함률이 1%라고 할 때, 표본검사에서 하나 이상의 부품이 결함일 확률은?

    d. 표본검사에서 하나의 부품이 결함이라고 판정될 때 납품을 편하게 받아들일 수 있는가? 그 이유는?

41. 텍사스 Canyon Lake에 위치한 Mahoney Custom Home Builders Inc.는 웹사이트 방문자들에게 주택 건설업자를 선택할 때 가장 중요한 점이 무엇인지를 물었다. 품질, 가격, 소개비, 건설기간, 주요 특징 중에서 응답자의 23.5%가 가격이 가장 중요하다고 응답하였다. Canyon Lake에서 200명의 잠재 주택구매자를 대상으로 조사되었다고 가정하자.

    a. 평균 몇 명이 가장 중요한 점을 가격이라고 응답하겠는가?

    b. 가장 중요한 점이 가격이라고 응답한 고객 수의 표준편차를 구하라.

    c. 가장 중요한 점이 가격이 아니라고 응답한 고객 수의 표준편차를 구하라.

42. 자동차는 무작위적이고 독립적으로 세차장에 들어온다. 도착확률은 길이가 동일한 임의의 시간 구간에서 모두 같다. 한 시간 동안에 평균 15대가 도착한다고 할 때, 한 시간 동안 20대 이상이 도착할 확률은?

43. 새로운 자동생산 공정은 하루 평균 1.5회 고장이 발생한다. 고장에 따르는 비용 때문에 경영자는 하루에 세 번 이상 고장 날 확률에 관심이 많다. 고장은 무작위로 일어난다고 가정하자. 즉, 길이가 같은 어느 두 기간에 고장이 발생할 확률은 서로 동일하고, 어느 한 기간의 고장이 다른 기간의 고장에 영향을 주지 않는다고 하자. 하루에 세 번 이상 고장이 발생할 확률은?

44. 펜실베이니아주의 사업 개발을 책임지고 있는 관리자는 소기업 도산에 대해 관심을 갖고 있다. 한 달에 평균 10개의 소기업이 도산한다고 하자. 한 달 동안 4개의 소기업이 도산할 확률은? 길이가 같은 어느 두 기간 동안 도산할 확률은 동일하고, 어느 달의 도산 발생은 다른 달의 도산 발생에 영향을 주지 않는다고 가정하라.

45. U.S. News & World Report에 따르면 미국 상위 10대 경영대학원 중 7곳 학생들의 학부평점은 최소 3.5이었다. 상위 10대 경영대학원 중 2개를 임의로 추출한다고 하자.

a. 학생들의 학부평점이 3.5 이상일 대학원이 정확히 1개일 확률은?

b. 학생들의 학부평점이 3.5 이상일 대학원이 2개일 확률은?

c. 학생들의 학부평점이 3.5 이상일 대학원이 둘 다 아닐 확률은?

힌트 45번 문제에서 10대 경영대학원을 모집단, 추출된 2개의 경영대학원을 표본이라 하고, 대학평점이 3.5 이상인 경우를 성공, 그렇지 않은 경우를 실패라고 정의하면, 모집단의 원소 $N=10$에 포함된 성공의 개수 $r=7$이 되고, 표본의 크기 $n=2$가 된다. 이때, 확률변수 x를 표본에 포함된 성공의 개수라고 정의하면, 확률함수 $f(x)$는 다음과 같이 유도할 수 있다.

$$f(x) = \frac{\binom{r}{x}\binom{N-r}{n-x}}{\binom{N}{n}}$$

이러한 확률함수를 갖는 확률변수 x를 초기하확률분포(hypergeometric probability distribution)라고 한다. 초기하확률분포는 이항분포와 유사하지만 시행이 독립적이지 않고 성공확률이 시행에 따라 다르게 된다.

사례연구 | **맥닐(McNeil)의 자동차 판매점**

맥닐 자동차 판매점의 소유주인 해리엇 맥닐(Harriet McNeil)은 자동차 판매점의 전시장에 영업사원이 감당할 수 없을 만큼 많은 고객이 오면 좋겠다고 생각한다. 이러한 많은 고객 방문은 사람들에게 자동차 인기가 매우 크다는 인상을 주게 되어 영업에 도움이 될 수 있다. 하지만, 반대로 영업사원들이 감당할 수 없는 많은 고객들이 온다면, 전시장 내 고객들의 서비스 불만이 커져 구매하지 않고 떠날 가능성이 커진다.

따라서 맥닐은 자동차 판매점이 일주일 중 가장 바쁜 토요일 아침(오전 8시~오전 12시)에 전시장에 영업사원을 얼마나 배치할지 고민이다. 토요일 아침에는 시간당 평균 6.8명의 손님이 방문한다. 고객은 오전 내내 일정한 비율로 무작위로 방문하며, 영업사원은 평균 1시간 동안 고객 응대 서비스를 제공한다. 맥닐은 경험을 토대로 토요일 아침 어느 시간대라도 고객이 영업사원보다 2명 많은 것이 최적의 균형점이라는 결론을 내렸다. 맥닐은 토요일 오전 어느 시간대든 고객 수가 영업사원보다 2명을 넘지 않도록 어떻게 영업사원을 배치할지 결정해야 한다. 때때로 고객이 영업사원보다 2명을 넘을 수 있지만 그러한 경우가 최대 10% 이하만 발생하기를 원한다.

맥닐이 토요일 아침 판매점 전시장에 몇 명의 영업사원을 배치해야 하는지 결정하기를 원한다. 맥닐의 고민을 해결하기 위한 다음 세 가지 질문에 대한 경영보고서를 작성하라.

1. 토요일 아침에 전시장에 방문하는 고객의 수는 어떻게 분포하는가?

2. 맥닐이 현재 토요일 아침에 전시장에 영업사원 5명을 배치한다고 가정해보자. (1)의 확률분포를 사용해 전시장에 도착한 고객이 영업사원을 2명 초과할 확률은 얼마인가? 현재 토요일 아침 영업사원 배치전략은 목표를 만족시키는가? 그 이유는 무엇인가?

3. 맥닐은 자신의 목표를 달성하기 위해 토요일 아침에 최소 몇 명의 영업사원을 배치해야 하는가?

데이터 분석을 위해
엑셀로 100% 구현된
앤더슨의 경영통계학

연속확률분포

프록터&갬블(Procter & Gamble) [a]
CINCINNATI, OHIO

프록터 앤 갬블(P&G; Procter&Gamble)사는 세제와 일회용 기저귀, 처방전이 필요 없는 일반의약품, 비누, 치약, 구강 청결제, 키친타올 등을 생산하고 판매한다. P&G는 전 세계적으로 다른 소비재 기업보다 많은 선도 브랜드를 가지고 있다. 질레트(Gillette)와 합병한 후, P&G는 면도기와 면도날, 그리고 다양한 개인 미용과 위생용품을 또한 생산 판매하기 시작했다.

P&G는 통계적 방법론을 의사결정에 적용한 선구자로서 공학과 통계학, 운용과학(operations research), 경영학 등 다양한 학문적 배경을 가진 인재를 고용하고 있다. 이들이 제공하는 기법에는 확률적 결정, 위험 분석, 고급 모의실험, 품질 개선, 정량적 방법[선형 프로그래밍, 데이터 애널리틱스, 확률분석, 머신러닝(machine learning) 등] 등이 있다.

P&G의 산업용 화학제품 사업부는 코코넛오일 같은 천연물질과 석유를 원료로 한 파생물에서 추출한 지방성 알코올의 주 공급자이다. 이 사업부는 지방성 알코올의 생산시설 확장이 가져오는 경제적 위험과 기회를 알아보기 위해 P&G의 확률적 결정과 위험 분석전문가에게 도움을 요청했다. 문제를 구조화하고 모델링한 결과, 전문가들은 수익성의 핵심이 석유를 원료로 한 것과 코코넛을 원료로 한 원자재의 비용 차이에 있다고 결론지었다. 미래의 원가는 알 수 없으나, 분석가들은 다음의 연속확률변수를 이용해서 이를 추정할 수 있었다.

프록터&갬블은 의사결정에 통계적 방법을 활용하는 선도기업이다.
© John Sommers II/Reuters

x = 지방성 알코올 1파운드당 코코넛오일 가격
y = 지방성 알코올 1파운드당 원유 가격

수익성의 핵심은 이러한 두 확률변수의 차이이기 때문에, 이를 반영한 변수 $d=x-y$를 분석에 사용한다. 전문가들과 인터뷰를 통하여 x와 y의 확률분포를 결정한 후, 이 정보를 사용하여 가격 차이 d의 확률분포를 구하였다. 이 연속확률분포에서 가격 차이가 $0.0655 이하일 확률은 0.90, $0.035 이하일 확률은 0.50이며, 가격 차이가 $0.0045 이하일 확률은 단지 0.10에 불과하다는 것을 알게 되었다. [b] 여기에 명시된 가격 차이는 독점 자료를 보호하기 위해 수정되었다.

산업용 화학제품 사업부에서는 최종 결정을 내리기 위해서 원자재의 가격 차이가 미치는 영향력을 수치화하는 것이 관건이라고 생각하였다. 앞에서 얻은 확률을 이용하여 원자재 가격 차이에 대한 민감성 분석(sensitivity analysis)을 실행하고, 분석결과를 바탕으로 경영진 제안서의 기초를 마련할 수 있었다.

연속확률변수와 이들의 확률분포는 P&G가 지방성 알코올 생산과 연관된 경제적 위험을 분석하는 데 도움을 주었다. 이 장에서는 연속확률변수 및 통계학에서 가장 중요한 확률분포 중 하나인 정규확률분포를 포함한 확률분포에 관해 설명하고자 한다.

---

a) 본 사례의 통계치는 Procter & Gamble의 Joel Kahn으로부터 도움받았다.
b) 여기에 명시된 가격 차이는 독점 자료를 보호하기 위해 수정되었다.

5장에서는 이산확률변수와 이산확률분포에 관해 논의하였다. 이 장에서는 연속확률변수에 관해 설명하고, 대표적인 연속확률분포인 균일분포, 정규확률분포, 지수확률분포를 다룬다.

이산확률변수와 연속확률변수는 확률을 계산하는 방법 면에서 근본적인 차이가 있다. 이산확률변수의 확률함수 $f(x)$는 확률변수가 특정한 값을 가질 확률을 제공한다. 연속확률변수에서 확률함수에 대응되는 것은 확률밀도함수(probability density function)이며 똑같이 $f(x)$로 표현한다. 차이점은 확률밀도함수가 직접적으로 확률을 나타내지 않는다는 것이다. 주어진 구간에 대한 $f(x)$ 그래프 아래의 면적이 연속확률변수 x가 그 구간 내 존재할 확률을 나타낸다. 따라서 연속확률변수의 확률을 계산한다는 것은 확률변수가 구간 내에서 어떤 값을 가질 확률을 계산하는 것과 같다.

연속확률변수에서 확률의 정의가 시사하는 점 중 하나는 어떤 특정값에서 확률밀도함수 $f(x)$ 그래프 아래의 면적은 0이므로 확률변수가 어떤 특정값을 가질 확률은 0이라는 것이다. 1절에서는 균일분포를 따르는 연속확률변수를 이용하여 이러한 개념을 설명한다. 이번 장의 상당 부분은 정규확률분포를 설명하고 응용사례를 보여주는 데 할애하였다. 정규확률분포는 광범위한 분야에 응용되고 통계적 추론에서 폭넓게 사용하므로 매우 중요한 분포다. 또한, 이 장의 끝 부분에서는 지수확률분포를 다룬다. 지수확률분포는 대기시간이나 서비스시간과 같은 요인을 포함한 응용사례에서 유용하게 사용된다.

① 균일확률분포

확률변수 x는 시카고에서부터 뉴욕까지 운항하는 항공기의 비행시간을 나타낸다고 하자. 비행시간은 120분에서 140분까지의 구간에 있는 값이라면 어떠한 값도 가능하다고 하면, 확률변수 x는 이 구간에서 어떤 값이든지 선택할 수 있으므로 이산확률변수라기보다는 연속확률변수가 된다. 또한, 실제로 특정 1분 구간 사이에 대한 운항시간의 확률은 120분에서 140분에 포함된 어떠한 1분 구간과도 그 확률이 동일하다고 하자. 1분 구간의 확률이 모두 같으므로 확률변수 x는 균일확률분포(uniform probability distribution)를 따른다고 할 수 있다. 비행시간 확률변수가 따르는 균일분포는 다음의 확률밀도함수로 정의된다.

$$f(x) = \begin{cases} 1/20, & 120 \leq x \leq 140 \\ 0, & \text{기타} \end{cases}$$

〈그림 6-1〉은 이 확률밀도함수의 그래프이다. 일반적으로 균일확률분포를 따르는 확률변수 x의 확률밀도함수는 다음과 같이 정의할 수 있다.

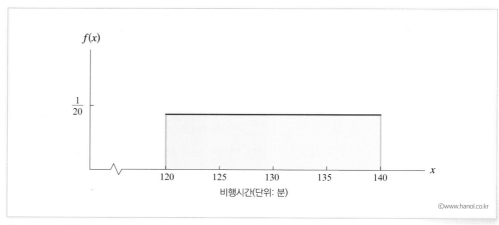

● 그림 6-1 _ 비행시간의 균일확률밀도함수

균일확률밀도함수

$$f(x) = \begin{cases} \dfrac{1}{b-a}, & a \leq x \leq b \\ 0, & \text{기타} \end{cases} \tag{6.1}$$

비행시간 확률변수에서 $a=120$, $b=140$이다.

이미 언급했듯이 연속확률변수의 확률은 특정한 구간 내에서만 계산될 수 있다. 비행시간 예제에서 '비행시간이 130분일 확률은 얼마인가?'란 문제의 경우에는 확률이 0으로 의미 없는 값이 되며, '비행시간이 120분에서 130분 사이일 확률은 얼마인가?'란 문제, 즉 '$P(120 \leq x \leq 130)$는 얼마인가?'는 확률계산에 적절한 문제가 된다. 비행시간은 120분에서 140분 사이이며 이 구간에서 확률은 모두 균일하다고 설명하였으므로 논리적으로 $P(120 \leq x \leq 130) = 0.5$라고 할 수 있으나, 120에서 130 사이에 대한 확률밀도함수 $f(x)$ 그래프 아래의 면적으로 계산할 수 있다(《그림 6-2》 참조).

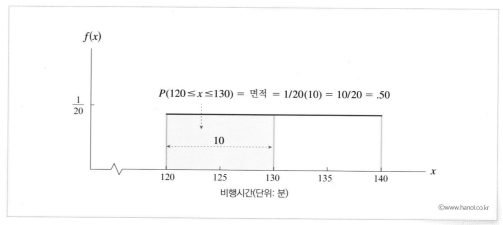

● 그림 6-2 _ 비행시간이 120분과 130분 사이일 확률을 나타내는 면적

1 확률척도로서의 면적

〈그림 6-2〉에서 120~130 구간의 확률밀도함수 $f(x)$의 그래프 아래 부분을 살펴보자. 해당 영역은 직사각형이므로, 면적은 너비와 높이의 곱으로 간단하게 구할 수 있다. 구간의 너비는 130 - 120 = 10이고 높이는 확률밀도함수 $f(x) = 1/20$과 같으므로, 해당 면적 = 너비 × 높이 = 10 × (1/20) = 10/20 = 0.50이다.

$f(x)$ 그래프 아래의 면적과 확률 사이에 어떤 관계를 발견할 수 있는가? 이 둘은 똑같으며, 실제로 모든 연속확률변수에 적용된다. 확률밀도함수 $f(x)$를 정의한 후, x_1과 x_2 사이의 값을 갖는 x의 확률은 $f(x)$ 그래프에서 x_1과 x_2 구간의 면적을 계산하면 알 수 있다.

비행시간이 균일분포를 따른다고 가정하고 면적을 확률로 해석한다면, 비행시간에 대한 어떤 확률도 구할 수 있다. 예를 들면, 비행시간이 128분에서 136분 사이일 때 확률은? 해당 구간의 너비는 136 - 128 = 8이고, $f(x)$의 높이는 균일하게 1/20이다. 그러므로 $P(128 \leq x \leq 136) = 8 \times (1/20) = 0.40$이다.

이때 주목할 점은 $P(120 \leq x \leq 140) = 20 \times (1/20) = 1$, 즉 $f(x)$ 그래프 아래의 총 면적은 1이라는 것이다. 이 속성은 모든 연속확률분포에서 나타나며 이산확률함수에서 확률을 모두 더하면 1이 된다는 조건과 같은 성질이다. 또한, 연속확률밀도함수에서도 모든 x값에 대해 $f(x) \geq 0$의 조건을 충족시켜야 한다. 이 필요조건은 이산확률함수에서 $f(x) \geq 0$는 조건과 같은 성질이다.

연속확률변수와 이산확률변수 간에는 매우 중요한 두 가지 차이점이 있다.

1. 확률변수의 특정한 값에서 확률에 관해 언급하지 않는 대신, 특정 구간에서의 확률에 관해 언급한다.
2. 연속확률변수가 x_1과 x_2 구간 사이의 어떤 값을 갖게 될 확률은 x_1과 x_2 구간 사이의 확률밀도함수 그래프 아래 면적으로 정의할 수 있다. 한 점의 구간 너비는 0이므로 정확하게 어떤 특정한 값을 갖는 연속확률변수의 확률은 0이 되며, 어떤 구간 내의 확률은 구간 끝점의 포함 여부와 상관없이 같게 된다.

연속확률변수의 기댓값과 분산의 계산은 이산확률변수와 비슷하다. 그러나 계산과정에 적분을 포함하므로 이 공식의 유도과정은 고급과정으로 남겨둔다. 그러나, 이 절에서 소개한 균일연속확률분포의 기댓값과 분산은 다음과 같이 계산할 수 있다.

$$E(x) = \frac{a + b}{2}$$

$$Var(x) = \frac{(b - a)^2}{12}$$

이 공식에서 a는 확률변수 범위의 가장 작은 값이고 b는 가장 큰 값이다. 이 공식을 시카고에서 뉴욕까지의 비행시간에 관한 균일분포에 적용하면 다음과 같이 평균과 분산을 계산할 수 있으며, 비행시간의 표준편차는 분산의 제곱근으로 $\sigma = 5.77$분이 된다.

* 어떤 한 점에서의 확률이 0인지 확인하려면 〈그림 6-2〉를 참고하라. 가령 $x = 125$일 때 확률을 계산해보면, $P(x = 125) = P(125 \leq x \leq 125) = 0 \times (1/20) = 0$이다.

$$E(x) = \frac{(120 + 140)}{2} = 130$$

$$Var(x) = \frac{(140 - 120)^2}{12} = 33.33$$

보충설명

확률밀도함수의 높이가 왜 확률이 아닌지를 분명히 살펴보기 위해서 다음의 균일확률분포를 따르는 확률변수를 고려하자.

확률밀도함수 $f(x)$의 높이는 x가 0과 0.5 사이의 값을 가질 때 2이다. 하지만, 확률이 1보다 클 수는 없으므로 $f(x)$는 x의 확률로 해석할 수 없다.

$$f(x) = \begin{cases} 2, & 0 \le x \le 0.5 \\ 0, & 기타 \end{cases}$$

연습문제

기초문제

1. 확률변수 x는 1.0과 1.5 사이에서 균일분포를 따른다.

   a. 확률밀도함수의 그래프를 그려라.

   b. $P(x = 1.25)$를 계산하라.

   c. $P(1.0 \le x \le 1.25)$를 계산하라.

   d. $P(1.20 < x < 1.5)$를 계산하라.

2. 확률변수 x는 10과 20 사이에서 균일분포를 따른다.

   a. 확률밀도함수의 그래프를 그려라.

   b. $P(x < 15)$를 계산하라.

   c. $P(12 \le x \le 18)$를 계산하라.

   d. $E(x)$를 계산하라.

   e. $Var(x)$를 계산하라.

응용문제

3. 델타 항공은 신시내티에서 탬파까지의 비행에 2시간 5분이 소요된다고 하였으나, 실제로 비행시간은 2시간에서 2시간 20분 사이에서 균일분포를 따른다고 가정하자.

   a. 비행시간에 대한 확률밀도함수의 그래프를 그려라.

   b. 비행기가 고지시간보다 5분 이하로 늦게 도착할 확률은?

c. 비행기가 10분 이상 늦을 확률은?

d. 비행시간의 기댓값은?

4. 대부분의 컴퓨터 언어는 무작위수(random numbers)를 생성하는 기능이 있다. 엑셀에서 RAND 함수를 사용하면 0과 1 사이의 무작위수를 만들 수 있다. x를 RAND 함수를 사용해서 만든 무작위수라고 하면, x는 다음의 확률밀도함수를 갖는 연속확률변수이다.

$$f(x) = \begin{cases} 1, & 0 \le x \le 1 \\ 0, & 기타 \end{cases}$$

a. 확률밀도함수의 그래프를 그려라.

b. 0.25와 0.75 사이의 무작위수를 생성할 확률은?

c. 0.30보다 작거나 같은 무작위수를 생성할 확률은?

d. 0.60보다 큰 무작위수를 생성할 확률은?

e. 엑셀 워크시트의 50개 셀에 '=RAND( )'를 입력하여 50개의 무작위수를 생성하라.

f. 문항 e에서 생성한 무작위수들의 평균과 표준편차를 계산하라.

5. 갤럽 조사는 연소득 $90,000 이상인 미국인의 일일 재량지출의 평균은 하루에 $136라고 밝혔다. 재량지출은 주택 구입, 차량 구입, 매월 정기적인 지출을 제외한 지출을 의미한다. $x =$ 하루당 재량지출이라고 하자. $a \le x \le b$에 대하여 $f(x) = 0.00625$인 균일확률밀도함수가 적용된다고 가정하자.

a. 확률밀도함수에 대한 a와 b를 찾아라.

b. 이 소득그룹에 속한 소비자가 $100에서 $200 사이의 재량지출을 할 확률은?

c. 이 소득그룹에 속한 소비자가 $150 이상의 재량지출을 할 확률은?

d. 이 소득그룹에 속한 소비자가 $80 이하의 재량지출을 할 확률은?

6. 당신은 경매에 나온 토지 입찰에 관심이 있다고 가정하자. 또 다른 경매 입찰자 역시 이 땅에 관심이 있다고 하자[1]. 판매자는 $10,000 이상의 최고가를 제시하는 입찰자에게 낙찰될 것이라고 알렸다. 경쟁자의 입찰 가격은 $10,000와 $15,000 사이에서 균일하게 분포하는 확률변수라고 가정하자.

a. $12,000를 제시한다면, 낙찰받을 확률은?

b. $14,000를 제시한다면, 낙찰받을 확률은?

c. 낙찰받을 확률을 최대로 하려면 얼마를 제시해야 하는가?

d. 당신에게 땅값으로 $16,000를 지불할 의사가 있는 사람을 알고 있다고 하자. 당신은 문항 (c)에서 답한 금액보다 적은 액수로 입찰할 생각이 있는가? 그 이유를 설명하라.

---

1) 이 연습문제는 노스웨스턴 대학(Northwestern University)의 Roger Myerson 교수가 제안한 문제를 기반으로 한다.

정규확률분포

연속확률변수를 설명하는 데 가장 중요한 확률분포는 정규확률분포(normal probability distribution)이다. 정규분포는 사람의 키와 몸무게, 시험 점수, 과학적 측정, 강우량 등의 확률변수에서 현실적으로 널리 사용되어 왔다. 또한, 이 책의 후반부에서 주요 주제로 다룰 통계적 추론에서 표본추출을 통해 얻은 결과를 설명하는 데 널리 사용된다.

* 프랑스 수학자 아브라함 드 무아브르(Abraham de Moivre)는 1733년 「우연의 교의(The Doctrine of Chances)」를 출간했다. 그는 그 책에서 정규확률분포를 유도해냈다.

1 정규곡선

정규분포는 〈그림 6-3〉과 같이 정규곡선(normal curve)이라고 불리는 종 모양(bell-shaped)의 곡선 형태로 묘사된다. 정규분포의 종 모양 곡선을 정의하는 확률밀도함수는 다음과 같다.

정규확률밀도함수

여기서

$$f(x) = \frac{1}{\sigma\sqrt{2\pi}}e^{-\frac{1}{2}\left(\frac{x-\mu}{\sigma}\right)^2}$$
(6.2)

μ = 평균

σ = 표준편차

π = 3.14159

e = 2.71828

다음은 정규분포의 몇 가지 특징을 요약한 것이다.

1. 모든 정규확률분포는 두 개의 모수, 즉 평균 μ와 표준편차 σ에 따라 달라진다.
2. 정규곡선의 정점은 평균에서 형성되며, 평균은 분포의 중앙값이자 최빈값이기도 하다.

* 정규곡선은 두 개의 모수 μ와 σ를 갖고 있으며, 각 모수는 정규확률분포의 위치와 모양을 결정한다.

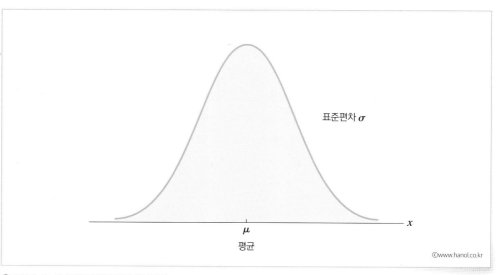

표준편차 σ

μ
평균

x

©www.hanol.co.kr

🔺 그림 6-3_종 모양 곡선의 정규확률분포

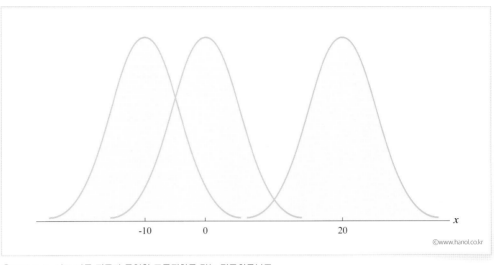

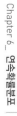

● 그림 6-4_ 서로 다른 평균과 동일한 표준편차를 갖는 정규확률분포

3. 분포의 평균은 음수(-), 0, 양수(+) 등 어떠한 숫자도 될 수 있다. 〈그림 6-4〉는 표준편차는 같지만, 평균이 서로 다른 세 값(-10, 0, 20)인 정규확률분포다.

4. 정규확률분포는 평균을 중심으로 좌우 대칭으로 평균 왼쪽과 오른쪽 정규곡선 모양이 동일하며, 왜도는 0이다. 정규곡선의 꼬리는 양쪽 끝을 향해 무한대로 뻗어 나가며 이론적으로는 가로축에 절대 닿지 않는다.

5. 표준편차는 정규곡선의 평평한 정도와 폭을 결정한다. 표준편차가 크면 곡선은 넓고 평평해지며, 자료의 변동성은 더 커진다. 〈그림 6-5〉의 정규확률분포는 평균은 같지만 서로 다른 표준편차를 갖는 경우를 나타낸 것이다.

6. 정규확률변수의 확률은 정규곡선 아래의 면적이다. 정규곡선 아래의 총면적은 1이고, 좌우 대칭이므로 평균의 왼쪽과 오른쪽 곡선 아래 면적은 각각 0.50로 동일하다.

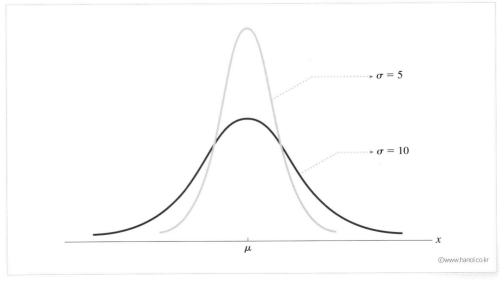

● 그림 6-5_ 동일한 평균과 서로 다른 표준편차를 갖는 정규확률분포

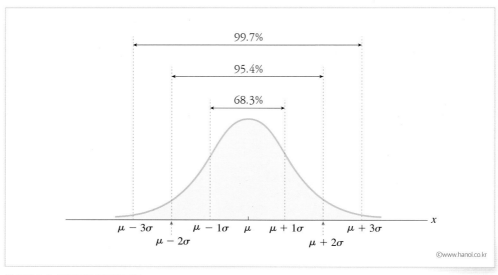

▲ 그림 6-6_ 정규곡선 아래의 면적

* 이 백분율은 3.3절에 소개된 경험적 법칙의 기초가 된다.

7. 일반적으로 사용되는 구간의 백분율(확률)은 다음과 같다.

    a. 정규확률변수의 값이 (평균±1×표준편차) 구간 내에 있을 확률은 68.3%이다.

    b. 정규확률변수의 값이 (평균±2×표준편차) 구간 내에 있을 확률은 95.4%이다.

    c. 정규확률변수의 값이 (평균±3×표준편차) 구간 내에 있을 확률은 99.7%이다.

〈그림 6-6〉은 a, b, c의 특성을 그래프로 나타낸 것이다.

2 표준정규확률분포

평균이 0이고 표준편차가 1인 정규확률분포를 표준정규확률분포(standard normal probability distribution)라고 한다. 표준정규분포를 따르는 확률변수를 표기하는데 일반적으로 알파벳 z를 사용한다. 〈그림 6-7〉은 표준정규확률분포의 그래프로 다른 정규확률분포와 일반적인 외형은 같지만, 평균 $\mu=0$, 표준편차 $\sigma=1$이라는 특별한 속성을 갖는다.

평균 $\mu=0$, 표준편차 $\sigma=1$이므로 표준정규확률분포의 확률밀도함수 공식은 식 (6.2)보다 단순하다.

표준정규확률밀도함수

$$f(z) = \frac{1}{\sqrt{2\pi}} e^{-\frac{z^2}{2}}$$

* 정규확률밀도함수에서는 정규곡선의 높이가 제각기 다르다. 확률을 나타내는 면적을 계산하기 위해서는 고급 수학 기법이 필요하다.

다른 연속확률변수처럼 정규확률분포의 확률은 확률밀도함수 그래프 아래의 면적으로 계산한다. 따라서, 정규확률변수가 특정 구간 내에 위치할 확률을 계산하기 위해서는 정규곡선에서 해당 구간 아래의 면적을 계산해야 한다.

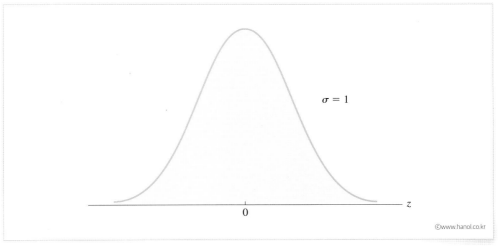

▲ 그림 6-7 _ 표준정규확률분포

표준정규확률분포의 확률은 미리 계산해 놓은 표를 이용하여 구할 수 있으며, 부록 B의 〈표 1〉에 제시하였다. 첫 번째 표에는 z값이 0보다 작을 때의 누적확률이, 두 번째 표에는 z값이 0보다 클 때의 누적확률이 제시되어 있다.

* 표준정규확률변수는 연속적이기 때문에 $P(z \leq 1.00) = P(z < 1.00)$이다.

일반적으로 널리 사용되는 확률에는 세 가지 유형이 있다. (1) z가 주어진 값보다 작거나 같을 확률, (2) 두 값이 주어졌을 때, 그 구간 사이에 z가 있을 확률, (3) z가 주어진 값보다 크거나 같을 확률이다. 표준정규확률분포에서 누적확률표를 이용해 세 가지 유형의 확률을 어떻게 계산하는지 몇 가지 예제를 통해 알아보자.

먼저, z값이 1.00보다 작을 때, 즉 $P(z \leq 1.00)$의 확률을 어떻게 계산하는지 살펴보자. 다음의 그래프에서 이 누적확률은 $z = 1.00$을 기준으로 정규곡선 왼쪽 아래의 면적이다.

부록의 표준정규분포표에서 $z = 1.00$에 대응하는 누적확률은 1.0으로 표기된 행과 0.00으로 표기된 열이 교차하는 지점의 값이 된다. 우선 표의 왼쪽 첫 번째 열에서 1.0을 찾은 후 맨 위의

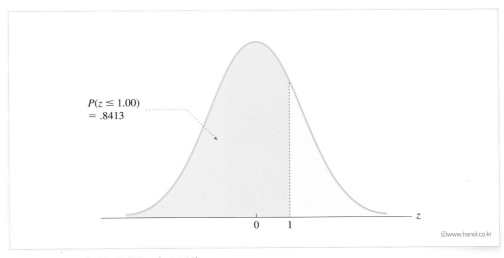

$P(z \leq 1.00)$
$= .8413$

▲ 그림 6-8 _ 표준정규분포의 확률: $P(z \leq 1.00)$

행에서 0.00을 찾는다. 행 1.0과 열 0.00이 교차하는 지점의 값이 0.8413이므로, $P(z \leq 1.00)$ =0.8413이다. 다음은 부록의 표준정규분포표의 일부로 확률을 찾는 방법을 보여주는 그림이다.

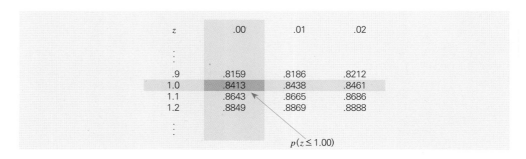

두 번째 유형을 설명하기 위해서 -0.50과 1.25구간 사이에 z가 있을 확률, 즉 $P(-0.50 \leq z \leq 1.25)$를 어떻게 구하는지를 살펴보자. 다음의 그래프는 이 구간의 면적, 즉 확률을 보여준다.

이 유형의 확률을 구하기 위해서는 3단계를 거쳐야 한다. 첫 번째 단계에서는 $z=1.25$를 기준으로 정규곡선 왼쪽 아래의 면적, 즉 $P(z \leq 1.25)$를 구하고, 두 번째 단계에서는 $z=-0.50$을 기준으로 정규곡선 아래의 면적을 구한다. 마지막 단계에서는 $z=1.25$에 해당하는 면적에서 $z=-0.50$에 해당하는 면적을 빼주어 $P(-0.50 \leq z \leq 1.25)$를 계산한다.

$P(z \leq 1.25)$를 구하려면, 표준정규분포표에서 $z=1.2$값의 행과 0.05값의 열이 교차하는 지점의 값을 찾으면 0.8944이므로. $P(z \leq 1.25)=0.8944$이다. 같은 방법으로 $P(z \leq -0.50)$는 -0.50값의 행과 0.00값의 열이 교차하는 지점의 값으로 $P(z \leq -0.50)=0.3085$가 된다. 결국, $P(-0.50 \leq z \leq 1.25) = P(z \leq 1.25) - P(z \leq -0.50) = 0.8944 - 0.3085 = 0.5859$로 계산할 수 있다.

두 개의 값이 주어졌을 때 z가 그 구간 사이에 있을 확률을 계산하는 또 다른 예제를 살펴보자. 정규확률변수가 평균을 기준으로 표준편차의 특정 배수 범위 내에 있을 확률을 구하는 것도 관심의 대상이 된다. 표준정규확률변수가 평균을 기준으로 1표준편차 범위 내의 값을 가질 확률, 즉 $P(-1.00 \leq z \leq 1.00)$를 계산해 보자.

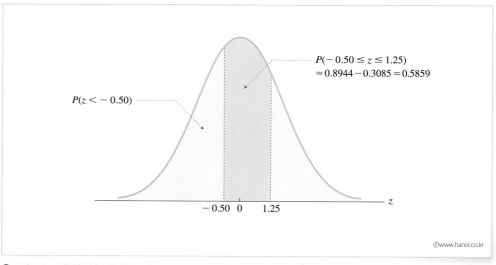

🔺 그림 6-9_ 표준정규분포의 확률: $P(-0.50 \leq z \leq 1.25)$

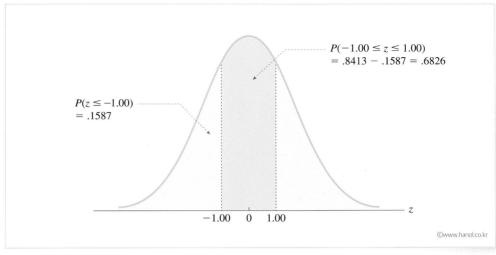

○ 그림 6-10_ 표준정규분포의 확률: $P(-1.00 \leq z \leq 1.00)$

이 구간의 확률을 구하려면 z=-1.00과 z=1.00 사이의 면적을 알아야 한다. 앞에서 $P(z \leq 1.00)$ =0.8413임을 설명하였고, 부록의 표준정규분포표에서 z=-1.00을 기준으로 왼쪽 곡선 아래의 면적은 0.1587이 된다. 따라서 $P(-1.00 \leq z \leq 1.00) = P(z \leq 1.00) - P(z \leq -1.00) = 0.8413 - 0.1587$ =0.6826으로 계산할 수 있다. 〈그림 6-10〉은 이 구간의 확률 계산과정을 그림으로 나타낸 것이다.

세 번째 유형을 설명하기 위해, z값이 1.58 이상일 확률, 즉 $P(z \geq 1.58)$를 어떻게 구하는지를 살펴보자. 부록의 표는 누적확률을 나타낸 것이므로 우선 $P(z < 1.58) = P(z \leq 1.58)$를 구한 후, 모든 구간에서의 확률이 1이라는 성질을 이용하여 $P(z \geq 1.58) = 1 - P(z < 1.58)$로 계산한다. 표준정규분포표에서 z = 1.5인 행과 0.08인 열이 교차하는 지점의 값은 0.9429로 $P(z < 1.58) =$ 0.9429가 되어 구하고자 하는 확률은 $P(z \geq 1.58) = 1 - 0.9429 = 0.0571$이다. 〈그림 6-11〉은 이러한 과정을 그림으로 표현한 것이다.

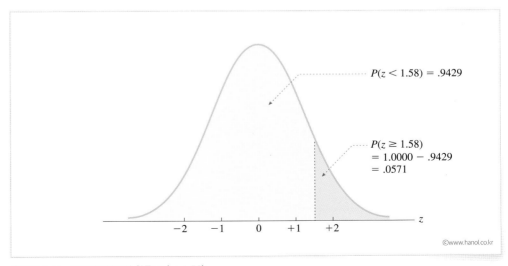

○ 그림 6-11_ 표준정규분포의 확률: $P(z \geq 1.58)$

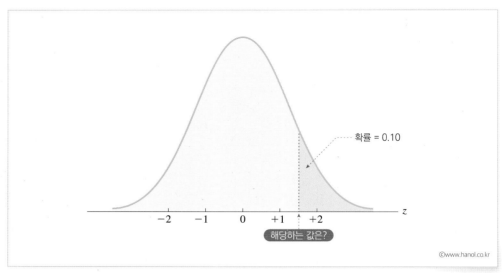

확률 = 0.10

해당하는 값은?

△ 그림 6-12_ z값이 어떤 값보다 클 확률이 0.10이 되도록 하는 값

지금까지는 z값의 구간이 주어진 경우의 확률을 구하는 방법을 설명하였다. 어떠한 경우에는 반대로 주어진 확률에 대응되는 z값의 구간을 찾는 것이 필요하다. 예를 들어, z값이 어떤 값보다 클 확률이 0.10이 되도록 하는 '어떤 값', 즉 $P(z > a) = 0.10$이 되도록 하는 a의 값을 구하고 싶다고 하자. 〈그림 6-12〉는 이러한 문제 상황을 그림으로 표현한 것이다.

이 문제는 확률을 구하는 이전 예제들과는 정반대 상황을 다루는 것이다. 지금까지는 관심 있는 z값의 범위가 주어진 경우, 이에 해당하는 확률을 구하였으나, 이 문제는 면적, 즉 확률을 알려주고 그에 해당하는 z값의 범위를 찾는 것이다. 이를 계산하려면 표준정규분포표를 다른 방식으로 이용해야 한다.

표준정규분포표는 특정 z값을 기준으로 곡선 왼쪽 아래의 면적(누적확률)을 계산해 놓은 표이고 주어진 정보는 곡선의 오른쪽 꼬리 면적이 0.10이라는 사실이므로, 구하고자 하는 값에 해당하는 누적확률은 0.9000이 된다. 다음 그림과 같이 누적확률 0.9000과 가장 가까운 값은 표의 중앙 부분에서 0.8997이 됨을 알 수 있다.

* 확률이 주어지면 표준정규분포표를 반대의 방식으로 이용하여 그에 대응하는 z값을 찾을 수 있다.

z	0.06	0.07	0.08	0.09
⋮				
1.0	0.8554	0.8577	0.8599	0.8621
1.1	0.8770	0.8790	0.8810	0.8830
1.2	0.8962	0.8980	0.8997	0.9015
1.3	0.9131	0.9147	0.9162	0.9177
1.4	0.9279	0.9292	0.9306	0.9319
⋮				

누적 확률값이 0.9000에 가장 가까운 값

0.8997의 셀에 대응하는 표의 가장 왼쪽 열과 맨 위 행의 값을 읽으면 해당 확률에 대응하는 z값이 1.28임을 알 수 있다. 그러므로 약 0.9000(정확히 0.8997)의 면적은 $z = 1.28$을 기준으로 왼쪽 영

역에 해당한다.[2] 문제에 맞추어 답을 하자면 z가 1.28보다 클 확률은 약 0.10이다.

몇 가지 예제를 통해 표를 이용하여 표준정규확률변수가 특정 구간 내에 있을 확률, 즉 특정 z값에 대응하는 표준정규곡선의 면적(확률)을 찾는 문제와 면적(확률)이 주어진 경우, 표에서 이에 해당하는 z값을 찾는 문제를 살펴보았다. 정규분포와 관련한 확률 문제를 풀기 위해서는 표준정규분포표를 자유자재로 쓸 수 있어야 한다. 대부분의 경우, 표준정규곡선을 그린 다음 구하고자 하는 면적을 명암으로 표시하여 문제를 시각화하면 정답을 찾는 데 도움이 된다.

3 정규확률분포의 확률 계산

표준정규분포를 자세히 다루는 이유는 모든 정규확률분포에서 확률을 계산할 때 표준정규분포표를 이용하기 때문이다. 평균이 μ이고 표준편차가 σ인 정규분포에서 확률 문제의 답을 구하기 위해서는 우선 정규확률변수를 표준정규확률변수로 변환한다. 그런 다음 표준정규분포표를 이용하여 z값에 해당하는 확률을 찾으면 된다. 평균이 μ, 표준편차가 σ인 임의의 정규확률변수 x를 표준정규확률분포를 따르는 변수 z로 변환하는 방법은 다음과 같다.

* 표준정규확률변수로 변환하는 식은 3장에서 소개한 z-점수 계산공식과 유사하다.

표준정규확률변수로의 변환식

$$z = \frac{x - \mu}{\sigma} \tag{6.3}$$

x값이 평균 μ와 같은 값을 갖는 경우 $z=(\mu-\mu)/\sigma=0$이다. x가 평균보다 1표준편차만큼 더 크다고 하면, 즉 $x=\mu+\sigma$라면, 이에 대응하는 z값은 $z=[(\mu+\sigma)-\mu]/\sigma=\sigma/\sigma=1$이 된다. 따라서 z값은 정규확률변수 x가 평균 μ으로부터 표준편차의 몇 배만큼 떨어져 있는가를 나타내는 값이라고 해석할 수 있다.

이 변환식을 이용하여 정규확률분포의 확률을 계산하는 방법을 설명하기 위해 $\mu=10$, $\sigma=2$인 정규확률분포를 예로 들어 보자. 확률변수 x가 10과 14 사이에 있을 확률은 얼마인가? 식 (6.3)을 이용하면 $x=10$은 $z=(x-\mu)/\sigma=(10-10)/2=0$이고 $x=14$는 $z=(14-10)/2=4/2=2$가 되어, x가 10과 14 사이에 있을 확률은 표준정규확률변수 z가 0과 2 사이에 있을 확률로 구할 수 있다. 즉, 구하고자 하는 확률은 확률변수가 x가 평균과 그 평균으로부터 표준편차의 2배 사이의 구간에 있을 확률이다. 표준정규분포표에서 $P(z\leq2)=0.9772$, $P(z\leq0)=0.5000$이므로, $P(0.00\leq z\leq2.00)=P(z\leq2)-P(z\leq0)=0.9772-0.5000=0.4772$가 된다. 따라서, x가 10과 14 사이에 있을 확률은 0.4772이다.

---

2) 면적 0.9000에 해당하는 z값의 좀 더 정확한 근사치를 얻으려면 표에서 보간법을 이용할 수 있다. 그러면 소수점 한 자리를 늘려서 더욱 정확한 z값 1.282를 얻을 수 있다. 그러나 대부분의 실제 상황에서는 원하는 확률에 근접한 값을 표에서 찾아도 충분히 정확하다.

그리어 타이어는 전국 할인점 체인에서 판매하기 위한 새로운 타이어를 개발하였다. 회사의 경영자들은 신제품 타이어에서는 주행거리 보증이 구매자의 선택을 좌우하는 중요한 요소가 될 것으로 생각했다. 주행거리 보증 정책을 최종적으로 결정하기 전에 타이어 주행가능 거리 x에 대한 확률 정보를 확인하고자 한다.

실제 타이어의 주행 테스트에서 엔지니어들은 타이어 주행가능 거리의 평균은 $\mu=36,500$마일, 표준편차는 $\sigma=5,000$마일로 추정했으며, 수집한 자료로부터 정규확률분포를 가정하는 것이 합리적이라고 판단했다. 몇 퍼센트의 타이어가 40,000마일 이상 주행 가능하다고 예상할 수 있을까? 즉, 타이어의 주행가능 거리 x가 40,000마일 이상일 확률은 얼마인가? 이 문제는 결국 〈그림 6-13〉에서 진하게 음영으로 표시한 부분의 면적을 구하는 것이다.

정규확률변수 $x=40,000$은 다음과 같이 표준정규확률변수 $z=0.70$에 해당함을 확인할 수 있다.

$$z = \frac{x-\mu}{\sigma} = \frac{40,000-36,500}{5,000} = \frac{3,500}{5,000} = .70$$

표준정규분포표에서 $z=0.70$의 왼쪽 면적은 0.7580이 되므로, z가 0.70 이상일 확률은 $1.0000-0.7580=0.2420$이 되고, 이는 x가 40,000 이상이 될 확률을 의미한다. 결론적으로 타이어의 약 24.2%가 40,000마일 이상의 주행가능 거리를 갖는다.

그리어사는 보증 주행거리에 못 미친 타이어를 교체할 때 교체 타이어를 할인해주는 보상 제도를 검토하고 있다고 가정하자. 그리어사가 할인을 받는 타이어의 비율이 10% 이하이길 바란다면, 보증 주행거리를 몇 마일로 설정해야 할까? 이 문제는 〈그림 6-14〉의 그래프로 해석할 수 있다.

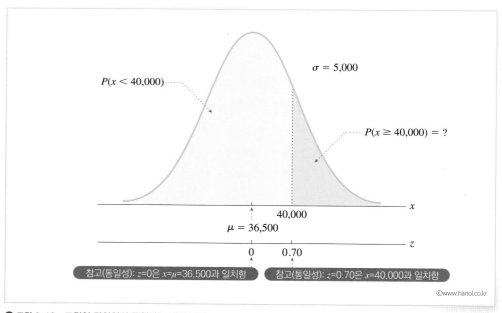

● 그림 6-13_ 그리어 타이어의 주행가능 거리 분포

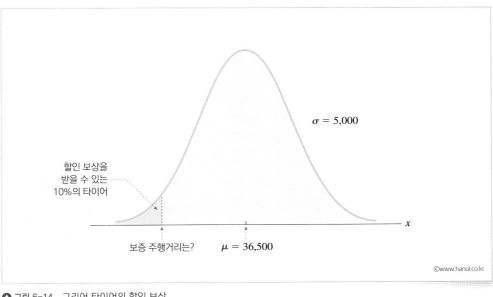

$\sigma = 5{,}000$

할인 보상을
받을 수 있는
10%의 타이어

보증 주행거리는? $\mu = 36{,}500$ x

©www.hanol.co.kr

● 그림 6-14_ 그리어 타이어의 할인 보상

〈그림 6-14〉에서 할인 대상의 비율(확률)은 주행가능 거리의 분포를 나타내는 정규곡선 왼쪽 아래의 면적이 되므로, 문제의 조건에서 면적은 0.10이어야 한다. 따라서 표준정규분포의 왼쪽 꼬리 면적이 0.10이 되는 지점을 찾는 문제가 되고, 표준정규분포표에서 누적확률이 0.10에 가장 가까운 값을 찾으면, z=-1.28일 때임을 알 수 있다. z=-1.28은 그리어사가 설정하고자 하는 보증 주행거리에 대응되므로 이에 해당하는 확률변수 x값을 다음과 같이 찾을 수 있다.

* 구하고자 하는 보증 주행거리는 평균보다 -1.28×표준편차만큼 떨어져 있으므로, x=μ-1.28×σ이다.

$$z = \frac{x - \mu}{\sigma} = -1.28$$
$$x - \mu = -1.28\sigma$$
$$x = \mu - 1.28\sigma$$

μ = 36,500, σ = 5,000이므로 x는

$$x = 36{,}500 - 1.28(5{,}000) = 30{,}100$$

이 된다. 따라서, 보증 주행거리를 30,100마일로 설정하면, 할인 보상을 받을 수 있는 타이어가 약 10% 수준이어야 된다는 요구를 충족시킬 것이다. 그리어사는 이 정보를 토대로 타이어의 보증 주행거리를 30,000마일로 설정할 것이다.

* 보증 주행거리를 30,000마일로 하면 실제 보상 대상은 9.68%가 될 것이다.

예제를 통해 확률분포가 의사결정에 중요한 정보를 제공하는 것을 다시 한번 확인하였다. 특정 상황에 대한 확률분포는 문제해결을 위한 확률 정보를 얻는 데 사용된다. 확률이 직접적으로 어떤 결정을 추천하는 것은 아니지만, 의사결정자가 문제와 연관된 위험과 불확실성을 좀 더 잘 이해할 수 있도록 정보를 제공하고, 이는 결국 의사결정자가 좋은 결정을 내리는 데 도움을 준다.

5 엑셀을 활용한 정규분포의 확률 계산

엑셀에서는 NORM.S.DIST와 NORM.S.INV 2가지 함수를 이용하여 표준정규확률분포의 확률과 z값을 계산할 수 있다. NORM.S.DIST는 z값이 주어질 때 그에 해당하는 누적확률을 계산하는 함수이고, NORM.S.INV는 주어진 누적확률에 해당하는 z값을 찾는 함수이다. 이와 유사한 NORM.DIST와 NORM.INV 2개의 함수는 정규확률분포에서 누적확률과 x값을 계산하는데 사용된다. 우선 NORM.S.DIST와 NORM.S.INV부터 살펴보자.

NORM.S.DIST 함수는 주어진 z값에 해당하는 표준정규곡선 왼쪽 면적을 구하는 함수로 이 함수를 사용하면 표준정규분포표의 누적확률을 구할 수 있다. NORM.S.INV는 NORM.S.DIST의 역함수로, 이 함수에 누적확률을 입력하면 이에 해당하는 z값을 찾아준다. 〈그림 6-15〉는 다음 절차를 따라 이 2가지 함수를 이용하여 앞에서 설명한 예제에서 구했던 확률과 z 값을 계산하는 방법을 나타낸 것이다.

> *NORM.S.DIST 함수와 NORM.S.INV 함수에 포함된 글자 S는 이러한 함수가 표준정규확률분포와 관련한 함수라는 것을 의미한다.

자료입력/자료열기 새 워크시트를 연다. 워크시트에는 자료를 입력하지 않고, 문제 해결에 필요한 적절한 z값과 확률을 직접 수식에 입력한다.

함수와 수식 입력 NORM.S.DIST 함수에는 z값과 TRUE 또는 FALSE, 2가지 인수를 입력한다. 누적확률을 구하려면 2번째 인수에 TRUE를 입력하고, 표준정규곡선의 높이를 알고 싶다면 FALSE를 입력한다. NORM.S.DIST를 이용해 누적확률을 계산하고자 하므로 두 번째 인수에는 항상 TRUE를 입력한다. NORM.S.DIST 함수의 사용법을 설명하기 위해 〈그림 6-15〉의 셀 D3:D6에 4개의 확률을 계산해 두었다.

주어진 z값 왼쪽 부분의 누적확률(왼쪽 꼬리 면적)을 계산하기 위해서는 z값을 NORM.S.DIST에 대입하기만 하면 된다. $P(z \leq 1)$을 계산하기 위해 셀 D3에 =NORM.S.DIST(1, TRUE) 라는 수식을 입력하면 표준정규분포표를 이용하여 구한 것과 동일한 0.8413을 얻을 수 있다.

		C	D	E
1		확률: 표준정규분포		
3		P(z<=1)	=NORM.S.DIST(1, TRUE)	
4		P(-0.50<=z<=1.25)	=NORM.S.DIST(1.25, TRUE)-NORM.S.DIST(-0.5, TRUE)	
5		P(-1.00<=z<=1.00)	=NORM.S.DIST(1, TRUE)-NORM.S.DIST(-1, TRUE)	
6		P(z>=1.58)	=1-NORM.S.DIST(1.58, TRUE)	
9		**확률이 주어졌을 때 z값 구하기**		
11		오른쪽 꼬리확률이 0.10인 경우의 z값	=NORM.S.INV(0.9)	
12		오른쪽 꼬리확률이 0.025인 경우의 z값	=NORM.S.INV(0.975)	
13		왼쪽 꼬리확률이 0.025인 경우의 z값	=NORM.S.INV(0.025)	

		C	D	E
1		확률: 표준정규분포		
3		P(z<=1)	0.8413	
4		P(-0.50<=z<=1.25)	0.5858	
5		P(-1.00<=z<=1.00)	0.6827	
6		P(z>=1.58)	0.0571	
9		**확률이 주어졌을 때 z값 구하기**		
11		오른쪽 꼬리확률이 0.10인 경우의 z값	1.28	
12		오른쪽 꼬리확률이 0.025인 경우의 z값	1.96	
13		왼쪽 꼬리확률이 0.025인 경우의 z값	-1.96	

©www.hanol.co.kr

🔺 그림 6-15_ 표준정규확률분포에서 확률과 z값을 구하기 위한 엑셀 워크시트

z가 어떤 구간 안에 있을 확률을 계산하려면, 구간의 상한에 해당하는 NORM.S.DIST 값에서 하한에 해당하는 NORM.S.DIST 값을 빼면 된다. 예를 들어 $P(-0.50 \leq z \leq 1.25)$를 구하려면 셀 D4에 수식 =NORM.S.DIST(1.25, TRUE) – NORM.S.DIST(-0.50, TRUE)을 입력한다. 셀 D5의 확률도 같은 방식으로 계산한 것이다.

주어진 z값의 오른쪽 부분의 확률(오른쪽 꼬리 면적)을 계산하려면, 1에서 z값의 누적확률(왼쪽 꼬리 면적)을 빼야 한다. 예를 들어, $P(z \geq 1.58)$을 계산하려면 셀 D6에 수식 =1 – NORM.S.DIST(1.58, TRUE)을 입력한다.

주어진 누적확률(왼쪽 꼬리 면적)에 해당하는 z값을 계산하는 데 NORM.S.INV 함수를 이용한다. 오른쪽 꼬리의 확률 0.10에 해당하는 z값을 찾기 위해서는 이에 대응하는 누적확률(왼쪽 꼬리 면적)이 0.90이므로 셀 D11에 =NORM.S.INV(0.9)를 입력한다. NORM.S.INV(0.9)는 누적확률(왼쪽 꼬리 면적) 0.9에 해당하는 z값을 알려주는데, 이는 결국 오른쪽 꼬리 면적 0.10에 해당하는 z값이다.

〈그림 6-15〉에 2개의 다른 z값들이 계산되어 있다. 이 z값들은 다음 장에서 널리 사용될 것이다. 오른쪽 꼬리의 면적이 0.025에 해당하는 z값을 계산하기 위해 셀 D12에 =NORM.S.INV(0.975)를 입력하였으며, 왼쪽 꼬리의 확률이 0.025에 해당하는 z값을 찾기 위해 셀 D13에 =NORM.S.INV(0.025)를 입력하였다. 오른쪽 꼬리의 확률이 0.025가 되는 z값은 $z = 1.96$이고 왼쪽 꼬리 확률이 0.025에 해당하는 z값은 $z = -1.96$이다.

일반적인 정규확률분포에서 누적확률과 x값을 계산하기 위한 엑셀의 함수를 알아보자. NORM.DIST 함수는 주어진 x값의 누적확률, 즉 정규곡선 왼쪽 꼬리 면적을 알려주며, NORM.INV 함수는 NORM.DIST의 역함수로 누적확률이 주어졌을 때 그에 해당하는 x값을 찾아준다. 정규확률분포에서 NORM.DIST와 NORM.INV 함수는 표준정규확률분포에서 NORM.S.DIST와 NORM.S.INV 함수와 같은 기능을 한다.

〈그림 6-16〉은 이 두 함수를 활용해 앞서 소개한 그리어 타이어의 예제에 있는 확률과 x값을 계산하는 방법을 설명한 엑셀 워크시트이다.

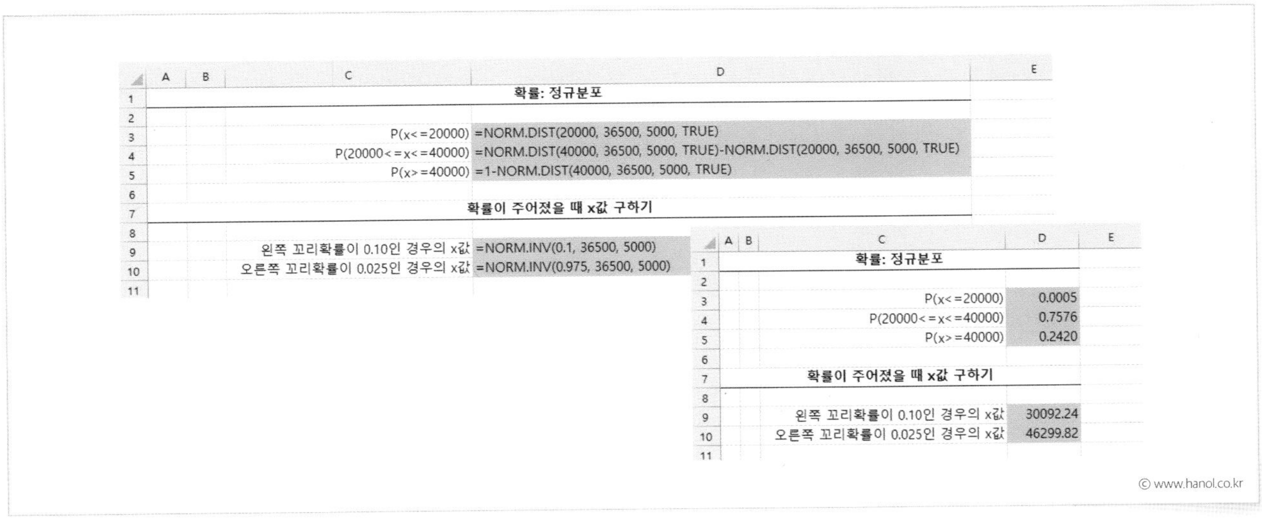

* 셀 D4의 확률값 0.5858과 셀 D5의 확률값 0.6827은 반올림 오차로 인해 표준정규분포표를 이용하여 계산한 값과 다르다.

▲ 그림 6-16_ 정규확률분포에서 확률과 x값을 구하기 위한 엑셀 워크시트

자료입력/자료열기   새 워크시트를 연다. 워크시트에는 자료를 입력하지 않고, 문제 해결에 필요한 적절한 z값과 확률을 직접 수식에 입력한다.

함수와 수식 입력   NORM.DIST 함수에는 (1)누적확률을 계산하고자 하는 x값, (2)평균, (3)표준편차, (4)TRUE 또는 FALSE의 4가지 값을 입력한다. 누적확률을 구하려면 2번째 인수에 TRUE를 입력하고, 표준정규곡선의 높이를 알고 싶다면 FALSE를 입력한다. NORM.DIST를 이용해 누적확률을 계산하고자 하므로 두 번째 인수에는 항상 TRUE를 입력한다.

주어진 x값의 왼쪽 꼬리 면적을 계산하기 위해서는 x값과 평균 36,500, 표준편차 5,000을 NORM.DIST에 입력하면 된다. 예를 들면 타이어의 주행가능 거리가 20,000마일 이하일 확률을 계산하기 위해 셀 D3에 수식 =NORM.DIST(20000, 36500, 5000, TRUE)를 입력하면 누적확률 0.0005를 얻을 수 있다. 따라서 대부분의 타이어가 20,000마일 이상의 주행이 가능하다는 결론을 내릴 수 있다.

x가 특정 구간 내에 있을 확률을 계산하려면 구간의 상한에 대한 NORM. DIST 값에서 하한에 대한 NORM.DIST 값을 빼면 된다. 셀 D4 =NORM.DIST(40000, 36500, 5000, TRUE) −NORM.DIST(20000, 36500, 5000, TRUE)은 타이어의 수명이 20,000마일과 40,000마일 사이에 있을 확률 $P(20{,}000 \leq x \leq 40{,}000)$를 계산하는 식으로 0.7576의 확률을 얻었다.

주어진 x값의 오른쪽 꼬리 면적을 구하려면, 1에서 x값의 왼쪽 꼬리 면적에 해당하는 누적확률을 빼면 된다. 셀 D5의 수식은 타이어가 최소한 40,000마일 이상을 주행할 확률을 구하는 식으로 확률이 0.2420임을 알 수 있다.

주어진 누적확률에 대응하는 x값을 계산하기 위해서는 NORM.INV 함수를 사용한다. NORM.INV 함수에는 3가지 값을 입력한다. 첫 번째는 누적확률이고 두 번째와 세 번째는 평균과 표준편차이다. 예를 들어 그리어 타이어에서 왼쪽 꼬리 면적이 0.1에 해당하는 주행거리를 구하기 위해서는 셀 D9에 수식 =NORM.INV(0.1, 36500, 5000)을 입력한다. 결과 워크시트에서 타이어의 10%는 주행거리가 30,092.24마일 이하임을 확인할 수 있다.

그리어 타이어의 상위 2.5%의 최소 주행거리를 계산하려면, 오른쪽 꼬리에서 0.025의 면적에 해당하는 x값을 찾아야 한다. 이 계산은 누적확률이 0.975에 해당하는 x값을 찾는 것과 같으므로 셀 D10에 수식 =NORM. INV(0.975, 36500, 5000)을 입력하여 구할 수 있다. 결과 워크시트에서 타이어의 2.5%가 최소한 46,299.82마일 이상을 주행한다는 것을 알 수 있다.

연습문제

기초문제

7. 〈그림 6-6〉을 참고하여 평균 $\mu=100$이고 표준편차 $\sigma=10$인 확률변수 x의 정규곡선을 그려보자. x축의 값을 70, 80, 90, 100, 110, 120, 130으로 나타내라.

8. 어떤 확률변수가 평균 μ=50이고 표준편차 σ=5인 정규확률분포를 따른다.

   a. 확률밀도함수의 정규곡선을 그려라. x축의 값을 35, 40, 45, 50, 55, 60, 65로 나타내라. 〈그림 6-4〉를 살펴보면 평균에서 표준편차의 3배 거리에 있는 값에서 정규곡선이 x축에 거의 근접해 있다.

   b. 확률변수가 45와 55 사이에 있을 확률은?

   c. 확률변수가 40과 60 사이에 있을 확률은?

9. 표준정규확률분포의 그래프를 그려라. x축의 값은 -3, -2, -1, 0, 1, 2, 3으로 나타내라. 다음 확률을 계산하라.

   a. $P(z \leq 1.5)$

   b. $P(z \leq 1)$

   c. $P(1 \leq z \leq 1.5)$

   d. $P(0 < z < 2.5)$

10. z는 표준정규확률변수이다. 다음 확률을 계산하라.

    a. $P(z \leq -1.0)$

    b. $P(z \geq -1)$

    c. $P(z \geq -1.5)$

    d. $P(-2.5 \leq z)$

    e. $P(-3 < z \leq 0)$

11. z는 표준정규확률변수이다. 다음 확률을 구하라.

    a. $P(0 \leq z \leq 0.83)$

    b. $P(-1.57 \leq z \leq 0)$

    c. $P(z > 0.44)$

    d. $P(z \geq -0.23)$

    e. $P(z < 1.20)$

    f. $P(z \leq -0.71)$

12. z는 표준정규확률변수이다. 다음 확률을 구하라.

    a. $P(-1.98 \leq z \leq 0.49)$

    b. $P(0.52 \leq z \leq 1.22)$

    c. $P(-1.75 \leq z \leq -1.04)$

13. z가 표준정규확률변수일 때, 다음 각 문항의 z값을 계산하라.

    a. z의 왼쪽 꼬리 면적이 0.9750

    b. 0과 z 사이의 면적이 0.4750

    c. z의 왼쪽 꼬리 면적이 0.7291

    d. z의 오른쪽 꼬리 면적이 0.1314

e. z의 왼쪽 꼬리 면적이 0.6700

f. z의 오른쪽 꼬리 면적이 0.3300

14. z가 표준정규확률변수일 때, 다음 각 문항의 z값을 구하라.

a. z의 왼쪽 꼬리 면적이 0.2119

b. $-z$와 z 사이의 면적이 0.9030

c. $-z$와 z 사이의 면적이 0.2052

d. z의 왼쪽 꼬리 면적이 0.9948

e. z의 오른쪽 꼬리 면적이 0.6915

15. z가 표준정규확률변수일 때, 다음 각 문항의 z값을 구하라.

a. z의 오른쪽 꼬리 면적이 0.01

b. z의 오른쪽 꼬리 면적이 0.025

c. z의 오른쪽 꼬리 면적이 0.05

d. z의 오른쪽 꼬리 면적이 0.10

응용문제

16. 모든 국내 주식형 펀드의 수익률은 지난 3년간 평균 14.4% 표준편차 4.4%인 정규확률분포를 따른다고 가정하자.

a. 개별 펀드의 3년간 수익률이 적어도 20%일 확률은?

b. 개별 펀드의 3년간 수익률이 10% 이하일 확률은?

c. 3년 동안 상위 10% 펀드들은 얼마나 큰 수익을 올렸는가?

17. 휘발유 1갤런의 평균 가격은 미국에서는 $3.73이고 러시아에서는 $3.40이다. 이 평균은 두 국가의 모평균이다. 모표준편차가 미국은 $0.25이고, 러시아는 $0.20이며, 두 국가 모두 정규확률분포를 따른다고 한다.

a. 무작위로 선택된 미국의 주유소에서 1갤런당 가격이 $3.50 이하일 확률은?

b. 러시아에서 1갤런당 가격이 $3.50 이하인 주유소의 비율은?

c. 무작위로 선택된 러시아 주유소의 가격이 미국의 평균 가격보다 높을 확률은?

18. 세계적으로 IQ가 높은 사람들의 협회인 멘사(Mensa) 회원이 되기 위해서는 IQ 테스트 점수가 상위 2%여야 한다. IQ가 평균이 100이고 표준편차가 15인 정규확률분포를 따른다면, 멘사 회원이 되기 위해선 IQ 점수가 얼마여야 하는가?

19. 닐슨의 조사에 의하면 한 가정당 일일 TV 시청시간은 평균 8.35시간, 표준편차 2.5시간인 정규확률분포를 따른다고 한다. 가구당 일일 시청시간에 대한 다음의 질문에 답하라.

a. 어떤 가구의 TV 시청시간이 하루 5시간에서 10시간 사이일 확률은?

b. TV 시청 가구 중 상위 3%가 되려면 몇 시간이나 TV 시청을 해야 하는가?

c. 어떤 가구의 일일 TV 시청시간이 3시간보다 많을 확률은?

20. 어떤 대학 강의에서 학생들이 기말시험을 보는 데 필요한 시간은 평균이 80분이고 표준편차가 10분인 정규확률분포를 따른다고 한다. 다음 질문에 답하라.

a. 어떤 학생이 1시간 이내에 시험을 끝낼 확률은?

b. 어떤 학생이 60분에서 75분 사이에 시험을 끝낼 확률은?

c. 학생 수가 60명인 반에서 시험시간이 90분이라고 할 때, 주어진 시간 내에 시험을 끝내지 못할 것으로 예상되는 학생 수는?

21. 미국자동차협회(AAA) 조사에 따르면 노동절 휴가기간에 가족여행을 위해 평균 \$749의 경비를 예상하는 것으로 나타났다. 여행경비는 표준편차 \$225인 정규확률분포를 따른다고 가정하자.

a. 노동절 휴가기간 동안 가족여행 경비가 \$400 이하일 확률은?

b. 노동절 휴가기간 동안 가족여행 경비가 \$800 이상일 확률은?

c. 노동절 휴가기간 동안 가족여행 경비가 \$500에서 \$1,000 사이일 확률은?

d. 노동절 휴가기간 동안 가족여행 경비를 가장 높게 책정한 상위 5% 가족의 경비는 얼마인가?

③ 지수확률분포

지수확률분포(exponential probability distribution)는 세차장에 차가 들어오는 시간 간격이나 트럭에 짐을 싣는 데 필요한 시간, 고속도로에서 심각한 파손이 나타나는 거리 간격 등과 같은 확률변수에 사용된다. 지수확률밀도함수는 다음과 같다.

지수확률밀도함수

$$f(x) = \frac{1}{\mu} e^{-x/\mu} \qquad x \geq 0 \text{ 일 때} \tag{6.4}$$

여기서

μ = 기댓값 또는 평균

e = 2.71828

---

x는 쉽스(Schips) 화물적재장에서 트럭당 화물을 적재하는 데 걸리는 시간으로 지수분포를 따른다고 가정하자. 평균 적재시간이 15분($\mu = 15$)이면, x의 확률밀도함수는 다음과 같다.

$$f(x) = \frac{1}{15} e^{-x/15}$$

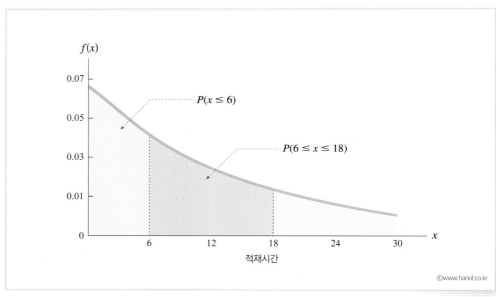

△ 그림 6-17_ 쉽스 화물적재장 예제의 지수확률분포

〈그림 6-17〉은 이 확률밀도함수를 그래프로 나타낸 것이다.

1 지수확률분포의 확률 계산

* 대기행렬 응용문제에서는 지수확률분포가 종종 서비스 시간의 분포에 사용된다.

다른 연속확률분포와 같이 어떤 구간 사이의 곡선(확률밀도함수) 아래 면적은 확률변수가 그 구간 사이의 값을 가질 확률을 나타낸다. 쉽스 화물적재장 예제에서 화물 적재시간이 6분 이하일 확률 $P(x \leq 6)$는 〈그림 6-17〉에서 $x=0$에서 $x=6$ 사이의 곡선 아래 면적으로 정의할 수 있다. 마찬가지로 적재시간이 18분 이하일 확률 $P(x \leq 18)$은 $x=0$에서 $x=18$ 사이의 곡선 아래 면적이 되며, 적재시간이 6분에서 18분 사이일 확률 $P(6 \leq x \leq 18)$는 $x=6$에서 $x=18$ 사이의 곡선 아래 면적이 된다.

지수분포 곡선에서 특정 값보다 작은 부문의 면적(누적확률)을 구하는 공식은 간단한 수식으로 나타낼 수 있다. 다음의 공식은 지수분포에서 x_0로 표기한 특정 값보다 작거나 같은 누적확률을 제공한다.

지수확률분포의 누적확률

$$P(x \leq x_0) = 1 - e^{-x_0/\mu} \qquad (6.5)$$

쉽스 화물적재장 예제에서 $x=$적재시간(단위: 분)이고 $\mu=15$분이므로 누적확률은 식 (6.5)를 이용하여

$$P(x \leq x_0) = 1 - e^{-x_0/15}$$

와 같이 구할 수 있다. 따라서 적재시간이 6분 이하일 확률은

$$P(x \leq 6) = 1 - e^{-6/15} = .3297$$

이고, 적재시간이 18분 이하일 확률은

$$P(x \leq 18) = 1 - e^{-18/15} = .6988$$

이 되므로, 적재시간이 6분에서 18분 사이일 확률은 0.6988−0.3297=0.3691이다.

쉽스 화물적재장 예제에서 트럭에 적재하는 데 걸리는 평균시간은 $\mu = 15$분이다. 지수확률분포의 특징은 평균과 표준편차가 같다는 점이다. 따라서 트럭 적재시간의 표준편차 역시 $\sigma = 15$분이 되며 분산은 $\sigma^2 = (15)2 = 225$가 된다.

* 지수확률분포의 특징은 평균과 표준편차가 같다는 점이다.

2 포아송 분포와 지수분포의 관계

5.5절에서 어떤 특정한 시간이나 공간에서의 사건 발생 빈도를 조사하는 데 유용한 이산확률분포인 포아송 분포에 대해 소개하였다. 확률변수의 기댓값, 즉 특정 구간에서 발생하는 사건의 수를 μ라고 할 때, 포아송 확률함수는 다음과 같다.

$$f(x) = \frac{\mu^x e^{-\mu}}{x!}$$

* 도착횟수가 포아송 분포를 따른다면 도착시간의 간격은 반드시 지수분포를 따른다.

연속확률분포인 지수분포는 이산확률분포인 포아송 분포와 관련이 있다. 포아송 분포가 구간당 사건의 발생횟수를 설명한다면, 지수확률분포는 발생하는 사건들 사이의 간격에 관해 설명한다.

한 시간 동안 세차장으로 들어오는 자동차의 수는 평균 10대이며 포아송 분포를 따른다고 하면, 시간당 세차장에 도착하는 차의 대수 x에 대한 포아송 확률함수는 다음과 같다.

$$f(x) = \frac{10^x e^{-10}}{x!}$$

세차장에 도착하는 자동차의 수는 시간당 평균 10대이므로 차들이 도착하는 간격은

$$\frac{1시간}{10대의 자동차} = 0.1시간 / 자동차$$

와 같이 구할 수 있다. 구간당 사건의 발생횟수가 포아송 분포일 때, 사건의 발생 간격은 지수분포가 되므로, 자동차들이 도착하는 시간 간격은 한 대당 평균 $\mu = 0.1$시간인 지수분포가 되며. 지수확률밀도함수는 다음과 같다.

$$f(x) = \frac{1}{.1} e^{-x/.1} = 10e^{-10x}$$

3 엑셀을 활용한 지수분포의 확률 계산

엑셀의 EXPON.DIST 함수를 써서 지수확률을 계산할 수 있다. 〈그림 6-18〉은 다음의 절차에 따라 엑셀을 활용하여 쉽스 화물적재장에서 트럭에 적재하는 시간과 관련한 확률을 계산한 것이다.

자료입력/자료열기 새 워크시트를 연다. 자료는 워크시트에 입력하지 않고 확률계산에 필요한 변수 값을 수식에 바로 입력한다. 예제에서 확률변수 x = 적재시간이다.

함수와 수식 입력 EXPON.DIST 함수에는 3가지 인수를 입력한다. 첫 번째는 x값이고, 두 번째는 $1/\mu$, 세 번째는 TRUE 또는 FALSE로 누적확률을 구하기 위해서는 TRUE를 입력하고 확률밀도함수의 높이를 구하려면 FALSE를 입력한다.

적재시간이 18분 이하일 누적확률을 구하기 위해서는 쉽스 예제에서 $1/\mu = 1/15$이므로 셀 D3에 =EXPON.DIST(18, 1/15, TRUE)를 입력한다. 결과 워크시트에서 트럭 한 대당 적재시간이 18분 이하일 확률은 0.6988임을 확인할 수 있다.

적재시간이 6분과 18분 사이일 확률을 계산하기 위해서는 구간 상한의 누적확률에서 하한의 누적확률을 빼면 된다. 셀 D4에 입력한 수식으로 이 확률을 계산하면 0.3691이 된다.

마지막으로 적재시간이 최소 8분 이상일 확률을 구하기 위해서는 EXPON.DIST 함수로는 누적확률만을 계산할 수 있으므로 셀 D5에 =1−EXPON.DIST(8, 1/15, TRUE)를 입력해야 한다. 결과 워크시트에서 화물적재시간이 8분 이상일 확률은 0.5866임을 알 수 있다.

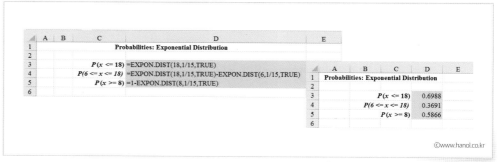

🔺 그림 6-18_ 지수확률분포의 확률 계산을 위한 엑셀 워크시트

 보충설명

〈그림 6-17〉의 지수분포의 확률밀도함수를 보면 그래프의 오른쪽으로 꼬리가 길다(skewed to the right). 실제로 지수확률분포의 왜도(skewness)는 2이다. 지수확률분포는 왜도가 있는 비대칭 분포의 형태를 보여주는 좋은 예이다.

기초문제

22. x는 다음과 같은 확률밀도함수를 갖는 지수분포를 따른다.

$$f(x) = \frac{1}{8} e^{-x/8}, \qquad x \geq 0$$

    a. $P(x \leq 6)$를 구하라.

    b. $P(x \leq 4)$를 구하라.

    c. $P(x \geq 6)$를 구하라.

    d. $P(4 \leq x \leq 6)$를 구하라.

23. x는 다음과 같은 확률밀도함수를 갖는 지수분포를 따른다.

$$f(x) = \frac{1}{3} e^{-x/3}, \qquad x \geq 0$$

    a. $P(x \leq x_0)$를 구하는 공식을 작성하라.

    b. $P(x \leq 2)$를 구하라.

    c. $P(x \geq 3)$를 구하라.

    d. $P(x \leq 5)$를 구하라.

    e. $P(2 \leq x \leq 5)$를 구하라.

응용문제

24. 핸드폰으로 전화 통화를 주로 하는 경우 배터리의 수명은 20시간이다. 인터넷 어플을 주로 사용하는 경우 배터리 수명은 7시간으로 감소된다. 두 경우 모두 배터리 수명은 지수확률분포를 따른다고 한다.

    a. 전화 통화를 주로 할 때, 배터리 수명의 확률밀도함수를 구하라.

    b. 전화 통화를 주로 할 때, 무작위로 선택한 핸드폰의 배터리 수명이 15시간 미만일 확률은?

    c. 전화 통화를 주로 할 때, 무작위로 선택한 핸드폰의 배터리 수명이 20시간 이상일 확률은?

    d. 인터넷 어플을 주로 사용할 때, 무작위로 선택한 핸드폰의 배터리 수명이 5시간 미만일 확률은?

25. 어떤 사거리에 다음 차가 도착하기까지 걸리는 시간은 평균 12초의 지수확률분포를 따른다.

    a. 확률밀도함수의 그래프를 그려라.

    b. 다음 차가 도착하는 데 걸리는 시간이 12초 이하일 확률은?

    c. 다음 차가 도착하는 데 걸리는 시간이 6초 이하일 확률은?

    d. 다음 차가 도착하는 데 걸리는 시간이 30초 이상일 확률은?

26. Comcast는 필라델피아에 본사가 있는 글로벌 통신사로 우수하고 신뢰할 만한 서비스를 제공하는 것으로 알려져 있으나, 주기적으로 예상하지 못한 서비스 중단을 겪는다. 서비스 중단이 발생하여 고객으로부터 신고가 접수되면 고객센터에서 복구시간을 예측하여 알려준다. 복구시간은 평균이 2시간인 지수확률분포를 따른다고 가정하자.

   a. 한 시간 이내로 복구될 확률은?

   b. 복구에 한 시간에서 두 시간이 걸릴 확률은?

   c. 오후 한 시에 고객센터에 전화한 고객에게 케이블 서비스가 오후 5시까지 복구되지 않을 확률은?

27. 보스턴 소방서는 시간당 평균 1.6번의 911 전화를 받는다. 시간당 전화 수가 포아송 분포를 따른다고 가정하자.

   a. 보스턴 소방서에 911 전화가 걸려오는 평균 시간 간격은?

   b. 문항 (a)의 평균을 사용하여 911 호출 시간 간격의 확률밀도함수를 구하여라.

   c. 911 호출 사이의 시간 간격이 한 시간 이내일 확률은?

   d. 911 호출 사이의 시간 간격이 30분 이상일 확률은?

   e. 911 호출 사이의 시간 간격이 5분 이상이면서 20분 이내일 확률은?

요점정리

이 장에서는 확률분포에 대한 논의를 연속확률분포로 확장해 보았다. 이산확률분포와 연속확률분포의 주요한 개념적 차이는 확률 계산 방식에 있다. 이산분포의 확률함수 $f(x)$는 확률변수 x가 특정한 값을 가지게 될 확률을 의미하지만, 연속분포의 확률밀도함수 $f(x)$는 직접적으로 확률을 의미하지 않는다. 대신 확률은 확률밀도함수 $f(x)$ 그래프 아래의 면적으로 주어진다. 특정 값에서의 그래프 아래 면적은 0이기 때문에, 연속 확률변수에서 어떤 특정 값의 확률은 0이 된다.

이 장에서는 세 가지의 연속확률분포(균일분포, 정규분포, 지수분포)를 자세히 다루었다. 이 중 정규확률분포는 통계적 추론에서 널리 사용되고 이 책에서도 앞으로 폭넓게 다룰 것이다.

보충문제

28. 시카고에서 애틀랜타로 전근을 가는 임원은 시카고에 있는 집을 빨리 팔아야 한다. 사장이 $210,000에 집을 사겠다는 제안을 했지만, 이 제안은 주말까지만 유효하다. 현재 더 나은 제

안은 없지만, 한 달 더 시장에 집을 내놓을 여유는 있다. 부동산업자와 이야기를 나누고 난 뒤, 그녀는 한 달 더 시장에 집을 내놓으면 $200,000~ $225,000를 받고 집을 팔 수 있겠다고 생각하였다. 이 가격은 균일분포를 따른다.

a. 그녀가 한 달 더 시장에 집을 내놓을 경우, 판매가격의 확률밀도함수를 수식으로 나타내라.

b. 한 달 더 시장에 집을 내놓는다고 할 때, 적어도 $215,000 이상을 받을 확률은?

c. 한 달 더 시장에 집을 내놓는다고 할 때, $210,000보다 적게 받을 확률은?

d. 그녀가 한 달 더 시장에 집을 내놓아야 할까? 이유를 설명하라.

29. 미국 대학체육협회(NCAA)는 주립대학에서 체육특기자 1년 전액 장학금의 평균이 $19,000이고 표준편차가 $2,100인 정규확률분포를 따른다고 가정하자.

a. 체육특기자 장학금의 하위 10% 금액은?

b. 체육특기자 장학금으로 $22,000를 받았다면 상위 몇 %이겠는가?

c. 체육특기자 장학금의 상위 3%에 해당하는 금액은?

30. 모토로라(Motorola)는 생산과정 중 예상되는 결함률과 결함 제품수를 정규분포를 사용하여 결정한다. 작업공정을 통해 평균 무게가 10온스인 제품을 만든다고 가정하자. 다음의 상황들에서 1,000개 단위로 공정이 운영될 때 결함률과 예상되는 결함 제품수를 구하라.

a. 생산과정의 표준편차는 0.15이고 제품의 무게가 평균에서 표준편차만큼 벗어나면, 즉 9.85온스보다 작거나 10.15온스보다 크면 결함으로 간주된다.

b. 공정설계의 개선으로 공정의 표준편차가 0.05로 감소하였다. 다만, 전과 동일하게 9.85온스보다 작거나 10.15온스보다 크면 결함으로 분류된다.

c. 공정의 표준편차를 작게 통제하여 평균값에서 멀어지지 않도록 하는 관리, 즉 공정의 변동성을 작게 할 때 얻는 이점은 무엇인가?

31. 경제난을 측정하는 한 지표로써, 전당포에 물건을 맡기는 사람의 수가 있다. 하루당 전당포에 물건을 맡기는 사람의 수가 평균이 658인 정규분포라고 가정하자.

a. 전당포에 물건을 맡기는 사람의 수가 610명 이하인 날이 3%인 것을 알았다면, 하루에 전당포에 물건을 맡기는 사람 수의 표준편차는?

b. 전당포에 물건을 맡기는 사람이 600명에서 700명 사이일 확률은?

c. 가장 바쁜 상위 3%의 날에 전당포에 물건을 맡기는 사람의 수는 몇 명인가?

32. 알렉사(Alexa)는 아마존에서 개발한 가상 비서이다. 알렉사는 인공지능 음성인식 서비스를 이용해 사용자들과 대화하며, 업무 목록, 뉴스 및 날씨 안내, 홈 스마트 기기 작동 등의 업무를 수행하는 데 사용된다. 2018년 아마존 알렉사 앱은 구글 플레이스토어에서 하루 2,800회 가량 다운로드됐다. 알렉사 앱의 일일 다운로드 수가 평균 2,800, 표준편차 860인 정규분포를 따른다고 가정하자.

a. 아마존 알렉사 앱이 하루 2,000건 이하로 다운로드될 확률은 얼마인가?

b. 아마존 알렉사 앱이 하루 1,500건에서 2,500건 이하로 다운로드될 확률은 얼마인가?

c. 아마존 알렉사 앱이 하루 3,000건 이상 다운로드될 확률은 얼마인가?

d. 구글이 설계한 서버를 통해 다운로드되는 아마존 알렉사 앱이 일일 서버 용량을 초과할 확률이 0.01이라고 가정할 때, 구글 서버는 일일 기준 얼마의 알렉사 앱 다운로드를 처리하도록 설계되어 있는가?

33. 워드 도어링(Ward Doering) 자동차 판매사는 임대차량에 대해 차량 운행에 필요한 모든 서비스를 보장하는 특별 서비스 계약을 고려하고 있다. 과거의 경험에 의하면 이 서비스 비용은 연평균 $150, 표준편차는 $25인 정규확률분포를 따른다고 추정된다.

   a. 이 회사가 연 $200의 가격으로 이 서비스 계약을 고객에게 제공할 때, 고객을 위한 서비스 비용이 $200를 초과할 확률은?

   b. 서비스 계약당 워드 도어링사의 기대이익은?

34. 대학입학 시험 점수는 평균이 450점, 표준편차가 100점인 정규분포를 따른다고 가정하자.

   a. 400점에서 500점 사이의 시험 점수를 받은 학생의 비율은?

   b. 어떤 학생이 630점을 받았다고 할 때, 이 학생보다 더 높은 점수를 받은 학생의 비율은? 더 낮은 점수를 받은 학생의 비율은?

   c. 어느 대학에서는 480점 미만은 합격시키지 않는다면, 이 대학에 합격할 수 있는 학생의 비율은?

   기계를 이용하여 용기에 특정 제품을 채우는 공정에서 예전 자료를 분석한 결과 내용물 무게의 표준편차는 0.6온스임을 알 수 있었다. 만약 용기의 2%만이 18온스 이하로 채워진다면, 기계가 채우는 평균 무게, 즉 μ는? 내용물 무게는 정규확률분포를 따른다고 가정하라.

35. Bed and breakfast 숙박시설의 웹 사이트는 1분당 7명이 방문하며, 1분당 방문자 수는 포아송 분포를 따른다.

   a. 웹 사이트 방문자 간의 평균 시간간격은?

   b. 방문자 간 시간간격을 나타내는 지수확률밀도함수를 구하라.

   c. 웹 사이트에 1분 동안 아무도 접속하지 않을 확률은?

   d. 웹 사이트에 12초 동안 아무도 접속하지 않을 확률은?

36. 보험 청구 사무실에 걸려오는 전화의 시간간격(분)은 다음의 확률밀도함수를 갖는 지수확률분포를 따른다.

$$f(x) = 0.50e^{-.50x}, \qquad x \geq 0$$

   a. 걸려오는 전화 사이의 평균 시간간격은?

   b. 걸려오는 전화 사이의 시간간격이 30초 이하일 확률은?

   c. 걸려오는 전화 사이의 시간간격이 1분 이하일 확률은?

   d. 걸려오는 전화가 5분 이상 없을 확률은?

1. 스페셜티 토이즈(Specialty Toys)

스페셜티 토이즈는 새롭고 혁신적인 어린이용 완구를 판매한다. 경영진의 경험상 연말연시 시즌이 시작되기 전이 새로운 완구를 소개하기 가장 좋은 시점이다. 많은 사람들이 12월 연휴 선물을 이때 찾기 때문이다. 스페셜티 토이즈는 가능성이 큰 신제품을 발견하면 10월에 출시 일자를 고른다.

10월까지 매장에 장난감을 진열하기 위해 스페셜티 토이즈는 매년 6, 7월쯤 완구 제조업체에 주문을 한 번 해야 한다. 어린이용 완구의 수요는 변동성이 매우 높다. 새로운 장난감이 유행하면 품귀현상이 수요를 더욱 촉진시켜 많은 이익을 얻게 되나, 새로운 제품이 실패하게 되면 많은 재고를 할인판매해야만 하는 상황에 처할 수 있다. 회사가 당면한 가장 중요한 문제는 예상 판매수요에 맞게 얼마나 많은 수량의 완구를 구매해야 하는가를 결정하는 일이다. 너무 적은 양을 구매하면 판매 기회를 잃게 되고, 너무 많은 양을 구매하여도 재고정리를 위한 할인판매로 이익이 감소한다.

스페셜티 토이즈사는 이번 시즌에 웨더 테디(Weather Teddy)라 불리는 신제품을 출시하기로 계획하였다. 대만의 제조업체가 만든 이 말하는 곰 인형은 아이가 인형의 손을 누르면 말을 하기 시작한다. 내장된 기압계가 날씨를 예측하는 다섯 가지 멘트 중 하나를 선택한다. 멘트의 종류에는, '매우 좋은 날이에요, 즐거운 날 되세요!'부터 '비가 올 것 같네요, 우산을 꼭 챙기세요.'까지 여러 가지가 있다. 제품테스트에서 이 인형이 날씨를 완벽하게 예측하지는 못하지만 의외로 정확하다는 결과가 나왔다. 스페셜티 토이 경영진의 일부는 인형의 일기 예보가 지역 TV의 예보에 비할 만큼 정확하다고까지 주장했다.

스페셜티 토이즈는 다가오는 연휴시즌을 대비해 '웨더 테디'의 주문량을 결정해야 한다. 관리 팀의 팀원들은 15,000개, 18,000개, 24,000개 또는 28,000개의 주문량을 제안했다. 주문량의 제안 범위가 넓다는 것은 그만큼 시장 잠재력에 대한 의견 차이가 크다는 것을 의미한다. 제품 관리팀은 각 주문량별로 재고가 소진될 확률 분석 및 잠재이익 추정값, 적정한 주문량 결정에 대한 도움을 요청하였다. 스페셜티 토이즈사는 '웨더 테디'의 개당 원가가 $16임을 감안하여 $24에 팔려고 한다. 연휴시즌이 끝난 후에 판매하지 못한 재고는 개당 $5에 모두 처분할 생각이다. 비슷한 제품의 과거 판매이력을 검토한 후에 스페셜티 토이즈사의 수석판매분석가는 20,000개 정도가 팔릴 것으로 예상하였으며 수요가 10,000개에서 30,000개 사이일 확률이 95%라 예측하였다.

경영 보고서

다음 내용을 포함하여 웨더 테디 제품의 주문량을 제안하는 경영보고서를 작성하라.

1. 판매분석가의 예측치를 이용하여 수요분포를 근사시키는 정규확률분포를 제시하라. 분포를 그림으로 그리고, 평균과 표준편차를 표시하라.

2. 관리팀의 팀원들이 제안한 네 가지 주문수량의 재고가 소진될 확률을 계산하라.

3. 관리팀의 팀원들이 제안한 네 가지 주문수량에 대해 다음의 세 가지 시나리오별로 예상이익을 계산하라. 최악의 시나리오의 경우에 판매량은 10,000개, 가장 가능성이 높은 시나리오의 판매량은 20,000개, 최상의 시나리오의 경우 판매량은 30,000개이다.

4. 스페셜티 토이즈 관리자 중 한 명은 잠재이익이 매우 높기 때문에 주문수량이 수요를 충족시킬 확률이 70%, 재고가 소진될 확률은 30%가 되어야 한다고 판단했다. 이 경우 주문량은 몇 개이고, 3가지 판매 시나리오별로 예상이익은?

5. 주문량을 제안하고, 그에 따른 예상이익을 제시하라. 또한 제안의 근거를 설명하라.

---

2. 겝하르트 일렉트로닉스(Gebhardt Electronics)

겝하르트 일렉트로닉은 전자 장비 제조사에 직접 판매하는 다양한 변압기들을 생산한다. 겝하르트는 여러 변압기 모델을 만들 때 주요 부품으로 직경 0.20mm의 무산소 구리(OFC - Oxygen Free Cooper) 전선을 3피트 가량 사용한다. 전선 내 결함이 발생할 경우 전도율이 떨어지고 파손의 위험이 큰데, 전선을 사용해 변압기를 생산한 후에는 전선 결함을 수리하기가 어렵다. 따라서 겝하르트는 결함이 없는 전선을 사용하려고 한다. 전선통에서 3피트 길이의 전선을 떼서 사용하는데 결함의 확률이 1/20이 되도록 관리하려고 한다. 때때로 다른 부품 제조에도 3피트 길이만큼 전선이 사용되기 때문에 전선은 무작위로 3피트 길이만큼 잘라서 사용한다. 현재 겝하르트는 신규 구리선 공급업체 선정을 고려하고 있다. 이 공급업체는 자사의 직경 0.20mm 무산소 구리 전선의 경우 평균 50인치 범위마다 결함이 있다고 주장한다. 겝하르트는 공급자가 제시한 이러한 결함의 경우 만족할 만한지를 판단하고자 한다.

경영 보고서

겝하르트에서 신규 공급업체에 대한 평가를 할 때 다음 세 가지 질문을 고려해 경영보고서를 작성하라.

1. 만일 신규 공급업체의 주장대로 평균 50인치마다 결함이 있는 전선을 사용할 경우 연속적인 두 결함 간의 길이는 어떻게 분포하는가?

2. (1)에서 파악한 확률분포를 사용하여, 겝하르트의 품질 목표가 충족될 확률은 얼마인가?(즉, 신규 공급업체로부터 제공받은 전선에서 무작위로 잘라 사용하는 3피트 길이 전선이 문제가 없을 확률은 1/20인가?)

3. 겝하르트의 결함 목표를 만족시키기 위한 연속적인 결함 사이의 최소 평균 길이(인치)는 얼마인가?

4. 신규 공급업체 제공 전선에서 임의로 잘라낸 3피트 전선에서 결함이 없을 확률이 1/100이 되기 위해서는, 연속적 결함 사이의 최소 평균 길이(인치)가 얼마여야 하는가?

데이터 분석을 위해
엑셀로 100% 구현된
앤더슨의 경영통계학

Chapter 6_ 연속확률분포

271

데이터 분석을 위해
엑셀로 100% 구현된
앤더슨의 경영통계학

표본추출과
표본분포

식량농업기구(Food and Agriculture Organization, FAO)
ROME, ITALY

식량농업기구(FAO)는 사람들이 활동적이고 건강한 삶을 영위할 수 있는 충분한 양질의 음식을 정기적으로 접할 수 있도록 하고, 식량안보를 위해 국제적인 노력을 주도하는 UN의 전문기관이다. FAO는 190개 이상의 회원국이 있으며, 전 세계 130개 이상의 국가에서 하부 조직이 활동하고 있다.

FAO는 임무의 일환으로, (국가의 식량 생산능력을 감소시킬 수 있는) 산림 벌채와 그로 인한 토지 훼손에 맞서기 위해 유용한 정보를 수집하도록 하는 국가 산림 평가에 참여하고 있다. 이러한 국가 산림 평가에는 국가의 산림과 숲에 대한 정확하고 신뢰할 만한 정보가 필요하다. 산림의 현재 크기는 얼마인가? 산림은 과거에 얼마나 성장했는가? 산림의 미래 성장 전망은 어떠한가? 이러한 중요한 질문에 대한 답을 가지고, FAO는 국가의 산림 재고 상태를 평가할 수 있고, (장기적인 나무 심기와 벌목 일정 포함하여) 국가가 미래에 대한 전략과 계획을 개발하는 데 도움을 줄 수 있으며, 산림 벌채와 토지 훼손을 늦추거나 중단시킬 수 있다.

FAO는 군집추출 방법을 사용하여 국가의 방대한 산림 보유에 대해 필요한 정보를 얻는다. 일단 산림의 모집단이 정의되면, 산림은 미리 지정된 크기와 모양의 그림으로 나뉘고 측정될 변수가 정의된다. 이러한 그림들에서 무작위 표본이 선택되고, 선택된 각 그림에서 측정값이 추출된다.

군집추출을 통해 데이터 수집에 필요한 이동은 줄이면서도, 다양한 산림 유형과 조건으로 분류된 산림의 총 면적에 대한 국가 추정치를 FAO가 수집한 표본으로 제공한다. FAO는 또한 나무 부피와 종별,

산림 보유지의 무작위 표본추출을 통해 FAO는 국가별 산림재고 관리를 지원할 수 있다. © 로버트 크림/Shutterstock.com

크기별 분포, 산림 속성 변화 추정치, 생물 다양성 지표 등을 수집한다. 표본추출 계획을 통해 FAO는 선정된 지리적 지역에 대한 충분히 상세한 추정치를 얻고, 국제 보고 요건을 충족하기에 충분한 정보를 수집하며, 비용과 정확도 사이의 수용할 만한 균형을 달성할 수 있다.

이 장에서는 (군집추출을 포함하여) 다양한 무작위 표본추출과 표본 선택 절차에 대해 학습한다. 추가적으로, 표본평균 및 표본비율과 같은 통계량이 모집단 평균과 모집단 비율을 추정하는 데 어떻게 사용되는지도 학습한다. 표본분포의 중요한 개념도 소개된다.

McRoberts, R.E., Tomppo, E.O., Czaplewski, R.L. "Sampling Designs for National Forest Assessments", Food and Agriculture Organization of the United Nations.

1장에서 원소, 모집단, 표본에 대한 정의가 다음과 같이 소개되었다.

- 원소(element)는 자료가 수집되어지는 개체이다.
- 모집단(population)은 관심 대상인 모든 원소들의 집합이다.
- 표본(sample)은 모집단의 부분집합이다.

표본을 추출하는 이유는 모집단에 대한 추론(inference)을 통해 연구문제(research question)의 답을 구하기 위한 자료를 수집하는 것이다. 이러한 예를 두 가지 들어보자.

1. 텍사스 주의 한 정당은 미 상원선거에서 특정 후보를 지지하고자 하는데, 정당 지도부는 해당 후보를 지지하는 유권자의 비율을 알고 싶어 한다. 텍사스 주에 등록된 400명의 유권자가 표본으로 선정되었고, 400명 중 160명이 해당 후보에 대한 지지를 표명하였다. 따라서, 유권자 모집단 중 해당 후보를 지지하는 비율의 추정치는 160/400 = 0.40이 된다.

2. 어떤 타이어 제조 회사는 현재 타이어 제품군(product line)보다 주행거리가 향상된 새로운 타이어 생산을 고려 중이다. 새 타이어의 평균 제품수명을 추정하기 위한 실험을 위해 120개의 표본을 생산하였다. 실험 결과 표본의 평균은 36,500마일이었다. 따라서 새 타이어 모집단의 평균 제품수명의 추정치는 36,500마일이 된다.

표본의 결과는 모집단 특성과 관련된 값의 추정치(estimate)만을 제시한다는 점을 이해해야 한다. 유권자 모집단의 정확히 40%가 그 후보를 지지한다고 보기 어렵고, 또한, 새 타이어의 주행거리에 대한 모집단의 평균이 표본평균인 36,500마일과 정확하게 일치한다고 기대하지 않는다. 이는 표본이 모집단의 일부분이기 때문이며 따라서 이들 추정치는 어느 정도의 표본오차(sampling error)가 있을 수밖에 없다. 적절한 표본추출 방법을 사용한다면, 표본 결과는 모집단 모수에 대한 "좋은" 추정치를 제공할 것이다. 하지만 얼마나 좋은 표본 결과를 기대할 수 있을까? 다행히도, 이 물음에 답을 할 수 있는 통계적 절차가 존재한다.

표본추출(sampling)에 사용되는 용어들을 먼저 살펴보자. 표본 모집단(sampled population)은 표본이 추출되는 모집단이고, 틀(frame)은 표본이 선택되는 원소들의 목록을 말한다. 위의 첫 번째 예에서 표본 모집단은 텍사스 주에 등록된 모든 유권자를 말하고, 그 틀은 텍사스 주에 등록된 모든 유권자의 목록이다. 텍사스 주 유권자의 수는 유한하기 때문에, 이 예제의 표본은 유한 모집단에서 추출한 경우이다. 7.2절에서는 유한 모집단에서 표본을 추출할 때 단순무작위표본(simple random sample)이 어떻게 추출되는지를 알아본다.

타이어 주행거리 예제에서는 표본 모집단을 정의하는 것이 더 어렵다. 왜냐하면 120개의 타이어 표본은 특정 시점의 생산과정에서 얻어졌기 때문이다. 표본 모집단을 그 특정 시점의 생산과정에서 만들어졌을 수 있는 모든 타이어의 개념적 모집단으로 생각할 수 있다. 이렇게 표본 모집단이 무한하다고 여겨진다면, 표본을 뽑는 틀을 만드는 것이 불가능해진다. 7.2절에서는 이와 같은 상황에서 무작위 표본을 어떻게 추출하는지 논의한다.

이 장에서는 단순무작위 표본추출 방법을 이용하여 유한 모집단에서 표본을 어떻게 추출하는지, 그리고 계속 진행되는 과정에서 생성되는 무한 모집단에서 무작위 표본을 어떻게 추출하는지를 설명한다. 다음으로 모집단 평균(모평균), 모집단 표준편차(모표준편차), 모집단 비율(모비율)의 추정치를 구하는 데 표본에서 얻어진 자료가 어떻게 사용될 수 있는지 알아보고 표본분포(sampling distribution)의 중요한 개념을 소개한다. 표본분포에 대한 이해를 통해, 표본 추정치가 해당 모집단 모수에 얼마나 근사한지를 설명할 수 있다. 7.7절에서는 단순무작위추출 이외에 실제로 많이 사용되는 몇 가지 다른 표본추출 방법에 대해 알아본다. 마지막 절에서는 표본오차와 비표본오차, 그리고 매우 큰 표본과 이러한 오차와의 관계에 대해 논의한다.

① 전자공업협회의 표본추출 문제

DATA files
EAI
www.hanol.co.kr

전자공업협회(Electronics Associates Inc., EAI)의 인사 담당자에게 2,500명의 직원에 대한 인사 정보를 만드는 업무가 부여되었다. 알아볼 특성에는 직원의 평균 연봉 그리고 회사의 관리자 교육 프로그램을 이수한 직원의 비율이 포함되어 있다.

2,500명의 직원을 이 연구를 위한 모집단으로 보고, 회사의 인사기록을 참조하여 연봉과 교육 프로그램의 이수 현황을 파악할 수 있다. 모집단에 속한 전체 직원 2,500명의 정보를 담고 있는 데이터는 파일 EAI에 담겨 있다.

EAI 데이터와 3장에서 소개한 수식들을 통해, 연봉의 모집단 평균과 모집단 표준편차를 계산한다.

$$\text{모집단 평균: } \mu = \$71,800$$
$$\text{모집단 표준편차: } \sigma = \$4,000$$

교육 프로그램 현황에 대한 데이터는 2,500명의 직원 중 1,500명이 이 프로그램을 이수했음을 보여준다.

모집단의 수치적 특성을 모수(parameter)라고 한다. 교육 프로그램을 이수한 모집단의 비율을 p라고 하면, $p = 1,500/2,500 = 0.60$이다. 연봉의 모집단 평균($\mu = \$71,800$), 연봉의 모집단 표준편차($\sigma = \$4,000$), 그리고 교육 프로그램을 이수한 모집단 비율($p = 0.60$)이 모집단 EAI 직원의 모수이다.

> *일반적으로, 표본으로부터 정보를 수집하는 비용은 모집단으로부터 수집하는 것에 비하여 매우 적으며, 정보 수집을 위한 개별 인터뷰가 필수적인 경우에 더욱 그렇다.

만약, EAI 전체 직원에 대한 필요 정보를 회사 데이터베이스로부터 바로 이용할 수 없다고 가정하자. 이제, 인사 담당자가 모집단에 있는 2,500명 전체 직원을 이용하지 않고, 일부 직원의 표본만을 이용하여 모집단 모수의 추정치를 어떻게 얻을 수 있을지를 알아보아야 한다. 30명의 직원을 표본으로 한다면 30명의 직원을 대상으로 인사정보를 작성하는 시간과 비용은 전체 모집단을 대상으로 하는 것보다 상당히 작을 것이다. 직원 30명의 표본만으로 모집단 2,500명에 대한 적절한 정보를 제공한다면, 표본을 갖고 작업하는 것이 전체 모집단을 갖고 하는 것보다 더 선호될 것이다. EAI 연구에서 표본의 사용 가능성을 알아보기 위해, 먼저 직원 30명의 표본을 어떻게 만들 수 있는지 살펴보자.

② 표본의 선택

이 절에서는 어떻게 표본을 선택하는지에 대해 설명한다. 먼저, 유한 모집단에서 표본을 추출하는 방법을 알아보고, 다음으로 무한 모집단에서 표본을 추출하는 방법을 알아본다.

* 다른 확률적 표본추출 방법은 7.7절에 소개된다.

확률적 표본은 모집단에 대한 타당한 통계적 추론을 가능하게 하기 때문에 통계학자들은 유한 모집단에서 표본을 추출할 때 확률적 표본을 선택할 것을 권장한다. 가장 간단한 유형의 확률적 표본은 크기가 n인 표본에서 각 표본이 뽑힐 확률이 같은 경우이다. 이를 단순무작위표본(simple random sample)이라 한다. 크기 N인 유한 모집단에서 크기가 n인 단순무작위표본은 다음과 같이 정의한다.

단순무작위표본(유한 모집단)
크기가 n인 단순무작위표본은 크기가 N인 유한 모집단에서 동일한 확률로 n개의 대상이 선택되어 만들어진 표본이다.

* 엑셀의 RAND 함수를 이용하여 생성되는 난수는 0과 1 사이의 균등확률분포를 따른다.

유한 모집단에서 단순무작위표본을 추출하는 절차는 난수의 사용을 기본으로 한다. 엑셀의 RAND 함수를 사용하여, 워크시트의 아무 셀에 수식 =RAND( )를 입력하면, 0과 1 사이의 난수를 만들 수 있다. RAND 함수가 사용하는 수학적 절차는 0과 1 사이에 있는 모든 수들의 선택 확률을 모두 동일하게 만들기 때문에, 생성된 숫자를 난수라고 할 수 있다. 단순무작위표본을 추출할 때 이러한 난수를 어떻게 이용하는지 알아보자.

크기가 N인 모집단에서 n개의 단순무작위표본을 추출하는 과정은 다음의 2단계를 거친다.

단계 1   모집단의 각 원소에 난수를 할당한다.
단계 2   가장 작은 n개의 난수가 할당된 원소 n개를 뽑는다.

모집단에서 n개의 원소로 이루어진 각각의 집합에 n개의 가장 작은 난수가 할당될 확률이 같기 때문에, n개의 원소로 이루어진 각각의 집합이 표본으로 선택될 확률도 모두 같다. 이러한 2단계의 과정을 통해 표본을 선택한다면, 크기가 n인 모든 표본은 선택될 확률이 동일하게 된다. 따라서 선택된 표본은 단순무작위표본의 정의를 만족한다.

크기(N)가 15인 모집단으로부터 크기(n)가 5인 단순무작위표본을 선택하는 예제를 고려하자. 〈표 7-1〉에는 미국 프로야구 내셔널 리그 15개 야구팀의 목록이 있다. 이 중에서 5개 팀을 단순무작위표본으로 선택하여, 해당 팀이 마이너리그 구단을 어떻게 관리하는지 심층 조사를 하고자 한다.

📊 표 7-1_ 2019년도 내셔널 리그 구단

애리조나	로스앤젤레스	피츠버그
애틀랜타	마이애미	샌디에이고
시카고	밀워키	샌프란시스코
신시내티	뉴욕	세인트루이스
콜로라도	필라델피아	워싱턴

⬥ 그림 7-1 _ 각 구단에 대한 난수를 만드는 데 사용된 워크시트

단순무작위표본 생성의 첫 단계는 모집단 15개 팀에 각각 난수를 할당하는 것이다. 〈그림 7-1〉은 각각의 15개 팀에 난수를 생성하기 위해 사용된 워크시트를 보여준다. 구단 이름이 A열에 있고, 생성된 난수는 B열에 있다. 뒤에 있는 수식 워크시트의 셀 범위 B2:B16에 0과 1 사이의 난수를 생성하기 위한 수식 =RAND( )를 볼 수 있다. 앞쪽에 위치한 수치 워크시트에 애리조나는 난수 0.850862, 애틀랜타는 난수 0.706245, 등이 할당된 것을 볼 수 있다.

두 번째 단계는 가장 작은 다섯 개의 난수가 할당된 5개 팀을 선택하여 표본으로 삼는 것이다. 〈그림 7-1〉의 난수를 보면, 워싱턴이 가장 작은 난수(0.066942)를 갖고, 그 다음으로 작은 4개의 난수를 갖는 팀은 마이애미, 샌프란시스코, 세인트루이스, 뉴욕이다. 따라서 이 다섯 개 팀으로 단순무작위표본을 구성한다.

〈그림 7-1〉의 난수 목록에서 가장 작은 난수 다섯 개를 찾는 것은 번거롭고 실수하기 쉽다. 엑셀의 정렬 기능은 이 과정을 간단하게 한다. 가장 작은 난수 다섯 개에 해당하는 다섯 개 구단을 찾기 위해 〈그림 7-1〉에 있는 구단을 정렬하는 방법은 다음과 같다. 〈그림 7-1〉 앞쪽의 워크시트를 참조하면서 이 절차를 설명한다.

단계 1 범위 B2:B16에서 아무 셀이나 하나를 선택한다.
단계 2 리본에서 홈 탭을 선택한다.
단계 3 편집 그룹에서 정렬 및 필터를 클릭한다.
단계 4 텍스트 오름차순 정렬을 선택한다.

	A	B	C
1	구단	난수	
2	워싱톤	0.066942	
3	마이애미	0.179123	
4	샌프란시스코	0.327713	
5	세인트루이스	0.374168	
6	뉴욕	0.471490	
7	필라델피아	0.523103	
8	밀워키	0.525636	
9	콜로라도	0.553815	
10	신시내티	0.614784	
11	애틀랜타	0.706245	
12	시카고	0.724789	
13	샌디에고	0.806185	
14	애리조나	0.850862	
15	피츠버그	0.851552	
16	로스앤젤레스	0.857324	
17			

©www.hanol.co.kr

⬆ 그림 7-2_ 엑셀의 정렬 기능을 이용하여 다섯 구단으로 구성된 단순무작위표본 생성하기

* 가장 작은 30개의 난수에 해당하는 직원들을 찾기 위해 엑셀의 정렬 기능을 이용하는 것은 모집단이 매우 클 때 특히 유용하다.

위 단계를 모두 완료하면 〈그림 7-2〉에 있는 워크시트를 얻는다[1]. 2행에서 6행에 있는 구단들은 가장 작은 난수 다섯 개에 해당하는 구단들이며 이 구단들이 우리의 단순무작위표본이다. 〈그림 7-2〉에 있는 난수는 오름차순이라서, 구단들은 원래의 순서대로 나열되어 있지 않다. 예를 들면, 워싱톤은 〈그림 7-1〉에서는 마지막에 있지만, 단순무작위표본에서는 첫 번째로 선택된 구단이다. 마이애미는 표본에서 두 번째 구단이지만, 원래 목록에서는 일곱 번째 구단이다. 나머지 구단도 마찬가지다.

이제, 2,500명의 EAI 직원 모집단에서 30명의 EAI 직원 단순무작위표본을 추출하기 위해 이 단순무작위표본 추출 절차를 사용한다. 먼저, 2,500개의 난수를 생성하여 모집단의 직원마다 하나씩 할당한다. 다음으로, 가장 작은 30개의 난수를 갖는 30명의 직원을 표본으로 선정하며 이 절차는 〈그림 7-3〉에 나타나 있다.

데이터 입력　EAI 파일을 연다. 뒤쪽에 있는 워크시트에 처음 세 열은 2,500명의 EAI 직원 모집단에서 처음 30명의 연봉 자료와 교육 프로그램 이수 현황을 보여준다(전체 워크시트는 전체 2,500명의 직원 정보를 포함하고 있다).

함수와 수식 입력　뒤쪽 워크시트에서, 난수라는 이름이 셀 D1에 입력되어 있고, 2,500명의 EAI 직원 각각에게 0과 1 사이의 난수를 생성하기 위해 범위 D2:D2501에 수식 =RAND( )가 입력되어 있다. 첫 번째 직원의 난수 값은 0.613872이고, 두 번째 직원의 난수는 0.473204이며 이와 같은 형태로 난수값이 생성되어 있다.

---

1) 〈그림 7-1〉의 워크시트에 있는 난수들은 오름차순으로 보이기 위해서, 정렬 전에 자동계산 옵션을 해제하였다. 자동계산 옵션이 해제되지 않았다면, 정렬되었을 때 새로운 난수 세트가 생성되었을 것이다.

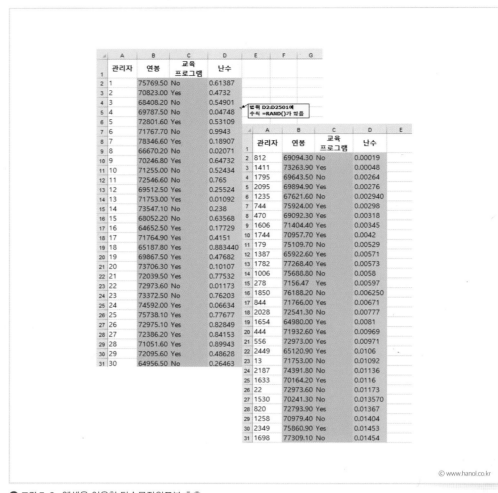

* <그림 7-3> 참고: 32-2501 행은 보이지 않음

⬥ 그림 7-3_ 엑셀을 이용한 단순무작위표본 추출

도구 적용   가장 작은 난수값이 발생한 30개의 값과 연관된 직원들을 찾는 것만 남았으며 이는 D열 난수의 오름차순으로 A열부터 D열에 있는 자료를 정렬하면 된다.

1단계   범위 D2:D2501 중 아무 셀이나 선택한다.

2단계   리본에서 홈 탭을 선택한다.

3단계   편집 그룹에서 정렬 및 필터를 클릭한다.

4단계   텍스트 오름차순 정렬을 선택한다.

위 단계를 마치면, <그림 7-3>의 앞쪽 워크시트를 얻는다. 2행부터 31행에 있는 직원들이 앞서 생성된 가장 작은 난수 30개에 해당하는 직원들이며 이 30명의 직원 그룹이 단순무작위표본이 된다. <그림 7-3>의 앞쪽에 있는 난수들은 오름차순으로 정렬되어 있어서, 직원들이 원래 순서로 나열되어 있지 않다는 점에 주목하자. 예를 들어, 모집단에서 812번 직원은 가장 작은 난수가 할당되어서, 표본에서는 첫 번째 원소가 된다. 모집단에서 13번 직원은(뒤쪽 워크시트의 14행 참조) 표본에서 22번째 관측치로 되어 있다(앞쪽 워크시트의 23행).

2 무한 모집단에서의 표본추출

어떤 모집단에서 표본을 추출하고자 하는데, 다음과 같은 경우도 있다. 해당 모집단이 무한히 크거나, 모집단의 원소들이 계속 진행되는 프로세스에 의해 생성되어 그 숫자에 제한이 없는 경우이다. 따라서 모집단의 모든 원소들이 포함된 목록을 작성하는 것은 불가능하다. 이런 경우는 무한 모집단의 사례로 간주되며 이 경우에는 모든 원소들이 포함된 틀을 구성할 수 없기 때문에 단순무작위표본을 추출할 수 없다. 이와 같은 무한 모집단의 경우, 통계학자들은 무작위표본(random sample)을 추출하는 것을 권장한다.

> **무작위표본** (무한 모집단)
> 크기가 n인 무작위표본은 다음과 같은 조건을 충족하도록 무한 모집단에서 추출된 표본이다.
> 1. 각 원소는 동일 모집단에서 추출된다.
> 2. 각 원소는 독립적으로 추출된다.

무한 모집단에서 무작위표본을 얻기 위해서는 추출 절차를 실행할 때 주의와 판단이 필요하며 경우마다 다른 추출 절차가 필요할 수도 있다. 위에 언급된 조건이 무엇을 뜻하는지 다음 두 가지 예제를 통해 살펴보자.

일반적인 품질관리 프로그램에는 생산되는 원소의 수에 제한이 없는 생산 공정을 포함한다. 표본추출의 대상이 되는 개념적 모집단은 지속적인 생산 공정을 통해 만들어질 수 있는 (이미 생산된 것만이 아닌) 전체 원소들이다. 만들어질 수 있는 모든 원소들의 목록을 만들 수 없기 때문에, 모집단을 무한하다고 본다. 예를 들어, 아침식사용 시리얼을 박스에 채우는 생산 라인이 있는데, 박스당 평균 24온스의 시리얼이 채워지도록 설계되었다고 하자. 품질관리 검사관은 이 공정을 통해 채워진 12개의 박스를 주기적으로 표본추출하여, 공정이 제대로 작동하고 있는지, 아니면 기계 고장으로 박스에 채워지는 시리얼이 모자라거나 넘치기 시작하지는 않는지 확인한다.

위와 같은 생산 공정에서는 무작위표본을 추출하는 데 가장 큰 관심사는 조건 1, 즉 표본추출된 원소가 동일 모집단에서 추출되었는지 확인하는 것이다. 이 조건을 만족하기 위해서는, 12개의 박스를 거의 동일한 시점에 추출하여야 한다. 이와 같은 방법으로, 검사관은 일부 박스는 공정이 정상적일 때 선택하고, 나머지 박스는 공정이 비정상적일 때 선택하는 가능성을 피할 수 있다. 조건 2(각 원소가 독립적으로 추출된다)의 경우에는 시리얼 박스가 독립적으로 채워지도록 생산 공정을 설계함으로써 충족될 수 있다.

무한 모집단에서 무작위표본을 추출하는 다른 예로 패스트푸드점을 방문하는 고객들의 모집단을 고려해보자. 식당에 방문한 고객들의 프로필을 작성하기 위하여 직원이 고객 표본을 추출하여 설문조사를 한다고 하자. 고객의 도착 과정은 계속 진행 중이기 때문에, 모집단에 있는 모든 고객의 목록을 얻을 방법은 없다. 따라서, 실질적으로 이렇게 계속해서 진행되는 과정에 대한 모집단은 무한으로 간주된다. 표본의 모든 원소들이 해당 식당의 고객들이며 그들이 독립적으로 선택되도록 표본추출 절차가 설계되었다면, 무작위표본을 얻을 수는 있다. 이 예제에서 동일 모집단 조건을 확실히 충족시키기 위해서는, 표본을 추출하는 직원이 식당에 찾아와서 음식을 구매하는 사람들로부터 표본을 추출하는 것이 필요하다. 예를 들어, 직원이 단지 화장실을 이용하려고 식당에 들어온 사람을 표본으로 추출했다면, 그 사람은 고객도 아니며 동일 모집단 조건을 위반하게 된다. 따라서 설문 조사자가 식당에서 구매를 하는 사람 중에서만 표본을 추출한다면 조건 1은 충족된다. 고객들이 독립적으로 추출된다고 보장하는 것은 더 어려울 수 있다.

무작위표본 추출 절차에서 두 번째 조건(각 원소가 독립적으로 추출된다)의 목적은, 선택 편의(selection bias)를 막기 위한 것이다. 설문 조사자 마음대로 고객들을 선택하여 표본을 만든다면, 선택 편의가 발생할 것이다. 조사자는 특정 연령대의 고객을 선택하는 것을 수월하게 느끼거나, 다른 연령대의 고객을 피할 수도 있다. 선택 편의는 식당에 함께 온 5명의 단체 고객을 모두 표본에 참여시킬 때에도 발생할 수 있다. 단체 고객은 비슷한 특성을 갖고 있을 가능성이 있기 때문에, 모집단 고객에 대해 잘못된 정보를 제공할 수 있다. 이와 같은 선택 편의는 특정 고객을 선택하는 것이 다른 고객을 선택하는 데 영향을 주지 않도록 한다면 피할 수 있다. 즉, 고객들(원소들)이 독립적으로 선택되어야 한다.

패스트푸드 업계의 선두 주자인 맥도널드는 이러한 상황에서 무작위표본 추출 절차를 구현하였다. 표본추출 과정은 일부 고객들이 할인쿠폰을 사용한다는 사실을 이용하였다. 어떤 고객이 할인쿠폰을 제시할 때마다, 그 다음 고객에게 고객 프로필 설문지를 작성하도록 요청하였다. 할인쿠폰을 제시하는 방문 고객은 무작위적이고 다른 고객과는 독립적이기 때문에, 이러한 표본추출 과정은 고객들이 독립적으로 추출된다는 조건을 만족시킨다. 결과적으로, 이렇게 추출된 표본은, 무한 모집단에서 무작위표본 추출의 조건을 모두 충족한다.

무한 모집단에서 표본을 추출하는 상황은 일반적으로 시간의 경과에 따라 작동되는 프로세스와 관련이 많다. 생산 라인에서 제조되는 부품들, 실험실에서 반복되는 실험들, 반복적으로 발생하는 은행 거래, 기술 지원센터에 걸려오는 전화, 상점에 도착하는 고객 등이 이러한 예이다. 각 경우를 무한 모집단에서 원소를 생성하는 프로세스로 볼 수 있다. 추출된 표본이 동일 모집단에서 독립적으로만 추출되었다면 해당 표본은 무한 모집단에서 무작위표본으로 간주한다.

 보충설명

1. 이 절에서는 표본의 두 가지 유형을 상세히 정의해 보았다: 유한 모집단에서의 단순무작위표본과 무한 모집단에서의 무작위표본. 이 교재의 나머지 부분에서, 두 가지 표본을 "무작위표본" 혹은 간단히 "표본"으로 언급할 것이다. 예제나 논의에서 필요로 하지 않는 이상 표본이 "단순" 무작위표본인지 아닌지도 구분하지 않을 것이다.

2. 유한 모집단의 표본 조사를 전문으로 하는 통계학자는 확률적 표본이 제공되는 표본추출 방법을 사용한다. 확률적 표본에서 추출 가능한 각 표본의 확률은 알려져 있으며, 표본의 원소들을 추출할 때 무작위 과정이 사용된다. 단순무작위 표본추출은 이런 방법 중 하나이다. 7.7 절에서는 몇 가지 다른 확률 표본추출 기법이 설명된다: 층화무작위추출, 군집추출, 계통추출. 단순무작위 표본추출에서 "단순"이라는 표현은 크기가 n인 표본에서 각 표본이 동일한 추출 확률을 갖는다는 것을 보장하는 확률 표본추출 방법이라는 것을 명확히 하기 위해 사용한다.

3. 크기가 N인 유한 모집단에서 추출할 수 있는 크기가 n인 단순무작위표본의 경우의 수는 다음과 같다.

$$\frac{N!}{n!(N-n)!}$$

이 식에서 $N!$과 $n!$은 4장에서 설명한 팩토리얼 공식이다. EAI 문제에서 $N=2{,}500$, $n=300$이므로, 30명의 EAI 직원으로 구성된 서로 다른 단순무작위표본의 가지수는 대략 2.75×10^{69}가지 수라는 것을 위 공식으로부터 구할 수 있다.

기초문제

1. A, B, C, D, E, 이렇게 다섯 개의 원소로 이루어진 유한 모집단이 있다. 크기가 2인 단순무작위표본 10개를 추출할 수 있다.

   a. AB, AC와 같이 10개의 표본을 열거하라.

   b. 단순무작위표본 추출을 사용하면, 각 표본이 선택될 확률은 얼마인가?

   c. 엑셀의 RAND 함수를 이용해서 다섯 개의 원소에 다음과 같이 난수를 할당하자: A(0.7266), B(0.0476), C(0.2459), D(0.0957), E(0.9408). 이 난수를 사용하여 추출한 크기가 2인 단순무작위표본을 작성하라.

2. 10개의 원소로 이루어진 유한 모집단이 있다고 가정하자. 원소에 1번부터 10번까지 번호를 부여하고, 다음 10개의 난수를 사용하여 크기가 4인 표본을 추출하라.

   0.7545   0.0936   0.0341   0.3242   0.1449   0.9060   0.2420   0.9773   0.5428   0.0729

응용문제

3. 2019년 미국 프로야구 아메리칸 리그는 15개의 야구팀으로 구성되어 있다. 선수 인터뷰를 위해 다섯 개 팀을 표본으로 추출하고자 한다. 다음 표에는 15개 팀과 엑셀의 RAND 함수로 할당된 난수가 열거되어 있다. 이 난수를 사용하여 크기가 5인 표본을 추출하라.

팀	난수	팀	난수	팀	난수
Baltimore	0.578370	Chicago	0.562178	Anaheim	0.895267
Boston	0.290197	Cleveland	0.960271	Houston	0.657999
New York	0.178624	Detroit	0.253574	Oakland	0.288287
Tampa Bay	0.867778	Kansas City	0.326836	Seattle	0.839071
Toronto	0.965807	Minnesota	0.811810	Texas	0.500879

4. 미국 골프 협회는 롱 퍼터와 벨리 퍼터의 사용을 금지하였다. 이러한 조치는 아마추어뿐 아니라 협회 소속 회원 모두에게 논란이 되고 있다. 최근 PGA 투어 RSM 클래식 골프 토너먼트에서 가장 성적이 좋은 상위 10명의 선수들이 아래에 열거되어 있다.

   1. Charles Howell III
   2. Patrick Rodgers
   3. Webb Simpson
   4. Luke List
   5. Ryan Blaum

   6. Cameron Champ
   7. Zach Johnson
   8. Peter Uihlein
   9. Chase Wright
   10. Kevin Kisner

   롱 퍼터와 벨리 퍼터 사용에 대한 선수들의 의견을 조사하고자 한다. 위 선수들 중 3명의 선수를 단순무작위표본으로 추출하라.

5. 이 절에서 두 단계를 거쳐 30명의 EAI 직원을 단순무작위표본으로 추출하였다. 같은 절차를 거쳐 50명의 EAI 직원을 단순무작위표본으로 추출하라.

6. 다음 각각의 상황이 유한 모집단에서의 표본추출인지, 무한 모집단에서의 표본추출인지 구분하라. 대상 모집단이 유한한 경우, 어떻게 틀을 구성할지 설명하라.

   a. 뉴욕 주에서 면허를 소지한 운전자의 표본을 추출하라.

   b. Breakfast Choice사의 생산 공정으로부터 시리얼 박스의 표본을 추출하라.

   c. 주중에 금문교를 지나는 차의 표본을 추출하라.

   d. 인디애나 대학에서 통계학을 수강하는 학생들의 표본을 추출하라.

   e. 통신판매 회사가 처리한 주문들의 표본을 추출하라.

③ 점추정

단순무작위표본을 추출하는 방법은 설명되었다. 이제 EAI 문제로 돌아가 보자. 직원 30명의 단순무작위표본과 해당 직원의 연봉 그리고 교육 프로그램 이수 여부가 〈표 7-2〉에 나타나 있다. x_1, x_2 등의 기호는 표본에서 각각 첫 번째, 두 번째, 그리고 나머지 직원의 연봉을 의미한다. 교육 프로그램 이수 시 '교육 프로그램' 열에 Yes로 표시되어 있다.

모집단 모수의 값을 추정하기 위해 표본 통계량(sample statistic)이라고 하는 표본의 해당 특성을 계산한다. 예를 들어, EAI 직원 연봉에 대한 모평균 μ와 모표준편차 σ를 추정하기 위해, 〈표 7-2〉의 자료를 이용하여 표본 통계량인 표본평균 $\bar{x}$와 표본표준편차 s를 계산한다. 3장에 소개된 표본평균과 표본표준편차의 공식을 이용하여 표본평균은 다음과 같이 계산한다.

$$\bar{x} = \frac{\sum x_i}{n} = \frac{2,154,420}{30} = \$71,814$$

그리고, 표본표준편차는 다음과 같이 계산한다.

$$s = \sqrt{\frac{\sum(x_i - \bar{x})^2}{n-1}} = \sqrt{\frac{325,009,260}{29}} = \$3,348$$

모집단에서 교육 프로그램을 이수한 직원의 비율 p를 추정하기 위해 표본비율 $\bar{p}$를 이용한다. x를 표본에서 교육 프로그램을 이수한 직원의 수라고 하면, 〈표 7-2〉의 자료로부터 $x=19$임을 알 수 있다. 표본의 크기 $n=30$이므로 표본비율은 아래와 같다.

$$\bar{p} = \frac{x}{n} = \frac{19}{30} = .63$$

표 7-2_ 단순무작위표본에 속한 EAI 관리자 30명의 연봉과 교육 프로그램 이수 여부

연봉($)	교육 프로그램	연봉($)	교육 프로그램
x_1 = 69,094.30	Yes	x_{16} = 71,766.00	Yes
x_2 = 73,263.90	Yes	x_{17} = 72,541.30	No
x_3 = 69,643.50	Yes	x_{18} = 64,980.00	Yes
x_4 = 69,894.90	Yes	x_{19} = 71,932.60	Yes
x_5 = 67,621.60	No	x_{20} = 72,973.00	Yes
x_6 = 75,924.00	Yes	x_{21} = 65,120.90	Yes
x_7 = 69,092.30	Yes	x_{22} = 71,753.00	Yes
x_8 = 71,404.40	Yes	x_{23} = 74,391.80	No
x_9 = 70,957.70	Yes	x_{24} = 70,164.20	No
x_{10} = 75,109.70	Yes	x_{25} = 72,973.60	No
x_{11} = 65,922.60	Yes	x_{26} = 70,241.30	No
x_{12} = 77,268.40	No	x_{27} = 72,793.90	No
x_{13} = 75,688.80	Yes	x_{28} = 70,979.40	Yes
x_{14} = 71,564.70	No	x_{29} = 75,860.90	Yes
x_{15} = 76,188.20	No	x_{30} = 77,309.10	No

표 7-3_ EAI 직원 30명의 단순무작위표본으로부터 구한 점추정치

모수	모수 값	점추정량	점추정치
μ = 연봉의 모평균	$71,800	$\bar{x}$ = 연봉의 표본평균	$71,814
σ = 연봉의 모표준편차	$4,000	s = 연봉의 표본표준편차	$3,348
p = 교육 프로그램 이수한 모비율	0.60	$\bar{p}$ = 교육 프로그램 이수한 표본비율	0.63

이와 같은 계산 과정을 통해 점추정(point estimation)이라고 하는 통계적 절차를 수행한다. 표본평균 $\bar{x}$ 를 모평균 μ의 점추정량(point estimator), 표본표준편차 s는 모표준편차 σ의 점추정량이라 하고, 표본비율 $\bar{p}$ 를 모비율 p의 점추정량이라 한다. $\bar{x}$, s, $\bar{p}$에 대해 구해진 수치를 점추정치(point estimate)라 부른다. 따라서 〈표 7-2〉에 나와 있는 EAI 직원 30명의 단순무작위표본에서 μ의 점추정치는 $71,814이고, σ의 점추정치는 $3,348, p의 점추정치는 0.63이다. 〈표 7-3〉은 표본 결과를 요약하여 점추정치와 모집단 모수의 참값을 비교한다.

〈표 7-3〉에서 확인된 것처럼 점추정치는 해당 모집단의 모수와는 다소 차이가 있다. 점추정치를 구하는 데 모집단을 전수 조사하는 것이 아니라 표본을 사용하기 때문에 이러한 차이는 예상할 수 있다.

* 8장에서는 점추정치와 모집단의 모수가 얼마나 가까운지에 대한 정보를 제공하는 구간 추정치를 구하는 방법을 다룬다.

1 실질적 적용

교재의 남은 부분의 주제는 주로 통계적 추론에 관한 것이다. 점추정은 통계적 추론의 한 방법이다. 모집단의 모수에 대해 추론하기 위해 표본 통계량을 사용한다. 표본을 근거로 모집단을

추론할 때, 표본 모집단(sampled population)과 대상 모집단이 거의 일치하는 것이 중요하다. 대상 모집단(target population)은 우리가 추론하고자 하는 모집단이고, 반면에 표본 모집단은 실제로 표본이 추출된 모집단이다. 이 절에서는, EAI 직원 모집단으로부터 단순무작위표본을 추출하고, 해당 모집단의 특성에 대한 점추정치를 구하는 절차에 관해 설명하였다. 따라서 표본 모집단과 대상 모집단이 동일한 경우이고, 이는 이상적인 상황이다. 하지만, 다른 경우에는 표본 모집단을 대상 모집단에 거의 일치하도록 구하는 것이 쉽지 않을 수도 있다.

놀이 공원 고객의 연령대와 체류 시간과 같은 특성을 파악하기 위해 고객 모집단에 대한 표본을 추출한다고 하자. 공원 입장객이 특정 대기업 직원들로 제한된 날에 모든 표본을 추출했다고 가정하자. 그러면 표본 모집단은 그 대기업의 직원들과 그들의 가족으로 구성될 것이다. 추론하고자 하는 대상 모집단이 평소 여름철의 일반적인 공원 방문객들이었다면, 표본 모집단과 대상 모집단 사이에 심각한 차이를 발견할 수도 있다. 이런 경우에, 얻게 되는 점추정치의 타당성에 의문을 가질 수 있다. 특정 일에 추출된 표본이 대상 모집단을 대표할 수 있을지는 공원 경영진이 가장 잘 알 것이다.

요약하자면 모집단 추론에 표본이 이용될 때마다, 표본 모집단이 대상 모집단에 가깝도록 연구를 설계해야 한다.

연습문제

기초문제

7. 다음 자료는 단순무작위표본으로부터 얻은 것이다.

5   8   10   7   10   14

    a. 모집단 평균의 점추정치를 구하라.

    b. 모집단 표준편차의 점추정치를 구하라.

8. 150명의 개인으로 구성된 표본을 대상으로 설문조사를 하였다. 조사 결과, 75명은 '예'라고 응답했고 55명은 '아니오', 그리고 20명은 응답하지 않았다.

    a. '예'라고 응답한 모집단 비율의 점추정치를 구하라.

    b. '아니오'라고 응답한 모집단 비율의 점추정치를 구하라.

응용문제

9. 월별 판매 자료   다음은 5개월간 판매량에 대한 단순무작위표본이다.

월:	1	2	3	4	5
판매량:	94	100	85	94	92

a. 월별 판매량의 모집단 평균의 점추정치를 구하라.

b. 모집단 표준편차의 점추정치를 구하라.

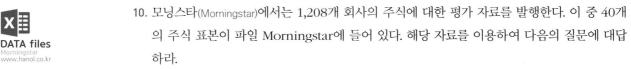

10. 모닝스타(Morningstar)에서는 1,208개 회사의 주식에 대한 평가 자료를 발행한다. 이 중 40개 의 주식 표본이 파일 Morningstar에 들어 있다. 해당 자료를 이용하여 다음의 질문에 대답하라.

a. 가장 높은 등급인 별 다섯 개를 받은 주식 비율의 점추정치를 구하라.

b. 사업 위험도 측면에서 평균 이상 등급을 받은 주식 비율의 점추정치를 구하라.

c. 두 개 이하의 별 등급을 받은 주식 비율의 점추정치를 구하라.

11. 와인 업체에 따르면, 일반적으로 와인 전문가들은 와인의 상대적인 품질에 대한 의견을 전 달하기 위해 와인 점수 척도를 사용한다고 한다. 와인 점수는 0에서 100 사이인데, 95~100 은 훌륭한 와인, 90~94는 뛰어난 와인, 85~89는 매우 좋은 와인, 80~84는 좋은 와인, 75~79는 평범한 와인, 75 미만은 추천하지 않는 와인이다. 신규 와인 농장에서 최근에 생산 한 어떤 피노누아 와인에 대한 무작위 점수가 다음과 같다:

| 87 | 91 | 86 | 82 | 72 | 91 |
| 60 | 77 | 80 | 79 | 83 | 96 |

a. 이 피노누아에 대한 평균 와인 점수의 점추정치를 구하라.

b. 이 피노누아가 받은 와인 점수에 대한 표준편차의 점추정치를 구하라.

12. 50세 이상 미국 성인 426명의 표본을 대상으로, 가장 최근 대통령 선거에서 투표할 때 영향 을 미치는 중요한 사안에 어떠한 것들이 있는지 은퇴자협회에서 조사하였다.

a. 이 조사에서 표본 모집단은 무엇인가?

b. 350명의 응답자가 사회보장연금과 노인의료보험 제도가 "매우 중요"하다고 대답했다. 이 사안이 매우 중요하다고 생각하는 50세 이상 미국 성인의 모집단 비율을 추정하라.

c. 교육이 "매우 중요"하다고 응답한 사람이 74%이다. 이 사안이 매우 중요하다고 생각하는 응답자 수를 추정하라.

d. 일자리 증가가 "매우 중요"하다고 응답한 사람은 354명이다. 이 사안이 매우 중요하다고 생각하는 50세 이상 미국 성인의 모집단 비율을 추정하라.

e. 문항 (b)와 (d)에서 이루어진 추론의 대상 모집단은 무엇인가? 문항 (a)에서 찾은 표본 모 집단과 동일한가? 나중에 표본이 은퇴자협회 회원들로만 제한되었다는 것을 알았다고 하 자. 문항 (b)와 (d)에서 추론한 것이 여전히 타당하다고 생각하는가? 왜 그런지 또는 왜 아닌지 설명하라.

13. 2018년도에 Pew Internet & American Life Project에서 13세에서 17세 사이 743명의 청 소년에게 SNS에서 그들의 태도에 관한 몇 가지 질문을 하였다. 602명의 응답자는 SNS를 통 해 친구들의 인생에 무슨 일이 일어나는지에 더 잘 알게 된다고 답하였고, 513명의 응답자 는 SNS를 통해 더 다양한 부류의 사람들과 교감하는 데 도움이 된다고 답하였다. 그리고

275명의 응답자는 좋아요와 댓글을 많이 받을 수 있는 내용을 게시하는 것에 압박감을 느낀다고 답하였다.

    a. SNS를 통해 친구들의 인생에 무슨 일이 일어나는지에 더 잘 알게 된다고 하는 13세에서 17세 사이 청소년의 비율에 대한 점추정치를 구하라.

    b. SNS를 통해 더 다양한 부류의 사람들과 교감하는 데 도움이 된다고 하는 13세에서 17세 사이 청소년의 비율에 대한 점추정치를 구하라.

    c. 좋아요와 댓글을 많이 받을 수 있는 내용을 게시하는 것에 압박감을 느낀다고 하는 13세에서 17세 사이 청소년의 비율에 대한 점추정치를 구하라.

14. 이 절에서는 30명의 EAI 직원들의 단순무작위표본을 이용하여 모평균 연봉과 연봉의 모표준편차, 그리고 교육 프로그램을 이수한 모비율의 점추정치를 구하는 방법을 살펴보았다.

    a. 엑셀을 사용하여 50명의 EAI 직원들의 단순무작위표본을 추출하라.

    b. 모평균 연봉의 점추정치를 구하라.

    c. 연봉에 대한 모표준편차의 점추정치를 구하라.

    d. 교육 프로그램을 이수한 모비율의 점추정치를 구하라.

④ 표본분포의 개념

앞 절에서, 표본평균 $\bar{x}$는 모평균 μ의 점추정량이고, 표본비율 $\bar{p}$는 모비율 p의 점추정량이라고 하였다. 〈표 7-2〉에 있는 EAI 직원 30명의 단순무작위표본에 대해, μ의 점추정치는 $\bar{x}$ = \$71,814이고 p의 점추정치는 $\bar{p}$ = 0.63이다. EAI 직원 30명에 대한 또 다른 단순무작위표본을 추출하여, 다음과 같은 점추정치를 얻었다고 하자:

표본평균: $\bar{x}$ = \$72,670
표본비율: $\bar{p}$ = 0.70

$\bar{x}$와 $\bar{p}$ 값이 다르게 나왔다는 것에 주목하자. 사실, EAI 직원 30명에 대한 두 번째 단순무작위표본이 첫 번째 표본과 동일한 점추정치를 제공할 것이라고 기대할 수 없다.

이제 EAI 직원 30명에 대한 단순무작위표본을 추출하는 절차를 반복하고, 반복할 때마다 $\bar{x}$와 $\bar{p}$ 값을 계산한다. 〈표 7-4〉에는 500개의 단순무작위 표본추출 결과 중 일부가 나타나 있고, 〈표 7-5〉에는 500개의 $\bar{x}$값에 대한 도수분포와 상대도수분포가 있다. 〈그림 7-4〉는 $\bar{x}$값의 상대도수 히스토그램이다.

표본 번호	표본평균($\bar{x}$)	표본비율($\bar{p}$)
1	71,814	0.63
2	72,670	0.70
3	71,780	0.67
4	71,588	0.53
⋮	⋮	⋮
500	71,752	0.50

📊 표 7-5_ EAI 직원 30명으로 구성된 500개 단순무작위표본으로부터 구한 $\bar{x}$의 도수와 상대도수분포표

평균 연봉($)	도수	상대도수
69,500.00–69,999.99	2	0.004
70,000.00–70,499.99	16	0.032
70,500.00–70,999.99	52	0.104
71,000.00–71,499.99	101	0.202
71,500.00–71,999.99	133	0.266
72,000.00–72,499.99	110	0.220
72,500.00–72,999.99	54	0.108
73,000.00–73,499.99	26	0.052
73,500.00–73,999.99	6	0.012
합계	500	1.000

* 다음 장의 내용을 이해하는 것은, 전적으로 이번 장에서 소개되는 표본분포를 잘 이해하고 활용하는 데 달려 있다.

5장에서 확률변수를 실험의 결과를 수치로 표현한 것이라고 정의하였다. 만약 단순무작위표본을 추출하는 과정을 실험이라 생각하면, 표본평균 $\bar{x}$는 이 실험 결과의 수치적 표현이다. 따라서 표본평균 $\bar{x}$는 확률변수이며 결과적으로 다른 확률변수와 마찬가지로 $\bar{x}$도 평균, 표준편차 그리고 확률분포를 가진다. $\bar{x}$의 여러 가능한 값은 서로 다른 단순무작위표본의 결과이므로 $\bar{x}$의 확률분포를 $\bar{x}$의 표본분포(sampling distribution)라고 한다. 표본분포와 그 특성에 대한 이해를 통해, 표본평균 $\bar{x}$가 모평균 μ에 얼마나 가까운지에 대해 확률적으로 설명할 수 있다.

〈그림 7-4〉로 돌아가서 $\bar{x}$의 표본분포를 완전하게 구현하기 위해서는 30명의 직원으로 구성 가능한 모든 표본들을 열거하고 각 표본의 평균을 계산해야 한다. 하지만, 500개의 $\bar{x}$값의 히스토그램도 이 표본분포의 근사적인 모습을 보여준다. 이 히스토그램으로부터 표본분포가 종 모양을 띠는 것을 알 수 있다. $\bar{x}$값이 가장 집중되어 있고, 500개의 $\bar{x}$ 값의 평균이 모평균 $\mu = \$71,800$ 근처라는 점을 주목하자. $\bar{x}$의 표본분포의 특성을 다음 절에서 더 자세히 설명하기로 한다.

〈그림 7-5〉에 표본비율 $\bar{p}$ 값 500개가 상대도수 히스토그램으로 요약되어 있다. $\bar{x}$의 경우처럼, $\bar{p}$도 확률변수이다. 모집단으로부터 크기가 30개인 모든 가능한 표본을 추출하고, 각 표본에 대해 $\bar{p}$ 값을 계산하여 얻어진 확률분포가 $\bar{p}$의 표본분포가 된다. 〈그림 7-5〉에 나와 있는 500개 표본 값에 대한 상대도수 히스토그램으로부터 $\bar{p}$의 표본분포의 대략적인 모양을 예상할 수 있다.

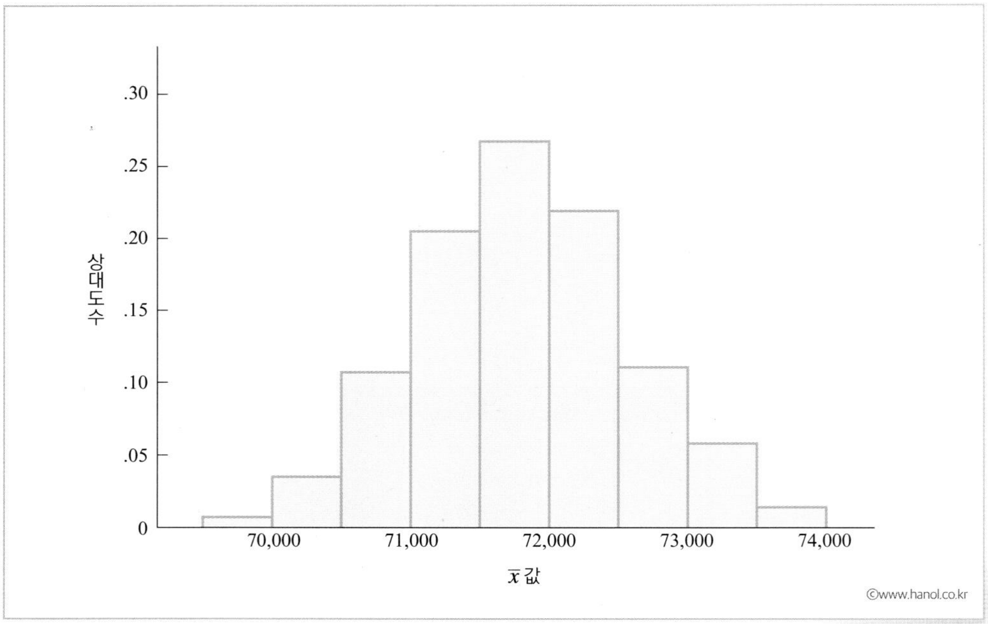

그림 7-4_크기가 30인 500개 단순무작위표본으로부터 구한 $\bar{x}$ 값의 상대도수 히스토그램

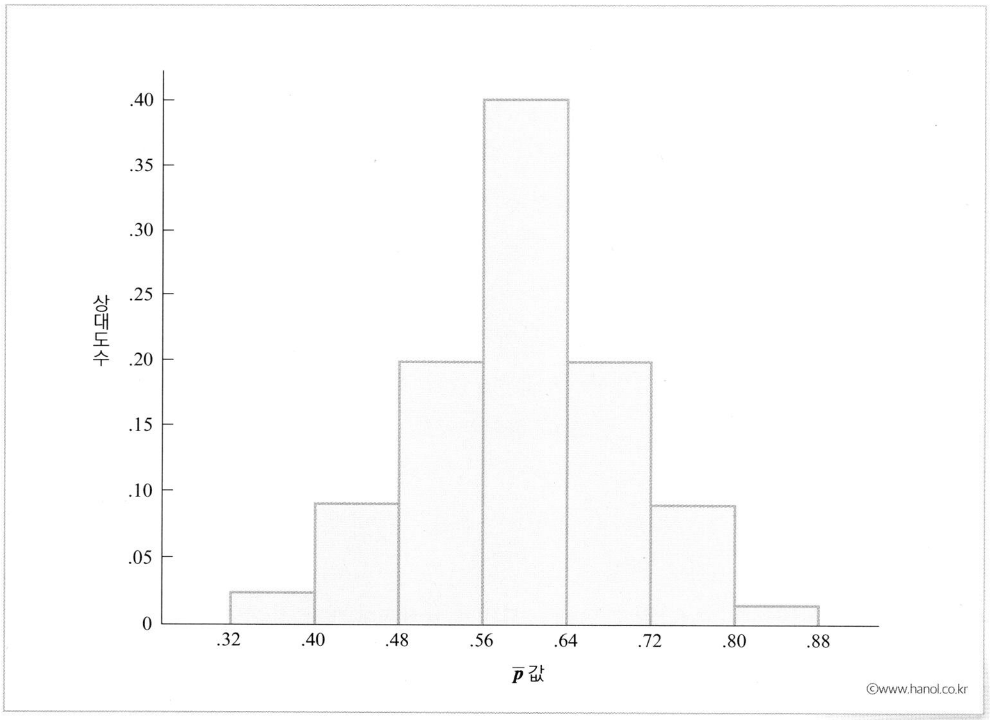

그림 7-5_크기가 30인 500개 단순무작위표본으로부터 구한 $\bar{p}$ 값의 상대도수 히스토그램

실제로는, 모집단에서 오직 하나의 단순무작위표본만을 추출한다. 이 절에서 이 과정을 500번 반복한 이유는 수많은 다른 표본들이 가능하고 서로 다른 표본들로부터 표본통계량 $\bar{x}$ 와 $\bar{p}$ 가

다양한 값으로 생성된다는 것을 보여주기 위해서이다. 특정 표본 통계량의 확률분포를 그 통계량의 표본분포라고 부른다. 7.5절과 7.6절에서는 $\bar{x}$와 $\bar{p}$의 표본분포의 특성에 관하여 각각 설명한다.

 # 5 $\bar{x}$의 표본분포

이전 절에서 표본평균 $\bar{x}$가 확률변수이고 $\bar{x}$의 확률분포를 $\bar{x}$의 표본분포라고 부른다고 하였다.

$\bar{x}$의 표본분포
$\bar{x}$의 표본분포는 표본평균 $\bar{x}$가 가질 수 있는 모든 값들의 확률분포이다.

이 절에선 $\bar{x}$의 표본분포의 특성에 대해 설명한다. 이전에 학습한 다른 확률분포와 마찬가지로 $\bar{x}$의 표본분포도 기댓값(즉, 평균), 표준편차 그리고 특정한 형태를 갖는다. 표본평균 $\bar{x}$가 가질 수 있는 모든 값의 평균, 즉 $\bar{x}$의 기댓값부터 알아보자.

1 $\bar{x}$의 기댓값

EAI 표본추출 예제에서 서로 다른 단순무작위표본들로 인해 표본평균 $\bar{x}$ 값도 다양하게 나타나는 것을 확인하였다. 확률변수 $\bar{x}$가 서로 다른 값을 가질 수 있기 때문에 다양한 단순무작위표본으로부터 생성될 수 있는 $\bar{x}$의 모든 가능한 값의 평균에 관심을 두게 된다. 확률변수 $\bar{x}$의 평균이 $\bar{x}$의 기댓값이다. $\bar{x}$의 기댓값을 $E(\bar{x})$라고 표현하고, 단순무작위표본이 추출된 모집단의 평균을 μ라고 표현한다. 단순무작위 표본추출을 하면 $E(\bar{x})$와 μ가 같다는 것을 증명할 수 있다.

*$\bar{x}$의 기댓값은 표본이 추출된 모집단의 평균과 같다.

$\bar{x}$의 기댓값

$$E(\bar{x}) = \mu \qquad (7.1)$$

여기서

$E(\bar{x}) = \bar{x}$의 기댓값

$\mu =$ 모평균

이 결과는 단순무작위 표본추출을 하면, $\bar{x}$의 표본분포의 기댓값 또는 평균은 모집단의 평균과 같다는 것을 보여준다. 7.1절에서 EAI 직원 모집단의 평균 연봉이 $\mu = \$71{,}800$이라는 것을 확인했으며, 식 (7.1)에 따라 EAI 예제에서 모든 가능한 표본 평균들의 평균 역시 $71,800이 된다.

점추정량의 기댓값이 모집단 모수와 동일할 때, 이 점추정량을 불편(unbiased)추정량이라고 하며, 식 (7.1)은 $\bar{x}$가 모평균 μ의 불편추정량이라는 것을 보여준다.

2 $\bar{X}$의 표준편차

다음의 기호를 사용하여, $\bar{x}$의 표본분포의 표준편차를 정의하자.

$$\sigma_{\bar{x}} = \bar{x}\text{의 표준편차}$$
$$\sigma = \text{모집단의 표준편차}$$
$$n = \text{표본의 크기}$$
$$N = \text{모집단의 크기}$$

$\bar{x}$의 표준편차를 구하는 공식은 모집단이 유한한지 무한한지에 따라 다르다. $\bar{x}$의 표준편차에 대한 두 가지 공식은 다음과 같다.

$\bar{x}$의 표준편차

유한 모집단	무한 모집단

$$\sigma_{\bar{x}} = \sqrt{\frac{N-n}{N-1}}\left(\frac{\sigma}{\sqrt{n}}\right) \qquad\qquad \sigma_{\bar{x}} = \frac{\sigma}{\sqrt{n}} \qquad\qquad (7.2)$$

식 (7.2)의 두 식을 비교하면, $\sqrt{(N-n)/(N-1)}$항이 유한 모집단에는 필요하고 무한 모집단에는 필요하지 않다는 것을 알 수 있으며 이를 일반적으로 유한 모집단 수정계수(finite population correction factor)라 한다. 실제로 표본을 추출할 때, 유한 모집단은 크지만, 표본의 크기는 상대적으로 작은 경우가 있다. 이러한 경우에, 유한 모집단 수정계수 $\sqrt{(N-n)/(N-1)}$는 1에 가깝다. 결과적으로, 유한 모집단과 무한 모집단의 $\bar{x}$의 표준편차 값의 차이는 무시할 정도로 작아진다. 그렇다면, 유한 모집단이라 하더라도, $\bar{x}$의 표준편차를 $\sigma_{\bar{x}} = \sigma/\sqrt{n}$으로 구하는 것도 좋은 근사치가 된다. 이러한 점에서 $\bar{x}$의 표준편차를 계산하기 위해 다음과 같은 규칙을 사용할 수 있다.

$\bar{x}$의 표준편차를 계산하기 위해 다음 공식을 이용한다.

$$\sigma_{\bar{x}} = \frac{\sigma}{\sqrt{n}} \qquad\qquad (7.3)$$

단, 아래 조건을 만족시켜야 한다.
   1. 모집단이 무한하거나
   2. 모집단이 유한하지만 표본크기가 모집단의 5% 이하일 때, 즉 $n/N \leq 0.05$

* 연습문제 17번은 $n/N \leq$ 0.05 일 때, 유한 모집단 수정계수가 $\sigma_{\bar{x}}$의 값에 거의 영향을 미치지 않음을 보여준다.

* 표준오차라는 용어는 점추정량의 표준편차라는 의미로 통계적 추론에서 사용된다.

$n/N > 0.05$인 경우에는 $\sigma_{\bar{x}}$의 계산에 유한 모집단의 공식 (7.2)를 사용해야 한다. 본 교재에서 달리 언급하지 않는 한, 모집단이 크고 $n/N \leq 0.05$로 가정하여, $\sigma_{\bar{x}}$의 계산에 식 (7.3)이 사용될 수 있다.

$\sigma_{\bar{x}}$를 계산하기 위해 모집단의 표준편차, σ를 알아야 한다. $\sigma_{\bar{x}}$와 σ의 차이를 강조하기 위해 $\bar{x}$의 표준편차 $\sigma_{\bar{x}}$를 평균의 표준오차(standard error)라고 부른다. 일반적으로, 표준오차라는 용어는 점추정량의 표준편차를 의미한다. 표본평균이 모평균에서 얼마나 떨어져 있는지를 알아내는 데에 평균의 표준오차 값이 유용하다는 것을 나중에 알게 될 것이다. 다시 EAI 예제로 돌아가서 30명 EAI 직원의 단순무작위표본에 대한 평균의 표준오차를 계산해보자.

7.1절에서 2,500명 EAI 직원 모집단의 연봉의 표준편차는 $\sigma = \$4,000$였다. 이 경우 모집단은 $N = 2,500$으로 유한하다. 하지만, 표본의 크기가 30이므로 $n/N = 30/2500 = 0.012$이고, 표본의 크기가 모집단 크기의 5%보다 작기 때문에 유한 모집단 수정계수를 무시하고 표준오차를 계산하는 데 식 (7.3)을 사용할 수 있다.

$$\sigma_{\bar{x}} = \frac{\sigma}{\sqrt{n}} = \frac{4000}{\sqrt{30}} = 730.3$$

3 $\bar{x}$의 표본분포 형태

$\bar{x}$의 표본분포의 기댓값과 표준편차에 대한 이전 결과들은 어떤 종류의 모집단에도 적용 가능하다. $\bar{x}$의 표본분포의 특성을 파악하는 마지막 단계는 표본분포의 모양 또는 형태를 결정하는 것이다. 두 가지 경우를 고려한다: (1) 모집단이 정규분포인 경우와 (2) 모집단이 정규분포가 아닌 경우이다.

모집단이 정규분포를 따른다 무작위표본을 추출하는 모집단이 정규분포 또는 정규분포에 근사한 분포를 따른다고 가정하는 것은 많은 경우에 타당하다. 모집단이 정규분포를 따를 때, $\bar{x}$의 표본분포는 표본의 크기와 상관없이 정규분포를 따른다.

모집단이 정규분포를 따르지 않는다 무작위 표본을 추출하는 모집단이 정규분포를 따르지 않을 때, 중심극한정리(Central Limit Theorem: CLT)가 $\bar{x}$의 표본분포의 형태를 식별하는 데 유용하다. $\bar{x}$의 표본분포에 적용되는 중심극한정리는 다음과 같다.

> **중심극한정리**
>
> 모집단으로부터 크기가 n인 무작위표본을 추출할 때, 표본의 크기가 커질수록 표본평균 $\bar{x}$의 표본분포는 정규분포에 가까워진다.

〈그림 7-6〉은 중심극한정리가 세 가지 다른 모집단에 어떻게 적용되는지 보여준다. 첫 행의 그림은 정규분포를 따르지 않는 세 모집단을 보여주고 있다. 모집단 I은 균일분포를 따른다. 모

집단 Ⅱ는 보통 토끼귀(rabbit-eared) 분포라 불리는 분포를 따르며 대칭이지만 분포의 양 꼬리쪽에 많은 값들이 모여 있다. 모집단 Ⅲ은 지수분포 같은 모양으로 오른쪽 꼬리가 긴 모양이다.

〈그림 7-6〉아래 나머지 세 행은 각각 표본크기 $n=2$, $n=5$, $n=30$인 표본분포의 형태를 보여준다. 표본크기가 2일 때, 표본분포의 형태는 모집단의 형태에 따라 다르다는 것을 알 수 있다. 표본크기가 5일 때에는 모집단 Ⅰ과 Ⅱ의 표본분포는 정규분포의 모양을 띠기 시작한다. 모집단 Ⅲ에서 표본분포의 모양은 정규분포의 모양과 유사해지긴 했지만, 여전히 오른쪽 꼬리가 존재한다. 마지막으로 표본크기가 30인 경우에는 세 가지 표본분포의 형태가 근사적으로 정규분포를 따른다.

실제 적용하는 입장에서는, 표본의 크기가 얼마나 커야 중심극한정리가 적용되어 표본분포의 형태가 정규분포에 가깝다고 가정할 수 있는지 궁금하다. 이 물음에 답하기 위해 통계학자들은 다양한 모집단과 표본크기를 가진 $\bar{x}$의 표본분포에 관해 연구하였다. 일반적인 통계 실무에서는, 대부분의 응용 사례에서 표본의 크기가 30 이상이면 $\bar{x}$의 표본분포가 정규분포에 근

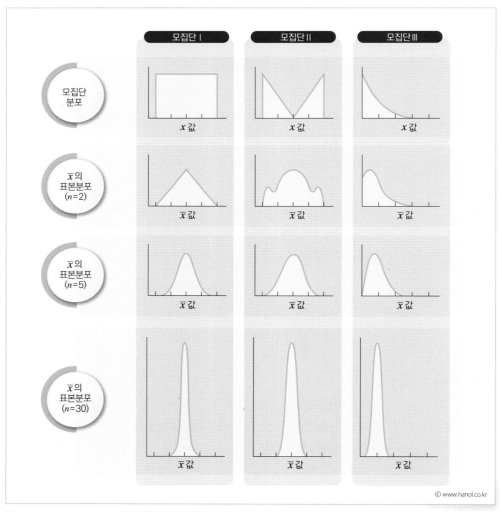

© www.hanol.co.kr

● 그림 7-6 _ 세 종류의 모집단에 대한 중심극한정리 적용

사한다고 가정한다. 단, 모집단의 꼬리가 매우 길거나 이상치(outlier)가 존재하는 경우에는 표본 크기 50개 이상이 필요할 수 있다. 마지막으로 모집단이 이산형이라면, 정규분포 근사에 필요한 표본크기는 모집단 비율에 의존하는 경우가 많다. 이와 관련해서는 7.6절에서 $\overline{p}$의 표본분포를 다룰 때 조금 더 자세히 언급하기로 한다.

4 EAI 예제에서 $\overline{x}$의 표본분포

이전에 EAI 예제에서 $E(\overline{x})$ = \$71,800, $\sigma_{\overline{x}}$=730.3이라는 것을 확인했다. 현재 모집단 분포에 대한 정보는 전혀 없다. 정규분포일 수도 있고, 아닐 수도 있다. 모집단이 정규분포를 따른다면 $\overline{x}$의 표본분포도 정규분포를 따른다. 모집단이 정규분포를 따르지 않는다면 30명의 단순무작위표본과 중심극한정리를 이용해 $\overline{x}$의 표본분포가 정규분포에 근사한다고 정할 수 있다. 어떤 경우든 〈그림 7-7〉에 있는 $\overline{x}$의 표본분포가 정규분포를 따른다는 결론에 문제가 없다고 본다.

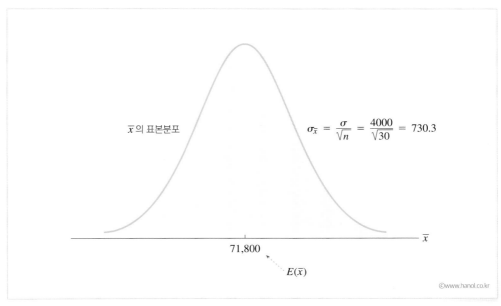

$\overline{x}$의 표본분포

$$\sigma_{\overline{x}} = \frac{\sigma}{\sqrt{n}} = \frac{4000}{\sqrt{30}} = 730.3$$

71,800

$E(\overline{x})$

©www.hanol.co.kr

⬢ 그림 7-7_ EAI 직원 30명의 단순무작위표본으로부터 구한 평균 연봉에 대한 $\overline{x}$의 표본분포

5 $\overline{x}$의 표본분포의 실질적 가치

모평균 μ의 값을 추정하기 위해 단순무작위표본을 추출하여 표본평균의 값을 이용할 때마다 표본평균이 모평균과 정확히 일치한다고 기대할 수 없다. $\overline{x}$의 표본분포에 관심을 두는 실질적인 이유는 표본평균과 모평균의 차이에 관한 확률 정보를 제공하는 데 사용될 수 있기 때문이며 이를 EAI 예제로 돌아가서 자세히 살펴본다.

인사담당자는 표본평균이 모평균으로부터 \$500 이내에 있다면 해당 표본평균이 괜찮은 추정치라 여긴다고 가정하자. 하지만 표본평균이 모평균으로부터 \$500 이내에 있을 것이라고 보장할 수는 없다. 실제로 〈표 7-5〉와 〈그림 7-4〉에서는 표본평균 500개 중 일부는 모평균과

$2,000 이상의 차이를 보인다. 따라서, 인사담당자의 요구를 확률적으로 생각해 봐야 한다. 즉, 인사담당자는 다음과 같은 사항을 고려한다: "EAI 직원 30명의 단순무작위표본으로부터 계산된 표본평균이 모평균으로부터 $500 이내에 있을 확률은 얼마인가?"

$\bar{x}$의 표본분포의 특성을 확인했기 때문에(〈그림 7-7〉 참조), 위의 확률 물음에 답을 하는 데 이 분포를 사용할 수 있다. 〈그림 7-8〉에 다시 나와있는 $\bar{x}$의 표본분포를 보자. 모평균이 $71,800일 때, 인사담당자는 $\bar{x}$가 $71,300에서 $72,300 사이에 있을 확률을 알고 싶어한다. 이 확률은 〈그림 7-8〉에 있는 표본분포에서 어둡게 음영 처리된 부분이다. 표본분포는 평균이 $71,800이고 평균의 표준오차가 $730.3인 정규분포이므로, 확률을 계산하기 위해 표준정규분포표를 이용할 수 있다.

구간의 상한값($72,300)의 z값을 먼저 계산하고 그 값에 해당하는 누적 확률(왼쪽 꼬리 면적)을 찾기 위해 표를 이용한다. 다음으로 구간의 하한값($71,300)의 z값을 계산하고 하한값 왼쪽의 곡선 아래 면적(또 다른 왼쪽 꼬리 면적)을 구하기 위해 표를 이용한다. 처음 구한 꼬리 면적에서 두 번째 꼬리 면적을 빼면 찾고자 하는 확률을 얻는다.

$\bar{x}=$72,300에서

$$z = \frac{72,300 - 71,800}{730.30} = 0.68$$

표준정규분포표를 참조하면, 누적 확률(z=0.68의 왼쪽 면적) 0.7517을 찾을 수 있다.

$\bar{x}=$71,300에서

$$z = \frac{71,300 - 71,800}{730.30} = -0.68$$

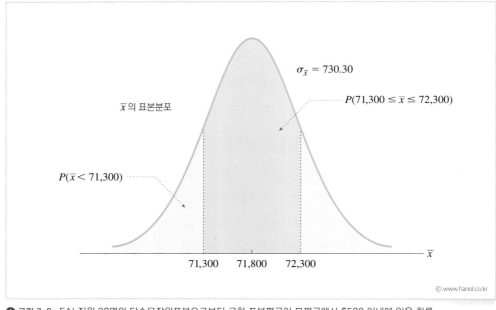

▲ 그림 7-8_ EAI 직원 30명의 단순무작위표본으로부터 구한 표본평균이 모평균에서 $500 이내에 있을 확률

$z = -0.68$의 왼쪽 곡선 아래의 면적은 0.2483이다. 그러므로 $P(71,300 \le \bar{x} \le 72,300) = P(z \le 0.68) - P(z < -0.68) = 0.7517 - 0.2483 = 0.5034$이다.

* 엑셀의 NORM.DIST 함수를 사용하면 표준정규 분포표의 어림 값을 이용하는 것보다 더 쉽고 정확한 z값을 구할 수 있다.

엑셀의 NORM.DIST 함수로도 이 확률을 구할 수 있다. NORM.DIST 함수를 사용하는 이점은 z값을 별도로 계산할 필요가 없다는 것이다. 구간의 상한값을 NORM.DIST 함수에 입력하면 \$72,300에서의 누적 확률이 나온다. 엑셀 워크시트의 셀에 수식 =NORM.DIST(72300, 71800, 730.30, TRUE)를 입력하면 누적 확률 0.7532가 나온다. 구간의 하한값을 NORM.DIST 함수에 입력하면 \$71,300의 왼쪽 곡선 아래의 면적이 나온다. 엑셀 워크시트의 셀에 수식 =NORM.DIST(71300, 71800, 730.30, TRUE)를 입력하면 누적확률 0.2468이 나온다. $\bar{x}$가 \$71,300에서 \$72,300 사이에 있을 확률은 0.7532 − 0.2468 = 0.5064로 구해진다. 이 값은 표준정규분포표를 사용하여 계산한 확률과 조금 차이가 나는데 그 이유는 분포표의 z값은 반올림하여 소수점 둘째 자리로 제공되기 때문이다. 따라서, NORM.DIST 함수로 계산한 값이 더 정확하다.

* $\bar{x}$의 표본분포는 표본평균 $\bar{x}$가 모평균 μ에 얼마나 가까운지에 대한 확률 정보를 제공하기 위해 사용될 수 있다.

이상의 계산으로부터 EAI 직원 30명의 단순무작위표본의 표본평균 $\bar{x}$가 모평균으로부터 \$500 이내에 있을 확률은 0.5064임을 보여준다. 따라서 표본오차가 \$500 이상일 확률도 1 − 0.5064 = 0.4936만큼 존재한다. 다시 말해 EAI 직원 30명의 단순무작위표본의 표본평균이 오차범위인 \$500 이내에 있을 확률은 대략 50:50이다. 더 큰 표본 크기를 아마도 고려할 필요가 있다. 표본크기와 $\bar{x}$의 표본분포 사이의 관계를 통해 이 가능성을 알아보자.

6 표본크기와 $\overline{x}$의 표본분포 간의 관계

EAI 표본 예제에서 30명이 아니라 100명의 EAI 직원을 단순무작위표본으로 추출한다고 하자. 직관적으로, 표본크기가 크면 더 많은 자료가 제공되기 때문에, $n = 100$일 때 계산된 표본평균이 $n = 30$일 때 계산된 표본평균보다 더 좋은 모평균의 추정치라고 생각할 수 있다. 얼마나 더 좋은지 확인하기 위해, 표본크기와 $\bar{x}$의 표본분포 사이의 관계를 살펴보자.

먼저, 표본크기에 상관없이 $E(\bar{x}) = \mu$이다. 따라서 모든 가능한 $\bar{x}$ 값들의 평균은 표본크기 n에 상관없이 모평균 μ와 같다. 반면에, 평균의 표준오차($\sigma_{\bar{x}} = \sigma/\sqrt{n}$)는 표본크기의 제곱근과 연관이 있다. 표본크기가 증가할수록 평균의 표준오차 $\sigma_{\bar{x}}$는 작아진다. EAI 예제에서 $n = 30$인 경우 평균의 표준오차는 730.30이다. 하지만, 표본크기가 $n = 100$으로 커지면 평균의 표준오차는 다음과 같이 줄어든다.

$$\sigma_{\bar{x}} = \frac{\sigma}{\sqrt{n}} = \frac{4000}{\sqrt{100}} = 400$$

〈그림 7-9〉에 $n = 30$인 경우와 $n = 100$인 경우의 $\bar{x}$의 표본분포가 나타나 있다. $n = 100$인 표본분포가 더 작은 표준오차를 갖기 때문에, 이 경우의 $\bar{x}$ 값들은 $n = 30$인 경우의 $\bar{x}$ 값들보다 더 작은 변동성을 가지며 모평균에 더 가깝게 나타난다.

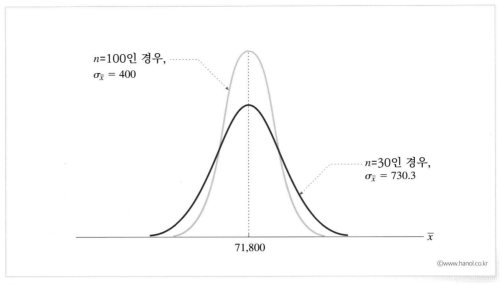

▲ 그림 7-9_ EAI 직원 n=30인 경우와 n=100인 경우의 $\bar{x}$ 의 표본분포 비교

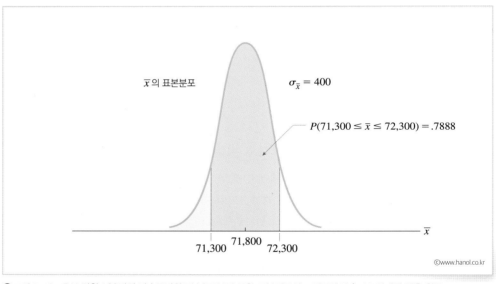

▲ 그림 7-10_ EAI 직원 100명의 단순무작위표본으로부터 구한 표본평균이 모평균에서 $500 이내에 있을 확률

    EAI 직원 100명의 단순무작위표본으로부터 구한 표본평균이 모평균으로부터 $500 이내에 있을 확률을 구하기 위하여, $n = 100$인 경우 $\bar{x}$ 의 표본분포를 사용하며 표본분포가 평균 71,800, 표준편차가 400인 정규분포이다(《그림 7-10》 참조). 따라서, 알맞은 z값을 계산하고, 표준 정규분포표를 활용하여 확률을 구할 수 있다. 엑셀의 NORM.DIST 함수를 사용하기가 더 쉽고, 결과 값도 더 정확하다. 셀에 수식 =NORM.DIST(72300, 71800, 400, TRUE)를 입력하면 $\bar{x}$=72,300에서의 누적 확률이 나오며 이 값은 0.8944이다. 셀에 수식 =NORM.DIST(71300, 71800, 400, TRUE)를 입력하면 $\bar{x}$=71,300에서의 누적 확률이 나오며 이 값은 0.1056이다. 따라서 $\bar{x}$ 가 71,300과 72,300 구간에 있을 확률은 0.8944 − 0.1056 = 0.7888이다. 표본크기를

30에서 100으로 늘림으로써 표본오차가 $500 이하일 확률도 높이게 된다. 즉, 모평균으로부터 $500 이내에 있는 표본평균을 구할 확률이 0.5064에서 0.7888로 높아진다.

여기서 중요한 점은 표본크기가 커지면 평균의 표준오차는 작아진다는 것이다. 결과적으로 표본크기가 클수록 표본평균이 모평균으로부터 특정한 거리 안에 있을 확률이 높아지게 된다.

보충설명

EAI 예제에서 $\bar{x}$의 표본분포를 설명하면서 모평균 $\mu =$ $71,800, 모표준편차 $\sigma = $4,000임을 알고 있다는 전제하에서 문제를 해결하였으나, 일반적으로는 $\bar{x}$의 표본분포를 정하는 데 필요한 모평균 μ와 모표준편차 σ는 알 수 없다. 8장에서는 μ와 σ가 미지의 값일 때, 표본평균 $\bar{x}$와 표본표준편차 s가 어떻게 사용되는지 소개된다.

연습문제

기초문제

15. 평균이 200이고 표준편차가 50인 모집단이 있다. 크기가 100인 단순무작위표본을 추출하여, μ를 추정하기 위해 표본평균 $\bar{x}$를 이용하고자 한다.

    a. 표본평균이 모평균의 ±5 사이에 있을 확률은?

    b. 표본평균이 모평균의 ±10 사이에 있을 확률은?

16. 모표준편차 $\sigma = 25$라 하자. 표본크기가 50, 100, 150, 200인 경우 평균의 표준오차 $\sigma_{\bar{x}}$를 각각 계산하라. 표본크기가 커질수록 평균의 표준오차는 어떤 변화가 있는가?

17. 표준편차 $\sigma = 10$인 모집단에서 크기가 50인 표본을 무작위표본을 추출하였다. 다음 각각의 경우에 평균의 표준오차 값을 구하라(필요하다면 유한 모집단 수정계수를 사용하라).

    a. 모집단의 크기가 무한하다.

    b. 모집단의 크기 $N = 50,000$

    c. 모집단의 크기 $N = 5,000$

    d. 모집단의 크기 $N = 500$

응용문제

18. EAI 표본 예제에서 직원 60명의 단순무작위표본을 추출했다고 하자.

    a. 크기가 60인 단순무작위표본이 사용된 경우, $\bar{x}$의 표본분포를 그려라.

    b. 크기가 120인 단순무작위표본이 사용된 경우, $\bar{x}$의 표본분포는 어떻게 변하는가?

    c. 표본크기가 커지면 $\bar{x}$의 표본분포는 어떻게 되는지, 일반적으로는 어떻게 설명할 수 있는가? 이러한 일반화는 논리적인지 설명하라.

19. EAI의 표본 예제에서(《그림 7-8》 참조) $n=30$일 때, 표본평균이 모평균의 $\pm\$500$ 이내에 있을 확률이 0.5064임을 보였다.

    a. 표본크기가 60인 경우에 $\bar{x}$가 모평균의 $\pm\$500$ 이내에 있을 확률을 구하라.

    b. 표본크기가 120인 경우에 질문 (a)에 답하라.

20. 바론(Barron)의 보고에 따르면 개인이 실직 상태인 평균 기간이 17.5주(week)라고 한다. 실업자 모집단으로부터 얻어진 실직 기간의 모평균이 17.5주이고 모표준편차가 4주라고 가정하자. 후속 연구에서 실직자 50명의 무작위표본을 추출하였다.

    a. 실직자 50명의 표본에 대한 $\bar{x}$의 표본분포는 어떤 분포를 따르는가? 이 분포의 평균을 구하라.

    b. 실직자 50명의 단순무작위표본의 표본평균이 모평균 ±1주 안에 있을 확률을 구하라.

    c. 실직자 50명의 단순무작위표본의 표본평균이 모평균 $\pm1/2$주 안에 있을 확률을 구하라.

21. 2018년 8월 대학 위원회(The College Board)는 SAT 두 영역의 평균 점수가 다음과 같다고 보고하였다:

읽기/쓰기	533
수학	527

각 영역의 모표준편차 $\sigma=100$이라고 가정하자.

    a. 90명의 수험생 표본의 읽기/쓰기 영역 평균 점수가 모평균 533에서 10점 이내에 있을 확률을 구하라.

    b. 90명의 수험생 표본의 수학 영역 평균 점수가 모평균 527에서 10점 이내에 있을 확률을 구하라.

    c. 문항 (a)와 (b)에서 구한 값의 차이를 비교하라.

22. 월스트리트저널(The Wall Street Journal)에 따르면 조정 후 총소득(adjusted gross income)이 $30,000에서 $60,000 사이인 납세자의 33%가 연방 소득세를 신고할 때, 항목별 공제를 신청하였다. 이 소득 그룹에 속한 납세자 모집단의 공제액 평균은 $16,642이다. 표준편차 $\sigma=\$2,400$라고 가정하자.

    a. 이 소득 그룹에 속한 납세자의 표본으로부터 구한 공제액 표본평균이 모평균에서 $200 이내에 있을 확률은 얼마인가? 단, 표본크기는 각각 다음과 같다: 30, 50, 100, 400

    b. 모평균을 추정하고자 할 때, 표본크기가 클수록 좋은 점은 무엇인가?

23. 경제정책연구소(Economic Policy Institute)는 정기적으로 직장인 임금에 대한 보고서를 발간한다. 보고서에 따르면 2017년도 대졸 남성의 임금은 시간당 $37.39이고, 대졸 여성은 $27.83이었다. 대졸 남성의 표준편차는 $4.60이고 대졸 여성은 $4.10이라고 가정하자.

    a. 대졸 남성 50명 표본의 표본평균이 모평균 $37.39에서 $1.00 이내에 있을 확률은?

    b. 대졸 여성 50명 표본의 표본평균이 모평균 $27.83에서 $1.00 이내에 있을 확률은?

c. 위의 두 경우, (a) 또는 (b) 중에서 표본 추정치가 모평균에서 $1.00 이내에 있을 확률이 더 높은 쪽은? 그 이유는?

d. 대졸 여성 120명 표본의 표본평균이 모평균 $27.83보다 $0.60 넘게 작을 확률을 구하라.

24. Current Results에 따르면 캘리포니아의 연간 강우량 평균은 22인치이고, 뉴욕은 42인치이다. 두 지역의 표준편차는 모두 4인치라고 가정하자. 캘리포니아 강우량의 30년치 표본과 뉴욕 강우량의 45년치 표본이 추출되었다.

a. 캘리포니아 연간 강우량에 대한 표본평균이 따르는 확률분포는 무엇인가?

b. 캘리포니아의 경우 표본평균이 모평균에서 1인치 이내에 있을 확률은?

c. 뉴욕의 경우 표본평균이 모평균에서 1인치 이내에 있을 확률은?

d. 문항 (b)와 문항 (c) 중 어느 경우에 표본평균이 모평균에서 1인치 이내에 있을 확률이 더 큰가? 그 이유는?

25. 회계사 전문기관에 따르면, 2017년도 연방 소득세 신고에 평균 비용이 $273였다고 한다. 이 수치를 모평균으로 사용하고, 신고 비용의 모표준편차를 $100라고 가정하자.

a. 연방 소득세를 신고한 30명의 납세자 표본의 평균 신고 비용이 모평균에서 $16 이내에 있을 확률은?

b. 연방 소득세를 신고한 50명의 납세자 표본의 평균 신고 비용이 모평균에서 $16 이내에 있을 확률은?

c. 연방 소득세를 신고한 100명의 납세자 표본의 평균 신고 비용이 모평균에서 $16 이내에 있을 확률은?

d. 표본평균이 모평균에서 $8 이내일 확률이 적어도 0.95가 되려면 문항 (a), (b), (c) 중 어느 표본크기를 추천하겠는가?

26. 직원 4,000명의 평균 나이를 추정하기 위해서 40명의 단순무작위표본을 추출하였다.

a. 평균의 표준오차를 계산하기 위해 유한 모집단 수정계수를 사용하겠는가? 이유를 설명하라.

b. 모표준편차 $\sigma = 8.2$년일 때, 유한 모집단 수정계수를 사용하는 경우와 그렇지 않은 경우의 표준오차를 계산하라. $n/N \leq 0.05$일 때 유한 모집단 수정계수를 무시해도 되는 이유는 무엇인가?

c. 직원의 표본평균 나이가 모평균 나이에서 ±2년 이내에 있을 확률은?

⑥ $\bar{p}$의 표본분포

표본비율 $\bar{p}$는 모비율 p의 점추정량이며, 표본비율을 구하는 방법은 다음과 같다.

$$\bar{p} = \frac{x}{n}$$

여기서

> x = 표본에서 관심 특성을 갖는 원소의 수
>
> n = 표본크기

7.4절에서 언급했듯이, 표본비율 $\bar{p}$는 확률변수이고 $\bar{p}$의 확률분포를 $\bar{p}$의 표본분포라고 한다.

$\bar{p}$의 표본분포

$\bar{p}$의 표본분포는 표본비율 $\bar{p}$의 모든 가능한 값들로 이루어진 확률분포이다.

표본비율 $\bar{p}$가 모비율 p에 얼마나 가까운지를 확인하려면 다음과 같은 $\bar{p}$의 표본분포의 특성을 이해해야 한다: $\bar{p}$의 기댓값, $\bar{p}$의 표준편차, $\bar{p}$의 표본분포의 모양 또는 형태

1 $\bar{p}$의 기댓값

$\bar{p}$의 기댓값, 즉 $\bar{p}$의 모든 가능한 값들의 평균은 모비율 p와 같다.

$\bar{p}$의 기댓값

$$E(\bar{p}) = p \tag{7.4}$$

여기서

> $E(\bar{p})$ = $\bar{p}$의 기댓값
>
> p = 모비율

$E(\bar{p}) = p$이기 때문에 $\bar{p}$는 p의 불편추정량이다. 7.1절에서 p가 회사의 교육 프로그램을 이수한 직원의 모집단 비율일 때, EAI 모집단에 대해 $p = 0.60$임을 언급했다. 따라서 EAI 표본추출 예제에서 $\bar{p}$의 기댓값은 0.60이다.

2 $\bar{p}$의 표준편차

$\bar{x}$의 표준편차와 마찬가지로, $\bar{p}$의 표준편차는 모집단이 유한인지, 무한인지에 따라 영향을 받는다. $\bar{p}$의 표준편차를 계산하는 두 가지 공식은 다음과 같다.

$\bar{p}$의 표준편차

유한모집단	무한모집단
$\sigma_{\bar{p}} = \sqrt{\dfrac{N-n}{N-1}}\sqrt{\dfrac{p(1-p)}{n}}$	$\sigma_{\bar{p}} = \sqrt{\dfrac{p(1-p)}{n}}$

$$\tag{7.5}$$

식 (7.5)의 두 식을 비교하면, 유일한 차이는 유한 모집단 수정계수 $\sqrt{(N-n)/(N-1)}$의 유무에 있다.

표본평균 $\overline{x}$를 구하는 경우와 마찬가지로, 표본크기에 비해 유한 모집단의 크기가 크다면 유한 모집단과 무한 모집단의 식에 나타나는 차이는 무시할 정도로 작아진다. 표본평균에서 권장되었던 동일한 규칙을 따른다. 즉, 유한 모집단이 $n/N \leq 0.05$라면, $\sigma_{\overline{p}} = \sqrt{p(1-p)/n}$를 사용한다. 그러나 유한 모집단이 $n/N > 0.05$라면 유한 모집단 수정계수를 사용해야 한다. 교재에서는 특별히 언급하지 않으면, 모집단의 크기가 표본에 비해 크다고 가정하여 유한 모집단 수정계수가 필요하지 않다.

7.5절에서 $\overline{x}$의 표준편차를 의미하는 평균의 표준오차라는 용어를 사용하였으며 일반적으로 표준오차는 점추정량의 표준편차를 의미한다. 따라서, 비율의 표준오차는 $\overline{p}$의 표준편차를 의미한다. EAI 예제로 돌아가 EAI 직원 30명으로 구성된 단순무작위표본과 관련된 비율의 표준오차를 계산해보자.

EAI 예제에서 교육 프로그램을 이수한 직원의 모비율 $p = 0.60$임을 알고 있다. $n/N = 30/2500 = 0.012$이므로 비율의 표준오차를 계산할 때 유한 모집단 수정계수는 무시할 수 있다. 직원 30명의 단순무작위표본에 대한 $\sigma_{\overline{p}}$는 다음과 같다.

$$\sigma_{\overline{p}} = \sqrt{\frac{p(1-p)}{n}} = \sqrt{\frac{.60(1-.60)}{30}} = .0894$$

3 $\overline{p}$의 표본분포 형태

이제 $\overline{p}$의 표본분포의 평균과 표준편차를 확인했고, 마지막 단계로 표본분포의 모양 또는 형태를 확인하자. 표본비율 $\overline{p} = x/n$이다. 큰 규모의 모집단으로부터 추출한 단순무작위표본에 대해, x값은 표본에서 관심 특성을 갖는 원소의 수를 나타내는 이항 확률변수이다. n이 상수이므로, x/n의 확률은 x의 이항확률과 같으며, 이것은 $\overline{p}$의 표본분포 또한 이산확률분포이고 x/n의 각 값에 대한 확률은 x의 확률과 같다는 것을 의미한다.

통계학에서는 다음의 두 조건을 충족할 정도로 표본크기가 충분히 크다면 이항분포가 정규분포에 가까워지는 것으로 알려져 있다.

$$np \geq 5 \quad \text{그리고} \quad n(1-p) \geq 5$$

이 두 조건이 충족된다고 가정하면, 표본비율($\overline{p} = x/n$)에서 x의 확률분포는 정규분포에 근사한다. 그리고 n이 상수이므로 $\overline{p}$의 표본분포 역시 정규분포에 근사한다. 이러한 근사는 다음과 같이 정리된다:

$\overline{p}$의 표본분포는 $np \geq 5$이고 $n(1-p) \geq 5$일 때, 정규분포에 근사한다.

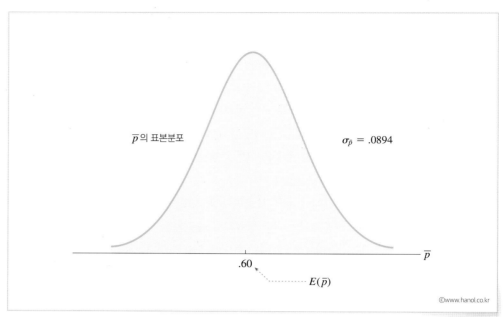

$\bar{p}$의 표본분포

$\sigma_{\bar{p}} = .0894$

.60

$E(\bar{p})$

©www.hanol.co.kr

🔵 그림 7-11_ 교육 프로그램을 이수한 EAI 직원의 비율에 대한 $\bar{p}$의 표본분포

실제로 모비율을 추정해야 할 때, $\bar{p}$의 표본분포는 정규 근사가 가능할 정도로 표본크기가 충분히 큰 경우가 대부분이다.

EAI 예제에서 교육 프로그램을 이수한 직원 모비율이 $p=0.60$임을 알고 있다. 표본크기가 30 이므로 $np=30×0.60=18$ 그리고 $n(1-p)=30×0.40=12$이다. 따라서 $\bar{p}$의 표본분포는 〈그림 7-11〉에 보듯이 정규분포에 근사될 수 있다.

4 $\bar{p}$의 표본분포의 실질적 가치

$\bar{p}$의 표본분포의 실질적 가치는 표본비율과 모비율 간 차이에 관한 확률정보를 제공하는 데 사용될 수 있다는 것이다. 예를 들면, EAI 예제에서 인사담당자가 교육 프로그램을 이수한 직원의 모비율에서 0.05 이내에 있을 $\bar{p}$값을 구할 확률을 알고싶다고 하자. 즉, 표본비율 $\bar{p}$가 0.55와 0.65 사이에 있는 표본을 얻을 확률은 얼마인가? 〈그림 7-12〉에서 어둡게 음영처리된 부분이 이 확률을 나타낸다. $\bar{p}$의 표본분포가 평균은 0.60, 표준오차 $\sigma_{\bar{p}}=0.0894$인 정규분포에 근사될 수 있다는 사실을 이용한다면, 이 확률을 계산하기 위해 엑셀의 NORM.DIST 함수를 사용할 수 있다. 엑셀 워크시트의 셀에 수식 =NORM.DIST(0.65, 0.60, 0.0894, TRUE)를 넣으면 $\bar{p}=0.65$에서 누적 확률을 얻을 수 있으며 이 값은 0.7120이다. 엑셀 워크시트의 셀에 수식 =NORM.DIST(0.55, 0.60, 0.0894, TRUE)를 넣으면 $\bar{p}=0.55$에서 누적 확률을 얻을 수 있으며 엑셀에서 구해진 이 값은 0.2880이다. 따라서 표본비율 $\bar{p}$가 0.55와 0.65 사이에 있을 확률은 0.7120−0.2880=0.4240이 된다.

표본의 크기가 $n=100$으로 커진다면, 비율의 표준오차는 다음과 같이 달라진다.

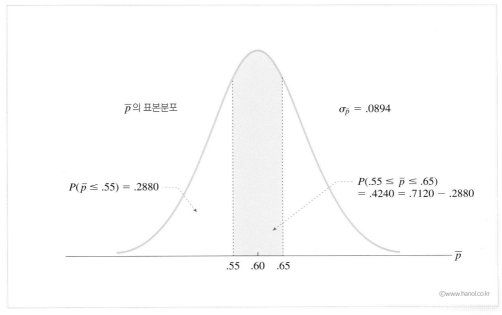

$P(\bar{p} \leq .55) = .2880$

$P(.55 \leq \bar{p} \leq .65)$
$= .4240 = .7120 - .2880$

● 그림 7-12_ 0.55에서 0.65 사이의 $\bar{p}$를 구할 확률

$$\sigma_{\bar{p}} = \sqrt{\frac{.60(1 - .60)}{100}} = .0490$$

이제 EAI 직원 표본이 100인 경우에, 표본비율이 모비율로부터 0.05 이내의 값을 가질 확률도 구할 수 있다. 표본분포가 평균이 0.60이고 표준편차가 0.0490인 정규분포에 근사하기 때문에, 엑셀의 NORM.DIST 함수를 사용하면 된다. 엑셀 워크시트의 셀에 수식 =NORM.DIST (0.65, 0.60, 0.0490, TRUE)를 넣으면 $\bar{p}$ = 0.65에서 누적 확률을 구할 수 있으며 이 값은 0.8462이다. 엑셀 워크시트의 셀에 수식 =NORM.DIST(0.55, 0.60, 0.0490, TRUE)를 넣으면 $\bar{p}$=0.55에서 누적 확률을 구할 수 있으며 엑셀에서 구해진 이 값은 0.1538이다. 따라서 $\bar{p}$가 0.55에서 0.65 사이에 있을 확률은 0.8462−0.1538=0.6924이다. 표본크기를 증가시키면 표본오차가 0.05 이하가 될 확률이 0.4240에서 0.6924로 0.2684만큼 증가한다.

연습문제

기초문제

27. 크기가 100인 무작위표본이 모비율 p=0.40인 모집단에서 추출되었다.

    a. $\bar{p}$의 기댓값을 구하라.

b. $\overline{p}$의 표준오차를 구하라.

c. $\overline{p}$의 표본분포의 형태는 어떠한 모양인가?

28. 모비율이 0.40으로 주어졌다. 크기가 200인 무작위표본을 추출하여 표본비율 $\overline{p}$를 구한 후 모비율을 추정하려고 한다.

a. 표본비율이 모비율에서 ±0.03 이내에 있을 확률을 구하라.

b. 표본비율이 모비율에서 ±0.05 이내에 있을 확률을 구하라.

29. 모비율은 0.55라고 하자. 표본크기가 각각 100, 200, 500, 1,000개일 때 비율의 표준오차 $\sigma_{\overline{p}}$를 계산하라. 표본크기가 커지면 비율의 표준오차는 어떻게 달라지는가?

30. 모비율이 0.30으로 주어졌다. 다음 표본크기(n)에 대해 표본비율이 모비율에서 ±0.04 이내에 있을 확률을 구하라.

a. $n=100$

b. $n=200$

c. $n=500$

d. $n=1,000$

e. 표본크기가 커지면 어떤 이점이 있는가?

응용문제

31. 도어맨 디스트리뷰터사(Doerman Distributor, Inc)의 사장은 회사 주문 중 30%는 첫 고객의 주문이라고 생각한다. 100개의 주문을 무작위 추출하여 첫 고객의 비율을 추정하고자 한다.

a. 사장의 생각이 맞고, $p=0.30$이라 가정하자. $\overline{p}$의 표본분포는 어느 분포를 따르는가?

b. 표본비율 $\overline{p}$가 0.20에서 0.40 사이에 있을 확률을 구하라.

c. 표본비율이 0.25에서 0.35 사이에 있을 확률을 구하라.

32. 월스트리트저널(Wall Street Journal)에 따르면, 기업가의 55%가 29세 이하에 사업을 시작했고, 45%는 30세 이상에 사업을 시작했다고 한다.

a. 기업가의 가장 중요한 자질에 대해 알아보기 위해, 200명의 기업가 표본을 추출한다고 가정하자. $\overline{p}$가 29세 이하에 사업을 시작한 기업가의 표본비율이라고 할 때, $\overline{p}$의 표본분포는 어느 분포를 따르는가?

b. 문항 (a)에서 표본비율이 모비율 ±0.05 이내에 있을 확률을 구하라.

c. 기업가의 가장 중요한 자질에 대해 알아보기 위해, 200명의 기업가 표본을 추출한다고 가정하자. $\overline{p}$가 30세 이상에 사업을 시작한 기업가의 표본비율이라고 할 때, $\overline{p}$의 표본분포는 어느 분포를 따르는가?

d. 문항 (c)에서 표본비율이 모비율 ±0.05 이내에 있을 확률을 구하라.

e. 문항 (b)와 문항 (d)의 확률이 다른가? 그 이유는?

f. 표본크기가 400명인 경우에 문항 (b)의 답을 구하라. 확률이 더 작은가? 그 이유는?

33. 2017년 외식경영 전문 사이트에 따르면, 음식점에서 남는 음식 중 겨우 10%만이 회수되고, 연간 약 15억 인분의 식사가 버려진다고 한다. 이 비율을 실제 모비율이라고 가정하고 외식 업계의 모습을 알아보기 위하여 음식점 525곳을 표본으로 설문조사를 진행할 계획이다.

    a. 표본 응답자들이 답한 회수되는 음식의 비율, $\bar{p}$의 표본분포는 어느 분포를 따르는가?

    b. 설문으로부터 구한 표본비율이 모비율에서 ±0.03 이내에 있을 확률을 구하라.

    c. 설문으로부터 구한 표본비율이 모비율에서 ±0.015 이내에 있을 확률을 구하라.

34. 리더스다이제스트(Reader's Digest)에 따르면, 42%의 1차 진료 의사는 자신의 환자들이 불필 요한 진료를 받고 있다고 생각한다.

    a. 300명의 1차 진료 의사들로 표본을 추출했다고 가정하자. 환자들이 불필요한 진료를 받고 있다고 생각하는 의사들의 비율에 대한 표본분포는 어느 분포를 따르는가?

    b. 표본비율이 모비율에서 ±0.03 이내에 있을 확률을 구하라.

    c. 표본비율이 모비율에서 ±0.05 이내에 있을 확률을 구하라.

    d. 표본의 크기가 더 크다면, 문항 (b)와 문항 (c)에서 구한 확률은 어떻게 달라지는가? 그 이유는?

35. 2016년 미국의 소비자 불만 중재 기관인 BBB(Better Business Bureau)에서는 접수된 불만 신 고의 80%를 중재했다. 신차 딜러와 관련한 올해 접수된 불만 신고를 조사하기 위해 BBB를 고용하였다고 가정하자. BBB에서는 중재 가능한 불만 신고의 비율을 추정하기 위해, 신차 딜러와 관련한 불만 신고의 표본을 추출할 계획이다. 신차 딜러와 관련한 불만 신고 중 중재 된 모비율은 0.80, 즉 2016년에 전체 불만 신고 중 중재된 비율이라고 가정하자.

    a. 신차 딜러와 관련한 불만 신고의 표본 200개를 추출한다고 가정하자. $\bar{p}$의 표본분포는 어 느 분포를 따르는가?

    b. 200개 불만 신고의 표본을 바탕으로, 표본비율이 모비율에서 0.04 이내에 있을 확률을 구하라.

    c. 신차 딜러와 관련한 불만 신고의 표본 450개를 추출한다고 가정하자. $\bar{p}$의 표본분포는 어 느 분포를 따르는가?

    d. 450개 불만 신고의 표본을 바탕으로, 표본비율이 모비율에서 0.04 이내에 있을 확률을 구하라.

    e. 확률 증가 측면에서 문항 (d)에서 더 많은 표본을 취함으로써 얼마나 더 정확성이 증가하 였는가?

36. 미국 식료품 제조협회들에 따르면 소비자의 76%가 제품 라벨에 표시된 성분을 확인한다고 한다. 모비율 $p=0.76$이라 가정하고, 모집단에서 400명의 소비자를 표본추출하였다.

    a. 성분표시를 읽는 소비자의 표본비율을 $\bar{p}$라고 할 때, $\bar{p}$의 표본분포는 어느 분포를 따르 는가?

    b. 표본비율이 모비율에서 ±0.03 이내에 있을 확률을 구하라.

    c. 표본이 750명인 경우, 문항 (b)에 답하라.

37. 푸드마케팅 연구소(Food Marketing Institute)에 의하면 17%의 가구는 식료품비로 주당 $100 이상 소비한다고 한다. 모비율 $p = 0.17$로 가정하고, 모집단에서 800가구의 단순무작위표본을 추출하였다.

    a. 식료품비로 주당 $100 이상 지출하는 가구의 표본비율 $\bar{p}$의 표본분포는 어느 분포를 따르는가?

    b. 표본비율이 모비율의 ±0.02 이내에 있을 확률을 구하라.

    c. 표본이 1,600가구인 경우, 문항 (b)에 답하라.

7 기타 표본추출 방법

유한 모집단으로부터 표본을 추출하는 방법으로 단순무작위추출 방법을 살펴보았다. 그리고 단순무작위추출 방법을 사용할 때 $\bar{x}$와 $\bar{p}$의 표본분포의 특성에 대해 알아보았다. 어떤 상황에서는 단순무작위추출보다 더 적절한 표본추출 방법이 있으며 이 절에서는 층화무작위추출, 군집추출, 계통추출과 같은 또 다른 표본추출 방법들에 대해 간략히 소개한다.

1 층화무작위추출

층화무작위추출(stratified random sampling), 또는 계층화 추출이라고 불리는 이 방법에서는 우선 모집단의 원소들을 층(strata)이라고 하는 여러 그룹으로 나누는데, 모집단의 각 원소는 단 하나의 층에만 속하도록 나눈다. 층을 만드는 기준은 표본 설계자의 재량에 따라, 부서, 지역, 연령, 업종 등을 사용한다. 각 층 안의 원소들이 가능한 서로 유사할 때 최상의 결과가 얻어진다. 〈그림 7-13〉은 하나의 모집단이 H개의 층으로 나누어진 그림이다.

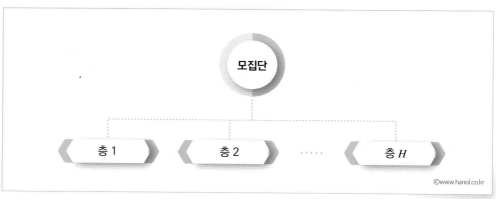

▲ 그림 7-13_ 층화무작위추출의 도식화

층을 만든 후, 각 층에서 단순무작위표본을 추출한다. 각 층의 표본에 대한 결과를 관심 대상 모수의 추정치 하나로 통합해주는 공식이 있다. 층화무작위추출 값은 층별 원소들이 얼마나 동질적인지에 달려 있으며 층별 원소들이 서로 비슷하면, 그 층은 작은 분산을 갖게 될 것이다. 따라서 층 특성에 대한 좋은 추정치를 얻기 위해 상대적으로 작은 표본크기를 사용할 수도 있다. 만약 층이 서로 동질적이면, 층화무작위추출은 전체적으로 더 작은 표본크기를 사용하고도 단순무작위추출의 결과만큼 정확한 결과를 제공한다.

2 군집추출

군집추출(clustering sampling)에서는 우선 모집단의 원소들을 군집(cluster)이라는 별개 그룹으로 나눈다. 모집단에 있는 각 원소는 단 하나의 군집에 속한다(〈그림 7-14〉 참조). 그런 다음, 일부의 군집들을 단순무작위표본으로 추출한다. 추출된 각 군집 내의 모든 원소가 표본이 된다. 군집추출은 군집 내 원소들이 서로 유사하지 않을 때 가장 좋은 결과를 제공한다. 이상적인 경우는, 각 군집이 전체 모집단을 작은 규모로 대표하는 경우이다. 군집추출의 값은 각 군집이 전체 모집단을 얼마나 잘 대표하는지에 달려 있다. 이러한 의미에서 모든 군집들이 유사하다면, 적은 수의 군집을 표본추출해도 모수에 대한 좋은 추정치를 얻을 수 있다.

군집추출의 주된 적용 분야 중 하나는 지리 기반 표본추출이다. 이 경우, 군집은 시/군/구의 읍/면/동과 같이 잘 정의된 행정구역들이 된다. 군집추출에서는 일반적으로 단순무작위추출이나 층화무작위추출보다 표본크기가 더 커야 한다. 그러나 조사원을 표본추출된 군집(가령, 특정 읍/면/동)으로 보낼 때 많은 표본 관측치를 상대적으로 짧은 시간에 얻을 수 있기 때문에 이 방법은 결과적으로 비용을 절약할 수 있다. 그러므로 상당히 낮은 총 비용으로도 큰 표본을 얻을 수 있다.

* 군집추출은 각 군집이 모집단을 작은 규모로 대표할 때 가장 잘 작동한다.

🔵 그림 7-14_ 군집추출의 도식화

3 계통추출

　모집단이 큰 경우에, 먼저 난수를 배정한 후 모집단 목록 전체에서 해당 원소가 나올 때까지 헤아리거나 검색하여 단순무작위표본을 추출하는 것은 시간이 오래 걸린다. 이런 경우에 단순무작위추출 대신에 계통추출법(systematic sampling)을 사용할 수 있다. 예를 들어 5,000개의 원소를 가진 모집단에서 50개의 표본을 추출하고자 한다면, 5,000/50 = 100개당 1개의 원소를 추출하면 된다. 이 경우에 계통추출은 모집단 목록에서 처음 100개의 원소들 중에서 하나를 무작위로 추출한다. 나머지 표본 원소는 첫 번째로 추출된 원소로부터 시작하여 100번째마다 있는 원소를 모집단 목록에서 선택한다. 실제 50개의 표본은 일정하게 모집단을 이동하면서 만들어지는데, 처음 무작위로 선택된 원소로부터 매 100번째 원소를 선택해가면서 얻어진다. 이런 식으로 50개의 표본을 추출하는 것은 단순무작위추출을 사용하는 것보다 더 쉬울 것이다. 첫 번째 추출된 원소가 무작위 선택이기 때문에, 계통추출을 이용한 표본은 일반적으로 단순무작위표본의 성질을 가진 것으로 가정한다. 이 가정은 특히 모집단의 원소들이 무작위로 나열되었을 때 적합하다.

4 편의추출

　지금까지 소개된 표본추출 방법들을 확률적 표본추출(probability sampling)기법이라고 한다. 모집단에서 추출된 원소들은 표본에 속할 확률이 알려져 있다. 확률적 표본추출의 이점은 적절한 표본통계량의 확률분포를 일반적으로 알 수 있다는 점이다. 이 장에서 소개된 단순무작위추출에 대한 여러 공식을 사용하면 표본분포의 특성을 알 수 있다. 그 다음, 이 표본분포를 이용하면, 모집단에 대한 추론을 하기 위해 사용한 표본 결과와 관련된 오차에 관한 확률적 언급을 할 수 있다.

　편의추출(convenience sampling)은 비확률적 표본추출(nonprobability sampling)기법이다. 이름이 의미하듯이, 표본은 주로 편의에 의해 추출된다. 원소들은 미리 지정되거나 알려진 선택 확률 없이 표본으로 추출된다. 예를 들어, 대학에서 어떤 연구를 하는 교수가 학생 중 지원자로만 간단히 표본을 구성한다면 바로 활용할 수 있고 비용도 거의 들이지 않는다. 유사한 예로, 검사관이 적재된 오렌지 상자들 가운데 아무 오렌지나 조사할 수 있다. 오렌지마다 라벨을 붙여서 확률적 표본추출 방법을 사용하는 것은 비현실적이다. 야생동물 포획이나 소비자 연구를 위한 자발적 패널 등도 편의표본의 예이다.

　편의추출은 표본 선택 및 자료 수집이 상대적으로 쉽다는 이점이 있다. 하지만, 편의표본의 '적합성(goodness)'을 모집단을 얼마나 잘 대표하는지에 따라 평가하는 것은 불가능하다. 편의추출의 결과는 좋을 수도 그렇지 않을 수도 있다. 추출된 표본의 품질에 대한 확률적 분석이나 추론을 할 수 있는 통계적으로 정당한 절차는 없다. 몇몇 학자들은 확률적 표본을 위해 고안된 통계적 기법들을 편의표본에 적용하면서 편의표본을 마치 확률적 표본인 것처럼 다룰 수 있다고 주장한다. 하지만 이는 근거 없는 주장이며, 편의추출의 결과를 모집단 추론에 사용한다면 그 해석에 주의해야 한다.

판단추출

판단추출(judgement sampling)은 또 다른 비확률적 표본추출 기법이다. 이 방법에서는 연구 주제에 대해 잘 아는 전문가가 모집단을 가장 잘 대표하는 것으로 보이는 모집단의 원소들을 표본으로 선택한다. 종종 이 방법으로 비교적 쉽게 표본을 선택할 수 있다. 예를 들어, 기자는 상원 전체의 의견을 잘 대표한다고 판단되는 두세 명의 상원의원을 표본으로 선택할 수 있다. 하지만, 표본추출 결과의 질은 표본을 추출하는 사람의 판단에 의존한다. 마찬가지로, 판단추출을 근거로 모집단 추론에 대한 결론을 내릴 때는 매우 세심한 주의가 필요하다.

보충설명

유한 모집단에서 표본을 추출할 때는 단순무작위추출, 층화무작위추출, 군집추출, 계통추출과 같은 확률적 표본추출 기법을 사용하기를 권장한다. 이 방법들에는, 표본 결과가 추정하고자 하는 모수에 얼마나 근접한지에 따라 그 '적합성(goodness)'을 평가할 수 있는 공식이 존재한다. 편의추출이나 판단추출은 이러한 '적합성' 평가가 불가하다. 따라서 비확률적 표본추출 방법을 근거로 결과를 해석할 때는 매우 주의해야만 한다.

---

⑧ 실질적 적용: 빅데이터와 표본추출의 오차

표본을 수집하는 목적은 모집단에 대해 추론을 하고 모집단에 대한 연구 질문에 답을 하는 것이다. 그러므로, 표본은 조사하고자 하는 모집단과 비슷하거나 대표를 할 수 있는 것이 중요하다. 실제로 개별 표본은 언제나 정도에 차이는 있지만, 해당 표본이 추출된 모집단을 완벽하게 대표하지 못한다. 표본이 관심 모집단을 대표하지 못하는 두 가지 일반적인 이유는 표본오차와 비표본오차이다.

1 표본오차

표본이 자신이 추출된 모집단을 대표하는 데 실패한 한 가지 이유는 표본오차(sampling error), 즉, 무작위추출로 인한 표본과 모집단 간의 편차이다. 확률 표본추출 기법을 사용하여 동일한 크기의 반복 독립 무작위표본을 관심 모집단에서 추출한다면, 평균적으로 표본은 모집단을 대표할 것이다. 이것은 무작위로 표본을 추출하는 근거이다. 하지만, 표본을 무작위로 수집한다고 단일 표본이 관심 모집단을 완벽하게 대표하는 것을 보장하지는 않는다. 즉, 무작위로 표본을 수집할 때, 표본의 데이터가 해당 표본이 취해진 모집단을 완벽하게 대표할 것이라고 기대할 수는 없다. 무작위표본을 추출하는 경우에 표본오차를 피할 수 없다. 이는 모집단 전수 조사로 인한 비용 발생 대신 무작위추출을 선택할 때 받아들여야 하는 위험이다.

식 (7.2)와 (7.5)에 나타나 있듯이, 표본평균 $\bar{x}$와 표본비율 $\bar{p}$의 표본분포의 표준오차는 표본을 사용하여 각각 모평균 μ와 모비율 p를 추정할 때 표본오차의 가능성을 반영한다. 표본크기 n이 증가하면 통계량에 대한 극단값의 잠재적 영향이 감소하므로 표본으로부터 구한 통계량의 잠재적 값에 변동도 적고 이러한 표본분포의 표준오차도 감소한다. 이러한 표준오차는 표본 데이터를 사용하여 모평균 μ와 모비율 p를 추정할 때 표본오차의 가능성을 반영하기 때문에, 매우 큰 표본에 대해서는 표본오차의 가능성이 거의 없어진다.

2 비표본오차

표본크기 n이 증가함에 따라 표본분포의 표준오차는 감소하지만, 매우 큰 표본이 관심 모집단에 대한 신뢰할 만한 정보를 항상 제공한다고 결론지을 수 있는 것은 아니다. 이는 표본오차가 표본이 목표 모집단을 대표하지 못할 수 있는 유일한 이유가 아니기 때문이다. 무작위표본 추출 이외의 이유로 인해 발생하는 모집단으로부터 표본의 편차를 비표본오차라고 한다. 비표본오차는 다양한 이유에 의해 발생할 수 있다.

온라인 뉴스 서비스인 페닝턴데일리(PenningtonDailyTimes.com, PDT)를 생각해 보자. PDT의 주 수익원은 광고 판매이기 때문에, 광고 판매를 지원하기 위해, PDT는 홈페이지 방문자의 행태에 관한 표본 자료를 수집하는 데 관심이 있다. 예비 광고주들은 방문시간이 긴 웹사이트 광고에 프리미엄을 지불할 용의가 있고, 따라서 PDT 경영진은, 고객들이 PDT 웹사이트를 방문하는 동안 얼마나 많은 시간을 머무르는지에 관심이 많다. 광고주들은 웹사이트 방문자들이 웹사이트에 게재된 광고를 얼마나 자주 클릭하는지에 대해서도 관심이 있기 때문에, PDT는 자사 웹사이트를 방문하는 사람들이 PenningtonDailyTimes.com에 게재된 광고를 클릭했는지에도 관심을 갖는다.

* 비표본오차는 표본 또는 전수 조사에서 발생할 수 있다.

PDT는 누구로부터 자료를 수집해야 할까? 현재 PenningtonDailyTimes.com에 접속 중인 방문객에 대해 수집해야 할까? 새로운 방문객을 끌어들인 후, 그 방문객에 대한 자료를 수집하려고 시도해야 하는가? 만일 그렇다면, 경쟁사의 웹사이트에서 데려온 방문객 또는 온라인 뉴스 사이트를 정기적으로 접속하지 않는 방문객에 의해 웹사이트에서 보낸 시간을 측정해야 하는가?

이러한 질문에 대한 답은 PDT의 연구 목적에 달려 있다. 회사가, 현재 시장을 평가하고자 하는지, 경쟁사로부터 유치할 수 있는 잠재 고객을 알아보고자 하는지, 온라인 뉴스 서비스를 통해 정기적으로 뉴스를 얻지 않는 개인과 같은 완전히 새로운 시장의 가능성을 알아보고자 하는지 등에 따라 달라진다. 연구 목적과 표본이 추출될 모집단이 정렬되어 있지 않다면, PDT가 수집하는 자료는 회사의 연구 목적을 달성하는 데 도움이 되지 않을 것이다. 이러한 유형의 오차를 포함오차(coverage error)라고 한다.

적절한 모집단에서 표본을 추출하더라도, 목표 모집단의 일부가 표본에서 체계적으로 과소 또는 과다 대표될 때 비표본오차가 발생할 수 있다. 연구 설계에 결함이 있거나 모집단 일부의 응답 가능성이 크거나 작기 때문에 이러한 오차가 발생할 수 있다. 방문객이 PenningtonDailyTimes.com을 떠날 때 열리는 팝업 설문지를 PDT가 만들었다고 하자. PenningtonDailyTimes.com의 방문객 중 팝업 차단기를 설치한 방문객은 과소 대표될 것이고, PenningtonDailyTimes.com의 방문객 중 팝업 차단기를 설치하지 않은 방문객은 과잉 대표될 가능성이 높다. 팝업 차단기를 설치한 방문객과 팝업 차단기를 설치하지 않은 방문객이 서로 행동이 다르다면, PDT 웹사이트의 모든 방문객이 어떻게 행동하는지에 대한 이 표본으로부터의 결론 도출은 잘못될 수 있다. 이러한 유형의 오차를 무응답오차(nonresponse error)라고 한다.

비표본오차의 또 다른 잠재적 원인은 관심 특성을 잘못 측정하는 것이다. PDT가 응답자에게 애매하거나 어려운 질문을 한다면, 응답자가 하고자 했던 응답이 정확하게 반영되지 못할 수 있다. 예를 들어, PDT가 "PenningtonDailyTimes.com의 뉴스 기사는 설득력 있고 정확한가요?"라고 묻는다면, 응답자들은 어떻게 대답해야 할지 잘 모를 수 있다. 만약 방문객이 PenningtonDailyTimes.com의 뉴스가 설득력은 있지만, 오류가 있다고 느낀다면, 어떻게 응답을 해야 할까? 응답자가 PenningtonDailyTimes.com의 뉴스가 정확하지만 재미가 없다고 느끼면 어떤 응답이 적절할까? 편향되거나 유도성 질문을 던지면 비슷한 문제가 발생할 수 있다. PDT가 "많은 독자들이 PenningtonDailyTimes.com의 뉴스가 설득력 있고 정확하다고 한다. 당신은 PenningtonDailyTimes.com의 뉴스가 설득력 있고 정확하다고 생각하는가?"라고 묻는다면, 실제 질문에 앞서 하는 한정적 서술은 긍정적인 응답이 나오는 편향된 결과를 초래할 수 있다. 또한 응답자가 잘못된 답변을 하는 경우에도 관심 특성을 잘못 측정할 수도 있다. 이는 응답자가 제대로 기억하지 못하거나 솔직하게 응답하고자 하는 마음이 없기 때문일 것이다. 이러한 유형의 오차를 측정오차(measurement error)라고 한다.

비표본오차는 표본을 이용해 만든 추정치에 편향을 가져올 수 있고, 이러한 편향이 표본 데이터 이용자의 의사결정을 오도할 수 있다. 관심 모집단에 대한 통찰력을 얻기 위해서 표본 데이터를 사용할 때마다, 표본의 크기에 상관없이, 표본추출에서 나타나는 이러한 제한 사항에 맞서야 한다. 표본크기가 증가함에 따라 표본오차는 감소하지만, 매우 큰 표본도 여전히 비표본오차가 발생하여 관심 모집단을 대표하지 못할 수 있다. 표본추출 시, 자료수집 과정에 비표본오차의 발생을 최소화하도록 주의를 기울여야 한다. 다음과 같은 단계를 통해 이룰 수 있다:

• 표본을 수집하기 전에 목표 모집단을 신중하게 정의하여, 다음 단계에서 해당 목표 모집단에서 확률 표본이 추출되도록 자료 수집 절차를 설계한다.
• 자료 수집 과정을 신중하게 설계하고 자료 수집 인원을 교육한다.
• 최종 자료 수집 전에 비표본오차의 잠재적 원인을 파악하고 수정하기 위해 자료 수집 절차를 사전 테스트한다.
• 표본이 모집단의 특정한 질적 특성을 대표하도록 하는, 중요 질적 변수에 관한 모집단 수준의 정보가 있을 때는 층화무작위추출을 사용한다.

- 모집단이 이질적인 부분군 또는 군집으로 나누어 진다면 군집추출을 사용한다.
- 표본이 모집단의 특정한 양적 특성을 대표하도록 하는, 중요 양적 변수에 관한 모집단 수준의 정보가 있을 때는 계통추출을 사용한다.

마지막으로, 모든 무작위표본(매우 크더라도)은 어느 정도의 표본오차로 인한 어려움은 있을 수밖에 없고, 비표본오차의 모든 잠재적 원천을 제거하는 것도 비현실적일 수 있다. 표본추출의 이러한 한계를 이해한다면, 보다 현실적이고 실용적으로 표본을 해석하고 표본을 사용하여 목표 모집단에 대한 결론을 도출할 수 있다.

3 빅데이터

최근 추정에 따르면, 매일 전 세계적으로 약 250경(京) 바이트의 데이터가 생성된다고 한다. 1992년에는 하루에 전 세계에서 약 100기가바이트(GB)의 데이터가 생성된 것에 비하여, 1997년에는 시간당 100GB, 그리고 2002년에는 초당 100GB가 생성된 것처럼 극적인 수치 증가가 나타난다. 1분마다 인스타그램 사진이 평균 216,000건이 게시되고, 이메일은 204,000,000건이 전송되고, 유튜브에는 12시간 분량의 영상이 업로드되고, 트위터에는 277,000건의 트윗이 게시된다. 의심할 여지 없이, 압도적인 양의 데이터가 현재 생성되고 있으며, 이러한 추세는 분명히 계속될 것으로 예상된다.

어떤 경우에는, 생성되는 데이터가 매우 크거나 복잡해서 현재의 자료처리 용량이나 해석 방법이 자료를 분석하기에 적합하지 않다. 이러한 경우가 빅데이터(big data)의 예이다. 빅데이터는 무수히 많은 다양한 원천이 있다. 센서와 모바일 장치 등이 엄청난 양의 데이터를 전송한다. 인터넷 활동, 디지털 프로세스, 소셜미디어의 상호작용도 방대한 양의 데이터를 생성한다.

데이터 양이 너무 빠르게 증가하여 데이터 세트를 크기별로 지칭하는 용어도 확장되어야 한다. 몇 년 전만 하더라도 페타바이트의 데이터는 거의 상상할 수 없을 정도로 크게 보였지만 이제는 요타바이트 단위로도 흔하게 데이터를 설명한다. ⟨표 7-6⟩에는 데이터 세트의 크기를 나타내는 용어가 요약되어 있다.

표 7-6_ 데이터 세트 크기를 나타내는 용어

바이트 개수	척도	명칭
1000^1	kB	킬로바이트
1000^2	MB	메가바이트
1000^3	GB	기가바이트
1000^4	TB	테라바이트
1000^5	PB	페타바이트
1000^6	EB	엑사바이트
1000^7	ZB	제타바이트
1000^8	YB	요타바이트

4 빅데이터에 대한 이해

빅데이터를 생성하는 프로세스는 4V라고 하는 4가지 속성 또는 차원으로 설명할 수 있다:

- 용량(Volume)−생성된 데이터의 양
- 다양성(Variety)−생성된 데이터의 유형 및 구조의 다양성
- 진실성(Veracity)−생성된 데이터의 신뢰성
- 속도(Velocity)−데이터가 생성되는 속도

이러한 속성 중 하나만 그 정도가 높더라도 빅데이터를 생성하기에 충분한데, 여러 속성이 동시에 높은 수준으로 발생한다면 압도적으로 큰 데이터가 얻어질 수 있다. 전자 자료 수집의 과정이 기술적으로 발전과 개선이 이루어져서 그 과정이 자동화되기도 하고 비교적 짧은 시간 안에 수백만 개 또는 심지어 수십억 개의 관측치를 쉽게 수집할 수도 있다. 기업은 그 어느 때 보다 빠른 속도로 더 많은 양의 다양한 데이터를 수집하고 있다.

빅데이터 분야에서 나타나는 과제를 이해하기 위해, 빅데이터의 구조적 차원을 고려할 필요가 있다. 빅데이터는 키가 큰 데이터(tall data)일 수 있다. 이러한 데이터는 관측치가 너무 많아서 전통적인 통계적 추론은 거의 의미가 없다. 예를 들어, 소비재 제조업체는 생산한 제품에 대한 소비자의 인식을 더 잘 이해하기 위해 매일 수백만 건의 소셜미디어 게시물에 나타난 감정에 대한 정보를 수집한다. 그러한 데이터는 수백만 개(또는 심지어 수십억 개)의 소셜미디어 게시물(관측치)에서 표현된 감정(변수)으로 구성된다. 빅데이터는 옆으로 넓은 데이터(wide data)일 수도 있다. 이러한 데이터는 변수가 너무 많아서 모든 변수를 동시에 고려하는 것은 불가능하다. 예를 들어 고해상도 이미지는 수백만 또는 수십억 개의 픽셀로 표현될 수 있다. 얼굴 인식 알고리즘에서 두 이미지의 같은 부분을 비교할 때 사용하는 데이터는 이미지의 개별 픽셀을 고려한다. 따라서 이러한 알고리즘은 비교적 적은 고해상도 이미지(관측치)에 대해 수백만 또는 수십억 개의 픽셀(변수)의 특성을 이용한다. 물론 빅데이터는 키가 크면서 동시에 옆으로 넓을 수 있고, 이 경우엔 다시 압도적으로 거대한 데이터 세트로 나타날 수 있다.

통계학은 빅데이터에 있는 정보를 이해하는 데 유용한 도구이지만, 통계학을 이용해 빅데이터를 분석할 때는 주의가 필요하다. 통계학이 빅데이터에 적용될 때 그 한계를 이해하고 그에 따른 해석을 조절하는 것이 중요하다. 키가 큰 데이터는 기업환경에서 사용되는 가장 일반적인 빅데이터의 형태이기 때문에, 이 절의 나머지 부분에서는 이 유형의 빅데이터 구조에 집중한다.

5 빅데이터가 표본오차에 미치는 영향

온라인 뉴스 서비스 PenningtonDailyTimes.com(PDT)의 자료 수집 문제를 다시 살펴보자. PDT의 주수익원은 광고 판매이기 때문에 PDT의 경영진은 고객들이 PDT 웹사이트를 방문하는 동안 얼마나 머무르는지에 관심이 있다. 과거 자료로부터 PDT는 개별 고객이 PDT 웹사이

트를 방문할 때 머무르는 시간의 표준편차 $\sigma = 20$초라고 추정하였다. 〈표 7-7〉은 개별 고객이 PDT 웹사이트를 방문할 때 머무르는 시간 표본평균의 표본분포의 표준오차가 표본크기가 증가함에 따라 어떻게 감소하는지 보여준다.

PDT는 응답자 표본으로부터 웹사이트에 방문했을 때 웹사이트에 나타난 광고를 클릭했는 지에 대한 정보도 수집하고자 한다. 과거 자료로부터, PDT는 방문자 중 51%가 웹사이트에 나타난 광고 중 하나라도 클릭했다는 사실을 알아냈고 이 값을 $\bar{p}$로 사용해 표준오차를 추정한다. 〈표 7-8〉은 PDT에 나타난 광고를 클릭한 표본비율의 표본분포의 표준오차가 표본크기가 증가함에 따라 어떻게 감소하는지를 보여준다.

PDT 예제는 표준오차와 표본크기 사이의 일반적인 관계를 보여준다. 〈표 7-7〉에서 표본크기가 증가함에 따라 표본평균의 표준오차가 감소하는 것을 알 수 있다. 예를 들어, $n = 10$의 표본의 경우, 표본평균의 표준오차는 6.32456이다. 표본크기 $n = 100,000$이면, 표본평균의 표준오차는 0.06325로 감소한다. 표본크기 $n = 1,000,000,000$에서는 표본평균의 표준오차가 0.00063으로 감소한다. 〈표 7-8〉에서 표본크기가 커질수록 표본비율의 표준오차도 감소하는 것을 알 수 있다. 예를 들어, $n = 10$의 표본의 경우 표본비율의 표준오차는 0.15811이다. 표본크기 n을 100,000으로 늘리면 표본비율의 표준오차는 0.00158로 감소한다. 표본크기 $n = 1,000,000,000$이면 표본비율의 표준오차는 0.00002로 감소한다. 〈표 7-7〉과 〈표 7-8〉에서 $n = 1,000,000,000$일 때의 표준오차는 $n = 10$일 때의 표준오차의 1/10,000이다.

> * 표본크기가 백만 명 이상인 것은 비현실적으로 보일 수도 있지만, 2016년 3월에 Amazon.com의 방문객 수가 9천만 명을 넘었다는 점을 주목하자 (quantcast.com).

📊 표 7-7_ 표본크기에 따른 표본평균 $\bar{x}$의 표준오차

표본크기 n	표준오차 $\sigma_{\bar{x}} = \sigma/\sqrt{n}$
10	6.32456
100	2.00000
1,000	0.63246
10,000	0.20000
100,000	0.06325
1,000,000	0.02000
10,000,000	0.00632
100,000,000	0.00200
1,000,000,000	0.00063

📊 표 7-8_ 표본크기에 따른 표본비율 $\bar{p}$의 표준오차

표본크기 n	표준오차 $\sigma_{\bar{p}} = \sqrt{p(1-p)/n}$
10	0.15811
100	0.05000
1,000	0.01581
10,000	0.00500
100,000	0.00158
1,000,000	0.00050
10,000,000	0.00016
100,000,000	0.00005
1,000,000,000	0.00002

작년에 PDT 웹사이트의 모든 방문객들이 머무른 시간의 평균이 84초였다고 하자. 추가로 작년부터 평균 시간이 변하지 않았고 PDT는 현재 방문객 100만 명의 표본을 모집한다고 하자. 표본크기 $n = 1,000,000$이고, 모집단 표준편차 σ는 20초로 알려졌다고 가정하면, 표준오차 $\sigma_{\bar{x}} = \sigma/\sqrt{n} = 20/\sqrt{1,000,000} = 0.02$가 된다. 표본크기가 매우 크기 때문에 표본평균 $\bar{x}$의 표본분포는 정규분포를 따를 것이다. PDT는 이 정보를 사용하여 표본평균 $\bar{x}$가 모평균의 0.15 이내 또는 구간 84 ± 0.15 내에 속할 확률을 계산할 수 있다. $\bar{x}$가 83.85 (=84−0.15)에서,

$$z = \frac{83.85 - 84}{.02} = -7.5 \text{ 이고,}$$

$\bar{x}$가 84.15 (=84+0.15)에서

$$z = \frac{84.15 - 84}{.02} = 7.5\text{이다.}$$

$P(z \leq -7.5) \approx .0000$이고 $P(z \leq 7.5) \approx 1.0000$이므로, 표본평균 $\bar{x}$가 모평균 μ의 1.5 이내에 있을 확률은 다음과 같다.

$$P(-7.5 \leq z \leq 7.5) \approx 1.0000 - .0000 = 1.0000$$

엑셀을 사용하면 다음과 같이 구한다.

$$\text{NORM.DIST}(84.15,84,.02,\text{TRUE}) - \text{NORM.DIST}(83.85,84,.02,\text{TRUE}) = 1.000$$

이제, PDT 웹사이트 방문객 100만 명으로 구성된 새로운 표본에 대해, 모든 방문객이 머문 시간의 평균이 88초라고 하자. PDT는 어떤 결론을 내릴 수 있을까? 계산 결과 표본평균이 83.85에서 84.15 사이일 확률이 거의 1.0000이지만, PDT의 표본평균은 88이 나왔다. PDT의 표본평균이 작년의 모평균과 크게 다른 이유는 다음과 같은 세 가지가 있을 수 있다.

- 표본오차
- 비표본오차
- 작년 이후 모평균이 달라짐

표본크기가 매우 크기 때문에, 표본오차는 거의 없어야 한다. 따라서, 표본오차가 PDT의 표본평균 $\bar{x}$=88초와 지난해 모평균 μ=84초 사이의 상당한 차이를 설명할 수 없다. 비표본오차는 가능한 설명이므로 살펴볼 필요가 있다. 표본에 비표본오차가 거의 또는 전혀 없다고 판단한다면, PDT의 표본평균과 지난해 모평균의 상당한 차이를 타당하게 설명할 수 있는 유일한 이유는 모평균이 작년부터 달라졌다는 것이다. 표본이 적합하게 수집되었다면 이러한 결과는 PDT 웹사이트 방문객의 행태에 잠재적으로 중요한 변화가 있다는 것을 보이는 것이며, 이는 PDT에 엄청난 영향을 미칠 수 있다.

표본이 작든 크든 상관없이, 표본을 이용하여 관심 집단에 대해 살펴볼 때마다 표본추출의 한계를 고려해야 한다. 표본의 크기가 증가함에 따라 표본오차는 감소하지만, 비표본오차로 인해 매우 큰 표본이라도 관심 모집단을 대표하지 못할 수 있다.

보충설명

1. 이 장의 앞 절에서, 확률적 표본추출 방법이 비확률적 표본추출 방법보다 일반적으로 선호되는 한 가지 이유는 확률적 표본추출 방법을 사용하면, 추정하고자 하는 모수와의 근접성 측면에서 표본 결과의 적합성을 평가할 수 있는 공식이 있다는 점이다. 이러한 평가는 편의추출 또는 판단추출로는 할 수 없다. 비확률적 표본추출보다 확률적 표본추출법을 일반적으로 선호하는 또 다른 이유는 확률적 표본추출이 비표본오차를 발생시킬 가능성이 비확률적 표본추출보다 낮기 때문이다. 확률적 표본추출 또는 비확률적 표본추출을 사용할 때 비표본오차가 발생할 수 있지만, 편의추출, 판단추출과 같은 비확률적 표본추출 방법은 표본에 비표본오차를 발생시키는 빈도가 높다. 이는 비확률적 표본추출을 사용할 때 표본 데이터를 수집하는 방식 때문이다.

2. 몇 가지 통계적 추론(추정 및 가설검정) 방법이 교재의 후속 장에 소개된다. 이러한 방법에서는 비표본오차가 표본에 발생하지 않는다고 가정한다. 표본에 발생하는 비표본오차가 커질수록 통계적 추론의 결과에 대한 신뢰성은 감소한다.

연습문제

기초문제

38. 어떤 모집단의 평균은 400이고 표준편차는 100이다. 크기가 100,000인 표본을 추출한 후 표본평균 $\bar{x}$를 사용하여 모평균을 추정하고자 한다.
    a. $\bar{x}$의 기댓값을 구하라.
    b. $\bar{x}$의 표준편차를 구하라.
    c. $\bar{x}$의 표본분포는 어떤 분포를 따르는가?
    d. $\bar{x}$의 표본분포가 나타내는 것은 무엇인가?

39. 모집단의 표준편차 $\sigma = 25$라고 가정하자. 표본크기가 500,000, 1,000,000, 5,000,000, 10,000,000, 100,000,000인 경우에 평균의 표준오차 $\sigma_{\bar{x}}$를 각각 계산하라. 표본크기가 커질수록 평균의 표준오차의 크기는 어떻게 달라지는가?

40. 모비율 $p = 0.75$인 모집단에서 크기 100,000인 표본을 추출한다.
    a. $\bar{p}$의 기댓값을 구하라.
    b. $\bar{p}$의 표준오차를 구하라.
    c. $\bar{p}$의 표본분포는 어떤 분포를 따르는가?
    d. $\bar{p}$의 표본분포가 나타내는 것은 무엇인가?

41. 모비율이 0.44라고 가정하자. 표본크기가 500,000, 1,000,000, 5,000,000, 10,000,000, 100,000,000인 경우에 비율의 표준오차 σ_p를 각각 계산하라. 표본크기가 커질수록 비율의 표준오차의 크기는 어떻게 달라지는가?

응용문제

42. 문자 앱인 Spontanversation의 마케팅 디렉터인 마티나 레빗에게 이 앱의 사용자 프로파일링 업무가 할당되었다. Spontanversation을 다운로드한 개인은 일일 사용 횟수의 평균이 30, 표준편차가 6이라고 가정하자.

   a. Spontanversation을 다운로드한 50명의 무작위표본을 사용한다면, $\bar{x}$의 표본분포는 어떤 분포를 따르는가?

   b. Spontanversation을 다운로드한 50만 명의 무작위표본을 사용한다면, $\bar{x}$의 표본분포는 어떤 분포를 따르는가?

   c. 표본크기가 매우 커짐에 따라 일반적으로 $\bar{x}$의 표본분포가 어떻게 되는지 설명하라. 이러한 일반화가 논리적으로 보이는지 설명하라.

43. Spontanversation 표본추출 문제를 다시 고려하자. Spontanversation 앱을 다운로드한 개인 사용자의 일일 사용 횟수의 평균은 30이고 표준편차는 6이다.

   a. Spontanversation을 다운로드한 50명의 무작위표본을 사용했을 때, $\bar{x}$가 모평균의 1.7 이내에 있을 확률을 구하라.

   b. 문항 (a)에서 수집된 표본의 평균이 30.2라면 방금 구한 확률은 어떠한 의미가 있는가?

   c. 만약 Spontanversation을 다운로드한 50만 명의 표본을 사용했을 때, $\bar{x}$가 모평균의 0.017 이내에 있을 확률을 구하라.

   d. 문항 (c)에서 수집된 표본의 평균이 30.2라면 방금 구한 확률은 어떠한 의미가 있는가?

44. 미국 노동통계국에 따르면, 소규모 민간 사업장에서 일하며 근속 연수가 10년 이상인 블루칼라 및 서비스 종사자들의 연간 평균 휴가 시간이 100시간이라고 한다. 이 모집단의 연간 휴가 시간의 표준편차는 48시간이라고 가정하자. 노동통계국이 후속 연구를 위해 이 모집단에서 15,000명을 표본으로 선택하고자 한다.

   a. 이 모집단에서 15,000명의 표본에 대한 표본평균인 $\bar{x}$의 표본분포는 어떤 분포를 따르는가?

   b. 이 모집단으로부터 추출한 15,000명의 단순무작위표본이 모평균으로부터 1시간 이내의 표본평균을 제공할 확률을 구하라.

   c. 소규모 민간 사업장에서 일하고 10년 이상의 근속 연수를 가진 15,000명의 블루칼라 및 서비스 종사자 표본의 연간 휴가 시간의 평균이 모평균 μ와 1시간 넘게 다르다고 하자. 문항 (b)의 답을 고려한다면, 이 결과를 어떻게 해석하는가?

45. 뉴욕타임즈에 따르면, 2017년에 미국에서 1,720만대의 신규 승용차와 소형 트럭이 판매됐다고 한다. 미국 환경보건국은 이들 차량의 평균 연비가 갤런당 25.2마일로 추정한다. 이들 차량의 모집단의 표준편차가 갤런당 56마일이라고 가정하자.

    a. 2017년 미국에서 판매된 70,000대의 신규 승용차와 소형 트럭 표본으로부터 구한 연비의 표본평균이 모평균인 25.2에서 0.05 이내일 확률을 구하라.

    b. 2017년 미국에서 판매된 70,000대의 신규 승용차와 소형 트럭 표본으로부터 구한 연비의 표본평균이 모평균인 25.2에서 0.01 이내일 확률을 구하라. 이 확률을 문항 (a)에서 계산된 확률과 비교하라.

    c. 2017년 미국에서 판매된 90,000대의 신규 승용차와 소형 트럭 표본으로부터 구한 연비의 표본평균이 모평균인 25.2에서 0.01 이내일 확률을 구하라. 문항 (b)에서 구한 확률과의 차이점에 대해 기술하라.

    d. 2017년 미국에서 판매된 70,000대의 신규 승용차와 소형 트럭 표본으로부터 구한 연비의 표본평균이 모평균 μ와 1 넘게 다르다고 하자. 이 결과를 어떻게 해석하는가?

46. 월스트리트저널(WSJ)은 지난해 미국에서 새롭게 사업을 시작한 기업인의 37%가 여성이었다고 보도했다.

    a. 기업가에게 어느 산업이 가장 관심을 끄는지 알아보기 위하여, 작년에 미국에서 새로 사업을 시작한 300명의 기업가를 무작위 표본추출한다고 하자. 작년에 미국에서 새로 사업을 시작한 여성기업가의 표본비율($\overline{p}$)의 표본분포는 어떤 분포를 따르는가?

    b. 문항 (a)의 표본비율이 모비율의 ±0.05 이내가 될 확률을 구하라.

    c. 기업가에게 어느 산업이 가장 관심을 끄는지 알아보기 위하여, 작년에 미국에서 새로 사업을 시작한 30,000명의 기업가를 무작위표본추출한다고 하자. 작년에 미국에서 새로 사업을 시작한 여성기업가의 표본비율($\overline{p}$)의 표본분포는 어떤 분포를 따르는가?

    d. 문항 (c)의 표본비율이 모비율의 ±0.05 이내가 될 확률을 구하라.

    e. 문항 (b)와 (d)에서 구한 확률이 다른가? 그 이유는?

47. 블라스터맨 코스메틱사의 영업 부사장은 회사 주문의 40%가 30세 미만의 고객들에 의해 발생된다고 생각한다. 30세 미만의 고객 비율을 추정하기 위해 10,000개의 주문을 무작위 표본으로 사용한다.

    a. 영업 부사장의 말이 맞다고 가정하자. 즉, $p=0.40$이다. 이 문제에서 $\overline{p}$의 표본분포는 어떤 분포인가?

    b. 표본비율이 0.37과 0.43 사이에 있을 확률을 구하라.

    c. 표본비율이 0.39와 0.41 사이에 있을 확률을 구하라.

    d. 표본비율이 0.36이라면, 어떤 결론을 내릴 것인가?

48. Colossus.com의 사장은 회사의 주문 중 42%가 과거에 Colossus.com에서 구매한 적이 있는 재방문 고객들한테서 나온다고 믿고 있다. 지난 6개월 동안 108,700건의 무작위 표본을 사용해 재방문 고객의 주문 비율을 추정하고자 한다.

a. Colossus.com의 사장이 맞다고 가정하자. 즉, 모비율 $p=0.42$이다. 이 문제에서 $\overline{p}$의 표본분포는 어떤 분포인가?

b. 표본비율 $\overline{p}$가 모비율의 1% 내에 있을 확률을 구하라.

c. 표본비율 $\overline{p}$가 모비율의 0.25% 내에 있을 확률을 구하라. 문항 (b)에서 구한 확률값과의 차이에 대해 설명하라.

d. 지난 6개월 동안의 108,700건의 주문 표본을 사용해서 얻은 재방문 고객의 주문 비율이 모비율 p와 1% 넘게 차이가 있다고 하자. 이 결과를 어떻게 해석할 것인가?

49. 미국 보건복지부에 따르면, 2017년에 미국 가구의 49.2%만이 유선전화 서비스를 이용했다고 한다.

a. 가정의 전화 사용에 관해 알아보기 위해 미국의 207,000가구를 표본추출한다고 하자. $\overline{p}$가 유선전화 서비스를 사용하는 가구의 표본비율이라고 할 때, $\overline{p}$의 표본분포는 어떤 분포를 따르는가?

b. 문항 (a)의 표본비율이 모비율 ±0.002 이내가 될 확률을 구하라.

c. 가정의 전화 사용에 관해 알아보기 위해 미국의 86,800가구를 표본추출한다고 하자. $\overline{p}$가 유선전화 서비스를 사용하는 가구의 표본비율이라고 할 때, $\overline{p}$의 표본분포는 어떤 분포를 따르는가?

d. 문항 (c)의 표본비율이 모비율의 ±0.002 이내가 될 확률을 구하라.

e. 문항 (b)와 (d)에서 구한 확률이 다른가? 왜 그런가 또는 왜 그렇지 않은가?

요점정리

본 장에서는 표본추출 및 표본분포의 개념을 소개하였다. 유한 모집단에서 단순무작위표본을 추출하는 방법과 무한 모집단에서 무작위표본을 추출하는 방법을 설명하였다. 표본으로부터 수집된 자료를 이용하여 모집단의 모수를 점추정할 수 있다. 표본이 달라지면 점추정치도 달라지기 때문에 $\overline{x}$와 $\overline{p}$ 같은 점추정량은 확률변수이다. 이러한 확률변수의 확률분포를 표본분포라고 부른다. 구체적으로, 표본평균 $\overline{x}$와 표본비율 $\overline{p}$의 표본분포를 자세히 설명하였다.

$\overline{x}$와 $\overline{p}$의 표본분포의 특성을 설명하면서 $E(\overline{x})=\mu$, $E(\overline{p})=p$라고 하였다. 이들 추정량의 표준편차 또는 표준오차 공식을 소개한 후, $\overline{x}$와 $\overline{p}$의 표본분포가 정규분포를 따르기 위한 조건도 설명하였다. 층화무작위추출, 군집추출, 계통추출, 편의추출, 판단추출과 같은 다른 표본추출 기법에 대해서도 알아보았다. 마지막으로, 빅데이터의 개념과 표본평균과 표본비율의 표본분포에 매우 큰 표본이 어떠한 영향을 미치는지 논의하였다.

50. 어떤 재무 분석가는 미국 개인 투자자 협회(American Association of Individual Investor, AAII)에서 발표한 그림자 주식(Shadow Stock) 포트폴리오에 대한 글을 작성하고자 한다. 2014년 3월자 그림자 주식 포트폴리오에 실린 30개의 기업 목록이 ShadowStocks 파일에 담겨 있다(AAII website). 이 재무 분석가는 이 중 다섯 개 기업을 단순무작위 추출하여 경영 관행에 관한 인터뷰를 하고자 한다.

    a. ShadowStocks 파일(엑셀)의 워크시트 A열에 그림자 주식 기업의 명단이 있다. B열에는 각 기업별 난수가 생성되어 있다. 난수를 이용하여 다섯 개 기업의 단순무작위표본을 추출하라.

    b. 새로운 난수 집합을 생성하고 이를 이용하여 새로운 단순무작위표본을 추출하라. 동일한 기업이 선택되었는가?

51. 2018년 5월에 Petersen-Kaiser Health System Tracker를 통해 제공되는 자료에 따르면 미국의 1인당 의료 지출이 $10,348인 것으로 나타났다. 모평균이 $10,348이다. 미국민의 의료 지출 특성을 알아보기 위해 설문조사 회사에서 100명의 표본을 추출한다고 하자. 모집단의 표준편차는 $2,500로 가정하라.

    a. 표본 100명에 대해 의료 지출 평균 금액에 대한 표본분포는 어떤 분포를 따르는가?

    b. 표본평균이 모평균에서 ±$200 이내일 확률을 구하라.

    c. 표본평균이 $12,000보다 클 확률을 구하라. 만약 설문조사 회사가 찾은 표본평균이 $12,000보다 크다면, 이 회사가 올바른 표본추출 과정을 거쳤는지 의문을 제기하겠는가? 답변의 근거는 무엇인가?

52. 월스트리트저널에 따르면, 풋락커(Foot Locker)는 매장의 생산성 척도로 제곱피트당 매출을 사용한다고 한다. 현재 매출은 제곱피트당 연간 $406로 운영되고 있다. 64개 풋락커 매장을 표본으로 하여 연구하고자 한다. 3,400개 전체 풋락커 매장 모집단에 대한 제곱피트당 연간 매출의 표준편차는 $80로 가정하자.

    a. 64개 매장 표본에 대한 제곱피트당 연간 매출의 표본평균 $\bar{x}$의 표본분포는 어떤 분포를 따르는가?

    b. 표본평균이 모평균에서 $15 이내일 확률을 구하라.

    c. 표본평균이 $380로 도출되었다고 하자. 표본평균이 $380 이하일 확률을 구하라. 이와 같은 표본은 매우 저조한 매출을 내는 매장들로 구성되었다고 생각하는가?

53. 2017년 1분기에 버팔로 나이아가라 국제공항에서 출발하는 항공편의 평균 운임은 $320.51 였다. 운임 모집단의 표준편차는 $80로 알려져 있다. 2018년 1분기 동안 버팔로 나이아가라 국제공항에서 출발하는 60개의 항공편을 무작위표본추출한다고 하자.

    a. 2017년 1분기와 2018년 1분기 사이에 버팔로 나이아가라 국제공항을 출발하는 항공편의 항공 운임 모집단의 평균과 표준편차가 변하지 않았다면, 표본평균이 모집단의 비행당 평균 비용에서 $20 이내일 확률을 구하라.

b. 표본평균이 모집단의 비행당 평균 비용에서 $10 이내일 확률을 구하라.

54. USC(University of Southern California)에 입학하는 평균 비용은, 장학금을 공제한 후, $27,175이다. 모표준편차는 $7,400로 가정하자. 60명의 USC학생을 무작위표본으로 추출한다고 하자.

a. 평균의 표준오차 값을 구하라.

b. 표본평균이 $27,175보다 클 확률을 구하라.

c. 표본평균이 모평균에서 $1,000 이내일 확률을 구하라.

d. 표본크기가 100으로 증가한다면 문항 (c)의 확률은 어떻게 변하는가?

55. 세 회사가 크기가 다른 재고를 보유하고 있다. A사의 재고에는 2,000개의 품목이, B사의 재고에는 5,000개의 품목이, C사의 재고에는 10,000개의 품목이 포함되어 있다. 각 회사의 재고에서 품목 원가의 모집단 표준편차는 $\sigma = 144$이다. 통계 컨설턴트는 각 회사의 재고 품목을 50개씩 표본추출하여 품목당 평균원가를 추정할 것을 권유한다. 작은 회사의 경영자는 자사의 모집단이 가장 작기 때문에 큰 회사에 요구되는 표본보다 훨씬 더 작은 크기의 표본으로 추정이 가능할 것이라고 한다. 그러나 컨설턴트는 동일한 표준오차를 구하여 표본결과에 동일한 정확성을 얻기 위해서는 모집단의 크기에 상관없이 모든 회사가 같은 크기의 표본을 사용해야 한다고 한다.

a. 유한 모집단 수정계수를 이용하여, 표본의 크기가 50일 때 각 회사의 표준오차를 계산하라.

b. 각 기업의 표본평균 $\bar{x}$가 모평균 μ로부터 ± 25 이내에 있을 확률을 구하라.

56. 어떤 연구원이 평균의 표준오차는 20이고, 모집단 표준편차는 500인 설문조사 결과를 보고하였다.

a. 이 조사에서 사용된 표본은 어느 정도의 크기인가?

b. 점추정치가 모평균으로부터 ± 25 이내에 있을 확률을 구하라.

어떤 생산과정이 품질관리 검사관에 의해 정기적으로 점검을 받는다. 검사관은 30개의 완제품을 단순무작위추출하여 제품 무게의 표본평균 $\bar{x}$를 계산한다. 장기간에 걸친 시험 결과에서 $\bar{x}$값의 5%는 2.1파운드를 넘고, 5%는 1.9파운드보다 작게 나왔다면, 이 생산과정에서 생산된 제품의 모집단의 평균과 표준편차를 구하라.

호주인의 15%는 담배를 피운다. 로이터에 따르면, 호주는 담배갑에 상표 표시를 금지하는 법을 시행하여, 2018년까지 흡연자 비율이 10%로 감소될 것을 기대하고 있다. 240명의 호주인 표본을 근거로 다음의 질문에 답하라.

a. 호주인의 흡연 비율인 $\bar{p}$의 표본분포는 어떤 분포를 따르는가?

b. 표본비율이 모비율에서 ± 0.04 이내에 있을 확률을 구하라.

c. 표본비율이 모비율에서 ± 0.02 이내에 있을 확률을 구하라.

어떤 시장조사기관에서 과거 응답률이 40%인 전화조사를 실시한다. 400개의 신규 전화번호 표본 중에서 최소한 150명 이상이 전화조사에 응답할 확률은 얼마인가? 다시 말해, 표본비율이 최소한 150/400=0.375 이상일 확률을 구하라.

57. 광고회사는 웹사이트에 광고를 내기 위해 인터넷 서비스 제공업체와 검색 엔진과 계약을 하고, 해당 광고를 클릭하는 잠재적인 고객의 수에 따라 비용을 지불한다. 안타깝게도 클릭 사기(즉, 광고 수입을 올리는 목적만으로 광고를 클릭하는 경우)가 문제가 되고 있다. 비즈니스위크(BusinessWeek)에 따르면, 40%의 광고회사가 클릭 사기로 인해 피해를 보았다고 주장한다. 이러한 경우의 영향도를 알아보기 위해, 380개 광고회사를 단순무작위표본으로 추출한다고 하자.

   a. 표본비율이 클릭 사기를 경험한 모비율에서 ±0.04 이내에 있을 확률을 구하라.

   b. 표본비율이 0.45보다 클 확률을 구하라.

58. 올드라이버(All-Driver) 자동차 보험의 가입자 중 5년 동안 적어도 한 번 교통위반 티켓을 받은 사람의 비율이 0.15이다.

   a. 적어도 한 번 티켓을 받은 사람의 비율을 추정하기 위해 보험 가입자 150명의 무작위표본을 사용한다면, $\bar{p}$의 표본분포는 어떤 분포인가?

   b. 표본비율이 모비율로부터 ±0.03 이내에 있을 확률을 구하라.

59. Lori Jeffrey는 대형 대학교재 출판사의 성공적인 영업사원이다. 과거의 기록을 보면, 그녀의 영업 상담 중 25%는 교재 채택으로 이루어졌다. 한 달 동안의 영업 상담을 그녀의 전체 영업 상담의 표본으로 보고, 과거 자료에 대한 통계분석으로부터 비율의 표준오차는 0.0625로 가정한다.

   a. 이 분석에 사용된 표본크기는 얼마인가? 즉, 한 달 동안 Lori가 수행한 영업 상담 건수는 몇 회인가?

   b. 한 달 동안의 교재 채택에 대한 표본비율을 $\bar{p}$라고 하자. $\bar{p}$의 표본분포는 어떤 분포를 따르는가?

   c. $\bar{p}$의 표본분포를 이용하여, 한 달 동안 Lori의 영업 상담 건수 중 30% 이상은 교재 채택으로 이루어질 확률을 구하라.

60. 2018년, 심플달러(Simple Dollar) 웹사이트에 따르면, 14와트 소형 형광등의 평균 수명이 8,000시간이라고 한다. 이 모집단에 대해 소형 형광등 수명의 표준편차는 480이라고 가정한다. 미국 에너지부가 후속 연구를 위해 14와트 소형 형광등 모집단에서 35,000개의 무작위표본을 선택한다고 하자.

   a. 이 모집단으로부터 추출한 35,000개의 표본의 평균인 $\bar{x}$의 표본분포는 어떤 분포를 따르는가?

   b. 이 모집단으로부터 추출한 35,000개의 단순무작위표본의 표본평균이 모평균에서 4시간 이내일 확률을 구하라.

   c. 이 모집단으로부터 추출한 35,000개의 단순무작위표본의 표본평균이 모평균에서 1시간 이내일 확률을 구하라.

   d. 35,000개의 14와트 소형 형광등 표본의 평균 수명이 모평균 수명과 4시간 넘게 다르다고 하자. 이 결과를 어떻게 해석하겠는가?

작년에 마리온 유업은 요거트 시장에 진출하기로 결정했고, '블루거트'라는 이름의 블루베리 맛 요거트를 조심스럽게 생산, 유통, 마케팅하기 시작했다. 이 회사의 요거트 시장에서의 초기 도전은 매우 성공적이었다; 블루거트 판매는 예상보다 높았고, 소비자 평점은 100점 만점에서 평균 80점과 표준편차 25점을 얻었다. 마리온 유업의 과거 경험에 따르면, 이 척도에서 자사 제품을 75점 이상으로 평가하는 소비자는 제품 구매를 고려하고 75점 미만으로 평가하는 소비자는 제품 구매를 고려하지 않았다.

블루베리 맛 요거트의 성공과 인기에 힘입어 마리온 유업 경영진은 이제 두 번째 맛의 출시를 고려하고 있다. 마리온의 마케팅 부서는 '스트로거트'라고 하는 딸기 맛 요거트의 출시를 통해 제품군을 늘리고자 노력하고 있지만, 고위 경영진은 과연 스트로거트가 블루거트를 좋아하지 않는 잠재 고객들에게 어필하여 마리온의 시장 점유율을 높일 수 있을지 여부에 대해 우려하고 있다. 즉, 신제품 출시의 목표는 기존 자사 제품인 블루거트의 점유율을 잠식하는 것이 아니라 마리온의 시장 점유율을 높이는 것이다. 마케팅 부서는 50명의 고객으로 단순무작위표본을 구성하여 블루거트와 스트로거트 두 가지 맛을 모두 보여준 후 각각 100점 만점으로 두 요거트를 평가해 달라고 요청하였다. 이 고객 표본이 블루거트에게 준 평균 점수가 75점 이하라면, 마리온의 고위 경영진은 스트로거트가 블루거트를 좋아하지 않는 잠재 고객에게 어필할 것인지 아닌지를 평가하는 데 이 표본을 사용할 수 있을 것으로 믿고 있다.

경영 보고서

다음 문제를 대처하는 경영 보고서를 작성하라.

1. 마리온 유업 고객으로 구성된 단순무작위표본에 의해 주어진 블루거트의 평균 점수가 75점 이하일 확률을 계산하라.

2. 마케팅 부서에서 표본크기를 150명으로 증가시킨다면, 마리온 유업 고객으로 구성된 단순무작위표본에 의해 주어진 블루거트의 평균 점수가 75점 이하일 확률을 구하라.

3. 마리온 유업 고객의 무작위표본에 의해 주어진 블루거트의 평균 점수가 75점 이하일 확률이 표본크기가 50명인 경우와 150명인 경우에 다른 이유를 마리온 유업의 고위 경영진에게 설명하라.

데이터 분석을 위해
엑셀로 100% 구현된
앤더슨의 경영통계학

구간추정

푸드라이온(Food Lion)
SALISBURY, NORTH CAROLINA

1957년에 푸드타운(Food Town)으로 설립된 푸드라이온은 남동부와 동부 연안의 10개 주에 1,000개가 넘는 매장을 가지고 있는 미국에서 가장 큰 슈퍼마켓 체인 중 하나이다. 회사는 24,000가지가 넘는 제품을 판매하고 있고, 전국과 지역에 광고되고 있는 브랜드 제품뿐만 아니라 푸드라이온 전용으로 제작된 고품질의 PL(유통사 브랜드)제품을 제공한다. 회사는 매장 표준화, 혁신적인 창고 배치, 높은 에너지 효율의 설비, 공급업체와의 자료 동기화 등 같은 효율적인 운영을 통해 가격 우위와 품질 경쟁력을 유지하고 있다. 푸드라이온은 소비자들에게 지속적인 혁신, 성장, 가격 우위 및 서비스를 제공하는 것을 미래에도 기대하고 있다.

재고 집약적인 사업 특성상, 푸드라이온은 후입선출법(Last In, First Out: LIFO)으로 재고 자산을 평가한다. 이 방법은 현재 비용을 현재의 수입에 대응시키기 때문에, 급격한 가격 변동으로 인한 손익의 변화를 최소화한다. 추가적으로, 후입선출법은 순이익을 줄여서 인플레이션 기간 동안 소득세를 절감할 수 있다.

푸드라이온은 식료품, 종이류/생활용품, 반려동물용품, 건강 및 미용 보조용품, 유제품, 담배, 맥주/와인, 이렇게 일곱 가지 품목별로 LIFO 지수를 설정한다. 예를 들어 식료품 품목의 LIFO 지수가 1.008이라면, 현재 비용으로 평가된 회사 식료품의 재고 가치가 최근 일 년간의 물가 상승으로 인해 0.8% 증가한 것을 의미한다.

품목별로 LIFO 지수를 구하기 위해서는 각 제품의 연말 재고를 이번 연말 비용과 전년도 말 비용으로 평가해야 한다. 모든 매장의 재고를 파악하는 데 드는 과도한 시간과 비용을 줄이기 위해, 푸드라이온은 50개 매장을 무작위표본으로 추출하고, 각 표본 매장을 대

© Davis Turner/Bloomberg/Getty Images

상으로 연말에 물리적 재고를 조사한다. 그런 다음 각 제품의 이번 연말 구매단가와 전년도 말 구매단가를 활용하여 품목별 LIFO 지수를 계산한다.

최근 일 년 동안 건강 및 미용 보조용품의 LIFO 지수의 표본추정치는 1.015이었으며, 95%의 신뢰수준에서 표본 추정치의 오차범위는 0.006으로 계산되었다. 따라서, 모집단 LIFO 지수의 95% 신뢰구간 추정치는 1.009에서 1.021 사이의 구간이며, 정밀도 수준이 매우 우수하다고 판단된다.

이 장에서는 표본추정치의 오차범위를 계산하는 방법과 함께 오차범위를 사용하여 모평균과 모비율의 구간추정치를 구하는 법과 해석하는 법을 다룬다.

7장에서 점추정량은 모집단의 모수를 추정하기 위해 사용된 표본통계량이며, 표본평균 $\overline{x}$는 모평균 μ의 점추정량이고, 표본비율 $\overline{p}$는 모비율 p의 점추정량이다. 점추정량이 정확한 모수 값을 추정할 수는 없기 때문에, 일반적으로 점추정치에 오차범위(margin of error)라고 하는 값을 가감하여 구간추정치(interval estimate)를 계산하게 된다. 구간추정치의 일반적인 형태는 다음과 같다.

점추정치 ± 오차범위

구간추정치의 목적은 표본으로부터 구한 점추정치가 모수 값에 얼마나 가까운지에 관한 정보를 제공하기 위함이다.

이 장에서는 모평균 μ와 모비율 p의 구간추정치를 계산하는 방법을 제시하며, 모평균 및 모비율 구간추정치의 일반적인 형태는 다음과 같다.

$$\bar{x} \pm \text{오차범위}$$
$$\bar{p} \pm \text{오차범위}$$

위의 구간추정치를 구하는데, $\bar{x}$와 $\bar{p}$의 표본분포가 중요한 역할을 한다.

① 모집단 평균: σ를 아는 경우

모집단 평균(모평균)의 구간추정치를 구하기 위해서는, 모표준편차 σ또는 표본표준편차 s를 사용하여 오차범위를 계산한다. 대부분의 경우에 σ를 모르므로, 오차범위를 계산할 때 s를 사용한다. 어떤 경우에는, 방대한 양의 과거 자료가 사용 가능하다면 표본추출 전에 모표준편차를 추정할 수 있다. 또한, 품질관리 분야에서 어떤 공정이 적합하게 운영, 통제되고 있다고 한다면, 모표준편차를 알고 있다고 할 수 있다. 이러한 경우를 σ를 아는 경우(σ known)라고 한다. 이 절에서는 σ를 알고 있다고 여겨도 되는 사례를 소개하고, 그 경우 구간추정치를 어떻게 계산하는지 설명한다.

매주 Lloyd's 백화점은 100명의 고객을 단순무작위표본으로 추출하여 쇼핑당 지출액을 알아보고자 한다. 쇼핑당 지출액을 x로 나타내면, 모든 Lloyd's 고객 모집단의 쇼핑당 평균지출액, μ의 점추정치는 표본평균 $\bar{x}$를 이용해 구할 수 있다. Lloyd's는 지난 수년간 매주 이러한 조사를 이용해왔다. 과거 자료를 근거로, Lloyd's는 모표준편차 $\sigma=\$20$의 알려진 값이라고 가정한다. 과거 자료로부터 모집단이 정규분포를 따르는 것도 알 수 있다.

최근 한 주간, Lloyd's는 100명의 고객($n=100$)을 조사하여 표본평균, $\bar{x}=\$82$라는 것을 구하였고 이는 쇼핑당 지출액 모평균 μ의 점추정치를 제공한다. 다음으로, 이 추정치의 오차범위를 계산하여 모평균의 구간추정치를 구하는 방법을 설명한다.

DATA files
Lloyd's
www.hanol.co.kr

① 오차범위와 구간추정치

7장에서, μ로부터 특정 범위 내에 $\bar{x}$가 있을 확률을 계산하는 데 $\bar{x}$의 표본분포를 사용할 수 있다고 하였다. Lloyd's 예제에서는, 과거 자료로부터 모집단의 쇼핑 지출액이 $\sigma=20$의 표준편차를 가지는 정규분포를 따른다고 하였다. 따라서 7장에서 배운 내용을 사용하여, $\bar{x}$의 표본분포가 표준오차, $\sigma_{\bar{x}}=\sigma/\sqrt{n}=20/\sqrt{100}=2$를 갖는 정규분포를 따른다고 할 수 있다. 이 표본분포가 〈그림 8-1〉에 나타나 있다[1]. 표본분포는 $\bar{x}$ 값들이 어떤 모양으로 모평균 μ의 주변에 분포하는지 보여주기 때문에, $\bar{x}$ 의 표본분포는 $\bar{x}$ 와 μ의 발생 가능한 차이에 대한 정보를 준다.

표준정규분포표를 보면, 정규분포를 따르는 확률변수 값의 95%는 평균의 ± 1.96 표준편차 이내에 있다는 것을 확인할 수 있다. 따라서 $\bar{x}$ 의 표본분포가 정규분포를 따를 때는, $\bar{x}$ 값의 95%는 평균 μ에서 $\pm 1.96\sigma_{\bar{x}}$ 이내에 있어야 한다. Lloyd's 예제에서, $\bar{x}$ 의 표본분포는 표준오차, $\sigma_{\bar{x}} = 2$를 갖는 정규분포를 따른다는 것을 알고 있다. 여기서, $\pm 1.96\sigma_{\bar{x}} = 1.96(2) = 3.92$이므로, 크기 $n = 100$의 표본에서 얻은 모든 $\bar{x}$ 값의 95%가 모평균 μ에서 ± 3.92 이내에 있을 것이라고 할 수 있고 〈그림 8-2〉에 이를 도식화하여 제공하고 있다.

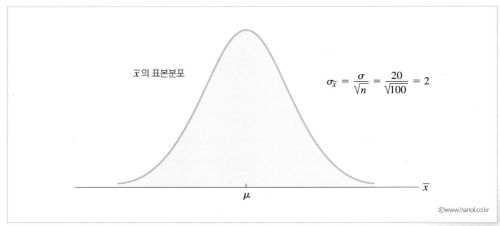

$$\sigma_{\bar{x}} = \frac{\sigma}{\sqrt{n}} = \frac{20}{\sqrt{100}} = 2$$

⬥ 그림 8-1 _ 100명 고객의 단순무작위표본으로부터 구한 지출액 표본평균의 표본분포

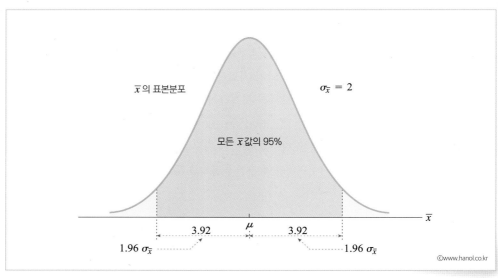

⬥ 그림 8-2 _ $\mu \pm 3.92$ 안에 있는 표본평균 값의 위치를 나타내고 있는 $\bar{x}$ 의 표본분포

---

1) 지출액의 모집단이 정규분포를 따른다는 사실을 토대로 $\bar{x}$ 의 표본분포가 정규분포를 따른다는 결론을 내린다. 모집단이 정규분포를 따르지 않았다면, 중심극한정리와 표본크기가 100이라는 것을 통해, $\bar{x}$ 의 표본분포가 근사적으로 정규분포를 따른다고 할 수 있다. 어떤 경우든지 $\bar{x}$ 의 표본분포는 〈그림 8-1〉과 같이 나타날 것이다.

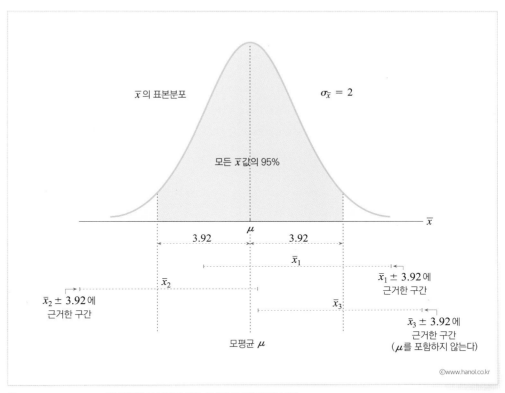

$\bar{x}$의 표본분포

$\sigma_{\bar{x}} = 2$

모든 $\bar{x}$값의 95%

μ

3.92   3.92

$\bar{x}_1$

$\bar{x}_1 \pm 3.92$에
근거한 구간

$\bar{x}_2$

$\bar{x}_2 \pm 3.92$에
근거한 구간

$\bar{x}_3$

$\bar{x}_3 \pm 3.92$에
근거한 구간
(μ를 포함하지 않는다)

모평균 μ

©www.hanol.co.kr

🔺 그림 8-3_ $\bar{x}_1$, $\bar{x}_2$, $\bar{x}_3$에 위치한 표본평균 값을 중심으로 만들어진 구간

이 장을 시작하면서, 모평균 μ의 구간추정치의 일반적인 형태는 $\bar{x} \pm$ 오차범위라고 하였다. Lloyd's 예제에 대해서, 오차범위가 3.92라고 가정하고, $\bar{x} \pm 3.92$를 이용하여 μ의 구간추정치를 계산한다. 이 구간추정치를 해석하기 위해, 100명의 Lloyd's 고객으로 이루어진 세 개의 서로 다른 단순무작위표본을 추출했을 때 얻을 수 있는 $\bar{x}$의 값을 생각해 보자. 첫 번째 표본평균이 〈그림 8-3〉의 $\bar{x}_1$처럼 나타날 수 있다. 이 경우, 〈그림 8-3〉은 $\bar{x}_1$에서 3.92만큼 빼거나 더해서 만들어진 구간이 모평균 μ를 포함한다는 것을 보여준다. 이제 두 번째 표본평균이 〈그림 8-3〉의 $\bar{x}_2$처럼 나타난다면, 어떤 일이 발생하는지 생각해 보자. 이 표본평균이 첫 번째 표본평균과 다르더라도 $\bar{x}_2$에 3.92를 가감하여 만들어진 구간 역시 모평균 μ를 포함하는 것을 알 수 있다. 하지만, 세 번째 표본평균이 〈그림 8-3〉에 나타난 $\bar{x}_3$와 같은 값으로 나타난다면, 어떤 일이 발생하는지 생각해 보자. 이 경우, $\bar{x}_3$에 3.92를 가감하여 만들어진 구간은 모평균 μ를 포함하지 않는다. $\bar{x}_3$가 표본분포의 μ로부터 3.92보다 더 멀리 떨어진 오른쪽 꼬리에 위치하고 있으므로, $\bar{x}_3$에서 3.92를 가감하여 만들어진 구간은 μ를 포함하지 않는다.

〈그림 8-3〉에서 짙게 음영 처리된 부분에 있는 모든 표본평균 $\bar{x}$는 모평균 μ를 포함하는 구간을 만들 것이다. 모든 표본평균의 95%가 음영 처리된 부분에 있기 때문에, $\bar{x}$에서 3.92를 더하고 빼서 형성된 모든 구간의 95%가 모평균 μ를 포함할 것이다.

최근 일주일 동안 Lloyd's의 품질 보증팀이 100명의 고객을 조사하여 $\bar{x} = 82$라는 쇼핑 지출액의 표본평균을 얻었다는 것을 앞서 확인하였다. 구간추정치를 구하기 위해 $\bar{x} \pm 3.92$를 이용하면, 82 ± 3.92를 얻게 된다. 그러므로 최근 일주일 동안의 자료를 토대로 구한 μ의 구간추정치는

* 이 설명은 구간을 왜 95%
  신뢰구간으로 불리는지
  에 대한 이해를 돕는다.

82 − 3.92 = 78.08에서 82 + 3.92 = 85.92가 된다. $\bar{x} \pm 3.92$를 사용하여 만들어진 모든 구간의 95%는 모평균을 포함할 것이기 때문에, 78.08에서 85.92까지의 구간이 모평균 μ를 포함한다고 95% 신뢰할 수 있다. 이 구간은 95% 신뢰수준(confidence level)에서 만들어졌다고 한다. 이때 값 0.95는 신뢰계수(confidence coefficient)라고 하고, 78.08에서 85.92까지의 구간은 95% 신뢰구간 (confidence interval)이라고 한다.

구간추정치와 관련된 또 다른 용어는 유의수준(level of significance)이다. 구간추정치와 관련된 유의수준은 그리스 문자 α라고 칭한다. 유의수준과 신뢰계수의 관계는 다음과 같다.

$$\alpha = \text{유의수준} = 1 - \text{신뢰계수}$$

유의수준은 구간추정 절차가 μ를 포함하지 않는 구간을 생성할 확률이다. 예를 들어, 신뢰계수 0.95에 상응하는 유의수준은 $\alpha = 1 - 0.95 = 0.05$이다. Lloyd's 예제에서, 유의수준 $\alpha = 0.05$라는 의미는 표본을 추출하여 계산한 표본평균 $\bar{x}$가 〈그림 8-3〉에서 $\bar{x}_3$처럼 표본분포의 어느 한 쪽 꼬리 부분에 있을 확률이다. 표본평균이 이처럼 5%의 확률로 표본분포의 꼬리에 나타날 때, 그렇게 생성된 신뢰구간은 μ를 포함하지 않을 것이다.

σ를 아는 경우에는, 오차범위가 $z_{\alpha/2}\sigma/\sqrt{n}$으로 주어졌을 때, 모평균에 대한 구간추정치의 일반적인 식은 다음과 같다.

모평균의 구간추정치: σ를 아는 경우

$$\bar{x} \pm z_{\alpha/2}\frac{\sigma}{\sqrt{n}} \tag{8.1}$$

여기에서 $(1 - \alpha)$는 신뢰계수이고, $z_{\alpha/2}$는 표준정규분포의 오른쪽 꼬리 부분의 면적이 $\alpha/2$인 z값이다.

식 (8.1)을 사용하여, Lloyd's 예제에 대한 95% 신뢰구간을 구해보자. 95% 신뢰구간에서 신뢰계수는 $(1 - \alpha) = 0.95$이고, 따라서 유의수준 $\alpha = 0.05$이다. 표준정규분포표를 사용하면, 오른쪽 꼬리의 $\alpha/2 = 0.05/2 = 0.025$의 면적으로부터 $z_{0.025} = 1.96$이라는 것을 알 수 있다. Lloyd's 예제에서, 표본평균 $\bar{x} = 82$, $\sigma = 20$, 표본크기 $n = 100$을 사용하여 다음과 같은 구간추정치를 구한다.

$$82 \pm 1.96\frac{20}{\sqrt{100}}$$
$$82 \pm 3.92$$

따라서 식 (8.1)을 이용하면, 오차범위는 3.92이고, 95% 신뢰구간은 82 − 3.92 = 78.08에서 82 + 3.92 = 85.92까지이다.

비록 95% 신뢰수준이 자주 사용되지만, 90%나 99%와 같은 다른 신뢰수준도 고려될 수 있다. 가장 일반적으로 사용되는 신뢰수준에 대한 $z_{\alpha/2}$ 값이 〈표 8-1〉에 정리되어 있다. 이 값들과 식 (8.1)을 사용하면 Lloyd's 예제에 대한 90% 신뢰구간은 다음과 같이 구할 수 있다.

$$82 \pm 1.645\frac{20}{\sqrt{100}}$$
$$82 \pm 3.29$$

따라서, 90% 신뢰수준에서는, 오차범위는 3.29이고 신뢰구간은 82 – 3.29 = 78.71에서 82 + 3.29 = 85.29까지이다. 마찬가지로, 99% 신뢰구간은 다음과 같이 구한다.

$$82 \pm 2.576 \frac{20}{\sqrt{100}}$$
$$82 \pm 5.15$$

따라서, 99% 신뢰수준에서는, 오차범위는 5.15이고 신뢰구간은 82 – 5.15 = 76.85에서 82 + 5.15 = 87.15까지이다.

90%, 95%, 99% 신뢰수준에 대한 결과를 서로 비교하면, 더 높은 수준의 신뢰를 얻기 위해서는 오차범위와 신뢰구간의 폭이 더 커야 함을 알 수 있다.

표 8-1_ 가장 일반적으로 사용되는 신뢰수준에 대한 $z_{\alpha/2}$ 값

신뢰수준	α	$\alpha/2$	$z_{\alpha/2}$
90%	0.10	0.05	1.645
95%	0.05	0.025	1.960
99%	0.01	0.005	2.576

2 엑셀 활용하기

Lloyd 백화점 예제에 대하여, σ를 아는 경우에 엑셀을 활용하여 모평균의 구간추정치를 구하는 방법을 설명한다. 〈그림 8-4〉에 엑셀 활용 내용이 나타나 있다. 수식 워크시트는 뒤편에 있고, 수치 워크시트는 앞편에 있다.

데이터 입력 파일 Lloyd's를 연다. 셀 범위 A1:A101에 이름과 매출 데이터가 입력되어 있다.

함수와 수식 입력 엑셀의 COUNT와 AVERAGE 함수를 사용하여 계산된 표본크기와 표본평균이 각각 셀 D4와 D5에서 입력되어 있다. 수치 워크시트에 표본크기가 100이고 표본평균이 82라는 것을 확인할 수 있다. 알려진 모표준편차 값 20이 셀 D7에, 신뢰계수 0.95가 셀 D8에 입력되어 있다. 유의수준은 식 =1 – D8을 셀 D9에 입력하여 계산된다. 수치 워크시트에 신뢰계수 0.95와 연관된 유의수준 0.05가 나타나 있다. 엑셀의 CONFIDENCE.NORM 함수를 사용하여 계산된 오차범위 값이 셀 D11에 입력되어 있다. CONFIDENCE.NORM 함수에는 유의수준(셀 D9), 모표준편차(셀 D7), 표본크기(셀 D4), 이렇게 세 가지가 입력된다. 따라서 95% 신뢰구간의 오차범위를 계산하기 위해서는 다음의 수식을 셀 D11에 입력한다.

$$= CONFIDENCE.NORM(D9, D7, D4)$$

결과 값 3.92는 일주일 동안 모평균 지출액에 대한 구간추정치의 오차범위이다.

셀 범위 D13:D15는 점추정치와 신뢰구간의 하한과 상한을 나타낸다. 점추정치는 단지 표본평균이므로 식 =D5를 셀 D13에 입력한다. 95% 신뢰구간의 하한, $\bar{x}$ – (오차범위)를 계산하기 위해 식 =D13 – D11을 셀 D14에 입력한다. 95% 신뢰구간의 상한, $\bar{x}$ + (오차범위)를 계산하기

위해 식 =D13+D11을 셀 D15에 입력한다. 수치 워크시트에 하한 78.08과 상한 85.92이 나타나 있다. 다시 말하면, 모평균에 대한 95% 신뢰구간은 78.08부터 85.92까지이다.

다른 문제를 위한 템플릿 위 워크시트를 템플릿으로 사용하여 이러한 유형의 다른 문제를 풀기 위해서는 먼저 열 A에 새로운 문제의 데이터를 입력해야 한다. 다음으로, 셀 D4와 D5에 있는 셀 식이 새 데이터에 대한 것으로 갱신되어야 한다. 그리고 알려진 모표준편차는 셀 D7에 입력되어야 한다. 이렇게 하면, 점추정치와 95% 신뢰구간이 셀 D13:D15에 표시된다. 다른 신뢰계수를 갖는 신뢰구간을 설정하려면 셀 D8에 있는 값만 바꾸면 된다.

셀 D4와 D5에 새로운 데이터 값들을 입력할 필요도 없이, 더 간단하게 〈그림 8-4〉를 다른 문제에 대한 템플릿으로 사용할 수 있다. 셀 식을 다음과 같이 다시 작성하면 된다.

셀 D4: = *COUNT*(A:A)

셀 D5: = *AVERAGE*(A:A)

* 파일 Lloyd's에는 데이터 범위를 입력하기 위해서 A:A 방식을 사용한 'Template' 이름의 워크시트가 있다.

데이터 범위를 A:A 방식으로 지정하면, 엑셀의 COUNT 함수는 A열에 있는 모든 수치들의 개수를 세고, 엑셀의 AVERAGE 함수는 A열에 있는 모든 수치들의 평균을 계산한다. 따라서 새로운 문제를 풀기 위해서는 A열에 새로운 데이터를 입력하고, 셀 D7에 알려진 모표준편차 값만 입력하면 된다.

이 워크시트는 표본크기, 표본평균, 모표준편차가 주어져 있는 교재의 연습문제를 풀 때도 템플릿으로 이용할 수 있다. 이러한 유형에서는 셀 D4, D5, D7에 표본크기, 표본평균, 모표준편차 값만 바꾸어 주면 된다.

* <그림 8-4> 주의: 18행부터 99행까지는 숨겨져 있음.

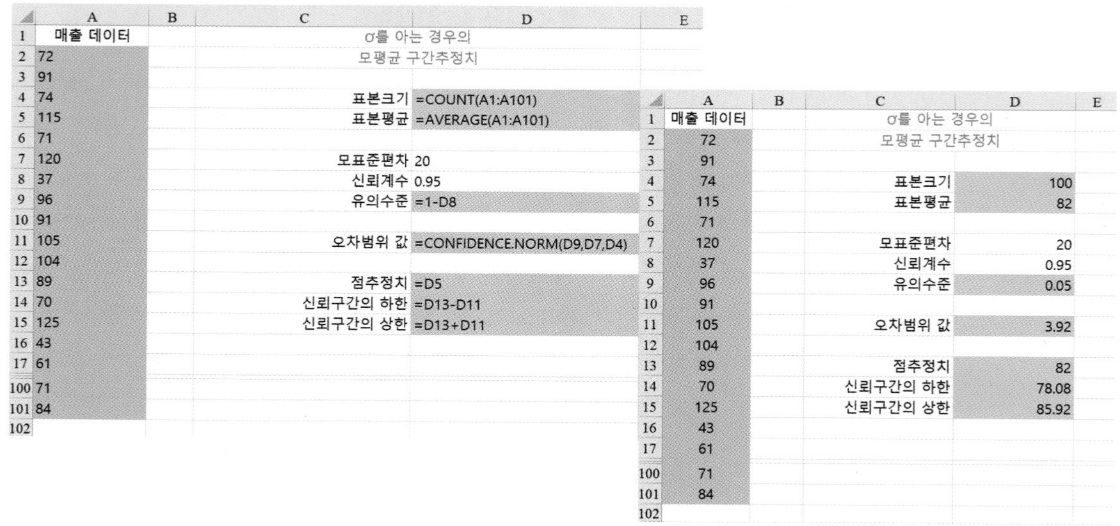

	A	B	C	D	E
1	매출 데이터		σ를 아는 경우의		
2	72		모평균 구간추정치		
3	91				
4	74		표본크기	=COUNT(A1:A101)	
5	115		표본평균	=AVERAGE(A1:A101)	
6	71				
7	120		모표준편차	20	
8	37		신뢰계수	0.95	
9	96		유의수준	=1-D8	
10	91				
11	105		오차범위 값	=CONFIDENCE.NORM(D9,D7,D4)	
12	104				
13	89		점추정치	=D5	
14	70		신뢰구간의 하한	=D13-D11	
15	125		신뢰구간의 상한	=D13+D11	
16	43				
17	61				
100	71				
101	84				
102					

	A	B	C	D	E
1	매출 데이터		σ를 아는 경우의		
2	72		모평균 구간추정치		
3	91				
4	74		표본크기	100	
5	115		표본평균	82	
6	71				
7	120		모표준편차	20	
8	37		신뢰계수	0.95	
9	96		유의수준	0.05	
10	91				
11	105		오차범위 값	3.92	
12	104				
13	89		점추정치	82	
14	70		신뢰구간의 하한	78.08	
15	125		신뢰구간의 상한	85.92	
16	43				
17	61				
100	71				
101	84				
102					

그림 8-4_ 엑셀 워크시트: Lloyd's 백화점에 대한 95% 신뢰구간 구하기

3 실질적 조언

만약 모집단이 정규분포를 따른다면, 식 (8.1)에 의해 제공된 신뢰구간은 정확하다. 즉, 식 (8.1)을 95%의 신뢰구간을 계산하기 위해 반복적으로 사용한다면, 생성된 구간의 정확히 95%가 모평균을 포함할 것이다. 만약 모집단이 정규분포를 따르지 않는다면, 식 (8.1)에 의한 신뢰구간은 근사될 것이다. 이 경우 근사치의 품질은 모집단의 분포와 표본크기에 달려 있다.

대부분의 경우에는, 표본크기 $n \geq 30$이라면 식 (8.1)을 사용하여 모평균의 구간추정치를 구하는 것이 적당하다. 모집단이 정규분포를 따르지 않지만 대략적으로 대칭이고 표본크기가 15개 정도로 작더라도 좋은 근사치의 신뢰구간을 구할 수 있다. 표본크기가 더 작은 경우에는, 모집단 분포가 적어도 근사적으로 정규분포를 따른다고 믿거나 그렇다고 가정할 수 있는 경우에만 식 (8.1)이 사용될 수 있다.

보충설명

1. 이 절에서 논의된 구간추정 절차는 모표준편차 σ를 안다는 가정을 근거로 한다. σ를 안다는 것은 과거 자료나 다른 정보가 이용 가능하여, 모평균의 추정치를 구하기 위한 표본추출 이전에 좋은 모표준편차 추정치를 구할 수 있다는 것을 의미한다. 그러니까, 엄밀하게 말해서 정확한 σ값이 실제로 알려져 있다는 것은 아니다. 단지, 표본추출 이전에 표준편차의 좋은 추정치를 얻었기 때문에, 모평균과 모표준편차를 추정하기 위하여 동일한 표본을 사용하지 않는다는 것을 의미할 뿐이다.

2. 표본크기 n은 구간추정 식 (8.1)의 분모에 나타난다. 그러므로 만약 어떤 표본크기에서 너무 넓은 구간이 구해져서 실제로 사용이 어렵다면, 표본크기를 증가시키는 것을 고려할 필요가 있다. 분모에 n이 있으므로, 더 큰 표본크기를 통해 더 작은 오차범위, 더 좁은 구간, 그리고 더 높은 정밀도를 얻을 수 있다. 원하는 정확도를 얻기 위해, 단순무작위표본의 크기를 결정하는 절차가 8.3절에서 소개된다.

3. 표본크기가 모집단 크기의 5% 이상(즉, $n/N \geq 0.05$)인 경우에, 평균에 대한 신뢰구간을 구할 때, σ를 아는 경우의 $\bar{x}$의 표본분포의 표준오차를 구해야 하는데, 이 경우, 다음과 같이 유한 모집단 수정계수를 사용해서 구해야 한다.

$$\sigma_{\bar{x}} = \sqrt{\frac{N-n}{N-1}}\left(\frac{\sigma}{\sqrt{n}}\right)$$

연습문제

기초문제

1. 표본크기가 40개인 단순무작위표본의 표본평균이 25이다. 모집단 표준편차 $\sigma = 5$이다.

  a. 평균의 표준오차 $\sigma_{\bar{x}}$를 구하라.

  b. 95% 신뢰수준에서 오차범위를 구하라.

2. σ가 6인 모집단에서 단순무작위표본 50개를 추출한 결과 표본평균은 32이다.

  a. 모평균에 대한 90% 신뢰구간을 구하라.

b. 모평균에 대한 95% 신뢰구간을 구하라.

c. 모평균에 대한 99% 신뢰구간을 구하라.

3. 표본크기가 60개인 단순무작위표본의 표본평균은 80이다. 모집단 표준편차 $\sigma = 15$이다.

   a. 모평균에 대한 95% 신뢰구간을 구하라.

   b. 120개로 구성된 표본에서 동일한 표본평균을 얻었다고 가정하자. 모평균의 95% 신뢰구간을 구하라.

   c. 표본의 크기가 더 커지면 구간추정치에 어떠한 영향을 주는가?

4. 모평균의 95% 신뢰구간이 152에서 160이라고 한다. 만약 $\sigma = 15$라면, 이 연구에 사용된 표본의 크기는 얼마인가?

응용문제

DATA files
Houston
www.hanol.co.kr

5. 휴스턴의 한 유명 음식점에서 64명의 고객이 점심식사에 지불한 비용을 수집하였다. 이 데이터는 파일 Houston에 담겨 있다. 과거 연구에 의하면 모집단의 표준편차 $\sigma = \$6$로 알려져 있다.

   a. 99% 신뢰수준에서, 오차범위는 얼마인가?

   b. 점심식사에 지불한 평균 비용의 99% 신뢰구간을 구하라.

DATA files
TravelTax
www.hanol.co.kr

여러 도시를 여행할 때 발생하는 일일 총 세금을 조사하기 위해, Global Business Travel Association는 숙박, 렌트카, 식사의 일일 여행 세금에 대한 연구를 수행하였다. 파일 TravelTax에는 시카고 출장 여행에 대한 일일 총 여행 세금 자료가 담겨져 있다. 모표준편차가 $8.50로 알려져 있다고 가정하고, 시카고에 대한 일일 총 여행 세금의 모평균의 95% 신뢰구간을 구하라.

DATA files
Setter
www.hanol.co.kr

6. 잡지 머니(Money)에 따르면, 2017년에 대형견을 소유하고 돌보는 첫 해에 드는 연간 평균 비용이 $1,448라고 한다. 미국 아이리쉬 세터 협회에서 이 견종, 즉 아이리쉬 세터(Irish Red and White Setter)의 견주들의 첫 해 비용을 추정하기 위한 연구를 요청하였다. 표본의 크기는 50이다. 과거 연구에 따르면, 모집단 표준편차는 $255로 알려져 있다고 가정한다.

   a. 이 견종을 소유하고 돌보는 첫 해 평균 비용의 95% 신뢰구간에 대한 오차범위를 구하라.

   b. 파일 Setter에는 아이리쉬 세터의 견주 50명이 자신들의 개를 소유하고 돌보는 데 첫 해에 지출한 비용에 대한 데이터가 담겨져 있다. 이 데이터를 사용하여 표본평균을 계산하라. 이 표본을 사용하여 아이리쉬 세터를 소유하고 돌보는 첫 해의 평균 비용에 대한 95% 신뢰구간을 구하라.

7. 월스트리트 저널(Wall Street Journal)에 따르면, 여러 연구에서 마사지 치료법이 다양한 건강상

의 이점이 있으며, 비용도 그리 비싸지 않다고 한다. 10종류의 1시간짜리 마사지 치료의 평균 비용은 $59로 나타났다. 1시간짜리 치료에 대한 모집단 표준편차 σ=$5.50이다.

a. 오차범위를 원하는 대로 설정하려면, 모집단에 대해 어떠한 가정이 필요한가?

b. 95% 신뢰수준이라면, 오차범위는 얼마인가?

c. 99% 신뢰수준이라면, 오차범위는 얼마인가?

8. 모든 종류의 의료 비용이 증가하고 있다. 요양 시설의 월 평균 임대료가 과거 5년 동안 17% 증가한 $3,486로 보고되었다. 이 비용 추정치는 120개 시설의 표본에 근거한 것으로 가정한다. 과거 연구에 따르면 모집단의 표준편차 σ=$650라고 한다.

a. 모집단 평균 월 임대료의 90% 신뢰구간을 구하라.

b. 모집단 평균 월 임대료의 95% 신뢰구간을 구하라.

c. 모집단 평균 월 임대료의 99% 신뢰구간을 구하라.

d. 신뢰수준이 높아짐에 따라, 신뢰구간의 폭은 어떻게 되는가? 타당하다고 생각하는가? 설명하라.

2 모집단 평균: σ를 모르는 경우

모평균의 구간추정치를 구할 때, 일반적으로 모집단 표준편차의 정확한 추정치를 알지 못한다. 이 경우에는 μ와 σ를 모두 추정하기 위해 동일한 표본을 사용해야 한다. 이러한 상황이 σ를 모르는 경우(σ unknown)이다. σ를 추정하기 위하여 s를 사용할 경우, 모평균에 대한 오차범위와 구간추정치는 t분포로 알려진 확률분포에 근거한다. 수학적 관점에서 t분포는 표본추출의 대상이 되는 모집단이 정규분포를 따른다는 가정에 기반을 두지만, 연구에 따르면 모집단이 정규분포에서 현저히 벗어나는 많은 경우에도 t분포를 성공적으로 적용할 수 있다고 한다. 이 절의 후반부에는 모집단이 정규분포를 따르지 않으면 t분포를 어떻게 사용하는지 설명한다.

t분포는 자유도(degrees of freedom)로 알려진 모수에 따라 특정한 t분포가 되는 유사한 확률분포들의 집합이다. 자유도 1을 갖는 t분포는 유일하며 자유도 2, 자유도 3, 그리고 기타 자유도를 갖는 t분포도 마찬가지다. 자유도가 증가함에 따라, t분포와 표준정규분포 간의 차이는 점점 더 작아진다. 〈그림 8-5〉는 자유도가 각각 10과 20인 t분포와 표준정규분포의 관계를 보여준다. 더 높은 자유도를 갖는 t분포가 분산이 더 작고, 표준정규분포와 더 유사성을 띠게 된다. t분포의 평균이 0이라는 것도 유념하자.

* 필명이 'student'인 William Sealy Gosset이 t분포를 만들었다. 옥스퍼드 대학에서 수학을 전공한 Gosset은 아일랜드 더블린에 소재한 기네스 맥주 양조장에서 근무하였다. 그는 소규모 자재와 온도 실험에 관한 업무를 하면서 t분포를 개발하였다.

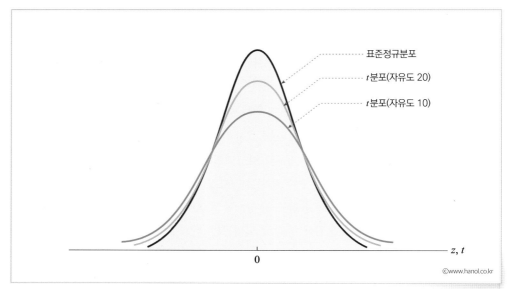

△ 그림 8-5_표준정규분포와 자유도 10과 20을 갖는 t분포의 비교

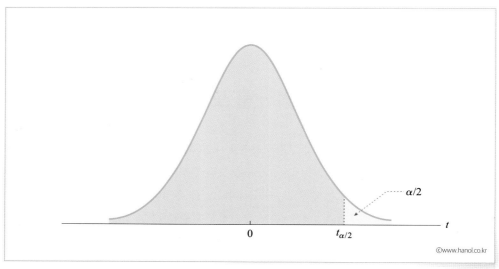

△ 그림 8-6_t분포의 $\alpha/2$ 면적 또는 오른쪽 꼬리 확률

t분포의 오른쪽 꼬리 면적을 가리키기 위해 t에 아래첨자를 두었다. 예를 들어, 표준정규분포 오른쪽 꼬리의 0.025라는 면적을 지정하는 z값을 가리키기 위해 $z_{0.025}$를 사용한 것처럼, t분포 오른쪽 꼬리의 0.025라는 면적을 가리키기 위해 $t_{0.025}$를 사용한다. 일반적으로, 분포의 오른쪽 꼬리 $\alpha/2$의 면적에 해당하는 t값을 나타내기 위하여 $t_{\alpha/2}$로 표기한다. 〈그림 8-6〉을 참조 바란다.

부록 B(온라인으로도 제공)의 〈표 2〉에 t분포에 대한 표가 제공된다. 이 표의 일부는 〈표 8-2〉에 나타나 있다. 표의 각 행은 표시된 자유도에 따른 별도의 t분포에 해당한다. 예를 들어, 자유도가 9인 t분포에 대해서, $t_{0.025}=2.262$이다. 마찬가지로, 자유도가 60인 t분포에 대해, $t_{0.025}=2.000$이다. 자유도가 계속 증가함에 따라, $t_{0.025}$는 $z_{0.025}=1.96$에 가까워진다. 사실, 표준정규분포 z값

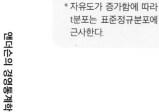

* 자유도가 증가함에 따라 t분포는 표준정규분포에 근사한다.

을 t분포표의 무한대 자유도(∞로 표시됨) 행에서 찾을 수 있다. 자유도가 100을 초과하면, 무한대 자유도 행에서 실제 t값의 근사값을 이용할 수 있다. 다시 말해, 자유도가 100을 초과하면, 표준정규분포의 z값이 t값의 좋은 근사값이 된다.

📊 표 8-2_ t분포표의 일부분*

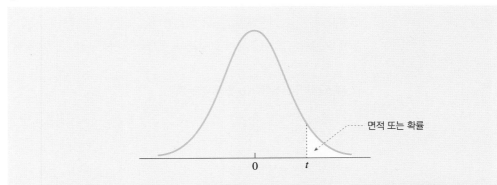

자유도	오른쪽 꼬리 면적					
	.20	.10	.05	.025	.01	.005
1	1.376	3.078	6.314	12.706	31.821	63.656
2	1.061	1.886	2.920	4.303	6.965	9.925
3	.978	1.638	2.353	3.182	4.541	5.841
4	.941	1.533	2.132	2.776	3.747	4.604
5	.920	1.476	2.015	2.571	3.365	4.032
6	.906	1.440	1.943	2.447	3.143	3.707
7	.896	1.415	1.895	2.365	2.998	3.499
8	.889	1.397	1.860	2.306	2.896	3.355
9	.883	1.383	1.833	2.262	2.821	3.250
⋮	⋮	⋮	⋮	⋮	⋮	⋮
60	.848	1.296	1.671	2.000	2.390	2.660
61	.848	1.296	1.670	2.000	2.389	2.659
62	.847	1.295	1.670	1.999	2.388	2.657
63	.847	1.295	1.669	1.998	2.387	2.656
64	.847	1.295	1.669	1.998	2.386	2.655
65	.847	1.295	1.669	1.997	2.385	2.654
66	.847	1.295	1.668	1.997	2.384	2.652
67	.847	1.294	1.668	1.996	2.383	2.651
68	.847	1.294	1.668	1.995	2.382	2.650
69	.847	1.294	1.667	1.995	2.382	2.649
⋮	⋮	⋮	⋮	⋮	⋮	⋮
90	.846	1.291	1.662	1.987	2.368	2.632
91	.846	1.291	1.662	1.986	2.368	2.631
92	.846	1.291	1.662	1.986	2.368	2.630
93	.846	1.291	1.661	1.986	2.367	2.630
94	.845	1.291	1.661	1.986	2.367	2.629
95	.845	1.291	1.661	1.985	2.366	2.629
96	.845	1.290	1.661	1.985	2.366	2.628
97	.845	1.290	1.661	1.985	2.365	2.627
98	.845	1.290	1.661	1.984	2.365	2.627
99	.845	1.290	1.660	1.984	2.364	2.626
100	.845	1.290	1.660	1.984	2.364	2.626
∞	.842	1.282	1.645	1.960	2.326	2.576

*부록 B(온라인으로 제공)의 〈표 2〉에 전체 표가 제공됨.

1 오차범위와 구간추정치

8.1절에서는 σ를 아는 경우에 모평균의 구간추정치는 다음과 같다고 하였다.

$$\bar{x} \pm z_{\alpha/2} \frac{\sigma}{\sqrt{n}}$$

σ를 모르는 경우에 μ의 구간추정치를 계산하기 위해서는, 표본표준편차 s를 사용하여 σ를 추정하고, $z_{\alpha/2}$는 t분포값 $t_{\alpha/2}$로 대체한다. 그러면 오차범위는 $t_{\alpha/2}s/\sqrt{n}$이 된다. σ를 모르는 경우에 오차범위를 이용하여 모평균의 구간추정치를 구하는 일반적인 식은 다음과 같다.

> **모평균의 구간추정치: σ를 모르는 경우**
>
> $$\bar{x} \pm t_{\alpha/2} \frac{s}{\sqrt{n}} \qquad (8.2)$$

여기서 s는 표본표준편차, $(1-\alpha)$는 신뢰계수, $t_{\alpha/2}$는 $n-1$의 자유도를 갖는 t분포의 오른쪽 꼬리의 $\alpha/2$ 면적을 가리키는 t값이다.

식 (8.2)에 있는 t값의 자유도는 $n-1$인데, 그 이유는 모표준편차 σ의 추정치로 s를 사용했기 때문이다. 표본표준편차의 식은 다음과 같다.

$$s = \sqrt{\frac{\sum(x_i - \bar{x})^2}{n - 1}}$$

자유도는 $\sum(x_i - \bar{x})^2$을 계산하는 데 사용된 독립된 정보의 개수를 뜻한다. $\sum(x_i - \bar{x})^2$를 계산하는 데 사용된 n개의 정보는 다음과 같다: $x_1 - \bar{x}, x_2 - \bar{x}, \cdots, x_n - \bar{x}$. 3.2절에서 어떤 데이터라도 $\sum(x_i - \bar{x})=0$ 임을 보였다. 따라서, $n-1$개의 $x_i - \bar{x}$ 값만이 독립이다. 즉, $n-1$개의 값을 안다면, 나머지 하나의 값은 $x_i - \bar{x}$ 값들의 합이 0이라는 조건에 의해 정확히 결정될 수 있다. 그러므로, $n-1$이 $\sum(x_i - \bar{x})^2$과 관련된 자유도의 개수이며, 식 (8.2)에 t분포에 대한 자유도가 된다.

σ를 모르는 경우의 구간추정 과정을 설명하기 위해, 미국 가정을 모집단으로 하여 평균 신용카드 부채를 추정하는 연구를 살펴본다. $n=70$가구 표본에 대한 신용카드 사용액이 〈표 8-3〉에 나타나 있다. 이 경우에, 모표준편차 σ에 대한 사전 추정치가 없다. 따라서 모평균과 모표준편

표 8-3_ 70가구 표본의 신용카드 사용액

9,430	14,661	7,159	9,071	9,691	11,032
7,535	12,195	8,137	3,603	11,448	6,525
4,078	10,544	9,467	16,804	8,279	5,239
5,604	13,659	12,595	13,479	5,649	6,195
5,179	7,061	7,917	14,044	11,298	12,584
4,416	6,245	11,346	6,817	4,353	15,415
10,676	13,021	12,806	6,845	3,467	15,917
1,627	9,719	4,972	10,493	6,191	12,591
10,112	2,200	11,356	615	12,851	9,743
6,567	10,746	7,117	13,627	5,337	10,324
13,627	12,744	9,465	12,557	8,372	
18,719	5,742	19,263	6,232	7,445	

차를 추정하기 위해서는 해당 표본을 사용해야 한다. 〈표 8-3〉에 있는 데이터를 사용하여 표본 평균을 계산하면 $\bar{x} = \$9,312$이고 표본표준편차 $s = \$4,007$이다. 95% 신뢰수준과 자유도 $n-1 = 69$를 고려하면, $t_{0.025}$의 적절한 값을 〈표 8-2〉에서 구할 수 있다. 자유도가 69인 행과 오른쪽 꼬리 면적이 0.025에 해당하는 열에 있는 t값 $t_{0.025} = 1.995$이다.

식 (8.2)를 사용하여 모평균 신용카드 사용액의 구간추정치를 계산한다.

$$9312 \pm 1.995 \frac{4007}{\sqrt{70}}$$

$$9312 \pm 955$$

모평균의 점추정치는 \$9,312, 오차범위는 \$955이며, 95% 신뢰구간은 \$9,312 − \$955 = \$8,357에서 \$9,312 + \$955 = \$10,267 까지이다. 따라서, 전체 가구 모집단에 대한 평균 신용카드 사용액이 \$8,357와 \$10,267 사이에 있다는 것을 95% 신뢰한다.

2 엑셀 활용하기

〈표 8-3〉에 있는 신용카드 사용액 데이터를 이용하여, σ를 모르는 경우에 모평균의 구간추정치를 구하는데 엑셀이 어떻게 사용되는지 설명한다. 먼저, 3장에서 소개된 엑셀의 기술 통계법을 사용하여 데이터를 요약한다. 〈그림 8-7〉에 엑셀 활용의 내용이 나타나 있다. 수식 워크시트가 뒤쪽에 있고, 수치 워크시트가 앞쪽에 있다.

* 〈그림 8-7〉 주의: 21행부터 69행까지는 숨겨져 있음.

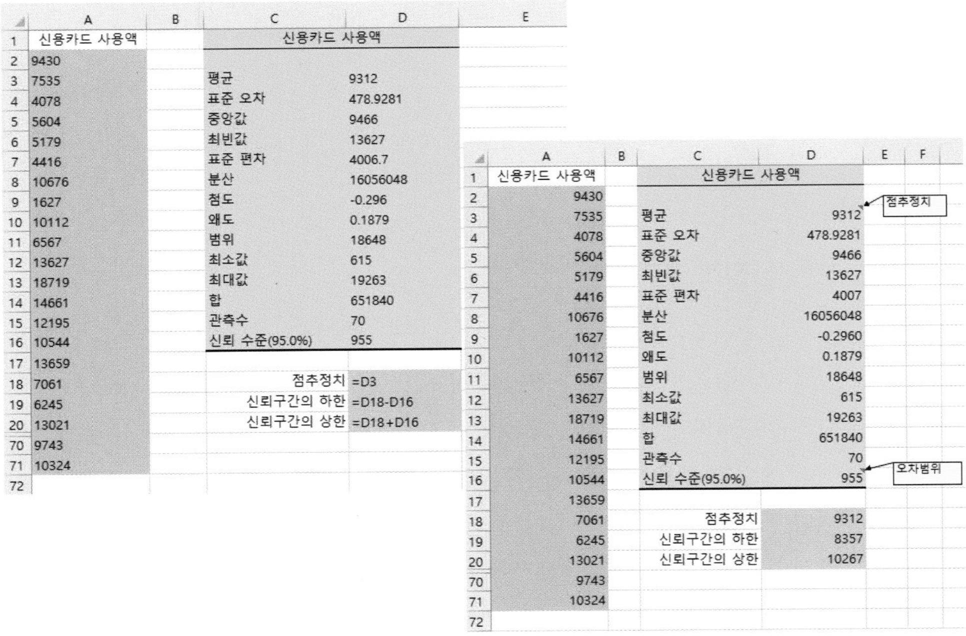

©www.hanol.co.kr

🔵 그림 8-7_ 엑셀 워크시트: 신용카드 사용액에 대한 95% 신뢰구간

데이터 입력 파일 NewBalance를 연다. 이름과 신용카드 사용액이 셀 범위 A1:A71에 입력되어 있다.

데이터 분석 도구 적용 위 데이터에 대해 엑셀의 기술 통계법을 사용하는 절차는 다음과 같다.

단계 1 엑셀 리본에서 데이터 탭을 클릭한다.

단계 2 분석 그룹에서 데이터 분석을 클릭한다.

단계 3 분석도구 목록에서 기술 통계법을 선택한다.

단계 4 기술 통계법 대화상자가 나타나면 다음 절차를 수행한다.

입력 범위에 A1:A71을 입력한다.

데이터 방향은 열로 선택한다.

첫째 행 이름표 사용을 체크한다.

출력 옵션에서 출력 범위를 선택한다:

출력 범위에 C1을 입력한다.

요약 통계량을 체크한다.

평균에 대한 신뢰수준을 체크한다.

평균에 대한 신뢰수준에 95를 입력한다.

확인을 클릭한다.

표본평균($\bar{x}$)은 셀 D3에 있다. "신뢰수준(95%)"이라고 표시된 오차범위는 셀 D16에 나타나 있다. 수치 워크시트에 $\bar{x}$=9,312와 오차범위 955가 보인다.

함수와 수식 입력 셀 D18:D20에는 점추정치와 신뢰구간에 대한 하한과 상한이 있다. 점추정치가 바로 표본평균이기 때문에 수식 =D3을 셀 D18에 입력한다. 95% 신뢰구간의 하한, $\bar{x}$－(오차범위)를 계산하기 위하여, 수식 =D18－D16을 셀 D19에 입력한다. 95% 신뢰구간의 상한, $\bar{x}$＋(오차범위)를 계산하기 위하여, 수식 =D18＋D16을 셀 D20에 입력한다. 수치 워크시트에 하한 8,357과 상한 10,267이 보인다. 즉, 모평균에 대한 95% 신뢰구간은 8,357부터 10,267까지이다.

3 실질적 조언

모집단이 정규분포를 따른다면 식 (8.2)를 이용해서 구한 신뢰구간은 정확하며, 표본크기에 상관없이 이용할 수 있다. 모집단이 정규분포를 따르지 않는다면 식 (8.2)를 이용해서 구한 신뢰구간은 근사치가 될 것이다. 이 경우, 근사의 정도는 모집단의 분포와 표본크기에 따라 다르다.

식 (8.2)를 사용하여 모평균의 구간추정치를 구할 때, 대부분의 경우, 표본크기 n이 30 이상이면 적합하다. 하지만, 모집단 분포의 비대칭 정도가 심하거나 이상치를 포함하고 있다면, 대부분의 통계학자들은 표본크기를 50 이상으로 증가시키는 것을 권고한다. 모집단이 정규분포를 따르지는 않지만, 대략적으로 대칭이라면, 15개 정도로 작은 표본크기라도 거의 정확한 신뢰구간을 제공한다고 기대할 수 있다. 표본크기가 더 작다면, 모집단 분포가 적어도 정규분포와 유사하다고 연구자가 믿거나 가정할 수 있을 때에만 식 (8.2)를 이용할 수 있다.

* 모집단의 분포가 심하게 비대칭이거나 이상치가 있다면 표본의 크기가 더 클 필요가 있다.

4 소표본 사용하기

다음 예에서는 표본크기가 작을 때 모평균의 구간추정치를 구해 본다. 앞에서 이미 언급한 바와 같이, 모집단 분포의 이해가 구간추정 절차를 통해 괜찮은 결과를 제공하는지 여부를 결정하는 요인이 된다.

Scheer 공업사는 유지 보수 담당 직원의 기계 정비 훈련 시 사용할 수 있는 신규 컴퓨터 활용 프로그램 도입을 검토 중이다. 신규 프로그램을 충분히 평가하기 위해, 제조 부문 임원은 유지 보수 직원이 컴퓨터 활용 교육을 수료할 때까지 걸리는 시간의 모평균에 대한 추정치를 요청하였다.

표본으로 선택된 20명의 직원은 모두 교육 프로그램을 이수하였다. 〈표 8-4〉에 20명의 직원이 교육을 이수하는 데 걸린 시간 데이터가 나타나 있다. 표본 데이터에 대한 히스토그램은 〈그림 8-8〉에 나타나 있다. 이 히스토그램을 근거로 모집단 분포에 대해 어떠한 설명을 할 수 있는가? 먼저, 표본 데이터는 모집단의 분포가 정규분포를 따른다는 것을 뒷받침하지 않지만, 왜도나 이상치가 있다고 할 수도 없다. 따라서 앞에서 제시한 지침에 따라, 20명 직원의 표본에 대하여 t분포를 사용한 구간추정치는 적합하다고 판단된다.

계속해서 표본평균과 표본표준편차를 다음과 같이 구할 수 있다.

$$\bar{x} = \frac{\sum x_i}{n} = \frac{1030}{20} = 51.5\text{일}$$

$$s = \sqrt{\frac{\sum(x_i - \bar{x})^2}{n - 1}} = \sqrt{\frac{889}{20 - 1}} = 6.84\text{일}$$

표 8-4_ Scheer 공업사의 20명 직원 표본에 대한 훈련 시간

(단위: 일)

52	59	54	42
44	50	42	48
55	54	60	55
44	62	62	57
45	46	43	56

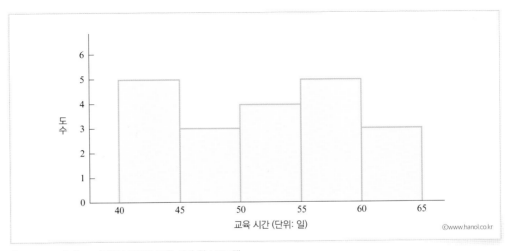

그림 8-8_ Scheer 공업사 표본의 교육 시간 히스토그램

95% 신뢰구간을 구하기 위해, 부록 B의 〈표 2〉와 자유도 $n-1=19$를 사용하여, $t_{0.025}=2.093$을 얻는다. 식 (8.2)를 통해 모평균의 구간추정치를 구한다.

$$51.5 \pm 2.093 \left(\frac{6.84}{\sqrt{20}} \right)$$

$$51.5 \pm 3.2$$

모평균의 점추정치는 51.5일이다. 오차범위는 3.2일이고 95% 신뢰구간은 $51.5-3.2=48.3$일에서 $51.5+3.2=54.7$일까지이다.

모집단의 분포가 항상 표본 데이터의 히스토그램에 의해 결정되는 것은 아니지만, 많은 경우 히스토그램이 가용한 유일한 정보를 준다. 히스토그램은 전문가들의 판단과 더불어, 구간추정치를 구할 때 식 (8.2)의 적용 여부를 결정하는 데 종종 사용될 수 있다.

5 구간추정 절차 요약

모평균의 구간추정치를 구하는 두 가지 방법을 설명하였다. σ를 아는 경우에는, 식 (8.1)에서 σ와 표준정규분포를 사용하여 오차범위를 계산하고 구간추정치를 구한다. σ를 모르는 경우에는, 식 (8.2)에서 표본표준편차 s와 t분포를 사용하여 오차범위를 계산하고 구간추정치를 구한다.

두 경우의 구간추정 절차가 〈그림 8-9〉에 요약되어 있다. 대부분의 경우, 표본크기 n은 30 이상이 적절하다. 하지만, 모집단이 정규분포이거나 근사적으로 정규분포라면, 더 작은 표본크기도 사용할 수 있다. σ를 모르는 경우에는 모집단 분포가 심하게 치우쳐 있거나 이상치를 포함한다면, 50 이상의 표본크기를 사용하는 것이 권장된다.

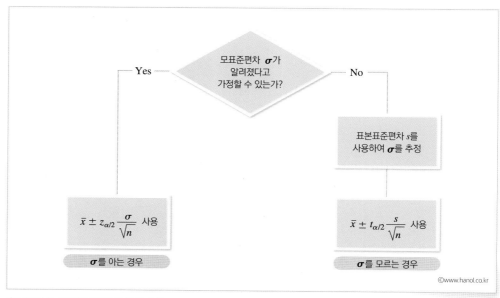

🔺 그림 8-9 _ 모평균 구간추정 절차 요약

1. σ를 아는 경우에는, 오차범위는 크기가 n인 모든 표본에 대해 동일하게 $z_{\alpha/2}(\sigma/\sqrt{n})$이다. σ를 모르는 경우에는, 오차범위는 $t_{\alpha/2}(s/\sqrt{n})$으로 표본마다 다르다. 다르게 되는 이유는 표본표준편차 s값이 선택되는 표본마다 변하기 때문이다. s값이 크면 오차범위도 커지고, s값이 작으면 오차범위도 작아진다.

2. 모집단의 왜도가 심한 경우에는 신뢰구간 추정치에 어떠한 영향을 주는가? 분포를 오른쪽으로 늘어트리는 큰 값들을 갖는, 오른쪽 꼬리가 긴 모집단을 생각해 보자. 이러한 왜도가 있다면, 표본평균 $\bar{x}$와 표본표준편차 s는 양의 상관관계를 갖는다. s가 큰 값을 가지면 $\bar{x}$도 큰 값을 갖는 경향이 있다. 그래서 $\bar{x}$가 모평균보다 큰 경우, s도 σ보다 큰 값을 가지는 경향이 있다. 이러한 왜도는, σ를 아는 경우에 구해지는 오차범위보다 더 큰 오차범위($t_{\alpha/2}(s/\sqrt{n})$)를 만든다. 더 큰

오차범위를 갖는 신뢰구간은 모평균 μ을 포함할 가능성이 σ의 실제값을 사용하는 경우보다 더 크다. 하지만, $\bar{x}$가 모평균보다 작을 때는, $\bar{x}$와 s 사이의 상관관계로 인하여 오차범위는 더 작아진다. 이 경우에 더 작은 오차범위를 갖는 신뢰구간은 알려진 σ를 이용할 때보다도 모평균을 포함하지 못할 가능성이 높다. 이러한 이유로, 모집단 분포가 심하게 기울어져 있는 경우 더 큰 표본크기를 사용하는 것을 권장한다.

3. 모집단 크기의 5% 이상(즉, $n/N \geq 0.05$)인 크기의 표본으로 평균에 대한 신뢰구간을 구할 때, σ를 모르는 경우에 표본분포의 표준오차를 계산할 때 다음과 같이 유한 모집단 수정계수를 사용해야 한다.

$$s_{\bar{x}} = \sqrt{\frac{N-n}{N-1}}\left(\frac{s}{\sqrt{n}}\right)$$

연습문제

기초문제

9. 자유도가 16인 t분포에 대하여, 다음의 영역의 면적 혹은 확률을 각각 구하라.

    a. 2.120의 오른쪽

    b. 1.337의 왼쪽

    c. −1.746의 왼쪽

    d. 2.583의 오른쪽

    e. −2.120과 2.120 사이

    f. −1.746과 1.746 사이

10. 다음 경우에 t값을 각각 구하라.

    a. 자유도가 12인 경우에, 0.025의 오른쪽 꼬리 면적을 갖는 t값을 구하라.

    b. 자유도가 50인 경우에, 0.05의 왼쪽 꼬리 면적을 갖는 t값을 구하라.

    c. 자유도가 30인 경우에, 0.01의 오른쪽 꼬리 면적을 갖는 t값을 구하라.

    d. 자유도가 25인 경우에, 면적의 90%가 두 t값 사이에 있을 때 해당 t값을 구하라.

    e. 자유도가 45인 경우에, 면적의 95%가 두 t값 사이에 있을 때 해당 t값을 구하라.

11. 다음 표본 데이터는 정규분포를 따르는 모집단으로부터 구한 것이다: 10, 8, 12, 15, 13, 11, 6, 5

    a. 모평균의 점추정치를 구하라.

    b. 모표준편차의 점추정치를 구하라.

    c. 95% 신뢰수준에서, 모평균 추정 시 오차범위를 구하라.

    d. 모평균에 대한 95% 신뢰구간을 구하라.

12. 표본크기 $n=54$를 가지는 단순무작위표본의 평균이 22.5이고 표준편차가 4.4이다.

    a. 모평균에 대한 90% 신뢰구간을 구하라.

    b. 모평균에 대한 95% 신뢰구간을 구하라.

    c. 모평균에 대한 99% 신뢰구간을 구하라.

    d. 신뢰수준이 높아지면 오차범위와 신뢰구간은 어떻게 되는가?

응용문제

스킬링스(Skillings) 대리점의 영업사원이 일주일간 접촉한 고객 목록에 대한 주간 보고서를 제출하였다. 주간 보고서 65개의 표본으로부터 고객접촉 건수의 표본평균이 주당 19.5명임을 확인하였다. 표본표준편차는 5.2이다. 영업사원의 주간 고객접촉 건수의 모평균에 대한 90% 및 95% 신뢰구간을 구하라.

13. 40개 회사채에 대한 만기년수와 수익률 데이터가 파일 CorporateBonds에 있다(출처: Barron's).

    a. 회사채 만기년수의 표본평균과 표본표준편차를 구하라.

    b. 만기년수의 모평균에 대한 95% 신뢰구간을 구하라.

    c. 회사채 수익률의 표본평균과 표본표준편차를 구하라.

    d. 회사채 수익률의 모평균에 대한 95% 신뢰구간을 구하라.

국제항공운송협회(International Air Transport Association)에서는 대서양 횡단의 관문 공항들에 대한 품질 평가를 위해 여행객들에게 설문조사를 한다. 최고 평가 점수는 10이다. 여행객 50명을 무작위표본으로 추출하여 마이애미 국제공항에 대한 평가를 요청한다. 파일 Miami에 여행객 50명의 표본에서 얻은 평가 점수가 있다. 마이애미 국제공항의 모집단의 평가 점수 평균에 대한 95% 신뢰구간을 구하라.

14. 장년층은 종종 구직에 어려움을 겪는다. 미국은퇴자협회(AARP)는 55세 이상의 근로자들이 구직하는 데 걸리는 시간을 조사하였다. 구직 소요 시간(주 단위)에 대한 데이터가 파일 JobSearch에 있다(AARP의 조사 결과와 일치함).

    a. 55세 이상의 근로자들이 구직하는 데 걸리는 시간(주 단위)에 대한 모평균의 점추정치를 구하라.

    b. 95%의 신뢰수준에서 오차범위를 구하라.

c. 모평균의 95% 신뢰구간을 구하라.

d. 이 표본에서 발견되는 왜도(skewness)에 대하여 논의하라. 이 조사를 다시 한다면 어떠한 제안을 하겠는가?

15. 도쿄의 한 중급 레스토랑에서 2인 평균 식사 비용은 40달러이다. 홍콩의 동급 식사 가격은 어떨까? 파일 HongKongMeals에는 홍콩 중급 레스토랑에서 최근 2인 식사 비용에 대한 42개의 표본 데이터가 있다.

a. 95% 신뢰수준에서, 오차범위를 구하라.

b. 모평균의 95% 신뢰구간을 구하라.

c. 홍콩 중급 레스토랑에서 2인 식사 비용과 도쿄의 동급 레스토랑에서 2인 식사 비용을 비교하라.

16. 미국에서 연간 평균 자동차 보험료는 $1,503이다. 파일 AutoInsurance에 미시간 주에 대하여 조사한 연간 보험료(단위: $) 데이터가 있다. 연간 보험료의 모집단은 정규분포에 근사한다고 가정하자.

a. 미시간 주의 연간 자동차 보험료의 평균에 대한 점추정치를 구하라.

b. 미시간 주의 연간 자동차 보험료의 평균에 대한 95% 신뢰구간을 구하라.

c. 미시간 주의 연간 자동차 보험료의 평균에 대한 95% 신뢰구간이 미국 전역의 평균을 포함하는가? 미시간 주와 미국 전역의 평균 연간 자동차 보험료 간의 관계를 설명하라.

17. 박스오피스 모조(Mojo)에 따르면, 영화 블랙팬서는 2018년에 개봉된 영화 중 주말 국내 박스오피스 티켓 매출이 $202,033,951로 1위를 달성했다. 30개 극장의 표본에 대한 티켓 판매 수입(단위: $) 데이터가 파일 BlackPanther에 제공된다.

a. 극장당 티켓 판매 수입의 평균에 대한 95% 신뢰구간 추정치를 구하고, 그 결과를 해석하라.

b. 영화 티켓 가격이 한 장당 $9.11일 때, 극장당 평균 관객 수를 추정하라.

c. 영화는 개봉 주말 동안 4,020개의 극장에서 상영되었다. 블랙팬서를 관람한 총 고객 수와 주말 전체 박스오피스 티켓 매출을 추정하라.

③ 표본크기의 결정

* 표본추출 전에 원하는 오차범위가 정해진다면, 정해진 오차범위의 조건을 만족시키는 데 필요한 표본크기를 결정하는 절차를 이 절에서 설명한다.

앞 두 절의 실질적 조언 부분에서, 모집단이 정규분포를 따르지 않을 때, 좋은 근사 신뢰구간을 얻기 위해서는 표본크기가 중요함을 언급하였다. 이 절에서는 다른 측면의 표본크기 문제에 대해 초점을 맞춘다. 원하는 크기의 오차범위를 얻기 위해, 표본크기가 얼마나 커야 하는지 설명한다. 이 절차가 어떻게 작동되는지를 이해하기 위하여, 8.1절에 제시된 σ를 아는 경우로 돌아가 보자. 식 (8.1)을 사용하면 구간추정치는 다음과 같다.

$$\bar{x} \pm z_{\alpha/2}\frac{\sigma}{\sqrt{n}}$$

$z_{\alpha/2}(\sigma/\sqrt{n})$만큼이 오차범위이다. 즉, $z_{\alpha/2}$, 모표준편차 σ, 그리고 표본크기 n을 조합하여 오차범위를 결정하는 것을 알 수 있다. 일단, 신뢰계수 $1-\alpha$를 선택하면, $z_{\alpha/2}$는 결정된다. 다음으로, σ값이 주어진다면, 필요한 표본크기 n을 결정하여 원하는 오차범위를 얻을 수 있다. 요구되는 표본크기 n을 계산하기 위하여 사용되는 식의 전개는 다음과 같다.

E가 원하는 오차범위라 하면,

$$E = z_{\alpha/2}\frac{\sigma}{\sqrt{n}}$$

$\sqrt{n}$에 대해 전개하면 다음과 같이 된다.

$$\sqrt{n} = \frac{z_{\alpha/2}\sigma}{E}$$

양 변을 제곱하면, 표본크기에 대하여 아래의 식을 얻는다.

* 식 (8.3)을 이용하여 적정한 표본크기를 구할 수 있다. 하지만 최종 표본크기를 상향 조정할지 여부는 전문가의 판단에 달려 있다.

모평균의 구간추정치에 대한 표본크기

$$n = \frac{(z_{\alpha/2})^2\sigma^2}{E^2} \tag{8.3}$$

위와 같이 구해진 표본크기는 주어진 신뢰수준에서 원하는 오차범위를 제공한다.

식 (8.3)에서 E는 허용 가능 오차범위이고, $z_{\alpha/2}$ 값은 구간추정치를 구하는 데 사용되는 신뢰수준으로부터 직접적으로 결정된다. 사용자마다 선호도가 다르긴 하지만, 95% 신뢰수준이 가장 자주 선택되는 신뢰수준이다($z_{0.025}=1.96$).

마지막으로, 식 (8.3)을 사용하려면 모표준편차 σ값을 알아야 한다. 하지만 σ값을 모르더라도, σ값에 대한 예비값이나 계획값(planning value)이 있다면 식 (8.3)을 사용할 수 있다. 실제로, σ값을 결정하는데, 다음 방법 중 하나를 이용할 수 있다.

* 모표준편차 σ의 계획값은 표본크기가 결정되기 전에 설정해야 한다. σ의 계획값을 구하는 3가지 방법에 대해 설명한다.

1. σ에 대한 계획값으로 이전 사례로부터 계산된 모집단 표준편차의 추정치를 사용한다.
2. 시험 조사를 수행하여 예비 표본을 추출한다. 예비 표본으로부터 나온 표본표준편차를 σ에 대한 계획값으로 이용할 수 있다.
3. 전문가의 판단이나 '최선의 추측'에 의존한다. 예를 들면, 모집단의 최댓값과 최솟값을 먼저 추정하고, 두 값의 차이로부터 모집단 데이터의 범위를 추정한다. 다음으로, 이 범위 값을 4로 나누면 모집단 표준편차의 대략적인 근사치를 구할 수 있고, σ에 대해 받아들일 만한 계획값으로 사용할 수 있다.

다음의 예를 통해 표본크기를 결정하는 데 식 (8.3)을 어떻게 사용하는지 설명한다. 한 연구 조사 기관이, 미국에서 중형차를 하루 렌트하는 데 평균 \$55의 비용이 든다고 조사하였다. 이 연구를 수행한 기관이 중형차를 하루 렌트하는 데 드는 비용의 모평균을 다시 새롭게 추정하기 위한 연구를 수행하고자 한다. 신규 조사를 설계하면서 프로젝트 담당 임원은 모집단 일일 렌트비용의 평균을 추정하는데, 95% 신뢰수준에서 오차범위가 $2 이하가 되기를 바란다.

프로젝트 담당 임원이 지정한 오차범위 $E=2$이고, 95% 신뢰수준은 $z_{0.025}=1.96$이라는 것을 말한다. 이제, 요구되는 표본크기를 계산하기 위해서, 모표준편차 σ값만 있으면 된다. 조사 담당자는 과거 조사로부터 표본 데이터를 살펴보았고 하루 렌트 비용에 대한 표본표준편차가 $9.65라는 것을 알아냈다. 따라서, σ에 대한 계획값으로 9.65를 이용하면 필요한 표본크기는 다음과 같이 계산할 수 있다.

$$n = \frac{(z_{\alpha/2})^2\sigma^2}{E^2} = \frac{(1.96)^2(9.65)^2}{2^2} = 89.43$$

따라서 프로젝트 담당 임원의 오차범위 $2를 만족시키기 위해서는 중형차 렌트 비용 조사에서 표본크기가 최소한 89.43 이상이어야 한다. 계산된 n이 정수가 아닐 경우, 정수값으로 올림한다. 따라서 권장 표본크기는 90개의 중형차 렌트 비용이다.

 보충설명

식 (8.3)은 무한 모집단이거나 모집단의 크기가 유한하면서 상대적으로 큰 N인 경우, 즉 $n/N \leq 0.05$의 조건을 만족하는 유한 모집단일 경우에 권장 표본크기 n을 제공해준다. 이 식은 대부분의 통계 조사에서 적용할 만하다. 하지만, 만약에 $n/N > 0.05$인 유한 모집단인 경우에는 원하는 오차범위를 얻기 위해 더 작은 표본크기를 사용할 수 있다. 더 작은 표본의 크기를 n'라고 한다면, 아래와 같은 식으로 더 작은 표본크기를 구할 수 있다.

$$n' = \frac{n}{(1 + n/N)}$$

예를 들어 본 절에서 소개된 예제에서 크기 $N=500$인 모집단에 대한 표본크기 $n=89.43$으로 계산된다. 조건이 $n/N=89.43/500=0.18>0.05$인 경우에는, 더 작은 표본크기를 다음과 같이 계산할 수 있다.

$$n' = \frac{n}{1 + n/N} = \frac{89.43}{1 + 89.43/500} = 75.86$$

따라서 $N=500$인 유한 모집단에서는, 오차범위 $E=2$를 얻기 위해 요구되는 표본크기가 90에서 76으로 감소한다.

연습문제

기초문제

18. 95% 신뢰구간이 오차범위 10을 갖기 위해서는 표본크기가 얼마나 커야 하는가? 모표준편차는 40이라고 가정한다.

19. 주어진 데이터의 범위가 36으로 추정되었다.

    a. 모집단 표준편차의 계획값을 구하라.

    b. 95% 신뢰수준에서 오차범위가 3이 되려면, 표본크기가 얼마나 커야 하는가?

    c. 95% 신뢰수준에서 오차범위가 2가 되려면, 표본크기가 얼마나 커야 하는가?

20. 8.2절에 Scheer 공업사의 예를 다시 살펴보자. 모표준편차에 대한 계획값으로 6.84일을 사용한다.

    a. 95% 신뢰수준에서 오차범위 1.5일을 얻기 위해 필요한 표본크기를 구하라.

    b. 만약 정밀도가 90% 신뢰수준으로 설정되었다면, 오차범위 2일을 얻기 위해 필요한 표본크기는 얼마인가?

미 에너지 정보국(U.S. Energy Information Administration: US EIA)에 따르면, 보통 휘발유는 1갤론당 평균 가격이 $2.62라고 한다. US EIA는 휘발유 평균 가격에 대한 추정치를 주 단위로 갱신한다. 보통 휘발유 가격에 대한 표준편차를 $0.25로 가정하여 US EIA가 95% 신뢰수준에서 각각 아래와 같은 오차범위를 원할 때 각각에 해당하는 적절한 표본크기를 구하라.

    a. 원하는 오차범위는 $0.10

    b. 원하는 오차범위는 $0.07

    c. 원하는 오차범위는 $0.05

21. 경영학위를 받고 대학 졸업생의 첫 해 연봉은 일반적으로 $45,000에서 $60,000 사이로 기대된다. 첫 해 연봉의 모평균에 대한 95% 신뢰구간을 추정하고자 한다.

    a. 모집단 표준편차의 계획값을 구하라.

    b. 만약 원하는 오차범위가 $500, $200, $100라면, 각각 표본크기는 얼마나 커야 하는가?

    c. 오차범위를 $100로 권하겠는가? 그 이유를 설명하라.

많은 의학 전문가들은 붉은 고기를 너무 많이 섭취하는 것은 심장질환과 암 발생의 위험을 증가시킨다고 믿고 있다. 일반적인 미국인의 연간 소고기 소비량을 파악하기 위한 연구를 실시한다고 하자. 연간 소고기 소비량의 모평균에 대한 신뢰구간의 오차범위는 3파운드가 되길 원한다. 모표준편차로 25파운드를 계획값으로 사용한다. 아래의 각 상황에 맞는 적절한 표본의 크기를 각각 구하라.

    a. 소고기 소비량에 대하여 90% 신뢰구간이 요구될 때

    b. 소고기 소비량에 대하여 95% 신뢰구간이 요구될 때

    c. 소고기 소비량에 대하여 99% 신뢰구간이 요구될 때

    d. 원하는 오차범위가 고정되어 있을 때, 신뢰수준이 높아짐에 따라 표본크기는 어떻게 되는가? 이 예제에서 99%의 신뢰수준을 사용하는 것이 바람직한지 논의하라.

영화 상영 시간에 맞추어 영화관에 도착한 관객들은 영화 시작 전에 여러 편의 예고와 광고를 관람하게 된다. 예고편에 할애되는 시간이 너무 길다는 불만이 많다. 월스트리트 저널에서 시행된 예비 표본 조사에서 예고편에 할애되는 시간의 표준편차는 4분으로 나타났다. 이 값을 표준편차에 대한 계획값으로 사용하여 아래 질문에 답하라.

    a. 영화관의 예고편 상영 시간의 모평균을 추정하고자 할 때, 원하는 오차범위를 75초로 한다면, 표본크기는 얼마나 사용해야 하는가? 95% 신뢰수준을 가정한다.

b. 영화관의 예고편 상영 시간의 모평균을 추정하고자 할 때, 원하는 오차범위를 1분으로 한다면, 표본크기는 얼마나 사용해야 하는가? 95% 신뢰수준을 가정한다.

22. 최근 몇 년간, 특히 젊은이들이 운전을 덜 하려는 경향이 있다. 과거 8년 동안, 16세에서 34세 사이의 연령층의 연간 자동차 주행 거리가 개인당 10,300마일에서 7,900마일로 감소했다. 현재 표준편차는 2,000마일이라고 가정하자. 현 시점에서 16세에서 34세 연령층의 개인당 연간 주행 거리(단위: 마일)의 95% 신뢰구간을 추정하기 위한 조사를 수행하고자 한다. 오차범위는 100마일로 요구된다. 현 조사에 대해 얼마나 큰 표본크기를 사용해야 하는가?

 4 모집단 비율

이 장을 시작하면서 모비율 p의 구간추정치의 일반식은 다음과 같다고 소개하였다.

$$\overline{p} \pm \text{오차범위}$$

$\overline{p}$의 표본분포가 구간추정치에 대한 오차범위를 계산하는 데 중요한 역할을 한다.

7장에서 $np \geq 5$이고 $n(1-p) \geq 5$이면 $\overline{p}$의 표본분포는 정규분포에 근사시킬 수 있다고 하였다. 〈그림 8-10〉은 $\overline{p}$의 표본분포에 대한 정규 근사(normal approximation)를 보여준다. $\overline{p}$의 표본분포의 평균은 모비율 p이고, $\overline{p}$의 표준오차는 아래와 같다.

$$\sigma_{\overline{p}} = \sqrt{\frac{p(1-p)}{n}} \tag{8.4}$$

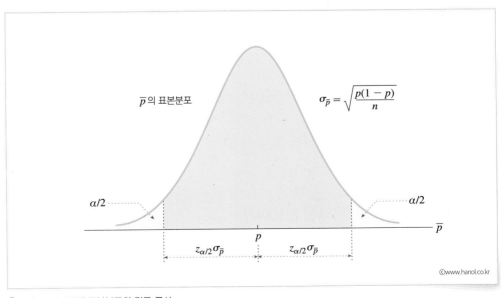

⬤ 그림 8-10_ $\overline{p}$의 표본분포의 정규 근사

$\bar{p}$의 표본분포가 정규분포이므로 모비율 구간추정치의 오차범위를 $z_{\alpha/2}\sigma_{\bar{p}}$로 선택한다면, 생성된 구간들의 $100(1-\alpha)$%는 모비율의 참값을 포함할 것이다. 그러나 p를 모르기 때문에(p는 추정의 대상), 오차범위를 계산할 때 $\sigma_{\bar{p}}$를 바로 사용할 수는 없다. 따라서, p 대신에 $\bar{p}$를 사용하여 모비율의 구간추정치에 대한 오차범위를 아래와 같이 계산한다.

$$\text{오차범위} = z_{\alpha/2}\sqrt{\frac{\bar{p}(1-\bar{p})}{n}} \tag{8.5}$$

이 오차범위를 이용하여 모비율의 구간추정치를 구하는 일반적인 식은 다음과 같다.

* 비율에 대한 신뢰구간을 구할 때는, $z_{\alpha/2}\sqrt{\bar{p}(1-\bar{p})/n}$이 오차범위가 된다.

모비율의 구간추정치

$$\bar{p} \pm z_{\alpha/2}\sqrt{\frac{\bar{p}(1-\bar{p})}{n}} \tag{8.6}$$

여기에서 $1-\alpha$는 신뢰계수이고 $z_{\alpha/2}$는 표준정규분포의 오른쪽 꼬리에 속하는 면적이 $\alpha/2$에 해당하는 z값이다.

다음 예제는 모비율에 대한 오차범위와 구간추정치의 계산을 보여준다. 미국 골프장에서 여성 골퍼들의 만족도를 알아보기 위해 전국적인 설문 조사가 여성 골퍼 900명에 대해 수행되었다. 그 결과 여성 골퍼 396명이 티-타임(Tee Time) 이용에 만족한다고 응답하였다. 따라서 티-타임에 만족하는 여성 골퍼들의 모비율에 대한 점추정치는 396/900=0.44이다. 식 (8.6)과 95% 신뢰수준을 이용하면 구간추정치는 다음과 같다.

$$\bar{p} \pm z_{\alpha/2}\sqrt{\frac{\bar{p}(1-\bar{p})}{n}}$$

$$.44 \pm 1.96\sqrt{\frac{.44(1-.44)}{900}}$$

$$.44 \pm .0324$$

그러므로 오차범위는 0.0324이고 모비율에 대한 95% 신뢰구간은 0.4076에서 0.4724이다. 백분율(%)을 사용하면, 95%의 신뢰수준에서, 40.76%에서 47.24% 사이의 여성 골퍼는 티-타임 이용에 만족한다고 할 수 있다.

1 엑셀 활용하기

티-타임 이용에 만족하는 여성 골퍼들의 모비율에 대한 구간추정치를 구하는데, 엑셀을 사용할 수 있다. 설문조사의 응답은 각 여성에 대해 "Yes" 또는 "No"로 기록되어 있다. 〈그림 8-11〉에 95% 신뢰구간을 구하는 수식들이 나타나 있다. 수식 워크시트가 뒤쪽에 있고, 수치 워크시트는 앞쪽에 있다.

DATA files
TeeTimes
www.hanol.co.kr

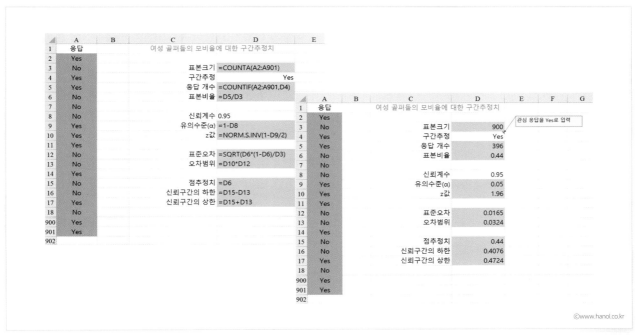

● **그림 8-11 _** 엑셀 워크시트: 여성 골퍼 설문조사에 대한 95% 신뢰구간

* <그림 8-11> 주의: 19행
부터 899행까지는 숨겨
져 있음.

데이터 입력 파일 TeeTime을 연다. 900명 여성 골퍼의 'Yes/No' 데이터가 셀 범위 A1 : A901
에 입력되어 있다.

함수와 수식 입력 필요한 기술 통계량과 관심 응답(response of interest)이 셀 범위 D3 : D6에 있다.
엑셀의 COUNT 함수는 오직 수치 데이터에만 사용할 수 있기 때문에 표본크기를 계산하기 위
해 셀 D3에서 COUNTA 함수를 사용하였다. 구간추정을 하고자 하는 응답, "Yes" 또는 "No"
가 셀 D4에 입력되어 있다. <그림 8-11>에 "Yes"가 셀 D4에 입력되어 있는데, 이것은 티-타임
이용에 만족하는 여성 골퍼들의 모비율에 대한 구간추정을 하겠다는 것이다. 만약 티-타임 이
용에 만족하지 못하는 여성 골퍼들의 모비율에 대한 구간추정을 하고자 한다면 셀 D4에 "No"
를 입력하면 된다. 셀 D5에 있는 COUNTIF 함수는 셀 D4에 입력된 "Yes"를 이용하여 표본에
서 "Yes"라고 응답한 개수를 센다. 다음으로 셀 D5에 있는 "Yes" 응답 개수를 D3에 있는 표본
수로 나누어 셀 D6에 표본비율을 계산한다.

 셀 범위 D8 : D10은 적절한 z값을 계산하기 위해 사용된다. 신뢰계수(0.95)는 셀 D8에 입력되
어 있고 유의수준(α)은 셀 D9에 수식 $=1-D8$을 입력하여 계산된다. 오른쪽 꼬리 면적 $\alpha/2$에
해당하는 z값은 셀 D10에 수식 $=NORM.S.INV(1-D9/2)$를 입력하여 계산된다. 수치 워크시
트에 $z_{0.025}=1.96$이라는 것이 나타나 있다.

 셀 범위 D12 : D13에는 표준오차의 추정치와 오차범위가 있다. 셀 D12에는 표본비율과 표본
크기를 가지고 표준오차의 추정치를 구하는 수식 $=SQRT(D6*(1-D6)/D3)$을 입력하였다.
그리고 D13에는 오차범위를 계산하기 위한 수식 $=D10*D12$가 입력되어 있다.

 셀 범위 D15 : D17에는 점추정치와 신뢰구간의 하한과 상한이 있다. 셀 D15에 있는 점추정치

는 표본비율이다. 점추정치에서 오차범위를 빼고 더해서 구한 하한과 상한을 셀 D16과 D17에 입력한다. 티-타임 이용에 만족하는 여성 골퍼의 모비율에 대한 95% 신뢰구간이 0.4076에서 0.4724임을 알 수 있다.

다른 문제를 위한 템플릿 〈그림 8-11〉에 있는 워크시트는 모비율 p의 신뢰구간을 추정하는 템플 릿으로 이용할 수 있다. 이 워크시트를 사용하여 이 유형의 또 다른 문제를 풀려면, 먼저 A열에 새로운 문제의 데이터를 입력해야 한다. 다음으로 관심 응답을 셀 D4에 입력하고 셀 D3과 D5 에 있는 수식의 범위를 새로운 데이터에 맞게 수정해 준다. 그렇게 하면 점추정치와 95% 신뢰 구간이 셀 범위 D15:D17에 나타날 것이다. 만약 신뢰수준이 다른 신뢰구간을 구하고자 하면, 셀 D8의 값만 변경하면 된다.

2 표본크기의 결정

특정 수준의 정밀도로 모비율을 추정하기 위해서 표본크기는 얼마나 커야 하는지 알아보자. p의 구간추정치를 구할 때 적정 표본크기를 결정하는 원리는 8.3절의 모평균 추정에서 적정 표 본크기를 결정하는 원리와 비슷하다.

이 절의 앞 부분에서, 모비율의 구간추정치와 관련된 오차범위는 $z_{\alpha/2}\sqrt{\overline{p}(1-\overline{p})/n}$라고 했 다. 오차범위는 $z_{\alpha/2}$ 값, 표본비율 $\overline{p}$, 그리고 표본크기 n을 근거로 정해진다. 표본크기가 커질수 록 오차범위가 작아지고 정밀도가 좋아진다.

E를 원하는 오차범위라고 하면 아래와 같다.

$$E = z_{\alpha/2}\sqrt{\frac{\overline{p}(1-\overline{p})}{n}}$$

이 식을 n에 대해 전개하면 크기가 E인 오차범위를 제공하는 표본크기에 대한 공식을 얻을 수 있다.

$$n = \frac{(z_{\alpha/2})^2\,\overline{p}(1-\overline{p})}{E^2}$$

그런데 표본을 선택하기 전에는 $\overline{p}$를 알 수 없기 때문에, 원하는 오차범위를 제공하는 표본크 기를 계산할 때 이 공식을 사용할 수 없다. 이 계산을 위해 필요한 것은 $\overline{p}$에 대한 계획값이다. $\overline{p}$의 계획값을 $p*$로 나타내면, 크기 E의 오차범위를 갖는 표본크기를 계산하기 위해 다음 공식 을 사용할 수 있다.

모비율의 구간추정치에 대한 표본크기

$$n = \frac{(z_{\alpha/2})^2 p*(1-p*)}{E^2} \qquad (8.7)$$

실무적으로, 계획값 $p*$는 다음과 같은 방법 중 하나를 이용해 선택될 수 있다.

1. 동일하거나 유사한 집단으로부터 얻은 과거 표본의 표본비율을 사용한다.

2. 예비 표본을 선정하여 사전 조사를 하고, 여기서 얻은 표본비율을 계획값 $p*$로 사용한다.

3. 전문가의 판단 또는 "최선의 추측"으로 얻는 $p*$를 사용한다.

4. 위의 방법들이 모두 불가능하다면, 계획값으로 $p*=0.50$을 사용한다.

여성 골퍼들에 대한 예제로 돌아가서 티-타임 이용에 만족하는 여성 골퍼들의 모비율을 다시 추정하고자 한다고 가정하자. 만약 조사자가 95% 신뢰수준에서 0.025의 오차범위를 갖는 모비율을 추정하기를 원한다면 표본크기는 얼마나 커야 하는가? $E=0.025$와 $z_{\alpha/2}=1.96$이 주어졌기 때문에, 표본크기 질문에 답을 하기 위해서는 계획값 $p*$가 필요하다. 계획값 $p*$로 이전 조사 결과인 $\overline{p}=0.44$를 사용하면 식 (8.7)로부터 표본크기는 아래와 같이 계산된다.

$$n = \frac{(z_{\alpha/2})^2 p*(1 - p*)}{E^2} = \frac{(1.96)^2(.44)(1 - .44)}{(.025)^2} = 1514.5$$

따라서 오차범위 요구사항을 충족시키는 여성 골퍼의 표본크기는 최소한 1,514.5명이다. 정수로 올림하면, 오차범위 요구사항을 충족시키기 위해서는 1,515명의 여성 골퍼 표본이 권장된다.

계획값 $p*$를 선정하는 네 번째 방법은 $p*=0.50$을 사용하는 것이다. 다른 이용 가능한 정보가 없을 때 이 방법은 자주 이용된다. 왜 그런지 이해하기 위해서, 식 (8.7)을 보면, 표본크기는 식의 분자에 있는 $p*(1-p*)$ 값에 비례한다는 것을 알 수 있다. 따라서 $p*(1-p*)$ 값이 커지면, 표본크기도 커진다. 〈표 8-5〉는 $p*(1-p*)$의 몇 가지 후보 값을 보여준다. $p*=0.50$일 때 $p*(1-p*)$ 값이 가장 큰 것을 알 수 있다. 따라서 계획값에 대해 불확실성이 있는 경우에 $p*=0.50$을 사용하면 가장 큰 적정 표본크기가 제공된다. 필요한 표본크기 중 가장 큰 값을 제시함으로써 신중을 기하게 된다. 만일 표본비율이 계획값 0.50과 다르게 나타난다면, 표본으로부터 얻어지는 오차범위는 예상했던 것보다 작을 것이다. 따라서, $p*=0.50$을 이용하면, 원하는 오차범위를 얻는 데 해당 표본크기가 충분하다는 것이 보장된다.

여성 골퍼 예제에서 계획값 $p*=0.50$을 사용하면 표본크기는 다음과 같이 계산된다.

$$n = \frac{(z_{\alpha/2})^2 p*(1 - p*)}{E^2} = \frac{(1.96)^2(.50)(1 - .50)}{(.025)^2} = 1536.6$$

결국, 약간 더 많은 1,537명의 여성 골퍼가 표본으로 권장될 것이다.

표 8-5_ $p*(1 - p*)$ 후보 값

$p*$	$p*(1-p*)$	
0.10	(0.10)(0.90) = 0.09	
0.30	(0.30)(0.70) = 0.21	
0.40	(0.40)(0.60) = 0.24	
0.50	(0.50)(0.50) = 0.25	◀⋯⋯⋯⋯ $p*(1-p*)$의 최댓값
0.60	(0.60)(0.40) = 0.24	
0.70	(0.70)(0.30) = 0.21	
0.90	(0.90)(0..10) = 0.09	

1. 모비율 추정에 있어서 원하는 오차범위는 거의 대부분 0.10 이하이다. Gallup이나 Harris 같은 조사기관이 수행하는 전국 여론조사에서는 0.03 혹은 0.04와 같은 오차범위가 일반적으로 사용된다. 그 정도의 오차범위라면, 식 (8.7)로 구한 표본크기는 거의 항상 $\bar{x}$의 표본분포에 근사치로 정규분포를 사용하기 위한 $np \geq 5$ 그리고 $n(1-p) \geq 5$ 조건을 만족할 것이다.

2. 모집단 크기의 5% 이상(즉, $n/N \geq 0.05$)의 표본크기를 갖는 비율에 대한 신뢰구간을 구하는 경우, $\bar{p}$의 표본분포의 표준오차를 계산할 때 유한 모집단 수정계수를 사용해야 한다, 즉,

$$s_{\bar{p}} = \sqrt{\frac{N-n}{N-1}} \sqrt{\frac{\bar{p}(1-\bar{p})}{n}}.$$

3. 식 (8.7)은 권장 표본크기를 제시하는데, 무한 모집단뿐 아니라 모집단이 큰 유한 모집단, 즉 $n/N < 0.05$의 조건을 만족하는 유한 모집단에도 적용 가능하다. 이 식은 대부분의 통계 조사에서 적용 가능하다. 하지만,

만약에 $n/N > 0.05$ 경우의 유한 모집단인 경우에는 원하는 오차범위의 값을 얻기 위해 더 작은 크기의 표본을 사용할 수 있다. 더 작은 표본의 크기를 n'라고 한다면, 아래와 같은 식으로 더 작은 표본크기를 구할 수 있다.

$$n' = \frac{n}{(1 + n/N)}$$

예를 들어 본 절에서 소개된 예제에서 크기가 $N = 2,500$인 모집단에 대한 표본 크기 $n = 1,536.6$으로 계산된다. 조건이 $n/N = 1536.6/2500 = 0.61 > 0.05$인 경우에는, 더 작은 표본크기를 다음과 같이 계산할 수 있다.

$$n' = \frac{n}{(1 + n/N)} = \frac{1536.6}{(1 + 1536.6/2500)} = 951.67$$

따라서 $N = 2,500$인 유한 모집단에서는, 오차범위 $E = 0.025$를 얻기 위해 요구되는 표본크기는 1,537에서 952로 감소한다.

연습문제

기초문제

23. 400명의 단순무작위표본으로부터 100개의 응답이 '예'로 나왔다.

    a. '예'라고 답한 모비율에 대한 점추정치를 구하라.

    b. 비율의 표준오차 추정치, $\sigma_{\bar{p}}$를 구하라.

    c. 모비율에 대한 95% 신뢰구간을 구하라.

24. 800개의 원소를 갖는 단순무작위표본으로부터 표본비율 $\bar{p} = 0.70$을 얻었다.

    a. 90% 신뢰수준에서 모비율의 신뢰구간을 구하라.

    b. 95% 신뢰수준에서 모비율의 신뢰구간을 구하라.

25. 어느 조사에서, 모비율의 계획값이 $p* = 0.35$이다. 오차범위 0.05의 95% 신뢰구간을 얻기 위해서는 표본이 얼마나 커야 하는가?

26. 95% 신뢰수준에서 모비율의 추정에 대한 오차범위 0.03을 얻기 위해서는 표본크기가 얼마나 커야 하는가? 계획값 $p*$를 구하기 위한 과거 자료는 없다고 가정하자.

27. 2017년 봄에, 컨슈머 리포트 국립 연구 센터(Consumer Reports National Research Center)에서는 성인들의 주요 건강관리 관심 사항을 알아보기 위해 1,007명을 대상으로 설문 조사를 실시하였다. 조사 결과에 따르면, 응답자 중 574명은 향후에 의료보험 비용을 부담할 수 있을지 불안하다고 답하였다.

    a. 향후에 의료보험 비용을 부담할 수 있을지 불안해하는 성인의 모비율에 대한 점추정치를 구하라.

    b. 90% 신뢰수준에서 오차범위를 구하라.

    c. 향후에 의료보험 비용을 부담할 수 있을지 불안해하는 성인의 모비율에 대한 90% 신뢰구간을 구하라.

    d. 이 모비율에 대한 95% 신뢰구간을 구하라.

28. CNBC에서 보고된 통계자료에 따르면, 놀라울 정도로 많은 자동차가 보험에 가입하지 않은 것으로 나타났다. CNBC 보고서의 표본 결과에 따르면, 200대의 차량 중 46대가 보험에 가입되지 않은 것으로 나타났다.

    a. 보험에 가입되지 않은 자동차 비율에 대한 점추정치를 구하라.

    b. 모비율에 대한 95% 신뢰구간을 구하라.

DATA files
RightDirection
www.hanol.co.kr

29. 2018년에 라스무센 리포트(Rasmussen Reports)에서 2,500명의 유권자들을 대상으로 이 나라가 올바른 방향으로 가고 있는지 물었다. 응답 결과 데이터가 파일 Right Direction에 있다. 'Yes'라고 대답한 사람은 이 나라가 올바른 방향으로 가고 있다고 생각하는 응답자이고, 'No'라고 대답한 사람은 이 나라가 올바른 방향으로 가고 있지 않다고 생각하는 응답자이다. 응답자는 모르겠다(Not Sure)라고 대답할 수도 있다.

    a. 이 나라가 올바른 방향으로 가고 있다고 생각하는 유권자의 모비율에 대한 점추정치를 구하라.

    b. 95% 신뢰수준에서, 오차범위를 구하라.

    c. 이 나라가 올바른 방향으로 가고 있다고 생각하는 유권자의 모비율에 대한 95% 신뢰구간을 구하라.

    d. 이 나라가 올바른 방향으로 가고 있지 않다고 생각하는 유권자의 모비율에 대한 95% 신뢰구간을 구하라.

    e. 문항 (c)와 문항 (d)에서 구한 신뢰구간 중 어느 것의 오차범위가 더 작은가? 그 이유는?

DATA files
CasualDining
www.hanol.co.kr

30. 프랜차이즈 비즈니스 리뷰(Franchise Business Review)에 따르면, 50% 이상의 모든 외식 프랜차이즈가 연간 $50,000 미만의 수익을 얻는다고 한다. 파일 CasualDining에 보면 142개 일반 음식점 중 81곳이 작년에 $50,000 미만의 수익을 얻은 것으로 나타난다.

    a. 작년에 $50,000 미만의 수익을 얻은 일반 음식점의 비율에 대한 점추정치를 구하라.

b. 작년에 $50,000 미만의 수익을 얻은 일반 음식점의 비율에 대한 오차범위와 95% 신뢰구간을 구하라.

c. 원하는 오차범위가 0.03이라면 표본크기는 얼마나 커야 하는가?

31. 2014년 6월에 발표된 퓨 리서치(Pew Research)의 보고서에 따르면, 전업 육아를 하는 가정 중에 남편이 전업 육아를 하는 비율이 16%라고 한다. 독립 연구 기관에서 추가적인 현황 정보를 얻기 위한 표본 조사를 담당하기로 하였다.

a. 이 연구 기관에서 남편이 전업 육아를 하는 가정의 비율을 추정할 때, 오차범위를 0.03으로 한다면 표본크기는 얼마나 커야 하는가? 95% 신뢰수준을 사용하라.

b. 99% 신뢰수준에서, 문항 (a)에 다시 답하라.

오랜 기간 동안 기업들은 의료보험 비용 인상으로 힘들어 하고 있다. 그러나 최근 이러한 오름세는 의료보험 비용의 낮은 인플레이션과 의료보험 혜택에 대한 종업원들의 부담액 증가로 줄어들고 있다. 최근 Mercer의 조사에서, 고용주 중 52%는 의료보험에 대하여 종업원에게 더 많은 부담액을 요구할 가능성이 있는 것으로 나타났다. 이 조사가 800개 기업 표본을 바탕으로 수행되었다고 가정하자. 내년에 고용주가 의료보험에 대한 종업원 부담액을 더 많이 요구할 가능성이 있는 기업의 비율에 대한 오차범위와 95%의 신뢰구간을 구하라.

32. 운전을 하는 젊은 사람들이 줄고 있다. 1995년에는 63.9%의 20세 미만의 사람들이 면허증을 가지고 있었고, 블룸버그에 따르면, 2016년에는 해당 비율이 41.7%로 떨어졌다고 한다. 1995년과 2016년에, 운전면허 취득이 가능한 20세 미만의 사람 1,200명의 무작위 표본을 바탕으로 각각 조사하여 위와 같은 결과가 얻어졌다고 가정하자.

a. 95% 신뢰수준에서, 1995년에 운전면허를 보유한 20세 미만 사람들의 비율에 대한 오차범위와 구간추정치를 구하라.

b. 95% 신뢰수준에서, 2016년에 운전면허를 보유한 20세 미만 사람들의 비율에 대한 오차범위와 구간추정치를 구하라.

c. 문항 (a)와 문항 (b)에서 구한 오차범위는 같은가? 그 이유는 또는 그렇지 않은 이유는?

33. 대통령 선거 유세에 대한 여론조사가 491명의 잠재적인 유권자를 표본으로 6월에 수행되었다. 여론조사의 주요 목적은 대통령 후보에 대한 유권자의 지지율을 알기 위한 것이다. 계획값 $p^* = 0.50$ 그리고 95%의 신뢰수준을 가정한다.

a. $p^* = 0.50$에 대해, 6월 여론조사의 계획된 오차범위를 구하라.

b. 11월 선거가 가까워지면, 정밀도는 좋아지고 오차범위는 작아져야 한다. 대통령 선거 유세 기간 중 실시될 여론조사에서 아래의 오차범위가 요구된다고 가정하자. 각 여론조사의 권장 표본크기를 구하라.

여론조사	오차범위
9월	0.04
10월	0.03
11월 초	0.02
선거 전날	0.01

34. Pew Research Center Internet Project를 통해 인터넷 사용자에 대한 다양한 통계 데이터가 제공된다. 예를 들어, 2018년에는 조사된 2,002명의 미국 성인 중 11%(220명)가 인터넷 사용자가 아니었다. 2000년에는 48%의 미국 성인이 인터넷을 사용하지 않는다고 조사되었다.

    a. 2018년도 표본 조사에 따르면, 인터넷을 사용하지 않는 응답자의 34%가 인터넷에 관심이 없고 그들의 생활에 관련도 없다고 하였다. 인터넷을 사용하지 않는 응답자 중 인터넷에 관심이 없고 그들의 생활에 관련도 없다고 한 응답자 비율에 대한 95% 신뢰구간을 구하라.

    b. 2018년도 표본 조사에 따르면, 인터넷을 사용하지 않는 응답자의 32%가 인터넷 사용이 너무 어렵다고 하였다. 인터넷을 사용하지 않는 응답자 중 인터넷 사용이 너무 어렵다고 한 응답자 비율에 대한 95% 신뢰구간을 구하라.

    c. 2018년도 표본 조사에 따르면, 인터넷을 사용하지 않는 응답자의 19%가 인터넷 서비스 또는 컴퓨터 보유 비용이 인터넷 사용을 막는다고 하였다. 인터넷을 사용하지 않는 응답자 중 인터넷 서비스 또는 컴퓨터 보유 비용이 인터넷 사용을 막는다고 한 응답자 비율에 대한 95% 신뢰구간을 구하라.

    d. 2018년도 표본 조사에 따르면, 인터넷을 사용하지 않는 응답자의 8%가 인터넷 사용 방법을 배우기에 나이가 너무 많다고 하였다. 인터넷을 사용하지 않는 응답자 중 인터넷 사용 방법을 배우기에 나이가 너무 많다고 한 응답자 비율에 대한 95% 신뢰구간을 구하라.

    e. 문항 (a), (b), (c), (d)의 구간추정치에 대한 오차범위를 비교하라. 오차범위는 표본비율과 어떤 관계가 있는가?

5 실질적 적용: 빅데이터와 구간추정

    신뢰구간이 모수에 대하여 추론을 하는 데 강력한 도구라는 것을 확인하였다. 이번 절에서는 평균과 비율의 신뢰구간에 대한 빅데이터의 영향도를 고려한다. 온라인 뉴스 서비스 PenningtonDailyTimes.com(PDT)의 데이터 수집 문제를 다시 살펴보자. PDT의 주요 수입원은 광고 판매이므로 PDT의 경영진은 고객이 PDT 웹사이트를 방문하는 동안 머무르는 시간과 방문객들이 PDT 웹사이트에 게재된 광고를 클릭하는지 여부에 관심이 많다.

■ 빅데이터와 신뢰구간의 정밀도

    식 (8.2)와 (8.6)을 살펴보면 표본크기가 커질수록 모평균 μ와 모비율 p에 대한 신뢰구간은 더 좁아지는 것을 알 수 있다. 따라서 표본크기가 커질수록 잠재적 표본오차도 감소한다. 주어진 신뢰수준에서 구간추정치가 어느 정도 좁아지는지를 확인하기 위해, 온라인 뉴스 서비스 PenningtonDailyTimes.com(PDT) 예제를 고려한다.

예비 광고주들은 방문 시간이 긴 웹사이트에 추가 광고료를 지불할 의향이 있으므로, 고객이 PDT 웹사이트를 방문하는 동안 머무르는 시간은 PDT의 광고 수입에 상당한 영향을 미친다. PDT의 경영진은 고객이 PDT 웹사이트 방문 시 머무르는 시간의 평균에 대한 95% 신뢰구간을 구하고자 한다. 〈표 8-6〉은 s가 20인 경우, 95% 신뢰수준에서 표본크기가 증가함에 따라 오차범위가 어떻게 줄어드는지 보여준다.

PDT는 고객이 PDT 웹사이트 방문 시 머무르는 시간의 모평균에 대한 추정뿐 아니라 광고를 클릭하는 웹사이트 방문객 비율에 대한 95% 신뢰구간을 추정하고자 한다. 〈표 8-7〉은 표본비율 $\bar{p}$가 0.51인 경우 표본크기가 증가함에 따라 모비율의 95% 신뢰구간 추정치에 대한 오차범위가 어떻게 감소하는지 보여준다.

PDT 예제는 구간추정치의 정밀도와 표본크기와의 관계를 보여준다. 〈표 8-6〉과 〈표 8-7〉을 통해 주어진 신뢰수준에서 표본크기가 증가할수록 오차범위는 감소한다는 것을 알 수 있다. 따라서, 고객이 PDT 웹사이트 방문 시 머무르는 평균 시간이 84.1초인 경우, 고객이 PDT 웹사이트 방문 시 머무르는 시간의 모평균에 대한 95% 신뢰구간은 10개의 표본에서는 (69.79286, 98.40714), 100,000개의 표본에서는 (83.97604, 84.2239), 그리고 1,000,000,000개의 표본에서는 (84.09876, 84.10124)로 감소한다. 마찬가지로, 광고를 클릭한 웹사이트 방문객의 표본비율이 0.51이라면, 광고를 클릭한 웹사이트 방문객의 모비율의 95% 신뢰구간은 10개의 표본에

표 8-6_ 여러 가지 표본크기에 따른 모평균 구간추정치의 오차범위 (95% 신뢰수준)

표본크기 n	오차범위 $t_{\alpha/2}s_{\bar{x}}$
10	14.30714
100	3.96843
1,000	1.24109
10,000	0.39204
100,000	0.12396
1,000,000	0.03920
10,000,000	0.01240
100,000,000	0.00392
1,000,000,000	0.00124

표 8-7_ 여러 가지 표본크기에 따른 모비율 구간추정치의 오차범위 (95% 신뢰수준)

표본크기 n	오차범위 $z_{\alpha/2}\sigma_{\bar{p}}$
10	0.30984
100	0.09798
1,000	0.03098
10,000	0.00980
100,000	0.00310
1,000,000	0.00098
10,000,000	0.00031
100,000,000	0.00010
1,000,000,000	0.00003

서는 (0.20016, 0.81984), 100,000개의 표본에서는 (0.50690, 0.51310), 그리고 1,000,000,000개의 표본에서는 (0.50997, 0.51003)으로 감소한다. 두 경우 모두 표본크기가 극단적으로 커지면 오차범위도 극단적으로 작아지고 그에 따른 신뢰구간도 극단적으로 좁아진다.

2 빅데이터가 신뢰구간에 미치는 영향

작년에 PenningtonDailyTimes.com을 방문한 모든 방문객이 PDT 웹사이트에 머문 시간의 평균은 84초였다. PDT는 모평균 시간이 작년 이후에 달라졌는지 알아보고자 한다. PDT는 이제 웹사이트에 방문한 1,000,000명의 새로운 표본을 수집하여 방문객들의 PDT 웹사이트 방문 시 머무르는 시간의 표본평균 $\bar{x}$ 를 84.1초로 계산하였다. 추정된 모집단 표준편차 s 는 20초이다. 따라서 표준오차 $s_{\bar{x}} = s/\sqrt{n} = .02000$ 이다. 그리고 표본이 충분히 크기 때문에 표본평균의 표본분포는 정규분포를 따를 것이다. 따라서, 모평균의 95% 신뢰구간은 다음과 같다.

$$\bar{x} \pm t_{\alpha/2} s_{\bar{x}} = 84.1 \pm .0392 = (84.06080, 84.13920)$$

이러한 결과에서 PDT는 어떠한 결론을 내릴 수 있을까? PDT의 표본평균 84.1초가 지난해의 모평균 84초와 다른 이유는, (1) 표본오차, (2) 비표본오차, 또는 (3) 지난해 이후 모평균의 변화, 이렇게 세 가지가 있을 수 있다. 모평균의 95% 신뢰구간이 지난해 모든 방문객의 머무른 시간의 평균 값(84초)을 포함하고 있지 않으므로 PDT의 새 표본에 대한 표본평균(84.1초)과 지난해의 평균(84초) 간의 차이가 전적으로 표본오차의 결과일 가능성은 작다. 비표본오차가 원인일 가능성이 있다. 따라서, 표본 데이터에 비표본오차가 유입되어 통계적 추론 결과의 신뢰성이 떨어졌는지 조사해야 한다. 표본 데이터에 비표본오차가 거의 또는 전혀 유입되지 않았다고 판단한 경우, 이 차이에 대해 남아있는 하나의 타당한 설명은 작년 이후 모평균이 달라졌다는 것이다.

신뢰할 만한 증거가 표본으로부터 나와서 모평균이 작년 이후 달라졌다고 결론짓더라도, PDT 경영진은 표본평균과 작년 평균 간의 차이에 대한 잠재적 영향을 고려해야 한다. PDT 웹사이트 방문객이 머무르는 시간의 0.1초의 차이가 PDT가 청구할 수 있는 웹사이트 광고 비용에 결과적으로 영향을 미친다면, 이러한 결과는 PDT의 비즈니스에 실질적으로 의미를 줄 수 있다. 그렇지 않다면, PDT 웹사이트 방문객이 머무르는 시간의 0.1초의 차이는 실질적 유의성(practical significance)은 없다고 할 수 있다.

신뢰구간은 매우 유용하지만 다른 통계 도구와 마찬가지로 적합하게 적용될 때만 효과적이다. 표본크기가 증가할수록 구간추정치가 더 정밀해지기 때문에, 표본이 매우 클수록 매우 정밀한 추정치가 생성된다. 하지만, 구간추정치가 아무리 정밀하더라도, 표본에 비표본오차가 상대적으로 없는 경우를 제외하고는, 추정하고자 하는 모수를 정확하게 찾는 구간추정치는 없다고 할 수 있다. 따라서, 구간추정을 할 때는 항상 관심 모집단의 무작위표본을 취했는지를 신중하게 고려하는 것이 중요하다.

연습문제

응용문제

35. 작년에 연방 소득세 신고에서 오차액이 발생한 10,001건의 표본이 추출되어 파일 FedTaxErrors에 제공된다. 오차액이 양의 값이면 납세자의 과소환급을 나타내고, 음의 값이면 납세자의 과대환급을 나타낸다. IRS가 연방 소득세 신고에서 오차액의 표준편차 σ를 12,300으로 정했다고 가정하자.

a. 작년에 오차가 발생한 연방 소득세 신고에서 오차액 평균의 점추정치를 구하라.

b. 95% 신뢰수준에서 오차범위를 구하라.

c. 문항 (a)와 문항 (b)의 결과를 사용하여, 작년에 오차가 발생한 연방 소득세 신고에서 오차액의 평균에 대한 95% 신뢰구간을 구하라.

36. 인구조사국에 따르면 2018년 현재 미국 연방정부에서 고용된 사람은 2,475,780명이다. 이 연방 공무원 중 3,500명의 무작위표본을 선택하여 각 공무원이 작년에 받은 병가 시간을 전자 인사 데이터베이스에서 수집했다고 가정하자. 이 조사에서 수집된 데이터는 파일 FedSickHours에 제공된다. 과거 데이터를 근거로, 모표준편차 σ는 34.5로 알려져 있다고 가정할 수 있다.

a. 지난해 연방 공무원의 병가 시간의 평균에 대한 점추정치를 구하라.

b. 99% 신뢰수준에서, 오차범위를 구하라.

c. 문항 (a)와 문항 (b)의 결과를 사용하여, 지난해 연방 공무원의 병가 시간의 평균에 대한 99% 신뢰구간을 추정하라.

d. 2년 전에 연방 공무원의 병가 시간의 평균이 62.2시간이었다면, 문항 (c)에서 구한 신뢰구간으로부터 작년의 병가 시간에 대해 어떠한 결론을 내릴 수 있는가?

37. 인터넷 사용자들에게 최근에 온라인에서 자신이 가장 자주 사용하는 웹 브라우저에 대한 만족도 평가를 요청하였다. 102,519명의 응답자 중 65,120명은 가장 자주 사용하는 웹 브라우저에 매우 만족한다고 답변하였다.

a. 가장 자주 사용하는 웹 브라우저에 매우 만족하는 인터넷 사용자의 비율에 대한 점추정치를 구하라.

b. 95% 신뢰수준에서, 오차범위를 구하라.

c. 문항 (a)와 문항 (b)의 결과를 사용하여, 가장 자주 사용하는 웹 브라우저에 매우 만족하는 인터넷 사용자의 비율에 대한 95% 신뢰구간을 추정하라.

38. 2017년 ABC 뉴스에 따르면, 미국 운전자의 58%가 과속 운전을 인정한다고 한다. 새로운 위성 기술을 이용하면, 미국 도로 위에 모든 차량의 속도를 즉시 측정해 과속 여부를 판별할 수 있다고 가정하자. 이 위성 기술을 이용하여 최근 어느 화요일 오후 6시에 20,000대의 차량 표본을 추출하였다. 이 20,000대의 차량 중 9,252대가 과속이었다.

a. 미국 도로 위에서 과속하는 차량 비율의 점추정치를 구하라.

b. 99% 신뢰수준에서, 오차범위를 구하라.

c. 문항 (a)와 문항 (b)의 결과를 사용하여, 미국 도로 위에서 과속하는 차량 비율에 대한 99% 신뢰구간을 추정하라.

d. 문항 (c)에서 구한 신뢰구간으로부터 ABC 뉴스에 대해 어떠한 결론을 내릴 수 있는가?

요점정리

이 장에서는 모평균과 모비율의 구간추정치를 구하는 방법을 설명하였다. 점추정량은 모집단 모수에 대한 좋은 추정치를 제공할 수도 있고 제공하지 못할 수도 있다. 구간추정치를 사용하면 추정치의 정밀도를 알 수 있다. 모평균과 모비율의 구간추정치는 둘 다 다음과 같은 식으로 표현된다.: 점추정치 ± 오차범위

모평균의 구간추정치를 구하는 방법은 두 가지 경우가 있었다. σ를 아는 경우는, σ를 추정하기 위해 표본추출 전에 과거의 자료 또는 기타 정보를 이용한다. 다음으로 σ를 안다는 가정을 전제로 새로운 표본 데이터에 대한 분석을 진행한다. σ를 모르는 경우는, 표본 데이터를 사용하여, 모평균과 모표준편차 모두를 추정한다. 어느 구간추정 방법을 사용할 것인지는 σ에 대한 최선의 추정치를 제시하는 방법이 무엇인지에 대한 전문가의 판단에 좌우된다.

σ를 아는 경우, 구간추정 절차는 가정된 σ값과 표준정규분포의 이용에 근거를 둔다. σ를 모르는 경우, 구간추정 절차는 표본표준편차 s와 t분포를 사용한다. 두 경우 모두에서 얻어진 구간추정치의 품질은 모집단의 분포와 표본크기에 좌우된다. 만약 모집단이 정규분포를 따른다면, 표본이 소규모일지라도 두 경우의 구간추정치는 모두 정확할 것이다. 만약 모집단이 정규분포를 따르지 않는다면, 구해진 구간추정치는 근사치일 것이다. 표본크기가 클수록 더 나은 근사치를 제공할 것이다. 하지만, 모집단의 분포 모양이 어느 한쪽으로 많이 치우쳐 있을수록 더 나은 근사치를 구하기 위해서는 더 큰 표본이 요구된다. 좋은 근사치를 얻기 위한 표본크기에 관한 실무적인 조언이 8.1절과 8.2절에 제공되었다. 대부분의 경우는 30개 이상의 표본크기가 신뢰구간의 좋은 근사치를 제공한다.

모비율에 대한 구간추정치의 일반적인 형태는 $\bar{p} \pm$ 오차범위이다. 실무에서 모비율에 대한 구간추정치를 위한 표본크기는 일반적으로 크다. 따라서 구간추정 절차에서 표준정규분포를 사용하게 된다.

표본추출을 어떻게 할지 결정하기 전에, 원하는 오차범위를 먼저 지정하는 경우가 종종 있다. 원하는 정밀도를 얻기 위해 충분히 큰 표본크기를 어떻게 선정하는지 설명하였다. 마지막으로, 극단적으로 큰 표본이 평균과 비율의 신뢰구간 추정치의 정밀도에 어떠한 영향을 미치는지 논의하였다.

보충문제

39. 54개 할인 증권사의 표본 조사에 따르면, 주당 $50인 주식 100주에 대한 거래 수수료의 평균이 $33.77라고 한다. 이 조사는 매년 수행된다. 과거 데이터를 통해 모집단의 표준편차는 $15로 알려져 있다고 가정하자.

    a. 주어진 표본 데이터를 이용하여, 95% 신뢰구간에 대한 오차범위를 구하라.

    b. 주당 $50인 주식 100주에 대하여 할인 증권사가 부과하는 거래 수수료 평균의 95% 신뢰구간을 구하라.

40. 미국 자동차 협회(American Automobile Association: AAA)가 수행한 조사에 따르면, 휴가 기간에 4인 가족이 지출하는 일일 비용의 평균이 $215.60이라고 한다. 나이아가라 폭포에서 휴가를 보낸 4인 가족 64가구를 표본추출한 결과, 일일 지출액의 표본평균이 $252.45이고 표본표준편차는 $74.50로 나타났다.

    a. 나이아가라를 방문한 4인 가족의 일일 평균 지출액의 95% 신뢰구간을 구하라.

    b. 문항 (a)에서 구한 신뢰구간으로부터, 나이아가라를 방문한 4인 가족의 일일 지출액의 모평균이 미국 자동차 협회가 조사한 평균과 다르다고 할 수 있는가? 설명하라.

41. 9,200만 명의 50세 이상 미국인은 총 재량소득(discretionary income)의 50%를 관리한다. AARP는 이 연령층이 외식과 테이크아웃 비용으로 연평균 $1,873를 지출하는 것으로 추정하였다. 이러한 추정 결과가 80명의 표본을 통해 나타났고 표본표준편차는 $550라고 가정하자.

    a. 95% 신뢰수준에서 오차범위를 구하라.

    b. 외식과 테이크아웃에 지출되는 금액에 대한 모평균의 95% 신뢰구간을 구하라.

    c. 50세 이상의 미국인이 외식과 테이크아웃에 지출하는 총액의 추정치를 구하라.

    d. 외식과 테이크아웃의 지출액이 오른쪽 꼬리가 긴 분포라면, 지출액의 중앙값은 $1,873보다 작은지 큰지 설명하라.

질병통제예방센터(Centers for Disease Control and Prevention, CDC)는 건강 수면 시간은 하루에 적어도 7시간이 되어야 한다고 정의한다. CDC에 따르면 건강 수면 시간을 보고하는 비율이 결혼 상태에 따라 다르다고 한다. CDC에 따르면 2018년 기혼인의 67%, 미혼인의 62%, 이혼, 사별, 또는 별거인의 56%가 각각 건강 수면 시간을 보고했다고 한다. 파일 SleepHabits

에 CDC의 조사 결과와 일치하는 미혼인의 수면 습관에 대한 표본 데이터가 있다. 이 데이터를 사용하여 다음 질문에 답하라.

a. 건강 수면 시간을 보고한 미혼인의 비율에 대한 점추정치와 95% 신뢰구간을 구하라.

b. 미혼인의 수면 시간의 평균에 대한 점추정치와 95% 신뢰구간을 구하라.

c. 미혼인에 대하여, 건강 수면 시간을 보고한 사람들의 하루 수면 시간을 추정하라.

DATA files
DrugCost
www.hanol.co.kr

의료 비용 연구소(Health Care Cost Institute)는 고용주 부담의 개인 의료 보험을 적용받는 65세 이하의 가입자에 대한 의료비 지출에 대해 조사하고 있다. 파일 DrugCost에는 연구소에서 조사한 직원당 연간 처방약 비용에 대한 데이터가 있다. 엑셀을 이용하여 데이터를 분석하고 아래의 질문에 답하라.

a. 연간 처방약 비용에 대한 90% 신뢰구간을 구하라.

b. 직원당 본인 부담 지출에 대한 90% 신뢰구간을 구하라.

c. 처방약 비용이 발생하지 않은 직원의 비율에 대한 점추정치를 구하라.

d. 문항 (a)와 (b)에서 구한 신뢰구간 중 어느 쪽이 오차범위가 더 큰가? 그 이유를 설명하라.

DATA files
Obesity
www.hanol.co.kr

42. 비만은 제2형 당뇨, 고혈압, 관절염, 담석 등 많은 건강 문제의 위험 요인이다. 국립 당뇨 소화기 신장질환 연구소는 2018년 국민 건강 영양 조사를 통해 수집한 데이터를 이용해 미국 전체 성인의 37.7%가 체질량지수(BMI)가 30을 초과해 비만으로 분류된다고 추정한다. 파일 Obesity에 관련된 데이터가 있다.

a. Obesity 데이터를 이용하여 미국 성인에 대한 BMI의 점추정치를 구하라. 미국 성인들은 평균적으로 비만인가?

b. 표본표준편차를 구하라.

c. 미국 성인의 BMI에 대한 95% 신뢰구간을 구하라.

43. 어떤 자동차 모델에 대하여 연비 검사를 수행하고 있다. 만약 오차범위가 갤런당 1마일이어야 하는 98% 신뢰구간을 추정하고자 한다면, 몇 대의 자동차를 검사해야 하는가? 예비 연비검사로부터 표준편차는 갤런당 2.6마일로 가정한다.

어느 병원에서는 환자 진료 예약 일정을 수립하기 위해, 의료진이 환자 한 명을 진료하는 데 걸리는 평균 시간을 추정하려 한다. 만약 95% 신뢰수준에서 원하는 오차범위가 2분이라면 표본크기는 얼마나 크게 해야 하는가? 신뢰수준이 99%라면 표본을 얼마나 추출해야 하는가? 모표준편차 8분을 계획값으로 이용하라.

연간 연봉 조사에 최고경영자(CEO)들의 연봉 및 상여금에 대한 자료가 나와 있다. 예비 표본 조사 결과, 표준편차는 $675,000로 나타났다. $100,000의 오차범위를 갖도록 연봉과 상여금 합의 모평균을 추정하고자 한다면 몇 명의 CEO를 표본에 포함시켜야 하는가? 95% 신뢰수준을 이용하라.

44. 국립 교육 통계 센터에 따르면, 대학생의 47%가 등록금과 생활비를 벌기 위해 일을 한다고 한다. 이 연구에 대학생 450명의 표본이 사용되었다고 가정하자.

a. 등록금과 생활비를 벌기 위해 일을 하는 대학생의 모비율에 대한 95% 신뢰구간을 구하라.

b. 등록금과 생활비를 벌기 위해 일을 하는 대학생의 모비율에 대한 99% 신뢰구간을 구하라.

c. 신뢰수준이 95%에서 99%로 증가함에 따라 오차범위는 어떻게 변화하는가?

45. USA Today/CNN/Gallup의 조사에서, 맞벌이 부부 369쌍 중에 200쌍은 업무로 인해 아이들과 보내는 시간이 매우 적다고 대답하였다.

a. 업무로 인해 아이들과 보내는 시간이 매우 적다고 느끼는 맞벌이 부모의 모비율에 대한 점추정치를 구하라.

b. 95% 신뢰수준에서, 오차범위를 구하라.

c. 업무로 인해 아이들과 보내는 시간이 매우 적다고 느끼는 맞벌이 부모의 모비율에 대한 95% 신뢰구간을 구하라.

46. 퓨 연구 센터(The Pew Research Center)는 소셜미디어 이용에 대한 광범위한 연구를 수행하였다. 2018년에 발표된 연구 결과, 18~24세 성인 중 78%가 스냅챗을 이용하는 것으로 나타났다. 또 다른 결과에서, 18~24세 성인 중 45%가 트위터를 이용하는 것으로 나타났다. 두 연구 결과에서 모두 500개의 표본을 사용했다고 가정하자.

a. 스냅챗을 이용하는 18~24세 성인 비율에 대한 95% 신뢰구간을 구하라.

b. 트위터를 이용하는 18~24세 성인 비율에 대한 99% 신뢰구간을 구하라.

c. 문항 (a) 또는 문항 (b)의 오차범위 중 어느 쪽이 큰가? 그 이유를 설명하라.

47. 총선을 앞두고, 오하이오 주 750명의 유권자에 대한 여론 조사가 라스무센(Rasmussen)에 의해서 실시되었다. 경제 상황이 유권자의 표심을 결정짓는 중요한 요인이라고 생각되었다. 무엇보다, 조사 결과에서 응답자의 165명이 경제 상황을 좋거나 아주 좋다고 평가했지만, 315명은 나쁘다고 평가하였다.

a. 경제 상황을 좋거나 아주 좋다고 평가한 오하이오 주 유권자의 비율에 대한 점추정치를 구하라.

b. 경제 상황을 좋거나 아주 좋다고 평가한 오하이오 주 유권자의 비율에 대한 95% 신뢰구간을 구하라.

c. 경제 상황을 나쁘다고 평가한 오하이오 주 유권자의 비율에 대한 95% 신뢰구간을 구하라.

d. 문항 (b)와 문항 (c)의 신뢰구간 중 어느 것이 더 넓은가? 그 이유를 설명하라.

48. 2014년에 미국 질병통제예방센터(CDC)는, 18세 이상의 흡연자 비율을 보고하였다. 흡연자와 비흡연자에 관한 새로운 조사를 하는데, 흡연자의 비율에 대한 예비 추정치로 0.30을 사용한다고 가정하자.

a. 0.02의 오차범위를 갖도록 모집단의 흡연자 비율을 추정하려면 표본은 얼마나 커야 하는가? 95% 신뢰수준을 사용하라.

b. 문항 (a)에서 추천한 표본크기를 가지고 조사를 수행한 결과 520명의 흡연자가 나왔다. 모집단의 흡연자 비율에 대한 점추정치를 구하라.

c. 모집단의 흡연자 비율에 대한 95% 신뢰구간을 구하라.

49. 어느 유명 은행 신용카드사는 월말 미결제 잔액으로 이자를 지불해야 하는 신용카드 보유자의 비율을 추정하고자 한다. 98% 신뢰수준에서 원하는 오차범위는 0.03이라 가정하자.

a. 월말 미결제 잔액이 남아있는 카드 보유자가 약 70%로 예상된다면 얼마나 많은 표본이 추출되어야 하는가?

b. 비율에 대한 계획값을 지정할 수 없다면, 얼마나 많은 표본이 추출되어야 하는가?

50. 신용카드 보유 정도는 연령에 따라 다르다. 2018년에 CreditCards.com은 신용카드를 하나 이상 보유한 사람의 비율이 18~24세 그룹에서 67%, 25~34세 그룹에서 83%, 35~49세 그룹에서 76%, 50세 이상 그룹에서 78%로 추정하였다. 이러한 추정치가 각 연령 그룹에서 무작위로 선택된 455명을 근거로 한다고 가정하자.

a. 각 연령 그룹에서 신용카드 하나 이상을 보유한 사람의 비율에 대해 95% 신뢰구간을 구하라.

b. 각 연령 그룹에서 동일한 표본크기를 사용한다고 가정할 때, 신뢰구간 네 개의 오차범위가 각각 0.03 이하가 되도록 하려면 표본크기가 얼마나 커야 하는가?

51. 비즈니스 여행객들은 항공사를 선택할 때 비행 일정과 요금을 중요하게 생각하지만, USA Today 조사에 따르면 비즈니스 여행객들이 가장 중요하게 생각하는 것은 항공사가 제공하는 마일리지와 같은 상용 고객 우대제도로 나타났다. 조사에 응답한 비즈니스 여행객 표본 1,993명 중에서 618명은 상용 고객 우대제도가 가장 중요한 요인이라고 답하였다.

a. 상용 고객 우대제도가 항공사를 선택할 때 가장 중요한 요인이라고 생각하는 비즈니스 여행객의 모비율에 대한 점추정치를 구하라.

b. 모비율에 대한 95% 신뢰구간을 추정하라.

c. 0.01의 오차범위를 갖는 95% 신뢰구간을 구하고자 한다면 표본은 얼마나 커야 하는가? USA Today의 조사가 이 정도의 정밀도를 제공할 필요가 있다고 보는가? 그 이유는? 또는 그렇지 않은 이유는?

52. Huston Systems Private Limited에 따르면, 스마트 교통 신호 표지판은 지나가는 차량의 속도를 측정할 수 있다고 한다. 2018년 미국 전역에서 시간당 35마일 속도 제한 표지판을 통과하는 15,717대의 차량 속도가 수집되었고 해당 데이터가 파일 35MPH에 제공된다.

a. 시간당 35마일 구역에서 미국 운전자의 속도의 표본평균을 구하라.

b. 95% 신뢰수준에서 오차범위를 구하라.

c. 문항 (a) 및 (b)의 결과를 이용하여, 시간당 35마일 구역에서 미국 운전자의 평균 속도에 대한 95% 신뢰구간을 추정하라.

'Young Professional' 잡지는 창업/취업 경력이 10년 이내의 최근 대학 졸업생을 대상으로 출간되었다. 잡지의 첫 출간 이후 2년 동안은 꽤 성공적이었다. 이제 출판사에서는 잡지에 싣는 광고 분야를 확장하고자 한다. 잠재적인 광고주들은 'Young Professional'의 구독자에 대한 인구통계 정보와 관심 사항에 대해 계속해서 물어본다. 이러한 정보를 얻기 위하여, 독자들의 프로파일을 만들기 위한 설문 조사를 실시하였다. 이 설문 조사의 결과를 이용하여, 흥미 있는 기삿거리를 선정하고, 독자들의 프로파일을 광고주에게 제공할 수 있을 것이다. 당신은 이 잡지의 신입사원으로서, 설문 조사의 결과를 분석하는 데 보조하는 업무를 배정받았다.

설문지 문항의 일부분은 아래와 같다.

1. 당신의 연령은?
2. 당신의 성별은? 남성 _____ 여성 _____
3. 당신은 향후 2년 이내에 부동산을 구입할 계획이 있는가? 네 _____ 아니오 _____
4. 당신 또는 가족 구성원의 총 금융 투자액(단, 집값은 제외)은 대략 얼마인가?
5. 당신은 작년에 얼마나 많은 주식/채권/뮤추얼 펀드 거래를 하였는가?
6. 당신은 집에서 초고속 인터넷을 사용하는가? 네 _____ 아니오 _____
7. 작년에 벌어들인 총 가계수입은 얼마인가?
8. 당신은 자녀가 있는가? 네 _____ 아니오 _____

DATA files
Professional
www.hanol.co.kr

표 8-8_ 'Young Professional'에 대한 설문 조사 결과의 일부

나이	성별	부동산구입	금융투자액($)	거래계좌수	인터넷사용 여부	가계수입($)	자녀 여부
38	Female	No	12,200	4	Yes	75,200	Yes
30	Male	No	12,400	4	Yes	70,300	Yes
41	Female	No	26,800	5	Yes	48,200	No
28	Female	Yes	19,600	6	No	95,300	No
31	Female	Yes	15,100	5	No	73,300	Yes
⋮	⋮	⋮	⋮	⋮	⋮	⋮	⋮

파일 Professional에 위 질문에 대한 응답 데이터가 있다. 〈표 8-8〉은 이 파일의 일부로 처음 다섯 명의 응답을 보여준다.

경영 보고서

이 설문 조사의 결과를 요약하여 경영보고서를 작성하라. 통계 요약과 함께, 결과를 어떻게 활용하여 광고주의 관심을 끌 수 있을지 논의하라. 잡지의 에디터들이 이 결과를 어떻게 활용하여 독자들의 관심을 끌 수 있는 주제를 찾을 수 있는지도 언급하라. 보고서에는 아래와 같은 주제들이 언급되어야 하나, 꼭 아래와 같은 범위에만 분석을 국한시킬 필요는 없다.

1. 데이터를 요약하기 위한 적절한 기술 통계량을 정리하라.

2. 구독자의 평균 연령과 가계수입에 대한 95% 신뢰구간을 구하라.

3. 초고속 인터넷에 가입되어 있는 구독자와 자녀가 있는 구독자의 비율에 대한 95% 신뢰구간을 구하라.

4. 'Young Professional' 잡지는 온라인 증권회사에게 적합한 광고 매체인가? 당신의 결론을 통계 데이터를 근거로 설명하라.

5. 이 잡지는 교육용 소프트웨어와 아동용 컴퓨터 게임을 판매하는 회사에게 좋은 광고 매체인가?

6. 'Young Professional'의 독자들이 관심을 가질 만한 기사의 종류에 대하여 언급하라.

사례연구 2. 걸프 부동산

걸프 부동산(Gulf Real Estate Properties)은 플로리다 남서쪽에 소재한 부동산 전문 회사이다. 자칭 '부동산시장 전문업체'라고 광고를 하는 이 회사는, 입지, 제안가격, 판매가격, 판매소요일 등에 대한 데이터를 수집하면서 아파트 매매를 관리한다. 각 아파트는 멕시코만에 바로 있으면 '걸프 전망'으로 분류하고, 멕시코만 근처지만 그보다 작은 만이거나 골프 코스에 위치하면 '비걸프 전망'으로 분류한다. 플로리다 주 네이플스에 있는 Multiple Listing Service로부터 40개의 걸프 전망 아파트와 18개의 비걸프 전망 아파트에 관한 최신 매매 자료를 제공받았다.[2] 가격단위는 $1,000이다. 데이터는 〈표 8-9〉에 있다.

경영 보고서

1. 적절한 기술 통계량을 이용하여 40개의 걸프 전망 아파트에 대한 세 가지 변수를 각각 요약하라.

2. 적절한 기술 통계량을 이용하여 18개의 비걸프 전망 아파트에 대한 세 가지 변수를 요약하라.

3. 요약 결과를 비교하라. 부동산 중개업자가 아파트 시장을 이해하는 데 도움이 될 만한 구체적인 통계 결과를 제시하라.

4. 걸프 전망 아파트 판매가격과 판매소요일의 모평균에 대한 95% 신뢰구간을 구하라. 결과를 해석하라.

5. 비걸프 전망 아파트 판매가격과 판매소요일의 모평균에 대한 95% 신뢰구간을 구하라. 결과를 해석하라.

---

2) 아파트 판매에 대한 데이터는 네이플스 MLS에 보고된 자료이다(Coldwell Banker, 2000년 6월).

6. 지점장이 $40,000의 오차범위를 갖는 걸프 전망 아파트 판매가격 평균과 $15,000의 오차 범위를 갖는 비걸프 전망 아파트 판매가격 평균의 추정치를 요구했다고 가정하자. 95% 신뢰수준에서, 표본크기는 얼마나 커야 하는가?

7. 걸프 부동산은 제안가격이 $589,000인 걸프 전망 아파트, 제안가격이 $285,000인 비걸프 전망 아파트, 이렇게 두 매물에 대한 계약을 막 체결하였다. 각 매물에 대한 최종 판매가격과 판매소요일의 추정치를 구하라.

표 8-9_ 걸프 부동산의 판매 데이터

| 걸프 전망 | | | 비걸프 전망 | | |
제안가격	판매가격	판매소요일	제안가격	판매가격	판매소요일
495.0	475.0	130	217.0	217.0	182
379.0	350.0	71	148.0	135.5	338
529.0	519.0	85	186.5	179.0	122
552.5	534.5	95	239.0	230.0	150
334.9	334.9	119	279.0	267.5	169
550.0	505.0	92	215.0	214.0	58
169.9	165.0	197	279.0	259.0	110
210.0	210.0	56	179.9	176.5	130
975.0	945.0	73	149.9	144.9	149
314.0	314.0	126	235.0	230.0	114
315.0	305.0	88	199.8	192.0	120
885.0	800.0	282	210.0	195.0	61
975.0	975.0	100	226.0	212.0	146
469.0	445.0	56	149.9	146.5	137
329.0	305.0	49	160.0	160.0	281
365.0	330.0	48	322.0	292.5	63
332.0	312.0	88	187.5	179.0	48
520.0	495.0	161	247.0	227.0	52
425.0	405.0	149			
675.0	669.0	142			
409.0	400.0	28			
649.0	649.0	29			
319.0	305.0	140			
425.0	410.0	85			
359.0	340.0	107			
469.0	449.0	72			
895.0	875.0	129			
439.0	430.0	160			
435.0	400.0	206			
235.0	227.0	91			
638.0	618.0	100			
629.0	600.0	97			
329.0	309.0	114			
595.0	555.0	45			
339.0	315.0	150			
215.0	200.0	48			
395.0	375.0	135			
449.0	425.0	53			
499.0	465.0	86			
439.0	428.5	158			

데이터 분석을 위해
엑셀로 100% 구현된
앤더슨의 경영통계학

CHAPTER

9

가설검정

존 모렐 앤 컴퍼니(John Morrell & Company)
CINCINNATI, OHIO

존 모렐 앤 컴퍼니(John Morrell & Company)는 1827년 영국에서 설립되어 미국에서 가장 오래된 육류가공회사이다. 버지니아 주 스미스필드에 있는 스미스필드 푸드(Smithfield Foods)가 전액 출자하여 독립적으로 운영하는 자회사이다. 존 모렐 앤 컴퍼니는 소비자들에게 광범위한 가공육류와 신선한 돼지고기를 존 모렐(John Morrell), 이-지컷(E-Z-Cut), 토빈스 퍼 스트 프라이즈(Tobin's First Prize), 디너 벨(Dinner Bell), 헌터(Hunter), 크리츠마(Kretschmar), 래쓰(Rath), 로데오(Rodeo), 센슨(Shenson), 파머스 힉토리 브랜드(Farmers Hickory Brand), 아이오와 퀄리티(Iowa Quality), 페튼스(Peyton's) 등 13개 지역 브랜드로 공급하고 있다. 각 지역 소비자들 사이에서 브랜드 충성도와 인지도도 높게 나타나고 있다.

모렐 시장조사팀에서는 회사의 다양한 제품에 관한 새로운 정보를 관리하고 비슷한 제품을 생산하는 경쟁사들에 대한 대응방안을 모색하고 있다. 최근 조사에서는 모렐의 쇠고기구이 제품과 다른 두 경쟁사의 유사 제품을 비교하였다. 표본으로 선정된 소비자들은 세 가지 제품을 맛, 모양, 향 세 가지 관점에서 비교하여 평가하였다.

연구자의 관심은 모렐의 제품 선호도가 소비자 모집단의 50% 이상이 되느냐이다. 모집단에서 모렐 제품 선호비율을 p라 하면, 가설검정에서 연구자의 관심을 다음과 같이 표현할 수 있다.

$$H_0: p \leq 0.50$$
$$H_a: p > 0.50$$

귀무가설 H_0는 모렐 제품의 선호도가 50%와 같거나 작다는 것을 의미한다. 표본 자료에서 H_0를 기각하고 H_a를 채택한다면 세 가지 제품비교 연구에서 모렐 제품의 소비자 모집단 선호도는 50% 이상이라고 결론내릴 수 있다.

가설검정은 존 모렐 앤 컴퍼니가 제품의 시장조사 결과를 분석하는 데 활용된다. RosalreneBetancourt 12/Alamy Stock Photo

이 조사를 위해 신시내티, 밀워키, LA 등지에서 224명의 소비자를 표본으로 선택하여 맛 테스트를 실시한 결과, 150명이 모렐의 쇠고기구이를 선호 제품으로 선택했다. 통계적 가설검정 결과 귀무가설 H_0를 기각하였다. 이 조사는 통계적 검정과정을 통해 H_a를 지지한다는 것과, 모렐 제품의 소비자 선호도가 50% 이상이라는 결론을 도출하였다.

모비율의 점추정값 $\bar{p} = 150/224 = 0.67$이다. 따라서 표본 자료는 세 제품의 맛 비교에서 모렐이 만든 쇠고기구이 제품이 "다른 경쟁제품보다 2:1로 더 선호된다."는 푸드 매거진의 광고를 지지한다.

이 장에서는 모렐의 맛 비교와 같이 가설을 세우고 검정하는 방법에 대해 논의할 것이다. 또한 표본 자료를 분석하여 가설의 기각과 채택 여부를 결정할 수 있을 것이다.

---

*자료를 제공한 존 모렐의 마케팅 부사장 마티 버틀러(Marty Butler)에게 감사드린다.

7장과 8장에서는 표본을 활용하여 모수의 점추정과 구간추정을 수행하는 방법을 살펴보았다. 이 장에서는 통계적 추론의 또 다른 영역으로 모수에 대한 가설의 채택과 기각 여부를 결정하기 위해 어떻게 가설검정을 수행하는지를 살펴볼 것이다.

가설검정은 모수에 대한 잠정적인 가정에서 시작한다. 이 잠정적인 가정을 귀무가설(null hypothesis)이라 하고 H_0로 표시한다. 다음으로 귀무가설에 반대되는 대립가설(alternative hypothesis)을 설정하고 H_a로 표시한다. 가설검정은 서로 상반되는 두 가지 가설인 H_0와 H_a를 검정하기 위해서 모집단으로부터 추출된 표본 자료를 이용한다.

이 장에서는 모평균과 모비율에 대한 가설검정을 어떻게 수행할 것인지를 설명할 것이다. 먼저 예제를 이용하여 귀무가설과 대립가설을 세우는 방법을 살펴보자.

1 귀무가설과 대립가설의 설정

귀무가설과 대립가설을 어떻게 설정해야 하는가는 공식과 같이 명확하게 정해져 있지는 않다. 연구자나 의사결정자가 가설검정 결과를 통해 원하는 정보를 얻기 위해서는 신중하게 가설을 수립해야 한다. 모든 가설검정에서는 자료를 수집하고 그 자료의 결과가 증거가 되어 결론을 이끌어낸다. 귀무가설과 대립가설을 설정할 때 다음과 같은 질문을 해보자. 자료수집의 목적은 무엇인가? 어떤 결론을 원하는가?

이 장에서는 모평균 또는 모비율과 같은 모수에 대한 잠정적인 가정을 H_0라고 하며 귀무가설과 상반되는 상황을 대립가설 H_a라고 한다. 어떤 경우에는 대립가설을 먼저 설정한 후 귀무가설을 설정하는 게 쉬울 때도 있으며, 귀무가설을 먼저 세우고 대립가설을 세우는 게 더 쉬울 때도 있다. 다음의 예제에서 이러한 상황들을 다룰 것이다.

> * 가설을 정확하게 수립하기 위해서는 연습이 필요하다. 초기에 귀무가설과 대립가설을 설정하는 것은 다소 혼란스럽다. 이 절의 예제는 가설설정에 대한 지침을 제공하려는 의도로 작성되었다.

1 연구가설 성격인 대립가설

가설검정은 연구가설을 지지할 수 있는 증거를 얻기 위해서 실시하는 것이 대부분이다. 따라서 연구자가 원하는 결론을 대립가설로 설정하는 것이 최선의 선택이 된다. 현재 시내 주행 시 연비가 갤런당 24마일인 자동차를 생각해보자. 상품개발팀에서는 자동차 연비를 향상시킬 수 있는 연료분사시스템을 새로 개발하였다. 이 팀에서는 현재 시스템보다 새로운 연료분사시스템이 연비를 증가시킬 수 있다는 통계적인 증거를 찾기 위해 새로운 연료분사시스템을 설치한 후 주행시험을 하려고 한다.

여러 개의 새로운 연료분사시스템을 시험용 자동차에 설치한 후 연구를 위해 통제된 상태에서 주행할 것이다. 새로운 시스템에서 연비가 갤런당 24마일보다 향상될 수 있는지를 확인하기 위해 표본 자동차들의 갤런당 평균을 계산하여 가설검정에 사용한다. 갤런당 마일의 모평균을 μ라 하면 연구가설 $\mu > 24$는 대립가설이 된다. 새로운 시스템의 연비가 현재 시스템의 연비인 갤런당 24마일보다 좋아지지 않는다고 잠정적으로 가정할 때, 귀무가설은 $\mu \leq 24$가 된다. 따라서 귀무가설과 대립가설은 다음과 같다.

$$H_0: \mu \leq 24$$
$$H_a: \mu > 24$$

표본에서 H_0를 기각한다는 결과가 나오면 $H_a: \mu > 24$가 참이라고 추론할 수 있다. 상품개발팀은 새로운 연료분사시스템이 갤런당 평균 연비를 향상시킨다는 통계적 증거를 얻게 되고, 새로운 연료분사시스템을 장착한 자동차 생산을 고려하게 된다. 그러나 표본 결과에서 귀무가설을 기각할 수 없다면 상품개발팀은 새로운 연료분사시스템이 현재보다 좋다고 결론을 내릴 수 없고, 연비가 향상될 것을 예상하여 새로운 연료분사시스템을 장착한 자동차를 생산한다는 것은 잘못된 판단이 된다. 그러므로 추가적인 연구와 테스트를 실시하여야 한다.

성공하는 회사는 현재 사용할 수 있는 것보다 더 나은 신제품, 새로운 방법, 새로운 시스템 등을 개발할 때 경쟁력이 생긴다. 새로운 어떤 것을 채택하기 전에 새로운 접근법이 더 낫다는 결론을 통계적으로 뒷받침할 수 있는 연구를 수행하는 것이 바람직하다. 이러한 경우에 연구가설을 대립가설로 설정한다. 예를 들어 새로운 교수법이 개발되었는데 현재의 교수법보다 좋다고 확신한다면, 대립가설은 새로운 교수법이 더 좋다는 것이고 귀무가설은 새로운 교수법이 예전보다 좋지 않다는 것이다. 영업조직에게 새로운 성과급을 지급한다는 계획은 판매를 증가시키려는 방법이다. 따라서 대립가설은 새로운 성과급이 판매를 증가시킨다는 것이 되고, 귀무가설은 새로운 성과급은 판매를 증가시킬 수 없다는 것이 된다. 현재 시판 중인 약보다 혈압을 더 낮추기 위한 목표를 갖고 신약을 개발하는 경우, 신약은 현재의 약보다 혈압을 더 낮출 수 있다는 것이 대립가설이 되며, 신약은 현재 약보다 혈압을 더 낮출 수 없다는 것이 귀무가설이 된다. 각각의 경우에서 귀무가설 H_0가 기각되면 연구가설이 통계적으로 지지를 얻게 된다. 이 장 전체와 교재의 나머지 부분에서 이와 같은 연구 상황에 대한 가설검정의 많은 예를 보게 될 것이다.

2 이의제기 가정인 귀무가설

물론, 모든 가설검정이 연구가설을 포함하는 것은 아니다. 다음의 경우들은 모수가 특정한 값 혹은 범위를 갖는다는 가정이나 확신을 검정하는 예이다. 모수의 가정이 틀렸다는 이의제기를 위해 가설검정을 실시하고 이를 뒷받침할 만한 통계적 근거를 찾는 경우가 있다. 이러한 상황에서는 귀무가설 H_0는 모수에 대한 기존의 가정이 되며, 대립가설 H_a는 가정이 틀렸다는 믿음이 된다.

예를 들어 청량음료 제조업체를 생각해보자. 청량음료의 용량이 67.6온스로 표시되어 있다면, 청량음료 양의 모평균은 적어도 67.6온스가 되어야 표시가 맞다고 할 수 있다. 누군가가 아무 이유 없이 그렇지 않다고 의심한다고 해도 제조업체의 표시가 맞다고 가정하는 것이 일반적이다. 따라서 표시가 맞지 않는다는 주장을 검정하기 위해서는 청량음료 용량이 바르게 표시되었다고 가정하고 귀무가설을 $\mu \geq 67.6$온스라고 세운다. 용량 표시가 틀렸다며 이 가정에 이의를 제기하는 대립가설은 $\mu < 67.6$온스가 되어, 귀무가설과 대립가설은 다음과 같다.

$$H_0: \mu \geq 67.6$$
$$H_a: \mu < 67.6$$

* 일반적으로 제조업체의
주장이 참이라고 가정하
고 귀무가설을 수립한다.
귀무가설이 기각된다면
제조업체의 표시가 거짓
이라고 결론지을 수 있다.

정부기관에서 제품 용량 표시의 정확성을 책임지고 검사하기 위해 표본을 선택하고, 표본평균용량을 계산한 후, 표본 결과를 이용하여 가설검정을 실시한다. 만일 표본에서 H_0를 기각하는 것으로 결과가 나왔다면 $H_a : \mu < 67.6$온스가 참이라고 추론할 수 있다. 이러한 경우, 정부기관에서는 통계적 근거를 이용하여 표시가 틀렸다고 결론을 내리고 제조업체에게 병에 음료를 더 채우기 위한 적절한 조치를 요구할 것이다. 그러나 표본 정보로 H_0를 기각할 수 없다면 제조업체의 표시가 정확하다는 가정은 기각되지 않고, 제조업체는 추가로 조치를 취할 필요가 없다.

제조업체의 생산시스템은 병에 표시된 대로 청량음료가 67.6온스가 채워지도록 설계된다. 회사에서는 용량보다 덜 채워지는 걸 원하지 않는다. 소비자들이나 정부기관으로부터 항의를 받을 수 있기 때문이다. 그렇다고 용량보다 더 채워지면 그만큼의 추가적인 비용이 발생하기 때문에 더 채우는 것도 원하지 않는다. 따라서 회사의 목적은 용량을 정확하게 맞추는 것이고, 용기에 표시된 대로 병당 67.6온스의 모평균만큼만 채우는 것이다.

용량을 정확히 맞추는 것이 회사의 목적이지만, 때로는 생산시스템이 설계된 범위에서 벗어나는 변화가 발생하여 청량음료가 더 채워지거나 덜 채워지는 일이 발생할 수 있다. 제조업체는 67.6온스를 채우도록 생산시스템을 조정하기 위해 이러한 경우가 발생하면 빠르게 알기를 원할 것이다. 이러한 경우에 가설검정을 적용하면, 생산과정이 올바르게 운영되고 있다는 가정 즉, 모평균이 $\mu = 67.6$온스라는 것이 귀무가설이 되고 대립가설은 이 가정이 적절하지 않다는 이의를 제기하는 가설, 즉 $\mu \neq 67.6$온스가 된다. 따라서 제조업체 입장에서 귀무가설과 대립가설은 다음과 같다.

$$H_0 : \mu = 67.6$$
$$H_a : \mu \neq 67.6$$

청량음료 제조업자는 주기적으로 표본을 추출하여 병당 용량의 표본평균을 계산하고 가설검정을 수행한다. 표본 결과 H_0를 기각할 수 있다면 $H_a : \mu \neq 67.6$온스는 참이라고 추론할 수 있다. 그러나 표본 결과 H_0를 기각할 수 없다면 병에 음료를 담는 기계가 제대로 작동한다는 제조업자의 가정을 기각할 수 없다. 이 경우에 더 이상의 조치는 필요하지 않으므로 계속 생산하면 된다.

청량음료 제조와 관련된 두 가지 가설검정에서 귀무가설과 대립가설은 조사자나 의사결정자의 관심이 어디에 있는지에 따라 달라질 수 있다. 가설을 정확하게 세우려면 조사자나 의사결정자가 원하는 정보를 제공할 수 있는 가설을 수립해야 한다.

3 귀무가설과 대립가설 형식 요약

이 장에서 설명하는 가설검정은 모집단의 평균과 비율에 관한 것으로, 가설은 세 가지 형식 중 하나가 된다. 두 가지는 귀무가설에 부등호를 사용하는 것이고, 나머지 한 가지는 등호를 사용하는 것이다. 모집단 평균에 대한 가설검정에서 가설에서 숫자로 정한 가설화된 값(hypothesized value)을 μ_0라고 하면, 가설은 다음 세 가지 형식 중에서 하나가 되며, 왼쪽 두 가지 형식을 단측검정, 마지막 형식을 양측검정이라고 한다.

$$H_0: \mu \geq \mu_0 \qquad H_0: \mu \leq \mu_0 \qquad H_0: \mu = \mu_0$$
$$H_a: \mu < \mu_0 \qquad H_a: \mu > \mu_0 \qquad H_a: \mu \neq \mu_0$$

많은 경우 H_0와 H_a를 명확하게 선택하는 것은 쉽지 않으나, 귀무가설은 항상 등호를 포함하고($\geq$, $\leq$, $=$) 있으며, 가설검정으로 새롭게 주장할 내용이 종종 대립가설이 된다는 점에서 $\mu < \mu_0, \mu > \mu_0, \mu \neq \mu_0$ 중 조사자가 찾고자 하는 증거에 따라 H_a가 결정된다는 점을 유의해야 한다.

연습문제

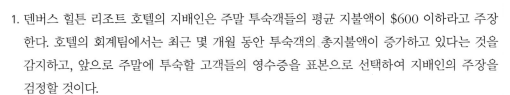

1. 덴버스 힐튼 리조트 호텔의 지배인은 주말 투숙객들의 평균 지불액이 \$600 이하라고 주장한다. 호텔의 회계팀에서는 최근 몇 개월 동안 투숙객의 총지불액이 증가하고 있다는 것을 감지하고, 앞으로 주말에 투숙할 고객들의 영수증을 표본으로 선택하여 지배인의 주장을 검정할 것이다.

   a. 지배인의 주장을 검정하기 위해서 다음 중 어떤 형식을 선택할 것인가? 이유를 설명하라.

$$H_0: \mu \geq 600 \qquad H_0: \mu \leq 600 \qquad H_0: \mu = 600$$
$$H_a: \mu < 600 \qquad H_a: \mu > 600 \qquad H_a: \mu \neq 600$$

   b. H_0를 기각할 수 없을 때 결론은 무엇인가?

   c. H_0를 기각한다면 결론은 무엇인가?

2. 자동차 판매점의 월평균 판매량은 14대이다. 관리자는 판매촉진을 위한 새로운 성과급 제도를 고려하고 있으며, 새로운 성과급이 판매량 증가에 도움이 되는지를 알아보기 위해 새로운 성과급 체제에서 한 달간 판매량을 표본으로 수집하고자 한다.

   a. 이 상황에 가장 적합한 귀무가설과 대립가설을 설정하라.

   b. H_0를 기각할 수 없을 때, 결론에 대해 설명하라.

   c. H_0를 기각한다면 어떻게 결론지을 수 있는지 설명하라.

3. 세제 생산라인은 상자에 평균 32온스를 넣도록 설계되었다. 용량이 정확한지 점검하기 위해 주기적으로 상자들을 표본 추출하여 확인하고 있다. 표본 조사에서 덜 채웠거나 더 채워졌다면 생산라인을 중단하고 정확한 양을 넣도록 조정할 것이다.

   a. 생산라인을 중단시켜 조정할 것인지를 결정할 때 도움을 줄 수 있는 귀무가설과 대립가설을 설정하라.

   b. H_0를 기각할 수 없을 때 어떻게 결론을 내릴 것인지를 설명하라.

   c. H_0를 기각한다면 어떠한 결정을 해야 하는지를 설명하라.

4. 공장장은 새로운 생산방식을 도입하기 위해 현재의 생산방식이 생산설비의 교체에 시간과

비용이 많이 소요되므로 새로운 생산방식으로 원가를 줄여야 한다고 경영진을 설득해야 한다. 현재의 생산방식에서는 시간당 평균 $220의 비용이 발생한다. 일정 기간 동안 새로운 생산방식을 통해 생산된 제품을 표본으로 선택하여 비용을 측정할 것이다.

a. 가장 적합한 귀무가설과 대립가설을 설정하라.

b. H_0를 기각할 수 없을 때, 결론에 대해 설명하라.

c. H_0를 기각한다면 어떻게 결론지을 수 있는지 설명하라.

 ## 제1종 오류와 제2종 오류

통계학에서는 모집단에서 서로 대립하는 상황을 귀무가설과 대립가설로 표현한다. 귀무가설 H_0가 참이거나 대립가설 H_a가 참일 수는 있지만 둘 다 참일 수는 없다. 이상적인 가설검정은 H_0가 참이면 H_0를 채택하고, H_a가 참이면 H_0를 기각하는 것이다. 그러나 불행히도 항상 올바른 결론을 내릴 수가 없다. 가설검정은 표본 정보를 기초로 하기 때문에 항상 오류의 가능성이 있다. 〈표 9-1〉은 가설검정에서 나타날 수 있는 두 가지 유형의 오류를 보여준다.

〈표 9-1〉의 첫 번째 행은 H_0를 채택했을 때 나타날 수 있는 상황을 보여준다. 만일 H_0가 참이라면 올바른 결정이다. 그러나 H_a가 참이라면 제2종 오류(Type II error), 즉 귀무가설이 거짓인데도 채택하는 오류를 범하게 된다. 〈표 9-1〉의 두 번째 행은 H_0를 기각할 때 나타날 수 있는 상황을 보여준다. 만약 H_0가 참이라면 제1종 오류(Type I error), 즉 귀무가설이 참인데도 기각하는 오류를 범하게 된다. 그러나 H_a가 참이라면 H_0를 기각하는 것이 맞다.

1절에서 살펴본 가설검정 사례 중에서 자동차 연비를 높이기 위해 상품개발팀에서 개발한 새로운 연료분사시스템을 다시 생각해보자. 현재 연비가 갤런당 평균 24마일을 주행한다는 것을 이용해서 가설을 세우면 다음과 같다.

$$H_0: \mu \leq 24$$
$$H_a: \mu > 24$$

대립가설은 표본을 통해 새로운 분사시스템의 모평균이 갤런당 24마일보다 높다는 결론을 뒷받침하는 증거가 된다.

여기서 H_0가 참인데 기각하는 제1종 오류는, 새로운 분사시스템이 현재 시스템보다 더 좋지 않음에도 불구하고 개발팀에서 새로운 시스템이 연비를 높일($\mu > 24$) 수 있다고 주장하는 것을

표 9-1_ 가설검정에서 올바른 결론과 오류

		모집단 상황	
		H_0가 참	H_a가 참
결론	H_0 채택	옳은 결정	제2종 오류
	H_0 기각	제1종 오류	옳은 결정

뜻한다. 반대로 H_0가 거짓인데도 채택하는 제2종 오류는, 새로운 시스템이 갤런당 연비를 향상시켰음에도 불구하고, 개발팀에서 새로운 시스템이 현재 시스템($\mu \leq 24$)보다 좋아지지 않았다고 결론을 내리는 것을 뜻한다.

갤런당 마일수를 측정하는 가설검정에서 귀무가설은 $H_0 : \mu \leq 24$이다. $\mu = 24$, 즉 등식이 참인 귀무가설을 가정해보자. 귀무가설이 참일 때 제1종 오류를 범할 확률을 유의수준(level of significance)이라고 한다. 위 가설검정에서 유의수준은 $\mu = 24$일 때 $H_0 : \mu \leq 24$를 기각할 확률이다. 이 개념은 중요하기 때문에 유의수준에 대하여 다시 정의해보겠다.

> **유의수준**
>
> 유의수준은 귀무가설의 등식이 참일 때 제1종 오류를 범할 확률이다.

유의수준은 그리스 문자 α(알파)로 표시하고 일반적으로 0.05와 0.01을 많이 사용한다.

실제로, 유의수준은 가설검정 책임자가 설정한다. 책임자는 유의수준 설정으로 제1종 오류를 범할 확률을 통제한다. 제1종 오류로 인한 비용이 크다면 α값을 작게 설정하고, 제1종 오류로 인한 비용이 크지 않으면 α값을 크게 설정하는 것이 일반적이다. 단지 제1종 오류만 통제하여 실시하는 가설검정을 유의성 검정(significance tests)이라고 한다. 대부분의 가설검정은 여기에 해당한다.

대부분의 가설검정에서는 제1종 오류를 범할 확률을 통제하지만, 제2종 오류를 범할 확률을 항상 통제하는 것은 아니다. 따라서 H_0를 채택하기로 했다면 이 결정을 얼마나 확신할 수 있는지 알 수 없다. 이러한 점에서 유의성 검정에서는 제2종 오류에 대한 불확실성으로 인해 통계학자들은 "H_0를 채택한다."고 표현하지 않고 "H_0를 기각할 수 없다."고 표현할 것을 추천한다. H_0를 채택한다고 직접적으로 표현하지 않음으로써 제2종 오류를 범할 위험을 피하는 것이다. 가설검정에서 제2종 오류를 범할 확률을 계산하거나 일정 수준 이하로 통제하기 어려운 경우에는 H_0를 채택한다는 표현을 사용할 수 없고, "H_0를 기각할 수 없다." 또는 "H_0를 기각한다."는 두 가지 결론만 가능하다.

가설검정에서 제2종 오류를 통제하는 것이 일반적인 것은 아니지만, 전혀 불가능한 것은 아니다. 통계 이론을 다루고 있는 교재에서는 제2종 오류를 범할 확률을 계산하고 통제하는 절차를 설명한다. 만약 이 오류를 적절히 통제하였다면 "H_0를 채택한다."는 결론이 적합할 수도 있다.

* 만약 표본 자료가 귀무가설 H_0의 상황과 일치한다면, "H_0를 기각할 수 없다"는 결론을 내리는 것이 바람직하다. "H_0를 채택한다."보다 이러한 결론이 선호되는 이유는 H_0를 채택한다는 말에 제2종 오류를 범할 위험이 포함되어 있기 때문이다.

 보충설명

칼럼니스트이자 조지 메이슨 대학교의 경제학과 교수인 월터 윌리엄(Walter Williams)은 의사결정 시에 제1종 오류와 제2종 오류를 범할 확률은 항상 존재하며, 식품의약품안정청(FDA)에서 신약을 승인할 때 이러한 오류를 범할 위험이 존재한다고 하였다. FDA는 반드시 신약을 승인하거나 승인을 거부하는 둘 중 하나를 선택해야 한다. 따라서 신약이 안전하지 않고 효과가 없는데도 승인할 수 있는 제1종 오류를 범할 위험과, 신약이 안전하고 효과가 있는데도 승인을 거부하는 제2종 오류를 범할 위험이 늘 존재한다. 어떠한 의사결정의 결과에서도 큰 대가를 치러야 하는 오류가 발생할 가능성을 제거할 수 없다.

5. 세계맥주도매협회(National Beer Wholesalers Association)에 따르면 미국 21세 이상의 소비자는 2017년 동안 1인당 26.9갤런의 맥주와 사이다를 소비했다고 한다. 밀워키 지역의 유통업체는 이 지역에서 맥주와 사이다 소비가 더 많을 것으로 믿고 있으며 이를 확인하기 위해 21세 이상의 소비자를 표본으로 추출하여 조사하였다. 2017년 맥주와 사이다의 소비량에 대한 귀무가설 및 대립가설을 다음과 같이 설정하였다.

$$H_0 : \mu \leq 26.9$$
$$H_a : \mu > 26.9$$

   a. 표본 자료를 검정한 결과, 귀무가설을 기각하는 것으로 나타났다고 하자. 밀워키 지역의 맥주와 사이다 소비에 대한 결론은 무엇인가?

   b. 여기서 제1종 오류는 무엇인가? 오류를 범할 때 어떤 결과가 발생하는가?

   c. 여기서 제2종 오류는 무엇인가? 오류를 범할 때 어떤 결과가 발생하는가?

6. 용량이 3쿼트인 오렌지 주스 용기에는 주스의 지방함량이 평균 1g 이하라고 상표에 적혀 있다. 상표에 적힌 내용을 확인하기 위한 가설검정에서 다음 물음에 답하라.

   a. 귀무가설과 대립가설을 설정하라.

   b. 여기서 제1종 오류는 무엇인가? 오류를 범할 때 어떤 결과가 발생하는가?

   c. 여기서 제2종 오류는 무엇인가? 오류를 범할 때 어떤 결과가 발생하는가?

7. 카펫랜드(Carpetland)의 영업사원들은 주당 평균 매출액이 $8,000이다. 부사장은 영업실적에 대한 보상으로 새로운 판매성과급을 계획하고 제안하였다. 부사장은 이 계획으로 영업사원당 평균 매출액이 증가하기를 바라고 있다.

   a. 귀무가설과 대립가설을 설정하라.

   b. 여기서 제1종 오류는 무엇인가? 오류를 범할 때 어떤 결과가 발생하는가?

   c. 여기서 제2종 오류는 무엇인가? 오류를 범할 때 어떤 결과가 발생하는가?

8. 새로운 생산방식이 시간당 평균비용을 낮춘다는 것을 가설검정을 통해 증명할 수 있다면 새로운 방식을 적용할 것이다.

   a. 현재 생산방식의 운영비가 시간당 평균 $220일 때, 귀무가설과 대립가설을 설정하라.

   b. 여기서 제1종 오류는 무엇인가? 오류를 범할 때 어떤 결과가 발생하는가?

   c. 여기서 제2종 오류는 무엇인가? 오류를 범할 때 어떤 결과가 발생하는가?

③ 모집단 평균: σ를 알고 있는 경우

σ를 알고 있을 때라는 것은 표본을 추출하기 전에 경험적 자료나 다른 정보를 통해서 적절한 모표준편차를 추정할 수 있는 경우라고 8장에서 설명하였다. 이 절에서는 σ를 알고 있을 때, 모평균에 대한 가설검정 방법을 살펴본다.

정규분포를 따르는 모집단에서 표본을 추출한다면 이 절에서 소개하는 방법이 적합하다. 모집단이 정규분포라는 가정을 충족시킬 수 없다면, 표본크기가 충분히 클 때 이 방법을 적용할 수 있다. 이 절의 끝 부분에서는 모집단 분포와 표본크기에 대한 실질적인 지침을 몇 가지 제시할 것이다.

■ 1 단측검정

모평균에 대한 단측검정(one-tailed test)은 다음의 두 가지 형식 중 하나를 따른다.

왼쪽 검정   오른쪽 검정

$H_0: \mu \geq \mu_0$ $H_0: \mu \leq \mu_0$

$H_a: \mu < \mu_0$ $H_a: \mu > \mu_0$

왼쪽검정의 예를 살펴보자.

미연방무역위원회(Federal Trade Commission; FTC)는 제조업체가 생산한 제품에 관한 주장을 확인하기 위해 정기적으로 통계조사를 실시한다. 예를 들어, 힐탑커피(Hilltop Coffee)의 큰 캔에는 3파운드의 커피가 함유되어 있다고 상표에 표시되어 있다. FTC는 모집단 전체의 평균 함량이 3파운드라고 하더라도 힐탑이 커피 제조과정에서 모든 캔에 정확하게 3파운드의 커피를 넣기는 어렵다고 생각한다. 하지만, 모평균 함량이 적어도 3파운드 이상이라면 소비자의 권리는 보호되는 것이다. 따라서 FTC는 캔커피 상표에 표시된 내용을 평균 함량이 적어도 3파운드 이상이라고 해석하였다. FTC가 힐탑의 주장을 왼쪽 단측검정으로 확인하는 방법을 살펴보자.

첫 번째 단계는 검증을 위한 귀무가설과 대립가설을 세우는 것이다. 만일 모평균 함량이 적어도 3파운드 이상이라면 힐탑의 주장은 정당하기 때문에 이것을 귀무가설로 설정한다. 하지만 모평균이 3파운드 미만이라면 힐탑의 주장은 잘못된 것이므로 이를 대립가설로 설정한다. 함량의 모평균을 μ라고 표시할 때 귀무가설과 대립가설은 다음과 같다.

$H_0: \mu \geq 3$

$H_a: \mu < 3$

가설에서 설정한 모평균 값은 $\mu_0 = 3$인 것에 주목하자.

표본 자료에서 H_0를 기각할 수 없다면, 상표 표시가 잘못되었다는 결론에 대한 통계적인 증거가 될 수 없다. 따라서 힐탑에 대한 조치는 필요하지 않다. 그러나 표본 자료에서 H_0를 기각할 수 있다면 대립가설 $H_a: \mu < 3$이 참이라고 결론내릴 수 있다. 이 경우에 함량미달과 상표 표시 위반으로 힐탑에게 벌금을 부과할 수 있다.

36개의 캔커피를 표본으로 추출하여 표본평균 $\bar{x}$를 계산하고, 이를 모평균 μ의 추정값이라고 하자. 표본 결과에서 표본평균 $\bar{x}$의 값이 3파운드보다 작게 나타났다면 귀무가설에 의문을 던지게 된다. 가설검정 과정에서 알고 싶은 것은 $\bar{x}$가 3파운드보다 얼마나 적어야 그 차이가 통계적으로 의미 있는 증거가 되는지, 그리고 힐탑의 상표가 과장되었다고 잘못 판단하는 제1종 오류를 범할 가능성은 얼마나 되는지이다. 이때, 중요한 점은 의사결정자가 유의수준을 어떻게 설정하느냐이다.

앞 절에서 설명한 바와 같이 유의수준이란 귀무가설의 등식이 참인데도 귀무가설을 기각하는 제1종 오류를 범할 확률이고, α로 표시한다. 이때 유의수준은 의사결정자가 결정해야 한다. 제1종 오류로 인하여 발생하는 비용이 크다면 유의수준을 낮게 설정하고, 반대로 비용이 크지 않다면 좀 더 높은 유의수준이 적당하다. 힐탑의 사례에서 FTC 검정 프로그램 담당자가 다음과 같이 진술하였다. "만일 회사가 표시 함량대로 $\mu=3$을 지키고 있다면 별다른 조치를 취하지 않을 것이다. 그러나 내가 잘못 판단할 1%의 위험은 감수할 것이다." 이와 같은 담당자의 진술에서 가설검정을 위한 유의수준을 $\alpha=0.01$로 설정하였음을 알 수 있다.

힐탑커피 사례를 통해서 가설검정 시에 첫 번째 단계로 귀무가설과 대립가설을 설정하고, 두 번째 단계로 유의수준 결정을 살펴보았다. 이제 가설검정의 세 번째 단계인 표본자료 수집과 검정통계량 값의 계산에 대해 살펴보자.

*$\bar{x}$의 표준오차는 $\bar{x}$의 표본분포에서 표준편차가 된다.

검정통계량(test statistic) 힐탑커피 사례에서 FTC가 가설검정을 할 때, 모표준편차를 $\sigma=0.18$로 알고 있고 모집단 함량이 정규분포를 따른다고 가정하자. 7장 표본분포에서 모집단이 정규분포일 때 $\bar{x}$의 표본분포 역시 정규분포를 따른다는 것을 설명하였다. 따라서 힐탑커피 사례에서도 $\bar{x}$의 표본분포는 정규분포이다. 〈그림 9-1〉은 귀무가설의 등호가 참, 즉 $\mu=\mu_0=3$[1]일 때 $\bar{x}$의 표본분포를 나타내고 있다. 이때, $\sigma=0.18$로 알려져 있고 표본크기 $n=36$이며, $\bar{x}$의 표준오차 $\sigma_{\bar{x}} = \sigma/\sqrt{n} = .18/\sqrt{36} = .03$이 된다.

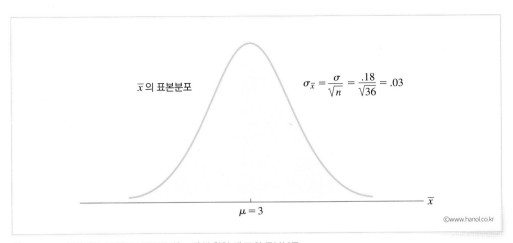

$$\sigma_{\bar{x}} = \frac{\sigma}{\sqrt{n}} = \frac{.18}{\sqrt{36}} = .03$$

$\bar{x}$의 표본분포

$\mu = 3$

©www.hanol.co.kr

🔺 그림 9-1_ 힐탑커피 사례에서 귀무가설($\mu=3$)이 참일 때 $\bar{x}$의 표본분포

---

1) 가설검정을 위한 표본분포를 유도할 때, H_0가 등호를 포함하는 것으로 가정한다.

$\bar{x}$의 표본분포는 정규분포이므로 정규분포를 표준화시킨 z는 표준정규분포가 된다.

$$z = \frac{\bar{x} - \mu_0}{\sigma_{\bar{x}}} = \frac{\bar{x} - 3}{.03}$$

$z=-1$이 된다면 $\bar{x}$값이 가설에서 설정한 평균($\mu=3$)보다 표준오차의 1배만큼 왼쪽에 있다는 의미이고, $z=-2$가 된다면 $\bar{x}$값이 가설에서 설정한 평균($\mu=3$)보다 표준오차의 2배만큼 왼쪽에 있다는 의미이다. 여기서 표준정규분포표를 이용하면 z에 해당하는 왼쪽 꼬리 면적(확률)을 찾을 수 있다. 예를 들어 $z=-3$의 왼쪽 꼬리 면적은 0.0013이다. 즉, 평균에서 왼쪽으로 표준오차의 3배 이상 차이 나는 값을 얻을 확률은 0.0013이 되므로, 결과적으로 가설에서 설정한 모평균 $\mu_0=3$에서 왼쪽으로 표준오차의 3배 이상 차이 나는 값을 얻을 확률이 0.0013이 된다. 귀무가설이 참이라면 이러한 결과가 나올 가능성은 매우 희박하다.

σ를 알고 있을 때, 모평균에 대한 가설검정에서는 표준정규확률변수 z가 귀무가설에서 설정한 μ로부터 $\bar{x}$값이 귀무가설을 기각할 수 있을 만큼 충분한 차이가 있는지를 결정하는 검정통계량(test statistic)이 된다. 이때, $\sigma_{\bar{x}} = \sigma/\sqrt{n}$이므로 검정통계량은 다음과 같이 구할 수 있다.

모평균 가설검정을 위한 검정통계량: σ를 알고 있을 때

$$z = \frac{\bar{x} - \mu_0}{\sigma/\sqrt{n}}$$

(9.1)

왼쪽 검정에서, 가장 중요한 문제는 귀무가설을 기각하려면 검정통계량 z값이 얼마나 작아야 하는가이다. 이 질문에 대한 해답을 찾기 위해서는 p-값 방식과 임계값 방식, 두 가지 접근법을 사용할 수 있다.

p-값 방식(p-value approach) p-값 방식은 검정통계량 값을 이용하여 p-값(p-value)이라는 확률을 계산하는 것이다.

---

p-값

p-값은 표본이 귀무가설과 상반되는지를 판단할 수 있는 척도로 확률로 표현한다. p-값이 작을수록 H_0와 상반된다는 강한 증거가 된다.

---

p-값은 귀무가설을 기각할 수 있는지를 결정할 때 사용된다.

이제 p-값을 어떻게 계산하고 사용하는지를 알아보자. p-값은 검정통계량 값을 이용하여 계산하며, 검정이 왼쪽, 오른쪽 혹은 양측검정이냐에 따라 달라진다. 왼쪽 검정을 위한 p-값은 검정통계량 z가 표본에서 계산한 검정통계량의 값보다 더 작을 확률을 의미한다. σ를 알 때 왼쪽 검정에서의 p-값은 표준정규분포를 따르는 확률변수 z가 표본으로부터 계산된 검정통계량의 값 이하일 확률이다. p-값을 계산한 후에는 유의수준과 p-값을 비교하여 p-값이 귀무가설을 기각할 수 있을 만큼 충분히 작은지를 확인해야 한다.

DATA files
Coffee
www.hanol.co.kr

힐탑커피의 왼쪽 검정에서 p-값을 계산해보자. 힐탑 캔커피 36개를 표본으로 추출하여 계산한 표본평균 $\bar{x}=2.92$이다. $\bar{x}=2.92$는 H_0를 기각할 수 있을 만큼 충분히 작은가? 이 예제는 왼쪽 검정이 되므로, 이를 판단하기 위한 p-값은 정규확률분포에서 '$z \leq$검정통계량의 값'일 확률로 계산할 수 있다. $\bar{x}=2.92$, $\sigma=0.18$, $n=36$을 이용하여 계산한 검정통계량의 값은

$$z = \frac{\bar{x} - \mu_0}{\sigma/\sqrt{n}} = \frac{2.92 - 3}{.18/\sqrt{36}} = -2.67$$

이 되므로, p-값은 z가 -2.67 이하일 확률이 되어 표준정규분포표에서 $z=-2.67$의 왼쪽에 해당하는 부분이 된다. 〈그림 9-2〉에서 $\bar{x}=2.92$는 $z=-2.67$에 해당하고 p-값$=0.0038$임을 알 수 있다. 이 p-값은 $\mu=3$인 모집단에서 표본을 추출했을 때 표본평균이 $\bar{x}=2.92(z=-2.67)$ 이하일 확률을 의미한다. 이렇게 얻어진 p-값이 귀무가설 H_0를 지지할 만큼 충분히 큰 지가 아니라 H_0를 기각할 수 있을 만큼 충분히 작은지를 판단해야 한다. 이에 대한 답은 검정에서 사용하는 유의수준에 의해 결정된다.

앞에서 설명하였듯이 FTC의 담당자는 유의수준을 0.01로 선택하였다. $\alpha=0.01$로 선택했다는 것은 $\mu_0=3$이라는 등식이 참일 때 귀무가설을 기각(즉, 제1종 오류)할 확률을 0.01로 하겠다는 것을 뜻한다. 힐탑에서 표본 캔커피 36개를 조사한 결과 p-값$=0.0038$이라는 것은 귀무가설이

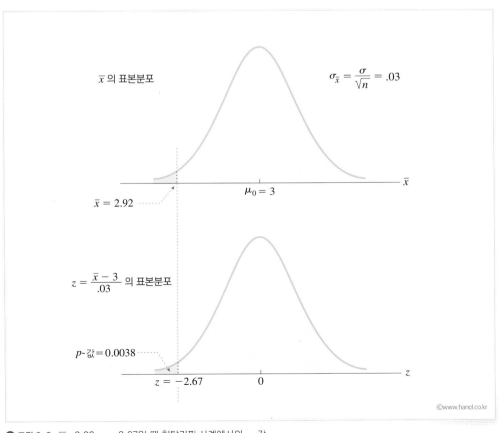

🔺 그림 9-2_ $\bar{x}=2.92$, $z=-2.67$일 때 힐탑커피 사례에서의 p-값

참일 때 $\bar{x}=2.92$이거나 이보다 작을 확률이 0.0038이라는 의미이다. p-값=0.0038은 $\alpha=0.01$ 보다 작거나 같기 때문에 H_0를 기각한다. 그러므로 유의수준 $\alpha=0.01$에서 귀무가설을 기각할 수 있는 통계적 증거가 충분하다는 것을 확인할 수 있다.

유의수준 α에서 p-값 방식을 이용한 기각규칙은 다음과 같다.

p-값을 이용한 기각규칙

$$p\text{-값} \leq \alpha \text{일 때 } H_0\text{를 기각한다}$$

힐탑커피 사례에서 p-값=0.0038로 귀무가설을 기각하였다. 기각 여부는 FTC 담당자가 정한 유의수준과 p-값을 비교하여 $\alpha \geq 0.0038$이기 때문에 H_0를 기각한 것이다. 이러한 이유로 p-값을 관측된 유의수준(observed level of significant)이라고도 한다. 의사결정자 사이에서 제1종 오류를 범하는 비용에 관한 의견이 서로 다를 수 있으므로 유의수준 선택도 달라진다. 가설검정 과정에서 p-값이 주어지면 다른 의사결정자는 그들이 정한 유의수준과 p-값을 비교하게 되므로 H_0의 기각에 대한 결정은 달라질 수도 있다.

임계값 방식(critical value approach)   임계값 방식에서는 첫째로 임계값(critical value)이라고 불리는 검정통계량 값을 계산해야 한다. 왼쪽 검정에서 임계값은 검정통계량 값이 귀무가설을 기각할 수 있을 만큼 충분히 작은지를 판단할 수 있는 기준을 의미한다. 이 검정통계량 값은 검정통계량의 표본분포에서 왼쪽 꼬리 면적이 α(유의수준)에 해당하는 확률변수 값이 된다. 즉, 임계값은 귀무가설을 기각할 수 있는 검정통계량의 최댓값이다. 힐탑커피 사례에서 이 방식을 적용해 보자.

σ를 알고 있을 때, 검정통계량 z의 표본분포는 표준정규분포이다. 그러므로 임계값은 표준정규분포에서 왼쪽 꼬리 면적이 $\alpha=0.01$에 해당하는 검정통계량 값이다. 표준정규분포표에서 왼쪽 면적이 0.01에 해당하는 z를 찾으면 $z=-2.33$임을 알 수 있다(《그림 9-3》 참조). 만약 표본으로부터 계산

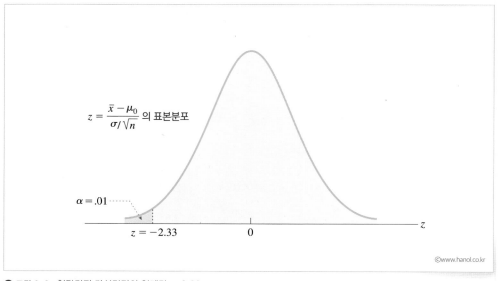

▲ 그림 9-3_ 힐탑커피 가설검정의 임계값 = -2.33

한 검정통계량의 값이 -2.33 이하가 되면 그에 해당하는 p-값은 0.01 이하가 되어 귀무가설을 기각할 수 있다. 따라서, 힐탑커피 사례에서 유의수준이 0.01일 때 임계값 기각규칙은 다음과 같다.

$$z \leq -2.33 \text{ 일 때 } H_0 \text{를 기각한다.}$$

힐탑커피 사례에서 $\bar{x} = 2.92$, 검정통계량 $z = -2.67$이므로, $z = -2.67 < -2.33$이 되어 H_0를 기각하고 힐탑커피 캔은 함량이 부족하다고 결론지을 수 있다.

임계값에 의한 일반적인 기각규칙도 유의수준에 따라 정해진다. 왼쪽 검정에서의 기각규칙은 다음과 같다.

왼쪽 검정에서의 기각규칙: 임계값 방식

$$z \leq -z_\alpha \text{ 일 때 } H_0 \text{를 기각한다.}$$

여기서 $-z_\alpha$는 임계값으로, 표준정규분포 왼쪽 꼬리 면적이 α에 해당하는 z값이다.

요약 p-값 방식과 임계값 방식은 항상 동일하게 기각 여부가 결정된다. 즉, p-값이 α 이하라면 검정통계량 값도 임계값 이하가 된다. p-값 방식은 검정결과가 통계적으로 얼마나 유의한지를 p-값(관측된 유의수준)으로 표현한다는 장점이 있으나, 임계값 방식에서는 단지 정해진 유의수준에서 검정결과가 유의한지를 알 수 있을 뿐이다. 이 절을 시작하면서 모평균에 대한 단측검정은 다음과 같이 두 가지 형식 중에서 하나를 취할 수 있다고 하였다.

왼쪽 검정	오른쪽 검정
$H_0: \mu \geq \mu_0$	$H_0: \mu \leq \mu_0$
$H_a: \mu < \mu_0$	$H_a: \mu > \mu_0$

지금까지 힐탑커피 사례를 이용하여 왼쪽 검정 방법을 살펴보았다. 오른쪽 검정도 왼쪽 검정과 동일한 방법으로 실시할 수 있다. 검정통계량 z는 동일하게 식 (9.1)로 계산한다. 그러나 오른쪽 검정에서의 p-값은 검정통계량이 표본에서 계산한 검정통계량 값과 같거나 더 클 확률을 의미한다. 따라서 σ를 알고 있을 때 오른쪽 검정에서 p-값을 계산하려면 표준정규분포표에서 z가 검정통계량 값 이상일 확률을 계산한다. 임계값 방식을 사용하면 검정통계량 값이 임계값 z_α 이상일 때, 즉 $z \geq z_\alpha$일 때 귀무가설 H_0를 기각할 수 있다.

단측검정에서 p-값을 계산하는 단계를 요약하면 다음과 같다.

단측검정에서 p-값의 계산

1. 식 (9.1)을 이용하여 검정통계량 값을 계산한다.
2. 왼쪽 검정: 표준정규분포를 따르는 확률변수 z가 표본으로부터 계산한 검정통계량 값보다 작거나 같을 확률(왼쪽 꼬리 면적)을 계산한다.
3. 오른쪽 검정: 표준정규분포를 따르는 확률변수 z가 표본으로부터 계산한 검정통계량 값보다 크거나 같을 확률(오른쪽 꼬리 면적)을 계산한다.

2 양측검정

가설검정에서 모평균에 대한 양측검정(two-tailed test)의 일반적인 형태는 다음과 같다.

$$H_0: \mu = \mu_0$$
$$H_a: \mu \neq \mu_0$$

이 절에서는 σ를 알고 있을 때 모평균에 대한 양측검정 방법에 대해 살펴보자. 맥스플라이트사(MaxFlight, Inc.)가 직면한 상황을 예시로 양측검정을 설명한다.

미국골프협회(USGA)는 협회가 주최하는 대회에서 사용할 골프장비에 대한 제조 기준을 세웠다. 맥스플라이트사는 첨단 제조공법으로 평균 비거리가 295야드인 골프공을 생산하고 있다. 그러나 때때로 제조공정이 잘못되어 평균 비거리가 295야드와 다른 공이 생산되기도 한다. 평균 비거리가 295야드 아래로 떨어지면 골프공 광고와 다르기 때문에 매출이 감소할 우려가 있으며, 295야드보다 길어지면 USAG의 기준을 초과하여 USAG가 주최하는 대회에서 사용할 수가 없으므로 표준 비거리를 지켜야 한다.

맥스플라이트사의 품질관리 프로그램은 정기적으로 50개의 골프공을 표본으로 선택하여 제조공정을 확인한다. 50개의 표본으로 공정을 조정할 것인지를 결정하기 위해 가설검정을 하려고 한다. 귀무가설과 대립가설을 설정해보자. 우선 제조공정이 정확하게 수행되고 있어 생산된 골프공의 평균 거리는 295야드가 된다고 가정하고, 이를 귀무가설로 설정한다. 골프공 평균 거리는 295야드가 아니라는 것을 대립가설로 설정한다. 따라서 가설에서 $\mu_0 = 295$가 되고 맥스플라이트사의 귀무가설과 대립가설은 다음과 같다.

$$H_0: \mu = 295$$
$$H_a: \mu \neq 295$$

표본평균 $\bar{x}$가 295야드보다 통계적으로 의미 있게 작거나 크면 H_0를 기각한다. 이 경우에는 제조공정을 다시 조정해야 한다. 반면에 $\bar{x}$가 가설에서 설정한 $\mu_0 = 295$에서 통계적으로 의미 있게 벗어나지 않았다면 H_0를 기각할 수 없고 제조공정을 다시 조정하는 조치를 취하지 않아도 된다.

품질관리팀에서는 검정을 위해 유의수준 $\alpha = 0.05$를 선택하였다. 이전에 제조공정을 확인하고 조정하는 과정에서 수집된 자료를 통해, 모집단 표준편차는 $\sigma = 12$로 알고 있다고 가정한다. 따라서 표본크기 $n = 50$일 때 $\bar{x}$의 표준오차는 다음과 같다.

$$\sigma_{\bar{x}} = \frac{\sigma}{\sqrt{n}} = \frac{12}{\sqrt{50}} = 1.7$$

*중심극한정리는 7장에서 설명하였다.

표본크기가 크기 때문에 중심극한정리에 따라 $\bar{x}$의 표본분포는 정규분포에 근사함을 알 수 있다. 〈그림 9-4〉는 맥스플라이트사 가설에서 설정한 모평균 $\mu_0 = 295$인 $\bar{x}$의 표본분포이다.

50개의 골프공을 표본추출한 결과 표본평균 $\bar{x} = 297.6$야드를 얻었다고 하자. 이 표본평균은 모평균이 295야드보다 크다는 결론을 뒷받침한다. 표본평균 $\bar{x}$값은 유의수준 0.05에서 H_0를 기각할 수 있을 만큼 295보다 충분히 크다고 할 수 있는가? 이 질문에 대한 해답을 얻기 위해 앞 절에서는 p-값 방식과 임계값 방식에 대해 살펴보았다.

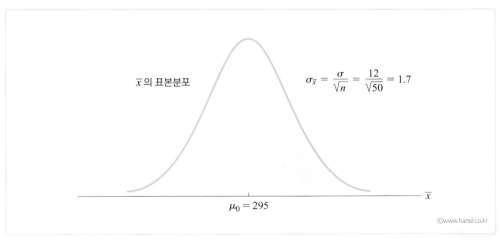

$\bar{x}$의 표본분포

$$\sigma_{\bar{x}} = \frac{\sigma}{\sqrt{n}} = \frac{12}{\sqrt{50}} = 1.7$$

$\mu_0 = 295$

©www.hanol.co.kr

🔺 그림 9-4 _ 맥스플라이트사의 가설검정을 위한 $\bar{x}$의 표본분포

p-값 방식　p-값은 귀무가설의 기각 여부를 결정할 때 사용하는 확률임을 기억하자. 양측검정에서 검정통계량이 왼쪽과 오른쪽 중 어느 한쪽 꼬리에 있어도 귀무가설이 적절하지 않다는 뜻이 된다. 양측검정에서 p-값은 표본에서 계산된 검정통계량 값보다 나올 가능성이 더 희박한 값을 검정통계량으로 갖게 될 확률이 된다. 맥스플라이트사의 가설검정에서 어떻게 p-값을 계산하는지 살펴보자.

먼저 검정통계량 값을 계산하자. σ를 알고 있을 때, 검정통계량 z는 표준정규확률변수이다. 식 (9.1)을 이용하여 계산한 검정통계량 값은 $\bar{x} = 297.6$이므로

$$z = \frac{\bar{x} - \mu_0}{\sigma/\sqrt{n}} = \frac{297.6 - 295}{12/\sqrt{50}} = 1.53$$

이 된다. p-값을 계산하려면 검정통계량이 $z = 1.53$보다 나올 가능성이 더 희박한 값을 갖게

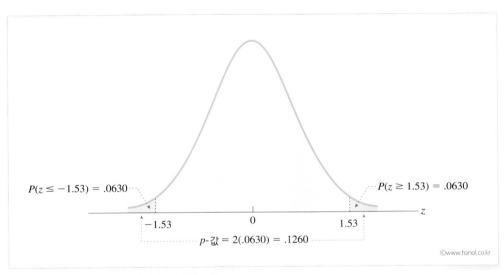

$P(z \leq -1.53) = .0630$　　　　$P(z \geq 1.53) = .0630$

-1.53　　0　　1.53　　z

p-값 $= 2(.0630) = .1260$

©www.hanol.co.kr

🔺 그림 9-5 _ 맥스플라이트사의 가설검정을 위한 p-값

될 확률을 찾아야 한다. 양측검정에서는 검정통계량의 아래쪽 꼬리 부분인 $z \leq -1.53$ 또한 나올 가능성이 희박하게 된다. 따라서, 이 경우에는 〈그림 9-5〉에서와 같이 p-값은 $P(z \leq -1.53) + P(z \geq 1.53)$이 된다. 정규분포는 대칭이기 때문에 $P(z \geq 1.53)$을 찾아서 2배를 하면 이 확률을 계산할 수 있다. 표준정규분포표에서 $P(z < 1.53) = 0.9370$이므로 오른쪽 꼬리 면적은 $P(z \geq 1.53) = 1.0000 - 0.9370 = 0.0630$이다. 이 값을 2배하면 맥스플라이트사의 양측 가설검정을 위한 p-값 $= 2(0.0630) = 0.1260$이 된다.

다음으로 유의수준과 p-값을 비교하여 귀무가설을 기각할 수 있는지를 확인한다. 유의수준 $\alpha = 0.05$이므로 p-값 $= 0.1260 > 0.05$가 되어 귀무가설을 기각할 수 없다. 따라서, 맥스플라이트사는 제조공정을 조정하지 않아도 된다.

양측검정에서 p-값을 계산하는 단계를 요약하면 다음과 같다.

양측검정에서 p-값의 계산

1. 식 (9.1)을 이용하여 검정통계량 값을 계산한다.
2. 검정통계량 값이 오른쪽 꼬리에 있으면 z가 표본으로부터 계산한 검정통계량 값 이상일 확률(오른쪽 꼬리 면적)을 계산한다. 검정통계량 값이 왼쪽 꼬리에 있으면 z가 표본으로부터 계산한 검정통계량 값 이하일 확률(왼쪽 꼬리 면적)을 계산한다.
3. 2단계에서 구한 확률(꼬리 면적)을 2배 하여 p-값을 계산한다.

임계값 방식   임계값 방식으로 양측검정을 할 때는 검정통계량 z와 임계값을 비교하여 결론을 내릴 수 있다. 〈그림 9-6〉은 검정을 할 때 임계값이 표준정규분포의 왼쪽과 오른쪽 양쪽 꼬리 부분에 나타나는 것을 보여주고 있다. 유의수준 $\alpha = 0.05$에서 임계값의 각 꼬리에 해당하는 면

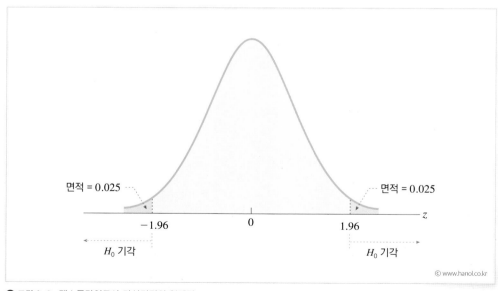

🔺 그림 9-6_ 맥스플라이트사 가설검정의 임계값

적은 $\alpha/2 = 0.05/2 = 0.025$이므로, 표준정규분포표에서 검정통계량의 임계값은 $-z_{0.025} = -1.96$과 $z_{0.025} = 1.96$이다. 양측검정에서 임계값 방식을 이용한 기각규칙은 다음과 같다.

$$z \leq -1.96 \text{이거나 } z \geq 1.96 \text{이면 } H_0 \text{를 기각한다.}$$

맥스플라이트사의 사례에서 검정통계량의 값은 $z = 1.53$이므로 유의수준 $\alpha = 0.05$에서 귀무가설을 기각할 수 없다.

3 엑셀을 활용한 분석

σ를 알고 있을 때 엑셀을 활용하여 p-값 방식으로 모평균에 대한 단측과 양측검정을 할 수 있다. p-값을 계산하는 방법은 왼쪽 검정, 오른쪽 검정, 양측검정에 따라 달라지므로, 엑셀에서 표본 결과를 이용하여 세 개의 p-값, 즉 왼쪽 p-값, 오른쪽 p-값, 양측 p-값을 계산해야 한다. 먼저 α를 선택하고 가설검정의 유형에 적합한 p-값을 이용하여 결론을 이끌어낼 수 있다. 맥스플라이트사의 양측검정을 살펴보자. 〈그림 9-7〉은 엑셀을 활용한 결과로, 뒷쪽은 수식 워크시트이고 앞쪽은 결과 워크시트이다.

자료입력/자료열기 GolfTest 파일을 연다. 셀 A1:A51에는 변수명과 골프공 비거리 자료가 입력되어 있다.

함수와 수식입력 셀 D4와 D5는 가설검정에 필요한 기술통계량을 계산한 것으로, 엑셀 함수 COUNT와 AVERAGE로 표본크기와 표본평균을 계산한다. 이미 알고 있는 모표준편차(12)를 셀 D7에 입력하고 가설에서 설정한 모평균 값(295)은 셀 D8에 입력한다.

셀 D10에 수식 =D7/SQRT(D4)을 입력하여 표준오차를 계산하고, 셀 D11에 수식 =(D5−D8)/D10을 입력하여 검정통계량 z(1.5321)를 계산한다. 셀 D13에는 수식 =NORM.S.DIST(D11, TRUE)를 입력하여 왼쪽 검정을 위한 p-값을 계산하고, 셀 D14에 =(1−D13)을 입력하여 오른쪽 검정을 위한 p-값을 계산하며, 양측검정을 위한 p-값은 셀 D15에 왼쪽과 오른쪽 검정을 위한 p-값 중에서 작은 값을 선택한 후 이를 2배 하여 계산한다.

엑셀의 결과에 의하면 맥스플라이트사의 양측검정에서 p-값=0.1255가 α보다 크기 때문에 $\alpha = 0.05$에서 $H_0 : \mu_0 = 295$를 기각할 수 없다. 따라서 품질관리자는 제조공정에서 모평균 비거리가 295야드인 골프공이 생산된다는 것을 의심할 필요가 없다.

다른 문제를 위한 템플릿 〈그림 9-7〉의 워크시트는 σ를 알고 있을 때 모평균의 단측 및 양측검정의 다른 문제를 해결하기 위한 템플릿으로도 사용할 수 있다. A열에 적합한 자료를 입력한 후 셀 D4와 셀 D5의 수식에서 범위를 조정하고, 셀 D7에는 모표준편차를, 셀 D8에는 가설에서 설정한 값을 입력하면, 표준오차, 검정통계량, p-값이 나타난다. 귀무가설의 기각 여부를 결정하기 위해서는 가설검정 유형(왼쪽, 오른쪽, 양쪽)에 따라 적절한 p-값을 선택한다.

A	B	C	D	E
비거리(야드)		모평균에 대한 가설검정: σ를 알고 있는 경우		
303				
282				
289		표본크기	=COUNT(A:A)	
298		표본평균	=AVERAGE(A:A)	
283				
317		모표준편차	12	
297		모평균 값	295	
308				
317		표준오차	=D7/SQRT(D4)	
293		검정통계량 z	=(D5-D8)/D10	
284				
290		p-값 (왼쪽 검정)	=NORM.S.DIST(D11,TRUE)	
304		p-값 (오른쪽 검정)	=1-D13	
290		p-값 (양측검정)	=2*(MIN(D13,D14))	
311				
301				
292				

A	B	C	D	E
비거리(야드)		모평균에 대한 가설검정: σ를 알고 있는 경우		
303				
282				
289		표본크기	50	
298		표본평균	297.6	
283				
317		모표준편차	12	
297		모평균 값	295	
308				
317		표준오차	1.6971	
293		검정통계량 z	1.5321	
284				
290		p-값 (왼쪽 검정)	0.9372	
304		p-값 (오른쪽 검정)	0.0628	
290		p-값 (양측검정)	0.1255	
311				
301				
292				

©www.hanol.co.kr

◐ 그림 9-7 _ 엑셀 워크시트: σ를 알고 있을 때의 가설검정

DATA files
GolfTest
www.hanol.co.kr

〈그림 9-7〉에서 셀 D4와 D5의 함수에 새로운 자료가 있는 셀의 범위를 입력하지 않고 다음과 같이 함수 내의 셀의 범위를 작성하면 다른 문제들에 쉽게 적용할 수 있는 템플릿을 작성할 수 있다.

$$셀\ D4: = COUNT(A:A)$$
$$셀\ D5: = AVERAGE(A:A)$$

A:A 방식으로 자료범위를 지정하면 COUNT 함수는 A열에 있는 표본크기를 계산하고, AVERAGE 함수는 A열의 표본평균을 계산한다. 따라서 새로운 문제를 해결할 때는 A열에 새로운 자료를 입력한 후, 셀 D7에는 알고 있는 모표준편차 값, 셀 D8에는 가설에서 설정한 모평균 값만 입력하면 된다.

이 워크시트는 $n, \bar{x}, \sigma$가 주어졌을 때 교재에 있는 연습문제를 해결하는 템플릿으로 이용할 수도 있다. 이 경우에는 A열에 있는 자료는 무시하고 $n, \bar{x}, \sigma$값을 각각 셀 D4, D5, D7에 입력한 후, 셀 D8에 가설에서 설정한 모평균 값을 입력한다. 그러면 왼쪽, 오른쪽, 양측검정에 해당하는 p-값이 셀 D13:D15에 나타난다.

4 요약 및 실질적 적용을 위한 조언

〈표 9-2〉는 이 절에서 설명한 σ를 알고 있을 때의 가설검정 절차를 요약한 것이다. 가설에서 설정한 모평균 값은 μ_0로 표시하였다.

	왼쪽 검정	오른쪽 검정	양측검정
가설	$H_0: \mu \geq \mu_0$ $H_a: \mu < \mu_0$	$H_0: \mu \leq \mu_0$ $H_a: \mu > \mu_0$	$H_0: \mu = \mu_0$ $H_a: \mu \neq \mu_0$
검정통계량	$z = \dfrac{\bar{x} - \mu_0}{\sigma/\sqrt{n}}$	$z = \dfrac{\bar{x} - \mu_0}{\sigma/\sqrt{n}}$	$z = \dfrac{\bar{x} - \mu_0}{\sigma/\sqrt{n}}$
기각규칙: p-값 방식	p-값 $\leq \alpha$ 이면 H_0 기각	p-값 $\leq \alpha$ 이면 H_0 기각	p-값 $\leq \alpha$ 이면 H_0 기각
기각규칙: 임계값 방식	$z \leq -z_\alpha$ 이면 H_0 기각	$z \geq z_\alpha$ 이면 H_0 기각	$z \leq -z_{\alpha/2}$ 또는 $z \geq z_{\alpha/2}$ 이면 H_0 기각

이 절에서 설명한 2가지 예제에서 사용한 가설검정 절차는 모든 가설검정에 동일하게 적용할 수 있다.

가설검정 단계

1단계. 귀무가설과 대립가설을 설정한다.

2단계. 유의수준을 결정한다.

3단계. 표본 자료를 수집하고 검정통계량 값을 계산한다.

p-값 방식

4단계. 검정통계량 값을 이용하여 p-값을 계산한다.

5단계. p-값 $\leq \alpha$이면 H_0를 기각한다.

6단계. 통계적인 결론을 해석한다.

임계값 방식

4단계. 유의수준에 따라 임계값과 기각규칙을 결정한다.

5단계. 검정통계량 값과 기각규칙을 이용하여 H_0의 기각 여부를 결정한다.

6단계. 통계적인 결론을 해석한다.

가설검정에 필요한 표본크기는 8장 구간추정에서 언급한 표본크기와 유사하다. 표본크기 $n \geq 30$이면, 대부분 이 절에서 설명한 가설검정 절차를 적용할 수 있다. 표본크기가 30 미만일 때는 표본을 추출할 모집단 분포를 중요하게 고려해야 한다. 모집단이 정규분포를 따르는 경우에는 표본크기와 상관없이 이 절에서 설명한 가설검정 절차를 따르면 된다. 모집단이 정규분포는 아니지만 대칭에 가까울 때는 15개의 표본크기에서도 가설검정 결과를 받아들일 수 있다.

5 가설검정과 구간추정과의 관계

8장에서는 모평균에 대한 신뢰구간 추정을 살펴보았다. σ를 알고 있을 때 모평균의 $(1 - \alpha)\%$ 신뢰구간은

$$\bar{x} \pm z_{\alpha/2} \frac{\sigma}{\sqrt{n}}$$

이 되며, 모평균에 대한 양측검정의 가설은 다음과 같은 형태가 된다.

$$H_0: \mu = \mu_0$$
$$H_a: \mu \neq \mu_0$$

$100(1-\alpha)$% 신뢰구간에는 모평균이 포함되어 있고, 100α% 신뢰구간에는 모평균이 포함되어 있지 않으므로, 신뢰구간이 μ_0를 포함하지 않을 때마다 H_0를 기각한다면 $\mu = \mu_0$가 참일 때 귀무가설을 기각할 확률은 α가 된다. 즉, 유의수준은 귀무가설이 참일 때 귀무가설을 기각할 확률이 되므로, 유의수준이 α인 양측검정에서 H_0를 기각한다는 것은 $100(1-\alpha)$% 신뢰구간 내에 μ_0가 없다는 것과 동일한 의미가 된다. 신뢰구간을 이용한 양측검정 절차를 요약하면 다음과 같다.

* 신뢰구간이 μ_0를 포함하고 있지 않다면 양측검정에서 귀무가설이 기각된다.

신뢰구간을 이용한 양측검정

$$H_0: \mu = \mu_0$$
$$H_a: \mu \neq \mu_0$$

1. 모집단에서 단순 무작위 확률표본을 추출하고 표본평균 $\bar{x}$값으로 모평균 μ에 대한 신뢰구간을 계산한다.

$$\bar{x} \pm z_{\alpha/2} \frac{\sigma}{\sqrt{n}}$$

2. 가설에서 설정한 μ_0가 신뢰구간에 포함되어 있다면 H_0를 기각하지 않고, 그렇지 않다면 H_0를 기각한다.

신뢰구간 방식으로 맥스플라이트사의 가설검정을 생각해보자. 맥스플라이트사의 가설검정에서 가설은 다음과 같다.

$$H_0: \mu = 295$$
$$H_a: \mu \neq 295$$

이 가설을 유의수준 $\alpha = 0.05$에서 검정하기 위해 50개의 골프공을 표본으로 추출하고 표본평균을 계산한 결과 $\bar{x} = 297.6$야드로 나타났다. 이때, 모표준편차 $\sigma = 12$이다. 이 결과와 $z_{0.025} = 1.96$을 이용하여 계산한 모평균에 대한 95% 신뢰구간 추정값은 다음과 같다.

$$\bar{x} \pm z_{0.025} \frac{\sigma}{\sqrt{n}}$$
$$297.6 \pm 1.96 \frac{12}{\sqrt{50}}$$
$$297.6 \pm 3.3$$

즉, 신뢰구간은 294.3에서 300.9까지가 된다. 이 결과로부터 품질관리자는 95% 신뢰수준에서 골프공 모집단의 평균 비거리가 294.3야드와 300.9야드 사이에 있다고 결론지을 수 있다. 가설에서 설정한 모평균 값 $\mu_0 = 295$는 신뢰구간에 포함되기 때문에 가설검정에서도 귀무가설 $H_0 : \mu_0 = 295$를 기각할 수 없다는 결과가 나타난다.

위에서 살펴본 예제의 신뢰구간은 모평균에 대한 양측검정과 관계가 있다. 그리고 신뢰구간과 양측검정의 관계는 다른 모수에서도 동일하게 적용할 수 있다. 이 관계는 모수에 대한 단측

검정으로도 확장시킬 수 있다. 그러나 이를 위해서는 단측 신뢰구간을 설정해야 하므로 실제로는 거의 이용하지 않는다.

 보충설명

1. 지금까지 p-값을 이용하는 방법을 살펴보았다. p-값이 작을수록 H_0를 기각할 확률이 커지고 H_a를 채택할 확률이 높아진다. p-값이 작을 때 통계학자들은 다음과 같이 해석할 것을 제안한다.
   - 0.01보다 작을 때: H_a가 참이라고 결론내릴 수 있는 압도적인 증거
   - 0.01과 0.05 사이: H_a가 참이라고 결론내릴 수 있는 강력한 증거
   - 0.05와 0.1 사이: H_a가 참이라고 결론내릴 수 있는 약한 증거

   - 0.1보다 클 때: H_a가 참이라고 결론내리기엔 불충분한 증거
2. 표본크기가 모집단 크기의 5% 이상인 경우($n/N \geq 0.05$) 모집단 평균에 대한 가설검정(σ가 알려져 있는 경우)을 수행하기 위해서는 $\bar{x}$ 표본분포의 표준오차를 계산할 때 유한 모집단 수정계수(finite population correction factor)를 활용해야 한다.

$$\sigma_{\bar{x}} = \sqrt{\frac{N-n}{N-1}}\left(\frac{\sigma}{\sqrt{n}}\right)$$

연습문제

다음의 연습문제 중에서 일부는 p-값 방식을 이용하는 문제이고, 나머지는 임계값 방식을 이용하는 문제이다. 두 방식의 가설검정 결과는 같다. 두 방식을 모두 연습할 수 있도록 두 방식으로 문제를 구성하였다. 이후의 절과 장에서는 일반적으로 p-값 방식을 주로 사용할 것이나 각 개인의 선호도에 따라 어느 것을 선택해도 상관없다.

기초문제

9. 다음의 가설검정을 생각해보자.

$$H_0: \mu \geq 20$$
$$H_a: \mu < 20$$

크기 50의 표본에서 계산한 표본평균은 19.4이고 모표준편차는 2이다.

a. 검정통계량 값을 계산하라.

b. p-값은 얼마인가?

c. $\alpha = 0.05$에서 결론은 무엇인가?

d. 임계값을 이용한 기각규칙은 무엇인가? 결론은 무엇인가?

10. 다음의 가설검정을 생각해보자.

$$H_0: \mu \leq 25$$
$$H_a: \mu > 25$$

크기 40의 표본에서 계산한 표본평균은 26.4이고 모표준편차는 6이다.

a. 검정통계량 값을 계산하라.

b. p-값은 얼마인가?

c. $\alpha=0.01$에서 결론은 무엇인가?

d. 임계값을 이용한 기각규칙은 무엇인가? 결론은 무엇인가?

11. 다음의 가설검정을 생각해보자.

$$H_0: \mu = 15$$
$$H_a: \mu \neq 15$$

크기 50의 표본에서 계산한 표본평균은 14.15이고 모표준편차는 3이다.

a. 검정통계량 값을 계산하라.

b. p-값은 얼마인가?

c. $\alpha=0.05$에서 결론은 무엇인가?

d. 임계값을 이용한 기각규칙은 무엇인가? 결론은 무엇인가?

12. 다음의 가설검정을 생각해보자.

$$H_0: \mu \geq 80$$
$$H_a: \mu < 80$$

크기 100의 표본을 추출하였고, 모표준편차는 12이다. 각 표본평균으로 p-값을 계산하고 $\alpha=0.01$하에서 결론을 도출하라.

a. $\bar{x} = 78.5$

b. $\bar{x} = 77$

c. $\bar{x} = 75.5$

d. $\bar{x} = 81$

13. 다음의 가설검정을 생각해보자.

$$H_0: \mu \leq 50$$
$$H_a: \mu > 50$$

60개의 관측치로 구성된 표본을 추출하였고, 모표준편차는 8이다. 각 표본평균에 따라 $\alpha=0.05$하에서 임계값 방식으로 결론을 도출하라.

a. $\bar{x} = 52.5$

b. $\bar{x} = 51$

c. $\bar{x} = 51.8$

14. 다음의 가설검정을 생각해보자.

$$H_0: \mu = 22$$
$$H_a: \mu \neq 22$$

75개의 관측치로 구성된 표본을 추출하였고, 모표준편차는 10이다. 각 표본평균으로 p-값을 계산하고 $\alpha = 0.01$하에서 결론을 도출하라.

a. $\bar{x} = 23$

b. $\bar{x} = 25.1$

c. $\bar{x} = 20$

응용문제

15. 3월 31일까지 연방소득세를 신고한 개인납세자들은 2018년 평균적으로 $1,056를 환급받았다. 소득세 납부 마감 5일 전부터 마감일(일반적으로 4월 10일에서 15일)까지 소득을 신고한 개인납세자들을 모집단으로 설정하였다.

   a. 개인납세자들이 마지막 5일까지 기다리는 이유는 먼저 신고한 사람들보다 평균 환급금이 적기 때문이라고 조사자들은 주장하고 있다. H_0를 기각하여 조사자들의 주장을 지지하도록 가설을 설정하라.

   b. 4월 10일부터 4월 15일까지 소득세를 신고한 개인납세자 중에서 표본으로 선택한 400명의 환급금 표본평균은 $910이었다. 과거 경험에 따라 모표준편차는 $\sigma = \$1,600$라고 가정할 때 p-값은 얼마인가?

   c. $\alpha = 0.05$에서 결론은 무엇인가?

16. "대학생들은 신용카드를 얼마나 사용하는가?"라는 제목의 Sallie Mae의 조사에 따르면 대학생들은 평균적으로 $3,173를 사용하는 것으로 나타났다. 이 수치는 지난 5년간 44%가 증가한 것으로 사상 최고치를 나타냈다. 2009년과 비교해볼 때 대학생들의 신용카드 사용액이 계속 증가하고 있는지를 확인하기 위한 연구가 현재 진행 중이다. 지난 연구를 기초로 했을 때, 모표준편차는 $\sigma = \$1,000$라고 한다.

   a. 귀무가설과 대립가설을 설정하라.

   b. 180명의 대학생을 표본으로 추출한 표본평균이 $3,325일 때 p-값은 얼마인가?

   c. 유의수준 0.05를 사용할 때, 결론은 무엇인가?

17. TextRequest사는 18~24세의 성인이 매일 128개의 문자를 주고받는 것으로 확인하였다. 25~34세 성인의 문자 송수신의 수가 TextRequest사에서 확인한 18~24세 성인의 문자 송수신 수와 다른지를 확인하기 위해 표본을 추출한다고 가정해 보자.

   a. 25~34세 성인의 일일 평균 문자 수와 18~24세 인구의 일일 평균 문자 수가 다른지를 검정하기 위해 사용해야 하는 귀무가설과 대립가설을 설정하라.

   b. 25~34세 성인 30명을 표본추출하여 하루 평균 문자 송수신 수의 평균을 조사한 결과 118.6개였다. 모집단 표준편차가 33.17로 알려져 있다고 할 때, p-값을 구하라.

   c. 유의수준 $\alpha = 0.05$를 사용할 때, 결론은 무엇인가?

   d. 임계값 방식으로 위 가설검정을 수행하라.

18. American Institute of Certified Tax Planners는 세금 신고 기간에 미국 공인회계사(CPA)는 주당 평균 60시간을 일한다는 조사결과를 발표하였다. '주 소득세율이 균일한 주의 CPA는 세금 신고 기간 동안 주당 근무 시간이 더 적을 것이다.'라는 주장이 사실인지 확인하기 위해 가설검정을 수행하라.

    a. 주 소득세율이 균일한 주에서 CPA의 주당 평균 근무 시간이 세금 신고 기간 동안 모든 미국 CPA의 주당 평균 근무 시간보다 적은지 여부를 결정하는 데 사용할 수 있는 가설을 설정하라.

    b. 표본을 기준으로 균일 세율이 적용되는 주에서 표본으로 선택된 150명 CPA의 과세 기간 동안 주당 평균 근무 시간은 55시간이었다. 과거 연구에서 모집단 표준편차는 $\sigma = 27.4$로 알려져 있다. 표본 결과를 사용하여 검정통계량 값 및 p-값을 구하라.

    c. 유의수준 0.05를 사용할 때, 결론은 무엇인가?

19. IRS에 따르면 2017년 납세자들은 IRS 전화 상담원과 통화하기 전에 평균 13분 정도 대기해야 하는 것으로 나타났다. 이른 시간에 전화를 할 경우 IRS 전화 상담원과의 통화를 위한 대기 시간이 더 짧을까? 하루 동안 전화 상담원의 업무가 시작되고 처음 30분 동안 IRS에 전화를 건 50명의 발신자 표본이 IRS 전화 상담원과 통화가 되기까지의 평균 대기시간이 11분이었다. 작년 자료를 기반으로 대기 시간의 표준편차가 8분이라고 알고 있다. 표본 결과를 사용하여 IRS 전화 상담원의 업무가 시작되고 처음 30분 동안 걸려온 전화에 대한 대기 시간이 전체 평균 대기 시간인 13분보다 짧다고 결론내릴 수 있는지 유의수준 $\alpha = 0.05$에서 검정하라.

20. CCN과 액트미디어(Actmedia)는 슈퍼마켓 계산대에서 줄서서 기다리는 고객을 대상으로 텔레비전 채널을 제공한다. 이 채널은 뉴스, 짧은 영상과 광고를 보여준다. 프로그램의 길이는 쇼핑객이 슈퍼마켓 계산대에서 기다리는 시간의 모평균이 8분이라는 가정을 기초로 하였다. 고객이 실제 기다리는 시간을 조사하여 이 가정을 검정하고 실제 기다리는 평균 시간이 이 기준과 다른지를 확인하려고 한다.

    a. 이 문제에 적용할 가설을 설정하라.

    b. 120명의 쇼핑객을 표본으로 선택했을 때, 표본에서 기다리는 시간이 평균 8.4분으로 나타났다. 모표준편차 $\sigma = 3.2$분이라고 가정할 때, p-값은 얼마인가?

    c. $\alpha = 0.05$에서 결론은 무엇인가?

    d. 모평균에 대한 95% 신뢰구간을 구하라. 이 신뢰구간은 가설검정의 결론을 뒷받침하는가?

④ 모집단 평균: σ를 모르는 경우

이 절에서는 σ를 모를 때, 모평균에 대한 가설검정을 설명한다. σ를 모르는 경우에는 표본추출 전에 모표준편차의 추정값을 알 수 없으므로 반드시 표본에서 μ와 σ를 추정해야 한다. 따라서, σ를 모를 때 모평균에 대한 가설검정에서는 표본평균 $\overline{x}$로 μ를 추정하고 표본표준편차 s로 σ를 추정한다.

σ를 모를 때의 가설검정 절차도 3절에서 설명한, σ를 알고 있을 때와 동일하다. 그러나 σ를 모르기 때문에 검정통계량과 p-값의 계산방법에 차이가 발생한다. σ를 알고 있을 때의 가설검정에서는 검정통계량의 표본분포가 표준정규분포를 따르지만, σ를 모를 때는 검정통계량의 표본분포가 t분포를 따르게 된다. 표본에서 μ와 σ를 추정하므로 검정통계량의 표본분포는 변동성이 약간 더 커지게 된다.

σ를 모를 때, 모평균의 구간추정은 t분포라고 알려진 확률분포에 기초한다는 것을 8.2절에서 확인하였다. 이와 동일하게 σ를 모를 때의 모평균에 대한 가설검정에서도 t분포를 기초로 하게 되어, 검정통계량은 자유도가 $n-1$인 t분포를 따르게 된다.

모평균의 가설검정을 위한 검정통계량: σ를 모를 때

$$t = \frac{\overline{x} - \mu_0}{s/\sqrt{n}} \tag{9.2}$$

8장에서 t분포는 표본을 추출한 모집단이 정규분포라는 가정이 필요하다고 설명하였다. 그러나 표본의 크기가 충분히 크다면 이 가정을 상당히 완화시킬 수 있다는 연구결과가 있다. 이 절의 마지막 부분에서 모집단 분포와 표본크기에 관해 설명할 것이다.

1 단측검정

σ를 모를 때 모평균에 대한 단측검정 예를 생각해보자. 한 비즈니스여행 잡지는 비즈니스 여행객들의 평가에 따라 공항의 등급을 구분하려고 한다. 등급 척도는 최저 0점에서 최고 10점까지이며, 모집단 평균점수가 7보다 큰 공항은 우수 서비스 공항으로 선정된다. 공항평가 자료를 얻기 위해 잡지사 직원은 각 공항에서 60명의 비즈니스 여행객을 표본으로 조사하였다. 표본조사 결과 런던 히드로공항의 표본평균은 $\overline{x}$=7.25, 표본표준편차는 s=1.052였다. 이 자료로부터 히드로공항을 우수 서비스 공항으로 선정할 수 있을까?

이를 위해서는 H_0가 기각될 때 히드로공항이 모집단 평균점수인 7점보다 높다는 결론으로 이어지도록 가설을 설정해야 한다. 즉, $H_a: \mu > 7$인 오른쪽 검정을 실시해야 한다. 오른쪽 검정을 위한 귀무가설과 대립가설은 다음과 같다.

$$H_0: \mu \leq 7$$
$$H_a: \mu > 7$$

유의수준 α=0.05일 때, 식 (9.2)에 $\overline{x}$=7.25, μ_0=7, s=1.052, n=60을 대입하면, 검정통계량 값은 다음과 같이 계산된다.

$$t = \frac{\overline{x} - \mu_0}{s/\sqrt{n}} = \frac{7.25 - 7}{1.052/\sqrt{60}} = 1.84$$

표본분포 t의 자유도는 $n-1=60-1=59$가 된다. 오른쪽 검정에서 p-값은 $P(t \geq 1.84)$ 즉, 검정통계량 값의 오른쪽 꼬리 면적에 해당하지만, 대부분의 교재에 있는 t분포표에서는 $t=1.84$에 해당하는 정확한 p-값을 찾을 수 없다. 예를 들어, 부록 B의 〈표 2〉에서 자유도 59인 t분포표는 다음과 같이 제시되어 있다.

오른쪽 꼬리 면적	0.20	0.10	0.05	0.025	0.01	0.005
t값 (자유도 59)	0.848	1.296	1.671	2.001	2.391	2.662

$$t=1.84$$

위의 표에서 $t=1.84$는 1.671과 2.001 사이에 있다. 여기서 정확한 p-값을 알 수는 없지만 '오른쪽 꼬리 면적' 행에서 p-값이 0.05보다 작고 0.025보다 큰 것을 알 수 있다. 그러므로 유의수준 $\alpha=0.05$에서 귀무가설을 기각하고 히드로공항을 우수 서비스 공항으로 선정할 수 있다.

t분포표에서 p-값을 계산하는 건 번거로운데다 근사값만 얻을 수 있으므로, 엑셀의 활용에서 T.DIST 함수를 활용하여 정확한 p-값을 계산하는 방법을 알아볼 것이다. 히드로공항의 가설검정에서 정확한 p-값은 0.0354이다. $0.0354 < 0.05$이므로 귀무가설을 기각하여 히드로공항이 우수 서비스 공항으로 분류된다고 결론내리게 된다.

임계값 방식으로도 귀무가설 기각 여부를 결정할 수 있다. $\alpha=0.05$일 때 자유도가 59인 t분포에서 임계값은 $t_{0.05}=1.671$이다. 임계값에 의한 기각규칙은 $t \geq 1.671$인 경우 H_0를 기각하는 것이다. 따라서 $t=1.84 > 1.671$이므로 H_0를 기각하여 히드로공항은 우수 서비스 공항으로 분류된다고 결론내릴 수 있다.

2 양측검정

σ를 모를 때 모평균에 대한 양측검정 방법을 알아보기 위해 홀리데이 토이즈(Holyday Toys)가 직면한 사례를 살펴보자. 이 회사는 상품을 만든 후 1,000개 이상의 아웃렛에 유통시키고 있다. 이 회사에서는 다가오는 겨울 시즌을 준비하기 위해 상품 생산량을 결정해야 한다. 홀리데이의 마케팅담당 이사는 각 아웃렛에서 평균 40개의 수요를 예상하고 있다. 이 예상을 바탕으로 최종 생산량을 결정하기 전에, 홀리데이는 새로운 상품 수요에 대한 더 많은 정보를 수집하기 위해 25개의 소매업체를 대상으로 더 세밀하게 조사하기로 하였다. 각 소매업체에게 원가와 예상 판매가격, 새로운 완구의 특징에 대해 알려준 후, 각 소매업자들에게 예상 주문량을 물어보았다.

소매 아웃렛 주문량의 모평균을 μ라 하고, 표본자료를 이용하여 다음과 같은 양측검정을 실시할 것이다.

$$H_0: \mu = 40$$
$$H_a: \mu \neq 40$$

H_0를 기각할 수 없다면, 홀리데이는 소매 아웃렛당 주문량의 모평균이 $\mu=40$이라는 마케팅담당 이사의 예상에 따라 생산계획을 세울 것이다. 그러나 H_0가 기각된다면, 홀리데이는 즉시

상품 생산계획을 재조정할 것이다. 소매 아웃렛의 모평균 주문량이 예상보다 적거나 많다면 홀리데이는 생산계획을 재조정해야 하므로 양측검정이 요구된다.

25개 소매업체의 표본평균은 $\bar{x}=37.4$이고 표본표준편차는 $s=11.79$이었다. 분석자는 t분포를 적용하기 전에, 모집단 분포를 파악하기 위하여 표본자료의 히스토그램을 작성하여 보았다. 표본자료의 히스토그램에서 왜도나 극단적인 이상값은 발견되지 않아 분석자는 $n-1=24$의 자유도를 가진 t분포를 이용하는 것이 타당하다고 결론지었다. 식 (9.2)에 $\bar{x}=37.4$, $\mu_0=40$, $s=11.79$, $n=25$를 대입하면 검정통계량 값은 다음과 같다.

$$t = \frac{\bar{x} - \mu_0}{s/\sqrt{n}} = \frac{37.4 - 40}{11.79/\sqrt{25}} = -1.10$$

양측검정을 실시하므로 p-값은 t분포에서 $t \leq -1.10$의 왼쪽에 있는 t분포 곡선 아래 면적의 2배가 된다. 부록 B의 〈표 2〉, t분포 표에서 자유도가 24일 때의 t값은 다음과 같다.

오른쪽 꼬리 면적	0.20	0.10	0.05	0.025	0.01	0.005
t값 (자유도 24)	0.857 $t=1.10\uparrow$	1.318	1.711	2.064	2.492	2.797

t분포표는 양의 값만 나타낸다(오른쪽 꼬리에 해당하는 부분). 그러나 t분포는 좌우대칭이기 때문에 $t=1.10$의 오른쪽 꼬리 부분과 $t=-1.10$의 왼쪽 꼬리 부분의 면적이 같다. $t=1.10$은 0.857과 1.318 사이에 있으므로, 오른쪽 꼬리 면적은 0.20과 0.10 사이가 된다. 그 사이에 있는 값을 2배하면 p-값은 0.4와 0.2 사이가 되므로, p-값이 유의수준 $\alpha=0.05$보다 크게 되어 H_0를 기각할 수 없다. 이는 홀리데이가 다가오는 시즌을 준비하기 위해 생산계획을 변경해야 한다는 주장을 뒷받침할 만한 충분한 증거를 제시하지 못한 것이다.

엑셀을 활용한 분석 절차를 따르면 p-값=0.2811이다. 유의수준 $\alpha=0.05$일 때 0.2811 > 0.05이므로 H_0를 기각할 수 없다.

양측검정에서 검정통계량 값은 임계값과 비교할 수도 있다. $\alpha=0.05$와 자유도 24인 t분포에서 양측검정의 임계값은 $-t_{.025}=-2.064$와 $t_{.025}=2.064$이다. 검정통계량 값을 이용한 기각규칙은 다음과 같다.

$$t \leq -2.064 \text{이거나 } t \geq 2.064 \text{이면 } H_0 \text{ 기각}$$

검정통계량 $t=-1.10$이므로 H_0를 기각할 수 없다. 이 결과는 홀리데이가 다가오는 시즌에 대비하면서 $\mu=40$으로 예측한 생산계획을 유지해야 한다는 것을 의미한다.

3 엑셀을 활용한 분석

σ를 모를 때 엑셀을 활용해서 모평균에 대한 단측검정과 양측검정을 할 수 있다. 이 방법은 σ를 알고 있을 때와 비슷하다. 표본자료와 검정통계량 값(t)을 이용해서 3개의 p-값, 즉 왼쪽

꼬리 p-값, 오른쪽 꼬리 p-값, 양쪽 꼬리 p-값을 계산할 수 있다. 이때, α값을 선택하고, 가설검정의 유형에 적합한 p-값을 이용하여 결론을 내릴 수 있다.

엑셀의 T.DIST 함수를 활용하여 어떻게 왼쪽 꼬리 p-값을 계산하는지 살펴보자. 엑셀의 T.DIST 함수에서는 3가지를 입력해야 하는데 일반적인 형식은 다음과 같다.

T.DIST(검정통계량 값, 자유도, 누적확률 여부)

첫 번째 입력란에는 검정통계량 값을 입력하고 두 번째 입력란에는 자유도를 입력한다. 세 번째 입력란에는 누적확률(왼쪽 꼬리 p-값)을 원하면 TRUE, 확률밀도함수 값을 원하면 FALSE를 입력한다.

왼쪽 꼬리 p-값을 계산한 후, 오른쪽 꼬리의 p-값은 1에서 왼쪽 꼬리 p-값을 뺀 값이 되고, 양쪽 꼬리 p-값은 왼쪽과 오른쪽 꼬리 p-값 중에서 작은 값에 2배 하면 된다.

〈그림 9-8〉은 엑셀 워크시트에서 홀리데이 토이즈 사례에 대한 양측검정을 실시한 결과이다.

자료입력/자료열기   Orders 파일을 연다. 셀 A1∶A26에는 변수명과 25개 표본 소매점의 주문량이 입력되어 있다.

함수와 수식입력   검정에 필요한 기술통계량은 셀 D4∶D6에 있다. 엑셀에서 표본 수는 COUNT, 표본평균은 AVERAGE, 표본표준편차는 STDEV.S 함수를 이용하여 계산한다. 가설에서 설정한 모평균 값(40)은 셀 D8에 입력하였다.

모표준편차는 표본표준편차로 추정하고, 표준오차는 표본표준편차(셀 D6)를 표본 수(셀 D4)의

©www.hanol.co.kr

🔵 그림 9-8_ 엑셀 워크시트: σ를 모를 때의 가설검정

제곱근으로 나눠서 셀 D10에 계산한다. 셀 D11에는 수식 =(D5－D8)/D10을 입력하여 검정 통계량 값 t(-1.1026)를 계산하며, 자유도는 =D4－1을 셀 D12에 입력하여 계산한다.

왼쪽 검정을 위한 p-값을 계산하기 위해, 다음 수식을 셀 D14에 입력한다.

$$= T.DIST(D11, D12, TRUE)$$

오른쪽 검정을 위한 p-값은 1에서 왼쪽 검정 p-값을 빼서 셀 D15에 계산한다. 양측검정을 위한 p-값은 2개의 단측검정 p-값 중에서 작은 값을 2배 하여 셀 D16에 계산한다. 결과 워크 시트에는 p-값 3개, 즉 왼쪽 검정 p-값=0.1406, 오른쪽 검정 p-값=0.8594, 양측검정 p-값= 0.2811이 계산되어 있다.

α=0.05를 이용하면 p-값(양측 검정)=0.2811이 α보다 크기 때문에 홀리데이 토이즈의 양측검 정에서 $H_0:\mu$=40을 기각할 수 없다. 이 결과는 홀리데이가 다가오는 시즌에 대비하여 μ=40이 라고 예측한 생산계획을 계속 진행시켜야 한다는 것을 뜻한다. 〈그림 9-8〉의 워크시트는 t분포 를 따르는 단측검정에도 이용할 수 있다. 왼쪽 검정을 하려면, p-값(왼쪽 검정)과 α를 비교하고, 오른쪽 검정을 하려면 p-값(오른쪽 검정)과 α를 비교하여 기각 여부를 결정한다.

다른 문제를 위한 템플릿　σ를 모르는 경우의 다른 문제에서 〈그림 9-8〉의 워크시트를 활용하 여 모평균에 대한 가설검정을 할 수 있다. 자료는 A열에 입력하고, 셀 D4:D6의 수식에서는 자 료의 범위를 수정하고 가설에서 설정한 값은 셀 D8에 입력한다. 이렇게 하면 표준오차, 검정통 계량 그리고 p-값 3개가 나타나며, 가설검정의 유형(왼쪽, 오른쪽, 양측)에 따라 적합한 p-값을 선 택하여 기각 여부를 결정한다.

〈그림 9-8〉에서 셀 D4:D6의 함수에 새로운 자료가 있는 셀의 범위를 입력하지 않고 다음 과 같이 함수 내에 셀의 범위를 작성하면 다른 문제들에 쉽게 적용할 수 있는 템플릿을 작성할 수 있다.

$$셀 D4: = COUNT(A:A)$$
$$셀 D5: = AVERAGE(A:A)$$
$$셀 D6: = STDEV.S(A:A)$$

* Orders 파일에는 A:A 방 식으로 자료의 범위를 지 정한 Template라는 워크 시트가 포함되어 있다.

자료의 범위를 A:A 방식으로 지정하면 엑셀의 COUNT 함수는 A열에서 숫자로 입력된 자 료의 수를 세고, AVERAGE 함수는 A열에서 숫자 값의 평균을 계산한다. 그리고 STDEV.S 함 수는 A열에 있는 숫자 값의 표준편차를 계산한다. 따라서 새로운 문제를 해결하려면 A열에 새 로운 자료만 입력하고 가설에서 설정한 모평균 값을 셀 D8에 입력하면 된다.

4　요약 및 실질적 적용

σ를 모를 때, 모평균에 대한 가설검정 절차를 〈표 9-3〉에 요약하였다. σ를 알고 있을 때와 모를 때, 가설검정 절차에서 가장 중요한 차이는 σ 대신에 s를 사용하여 검정통계량을 계산한 다는 것이며, 이러한 이유로 검정통계량은 t분포를 따르게 된다.

표 9-3_ 모평균에 대한 가설검정 요약: σ를 모를 때

	왼쪽 검정	오른쪽 검정	양측검정
가설	$H_0: \mu \geq \mu_0$ $H_a: \mu < \mu_0$	$H_0: \mu \leq \mu_0$ $H_a: \mu > \mu_0$	$H_0: \mu = \mu_0$ $H_a: \mu \neq \mu_0$
검정통계량	$t = \dfrac{\bar{x} - \mu_0}{s/\sqrt{n}}$	$t = \dfrac{\bar{x} - \mu_0}{s/\sqrt{n}}$	$t = \dfrac{\bar{x} - \mu_0}{s/\sqrt{n}}$
기각규칙: p-값 방식	p-값$\leq \alpha$이면 H_0 기각	p-값$\leq \alpha$이면 H_0 기각	p-값$\leq \alpha$이면 H_0 기각
기각규칙: 임계값 방식	$t \leq -t_\alpha$이면 H_0 기각	$t \geq t_\alpha$이면 H_0 기각	$t \leq -t_{\alpha/2}$ 또는 $t \geq t_{\alpha/2}$이면 H_0 기각

이 절에서 설명한 가설검정 절차는 표본이 추출된 모집단 분포와 표본크기에 따라 다르게 적용된다. 모집단이 정규분포인 경우에는 표본의 크기와 상관없이 이 절에서 설명한 절차를 따르면 정확한 결과를 얻을 수 있으나, 모집단이 정규분포가 아닐 때는 결과가 근사값으로 나타난다. 그러나 표본의 크기가 30 이상이면 대부분 좋은 결과가 나타난다. 모집단이 정규분포에 접근한다면 표본의 크기가 작아도(예를 들어 $n<15$) 결과를 받아들일 수 있다. 모집단의 비대칭이 심하거나 이상값이 있다면 표본크기는 50개 정도가 바람직하다.

보충설명

표본크기가 모집단 크기의 5% 이상인 경우($n/N \geq$ 0.05) 모집단 평균에 대한 가설검정(σ를 모르는 경우)을 수행하기 위해서는 $\bar{x}$ 표본분포의 표준오차를 계산할 때 유한 모집단 수정계수(finite population correction factor)를 활용해야 한다.

$$s_{\bar{x}} = \sqrt{\frac{N-n}{N-1}}\left(\frac{s}{\sqrt{n}}\right)$$

연습문제

기초문제

21. 다음의 가설검정을 생각해보자.

$$H_0: \mu \leq 12$$
$$H_a: \mu > 12$$

크기 25인 표본의 표본평균 $\bar{x}=14$, 표본표준편차 $s=4.32$일 때, 다음 물음에 답하라.

a. 검정통계량 값을 계산하라.

b. t분포표(부록 B의 〈표 2〉)를 이용하여 p-값을 계산하라.

c. $\alpha=0.05$일 때, 결론은 무엇인가?

d. 임계값을 사용한 기각규칙은 무엇인가? 결론은 무엇인가?

22. 다음의 가설검정을 생각해보자.

$$H_0: \mu = 18$$
$$H_a: \mu \neq 18$$

크기 48인 표본의 표본평균 $\bar{x} = 17$, 표본표준편차 $s = 4.5$일 때, 다음 물음에 답하라.

a. 검정통계량 값을 계산하라.

b. t분포표(부록 B의 〈표 2〉)를 이용하여 p-값을 계산하라.

c. $\alpha = 0.05$일 때, 결론은 무엇인가?

d. 임계값을 사용한 기각규칙은 무엇인가? 결론은 무엇인가?

23. 다음의 가설검정을 생각해보자.

$$H_0: \mu \geq 45$$
$$H_a: \mu < 45$$

크기 36인 표본을 사용하여 얻은 정보가 다음과 같다. p-값을 계산하고, $\alpha = 0.01$일 때 결론은 무엇인가?

a. $\bar{x} = 44$, $s = 5.2$

b. $\bar{x} = 43$, $s = 4.6$

c. $\bar{x} = 46$, $s = 5.0$

24. 다음의 가설검정을 생각해보자.

$$H_0: \mu = 100$$
$$H_a: \mu \neq 100$$

크기 36인 표본을 사용하여 얻은 정보가 다음과 같다. p-값을 계산하고, $\alpha = 0.05$일 때 결론은 무엇인가?

a. $\bar{x} = 103$, $s = 11.5$

b. $\bar{x} = 96.5$, $s = 11.0$

c. $\bar{x} = 102$, $s = 10.5$

응용문제

25. Vivino 사이트에 의하면 Vivino 평가 시스템에서 4.0 이상의 점수를 받는 레드와인 한 병의 평균 가격은 $32.48이었다. 뉴잉글랜드 소재 신규 라이프스타일 잡지사는 지역에서 동일한 품질의 레드와인이 더 저렴한지를 확인하기 위해 유사한 품질의 레드와인 56종을 선정하여 가격을 무작위로 조사하였다. 그 결과 표본의 평균은 $30.15, 표준편차는 $12였다.

a. 뉴잉글랜드 지역에서 Vivino 평가 시스템에서 4.0 이상의 점수를 받은 레드와인 한 병의 가격이 모집단 평균인 $32.48보다 낮다는 결론을 뒷받침할 수 있는 가설을 설정하라.

b. $\alpha = 0.05$에서 결론은 무엇인가?

26. 주주들은 최고경영자의 재임기간은 적어도 9년이라고 주장하며 항의를 제기한다. 월스트리

트 저널에서 조사한 85개 기업체 최고경영자의 재임기간은 평균 $\bar{x} = 7.27$년, 표준편차 $s = 6.38$년으로 나타났다.

a. 주주들의 주장이 타당한지를 확인하기 위한 가설을 설정하라.

b. 표본으로 선택한 기업이 85개라고 하자. p-값은 얼마인가?

c. $\alpha = 0.01$에서 결론은 무엇인가?

27. 타임지에 따르면 결혼한 남성들은 주당 평균 6.4시간 동안 아이를 돌본다고 한다. 가정의학과 의사인 남편들이 아이를 돌보는 주당 평균 시간이 타임지에 보고된 6.4시간과 다른지를 결정하기 위한 연구를 하려고 한다. 40쌍의 부부를 표본으로 선택하여 매주마다 남편들이 아이 돌보는 시간(Hours Spent in Child Care)을 조사하였다.

a. 가정의학과 의사인 남편들이 아이 돌보기에 할애하는 평균시간(모평균)이 타임지에서 보고한 것과 다른지를 결정하기 원한다면 가설은 무엇인가?

b. 표본평균과 p-값은 얼마인가?

c. 유의수준을 설정하여 결론을 도출하라.

28. 포브스지에 따르면 미국인은 1인당 연간 9.5파운드의 초콜릿을 섭취하며 이는 세계 9위에 해당하는 수준이다. Hershey 본사가 위치한 펜실베이니아 주 Hershey 지역에서 초콜릿의 소비량이 더 많은지를 확인하고자 한다. Hershey 지역에서 임의로 선정된 36명의 연간 평균 초콜릿 소비량은 10.05파운드이고 표준편차는 $s = 1.5$파운드였다. 유의수준 0.05하에서 미국 전역과 대비하여 Hershey 지역의 초콜릿 소비량이 더 많다고 결론낼 수 있는지를 확인하라.

29. 국제 자동차 딜러협회에 따르면 중고차 평균가격은 $10,192이다. 캔자스시티의 중고차 대리점 매니저는 중고차 특정 대리점에서의 모평균 가격이 국제 평균과 다른지를 확인하기 위해서 최근 50대의 중고차를 표본으로 선택하여 가격(Sale Price)을 조사하였다.

a. 중고차 대리점 모평균이 국제 평균과 차이가 있는지를 결정하기 위한 가설을 설정하라.

b. p-값은 얼마인가?

c. $\alpha = 0.05$에서 결론은 무엇인가?

30. 존스 너서리(John's Nursery)는 주거지역에서 주문제작 조경사업을 하고 있다. 조경사업의 인건비는 나무, 관상수 등을 몇 그루를 심느냐에 따라 달라질 것으로 예상된다. 매니저는 인건비를 추정하기 위해 중간 크기의 나무를 심을 때의 시간을 2시간으로 가정하였다. 지난 한 달 동안 표본으로 추출된 10그루의 나무를 심었을 때 실제로 걸린 시간은 다음과 같다.

| 1.7 | 1.5 | 2.6 | 2.2 | 2.4 | 2.3 | 2.6 | 3.0 | 1.4 | 2.3 |

나무를 심는 평균시간이 2시간과 다른지를 유의수준 0.05에서 검정하려고 한다.

a. 귀무가설과 대립가설을 설정하라.

b. 표본평균을 계산하라.

c. 표본표준편차를 계산하라.

d. p-값은 얼마인가?

e. 결론은 무엇인가?

⑤ 모비율

이 절에서는 모비율 p에 대한 가설검정 방법을 설명한다. p_0를 가설에서 설정한 모비율(가설화된 모비율)이라고 하면, 모비율에 대한 가설검정 형태(왼쪽 검정. 오른쪽 검정. 양측검정)는 다음과 같다.

$$H_0: p \geq p_0 \qquad H_0: p \leq p_0 \qquad H_0: p = p_0$$
$$H_a: p < p_0 \qquad H_a: p > p_0 \qquad H_a: p \neq p_0$$

모비율의 가설검정은 가설에서 설정한 모비율 p_0와 표본비율 $\overline{p}$의 차이를 기초로 한다. 가설검정 방법은 모평균의 가설검정과 비슷하다. 한 가지 차이점은 표본비율과 표준오차를 사용하여 표본통계량을 계산한다는 것이다. 모비율에 대한 가설검정도 p-값 방식이나 임계값 방식을 사용하여 귀무가설의 기각 여부를 결정한다.

파인크릭(Pine Creek) 골프장이 직면한 문제를 살펴보자. 지난 한 해 동안 파인크릭에서 골프를 친 골퍼 중에서 20%만이 여성이었다. 파인크릭은 여성골퍼의 비율을 높이기 위해 여성골퍼 유치를 위한 특별 판촉행사를 실시하였다. 실시 후 한 달이 지났을 때, 골프장 관리자는 파인크릭의 여성골퍼 비율이 늘었는지를 파악하기 위한 조사를 하였다. 이 조사의 목적은 여성골퍼의 비율이 증가했는지를 판단하는 것이므로 $H_a: p > 0.20$인 오른쪽 검정이 적합하여 귀무가설과 대립가설은 다음과 같다.

$$H_0: p \leq .20$$
$$H_a: p > .20$$

H_0가 기각되면 통계적으로 여성골퍼 비율이 증가했고 판촉행사가 성공적이었다는 결과가 지지된다. 골프장 관리자는 가설검정을 위한 유의수준을 $\alpha = 0.05$로 정하였다.

가설검정을 위한 다음 단계는 표본을 선택하고 적절한 검정통계량 값을 계산하는 것이다. 모비율의 가설검정을 위한 검정통계량 값을 계산하는 일반적인 방법부터 살펴보자. 검정통계량을 계산하기 위해서는 모비율 p의 점추정량인 $\overline{p}$의 표본분포를 알아야 한다.

귀무가설이 참이 되어 등식이 성립한다면 $\overline{p}$의 기댓값은 가설에서 설정한 값 p_0와 같게 되어 $E(\overline{p}) = p_0$가 되며, $\overline{p}$의 표준오차는 다음과 같다.

$$\sigma_{\overline{p}} = \sqrt{\frac{p_0(1 - p_0)}{n}}$$

7장에서 $np \geq 5$이고 $n(1-p) \geq 5$이면, $\overline{p}$의 표본분포는 정규분포에 근사한다고 설명하였다.[2] 이러한 조건하에서

$$z = \frac{\overline{p} - p_0}{\sigma_{\overline{p}}} \tag{9.3}$$

---

2) 모비율에 대한 가설검정과 관련한 대부분의 사례에서는 정규근사를 이용할 수 있는 만큼 표본크기가 충분히 큰 것이 일반적이다. $\overline{p}$의 정확한 표본분포는 이항분포에 의해 결정되는 $\overline{p}$의 확률을 이용하여 계산되며 이산형 분포가 된다. 따라서 정규근사를 적용할 수 없을 정도로 표본크기가 작은 경우의 가설검정은 다소 복잡하게 된다.

는 표준정규확률분포를 따르게 된다. 따라서 모비율에 대한 가설검정에는 표준정규확률변수 z를 검정통계량으로 사용할 수 있다.

모비율에 대한 가설검정을 위한 검정통계량

$$z = \frac{\bar{p} - p_0}{\sqrt{\dfrac{p_0(1 - p_0)}{n}}}$$

(9.4)

파인크릭 사례에서 무작위로 선정 400명 가운데 100명이 여성이라면 표본에서 여성골퍼 비율은

$$\bar{p} = \frac{100}{400} = .25$$

가 되고, 이를 식 (9.4)에 대입하면 다음과 같이 검정통계량 값을 얻을 수 있다.

$$z = \frac{\bar{p} - p_0}{\sqrt{\dfrac{p_0(1 - p_0)}{n}}} = \frac{.25 - .20}{\sqrt{\dfrac{.20(1 - .20)}{400}}} = \frac{.05}{.02} = 2.50$$

파인크릭 사례는 오른쪽 가설검정이므로 p-값은 표준정규확률변수 z가 검정통계량의 값 $z=2.50$보다 크거나 같을 확률로, $z=2.50$의 오른쪽 꼬리에 해당하는 면적이다. 표준정규분포표에서 $z=2.50$의 왼쪽 면적은 0.9938이 되므로 p-값은 $1.0000 - 0.9938 = 0.0062$가 된다. 〈그림 9-9〉는 p-값의 계산과정을 나타낸 것이다.

골프장 관리자가 유의수준을 $\alpha=0.05$로 정했으므로 p-값$=0.0062<0.05$가 되어 유의수준 0.05에서 H_0를 기각할 수 있으므로, 이는 파인크릭 골프장 판촉행사가 여성골퍼 비율을 증가시켰다는 결론을 지지하는 통계적 증거가 된다.

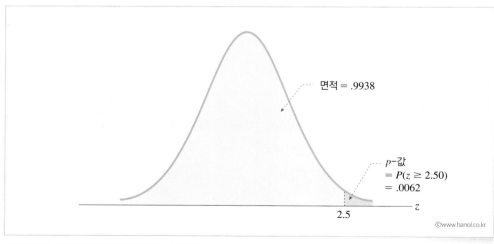

○ 그림 9-9_ 파인크릭 가설검정을 위한 p-값 계산

귀무가설의 기각 여부는 임계값 방식으로도 결정할 수 있다. 표준정규분포의 오른쪽 꼬리 면적 0.05에 해당하는 임계값은 $z_{0.05} = 1.645$이다. 따라서 $z \geq 1.645$라면 임계값 방식에서 H_0를 기각할 수 있으며, 예제에서 $z = 2.50 > 1.645$이므로 H_0를 기각할 수 있다.

가설검정에서 p-값 방식과 임계값 방식이 동일한 결론을 이끌어내지만, p-값 방식이 더 많은 정보를 제공한다. p-값$= 0.0062$이므로 귀무가설은 유의수준 0.0062 이상에서 기각할 수 있다는 것을 알 수 있다.

1 엑셀을 활용한 분석

엑셀을 활용하여 p-값 방식으로 모비율에 대한 단측 또는 양측검정을 실시할 수 있으며, 그 과정은 엑셀을 활용한 모평균에 대한 가설검정과 유사하다. 가장 큰 차이점은 검정통계량으로 모평균에 대한 가설검정을 위한 $\bar{x}$의 표본분포와 모비율에 대한 가설검정을 위한 $\bar{p}$의 표본분포가 다르기 때문에 검정통계량 역시 달라지게 된다. 검정통계량을 계산하는 수식이 다르지만, 임계값과 p-값의 계산방법은 동일하다.

〈그림 9-10〉은 파인크릭 골프장의 오른쪽 가설검정 사례에서 엑셀을 활용하는 과정과 결과를 나타낸 것이다.

자료입력/자료열기　WomenGolf 파일을 연다. 변수명과 골퍼의 성별(Male, Female)이 셀 A1: A401에 입력되어 있다.

🔵 그림 9-10_ 엑셀 워크시트: 파인크릭 골프장 사례의 가설검정

함수와 수식입력　검정에 필요한 기술통계량은 셀 D3, D5, D6에 계산되어 있다. 단, 자료가 숫자가 아니므로 엑셀에서 COUNT 함수가 아니라 COUNTA 함수를 셀 D3에 입력하여 표본크기를 계산한다. 비율계산에 필요한 관심 응답을 구분하기 위해 셀 D4에는 'Female'이라고 입력한다. 셀 D5에는 COUNTIF 함수를 입력하여 셀 D4에 입력한 'Female'이라고 응답한 수를 계산하며, 표본비율은 셀 D6에 응답한 수를 표본크기로 나눠서 계산한다.

셀 D8에 가설에서 설정한 모비율 값($p_0 = 0.20$)을 입력하며, 표준오차는 셀 D10에 수식 = SQRT(D8*(1−D8)/D3)을 입력하여 계산한다. 셀 D11에 수식 =(D6−D8)/D10을 입력하여 검정통계량 값 z(2.50)를 계산한다. 왼쪽 검정을 위한 p-값은 셀 D13에 수식 = NORM. S.DIST(D11, TRUE)을 입력하여 계산하고, 오른쪽 검정을 위한 p-값은 셀 D14에 1에서 왼쪽 검정을 위한 p-값을 빼서 계산하며, 양측검정을 위한 p-값은 단측검정을 위한 2개의 p-값 중에서 작은 값을 2배하여 셀 D15에 계산한다. 결과 워크시트에서 p-값(왼쪽 검정)=0.9938, p-값(오른쪽 검정)=0.0062 그리고 p-값(양측 검정)=0.0124임을 알 수 있다.

파인크릭은 오른쪽 검정으로 p-값(오른쪽 검정)=0.0062가 α=0.05보다 작게 되어 모비율이 0.20 이하라는 귀무가설을 기각한다. 실제로 유의수준이 p-값 0.0062보다 큰 경우에는 모두 귀무가설을 기각할 수 있다.

다른 문제를 위한 템플릿　〈그림 9-10〉의 워크시트는 $np \geq 5$이고 $n(1-p) \geq 5$일 때, 모비율에 대한 가설검정을 위한 템플릿으로 활용할 수 있다. 자료를 A열에 입력하고 셀 D3과 D5의 수식에서 범위를 수정한 후, 셀 D4에 관심 응답을 입력하고 가설에서 설정한 값을 셀 D8에 입력하면, 표준오차, 검정통계량, 3개의 p-값이 나타난다. 가설검정의 유형(왼쪽, 오른쪽, 양측)에 따라 적합한 p-값을 선택하여 기각 여부를 결정할 수 있다.

2 요약 및 실질적 적용

모비율에 대한 가설검정 절차는 모평균 가설검정 절차와 비슷하다. 비록 모비율에 대한 오른쪽 검정 방법만 살펴보았지만 왼쪽 검정과 양측검정에도 이 절차를 적용할 수 있다. 모비율에 대한 가설검정을 〈표 9-4〉에 정리하였다. $np \geq 5$이고 $n(1-p) \geq 5$를 가정하면 $\overline{p}$의 표본분포로 정규확률분포를 근사하여 사용할 수 있다.

보충설명

표본의 크기가 모집단 크기의 5% 이상($n/N \geq 0.05$)인 경우에는 모집단 비율에 대한 가설검정에서 $\overline{p}$ 표본분포의 표준오차를 계산하기 위해서는 유한 모집단 수정계수 가 활용되어야 하며 그 형태는 다음과 같다.

$$s_{\overline{p}} = \sqrt{\frac{N-n}{N-1}} \sqrt{\frac{p_0(1-p_0)}{n}}$$

표 9-4_ 모비율에 대한 가설검정 요약

	왼쪽 검정	오른쪽 검정	양측검정
가설	$H_0: p \geq p_0$ $H_a: p < p_0$	$H_0: p \leq p_0$ $H_a: p > p_0$	$H_0: p = p_0$ $H_a: p \neq p_0$
검정통계량	$z = \dfrac{\bar{p} - p_0}{\sqrt{\dfrac{p_0(1-p_0)}{n}}}$	$z = \dfrac{\bar{p} - p_0}{\sqrt{\dfrac{p_0(1-p_0)}{n}}}$	$z = \dfrac{\bar{p} - p_0}{\sqrt{\dfrac{p_0(1-p_0)}{n}}}$
기각규칙: p-값 방식	p-값$\leq \alpha$이면 H_0 기각	p-값$\leq \alpha$이면 H_0 기각	p-값$\leq \alpha$이면 H_0 기각
기각규칙: 임계값 방식	$z \leq -z_\alpha$이면 H_0 기각	$z \geq z_\alpha$이면 H_0 기각	$z \leq -z_{\alpha/2}$ 또는 $z \geq z_{\alpha/2}$이면 H_0 기각

연습문제

기초문제

31. 다음의 가설검정을 생각해보자.

$$H_0: p = .20$$
$$H_a: p \neq .20$$

크기 400의 표본에서 표본비율은 $\bar{p} = 0.175$이다.

a. 검정통계량 값을 계산하라.

b. p-값은 얼마인가?

c. $\alpha = 0.05$에서 결론은 무엇인가?

d. 임계값을 사용한 기각규칙은 무엇인가? 결론은 무엇인가?

32. 다음의 가설검정을 생각해보자.

$$H_0: p \geq .75$$
$$H_a: p < .75$$

300개 항목을 표본으로 선택하였다. 표본비율이 각각 다음과 같을 때 $\alpha = 0.05$에서 p-값을 계산하고 결론을 도출하라.

a. $\bar{p} = 0.68$

b. $\bar{p} = 0.72$

c. $\bar{p} = 0.70$

d. $\bar{p} = 0.77$

33. 미국 노동통계국에서는 2018년 미국 근로자들의 10.2%가 노동조합에 가입하였다고 발표하였다. 2019년도에 노동조합의 노력으로 조합원이 증가했는지를 확인하기 위해 미국 근로자 400명을 표본으로 조사하였다.

    a. 2019년도에 노동조합원이 증가했다고 할 수 있는지를 검정하기 위한 가설을 설정하라.

    b. 표본조사 결과, 근로자 중에서 48명이 조합에 가입했다면 가설검정을 위한 p-값은 얼마인가?

    c. 유의수준 α=0.05에서 결론은 무엇인가?

DATA files
HomeState
www.hanol.co.kr

34. 자신이 태어난 주에 거주하는 비율이 몇 퍼센트인가? 미국의 인구조사국(U.S. Census Bureau's)의 인구현황조사(American Community Survey)에 따르면 태어난 주에 거주하는 비율은 네바다 주 25%부터 루이지애나 주 78.7%까지로 나타났다. 모든 주와 컬럼비아 특별구를 합한 평균 비율은 57.5%이다. HomeState 파일에 있는 자료는 아칸소 주에서 120명, 버지니아 주에서 180명의 거주자를 각각 무작위로 선택한 표본이다.

    a. 두 주에서 거주자의 비율이 평균 57.5%와 다른지를 결정하기 위한 가설을 설정하라.

    b. 아칸소 주에서 태어난 거주자(Arkansas Residents Born Here?에 Yes로 응답한 사람)의 비율을 추정하라. 이 비율은 모든 주의 평균 비율과 의미 있게 다른가? α=0.05를 사용하라.

    c. 버지니아 주에서 태어난 거주자(Virginia Residents Born Here?에 Yes로 응답한 사람) 비율을 추정하라. 이 비율은 모든 주의 평균 비율과 의미 있게 다른가? α=0.05를 사용하라.

    d. 아칸소보다 버지니아 주에서 거주자의 비율이 높다고 예상할 수 있는가? 문항 (b)와 (c)에 나타난 결과를 결론이라고 가정하자.

35. 작년에 자영업자들의 46%는 직원들에게 휴가를 주었다. 올해 조사에 따르면 자영업자들의 35%는 직원들에게 휴가를 줄 계획인 것으로 나타났다. 조사결과는 60명의 자영업자 표본을 기초로 하였다고 하자.

    a. 조사에서 얼마나 많은 자영업자들이 직원들에게 휴가를 주려고 계획하고 있는가?

    b. 표본에서 자영업자들이 그들의 계획처럼 실시한다고 가정하자. 올해 휴가를 주는 비율이 작년보다 감소했는지를 결정하기 위한 가설검정의 p-값을 계산하라.

    c. 유의수준 0.05를 사용하여, 자영업자들이 휴가를 주는 비율이 감소했다고 결론지을 수 있는가? 이와 같은 결론을 내릴 수 있는 가장 작은 유의수준은 무엇인가?

36. 2018년에 RAND Corporation 연구원은 66~69세 연령층의 71%가 퇴직 이후 재정적으로 충분한 준비를 하고 있는 것을 확인하였다. 다수 재무설계사들은 이 연령층 중 고등학교를 졸업하지 못한 사람들이 은퇴를 위한 재정적 준비 비율이 낮다는 데 우려를 표명하고 있다.

    a. 66~69세 연령층 중 고등학교를 졸업하지 못한 사람들의 재정적 은퇴 준비비율이 더 낮다는 사실을 증명하기 위한 귀무가설 H_0를 설정하라.

    b. 고등학교를 졸업하지 못한 66~69세 연령층 중 300명을 임의로 선정하여 조사한 결과 은

퇴 이후 재정 준비가 되어 있지 못한 사람이 165명이었다. 가설검정을 위한 p-값을 계산하라.

c. $\alpha = 0.01$에서 결론은 무엇인가?

37. 네바다 대학교 물류센터 관리자에 따르면, 미국에서 판매되는 모든 상품의 6%가 반품된다고 한다. 휴스턴 백화점은 1월에 판매된 상품 중에서 표본으로 선택한 80개 중 12개가 반품된 것을 확인하였다.

a. 휴스턴 매장에서 판매된 상품을 모집단으로 했을 때, 반품된 상품 비율의 점추정값을 계산하라.

b. 휴스턴 매장 반품비율의 95% 신뢰구간을 계산하라.

c. 휴스턴 매장 반품비율은 국가 전체 반품비율과 차이가 있다고 할 수 있는가? 이 대답에 대한 통계적 근거를 제시하라.

DATA files
Eagle
www.hanol.co.kr

38. 이글 아웃피터스(Eagle Outfitters) 아웃도어 의류 및 캠핑장비 전문 체인점에서는 신용카드 사용고객을 대상으로 할인쿠폰 판촉행사를 고려하고 있다. 이 판촉행사는 쿠폰을 받은 고객 중에서 10% 이상이 사용하면 성공적이라고 간주한다. 전국적인 판촉행사를 하기 전에 신용카드 사용고객 중에서 100명을 표본으로 선택하여 쿠폰을 발송하였다.

a. 판촉행사를 전국적으로 시행할 만큼 쿠폰을 사용하는 고객(Used Coupon 값이 Yes인 고객) 비율이 높은지를 결정하기 위한 가설을 설정하라.

b. Eagle 파일은 표본자료이다. 모비율에 대한 점추정값을 계산하라.

c. $\alpha = 0.05$를 사용하여 가설검정을 수행하라. 판촉행사를 전국적으로 시행해야 하는가?

DATA files
Lawsuit
www.hanol.co.kr

39. 최근 몇 년 동안 건강관리 비용이 빠르게 증가한 이유 중 하나는 의사들의 의료과실 보험 비용이 증가했기 때문이다. 또한, 의사들은 고소에 대한 두려움으로 종종 불필요한 검사를 더 많이 실시하는데, 이는 단지 의사들에게 죄가 없다는 것을 증명하기 위한 수단이다. 이러한 검사 역시 의료비용으로 추가된다. LawSuit 파일은 한 번 이상 고소를 당한 55세 이상의 의사(Have you been sued by a patient? 값이 Yes인 의사) 비율을 추정할 수 있는 자료이다.

a. 이 자료에서 적어도 한 번 이상 고소를 당한 55세 이상의 의사비율이 절반을 넘는지를 확인하기 위한 가설을 설정하라.

b. 엑셀을 이용하여 적어도 한 번 이상 고소를 당한 55세 이상 의사비율을 계산하라. 가설검정을 위한 p-값은 얼마인가?

c. $\alpha = 0.01$에서 결론은 무엇인가?

40. 전미 투자자협회(American Association of Individual Investors: AAII)는 향후 6개월간 주식시장의 강세, 약세, 보합세 비율을 측정하기 위해서 회원들을 대상으로 주간 설문조사를 실시하고 있다. 2019년 3월 7일 주말에 실시한 설문조사에서는 강세 33.2%, 보합세 39.6%, 약세 27.2%로 나타났다. 이 결과는 AAII 회원 300명을 표본으로 조사한 것이라고 하자.

a. AAII 회원 중에서 장기적으로 강세일 것이라고 생각한 비율은 0.385이다. 현재 표본에서

나타난 강세 심리는 장기평균 0.385와 다른지를 확인하기 위해 유의수준 5%에서 가설검정을 수행하라. 결과는 무엇인가?

b. AAII 회원 중에서 장기적으로 약세일 것이라고 생각한 비율은 0.31이다. 현재 표본에서 나타난 약세 심리는 장기평균 0.31보다 높은지를 확인하기 위해 유의수준 1%에서 가설검정을 수행하라. 결과는 무엇인가?

c. 이러한 결과를 모든 투자자들의 성향이라고 확장하여 생각하는 것이 가능한가? 이유는 무엇인가?

 # 6 실질적 적용: 빅데이터와 가설검정

모평균 μ와 모비율 p의 구간추정에서 표본크기가 증가함에 따라 신뢰구간의 폭이 좁아진다. 이는 표본크기가 증가함에 따라 표본분포의 표준오차가 감소하기 때문이다. 모평균에 대한 $100(1-\alpha)\%$ 신뢰구간을 구했을 때, $100(1-\alpha)\%$ 신뢰구간이 μ_0를 포함하지 않는 경우 $H_0:\mu=\mu_0$을 기각하게 된다. 따라서 주어진 신뢰수준에서 표본크기가 증가함에 따라 표본평균 $\bar{x}$와 가정된 모집단 평균 μ_0 사이의 차이가 점점 감소하게 되므로 둘 사이에 조그마한 차이가 발생하더라도 $H_0:\mu=\mu_0$을 기각하게 된다.

1 빅데이터, 가설검정, p-값

이 절에서는 빅데이터가 가설검정과 p-값에 미치는 영향을 설명한다. 특히, 점추정치와 모수의 가설 값 사이의 차이가 주어진 경우, 표본크기가 증가함에 따라 p-값이 얼마나 빨리 감소하는지를 살펴본다.

온라인 뉴스 서비스를 제공하는 PenningtonDailyTimes.com(PDT)의 주요 수익원은 광고 수익이며, 잠재 광고주들은 방문시간이 긴 웹사이트에 광고를 게시하는 데 추가적인 비용을 지불할 용의가 있는 것으로 확인되었다. 이 뉴스 서비스를 홍보하기 위해 PDT 경영진은 잠재 광고주에게 고객이 PenningtonDailyTimes.com을 방문할 때 체류 평균시간이 작년(평균 체류 시간: 84초)보다 더 길다는 것을 약속하고자 한다. 이를 위해 PDT는 귀무가설 $H_0:\mu\leq84$를 검증하고자 개별 고객의 PDT 웹사이트를 방문시간을 추적하는 표본 수집을 계획하였다.

〈표 9-5〉는 표본평균이 84.1초이고 표본표준편차가 20초인 경우, 검정통계량 t의 값과 귀무가설 $H_0:\mu\leq84$의 검정을 위한 p-값을 계산한 것이다. 〈표 9-5〉에서 $n\geq1,000,000$이면 가설검정을 위한 p-값이 0에 매우 가깝거나 0임을 알 수 있다.

PDT의 경영진은 또한 올해 광고를 클릭한 웹사이트 방문자의 비율이 작년 비율인 0.50을 초과한다고 잠재 광고주에게 약속하고 싶어한다. 이를 위해 PDT는 표본에서 웹사이트 방문자가 웹사이트에 게재된 광고의 클릭 여부에 대한 정보를 수집하고 이 데이터를 사용하여 귀무가설 $H_0:p\leq0.50$을 검정하고자 한다.

📊 표 9-5_ 다양한 표본크기에서 $\bar{x}=84.1$일 때, 귀무가설 $H_0 : \mu \le 84$를 검정하기 위한 검정통계량 값 및 p-값

표본크기 n	t	p-값
10	.01581	.49386
100	.05000	.48011
1,000	.15811	.43720
10,000	.50000	.30854
100,000	1.58114	.05692
1,000,000	5.00000	2.87E-07
10,000,000	15.81139	1.30E-56
100,000,000	50.00000	.00E+00
1,000,000,000	158.11388	.00E+00

📊 표 9-6_ 다양한 표본크기에서 $\bar{p}=0.51$일 때, 귀무가설 $H_0 : p \le 0.50$을 검정하기 위한 검정통계량 값 및 p-값

표본크기 n	z	p-값
10	.06325	.47479
100	.20000	.42074
1,000	.63246	.26354
10,000	2.00000	.02275
100,000	6.32456	1.27E-10
1,000,000	20.00000	.00E+00
10,000,000	63.24555	.00E+00
100,000,000	200.00000	.00E+00
1,000,000,000	632.45553	.00E+00

〈표 9-6〉은 표본비율이 0.51인 경우 귀무가설 $H_0 : p \le 0.50$을 검정하기 위한 검정통계량 z의 값과 p-값을 계산한 것이며, $n \ge 1,000,000$인 경우 p-값은 0임을 알 수 있다.

〈표 9-5〉와 〈표 9-6〉에서 표본크기가 증가함에 따라 p-값이 감소한다는 것을 알 수 있다.

결과적으로 고객이 PDT 웹사이트를 방문할 때 체류한 표본 평균시간이 84.1초라면, $\alpha=0.01$에서 귀무가설 $H_0 : \mu \le 84$는 $n \le 100,000$이면 기각되지 않고 $n \ge 1,000,000$이면 기각된다. 유사하게 웹사이트를 방문하여 게재된 광고를 클릭한 고객의 표본비율이 0.51이라면, $\alpha=0.01$에서 귀무가설 $H_0 : p \le 0.50$은 $n \le 10,000$이면 기각되지 않고, $n \ge 100,000$이면 기각된다. 두 경우 모두 표본의 크기가 극단적으로 커지면 p-값이 극단적으로 작아지게 된다.

2 가설검정에서 빅데이터의 영향

PDT가 웹사이트 방문자 1,000,000명의 표본을 수집하고 이 데이터를 사용하여 유의수준 0.05에서 귀무가설 $H_0 : \mu \le 84$ 및 $H_0 : p \le 0.50$을 검정한다고 가정하자.

표본평균은 84.1이고 표본비율은 0.51이므로 〈표 9-5〉와 〈표 9-6〉에서 볼 수 있듯이 귀무가설은 두 검정 모두에서 기각된다.

결과적으로 PDT는 잠재 광고주에게 PDT의 웹사이트를 방문하는 개별 고객의 체류시간이 84초를 초과하고 웹사이트의 광고를 클릭하는 비율은 0.50을 초과한다고 약속할 수 있다.

이러한 결과는 위의 가설검정 각각에 대해 모수의 점추정치와 가설에서 가정한 값 간의 차이가 표본추출 오류의 결과일 가능성이 거의 없음을 의미한다.

표본이 비표본오차에서 상대적으로 자유로운 경우에 한해 표본크기와 상관없이 가설검정의 결과를 신뢰할 수 있다. 데이터 수집 과정에서 비표본오차가 발생한 경우 제1종 또는 제2종 오류를 범할 가능성은 비표본오차가 없는 경우보다 더 높다. 따라서 가설검정 시에는 관심 모집단의 표본을 추출할 때 무작위로 추출되었는지의 여부를 신중하게 살펴보아야 한다.

PDT가 표본자료에 비표본오류가 거의 또는 전혀 개입하지 않았다고 확신하는 경우, 얻어진 정보로부터 알 수 있는 의미 있는 사실은 귀무가설이 거짓이라는 것이다. 이런 상황에서 PDT와 광고주는 모수의 점추정치와 모수에 대해 가정한 값 사이의 차이가 통계적으로 유의미한 것인지 또는 실질적인 의미(practical significance)가 있는지 여부도 고려해야 한다.

고객이 PDT 웹사이트를 방문하는 평균 시간이 0.1초 증가하는 것은 통계적으로 유의미하지만 PenningtonDailyTimes.com에 광고할 수 있는 회사에는 의미가 없을 수 있다. 유사하게, 광고를 클릭하는 웹사이트 방문자의 비율이 0.01 증가하더라도 통계적으로 유의미하지만 PenningtonDailyTimes.com에서 광고할 수 있는 회사에는 의미가 없을 수 있다. 이러한 통계적으로 유의미한 차이가 PDT와 해당 광고주의 비즈니스 결정에 의미 있는 영향을 미치는지 여부도 확인해야 한다.

궁극적으로 어떤 비즈니스 결정도 통계적 추론에만 근거해서는 안 된다는 사실을 명심해야 한다. 유의미한 결정은 항상 통계적 의미와 함께 고려되어야 하며, 이는 가설검정이 매우 큰 표본을 기반으로 할 때 특히 중요하다. 모수의 점추정치와 가정된 값 사이의 매우 작은 차이라도 통계적으로 유의미하기 때문이다. 정보에 입각한 결론을 도출하기 위해서는 통계적 추론 결과는 다른 출처에서 수집한 정보와 동시에 고려되어야 한다.

보충설명

1. 비표본오류는 확률 표본추출기법이나 비확률 표본추출기법을 사용할 때 모두 발생할 수 있다. 특히 편의추출 및 판단추출과 같은 비확률적 표본추출기법은 표본이 수집되는 방식 때문에 표본자료에 비표본오류를 유발하는 경우가 빈번하다. 따라서 확률 표본추출기법이 비확률 표본추출기법보다 적절한 방법이 된다.

2. 일반적으로 매우 큰 표본은 표본크기가 모집단 크기의 5% 이상($n/N \geq .05$)인 경우를 의미한다. 이러한 경우 신뢰구간 및 가설검정에 사용할 표본분포의 표준오차를 계산할 때 유한모집단 수정계수를 사용하는 것이 적절하다.

연습문제

응용문제

DATA files
FedEmail
www.hanol.co.kr

41. 연방 정부는 직원이 하루에 보내고 받는 평균 비즈니스 이메일 수가 일반 회사 직원이 하루에 보내고 받는 평균 이메일 수인 101.5와 다른지를 확인하려고 한다. FedEmail 파일은 지난 1년 동안 무작위로 선정된 날에 임의로 선정된 10,163명의 비즈니스 이메일 수(Email

Sent and Received)이다. 부서의 가설을 $\alpha=0.01$ 수준에서 검정하고 결과의 실질적인 의미를 논하라.

42. 인기 있는 비즈니스 소셜 네트워킹 서비스에 속한 CEO는 평균 930명의 인맥을 가지고 있다. CEO가 아닌 일반 직원들은 인맥이 더 적은지를 확인하기 위해 무작위로 선정된 7,515명의 직원에 대한 인맥수(Connections)를 SocialNetwork 파일에 기록하였다. 이 표본을 활용하여 일반 직원들은 CEO에 비해 인맥이 적다는 가설을 $\alpha=0.01$ 수준에서 검정하고 결과의 실질적인 의미를 논하라.

APGA(American Potato Growers Association)는 올해 감자튀김이 포함된 패스트푸드 주문의 비율이 작년에 감자튀김을 포함한 패스트푸드 주문의 비율을 초과했다는 주장을 검정하고자 한다. 올해 주문한 패스트푸드 주문에 대한 49,581개의 전자 영수증을 무작위로 추출한 결과 31,038개의 감자튀김이 포함된 것으로 확인되었다. 작년에 감자튀김이 포함된 패스트푸드 주문의 비율이 0.62라고 가정하면 조사된 결과를 활용하여 $\alpha=0.05$ 수준에서 APGA의 주장을 검정하고 결과의 실질적인 의미를 논하라.

CNN에 따르면 모든 미국 스마트폰 사용자의 55%가 GPS 기능을 사용하여 길을 찾고 있다고 한다. 캐나다의 무선 전화 서비스 제공업체가 고객의 GPS 사용이 미국 스마트폰 사용자와 다른지를 알고 싶어 한다. 이를 확인하기 위해 캐나다 회사는 547,192명의 고객을 무작위로 추출하여 올해 사용 기록을 수집하고 이 고객 중 302,050명이 올해 스마트폰의 GPS 기능을 사용한 것으로 확인했다. 이 결과를 활용하여 $\alpha=0.01$ 수준에서 캐나다 회사의 주장을 검정하고 결과의 실질적인 의미를 논하라.

요점정리

가설검정은 모수 값에 대한 진술을 표본자료를 이용하여 기각 여부를 결정하는 통계적 절차이다. 가설이란 모수에 대한 서로 다른 2개의 주장이다. 하나는 귀무가설(H_0), 다른 주장은 대립가설(H_a)이라고 한다. 1절에서는 실제로 자주 접할 수 있는 상황을 3가지 형태의 가설로 설정하는 방법을 소개하였다.

경험적 자료나 다른 정보를 이용하여 σ를 알고 있을 때는 표준정규분포를 기본으로 하여 모평균에 대한 가설검정을 한다. σ를 모를 때는 표본표준편차 s를 이용해서 σ를 추정하고 t분포를 기본으로 가설검정을 한다. 위의 두 가지 경우에서, 모집단 분포와 표본크기에 따라 결과가 달라진다. 모집단이 정규분포일 땐 표본의 크기가 작더라도 두 경우에서 모두 가설검정 절차를 적용할 수 있다. 모집단이 정규분포가 아닐 때는, 더 큰 표본이 필요하다. 표본크기에 대한 일반적인 기준은 3절과 4절에서 설명하였다. 모비율에 대한 가설검정에서는 표준정규분포에 기초한 검정통계량을 가설검정 절차에 사용한다.

모든 경우에서 검정통계량 값을 이용하여 검정에 필요한 p-값을 계산한다. p-값은 귀무가설의 기각 여부를 결정하는 확률이다. 만약 p-값이 유의수준보다 작거나 같다면 귀무가설을 기각할 수 있다. 가설검정은 검정통계량과 임계값을 비교하여 결론을 내릴 수 있다. 왼쪽 검정에서 검정통계량 값이 임계값보다 작으면 귀무가설을 기각할 수 있다. 오른쪽 검정에서 검정통계량 값이 임계값보다 크면 귀무가설을 기각할 수 있다. 양측검정에서는 임계값이 두 개인데, 하나는 표본분포의 왼쪽 꼬리 부분에 있고, 나머지는 오른쪽 꼬리 부분에 있다. 이때 검정통계량 값이 왼쪽 꼬리의 임계값보다 작거나 오른쪽 꼬리의 임계값보다 크면 귀무가설을 기각할 수 있다. 마지막으로, 평균과 비율의 가설검정에서 매우 큰 표본의 파급 효과에 대해 살펴보았다.

보충문제

43. 어떤 생산라인은 용기당 평균 16온스를 채워야 한다. 평균보다 더 채우거나 덜 채우면 심각한 문제가 발생하므로 검사원은 라인을 중지시켜서 용량을 조정한다. 모표준편차는 과거 자료를 통해 $\sigma = 0.8$온스로 알려져 있다. 품질관리 검사원은 매 시간마다 30개의 표본을 선택하여 라인을 중지시키고 재조정할 것인가를 결정한다. 유의수준은 $\alpha = 0.05$이다.

   a. 품질관리 상황에 적용할 가설을 설정하라.

   b. 표본평균이 $\bar{x} = 16.32$온스로 나타났다면 p-값은 얼마인가? 어떤 조치를 취할 것인가?

   c. 표본평균이 $\bar{x} = 15.82$온스로 나타났다면 p-값은 얼마인가? 어떤 조치를 취할 것인가?

   d. 임계값 방식을 사용할 때, 가설검정을 위한 기각규칙은 무엇인가? 이 방식을 문항 (b), (c)에 적용하라. 결론은 같게 나타나는가?

44. 웨스턴 대학에서 장학금을 받는 신입생들의 과거 시험점수는 평균이 900점이다. 과거 모표준편차는 $\sigma = 180$이라고 하자. 부학장은 매년 평균 시험점수가 달라졌는지를 확인하기 위해 신입생을 대상으로 표본을 추출한다.

   a. 가설을 설정하라.

   b. 표본 200명의 평균이 $\bar{x} = 935$라면 모집단 평균 시험점수의 95% 신뢰구간 추정값은 얼마인가?

   c. 신뢰구간을 이용하여 유의수준 $\alpha = 0.05$에서 가설검정을 수행하라. 결론은 무엇인가?

   d. p-값은 얼마인가?

45. CNN은 미국의 아이들이 하루 평균 4시간씩 TV에 노출된다고 보도했다. 아이들이 다른 활동을 할 때 TV가 켜져 있다면 아이의 웰빙에 부정적인 영향을 미칠 수 있다. 이에 따라 저소득층 가구의 아이들은 하루 평균 4시간 이상 TV에 노출된다고 연구가설을 세웠다. 이 가설의 검정을 위해 표본으로 선택된 저소득층 가구의 아이들 60명은 평균 4.5시간 동안 TV에 노출되는 것으로 나타났다.

a. 연구가설을 검정하기 위한 가설을 설정하라.

b. 이전의 연구에 따르면 모집단 표준편차 $\sigma=1.5$시간이라고 한다. 저소득층 가구에서 표본으로 선택된 아이들 60명을 기초로 한 p-값은 얼마인가?

c. 유의수준 $\alpha=0.01$에서 결론은 무엇인가?

46. 영국 통계청에 따르면 2013년 영국 남성의 평균 결혼 연령은 30.8세였다. 한 뉴스 기자는 결혼을 늦추고자 하는 추세가 지속된다고 보도하고 있다. BritainMarriages 파일은 최근 결혼한 47명의 결혼 연령(Age)을 조사한 것이다. 최근 영국 남성의 평균 결혼 연령이 2013년의 평균 결혼 연령을 초과했는지를 $\alpha=0.05$ 수준에서 검정하라.

47. 스마트에셋은 2018년에 고등학교를 졸업하지 못한 근로자의 주당 평균 소득이 $493라는 조사결과를 발표하였다. 고등학교를 졸업한 근로자의 주당 평균 소득이 고등학교를 졸업하지 못한 근로자의 주당 평균 소득보다 더 큰가를 확인하고자 한다고 가정해 보자. WeeklyHS GradPay 파일은 고등학교를 졸업한 근로자 50명으로 구성된 표본의 주급(Weekly Earning)을 조사한 것이다.

a. 고등학교를 졸업한 근로자의 평균 주급이 고등학교를 졸업하지 못한 근로자의 평균 주급보다 큰지의 여부를 검정할 수 있는 가설을 설정하라.

b. 표본평균, 검정통계량, p-값을 구하라.

c. 유의수준 $\alpha=0.05$에서 가설검정의 결론은 무엇인가? 이 결과가 놀라운 것인가? 이 데이터가 이와 같은 결론을 도출하게 된 이유는 무엇인가?

48. 전국 부동산 중개인 협회에 따르면 2017년 주택을 판매하는 데 평균 3주가 소요된 것으로 발표하였다. 2017년 오하이오 주 Greene 카운티에서 판매된 무작위로 선택된 40채의 주택 판매에 소요된 기간의 표본평균은 3.6주, 표본표준편차는 2주로 조사되었다. Greene 카운티에서 주택이 팔릴 때까지 소요된 기간이 2017년 전국 평균과 다른지를 확인하기 위한 가설검정을 실시하라. 유의수준 $\alpha=0.05$를 사용하고 결론에 대해 설명하라.

49. Expedia에 따르면 미국인의 52%가 비행 중에 잠을 잔다고 한다. 비행기를 자주 타는 사람들이 비행 중에 잠을 잘 가능성이 더 큰가? 작년에 최소 25,000마일을 비행한 510명으로 구성된 확률표본 중 285명이 비행 중에 잠을 잔다고 응답했다고 하자.

a. 유의수준 $\alpha=0.05$로 비행을 자주하는 사람들이 비행 중에 잠을 잘 가능성이 더 높다는 가설을 검정하라.

b. 동일한 가설을 유의수준 $\alpha=0.01$로 수행하고 결론을 도출하라.

50. 밀레니얼(millennial) 세대들은 성인 초기에도 지속적으로 부모에게 의존하고(부모와 같이 살거나, 부모의 지원을 받음) 있다. 가족 연구기관은 과거 세대에서는 18~32살에도 계속해서 부모에게 의존하는 비율이 단지 30%에 지나지 않았다고 한다. 400명으로 구성된 18~32살의 표본 중에서 136명이 계속해서 부모에게 의존하는 것으로 나타났다고 하자.

a. 밀레니얼 세대가 과거 세대보다 18~32살에도 계속해서 부모에게 의존하는 비율이 더 높은지를 결정하기 위한 가설을 설정하라.

b. 밀레니얼 세대가 계속해서 부모에게 의존하는 비율의 점추정값은 얼마인가?

c. p-값은 얼마인가?

d. 유의수준 $\alpha=0.05$에서 가설검정의 결론은 무엇인가?

51. Inc.com에 따르면 2018년 구직자의 79%가 구직에 소셜미디어를 사용했다고 한다. 많은 사람들은 이 수치가 구직에 소셜미디어를 사용하는 22~30세 구직자의 비율로 인해 부풀려졌다고 분석하고 있다. 22~30세 구직자를 대상으로 한 설문조사에 따르면 370명의 응답자 중 310명이 구직 활동에 소셜미디어를 사용했으며, 370명의 응답자 중 275명이 고용주에게 이력서를 온라인으로 제출했다고 조사되었다.

a. 22~30세 구직자의 구직 활동에서 소셜미디어를 사용하는 구직자의 비율이 구직 활동에 소셜미디어를 활용하는 전체 모집단 비율에 비해 높다는 사실을 확인할 수 있는지 유의수준 $\alpha=0.05$로 검정하라.

b. 설문조사 결과가 22~30세 구직자의 70% 이상이 고용주에게 이력서를 온라인으로 제출했다는 결론을 정당화할 수 있는지 유의수준 $\alpha=0.05$로 검정하라.

52. 미틀 비치(Mytle Beach)에 있는 라디오 방송국에서는 독립기념일 주말에는 적어도 숙박시설의 90% 이상이 예약될 것이라고 보도하였다. 방송국에서는 주말을 휴양지에서 보낼 계획이라면 미리 예약하라고 청취자들에게 권유하였다. 토요일 밤에 숙박시설 58개를 표본으로 선택하여 조사한 결과 49개는 예약이 됐고, 9개는 비어있는 것으로 나타났다. 표본 결과를 본 후 라디오 방송국의 주장에 대해 어떻게 생각하는가? 유의수준 $\alpha=0.05$에서 가설검정을 수행하라. p-값은 얼마인가?

DATA files
ChannelSurfing
www.hanol.co.kr

53. Ericsson의 2016년 ConsumerLab TV&Media 보고서에 따르면, 미국인은 채널 서핑에 하루 평균 23분을 보낸다고 한다. ChannelSurfing 파일은 12월에 무작위 표본 8,783명을 대상으로 텔레비전에서 채널 서핑에 보내는 시간(Minutes Looking, 단위: 분)을 조사한 것이다. 이 자료가 일년 내내보다 12월에 채널 서핑에 더 적은 시간을 보낸다는 결론을 낼 수 있는지 유의수준 $\alpha=0.01$에서 검정하고 결과에 대한 실질적인 의미를 논하라.

DATA files
TSAWaitTimes
www.hanol.co.kr

54. 미국 교통안전청(TSA)은 2017년 440개 연방 공항을 이용했던 771,556,886명의 여행자 중 2%가 TSA 보안 검색대에서 20분 이상을 기다렸다고 보고했다. TSAWaitTimes 파일은 최근 무작위로 추출된 10,531명의 여행자에 대한 주요 미국 공항의 TSA 보안 검색대 대기시간을 조사한 것이다. 이 자료를 사용하여 공항의 TSA 보안 검색대에서 20분 이상 대기하는 여행자의 비율이 전국 비율과 같다는 주장을 유의수준 $\alpha=0.05$로 검정하라.

품질협회는 생산공정 관리에 활용할 수 있는 표본수집과 통계적 절차에 대해 자문을 하고 있다. 어떤 회사에서 공정이 정상적으로 운영되고 있을 때 관찰된 800개의 자료로 구성된 표본을 품질협회에 보냈다. 이 표본의 표준편차는 0.21이었는데 표본크기가 크므로 모표준편차를 0.21로 가정하였다. 품질협회는 정기적으로 그 공정을 관찰하기 위해 주기적으로 30개씩 표본을 추출하고 분석하여 공정이 정상적으로 운영되고 있는지를 검토하라고 제안하였다. 공정이 정상적으로 작동되지 않았다면, 문제를 해결하기 위해 공정을 수정해야 할 것이다. 이 설계에서 중요한 점은 공정 평균이 12가 되어야 한다는 것으로, 품질협회에서는 다음과 같은 가설을 수립하였다.

$$H_0: \mu = 12$$
$$H_a: \mu \neq 12$$

H_0가 기각되면 언제라도 공정을 수정해야 한다.

다음의 자료는 새로운 통계적 공정관리 절차를 실시한 첫째 날에 한 시간 간격으로 31개씩 수집한 4개의 표본으로 Quality 파일에 포함되어 있다.

DATA files
Quality
www.hanol.co.kr

표본 1(Sample 1)	표본 2(Sample 2)	표본 3(Sample 3)	표본 4(Sample 4)
11.55	11.62	11.91	12.02
11.62	11.69	11.36	12.02
11.52	11.59	11.75	12.05
11.75	11.82	11.95	12.18
11.90	11.97	12.14	12.11
11.64	11.71	11.72	12.07
11.64	11.71	11.72	12.07
11.80	11.87	11.61	12.05
12.03	12.10	11.85	11.64
11.94	12.01	12.16	12.39
11.92	11.99	11.91	11.65
12.13	12.20	12.12	12.11
12.09	12.16	11.61	11.90
11.93	12.00	12.21	12.22
12.21	12.28	11.56	11.88
12.32	12.39	11.95	12.03
11.93	12.00	12.01	12.35
11.85	11.92	12.06	12.09
11.76	11.83	11.76	11.77
12.16	12.23	11.82	12.20
11.77	11.84	12.12	11.79
12.00	12.07	11.60	12.30
12.04	12.11	11.95	12.27
11.98	12.05	11.96	12.29
12.30	12.37	12.22	12.47
12.18	12.25	11.75	12.03
11.97	12.04	11.96	12.17
12.17	12.24	11.95	11.94
11.85	11.92	11.89	11.97
12.30	12.37	11.88	12.23
12.15	12.22	11.93	12.25

1. 각 표본을 유의수준 0.01에서 가설검정을 실시하고 검정결과에 따라 어떤 조치를 취해야 하는지를 결정하라. 각 검정별로 검정통계량과 p-값을 계산하라.

2. 각 표본의 표준편차를 계산하라. 모표준편차가 0.21이라는 가정은 합리적인가?

3. $\mu = 12$일 때 공정이 정상적으로 작동하고 있다는 것을 판단하기 위한 표본평균 $\bar{x}$의 상한 값과 하한값을 계산하라. 새로운 표본평균이 두 값의 사이에 있다면 공정은 정상적으로 작동하고 있다는 뜻이며, $\bar{x}$가 상한값과 하한값을 벗어났다면 공정을 수정해야 한다는 의미이다.

4. 유의수준을 크게 한다는 것이 어떤 의미인지 논의하라. 유의수준이 커질 때 어떤 오류나 실수가 증가하는가?

사례연구   2. 베이뷰대학(Bayview University) 경영대학 학생들의 윤리적 행동

2008년과 2009년도의 글로벌 경기불황 기간에 월가의 임원이나 재무이사 및 기타 기업 임원들의 비윤리적인 행동으로 인해 많은 비난이 있었다. 대학교육신문 기사에서는 기업의 비윤리적인 행동에 대한 이유 중 하나는 경영대학 학생들 사이에 부정행위가 확산되고 있다는 사실에서 찾을 수 있다고 설명하였다. 그 기사에 따르면 비경영대학 학생들의 부정행위 비율인 47%와 비교할 때 경영대학 학생들의 부정행위 비율이 어느 순간에 56%가 되었다고 한다.

베이뷰대학 경영대학 학장은 몇 년 동안 부정행위 문제로 고민하고 있었다. 경영대학의 일부 교수는 다른 대학보다 베이뷰대학에서 부정행위가 더 확산되었다고 믿고 있는 반면, 일부 교수들은 경영대학에서의 부정행위가 주된 문제는 아니라고 생각한다. 이러한 문제를 파악하고 해결하기 위해 학장은 현재 베이뷰의 경영대학 학생들의 윤리적 행동에 대한 조사를 의뢰하여, 경영대학 졸업반 90명의 학생을 표본으로 선택하여 익명의 조사를 실시하였다. 부정행위 행태를 3가지로 구분하여 조사하였으며, 질문에 대한 응답 중 1개 이상 'Yes'라고 응답한 학생들은 부정행위자로 간주하였다.

베이뷰대학에 다니는 동안, 과제를 할 때 인터넷에서 그대로 복사한 적이 있는가?

    예(Yes) _____ 아니오(No) _____

베이뷰대학에 다니는 동안, 시험볼 때 다른 학생의 답안지를 베낀 적이 있는가?

    예(Yes) _____ 아니오(No) _____

베이뷰대학에 다니는 동안 프로젝트를 할 때 개별적으로 완성해야 하는 것을 다른 학생들과 같이 한 적이 있는가?

    예(Yes) _____ 아니오(No) _____

수집된 자료의 일부는 다음과 같으며, 완성된 자료는 Bayview 파일에 있다.

DATA files
Bayview
www.hanol.co.kr

학생 (Student)	인터넷에서 복사 (Copied from Internet)	답안지 베낌 (Copied on Exam)	개별 프로젝트를 같이 수행 (Collaborated on Individual Project)	성별 (Gender)
1	No	No	No	Female
2	No	No	No	Male
3	Yes	No	Yes	Male
4	Yes	Yes	No	Male
5	No	No	Yes	Male
6	Yes	No	No	Female
⋮	⋮	⋮	⋮	⋮
88	No	No	No	Male
89	No	Yes	Yes	Male
90	No	No	No	Female

경영 보고서

　베이뷰 대학의 경영학과 학생들의 부정행위 현상에 대한 평가를 요약하여 단과대학 학장을 위한 보고서를 준비하라. 보고서는 다음 항목을 포함하여 작성하라.

1. 기술통계량을 이용하여 자료를 요약하고 설명하라.

2. 각 부정행위 유형과 전반적인 부정행위에 있어서 여학생(Female) 비율, 남학생(Male) 비율, 전체 학생 비율에 대한 95% 신뢰구간을 제시하라.

3. 대학교육신문에 보도된 다른 대학의 경영대학 학생들보다 베이뷰 대학의 경영대학 학생들의 부정행위 비율이 적다는 것을 확인하기 위한 가설검정을 실시하라. 각 부정행위 유형과 전반적인 부정행위를 검토하라.

4. 베이뷰 대학의 경영대학 학생들의 부정행위 비율이 대학교육신문에서 보도한 비경영대학 학생들의 부정행위 비율보다 낮은지를 확인하기 위한 가설검정을 실시하라. 각 부정행위 유형과 전반적인 부정행위를 검토하라.

5. 자료 분석을 기초로 하였을 때, 학장에게 어떤 조언을 하겠는가?

데이터 분석을 위해
엑셀로 100% 구현된
앤더슨의 경영통계학

CHAPTER

10

두 모집단 간 평균과 비율에 대한 추론

통계응용사례

미국 식품의약청(U.S. Food and Drug Administration)
WASHINGTON, D.C.

미국 식품의약청(FDA)은 약물평가연구센터(Center for Drug Evaluation and Research: CDER)를 통해서 약의 효능과 안전성을 확인하고 있다. 그러나 CDER에서는 신약의 효능과 안전성을 실제로 검사하지는 않는다. 신약을 출시하려는 제약회사가 신약을 검사하기 때문에 검사 결과에 대한 책임은 제약회사에 있다. 제약회사는 신약의 안전성과 효능에 대한 증거 자료를 제출하고, 약물평가연구센터의 통계학자와 과학자들은 제약회사가 증거로 제출한 자료를 검토한다. 제약회사에서는 신약의 효능을 승인받기 위해 광범위한 통계조사를 실시한다. 제약회사의 조사과정은 항상 (1)임상 전 시험 (2)장기간 사용에 대한 안정성 시험 (3)임상효능 시험의 3단계로 구성된다. 각 단계를 지날 때마다 엄격한 시험에 통과되는 신약은 줄어드나, 검사비용은 급격히 증가한다. 업계 조사에 따르면 신약의 연구와 개발에 12년이 걸리고 2억5천만 달러 정도의 비용이 든다.

정부규제가 강력하고 엄격하게 시행되는 제약분야 연구에서 통계학은 중요한 역할을 한다. 장기간 복용과 안정성 측면에서 연구를 지속해야 하는지를 결정하기 위해 두세 개의 모집단으로 임상 전 시험을 하는 것이 일반적이며, 모집단은 신약, 통제약, 표준약으로 구성한다. 임상 전 시험 과정은 신약의 효능을 평가하기 위해 신약을 약리학 연구실에 보내는 것으로 시작한다. 통계적 절차의 일환으로 통계학자에게 신약검사를 위해 실험설계를 요구한다. 설계에는 표본크기, 분석을 위한 통계적 방법이 명시되어야 한다. 두 모집단 연구에서, 첫 번째 표본(모집단 1)은 신약의 효능 자료를 얻기 위한 것이고, 두 번째 표본(모집단 2)은 표준 약의 효능 자료를 얻기 위한 것이다. 신약과 표준약은 용도에 따라 신경학, 정신학, 면역학과 같은 분야에서 시험한다. 대부분의 연구에서 통계적 방법은 신약의 모집단과 표준약의 모집단의 평균 차이에 대한 가설검정을 포함한다. 신약의 효능이 표준약과 비교하여 떨어지거나 부작용이 나타난다면

통계적 방법은 신약을 개발하거나 시험하는 데 사용된다. ⓒLisa S./ ShutterStock.com

신약개발은 중단되고 남은 시험도 취소된다. 신약은 오직 표준약과 비교했을 때 효과가 있다고 나타날 때만 장기적인 복용과 안전성 시험으로 진행될 수 있다.

FDA는 자료와 관련된 편견을 피하기 위해 시험 전에 미리 정의된 통계적 방법을 요구한다. 또한, 사람의 편견을 없애기 위해 몇몇 임상시험에서는 이중 삼중으로 블라인드 테스트를 실시한다. 즉, 주관적이어도 안 되고, 신약을 누구에게 투여할 것인지를 알아도 안 된다. 신약을 표준약과 비교했을 때, 모든 요건이 충족되었다면 FDA에 신약 신청서를 제출한다. FDA에서 신청서를 받으면 통계학자와 과학자에게 엄격한 조사를 의뢰한다.

이 장에서는 2개 혹은 그 이상의 모집단 평균에 대하여 어떻게 가설검정과 구간추정을 할 것인지를 설명할 것이다. 그리고 독립적인 무작위표본뿐만 아니라 대응표본을 위한 분석 기법도 제시할 것이다.

* 8장과 9장에서는 모집단이 하나일 때, 평균과 비율에 대한 구간추정과 가설검정에 대해 살펴보았다.

이 장에서는 단일 모집단의 평균과 비율에 관한 통계적 추론을 두 모집단으로 확장하여, 모집단 간 평균과 비율의 차이를 분석하는 구간추정과 가설검정이 어떻게 확장되는지를 제시한다. 예를 들어 남성과 여성 두 모집단에서 초봉의 평균 차이에 대한 구간추정을 실시하거나, 공

급업체 A와 B에서 조달된 부품으로 각각 생산된 완제품 간의 불량률에 차이가 있는지를 검정하는 것이다.

우선, 두 모집단의 표준편차를 알고 있다고 가정하고, 두 모집단의 평균 차이에 대한 구간추정과 가설검정에 대한 논의부터 시작한다.

두 모집단 평균 차이에 대한 추론: σ_1과 σ_2를 알고 있을 때

모집단 1의 평균을 μ_1, 모집단 2의 평균을 μ_2라 할 때, 평균 차이($=\mu_1-\mu_2$)의 추정을 위해 모집단 1에서 크기 n_1, 모집단 2에서 크기 n_2의 표본을 무작위로 추출하였다. 이와 같이 서로 독립적으로 추출한 표본을 독립표본(independent random samples)이라고 한다. 이 절에서는 표본 추출 전에 두 모집단의 표준편차 σ_1과 σ_2를 알고 있다고 가정한다. 다음의 예를 통해 두 모집단 평균 차이에 대한 오차범위를 계산하고 신뢰구간을 추정해보자.

1 $\mu_1-\mu_2$의 구간추정

홈스타일(HomeStyle)사는 도심과 교외 쇼핑센터의 두 매장에서 가구를 판매하고 있다. 매장 관리자는 어떤 상품의 판매량이 매장별로 차이가 발생하는 이유는 두 지역의 인구통계학적 차이, 즉 고객들의 나이, 교육수준, 수입 등에 의한 차이라고 생각하였다. 따라서 두 매장 고객들의 평균 나이 차이에 대해 조사하라고 지시하였다.

모집단 1은 도심매장 쇼핑객, 모집단 2는 교외매장 쇼핑객이라고 하자.

$$\mu_1 = 모집단\ 1의\ 평균(\text{도심매장 쇼핑객의 평균 나이})$$

$$\mu_2 = 모집단\ 2의\ 평균(\text{교외매장 쇼핑객의 평균 나이})$$

두 모집단 평균 차이는 $\mu_1-\mu_2$로 표시한다.

$\mu_1-\mu_2$를 추정하기 위해 모집단 1에서 고객 n_1명으로 구성된 확률표본과, 모집단 2에서 n_2명으로 구성된 확률표본을 각각 추출하고, 두 개의 표본평균을 계산한다.

$$\overline{x}_1 = 표본\ 1의\ 표본평균(\text{도심매장 쇼핑객으로 구성된 표본 1의 평균 나이})$$

$$\overline{x}_2 = 표본\ 2의\ 표본평균(\text{교외매장 쇼핑객으로 구성된 표본 2의 평균 나이})$$

두 모집단 평균 차이에 대한 점추정량은 두 표본의 표본평균 차이가 된다.

두 모집단 간 평균 차이에 대한 점추정량

$$\overline{x}_1 - \overline{x}_2 \tag{10.1}$$

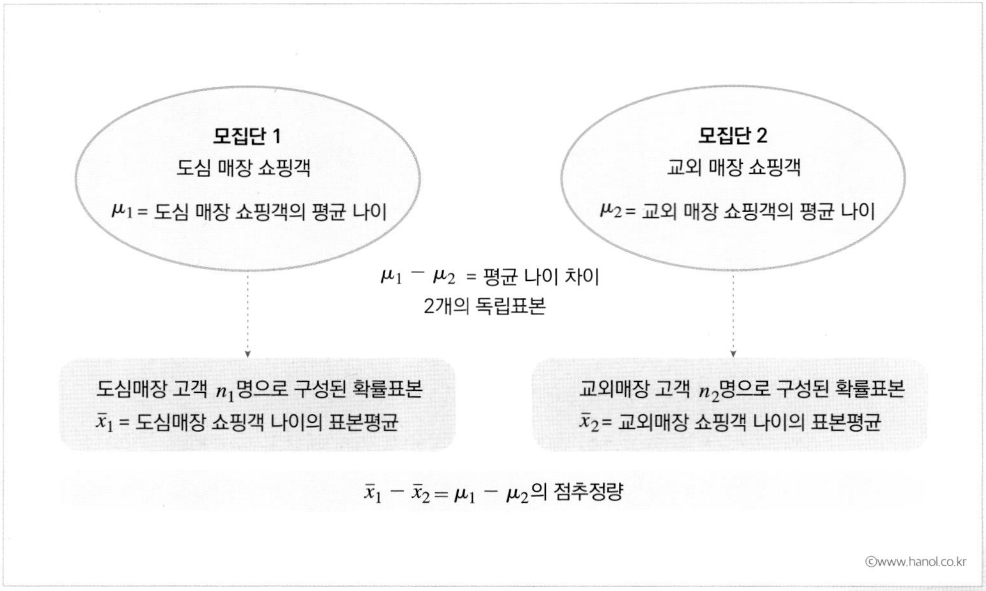

그림 10-1_ 두 모집단 간 평균 차이의 추정 절차

〈그림 10-1〉은 2개의 독립표본으로부터 두 모집단의 평균 차이를 추정하는 절차를 나타낸 것이다.

* $\bar{x}_1-\bar{x}_2$의 표준오차는 $\bar{x}_1-\bar{x}_2$에 대한 표본분포의 표준편차이다.

점추정량 $\bar{x}_1-\bar{x}_2$도 다른 점추정량과 마찬가지로 추정량의 변동성을 나타내는 표준오차를 갖는다. 2개의 독립표본에서 $\bar{x}_1-\bar{x}_2$의 표준오차는 다음과 같다.

$\bar{x}_1-\bar{x}_2$의 표준오차

$$\sigma_{\bar{x}_1-\bar{x}_2} = \sqrt{\frac{\sigma_1^2}{n_1}+\frac{\sigma_2^2}{n_2}} \tag{10.2}$$

두 모집단이 정규분포이거나 중심극한정리를 적용할 수 있을 만큼 표본크기가 커서 $\bar{x}_1$과 $\bar{x}_2$의 표본분포가 중심극한정리에 따라 근사적으로 정규분포를 따른다면, $\bar{x}_1-\bar{x}_2$의 분포는 평균이 $\mu_1-\mu_2$인 정규분포가 될 것이다.

일반적으로 구간추정은 점추정량±오차범위이므로 두 모집단 간 평균 차이의 구간추정 값도

$$\bar{x}_1-\bar{x}_2 \pm \text{오차범위}$$

가 된다. 이때, $\bar{x}_1-\bar{x}_2$의 표본분포가 정규분포라면 오차범위는 다음과 같다.

* 오차범위는 $z_{\alpha/2}$와 표준오차의 곱으로 계산된다.

$$\textbf{오차범위} = z_{\alpha/2}\sigma_{\bar{x}_1-\bar{x}_2} = z_{\alpha/2}\sqrt{\frac{\sigma_1^2}{n_1}+\frac{\sigma_2^2}{n_2}} \tag{10.3}$$

따라서 두 모집단 간 평균 차이에 대한 구간추정은 다음과 같이 할 수 있다.

두 모집단 간 평균 차이에 대한 구간추정: σ_1과 σ_2를 알고 있을 때

$$\bar{x}_1 - \bar{x}_2 \pm z_{\alpha/2} \sqrt{\frac{\sigma_1^2}{n_1} + \frac{\sigma_2^2}{n_2}} \qquad (10.4)$$

여기서 $1-\alpha$는 신뢰수준이다.

홈스타일사 예에서 이전에 시행한 인구통계조사로부터 두 모집단 표준편차가 각각 $\sigma_1 = 9$년, $\sigma_2 = 10$년임을 알고 있고, 두 독립표본에서 다음과 같은 자료를 얻었다고 하자.

	도심매장	교외매장
표본크기	$n_1 = 36$	$n_2 = 49$
표본평균	$\bar{x}_1 = 40$살	$\bar{x}_2 = 35$살

식 (10.1)을 이용하여 두 모집단 간 평균 나이 차이의 점추정치는 $\bar{x}_1 - \bar{x}_2 = 40 - 35 = 5$년임을 알 수 있다. 따라서 도심매장 고객의 평균 나이가 교외매장 고객의 평균 나이보다 5살 많다고 추정할 수 있다. 식 (10.4)를 이용하여 $\mu_1 - \mu_2$의 오차범위와 신뢰구간을 계산하면, 95% 신뢰수준에서 $z_{\alpha/2} = z_{0.025} = 1.96$이므로

$$\bar{x}_1 - \bar{x}_2 \pm z_{\alpha/2} \sqrt{\frac{\sigma_1^2}{n_1} + \frac{\sigma_2^2}{n_2}}$$

$$40 - 35 \pm 1.96 \sqrt{\frac{9^2}{36} + \frac{10^2}{49}}$$

$$5 \pm 4.06$$

이 된다. 따라서 오차범위는 4.06살이 되고 두 모집단 간 평균 차이의 신뢰구간 추정값은 $5 - 4.06 = 0.94$살에서 $5 + 4.06 = 9.06$살까지가 된다.

2 엑셀을 활용한 신뢰구간 추정

엑셀의 데이터 분석 도구에는 모집단이 2개일 때, 구간추정을 계산하는 기능이 없다. 그러나 엑셀의 워크시트를 이용하여 구간추정을 계산하는 템플릿을 만들 수 있다. 〈그림 10-2〉는 엑셀을 활용하여 홈스타일 가구점의 예에서 모평균 차이의 구간추정치를 구하는 방법과 절차를 나타낸 것으로, 뒤에 있는 워크시트는 수식 워크시트이고 앞에 있는 워크시트는 결과 워크시트이다.

자료입력/자료열기 　HomeStyle 파일을 열면, A열에는 36명의 도심고객 표본의 나이가, B열에는 49명의 교외고객 표본의 나이가 입력되어 있다.

▲ 그림 10-2_ 엑셀 워크시트: 홈스타일 가구 매장의 95% 신뢰구간

* <그림 10-2> 참고: 19~35
행과 38~48행은 숨김

함수와 수식 입력 표본과 관련된 기술통계량은 셀 E5 : F6에 나타나 있으며, 두 모집단의 표준편차는 각각 셀 E8과 F8에 입력하였다. 두 모집단의 표준편차와 표본크기를 사용하여 셀 E9에 식 (10.2)의 수식을 다음과 같이 입력하여 $\bar{x}_1 - \bar{x}_2$의 점추정량의 표준오차를 계산한다.

$$= SQRT(E8\hat{}2/E5 + F8\hat{}2/F5)$$

셀 E11 : E14에서 z값과 오차범위를 계산한다. 셀 E11에는 신뢰계수 0.95를 입력하고 그에 해당하는 유의수준(α = 1 − 신뢰계수)은 셀 E12에서 계산한다. 셀 E13에서는 NORM.S.INV 함수를 사용하여 구간추정에 필요한 z값을 계산하고, 셀 E14에서는 z값에 표준오차를 곱하여 오차범위를 계산한다.

셀 E16에서는 두 모평균 차이의 점추정량인 두 표본평균 간의 차이를 계산하며, 셀 E17에서 신뢰구간의 하한값 0.94를, 셀 E18에서 상한값 9.06을 구하였다. 따라서, 두 모집단 간 평균 차이의 95% 신뢰구간 추정값은 0.94에서 9.06이 된다.

다른 문제를 위한 템플릿 이 워크시트는 모표준편차를 알고 있다고 가정했을 때 모평균 차이의 구간추정을 구하는 템플릿으로 사용할 수 있다. 이와 같은 유형의 다른 문제를 풀 때, 새로운 자료는 반드시 각각 A열과 B열에 입력해야 하며, 셀 E5 : F6의 함수를 수정하여 새로운 자료의 표본평균과 표본크기를 계산할 수 있도록 한다. 셀 E8과 F8에는 알고 있다고 가정한 모표준편차를 입력한다. 이렇게 하면 점추정량과 95% 신뢰구간이 셀 E16 : E18에 나타나며, 셀 E11의 값을 바꾸면 다른 신뢰계수를 갖는 구간추정치를 계산할 수 있다. 〈그림 10-2〉에서 셀 E5:F6의 함수에 새로운 자료가 있는 셀의 범위를 입력하지 않고 다음과 같이 함수 내의 셀의 범위를 작성하면 다른 문제들에 쉽게 적용할 수 있는 템플릿을 작성할 수 있다.

$$\text{셀 E5} := COUNT(A:A)$$
$$\text{셀 F5} := COUNT(B:B)$$
$$\text{셀 E6} := AVERAGE(A:A)$$
$$\text{셀 F6} := AVERAGE(B:B)$$

HomeStyle 파일에는 템플릿 워크시트가 포함되어 있다. 이 시트는 A:A B:B 방식으로 자료범위가 입력되어 있다. 셀 E5와 E6에 A:A 방식으로 자료범위를 지정하면 COUNT 함수는 A열에 있는 표본크기를 계산하고, AVERAGE 함수는 A열의 표본평균을 계산한다. 마찬가지로 셀 F5와 F6에 B:B 방식으로 자료범위를 지정하면 COUNT 함수는 B열에 있는 표본크기를 계산하고, AVERAGE 함수는 B열의 표본평균을 계산한다. 따라서 새로운 문제를 풀려면 A열과 B열에 새로운 자료를 입력하고, 셀 E8과 F8에는 알고 있는 모표준편차를 입력하면 된다. 또한, 셀 E11에 있는 신뢰계수를 수정하여 95% 신뢰구간이 아닌 다른 신뢰구간을 계산할 수도 있다.

3 $\mu_1 - \mu_2$에 대한 가설검정

두 모집단 간 평균 차이에 대한 가설검정을 살펴보자. D_0를 μ_1과 μ_2의 차이라고 하면, 가설검정을 위한 세 가지 형태의 가설을 설정할 수 있다.

$$H_0: \mu_1 - \mu_2 \geq D_0 \qquad H_0: \mu_1 - \mu_2 \leq D_0 \qquad H_0: \mu_1 - \mu_2 = D_0$$
$$H_a: \mu_1 - \mu_2 < D_0 \qquad H_a: \mu_1 - \mu_2 > D_0 \qquad H_a: \mu_1 - \mu_2 \neq D_0$$

많은 응용문제에서는 $D_0 = 0$이 된다. 양측검정에서 D_0가 0일 때의 귀무가설은 $H_0: \mu_1 - \mu_2 = 0$으로 μ_1과 μ_2가 같다는 것이다. 귀무가설을 기각한다는 것은 $H_a: \mu_1 - \mu_2 \neq 0$가 참이라는 것이므로 μ_1과 μ_2가 같지 않다는 것이다.

일반적인 가설검정 절차가 여기에서도 동일하게 적용된다. 유의수준을 정하고, 검정통계량을 계산한 후 p-값을 찾아서 귀무가설의 기각 여부를 결정한다. 두 개의 독립표본에서 점추정량 $\overline{x}_1 - \overline{x}_2$의 표준오차 $\sigma_{\overline{x}_1 - \overline{x}_2}$는 식 (10.2)로 계산할 수 있고, 표본크기가 충분히 크다면 $\overline{x}_1 - \overline{x}_2$의 분포는 근사적으로 정규분포를 따른다는 것은 이미 설명하였다. 따라서 σ_1과 σ_2가 알려져 있을 때 두 모집단 간 평균 차이에 대한 검정통계량은 다음과 같다.

*9장에서 단일 모집단의 모평균과 모비율에 대한 일반적인 가설검정 절차를 설명하였다.

$\mu_1 - \mu_2$에 대한 가설검정에서의 검정통계량: σ_1과 σ_2를 알고 있을 때

$$z = \frac{(\overline{x}_1 - \overline{x}_2) - D_0}{\sqrt{\dfrac{\sigma_1^2}{n_1} + \dfrac{\sigma_2^2}{n_2}}}$$

(10.5)

다음의 가설검정 예에서 검정통계량을 어떻게 사용하는지 살펴보자.

두 훈련센터의 교육에 질적인 차이가 있는지를 평가하기 위해 훈련생을 대상으로 표준화된 시험을 실시하였다. 이 시험에서 평균점수 차이는 두 훈련센터 교육의 질적 차이라고 판단할 수 있다. 두 센터의 평가점수 모평균은 다음과 같다.

μ_1 = A훈련센터에서 교육받는 전체 교육생의 평균점수
μ_2 = B훈련센터에서 교육받는 전체 교육생의 평균점수

두 훈련센터의 교육에 질적인 차이가 없다는 가정에서 출발하면 평균점수 차이에 관한 귀무가설은 $\mu_1 - \mu_2 = 0$이 된다. 만일 표본의 결과로 귀무가설을 기각할 수 있다면 두 모집단에서 평균 차이가 있다고 결론내릴 수 있다. 이러한 결론은 교육기관에 따라 교육의 질에 차이가 있다는 것을 의미하므로 가설검정 후엔 차이가 나타나는 이유를 파악하기 위한 조사를 건의할 수 있을 것이다. 양측검정을 위한 귀무가설과 대립가설은 다음과 같다.

$$H_0: \mu_1 - \mu_2 = 0$$
$$H_a: \mu_1 - \mu_2 \neq 0$$

다양한 상황에서 시험점수의 표준편차는 항상 10점에 근사했다. 이러한 정보를 통해 모집단 표준편차가 $\sigma_1 = 10$, $\sigma_2 = 10$이 된다고 가정할 수 있다. 이 예에서는 유의수준 $\alpha = 0.05$로 하자.

A훈련센터에서 $n_1 = 30$명, B훈련센터에서 $n_2 = 40$명을 독립적으로 추출하여, 표본평균은 각각 $\bar{x}_1 = 82$, $\bar{x}_2 = 78$로 얻어졌다. 이러한 결과를 바탕으로 두 모집단 사이에 유의한 차이가 있다고 말할 수 있는가? 이 문제를 해결하기 위해서는 식 (10.5)를 이용하여 검정통계량 값을 계산해야 한다.

$$z = \frac{(\bar{x}_1 - \bar{x}_2) - D_0}{\sqrt{\dfrac{\sigma_1^2}{n_1} + \dfrac{\sigma_2^2}{n_2}}} = \frac{(82 - 78) - 0}{\sqrt{\dfrac{10^2}{30} + \dfrac{10^2}{40}}} = 1.66$$

다음으로 양측검정에서의 p-값을 계산한다. 검정통계량 z가 우측 영역에 있으므로 먼저 $z = 1.66$의 우측 영역 면적을 계산한다. 표준정규분포 표에서 $z = 1.66$의 왼쪽 면적은 0.9515이므로, 분포의 우측 영역 면적은 $1.0000 - 0.9515 = 0.0485$이다. 양측검정에서는 이 면적의 2배가 p-값이 되므로, p-값 $= 0.0485 \times 2 = 0.0970$이다. p-값 $\leq \alpha$면, H_0를 기각한다는 규칙에 따라 p-값 0.0970은 유의수준 0.05에서 귀무가설을 기각할 수 없다. 그러므로 표본에서 나타난 결과는 두 훈련센터 교육의 질에 차이가 있다는 충분한 근거를 제시하지 못하는 것이다.

p-값을 이용한 방식으로 가설검정을 수행하는 방법을 설명하였으나, 임계치 방식을 이용할 수도 있다. 유의수준 $\alpha = 0.05$하에서, $z_{\alpha/2} = z_{0.025} = 1.96$이므로 임계치 방식에서는 $z \leq -1.96$이거나 $z \geq 1.96$이면 귀무가설을 기각하게 된다. 이 예에서는 $z = 1.66$이므로 p-값을 이용한 방식과 동일하게 귀무가설을 기각할 수 없다는 결과가 나타난다.

위 예를 이용하여 두 모집단 간 평균 차이에 대한 양측검정을 설명하였다. 좌측검정과 우측검정의 단측검정에서도 식 (10.5)와 동일한 검정통계량을 사용하여 가설검정을 실시한다. 단측

검정에서 p-값을 계산하고 기각규칙을 적용하는 절차는 단일 모집단의 모평균과 모비율에 대한 가설검정과 동일하다.

4 엑셀을 활용한 가설검정

엑셀에서 제공하는 'z-검정: 평균에 대한 두 집단' 분석도구를 활용하여 σ_1과 σ_2를 알고 있을 때, 모평균 차이에 대한 가설검정을 수행할 수 있다. A훈련센터와 B훈련센터의 시험점수 표본에서 각 센터의 표준편차는 10점이므로 두 모집단의 분산은 $10^2 = 100$이다. 〈그림 10-3〉과 〈그림 10-4〉를 참고하여 다음의 절차에 따라 가설검정을 수행한다.

자료입력/자료열기 ExamScores 파일을 연다. 〈그림 10-3〉과 같이 A열에는 A훈련센터에서 교육받은 30명의 시험점수가, B열에는 B훈련센터에서 교육받은 40명의 시험점수로 구성된 표본이 입력되어 있다.

도구사용 다음 절차에 따라 두 센터의 시험점수에 유의한 차이가 있는가를 확인할 가설검정을 실시한다.

1단계 리본에서 '데이터' 탭 선택
2단계 '분석' 그룹에서 '데이터 분석' 선택
3단계 '분석 도구' 목록에서 'z-검정: 평균에 대한 두 집단' 선택

* 참고: 18~28행과 32~39
행은 숨김

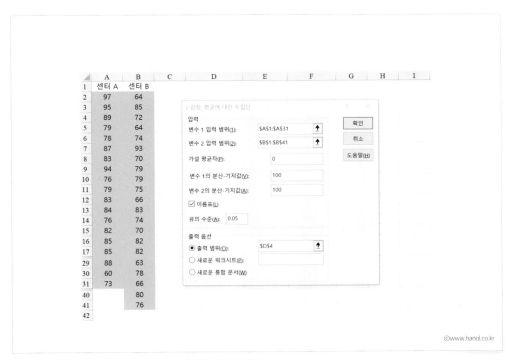

⊙ 그림 10-3_ 엑셀 z-검정 대화상자: 평균에 대한 두 집단 분석

4단계   'z-검정: 평균에 대한 두 집단' 대화상자가 나타나면《그림 10-3》

        '변수 1 입력 범위': A1∶A31 입력

        '변수 2 입력 범위': B1∶B41 입력

        '가설 평균차': 0 입력

        '변수 1의 분산-기지값': 100 입력

        '변수 2의 분산-기지값': 100 입력

        '이름표' 체크

        '유의 수준': 0.05 입력

        '출력 범위' 선택 후 D4 입력

        '확인' 클릭

〈그림 10-4〉는 엑셀을 활용한 가설검정 결과를 나타낸 것이다. 두 표본에 대한 기술통계량은 셀 E7∶F9에, 검정통계량 값 1.6562는 셀 E11에 계산하였다. 양측검정의 p-값 "$P(Z<=z)$ 양측 검정"은 셀 E14에 계산되어 있으며, p-값 0.0977이 유의수준 $\alpha=0.05$보다 크기 때문에 두 모집단의 평균이 다르다고 할 수 없다.

'z-검정: 평균에 대한 두 집단' 분석도구는 단측검정에도 이용할 수 있다. 양측검정과의 차이점은 "$P(Z<=z)$ 단측검정"의 p-값(셀 E12)을 사용하는 것이다.

* 참고: 18~28행과 32~39
  행은 숨김

⬥ 그림 10-4_ 두 훈련센터 시험성적의 동일성에 대한 가설검정(엑셀 결과)

5 실질적 적용을 위한 조언

이 절에서 살펴본 구간추정과 가설검정은 대부분의 경우 표본의 크기가 $n_1 \geq 30$, $n_2 \geq 30$일 때 적합하다. 그러나 하나 이상의 표본크기가 30 미만이면 모집단의 분포가 중요하다. 일반적으로 표본이 작으면 두 모집단의 분포가 최소한 정규분포에 근사한다는 가정이 필요하다.

연습문제

기초문제

1. 다음은 두 모집단에서 독립적으로 추출한 표본 자료이다.

표본 1	표본 2
$n_1 = 50$ $\bar{x}_1 = 13.6$ $\sigma_1 = 2.2$	$n_2 = 35$ $\bar{x}_2 = 11.6$ $\sigma_2 = 3.0$

a. 두 모집단 간 평균 차이의 점추정값은 얼마인가?

b. 두 모집단 간 평균 차이에 대한 90% 신뢰구간을 구하라.

c. 두 모집단 간 평균 차이에 대한 95% 신뢰구간을 구하라.

2. 가설검정을 위해 다음의 가설을 설정하였다.

$$H_0: \mu_1 - \mu_2 \leq 0$$
$$H_a: \mu_1 - \mu_2 > 0$$

다음은 두 모집단에서 독립적으로 추출한 표본 자료이다.

표본 1	표본 2
$n_1 = 40$ $\bar{x}_1 = 25.2$ $\sigma_1 = 5.2$	$n_2 = 50$ $\bar{x}_2 = 22.8$ $\sigma_2 = 6.0$

a. 검정통계량은 얼마인가?

b. p-값은 얼마인가?

c. $\alpha = 0.05$일 때 가설검정 결과는 무엇인가?

3. 가설검정을 위해 다음의 가설을 설정하였다.

$$H_0: \mu_1 - \mu_2 = 0$$
$$H_a: \mu_1 - \mu_2 \neq 0$$

다음은 두 모집단에서 독립적으로 추출한 표본 자료이다.

표본 1	표본 2
$n_1 = 80$ $\bar{x}_1 = 104$ $\sigma_1 = 8.4$	$n_2 = 70$ $\bar{x}_2 = 106$ $\sigma_2 = 7.6$

a. 검정통계량은 얼마인가?

b. p-값은 얼마인가?

c. $\alpha = 0.05$일 때 가설검정 결과는 무엇인가?

응용문제

4. 콩데 나스트 트래블러(Conde Nast Traveler)에서는 매년 독자들의 크루즈 선호도를 조사한다. 모든 선박은 서비스를 100점 만점으로 평가한다. 승객 수 500명 이하의 선박 37척의 표본 평균은 85.36점, 승객 수 500명 이상의 선박 44척의 표본평균은 81.40점으로 나타났다. 모집단 표준편차는 승객 수 500명 미만일 때는 4.55, 승객 수 500명 이상일 때는 3.97이라고 가정하자.

    a. 승객 수 500명 이하와 500명 이상의 두 모집단 간 평균 차이에 대한 점추정값은 얼마인가?

    b. 95% 신뢰수준에서 오차범위는 얼마인가?

    c. 95% 신뢰수준에서 선박 크기에 따른 두 모집단 간 평균 차이에 대한 구간추정치는 얼마인가?

5. 발렌타인데이의 평균 지출액은 $100.89로 예상되었다. 남성과 여성 소비자의 지출액에 차이가 있을까? 여성 소비자 표본 40명의 평균 지출액은 $135.67이고, 남성 소비자 표본 30명의 평균 지출액은 $68.64였다. 과거 조사를 통하여 여성 소비자의 표준편차는 $35, 남성 소비자의 표준편차는 $20라고 가정하자.

    a. 두 모집단의 평균 지출액 차이에 대한 점추정값은 얼마인가?

    b. 99% 신뢰수준에서 오차범위는 얼마인가?

    c. 두 모집단 평균 차이에 대한 99% 신뢰구간을 구하라.

DATA files
Hotel
www.hanol.co.kr

6. 경기침체로 인한 예산삭감으로 가장 저렴한 호텔이 있는 도시를 선택하여 업무회의를 진행해야 한다. 후보지는 애틀랜타와 휴스턴으로 좁혀졌다. Hotel 파일에는 트래블 리서치에서 조사한 애틀랜타(Atlanta)와 휴스턴(Houston)의 객실 가격 표본이 제시되어 있다. 두 도시의 과거 객실가격으로부터 모집단 표준편차는 애틀랜타 $20, 휴스턴 $25라고 가정할 수 있다. 표본 자료를 기초로 호텔 객실 평균가격이 휴스턴보다 애틀랜타가 저렴하다고 할 수 있는가를 검정하라.

7. 컨슈머 리포트는 미국 최대의 소매 유통업체에 대한 고객만족도를 파악하기 위해 설문조사를 실시하였다. 응답자는 상품의 품질, 선택가치, 결제의 효율성, 서비스, 매장구성 등을 기준으로 두 개의 유통업체(퍼브릭스와 트레이더 조)를 평가하였다. 다음의 자료는 응답자가 여섯 가지 요소에서 모두 만족하였을 때를 100으로 하여 전반적인 만족도를 요약한 것이다.

퍼브릭스	트레이더 조
$n_1 = 250$	$n_2 = 300$
$\bar{x}_1 = 86$	$\bar{x}_2 = 85$

a. 두 유통업체의 고객만족도 간 평균 차이 검정을 위해 귀무가설 및 대립가설을 설정하라.

b. 컨슈머 리포트의 과거 자료를 이용하면 두 유통업체의 모집단 표준편차는 12라고 보는 것이 적절하다. 가설검정을 하고 p-값을 계산하라. 유의수준=0.05에서 결과는 무엇인가?

c. 어느 유통업체의 고객만족도가 더 크다고 할 수 있는가? 두 모집단 평균 차이에 대한 95% 신뢰구간을 구하라.

8. '고객 서비스 개선이 주가를 상승시킬 것인가'라는 주제의 연구에서 기업에 대한 고객만족도가 전년도보다 개선되어 전국 평균(최근 75.7)보다 높다면, 장기적으로 주가가 오를 수 있는 좋은 기회라는 결과가 도출되었다. 다음의 자료는 3개 기업의 2007년과 2008년의 4분기 미국 고객만족도 지수를 조사한 것이다. 이 점수는 각 기업에서 60명의 고객을 대상으로 조사한 결과이며, 과거 몇 년간의 자료를 이용하면 각각의 표준편차는 6점이라고 한다.

기업	2007년 점수	2008년 점수
라이트에이드	73	76
익스피디아	75	77
제이씨페니	77	78

a. 라이트에이드는 2007년부터 2008년 사이에 만족도가 증가하였는데 이는 $\alpha = 0.05$하에서 통계적으로 유의한 결과인가?

b. 라이트에이드는 전국 평균 75.7보다 높다고 결론지을 수 있는가? $\alpha = 0.05$를 사용하라.

c. 익스피디아의 만족도는 2007년부터 2008년 사이에 통계적으로 유의하게 증가하였다고 볼 수 있는가? $\alpha = 0.05$를 사용하라.

d. 문제에서 주어진 표준편차, 표본크기, 유의수준에서 2007년 대비 2008년 만족도가 어느 정도 증가해야 통계적으로 유의한 증가인가?

e. (d)의 결과를 이용하여 2007년부터 2008년까지 제이씨페니의 만족도 증가가 통계적으로 유의한지를 확인하라.

2 두 모집단 평균 차이에 대한 추론: σ_1과 σ_2를 모를 때

이 절에서는 두 모집단의 표준편차를 모를 때, 두 모집단 간 평균 차이에 대한 통계적 추론 방법을 설명한다. 이러한 경우에는 일반적으로 모집단 표준편차의 점추정량인 두 표본의 표본 표준편차 s_1과 s_2를 사용한다. 표본표준편차를 사용하여 구간추정과 가설검정을 할 때는 표준정규분포 대신에 t분포를 이용한다.

1 $\mu_1 - \mu_2$의 구간추정

σ_1과 σ_2를 모를 때, 두 모집단 평균 차이에 대한 오차범위의 계산과 구간추정 방법을 살펴보자. 클리어워터(Clearwater) 국책은행은 두 지점 고객의 당좌예금 차이를 조사하기 위하여 체리그로브(Cherry Grove) 지점에서 28개의 계좌를, 비치몬트(Beechmont) 지점에서 22개의 계좌를 표본으로 각각 선정하였다. 다음은 선정된 당좌계좌의 예금 잔액과 관련한 요약정보이다.

DATA files
CheckAcct
www.hanol.co.kr

	체리그로브	비치몬트
표본크기	$n_1 = 28$	$n_2 = 22$
표본평균	$\bar{x}_1 = \$1,025$	$\bar{x}_2 = \$910$
표본표준편차	$s_1 = \$150$	$s_2 = \$125$

클리어워터 국책은행은 체리그로브와 비치몬트 두 지점 고객이 거래하는 당좌예금의 평균 잔액 차이를 추정하고자 한다.

10.1절에서 모표준편차 σ_1과 σ_2를 알고 있을 때의 구간추정치는 다음과 같이 구하였다.

$$\bar{x}_1 - \bar{x}_2 \pm z_{\alpha/2}\sqrt{\frac{\sigma_1^2}{n_1} + \frac{\sigma_2^2}{n_2}}$$

σ_1과 σ_2를 모를 때는 위의 식에서 σ_1과 σ_2의 점추정값인 표본표준편차 s_1과 s_2를 이용하고, $z_{\alpha/2}$ 대신 $t_{\alpha/2}$를 사용한다. 결론적으로 두 모집단 평균 차이의 구간추정치는 다음과 같이 계산한다.

> *s_1과 s_2로 σ_1과 σ_2를 추정한 경우에는, 두 모집단 간 평균 차이를 추정할 때, t분포를 이용한다.

두 모집단 간 평균 차이의 구간추정: σ_1과 σ_2를 모를 때

$$\bar{x}_1 - \bar{x}_2 \pm t_{\alpha/2}\sqrt{\frac{s_1^2}{n_1} + \frac{s_2^2}{n_2}} \qquad (10.6)$$

여기서 $1-\alpha$는 신뢰수준이다.

이 식에서 t분포를 사용하면 근사값을 구하는 것이지만 손쉽게 좋은 결과를 얻을 수 있다. 식 (10.6)을 이용할 때 한 가지 어려운 점은 $t_{\alpha/2}$에 해당하는 자유도를 다음과 같은 식으로 정해야 한다는 것이다. 다만, 통계 소프트웨어는 적절한 자유도를 자동으로 계산한다.

자유도: 두 독립표본이 t분포를 따르는 경우

$$df = \frac{\left(\dfrac{s_1^2}{n_1} + \dfrac{s_2^2}{n_2}\right)^2}{\dfrac{1}{n_1 - 1}\left(\dfrac{s_1^2}{n_1}\right)^2 + \dfrac{1}{n_2 - 1}\left(\dfrac{s_2^2}{n_2}\right)^2} \qquad (10.7)$$

클리어워터 국책은행의 예에서 식 (10.6)을 이용하여 95% 신뢰수준에서 두 지점의 당좌예금 잔액의 평균 차이에 대한 구간추정치는 다음과 같이 얻을 수 있다. 체리그로브 지점에서 $n_1 = 28$, $\overline{x}_1 = \$1{,}025$, $s_1 = \$150$이고, 비치몬트 지점에서 $n_2 = 22$, $\overline{x}_2 = \$910$, $s_2 = \$125$이고, $t_{\alpha/2}$의 자유도는 다음과 같이 구할 수 있다.

$$ df = \frac{\left(\dfrac{s_1^2}{n_1} + \dfrac{s_2^2}{n_2}\right)^2}{\dfrac{1}{n_1-1}\left(\dfrac{s_1^2}{n_1}\right)^2 + \dfrac{1}{n_2-1}\left(\dfrac{s_2^2}{n_2}\right)^2} = \frac{\left(\dfrac{150^2}{28} + \dfrac{125^2}{22}\right)^2}{\dfrac{1}{28-1}\left(\dfrac{150^2}{28}\right)^2 + \dfrac{1}{22-1}\left(\dfrac{125^2}{22}\right)^2} = 47.8 $$

이때, 자유도는 소수점 이하를 버리고 47로 하였다. 이는 t값을 좀 더 크게 하여 구간추정을 보수적으로 하기 위한 것이다. t분포표에서 자유도가 47일 때 $t_{0.025} = 2.012$가 되므로, 95% 신뢰 수준에서 두 모집단 평균 차이의 구간추정치는 다음과 같다.

$$ \overline{x}_1 - \overline{x}_2 \pm t_{.025}\sqrt{\frac{s_1^2}{n_1} + \frac{s_2^2}{n_2}} $$

$$ 1025 - 910 \pm 2.012\sqrt{\frac{150^2}{28} + \frac{125^2}{22}} $$

$$ 115 \pm 78 $$

두 지점의 당좌예금잔고에 대한 모평균 차이의 점추정값은 \$115이다. 오차범위는 \$78이므로 두 모집단 평균 차이에 대한 구간추정값은 115－78＝\$37부터 115＋78＝\$193까지이다.

2 엑셀을 활용한 신뢰구간 추정

엑셀의 데이터 분석 도구에는 모집단이 두 개일 때, 구간추정을 계산하는 기능이 없다. 그러나 엑셀의 워크시트를 이용하여 구간추정을 계산하는 템플릿을 만들 수 있다. 그림 (10.5)는 엑셀을 활용하여 클리어워터 국책은행의 모평균 차이에 대한 구간추정 과정과 결과를 나타낸 것이다.

자료입력/자료열기   CheckAcct 파일을 열면, A열에는 28명의 체리그로브 지점 고객의 예금잔 액이, B열에는 22명의 비치몬트 지점 고객의 예금잔액이 입력되어 있다.

함수와 수식 입력   셀 E5:F7은 표본과 관련된 기술통계량이고, 셀 E9는 두 표본의 표준편차와 표본크기를 사용하여 다음의 공식을 통해 계산한 $\overline{x}_1 - \overline{x}_2$의 분산에 대한 점추정값이다.

$$ = E7^2/E5 + F7^2/F5 $$

표준오차의 추정값은 분산의 제곱근으로 분산에 루트를 씌워서 셀 E10에 계산하였으며, 셀

E12:E16에 t값과 오차범위를 계산하였다. 셀 E12에는 신뢰계수 0.95를 입력하고 그에 해당하는 유의수준($\alpha = 0.05$)은 셀 E13에서 계산되었으며, 셀 E14에는 식 (10.7)을 이용하여 자유도 (47.8)을 계산하였다. 구간추정에 사용할 t값을 계산하기 위해 셀 E15에 T.INV.2T 함수를 사용하였으며, 오차범위는 t값과 표준오차를 곱하여 E16에 계산하였다.

모평균 차이의 점추정량인 표본평균 차이(115)는 셀 E18에, 신뢰구간의 하한값(37)은 셀 E19에, 신뢰구간의 상한값(193)은 E20에서 계산하였다. 계산 결과 두 모집단 평균 차이의 95% 신뢰구간 추정값은 37에서 193까지가 된다.

다른 문제를 위한 템플릿 이 워크시트는 모표준편차를 모를 때 모평균 차이의 구간추정을 실시하는 템플릿으로 사용할 수 있다. 이때, 새로운 자료는 반드시 A열과 B열에 입력해야 하며, 셀

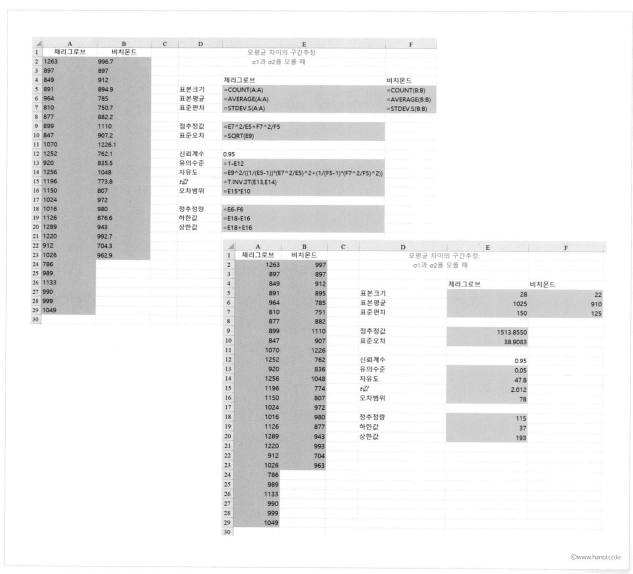

▲ 그림 10-5_ 엑셀 워크시트: 클리어워터 국책은행에 대한 95% 신뢰구간

E5:F7에는 새로운 자료의 표본평균과 표본크기, 표본표준편차를 계산할 수 있도록 수정해야한다. 이때, 셀 수식을 다음과 같이 바꾸면 셀 E5:F6의 수식을 변경하지 않고 간단하게 사용할 수 있다.

$$셀\ E5 := COUNT(A : A)$$
$$셀\ F5 := COUNT(B : B)$$
$$셀\ E6 := AVERAGE(A : A)$$
$$셀\ F6 := AVERAGE(B : B)$$
$$셀\ E7 := STDEV.S(A : A)$$
$$셀\ F7 := STDEV.S(B : B)$$

이 워크시트는 교재의 연습문제 중에서 표본크기와 표본평균, 표본표준편차가 주어졌을 때 신뢰구간을 구하기 위한 템플릿으로 이용할 수도 있다. 이 경우에는 자료는 바꿀 필요 없이 단지 셀 E5:F7에 표본크기와 표본평균, 표본표준편차를 직접 입력하면 된다. 또한, 셀 E12에 있는 신뢰계수를 수정하여 95% 신뢰구간이 아닌 다른 신뢰수준을 갖는 신뢰구간을 계산할 수도 있다.

> * CheckAcct 파일에는 템플릿 워크시트가 포함되어 있다. 이 시트는 기술통계량을 구할 때, A:A, B:B 방식으로 자료범위를 입력하였다.

3 $\mu_1 - \mu_2$에 대한 가설검정

두 모집단의 표준편차 σ_1과 σ_2를 모를 때, 두 모집단 평균 차이의 가설검정 방법을 살펴보자. D_0를 가설화된 μ_1과 μ_2의 차이라고 하면, 10.1절에서 설명한 σ_1과 σ_2를 알고 있을 때에 사용하는 검정통계량은 다음과 같다.

$$z = \frac{(\bar{x}_1 - \bar{x}_2) - D_0}{\sqrt{\dfrac{\sigma_1^2}{n_1} + \dfrac{\sigma_2^2}{n_2}}}$$

이때, 검정통계량 z는 표준정규분포를 따른다. σ_1과 σ_2를 모를 때는 σ_1 대신 추정치 s_1을, σ_2 대신 추정치 s_2를 사용하여 다음과 같이 검정통계량을 구한다.

$\mu_1 - \mu_2$에 대한 가설검정을 위한 검정통계량: σ_1과 σ_2를 모를 때

$$t = \frac{(\bar{x}_1 - \bar{x}_2) - D_0}{\sqrt{\dfrac{s_1^2}{n_1} + \dfrac{s_2^2}{n_2}}} \tag{10.8}$$

다음의 예를 통해 가설검정 방법을 살펴보자. 어느 IT 회사에서는 정보시스템의 디자인, 개발 및 구축에 소요되는 시간을 줄일 수 있는 새로운 소프트웨어를 개발하였다. 새로운 소프트웨어의 효과를 평가하기 위해 무작위로 24명의 시스템분석가를 표본으로 선정하고 각 분석가에게 개발해야 하는 가상의 정보시스템에 관해 설명하였다. 24명 중 12명은 기존의 기술로 정보시스템을 개발하고, 나머지 12명은 새로운 소프트웨어 사용법을 배운 후 새로운 소프트웨어를 사용하여 정보시스템을 개발하였다.

이 연구는 현재의 기술을 사용하는 시스템분석가들로 구성된 모집단과 새로운 소프트웨어를 사용하는 시스템분석가들의 모집단을 비교하는 것이다. 가상의 정보시스템 개발 프로젝트를 완성하는 데 소요되는 시간의 모평균을 다음과 같이 정의하자.

$$\mu_1 = 현재의\ 기술을\ 사용하는\ 분석가들의\ 평균\ 프로젝트\ 완성시간$$
$$\mu_2 = 새로운\ 소프트웨어를\ 사용하는\ 분석가들의\ 평균\ 프로젝트\ 완성시간$$

새로운 소프트웨어 평가 담당자는 이 프로그램을 사용하는 경우 평균 프로젝트 완성시간이 단축되는 것을 바라고 있어, μ_2가 μ_1보다 작다는 증거를 찾으려고 한다. 이 경우 두 모집단 간 평균 차이 $\mu_1 - \mu_2$는 0보다 클 것이므로 $\mu_1 - \mu_2 > 0$을 대립가설로 하여 다음과 같이 가설을 설정할 수 있다.

$$H_0: \mu_1 - \mu_2 \leq 0$$
$$H_a: \mu_1 - \mu_2 > 0$$

이 예에서는 유의수준 $\alpha = 0.05$를 사용한다.

〈표 10-1〉은 24명의 분석가들이 프로젝트를 완성한 시간이다. 식 (10.8)을 이용한 검정통계량 값은

$$t = \frac{(\bar{x}_1 - \bar{x}_2) - D_0}{\sqrt{\dfrac{s_1^2}{n_1} + \dfrac{s_2^2}{n_2}}} = \frac{(325 - 286) - 0}{\sqrt{\dfrac{40^2}{12} + \dfrac{44^2}{12}}} = 2.27$$

이 되고, 식 (10.7)을 이용한 자유도는 다음과 같다.

📊 표 10-1_ 새로운 소프트웨어 검증 연구에 대한 완성시간 자료와 요약 통계값

현재 기술	새로운 소프트웨어
300	274
280	220
344	308
385	336
372	198
360	300
288	315
321	258
376	318
290	310
301	332
283	263

요약통계값		
표본크기	$n_1 = 12$	$n_2 = 12$
표본평균	$\bar{x}_1 = 325$시간	$\bar{x}_2 = 286$시간
표본표준편차	$s_1 = 40$	$s_2 = 44$

$$df = \frac{\left(\dfrac{s_1^2}{n_1} + \dfrac{s_2^2}{n_2}\right)^2}{\dfrac{1}{n_1 - 1}\left(\dfrac{s_1^2}{n_1}\right)^2 + \dfrac{1}{n_2 - 1}\left(\dfrac{s_2^2}{n_2}\right)^2} = \frac{\left(\dfrac{40^2}{12} + \dfrac{44^2}{12}\right)^2}{\dfrac{1}{12 - 1}\left(\dfrac{40^2}{12}\right)^2 + \dfrac{1}{12 - 1}\left(\dfrac{44^2}{12}\right)^2} = 21.8$$

여기서 소수점 이하를 버리고 자유도 21인 t분포를 이용한다. 자유도 21인 t분포표는 다음과 같다.

오른쪽 꼬리 면적	0.20	0.10	0.05	0.025	0.01	0.005
t값(자유도 21)	0.859	1.323	1.721	2.080	2.518	2.831

$t = 2.27$

* t분포표를 이용하면 p-값의 범위만 알 수 있다. 엑셀(〈그림 10-7〉 참조)을 활용하면 정확한 p-값= 0.017을 얻을 수 있다.

우측검정이므로 p-값은 $t = 2.27$의 오른쪽 꼬리(우측영역) 면적이 되므로, p-값은 0.025와 0.01 사이에 있게 된다. 이 값은 $\alpha = 0.05$로 보다 작으므로 H_0는 기각되어, 소프트웨어 평가자는 $\mu_1 - \mu_2 > 0$, 즉 $\mu_1 > \mu_2$라는 결론을 도출할 수 있다. 이러한 결과는 새로운 소프트웨어를 사용할 때 프로젝트 평균 완성시간이 단축된다는 결론을 뒷받침한다.

4 엑셀을 활용한 가설검정

σ_1과 σ_2를 모를 때 모평균 차이에 대한 가설검정을 엑셀을 활용하여 수행하기 위해서는 't 검정: 이분산 가정 두집단'(두 집단의 분산이 다르다는 가정) 분석도구를 활용한다. 〈그림 10-6〉과 〈그림 10-7〉은 소프트웨어 평가 예제의 표본자료를 엑셀을 활용하여 가설검정을 수행하는 절차와 결과를 나타낸 것이다.

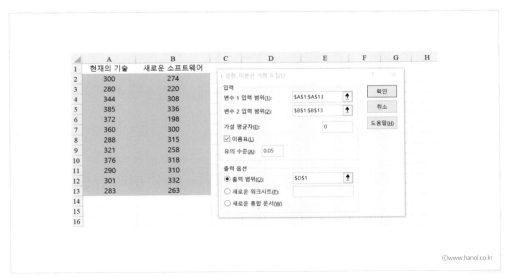

🔺 그림 10-6_ 엑셀 t-검정 대화상자: 이분산 가정 두 집단

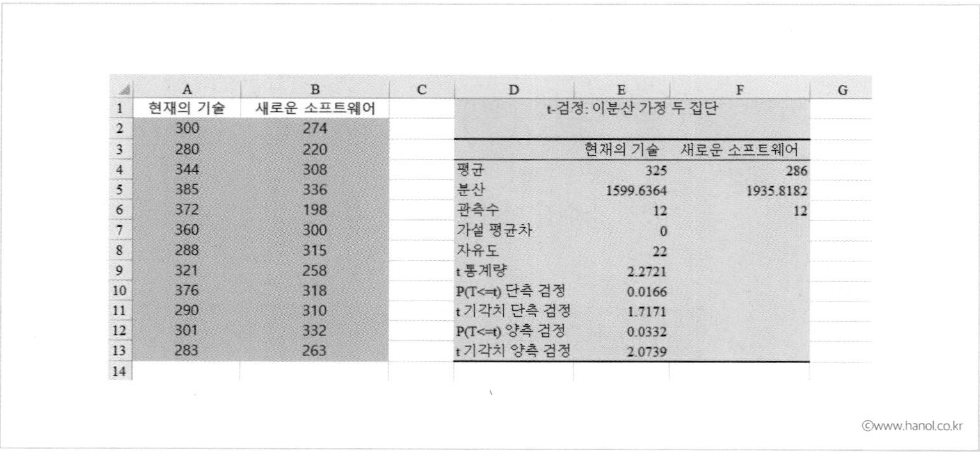

	A	B	C	D	E	F	G
1	현재의 기술	새로운 소프트웨어		t-검정: 이분산 가정 두 집단			
2	300	274					
3	280	220			현재의 기술	새로운 소프트웨어	
4	344	308		평균	325	286	
5	385	336		분산	1599.6364	1935.8182	
6	372	198		관측수	12	12	
7	360	300		가설 평균차	0		
8	288	315		자유도	22		
9	321	258		t 통계량	2.2721		
10	376	318		P(T<=t) 단측 검정	0.0166		
11	290	310		t 기각치 단측 검정	1.7171		
12	301	332		P(T<=t) 양측 검정	0.0332		
13	283	263		t 기각치 양측 검정	2.0739		
14							

그림 10-7_ 프로젝트 완료시간의 동일성에 대한 가설검정(엑셀 결과)

자료입력/자료열기　SoftwareTest 파일을 연다. 〈그림 10-6〉과 같이 A열에는 현재 소프트웨어를 이용한 12명의 완성시간 표본자료가, B열에는 새로운 소프트웨어를 이용한 12명의 완성시간 표본자료가 입력되어 있다.

도구사용　다음 절차에 따라 두 완성시간의 평균에 유의한 차이가 있는가를 확인할 가설검정을 실시한다.

1단계　리본에서 '데이터' 탭 선택
2단계　'분석' 그룹에서 '데이터 분석' 선택
3단계　'분석 도구' 목록에서 't-검정: 이분산 가정 두 집단' 선택
4단계　't-검정: 이분산 가정 두 집단' 대화상자가 나타나면(〈그림 10-6〉)
　'변수 1 입력 범위': A1:A13 입력
　'변수 2 입력 범위': B1:B13 입력
　'가설 평균차': 0 입력
　'이름표' 체크
　'유의 수준': 0.05 입력
　'출력 범위' 선택 후 D1 입력
　'확인' 클릭

〈그림 10-7〉은 엑셀을 활용한 가설검정 결과를 나타낸 것이다. 두 표본에 대한 기술통계량은 셀 E4:F6에, 검정통계량 값 2.2721은 셀 E9에 나타난다. 단측검정의 p-값 "$P(T<=t)$ 단측검정"은 셀 E10에 계산되어 있으며, p-값 0.0166이 유의수준 $\alpha=0.05$보다 작으므로 새로운 소프트웨어를 사용하는 모집단의 평균 완성시간이 더 짧다고 결론내릴 수 있다.

't-검정: 이분산 가정 두 집단' 분석도구는 양측검정에도 이용할 수 있다. 이때, 셀 E12에 있는 "$P(T<=t)$ 양측검정"을 p-값으로 사용하면 된다.

5 실질적 적용을 위한 조언

* 가급적 크기가 동일한 확률표본, 즉 $n_1 = n_2$이 추천된다.

이 절에서 다룬 구간추정과 가설검정은 정규분포를 따라야 한다는 가정에 민감하지 않고 비교적 적은 수의 표본으로도 적용이 가능하다. 전체 표본의 크기 $n_1 + n_2$가 20 이상만 되면 모집단이 정규분포를 따르지 않더라도 정확한 결과를 얻을 수 있다. 다만, 모집단 분포의 비대칭 정도가 매우 심하거나 이상값을 포함한다면 표본의 크기가 더 커야 하며, 표본크기가 작다면 모집단이 적어도 정규분포에 근사하다는 조건이 만족되어야 사용할 수 있다.

보충설명

σ_1과 σ_2를 모를 때 두 모집단 간 평균 차이를 추론하는 또다른 방법은 σ_1과 σ_2가 같다고 가정하는 것이다($\sigma_1 = \sigma_2 = \sigma$). 이 가정하에서는 두 표본표준편차를 결합하여 다음과 같은 합동표본분산(pooled sample variance) s_p^2를 구한다.

$$s_p^2 = \frac{(n_1 - 1)s_1^2 + (n_2 - 1)s_2^2}{n_1 + n_2 - 2}$$

t검정통계량은

$$t = \frac{(\bar{x}_1 - \bar{x}_2) - D_0}{s_p \sqrt{\dfrac{1}{n_1} + \dfrac{1}{n_2}}}$$

이 되고, $n_1 + n_2 - 2$의 자유도를 갖는다. 이때 p-값 계산과 표본 결과의 해석은 앞에서 설명한 것과 같다. 다만, 두 모집단의 표준편차가 동일하다는 가정을 증명하는 것이 매우 어렵다. 대부분의 경우에 모집단 표준편차는 다르기 때문이다. 이 합동표본분산을 이용한 방법은 두 표본의 크기 n_1과 n_2의 차이가 클 때는 만족스러운 결과를 얻지 못할 수도 있다.

본문에서 설명한 t분포를 이용한 통계적 추론 방법은 모 표준편차가 같다는 가정이 필요하지 않기 때문에 모표준편차가 같거나 다를 때에 모두 적용할 수 있다. 따라서 본문에서 설명한 방법을 이용하는 것이 대부분의 경우에 적용될 수 있는 일반적인 방법이다.

연습문제

기초문제

9. 두 모집단에서 독립적으로 추출한 표본 자료이다.

표본 1	표본 2
$n_1 = 20$ $\bar{x}_1 = 22.5$ $s_1 = 2.5$	$n_2 = 30$ $\bar{x}_2 = 20.1$ $s_2 = 4.8$

a. 두 모집단 간 평균 차이의 점추정값은 얼마인가?

b. t분포의 자유도는 얼마인가?

c. 95% 신뢰수준에서 오차범위는 얼마인가?

d. 두 모집단 간 평균 차이에 대한 95% 신뢰구간은 얼마인가?

10. 다음 가설을 검정하라.

$$H_0: \mu_1 - \mu_2 = 0$$
$$H_a: \mu_1 - \mu_2 \neq 0$$

다음은 두 모집단에서 독립적으로 추출한 표본 자료이다.

표본 1	표본 2
$n_1 = 35$ $\bar{x}_1 = 13.6$ $s_1 = 5.2$	$n_2 = 40$ $\bar{x}_2 = 10.1$ $s_2 = 8.5$

a. 검정통계량 값은 얼마인가?

b. t분포의 자유도는 얼마인가?

c. p-값은 얼마인가?

d. $\alpha = 0.05$일 때 결론은 무엇인가?

11. 두 정규분포 모집단에서 독립적으로 추출한 표본이 다음과 같다.

표본 1:	10	7	13	7	9	8
표본 2:	8	7	8	4	6	9

a. 두 표본의 평균을 계산하라.

b. 두 표본의 표준편차를 계산하라.

c. 두 모집단 간 평균 차이의 점추정값은 얼마인가?

d. 90% 신뢰수준에서 두 모집단 간 평균 차이에 대한 구간추정치는 얼마인가?

응용문제

12. 미국교통부는 75개 대도시 거주자들이 하루에 차로 이동하는 거리에 관한 자료를 발표했다. 버팔로 거주자 중 무작위로 추출된 50명은 하루 평균 22.5마일을 이동하고, 표준편차는 8.4마일이다. 보스턴 거주자 중 무작위로 추출된 40명은 하루 평균 18.6마일을 이동하고 표준편차는 7.4마일이다.

a. 버팔로와 보스턴 두 지역 거주자의 하루 평균 이동거리의 차이에 대한 점추정값은 얼마인가?

b. 두 모집단 간 평균 차이에 대한 95% 신뢰구간은 얼마인가?

13. 공립대학에 다니는 학생의 연 평균 비용(등록금, 기숙사비, 책값 등 포함)은 대학생 또래의 자녀를 둔 일반적인 가족의 연 소득의 1/3에 해당하는 것으로 알려져 있다. 다음 표는 무작위로 추출한 표본으로 사립대학과 공립대학에 다니는 연간 비용(단위: $1,000)이다.

사립대학(Private)				
52.8	43.2	45.0	33.3	44.0
30.6	45.8	37.8	50.5	42.0

공립대학(Public)				
20.3	22.0	28.2	15.6	24.1	28.5
22.8	25.8	18.5	25.6	14.4	21.8

DATA files
CollegeCosts
www.hanol.co.kr

a. 공립과 사립 대학의 표본평균과 표준편차를 계산하라.

b. 두 모평균 차이에 대한 점추정값은 얼마인가? 이 값을 사립과 공립 대학에 다니기 위한 연간 비용의 관점에서 해석하라.

c. 두 모평균 차이에 대한 95% 신뢰구간은 얼마인가?

14. 티피 경영대학(Tippie College of Business)에서는 최근 졸업생들의 급여에 대해 다음과 같은 자료를 확보하였다.

재무전공	경영분석(Business Analytics)전공
$n_1 = 110$ $\bar{x}_1 = \$48{,}537$ $s_1 = \$18{,}000$	$n_2 = 30$ $\bar{x}_2 = \$55{,}317$ $s_2 = \$10{,}000$

a. 귀무가설이 기각되면 재무전공의 졸업생 급여가 통계적으로 유의하게 낮다는 것으로 결론내릴 수 있도록 가설을 수립하라.

b. 검정통계량은 얼마인가?

c. p-값은 얼마인가?

d. $\alpha = 0.05$인 경우, 결론은 무엇인가?

15. 호텔 객실 가격은 항상 변화한다. IntHotel 파일에서는 47개 유럽 주요도시(European City) 호텔과 53개 미국 주요도시(U.S. City) 호텔의 객실가격 변동(Changes in Hotel Costs)을 포함하고 있다.

a. 표본의 결과를 바탕으로 유럽호텔의 평균 가격 변동수준과 미국호텔의 평균 가격 변동수준에 차이가 있다고 할 수 있는가? 가설검정을 위한 귀무가설과 대립가설을 수립하라.

b. $\alpha = 0.01$일 때 결론은 무엇인가?

16. 대학 본부에서는 부모의 최종학력과 SAT 응시자들의 점수 차이를 비교하여 발표하였다. 연구가설은 부모의 최종학력이 높을수록 응시자들의 SAT 평균점수가 더 높다는 것이다. 전체 SAT 평균 수학점수는 514점이었으며, 연구가설을 검정하기 위해 부모가 대학을 졸업한 응시자들의 SAT 수학점수와 부모가 고졸인 응시자들의 SAT 수학점수로 독립표본을 구성하였다.

학부모			
대학졸업(College)		고등학교졸업(High School)	
485	487	442	492
534	533	580	478
650	526	479	425
554	410	486	485
550	515	528	390
572	578	524	535
497	448		
592	469		

a. 학부모의 학력이 높은 응시자일수록 SAT 수학점수가 더 높을 것이라는 연구가설을 증명하기 위한 가설을 설정하라.

b. 두 모집단 간 평균 차이에 대한 점추정값은 얼마인가?

c. 가설검정을 위한 p-값을 계산하라.

d. $\alpha=0.05$에서 결론은 무엇인가?

17. 메릴린치의 고객들은 정기적으로 자사 금융 컨설턴트들의 서비스를 평가하고 있다. 서비스 수준이 높을수록 고객만족도 평가에서 높은 점수를 받게 되고, 최고 점수는 7점이다. 독립적인 확률표본을 구성하여 실시한 두 금융 컨설턴트의 서비스 평가결과는 다음과 같다. 컨설턴트 A의 경력은 10년이고, 컨설턴트 B의 경력은 1년이다. 경력이 많은 컨설턴트가 더 높은 평가점수를 받는지를 $\alpha=0.05$에서 검정하고자 한다.

컨설턴트 A	컨설턴트 B
$n_1=16$	$n_2=10$
$\overline{x}_1=6.82$	$\overline{x}_2=6.25$
$s_1=0.64$	$s_2=0.75$

a. 귀무가설과 대립가설을 설정하라.

b. 검정통계량 값을 계산하라.

c. p-값은 얼마인가?

d. 결론은 무엇인가?

3 두 모집단 평균 차이에 대한 추론: 대응표본

기업은 생산량을 극대화하기 위해 제품당 평균 생산시간을 감축하기 위한 방법을 원한다. 어떤 제조업체에서는 제품을 생산할 때 두 가지 방법을 사용한다. 생산방법 1로 생산한 제품 모집단의 평균 생산시간을 μ_1, 생산방법 2로 생산한 제품 모집단의 평균 생산시간을 μ_2라고 하자. 어떤 방법의 생산시간이 더 빠르다고 알려진 것이 없으므로 두 방법의 모집단 평균 생산시간은 같다고 가정하자. 따라서 귀무가설은 $H_0: \mu_1-\mu_2=0$이 된다. 이 가설을 기각한다면 모집단의 평균 생산시간은 다르다고 결론내릴 수 있고, 평균 생산시간이 짧은 생산방법을 사용할 것이다. 이에 따라 귀무가설과 대립가설은 다음과 같다.

$$H_0: \mu_1 - \mu_2 = 0$$
$$H_a: \mu_1 - \mu_2 \neq 0$$

가설검정을 위한 표본추출 방법은 두 가지이다. 하나는 각 모집단에서 독립적으로 표본을 추출하여 독립표본을 구성하는 방법이고, 다른 하나는 대응표본(matched samples)을 구성하는 방법이다.

표 10-2_ 대응표본 설계에서의 생산시간

종업원	생산방법 1의 생산시간(단위: 분)	생산방법 2의 생산시간(단위: 분)	생산시간 차이(d_i)
1	6.0	5.4	0.6
2	5.0	5.2	−0.2
3	7.0	6.5	0.5
4	6.2	5.9	0.3
5	6.0	6.0	0.0
6	6.4	5.8	0.6

1. 독립표본 설계: 무작위로 선정된 종업원들은 생산방법 1로 생산하고, 두 번째 무작위로 선정된 종업원들은 생산방법 2로 생산한다. 모평균 차이는 10.2절에서 설명한 방법으로 검정한다.

2. 대응표본 설계: 무작위로 종업원을 선정한 후 이 종업원들이 생산방법 1로 생산하고, 다시 생산방법 2로 생산한다. 생산방법 1, 2의 사용 순서는 종업원마다 무작위로 적용한다. 즉, 생산방법 1로 먼저 생산하는 종업원이 있고, 나머지는 생산방법 2로 먼저 생산하는 것이다. 이런 방식으로 각 종업원들로부터 방법 1과 방법 2를 적용한 한 쌍의 자료를 얻게 된다.

대응표본 설계에서는 두 생산방법이 동일한 조건(예를 들어, 같은 종업원)하에서 이루어진다. 따라서 독립표본보다 표본오차가 작을 때가 많다. 같은 종업원이 두 가지 생산방법을 사용하기 때문에 생산방법 1을 사용하는 종업원과 2를 사용하는 종업원 간의 변동성에 차이가 없게 된다.

대응표본 설계를 통해 얻어진 자료로 두 생산방법의 평균 차이를 검정해보자. 무작위로 선정된 6명의 자료는 〈표 10-2〉와 같다. 생산방법에 따라 각 종업원들의 생산시간은 한 쌍으로 나타나고, 작업자별로 두 생산방법에 따른 한 쌍의 자료가 있으며, 마지막 열에는 두 생산시간 차이 d_i을 계산하였다.

대응표본에서 중요한 것은 마지막 열에 있는 차이로, 두 생산방법의 모평균 차이를 분석하기 위해서는 6개의 차이 값(0.6, -0.2, 0.5, 0.3, 0.0, 0.6)을 이용한다.

종업원들의 모집단 차이의 평균을 μ_d라고 할 때, 귀무가설과 대립가설을 다음과 같이 바꿀 수 있다.

$$H_0: \mu_d = 0$$
$$H_a: \mu_d \neq 0$$

* d라고 표시한 것만 제외하면, 교재의 앞부분에서 설명한 표본평균과 표본표준편차 공식과 같다.

귀무가설이 기각된다면 두 모집단의 평균 생산시간은 서로 다르다고 할 수 있다. 〈표 10-2〉의 생산시간 차이(d)에 대한 표본평균과 표본표준편차는 다음과 같다.

$$\bar{d} = \frac{\sum d_i}{n} = \frac{1.8}{6} = .30$$

$$s_d = \sqrt{\frac{\sum(d_i - \bar{d})^2}{n-1}} = \sqrt{\frac{.56}{5}} = .335$$

* 표본크기가 크다면, 모집단이 정규분포라는 가정이 필요하지 않다. t-분포를 사용할 수 있는 표본크기의 기준은 8장과 9장에 제시하였다.

여기서 표본크기가 $n=6$으로 작기 때문에 차이의 모집단 분포가 정규분포를 따른다고 가정해야 한다. 가설검정과 구간추정을 할 때, t분포를 이용하기 위해서는 이 가정이 필요하기 때문이다. 이러한 가정하에서 검정통계량은 자유도가 $n-1$인 t분포가 된다.

대응표본에서 가설검정의 검정통계량

$$t = \frac{\bar{d} - \mu_d}{s_d/\sqrt{n}} \tag{10.9}$$

* 대응표본의 가설검정 절차는 먼저 차이값을 계산하고, 나머지는 8장과 9장에서 설명한 단일 모집단에 대한 추정과 가설검정 절차와 같다.

식 (10.9)를 이용하여 $\alpha=0.05$에서 $H_0: \mu_d=0$과 $H_a: \mu_d \neq 0$을 검정하기 위한 방법을 살펴보자. (10.9)에 $\bar{d}=0.30$, $s_d=0.335$, $n=6$을 대입한 검정통계량은 다음과 같다.

$$t = \frac{\bar{d} - \mu_d}{s_d/\sqrt{n}} = \frac{.30 - 0}{.335/\sqrt{6}} = 2.20$$

양측검정을 위한 p-값을 계산해보자. $t=2.20>0$이므로 검정통계량은 t분포의 우측 영역에 있다. $t=2.20$일 때 검정통계량의 우측 영역 면적은 t분포표의 자유도 $n-1=6-1=5$에서 찾는다. 자유도 5인 행의 t분포표는 다음과 같다.

오른쪽 꼬리 면적	0.20	0.10	0.05	0.025	0.01	0.005
t값(자유도 5)	0.920	1.476	2.015	2.571 ↖ t=2.20	3.365	4.032

* 8장에서 단일 모집단 평균에 대한 구간추정을 설명하였다.

여기서 우측 영역 면적은 0.05에서 0.025 사이라는 것을 알 수 있다. 양측검정이므로 이 값에 2를 곱하면 0.10에서 0.05 사이가 된다. 이 p-값은 유의수준 $\alpha=0.05$보다 크므로 귀무가설 $H_0: \mu_d=0$을 기각할 수 없다. 〈표 10-2〉의 자료로 엑셀을 이용하면 p-값=0.0795가 된다.

두 모집단 평균 차이에 대한 구간추정은 8장에서 설명한 단일 모집단에 적용한 방법으로 구할 수 있다. 95% 신뢰수준에서 구간추정은 다음과 같이 계산된다.

$$\bar{d} \pm t_{.025} \frac{s_d}{\sqrt{n}}$$

$$.3 \pm 2.571 \left(\frac{.335}{\sqrt{6}} \right)$$

$$.3 \pm .35$$

따라서 오차범위는 0.35이고, 두 생산방법의 모집단 평균 차이의 95% 신뢰구간은 -0.05부터 0.65까지이다.

1 엑셀을 활용한 가설검정

'엑셀의 t-검정: 쌍체비교' 도구를 활용하여 대응표본의 모평균 차이에 대한 가설검정을 할 수 있다. 〈그림 10-8〉과 〈그림 10-9〉는 두 생산방법에 대한 가설검정을 예로 들어 구체적인 방법을 나타낸 것이다.

● 그림 10-8_ 엑셀의 대화상자 t-검정: 쌍체비교

자료입력/자료열기   Matched 파일을 연다. 〈그림 10-8〉의 A열에는 연구에 참여한 6명의 종업원이 나타나 있으며, B열은 생산방법 1을 이용한 생산시간, C열은 생산방법 2를 이용한 생산시간 자료이다.

도구사용   다음 절차에 따라 't-검정: 쌍체비교' 도구를 이용하여 두 생산방법의 평균 차이에 대한 가설검정을 실시한다.

　1단계   리본에서 '데이터' 탭 선택

　2단계   '분석' 그룹에서 '데이터 분석' 선택

　3단계   '분석 도구' 목록에서 't-검정: 쌍체비교' 선택

　4단계   't-검정: 쌍체비교' 대화상자가 나타나면(〈그림 10-8〉)

　　　　　'변수 1 입력 범위': B1 : B7 입력

　　　　　'변수 2 입력 범위': C1 : C7 입력

　　　　　'가설 평균차': 0 입력

　　　　　'이름표' 체크

　　　　　'유의 수준': 0.05 입력

　　　　　'출력 범위' 선택 후 E1 입력(출력 결과가 나타나는 왼쪽 위 셀을 지정)

　　　　　'확인' 클릭

〈그림 10-9〉는 엑셀을 활용한 가설검정 결과를 나타낸 것이다. 양측검정의 p-값 "$P(T<=t)$ 양측검정"은 셀 F13에 제시되어 있으며, p-값 0.0795는 유의수준 $\alpha=0.05$보다 크기 때문에 평균 생산시간이 같다는 귀무가설을 기각할 수 없다.

　동일한 방법으로 단측검정을 실시할 수 있다. 이때는 F11에 있는 "$P(T<=t)$ 단측검정"의 p-값을 사용하여 결론을 내린다.

▲	A	B	C	D	E	F	G	H
1	종업원	생산방법1	생산방법2		t-검정: 쌍체 비교			
2	1	6.0	5.4					
3	2	5.0	5.2			생산방법1	생산방법2	
4	3	7.0	6.5		평균	6.1	5.8	
5	4	6.2	5.9		분산	0.428	0.212	
6	5	6.0	6.0		관측수	6	6	
7	6	6.4	5.8		피어슨 상관 계수	0.8764237		
8					가설 평균차	0		
9					자유도	5		
10					t 통계량	2.196		
11					P(T<=t) 단측 검정	0.0398		
12					t 기각치 단측 검정	2.015		
13					P(T<=t) 양측 검정	0.0795		
14					t 기각치 양측 검정	2.571		
15								

©www.hanol.co.kr

🔺 그림 10-9_ 엑셀에서 대응표본으로 가설검정을 수행한 결과

보충설명

1. 이 절의 예제에서는 각 종업원은 무작위로 정해진 한 가지 생산방법으로 작업한 후 다른 생산방법으로 작업하였으며, 각 표본의 원소(종업원)에서 한 쌍의 값을 얻는 대응표본으로 설계하였다. 이외에도 "유사한" 작업자를 이용하여 한 쌍의 값을 구할 수도 있다. 예를 들어, 어떤 지역의 종업원 나이, 교육수준, 성별, 경력 등이 유사한 다른 지역의 종업원과 대응시켜 두 지역의 종업원을 한 쌍으로 하여 대응표본 분석에 사용할 자료(차이)를 구하는 것이다.

2. 두 모집단의 평균에 대한 추론을 할 때, 대응표본을 사용하는 것은 독립표본을 사용하는 것보다 정확한 결과를 얻을 수 있다. 하지만 시간과 비용 때문에 대응표본을 얻을 수가 없다면 독립표본을 사용해야 할 것이다.

연습문제

기초문제

18. 다음 가설을 검정하라.

$$H_0: \mu_d \leq 0$$
$$H_a: \mu_d > 0$$

모집단에서 추출한 대응표본은 다음과 같다.

원소	모집단	
	1	2
1	21	20
2	28	26
3	18	18
4	20	20
5	26	24

a. 각 관측치의 차이를 계산하라.

b. $\bar{d}$를 계산하라.

c. 표준편차 s_d를 계산하라.

d. 유의수준 $\alpha=0.05$에서 결론은 무엇인가?

19. 두 모집단에서 추출한 대응표본이 다음과 같다.

원소	모집단	
	1	2
1	11	8
2	7	8
3	9	6
4	12	7
5	13	10
6	15	15
7	15	14

a. 각 관측치의 차이를 계산하라.

b. $\bar{d}$를 계산하라.

c. 표준편차 s_d를 계산하라.

d. 두 모평균 차이에 대한 점추정값은 얼마인가?

e. 두 모평균 차이에 대한 95% 신뢰구간을 구하라.

응용문제

20. 시장조사기관은 상품에 대한 새로운 TV광고 전과 후의 구매 잠재력을 평가하기 위해 표본을 추출하였다. 구매 잠재력은 0에서 10점까지 10점 척도로 평가되고, 점수가 높을수록 구매 잠재력이 크게 된다. 귀무가설은 광고 시청 후의 구매 잠재력 평균점수가 광고 시청 전의 평균점수보다 작거나 같다고 설정하였다. 이 가설을 기각한다면 광고가 구매 잠재력을 높인다고 할 수 있다. 다음의 응답 자료를 이용하여 $\alpha=0.05$에서 가설을 검정하고 광고 효과에 대한 결론을 도출하라.

응답자	구매 잠재력		응답자	구매 잠재력	
	시청 후	시청 전		시청 후	시청 전
1	6	5	5	3	5
2	6	4	6	9	8
3	7	7	7	7	5
4	4	3	8	6	6

21. StockQuarter 파일은 표본으로 선정된 25개 회사(Company)의 1분기 말(End of 1st Quarter)과 1분기 초(Beginning of 1st Quarter)의 주가이다. StockQuarter 파일의 표본을 이용하여 다음 물음에 답하라.

a. 기업 i 의 주가 변화율을 d_i라고 하면, d_i는 다음과 같이 표현된다.

DATA files
StockQuarter
www.hanol.co.kr

$$d_i = \frac{\text{1분기 말 주가} - \text{1분기 초 주가}}{\text{1분기 초 주가}}$$

표본평균을 이용하여 1분기의 주가 변화율을 추정하라.

b. 1분기 동안 주가 변화율에 대한 95% 신뢰구간은 얼마인가? 이 결과를 해석하라.

22. 뱅크 오브 아메리카는 소비자 지출보고서에서 소비자의 연간 신용카드 결제액을 7가지 범주(교통비, 식료품비, 외식비, 관리비, 가구구입비, 의류비, 문화생활비)로 분류하여 분석하였다. 42개의 신용카드 계좌 표본 중 연간 식료품비 신용카드 결제액(모집단 1)과 연간 외식비 신용카드 결제액(모집단 2)을 분석한 결과, 두 집단의 차이에 대한 표본평균은 $\bar{d}=\$850$이고, 표본표준편차는 $s_d=\$1,123$이었다.

a. 식료품비와 외식비의 신용카드 평균 결제액에 차이가 없다는 것을 검정하기 위한 귀무가설과 대립가설을 설정하라.

b. 유의수준 $\alpha=0.05$에서 모평균이 다르다고 할 수 있는가? p-값은 얼마인가?

c. 식료품비와 외식비 중에서 모집단의 신용카드 연간 결제액이 많은 것은 무엇인가? 모평균 차이에 대한 점추정값은 얼마인가? 95% 신뢰수준에서 모평균 차이에 대한 구간추정값은 얼마인가?

23. 다음은 글로벌 비즈니스 트래블 협회에서 조사한 12개의 비행편의 작년과 올해 출장으로 이용한 국내선 항공료이다.

올해(Current Year)	작년(Previous Year)	올해(Current Year)	작년(Previous Year)
345	315	635	585
526	463	710	650
420	462	605	545
216	206	517	547
285	275	570	508
405	432	610	580

a. 1년간 출장으로 이용한 국내선 평균 항공료의 상승이 의미 있는지를 검정하라. p-값은 얼마인가? 유의수준 $\alpha=0.05$에서 통계적 결론은 무엇인가?

b. 매년 출장으로 이용한 국내선 항공료의 표본평균은 얼마인가?

c. 1년간 출장으로 인한 항공료 변화율은 얼마인가?

24. 대학입학 시험 SAT는 수학, 작문, 비평적 독해 세 영역으로 나눠져 있다. 표본으로 선정된 학생 12명의 수학과 작문 점수는 다음과 같다.

학생	수학 (Math Score)	작문 (Writing Score)	학생	수학 (Math Score)	작문 (Writing Score)
1	540	474	7	480	430
2	432	380	8	499	459
3	528	463	9	610	615
4	574	612	10	572	541
5	448	420	11	390	335
6	502	526	12	593	613

a. 수학 점수와 작문 점수 간 모평균 차이를 유의수준 $\alpha=0.05$에서 검정하라. p-값은 얼마인가? 결론은 무엇인가?

b. 모평균 점수 차이의 점추정값은 얼마인가? 수학과 작문 두 시험의 모집단 평균 추정값은 각각 얼마인가? 평균점수가 높은 과목은 무엇인가?

25. PGA 토너먼트 경기에 출전한 골프선수 중에서 표본으로 추출한 20명의 첫 번째 라운드와 네 번째 라운드(최종)의 타수는 다음과 같다. 첫 번째 라운드의 평균 타수가 네 번째이자 마지막 라운드의 평균 타수보다 유의하게 다른지를 확인하라. 최종 라운드에서 경기에 대한 부담감 때문에 타수가 올라가는가? 아니면 선수의 집중력이 증가하면서 타수가 내려가는가?

DATA files
GolfScores
www.hanol.co.kr

선수	첫 번째 라운드 (Round 1)	최종라운드 (Round2)	선수	첫 번째 라운드 (Round 1)	최종라운드 (Round2)
Michael Letzig	70	72	Aron Price	72	72
Scott Verplank	71	72	Charles Howell	72	70
D. A. Points	70	75	Jason Dufner	70	73
Jerry Kelly	72	71	Mike Weir	70	77
Soren Hansen	70	69	Carl Pettersson	68	70
D. J. Trahan	67	67	Bo Van Pelt	68	65
Bubba Watson	71	67	Ernie Els	71	70
Reteif Goosen	68	75	Cameron Beckman	70	68
Jeff Klauk	67	73	Nick Watney	69	68
Kenny Perry	70	69	Tommy Armour III	67	71

a. 첫 번째와 최종 라운드 점수의 모평균 차이에 대한 통계적 유의성을 유의수준 $\alpha=0.10$에서 검정하라. p-값은 얼마인가? 통계적 결론은 무엇인가?

b. 모집단 평균 차이에 대한 점추정값은 얼마인가? 어떤 라운드의 모집단 평균 타수가 낮은가?

c. 90% 신뢰수준에서 모평균 차이에 대한 구간추정을 실시하고, 오차범위를 구하라. 이 신뢰구간을 이용하여 문항 (a)의 가설검정을 할 수 있는지를 설명하라.

④ 두 모집단 비율 차이에 대한 추론

p_1을 모집단 1의 특정 상황에 대한 모비율, p_2를 모집단 2의 모비율이라고 할 때, 두 모집단 간 모비율의 차이인 p_1-p_2에 대한 통계적 추론에 관해 살펴보자. 두 개의 독립표본을 각각 모집단 1과 2로부터 n_1과 n_2씩 추출했다고 가정한다.

1 p_1-p_2의 구간추정

다음의 예를 통해 두 모집단 비율의 차이에 대한 오차범위와 구간추정 방법을 살펴보자. 세무업무 대행회사에서는 두 사무실의 오류율을 비교하기 위해, 무작위로 선정된 소득신고서에 대한 세무업무 결과의 오류 수준을 확인하였고 이를 바탕으로 전체 세무업무에서의 오류율을 추정하고자 한다. 특히 관심이 있는 비율은 다음과 같다.

$$p_1 = \text{모집단 1(사무실 1)에서 오류가 있는 소득신고서의 비율}$$

$$p_2 = \text{모집단 2(사무실 2)에서 오류가 있는 소득신고서의 비율}$$

$$\bar{p}_1 = \text{모집단 1의 확률표본에 대한 표본비율}$$

$$\bar{p}_2 = \text{모집단 2의 확률표본에 대한 표본비율}$$

두 모집단 비율의 차이 $p_1 - p_2$에 대한 점추정치는 다음과 같다.

두 모집단 비율의 차이에 대한 점추정치

$$\bar{p}_1 - \bar{p}_2 \tag{10.10}$$

식 (10.10)에서 두 모집단 비율의 차이에 대한 점추정량은 두 개의 독립표본 간 표본비율 차이가 됨을 알 수 있다.

두 개의 독립표본을 반복적으로 수집하면 다른 점추정량과 마찬가지로 $\bar{p}_1 - \bar{p}_2$는 다양한 값이 된다. 이때, 이 표본분포의 평균은 $p_1 - p_2$이며 $\bar{p}_1 - \bar{p}_2$의 표준오차는 다음과 같다.

$\bar{P}_1 - \bar{P}_2$의 표준오차

$$\sigma_{\bar{p}_1 - \bar{p}_2} = \sqrt{\frac{p_1(1 - p_1)}{n_1} + \frac{p_2(1 - p_2)}{n_2}} \tag{10.11}$$

$n_1 p_1$, $n_1(1 - p_1)$, $n_2 p_2$, $n_2(1 - p_2)$ 모두 5 이상이 될 정도로 표본의 크기가 충분하다면 $\bar{p}_1 - \bar{p}_2$의 표본분포는 근사적으로 정규분포를 따른다.

앞에서 살펴본 것처럼 구간추정값은 점추정값 ± 오차범위이므로 두 모비율 차이의 구간추정치는

$$\bar{p}_1 - \bar{p}_2 \pm \text{오차범위}$$

로 얻을 수 있다. 이때, $\bar{p}_1 - \bar{p}_2$의 표본분포가 근사적으로 정규분포를 따른다면 $z_{\alpha/2} \sigma_{\bar{p}_1 - \bar{p}_2}$를 오차범위로 사용할 수 있다. 하지만 두 모비율 p_1과 p_2는 알려져 있지 않기 때문에 식 (10.11)에서 $\sigma_{\bar{p}_1 - \bar{p}_2}$를 직접적으로 계산할 수 없다. p_1과 p_2의 추정을 위해 표본비율 $\bar{p}_1$과 $\bar{p}_2$를 사용한다면 오차범위는 다음과 같이 계산할 수 있다.

$$\text{오차범위} = z_{\alpha/2} \sqrt{\frac{\bar{p}_1(1 - \bar{p}_1)}{n_1} + \frac{\bar{p}_2(1 - \bar{p}_2)}{n_2}} \tag{10.12}$$

이를 종합하면, 두 모비율 차이의 구간추정 값은 일반적으로 다음과 같이 구할 수 있다.

*비율을 얻기 위한 표본의 크기는 일반적으로 이런 근사가 사용될 정도로 충분히 크다.

두 모비율 차이에 대한 신뢰구간 추정

$$\bar{p}_1 - \bar{p}_2 \pm z_{\alpha/2} \sqrt{\frac{\bar{p}_1(1-\bar{p}_1)}{n_1} + \frac{\bar{p}_2(1-\bar{p}_2)}{n_2}} \tag{10.13}$$

여기서, $1-\alpha$는 신뢰수준이다.

세무 대행회사에서 두 사무소로부터 다음과 같은 독립적인 확률표본의 정보를 얻었다.

사무실 1	사무실 2
$n_1 = 250$	$n_2 = 300$
오류발생 건수 = 35	오류발생 건수 = 27

두 사무소의 표본비율은

$$\bar{p}_1 = \frac{35}{250} = .14$$

$$\bar{p}_2 = \frac{27}{300} = .09$$

가 되고, 두 모집단의 오류 신고서 비율 차이에 대한 점추정값은 $\bar{p}_1 - \bar{p}_2 = 0.14 - 0.09 = 0.05$ 가 된다. 그러므로 사무소 1은 사무소 2보다 0.05, 즉 5% 더 높은 오류율을 갖는다고 추정할 수 있다.

식 (10.13)에서 90% 신뢰수준을 적용하면 $z_{\alpha/2} = z_{0.05} = 1.645$이므로 신뢰구간은 다음과 같다.

$$\bar{p}_1 - \bar{p}_2 \pm z_{\alpha/2} \sqrt{\frac{\bar{p}_1(1-\bar{p}_1)}{n_1} + \frac{\bar{p}_2(1-\bar{p}_2)}{n_2}}$$

$$.14 - .09 \pm 1.645 \sqrt{\frac{.14(1-.14)}{250} + \frac{.09(1-.09)}{300}}$$

$$.05 \pm .045$$

따라서 오차범위는 0.045이고 90% 신뢰구간은 0.005에서 0.095이다.

2 엑셀을 활용한 신뢰구간 추정

〈그림 10-10〉은 엑셀을 활용하여 세무 대행회사 예제에서 두 모비율 차이에 대한 구간추정 을 실시하는 방법과 결과를 나타낸 것이다.

자료입력/자료열기　TaxPrep 이름의 파일을 연다. A열과 B열에는 각 사무소 신고서의 오류 여 부가 YES와 NO로 표시되어 있다.

함수와 수식입력　셀 E5 : F5와 E7 : F8은 표본과 관련된 기술통계량을 계산한 것으로, 셀 E5와 F5에서는 각 표본의 관측치 수를 세기 위해 COUNTA 함수를 사용하여 사무소 1의 표본크기

* 엑셀함수 COUNTA를 이 용하면 빈칸이 아닌(무 엇인가가 입력된) 셀의 개수를 계산할 수 있다

는 250, 사무소 2의 표본크기 300을 얻었다. 셀 E6과 셀 F6에는 관심대상이 응답이 YES인 개체들임을 표시하고, COUNTIF 함수를 이용하여 셀 E7과 F7에서 각 사무소의 YES 개수를 구했으며, 셀 E8과 F8에서는 표본비율을 계산하였다. 셀 E10에 신뢰계수(0.90)를 입력하고, 이를 이용해 셀 E11에서 유의수준 $\alpha=0.10$를 계산하였다. 셀 E12에는 신뢰구간의 오차범위를 계산하기 위한 z값을 NORM.S.INV 함수를 이용하여 계산하였다.

셀 E14에서 점추정량 $\overline{p}_1-\overline{p}_2$의 표준오차인 $\sigma_{\overline{p}_1-\overline{p}_2}$의 점추정값을 E8과 F8의 표본비율에 기초하여 계산하였으며, 셀 E15에서 z값과 표준오차의 곱으로 오차범위를 구했다.

셀 E17에 있는 두 모비율의 차이에 대한 점추정량을 두 표본비율의 차이로 계산하여 0.05를 얻었다. 셀 E18에 있는 신뢰구간의 하한은 점추정값에서 오차범위를 뺀 값이고, 셀 E19 신뢰구간의 상한은 점추정값에서 오차범위를 더한 값이다. 결과 워크시트로부터 두 모비율 차이의 90% 신뢰구간이 0.0048에서 0.0952임을 알 수 있다.

다른 문제를 위한 템플릿 이 워크시트는 두 모비율 차이의 구간추정 값을 구하는 템플릿으로 사용될 수 있다. 새로운 자료는 반드시 열 A와 열 B에 입력되어야 한다. 표본의 크기를 계산하기 위한 셀 E5:F5와 관심대상의 개수를 계산하기 위한 셀 E7:F7은 새로운 자료의 범위에 맞게 수정되어야 하며, 관심대상은 반드시 셀 E6:F6에 입력되어야 한다. 새로운 자료의 90% 신뢰구간은 셀 E17:E19에 나타난다. 다른 신뢰수준을 갖는 신뢰구간을 구하기 위해서는 셀 E10을 변경하면 된다.

* <그림 10-10> 참고: 행 21-299는 숨기기 되어 있음.

	A	B	C	D	E	F	G
1	사무소1	사무소2			두 모집단 비율차이에 대한		
2	No	No			구간추정		
3	No	No					
4	No	No			사무소1	사무소2	
5	No	No		표본크기	=COUNTA(A2:A251)	=COUNTA(B2:B301)	
6	No	No		관심대상의 응답	Yes	Yes	
7	Yes	No		응답의 수	=COUNTIF(A2:A251,E6)	=COUNTIF(B2:B301,F6)	
8	No	No		표본비율	=E7/E5	=F7/F5	
9	No	No					
10	No	No		신뢰계수	0.9		
11	No	No		유의수준	=1-E10		
12	No	No		z값	=NORM.S.INV(1-E11/2)		
13	No	No					
14	No	No		표준오차	=SQRT(E8*(1-E8)/E5+F8*(1-F8)/F5)		
15	No	No		오차범위	=E12*E14		
16	No	No					
17	No	Yes		점추정값	=E8-F8		
18	Yes	No		하한	=E17-E15		
19	No	No		상한	=E17+E15		
20	Yes	No					
300		No					
301		No					
302							

	A	B	C	D	E	F	G
1	사무소1	사무소2			두 모집단 비율차이에 대한		
2	No	No			구간추정		
3	No	No					
4	No	No			사무소1	사무소2	
5	No	No		표본크기	250	300	
6	No	No		관심대상의 응답	Yes	Yes	
7	Yes	No		응답의 수	35	27	
8	No	No		표본비율	0.14	0.09	
9	No	No					
10	No	No		신뢰계수	0.9		
11	No	No		유의수준	0.1		
12	No	No		z값	1.645		
13	No	No					
14	No	No		표준오차	0.0275		
15	No	No		오차범위	0.0452		
16	No	No					
17	No	Yes		점추정값	0.05		
18	Yes	No		하한	0.0048		
19	No	No		상한	0.0952		
20	Yes	No					
300		No					
301		No					
302							

그림 10-10_ 두 사무소 오류 신고서 비율 차이의 90% 신뢰구간

이 워크시트는 표본자료가 요약되어 있는 교재의 연습문제를 풀기 위한 템플릿으로도 이용할 수 있다. 표본 자료를 입력하는 부분은 변경하지 않고, 주어진 표본크기와 표본비율을 각각 셀 E5:F5와 셀 E8:F8에 입력하면 된다. 또한, 셀 E10의 값을 변경하여 90% 신뢰구간이 아닌 다른 신뢰수준을 갖는 신뢰구간을 계산할 수 있다.

3 $p_1 - p_2$에 대한 가설검정

두 모집단의 모비율 차이에 대한 가설검정에서는 두 모비율 간에 차이가 없다는 점에 초점을 둘 것이다. 이 경우에는 다음과 같은 세 가지 형태의 가설을 고려할 수 있다.

* 모든 가설은 모비율의 차이를 0으로 한다.

$$H_0: p_1 - p_2 \geq 0 \qquad H_0: p_1 - p_2 \leq 0 \qquad H_0: p_1 - p_2 = 0$$
$$H_a: p_1 - p_2 < 0 \qquad H_a: p_1 - p_2 > 0 \qquad H_a: p_1 - p_2 \neq 0$$

H_0가 참이고 등호가 성립한다고 가정하면, $p_1 - p_2 = 0$이 되어 두 모비율 $p_1 = p_2$로 같게 된다.

가설검정을 위한 검정통계량은 $p_1 - p_2$의 점추정량 $\bar{p}_1 - \bar{p}_2$의 표본분포를 기반으로 구하게 된다. 식 (10.11)에서 $\bar{p}_1 - \bar{p}_2$의 표준오차는

$$\sigma_{\bar{p}_1 - \bar{p}_2} = \sqrt{\frac{p_1(1 - p_1)}{n_1} + \frac{p_2(1 - p_2)}{n_2}}$$

이나, H_0가 참이고 등호가 성립한다는 가정에 따르면 모비율은 $p_1 = p_2 = p$가 되어 $\sigma_{\bar{p}_1 - \bar{p}_2}$는 다음과 같이 변형될 수 있다.

$P_1 = P_2 = P$일 때, $\bar{P}_1 - \bar{P}_2$의 표준오차

$$\sigma_{\bar{p}_1 - \bar{p}_2} = \sqrt{\frac{p(1 - p)}{n_1} + \frac{p(1 - p)}{n_2}} = \sqrt{p(1 - p)\left(\frac{1}{n_1} + \frac{1}{n_2}\right)} \qquad (10.14)$$

식 (10.14)에서 미지수 p의 점추정량은 두 개의 표본에서 얻은 점추정량 $\bar{p}_1$과 $\bar{p}_2$를 다음과 같이 결합하여 얻을 수 있다.

$P_1 = P_2 = P$일 때, P의 합동추정량

$$\bar{p} = \frac{n_1 \bar{p}_1 + n_2 \bar{p}_2}{n_1 + n_2} \qquad (10.15)$$

p의 합동추정량(pooled estimator) $\bar{p}$는 $\bar{p}_1$과 $\bar{p}_2$의 가중평균이다. 식 (10.14)의 p에 $\bar{p}$를 대입하여 $\bar{p}_1 - \bar{p}_2$ 표준오차의 추정값을 얻을 수 있다. 두 모비율 차이의 가설검정을 위한 검정통계량은 일반적으로 점추정량을 표준오차 $\sigma_{\bar{p}_1 - \bar{p}_2}$의 점추정량으로 나눈 값이다.

Chapter 10_ 두 모집단 간 평균과 비율에 대한 추론

$$z = \frac{(\bar{p}_1 - \bar{p}_2)}{\sqrt{\bar{p}(1 - \bar{p})\left(\frac{1}{n_1} + \frac{1}{n_2}\right)}}$$

(10.16)

이 검정통계량은 $n_1 p_1$, $n_1(1-p_1)$, $n_2 p_2$, $n_2(1-p_2)$ 모두 5 이상이 될 정도로 표본의 크기가 충분할 때 적용할 수 있다.

세무 대행회사 예제에서 가설검정을 이용하여 두 사무소의 오류율에 차이가 있는지를 검정해 보자. 이 문제에는 양측검정이 적용되며, 귀무가설과 대립가설은 다음과 같다.

$$H_0: p_1 - p_2 = 0$$
$$H_a: p_1 - p_2 \neq 0$$

H_0가 기각된다면 회사는 두 사무소의 오류율이 다르다고 결론내릴 것이다. 이 문제에서 유의수준을 $\alpha = 0.1$로 하자. 표본으로부터 사무소 1에서 $n_1 = 250$부 신고서의 오류율은 $\bar{p}_1 = 0.14$, 사무소 2에서 $n_2 = 300$부 신고서의 오류율은 $\bar{p}_2 = 0.09$가 된다. p의 합동추정량을 계산하면

$$\bar{p} = \frac{n_1 \bar{p}_1 + n_2 \bar{p}_2}{n_1 + n_2} = \frac{250(.14) + 300(.09)}{250 + 300} = .1127$$

이 되므로, 표본비율의 차이와 합동추정량을 이용하면 검정통계량의 값은 다음과 같다.

$$z = \frac{(\bar{p}_1 - \bar{p}_2)}{\sqrt{\bar{p}(1 - \bar{p})\left(\frac{1}{n_1} + \frac{1}{n_2}\right)}} = \frac{(.14 - .09)}{\sqrt{.1127(1 - .1127)\left(\frac{1}{250} + \frac{1}{300}\right)}} = 1.85$$

양측검정을 위한 p-값 계산에서 $z = 1.85$는 표준정규분포의 우측영역에 위치하므로, $z = 1.85$와 표준정규분포표를 이용하여 우측 영역 면적은 $1.0000 - 0.9678 = 0.0322$가 된다. 양측검정이므로 면적을 2배 하면 p-값은 $2(0.0322) = 0.0644$이다. p-값이 $\alpha = 0.10$보다 작으므로 H_0는 기각되어, 회사는 두 사무소의 오류율은 다르다고 결론내릴 수 있다. 이러한 가설검정의 결과는 이전에 계산했던 두 사무소의 오류율 차이의 구간추정 값이 0보다 큰 수인 0.005에서 0.095라는 결과와 일치한다. 또한, 사무소 1이 사무소 2보다 더 높은 오류율을 갖는다는 것을 알 수 있다.

4 엑셀을 활용한 가설검정

엑셀을 활용하여 세무 대행회사 예제의 가설검정은 다음의 절차를 따라 〈그림 10-11〉과 같이 수행할 수 있다.

자료입력/자료열기 TaxPrep 이름의 파일을 연다. A열과 B열에는 각 사무소 신고서의 오류 여부가 YES와 NO로 표시되어 있다.

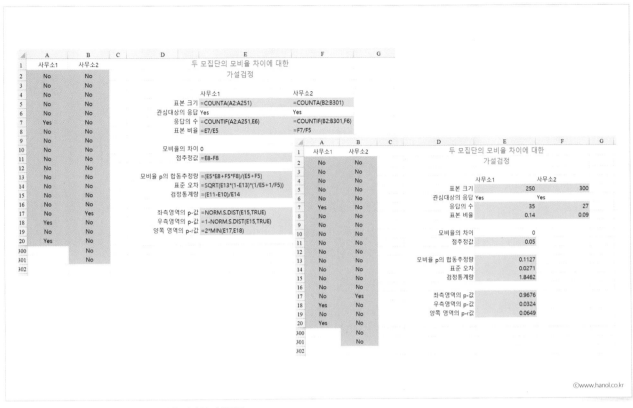

●그림 10-11_ 두 사무소 오류 신고서 비율 차이의 가설검정

함수와 수식입력　셀 E5:F5와 E7:F8은 표본과 관련된 기술통계량을 계산한 것으로, 구간추정에서 사용한 것과 동일하다(《그림 10-10》 참조). 셀 E10는 가설화된 모비율의 차이인 0을 입력하였다. 셀 E11은 모비율 차이에 대한 점추정값인 두 표본비율의 차이를 계산한 것이며, 셀 E13은 표본비율과 표본의 크기를 이용하여 모비율 p의 합동추정량을 계산한 것으로 0.1127의 값을 얻었다. 셀 E14에 있는 표준오차 $\sigma_{\bar{p}_1 - \bar{p}_2}$의 추정값은 식 (10.14)와 같이 p의 합동추정량과 표본의 크기를 이용하여 계산하였다.

　셀 E15의 수식 =(E11 – E10)/E14는 검정통계량 z를 계산한 것으로 1.8462를 얻었다. NORM.S.DIST 함수를 이용하여 셀 E17과 E18에 좌측검정의 p-값과 우측검정의 p-값을 각각 계산하였으며, 셀 E19의 양측검정에 대한 p-값은 두 개의 단측검정에 대한 p-값 중 작은 값을 2배 하여 계산한 것이다. 양측검정의 p-값(0.0649)이 유의수준 α=0.1보다 작으므로 귀무가설을 기각하기에 충분한 증거를 갖는다. 즉, 모비율이 같지 않다는 결론을 내릴 수 있다.

　이 워크시트는 모비율의 차이에 대한 가설검정의 템플릿으로 사용할 수 있다. 새로운 자료는 열A와 B에 입력하고, 셀 E5:F7에 새로운 자료의 범위와 관심대상 응답을 수정한다. 모비율의 차이를 0이 아닌 값으로 사용하려면 새로운 값을 E10에 입력하면 된다.

* 엑셀에서 구한 p-값 0.0649는 반올림 때문에 누적정규확률표를 사용해서 구한 값 0.0644와 차이가 발생한다.

기초문제

26. 다음은 두 모집단에서 독립적으로 추출한 표본 자료이다.

표본 1	표본 2
$n_1 = 400$ $\bar{p}_1 = 0.48$	$n_2 = 300$ $\bar{p}_2 = 0.36$

a. 두 모비율 차이의 점추정값을 구하라.

b. 두 모비율 차이의 90% 신뢰구간을 구하라.

c. 두 모비율 차이의 95% 신뢰구간을 구하라.

27. 다음 가설을 검정하라.

$$H_0: p_1 - p_2 \leq 0$$
$$H_a: p_1 - p_2 > 0$$

다음은 두 모집단에서 독립적으로 추출한 표본 자료이다.

표본 1	표본 2
$n_1 = 200$ $\bar{p}_1 = 0.22$	$n_2 = 300$ $\bar{p}_2 = 0.16$

a. p-값을 구하라.

b. $\alpha = 0.05$일 때 어떤 결론을 내릴 수 있는가?

응용문제

28. 블룸버그 비즈니스위크는 대기업 중역들을 대상으로 경제 전망에 관한 의견을 묻는 설문조사를 하였다. "앞으로 12개월 동안 귀사의 정규직 직원 수가 증가할 것으로 생각하는가?"에 대한 물음에 대한 이번 조사에서 응답자 400명 중 220명이 "예"라고 대답했고, 이전 조사에서는 응답자 400명 중 192명이 "예"라고 대답했다. 두 시점의 비율 차이에 대한 95% 신뢰구간을 구하고 결과를 해석하라.

29. 포브스에 따르면 여성들은 여러 소셜 네트워크 플랫폼 중에서 핀터레스트(Pinterest)의 추천을 가장 신뢰한다. 남성들도 핀터레스트를 가장 신뢰할까? 다음 표본 자료는 표본으로 선택된 응답자 중 핀터레스트의 추천을 신뢰하는 남성과 여성의 수이다.

	여성	남성
표본크기	150	170
핀터레스트의 추천을 신뢰하는 수	117	102

a. 핀터레스트의 추천을 신뢰하는 여성 비율의 점추정값을 구하라.

b. 핀터레스트의 추천을 신뢰하는 남성 비율의 점추정값을 구하라.

c. 핀터레스트의 추천을 신뢰하는 여성들과 남성들 비율 차이의 95% 신뢰구간을 구하라.

30. 해양생태계 보존을 위해 일하는 오세아나 연구자들은 미국에 있는 소매점, 식료품점, 초밥 식당 등에서 생선의 이름표를 잘못 붙인 비율이 33%라고 발표하였다. 잘못된 이름표의 차이가 생선 종류에 따라 다른가를 알아보기 위해 참치와 마히마히(Mahi Mahi)의 표본 중 잘못된 이름표의 개수를 조사하였다.

	참치	마히마히
표본크기	220	160
표기오류수	99	56

a. 잘못된 참치 이름표를 붙인 비율의 점추정치를 구하라.

b. 잘못된 마히마히 이름표를 붙인 비율의 점추정치를 구하라.

c. 잘못된 참치와 마히마히 이름표를 붙인 비율 차이의 95% 신뢰구간을 구하라.

31. 미네소타는 2016년 대통령 선거에서 가장 높은 투표율을 기록했다. 정치 분석가들은 미네소타 주 시골지역의 투표율이 도시지역의 투표율보다 높은 이유에 대해 궁금해 했다. 표본으로 선정된 시골지역의 884명 유권자 중 663명이 투표를 하였고, 도시지역의 575명 유권자 중 414명이 투표를 하였다.

a. 2016년 대통령 선거에서 미네소타 주의 시골지역 투표율이 도시지역의 투표율보다 높았다는 가설검정을 위한 귀무가설과 대립가설을 설정하라.

b. 미네소타 주의 시골지역 투표율의 표본비율을 구하라.

c. 미네소타 주의 도시지역 투표율의 표본비율을 구하라.

d. $\alpha = 0.05$일 때 정치 분석가들의 가설을 검정하라. p-값은 얼마이고 결론은 무엇인가?

32. 플로리다 북서지역의 경제에서 겨울철 관광산업은 매우 중요한 역할을 한다. 호텔 객실의 투숙률은 방문객 수와 방문객의 활동에 관한 척도로 자주 이용된다. 올해와 작년 2월의 호텔 객실 투숙 자료는 다음과 같다.

	올해	작년
투숙 객실 수	1470	1458
전체 객실 수	1750	1800

a. 1년 동안 투숙률이 증가했다고 판단할 수 있는 가설검정을 위한 가설을 수립하라.

b. 작년도의 호텔 투숙률의 표본비율을 구하라.

c. 유의수준 $\alpha = 0.05$에서 가설검정의 결론은 무엇인가? p-값을 구하라.

d. 1년 동안 투숙률 변화의 95% 신뢰구간을 구하라. 지역관계자들이 만족할 만한 결과라고 생각하는가?

33. 에이데코 워크플레이스 인사이트 서베이(Adecco Workplace Insights Survey)는 남성 200명과 여성 200명의 근로자들로 구성된 표본을 선정하여 올해 연봉인상이나 상여금을 기대했는지에 관해 조사하였다. 남성 중 104명이 "예"라고 대답하고 여성 중 74명이 "예"라고 대답했다면, 이것은 올해 남성 근로자들이 연봉인상이나 상여금에 대해 더 높은 비율로 기대했다고 결론내릴 수 있는 근거가 되는가?

   a. 문제해결을 위한 가설을 수립하라.

   b. 연봉인상이나 상여금 기대에 대한 남성과 여성의 표본비율을 구하라.

   c. p-값을 구하고 유의수준으로 0.01을 사용하여 결론을 도출하라.

요점정리

이 장에서는 두 개 이상의 모집단 평균차이에 대한 가설검정과 구간추정에 관하여 살펴보았다. 독립적으로 확률표본을 추출(독립표본)하였을 때 두 모평균 차이에 대한 추론 방법을 두 모집단의 표준편차를 알고 있다고 가정하는 경우와 모르는 경우로 구분하여 설명하였다. 두 모집단 표준편차 σ_1과 σ_2를 알고 있다고 가정한 경우에는 가설검정과 구간추정에 표준정규분포 z를 사용하였으며, 모집단 표준편차를 모르는 경우에는 표본표준편차인 s_1과 s_2와 t분포를 이용하여 구간추정과 가설검정을 실시하였다.

대응표본 설계에서는 짝을 이룬 한 쌍의 자료 간 차이를 이용하여 통계적 분석을 실시한다. 대응표본이 독립표본보다 추론의 정확도가 더 높은 경우가 많으므로 독립표본보다 대응표본이 더 선호된다.

마지막으로 두 모집단 비율에 대한 구간추정 및 가설검정을 살펴보았다. 두 모집단 비율의 차이를 분석하기 위한 통계적 절차는 두 모집단 평균의 차이를 분석하기 위한 절차와 유사하다.

구간추정과 가설검정을 위해 엑셀 프로그램이 활용될 수 있음을 보였으며, 제시된 워크시트들이 템플릿으로 활용되어 실무에서의 문제와 이 책의 사례문제를 해결하는 데 이용될 수 있다.

보충문제

34. 세이프게이트푸드사(Safegate Foods, Inc..)는 전국적으로 슈퍼마켓 계산대를 재설계하면서 두 가지 디자인을 고려하고 있다. 새로운 두 가지 계산대로 운영하는 슈퍼마켓 두 곳을 선정하여 고객들의 계산시간을 측정하였고 그에 따른 결과를 요약한 자료는 다음과 같다.

앤더슨의 경영통계학

시스템 A	시스템 B
$n_1 = 120$	$n_2 = 100$
$\bar{x}_1 = 4.1$분	$\bar{x}_2 = 3.4$분
$\sigma_1 = 2.2$분	$\sigma_2 = 1.5$분

유의수준 $\alpha = 0.05$에서 두 계산대의 계산시간에 차이가 있는지를 검정하라. 어느 계산대가 더 나은가?

35. 스테티스타(Statista)는 미국에서 자동차 리스 대여료가 감소하고 있다고 보도하였다. 스포츠 유틸리티 차량의 경우에도 이러한 추세를 보이는지 확인해 보고자 한다. SUVLease 파일에는 2015년에 무작위로 선정된 33대의 SUV와 2016년에 무작위로 선정된 46대에 대한 월간 리스료 자료가 포함되어 있다.

   a. SUV 리스료 모평균 차이에 대한 점추정치를 계산하고 해석하라.

   b. 99% 신뢰수준에서 SUV 리스료 평균 차이에 대한 신뢰구간을 계산하라.

   c. 2015년에 비해 2016년에 SUV 리스료의 평균수준이 감소했다고 할 수 있는가?

36. 뮤추얼펀드는 로드(Load)와 노-로드(No Load)로 구분한다. 로드 펀드는 투자 초기에 투자금액의 일정 비율을 수수료로 지불하고, 노-로드 펀드는 초기 수수료가 없다. 어떤 재무 컨설턴트는 로드 펀드가 노-로드 펀드보다 평균 수익률이 높기 때문에 추가 수수료를 지불할 만한 가치가 있다고 주장한다. Mutual 파일의 자료는 로드 펀드 30개와 노-로드 펀드 30개를 표본으로 추출하여 5년간 연간 수익률(Return)을 조사한 것이다.

로드 펀드	수익률	노-로드 펀드	수익률
American National Growth	15.51	Amana Income Fund	13.24
Arch Small Cap Equity	14.57	Berger One Hundred	12.13
Bartlett Cap Basic	17.73	Columbia International Stock	12.17
Calvert World International	10.31	Dodge & Cox Balanced	16.06
Colonial Fund A	16.23	Evergreen Fund	17.61

   a. 귀무가설의 기각이 "로드 펀드가 더욱 높은 평균수익률을 실현한다."라는 결론을 유도할 수 있도록 귀무가설과 대립가설을 수립하라.

   b. 60개의 뮤추얼펀드에 대한 자료를 이용하여 $\alpha = 0.05$하에서 가설검정을 수행하라. p-값은 얼마이고, 통계적 결론은 무엇인가?

37. 인테리어 전국연합회에서는 가장 선호되는 리모델링 계획의 비용 자료(단위: 1,000달러)를 제출하였다. 부엌과 침실 두 종류의 리모델링 계획에 관한 자료는 다음과 같다.

부엌	침실	부엌	침실
25.2	18.0	23.0	17.8
17.4	22.9	19.7	24.6
22.8	26.4	16.9	21.0
21.9	24.8	21.8	
19.7	26.9	23.6	

a. 두 종류의 계획 간 모집단 평균 비용 차이에 대한 점추정값을 계산하라.

b. 두 종류의 계획 간 모집단 평균 비용 차이에 대한 90% 신뢰구간을 구하라.

38. AAII에 따르면 현재 개인투자자의 27.6%가 낙관적인 심리를 갖고 있다. 일주일 전 낙관적인 심리를 갖고 있던 투자자는 48.7%로 나타났고, 한 달 전에는 39.7%로 조사되었다. 심리의 척도는 미국 개인투자자협회에서 240명의 투자자를 대상으로 실시한 여론조사에 기초하고 있다.

a. 현재와 일주일 전 낙관적인 심리를 갖고 있는 투자자 비율의 차이에 대한 95% 신뢰구간을 구하라.

b. 귀무가설이 기각된다면 현재의 낙관적인 심리가 한 달 전의 심리보다 약했다는 결론을 이끌어낼 수 있도록 가설을 설정하라.

c. α=0.01을 이용하여 문항 (b)에서 구한 가설검정을 실시하고 결론을 도출하라.

사례연구   PAR INC.

파 주식회사(Par, Inc.)는 골프장비를 생산하는 주요 제조업체이다. 경영자는 저항을 줄이고 내구성이 좋은 골프공을 생산한다면 시장에서 점유율을 높일 수 있다고 생각하고 있다. 파의 연구진들은 좀 더 내구성이 강하고 저항을 줄일 수 있도록 표면을 새롭게 코팅한 새 골프공을 개발하고 코팅 효과를 검사하기로 하였다.

연구원들 중에서 한 명은 비거리에서 새로운 코팅 효과에 대해 의심을 품었다. 파 주식회사는 기존의 골프공보다 새롭게 코팅된 공이 더 먼 비거리를 제공하길 원한다. 두 공의 비거리를 비교하기 위해 새로운 공과 현재 공에서 각각 40개씩을 선택하여 비거리 검사를 실시하였다. 이 검사는 자동으로 타격하는 기계를 이용하여 진행되었으며, 따라서 두 모델의 평균 비거리가 다르다면 이 차이는 골프공 모델의 차이라고 결론지을 수 있다. 비거리를 측정한 결과는 다음과 같다. 이 자료는 Golf 파일에 수록되어 있다.

DATA files
Golf
www.hanol.co.kr

기존 공 (Current)	새로운 공 (New)	기존 공 (Current)	새로운 공 (New)	기존 공 (Current)	새로운 공 (New)	기존 공 (Current)	새로운 공 (New)
264	277	270	272	263	274	281	283
261	269	287	259	264	266	274	250
267	263	289	264	284	262	273	253
272	266	280	280	263	271	263	260
258	262	272	274	260	260	275	270
283	251	275	281	283	281	267	263
258	262	265	276	255	250	279	261
266	289	260	269	272	263	274	255
259	286	278	268	266	278	276	263
270	264	275	262	268	264	262	279

1. 기존 공과 새로운 공의 비거리를 비교할 수 있는 가설을 세우고 그 근거를 제시하라.

2. 자료를 분석하여 가설검정을 수행하고 결론을 도출하라. p-값은 얼마인가? 파 주식회사에게 어떻게 권고하겠는가?

3. 기존 공과 새로운 공의 자료를 요약하여 기술통계량을 작성하라.

4. 기존 공과 새로운 공 각각의 모평균에 대한 95% 신뢰구간과 두 모집단의 평균 차이에 대한 95% 신뢰구간은 얼마인가?

5. 골프공을 비교하기 위해 더 많은 표본 자료와 더 많은 검사가 필요한가를 논하라.

데이터 분석을 위해
엑셀로 100% 구현된
앤더슨의 경영통계학

모분산에 대한 추론

미국 정부 회계감사원(GAO; Government Accountability Office)
WASHINGTON, D.C.

미국 정부 회계감사원(GAO)은 연방정부에 소속된 독립적이며 비정치적인 감시기구이다. GAO 소속의 평가위원들은 연방정부 프로그램의 효과성을 평가하게 된다. 평가위원들은 각종 기록과 법률을 검토하고 분석하는 데 있어 전문성을 확보하고 있어야 한다.

평가위원들은 국가 하천과 호수를 청소하기 위해 구축된 프로그램의 내용을 연구하기도 한다. 이 프로그램에서는 전국의 소규모 도시들을 지원하기 위한 제도가 마련되고 있으며, 의회에서는 해당 프로그램을 어떻게 효과적으로 운영할 것인지를 GAO에 요청한다. GAO는 다양한 기록을 검토하고 폐기물처리 공장이 위치한 현장을 방문하기도 한다.

GAO 감사활동 목적 중 한 가지는 폐수처리 공장에서 규정에 맞도록 작업이 이루어지는지를 확인하는 것이다. 표본자료를 통해 산소포화농도와 pH 수준을 확인하고 잔존 토양상태를 확인한다. 본 프로그램의 요구사항은 각 폐기물 공장에서 매일 평가가 이루어져야 하며 수집된 자료는 정기적으로 분석기관에 보내져야 한다는 것이다. 자료에 대한 GAO의 조사를 통해 폐기물처리 후 결과물이 허용치 범위 내에 위치하는지를 확인할 수 있게 된다.

예를 들어 처리 후 평균 pH 수준이 확인되고 분산 수준 또한 평가가 이루어지며, 처리 후 결과물에 대한 모집단의 pH 분산 수준에 대한 다음의 가설검정이 이루어지게 된다.

$$H_0: \sigma^2 = \sigma_0^2$$
$$H_a: \sigma^2 \neq \sigma_0^2$$

여기서 σ_0^2은 정확히 처리된 오폐수의 pH 수준에 대한 모분산을

감사 대상 시설의 폐기물 유출 PH 수준은 통계적 범위 내에서 확인되어야 한다.

의미한다. 어느 특정 공장에서 귀무가설이 기각되어 추가 조사를 통해 유의하게 낮은 분산을 보이는 것이 확인되었다.

평가위원들은 현장을 방문하여 설비를 확인하고 통계적 결과에 대해 공장 관계자들과 논의한 결과, 설비담당자가 측정설비의 작동방법을 알지 못해 운용되지 않는 것을 확인하였다. 이 공장에서는 엔지니어를 통해 어느 정도의 pH가 허용범위인지를 듣고 테스트 없이 대략적인 수치를 기록하였으며, 특이하게 낮은 분산을 보인 이 설비로 인해 H_0가 기각된 것이다. GAO는 유사한 결과를 보인 다른 공장에 대한 검토를 진행한 후, 자료 수집능력의 향상을 위해 설비담당자들에 대한 교육 프로그램의 강화를 권고하였다.

이 장에서는 하나 혹은 두 개 분산에 대한 통계적 추론 방법을 설명한다. 카이제곱분포와 F분포를 이용해 모분산에 대한 구간추정과 가설검정을 실행한다.

---

*많은 제조공정에서 품질 수준 유지를 위해 분산을 통제하는 것은 매우 중요하다.

이 장에서는 모분산에 대한 통계적 추론을 설명한다. 앞의 사례에서 확인한 것처럼, 분산은 의사결정에 중요한 정보가 된다. 오폐수를 처리한 후 컨테이너에 채우는 공정을 고려해보자. 오폐수 처리 공정에서 컨테이너당 처리된 오폐수의 양은 평균 16온스이다. 16온스라는 평균과 함께 분산도 중요할 것이다. 처리된 오폐수의 평균이 16온스라고 하여도 모든 컨테이너가 16온스일 수는 없다. 표본을 통해 컨테이너에 담긴 처리된 오폐수의 분산을 확인할 수 있으며, 이 수치는 컨테이너에 담긴 양의 모분산에 대한 점추정치가 될 것이다. 만약 표본분산이 적절한 수

준이라면 해당 공정은 지속될 것이고, 표본분산이 과도하게 크다면 평균이 16온스라고 하여도 과다 주입이나 과소 주입이 발생하고 있다는 것을 의미하므로 공정은 중지되고 분산을 줄이기 위한 노력이 진행되어야 할 것이다. 먼저 단일 모집단에 대한 분산의 통계적 추론에 대해 알아보고, 이후 두 모집단에 대한 분산의 추론을 설명한다.

① 모분산에 대한 추론

표본분산

$$s^2 = \frac{\sum(x_i - \overline{x})^2}{n - 1} \tag{11.1}$$

은 모분산 σ^2의 점추정량이다. 표본분산을 활용하는 것은 모분산에 대한 추론의 기본이며, 모분산의 추론에서 $(n-1)s^2/\sigma^2$의 표본분포는 유용하게 활용된다. $(n-1)s^2/\sigma^2$의 표본분포는 다음과 같다.

*카이제곱분포는 정규모집단에서의 표본추출에 기반한다.

> **$(n - 1)s^2/\sigma^2$의 표본분포**
>
> 정규분포를 따르는 모집단으로부터 추출한 크기 n의 확률표본에서,
>
> $$\frac{(n - 1)s^2}{\sigma^2} \tag{11.2}$$
>
> 는 자유도 $n-1$을 갖는 카이제곱분포를 따른다.

〈그림 11-1〉은 $(n-1)s^2/\sigma^2$의 표본분포 형태를 나타낸 것이다.

$(n-1)s^2/\sigma^2$는 카이제곱분포를 따르는 것으로 알려져 있으므로, 정규모집단에서 모분산에 대한 구간추정과 가설검정에 카이제곱분포를 활용할 수 있다.

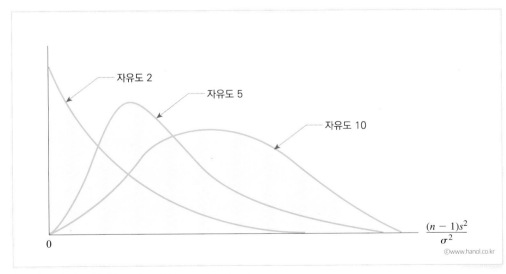

● 그림 11-1_ $(n-1)s^2/\sigma^2$의 표본분포 형태(카이제곱분포)

1 구간추정

모분산 σ^2의 구간추정에 카이제곱분포가 어떻게 활용되는지를 알아보기 위해 본 장의 사례에서 언급한 내용을 살펴보자. 20개의 컨테이너를 표본추출하여 내용물의 양을 조사한 결과 표분분산은 $s^2 = 0.0025$로 얻어졌다. 그러나 20개 컨테이너에 대한 표본분산을 통해 해당 공정

📊 표 11-1_ 카이제곱분포표의 일부

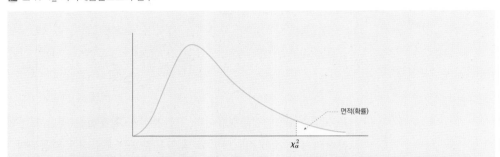

자유도	오른쪽 꼬리 면적							
	.99	.975	.95	.90	.10	.05	.025	.01
1	.000	.001	.004	.016	2.706	3.841	5.024	6.635
2	.020	.051	.103	.211	4.605	5.991	7.378	9.210
3	.115	.216	.352	.584	6.251	7.815	9.348	11.345
4	.297	.484	.711	1.064	7.779	9.488	11.143	13.277
5	.554	.831	1.145	1.610	9.236	11.070	12.832	15.086
6	.872	1.237	1.635	2.204	10.645	12.592	14.449	16.812
7	1.239	1.690	2.167	2.833	12.017	14.067	16.013	18.475
8	1.647	2.180	2.733	3.490	13.362	15.507	17.535	20.090
9	2.088	2.700	3.325	4.168	14.684	16.919	19.023	21.666
10	2.558	3.247	3.940	4.865	15.987	18.307	20.483	23.209
11	3.053	3.816	4.575	5.578	17.275	19.675	21.920	24.725
12	3.571	4.404	5.226	6.304	18.549	21.026	23.337	26.217
13	4.107	5.009	5.892	7.041	19.812	22.362	24.736	27.688
14	4.660	5.629	6.571	7.790	21.064	23.685	26.119	29.141
15	5.229	6.262	7.261	8.547	22.307	24.996	27.488	30.578
16	5.812	6.908	7.962	9.312	23.542	26.296	28.845	32.000
17	6.408	7.564	8.672	10.085	24.769	27.587	30.191	33.409
18	7.015	8.231	9.390	10.865	25.989	28.869	31.526	34.805
19	7.633	8.907	10.117	11.651	27.204	30.144	32.852	36.191
20	8.260	9.591	10.851	12.443	28.412	31.410	34.170	37.566
21	8.897	10.283	11.591	13.240	29.615	32.671	35.479	38.932
22	9.542	10.982	12.338	14.041	30.813	33.924	36.781	40.289
23	10.196	11.689	13.091	14.848	32.007	35.172	38.076	41.638
24	10.856	12.401	13.848	15.659	33.196	36.415	39.364	42.980
25	11.524	13.120	14.611	16.473	34.382	37.652	40.646	44.314
26	12.198	13.844	15.379	17.292	35.563	38.885	41.923	45.642
27	12.878	14.573	16.151	18.114	36.741	40.113	43.195	46.963
28	13.565	15.308	16.928	18.939	37.916	41.337	44.461	48.278
29	14.256	16.047	17.708	19.768	39.087	42.557	45.722	49.588
30	14.953	16.791	18.493	20.599	40.256	43.773	16.979	50.892
40	22.164	24.433	26.509	29.051	51.805	55.758	59.342	63.691
60	37.485	40.482	43.188	46.459	74.397	79.082	83.298	88.379
80	53.540	57.153	60.391	64.278	96.578	101.879	106.629	112.329
100	70.065	74.222	77.929	82.358	118.498	124.342	129.561	135.807

*Note: 부록 B의 〈표 3〉을 통해 추가적인 카이제곱 값을 확인할 수 있음

전체 컨테이너 내용물의 분산을 정확하게 추정한다는 것은 불가능하므로, 일반적으로 모분산에 대한 신뢰구간을 계산한다. χ^2_α는 카이제곱분포에서 오른쪽 꼬리 면적(확률)이 α가 되는 확률변수의 값을 나타내는 기호이다. 예를 들어, 〈그림 11-2〉의 자유도 19인 카이제곱분포에서 카이제곱 값의 상위 2.5%(오른쪽 꼬리의 면적이 0.025)에 해당하는 값이 32.852이므로 $\chi^2_{0.025}=32.852$가 되고, $\chi^2_{0.975}=8.907$의 의미는 카이제곱 값의 97.5%가 8.907의 우측에 있다(2.5%가 8.907보다 작다)는 것을 의미한다. 이러한 값은 카이제곱분포의 면적, 즉 확률에 따른 카이제곱의 값을 계산해 놓은 카이제곱분포표(부록 B의 표 3)를 활용하여 쉽게 확인할 수 있다. 〈표 11-1〉은 카이제곱분포표의 일부를 나타낸 것으로 19번째 줄에서 자유도 19인 카이제곱의 값을 확인할 수 있다.

〈그림 11-2〉의 그래프에서 카이제곱 값의 0.95, 즉 95%가 $\chi^2_{0.975}$와 $\chi^2_{0.025}$ 사이에 있다는 것을 알 수 있다. 따라서 카이제곱분포를 따르는 χ^2의 값이 다음의 구간에 있을 확률은 0.95가 된다.

$$\chi^2_{.975} \leq \chi^2 \leq \chi^2_{.025}$$

식 (11.2)에서 $(n-1)s^2/\sigma^2$는 카이제곱분포를 따른다고 하였으므로 위의 식에서 χ^2를 $(n-1)s^2/\sigma^2$로 대체하면,

$$\chi^2_{.975} \leq \frac{(n-1)s^2}{\sigma^2} \leq \chi^2_{.025} \tag{11.3}$$

를 얻는다. 식 (11.3)은 $(n-1)s^2/\sigma^2$에 대한 95% 신뢰구간 추정치가 되므로, 식 (11.3)을 변형하여 모분산 σ^2에 대한 신뢰구간을 구할 수 있다. 식 (11.3)의 좌측을 살펴보면,

$$\chi^2_{.975} \leq \frac{(n-1)s^2}{\sigma^2}$$

에서 $\sigma^2\chi^2_{0.975} \leq (n-1)s^2$이 되어

$$\sigma^2 \leq \frac{(n-1)s^2}{\chi^2_{.975}} \tag{11.4}$$

이 된다.

동일한 방법으로 식 (11.3)의 우측을 변형하여 다음의 식을 얻을 수 있다.

$$\frac{(n-1)s^2}{\chi^2_{.025}} \leq \sigma^2 \tag{11.5}$$

식 (11.4)와 (11.5)로부터

$$\frac{(n-1)s^2}{\chi^2_{.025}} \leq \sigma^2 \leq \frac{(n-1)s^2}{\chi^2_{.975}} \tag{11.6}$$

을 얻을 수 있고, 식 (11.3)이 $(n-1)s^2/\sigma^2$에 대한 95% 신뢰구간이므로 식 (11.6)은 모분산 σ^2의 95% 신뢰구간 추정치가 된다.

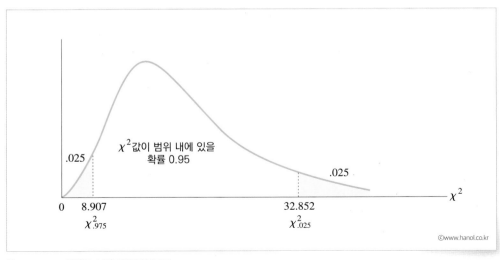

△ 그림 11-2_ 자유도 19인 카이제곱분포

앞의 사례에서 표본크기는 20이고 표본분산은 0.0025이었으며, 자유도는 19로 $\chi^2_{0.975} = 8.907$, $\chi^2_{0.025} = 32.852$가 되었다.

식 (11.6)에 이를 대입하면 다음과 같이 모분산에 대한 95% 신뢰구간을 구할 수 있다.

$$\frac{(19)(.0025)}{32.852} \leq \sigma^2 \leq \frac{(19)(.0025)}{8.907} \quad \text{즉, } .0014 \leq \sigma^2 \leq .0053$$

분산의 신뢰구간에 제곱근을 취해 모표준편차의 95% 신뢰구간을 구하면 다음과 같다.

$$.0380 \leq \sigma \leq .0730$$

위의 절차와 같이 카이제곱분포를 활용하여 모분산과 모표준편차의 신뢰구간을 구할 수 있으며, 특히 $\chi^2_{0.975}$와 $\chi^2_{0.025}$를 사용하였기 때문에 신뢰구간의 추정치는 95%의 신뢰수준을 갖게 된다. 식 (11.6)을 일반적인 경우로 확장하여, 다음과 같이 모분산에 대한 신뢰구간의 추정치를 구한다.

모분산에 대한 신뢰구간 추정치

$$\frac{(n-1)s^2}{\chi^2_{\alpha/2}} \leq \sigma^2 \leq \frac{(n-1)s^2}{\chi^2_{(1-\alpha/2)}} \tag{11.7}$$

여기서 χ^2 값은 자유도 $(n-1)$의 카이제곱분포로부터 얻은 값이며 신뢰수준은 $1-\alpha$이다.

2 엑셀을 활용한 신뢰구간 추정

엑셀을 활용하여 〈그림 11-3〉의 절차에 따라 사례에서 제시된 모분산의 95% 신뢰구간을 계산해 보자.

DATA files
Detergent
www.hanol.co.kr

자료입력/자료열기 Detergent 파일을 연다. A열은 20개 각 컨테이너 오폐수의 무게(단위: 온스)이다.

함수와 수식 입력 검정에 필요한 기술통계량은 셀 D3:D4에 계산하였으며, 표본크기를 계산하는 데 COUNT 함수를 사용하였고 표본분산을 계산하는 데 VAR.S 함수를 사용하였다.

셀 D6:D9는 카이제곱 값을 계산하는 데 사용되는 것으로 D6에는 신뢰수준(신뢰계수)을 입력하였고, D7에는 =1-D6를 입력하여 α값을 계산하였다. CHISQ.INV 함수는 CHISQ.INV(왼쪽 꼬리 확률, 자유도) 형식으로 사용되므로 D8에 =CHISQ.INV(D7/2, D3-1)을 입력하여 카이제곱 값 $\chi^2_{0.975}=8.9065$을 얻었다. 다음으로 오른쪽 꼬리확률이 0.25인 카이제곱 값을 계산하기 위해 D9에 =CHISQ.INV(D7/2, D3-1)을 입력하여 $\chi^2_{0.025}=32.8523$를 얻었다.

셀 D11:D13은 점추정치와 신뢰구간의 상한 및 하한을 계산한 것이다. 점추정치는 표본분산이므로 D11에 =D4를 입력하였다. 95% 신뢰구간의 하한은 식 (11.7)에서

$$\frac{(n-1)s^2}{\chi^2_{\alpha/2}} = \frac{(n-1)s^2}{\chi^2_{.025}}$$

이 되므로 95% 신뢰구간의 하한을 계산하기 위해 D12에 =[(D3-1)*D4]/D9를 입력하였으며, 신뢰구간의 상한은 식 (11.7)에서

$$\frac{(n-1)s^2}{\chi^2_{(1-\alpha/2)}} = \frac{(n-1)s^2}{\chi^2_{.975}}$$

⊿	A	B	C	D	E
1	오폐수 무게(온스)			모분산에 대한 구간추정	
2	15.92				
3	16.02		표본크기	=COUNT(A2:A21)	
4	15.99		분산	=VAR.S(A2:A21)	
5	16.02				
6	15.91		신뢰계수	0.95	
7	15.98		신뢰수준(α)	=1-D6	
8	16.06		카이제곱 값(왼쪽 꼬리)	=CHISQ.INV(D7/2,D3-1)	
9	15.97		카이제곱 값(오른쪽 꼬리)	=CHISQ.INV.RT(D7/2,D3-1)	
10	15.97				
11	16.07		점추정치	=D4	
12	15.94		신뢰구간의 하한	=(D3-1)*D4/D9	
13	15.96		신뢰구간의 상한	=(D3-1)*D4/D8	
14	16.04				
15	16.01				
16	16.07				
17	16.01				
18	15.9				
19	15.96				
20	16				
21	15.99				
22					

⊿	A	B	C	D	E
1	오폐수 무게(온스)			모분산에 대한 구간추정	
2	15.92				
3	16.02		표본크기	20	
4	15.99		분산	0.0025	
5	16.02				
6	15.91		신뢰계수	0.95	
7	15.98		신뢰수준(α)	0.05	
8	16.06		카이제곱 값(왼쪽 꼬리)	8.9065	
9	15.97		카이제곱 값(오른쪽 꼬리)	32.8523	
10	15.97				
11	16.07		점추정치	0.0025	
12	15.94		신뢰구간의 하한	0.0014	
13	15.96		신뢰구간의 상한	0.0053	
14	16.04				
15	16.01				
16	16.07				
17	16.01				
18	15.90				
19	15.96				
20	16.00				
21	15.99				
22					

🔺 **그림 11-3_** 오폐수 처리사례에 대한 엑셀 워크시트

이므로 95% 신뢰구간의 상한치를 계산하기 위해 D13에 =((D3 − 1)*D4)/D8를 입력하였다. 워크시트로부터 신뢰구간의 하한은 0.0014가 되고 상한은 0.0053이 됨을 확인할 수 있다. 즉, 모분산에 대한 95% 신뢰구간 추정치는 0.0014에서 0.0053이다.

3 가설검정

모분산에 대한 가설화된 수치 σ_0^2을 고려하여, 세 가지 형태의 가설검정을 수행할 수 있다.

$$H_0: \sigma^2 \geq \sigma_0^2 \qquad H_0: \sigma^2 \leq \sigma_0^2 \qquad H_0: \sigma^2 = \sigma_0^2$$
$$H_a: \sigma^2 < \sigma_0^2 \qquad H_a: \sigma^2 > \sigma_0^2 \qquad H_a: \sigma^2 \neq \sigma_0^2$$

* 모평균과 모비율에 대한 가설검정은 9장과 10장에서 다루었다.

이러한 세 가지의 가설형태는 모평균과 모비율에 대한 단측검정 및 양측검정의 경우와 유사하다. 가설검정의 절차에서 모분산에 대한 가설화된 수치 σ_0^2과 표본분산 s^2은 검정통계량 χ^2을 계산하는 데 사용된다. 모집단이 정규분포를 따른다고 가정하면 검정통계량은 다음과 같다.

모분산에 대한 가설검정에서의 검정통계량

$$\chi^2 = \frac{(n - 1)s^2}{\sigma_0^2} \tag{11.8}$$

여기에서 χ^2은 자유도 $(n-1)$ 카이제곱분포를 따른다.

χ^2 검정통계량을 계산한 후에 p-값이나 임계치를 이용한 방법을 통해 귀무가설의 기각 여부를 확인하게 된다.

다음의 예제를 살펴보자. 세인트루이스 메트로 버스는 정시도착의 정도를 통해 신뢰성이 높다는 점을 홍보하려고 한다. 버스 정류장 도착과 관련된 정책은 도착시간의 산포를 줄여 4분 이내의 분산을 유지하는 것이다. 다음과 같은 가설을 검정하여 도착시간의 모분산이 높은지의 여부를 확인하고자 하였다.

$$H_0: \sigma^2 \leq 4$$
$$H_a: \sigma^2 > 4$$

H_0가 참이라면 도착시간의 모분산이 기업의 가이드라인 내에 위치한다고 볼 수 있으나, 표본을 통해 모분산이 가이드라인보다 크다면 H_0를 기각하게 되고 모분산을 줄이기 위한 노력이 진행되어야 할 것이다.

무작위로 24대 버스의 도착시간을 조사한 결과 표본분산은 $s^2 = 4.9$로 파악되었다. 도착시간에 대한 모집단의 분포가 정규분포를 따르는 것으로 가정한다면 검정통계량은 다음과 같다.

$$\chi^2 = \frac{(n - 1)s^2}{\sigma_0^2} = \frac{(24 - 1)(4.9)}{4} = 28.18$$

〈그림 11-4〉는 자유도 $n - 1 = 24 - 1 = 23$인 카이제곱분포를 나타낸 것으로, 이 검정은 우측검정이므로 검정통계량의 값 $\chi^2 = 28.18$에 해당하는 오른쪽 꼬리 면적이 p-값이 된다.

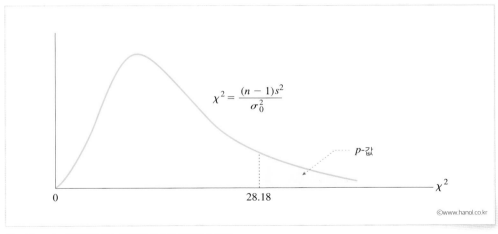

$$\chi^2 = \frac{(n-1)s^2}{\sigma_0^2}$$

p-값

0   28.18 χ^2

©www.hanol.co.kr

▲ 그림 11-4_ 세인트루이스 메트로 버스의 카이자승분포

t분포표와 마찬가지로 카이제곱분포표도 p-값을 정확하게 표현할 정도로 제시되지는 않는다. 그러나 카이제곱분포표를 이용해 p-값의 범위를 구할 수 있다. 예를 들어 〈표 11-1〉을 이용해 다음과 같이 자유도 23을 갖는 카이제곱분포의 정보를 얻을 수 있다.

오른쪽 꼬리 면적	0.10	0.05	0.025	0.01
χ^2 값(자유도 23)	32.007 / χ^2=28.18	35.172	38.076	41.638

* 엑셀을 활용하면, p-값= CHISQ.DIST.RT(28.18, 23) =0.2091을 얻을 수 있다.

χ^2=28.18은 32.007에 비하여 작은 값이므로 p-값은 0.10보다 더 크게 된다. 따라서 가설검정의 유의수준을 α=0.05라고 한다면 p-값$>\alpha$=0.05가 되므로 귀무가설을 기각할 수 없게 된다. 즉, 표본은 버스 도착시간의 분산이 과도하다는 주장을 지지하지 못한다.

또 다른 가설검정 방법으로 임계치를 이용한 방법을 통해 통계적 결론을 유도할 수 있다. α=0.05에서 $\chi^2_{0.05}$을 통해 임계치를 구할 수 있다. 〈표 11-1〉을 이용하면 자유도가 23일 때 $\chi^2_{0.05}$=35.172가 되므로, 귀무가설의 기각기준은 다음과 같다.

$$H_0 \text{의 기각기준: } \chi^2 \geq 35.172$$

검정통계량이 28.18이므로 귀무가설을 기각할 수 없다.

실제로 예제에서 설명한 우측검정이 모분산에 대한 일반적인 가설검정 형태이다. 도착시간, 생산시간, 품질 차원 등에서 낮은 분산이 선호되고 높은 분산은 허용되기 어렵다. 최대로 허용 가능한 모분산 수준을 기준으로 귀무가설을 허용수준보다 작거나 같도록 설정하고 대립가설을 모분산이 최대 허용수준보다 크다고 설정한다. 즉, 귀무가설의 기각이 과도한 모분산이 존재한다는 것을 보일 수 있도록 가설이 설정된다.

모평균과 모비율의 가설검정과 같이 양측검정도 가능하다. 모분산에 대한 양측검정을 자동차면허 담당부서의 예를 통해 설명해 보자. 과거 자료를 통해 자동차면허 점수의 분산은 σ^2= 100으로 알려져 있다. 담당부서에서는 운전면허 시험을 개선하여 새로운 평가방법을 적용하고자 한다. 다만, 담당부서에서는 새로운 시험방법에서도 기존과 유사한 분산 수준을 보이기를

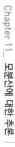

바라고 있다. 새로운 평가방법의 분산을 평가하기 위해 다음과 같이 양측검정을 위한 가설을 설정하였다.

$$H_0: \sigma^2 = 100$$
$$H_a: \sigma^2 \neq 100$$

H_0의 기각은 분산에 변화가 발생했다는 것을 의미하는 것이고, 기존 평가방법과 유사한 수준의 분산을 보이기 위해서는 새로운 평가방법의 일부 문항들이 수정되어야 할 것이다. 30명의 응시자를 대상으로 새로운 평가법을 시행하며 $\alpha = 0.05$에서 가설검정을 수행하였다.

30명의 평가 결과에서 표본분산 $s^2 = 160$이고 카이제곱 검정통계량은 다음과 같았다.

$$\chi^2 = \frac{(n-1)s^2}{\sigma_0^2} = \frac{(30-1)(162)}{100} = 46.98$$

p-값을 계산하기 위해 자유도 $n-1 = 30-1 = 29$인 카이제곱분포와 〈표 11-1〉을 사용하여 다음의 결과를 확인할 수 있다.

오른쪽 꼬리 면적	0.10	0.05	0.025	0.01
χ^2 값(자유도 29)	39.087	42.557	45.722	49.588

$\chi^2 = 46.98$

* 엑셀을 활용하면, p-값= CHISQ.DIST.RT(46.98, 29)=0.0374를 얻을 수 있다.

$\chi^2 = 46.98$은 카이제곱분포의 오른쪽 꼬리 확률 0.025와 0.01 사이의 면적(확률)에 해당되고 양측검정이라는 점에서 이 값을 2배로 하면 검정통계량은 0.05와 0.02 사이에 위치하게 된다. 엑셀을 활용하면 $\chi^2 = 46.98$의 p-값은 0.0374라는 것을 알 수 있다. p-값이 $\alpha = 0.05$에 보다 작기 때문에 H_0를 기각하고 새로운 평가방법의 분산은 기존 평가방법의 모분산인 $\sigma^2 = 100$과 상이하다는 결론을 내릴 수 있다. 〈표 11-2〉는 모분산에 대한 가설검정 방법을 요약한 것이다.

📊 표 11-2_ 모분산에 대한 가설검정 요약

	좌측검정	우측검정	양측검정
가설	$H_0: \sigma^2 \geq \sigma_0^2$ $H_a: \sigma^2 < \sigma_0^2$	$H_0: \sigma^2 \leq \sigma_0^2$ $H_a: \sigma^2 > \sigma_0^2$	$H_0: \sigma^2 = \sigma_0^2$ $H_a: \sigma^2 \neq \sigma_0^2$
검정통계량	$\chi^2 = \frac{(n-1)s^2}{\sigma_0^2}$	$\chi^2 = \frac{(n-1)s^2}{\sigma_0^2}$	$\chi^2 = \frac{(n-1)s^2}{\sigma_0^2}$
기각기준: p-값 접근법	p-값 $\leq \alpha$	p-값 $\leq \alpha$	p-값 $\leq \alpha$
기각기준: 임계치 접근법	$\chi^2 \leq \chi_{(1-\alpha)}^2$	$\chi^2 \geq \chi_\alpha^2$	$\chi^2 \leq \chi_{(1-\alpha/2)}^2$ 또는 $\chi^2 \geq \chi_{\alpha/2}^2$

4 엑셀을 활용한 가설검정

9장과 10장에서 엑셀을 활용하여 다양한 가설검정을 수행하는 방법을 설명하였다. 엑셀을 활용하여 가설을 검정하기 위해서는 우선 검정통계량을 계산하고, 3개의 p-값(각각 좌측검정, 우측검정, 양측검정을 위한 p-값)을 구한 후, 가설의 형태에 따라 적절한 p-값을 선택하여 검정을 하게 되며, 모분산에 대한 가설검정도 동일한 절차를 따라 진행한다. 〈그림 11-5〉는 세인트루이스 메트로 버스의 예에 대한 모분산 가설검정 절차를 나타낸 것이다.

자료입력/자료열기   BusTimes 파일을 연다. A열은 정오 이후 24대 버스의 도착시간(단위: 분)이다.

함수와 수식 입력   검정에 필요한 기술통계량은 셀 D3:D5에 계산하였으며, 표본크기를 계산하는 데 COUNT 함수를 사용하였고 평균과 표본분산을 계산하는 데 각각 AVERAGE와 VAR.S 함수를 사용하였다. 계산결과 $n=24$, $\bar{x}=14.76$, $s^2=4.9$ 임을 알 수 있다.

D7에는 가설화된 모분산 $\sigma_0^2=4$를 입력하였고, D9에는 χ^2 검정통계량 값을 =(D3－1)*D5/D7로 계산하여 28.18을 얻었으며 D10은 카이제곱분포의 자유도를 =D3－1로 계산하였다.

좌측 및 우측검정을 위한 p-값은 D12와 D13에 계산하였다. 셀 D12의 좌측검정에서의 p-값은 CHISQ.DIST 함수를 활용하여 =CHISQ.DIST(D9, D10, TRUE)와 같이 계산하고, 셀 D13의 우측검정에서의 p-값은 CHISQ.DIST.RT 함수를 활용하여 =CHISQ.DIST.RT(D9,

	A	B	C	D	E
1	시간		모분산에 대한 가설검정		
2	15.7				
3	16.9		표본크기	=COUNT(A2:A25)	
4	12.8		표본평균	=AVERAGE(A2:A25)	
5	15.6		표본분산	=VAR.S(A2:A25)	
6	14				
7	16.2		가설화된 모분산	4	
8	14.8				
9	19.8		검정통계량 값	=(D3-1)*D5/D7	
10	13.2		자유도	=D3-1	
11	15.3				
12	14.7		p-값 (좌측검정)	=CHISQ.DIST(D9,D10,TRUE)	
13	10.2		p-값 (우측검정)	=CHISQ.DIST.RT(D9,D10)	
14	16.7		p-값 (양측검정)	=2*MIN(D12,D13)	
15	13.6				
16	14				
17	18.2				
18	15.7				
19	14.2				
20	11.1				
21	16.8				
22	11.8				
23	16				
24	14.2				
25	12.7				
26					

	A	B	C	D	E
1	시간		모분산에 대한 가설검정		
2	15.7				
3	16.9		표본크기	24	
4	12.8		표본평균	14.76	
5	15.6		표본분산	4.9	
6	14.0				
7	16.2		가설화된 모분산	4	
8	14.8				
9	19.8		검정통계량 값	28.18	
10	13.2		자유도	23	
11	15.3				
12	14.7		p-값 (좌측검정)	0.7909	
13	10.2		p-값 (우측검정)	0.2091	
14	16.7		p-값 (양측검정)	0.4181	
15	13.6				
16	14.0				
17	18.2				
18	15.7				
19	14.2				
20	11.1				
21	16.8				
22	11.8				
23	16.0				
24	14.2				
25	12.7				
26					

©www.hanol.co.kr

🔵 그림 11-5_ 버스 도착시간의 분산에 대한 가설검정

D10)와 같이 계산하며, 셀 D14의 양측검정에서의 p-값은 =2*MIN(D12, D13)과 같이 계산한다. 결과 워크시트를 통해 좌측검정의 p-값은 0.7909, 우측검정의 p-값은 0.2091, 양측검정의 p-값은 0.4181이라는 것을 알 수 있다.

이 사례는 우측검정이므로 p-값으로 0.2091을 사용하여 유의수준 0.05에서 0.2091 > 0.05이므로 H_0를 기각할 수 없다. 따라서 표본분산 $s^2 = 4.9$는 도착시간의 분산이 기업의 기준에 부합하지 않는다는 결론을 내리기에 충분하지 않은 증거라고 볼 수 있다.

이 워크시트는 모분산의 일반적인 가설검정을 위한 탬플릿으로 활용될 수 있다. A열에 자료를 입력한 후 D3:D5에 있는 기술통계량을 계산하는 함수의 인수인 자료의 영역을 변경하고, D7에는 검정하고자 하는 가설화된 모분산을 입력한다. 가설의 형태에 따라 D12:D14에 있는 p-값 중 적절한 것을 선택하여 가설검정을 수행한다. 가설화된 모분산과 함께 표본크기와 표본분산이 주어져 있는 경우에도 〈그림 11-5〉의 워크시트를 활용할 수 있다. 예를 들어 앞의 운전면허 평가방법에 대한 양측검정에서 표본의 수는 30이고 표본분산 $s^2 = 162$, 가설화된 모분산 $\sigma_0^2 = 162$이었다. 〈그림 11-5〉의 워크시트의 D3에 30을, D5에 162를, D7에 100을 입력하여 가설검정을 수행할 수 있다. 양측검정을 위한 정확한 p-값은 D14에 0.0374로 나타난다.

기초문제

1. 〈표 11-1〉(부록 B의 〈표 3〉)을 이용하여 카이제곱분포 값을 찾아라.

    a. $\chi^2_{0.05}$ (자유도: 5)

    b. $\chi^2_{0.025}$ (자유도: 15)

    c. $\chi^2_{0.975}$ (자유도: 20)

    d. $\chi^2_{0.01}$ (자유도: 10)

    e. $\chi^2_{0.95}$ (자유도: 18)

2. 20개의 관측치로 구성된 표본을 분석하여 표본표준편차가 5라는 것을 알았다.

    a. 모분산에 대한 90% 신뢰구간을 계산하라.

    b. 모분산에 대한 95% 신뢰구간을 계산하라.

    c. 모표준편차에 대한 95% 신뢰구간을 계산하라.

3. 크기 16인 표본의 표준편차는 9.5이다. 다음의 가설을 $\alpha = 0.05$에서 검정하라. p-값 접근법과 임계치 접근법을 모두 사용하라.

$$H_0: \sigma^2 \leq 50$$
$$H_a: \sigma^2 > 50$$

4. 아마존은 드론을 활용한 당일 배송을 시험하고 있다. 배송시간의 신뢰성을 확보하기 위해 시간의 변동성이 최소화되어야 한다. 24번의 드론 배송 결과 배송시간의 표본분산은 $s^2 = 0.81$로 나타났다.

   a. 드론 배송시간의 모분산에 대한 90% 신뢰구간의 추정치를 계산하라.

   b. 모표준편차에 대한 90% 신뢰구간의 추정치를 계산하라.

5. 다음의 표는 NCAA 디비전에서 속한 10개 대학농구 감독의 연봉 수준(단위: 백만 달러)이다.

대학명(University)	감독 연봉(Coach's Salary)	대학명(University)	감독 연봉(Coach's Salary)
North Carolina State	2.2	Miami (FL)	1.5
Iona	.5	Creighton	1.3
Texas A&M	2.4	Texas Tech	1.5
Oregon	2.7	South Dakota State	.3
Iowa State	2.0	New Mexico State	.3

   a. NCAA에 속한 대학농구 감독의 연봉을 추정하라.

   b. 대학농구 감독 연봉의 모표준편차를 추정하라.

   c. 농구감독 급여의 모분산에 대한 95% 신뢰구간을 계산하라.

   d. 농구감독 급여의 모표준편차에 대한 95% 신뢰구간을 계산하라.

6. 다음은 미국에서 16명의 성인이 할로윈데이에 지출한 규모(Dollars Spent)이다.

12	69	22	64
33	36	31	44
52	16	13	98
45	32	63	26

   a. 할로윈데이에 성인들의 지출 규모에 대한 모평균은 얼마로 추정되는가?

   b. 표본표준편차는 얼마인가?

   c. 성인들이 할로윈데이에 지출하는 규모의 모표준편차에 대한 95% 신뢰구간을 구하라.

7. 다우존스 산업평균지수가 어느 날 149.82 수준으로 상승하였다고 가정해보자. 다음의 표는 12개 기업의 해당일 주식가격 변동수준이다.

가격변동 수준(Price Change)		가격변동 수준(Price Change)	
기업(Company)	($)	기업(Company)	($)
Aflac	.81	Johnson & Johnson	1.46
Altice USA	.41	Loews Corporation	.92
Bank of America	-.05	Nokia Corporation	.21
Diageo plc	1.32	Sempra Energy	.97
Fluor Corporation	2.37	Sunoco LP	.52
Goodrich Petroleum	.3	Tyson Foods, Inc.	.12

   a. 주식가격 변동에 대한 표본분산을 구하라.

   b. 주식가격 변동에 대한 표본표준편차를 구하라.

   c. 모분산과 모표준편차에 대한 95% 신뢰구간을 구하라.

8. 컨슈머리포트는 주요 유통체인의 고객만족도를 100점 만점으로 측정하고 있다. 과거 만족도 조사의 결과에서 고객만족도의 모표준편차(σ)는 12로 나타났다. 2012년 40개 주에서 432개의 매장을 가진 코스트코(Costco)는 전반적 품질 수준에서 뛰어난 평가를 받은 유일한 유통체인이었다. 코스트코 고객 12명을 대상으로 한 만족도(Satisfaction Score) 조사결과는 다음과 같다.

95	90	83	75	95
98	80	83	82	93
86	80	94	64	62

a. 코스트코 만족도의 표본평균은 얼마인가?

b. 표본분산은 얼마인가?

c. 표본표준편차는 얼마인가?

d. 코스트코 만족도의 모표준편차가 $\sigma=12$인가를 유의수준 0.05하에서 검정하라. 결론은 무엇인가?

두 모분산에 대한 추정

생산현장에서는 서로 다른 공정에서 생산된 제품 사이의 품질 변동의 비교, 조립방법이 서로 다른 공정 간 조립시간 변동의 비교, 두 개의 히팅(heating) 장비 간 온도 변동의 비교와 같이 두 모분산을 비교해야 하는 경우가 있다. 두 모분산의 비교를 위해서는 독립적인 두 확률표본을 각 모집단으로부터 추출하게 된다. 두 모집단의 분산(σ_1^2, σ_2^2)에 대한 추론은 기본적으로 두 표본분산(s_1^2, s_2^2)을 기반으로 한다. 두 정규모집단의 모분산이 동일($\sigma_1^2=\sigma_2^2$)한 경우, 각 정규모집단으로부터 추출된 두 개의 표본에 대한 표본분산 비율(s_1^2/s_2^2)의 표본분포는 다음과 같다.

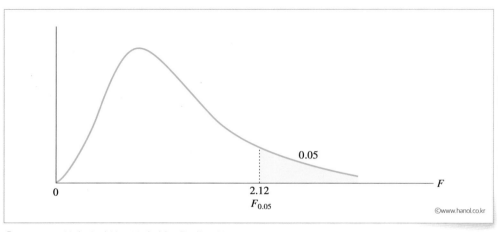

⊙ 그림 11-6_ 분자 20 및 분모 20의 자유도를 갖는 F분포

* F분포는 두 정규모집단
으로부터의 표본에 기초
한다.

$\sigma_1^2 = \sigma_2^2$ 인 경우, s_1^2/s_2^2의 표본분포

모분산이 동일한 두 개의 정규모집단으로부터 크기 n_1과 n_2의 확률표본이 독립적으로 추출된 경우

$$\frac{s_1^2}{s_2^2} \tag{11.9}$$

의 표본분포는 분자의 자유도가 n_1-1이고 분모의 자유도가 n_2-1인 F분포를 따른다. 여기서 s_1^2은 모집단 1에서 추출된 크기 n_1의 표본에 대한 표본분산이며, s_2^2는 모집단 2에서 추출된 크기 n_2의 표본에 대한 표본분산이다.

〈그림 11-6〉은 분자와 분모 모두에 20의 자유도를 갖는 F분포를 나타낸 것이다. F분포는 비대칭이며 F값은 음수를 갖지 않고, 분포의 모양은 분자와 분모의 자유도에 따라 결정된다.

F_α는 F분포에서 오른쪽 꼬리 확률(면적)이 α가 되는 확률변수의 값을 나타내는 기호이다. 예를 들어, 〈그림 11-6〉의 분자 및 분모의 자유도가 모두 20인 F분포에서 $F_{0.05}$는 오른쪽 꼬리의

📊 표 11-3_ F분포표의 일부

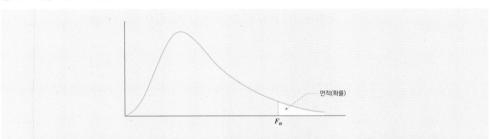

분모의 자유도	오른쪽 꼬리 면적	분자의 자유도				
		10	15	20	25	30
10	.10	2.32	2.24	2.20	2.17	2.16
	.05	2.98	2.85	2.77	2.73	2.70
	.025	3.72	3.52	3.42	3.35	3.31
	.01	4.85	4.56	4.41	4.31	4.25
15	.10	2.06	1.97	1.92	1.89	1.87
	.05	2.54	2.40	2.33	2.28	2.25
	.025	3.06	2.86	2.76	2.69	2.64
	.01	3.80	3.52	3.37	3.28	3.21
20	.10	1.94	1.84	1.79	1.76	1.74
	.05	2.35	2.20	2.12	2.07	2.04
	.025	2.77	2.57	2.46	2.40	2.35
	.01	3.37	3.09	2.94	2.84	2.78
25	.10	1.87	1.77	1.72	1.68	1.66
	.05	2.24	2.09	2.01	1.96	1.92
	.025	2.61	2.41	2.30	2.23	2.18
	.01	3.13	2.85	2.70	2.60	2.54
30	.10	1.82	1.72	1.67	1.63	1.61
	.05	2.16	2.01	1.93	1.88	1.84
	.025	2.51	2.31	2.20	2.12	2.07
	.01	2.98	2.70	2.55	2.45	2.39

*Note: 부록 B의 〈표 4〉를 통해 추가적인 카이제곱 값을 확인할 수 있음

면적이 0.05인 F값을 의미한다. $F_{0.05}$의 구체적인 값은 F분포표(부록 2의 〈표 4〉)에서 확인할 수 있으며 일부를 〈표 11-3〉에 제시하였다. 표에서 분자 및 분모의 자유도 20과 우측 꼬리 확률 0.05가 교차되는 곳에서 $F_{0.05}=2.12$임을 알 수 있다. 이 표에서는 우측 꼬리확률이 0.10, 0.05, 0.025, 0.01인 경우의 F값도 확인할 수 있으며, 추가적인 F분포표는 부록 B의 〈표 4〉에 제시하였다.

F분포가 어떻게 두 모집단의 분산에 대한 가설검정에 사용될 수 있는지를 알아보자. 우선 다음과 같이 설정된 가설을 통해 두 모분산의 동일성을 검정하는 방법을 설명한다.

$$H_0: \sigma_1^2 = \sigma_2^2$$
$$H_a: \sigma_1^2 \neq \sigma_2^2$$

가설검정을 수행하기 위해서는 두 개의 독립적인 확률표본이 필요하며, 표본분산이 먼저 계산되어야 한다. 첫 번째 모집단에서 크기 n_1의 표본을 구성하여 표본분산 s_1^2을 계산하고 두 번째 모집단에서 크기 n_2의 표본으로부터 표본분산 s_2^2를 얻어 활용한다. 잠정적으로 H_0가 참(두 모집단의 분산이 동일)이라면, 두 모집단이 정규분포라는 가정하에서 표본분산의 비율은 다음과 같이 F검정통계량이 된다.

두 모분산의 동일성($\sigma_1^2 = \sigma_2^2$) 검정을 위한 검정통계량

$$F = \frac{s_1^2}{s_2^2} \qquad (11.10)$$

일반적으로 표본분산이 더 큰 모집단을 1로 하며, 검정통계량은 분자의 자유도 $n_1 - 1$, 분모의 자유도 $n_2 - 1$을 갖는 F분포를 따른다.

---

* 표본분산이 더 큰 모집단을 항상 1로 둔다.

F검정통계량을 구할 때 더 큰 표본분산을 분자로 사용하기 때문에, 검정통계량의 값은 F분포의 우측 영역에 위치하게 되므로, 〈표 11-3〉과 부록 B의 〈표 4〉의 F분포표는 우측영역의 면적이나 확률만을 나타내었다. 다음의 사례를 통해 두 모집단 분산의 동질성에 대한 가설검정을 살펴보자.

덜러스 카운티(Dullus County) 교육 당국에서는 밀뱅크(Milbank company)와 걸프파크(Gulfpark company) 두 개 회사 중 한 곳과 스쿨버스 계약을 하려고 한다. 도착 혹은 픽업시간의 분산을 스쿨버스 수준을 평가하기 위한 가장 중요한 측도로, 분산이 작을수록 훌륭한 서비스를 제공하는 것으로 평가할 수 있다. 교육 당국은 두 회사의 도착시간에 대한 분산이 동일하다면 재정 상태가 더 나은 업체를 선정하고, 분산이 유의한 수준의 차이를 보인다면 작은 분산을 갖는 업체와 우선협상을 할 예정이다. 두 업체의 분산의 동질성을 검정하기 위한 가설은 다음과 같다.

$$H_0: \sigma_1^2 = \sigma_2^2$$
$$H_a: \sigma_1^2 \neq \sigma_2^2$$

밀뱅크의 26개 도착시간 관측치에서 표본분산 48을 얻었고, 16개의 걸프파크 도착시간 관측치로부터 표본분산 20을 얻었다. 이 경우 표본분산이 더 큰 밀뱅크를 모집단 1로 하고, 식 (11.10)을 이용하여 다음과 같이 검정통계량을 구할 수 있다.

엔더슨의 경영통계학

$$F = \frac{s_1^2}{s_2^2} = \frac{48}{20} = 2.40$$

F분포에서 분자의 자유도는 $n_1 - 1 = 26 - 1 = 25$가 되고, 분모의 자유도는 $n_2 - 1 = 16 - 1 = 15$가 된다.

다른 가설검정과 마찬가지로 p-값을 이용한 접근법과 임계치를 이용한 접근법을 사용할 수 있다. 〈표 11-3〉에서 분자의 자유도가 25이고 분모의 자유도가 15인 F분포에서 우측 꼬리 면적에 따른 F값을 구하면 다음과 같다.

오른쪽 꼬리 면적	0.10	0.05	0.025	0.01
F값(df_1=25, df_2=15)	1.89	2.28	2.69	3.28

F = 2.40

F통계량 2.40은 2.28과 2.69의 사이에 위치하기 때문에, 분포에서의 우측 꼬리의 면적은 0.05와 0.025 사이라고 할 수 있다. 수행해야 하는 검정은 양측검정이므로 면적을 2배 하면 p-값이 0.10과 0.05 사이에 위치하게 된다. 가설검정을 위해 $\alpha = 0.10$의 유의수준을 적용한다면 p-값 $< \alpha = 0.10$이 되어, 귀무가설은 기각된다. 이를 통해 덜러스 교육당국은 두 개 스쿨버스 기업의 픽업시간 분산은 동일하지 않다는 결론을 내리게 되고, 픽업시간의 분산이 적은 걸프파크 기업과의 우선협상을 고려할 것이다.

* 엑셀을 활용하면, p-값= 2*F.DIST.RT(2.4, 25, 15) =0.0812를 얻을 수 있다.

엑셀을 활용하면 양측검정에서 검정통계량 $F = 2.40$의 p-값을 0.0812로 구할 수 있어, $0.0812 < \alpha = 0.10$이므로 두 모분산이 동일하다는 귀무가설은 기각된다.

$\alpha = 0.10$의 양측검정을 위한 임계치 접근법에서는 분포의 양쪽 꼬리의 면적이 $\sigma/2 = 0.10/2 = 0.05$가 되는 두 개의 F값을 임계치로 사용하여야 하나, 식 (11.10)의 검정통계량을 얻는 방법에서 설명한 것과 같이 표본분산이 큰 값을 분자로 사용하면 검정통계량은 항상 우측 영역에 위치하게 되므로 우측 영역의 임계치에 대해서만 판단하면 된다. 〈표 11-3〉에서 우측 영역의 임계치는 $F_{.05} = 2.28$임을 알 수 있으므로, 기각기준은 다음과 같다.

$$H_0\text{의 기각기준: } F \geq 2.28$$

검정통계량이 $F = 2.40$이므로 2.28보다 크게 되어 H_0를 기각하게 되고 두 스쿨버스 기업의 픽업시간 분산이 상이하다는 결론을 내리게 된다.

두 모분산에 대한 단측검정도 가능하다. 단측검정에서는 F분포를 이용해 한 모분산이 다른 모분산에 비하여 유의한 수준으로 큰지 그렇지 않은지를 검정하게 된다. 두 모분산에 대한 단측검정은 대립가설에서 분산이 크다고 가정한 집단을 모집단 1로 하여 항상 우측검정으로 수행된다.

$$H_0: \sigma_1^2 \leq \sigma_2^2$$
$$H_a: \sigma_1^2 > \sigma_2^2$$

이러한 형태의 가설검정은 항상 F분포의 우측 영역에 p-값과 검정통계량이 위치하게 된다. 공공여론조사에 대한 예제를 통하여 두 모분산에 대한 단측검정에 F분포가 어떻게 활용되는지를 알아보자. 31명의 남성과 41명의 여성이 표본으로 선정되어 현재의 정치적 이슈에 대한 태도를 측정하였다. 연구자는 남성에 비하여 여성이 정치적 태도의 다양성이 더욱 큰지를 확인하기 위한 목적으로 연구를 진행하였다. 대립가설에서 모분산이 큰 여성들이 모집단 1로, 남성들을 모집단 2로 정하였으며, 다음과 같은 가설을 설정하고 유의수준 α=0.05하에서 가설검정을 수행하고자 한다.

$$H_0: \sigma^2_{여성} \leq \sigma^2_{남성}$$
$$H_a: \sigma^2_{여성} > \sigma^2_{남성}$$

H_0의 기각은 정치적 이슈에 대한 여성들의 의견 다양성이 남성들보다 크다는 결론을 내릴 수 있도록 할 것이다.

검정통계량을 계산하는 식에서 여성들의 표본분산을 분자, 남성들의 표본분산을 분모로 하면 검정통계량은 분자 자유도 $n_1 - 1 = 41 - 1 = 40$, 분모 자유도 $n_2 - 1 = 31 - 1 = 30$의 F분포를 따른다. 여론조사를 통해 $s^2_1 = 120$, $s^2_2 = 80$으로 파악되었다면, 검정통계량은 다음과 같다.

$$F = \frac{s^2_1}{s^2_2} = \frac{120}{80} = 1.50$$

부록 B의 〈표 4〉에서 40의 분자 자유도와 30의 분모 자유도를 갖는 F분포표를 통해 $F_{0.10}$ =1.57이라는 것을 알 수 있고, 검정통계량 F=1.50은 1.57보다 작으므로 F=1.50의 오른쪽 꼬리 확률은 0.10보다 크게 되고, 따라서 p-값이 0.10보다 더 크다는 결론을 내릴 수 있다. 엑셀을 이용하여 검정통계량 F = 1.50에 해당하는 p-값 = 0.1256임을 알 수 있으므로, p-값 $> \alpha$=0.05가 되어 H_0는 기각되지 않는다. 표본의 자료를 통해 여성이 남성에 비해 정치적 이슈에 대한 의견의 다양성이 더욱 크다는 점이 지지되지 않는다는 것을 알 수 있다. 〈표 11-4〉는 두 모분산에 대한 가설검정 방법을 요약한 것이다.

표 11-4_ 두 모분산에 대한 가설검정 요약

	우측검정	양측검정
가설	$H_0: \sigma^2_1 \leq \sigma^2_2$ $H_a: \sigma^2_1 > \sigma^2_2$	$H_0: \sigma^2_1 = \sigma^2_2$ $H_a: \sigma^2_1 \neq \sigma^2_2$ 참고: 모집단 1이 더 큰 표본분산을 갖는다.
검정통계량	$F = \dfrac{s^2_1}{s^2_2}$	$F = \dfrac{s^2_1}{s^2_2}$
기각기준: p-값 접근법	p-값 $\leq \alpha$	p-값 $\leq \alpha$
기각기준: 임계치 접근법	$F \geq F_\alpha$	$F \geq F_{\alpha/2}$

1 엑셀을 활용한 가설검정

엑셀에서 제공하는 분산에 대한 두 집단 도구는 두 모분산을 비교하기 위한 가설검정에 사용될 수 있다. 〈그림 11-7〉과 〈그림 11-8〉은 덜러스 카운티 스쿨버스 계약과 관련한 사례에서 엑셀을 이용하여 양측검정을 진행한 절차와 결과를 나타낸 것이다.

자료입력/자료열기 SchoolBus 파일을 연다. A열에는 밀뱅크 회사의 26대 버스의 도착시간이 입력되어 있고, B열에는 걸프파크 회사의 16대 버스의 도착시간이 입력되어 있다.

도구사용 다음의 단계에 따라 F-검정을 실시할 수 있다.

1단계 리본에서 '데이터' 탭 선택

2단계 '분석' 그룹에서 '데이터 분석' 선택

3단계 '분석 도구' 목록이 나타나면 'F-검정: 분산에 대한 두 집단' 선택

4단계 'F-검정: 분산에 대한 두 집단' 대화상자가 나타나면 〈그림 11-7〉 참조

'변수1 입력 범위' 상자에 A1 : A27 입력

'변수2 입력 범위' 상자에 B1 : B17 입력

'이름표' 체크

'유의 수준'에 0.05 입력

'출력 범위'를 선택하고 D1 입력

'확인' 클릭

'$P(F<=f)$ 단측검정'으로 표기된 셀 E9의 0.0405는 단측검정에서의 p-값, 즉 검정통계량 $F=2.401$의 오른쪽 꼬리 면적을 의미한다. 따라서 양측검정의 p-값은 $2(0.0405)=0.081$이 되고 귀무가설은 0.10의 유의수준에서 기각된다. 만약 유의수준 0.05의 단측검정을 실시하였다면, E9의 값이 바로 p-값이 된다.

*12-15행과 19-25행은 숨기기 되어 있음

● 그림 11-7 _ 엑셀의 F-검정: 분산에 대한 두 집단 대화상자

	A	B	C	D	E	F	G
1	밀뱅크 회사	걸프파크 회사		F-검정: 분산에 대한 두 집단			
2	35.9	21.6					
3	29.9	20.5			밀뱅크 회사	걸프파크 회사	
4	31.2	23.3		평균	20.2308	20.2438	
5	16.2	18.8		분산	48.0206	20.0000	
6	19.0	17.2		관측수	26	16	
7	15.9	7.7		자유도	25	15	
8	18.8	18.6		F 비	2.4010		
9	22.2	18.7		P(F<=f) 단측 검정	0.0405		
10	19.9	20.4		F 기각치: 단측 검정	2.2797		
11	16.4	22.4					
16	18.0	27.9					
17	28.1	20.8					
18	12.1						
26	15.2						
27	28.2						
28							

©www.hanol.co.kr

🔺 그림 11-8_ 2개 스쿨버스 회사의 픽업시간 분산에 대한 가설검정의 엑셀 결과

보충설명

F분포는 정규분포 가정에 민감한 것으로 알려져 있다. 따라서 대략적으로라도 두 모집단이 정규분포라고 가정 할 수 있을 때 F분포가 사용되어야 한다.

연습문제

기초문제

9. 부록 B의 〈표 4〉를 이용하여 다음의 F분포 값을 찾아라.

    a. $F_{0.05}$ (자유도 5와 10)

    b. $F_{0.025}$ (자유도 20과 15)

    c. $F_{0.01}$ (자유도 8과 12)

    d. $F_{0.10}$ (자유도 10과 20)

10. 모집단 1로부터 추출한 크기 16인 표본의 표본분산은 $s_1^2=5.8$이고, 모집단 2로부터 추출한 크기 21인 표본의 표본분산은 $s_2^2=2.4$이다. 유의수준 0.05에서 다음 가설에 대한 가설검정을 수행하고자 한다.

$$H_0: \sigma_1^2 \leq \sigma_2^2$$
$$H_a: \sigma_1^2 > \sigma_2^2$$

    a. p-값 접근법에 의하면 결론은 무엇인가?

    b. 임계치 접근법을 통해 검정하라.

11. 다음과 같은 가설을 설정하였다.

$$H_0: \sigma_1^2 = \sigma_2^2$$
$$H_a: \sigma_1^2 \neq \sigma_2^2$$

a. $n_1 = 21$, $s_1^2 = 8.2$, $n_2 = 26$, $s_2^2 = 4.0$일 때, $\alpha = 0.05$에서 p-값 접근법을 이용하여 가설을 검정하라.

b. 임계치 접근법을 이용하여 가설을 검정하라.

응용문제

12. 투자자들은 일반적으로 월간 수익률의 표준편차를 펀드 리스크 평가 측도로 사용하고 있으며, 표준편차가 크다는 것은 그만큼 리스크가 크다는 것으로 해석한다. 최근 아메리칸 자산운영 펀드의 표준편차와 피델리티 선장 펀드의 표준편차는 각각 15.0%와 18.9%로 발표되었다. 최근 60개월 수익률이 표본으로 추출된 것으로 가정해보자. 이러한 결과를 바탕으로 피델리티 선장 펀드의 모분산이 아메리칸 자산운영 펀드의 모분산에 비해 크다고 볼 수 있는가? 어떤 펀드가 더 높은 리스크를 보인다고 할 수 있는가?

13. 2016년 컨슈머 리포트는 자동차 신뢰성 조사를 위해 구독자들을 대상으로 연간 유지 및 수리비용을 분석하였다. 대부분의 소비자들은 자동차 연식에 따라서 연간 수리비용이 증가한다는 것을 알고 있다. 조사기관은 연식이 증가하면서 수리비용의 분산도 함께 증가하는지를 확인해보고자 하였다. 4년 연식의 26대 자동차의 연간수리비용의 표준편차는 $170이었으며 2년 연식의 25대 자동차의 연간수리비용의 표준편차는 $100이었다.

a. 연식이 오래된 자동차의 수리비용이 더 클 것이라는 가설검정을 위한 가설을 수립하라.

b. 0.01의 유의수준에서 통계적 결론은 무엇인가? p-값은 얼마인가? 가설검정 결과의 원인에 관해 논의하라.

DATA files
Bags
www.hanol.co.kr

14. 생산활동에서의 분산은 공정 수준을 평가하기 위한 중요한 측도이다. 분산이 크다는 것은 공정개선의 가능성이 있다는 것을 보이기도 한다. 젤리벨리 캔디회사에서는 젤리콩을 3파운드 가방에 채우는 기계설비 두 대를 테스트하고 있다. Bags 파일에서는 각 기계설비에서 생산된 가방의 무게(단위: 파운드)에 대한 표본자료(Machine 1, Machine 2)가 포함되어 있다. 두 기계설비에서 채워진 젤리 가방 무게의 분산이 차이가 있는지를 확인하기 위한 가설검정을 실행하라. 유의수준 0.05에서 결론은 무엇인가? 품질 개선이 필요한 기계설비는 무엇이라고 할 수 있는가?

DATA files
BatteryLife
www.hanol.co.kr

15. 많은 스마트폰 이용자들에게 배터리 지속시간은 중요한 이슈이다. 공공의료 분야에서 노모포비아(nomophobia)에 대한 연구를 하였고 저배터리 불안(low-battery anxiety)에 따른 부정적 측면이 언급되기도 하였다. 삼성 갤럭시S9의 배터리 지속시간은 일상적 통화를 주로 하는 경우 평균 31시간, 인터넷을 주로 사용하는 경우에는 평균 10시간인 것으로 알려져 있다. 통화에 따른 평균시간이 인터넷 이용에 따른 평균시간에 비하여 더 크기 때문에 통화에 따른 분산도 클 것인가에 대해 궁금할 수 있다. 두 가지 사용에 따른 배터리 지속시간의 표본자료는 다음과 같다.

주사용: 통화(Talking)					
35.8	22.2	24.0	32.6	18.5	42.5
28.0	23.8	30.0	22.8	20.3	35.5

주사용: 인터넷(Internet)					
14.0	12.5	16.4	11.9	9.9	3.1
5.4	11.0	15.2	4.0	4.7	

a. 통화를 주로 할 때 배터리 지속시간의 모분산이 더 클 것이라는 검정을 위한 가설을 수립하라.

b. 두 표본에서의 표준편차는 각각 얼마인가?

c. p-값은 얼마인가? 유의수준 0.05에서 결론은 무엇인가?

16. 한 자동차 연구기관에서는 젖은 노면에서의 자동차 정지거리의 분산이 마른 노면에서의 정지거리 분산에 비해 크다는 연구가설을 수립하였다. 동일한 속력으로 주행하는 16대의 자동차에 대해 젖은 노면과 마른 노면에서의 정지거리를 조사하였다. 젖은 노면에서는 32피트의 표준편차를 보였으며 마른 노면에서는 16피트의 표준편차를 보였다.

a. $\alpha = 0.05$에서 젖은 노면의 정지거리 분산이 마른 노면의 정지거리 분산에 비하여 크다고 할 수 있는가? p-값은 얼마인가?

b. 운전자의 안전을 위해 권고할 수 있는 시사점은 무엇인가?

요점정리

이 장에서는 모분산에 대한 추론에 사용될 수 있는 통계적 접근법에 대하여 설명하였다. 두 개의 새로운 확률분포인 카이제곱분포와 F분포에 대해 알아보았다. 카이제곱분포는 모집단이 정규분포를 따르는 경우, 구간추정과 가설검정에 활용될 수 있다.

F분포를 이용하여 모집단이 정규분포를 따르는 두 모집단의 분산에 대한 가설검정을 설명하였다. 모분산이 동일한($\sigma_1^2 = \sigma_2^2$) 두 모집단으로부터 각각 독립적으로 추출된 크기 n_1과 n_2인 두 개의 확률표본에서 두 표본분산의 비율 s_1^2/s_2^2의 표본분포는 분자 $n_1 - 1$, 분모 $n_2 - 1$의 자유도를 갖는 F분포를 따른다.

보충문제

17. 깁슨-메리몬트 호텔 관리자는 인력관리를 위하여 특정 시점의 호텔 객실 점유율의 변동 수준에 관심을 두고 있다. 20일 동안의 표본조사에서 평균 290개의 객실이 이용되고 표본표준편차는 30으로 파악되었다.

a. 모분산의 점추정치는 얼마인가?

b. 모분산에 대한 90% 신뢰구간을 구하라.

c. 모표준편차의 90% 신뢰구간 추정치를 구하라.

18. 주식의 공모(IPO)단계에서는 저평가가 일반적이다. 표준편차 혹은 분산은 저평가와 고평가의 변동성을 나타낸다. 토론토 주식거래소에서의 13개 캐나다기업의 IPO 결과 14.95의 표준편차를 보였다. 95% 신뢰구간의 추정치를 구하라.

19. 비즈니스 트래블 뉴스(Business Travel News)에서 진행된 2017년 기업 트래블 지수(Corporate Travel Index)에 의하면 미국 일일 평균 출장비는 $321로 파악되었다. TravelCosts 파일은 여러 국가 도시에서의 일일 생활비(단위: 달러)가 포함되어 있다. 이 비용에는 4성급 호텔 투숙료와 아침식사, 택시, 음료비용 등이 포함된다.

도시(City)	일일 생활비 (Daily Living Cost)	도시(City)	일일 생활비 (Daily Living Cost)
Bangkok	242.87	Mexico City	212.00
Bogotá	260.93	Milan	284.08
Cairo	194.19	Mumbai	139.16
Dublin	260.76	Paris	436.72
Frankfurt	355.36	Rio de Janeiro	240.87
Hong Kong	346.32	Seoul	310.41
Johannesburg	165.37	Tel Aviv	223.73
Lima	250.08	Toronto	181.25
London	326.76	Warsaw	238.20
Madrid	283.56	Washington, D.C.	250.61

a. 표본평균을 계산하라.

b. 표본표준편차를 계산하라.

c. 모표준편차에 대한 95% 신뢰구간을 계산하라.

20. 볼 베어링을 제조하기 위해서는 매우 정밀한 작업이 필요하며, 분산을 최소화하는 것이 중요하다. 볼 베어링 크기의 분산이 크면 불량이 발생하고 베어링의 마모가 쉽게 일어난다. 공정에서는 최대 분산의 허용치를 0.0001인치^{2}으로 설정하고 있다. 15개 볼 베어링의 관측치로 이루어진 표본에서 표준편차를 계산한 결과 0.014의 값을 얻었다.

a. $\alpha=0.01$에서 최대허용분산 수준을 초과하였는지 검정하라.

b. 볼 베어링 분산의 90% 신뢰구간 추정치를 계산하라.

21. 제너럴밀스(General Mills)사에서는 포장용기에 일정한 양의 시리얼을 담는 것이 매우 중요하다. 카운트 초큘라(Count Chocula) 시리얼을 생산하는 공정은 포장무게의 분산이 0.022온스^2 이하가 되도록 설계되었다. 41개의 관측치로 이루어진 표본에서 0.16온스의 표본표준편차를 얻었다. $\alpha=0.05$하에서 포장무게의 분산이 공정설계 기준을 초과하는지에 대한 가설검정을 수행하라.

22. Grubhub는 특정 식당에서 온라인으로 주문한 음식을 배달하는 업체이다. 이 회사는 일정한 배달시간을 유지하고 있다고 주장하고 있다. 22건의 음식 주문을 분석하여 표본분산이 1.5라는 것을 알았다. $\alpha=0.10$에서 $H_0 : \sigma^2 \leq 1$이 기각되는지를 검정하라.

23. 얼리지언트 항공사(Allegiant Airlines)에 탑승한 고객 수의 표본표준편차는 8명이다. 모표준편차에 대한 95% 신뢰구간 추정치는 5.86명에서 12.62명이다.

a. 통계분석에 사용된 표본의 수는 10명인가? 15명인가?

b. 25편의 항공편에서 고객 수의 표본표준편차는 $s=8$이라고 가정하자. 모표준편차에 대한 신뢰구간 추정에서 어떤 변화가 발생한 것으로 보이는가? 항공기 25편의 표본표준편차를 이용하여 σ에 대한 95% 신뢰구간 추정치를 계산하라.

24. PGA 골프선수(남성)와 LPGA 골프선수(여성) 간에 골프 스코어 변동성에 차이가 있을까? 20개의 스코어로 구성된 LPGA 표본의 스코어 표준편차는 2.4623, 30개의 스코어로 구성된 PGA 표본의 스코어 표준편차는 2.2118로 파악되었다. 남성과 여성 프로골프 선수들 간 스코어 모분산의 동일성을 파악하기 위한 가설검정을 시행하라. $\alpha=0.10$에서 결론은 무엇인가?

25. 자원의 효율적 활용이라는 차원에서 뉴욕시 푸드뱅크에서는 린 프로세스(lean process)를 운영하고 있다. 종업원들의 지속적 개선노력(Kaizen)으로 음식물 포장의 새로운 방법을 개발하여 가정에 배달하고 있다. 이 프로세스의 목표 중 하나는 음식물 포장 시간의 변동성을 줄이는 것이다. 다음의 표는 현재의 포장방법과 새로운 포장방법에 대한 요약 자료이다. 새로운 개선 노력이 모집단 변동성을 줄이는 데 성공적으로 기여한다고 볼 수 있는지를 검정하라. $\alpha=0.10$이며 검정을 위한 가설을 제시하라.

	현재 방법	새로운 방법
표본크기	$n_1=31$	$n_2=25$
표본분산	$s_1^2=25$	$s_2^2=12$

사례연구 **공군 훈련 프로그램**

전자기기 사용에 대한 공군 초보훈련 과정에서는 훈련생들이 비디오 교육을 먼저 받고 프로그램화된 교재를 통해 교육을 받는 시스템이 적용되고 있다. 훈련생들은 합격될 때까지 교재를 통해 독자적으로 공부를 한다. 문제는 훈련생들이 훈련 프로그램을 이수할 때까지의 페이스가 서로 다르다는 점이다. 어떤 훈련생들은 비교적 빠르게 프로그램화된 교재를 끝내는 데 비해 일부 훈련생들은 교재를 끝내는 데 비교적 오랜 시간이 걸릴 뿐만 아니라 추가의 시간이 소요되기도 한다. 빠르게 교육을 마친 훈련생들은 다른 훈련생들이 교육을 마칠 때까지 기다려야만 한다.

새롭게 제시된 교육시스템에는 컴퓨터 지원 교육이 포함되었다. 이 시스템에서는 모든 훈련생들이 함께 비디오 교육을 받은 후, 각 훈련생들은 컴퓨터에 배정되어 다음 교육을 받게 된다. 컴퓨터가 훈련 가이드를 하게 되며 자율교육의 부분을 독자적으로 진행하게 되는 것이다.

초보교육을 위해 교육생 122명이 기존 방법과 새로운 방법 중 한 가지에 무작위로 배정되었다. 61명의 교육생들은 기존 방법인 프로그램화된 교재 방법에, 나머지 61명은 새로운 컴퓨터 지원 방법에 배정되었다. 다음의 표는 각 방법으로 훈련받은 교육생이 훈련을 종료할 때까지 걸린 시간(단위: 시간)으로 파일 Training에 수록되어 있다.

DATA files
Traing
www.hanol.co.kr

현재 훈련방식에 의한 훈련 완료시간(Current)										
76	76	77	74	76	74	74	77	72	78	73
78	75	80	79	72	69	79	72	70	70	81
76	78	72	82	72	73	71	70	77	78	73
79	82	65	77	79	73	76	81	69	75	75
77	79	76	78	76	76	73	77	84	74	74
69	79	66	70	74	72					

새로운 컴퓨터 지원 훈련방식에 의한 훈련 완료시간(Proposed)										
74	75	77	78	74	80	73	73	78	76	76
74	77	69	76	75	72	75	72	76	72	77
73	77	69	77	75	76	74	77	75	78	72
77	78	78	76	75	76	76	75	76	80	77
76	75	73	77	77	77	79	75	75	72	82
76	76	74	72	78	71					

경영 보고서

1. 각 훈련방법에 대한 기술통계량을 계산하라. 표본자료를 통하여 유사점 혹은 차이점을 확인할 수 있는가?

2. 두 방법 간 모평균의 차이가 있는지에 대해 가설검정을 수행하라.

3. 각 훈련방법의 분산과 표준편차를 계산하라. 두 방법 간의 모분산 동일성에 대해 가설검정을 수행하라.

4. 두 훈련방법의 차별점에 대해 어떤 결론을 내릴 수 있는가? 어떤 훈련방법을 추천하겠는가?

5. 향후 사용할 적절한 훈련방법을 결정하기 위해 추가로 필요한 자료와 가설검정은 무엇인가?

데이터 분석을 위해
엑셀로 100% 구현된
앤더슨의 경영통계학

CHAPTER

12

적합도, 독립성 및 모비율의 동일성 검정

통계응용사례

공동모금(United Way)
ROCHESTER, NEW YORK

그레이터 로체스터에 있는 유나이티드 웨이는 지역사회에서 필요로 하는 인도적 봉사를 제공함으로써 주변 7개 지역에 사는 모든 사람의 삶의 질을 향상시키는 데 노력하는 비영리 기관이다.

매년 봄마다 열리는 유나이티드 웨이/적십자 기금조성 캠페인을 통해서 200개가 넘는 자선기관이 마련하는 수백 가지 프로그램에 자금을 제공한다. 이들은 다양한 인도적 봉사요구, 즉 물질적, 정신적, 사회적 요구를 충족시키고 있으며 나이, 출신, 배경, 경제적 수준과 관계없이 모든 사람에게 봉사하고 있다.

수많은 자원봉사자 덕분에 그레이터 로체스터의 유나이티드 웨이는 조성된 $1당 운영비를 ₡8로 맞춰 나가고 있다. 유나이티드 웨이는 자선사업에 대한 지역사회의 인식에 대해서 좀 더 알기 위해 설문조사를 시행하기로 했다. 예비 정보를 얻기 위하여 전문직 집단과 서비스업 종사자 집단, 그리고 일반 근로자 집단을 상대로 표적집단면접(Focus Group Interview)을 실시하였다. 여기서 얻은 정보는 설문지를 작성하는 데 반영하였다. 사전조사를 거쳐서 수정된 설문지 440장이 개인에게 배포되고 323장이 회수되었다.

수집된 자료로부터 도수분포표와 교차표 등의 도표와 다양한 기술통계값이 계산되었다. 독립성 검정을 위한 카이제곱 검정의 사용이 분석의 가장 중요한 부분 중 하나이다. 이러한 통계적 검정의 용도 중 하나는 직업에 따라 행정비용에 대한 인식이 달라지는지를 판단하는 것이다.

독립성 검정을 위한 가설은 다음과 같다.

H_0: 유나이티드 웨이의 행정비용에 대한 인식은 응답자의 직업과 독립적이다.

H_a: 유나이티드 웨이의 행정비용에 대한 인식은 응답자의 직업과 독립적이지 않다.

두 문항에서 통계적 검정을 위한 자료를 얻었다. 한 문항에서는 기금 중 행정비용으로 지출해야 하는 비용의 비율(10% 이하, 11~20%, 21% 이상)을 조사하였으며, 다른 문항에서는 응답자의 직업을 물었다.

유나이티드 웨이의 프로그램은 성인뿐 아니라 어린이의 필요를 충족시키고 있다. Jim West/age fotostock/Superstock

유의수준이 5%인 카이제곱 검정을 통해 독립성 검정의 귀무가설이 기각되어 유나이티드 웨이의 행정비용에 대한 인식은 직업별로 다르다는 결론이 내려졌다. 실질 행정비용은 9% 미만이지만, 응답자의 35%는 행정비용이 21% 이상이라고 인식하고 있었다. 즉, 많은 사람이 행정비용에 대해 잘못 인식하고 있었다. 생산직과 사무직, 판매직 전문 기술자들이 속한 집단은 다른 집단보다 더 부정확한 인식을 하고 있었다.

지역사회의 인식조사는 유나이티드 웨이의 프로그램과 기금조성 활동을 변경하는 데 도움이 되었다. 이 장에서는 해당 사례와 같은 독립성 검정에 관해 설명할 것이다.

응용사례를 제공한 유나이티드 웨이의 마케팅 컨설턴트 Philip R. Tyler 박사님에게 감사드린다.

이 장에서는 모집단에 대한 통계적 추론 능력을 확장하는 세 가지 가설검정 절차를 소개한다. 구체적으로 카이제곱(χ^2) 분포를 기반으로 한 검정을 다루며 모두 관측된 표본조사 결과와 귀무가설이 참일 때 기대되는 결과의 비교를 기반으로 한다.

세 가지 가설검정은 모두 범주형 자료와 함께 사용하도록 설계되었다. 자료가 범주형이 아닌 경우는 범주를 직접 정의하고 각 범주에 속하는 관측값의 수를 계산하면 된다. 12.1절의 적합도 검정은 범주형 표본자료로부터 얻은 확률분포가 가설화된 모집단의 확률분포에 적합한지를 검정할 때 유용하다. 12.2절에서는 두 범주형 변수가 독립적인지를 판단하기 위한 카이제곱 독립성 검정을 설명하며, 12.3절에서는 3개 이상의 모집단의 모비율이 동일한지를 검정하는 방법을 설명한다.

적합도 검정

카이제곱 적합도 검정(goodness of fit test)은 확률변수가 특정한 확률분포를 따르는지를 확인하는 데 사용할 수 있다. 이 절에서는 다항확률분포를 사용하여 확률변수에 대한 적합도 검정을 수행하는 방법을 설명한다.

1 다항확률분포

다항확률분포(multinomial probability distribution)는 시행당 3종류 이상의 결과가 발생할 수 있는 경우로 이항확률분포를 확장한 것이다. 1회 시행에서 각각의 결과가 발생할 수 있는 확률인 범주확률은 다항분포의 핵심 변수이다. 다항확률분포에 대한 적합성 검정을 수행하기 위해 스코트 마케팅 리서치(Scott Marketing Research)에서 수행하는 시장 점유율 연구를 살펴보자. 지난 1년 동안 특정 제품의 시장 점유율은 A사 30%, B사 50%, C사 20%로 굳어졌다. 각 고객은 3개 회사 중에서 구매하는 것이므로 구매행위는 세 가지 가능한 결과가 있는 다항확률분포를 따르며, 세 가지 범주에 대한 확률은

$$p_A = \text{고객이 A사 제품을 구매할 확률}$$
$$p_B = \text{고객이 B사 제품을 구매할 확률}$$
$$p_C = \text{고객이 C사 제품을 구매할 확률}$$

로 정의할 수 있다. 과거 시장 점유율에 따르면 $p_A = 0.30$, $p_B = 0.50$, $p_C = 0.20$이 된다.

C사는 현재 시장에서 판매되는 제품을 대체하기 위해 "새롭고 개선된" 제품을 출시할 계획이다. C사는 신제품이 세 회사의 시장 점유율을 변경시킬지를 판단하기 위해 스코트 마케팅 리서치에 조사를 의뢰했다. 스코트 마케팅 리처치는 새로운 C회사 제품에 대한 시제품을 소개한 후 고객에게 A사, B사 또는 새 C사 제품에 대한 선호도를 조사한다. 표본을 기반으로 다음의

가설을 검정하여 새로운 C사 제품이 세 회사의 과거 시장 점유율을 변경시킬 가능성이 있는지 여부를 판단한다.

$$H_0 : p_A = 0.30, \ p_B = 0.50, \ p_C = 0.20$$
$$H_a : p_A = 0.30, \ p_B = 0.50, \ p_C = 0.20 은 아니다.$$

귀무가설은 시장 점유율이 과거 다항확률분포와 동일하다는 것이다. 표본의 결과가 H_0의 기각으로 이어진다면 스코트 마케팅 리서치는 새로운 C사 제품의 도입이 시장 점유율(다항 분포에 대한 확률)을 변경시킬 것이라는 결론을 내리는 증거를 갖게 된다.

리서치회사가 200명의 고객으로 구성된 소비자 패널을 활용했다고 가정해보자. 각 고객은 A사의 제품, B사의 제품, C사의 신제품 중 선호하는 제품을 표기하였으며, 200명의 응답은 다음 도수분포표에 요약되어 있다.

범주	관측도수
A사	48
B사	98
C사	54
합계	200

이제 적합도 검정을 수행하여 200명 고객의 구매 선호도 표본이 귀무가설과 일치하는지를 확인할 수 있다. 적합도 검정은 귀무가설이 참이라는 가정하에 표본에서 관찰된 빈도와 기대빈도를 비교하는 것이다. 따라서 다음 단계는 H_0: $p_A = 0.30$, $p_B = 0.50$ 및 $p_C = 0.20$이 참이라는 가정하에 200명의 고객에 대한 예상(기대) 구매 선호도를 계산하는 것으로, 다음과 같은 기대도수분포표를 얻을 수 있다.

범주	기대도수
A사	200 × 0.30 = 60
B사	200 × 0.50 = 100
C사	200 × 0.20 = 40
합계	200

각 범주에 대한 기대도수는 200명의 표본 크기에 각 범주의 가정된 확률을 곱하여 구한다.

적합도 검정은 관측 도수와 기대도수 간의 차이를 지표로 하는 것으로, 관측도수와 기대도수 간 차이가 "크거나" "작은지" 여부는 다음의 카이제곱 검정통계량을 사용하여 확인할 수 있다.

📊 표 12-1_ 스코트 마케팅 리서치 시장 점유율 조사의 카이제곱 검정통계량값의 계산

범주	가정된 확률	관측도수 (f_i)	기대도수 (e_i)	차이 $(f_i - e_i)$	차이제곱 $(f_i - e_i)^2$	차이제곱/기대도수 $(f_i - e_i)^2 / e_i$
A사	0.30	48	60	−12	144	2.40
B사	0.50	98	100	−2	4	0.04
C사	0.20	54	40	14	196	4.90
합계		200	200			$\chi^2 = 7.34$

* 식 (12.1)에서 관측도수
(f_i)와 기대도수(e_i) 간 차
이의 제곱이 사용된다.
따라서 x^2는 항상 양수
이다.

적합도 검정의 검정통계량

$$\chi^2 = \sum_{i=1}^{k} \frac{(f_i - e_i)^2}{e_i} \tag{12.1}$$

여기서

f_i = 범주 i의 관측도수

e_i = 범주 i의 기대도수

k = 범주의 수

참고: 검정통계량은 모든 범주에서 기대도수가 5 이상일 때, 자유도가 $k-1$인 카이제곱분포를 따른다.

스코트 마케팅 리서치 사례의 표본자료를 사용하여 시장 점유율의 다항분포가 확률 $p_A = 0.30$, $p_B = 0.50$, $p_C = 0.20$을 갖는다는 가설을 유의수준 $\alpha = 0.05$에서 검정하고자 한다. 기대도수가 모두 5 이상으로 카이제곱 검정통계량값은 〈표 12-1〉과 같이 계산되어 $\chi^2 = 7.34$가 된다.

* 적합도 검정은 항상 카이
제곱 분포의 오른쪽 꼬
리에서 기각이 발생하는
단측검정이다.

관측도수와 기대도수의 차이가 크면 귀무가설을 기각한다. 따라서 적합도 검정은 항상 오른쪽 검정이 되므로 검정통계량값에 대한 오른쪽 꼬리 면적과 p-값 방식을 사용하여 귀무가설의 기각 여부를 결정할 수 있다. 부록 B의 〈표 3〉 카이제곱분포표로부터 자유도 $k-1 = 3-1 = 2$인 경우는 다음과 같다.

오른쪽 꼬리 면적	0.10	0.05	0.025	0.01	0.005
χ^2값(자유도 2)	4.605	5.991	7.378	9.210	10.597

$\chi^2 = 7.34$

검정통계량값 $\chi^2 = 7.34$는 5.991과 7.378 사이가 되어 이에 해당하는 오른쪽 꼬리 면적(p-값)은 0.05에서 0.025 사이가 된다. p-값이 0.05 이하이므로 H_0를 기각하고 C사의 신제품 도입이 과거 시장 점유율을 바꿀 것으로 결론내릴 수 있다. 엑셀을 활용하면 p-값 = 0.0255임을 알 수 있다.

p-값을 사용하는 대신 임계값 방식을 사용하여 동일한 결론을 도출할 수 있다. 유의수준 $\alpha = 0.05$ 및 자유도 2에서 검정통계량의 임계값은 $\chi^2_{0.05} = 5.991$이 되므로, 오른쪽 검정의 기각 규칙은 다음과 같다.

$$\chi^2 \geq 5.991$$이면 H_0를 기각한다.

예제에서 $\chi^2 = 7.34 \geq 5.991$이므로, H_0를 기각한다. p-값 방식과 임계값 방식은 동일한 가설검정 결론을 제공한다.

새로운 C사 제품의 도입이 세 회사의 시장 점유율을 변경시킬 것이라는 결론을 내렸으므로 시장 점유율이 어떻게 변할 것인지에 대해 더 알고 싶을 것이다. 과거 시장 점유율과 표본자료를 사용하여 다음과 같이 요약할 수 있다.

회사	과거의 시장 점유율 (%)	표본자료의 시장 점유율 (%)
A	30	48/200=0.24, 즉 24
B	50	98/200=0.49, 즉 49
C	20	54/200=0.27, 즉 27

과거 시장 점유율과 표본의 시장 점유율은 〈그림 12-1〉에 표시된 막대 그래프에서 비교할 수 있다. 막대 그래프는 신제품이 C사의 시장 점유율을 증가시킬 가능성이 있음을 보여준다. 다른 두 회사와 비교하면 C사의 시장 점유율 증가가 B사보다 A사에 더 큰 타격을 줄 것으로 나타난다.

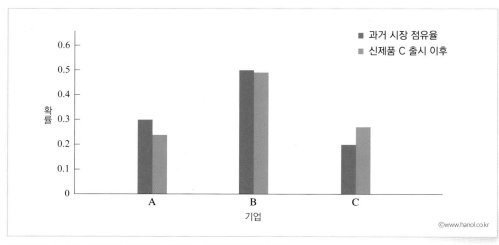

● 그림 12-1 _ C사 신제품 출시 전후 각 기업의 시장 점유율 막대 그래프

다항확률분포에 대한 적합도 검정을 수행하는 단계는 다음과 같이 요약해 볼 수 있다.

다항확률분포 적합도 검정

1. 귀무가설과 대립가설을 작성한다.

   H_0: 모집단은 각각의 k범주에 대해 지정된 확률로 다항확률분포를 따른다.

   H_a: 모집단은 각각의 k범주에 대해 지정된 확률로 다항확률분포를 따르지 않는다.

2. 확률 표본을 선정하여 각 범주에 대해 관측도수 f_i를 기록한다.

3. 귀무가설이 참이라고 가정하고 가설화된 범주확률에 표본크기를 곱하여 각 범주의 기대도수 e_i를 구한다.

4. 각 범주에 대해 기대빈도 e_i가 5 이상인 경우 검정통계량 값을 계산한다.

$$\chi^2 = \sum_{i=1}^{k} \frac{(f_i - e_i)^2}{e_i}$$

5. 기각 규칙

   p-값 방식: p-값 $\leq \alpha$이면 H_0를 기각한다.

   임계값 방식: $\chi^2 \geq \chi_\alpha^2$이면 H_0를 기각한다.

여기서 α는 유의수준이며 자유도는 $k-1$이다.

2 엑셀을 활용한 적합도 검정

엑셀을 활용하여 스코트 마케팅 리서치의 시장 점유율 조사에 대한 적합도 검정을 <그림 12-2>와 같이 수행할 수 있다.

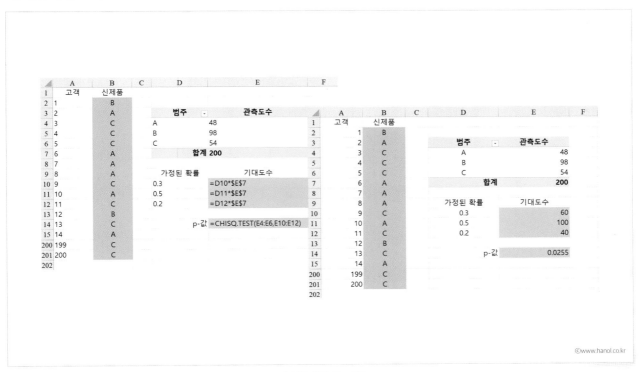

©www.hanol.co.kr

🔺 그림 12-2_ 스코트 마케팅 조사회사 시장 점유율 조사 적합도 검정을 위한 엑셀 워크시트

DATA files
Research
www.hanol.co.kr

자료입력 Research 파일을 연다. 자료는 셀 B2:B201에 있고 레이블은 열 A와 셀 B1에 있다. 가설화 된 범주확률은 셀 D10:D12에 입력하였다.

도구사용 D3:E7 셀은 피벗 테이블 도구(이 도구를 사용하는 방법에 대한 자세한 내용은 2.1절 참조)를 사용하여 구매 선호도 자료에 대한 도수분포표를 작성한 것이다.

함수와 수식입력 E10:E12셀의 엑셀 수식은 가정된 비율에 표본크기를 곱하여 각 범주의 기대도수를 계산하기 위한 것이다. 관측 및 기대도수가 계산되면 엑셀의 CHISQ.TEST 함수를 사용하여 적합도 검정에 대한 p-값을 계산할 수 있다. CHISQ.TEST 함수의 입력 값은 관측 및 기대도수가 입력되어 있는 셀의 p-값을 계산하기 위해 셀 E14에 다음 함수를 입력했다.

$$=CHISQ.TEST(E4{:}E6,E10{:}E12)$$

결과 워크시트로부터 p-값이 0.0255임을 알 수 있다. 따라서 $\alpha=0.05$이면 H_0를 기각하고 C사의 신제품 도입으로 인해 현재 시장 점유율 구조가 변경될 것이라는 결론을 내릴 수 있다.

기초문제

1. χ^2 적합도 검정을 사용하여 다항확률분포에 대한 다음 가설을 검정하라.

$$H_0: p_A = .40, \ p_B = .40, \ p_C = .20$$
$$H_a: p_A = .40, \ p_B = .40, \ p_C = .20 \text{이 아니다.}$$

200개 관측값 중 A 범주에 60개, B 범주에 120개, C 범주에 20개가 포함되는 것으로 확인되었다. $\alpha = 0.01$을 사용하여 가설검정을 실시하라.

a. p-값 방식을 사용하라.

b. 임계치 방식을 사용하여 가설검정을 다시 반복하라.

2. A, B, C, D 네 범주를 가진 다항 모집단이 있다고 가정하자. 귀무가설은 각 범주 확률이 동일하다는 것이다.

$$H_0: p_A = p_B = p_C = p_D = .25$$

300개의 관측값으로부터 얻은 결과는 다음과 같다.

$$\text{A: } 85 \quad \text{B: } 95 \quad \text{C: } 50 \quad \text{D: } 70$$

$\alpha = 0.05$를 사용하여 H_0을 기각해야 하는지 판단하라. p-값은 얼마인가?

응용문제

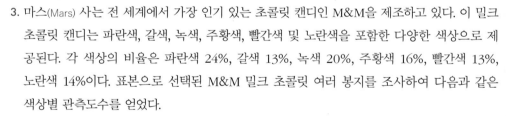

3. 마스(Mars) 사는 전 세계에서 가장 인기 있는 초콜릿 캔디인 M&M을 제조하고 있다. 이 밀크 초콜릿 캔디는 파란색, 갈색, 녹색, 주황색, 빨간색 및 노란색을 포함한 다양한 색상으로 제공된다. 각 색상의 비율은 파란색 24%, 갈색 13%, 녹색 20%, 주황색 16%, 빨간색 13%, 노란색 14%이다. 표본으로 선택된 M&M 밀크 초콜릿 여러 봉지를 조사하여 다음과 같은 색상별 관측도수를 얻었다.

파란색 (Blue)	갈색 (Brown)	녹색 (Green)	주황색 (Orange)	빨간색 (Red)	노란색 (Yellow)
105	72	89	84	70	80

유의수준 $\alpha = 0.05$를 사용하여 색상의 비율이 위에서 설명한 것과 같다는 가설을 검정하라. 결론은 무엇인가?

4. 해리스 조사회사(Harris Poll)는 미국인들이 가장 좋아하는 스포츠를 조사하고 있다. 조사 결과에 따르면 프로 미식축구는 미국인의 33%가 좋아하는 스포츠이며, 그다음은 야구 15%, 대학 미식축구(남성) 10%, 자동차 경주 6%, 프로 농구(남성) 5%, 아이스하키 5%, 기타 스포츠

26%이다. 적어도 한 가지 스포츠를 좋아하는 대학생 344명에게 가장 좋아하는 스포츠를 조사하는 설문을 실시하여 다음과 같은 결과를 얻었다.

프로 미식축구	야구	대학 미식축구	자동차 경주	프로 농구	아이스하키	기타
111	39	46	14	6	20	108

대학생들은 일반인과 좋아하는 스포츠가 다른가? $\alpha=0.05$를 사용하여 검정하라.

5. 미국 고속도로 교통 안전국은 요일별로 발생하는 교통사고의 비율을 보고하고 있다. 420건의 사고 사례가 다음 자료와 같다고 가정하라.

일요일	월요일	화요일	수요일	목요일	금요일	토요일
66	50	53	47	55	69	80

a. 요일별로 교통사고 비율이 동일한지 여부를 확인하기 위한 가설검정을 수행하라. p-값은 얼마인가? 유의수준 $\alpha=0.05$를 사용하는 경우 결론은 무엇인가?

b. 각 요일에 발생하는 교통사고의 비율을 계산하라. 교통사고 비율이 가장 높은 날은? 이러한 결과가 합리적으로 생각되는가?

② 독립성 검정

이 절에서는 카이제곱 독립성 검정이 어떻게 두 개의 범주형 변수가 독립적인지 판단하는데 사용될 수 있는지를 설명한다. 독립성 검정도 적합도 검정처럼 관측도수와 기대도수를 비교하는 방식이다. 이 검정을 위해 하나의 단일 모집단에서 하나의 표본을 뽑고 두 범주형 변수의 값을 기록한다. 이후 변수 1의 각 범주와 변수 2의 각 범주의 조합에 대한 응답수를 계산한다. 이 검정의 귀무가설은 "두 변수는 독립이다."이며, 따라서 이 검정을 독립성 검정(test of independence)이라고 부른다. 다음 예를 통해 독립성 검정에 대해 살펴보자.

한 맥주산업협회는 라이트, 일반, 흑맥주에 대한 맥주 소비자의 선호를 알아보기 위한 조사를 실시하였다. 표본으로 선정된 200명의 소비자는 라이트, 일반, 흑맥주 세 가지 종류에 대한 선호를 표기하도록 질문을 받았으며, 질문의 마지막 부분에 응답자들은 성별을 포함한 다양한 인구 통계학적 정보를 제공하도록 요청받았다. 이 조사에서 관심 있는 문제 중 하나는 맥주에 대한 선호가 소비자의 성별과 독립적인지 아닌지이다. 만약에 맥주에 대한 선호와 성별, 이 두 변수가 독립이라면 맥주 선호는 성별에 의존하지 않고 라이트, 일반, 흑맥주에 대한 맥주 선호는 남성과 여성 소비자 모두에게 동일한 것이라고 예상할 수 있다. 하지만 두 변수가 독립이 아니라는 검정결과가 나온다면 맥주 선호가 맥주 소비자의 성별과 연관이 있거나 의존한다는 증거를 얻게 된다. 이 경우 맥주 회사는 남성과 여성의 목표시장을 다르게 설정하고 광고와 판매 촉진을 맞춤형으로 수립하기 위해 해당 정보를 이용할 수 있다.

DATA files
BeerPreference
www.hanol.co.kr

표 12-2_ 성별에 따른 맥주 선호에 대한 표본자료(관측도수)

		성별		합계
		남성	여성	
맥주 선호	라이트	51	39	90
	일반	56	21	77
	흑	25	8	33
	합계	132	68	200

독립성 검정의 가설은 다음과 같다.

H_0: 맥주 선호는 성별과 독립적이다.

H_a: 맥주 선호는 성별과 독립적이지 않다.

* 자료를 요약하는 데 사용되는 이원표를 분할표라고도 한다.

표본자료는 라이트, 일반, 흑맥주의 선호에 관한 변수와 남성과 여성의 성별에 관한 변수로 이루어진 이원표(교차표)로 요약될 수 있다. 조사의 목적은 소비자의 성별에 따라 선호에 차이가 있는지를 살펴보는 것으로, 성별을 설명변수로 하여 설명변수를 교차표의 열 변수로 하는 통상적인 방식을 따른다. 맥주 선호는 범주형 반등변수이고 행 변수로 한다. 200명 맥주 소비자의 표본조사 결과는 〈표 12-2〉에 요약되어 있다.

표본자료는 응답자 각각의 맥주 선호와 성별의 조합에 따라 요약되어 있다. 예를 들어 라이트 맥주를 선호하는 남성은 51명이고 일반 맥주를 선호하는 남성은 56명이다. 무엇보다도 맥주 소비자를 대상으로 표본을 구성했기 때문에 각 변수를 요약한 자료는 맥주 소비자 모집단 특징에 관한 특별한 시사점을 제공한다.

성별에서 200명의 표본 중 132명이 남성으로 맥주 소비자에서 남성의 비율은 132/200 =0.66(66%)로 추정된다. 비슷하게 맥주 소비자 중에서 여성의 비율은 68/200=0.34(34%)로 추정된다. 따라서 남성 소비자가 여성 소비자보다 2배 정도 많다는 것을 알 수 있다. 세 종류 맥주의 표본비율은 다음과 같다.

라이트 맥주 선호　　90/200=0.450(45.0%)
일반 맥주 선호　　　77/200=0.385(38.5%)
흑맥주 선호　　　　33/200=0.165(16.5%)

표본의 모든 맥주 소비자를 보면 라이트 맥주를 선호하는 사람이 가장 많고 흑맥주를 선호하는 사람이 가장 적다.

맥주 선호와 성별이 독립인지를 판단하기 위해 카이제곱 검정을 해보자. 〈표 12-2〉의 자료는 두 가지 범주의 성별과 세 가지 범주의 맥주 선호에 대한 관측도수이다.

기대도수를 나타내는 표는 성별과 맥주 선호도가 독립적이라는 귀무가설의 가정을 기반으로 구할 수 있다. 앞에서 200명의 맥주 소비자 표본에 대해 라이트 맥주, 일반 맥주 및 흑맥주를 선호하는 비율이 각각 0.450, 0.385, 0.165임을 확인하였다. 독립성 가정이 유효하다면 이 비율이 남성과 여성 모두에게 적용되어야 하므로, 독립성을 가정할 때 132명의 남성 맥주 소비자 중

0.450×132=59.40명이 라이트 맥주를, 0.385×132=50.82명은 일반 맥주를, 0.165×132=21.78명은 흑맥주를 선호하는 것으로 예상해 볼 수 있다. 여성 맥주 소비자에게도 동일한 비율을 적용하면 〈표 12-3〉에 표시된 기대도수로 나타날 것이다.

기대도수표의 행 i와 열 j에 기대도수 e_{ij}를 표시하고 기대도수 e_{ij}의 계산에 대한 방식을 일반화해보자. 이 표기를 사용하여 라이트 맥주(1행)와 남성 맥주 소비자(1열)에 대한 기대도수의 계산, 즉 기대도수 e_{11}을 다시 생각해보자.

90은 라이트 맥주의 전체 응답자 수(1행 합계), 132는 표본의 전체 남성 응답자 수(1열 합계), 200은 전체 응답자 수(표본크기)이다. 따라서 1행과 1열의 기대도수는 앞에서 설명한 것처럼 다음과 같이 계산할 수 있다.

$$e_{11} = \left(\frac{1\text{행 합계}}{\text{표본 크기}} \right)(1\text{열 합계}) = \frac{90}{200}(132) = 59.40$$

이 식을 수정하여 다시 쓰면 다음과 같다.

$$e_{11} = \frac{(1\text{행 합계})(1\text{열 합계})}{\text{표본 크기}} = \frac{(90)(132)}{200} = 59.40$$

이 식을 일반화하면 다음 공식을 사용하여 H_0가 참이라는 가정하에 기대도수를 계산할 수 있다.

$$e_{ij} = \frac{(i\text{행 합계})(j\text{열 합계})}{\text{표본크기}} \tag{12.2}$$

예를 들어 맥주 선호와 성별이 독립일 때 라이트 맥주를 선호하는 남성의 기대도수는 $e_{11}=(90\times132)/200=59.40$, $e_{12}=(90\times68)/200=30.60$ 등이다.

관측도수표(〈표 12-2〉)와 기대도수표(〈표 12-3〉)를 사용하여 독립성 검정을 위한 카이제곱 통계량값을 계산해보자. 독립성 검정에는 r개의 행과 c개의 열이 포함되므로 χ^2을 계산하기 위한 식은 이중 합을 포함한다.

$$\chi^2 = \sum_i \sum_j \frac{(f_{ij} - e_{ij})^2}{e_{ij}} \tag{12.3}$$

📊 표 12-3_ 맥주 선호와 맥주 소비자의 성별이 독립일 때 기대도수

		성별		합계
		남성	여성	
맥주 선호	라이트	59.40	30.60	90
	일반	50.82	26.18	77
	흑	21.78	11.22	33
	합계	132.00	68.00	200

표 12-4_ 맥주 선호와 성별 간 독립성 검정에 대한 카이제곱 검정통계량값의 계산

맥주 취향	성별	관측도수 (f_{ij})	기대도수 (e_{ij})	차이 $(f_{ij}-e_{ij})$	차이제곱 $(f_{ij}-e_{ij})^2$	차이제곱/기대도수 $(f_{ij}-e_{ij})^2/e_{ij}$
라이트	남성	51	59.40	-8.40	70.56	1.19
라이트	여성	39	30.60	8.40	70.56	2.31
일반	남성	56	50.82	5.18	26.83	0.53
일반	여성	21	26.18	-5.18	26.83	1.02
흑	남성	25	21.78	3.22	10.37	0.48
흑	여성	8	11.22	-3.22	10.37	0.92
합계	합계	200	200.00			$\chi^2=6.45$

r개의 행과 c개의 열을 갖는 표의 각 셀에서 적어도 기대도수가 5 이상이면 검정통계량은 $(r-1)(c-1)$의 자유도를 갖는 카이제곱분포를 따른다. 그러므로 이 경우 $(3-1)(2-1)=2$인 자유도를 갖는 카이제곱분포를 사용할 것이다. 카이제곱 검정통계량의 값을 구하는 모든 단계는 〈표 12-4〉에 요약하였다.

자유도가 2인 카이제곱분포의 오른쪽 꼬리 면적과 p-값 방식을 이용하여 성별과 맥주 선호가 독립이라는 귀무가설의 기각 여부를 결정할 수 있다. 부록 B의 〈표 3〉 카이제곱분포표의 두 번째 행을 이용하면 다음을 얻을 수 있다.

오른쪽 꼬리 면적	0.10	0.05	0.025	0.01	0.005
χ^2값(자유도 2)	4.605	5.991	7.378	9.210	10.597

$\chi^2=6.45$

$\chi^2=6.45$의 오른쪽 꼬리 면적이 0.05와 0.025 사이인 것을 알 수 있으므로, p-값은 0.05와 0.025 사이에 있어야 한다. p-값 ≤ 0.05이므로 H_0를 기각하고 맥주 선호는 맥주 소비자의 성별과 독립적이지 않다고 결론내릴 수 있다. 다시 말하면, 이 조사는 남성과 여성 맥주 소비자의 맥주 선호가 다를 것이라는 것을 보여준다. 엑셀을 사용하면 정확한 p-값은 0.0398이 된다.

p-값 방식 대신 임계값 방식을 사용해도 동일한 결론을 얻게 된다. $\alpha=0.05$이고 자유도가 2이므로 카이제곱 검정의 임계값은 $\chi^2_{0.05}=5.991$이다. 오른쪽 검정이므로 기각역은 다음과 같다.

$$\chi^2 \geq 5.991 \text{ 이면 } H_0\text{를 기각}$$

$\chi^2=6.45 \geq 5.991$이므로 H_0를 기각하게 되어, p-값 방식과 임계값 방식 모두 같은 결론을 제공한다.

맥주 선호도와 성별이 독립적이지 않다는 증거가 있지만 이 두 변수 간의 연관성의 특성을 평가하기 위해서는 자료에서 추가적인 시사점을 얻어야 한다. 이를 수행하는 한 가지 방법은 다음의 표와 같이 남성과 여성에 대한 맥주 선호도 응답의 비율을 별도로 계산하는 것이다.

맥주 선호	남성	여성
라이트	51/132=0.3864(38.64%)	39/68=0.5735(57.35%)
일반	56/132=0.4242(42.42%)	21/68=0.3088(30.88%)
흑	25/132=0.1894(18.94%)	8/68=0.1176(11.76%)

〈그림 12-3〉은 남성과 여성의 맥주 선호도를 보여주는 막대 그래프이다.

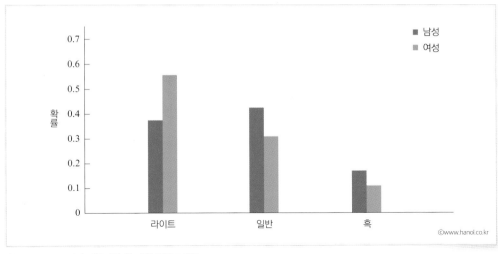

● 그림 12-3_ 성별 맥주 선호에 대한 막대그래프

    맥주 선호와 성별 사이의 관계에 대해서 무엇을 알 수 있는가? 표본 내 여성 맥주 소비자의 경우 라이트 맥주가 57.35%로 선호도가 가장 높았으며, 표본 내 남성 소비자의 경우 일반 맥주가 42.42%로 선호도가 가장 높았다. 여성의 경우 라이트 맥주 선호도가 남성보다 높은 반면 남성들은 일반 맥주와 흑맥주의 선호도가 여성보다 더 높았다. 〈그림 12-3〉과 같은 막대그래프는 두 개의 범주형 변수의 관계에 대한 시사점을 얻는 데 효과적이다.

    이 주제를 마치기 전에 독립성 검정의 단계를 요약해보자.

> **카이제곱 검정을 이용한 두 범주형 변수의 독립성 검정**
>
> 1. 귀무가설과 대립가설을 설정한다.
>
> $$H_0: \text{두 변수는 독립적이다.}$$
> $$H_a: \text{두 변수는 독립적이지 않다.}$$
>
> 2. 모집단에서 확률표본을 추출하고 표본의 모든 원소로부터 두 변수에 대한 자료를 수집한다. 관측도수 f_{ij}를 r행 c열의 표(관측도수표)에 기록한다.
>
> 3. 귀무가설이 참이라고 가정하고 기대도수 e_{ij}를 계산한다.
>
> 4. 모든 범주의 기대도수 e_{ij}가 5보다 크거나 같으면 검정통계량을 계산한다.
>
> $$\chi^2 = \sum_i \sum_j \frac{(f_{ij} - e_{ij})^2}{e_{ij}}$$
>
> 5. 기각 규칙
>
> p-값 방식: p-값 $\leq \alpha$이면 H_0 기각
>   임계치 방식: $\chi^2 \geq \chi_\alpha^2$이면 H_0 기각
>
> 여기서 카이제곱분포의 자유도는 $(r-1)(c-1)$이고, α는 유의수준이다.

*카이제곱 검정이 유효하려면 기대도수가 모두 5 이상이어야 한다.

*이 카이제곱 검정은 기각역이 자유도가 $(r-1)(c-1)$인 카이제곱 분포의 오른쪽 꼬리에서 발생하는 단측검정이다.

마지막으로 독립성 귀무가설이 기각된다면 예에서 설명한 비율의 요약은 두 변수의 관계나 종속성이 어디 있는지 결정하는 데 도움이 된다.

1 엑셀을 활용한 독립성 검정

엑셀은 독립성 검정에 이용될 수 있으며, 〈그림 12-4〉는 맥주 선호 예제를 엑셀을 통해 수행한 결과이다.

DATA files
BeerPreference
www.hanol.co.kr

자료입력 BeerPreference 이름의 파일을 연다. 자료는 셀 B2:C201에 있고 레이블은 열 A와 셀 B1:C1에 있다.

도구사용 셀 E3:H8은 피벗테이블 도구(2.3절)를 사용하여 얻은 맥주 선호와 성별에 대한 교차표이다.

함수와 수식입력 셀 F12:G14에 있는 엑셀 수식은 각 행과 열에 있는 기대도수를 구하는 데 사용되었다. 관측도수와 기대도수가 계산되면 독립성 검정의 p-값 계산을 위해 엑셀의 CHISQ.TEST 함수를 사용할 수 있다. CHISQ.TEST 함수의 입력은 관측 및 기대도수가 입력되어 있는 셀의 범위로, p-값을 계산하기 위해 셀 G16에 다음 함수를 입력하였다.

$$=CHISQ.TEST(F5:G7,F12:G14)$$

결과 워크시트로부터 p-값=0.0398임을 알 수 있다. 따라서 $\alpha=0.05$에서 H_0를 기각하고 맥주 선호와 성별은 독립이 아니라고 결론내릴 수 있다.

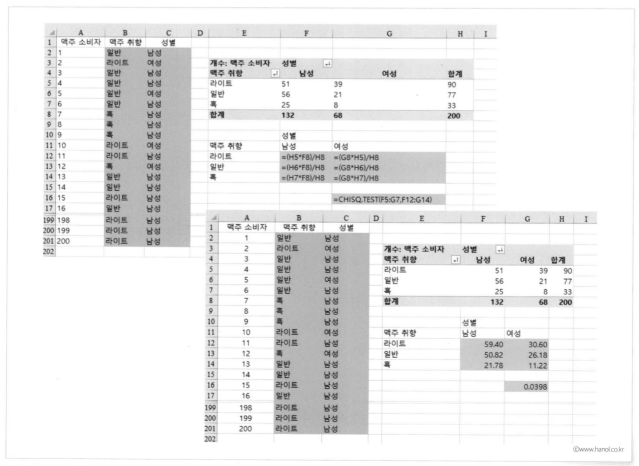

🔺 그림 12-4_ 맥주 선호 독립성 검정을 위한 엑셀 워크시트

앤더슨의 경영통계학

이 장에서의 카이제곱 검정의 검정통계량에는 각 범주에 대한 기대도수가 5 이상이라는 것이 요구된다. 기대도수 가 5 미만이면 두 개의 인접한 범주를 결합하여 각 범주에 서 5 이상의 기대도수가 얻어지도록 하는 것이 적절하다.

연습문제

기초문제

6. 다음 표는 표본크기가 200인 관측도수 값이다. 유의수준 $\alpha=0.05$를 사용하여 열 변수와 행 변수의 독립성을 검정하라.

열 변수	행 변수		
	A	B	C
P	20	44	50
Q	30	26	30

7. 다음 표는 표본크기가 240인 관측도수 값이다. 유의수준 $\alpha=0.05$를 사용하여 열 변수와 행 변수의 독립성을 검정하라.

열 변수	행 변수		
	A	B	C
P	20	30	20
Q	30	60	25
R	10	15	30

응용문제

8. 블룸버그 비즈니스위크(Bloomberg Businessweek)는 구독자 조사에서 2가지 질문을 하였다. 첫 번째는 "지난 12개월 동안에 비즈니스로 출장 때 어떤 종류의 표를 가장 많이 구입했는가?"이고, 두 번째는 "가장 많이 구매한 항공기의 종류가 국내인가, 국제인가?"이었다. 다음 표는 얻어진 표본자료이다.

표의 종류	항공기 종류	
	국내	국제
일등석	29	22
비즈니스석	95	121
이코노미석	518	135

a. 유의수준이 $\alpha=0.05$일 때 구매한 표의 종류와 항공기의 종류가 독립인가?

b. 표의 종류와 항공기의 종류 사이에 어떠한 종속성이 있는가?

9. 딜로이트(Deloitte)사는 180개 회사의 인사팀 임원에게 향후 12개월 동안 그들의 회사가 인사 조정을 어떻게 계획하는지에 대해 물었다. 대답은 3가지 범주(추가적으로 직원을 더 채용하는 것, 직원 수에 변화를 주지 않는 것, 직원 수를 감소시키는 것) 중 하나이며, 또 다른 변수는 회사가 사기업 또는 공기업인지이다. 180개 회사의 표본자료는 다음과 같이 요약된다.

고용계획(Plan)	회사	
	사기업(Private)	공기업(Public)
직원채용(Add)	37	32
변화 없음(No Change)	19	34
직원감소(Lay Off)	16	42

a. 향후 12개월 동안 회사의 종류와 고용계획이 서로 독립인지 검정을 실시하라. 유의수준이 $\alpha=0.05$일 때 결론은 무엇인가?

b. 향후 12개월 동안 공기업과 사기업의 고용계획 차이에 대해 설명하라.

10. 2015년 에디슨 그룹과 켈튼(Addison Group and Kelton)사는 베이비 부머, X세대, 밀레니얼의 세 세대에 걸쳐 있는 1,006명의 직장인의 업무에 대한 선호 및 태도를 조사하였다. 다른 직장에서 돈을 더 벌기 위해 현재 직업을 그만두겠는지를 질문한 결과를 다음과 같이 표로 정리하였다.

돈 때문에 직장을 떠날 것인가? (Leave Job for More Money?)	세대 (Generation)		
	베이비 부머 (Baby Boomer)	X세대 (Generation X)	밀레니얼 (Milenial)
네(Yes)	129	152	164
아니오(No)	207	183	171

종업원의 세대와 관계없이 돈 때문에 현재 직장을 떠나는 것에 관심이 있는지를 판단하기 위해 독립성 검정을 수행하라. p-값은 얼마인가? 유의수준이 0.05일 때 결론은 무엇인가?

11. J. D. Power and Associates 자동차 품질조사는 신차 소유주에게 최근 그들이 구매한 자동차에 대한 다양한 질문을 하고 있다. 그중 한 질문은 소유주의 차량품질 등급에 관한 것으로 평균, 우수, 최우수로 구분된다. 다른 질문은 소유주의 교육 수준에 관한 대답으로 고교 이수, 고졸, 대학교 이수, 대졸로 구분된다. 최근 차량을 구매한 500명 소유주의 표본자료가 다음과 같다고 가정하자.

품질 평가	교육			
	고교 이수 (Some HS)	고졸 (HS Grad)	대학 이수 (Some College)	대졸 (College Grad)
평균(Average)	35	30	20	60
우수(Outstanding)	45	45	50	90
최우수(Exceptional)	20	25	30	50

a. 유의수준 $\alpha=0.05$를 사용하여 새 자동차 소유주의 차량등급과 소유주의 교육 수준이 독립인지 검정하라. p-값은 얼마인가? 결론은 무엇인가?

b. 평균, 우수, 최우수 평가의 비율을 사용하여 새로운 자동차 소유주가 최근에 그들이 구매한 자동차의 품질을 어떻게 평가하는지 설명하라.

12. 기름값이 증가함에 따라 대안 에너지의 원천에 대한 세계적인 관심이 증가하였다. 파이낸셜 타임스/해리스 선거조사(The Financial Times / Harris Poll)는 다양한 형태의 대안 에너지에 대한 태도를 평가하기 위해 6개국의 국민을 조사하였다. 다음 표에 있는 자료는 사람들이 새로운 원자력 발전소를 건설하는 것에 대해 찬성하는지 혹은 반대하는지에 대한 조사 결과의 일부이다.

응답	국가					
	영국	프랑스	이탈리아	스페인	독일	미국
매우 동의하는	35	60	30	20	60	60
동의하는	45	90	45	50	90	90
반대하는	20	50	25	30	50	50
매우 반대하는	20	50	25	30	50	50

a. 해당 조사에서 표본크기는 얼마인가?

b. 신규 원자력 발전소에 대한 사람들의 태도가 국가와는 독립적인지를 판단하는 가설검정을 수행하라. 결론은 무엇인가?

c. "매우 동의하는" 응답자와 "동의하는" 응답자의 비중을 활용할 때 어느 국가가 신규 원자력 발전소를 건설하는 것에 대해 가장 동의하는 태도를 가지고 있는가? 어느 국가가 가장 덜 동의하는 태도를 가지고 있는가?

13. 텔레비전 프로그램에서 두 영화 평론가가 최근 영화에 대한 비평을 하고 토론을 한다. 두 영화 평론가는 시청자가 프로그램에 더 관심을 가지도록 하기 위해 서로의 의견에 의도적으로 동의하지 않는 것 같아 보인다. 각 영화 비평은 Pro(엄지를 듦), Con(엄지를 내림), Mixed(보통)로 범주화된다. 두 평론가에 의한 160편의 영화평가 결과는 다음과 같다.

평론가 A	평론가 B		
	Con	Mixed	Pro
Con	24	8	13
Mixed	8	13	11
Pro	10	9	64

자료를 분석하기 위해 유의수준 $\alpha=0.01$로 독립성 검정을 수행하라. 두 영화 평론가의 결정이 서로 독립적인가?

3 3개 이상의 모집단에서 비율의 동일성 검정

* 9, 10, 11장에서 가설검정을 위해 정규(z) 검정통계량, t 검정통계량 및 F 검정통계량을 사용한 것과 유사한 방식으로 카이제곱 검정통계량을 사용한다.

이 절에서는 3개 이상의 다항 모집단 비율의 동일성에 대한 통계적인 추론에 카이제곱분포를 어떻게 사용하는지를 설명한다. 검정 방법은 관측도수와 기대도수를 비교하는 방식으로 독립성 검정과 유사하다. 다음과 같이 모비율을 정의하자.

$$p_1 = \text{모집단 1의 모비율}$$
$$p_2 = \text{모집단 2의 모비율}$$
$$\vdots \qquad \vdots$$
$$p_k = \text{모집단 } k\text{의 모비율}$$

$k \geq 3$개 모집단에서 모비율의 동일성에 대한 가설은 다음과 같다.

$$H_0: p_1 = p_2 = \cdots = p_k$$
$$H_a: \text{모비율이 전부 같은 것은 아니다}$$

표본자료와 카이제곱 검정이 H_0를 기각할 수 없다면 k개 모비율 간의 차이를 발견할 수 없을 것이다. 하지만 H_0가 기각된다면 k개의 모비율이 전부 같은 것은 아니라는 통계적 증거를 얻게 된다. 즉, 한 개 이상의 모비율이 다른 모비율과 다르다는 것이다. 다음 예를 통해서 카이제곱 검정에 대해 살펴보자.

J.D. Power는 고객들의 자동차에 대한 충성도의 지표로 자동차를 재구매하려고 하는 고객들의 비율을 사용한다. 재구매한 고객들의 비율이 높은 자동차는 고객들의 충성도가 높다고 결론 내릴 수 있다. 쉐보레 임팔라(Chevrolet Impala), 포드 퓨전(Ford Fusion), 혼다 어코드(Honda Accord) 이 세 가지 자동차 고객의 충성도를 알아보자. 각각 세 가지 자동차의 소유주가 이 연구의 세 모집단이다. 세 모집단의 관심 대상은 다음과 같다.

$$p_1 = \text{쉐보레 임팔라 소유주 중에서 재구매 의사가 있는 소유주의 비율}$$
$$p_2 = \text{포드 퓨전 소유주 중에서 재구매 의사가 있는 소유주의 비율}$$
$$p_3 = \text{혼다 어코드 소유주 중에서 재구매 의사가 있는 소유주의 비율}$$

가설은 다음과 같이 설정할 수 있다.

$$H_0: p_1 = p_2 = p_3$$
$$H_a: \text{모비율이 전부 같은 것은 아니다}$$

* 이와 같은 조사에서는 보통 각 모집단에 대해 동일한 표본크기를 사용한다. 이 사례에서는 카이제곱 검정이 k 모집단 각각에 대해 동일한 표본 크기로 제약되지 않는다는 것을 보여주기 위해 다른 표본 크기를 사용하였다.

가설검정을 하기 위하여 먼저 세 모집단에서 각각 표본을 추출하여 쉐보레, 포드, 혼다 소유주들의 표본을 구성한다. 각각의 표본에는 그 자동차를 재구매할지 안 할지에 대한 응답이 포함되어 있다. 〈표 12-5〉는 쉐보레 소유주 125명, 포드 퓨전 소유주 200명, 혼다 소유주 175명의 표본자료를 요약한 것으로, 이 표는 "예"와 "아니오"의 대답이 있는 두 개의 행과 각각에 대응하는 모집단이 열로 구성되어 있다. 관측도수는 3개의 모집단의 구매의사가 6개 셀에 요약되어 있다.

〈표 12-5〉는 125명의 쉐보레 소유주 중에서 69명이 재구매 의사가 있음을 나타내고 있으며, 포드 퓨전 소유주 200명 중에서 120명이, 혼다 어코드 소유주 175명 중에서 123명이 재구매 의사가 있음을 보여준다. 또한 세 표본을 함께 보면 500명의 소유주 중에서 312명이 그들의 현재 자동차를 재구매할 의향이 있는 것으로 나타난다. 이제 질문은 귀무가설 $H_0 : p_1 = p_2 = p_3$ 의 기각 여부를 판단하기 위해서 〈표 12-5〉의 자료를 어떻게 분석하는가이다.

표의 6개 셀에 대한 기대도수는 모비율이 동일하다는 귀무가설이 참이라는 가정하에서 다음과 같은 방법으로 정할 수 있다. 세 표본에 포함된 총 500명의 소유주 중에서 312명이 자동차를 재구매할 의사가 있다는 것을 알 수 있으므로 312/500=0.624가 자동차를 재구매할 의사가 있는 소유주들의 종합적인 비율이다. 만약 $H_0 : p_1 = p_2 = p_3$ 가 참이라면 0.624는 현재의 자동차를 재구매할 의사가 있는 소유주 비율의 최적의 추정값이 된다. 따라서 H_0 가 참이라고 가정하면 쉐보레 임팔라 소유주 125명 중 0.624, 즉 0.624×125=78명이 재구매 의사가 있는 것으로 예상되고, 종합적인 표본비율 0.624를 이용하여 200명의 포드 퓨전 소유주 중 0.624×200=124.8명이 재구매할 것으로 예상되며, 혼다 어코드 소유주 중 0.624×175=109.2명이 재구매할 것으로 예상된다.

기대도수표를 구하는 방법은 12.2절에서 기대도수표를 얻는 절차와 동일하다. H_0 가 참이라는 가정하에 기대도수를 계산하는 데 다음의 공식을 사용할 수 있다.

H_0가 참이라는 가정하에서의 기대도수

$$e_{ij} = \frac{i행\ 합계 \times j열\ 합계}{표본크기\ 합계} \tag{12.4}$$

식 (12.4)를 이용하면 혼다 어코드 소유주(3열) 중에서 재구매 문항에 "예"(1행)라고 응답한 기대도수는 e_{13} = (1행 합계)×(3열 합계) / 표본크기 합계 = 312×175 / 500 = 109.2가 된다. 〈표 12-6〉은 식 (12.4)를 이용하여 다른 기대도수도 모두 구한 것이다.

〈표 12-5〉의 관측도수와 〈표 12-6〉의 기대도수의 비교를 통한 가설검정을 위해서는 다음의 카이제곱 검정통계량을 계산해야 한다.

▥ 표 12-5_ 자동차 소유주 세 모집단의 재구매 여부에 관한 표본조사 결과(관측도수)

		자동차 소유주			합계
		쉐보레 임팔라	포드 퓨전	혼다 어코드	
재구매 의향	예	69	120	123	312
	아니오	56	80	52	188
	합계	125	200	175	500

표 12-6_ H_0가 참일 때 자동차 소유주 세 모집단의 재구매 여부에 관한 기대도수

		자동차 소유주			합계
		쉐보레 임팔라	포드 퓨전	혼다 어코드	
재구매 의향	예	78	124.8	109.2	312
	아니오	47	75.2	65.8	188
	합계	125	200.0	175.0	500

카이제곱 검정통계량

$$\chi^2 = \sum_i \sum_j \frac{(f_{ij} - e_{ij})^2}{e_{ij}}$$

(12.5)

여기서

$f_{ij} = i$행 j열의 관측도수

$e_{ij} = H_0$가 참이라는 가정하에 i행 j열의 기대도수

참고: k개 모집단 모비율의 동일성에 관한 카이제곱 검정에서 모든 범주의 기대도수가 5 이상이면 이 검정통계량은 자유도 $k-1$인 카이제곱분포를 따른다.

〈표 12-6〉에서 모든 범주의 기대도수 값이 5 이상이므로 〈표 12-7〉과 같이 카이제곱 검정통계량의 값을 구하면, $\chi^2 = 7.89$가 된다.

카이제곱분포의 오른쪽 꼬리 면적과 p-값 방식을 이용하여 귀무가설의 기각 여부를 결정할 수 있다. 자동차 브랜드의 충성도 문제에서 세 모집단이 있으므로 카이제곱 분포의 자유도는 $k-1 = 3-1 = 2$가 된다. 부록 B의 〈표 3〉 카이제곱분포의 두 번째 열을 이용하여 다음을 얻을 수 있다.

* 이 절에서 제시하는 카이제곱 검정은 항상 카이제곱 분포의 오른쪽 꼬리에서 발생하는 H_0 기각이 있는 단측검정이다.

오른쪽 꼬리 면적	0.10	0.05	0.025	0.01	0.005
χ^2 값(자유도 2)	4.605	5.991	7.378	9.210	10.597

$\chi^2 = 7.89$

$\chi^2 = 7.89$의 오른쪽 꼬리 면적이 0.025와 0.01 사이이므로 p-값이 0.05보다 작게 되어 H_0를 기각한다. 따라서 세 모비율이 전부 같은 것은 아니므로 쉐보레, 포드, 혼다 소유주들의 브랜드 충성도에 차이가 있다고 결론내릴 수 있다. 엑셀을 사용하면 정확한 p-값은 0.0193이 된다. p-값 방식 대신 임계값 방식을 사용해도 같은 결론을 내리게 된다. $\alpha = 0.05$이고 자유도가 2이므로 카이제곱 검정의 임계값은 $\chi^2 = 5.991$이다. 오른쪽 검정이므로 기각역은 다음과 같다.

$$\chi^2 \geq 5.991$이면 H_0 기각$$

$\chi^2 = 7.89 \geq 5.991$이므로 H_0를 기각하게 되어, p-값 방식과 임계값 방식은 가설검정에서 같은 결론을 제공한다.

3개 이상의 모집단 모비율의 동일성 검정을 위한 카이제곱 검정의 일반적인 단계를 다시 한 번 정리해보자.

표 12-7_ 모비율 동일성 검정을 위한 카이제곱 검정통계량값의 계산

재구매 의향	자동차 소유주	관측도수 (f_{ij})	기대도수 (e_{ij})	차이 $(f_{ij} - e_{ij})$	차이제곱 $(f_{ij} - e_{ij})^2$	차이제곱/기대도수 $(f_{ij} - e_{ij})^2/e_{ij}$
예	임팔라	69	78.0	-9.0	81.00	1.04
예	퓨전	120	124.8	-4.8	23.04	0.18
예	어코드	123	109.2	13.8	190.44	1.74
아니오	임팔라	56	47.0	9.0	81.00	1.72
아니오	퓨전	80	75.2	4.8	23.04	0.31
아니오	어코드	52	65.8	-13.8	190.44	2.89
합계	합계	500	500.0			$\chi^2 = 7.89$

$k \geq 3$개 모비율의 동일성 검정을 위한 카이제곱 검정

1. 귀무가설과 대립가설을 세운다.

$$H_0 : p_1 = p_2 = \cdots = p_k$$

$$H_a : 모비율이\ 전부\ 같은\ 것은\ 아니다.$$

2. 무작위 표본을 각 모집단에서 추출하고 관측도수 f_{ij}를 2행 k열의 표에 기록한다.

3. 귀무가설이 참이라고 가정하고 기대도수 e_{ij}를 구한다.

4. 모든 범주의 기대도수 e_{ij} 값이 5 이상이면 검정통계량을 계산한다.

$$\chi^2 = \sum_i \sum_j \frac{(f_{ij} - e_{ij})^2}{e_{ij}}$$

5. 기각 규칙

p-값 방식: p-값 $\leq \alpha$이면 H_0 기각

임계치 방식: $\chi^2 \geq \chi_\alpha^2$이면 H_0 기각

여기서 카이제곱분포의 자유도는 $k - 1$이고 α는 검정의 유의수준이다.

1 다중비교 절차

카이제곱 검정을 통해 세 가지 자동차 소유주 모집단의 모비율이 동일한 것은 아니라는 결론을 내릴 수 있었다. 따라서 모집단 비율 간 차이가 존재하며, 해당 연구는 쉐보레 임팔라, 포드 퓨전, 혼다 어코드 소유주의 고객 충성도가 모두 동일하지 않다는 것을 의미한다. 비율 간 차이가 어디서 발생하는 것인지 확인하기 위해서는 다음과 같이 세 표본비율을 먼저 계산한다.

브랜드 충성도 표본비율:

쉐보레 임팔라	$\bar{p}_1 = 69/125 = 0.5520$
포드 퓨전	$\bar{p}_2 = 120/200 = 0.6000$
혼다 어코드	$\bar{p}_3 = 123/175 = 0.7029$

카이제곱 검정은 모든 모비율이 동일하지는 않다는 것을 의미하기 때문에 어떤 모비율 간에 차이가 발생하는지에 대한 판단을 해야할 것이다. 이를 위해 가능한 모든 모비율 짝 간의 통계적 검정을 수행하는 데 활용되는 다중비교 절차를 활용한다. 이 절에서는 마라스쿠요 절차(Marascuilo procedure)로 알려진 다중비교 절차를 소개한다. 이는 모든 모비율 짝 간의 쌍대비교를 하기 위한 직접적인 방법으로 자동차 고객 충성도 조사 사례를 이용하여 다중비교 검정절차에 필요한 계산과정을 보여줄 것이다.

첫 번째 단계에서 각 모집단의 짝에 대응하는 표본비율 간 차이의 절대값을 계산한다. 세 모집단 자동차 브랜드 충성도 조사에서 다음과 같이 모집단 1과 2, 모집단 1과 3, 그리고 모집단 2와 3을 비교하였다.

쉐보레 임팔라와 포드 퓨전:

$$|\bar{p}_1 - \bar{p}_2| = |.5520 - .6000| = .0480$$

쉐보레 임팔라와 혼다 어코드:

$$|\bar{p}_1 - \bar{p}_3| = |.5520 - .7029| = .1509$$

포드 퓨전과 혼다 어코드:

$$|\bar{p}_2 - \bar{p}_3| = |.6000 - .7029| = .1029$$

두 번째 단계에서는 유의수준을 선택하고 다음과 같은 형태를 사용하여 각 쌍대비교에 대응하는 임계값을 계산한다.

마라스쿠요 쌍대비교 절차에서의 임계값

각 쌍대비교에 대해 다음과 같이 임계값을 계산한다.

$$CV_{ij} = \sqrt{\chi_\alpha^2} \sqrt{\frac{\bar{p}_i(1 - \bar{p}_i)}{n_i} + \frac{\bar{p}_j(1 - \bar{p}_j)}{n_j}} \tag{12.6}$$

여기서

χ_α^2 = 유의수준 α 및 자유도 $k-1$을 갖는 카이제곱 값
$\bar{p}_i$와 $\bar{p}_j$ = 모집단 i 및 j에 대한 표본비율
n_i와 n_j = 모집단 i 및 j에 대한 표본크기

부록 B의 〈표 3〉에 있는 카이제곱분포표를 활용하면 자유도 $k-1=3-1=2$와 유의수준 0.05에 해당하는 값은 $\chi_{.05}^2 = 5.991$이다. 표본비율 $\bar{p}_1 = 0.5520$, $\bar{p}_2 = 0.6000$ 및 $\bar{p}_3 = 0.7029$를 활용하면 세 쌍대비교 검정 각각의 임계값은 다음과 같다.

쉐보레 임팔라와 포드 퓨전:

$$CV_{12} = \sqrt{5.991} \sqrt{\frac{.5520(1 - .5520)}{125} + \frac{.6000(1 - .6000)}{200}} = .1380$$

표 12-8_ 자동차 브랜드 충성도 조사를 위한 쌍대비교 검정

쌍대비교	$\lvert \bar{p}_i - \bar{p}_j \rvert$	CV_{ij}	$\lvert \bar{p}_i - \bar{p}_j \rvert > CV_{ij}$면 유의함
쉐보레 임팔라 vs 포드 퓨전	0.0480	0.1380	유의하지 않음
쉐보레 임팔라 vs 혼다 어코드	0.1509	0.1379	유의함
포드 퓨전 vs 혼다 어코드	0.1029	0.1198	유의하지 않음

쉐보레 임팔라와 혼다 어코드:

$$CV_{13} = \sqrt{5.991}\sqrt{\frac{.5520(1 - .5520)}{125} + \frac{.7029(1 - .7029)}{175}} = .1379$$

포드 퓨전과 혼다 어코드:

$$CV_{23} = \sqrt{5.991}\sqrt{\frac{.6000(1 - .6000)}{200} + \frac{.7029(1 - .7029)}{175}} = .1198$$

만약 어떤 쌍대 표본비율 차이의 절대값 $\lvert \bar{p}_i - \bar{p}_j \rvert$이 이에 대응하는 임계값 CV_{ij}을 초과하면 차이는 유의수준 0.05에서 유의하고, 이에 따라 대응하는 두 모비율이 다르다고 결론내릴 수 있다. 쌍대비교 절차의 마지막 단계는 〈표 12-8〉에 정리되어 있다.

쌍대비교에서 얻은 결론은 오직 쉐보레 임팔라와 혼다 어코드 간 고객 충성도에 유의한 차이가 있다는 것이다. 따라서 우리는 혼다 어코드($\bar{p}_3 = 0.7029$)가 쉐보레 임팔라($\bar{p}_1 = 0.5520$)보다 더 큰 고객 충성도를 가지고 있다고 결론내릴 수 있다.

이 조사 결과는 포드 퓨전의 상대적인 충성도는 다소 불확실게 나타난다. 포드 퓨전은 쉐보레 임팔라나 혼다 어코드와 비교해 볼 때 유의하게 상이한 결과를 보여주지 않았으나, 표본의 크기가 컸다면 유의한 차이가 나타났을 수도 있을 것이다. 다중비교 절차에서 일부 쌍대비교는 유의하고 일부 쌍대비교는 유의성이 나타나지 않는 것은 특별한 것이 아니다.

DATA files
PairwiseComparisons
www.hanol.co.kr

2 엑셀을 활용한 모비율의 동일성 검정

엑셀을 활용한 모비율의 동일성 검정 방법은 독립성 검정 방법과 동일하다. CHISQ.TEST 함수의 입력으로 관측도수와 기대도수를 사용하여 검정을 위한 p-값을 출력으로 얻는다. 〈그림 12-5〉는 자동차 브랜드 충성도 문제를 다음의 절차에 따라 엑셀을 이용하여 수행한 결과이다.

DATA files
AutoLoyalty
www.hanol.co.kr

자료입력 AutoLoyalty 이름의 파일을 연다. 자료는 셀 B2:C501에 있고 레이블은 열 A와 셀 B1:C1에 있다.

도구사용 피벗테이블 도구를 사용한 관측도수는 셀 F5:H6에 계산되어 있다.

함수와 수식입력 셀 F12:H13에 있는 엑셀 수식은 각 범주의 기대도수를 구하는 데 사용되었다. 관측도수와 기대도수가 계산되면 셀 H15의 CHISQ.TEST 함수를 사용하여 검정을 위한

p-값을 계산한다. 결과 워크시트로부터 p-값이 0.0193임을 알 수 있다. $\alpha=0.05$이므로 모든 모비율이 같다는 귀무가설을 기각한다.

보충설명

1. 10장에서 우리는 두 모비율의 차이에 대한 가설검정을 수행하기 위해 z 검정통계량과 표준정규분포를 이용하였다. 이 장에서 소개한 카이제곱 검정 또한 두 모집단 모비율 동일성 검정을 위해서 사용할 수 있다. 두 검정절차에서 같은 결과가 나올 것이고 χ^2 검정통계량 값도 z 검정통계량 값의 제곱과 같을 것이다. 하지만 이 장에서 설명한 카이제곱분포는 양측검정만 사용할 수 있는 반면에 10장의 방법은 단측검정과 양측검정에 모두 사용될 수 있다는 장점이 있다.

2. 이 절에 있는 k개 모집단 모두 "예" 또는 "아니오"의 2개의 응답만이 있었다. 사실 각각의 모집단은 "예"라는 대답의 모비율이 p인 이항분포를 따른다. 이 절의 카이제곱 절차는 각각의 k개 모집단의 대답이 3개 이상일 때로 확장하여 적용할 수 있다. 이 경우 각각 모집단은 다항 모집단(multinomial population)이라고 부른다. 즉, k개 모집단 각각은 다항분포를 따른다. 기

대도수 e_{ij}와 검정통계량 χ^2을 위한 카이제곱 계산은 식 (12.4)와 (12.5)에서 보는 것과 같다. 유일한 차이는 귀무가설이 모든 모집단에서 응답변수의 다항분포가 전부 같다고 가정하는 것이다. 각 k개 모집단의 대답이 r개일 때 카이제곱 검정통계량의 자유도는 $(r-1)(k-1)$이다.

3. 비율의 동일성 검정과 12.2절의 독립성 검정에서 기대도수를 계산하는 절차는 동일하며 두 검정은 동일한 카이제곱 통계량을 적용한다. 하지만 핵심적인 차이는 독립성 검정은 단일 모집단에서 추출된 단일표본에 기반하고, 비율의 동일성 검정은 k개의 모집단에서 추출된 k개의 독립표본에 기반한다는 점이다. 따라서 비율의 동일성 검정에서는 각각의 k개 모집단 범주에 대한 표본크기를 조정할 수 있으나, 독립성 검정에서는 전체 표본의 크기만 조정할 수 있다.

* <그림 12-5> 참고: 18-498행은 숨겨져 있음

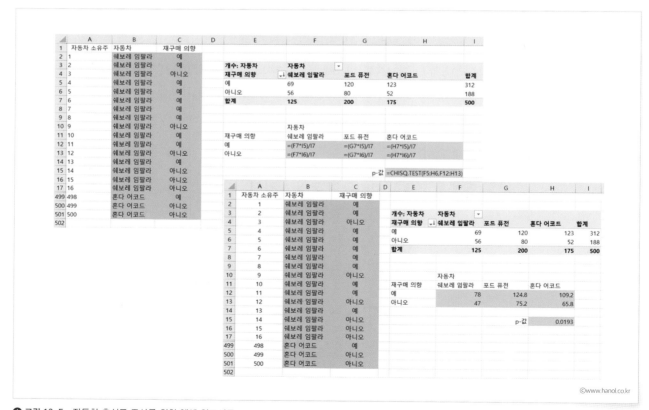

⬥ 그림 12-5_ 자동차 충성도 조사를 위한 엑셀 워크시트

14. 다음의 표본자료를 사용하여 가설을 검정하라.

$$H_0: p_1 = p_2 = p_3$$
$$H_a: \text{모비율이 모두 동일하지는 않다.}$$

여기서 p_i는 모집단 i에서 "예"라는 대답의 모비율이다. p-값을 계산하고 유의수준 0.05에서 가설을 검정하라.

응답	모집단		
	1	2	3
네	150	150	96
아니오	100	150	104

15. 연습문제 14의 관측도수를 다시 살펴보자.

    a. 각 모집단의 표본비율을 계산하라.

    b. 다중비교 절차를 사용한다면 어떤 모집단 간에 모비율의 차이가 유의하게 큰가? 유의수준 0.05 를 사용하라.

16. 다음의 표본자료는 델타(Delta) 항공, 유나이티드(United) 항공, 유에스 에어웨이즈(US Airways)의 지연과 정시 비행 횟수이다.

비행	항공사		
	델타 항공	유나이티드 항공	유에스 에어웨이즈
지연	39	51	56
정시	261	249	344

    a. 세 항공사의 지연 비행 비율의 동일성에 관한 가설을 설정하라.

    b. 유의수준이 0.05일 때 가설을 검정하라. p-값과 결론을 제시하라.

    c. 각 항공사 지연 비행의 표본비율을 구하라. 세 항공사 지연 비행을 모두 종합한 종합적인 비율은 얼마인가?

17. 한 세무대행회사는 두 지역 사무소의 업무 품질을 비교하려 한다. 오류가 있는 신고서 표본과 정확한 신고서 표본의 관측도수는 다음과 같다.

*연습문제 17번은 가설이 두 모집단 비율의 동일성에 관한 것일 때 카이제곱 검정을 사용할 수 있음을 보여주고 있다.

신고서	지역 사무소	
	사무소 1	사무소 2
오류	35	27
정확	215	273

a. 두 사무소에서 오류가 있는 신고서의 표본비율은 얼마인가?

b. 두 사무소 오류율에 차이가 있는지를 검정하는 데 카이제곱 검정을 사용하라. 유의수준은 0.10이고 귀무가설은 $H_0: p_1 = p_2$이다. p-값과 결론은 무엇인가? (참고: 일반적으로 3개 이상의 모비율 동일성 검정을 할 때 카이제곱 검정을 사용했다. 하지만 이 사례는 두 모집단 모비율 동일성 검정에 같은 카이제곱 검정이 사용될 수 있다는 것을 보여준다.)

c. 10.2절에서 위의 가설을 검정할 때 z 검정을 사용했으며, χ^2 검정통계량과 z 검정통계량 중 하나가 이 가설을 검정하기 위해 사용될 수 있다. 하지만 두 모집단 간 모비율을 추론하고자 할 때 일반적으로 z 검정통계량 방식이 선호된다. 이 절 마지막에 있는 보충설명을 참고하여 왜 z 검정통계량이 더 많은 선택을 받는지를 설명하라.

18. 소셜 미디어는 세계적으로 인기가 많다. Statista는 2017년 여러 국가의 소셜 미디어 사용자 수의 추정치 및 2022년의 전망치를 제공하고 있다. 영국, 중국, 러시아와 미국의 성인을 대상으로 한 소셜미디어 사용 여부의 설문조사 결과가 다음과 같다고 가정하자.

소셜 미디어 사용 여부	국가			
	영국 (United Kingdom)	중국 (China)	러시아 (Russia)	미국 (United States)
예(Yes)	480	215	343	640
아니오(No)	320	285	357	360

a. 4개 국가의 소셜 미디어를 사용하는 성인의 비율이 동일한지를 결정하는 가설검정을 수행하라. p-값은 얼마인가? 유의수준이 0.05일 때 결론은 무엇인가?

b. 각 국가의 표본비율은 얼마인가? 어느 국가가 소셜 미디어를 사용하는 성인의 비율이 가장 큰가?

c. 유의수준 0.05를 사용하여 4개 국가에 대한 다중 쌍대비교 검정을 시행하라. 결론은 무엇인가?

*연습문제 19번은 범주형 반응변수에 3개 이상의 결과가 있을 때 카이제곱 검정을 다중 모집단 검정에 사용할 수도 있음을 보여주고 있다.

19. 한 회사는 세 개의 다른 제조업체로부터 부품구매를 고려하고 있다. 업체로부터 제공받은 부품은 작은 결함, 큰 결함, 정상으로 분류된다. 세 업체로부터 받은 부품 표본의 결과는 다음과 같다. 범주별 응답변수가 3개(작은 결함, 큰 결함, 정상)이므로 세 업체의 모비율에 관한 기존 검정과 다르다는 점을 기억하라.

부품	제조업체		
	A	B	C
작은 결함	15	13	21
큰 결함	5	11	5
정상	130	126	124

위의 자료를 이용하여 세 업체 결함의 분포가 동일한지를 검정하라. 이 절의 카이제곱 검정 계산방식을 사용하되, 단 r개의 행과 c개의 열로 구성된 표가 사용되므로 카이제곱 검정통계량은 $(r-1)(c-1)$의 자유도를 갖는다. 유의수준을 0.05로 할 때 p-값과 결론은 무엇인가?

이 장에서는 다음과 같은 가설검정을 소개하였다.

1. 적합도 검정 관찰도수의 분포가 각 범주에 대한 가설화된 확률을 고려할 때 예상한 것과 다른지를 판단하기 위해 설계된 검정
2. 독립성 검정 한 모집단에서 두 범주형 변수를 포함하는 표본의 관측빈도표가 두 변수가 독립적인 경우 예상한 것과 다른지 여부를 판단하기 위해 설계된 검정
3. 모집단이 셋 이상일 때 모비율의 동일성 검정 3개 이상의 표본비율이 모든 모비율이 동일한 경우 예상한 것과 유의하게 다른지 여부를 결정하기 위해 설계된 검정

처음 두 개의 검정은 단일 모집단의 단일표본에 대한 것이다. 세 번째 검정은 세 개 이상의 상이한 모집단에서 추출한 독립표본에 대한 것이다. 모든 검정은 표본의 관측도수와 귀무가설이 참일 경우 예상하는 기대도수 간 차이에 기반한 카이제곱 검정통계량을 사용한다. 관측도수와 기대도수 간 차이가 크면 카이제곱 검정통계량이 크며, 귀무가설이 기각되어야 할 것이다. 따라서 이 카이제곱 검정은 오른쪽 단측검정이 된다.

보충문제

20. Bistro 65는 오하이오 주와 켄터키 주에 위치한 이탈리안 레스토랑 체인이다. Bistro 65 메뉴에는 파스타, 찹스테이크, 해산물, 기타(예: 피자, 샌드위치)의 4가지 메뉴가 있다. 해당 체인에 대한 과거 자료는 고객이 4가지 중 하나에서 메뉴를 주문할 확률을 보여주고 있다. 파스타의 경우 0.4, 찹스테이크의 경우 0.1, 해산물의 경우 0.2, 기타의 경우 0.3이다. 오하이오 주 데이턴(Dayton)에 새로운 Bistro 65 레스토랑이 오픈했으며 첫 200명의 고객에 대해 다음과 같은 구매도수가 관찰되었다.

범주	도수
파스타	70
찹스테이크	30
해산물	50
기타	50
합계	200

a. 데이턴에 있는 새로운 레스토랑의 주문 패턴이 기존 Bistro 65 레스토랑의 과거 패턴과 동일한지 여부를 확인하기 위한 가설검정을 $\alpha=0.05$에서 시행하라.

b. 문항 (a)에서 차이가 발생하는 위치를 파악하는 데 필요한 막대그래프를 작성하고, 관찰된 결과를 설명하라.

21. 2017년 판매량 기준으로 가장 많이 팔린 소형차는 혼다 시빅, 도요타 코롤라, 닛산 센트라, 현대 엘란트라, 쉐보레 크루즈, 포드 포커스이다. 2017년 시장 점유율은 혼다 시빅 20%, 도요타 코롤라 17%, 닛산 센트라 12%, 현대 엘란트라 10%, 쉐보레 크루즈 10%, 포드 포커스 8%이며 기타 소형차 모델이 나머지 23%를 구성하였다. 시카고에서 판매된 400대의 소형차 표본은 다음과 같은이 구성되었다.

혼다 시빅	98
도요타 코롤라	72
닛산 센트라	54
현대 엘란트라	44
쉐보레 크루즈	42
포드 포커스	25
기타	65

표본자료가 시카고 자동차의 시장 점유율이 2017년 전국 매출이 시장 점유율과 다르다는 것을 확인하기 위해 $\alpha=0.05$에서 적합도 검정을 실시하라. p-값은 얼마이며 결론은 무엇인가? 시카고 시장이 전국 매출과 다른 경우 이 차이에 가장 크게 기여하는 범주는 무엇인가?

22. 퓨 리서치 센터(Pew Research Center)는 삶의 속도가 느린 곳에서 살 것인지 아니면 삶의 속도가 빠른 곳에서 살 것인지에 관한 설문조사를 실시하였다. 설문조사에서 응답자의 성별도 질문하여 다음의 표본자료를 얻었다.

선호하는 삶의 속도	성별	
	남성	여성
느림	230	216
선호 없음	20	24
빠름	90	48

a. 선호하는 삶의 속도는 성별과 독립인가? p-값을 계산하고 유의수준 0.05에서 결론은 무엇인가?

b. 남성과 여성의 선호 차이에 대해 논의하라.

23. 2018년 조사에서 피닉스 마케팅 인터내셔널(Phoenix Marketing International)은 코네티컷 주의 브리지포트, 캘리포니아 주 산호세, 워싱턴 D.C. 및 메릴랜드 주 렉싱턴 파크를 백만장자의 비율이 가장 높은 미국 4개 도시로 선정하였다. 4개 도시의 백만장자 수를 보여주는 표본자료를 생각해보자.

백만장자	도시			
	코네티컷 주 브리지포트	캘리포니아 주 산호세	워싱턴 D. C.	메릴랜드 주 렉싱턴 파크
예	44	35	35	34
아니오	356	350	364	366

a. 각 도시의 백만장자 비율은 얼마로 추정되는가?

b. 유의수준 0.05를 사용하여 이 4개 도시의 백만장자 인구 비율의 동일성을 검정하라. p-값은 얼마이며 결론은 무엇인가?

24. 아르코닉 사(Arconic Inc.)는 항공전자 및 자동차 산업을 위한 알루미늄 부품 생산업체이다. 데븐포트 웍스(Davenport Works) 공장에서 엔지니어는 3교대로 생산된 알루미늄 코일을 검사하는 품질관리 테스트를 수행해왔다. 이 조사는 양호한 부품의 모집단 비율이 세 교대조 모두에서 동일한지 여부를 확인하기 위해 기획되었다. 표본자료는 다음과 같다.

품질	교대조		
	1교대	2교대	3교대
양호	285	368	176
불량	15	32	24

a. 유의수준 0.05를 사용하여 양호한 부품의 모집단 비율이 세 교대조 모두에서 동일한지 여부를 확인하기 위한 가설검정을 시행하라. p-값은 얼마이며 결론은 무엇인가?

b. 모집단 비율이 모두 같지 않다는 결론을 내리게 되면 다중비교 절차를 사용하여 품질 측면에서 교대조에 따라 어떻게 다른지 판단하라. 어떤 교대조에서 생산된 부품 품질에 개선이 필요한가?

25. 아트 뉴스페이퍼(The Art Newspaper)의 방문객 수치 조사에 따르면 세계에서 가장 많이 방문한 미술관은 루브르 박물관, 중국 국립 박물관, 메트로폴리탄 미술관, 바티칸 박물관, 대영 박물관이다. 다음 5개 박물관 중 방문자가 가장 훌륭하다고 평가하는 박물관은 무엇인가? 이들 각 박물관에 최근 방문한 사람들의 표본을 추출하였고 표본조사 결과는 다음과 같다.

	루브르 박물관	중국 국립 박물관	메트로폴리탄 미술관	바티칸 박물관	대영 박물관
훌륭	113	88	94	98	96
훌륭하지 않음	37	44	46	72	64

a. 표본자료를 사용하여 각 박물관을 훌륭하다고 평가한 방문자의 모집단 비율에 대한 점 추정값을 계산하라.

b. 박물관을 훌륭하다고 평가한 방문자의 모집단 비율이 5개 박물관에 대해 동일한지 확인하기 위해 유의수준 0.05에서 가설검정을 시행하라. p-값은 얼마이며 결론은 무엇인가?

사례연구 **1. 푸엔티스 솔티 스낵 (FUENTES SALTY SNACKS, INC.)**

6개월 전 푸엔티스 솔티 스낵(Fuentes Salty Snacks, Inc.)은 감자칩 제품라인에 새로운 맛을 추가했다. 새로운 맛인 설탕에 절인 베이컨은 광범위한 마케팅 프로모션 캠페인의 지원으로 전국적인 출시를 통해 도입되었다. 푸엔티스의 경영진은 식료품점으로의 빠른 침투가 새로운 짭짤한 스낵 제품의 성공적인 도입의 열쇠라고 확신하고 있으며, 경영진은 이제 푸엔티스의 설탕에 절인 베이컨 감자칩의 구매 가능성이 미국 전역의 식료품점에서 일관된지 여부를 확인하고자 한다. 푸엔티스 마케팅 부서는 8개의 미국 판매 지역 각각에 있는 40개의 식료품점으로부터 무작위 표본을 추출하였다.

- 뉴잉글랜드(코네티컷, 메인, 매사추세츠, 뉴햄프셔, 로드아일랜드, 버몬트)
- 대서양 중부(뉴저지, 뉴욕, 펜실베이니아)
- 중서부(일리노이, 인디애나, 미시간, 오하이오, 위스콘신)
- 대평원(아이오와, 캔자스, 미네소타, 미주리, 네브래스카, 노스다코타, 오클라호마, 사우스다코타)
- 남대서양(델라웨어, 플로리다, 조지아, 메릴랜드, 노스캐롤라이나, 사우스캐롤라이나, 버지니아, 워싱턴 D.C, 웨스트버지니아)
- 남부(앨라배마, 아칸소, 켄터키, 루이지애나, 미시시피, 테네시, 텍사스)
- 산지(아리조나, 콜로라도, 아이다호, 몬태나, 네바다, 뉴멕시코, 유타, 와이오밍)
- 태평양(알래스카, 캘리포니아, 하와이, 오리건, 워싱턴)

DATA files
FuentesChips
www.hanol.co.kr

그런 다음 각 표본 매장에 연락하여 각 매장의 관리자에게 해당 매장이 현재 푸엔티스의 설탕에 절인 베이컨 감자칩을 판매하는지 여부를 질문한다. 전체 자료는 FuentesChips 파일에서 사용할 수 있다.

푸엔티스의 고위 경영진은 이제 이 자료를 사용하여 식료품점에서 푸엔티스의 설탕에 절인 베이컨 감자칩 보급률이 미국 8개 판매 지역에서 일관된지 여부를 평가하려고 한다. 식료품점에서 푸엔티스의 설탕에 절인 베이컨 감자칩 보급률이 8개의 미국 판매 지역에서 다른 경우 푸엔티스의 경영진은 푸엔티스의 설탕에 절인 베이컨 감자칩의 보급률이 더 낮거나 예상보다 높은 판매 지역을 식별하고자 한다.

(**경영 보고서**)

다음 문제를 다루는 경영 보고서를 준비하라.

1. 기술통계를 사용하여 푸엔티스의 조사 자료를 요약하라. 기술적인 통계를 바탕으로 푸엔티스의 설탕에 절인 베이컨 감자칩이 미국 8개 판매 지역의 식료품점 보급률에 대한 예비 결론은 무엇인가?
2. 푸엔티스의 조사 자료를 사용하여 현재 푸엔티스의 설탕에 절인 베이컨 감자칩을 판매하는 식료품점의 비율이 미국 8개 판매 지역에서 동일하다는 가설을 $\alpha = 0.05$에서 검정하라.
3. 가설검정의 결과가 식료품점에서 푸엔티스의 설탕에 절인 베이컨 감자칩 보급률이 미국 8개 판매 지역에서 다르다는 증거를 제시하는가? 푸엔티스의 설탕에 절인 베이컨 감자칩 보급률이 예상보다 낮거나 높은 판매 지역은 어디인가? $\alpha = 0.05$에서 마라스쿠요 쌍대비교 절차를 사용하여 지역 간 차이를 검정하라.

2. 프레즈노 보드게임 (FRESNO BOARD GAME)

　　프레즈노 보드게임은 온라인과 전국 백화점을 통해 다양한 보드게임을 제작 및 판매하고 있다. 프레즈노의 가장 인기 있는 게임인 iCabestrillo Cinco!는 5개의 6면체 주사위를 사용한다. 프레즈노는 25년 동안 박스 카(Box Cars, Ltd.)에서 이 게임용 주사위를 구입했지만, 회사는 이제 주사위를 프레즈노에 상당한 싼 가격에 판매하겠다고 제안한 새로운 공급업체인 빅 보스 게이밍(Big Boss Gaming, Inc., BBG)으로의 이전을 고려하고 있다. 프레즈노 경영진은 BBG가 제공하는 잠재적인 절감 효과에 흥미를 느끼면서도 새로운 공급업체에서 생산한 주사위의 품질에 대해서도 우려하고 있다. 프레즈노는 높은 완결성으로 정평이 나 있으며 경영진은 iCabestrillo Cinco!에 주사위를 포함하는 것이 당연하다고 생각한다.

DATA files
BBG
www.hanol.co.kr

　　생산하는 주사위의 품질 우려를 완화하기 위해 BBG는 프레즈노의 품질 관리자가 가장 최근 생산공정에서 무작위로 5개의 주사위를 표본 추출하도록 허용하였다. BBG 관리팀의 여러 구성원이 관찰하는 동안 프레즈노의 품질 관리자는 무작위로 선택한 5개의 주사위를 각각 500번 굴리고 각 결과를 기록하였다. 무작위로 선택한 5개의 주사위 각각에 대한 결과는 BBG 파일에서 사용할 수 있다.

　　프레즈노 경영진은 이제 이러한 자료를 사용하여 이러한 5개의 6면체 주사위 중 어느 것이 공정하지 않은지 평가하기를 바라고 있다. 즉, 한 결과가 다른 결과보다 더 자주 또는 덜 자주 발생하는가?

경영 보고서

다음 문제를 다루는 경영 보고서를 준비하라.

1. 기술통계를 사용하여 무작위로 선택된 5개의 주사위 각각에 대해 프레즈노의 제품 품질 관리자가 수집한 자료를 요약하라. 이러한 기술적인 통계를 바탕으로 선택된 5개의 주사위의 공정성에 대한 예비 결론은 무엇인가?

2. 프레즈노의 제품 품질 관리자가 수집한 자료를 사용하여 무작위로 선택된 5개의 주사위 중 첫 번째 주사위가 공정하다는 가설, 즉 무작위로 선택된 5개 중 첫 번째 주사위의 결과 분포가 $p_1=p_2=p_3=p_4=p_5=p_6=1/6$의 다항분포를 따른다는 가설을 검정하라. 무작위로 선택된 다른 4개의 주사위 각각에 대해 $\alpha=0.01$을 사용하여 이 과정을 반복하라. 가설검정 결과 BBG가 불공정한 주사위를 생산하고 있다는 증거를 제시하는가?

데이터 분석을 위해
엑셀로 100% 구현된
앤더슨의 경영통계학

13

실험설계 및 분산분석

버크 사(Burke, Inc.)
CINCINNATI, OHIO

버크 사(Burke Inc.)는 업계에서 가장 경험이 풍부한 시장조사 회사 중 하나로 세계 어느 시장조사 회사보다 많은 프로젝트에 제안서를 작성하고 있다. 최신 기술의 지원을 받는 버크 사는 거의 모든 마케팅 문제에 대한 답변을 제공하는 다양한 연구 기능을 제공한다.

한 기업은 버크 사에게 어린이용 건조 시리얼 신제품 설계를 위한 조사를 의뢰했다. 기밀을 유지하기 위해 시리얼 제조업체를 애논 사(Anon Company)라고 하자. 애논의 제품 개발자들이 시리얼의 맛을 향상시킬 것이라고 생각한 4가지 핵심 요소는 다음과 같다.

1. 시리얼 후레이크에서 밀과 옥수수의 비율
2. 감미료의 종류 : 설탕, 꿀, 인공
3. 과일 향의 유무
4. 짧거나 긴 조리시간

버크 사는 이 네 가지 요인이 시리얼 맛에 어떤 영향을 미치는지 알아보기 위해 실험을 설계하였다. 예를 들어, 어떤 테스트용 시리얼은 밀과 옥수수의 특정 비율, 감미료로 설탕 첨가, 과일 향 첨가, 짧은 조리시간으로 만들어졌다. 다른 테스트용 시리얼은 밀과 옥수수의 비율을 다르게 하고 다른 세 가지 요소를 동일하게 유지하는 식으로 만들어졌다. 그런 다음 어린이 그룹은 시리얼의 맛을 확인하고 각각의 맛에 대해 어떻게 생각하는지 말했다.

분산분석은 맛 테스트에서 얻은 자료를 분석하는 데 사용되는 통계적 방법으로, 분석 결과 다음과 같은 결과를 얻었다.

버크는 미각 테스트를 사용하여 고객이 제품으로부터 원하는 것에 대한 가치 있는 통계 정보를 제공합니다. Erick/Shutterstock.com

- 후레이크 구성과 감미료 종류는 맛 평가에 큰 영향을 미친다.
- 과일 향은 시리얼의 맛을 떨어뜨린다.
- 조리시간은 맛에 영향을 미치지 않았다.

해당 정보는 애논이 가장 맛있는 시리얼을 만드는 요인을 식별하는 데 도움이 되었다. 버크 사가 사용한 실험설계와 이후의 분산분석은 제품 설계 권장사항을 만드는 데 도움이 되었다. 이 장에서는 해당 절차가 어떻게 수행되는지를 살펴볼 것이다.

응용사례를 제공한 버크 사의 Ronald Tatham 박사님에게 감사드린다.

1장에서 통계 분석을 위한 자료는 실험과 관측연구 등으로부터 얻을 수 있다고 언급하였다. 이 중 실험은 관심 있는 변수를 식별하는 것으로부터 시작된다. 그런 다음 관련이 있다고 생각되는 다른 변수들을 파악하여 통제하고, 이러한 변수가 관심 변수에 미치는 영향에 관한 자료를 수집한다.

관측연구에서는 일반적으로 통제된 실험이 아닌 표본조사를 통해 자료를 얻는다. 좋은 설계와 관련된 원칙은 활용되지만 보통 실험연구에서와 같은 엄격한 통제는 가능하지 않다.

관측연구와 실험의 차이점을 설명하기 위해 하이 루멘스 플래시라이트 사(High Lumens Flashlight Company, HLFC)에서 생산한 새로운 손전등에 대한 제품 도입 상황을 생각해보자. HL5라고 하는 새 모델은 충전식 리튬 이온 배터리로 구동된다. 전국의 대형 스포츠용품 매장 체인이 HLFC가 새 손전등에 대한 최상의 프로모션 전략을 결정하는 데 도움을 주기로 합의했다. HLFC는 세 가지 프로모션 전략을 고려하고 있다. 첫 번째, HL5를 구매하는 모든 고객에게 체크아웃 시 20% 할인 쿠폰을 제공한다. 두 번째, HL5를 구매하는 모든 고객에게 무료 충전식 배터리 쿠폰을 제공한다. 세 번째, 별도의 프로모션 제안이 없는 경우이다. 이 세 가지 전략이 판매에 미치는 영향을 평가하기 위해 HLFC는 연구에 참여할 60개의 스포츠용품 매장을 무작위로 선택하였고, 각 매장에서 사용할 프로모션 전략을 결정하기 위해 두 가지 대안을 고려하고 있다.

- 각 상점에서 세 가지 프로모션 전략 중 하나를 선택하고 30일 체험기간 동안 판매를 기록한다.
- 60개 매장 중 20개 매장에 세 가지 프로모션 전략을 각각 무작위로 할당하고 30일 체험기간 동안 매출을 기록한다.

HLFC의 첫 번째 대안은 관측연구이다. 연구에 참여하는 60개 매장이 세 가지 판촉 전략 중 하나에 무작위로 할당되지 않았기 때문이다. HLFC가 이 대안을 사용할 경우 각 매장에서 사용하는 프로모션 전략 이외의 요인으로 인해 30일 체험기간 동안의 매출이 체계적으로 편향될 수 있다. 예를 들어, 일부 매장 관리자는 과거에 이러한 프로모션으로 큰 성공을 거두지 못했기 때문에 결제 프로모션에서 20% 할인하는 것에 대한 편견을 가질 수 있다. 다른 매장 관리자는 이러한 프로모션과 관련된 서류 작업으로 인해 무료 충전식 배터리 쿠폰을 제공하는 것에 대해 편견을 가질 수 있다. 따라서 이러한 방식으로는 HLFC는 매출의 차이가 적용된 프로모션 유형의 효과로 설명될 수 있는지 여부를 결정하는 것이 불가능할 수도 있다.

HLFC의 두 번째 대안은 실험이다. 연구에 참여하는 60개 매장 각각이 세 가지 프로모션 전략 중 하나에 무작위로 할당되기 때문이다. HLFC가 이 대안을 사용하면 매출에 영향을 미치는 체계적인 편향이 발생할 가능성이 크게 줄어든다. 따라서 세 가지 전략에 대한 매출의 차이가 관찰된다면 HLFC는 이는 프로모션 유형 때문이라는 결론을 내리는 데 훨씬 더 강력한 근거가 될 것이다.

일부 연구문제에 대해 실험을 설계하고 수행하는 것은 어렵거나 비용이 많이 들 수 있다. 그리고 어떤 경우에는 비현실적이거나 불가능할 수도 있다. 예를 들어, 흡연과 폐암의 관계에 대한 연구에서 연구자는 각 피험자에게 흡연 습관을 무작위로 지정할 수 없다. 연구자는 이미 담배를 피우는 사람들의 결과와 아직 담배를 피우지 않은 사람들의 결과를 관찰하고 이 두 그룹의 구성원이 폐암에 걸리는 빈도를 관찰하는 것으로 제한된다. 이 연구설계는 연구자가 흡연이

* 두 변수 사이의 연관성은 두 변수 간 인과관계를 설정하는 데 필요하지만 충분하지는 않다.

폐암을 유발하는지에 대한 결론을 도출하는 것을 금지한다. 연구자는 흡연과 폐암 사이에 연관성이 있는지 여부만 평가할 수 있다.

이 장에서는 분산분석(ANOVA: Analysis of Variance)이라는 통계 절차를 사용하여 사용 가능한 자료를 분석하는 방법을 설명한다. 분산분석은 관측연구를 통해 자료를 얻을 때 3개 이상의 모집단 평균의 동일성을 검정하는 데에도 적용될 수 있다. 또한, 다음 장에서 설명할 회귀분석에서도 분산분석이 결과를 분석하는 데 중요한 역할을 한다.

첫 번째 절에서는 실험연구의 기본 원칙을 소개하고 완전히 확률화된 설계에서 어떻게 사용되는지를 설명하고, 두 번째 절에서는 분산분석을 사용하여 완전확률화실험설계의 자료를 분석하는 방법을 소개한다. 이후 절에서는 다중비교 절차에 관해 설명한다.

* 피셔(Ronald Aylmer Fisher) 경(1890-1962)은 실험설계로 알려진 통계 분야를 개척하였다. 통계학 분야에서 뛰어난 업적을 남겼을 뿐만 아니라 유전학 분야에서도 저명한 과학자였다.

① 실험설계의 소개와 분산분석

* 인과관계는 관측연구에서 설정하기 어려울 수 있다. 이러한 관계는 실험연구에서 설정하기가 더 쉽다.

실험설계의 예로 케미테크 사(Chemitech, Inc)가 직면한 문제를 살펴보자. 케미테크 사는 도시에 물을 공급하기 위해 새로운 여과장치를 개발하였다. 새로운 여과장치는 몇 개의 외부업체에서 부품을 공급받아서 사우스 캐롤라이나 주 컬럼비아에 있는 공장에서 조립될 예정이다.

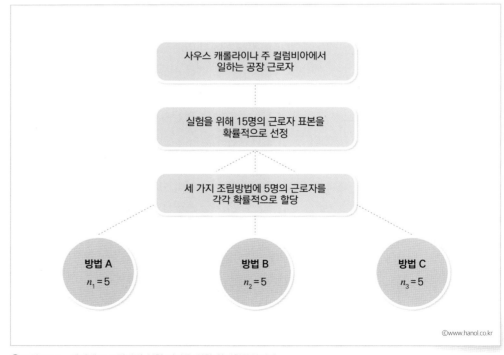

● 그림 13-1 _ 케미테크 조립방법 실험 평가를 위한 완전확률화설계

산업공학 그룹은 여과장치 조립을 위한 최선의 방법을 책임지고 결정해야 한다. 이 그룹은 다양한 조립방법 중에서 방법 A, 방법 B, 방법 C를 세 가지 대안으로 압축했다. 이 방법들은 장치를 조립하는 단계나 과정이 서로 다르다. 케미테크 경영자는 매주 가장 많은 여과장치를 조립할 수 있는 방법을 원한다.

케미테크 실험에서 조립방법은 독립변수 또는 요인(factor)이다. 조립방법(요인) 세 가지는 이 실험과 관련된 세 가지의 처리(treatment)라고 부르며, 각 처리는 세 가지 조립방법 중 하나에 해당한다. 케미테크 사례는 한 가지의 요인(조립방법)만 있으므로 단일요인실험(single-factor experiment)이라고 한다. 좀 더 복잡한 실험은 2가지 이상의 다양한 요인으로 구성되며, 각 요인들은 양적변수 혹은 범주형 변수 모두 가능하다.

케미테크 실험에서 세 가지 조립방법(처리)으로 세 모집단을 정의할 수 있다. 첫 번째 모집단은 방법 A를 사용하는 케미테크의 모든 근로자들이고, 두 번째는 방법 B를, 세 번째는 방법 C를 사용하는 근로자들이다. 이 실험의 주된 목표는 세 모집단(방법)에서 매주 생산되는 평균 수량이 같은지를 확인하는 것으로, 각 모집단에서 종속 또는 반응변수(response variable)는 매주 조립되는 여과장치의 수량이다.

케미테크 생산시설에서 일하는 모든 근로자들로부터 확률적으로 3명의 표본을 추출했다고 가정해 보자. 실험설계에서 확률적으로 선정된 3명의 근로자들을 실험단위(experimental units)라고 한다. 케미테크의 문제 해결을 위한 실험설계는 완전확률화설계(completely randomized design)라고 불린다. 이러한 유형의 설계에서는 근로자들(실험단위)을 각 조립방법(처리)에 확률적으로 배정해야 한다. 예를 들어 확률적으로 두 번째 근로자는 방법 A에, 첫 번째 근로자는 방법 B에, 그리고 세 번째 근로자는 방법 C에 배정하는 것이다. 이 예를 그림으로 나타낸 것과 같은 확률화의 개념은 실험설계에서 중요한 원칙이다.

이 실험은 각 처리에서 조립된 양을 측정하는 것으로, 각 조립방법에 대한 추가 자료를 얻기 위해서는 이러한 기본적인 실험과정을 반복해야만 한다. 무작위로 선정된 3명 대신 15명의 근로자를 선정하고 세 가지 처리에 각각 5명씩 할당해보자. 각 조립방법에 5명씩 할당하면 기본 실험을 다섯 번 반복한 결과를 얻을 수 있으며, 이러한 과정을 반복(replication)하는 것은 실험설계에서 또 다른 중요한 원리이다. 〈그림 13-1〉은 케미테크의 완전확률화설계 과정을 나타낸 것이다.

1 자료 수집

일단 실험설계에 만족한다면, 자료 수집과 분석을 진행한다. 케미테크의 경우 근로자들은 자신에게 배정된 방법으로 새로운 여과장치를 조립할 것이다. 각 근로자들이 자신에게 배정된 방법을 훈련받은 후, 일주일 동안 조립한 수량이 〈표 13-1〉에 나타나 있다. 각 조립방법에 따른 표본평균, 표본분산, 표본표준편차도 제시하였다. 방법 A로 조립한 표본평균 수량은 62개, 방법 B로 조립한 표본평균 수량은 66개, 방법 C로 조립한 표본평균 수량은 52개이다. 결과적으로 다른 방법보다 방법 B의 생산율이 높게 나타났다.

표 13-1_ 15명의 근로자가 생산한 제품 수

	방법		
	A	B	C
	58	58	48
	64	69	57
	55	71	59
	66	64	47
	67	68	49
표본평균	62	66	52
표본분산	27.5	26.5	31.0
표본표준편차	5.244	5.148	5.568

여기서 중요한 문제는 세 가지 조립방법의 모집단 평균이 다르다고 결론을 내릴 수 있을 만큼 관찰된 표본평균이 충분히 다르냐는 것이다. 통계적 관점에서, 이 질문에 대해서는 다음과 같이 표시한다.

$$\mu_1 = 방법 A를 이용한 주별 평균 생산량$$
$$\mu_2 = 방법 B를 이용한 주별 평균 생산량$$
$$\mu_3 = 방법 C를 이용한 주별 평균 생산량$$

비록 μ_1, μ_2, μ_3의 실제 값은 모르지만, 가설은 다음과 같이 설정한다.

$$H_0 : \mu_1 = \mu_2 = \mu_3$$
$$H_a : 모든 모집단의 평균이 같은 것은 아니다.$$

* H_0가 기각된다고 해서 모든 모집단 평균이 다르다는 결론을 내릴 수 없다. H_0를 기각한다는 것은 적어도 둘 이상의 모집단 평균이 서로 다른 값을 가짐을 의미한다.

즉, 분산분석은 3가지 표본의 평균 차이가 H_0를 기각할 수 있을 만큼 충분히 큰가를 결정하기 위한 통계적 방법이다.

2 분산분석을 위한 가정

분산분석에서는 다음과 같이 세 가지 가정이 필요하다.

1. 각 모집단의 반응변수는 정규분포를 따른다. 케미테크 실험에서 주별 생산량(반응변수)은 조립방법별로 반드시 정규분포를 따라야 한다.

* 분산분석은 표본 크기가 동일하면 모집단이 정규분포의 가정에서 벗어나는 것을 신경쓰지 않아도 된다.

2. 반응변수의 분산(σ^2)은 모든 모집단에서 동일하다. 케미테크 실험에서 주별 생산량의 분산은 세 조립방법에서 모두 같아야 한다.

3. 각 관측값은 서로 독립적이어야 한다. 케미테크 실험에서 각 근로자의 주별 생산량은 다른 근로자들의 생산량과 서로 독립적이어야 한다.

3 분산분석: 기본 개념

세 모집단의 모평균이 같다면, 세 표본평균도 서로 비슷할 것으로 예측할 수 있다. 세 표본평균이 서로 비슷하다면 모집단 평균들이 다르다는 증거는 약할 것이다. 반대로 세 표본평균이 다르다면 모집단 평균들이 다르다는 강한 증거가 된다. 다른 말로 표현하면, 표본평균 간의 변동성이 "작다"면 H_0를 지지하는 것이고, 표본평균 간의 변동성이 "크다"면 H_a를 지지하는 것이 된다.

귀무가설 $H_0 : \mu_1 = \mu_2 = \mu_3$이 참이라면, 표본평균 간 차이를 이용해서 σ^2의 추정값을 찾을 수 있다. 첫째, 분산분석의 가정이 충족되고 귀무가설이 참이라면, 각 표본은 평균이 μ이고 분산이 σ^2으로 같은 정규분포로부터 추출된 것으로 가정할 수 있다. 7장에서 설명한 것처럼 정규모집단으로부터 크기 n인 표본을 추출하면 표본평균 $\bar{x}$의 분포는 평균 μ, 분산 σ^2/n인 정규분포를 따르게 되므로 표본분포는 〈그림 13-2〉와 같이 된다.

따라서 귀무가설이 참이라면, 〈표 13-1〉의 세 표본평균 $\bar{x}_1 = 62$, $\bar{x}_2 = 66$, $\bar{x}_3 = 52$는 〈그림 13-2〉와 같이 동일한 표본분포에서 무작위로 추출된 값이라고 생각할 수 있다. 이 경우, 세 $\bar{x}$ 값들의 평균과 분산을 이용하여 표본분포의 평균(μ)과 분산($\sigma_{\bar{x}}^2$)을 추정할 수 있다. 케미테크 실험과 같이 표본크기가 같다면, $\bar{x}$의 표본분포에서 평균에 대한 가장 좋은 추정값은 표본평균의 평균이 되어 $\bar{x}$의 표본분포의 평균 추정값은 $(62+66+52)/3=60$이다. 이 추정값을 전체 표본평균(overall sample mean)이라고 한다. $\bar{x}$의 표본분포의 분산 추정값은 세 표본평균의 분산으로부터 다음과 같이 구할 수 있다.

$$s_{\bar{x}}^2 = \frac{(62-60)^2 + (66-60)^2 + (52-60)^2}{3-1} = \frac{104}{2} = 52$$

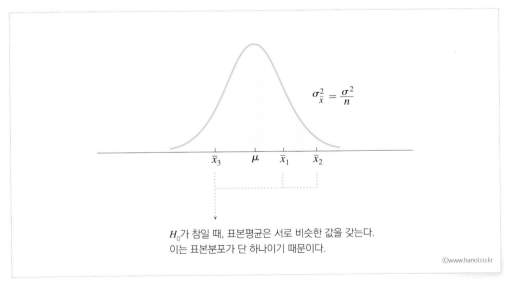

$$\sigma_{\bar{x}}^2 = \frac{\sigma^2}{n}$$

$\bar{x}_3 \quad \mu \quad \bar{x}_1 \quad \bar{x}_2$

H_0가 참일 때, 표본평균은 서로 비슷한 값을 갖는다.
이는 표본분포가 단 하나이기 때문이다.

△ 그림 13-2_ H_0가 참일 때, $\bar{x}$의 표본분포

$\bar{x}$의 표본분포의 분산 $\sigma_{\bar{x}}^2 = \sigma^2/n$이므로 σ^2에 대하여 풀면

$$\sigma^2 = n\sigma_{\bar{x}}^2$$

이다. 따라서

$$\sigma^2의\ 추정값 = n\ (\ \sigma_{\bar{x}}^2의\ 추정값\ ) = ns_{\bar{x}}^2 = 5(52) = 260이\ 된다.$$

$ns_{\bar{x}}^2 = 260$을 σ^2의 처리 간 추정값(between-treatments estimate of σ^2)이라고 한다.

σ^2의 처리 간 추정값은 귀무가설이 참이라는 가정을 근거로 한다. 이 경우에 각 표본은 같은 모집단에서 추출된 것으로, $\bar{x}$의 표본분포는 단 하나밖에 없다. H_0가 거짓일 때를 설명하기 위해, 모집단 평균이 서로 다르다고 가정해 보자. 세 표본은 평균이 다른 정규모집단에서 추출된 것이므로, 세 표본분포도 서로 다를 것이다. 이 경우에 표본평균들은 H_0가 참일 때와는 다르게 그 값들이 서로 비슷하지 않다는 것을 〈그림 13-3〉에서 알 수 있다. 따라서 $s_{\bar{x}}^2$이 커지게 되고 σ^2의 처리 간 추정값도 커질 것이다. 일반적으로 모집단의 평균이 서로 다를 때는 처리 간 추정값이 모분산 σ^2을 과대 추정한다.

각 표본 내의 변동성 또한 분산분석의 결과에 영향을 미친다. 각 모집단에서 단순확률표본이 추출된 경우, 각 표본분산은 σ^2의 불편추정값이다. 그러므로 개별 σ^2의 추정값을 결합하여 σ^2를 추정하는 하나의 전체 추정값을 얻을 수 있다. 이렇게 얻은 σ^2의 추정값을 σ^2의 합동 또는 처리 내 추정값(pooled or within-treatments estimate of σ^2)이라고 한다. 각 표본분산은 단지 각 표본 내 변동성을 기초로 σ^2의 추정값을 제공하기 때문에 이를 결합한 σ^2의 처리 내 추정값은 모집단 평균들의 동일성에 영향을 받지 않는다. 표본크기가 동일하다면 σ^2의 처리 내 추정값은 각 표본분산의 평균값이 되며 케미테크 실험에서의 값은 다음과 같다.

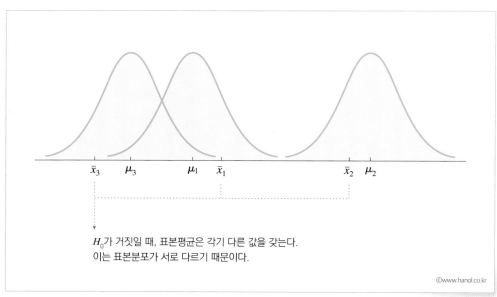

H_0가 거짓일 때, 표본평균은 각기 다른 값을 갖는다.
이는 표본분포가 서로 다르기 때문이다.

©www.hanol.co.kr

🔺 그림 13-3_ H_0가 거짓일 때, $\bar{x}$의 표본분포

$$\sigma^2\text{의 처리 내 추정값} = \frac{27.5 + 26.5 + 31.0}{3} = \frac{85}{3} = 28.33$$

케미테크 실험에서 σ^2의 처리 간 추정값(260)은 σ^2의 처리 내 추정값(28.33)보다 훨씬 커서, 두 추정값의 비율은 260/28.33=9.18이 된다. 앞서 설명한 것처럼 처리 간 접근방식은 귀무가설이 참이면 σ^2의 좋은 추정값이 되지만, 귀무가설이 거짓이면 처리 간 접근방식은 σ^2을 과대추정한다. 하지만 처리 내 접근방식은 두 경우 모두 σ^2의 좋은 추정값이 된다. 따라서 귀무가설이 참이면 두 추정값은 비슷하며 그 비율은 1에 가깝게 되고, 귀무가설이 거짓이면 처리 간 추정값이 처리 내 추정값보다 커서 그 비율이 더 커지게 된다. 다음 절에서는 이 비율이 얼마나 커야 귀무가설을 기각할 수 있는지를 설명할 것이다.

요약하면 분산분석의 논리는 공통 모분산 σ^2에 대한 독립적인 두 개의 추정값에서 시작한다. σ^2에 대한 한 가지 추정값은 표본평균 간의 변동성에 기초한 것이고, 다른 하나는 각 표본 내에 있는 자료의 변동성에 기초한 것이다. σ^2의 두 추정값을 비교하여 모평균의 동일성을 결정할 수 있다.

보충설명

1. 실험설계에서 확률화란 관측연구에서 확률 표본추출과 유사하다.
2. 많은 의학 실험에서 더블 블라인드(double blind) 실험설계를 이용하여 잠재적 편의를 제거한다. 이러한 설계에서는 의사와 환자 모두 어떠한 치료법이 적용되는지를 알 수 없다. 다른 유형의 많은 실험에서도 이러한 유형의 설계로 이익을 얻을 수 있다.
3. 이 절에서는 확률화실험설계에서 k개 모평균의 동일성을 검정하기 위한 분산분석의 개념을 설명하였다. 관측 또는 비실험적 연구에서도 같은 방법으로 k개 모평균의 동일성을 검정할 수 있다.
4. 10.1절, 10.2절에서는 모집단 평균이 같은지의 가설을 검정하기 위한 통계적 방법을 설명하였다. 분산분석에서도 두 모집단 평균이 같은지를 검정할 수 있다. 그러나 실제로는 보통 3개 이상의 모평균을 비교할 때 분산분석을 사용한다.

 ② **분산분석과 완전확률화설계**

이 절에서는 완전확률화설계에서 k개 모집단의 평균이 동일한지를 검정하기 위한 분산분석을 설명한다. 가설의 일반적인 형태는 다음과 같다.

$$H_0 : \mu_1 = \mu_2 = \cdots = \mu_k$$
$$H_a : \text{모든 모집단의 평균이 같은 것은 아니다.}$$

여기서

$$\mu_j = j\text{번째 모집단의 평균}$$

크기가 n_j인 확률표본이 k개 모집단 또는 처리로부터 각각 추출되었다고 가정하자. 표본자료에 대한 기호는 다음과 같이 표기한다.

$$x_{ij} = \text{처리 } j \text{의 } i \text{번째 관측값}$$
$$n_j = \text{처리 } j \text{의 관측값 수}$$
$$\bar{x}_j = \text{처리 } j \text{의 표본평균}$$
$$s_j^2 = \text{처리 } j \text{의 표본분산}$$
$$s_j = \text{처리 } j \text{의 표본표준편차}$$

처리 j의 표본평균과 표본분산은 다음과 같이 구한다.

$$\bar{x}_j = \frac{\sum_{i=1}^{n_j} x_{ij}}{n_j} \tag{13.1}$$

$$s_j^2 = \frac{\sum_{i=1}^{n_j} (x_{ij} - \bar{x}_j)^2}{n_j - 1} \tag{13.2}$$

전체 표본평균은 $\bar{\bar{x}}$로 표기하며 모든 관측값의 합을 전체 관측값 수로 나누어 다음과 같이 계산한다.

$$\bar{\bar{x}} = \frac{\sum_{j=1}^{k} \sum_{i=1}^{n_j} x_{ij}}{n_T} \tag{13.3}$$

여기서

$$n_T = n_1 + n_2 + \cdots + n_k \tag{13.4}$$

만일 각 표본의 표본크기가 n이면 $n_T = kn$이 되고 식 (13.3)은 다음과 같이 간단해진다.

$$\bar{\bar{x}} = \frac{\sum_{j=1}^{k} \sum_{i=1}^{n_j} x_{ij}}{kn} = \frac{\sum_{j=1}^{k} \sum_{i=1}^{n_j} x_{ij}/n}{k} = \frac{\sum_{j=1}^{k} \bar{x}_j}{k} \tag{13.5}$$

다시 말해서 표본의 크기가 같을 때 전체 표본평균은 k개 표본평균들의 평균이 된다.

케미테크에서 각 표본은 $n=5$로 서로 같으므로 전체 표본평균은 식 (13.5)를 이용하여 계산한다. 〈표 13-1〉의 자료를 이용하여 다음과 같은 결과를 얻을 수 있다.

$$\bar{\bar{x}} = \frac{62 + 66 + 52}{3} = 60$$

귀무가설이 참($\mu_1 = \mu_2 = \mu_3 = \mu$)이라면 전체 표본평균 60은 모집단 평균 μ의 가장 좋은 추정값이다.

1 처리 간 분산 추정치

앞 절에서는 σ^2의 처리 간 추정치의 개념을 소개하고, 표본의 크기가 같을 때 어떻게 계산하는지를 살펴보았다. 이러한 σ^2의 추정치를 처리제곱평균(mean square due to treatments)이라고 하며 MSTR로 표시한다. MSTR을 계산하는 일반식은 다음과 같다.

$$\text{MSTR} = \frac{\sum_{j=1}^{k} n_j(\bar{x}_j - \bar{\bar{x}})^2}{k - 1} \tag{13.6}$$

식 (13.6)에서 분자를 처리제곱합(sum of squares due to treatments)이라 하고 SSTR로 표시하며, 분모 $k-1$은 SSTR의 자유도가 된다. 따라서 처리제곱평균은 다음 식으로 계산할 수 있다.

처리제곱평균

$$\text{MSTR} = \frac{\text{SSTR}}{k - 1} \tag{13.7}$$

여기서

$$\text{SSTR} = \sum_{j=1}^{k} n_j(\bar{x}_j - \bar{\bar{x}})^2 \tag{13.8}$$

귀무가설이 참이라면, MSTR은 σ^2의 불편추정값이 된다. 그러나 k개 모집단의 평균이 같지 않다면, MSTR은 σ^2의 불편추정값이 아니며, MSTR은 σ^2을 과대추정하게 된다.

〈표 13-1〉의 케미테크 자료에서 다음과 같은 결과를 얻을 수 있다.

$$\text{SSTR} = \sum_{j=1}^{k} n_j(\bar{x}_j - \bar{\bar{x}})^2 = 5(62 - 60)^2 + 5(66 - 60)^2 + 5(52 - 60)^2 = 520$$

$$\text{MSTR} = \frac{\text{SSTR}}{k - 1} = \frac{520}{2} = 260$$

2 처리 내 분산 추정치

앞에서 σ^2의 처리 내 추정치의 개념을 소개하고, 표본의 크기가 같을 때 이를 계산하는 방법을 설명하였다. 이러한 σ^2의 추정치를 오차제곱평균(mean square due to error)이라고 하며 MSE로 표시한다. MSE를 계산하는 일반식은 다음과 같다.

$$\text{MSE} = \frac{\sum_{j=1}^{k} (n_j - 1)s_j^2}{n_T - k} \tag{13.9}$$

식 (13.9)에서 분자를 오차제곱합(sum of squares due to error)이라 하고 SSE로 표시하며, 분모는 SSE의 자유도가 된다. 따라서 MSE는 다음과 같이 정리할 수 있다.

오차제곱평균

$$\text{MSE} = \frac{\text{SSE}}{n_T - k} \qquad (13.10)$$

여기서

$$\text{SSE} = \sum_{j=1}^{k}(n_j - 1)s_j^2 \qquad (13.11)$$

MSE는 각 처리 내의 변동성을 기초로 한다는 것을 기억하자. 이는 귀무가설이 참인지 거짓인지에 영향을 받지 않는다는 의미이다. 따라서 MSE는 항상 σ^2의 불편추정값이다.

〈표 13-1〉의 케미테크 자료에서 다음과 같은 결과를 얻을 수 있다.

$$\text{SSE} = \sum_{j=1}^{k}(n_j - 1)s_j^2 = (5-1)27.5 + (5-1)26.5 + (5-1)31 = 340$$

$$\text{MSE} = \frac{\text{SSE}}{n_T - k} = \frac{340}{15-3} = \frac{340}{12} = 28.33$$

3 분산 추정치의 비교: F검정

*F분포에 대한 소개와 F 분포표의 사용은 11.2절에 제시되어 있다.

귀무가설이 참이라면, MSTR과 MSE는 σ^2에 대한 두 개의 독립적인 불편추정값을 제시한다. 11장에서는 정규모집단의 경우 σ^2에 대한 두 개의 독립적인 추정값 비율의 표본분포가 F분포를 따른다는 것을 설명하였다. 귀무가설이 참이고 분산분석의 가정이 충족된다면 MSTR/MSE의 표본분포는 F분포를 따르고 분자는 $k-1$의 자유도를, 분모는 $n_T - k$의 자유도를 갖는다. 즉, 귀무가설이 참이라면 MSTR/MSE의 값은 F분포에서 얻은 값이 되어야 한다.

그러나 귀무가설이 거짓이라면, MSTR이 σ^2을 과대추정하기 때문에 MSTR/MSE의 값은 과장될 것이다. 즉, MSTR/MSE가 분자의 자유도가 $k-1$이고 분모의 자유도가 $n_T - k$인 F분포로부터 얻어졌다고 하기에는 매우 큰 값이 된다면, H_0을 기각하게 될 것이다. H_0의 기각 여부가 MSTR/MSE 값으로 결정되므로, k개 모집단 평균의 동일성을 판단하는 가설검정에서 검정통계량은 다음과 같다.

---

k개 모집단 평균의 동일성에 대한 검정통계량

$$F = \frac{\text{MSTR}}{\text{MSE}} \qquad (13.12)$$

검정통계량은 F분포를 따르고 분자는 $k-1$의 자유도를, 분모는 $n_T - k$의 자유도를 갖는다.

케미테크 실험에서 유의수준 $\alpha = 0.05$로 가설검정을 실시해보자. 검정통계량 값은

$$F = \frac{\text{MSTR}}{\text{MSE}} = \frac{260}{28.33} = 9.18$$

로 계산되며, 분자의 자유도는 $k-1 = 3-1 = 2$이고 분모의 자유도는 $n_T - k = 15 - 3 = 12$이 된다. 검정통계량 값이 크면 귀무가설이 기각되기 때문에, 검정통계량 $F = 9.18$의 오른쪽에 있는 F분포의 꼬리 면적으로 p-값을 계산한다. 〈그림 13-4〉는 검정통계량 값인 $F = \text{MSTR}/\text{MSE}$의 표본분포와 가설검정을 위한 p-값인 오른쪽 꼬리 면적을 보여준다.

부록 B의 〈표 4〉에서 분자의 자유도가 2이고, 분모의 자유도가 12인 F분포의 오른쪽 꼬리 면적은 다음과 같다.

오른쪽 꼬리 면적	0.10	0.05	0.025	0.01
F값 (자유도$_1$=2, 자유도$_2$=12)	2.81	3.89	5.10	6.93 $\uparrow$ $F=9.18$

$F = 9.18$은 6.93보다 크므로 $F = 9.18$일 때의 오른쪽 꼬리 면적은 0.01보다 작게 된다. 따라서 p-값은 0.01보다 작고 엑셀을 이용하면 p-값이 0.004임을 알 수 있으므로 p-값 $\leq \alpha = 0.05$가 되어 H_0를 기각한다. 이 가설검정은 세 모집단의 평균이 동일하지 않다는 결론에 대한 통계적 증거로 충분하다. 즉, 분산분석은 세 가지 조립법으로 생산한 주당 평균 수량이 같지 않다는 결론을 뒷받침한다.

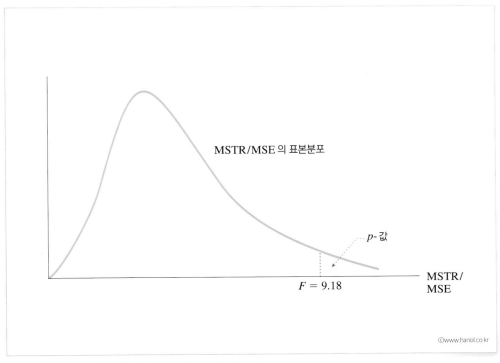

⬥ 그림 13-4_ MSTR/MSE의 표본분포를 이용하여 계산한 p-값

다른 검정방식으로 임계값을 사용하는 방법이 있다. $\alpha = 0.05$에서 자유도 2와 12를 갖는 F분포의 임계값은 오른쪽 꼬리에 나타나며, F분포표에서 $F_{0.05} = 3.89$가 된다. 따라서 케미테크 실험에서 임계값 방식을 사용한 기각규칙은 다음과 같다.

$$F \geq 3.89 \text{이면 } H_0 \text{ 기각}$$

$F = 9.18$이므로 H_0를 기각하고 세 모집단 평균이 같지 않다는 결론을 내릴 수 있다. k개 모집단 평균의 동일성에 대한 일반적인 가설검정 절차를 정리하면 다음과 같다.

---

k개 모집단 모집단 평균의 동일성 검정

$$H_0 : \mu_1 = \mu_2 = \cdots = \mu_k$$
$H_a :$ 모든 모집단의 평균이 같은 것은 아니다.

검정통계량

$$F = \frac{\text{MSTR}}{\text{MSE}}$$

기각규칙

p-값 방식: p-값 $\leq \alpha$일 때 H_0 기각

임계값 방식: $F \geq F_\alpha$일 때 H_0 기각

여기서 F_α값은 F분포를 따르고 분자는 $k-1$의 자유도를, 분모는 $n_T - k$의 자유도를 갖는다.

4　분산분석표 ANOVA Table

앞에서 제시한 계산결과는 분산분석표(ANOVA Table)로 정리할 수 있다. 〈표 13-2〉는 완전 확률화설계의 분산분석표이며, 〈표 13-3〉은 케미테크 실험의 분산분석표이다. "합계"로 표시된 변동요인과 관련된 제곱합을 총제곱합(total Sum of Squres)이라고 하며, SST로 표시한다. 케미테크 결과에서 SST=SSTR+SSE이고 총제곱합의 자유도는 처리제곱합의 자유도와 오차제곱합의 자유도를 합한 것이 됨을 알 수 있다.

표 13-2_ 완전확률화설계 분산분석표

변동요인	제곱합	자유도	제곱평균	F	p-값
처리	SSTR	$k-1$	$\text{MSTR} = \dfrac{\text{SSTR}}{k-1}$	$\dfrac{\text{MSTR}}{\text{MSE}}$	
오차	SSE	$n_T - k$	$\text{MSE} = \dfrac{\text{SSE}}{n_T - k}$		
합계	SST	$n_T - 1$			

표 13-3_ 케미테크 분산분석표

변동요인	제곱합	자유도	제곱평균	F	p-값
처리	520	2	260.00	9.18	0.004
오차	340	12	28.33		
합계	860	14			

n_T-1의 자유도로 나눈 SST 값은 관측치 15개 전체를 하나의 데이터세트로 취급하여 계산한 전체 표본분산이 된다. 전체 자료를 하나의 표본으로 볼 때, 총제곱합(SST)을 계산하는 공식은 다음과 같다.

$$SST = \sum_{j=1}^{k} \sum_{i=1}^{n_j} (x_{ij} - \bar{\bar{x}})^2 \qquad (13.13)$$

케미테크 분산분석표에 있는 결과들은 다른 문제에도 적용할 수 있다. 즉, 다음의 식이 성립한다.

$$SST = SSTR + SSE \qquad (13.14)$$

* 분산분석은 총 제곱합을 별도의 구성요소로 분할하기 위한 통계 절차로 생각할 수 있다.

다르게 표현하면, SST는 처리제곱합과 오차제곱합으로 나눌 수 있으며, SST의 자유도 n_T-1 역시 SSTR의 자유도 $k-1$과 SSE의 자유도 n_T-k로 나눌 수 있다. 즉, 분산분석은 총제곱합과 자유도를 두 가지 변동요인인 처리와 오차로 분할(partitioning)하는 과정이다. 각 제곱합을 적절한 자유도로 나누면 모집단 평균의 동일성에 대한 가설검정에 이용되는 분산추정값을 얻을 수 있고, F값과 p-값을 알 수 있다.

5 엑셀을 활용한 분석

케미테크 실험 예제에서 엑셀의 분산분석 일원배치법 도구를 이용하여 모집단 평균 차이에 관한 가설검정을 수행할 수 있다.

자료입력   Chemitech 파일을 연다. 셀 A2:C6에 자료가 있고 셀 A1:C1에는 레이블이 표기되어 있다.

도구적용   엑셀에서 분산분석을 수행할 때는 다음의 단계를 따라 일원배치법 도구를 사용하여 주당 평균 생산 단위 수가 세 가지 조립방법 모두에 대해 동일하다는 가설을 검정한다.

1단계   리본에서 데이터 탭 선택

2단계   분석 그룹에서 데이터 분석 클릭

3단계   분석 도구 목록에서 분산분석: 일원배치법 선택

4단계   분산분석: 일원배치법 대화상자(〈그림 13-5〉 참조)가 나타나면

입력 범위: A1:C6 입력

데이터 방향: 열 선택

첫째 행 이름표 사용 선택

유의수준: 0.05 입력

출력범위 선택 후 A8 입력(출력결과가 나타나는 왼쪽 위 셀을 지정)

확인 클릭

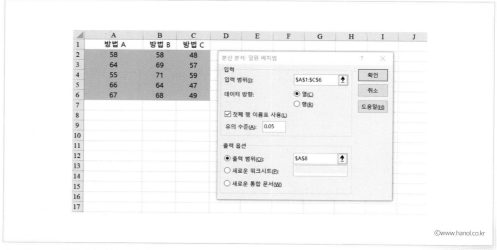

● 그림 13-5_ 엑셀의 분산분석: 케미테크 실험을 위한 일원배치법 도구 대화상자

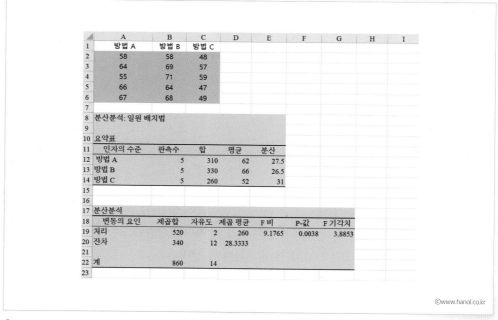

● 그림 13-6_ 엑셀의 분산분석: 케미테크 실험을 위한 일원배치법 결과

분산분석표　일원배치법이라는 이름의 출력결과는 〈그림 13-6〉과 같이 워크시트의 셀 A8:G22에 나타난다. 셀 A10:E14는 자료의 요약정보로 각 조립방법의 표본평균과 표본분산은 〈표 13-1〉에 있는 값과 같다. 셀 A17:G22에 있는 분산분석표는 〈표 13-2〉의 분산분석표와 기본적으로 동일하다. 엑셀에서는 처리 변동요인을 처리로, 오차 변동요인을 잔차로 표시한다. 추가로 엑셀의 출력 결과는 검정과 관련된 p-값뿐만 아니라 F값의 임계값도 보여준다.

셀 F19에 있는 p-값을 이용하여 가설검정의 결론을 내릴 수 있다. 유의수준 $\alpha=0.05$에서 p-값$=0.0038<\alpha=0.05$이므로 H_0를 기각하게 되어 세 가지 조립방법의 주별 생산량의 모집단 평균은 다르다고 결론내릴 수 있다.

6 　k개 모집단 평균의 동일성 검정: 관측연구

분산분석에서는 완전확률화실험설계로 k개의 모집단 평균이 같은지를 비교하였다. 분산분석에서는 관측연구에서 얻은 3개 혹은 그 이상의 모집단 평균이 같은지를 검정할 수 있다. 이것을 이해하는 것은 매우 중요하다. 예를 들면, 내셔널 컴퓨터 프로덕트(National Computer Products, Inc.: NCP)의 상황을 고려해보자.

NCP에서는 애틀랜타와 달라스, 시애틀에 있는 공장에서 프린터와 팩스를 생산하고 있다. 공장에 있는 종업원들이 품질관리에 대해 얼마나 알고 있는지를 측정하기 위해 각 공장에서 6명의 종업원을 표본으로 선택하였고, 품질 인식에 관한 시험을 실시하였다. 종업원 18명의 시험점수와 각 지역의 표본평균, 표본분산, 표본표준편차는 〈표 13-4〉에 있다. 관리자는 이 자료를 가지고 세 공장의 평균 시험점수가 모두 같다는 가설을 검정하려고 한다.

애틀랜타 공장의 모든 종업원을 모집단 1, 달라스 공장의 모든 종업원을 모집단 2, 시애틀 공장의 모든 종업원을 모집단 3이라고 하면, μ_1, μ_2, μ_3는 다음과 같이 정의된다.

$$\mu_1 = 모집단 \ 1의 \ 평균 \ 시험점수$$
$$\mu_2 = 모집단 \ 2의 \ 평균 \ 시험점수$$
$$\mu_3 = 모집단 \ 3의 \ 평균 \ 시험점수$$

DATA files
NCP
www.hanol.co.kr

⬛ 표 13-4_ 종업원 18명의 시험점수

	1공장	2공장	3공장
	애틀랜타	달라스	시애틀
	85	71	59
	75	75	64
	82	73	62
	76	74	69
	71	69	75
	85	82	67
표본평균	79	74	66
표본분산	34	20	32
표본표준편차	5.83	4.47	5.66

μ_1, μ_2, μ_3의 실제 값은 전혀 알 수 없지만 표본결과를 사용하여 다음과 같은 가설을 검정하려고 한다.

$$H_0 : \mu_1 = \mu_2 = \mu_3$$
$$H_a : \text{모든 모집단의 평균이 같은 것은 아니다.}$$

NCT 관측연구를 위한 가설검정은 케미테크 실험을 위한 가설검정과 정확하게 일치한다. 분산분석은 케미테크 실험을 분석하는 방법론과 NCP 관측연구 자료를 분석하는 방법론이 서로 같다.

분석에 이용한 분산분석 방법론은 같더라도 NCP 통계적 관측연구와 케미테크 통계적 실험연구가 어떻게 다른지는 주목할 가치가 있다. NCP 연구에서는 종업원 각 개인을 공장에 할당하는 방식을 통제할 수 없었다. 즉, 공장은 이미 운영되고 있었고, 특히 종업원들은 세 공장 중 이미 한 곳에서 일하고 있었다. NCP가 할 수 있는 모든 방법은 각 공장에서 표본으로 6명의 종업원을 확률적으로 선택한 후 품질 인식 시험을 시행하는 것이다. NCP에서 확률적으로 18명의 종업원을 선택한 후 종업원들을 각 공장에 다시 확률적으로 배치하면 실험으로 분류된다.

보충설명

1. 전체 표본평균은 k개 표본평균의 가중평균으로 계산할 수 있다.

$$\bar{\bar{x}} = \frac{n_1 \bar{x}_1 + n_2 \bar{x}_2 + \ldots + n_k \bar{x}_k}{n_T}$$

표본평균이 주어진 문제에서는 식 (13.3)보다 위 식으로 전체 표본평균을 계산하기가 더 쉽다.

2. 각 표본이 모두 n개의 관측치로 구성되었을 때 식 (13.6)은 다음과 같이 바꾸어 쓸 수 있다.

$$\text{MSTR} = \frac{n \sum_{j=1}^{k} (\bar{x}_j - \bar{\bar{x}})^2}{k - 1} = n \left[\frac{\sum_{j=1}^{k} (\bar{x}_j - \bar{\bar{x}})^2}{k - 1} \right]$$
$$= n s_{\bar{x}}^2$$

이 결과는 4절에서 σ^2의 처리 간 추정치의 개념을 설

명하면서 제시한 식과 같다는 것에 유의하자. 식 (13.6)은 단순히 표본크기가 다를 때의 결과를 일반화한 것이다.

3. 각 표본이 n개의 관측값을 갖는다면 $n_T = kn$이 되고 $n_T - k = k(n-1)$이므로 식 (13.9)는 다음과 같이 바꾸어 쓸 수 있다.

$$\text{MSE} = \frac{\sum_{j=1}^{k} (n-1) s_j^2}{k(n-1)} = \frac{(n-1) \sum_{j=1}^{k} s_j^2}{k(n-1)} = \frac{\sum_{j=1}^{k} s_j^2}{k}$$

즉, 표본크기가 같다면 MSE는 k개 표본분산의 평균이다. 이것은 4절에서 설명한 σ^2의 처리 내 추정치의 개념과 같은 결과이다.

기초문제

1. 완전확률화설계로 추출한 자료가 다음과 같다.

	처리		
	A	B	C
	162	142	126
	142	156	122
	165	124	138
	145	142	140
	148	136	150
	174	152	128
표본평균	156	142	134
표본분산	164.4	131.2	110.4

  a. 처리 간 제곱합을 계산하라.

  b. 처리 간 제곱평균을 계산하라.

  c. 오차의 제곱합을 계산하라.

  d. 오차의 제곱평균을 계산하라.

  e. 이 문제를 위한 분산분석표를 작성하라.

  f. 유의수준 $\alpha = 0.05$에서 세 가지 처리의 평균이 같은지를 검정하라.

2. 완전확률화설계에서 5개의 처리(요인수준 5) 각각에 7개씩의 실험 단위를 배정하였다. 다음의 분산분석표를 완성하라.

변동요인	제곱합	자유도	제곱평균	F	p-값
처리	300				
오차					
계	460				

3. 연습문제 2를 참조하라.

  a. 이 문제에서 암묵적인 가설은 무엇인가?

  b. 문항 (a)에서 유의수준 $\alpha = 0.05$일 때 귀무가설을 기각할 수 있는가?

4. 완전확률화설계에서 첫 번째 처리를 위해 12개의 실험단위를, 두 번째 처리에는 15개, 세 번째 처리에는 20개를 이용하였다. 다음의 분산분석표를 완성하라. 유의수준 $\alpha = 0.05$에서 처리 간 의미 있는 차이가 있는가?

변동요인	제곱합	자유도	제곱평균	F	p-값
처리	1200				
오차					
계	1800				

5. 완전확률화설계에 따른 다음의 자료를 이용하여 분산분석표를 작성하라. $\alpha=0.05$에서 처리 평균 간에 의미 있는 차이가 있는가?

	처리		
	A	B	C
	136	107	92
	120	114	82
	113	125	85
	107	104	101
	131	107	89
	114	109	117
	129	97	110
	102	114	120
		104	98
		89	106
$\bar{x}_j$	119	107	100
s_j^2	146.86	96.44	173.78

응용문제

6. 산업 기사가 제품을 조립하는 세 가지 방법을 제안하였다. 각 방법으로 조립된 수량을 정확히 파악하기 위해 30명의 종업원을 확률적으로 선택하고 제안된 각 방법에 확률적으로 할당하여 각 방법마다 10명의 종업원을 배치하였다. 조립된 수량을 정확하게 기록하고, 분산분석 절차를 적용하여 결과를 얻었다. 이때, SST=10,800, SSTR=4,560이었다.

a. 이 문제를 위한 분산분석표를 작성하라.

b. 세 가지 조립방법에 따른 평균에 의미 있는 차이가 있는지를 $\alpha=0.05$에서 검정하라.

7. 화학 공정에서 온도의 효과를 연구하기 위해서 세 가지 온도에서 각각 다섯 번씩 생산하여 다음의 결과를 얻었다. 분산분석표를 작성하고, 유의수준 0.05에서 세 온도의 생산량 평균이 같은지를 검정하라.

온도		
50℃	60℃	70℃
34	30	23
24	31	28
36	34	28
39	23	30
32	27	31

8. 감사인은 자신의 직접 경험, 간접 경험, 혹은 두 가지를 결합한 것을 기초로 다양한 측면을 고려하여 판단해야 한다. 한 연구에서는 감사에서 발견되는 오류의 빈도 등을 다음과 같은 판단결과 점수를 얻었다. 점수가 낮을수록 더 좋게 판단하였음을 뜻한다.

직접 (Direct)	간접 (Indirect)	결합 (Combination)
17.0	16.6	25.2
18.5	22.2	24.0
15.8	20.5	21.5
18.2	18.3	26.8
20.2	24.2	27.5
16.0	19.8	25.8
13.3	21.2	24.2

감사인의 직접, 간접, 결합 경험 등이 판단의 질에 영향을 미치는지를 확인하기 위하여 유의수준 $\alpha=0.05$에서 검정하라. 결론은 무엇인가?

DATA files
GrandStrand
www.hanol.co.kr

9. 코스트 타임즈(Sun Coast Times) 기자는 독자들의 흥미를 위해 사우스 캐롤라이나의 머틀 해안에 있는 그랜드 스트랜드 부근의 풀 서비스(full-service) 식당을 대상으로 식사가격을 조사하였다. 기자는 해산물 식당 중에서 8곳, 이탈리안 식당 중에서 8곳, 스테이크하우스 중에서 8곳을 표본으로 선택하였다. 24개의 표본 식당에서의 한 끼 식사 가격(단위: $)은 다음과 같다. 세 가지 유형의 식당에서 한 끼 식사 평균 가격 차이가 의미 있는지를 $\alpha=0.05$에서 검정하라.

이탈리안 (Italian)	해산물 (Seafood)	스테이크하우스 (Stakehouse)
$12	$16	$24
13	18	19
15	17	23
17	26	25
18	23	21
20	15	22
17	19	27
24	18	31

③ 다중비교 절차

분산분석을 사용하여 k개 모집단의 평균이 동일한지 여부를 검정할 때 귀무가설을 기각하면 모집단 평균이 모두 같지 않다는 결론만 내릴 수 있다. 경우에 따라서는 한 단계 더 나아가 평균 간의 차이가 발생하는 모집단을 판단해야 한다. 이 절에서는 다중비교 절차(multiple comparison procedure)를 사용하여 모집단 평균값 간의 통계적 비교를 수행하는 방법을 설명한다.

1 피셔의 LSD

분산분석이 모집단 평균이 동일하다는 귀무가설을 기각하는 통계적 증거를 제공한다고 가정하자. 이 경우 피셔(Fisher)의 최소 유의차(LSD, Least Significant Difference) 절차를 사용하여 차이가 발생하는 곳을 확인할 수 있다. 피셔의 LSD 절차를 사용하는 방법을 설명하기 위해 13.1절에 소개된 케미테크 실험을 생각해보자. 분산분석을 사용하여 주당 평균 생산량이 세 가지 조립방법에 대해 동일하지 않다는 결론을 내렸다. 이 경우 후속 질문은 다음과 같다. 조립방법이 다르다고는 생각하지만, 차이점이 어디에서 발생하는가? 즉, 모집단 1과 모집단 2의 평균이 다른가? 아니면 모집단 1과 모집단 3이 다른가? 아니면 모집단 2와 모집단 3이 다른가? 다음은 모집단 평균의 쌍대비교를 위한 피셔의 LSD 절차를 요약한 것이다.

피셔의 LSD 절차

$$H_0 : \mu_i = \mu_j$$
$$H_a : \mu_i \neq \mu_j$$

검정통계량

$$t = \frac{\bar{x}_i - \bar{x}_j}{\sqrt{MSE\left(\frac{1}{n_i} + \frac{1}{n_j}\right)}} \tag{13.15}$$

기각규칙

p-값 방식: p-값 $\leq \alpha$일 때 H_0 기각

임계값 방식: $t \leq -t_{\alpha/2}$ 또는 $t \geq t_{\alpha/2}$일 때 H_0 기각

여기서 $t_{\alpha/2}$는 t분포를 따르고 $n_T - k$의 자유도를 갖는다.

이 절차를 적용하여 유의수준 $\alpha = 0.05$에서 모집단 1(방법 A)과 모집단 2(방법 B)의 평균 사이에 유의한 차이가 있는지를 확인해보자. 〈표 13-1〉에서 방법 A의 표본평균이 62이고 방법 B의 경우 66이 된다. 〈표 13-3〉은 MSE의 값이 28.33임을 보여주며, 이는 σ^2의 추정치이고 자유도는 12가 된다. 따라서, 검정통계량은 다음과 같다.

$$t = \frac{62 - 66}{\sqrt{28.33\left(\frac{1}{5} + \frac{1}{5}\right)}} = -1.19$$

양측검정이기 때문에 p-값은 t분포에서 $t = -1.19$의 왼쪽 꼬리 면적의 2배가 된다. 부록 B의 〈표 2〉에서 사용한 자유도 12에 대한 t분포표는 다음 정보를 제공한다.

오른쪽 꼬리 면적	0.20	0.10	0.05	0.025	0.01	0.005
t값 (자유도 12)	0.873	1.356	1.782	2.179	2.681	3.055

$t = 1.19$

t분포표에는 양의 t값만 포함되지만 t분포가 대칭이기 때문에 $t=1.19$의 오른쪽 꼬리 면적을 찾고 이를 두 배로 늘려 $t=-1.19$에 해당하는 p-값을 찾을 수 있다. $t=1.19$가 0.20과 0.10 사이이므로 이를 두 배로 늘리면 p-값이 0.40에서 0.20 사이임을 알 수 있다. 엑셀을 사용하면 p-값이 0.2571이 된다. p-값이 $\alpha=0.05$보다 크기 때문에 귀무가설을 기각할 수 없으므로 방법 A의 모집단 평균이 방법 B의 모집단 평균과 다르다는 결론을 내릴 수 없다.

많은 실무 담당자들은 H_0를 기각하기 위해 표본평균 간 차이가 얼마나 커야 하는지를 알게 되면 가설검정이 더 쉽다고 생각한다. 이 경우 검정통계량은 $\bar{x}_i - \bar{x}_j$이 되고 다음과 같은 절차로 가설검정을 수행한다.

검정통계량 $\bar{x}_i - \bar{x}_j$ 기반 피셔의 LSD 절차

$$H_0 : \mu_i = \mu_j$$
$$H_a : \mu_i \neq \mu_j$$

검정통계량

$$\bar{x}_i - \bar{x}_j$$

유의수준 α하에서 기각규칙

$$|\bar{x}_i - \bar{x}_j| \geq \text{LSD}일 때 H_0 기각$$

여기서

$$\text{LSD} = t_{\alpha/2} \sqrt{\text{MSE}\left(\frac{1}{n_i} + \frac{1}{n_j}\right)} \tag{13.16}$$

케미테크 실험에서 LSD 값은 다음과 같다.

$$\text{LSD} = 2.179 \sqrt{28.33\left(\frac{1}{5} + \frac{1}{5}\right)} = 7.34$$

표본크기가 같을 때 모든 모집단의 쌍에 대해 동일한 한 개의 LSD값만 계산되므로, LSD를 쉽게 계산하여 두 표본평균 간의 차이를 LSD 값과 간단히 비교할 수 있다. 예를 들어, 모집단 1(방법 A)과 모집단 3(방법 C)에 대한 표본평균 간의 차이는 $62-52=10$이다. 이 차이는 LSD=7.34보다 크므로 방법 A의 주당 평균 생산량이 방법 C의 모집단 평균과 같다는 귀무가설을 기각할 수 있다. 마찬가지로 모집단 2와 모집단 3의 표본평균 차이 $66-52=14$는 7.34보다 크므로 방법 B의 모집단 평균이 방법 C의 모집단 평균과 같다는 가설을 기각할 수 있다. 따라서 결론은 방법 A와 B가 방법 C와 다르다는 것이다.

피셔의 LSD는 다음의 절차를 따라 두 모집단 평균 간의 차이에 대한 신뢰구간 추정치를 계산하는 데에도 사용할 수 있다.

피셔의 **LSD** 절차를 사용한 두 모집단 평균 간의 차이에 대한 신뢰구간 추정

$$\bar{x}_i - \bar{x}_j \pm \text{LSD} \tag{13.17}$$

여기서

$$\text{LSD} = t_{\alpha/2} \sqrt{\text{MSE}\left(\frac{1}{n_i} + \frac{1}{n_j}\right)} \tag{13.18}$$

$t_{\alpha/2}$는 $n_T - k$ 자유도를 갖는 t분포를 따른다.

식 (13.18)의 신뢰구간에 값 0이 포함되어 있으면 두 모집단 평균이 같다는 가설을 기각할 수 없다. 그러나 신뢰구간에 값 0이 포함되지 않으면 모집단 평균 간에 차이가 있다는 결론을 내린다. 케미테크 실험의 경우 LSD=7.34($t_{0.025}$=2.179에 해당)이므로 모집단 1과 2의 평균 차이에 대한 95% 신뢰구간 추정치는 62－66±7.34=-4±7.34=-11.34부터 3.34까지이다. 이 구간에는 0이 포함되기 때문에 두 모집단 평균이 같다는 가설을 기각할 수 없다.

2 제1종 오류율

분산분석이 모집단 평균이 동일하다는 귀무가설을 기각하는 경우에, 해당 차이가 어디서 발생하는지를 판단하기 위해 피셔의 LSD 절차를 사용하는 방법을 설명하였다. 기술적으로는 분산분석을 사용하여 유의한 F값을 먼저 찾은 경우에만 사용되기 때문에 보호적 또는 제한적 LSD 검정이라고 한다.

우리는 케미테크 실험에서 피셔의 LSD 절차를 사용하여 다음 3개의 쌍대비교를 수행하였다.

검정 1	검정 2	검정 3
$H_0: \mu_1 = \mu_2$	$H_0: \mu_1 = \mu_3$	$H_0: \mu_2 = \mu_3$
$H_a: \mu_1 \neq \mu_2$	$H_a: \mu_1 \neq \mu_3$	$H_a: \mu_2 \neq \mu_3$

각 경우 α=0.05의 유의수준을 사용하였으므로, 각 검정에 대해 귀무가설이 참이면 제1종 오류를 범할 확률은 α=0.05가 되고 각 검정에서 제1종 오류를 범하지 않을 확률은 1－0.05 =0.95가 된다. 다중비교 절차에서 이러한 제1종 오류의 확률(α=0.05)을 비교별 제1종 오류율 (Comparisonwise type 1 error rate)이라고 하며, 하나의 쌍대비교와 관련된 유의수준을 나타낸다.

이제 약간 다른 문제를 생각해보자. 세 개의 쌍대비교를 수행할 때 세 가지 검정 중 적어도 하나에서 제1종 오류를 범할 확률은 얼마인가? 세 가지 검정 중 어느 것에서도 제1종 오류를 범하지 않을 확률은 $0.95 \times 0.95 \times 0.95 = 0.8574$[1]이므로 적어도 하나에서 제1종 오류를 범할 확률은 1－0.8574=0.1426이다. 따라서 피셔의 LSD 절차를 사용하여 세 개의 쌍대비교를 모

---

[1] 여기서 세 가지 검정이 독립적이므로 세 가지 사건의 결합 확률은 개별 확률을 단순히 곱하여 얻을 수 있다고 가정한다. 사실, 세 가지 검정은 MSE가 각 검정에서 모두 사용되기 때문에 독립적이지 않고, 실제 오류는 계산된 것보다 훨씬 크다.

두 수행할 때 이 방법과 관련된 제1종 오류율은 0.05가 아니라 실제로는 0.1426이다. 이 오류율을 전체 또는 실험별 제1종 오류율(Experimentwise type 1 error)이라고 한다. 혼동을 피하기 위해 실험별 제1종 오류율을 α_{EW}로 표시한다.

실험별 제1종 오류율은 모집단이 더 많은 경우 더 커진다. 예를 들어, 5개의 모집단이 있는 경우에는 10개의 쌍대비교가 가능하므로, 비교별 오류율이 $\alpha = 0.05$인 피셔의 LSD를 사용하여 가능한 모든 쌍대비교를 검정한 경우 실험별 제1종 오류율은 $1 - (1 - 0.05)^{10} = 0.40$이 된다. 이러한 경우 실무자는 실험별 오류율을 제어할 수 있는 대안을 찾게 된다.

본페로니 수정(Bonferroni adjustment)이라고 하는 전체 실험별 오류율을 제어하기 위한 첫 번째 대안은 각 검정에서 더 작은 비교별 오류율을 사용하는 것이다. 예를 들어, C개의 쌍대비교를 하여 전체 실험에서 제1종 오류를 범할 최대 확률이 α_{EW}가 되도록 하려면, α_{EW}/C와 같은 비교별 오류율을 사용하면 된다. 케미테크 실험에서 피셔의 LSD 절차를 사용하여 최대 실험 오류율이 $\alpha_{EW} = 0.05$인 세 쌍대비교를 모두 검정하려면 비교별 오류율을 $\alpha = 0.05/3 = 0.017$로 설정하면 된다. 5개의 모집단으로 10개의 쌍대비교가 가능한 경우 본페로니 수정은 $0.05/10 = 0.005$의 비교별 오류율을 제안하게 된다. 9장의 가설검정에 대한 설명을 기억해보면 고정된 표본크기에 대해 제1종 오류를 범할 확률이 감소하면 제2종 오류를 범할 확률이 증가하게 되어 두 모집단 평균이 실제로 같지 않을 때 두 모집단 평균이 동일하다는 가설을 받아들이게 된다. 결과적으로 많은 실무자들은 제2종 오류를 범할 위험이 증가하기 때문에 상대적으로 낮은 제1종 오류율로 개별 검정을 수행하는 것을 꺼리게 된다.

투키(Tukey)의 절차 및 던칸(Duncan)의 다중범위검정(multiple range test)과 같은 몇 가지 다른 절차가 이러한 상황에서 도움이 될 수 있도록 개발되었으나 어떤 절차가 "최선"인지에 대해서는 통계학회에서도 상당한 논란거리이다. 결국, 모든 유형의 문제에 대해 가장 적합한 절차는 없다는 것이다.

연습문제

기초문제

10. 완전확률화설계로 얻어진 자료가 다음과 같다.

	처리		
	A	B	C
	32	44	33
	30	43	36
	30	44	35
	26	46	36
	32	48	40
표본평균	30	45	36
표본분산	6.00	4.00	6.50

a. 유의수준 $\alpha = 0.05$에서 세 가지 처리의 평균이 같다는 귀무가설을 기각할 수 있는가?

b. 피셔의 LSD 절차를 사용하여 처리 A와 B, 처리 A와 C, 처리 B와 C에 대한 평균 사이에 유의한 차이가 있는지를 검정하라. $\alpha = 0.05$를 사용하라.

c. 피셔의 LSD 절차를 사용하여 처리 A와 B의 평균 차이에 대한 95% 신뢰구간을 추정하라.

11. 완전확률화설계로 얻어진 자료가 다음과 같다. 다음 계산에서 $\alpha = 0.05$를 사용하라.

	처리		
	A	B	C
	63	82	69
	47	72	54
	54	88	61
	40	66	48
$\bar{x}_j$	51	77	58
s_j^2	96.67	97.34	81.99

a. 분산분석을 사용하여 세 가지 처리의 평균 간 유의한 차이가 있는지 검정하라.

b. 피셔의 LSD 절차를 사용하여 어떤 평균 간에 차이가 있는지 확인하라.

응용문제

12. 제이콥스 화학회사는 세 제조업체에서 생산한 기계를 사용하는 경우 재료를 혼합하는 데 필요한 평균 시간이 동일한지 여부를 검정하기 위해 재료를 혼합하는 데 필요한 시간(분)을 수집하였다.

	제조업체		
	1	2	3
	20	28	20
	26	26	19
	24	31	23
	22	27	22

a. 재료 혼합을 위한 모집단 평균 시간이 세 제조업체에 대해 다른지 여부를 검정하라. $\alpha = 0.05$를 사용하라.

b. 유의수준 $\alpha = 0.05$에서 피셔의 LSD 절차를 사용하여 제조업체 1과 3의 평균이 같은지 검정하라. 이 검정을 수행한 후 어떤 결론을 내릴 수 있는가?

13. 연습문제 12에서 피셔의 LSD 절차를 사용하여 제조업체 1의 평균과 제조업체 2의 평균 차이에 대한 95% 신뢰구간을 추정하라.

디지털 마케팅 시대에 기업의 전략, 문화, 윤리에 부합하는 웹사이트에 프로그래매틱 광고가 게재되기 위해서는 각별한 주의가 필요하다. 예를 들어, 2017년 노드스트롬(Nordstrom), 아마존(Amazon) 및 홀푸드(Whole Foods)는 회사에 대한 자동 광고가 브라이트바트(Breitbart) 웹사이트(ChiefMarketer.com 웹사이트)에 게시되었을 때 각각 소셜미디어 사용자로부터 보이콧에 직면하였다. 이렇듯 마케팅 전문가는 회사의 가치와 문화를 이해하는 것이 중요하다. 다음 자료는 기업의 윤리적 가치에 대한 마케팅 전문가의 인식을 조사하기 위해 설계된 실험에서 얻은 것이다(점수가 높을수록 윤리적 가치가 높음을 나타냄).

마케팅 관리자	마케팅 조사 전문가	광고 전문가
6	5	6
5	5	7
4	4	6
5	4	5
6	5	6
4	4	6

a. $\alpha=0.05$를 사용하여 세 그룹 간의 인식 차이가 유의미한지 검정하라.

b. 유의수준 $\alpha=0.05$에서 마케팅 관리자, 마케팅 조사 전문가 및 광고 전문가에 대한 인식에 차이가 있다는 결론을 내릴 수 있다. 어디서 차이가 발생하는지를 확인하라. $\alpha=0.05$를 사용하라.

14. 트리플A 마이너리그 야구의 인터내셔널 리그는 14개 팀이 North, South, West의 3개 지구로 구성되어 있다. 다음 자료는 인터내셔널 리그에 있는 14개 팀의 평균 관중 수와 팀의 기록을 정리한 것이다. W는 승리한 게임 수, L은 패배한 게임 수, PCT는 경기한 게임에서 승리한 비율이다.

DATA files
Triple-A
www.hanol.co.kr

팀명 (Team Name)	지구 (Division)	W	L	PCT	관중 수 (Attendance)
버팔로 바이슨스	North	66	77	0.462	8812
리하이 밸리 아이언피그스	North	55	89	0.382	8479
퍼투켓 레드삭스	North	85	58	0.594	9097
로체스터 레드 윙스	North	74	70	0.514	6913
스크랜튼-윌크스 발 양키스	North	88	56	0.611	7147
시라큐스 치프스	North	69	73	0.486	5765
샬롯 나이츠	South	63	78	0.447	4526
더럼 불스	South	74	70	0.514	6995
노포크 타이즈	South	64	78	0.451	6286
리치몬드 브레이브스	South	63	78	0.447	4455
콜럼버스 클리퍼스	West	69	73	0.486	7795
인디애나폴리스 인디언스	West	68	76	0.472	8538
루이스빌 배츠	West	88	56	0.611	9152
톨레도 머드 헨스	West	75	69	0.521	8234

a. $\alpha=0.05$를 사용하여 세 지구의 평균 관중 수에 차이가 있는지를 검정하라.

b. 피셔의 LSD 절차를 사용하여 어디서 차이가 발생하는지를 확인하라. $\alpha=0.05$를 사용하라.

요점정리

이 장에서는 분산분석을 사용하여 여러 모집단 또는 처리의 평균 간의 차이를 검정하는 방법을 설명하였다. 이 장에서 다룬 완전확률화설계는 단일 요인의 평균 차이에 대한 결론을 도출하는 데 사용된다.

분산분석에 사용되는 통계적 가설검정의 기초가 모집단 분산 σ^2의 두 가지 독립적인 추정치를 개발하는 것임을 확인하였다. 단일 요인의 경우 σ^2의 첫 번째 추정량은 처리 간의 분산을 기반으로 하며 평균 $\mu_1, \mu_2, \cdots, \mu_k$가 모두 동일한 경우에만 σ^2의 불편추정값을 제공한다. σ^2의 두 번째 추정량은 각 표본 내 관측치의 분산을 기반으로 하며 항상 σ^2의 불편추정값을 제공한다. 이 두 추정량의 비율(F 통계량)을 계산하여 모집단 또는 처리 평균이 동일하다는 귀무가설을 기각할지 여부를 결정하기 위한 기각규칙을 개발하였다. 또한 피셔의 LSD 절차와 본페로니 수정을 사용하여 쌍대비교를 통해 어떤 모집단(처리)의 평균이 다른지를 확인하는 방법도 설명하였다.

보충문제

15. 완전확률화설계를 통해 세 가지 상표의 종이 행주에 대해 물 흡수성을 검사하였다. 각 상표당 4장씩 같은 크기의 행주를 사용하여 흡수성을 평가한 자료는 다음과 같다. 유의수준 0.05에서 각 상표별 종이 행주의 흡수성에 차이가 있는가?

상표		
x	y	z
91	99	83
100	96	88
88	94	89
89	99	76

DATA files
SatisJob
www.hanol.co.kr

16. 소상공인 경영잡지(Journal of Small Business Management)에서 발표한 연구에 따르면, 자영업자들의 직업 만족도는 비자영업자보다 높지 않은 것으로 나타났다. 이 연구에서 18가지 항목으로 직업 만족도를 측정하였는데 항목별로 강한 부정에서 강한 긍정까지 1~5점의 리커트 척도를 사용하였다. 이 척도에서 높은 점수는 직업 만족도가 높다는 것을 의미한다. 18개 항목의 점수를 모두 더한 점수인 18~90점까지를 이용하여 직업 만족도를 산출하였다. 다음은 변호사, 물리치료사, 가구 제작자, 시스템 분석가 각각으로부터 10명씩을 추출하여 직업 만족도를 측정한 결과이다.

변호사 (Lawyer)	물리치료사 (Physical Therapist)	가구 제작자 (Cabinetmaker)	시스템 분석가 (Systems Analyst)
44	55	54	44
42	78	65	73
74	80	79	71
42	86	69	60
53	60	79	64
50	59	64	66
45	62	59	41
48	52	78	55
64	55	84	76
38	50	60	62

네 가지 직업 사이에 직업 만족도에 차이가 있는지를 유의수준 0.05에서 검정하라.

앤더슨의 경영통계학

17. 미국 환경보호국(EPA: Environment Protection Agency)에서는 전국 도시의 공기 중 오염 수준을 감독하고 있다. 오존의 오염 수준은 500점 척도를 사용하여 측정하고 있으며, 점수가 낮으면 건강에 덜 위험하고 점수가 높으면 건강을 위협하는 것을 의미한다. 2012년에 네 도시에서 오존 오염 수준이 높았던 10일간의 자료는 다음과 같다.

Date	도시			
	Birmingham	Memphis	Little Rock	Jackson
1월 9일	18	20	18	14
1월 17일	23	31	22	30
1월 18일	19	25	22	21
1월 31일	29	36	28	35
2월 1일	27	31	28	24
2월 6일	26	31	31	25
2월 14일	31	24	19	25
2월 17일	31	31	28	28
2월 20일	33	35	35	34
2월 29일	20	42	42	21

네 도시 사이에 평균 오존 농도가 다른지를 유의수준 $\alpha=0.05$를 사용하여 검정하라.

18. 새로운 제품에 적용하기 위한 세 가지 조립방법 중 시간당 가장 많은 부품을 생산하는 조립방법을 결정하기 위해 완전확률화실험설계를 하였다. 30명의 작업자를 확률적으로 선택하여 제안된 방법에 각각 할당하였으며, 각 작업자가 생산한 수량은 다음과 같다.

방법		
A	B	C
97	93	99
73	100	94
93	93	87
100	55	66
73	77	59
91	91	75
100	85	84
86	73	72
92	90	88
95	83	86

각 방법으로 생산한 평균 부품 수량이 같은지를 $\alpha=0.05$를 사용하여 검정하라.

19. 2017년에 실시된 퓨 리서치(Pew Research) 연구에 따르면 미국인의 75%는 로봇과 컴퓨터가 현재 사람들이 하는 많은 일을 수행할 것이라고 믿고 있다. 다음은 간호사, 세무 감사인 및 패스트푸드 직원으로부터 직업의 자동화 가능성을 자료이다. 이 자료에서는 점수가 높을수록 직업이 자동화될 가능성이 더 높다는 것을 의미한다.

간호사 (Nurse)	세무 감사인 (Tax Auditor)	패스트푸드 직원 (Fast-Food Worker)
4	5	5
5	6	7
6	5	5
3	4	7
3	7	4
4	4	6
5	6	5
4	5	7

a. $\alpha=0.05$를 사용하여 세 가지 직업이 자동화될 가능성이 있다는 믿음에 차이가 있는지를 검정하라.

b. 피셔의 LSD 절차를 사용하여 간호사와 세무 감사인의 직무가 자동화될 것이라는 믿음을 비교하라.

사례연구   **영업 전문가 보상**

샌프란시스코 지역의 영업 전문가로 구성된 한 지부가 내부 및 외부 영업직에 고용된 개인의 경력과 급여 사이의 관계를 연구하기 위해 직원 설문조사를 시행했다고 가정하자. 설문조사에서 응답자는 낮음(1-10년), 중간(11-20년), 높음(21년 이상)의 세 가지 수준의 경력 중 하나에 응답하도록 요청받았다. 120개의 관측값으로 구성된 전체 자료는 SalesSalary 파일에 포함되어 있다.

DATA files
SalesSalary
www.hanol.co.kr

관측치	연봉($)	직위	경력
1	53,938	내부	중간
2	52,694	내부	중간
3	70,515	외부	낮음
4	52,031	내부	중간
5	62,283	외부	낮음
6	57,718	내부	낮음
7	79,081	외부	높음
8	48,621	내부	낮음
9	72,835	외부	높음
10	54,768	내부	중간
⋮	⋮	⋮	⋮
115	58,080	내부	높음
116	78,702	외부	중간
117	83,131	외부	중간
118	57,788	내부	높음
119	53,070	내부	중간
120	60,259	외부	낮음

경영 보고서

1. 기술통계량을 사용하여 자료를 요약하라.

2. 경력과 직위 유형에 관계없이 모든 영업사원의 평균 연봉에 대한 95% 신뢰구간을 추정하라.

3. 내부 영업사원의 평균 급여에 대한 95% 신뢰구간을 추정하라.

4. 외부 영업사원의 평균 급여에 대한 95% 신뢰구간을 추정하라.

5. 분산분석을 사용하여 직위에 따라 급여에 유의미한 차이가 있는지를 검정하라. 유의수준 $\alpha=0.05$를 사용하고 경력의 효과는 무시하라.

6. 분산분석을 사용하여 경력에 따라 급여에 유의미한 차이가 있는지를 검정하라. 유의수준 $\alpha=0.05$를 사용하고 직위의 효과는 무시하라.

데이터 분석을 위해
엑셀로 100% 구현된
앤더슨의 경영통계학

데이터 분석을 위해
엑셀로 100% 구현된
앤더슨의 경영통계학

단순선형
회귀분석

월마트(Walmart.com)*
BENTONVILLE, ARKANSAS

매주 2억 4,500만 명 이상의 고객이 전 세계 11,000개 매장을 방문하는 월마트는 세계 최대 소매업체이다. 2000년에 온라인 쇼핑이 증가함에 따라 월마트는 인터넷 사이트 Walmart.com을 런칭했다. 온라인 고객에게 서비스를 제공하기 위해 미국에 유통센터 네트워크를 만들었고, 이러한 유통센터 중 하나인 조지아 주 캐롤튼에 위치한 유통센터에서 어떻게 하면 온라인 주문을 위한 포장을 더 잘 관리할 수 있는지를 연구하였다.

성수기(11~12월)에 캐롤튼에 있는 유통센터는 하루에 100,000개 이상의 패키지를 배송한다. 주문 처리비용에는 재료비(제품이 상자의 부피보다 작을 때 빈 공간을 채우는 종이 상자 및 포장 재료의 비용), 취급 인건비 및 운송 비용이 포함된다. '상자 혼합 최적연구'라는 이름이 붙은 캐롤튼에서 수행된 연구의 목적은 자재, 노동력 및 운송 비용을 최소화하도록 월마트가 보유해야 할 상자의 수와 크기를 결정하는 것이다.

월마트는 많은 제약들 때문에 다양한 상자를 보유하기 어려웠다. 예를 들어, 경영진은 최소 및 최대 상자 크기를 제한하였고, 자동으로 제작되는 상자의 경우 하나의 생산라인에서는 한 종류의 상자만이 제작된다.

이러한 연구처럼 최적의 상자 구성을 찾는 모델을 구축하기 위해서는 데이터가 수집되어야 했다. 사용 중인 상자의 재료비는 알고 있지만 현재 사용되지 않는 다양한 크기의 상자에 대한 재료비를 추정해야 한다. 이를 위해 다양한 크기에 대한 상자 공급업체의 견적을 기반으로 단순선형회귀모델을 사용하여 모든 크기 상자의 비용을 추정하였다. 다음의 모델을 사용하여 상자의 부피(x, 입방인치)를 기준으로 상자의 재료비(y, 달러)를 추정했다.

$$y = -0.11 + 0.0014x$$

예를 들어, 부피가 2800 입방인치인 상자의 경우, $-0.11 + 0.0014 \times 2800 = 3.81$이다. 따라서 부피가 2800 입방인치인 상자의 예상 재료비는 $3.81이다.

단순선형회귀모델은 Microsoft Excel의 최적화 알고리즘에 포함되어 관리자에게 제공되었으며, 캐롤튼 유통센터에서 수행하는 최적의 상자 크기 조합 연구에 사용되었다. 이 회귀모델을 기반으로 하는 최적 모델은 구현 첫 해에 $600,000의 절감 효과를 보여주었으며, 이후에 다른 유통센터에 배포되어 연간 200만 달러를 절약할 수 있었다.

이 장에서는 단순선형회귀모델, 즉, 한 개의 변수를 사용하여 다른 변수의 값을 추정하는 단순선형회귀모델에 대해 알아볼 것이다.

---

*출처 : S. Ahire, M. Malhotra, and J. Jensen, "Carton-Mix Optimization for Walmart.com Distribution Centers," Interfaces, Vol. 45, No. 4, July-August 2015, pp. 341-357.

경영자의 의사 결정은 두 개 이상의 변수간 관계를 파악하는 것에서 시작하는 경우가 종종 있다. 예를 들어 마케팅 관리자는 광고비와 매출액 사이의 관계에 대해서 생각하고, 주어진 광고비 수준에서의 매출액을 예측하려 할 것이다. 또한 공공업체는 일별 최고 기온과 전력수요 사이의 관계를 파악하여, 다음 달 일별 최고 기온의 예상치를 바탕으로 전력사용량을 예측할 것이다. 관리자들은 때때로 두 변수의 관계에 대해 직관적으로 판단하기도 하지만 자료가 주어진다면 변수들이 어떤 연관성이 있는지를 보여줄 수 있는 회귀분석(regression analysis)이라는 통계적 방법을 이용할 수 있다.

* 두 변수 사이의 관계를 연구 하는 데 사용되는 통계적 방법은 프랜시스 갈턴 (Francis Galton, 1822~1911) 경에 의해 처음 개발 되었다.
갈턴경은 아버지의 키와 그 아들의 키의 관계에 관심이 있었다. 갈턴경의 제자인 칼 피어슨 (Karl Pearson, 1857~1936)은 1,078 쌍의 아버지와 아들을 대상으로 이들의 키 사이의 관계를 분석하였다.

회귀분석에서 예측되는 변수를 종속변수(dependent variable)라고 하고, 종속변수 값을 예측하는 데 사용되는 변수들을 독립변수(independent variable)라고 한다. 예를 들어, 광고비가 매출에 미치는 영향을 분석할 때 마케팅 관리자는 매출액을 종속변수, 광고비를 매출액을 예측하기 위한 독립변수로 하여 매출액을 예측할 것이다. 일반적으로 종속변수는 y로, 독립변수는 x로 나타낸다.

이 장에서는 하나의 독립변수와 하나의 종속변수가 있고, 두 변수 사이의 관계가 직선으로 표현되는 가장 단순한 형태의 회귀분석에 대해서 살펴본다. 이것을 단순선형회귀(simple linear regression)라 한다. 두 개 이상의 독립변수를 갖는 회귀분석은 다중회귀분석이라고 하며, 15장 에서 다룬다.

1 단순선형회귀모형

아르만즈 피자 팔러(Armand's Pizza Parlors)는 5개 주에 위치한 이탈리안 식당 체인이다. 아르만즈의 가장 좋은 입지는 대학교 캠퍼스 근처이다. 관리자는 이들 식당의 분기별 매출액(y로 표기)이 대학교의 학생 수(x로 표기)와 양의 관계에 있다고 생각한다. 즉, 학생이 많은 캠퍼스 근처의 식당이 학생이 적은 캠퍼스 근처의 식당보다 매출액이 높다는 것이다. 회귀분석을 이용해 종속변수가 독립변수와 어떤 관계에 있는지를 나타내는 식을 유도할 수 있다.

1 회귀모형과 회귀식

아르만즈 피자 팔러 예제에서 모집단은 모든 아르만즈 식당이다. 모집단의 모든 식당에 대해서 학생 수 x값과 이에 대응하는 분기별 매출액 y값이 얻어진다. y가 x 및 오차항(error term)과 어떤 관계가 있는지를 보여주는 식이 회귀모형(regression model)이다. 단순선형회귀에 사용되는 회귀모형은 다음과 같다.

단순선형회귀모형

$$y = \beta_0 + \beta_1 x + \epsilon \qquad (14.1)$$

β_0와 β_1은 이 모형의 모수이고 ϵ(그리스 문자 epsilon)은 오차항을 나타내는 확률변수이다. 오차항은 x와 y 사이의 선형관계로 설명할 수 없는 y의 변동성을 의미한다.

아르만즈 식당의 모집단은 각각 다른 x값을 갖는 하위모집단의 집합으로 생각할 수 있다. 예를 들어 하나의 하위모집단은 학생 수 8,000명의 대학 캠퍼스 근처에 위치한 모든 아르만즈 식당으로 구성되고, 다른 하위모집단은 학생 수 9,000명의 대학 캠퍼스 근처에 위치한 모든 아르만즈 식당으로 구성된다. 각 하위모집단에는 그에 대응하는 y값의 분포가 존재한다. 즉, 학생 수 $x=8,000$명의 대학 근처 식당들의 y값 분포, 학생 수 $x=9,000$명의 대학 근처 식당들의 y값

분포 등이 존재한다. 각 y값의 분포는 각자의 평균, 즉 기댓값을 갖는다. y값의 기댓값인 $E(y)$가 x와 어떤 관계가 있는지를 설명하는 식을 회귀식(regression equation)이라고 한다. 단순선형회귀를 위한 회귀식은 다음과 같다.

단순선형회귀식

$$E(y) = \beta_0 + \beta_1 x \tag{14.2}$$

단순선형회귀식의 그래프는 직선이다. β_0는 회귀선의 y절편이고 β_1은 기울기이며, $E(y)$는 주어진 x값에 대응하는 y값 분포의 기댓값, 즉 평균이다.

〈그림 14-1〉은 가능한 회귀선의 예를 나타낸 것이다. 패널 A의 회귀선은 y의 평균값이 x와 양의 관계로서 x값이 커질수록 $E(y)$도 커지는 관계에 있음을 보여주며, 패널 B의 회귀선은 y의 평균값이 x와 음의 관계로서 x값이 커질수록 $E(y)$는 작아지는 관계에 있음을 보여준다. 패널 C의 회귀선은 y의 평균값이 x와 관계없이 즉, 모든 x값에 대해서 y의 평균이 동일한 경우를 보여준다.

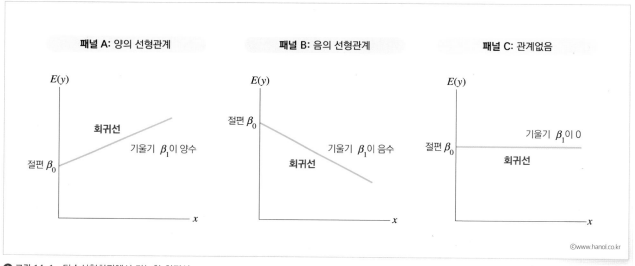

○ 그림 14-1 _ 단순선형회귀에서 가능한 회귀선

2 회귀식의 추정

만약 모집단의 모수인 β_0와 β_1을 알고 있다면, 주어진 x값에 대한 y의 평균을 계산하는 데 식 (14.2)를 사용할 수 있다. 일반적으로 모수 값은 알려져 있지 않으므로 표본 자료를 이용해서 추정해야 한다. 표본통계량 b_0와 b_1은 모집단의 모수인 β_0와 β_1의 추정값이다. 회귀식의 β_0와 β_1에 표본통계량인 b_0와 b_1을 대입하면 추정회귀식(estimated regression equation)이 얻어진다. 단순선형회귀식의 추정회귀식은 다음과 같다.

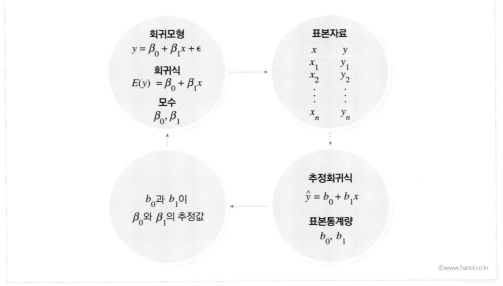

● 그림 14-2_ 단순선형회귀의 추정과정 요약

단순선형 추정회귀식

$$\hat{y} = b_0 + b_1 x \qquad (14.3)$$

〈그림14-2〉는 단순선형회귀의 추정 과정을 요약한 것이다. 추정회귀식의 그래프를 추정회귀선(estimated regression line)이라고 하며, y절편이 b_0, 기울기가 b_1이 된다. 다음 절에서는 추정회귀식의 b_0와 b_1을 계산하는데 최소제곱법이 어떻게 이용되는지 살펴볼 것이다.

일반적으로 $\hat{y}$은 $E(y)$의 점추정량으로, 주어진 x에 대한 y의 평균값이다. 그러므로 학생 수가 10,000명인 대학 캠퍼스 근처 모든 식당에 대한 분기별 매출액의 평균 또는 기댓값을 추정하기 위해 아르만즈는 식 (14.3)의 x에 10,000을 대입하면 된다. 어떤 경우에는 특정한 아르만즈 식당의 매출액을 예측하는 데 더 관심을 가질 수도 있다. 예를 들어 아르만즈는 학생 수 10,000명의 학생이 있는 텔봇(Talbot) 칼리지 근처에 새로운 식당을 개업하고자 할 때, 식당의 분기별 매출액을 예측하고자 할 것이다. 앞서 살펴본 바와 같이 주어진 x에 대한 y의 최적 예측값 역시 $\hat{y}$가 된다. 그러므로 텔봇 칼리지 근처에 개업할 식당의 분기별 매출액을 예측하려면 아르만즈는 역시 식 (14.3)의 x에 10,000을 대입하면 된다.

🔍 **보충설명**

1. 회귀분석은 변수들 사이의 인과관계를 설명하는 것은 아니다. 단지 변수들이 어느 정도로 다른 변수와 관련되는지만을 보여준다. 원인과 결과에 대한 결론은 해당 분야에 대한 많은 지식을 가진 사람들의 판단에 따라야만 한다.

2. 단순선형회귀의 회귀식은 $E(y) = \beta_0 + \beta_1 x$이다. 고급 과정의 회귀분석 교재에서는 회귀식이 주어진 x값에 대해 y의 평균값을 제공한다는 것을 강조하기 위해서 회귀식을 $E(y|x) = \beta_0 + \beta_1 x$으로 사용하기도 한다.

② 최소제곱법

최소제곱법(least squares method)은 추정회귀식을 얻기 위해 표본자료를 이용하는 방법이다. 최소제곱법에 대한 설명을 위해 대학 캠퍼스 근처에 있는 아르만즈 피자 팔러 식당 10개의 표본이 수집되었다고 가정한다. i번째 표본에 대해 x_i는 학생 수 (단위: 1,000명)이고 y_i는 분기별 매출액(단위: $1,000)이다. 표본 10개 식당의 x_i와 y_i값이 〈표 14-1〉에 요약되어 있다. 식당1을 보면 $x_1 = 2$이고 $y_1 = 58$이므로 학생 수가 2,000명인 캠퍼스 근처에 있고, 분기별 매출액은 $58,000이다. 반면, $x_2 = 6$이고 $y_2 = 105$인 식당 2는 학생 수가 6,000명인 캠퍼스 근처에 있고, 분기별 매출액은 $105,000이다. 매출액이 가장 큰 식당 10은 학생 수가 26,000명인 캠퍼스 근처에 있고 분기별 매출액은 $202,000이다.

〈그림 14-3〉은 〈표 14-1〉 자료의 산점도이다. 가로축은 학생 수이고, 세로축은 분기별 매출액이다. 회귀분석을 위한 산점도(scatter diagram)에서 독립변수 x는 가로축에, 종속변수 y는 세로축에 놓는다. 산점도는 자료를 시각적으로 관찰하고 변수들 간의 관계에 대한 잠정적 결론을 내릴 수 있게 한다.

〈그림 14-3〉을 통해서 내릴 수 있는 잠정적인 결론은 무엇인가? 분기별 매출액은 학생 수가 많은 캠퍼스일수록 높아지는 것처럼 보인다. 또한 이 자료에서 학생 수와 분기별 매출액은 대략 직선의 관계를 나타낸다. 실제로 x와 y 사이에는 양의 선형관계가 나타난다. 그러므로 학생 수와 분기별 매출의 관계를 나타내기 위해서 단순선형회귀모형을 선택하고 〈표 14-1〉의 표본자료를 이용하여 단순회귀식의 b_0와 b_1을 계산한다. i번째 식당에 대한 추정회귀식은 다음과 같다.

$$\hat{y}_i = b_0 + b_1 x_i \qquad (14.4)$$

여기서

$\hat{y}_i = i$번째 식당의 분기별 매출액(단위: $1,000) 추정값
$b_0 =$ 추정회귀선의 y절편
$b_1 =$ 추정회귀선의 기울기
$x_i = i$번째 식당의 학생 수(단위: 1,000명)

표 14-1_ 아르만즈 피자 팔러 10개 식당에 대한 학생 수와 분기별 매출액

식당	학생 수 (단위: 1,000명)	분기별 매출액 (단위: $1,000)
i	x_i	y_i
1	2	58
2	6	105
3	8	88
4	8	118
5	12	117
6	16	137
7	20	157
8	20	169
9	22	149
10	26	202

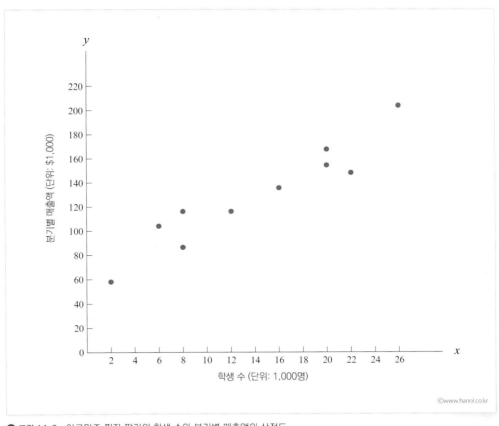

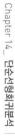

△ 그림 14-3_ 아르만즈 피자 팔러의 학생 수와 분기별 매출액의 산점도

y_i는 i번째 식당의 관측(실제) 매출액, 식 (14.4)의 $\hat{y}_i$은 i번째 식당의 매출액 추정값을 나타내며, 표본에 있는 모든 식당은 매출액 관측값 y_i와 매출액 추정값 $\hat{y}_i$을 가질 것이다. 추정회귀식을 자료에 적합시키기 위해서 우리는 관측 매출액과 추정 매출액 간의 차이가 최소화되기를 원한다.

최소제곱법은 표본자료를 이용하여 관측값 y_i와 종속변수 추정값 $\hat{y}_i$사이의 편차 제곱합(sum of the squares of the deviations)을 최소화시켜주는 b_0와 b_1을 찾는 방법이다. 최소제곱법의 기준은 식 (14.5)에 나와 있다.

* 칼 프리드리히 가우스 (Carl Friedrich Gauss, 1777~ 1855)는 최소제곱법을 제안 하였다.

최소제곱기준

$$\min \sum (y_i - \hat{y}_i)^2 \qquad (14.5)$$

여기서

$y_i = i$번째 관측값에 대한 종속변수의 관측값

$\hat{y}_i = i$번째 관측값에 대한 종속변수의 추정값

식 (14.5)를 최소화하는 b_0와 b_1은 미분계산을 이용하여 식 (14.6)과 식 (14.7)로 구할 수 있다.

표 14-2_ 아르만즈 피자 팔러에 대한 최소제곱 추정회귀식 계산과정

식당 i	x_i	y_i	$x_i - \bar{x}$	$y_i - \bar{y}$	$(x_i - \bar{x})(y_i - \bar{y})$	$(x_i - \bar{x})^2$
1	2	58	−12	−72	864	144
2	6	105	−8	−25	200	64
3	8	88	−6	−42	252	36
4	8	118	−6	−12	72	36
5	12	117	−2	−13	26	4
6	16	137	2	7	14	4
7	20	157	6	27	162	36
8	20	169	6	39	234	36
9	22	149	8	19	152	64
10	26	202	12	72	864	144
합계	140	1300			2840	568
	Σx_i	Σy_i			$\Sigma(x_i - \bar{x})(y_i - \bar{y})$	$\Sigma(x_i - \bar{x})^2$

* 계산기로 b_1을 계산할 때, 계산과정에서 가능하면 많은 유효자릿수를 포함시킨다. 최소한 4 이상의 유효자릿 수로 계산할 것을 추천한다.

추정회귀식의 기울기와 y 절편[1)]

$$b_1 = \frac{\sum(x_i - \bar{x})(y_i - \bar{y})}{\sum(x_i - \bar{x})^2} \tag{14.6}$$

$$b_0 = \bar{y} - b_1\bar{x} \tag{14.7}$$

여기서

$x_i = i$ 번째 관측값에 대한 독립변수의 값

$y_i = i$ 번째 관측값에 대한 종속변수의 값

$\bar{x} =$ 독립변수의 평균값

$\bar{y} =$ 종속변수의 평균값

$n =$ 관측값의 수

아르만즈 피자 팔러에 대한 최소제곱 회귀식 추정에 필요한 계산의 일부가 〈표 14-2〉에 나와 있다. 식당 10개가 표본이므로 $n = 10$이다. 식 (14.6)과 (14.7)에서 $\bar{x}$와 $\bar{y}$가 필요하므로 먼저 $\bar{x}$와 $\bar{y}$를 계산한다.

$$\bar{x} = \frac{\sum x_i}{n} = \frac{140}{10} = 14$$

$$\bar{y} = \frac{\sum y_i}{n} = \frac{1300}{10} = 130$$

식(14.6), (14.7)과 〈표 14-2〉의 정보를 이용해서 아르만즈 피자 팔러의 추정회귀식의 기울기와 절편을 구할 수 있다. 기울기 b_1은 다음과 같이 계산된다.

---

1) b_1의 다른 공식은 다음과 같다.

$$b_1 = \frac{\sum x_i y_i - (\sum x_i \sum y_i)/n}{\sum x_i^2 - (\sum x_i)^2/n}$$

계산기로 b_1을 계산할 때는 이 식이 권장된다.

$$b_1 = \frac{\sum(x_i - \bar{x})(y_i - \bar{y})}{\sum(x_i - \bar{x})^2}$$
$$= \frac{2840}{568}$$
$$= 5$$

y절편과 b_0은 다음과 같이 계산된다.

$$b_0 = \bar{y} - b_1\bar{x}$$
$$= 130 - 5(14)$$
$$= 60$$

그러므로 추정회귀식은 다음과 같다.

$$\hat{y} = 60 + 5x$$

〈그림 14-4〉는 산점도상에 그려진 이 식의 그래프를 보여준다.

이 추정회귀식의 기울기($b_1 = 5$)는 양수이므로 학생 모집단이 커지면 매출액도 증가한다는 것을 의미한다. 실제로 (1,000명 단위의 학생 모집단과 $1,000 단위로 측정한 매출액을 기준으로) 학생 모집단이 1,000명 증가하면 매출액은 평균 $5,000 증가하는 관계에 있다고 결론을 내릴 수 있다. 즉, 학생 한 명당 분기별 매출액은 $5 증가할 것으로 기대된다.

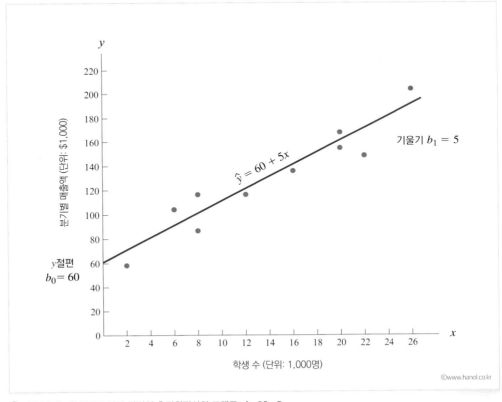

▲ 그림 14-4_ 아르만즈 피자 팔러의 추정회귀식의 그래프: $\hat{y} = 60 + 5x$

만약에 최소제곱 추정회귀식이 x와 y 사이의 관계를 적절하게 설명한다고 믿는다면, 주어진 x값에 대한 y값을 예측하는 데 추정회귀식을 이용하는 것이 합리적이다. 예를 들어 우리가 학생 수 16,000명의 캠퍼스 근처에 위치한 식당의 분기별 매출액을 예측하려고 하면 다음과 같이 계산할 수 있다.

$$\hat{y} = 60 + 5(16) = 140$$

따라서 이 식당의 분기별 매출액은 $140,000라고 예측된다. 다음 절에서는 추정과 예측에 추정회귀식을 사용하는 것이 적합한지를 평가하는 방법에 대해 설명할 것이다.

1 엑셀을 활용한 산점도, 추정회귀선, 추정회귀식 작성

〈그림 14-5〉는 엑셀을 이용하여 〈표 14-1〉에 있는 아르만즈 피자 팔러 자료의 산점도 및 추정회귀선과 추정회귀식을 작성한 것이다.

자료입력 Armands 파일을 연다. 데이터는 셀 B2:C11에 있고, 레이블은 열 A와 셀 B1:C1에 있다.

도구사용 다음의 단계에 따라 산점도를 작성한다.
1단계 셀 B2:C11 선택
2단계 리본에서 삽입 탭 클릭
3단계 차트 그룹의 분산형(X, Y) 또는 거품형 차트 삽입 클릭
4단계 산점도 모양 목록이 나타나면 분산형 클릭(가장 왼쪽 상단에 있는 차트)

편집옵션 차트 제목이나 축 제목을 추가하거나 추세선과 추정회귀식을 나타내기 위해 산점도를 수정할 수 있다. 예를 들어 "아르만즈 피자 팔러"를 차트 제목으로 사용하고 가로축 제목에 "학생 수(단위: 1,000명)"를, 세로축 제목에 "분기별 매출액(단위: $1,000)"을 삽입하는 방법을 살펴보자.
1단계 차트제목을 클릭하고 "아르만즈 피자 팔러"로 변경
2단계 차트요소 버튼 ⊞을 클릭(차트의 오른쪽 상단에 위치)
3단계 차트요소 목록이 나타나면:
    축 제목 확인란 체크(축 제목에 대한 자리 표시자 생성)
    눈금선 확인란 체크 취소(차트에서 눈금선 제거)
    추세선 확인란 체크
4단계 가로축의 축 제목을 클릭하고 학생 수(단위: 1,000명)로 변경
5단계 세로축의 축 제목을 클릭하고 분기별 매출액(단위: $1,000)으로 변경
6단계 추세선을 점선에서 실선으로 바꾸기 위해 추세선 위에서 마우스 오른쪽 버튼을 클릭하고 추세선 서식 선택
7단계 추세선 서식 상자가 나타나면:
    스크롤을 내리고 수식을 차트에 표시를 클릭

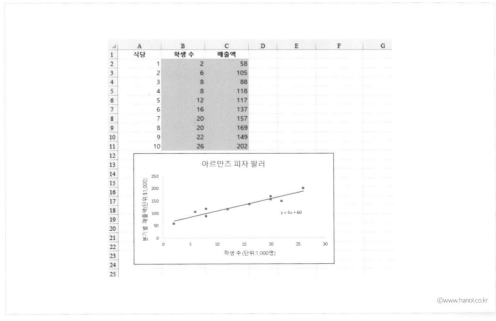

● 그림 14-5_ 아르만즈 피자 팔러의 산점도, 추세선, 추정회귀식

채우기 및 선 버튼 🖌 클릭

대시 종류 상자에서 실선 선택

추세선 서식 상자 닫음

 보충설명

최소제곱법을 이용하여 종속변수 관측값 y_i와 종속변수 추정값 $\hat{y}_i$ 사이의 편차 제곱합을 최소화시켜주는 추정회귀식을 구할 수 있다. 이 최소제곱 기준은 가장 적합한 식을 찾는 데 이용된다. 만약에 y_i와 $\hat{y}_i$의 차이의 절댓값 을 최소로 하는 것과 같은 다른 기준을 적용하면 또 다른 식이 얻어진다. 하지만 실제로 최소제곱법이 가장 널리 활용된다.

연습문제

기초문제

1. 두 변수 x와 y에 대한 5개의 관측값은 다음과 같다.

x_i	1	2	3	4	5
y_i	3	7	5	11	14

a. 이 자료에 대한 산점도를 그려라.

b. 문항 (a)의 산점도는 두 변수 사이의 관계에 대해 무엇을 나타내는가?

c. 산점도에 직선을 그려서 x와 y 사이의 대략적인 관계를 판단하라.

d. 식 (14.6)과 식 (14.7)을 사용하여 b_0와 b_1을 계산하고 회귀식을 추정하라.

e. 추정회귀식을 이용하여 $x=4$일 때 y값을 예측하라.

2. 두 변수 x와 y에 대한 5개의 관측값은 다음과 같다.

x_i	3	12	6	20	14
y_i	55	40	55	10	15

a. 이 자료에 대한 산점도를 그려라.

b. 문항 (a)의 산점도는 두 변수 사이의 관계에 대해 무엇을 나타내는가?

c. 산점도에 직선을 그려서 x와 y 사이의 대략적인 관계를 판단하라.

d. 식 (14.6)과 식 (14.7)을 사용하여 b_0와 b_1을 계산하고 회귀식을 추정하라.

e. 추정회귀식을 이용하여 $x=10$일 때 y값을 예측하라.

3. 두 변수에 대한 회귀분석을 위해 수집한 5개 관측값은 다음과 같다.

x_i	2	6	9	13	20
y_i	7	18	9	26	23

a. 이 자료에 대한 산점도를 그려라.

b. 이 자료에 대한 회귀식을 추정하라.

a. 추정회귀식을 이용하여 $x=6$일 때 y값을 예측하라.

응용문제

4. 다음 자료는 소매와 무역업 5개 회사에서 일하는 여성들의 비율(% Working)과 각 회사의 관리직에 있는 여성의 비율(% Management)을 조사한 것이다.

% Working	67	45	73	54	61
% Management	49	21	65	47	33

a. 이 자료를 이용하여 회사에서 일하는 여성들의 비율을 독립변수로 하는 산점도를 그려라.

b. 문항 (a)의 산점도는 두 변수 사이의 관계에 대해 무엇을 나타내는가?

c. 회사에서 일하는 여성의 비율과 관리직에 있는 여성의 비율 사이의 관계를 추정하라.

d. b_0와 b_1을 계산하여 추정회귀식을 구하라.

e. 여성 직원의 비율이 60%인 회사에서 여성 관리직의 백분율을 추정하라.

5. 브래디 플라스틱사는 뉴욕 버팔로에 있는 공장에서 제너럴 모터스의 안전벨트 고정장치를 생산한다. 최종조립과 색 도장 후 부품들은 최종검사장을 지나 부품을 이동시키는 컨베이어 벨트에 배치된다. 얼마나 부품을 빨리 이동하는지는 컨베이어 벨트의 속도(단위: 피트/분)에

따라 달라진다. 컨베이어 벨트의 속도는 빠른 것이 바람직하지만 관리자는 속도가 빠르면 실제로 결함이 있는 부품을 식별할 수 있는 충분한 시간이 확보되지 못할 것으로 판단하고 있다. 이를 확인하기 위해 다양한 속도를 사용하여 동일한 배치단위의 부품들을 관찰하는 실험을 반복하여 다음의 자료를 수집하였다.

컨베이어 벨트 속도	발견된 결함부품 수
20	23
20	21
30	19
30	16
40	15
40	17
50	14
50	11

a. 속도를 독립변수로 하는 산점도를 그려라.

b. 문항 (a)의 산점도는 두 변수 사이의 관계에 대해 무엇을 나타내는가?

c. 최소제곱법을 이용해서 추정회귀식을 구하라.

d. 선속도가 25(피트/분)일 때 발견된 결함부품의 수를 예측하라.

DATA files
NFLPassing
www.hanol.co.kr

6. 미식축구연맹은 개인 및 팀의 성적을 기록하여 관리하고 있다. 경기의 승리에서 패스의 중요성을 파악하기 위해 2011 시즌 10개 NFL팀을 무작위로 선정하여 패스 시도당 평균 패스 거리(Yds/Att)와 승률(Win %)을 조사하였다.

팀명(Team)	패스 거리(Yds/Att)	승률(Win%)
Arizona Cardinals	6.5	50
Atlanta Falcons	7.1	63
Carolina Panthers	7.4	38
Chicago Bears	6.4	50
Dallas Cowboys	7.4	50
New England Patriots	8.3	81
Philadelphia Eagles	7.4	50
Seattle Seahawks	6.1	44
St. Louis Rams	5.2	13
Tampa Bay Buccaneers	6.2	25

a. 패스 거리를 가로축으로 하고 승률을 세로축으로 하는 산점도를 그려라.

b. 문항 (a)의 산점도는 두 변수 사이의 관계에 대해 무엇을 나타내는가?

c. 주어진 패스 거리에 대한 승률을 예측할 수 있는 추정회귀식을 구하라.

d. 추정회귀식의 기울기에 대해 해석하라.

e. 2011 시즌 캔자스 시티 치프스(Kansas City Chiefs)는 패스 시도당 패스 거리가 6.2야드 였다. 문항 (c)의 추정회귀식을 이용하여 캔자스 시티 치프스의 승률을 예측하고 예측한 승률과 실제 승률을 비교하라. (참고: 2011시즌 캔자스 시티 치프스는 7번 이기고 9번 패배했다)

DATA files
Sales
www.hanol.co.kr

7. 영업 관리자는 10명의 영업사원이 신규 고객에게 판매한 연간 판매량($1,000)과 경력(년)에 관한 자료를 수집하였다.

영업사원	경력(Years)	연간 판매량(Sales)
1	1	80
2	3	97
3	4	92
4	4	102
5	6	103
6	8	111
7	10	119
8	10	123
9	11	117
10	13	136

a. 경력을 독립변수로 하여 이 자료의 산점도를 그려라.

b. 주어진 경력으로 연간 판매량을 예측할 수 있는 추정회귀식을 구하라.

c. 추정회귀식을 이용하여 9년 경력 영업사원의 연간판매량을 예측하라.

8. 미국 개인투자자 연합(AAII:American Association of Individual Investors)은 증권사의 거래처리속도와 전자거래에 대한 전반적인 만족도를 조사하기 위해 온라인 여론조사를 실시하였다. 가능한 응답(점수)은 의견 없음(0), 불만족(1), 다소 만족(2), 만족(3), 매우 만족(4)이었다. 각 증권사들의 점수는 대답한 점수의 가중평균으로 계산했다. 조사결과의 일부는 다음과 같다.

증권사(Brokerage)	거래처리속도(Speed)	만족도(Satisfaction)
Scottrade, Inc.	3.4	3.5
Charles Schwab	3.3	3.4
Fidelity Brokerage Services	3.4	3.9
TD Ameritrade	3.6	3.7
E*Trade Financial	3.2	2.9
Vanguard Brokerage Services	3.8	2.8
USAA Brokerage Services	3.8	3.6
Thinkorswim	2.6	2.6
Wells Fargo Investments	2.7	2.3
Interactive Brokers	4.0	4.0
Zecco.com	2.5	2.5

a. 거래처리속도를 독립변수로 하는 산점도를 그려라.

b. 문항 (a)의 산점도는 두 변수 사이의 관계에 대해 무엇을 나타내는가?

c. 최소제곱 추정회귀식을 구하라.

d. 추정회귀식의 기울기에 대해 해석하라.

e. Zecco.com은 거래처리속도를 높이기 위해 새로운 소프트웨어를 개발했다고 가정하자. 만약에 새로운 소프트웨어가 Zecco.com의 거래처리속도를 현재의 수준인 2.5에서 다른 10개 증권사들의 평균만큼 증가시킬 수 있다고 한다면 전반적인 만족도는 얼마가 될 것으로 예측할 수 있는가?

9. 컴퓨터를 구매하려는 소비자들을 돕기 위해 컨슈머리포트(Consumer Report)는 각 컴퓨터의 인체공학적 설계, 휴대성, 성능, 디스플레이 배터리수명 같은 평가 요인에 대한 전반적인 점수를 계산한다. 전반적으로 높은 점수는 더 나은 테스트 결과를 보여준다. 다음의 자료는 13인치 모델에 대한 소매가격(단위: 달러)과 전반적인 점수이다.

브랜드 및 모델(Brand & Model)	가격(Price)	점수(Overall Score)
Samsung Ultrabook NP900X3C-A01US	1250	83
Apple MacBook Air MC965LL/A	1300	83
Apple MacBook Air MD231LL/A	1200	82
HP ENVY 13-2050nr Spectre XT	950	79
Sony VAIO SVS13112FXB	800	77
Acer Aspire S5-391-9880 Ultrabook	1200	74
Apple MacBook Pro MD101LL/A	1200	74
Apple MacBook Pro MD313LL/A	1000	73
Dell Inspiron I13Z-6591SLV	700	67
Samsung NP535U3C-A01US	600	63

a. 가격을 독립변수로 하는 산점도를 그려라.

b. 문항 (a)의 산점도는 두 변수 사이의 관계에 대해 무엇을 나타내는가?

c. 최소제곱법을 이용하여 추정회귀식을 구하라.

d. 추정회귀식의 기울기에 대해 해석하라.

e. 컨슈머리포트가 평가한 다른 노트북은 가격이 $700인 Acer Aspire S3-951-6646 Ultrabook이다. 문항 (c)에서 구한 추정회귀식을 이용하여 이 노트북의 점수를 예측하라.

10. 한 병원은 직원의 집과 직장과의 거리(단위: 마일)와 연간 무단결근 일수와의 관계를 조사하기 위해 연구를 실시하였다. 10명의 직원이 표본으로 선택되었고 다음과 같은 자료가 수집되었다.

DATA files
Absent
www.hanol.co.kr

직장과의 거리(Distance)	결근 일수(Days)
1	8
3	5
4	8
6	7
8	6
10	3
12	5
14	2
14	4
18	2

a. 이 데이터의 산점도를 그려라. 선형관계가 나타나는지 설명하라.

b. 직장과의 거리와 결근 일수에 대한 최소제곱 추정회귀식을 구하라.

c. 병원과 5마일 떨어진 곳에 살고 있는 직원의 결근 일수를 예측하라.

③ 결정계수

아르만즈 피자 팔러 예제에서 학생 수 x와 분기별 매출액 y의 선형관계를 파악하기 위해 추정회귀식 $\hat{y}=60+5x$를 유도하였다. 이제 회귀분석에서 대답해야 할 질문은 추정회귀식이 자료에 얼마나 적합한가이다. 이 절에서는 추정회귀식의 적합성을 평가하기 위한 결정계수(coefficient of determination)를 설명한다.

i번째 종속변수 관측값 y_i와 종속변수 추정값 $\hat{y}_i$의 차이를 i번째 잔차(i th residual)라고 부른다. i번째 잔차는 y_i를 추정하기 위해서 $\hat{y}_i$를 사용했을 때의 오차로, i번째 관측값의 잔차는 $y_i - \hat{y}_i$이 된다. 이러한 잔차, 즉 오차의 제곱합은 최소제곱법으로 최소화되는 값이며, 이 값을 오차제곱합(sum of squares due to error)이라고 부르고 SSE로 표기한다.

오차제곱합

$$\text{SSE} = \sum(y_i - \hat{y}_i)^2 \qquad (14.8)$$

SSE 값은 추정회귀식을 사용하여 표본에 있는 종속변수 값을 추정할 때 발생하는 오차의 제곱합이다.

〈표 14-3〉은 아르만즈 피자 팔러 예제에서 오차제곱합의 계산과정을 보여준다. 예를 들어서 식당 1의 독립변수 값과 종속변수 값은 $x_1=2$, $y_1=58$이다. 추정회귀식을 이용하면, 식당 1의 분기별 매출액 추정값은 $\hat{y}_1=60+5\times2=70$이다. 그러므로 식당 1의 y_1을 $\hat{y}_1$을 사용하여 추정할 때 생기는 오차는 $y_1 - \hat{y}_1=58-70=-12$이며, 오차의 제곱은 $(-12)^2=144$가 된다. 표본에 있는 모든 식당에 대한 잔차를 계산하고 제곱한 후 모두 더해주면 SSE=1,530이다. 그러므로 SSE= 1,530은 매출액을 예측하기 위해 추정회귀식 $\hat{y}=60+5x$를 사용할 때 생기는 오차를 측정한 것이다.

학생 수를 모르는 상태에서 분기별 매출액을 추정하라는 요청을 받았다고 가정해보자. 관련 변수(학생 수)에 대한 지식이 없으므로 어떤 식당이든 분기별 매출액의 추정값으로 표본평균을 사용해야만 할 것이다. 〈표 14-2〉 매출액 자료를 보면 $\sum y_i=1,300$이고, 10개 식당의 분기별 매출액의 평균은 $\bar{y}=\sum y_i/n=1,300/10=130$이다. 〈표 14-4〉는 각 식당의 분기별 매출액 추정을 위해서 표본평균 $\bar{y}=130$을 사용한 경우에 얻은 편차제곱 합을 나타낸다. 표본의 i번째 식당에서 $y_i - \bar{y}$는 매출액 추정에 $\bar{y}$를 사용했을 때 발생하는 오차이다. 이의 제곱합을 총제곱합(total sum of squares)이라고 부르며 SST로 표기한다.

📊 표 14-3_ 아르만즈 피자 팔러의 오차제곱합(SSE) 계산

식당 i	x_i=학생 수 (단위: 1,000명)	y_i=분기별 매출액 (단위: $1,000)	예상 매출액 $\hat{y}_i=60+5x_i$	오차 $y_i - \hat{y}_i$	오차제곱 $(y_i - \hat{y}_i)^2$
1	2	58	70	-12	144
2	6	105	90	15	225
3	8	88	100	-12	144
4	8	118	100	18	324
5	12	117	120	-3	9
6	16	137	140	-3	9
7	20	157	160	-3	9
8	20	169	160	9	81
9	22	149	170	-21	441
10	26	202	190	12	144
					SSE = 1,530

식당 i	x_i=학생 수 (단위: 1,000명)	y_i=분기별 매출액 (단위: $1,000)	편차 $y_i - \overline{y}$	편차제곱 $(y_i - \overline{y})^2$
1	2	58	−72	5184
2	6	105	−25	625
3	8	88	−42	1764
4	8	118	−12	144
5	12	117	−13	169
6	16	137	7	49
7	20	157	27	729
8	20	169	39	1521
9	22	149	19	361
10	26	202	72	5184
				SST = 15,730

총제곱합

$$\text{SST} = \sum(y_i - \overline{y})^2 \tag{14.9}$$

<표 14-4> 마지막 열 밑에 있는 합이 아르만즈 피자 팔러의 총제곱합 SST=15,730이다.

<그림 14-6>은 추정회귀선 $\hat{y}=60+5x$와 $\overline{y}=130$에 해당하는 직선을 보여준다. 관측값들이 $\overline{y}=130$ 주변보다는 추정회귀선 주변에 더 가까이 모여 있다는 것에 주목하자. 예를 들어 이 표본의 10번째 식당을 보면 y_{10}의 추정값으로 $\hat{y}_{10}=60+5\times26=190$이 아닌 $\overline{y}=130$을 이용할 때 오차가 훨씬 더 커진다. SST는 관측값들이 $\overline{y}$(평균)로부터 떨어져 있는 정도를 나타내는 측도이고 SSE는 관측값들이 $\hat{y}$(회귀선)으로부터 떨어져 있는 정도를 나타내는 측도라고 생각할 수 있다.

* SST=15,730이고 SSE=1,530이면 추정회귀선은 선 $y=\overline{y}$보다 주어진 자료에 훨씬 더 적합하다.

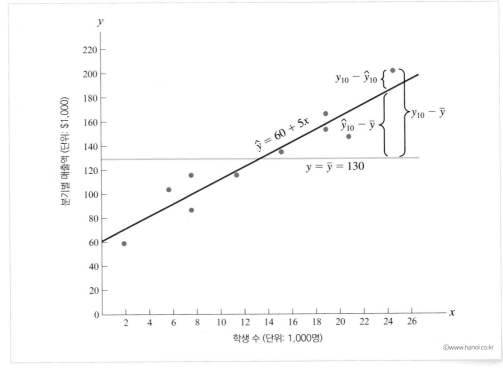

🔺 그림 14-6_ 아르만즈 피자 팔러의 추정회귀선과 선 $y=\overline{y}$로부터의 편차

추정회귀선 위의 $\hat{y}$값이 $\bar{y}$로부터 얼마나 멀리 떨어져 있는지를 측정하기 위해서 또 다른 제곱합을 계산하게 된다. 이를 회귀제곱합(sum of squares due to regression)이라고 부르고 SSR로 표기한다.

회귀제곱합

$$SSR = \sum(\hat{y}_i - \bar{y})^2 \qquad (14.10)$$

앞선 논의에서 SST, SSR, SSE는 서로 관련되어 있음을 알 수 있다. 실제로 이들 세 가지 제곱합 사이의 관계는 통계학에서 가장 중요한 결과 중의 하나이다.

* SSR은 추정회귀식을 통해 SST 중 설명되는 부분, SSE는 SST 중 설명되지 않은 부분으로 생각할 수 있다.

SST, SSR, SSE 간의 관계

$$SST = SSR + SSE \qquad (14.11)$$

여기서

SST = 총제곱합(total sum of squares)
SSR = 회귀제곱합(sum of squares due to regresssion)
SSE = 오차제곱합(sum of squares due to error)

식 (14.11)은 총제곱합이 회귀제곱합과 오차제곱합의 두 구성요소로 분리될 수 있음을 보여준다. 따라서 이 중 두 제곱합을 알면 다른 하나의 제곱합은 쉽게 계산된다. 예를 들어 아르만즈 피자 팔러 예제에서 SSE=1,530이고 SST=15,730임을 알고 있다. 그러므로 식 (14.11)로부터 회귀제곱합은 다음과 같다.

$$SSR = SST - SSE = 15,730 - 1,530 = 14,200$$

이제 SST, SSR, SSE라는 세 가지 제곱합이 어떻게 추정회귀식 적합도의 측도로 이용되는지 살펴보자. 만약 종속변수 y_i의 모든 값이 추정회귀선 위에 위치한다면, 추정회귀식은 완벽하게 자료와 일치(적합)하게 된다. 이 경우 모든 관측값에 대해서 $y_i - \hat{y}_i = 0$이 되고, 그 결과 SSE=0이 된다. SST=SSR+SSE이기 때문에 완벽한 적합일 때 SSR은 SST와 같고, SSR/SST 비율은 1이 될 것이다. 반대로, 잘 적합되지 않는다면 SSE값이 커진다. 식 (14.11)을 SSE에 대해 정리하면 SSE=SST−SSR이다. 따라서 SSR=0이고 SSE=SST일 때 SSE값이 가장 크고, 가장 좋지 않은 적합도를 나타낸다.

0과 1 사이의 값을 갖는 SSR/SST 비율은 추정회귀식의 적합도를 평가하는 데 이용된다. 이 비율을 결정계수(coefficient of determination)라고 부르고 R^2으로 표기한다.

결정계수

$$R^2 = \frac{SSR}{SST} \qquad (14.12)$$

아르만즈 피자 팔러 예제에서 결정계수는 다음과 같다.

$$R^2 = \frac{\text{SSR}}{\text{SST}} = \frac{14{,}200}{15{,}730} = .9027$$

결정계수를 백분율로 나타내면 R^2은 총제곱합 중에서 추정회귀식으로 설명되는 비율로 해석할 수 있다. 아르만즈 피자 팔러에 대해 총제곱합 중에서 90.27%가 추정회귀식 $\hat{y}=60+5x$로 설명된다고 결론내릴 수 있다. 다시 말해서 매출액 변동성의 90.27%는 학생 수와 매출액 사이의 선형관계에 의해 설명될 수 있다.

1 엑셀을 활용한 결정계수 계산

14.2절에서 엑셀을 이용하여 〈표 14-1〉에 있는 아르만즈 피자 팔러 자료의 산점도와 추정회귀선을 나타내고 추정회귀식을 구했다. 결정계수는 〈그림 14-5〉의 산점도를 이용하여 다음의 단계에 따라 구할 수 있다.

1단계 추세선 위에서 마우스 오른쪽 버튼을 클릭하고 추세선 서식 선택
2단계 추세선 서식 상자가 나타나면:
　　　스크롤을 내리고 R-제곱 값을 차트에 표시 선택
　　　추세선 서식 상자 닫음

〈그림 14-7〉의 워크시트는 산점도와 추정회귀선, 추정회귀식 및 결정계수값을 구한 결과를 나타낸 것이다.

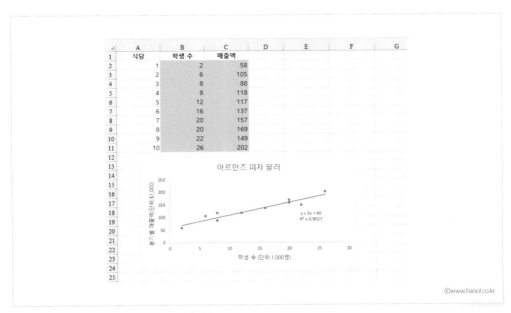

● 그림 14-7 _ 엑셀을 이용하여 결정계수 계산하기

2 상관계수

3장에서 두 변수 x와 y 사이의 선형관계 정도를 나타내는 기술적 측도로 상관계수(correlation coefficient)를 소개하였다. 상관계수 값은 항상 -1과 +1 사이값을 갖는다. +1값은 두 변수 x와 y가 완벽한 양의 선형관계에 있음을 말해준다. 즉, 모든 자료의 점이 양의 기울기를 갖는 직선 위에 위치한다. -1의 값은 두 변수 x와 y가 완벽한 음의 선형관계에 있어서 모든 자료의 점들이 음의 기울기를 갖는 직선 위에 위치한다는 뜻이다. 상관계수의 값이 0에 가까우면 x와 y가 선형관계에 있지 않다는 것을 의미한다.

3.5절에서 표본상관계수를 계산하는 식에 대해 살펴보았다. 이미 회귀분석을 수행하여 결정계수 R^2을 계산하였다면 표본상관계수는 다음과 같이 계산된다.

표본상관계수

$$r_{xy} = (b_1\text{의 부호})\sqrt{\text{결정계수}}$$
$$= (b_1\text{의 부호})\sqrt{R^2} \tag{14.13}$$

여기서

$$b_1 = \text{추정회귀식 } \hat{y} = b_0 + b_1 x \text{의 기울기}$$

추정회귀식의 기울기가 양수라면($b_1 > 0$) 표본상관계수의 부호는 양수이고, 추정회귀식의 기울기가 음수라면($b_1 < 0$) 표본상관계수의 부호는 음수이다.

아르만즈 피자 팔러 예제에서 추정회귀식 $\hat{y} = 60 + 5x$에 대응하는 결정계수 값은 0.9027이다. 추정회귀식의 기울기가 양수이므로 식 (14.13)을 이용하면 표본상관계수는 $+\sqrt{.9027} = +.9501$이다. 표본상관계수가 $r_{xy} = +.9501$이므로 x와 y는 강한 양의 선형관계가 있다고 결론내릴 수 있다.

두 변수가 선형관계에 있는 경우, 결정계수와 표본상관계수 모두 관계의 강도에 대한 측도로 이용된다. 결정계수의 값이 0과 1 사이값을 갖는 반면에 표본상관계수는 -1 과 +1 사이값을 갖는다. 또한 표본상관계수는 두 변수 사이의 선형관계만을 나타내는 데 반해서 결정계수는 비선형관계와 두 개 이상의 독립변수가 있는 경우에도 이용된다. 그러므로 결정계수가 응용의 폭이 더 넓다.

보충설명

1. 최소제곱 추정회귀식과 결정계수를 계산할 때 오차항에 대한 어떠한 확률적 가정도 하지 않았고, x와 y 사이의 관계의 유의성에 대해서 어떠한 통계적 검정도 하지 않았다. R^2값이 크다면 최소제곱으로 추정된 회귀선이 데이터에 잘 적합되는 것을 의미한다. 즉, 관측값들이 회귀선 주변에 좀 더 가까이 모여 있다. 하지만 R^2값만으로는 x와 y 사이의 관계가 통계적으로 유의한지 여부에 대해서 결론을 내릴 수 없다. 그러한 결론을 내리기 위해서는 최소제곱 추정량의 표본분포를 고려하여야 한다.

2. 전형적인 사회과학의 데이터에서는 R^2값이 0.25 정도로 작더라도 유용하다고 간주된다. 반면, 물리학이나 생명과학에서는 R^2값이 0.6 이상인 경우도 많다. 어떤 경우에는 R^2값이 0.9 이상인 경우가 나타나기도 한다. 경영학에서는 적용대상의 고유한 특성에 따라 R^2값은 큰 차이를 보인다.

11. 연습문제 1의 자료는 다음과 같다.

x_i	1	2	3	4	5
y_i	3	7	5	11	14

이 자료에 대한 추정회귀식은 $\hat{y}=0.20+2.60x$이다.

a. 식 (14.8), (14.9)와 (14.10)을 이용하여 SSE, SST, SSR을 구하라.

b. 결정계수 R^2을 구하고, 적합도를 평가하라.

c. 표본상관계수를 계산하라.

12. 연습문제 2의 자료는 다음과 같다.

x_i	3	12	6	20	14
y_i	55	40	55	10	15

이 자료에 대한 추정회귀식은 $\hat{y}=68-3x$이다.

a. SSE, SST, SSR을 구하라.

b. 결정계수 R^2을 구하고, 적합도를 평가하라.

c. 표본상관계수를 계산하라.

13. 연습문제 3의 자료는 다음과 같다.

x_i	2	6	9	13	20
y_i	7	18	9	26	23

이 자료에 대한 추정회귀식은 $\hat{y}=7.6+0.9x$이다. 총제곱합 중에서 추정회귀식으로 설명되는 비율은 얼마인가? 표본상관계수 값을 구하라.

14. 다음은 컨슈머 리포트(Consumer Reports)에서 테스트한 스테레오 헤드폰 6개 브랜드의 가격 (단위: $)과 점수에 대한 자료이다. 헤드폰은 음질과 주위 소음 감소효과를 가지고 평가되었으며, 점수 범위는 0점부터 100점이다. 이 자료의 추정회귀식은 $\hat{y}=23.194+0.318x$이다. 여기서 $x=$가격(단위: $)이고 $y=$점수이다.

브랜드	가격(단위: $)	점수
Bose	180	76
Skullcandy	150	71
Koss	95	61
Phillips/O'Neill	70	56
Denon	70	40
JVC	35	26

a. SSE, SST, SSR을 구하라.

b. 결정계수 R^2을 구하고, 적합도를 평가하라.

c. 표본상관계수를 계산하라.

DATA files
Sales
www.hanol.co.kr

15. 연습문제 7에서 영업 관리자는 다음과 같은 자료를 수집하였다. 이때, x=연간 판매량(단위: $1,000)이고 y=경력(단위: 년)이다. 이 자료의 추정회귀식은 $\hat{y}=80+4x$이다.

영업사원	경력(Years)	연간 판매량(Sales)
1	1	80
2	3	97
3	4	92
4	4	102
5	6	103
6	8	111
7	10	119
8	10	123
9	11	117
10	13	136

a. SSE, SST, SSR을 구하라.

b. 결정계수 R^2을 구하고, 적합도를 평가하라.

c. 표본상관계수를 계산하라.

DATA files
RacingBicycles
www.hanol.co.kr

16. 세계적으로 권위 있는 자전거 잡지 바이시클링(Bicycling)은 일년 내내 수백 대의 자전거를 리뷰한다. 경주용 자전거를 선택할 때 가장 중요한 요소 중 하나는 자전거 무게로, 다음 자료는 이 잡지에서 리뷰된 10대 경주용 자전거의 무게(단위: 파운드)와 가격(단위: $)을 조사한 것이다.

브랜드(Brand)	무게(Weight)	가격(Price)
FELT F5	17.8	2100
PINARELLO Paris	16.1	6250
ORBEA Orca GDR	14.9	8370
EDDY MERCKX EMX-7	15.9	6200
BH RC1 Ultegra	17.2	4000
BH Ultralight 386	13.1	8600
CERVELO S5 Team	16.2	6000
GIANT TCR Advanced 2	17.1	2580
WILIER TRIESTINA Gran Turismo	17.6	3400
SPECIALIZED S-Works Amira SL4	14.1	8000

a. 자전거 무게가 주어졌을 때 가격을 예측할 수 있는 추정회귀식을 구하라.

b. 결정계수 R^2을 구하라. 추정회귀식은 좋은 적합도를 나타내는가?

c. 무게가 15파운드인 자전거의 가격을 예측하라.

17. 다음의 자료는 6개 렌터카 회사의 보유 차량 수(단위: 1,000대)와 연간 매출액(단위: $100만) 사이의 관계를 살펴보기 위해 조사한 것이다.

회사	차량 수(단위: 1,000대)	매출액(단위: $100만)
U-Save Auto Rental System, Inc.	11.5	118
Payless Car Rental System, Inc.	10.0	135
ACE Rent A Car	9.0	100
Rent-A-Wreck of America	5.5	37
Triangle Rent-A-Car	4.2	40
Affordable/Sensible	3.3	32

x=보유 중인 차량 수이고 y=연간 매출액일 때, 추정회귀식은 $\hat{y}=-17.005+12.966x$이다. 이 자료의 SSE=1,043.03이다.

a. 결정계수 R^2을 구하라.

b. 이 추정회귀식은 좋은 적합도를 나타내는지 설명하라.

c. 표본상관계수를 계산하라. 보유 중인 차량 수와 연간 매출액이 강하거나 약한 상관관계를 나타내는가?

 4 모형의 가정

회귀분석에서는 종속변수와 독립변수 사이의 관계를 설명하는 데 적합한 모형이 있다고 가정한다. 단순선형회귀인 경우, 가정된 모형은 다음과 같다.

$$y = \beta_0 + \beta_1 x + \epsilon$$

최소제곱법은 모수 β_0와 β_1의 추정값인 b_0와 b_1을 찾는 데 사용되며, 이를 통해 얻어진 추정회귀식은 다음과 같다.

$$\hat{y} = b_0 + b_1 x$$

결정계수(R^2)값이 추정회귀식의 적합도를 나타내는 측도이다. 그러나 R^2이 크다고 하더라도 가정된 모형에 대한 추가적인 타당성 분석을 수행한 후에 추정회귀식을 이용해야 한다. 가정된 모형이 타당한지 여부를 결정하는 중요한 단계는 관계의 유의성에 대한 검정이다. 회귀분석에서 유의성 검정은 다음의 오차항 ϵ에 대한 가정에 기반을 둔다.

회귀분석모형에서 오차항에 대한 가정

$$y = \beta_0 + \beta_1 x + \epsilon$$

1. 오차항 ϵ은 확률변수이고 평균, 즉 기댓값은 0이다. 즉, $E(\epsilon)=0$.
   시사점: β_0와 β_1은 상수로, $E(\beta_0)=\beta_0$이고 $E(\beta_1)=\beta_1$이다. 그러므로 주어진 x값에 대한 y의 기댓값은 다음과 같다.

$$E(y) = \beta_0 + \beta_1 x \tag{14.14}$$

앞서 살펴본 것처럼 식 (14.14)를 회귀식이라고 한다.

2. ϵ의 분산은 σ^2으로 표기하고 모든 x값에 대해서 동일하다.

   시사점: y의 분산은 σ^2이며 모든 x값에 대해서 동일하다.

3. ϵ값들은 독립이다.

   시사점: 특정 x값에 대한 ϵ값은 다른 x값에 대한 ϵ과 관련이 없다. 그러므로 특정 x값에 대한 y값은 다른 x값에 대한 y값과 관련이 없다.

4. 오차항 ϵ은 정규분포를 따르는 확률변수이다.

   시사점: y는 ϵ의 선형함수이기 때문에 y 역시 정규분포를 따르는 확률변수이다.

〈그림 14-8〉은 모형의 가정과 시사점을 그림으로 나태낸 것이다. 그래프에서 $E(y)$의 값은 특정 x값에 따라 달라지는 것에 주목하자. 그러나 x값에 관계없이 ϵ의 확률분포와 y의 확률분포는 정규분포이고 각각의 분산은 동일하다. 특정한 점에서 오차항 ϵ의 값은 y의 실제값과 $E(y)$의 차이이다.

이때 x와 y 간 관계의 형태에 대한 추가적인 가정이 존재한다는 점을 기억해야 한다. 즉, $\beta_0 + \beta_1 x$로 표현된 직선이 변수들 간의 관계에서 기준이 된다고 가정하고 있다. 다른 자료의 경우, $y = \beta_0 + \beta_1 x^2 + \epsilon$ 등과 같은 다른 모형이 변수 간의 관계를 더 잘 설명하는 모형이 될 수도 있다.

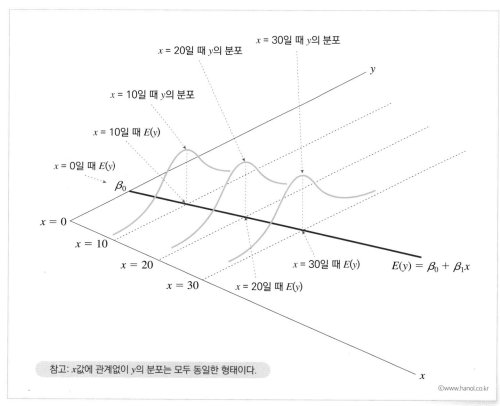

● 그림 14-8_ 회귀모형의 가정

유의성 검정

단순선형회귀식에서 y의 평균, 즉 기댓값은 x의 선형함수 $E(y)=\beta_0+\beta_1 x$이다. 만약에 β_1의 값이 0이면 $E(y)=\beta_0+0 \times x=\beta_0$이다. 이 경우, y의 평균값은 x값에 의해서 결정되지 않는다. 즉, x와 y가 선형관계가 아니라고 결론 맺게 된다. 대신에 β_1값이 0이 아니면 두 변수가 선형관계를 갖는다고 결론을 내리게 된다. 그러므로 회귀식의 유의성을 검정하기 위해서는 β_1의 값이 0인지 아닌지에 대한 여부를 결정하는 가설검정을 수행해야 한다. 두 가지 검정방법(t검정, F검정)이 일반적으로 사용되며, 두 방법 모두 회귀모형에 있는 ϵ의 분산인 σ^2의 추정값을 필요로 한다.

1 σ^2의 추정

회귀모형의 가정으로부터 ϵ의 분산인 σ^2은 회귀선에서 y의 분산이 된다. 추정회귀선과 y값의 차이가 잔차이므로 잔차제곱의 합인 SSE는 추정회귀선 주변에 나타나는 실제 관측값의 변동성 측도가 된다. SSE를 자유도로 나눈값은 평균제곱오차 MSE(mean square error)라고 하며 σ^2의 추정값이 된다.

$\hat{y}_i=b_0+b_1 x_i$에서 SSE는 다음과 같이 쓸 수 있다.

$$\text{SSE} = \sum(y_i - \hat{y}_i)^2 = \sum(y_i - b_0 - b_1 x_i)^2$$

제곱들의 총합은 모두 자유도라고 하는 수와 연관되어 있다. SSE 계산을 위해 추정하는 모수(β_0와 β_1)는 두 개이므로 SSE의 자유도는 $n-2$가 되는 것을 통계학자들이 증명했다. 따라서 평균제곱오차(MSE)는 SSE를 $n-2$로 나누어서 구하며, MSE는 σ^2의 불편추정량이 된다. MSE의 값이 σ^2의 추정값이기 때문에 s^2으로도 표기한다.

평균제곱오차(σ^2의 추정값)

$$s^2 = \text{MSE} = \frac{\text{SSE}}{n - 2} \tag{14.15}$$

14.3절에서 아르만즈 피자 팔러 예제의 SSE $=1{,}530$이었다. 따라서

$$s^2 = \text{MSE} = \frac{1530}{8} = 191.25$$

는 σ^2의 불편추정값이다.

σ를 추정하기 위해 s^2의 제곱근인 s를 구하고 이 값을 추정값의 표준오차(standard error of the estimate)라고 부른다.

$$s = \sqrt{\text{MSE}} = \sqrt{\frac{\text{SSE}}{n-2}} \tag{14.16}$$

아르만즈 피자 팔러 예제에서 $s = \sqrt{\text{MSE}} = \sqrt{191.25} = 13.829$이다. 이후에 x와 y 사이의 관계가 유의한지를 검정하는 데 추정값의 표준오차를 사용한다.

2 t 검정

단순선형회귀모형은 $y = \beta_0 + \beta_1 x + \epsilon$이다. 만약에 x와 y가 선형관계에 있다면 $\beta_1 \neq 0$이 되어야만 한다. t검정의 목적은 $\beta_1 \neq 0$이라고 결론내릴 수 있는지를 판단하는 것으로, 표본자료를 이용하여 모수 β_1에 대한 다음의 가설을 검정한다.

$$H_0 : \beta_1 = 0$$
$$H_a : \beta_1 \neq 0$$

만약에 H_0가 기각된다면 $\beta_1 \neq 0$이고 두 변수 사이에 통계적으로 유의한 관계가 있다고 결론내릴 수 있으나, H_0가 기각되지 않는다면 유의한 관계가 존재한다고 결론내리기에 근거가 충분하지 않다고 할 수 있다. β_1의 최소제곱 추정량인 b_1의 표본분포는 가설검정의 기초가 된다.

먼저 동일한 회귀분석에 다른 확률표본을 사용하는 경우를 생각해보자. 예를 들어, 아르만즈 피자 팔러는 다른 10개의 식당 표본의 매출액 기록을 사용한다고 하자. 새로운 표본으로 회귀분석을 실시하면 이전 추정회귀식 $\hat{y} = 60 + 5x$와 유사한 추정회귀식을 얻을 수 있을 것이나, 동일한 식(정확하게 절편은 60, 기울기는 5)을 얻기는 어려울 것이다. 실제로 최소제곱 추정량인 b_0와 b_1은 고유한 표본분포를 갖는 표본통계량이다. b_1의 표본분포의 특성들은 다음과 같다.

---

b_1의 표본분포

기댓값 $\quad E(b_1) = \beta_1$

표준편차 $\quad \sigma_{b_1} = \dfrac{\sigma}{\sqrt{\sum(x_i - \bar{x})^2}} \tag{14.17}$

분포형태 $\quad$ 정규분포

---

b_1의 기댓값은 β_1와 같으므로 b_1은 β_1의 불편추정량이라는 점에 유의하자.

식 (14.17)에서 σ값이 알려져 있지 않으므로 σ를 s로 추정하여 σ_{b_1}의 추정값 s_{b_1}을 다음과 같이 얻을 수 있다.

* b_1의 표준편차를 b_1의 표준오차라고 부르기도 한다. 그러므로 s_{b_1}은 b_1의 표준오차의 추정값이 된다.

b_1의 추정 표준편차

$$s_{b_1} = \frac{s}{\sqrt{\sum(x_i - \bar{x})^2}} \tag{14.18}$$

아르만즈 피자 팔러의 예에서 $s=13.829$이고 〈표 14-2〉에서 $\sum(x_i - \bar{x})^2=568$이므로, b_1의 표준편차 추정값은 다음과 같다.

$$s_{b_1} = \frac{13.829}{\sqrt{568}} = .5803$$

단순선형회귀의 유의성에 대한 t검정은 다음의 검정통계량이 자유도 $n-2$인 t분포를 따른다는 사실을 바탕으로 한다. 이때, 귀무가설이 참이라면 $\beta_0=0$이고 $t=b_1/s_{b_1}$이 된다.

$$\frac{b_1 - \beta_1}{s_{b_1}}$$

아르만즈 피자 팔러에 대해 유의수준 $\alpha=0.01$로 유의성 검정을 실시해 보자. 검정통계량은 다음과 같다.

$$t = \frac{b_1}{s_{b_1}} = \frac{5}{.5803} = 8.62$$

t분포표(부록 B의 〈표 2〉)에서 자유도가 $n-2=10-2=8$이고 $t=3.355$일 때, 오른쪽 꼬리의 면적이 0.005이므로 검정통계량 $t=8.62$에 해당하는 t분포의 오른쪽 꼬리 면적은 0.005보다 작다. 이 검정은 양측검정이므로 $t=8.62$일 때의 p-값은 $2\times0.005=0.01$보다 작게 된다. 엑셀을 사용하면, p-값$=0.000$이므로 유의수준 $\alpha=0.01$에서 H_0를 기각하고 β_1은 0이 아니라고 결론내릴 수 있다. 이는 학생 수와 분기별 매출액 사이에는 유의한 관계가 있다는 결론을 내리기에 충분한 증거가 된다. 단순선형회귀의 유의성에 대한 t검정을 요약하면 다음과 같다.

t검정을 이용한 단순선형회귀의 유의성 검정

$$H_0: \beta_1 = 0$$
$$H_a: \beta_1 \neq 0$$

검정통계량

$$t = \frac{b_1}{s_{b_1}} \tag{14.19}$$

기각규칙

p-값 방식: p-값 $\leq\alpha$일 때 H_0 기각

임계값 방식: $t\leq-t_{\alpha/2}$이거나 $t\geq t_{\alpha/2}$이면 H_0 기각

여기서 $t_{\alpha/2}$는 자유도 $n-2$인 t분포를 따른다.

3 β_1의 신뢰구간

β_1의 신뢰구간 형태는 다음과 같다.

$$b_1 \pm t_{\alpha/2}s_{b_1}$$

점추정량은 b_1이고 오차범위는 $t_{\alpha/2}s_{b_1}$이다. 이때, 신뢰계수는 $1-\alpha$이고, $t_{\alpha/2}$는 자유도가 $n-2$인 t분포의 오른쪽 꼬리면적이 $\alpha/2$가 되는 값이다. 예를 들어, 아르만즈 피자 팔러에 대해 99% 신뢰구간 추정값을 구해보자. 부록 B의 〈표 2〉에서 $\alpha=0.01$, 자유도 $n-2=10-2=8$에 해당하는 t값은 $t_{0.005}=3.355$이므로 99% 신뢰구간 추정값은 다음과 같이 3.05에서 6.95 사이가 된다.

$$b_1 \pm t_{\alpha/2}s_{b_1} = 5 \pm 3.355(.5803) = 5 \pm 1.95$$

유의성 검정을 위해 t검정을 사용할 때의 가설은 다음과 같았다.

$$H_0 : \beta_1 = 0$$
$$H_a : \beta_1 \neq 0$$

유의수준 $\alpha=0.01$에서 아르만즈 자료에 대한 가설검정의 대안으로 99% 신뢰구간을 사용할 수도 있다. 가설에서 설정한 β_1값인 0이 신뢰구간(3.05에서 6.95)에 포함되지 않으므로 우리는 H_0를 기각하고 학생 수와 분기별 매출액 간에는 통계적으로 유의한 관계가 존재한다고 결론내릴 수 있다. 일반적으로 신뢰구간은 β_1의 양측검정에 이용될 수 있다. 만약에 β_1에 대해 가설에서 설정한 값이 신뢰구간에 포함된다면 H_0를 기각할 수 없으며, 그렇지 않다면 H_0를 기각한다.

4 F검정

F확률분포에 기반을 둔 F검정도 회귀식의 유의성 검정에 사용된다. 독립변수가 단 하나일 경우 F검정은 t검정과 동일한 결과를 제공한다. 즉, t검정에서 $\beta_1 \neq 0$인 유의한 관계가 나오면 F검정에서도 유의한 관계라는 결론이 나온다. 하지만 독립변수가 1개보다 많은 경우, 전체적인 관계의 유의성을 검정하기 위해서는 F검정만을 사용할 수 있다.

회귀식이 통계적으로 유의한지 여부를 결정하는 데 F검정을 사용하는 논리적 근거는 σ^2을 추정하기 위해 사용할 수 있는 2가지 방법의 유도과정에서 찾아볼 수 있다. 앞서 MSE가 어떻게 σ^2의 추정값이 되는지를 설명하였다. 만약 귀무가설($H_0 : \beta_1 = 0$)이 참이라면 회귀제곱합 SSR을 이의 자유도로 나눈 값 또한 σ^2의 추정값이 될 수 있다. 이 값을 회귀로 인한 평균제곱(mean square due to regression) 또는 평균제곱회귀(mean square regression)이라고 부르고 MSR로 표기한다. 일반적으로 다음의 관계가 성립한다.

$$MSR = \frac{SSR}{\text{회귀자유도}}$$

이 교재에서 다루는 모형에서 회귀자유도는 항상 모형의 독립변수의 수와 동일하다.

$$\text{MSR} = \frac{\text{SSR}}{\text{독립변수의 수}} \tag{14.20}$$

이 장에서는 독립변수가 1개인 회귀모형만 다루었기 때문에 MSR=SSR/1=SSR이다. 그러므로 아르만즈 피자 팔러의 경우 MSR=SSR=14,200이다.

만약 귀무가설($H_0: \beta_1 = 0$)이 참이라면 MSR과 MSE는 두 개의 독립적인 σ^2의 추정값이 되고, MSR/MSE의 표본분포는 분자의 자유도는 1, 분모의 자유도는 $n-2$인 F분포가 된다. $\beta_1 = 0$이면 MSR/MSE 값은 1에 가까워야 하지만, 귀무가설이 거짓($\beta_1 \neq 0$)이라면 MSR은 σ^2을 과도하게 추정하여 MSR/MSE값이 커지게 된다. 따라서 MSR/MSE가 크다면, H_0를 기각하게 되고 x와 y의 관계는 통계적으로 유의하다는 결론을 내리게 된다.

아르만즈 피자 팔러 예제에 대해서 F검정을 실시해보자. 검정통계량은 다음과 같다.

$$F = \frac{\text{MSR}}{\text{MSE}} = \frac{14,200}{191.25} = 74.25$$

F분포표(부록 B의 〈표 4〉)에서 분자의 자유도가 1, 분모의 자유도가 $n-2=10-2=8$일 때 $F=$ 11.26의 오른쪽 꼬리 면적은 0.01이 된다. 그러므로 검정통계량 $F=74.25$에 해당하는 F분포의 오른쪽 꼬리 면적은 0.01보다 작게 되어, p-값은 0.01보다 작다고 결론내리게 된다. 엑셀을 이용하면 p-값은 0.000이 되고, p값이 0.01보다 작기 때문에 H_0를 기각하고 학생 수와 분기별 매출액 사이에는 통계적으로 유의한 관계가 존재한다고 결론내리게 된다. F검정을 이용한 단순선형회귀의 유의성 검정을 요약하면 다음과 같다.

* H_0가 거짓이라면 MSE는 σ^2의 불편추정값이고, MSR은 σ^2을 과대 추정하게 된다. $\beta_1 = 0$가 참이라면 MSE와 MSR은 σ^2의 불편추정값이 된다. 이 경우 MSR/MSE의 값은 1과 가까워진다.

F검정을 이용한 단순선형회귀의 유의성 검정

$$H_0: \beta_1 = 0$$
$$H_a: \beta_1 \neq 0$$

검정통계량

$$F = \frac{\text{MSR}}{\text{MSE}} \tag{14.21}$$

기각규칙

p-값 방식: p-값 $\leq \alpha$이면 H_0 기각
임계값 방식: $F \geq F_\alpha$이면 H_0 기각

여기서 F_α는 분자의 자유도가 1, 분모의 자유도가 $n-2$인 F분포에 기반한다.

13장에서 분산분석을 다루면서 분산분석표(ANOVA 테이블)가 분산분석 계산결과를 편리하게 요약해서 나타낸다고 설명하였다. 회귀식의 유의성 검정을 위한 F검정 결과를 요약할 때 유사한 분산분석표가 이용된다. 〈표 14-5〉는 단순선형회귀의 일반적인 형식의 분산분석표이고, 〈표 14-6〉은 아르만즈 피자 팔러에 대하여 F검정을 실시한 분산분석표이다.

📊 표 14-5_ 단순선형회귀에 대한 분산분석표의 일반적인 형식

변동요인	제곱합	자유도	평균제곱	F	p-값
회귀	SSR	1	$MSR = \dfrac{SSR}{1}$	$F = \dfrac{MSR}{MSE}$	
오차	SSE	$n-2$	$MSE = \dfrac{SSE}{n-2}$		
계	SST	$n-1$			

📊 표 14-6_ 아르만즈 피자 팔러에 대한 분산분석

변동요인	제곱합	자유도	평균제곱	F	p-값
회귀	14,200	1	$\dfrac{14,200}{1} = 14,200$	$\dfrac{14,200}{191.25} = 74.25$	0.000
오차	1530	8	$\dfrac{1,530}{8} = 191.25$		
계	15,730	9			

세 가지 변동요인을 회귀(Regression), 오차(Error), 합계(Total)로 나타내고, 두 번째 열에 있는 SSR, SSE, SST는 각 변동요인에 해당되는 제곱합이다. 세번 째 열에서 SSR의 자유도는 1, SSE 의 자유도는 $n-2$, SST의 자유도는 $n-1$이 된다. 네 번째 열에는 MSR과 MSE 값, 다섯 번째 열에는 $F = MSR/MSE$ 값이 있다. 대부분 통계 패키지의 회귀분석 결과는 F검정을 요약해 놓은 분산분석표를 포함하고 있다.

5 유의성 검정 결과 해석에 대한 주의사항

귀무가설 $H_0 : \beta_1 = 0$를 기각하고 x와 y 사이의 관계가 유의하다고 결론을 내린다고 해서 x와 y 사이에 인과관계가 존재한다고 말할 수는 없다. 분석가가 실제로 인과관계가 있다는 이론적 인 정당성을 부여하는 경우에만 인과관계가 있다는 결론을 내릴 수 있다. 아르만즈 피자 팔러 의 예에서 학생 수 x와 분기별 매출액 y 사이에는 유의한 관계가 있다는 결론을 내릴 수 있다. 더욱이 추정회귀식 $\hat{y} = 60 + 5x$는 x와 y 관계에 대한 최소제곱 추정값을 제공한다. 그렇지만 통 계적으로 유의한 관계가 확인되었다고 해서 학생 모집단 x의 변동이 분기별 매출액 y의 변동 을 유발한다고 결론내릴 수는 없다. 이러한 인과관계가 있다는 결론의 타당성은 이론적 정당성 을 찾거나 분석가의 훌륭한 판단에 맡겨진다. 아르만즈 관리자들은 학생 모집단의 증가는 분기 별 매출액 증가의 원인이 될 가능성이 높다고 생각할 것이다. 따라서 유의성 검정 결과는 관리 자들이 인과관계가 존재한다는 결론을 내릴 수 있게 해준다.

추가로 $H_0 : \beta_1 = 0$을 기각하고 통계적 유의성을 보여준다고 해서 x와 y의 관계는 선형이라고 결론지을 수도 없다. 우리가 말할 수 있는 것은 x와 y 사이에 관계가 있고 표본에서 관측된 x값 의 범위에서 선형관계가 y의 변동성의 상당부분을 설명한다는 것뿐이다. 〈그림 14-9〉는 이러 한 상황을 보여주고 있다. 유의성 검정에서 귀무가설 $H_0 : \beta_1 = 0$이 기각되어 x와 y는 유의한 관 계에 있다는 결론이 나왔지만 그림은 x와 y의 실제 관계가 선형이 아님을 보여준다.

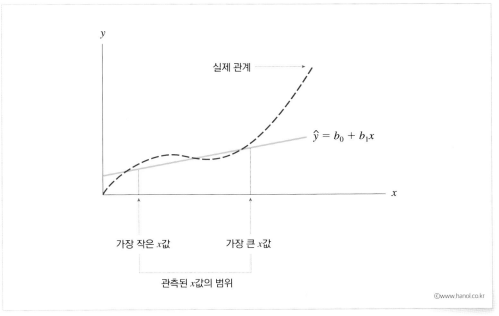

 그림 14-9_ 비선형관계의 선형 근사 예

관측된 x값의 범위 내에서는 $\hat{y}=b_0+b_1x$로 선형 근사를 이루지만, x값이 그 범위를 벗어나면 좋지 않은 근사가 된다.

유의한 관계가 주어지면, 표본에서 관측된 x값의 범위 안에서는 x에 대응하는 값을 예측하는 데 추정회귀식을 자신있게 사용해도 된다. 아르만즈 피자 팔러에서 이 범위에 해당하는 x값은 2에서 26이다. 이 범위 밖에서도 모형이 타당하다고 말할 수 있는 다른 이유가 없는 한, 독립변수 범위 밖에서의 예측은 주의 깊게 이루어져야만 한다. 아르만즈 피자 팔러에서 회귀식은 0.01 유의수준에서 유의함이 발견되었기 때문에 학생 수가 2,000명에서 26,000명 사이에 있으면 식당 매출액 예측에 이 모형을 자신 있게 사용해도 된다.

보충설명

1. 14.4절의 오차항에 대한 가정은 이 장의 통계적 유의성 검정을 가능하게 한다. b_1의 표본분포의 특성 및 t검정과 F검정은 바로 이러한 오차항에 대한 가정에 기초한다.

2. 통계적 유의성을 실용적 유의성과 혼동하지 말자. 표본의 크기가 매우 크면 작은 값의 b_1에 대해서도 통계적 유의성이 얻어진다. 이러한 경우, 관계가 실용적 유의성을 가진다는 결론을 내리는 데 조심해야 한다. 우리는 14.10절에서 이에 대해 더 자세히 논의할 것이다.

3. x와 y의 선형관계에 대한 유의성 검정은 표본상관계수 r_{xy}를 이용해서도 실시할 수 있다. 모집단의 상관계수를 나타내는 ρ_{xy}를 이용한 가설은 다음과 같다.

$$H_0: \rho_{xy} = 0$$
$$H_a: \rho_{xy} \neq 0$$

H_0가 기각되면 유의한 관계가 있다고 결론내릴 수 있다. 이 검정의 자세한 내용은 부록 14.2에서 제공된다. 그렇지만 이 장에서 배운 t검정과 F검정은 상관계수를 사용한 유의성 검정과 동일한 결과를 제공한다. 그러므로 t검정이나 F검정이 이미 실시되었으면 상관계수를 사용한 유의성 검정은 불필요하다.

18. 연습문제 1의 자료는 다음과 같다.

x_i	1	2	3	4	5
y_i	3	7	5	11	14

a. 식 (14.15)를 이용하여 평균제곱오차(MSE)를 구하라.

b. 식 (14.16)을 이용하여 추정값의 표준오차를 구하라.

c. 식 (14.18)을 이용하여 b_1의 추정표준편차를 구하라.

d. t검정으로 다음 가설을 검정하라($\alpha = 0.05$).

$$H_0: \beta_1 = 0$$
$$H_a: \beta_1 \neq 0$$

e. F검정으로 문항 (d)의 가설을 $\alpha = 0.05$에서 검정하라. 결과를 분산분석표 형식으로 나타내라.

19. 연습문제 2의 자료는 다음과 같다.

x_i	3	12	6	20	14
y_i	55	40	55	10	15

a. 식 (14.15)를 이용하여 평균제곱오차(MSE)를 구하라.

b. 식 (14.16)을 이용하여 추정값의 표준오차를 구하라.

c. 식 (14.18)을 이용하여 b_1의 추정표준편차를 구하라.

d. t검정으로 다음 가설을 검정하라($\alpha = 0.05$).

$$H_0: \beta_1 = 0$$
$$H_a: \beta_1 \neq 0$$

e. F검정으로 문항 (d)의 가설을 $\alpha = 0.05$에서 검정하라. 결과를 분산분석표 형식으로 나타내라.

20. 연습문제 3의 자료는 다음과 같다.

x_i	2	6	9	13	20
y_i	7	18	9	26	23

a. 추정값의 표준오차 값은 얼마인가?

b. $\alpha = 0.05$를 사용하여 t검정으로 유의한 관계인지 검정하라.

c. F검정을 사용하여 유의한 관계인지 검정하라($\alpha = 0.05$). 결론은 무엇인가?

21. 다음 데이터는 연습문제 14의 컨슈머 리포트에서 테스트한 스테레오 헤드폰 6개의 점수와 가격에 대한 자료이다.

브랜드	가격	점수
Bose	180	76
Skullcandy	150	71
Koss	95	61
Phillips/O'Neill	70	56
Denon	70	40
JVC	35	26

    a. t검정이 가격과 점수 사이의 유의한 결과를 보여주는가? $\alpha=0.05$일 때 결론은 무엇인가?

    b. F검정을 사용하여 유의성 검정을 수행하라. $\alpha=0.05$일 때 결론은 무엇인가?

    c. 이 데이터의 분산분석표를 작성하라.

DATA files
BrokerRatings
www.hanol.co.kr

22. 연습문제 8에서 x=거래처리속도, y=만족도일 때, 전자거래에 대한 추정회귀식 $\hat{y}=0.2046$ $+0.9077x$를 얻었다. 유의수준이 0.05일 때 거래처리속도와 만족도 사이에 관계가 있는지를 검정하라. 분산분석표를 작성하고 결론을 도출하라.

DATA files
RacingBicycles
www.hanol.co.kr

23. 연습문제 16에서 x=무게, y=가격일 때, 10개의 경주용 자전거에 대한 추정회귀식은 $\hat{y}=$ $28,574-1439x$이다. 이때, SSE$=7,102,922.54$, SST$=52,102,800$이다. 유의수준이 0.05일 때 자전거의 무게와 가격이 관련이 있는지를 F검정을 사용하여 결정하라.

⑥ 추정회귀식을 이용한 추정과 예측

    단순선형회귀모형을 사용할 때 x와 y 사이의 관계에 대해 가정하고, 최소제곱법을 이용하여 추정 단순선형회귀식을 구한다. x와 y 사이에 유의한 관계가 존재하고 결정계수의 적합도가 좋다면 추정회귀식은 추정과 예측에 유용할 것이다.

    아르만즈 피자 팔러 예제에서 추정회귀식은 $\hat{y}=60+5x$이다. 14.1절 마지막 부분에서 $\hat{y}$은 $E(y)$의 점추정값, 주어진 x값에 대한 y값의 평균(기댓값), y 개별값의 예측값으로 이용될 수 있다고 설명했다. 예를 들어, 아르만즈 매니저가 학생 수 10,000명인 대학교 캠퍼스 근처에 위치한 모든 식당의 분기별 매출액을 예측하고자 한다고 가정하자. 추정회귀식 $\hat{y}=60+5x$를 이용하여 $x=10$(10,000명의 학생들)일 때 $\hat{y}=60+5\times10=110$을 얻는다. 그러므로 학생 수가 10,000명인 캠퍼스 근처에 위치한 모든 식당에 대한 분기별 매출액 평균의 점추정값은 $110,000이다. 이 경우, $\hat{y}$을 $x=10$일 때 y의 평균에 대한 점추정값으로 사용하였다.

또한 추정회귀식을 주어진 x에 대한 y의 개별값을 예측하는 데 사용할 수 있다. 예를 들어 학생 수가 10,000명인 텔봇 칼리지(Talbot College) 근처에 있는 새로운 아르만즈 식당의 분기별 매출액을 예측하기 위해 $\hat{y}=60+5\times10=110$을 계산한다. 그러므로 새로운 식당의 분기별 매출액이 $110,000이 될 것이라고 예측한다. 이 경우, $x=10$일 때 새로운 관측값에 대한 y의 예측으로 $\hat{y}$을 사용하였다.

y값의 평균 또는 y의 개별값을 예측하기 위해서 추정회귀식을 사용할 때, 추정 또는 예측이 주어진 x에 의존한다는 것은 명백하다. 이러한 이유로 추정과 예측에 관한 더 깊은 문제들을 논의하기 위해 다음의 용어들을 명확히 하는 것이 필요하다.

x^*: 주어진 독립변수 x의 값

y^*: $x=x^*$일 때 종속변수 y의 값을 나타내는 확률변수

$E(y^*)$: $x=x^*$일 때 종속변수 y의 평균(기댓값)

$\hat{y}^*=b_0+b_1x^*$: $x=x^*$일 때 $E(y^*)$의 점추정값 및 y^* 개별값의 예측값

이 용어들을 설명하기 위해, 학생 수가 10,000명인 캠퍼스 근처에 위치한 모든 아르만즈 식당의 분기별 매출액의 평균을 추정하려 한다고 가정하자. 이때, $x^*=10$이고 $E(y^*)$은 $x^*=10$일 때 모든 식당의 분기별 매출액의 평균값인 미지의 값이 되어 $E(y^*)$는 $\hat{y}^*=60+5\times10=110$($110,000)으로 추정할 수 있다. $\hat{y}^*=110$은 또한 학생 수 10,000인 텔봇 칼리지 근처에 위치한 새로운 식당의 분기별 매출액의 예측값으로도 사용된다.

1 구간추정

* 신뢰구간과 예측구간은 회귀 결과의 정밀도를 알려준다. 구간이 좁을수록 정밀도가 더 높다.

점추정값과 예측값은 추정 혹은 예측과 관련된 정밀도에 관해서 어떠한 정보도 제공하지 않는다. 그래서 우리는 신뢰구간과 예측구간을 찾아야 한다. 신뢰구간(confidence interval)은 주어진 x값에 대한 y의 평균값의 구간추정값이다. 예측구간(prediction interval)은 주어진 x값에 대한 y의 개별값에 대한 추정값을 구할 때 사용된다. 주어진 x값에 대한 y의 예측값은 y 평균의 점추정값과 같음에도 불구하고 이 두 가지 경우에서 얻어지는 예측구간값과 구간추정값은 다르게 된다. 평균의 구간추정값을 얻는 방법부터 살펴보자.

2 y 평균값의 신뢰구간

일반적으로, $\hat{y}^*$이 $E(y^*)$와 정확히 일치한다고 예상하기는 어렵다. 점추정값 $\hat{y}^*$이 평균값인 $E(y^*)$와 얼마나 가까운지를 추론하려면 $\hat{y}^*$의 분산을 추정해야 한다. $\hat{y}^*$분산의 추정값($s_{\hat{y}^*}^2$)을 구하는 공식은 다음과 같다.

$$s_{\hat{y}^*}^2 = s^2 \left[\frac{1}{n} + \frac{(x^* - \bar{x})^2}{\sum(x_i - \bar{x})^2} \right]$$

(14.22)

$\hat{y}^*$의 표준편차에 대한 추정값은 식 (14.22) 양변에 제곱근을 취하여 얻어진다.

$$s_{\hat{y}^*} = s \sqrt{\frac{1}{n} + \frac{(x^* - \bar{x})^2}{\sum(x_i - \bar{x})^2}}$$

(14.23)

14.5절에 있는 아르만즈 피자 팔러의 계산결과에 따르면 $s = 13.829$이고. $x^* = 10$, $\bar{x} = 14$이고 $\sum(x_i - \bar{x})^2 = 568$이므로 식 (14.23)을 이용하여 다음을 얻을 수 있다.

$$s_{\hat{y}^*} = 13.829 \sqrt{\frac{1}{10} + \frac{(10 - 14)^2}{568}}$$

$$= 13.829 \sqrt{.1282} = 4.95$$

일반적인 신뢰구간의 표현은 다음과 같다.

* 이 신뢰구간에 해당하는 오차 범위는 $t_{\alpha/2}s_{\hat{y}^*}$이다.

$E(y^*)$의 신뢰구간

$$\hat{y}^* \pm t_{\alpha/2}s_{\hat{y}^*}$$

(14.24)

여기서 신뢰계수는 $1 - \alpha$이고, $t_{\alpha/2}$는 자유도 $n - 2$인 t분포를 따른다.

식 (14.24)를 이용하여 학생 수가 10,000명인 캠퍼스 근처에 위치한 아르만즈의 모든 식당에 대한 분기별 매출액 평균의 95% 신뢰구간을 구하려면 $\alpha/2 = 0.025$와 자유도 $n - 2 = 10 - 2 = 8$에 해당하는 t값을 알아야 한다. 부록 B의 〈표 2〉를 이용하면 $t_{0.025} = 2.306$이다. 그러므로 $\hat{y}^* = 110$일 때 오차범위는 $t_{\alpha/2}s_{\hat{y}^*} = 2.306 \times 4.95 = 11.415$이고, 95% 신뢰구간 추정값은 다음과 같다.

$$110 \pm 11.415$$

금액으로 보면 학생 수가 10,000명인 캠퍼스 근처에 위치한 모든 식당의 분기별 매출액 평균의 95% 신뢰구간은 $110,000 \pm 11,415$이다. 그러므로 학생 모집단이 10,000명인 경우 분기별 매출액 평균의 95% 신뢰구간은 $98,585에서 $121,415이다. 식 (14.23)으로부터 얻은 $\hat{y}^*$의 표준편차의 추정값은 $x^* - \bar{x} = 0$일 때 가장 작다. 이 경우 $\hat{y}^*$의 추정 표준편차는 다음과 같다.

$$s_{\hat{y}^*} = s \sqrt{\frac{1}{n} + \frac{(\bar{x} - \bar{x})^2}{\sum(x_i - \bar{x})^2}} = s \sqrt{\frac{1}{n}}$$

이 결과로부터 $x^* = \bar{x}$일 때 y평균값의 최적의 추정값, 즉 가장 정밀한 추정값이 된다는 것을 알 수 있다. 사실 x^*가 $\bar{x}$로부터 멀어지면 $x^* - \bar{x}$도 커진다. 그 결과 x^*가 $\bar{x}$로부터 멀어질수록 y평균값의 신뢰구간은 더 넓어진다. 이러한 패턴은 〈그림 14-10〉 그래프로부터 확인할 수 있다.

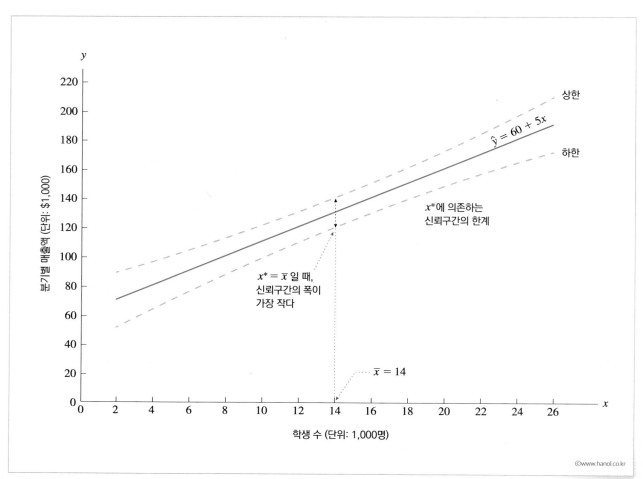

● 그림 14-10_ 학생 모집단 x가 주어졌을 때 평균 매출액 y의 신뢰구간

3 y 개별값의 신뢰구간

학생 수가 10,000명인 캠퍼스 근처에 위치한 모든 아르만즈 식당의 분기별 매출액 평균을 추정하는 대신에 학생 수가 10,000명인 텔봇 칼리지 근처에 위치한 새로운 식당의 분기별 매출액을 예측하기를 원한다고 하자. 앞에서 살펴본 것처럼 주어진 x^*에 대응하는 y^*의 예측값은 $\hat{y}^* = b_0 + b_1 x^*$로 계산할 수 있으므로, 텔봇 칼리지에 위치한 새로운 식당에 대해서 $x^* = 10$이고 이에 대응하는 분기별 매출액 예측값은 $\hat{y}^* = 60 + 5 \times 10 = 110$, 즉 \$110,000이다. 이 텔봇 칼리지 근처에 위치한 새 식당의 분기별 매출액의 예측값은 학생수가 10,000명인 캠퍼스 근처에 위치한 모든 식당의 평균 매출액에 대한 점추정값과 동일하다는 데 유의하자.

예측구간을 구하기 위해서 $x = x^*$일 때 y의 예측값으로 사용되는 $\hat{y}^*$의 분산을 먼저 구해야 한다. 이 분산은 다음 두 성분의 합으로 이루어져 있다.

1. y^*의 분산: 평균 $E(y^*)$ 주변에서 y^*의 변동성으로 s^2으로 추정
2. $E(y^*)$의 추정량으로 $\hat{y}^*$을 사용하는 데 필요한 분산: $s_{\hat{y}^*}^2$으로 추정

$x=x^*$일 때 y값의 예측값과 관련한 분산을 추정하는 식 s_{pred}^2는 다음과 같이 구할 수 있다.

$$s_{pred}^2 = s^2 + s_{\hat{y}^*}^2$$
$$= s^2 + s^2\left[\frac{1}{n} + \frac{(x^* - \overline{x})^2}{\sum(x_i - \overline{x})^2}\right] \qquad (14.25)$$
$$= s^2\left[1 + \frac{1}{n} + \frac{(x^* - \overline{x})^2}{\sum(x_i - \overline{x})^2}\right]$$

따라서 y^* 값의 예측과 관련한 표준편차의 추정값은 다음과 같다.

$$s_{pred} = s\sqrt{1 + \frac{1}{n} + \frac{(x^* - \overline{x})^2}{\sum(x_i - \overline{x})^2}} \qquad (14.26)$$

아르만즈 피자 팔러의 경우, 학생 수가 10,000명인 캠퍼스 근처에 위치한 새로운 식당의 매출액 예측값에 대응하는 추정 표준편차는 다음과 같다.

$$s_{pred} = 13.829\sqrt{1 + \frac{1}{10} + \frac{(10 - 14)^2}{568}}$$
$$= 13.829\sqrt{1.282}$$
$$= 14.69$$

예측구간의 일반식은 다음과 같다.

* 이 예측구간에 해당하는
오차 범위는 $t_{\alpha/2}s_{pred}$이다.

y^*의 예측구간

$$\hat{y}^* \pm t_{\alpha/2}s_{pred} \qquad (14.27)$$

여기서 신뢰계수는 $1-\alpha$이고, $t_{\alpha/2}$는 자유도 $n-2$인 t분포를 따른다.

텔봇 칼리지 근처에 위치한 새로운 아르만즈 식당의 분기별 매출액의 95% 예측구간은 $t_{\alpha/2}=t_{0.025}=2.306$와 $s_{pred}=14.69$를 이용해서 구할 수 있다. 그러므로 $\hat{y}^*=110$일 때, 오차범위는 $t_{0.025}s_{pred}=2.306\times14.69=33.875$이고 95% 예측구간은 다음과 같다.

$$110 \pm 33.875$$

금액으로 보면 이 예측구간은 $\$110,000\pm\$33,875$, 즉 $\$76,125$에서 $\$143,875$이 된다. 학생 수가 10,000 명인 텔봇 칼리지 캠퍼스 근처에 위치한 새로운 식당에 대한 예측구간은 학생 수가 10,000명인 캠퍼스 근처에 위치한 모든 식당의 평균 매출액의 신뢰구간보다 더 넓다는 데 유의하자. 이는 y의 개별값보다 y의 평균값을 더 정확하게 추정할 수 있음을 의미한다.

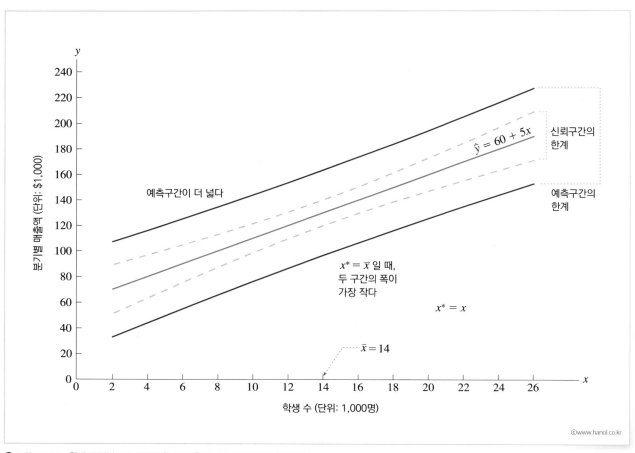

○ 그림 14-11_ 학생 모집단 x가 주어졌을 때 매출액 y의 신뢰구간과 예측구간

신뢰구간과 예측구간 모두 독립변수 x^*가 $\bar{x}$에 가까울 때 가장 정밀하다. 〈그림 14-11〉은 신뢰구간이 예측구간보다 좁다는 것을 보여주는 일반적인 형태의 그림이다.

 보충설명

예측구간은 새로운 관측값에 대한 독립변수 y값을 예측할 때 사용된다. 그림처럼 우리는 학생 수 10,000명인 텔봇 칼리지 근처에 위치한 새로운 아르만즈 식당의 분기별 매출액의 예측구간을 어떻게 구하는지 살펴보았다. 〈표 14-1〉의 아르만즈 표본자료에서 x=10은 존재하지 않는다. 이 사실은 예측구간이 표본자료의 x값으로부터 얻어질 필요가 없다는 것을 의미한다. 하지만 〈표 14-1〉의 자료에 있는 10개의 식당에 대해서는 분기별 매출액을 이미 알고 있기 때문에 이 식당 중 하나의 분기별 매출액의 예측구간을 구하는 것은 의미가 없다. 즉, 예측구간은 오직 새로운 것에 대해서만 의미가 있으며, 예측은 특정한 x값(표본에 있는 x값과 같을 수도 있고 다를 수도 있는)에 대응하는 새로운 관측값이 된다.

기초문제

24. 연습문제 1의 자료는 다음과 같다.

x_i	1	2	3	4	5
y_i	3	7	5	11	14

a. 식 (14.23)을 이용하여 $x=4$일 때 $\hat{y}^*$의 표준편차를 추정하라.

b. 식 (14.24)를 이용하여 $x=4$일 때 y기댓값의 95% 신뢰구간을 구하라.

c. 식 (14.26)을 이용하여 $x=4$일 때 y개별값의 표준편차를 추정하라.

d. 식 (14.27)을 이용하여 $x=4$일 때 y의 95% 예측구간을 구하라.

25. 연습문제 2의 자료는 다음과 같다.

x_i	3	12	6	20	14
y_i	55	40	55	10	15

a. $x=8$일 때 $\hat{y}^*$의 표준편차를 추정하라.

b. $x=8$일 때 y기댓값의 95% 신뢰구간을 구하라.

c. $x=8$일 때 y개별값의 표준편차를 추정하라.

d. $x=8$일 때 y의 95% 예측구간을 구하라.

26. 연습문제 3의 데이터는 다음과 같다.

x_i	2	6	9	13	20
y_i	7	18	9	26	23

$x=12$일 때 95% 신뢰구간과 예측구간을 구하라. 왜 두 구간이 다른지 설명하라.

응용문제

DATA files
Sales
www.hanol.co.kr

27. 연습문제 7에서 $y=$신규 고객 계정의 연간 판매량과 $x=$영업사원의 경력에 대한 10명의 표본자료로부터 추정회귀식 $\hat{y}=80+4x$를 얻었다. 자료에서 $\bar{x}=7$, $\sum(x_i-\bar{x})^2=142$, $s=4.6098$이다.

a. 경력이 9년인 모든 영업사원의 연간 판매량 평균의 95% 신뢰구간을 구하라.

b. 이 회사는 9년 경력의 톰 스마트의 채용을 고려하고 있다. 톰 스마트의 연간 판매량의 95% 예측구간을 구하라.

c. 문항 (a)와 (b)의 결과가 다른 이유를 설명하라.

28. 월스트리트저널은 출장 경비에 대한 통찰력을 얻고자 비용관리 회사인 콘커테크놀로지에 830만 개의 비용 보고서를 검토해 줄 것을 요청하였다. 다음 표는 미국에서 가장 많이 방문한 도시 25개 중 9개의 무작위표본에 대한 평균 일일 호텔 객실요금(x, 단위: 달러)과 엔터테인먼트에 지출한 평균 금액(y, 단위: 달러)이다. 다음 자료로부터 얻어진 추정회귀식이 $\hat{y} = 17.49 + 1.0334x$이고, SSE = 1541.4이다.

도시(City)	객실 요금(Room Rate)	엔터테인먼트(Entertainment)
Boston	148	161
Denver	96	105
Nashville	91	101
New Orleans	110	142
Phoenix	90	100
San Diego	102	120
San Francisco	136	167
San Jose	90	140
Tampa	82	98

a. 하루 객실 요금이 $89인 특정한 도시의 엔터테인먼트 비용을 예측하라.

b. 하루 객실 요금이 $89인 모든 도시의 엔터테인먼트 비용 평균의 95% 신뢰구간을 구하라.

c. 시카고의 평균 객실 요금은 $128이다. 시카고의 엔터테인먼트 비용의 95% 예측구간을 구하라.

 7 **엑셀의 회귀분석 도구**

앞 절에서 엑셀의 차트 도구들로 회귀분석과 관련된 여러 가지 작업을 수행하는 방법을 살펴보았다. 엑셀은 종합적인 회귀분석 도구를 제공한다. 이 장에서는 엑셀의 회귀분석 도구를 사용하여 〈표 14-2〉에 있는 아르만즈 피자 팔러의 통계적 유의성 검정을 포함한 종합적인 회귀분석 방법을 살펴본다.

1 아르만즈 피자 팔러 문제에 엑셀 회귀분석 도구 적용

엑셀의 회귀분석 도구를 이용하여 아르만즈 데이터에 대한 회귀분석을 실시하는 과정을 〈그림 14-12〉와 〈그림 14-13〉에 제시하였다.

자료입력 Armands라는 이름의 파일을 연다. 셀 B2:C11에 데이터가 있고 열 A와 셀 B1:C1에 레이블이 있다.

도구사용 다음 단계들은 14.2절에서 14.5절에 있는 회귀분석과 관련된 계산결과를 얻기 위해서 엑셀을 사용하는 방법이다.

1단계 리본의 데이터 탭을 클릭한다.

2단계 분석에서 데이터 분석을 클릭한다.

3단계 분석 도구 목록에서 회귀 분석을 선택한다.

4단계 회귀분석 도구 대화상자가 나타나면 (〈그림 14-12〉 참조)

　　　　Y축 입력 범위에 C1:C11 입력

　　　　X축 입력 범위에 B1:B11 입력

　　　　이름표 선택

　　　　신뢰 수준 선택

　　　　신뢰 수준 상자에 99 입력

　　　　출력 범위 선택

　　　　출력 범위 상자에 A13 입력(출력이 표시되는 워크시트 섹션의 왼쪽 위 모서리를 정하기 위해)

　　　　확인 클릭

회귀분석의 출력은 〈그림 14-13〉의 13행에 요약 출력이라는 이름으로 시작된다. 회귀분석 통계량이라고 이름 붙은 출력의 첫 번째 부분에는 결정계수와 같은 요약 통계량이 있다. 출력의 두 번째 부분은 분산분석이라고 이름 붙은 분산분석표이다. 이름이 없는 마지막 부분에는 추정회귀계수와 관련된 정보가 나온다.

* 엑셀의 출력은 읽기 쉬운 형식으로 바꿀 수 있다.

🔵 그림 14-12_ 아르만즈 피자 팔러 예제에 대한 회귀분석 도구 대화상자

◢	A	B	C	D	E	F	G	H	I	J
1	식당	학생 수	매출액							
2	1	2	58							
3	2	6	105							
4	3	8	88							
5	4	8	118							
6	5	12	117							
7	6	16	137							
8	7	20	157							
9	8	20	169							
10	9	22	149							
11	10	26	202							
12										
13	요약 출력									
14										
15	회귀분석 통계량									
16	다중 상관계수	0.9501								
17	결정계수	0.9027								
18	조정된 결정계수	0.8906								
19	표준 오차	13.8293								
20	관측수	10								
21										
22	분산 분석									
23		자유도	제곱합	제곱 평균	F 비	유의한 F				
24	회귀	1	14200	14200	74.2484	2.55E-05				
25	잔차	8	1530	191.25						
26	계	9	15730							
27										
28		계수	표준 오차	t 통계량	P-값	하위 95%	상위 95%	하위 99.0%	상위 99.0%	
29	Y 절편	60	9.2260	6.5033	0.0002	38.7247	81.2753	29.0431	90.9569	
30	학생 모집단	5	0.5803	8.6167	0.0000	3.6619	6.3381	3.0530	6.9470	
31										

©www.hanol.co.kr

● 그림 14-13_ 아르만즈 피자 팔러에 대한 회귀분석 도구 출력

2 추정회귀식 결과값 해석

29행은 추정회귀선의 y절편에 대한 정보를 포함하고, 30행은 추정회귀선의 기울기에 대한 정보를 포함한다. 추정회귀선의 y절편인 $b_0=60$은 셀 B29에, 기울기인 $b_1=5$는 셀 B30에 있다. 셀 A29에는 y절편, 셀 A30에는 학생 수라고 이름이 적혀 있으며, 이를 통해 두 값을 구분한다.

14.5절에서 b_1의 추정 표준편차가 $s_{b_1}=0.5803$인 것을 보았다. 셀 C30은 b_1의 추정 표준편차이다. 앞서 설명한 것처럼 b_1의 추정 표준편차를 b_1의 추정 표준오차라고도 한다. 그러므로 s_{b_1}은 b_1의 표준오차이다. 셀 C28에 있는 표준오차라는 이름은 셀 C30에 있는 값이 표준오차, 즉 b_1의 표준편차임을 보여주는 엑셀의 방식이다.

14.5절에서 학생 수와 매출액 사이에 유의한 관계가 있는지를 검정하는 데 필요한 귀무가설과 대립가설은 다음과 같다.

$$H_0: \beta_1 = 0$$
$$H_a: \beta_1 \neq 0$$

관계의 유의성에 대한 t검정에서 t통계량인 $t=b_1/s_{b_1}$이 필요하다는 것을 알고 있다. 아르만즈의 자료에 대해 계산된 t값은 $t=5/0.5803=8.62$로 셀 D30의 값이 반올림한 8.62가 된다. t통계량이라고 이름 붙은 셀 D28은 셀 D30이 t검정통계량의 값이라는 것을 알려준다.

t검정　셀 E30에 있는 정보는 유의성 검정을 수행하는 수단이 된다. 셀 E30의 값은 유의성과 관련된 p-값이다. 엑셀은 셀 E30에 과학적 표기법으로 p-값을 보여준다. 소수점들을 찾기 위해 소수점을 왼쪽으로 5자리 이동시키면 그 값은 0.0000255의 p-값을 얻는다. 유의수준 α가 주어질 때 다음과 같이 H_0를 기각할지 여부의 결정을 내린다.

$$p\text{-값} \le \alpha \text{이면 } H_0 \text{ 기각}$$

유의수준이 $\alpha = 0.01$이라고 가정하자. p-값 $= .0000255 < \alpha = 0.01$이므로 H_0를 기각하고 학생 수와 분기별 매출액 사이에는 유의한 관계가 있다고 결론을 내릴 수 있다. p-값이 회귀분석 출력으로 주어지므로 회귀분석의 가설검정에서는 p-값 방식이 가장 많이 사용된다.

셀 F28:I30에 있는 정보는 y절편과 기울기의 신뢰구간 추정값을 구하는 데 이용된다. 엑셀은 항상 95% 신뢰구간에 대한 상한과 하한을 제공한다. 회귀분석 대화상자에서 신뢰수준을 체크하고 99로 입력한 결과 엑셀의 회귀분석 도구는 99% 신뢰구간의 상한과 하한을 추가로 제공한다. 셀 H30의 값이 β_1의 99% 신뢰구간의 하한이고 셀 I30의 값이 상한으로 반올림한 β_1의 99% 신뢰구간은 3.05에서 6.95이다. 셀 F30과 셀 G30에 있는 값은 95% 신뢰구간의 상한과 하한으로 95% 신뢰구간은 3.66에서 6.34이다.

3 분산분석 결과값 해석

* 엑셀에서는 오차제곱합(SSE)을 잔차제곱합이라고 부른다.

셀 A22:F26에 있는 정보는 아르만즈 자료의 분산분석 계산결과를 요약한 것이다. 세 가지 변동요인이 '회귀', '잔차', '계'로 이름 붙어 있으며, 셀 B23은 자유도(df)를, 셀 C23은 제곱합(SS)을, 셀 D23은 평균제곱(MS)을 나타낸다. 셀 C24:C26을 보면 회귀제곱합은 14,200, 잔차(오차)제곱합은 1,530, 총제곱합은 15,730이다. 셀 B24:B26에 있는 값은 각 제곱합과 관련된 자유도로, 회귀제곱합의 자유도는 1이고 잔차(오차)제곱합의 자유도는 8, 총제곱합의 자유도는 9이다. 앞서 설명한 것처럼 총제곱합의 자유도는 회귀자유도와 잔차자유도의 합이다.

14.5절에서 평균제곱오차는 오차(잔차)제곱합을 그에 해당하는 자유도로 나누어 구하고 σ^2의 추정값이 된다고 설명하였다. 셀 D25에 있는 값, 191.25는 아르만즈 회귀 출력에 대한 평균제곱오차이다. 평균제곱회귀는 회귀제곱합을 회귀자유도로 나누어 구하며 셀 D24의 값 14,200이 평균제곱회귀이다.

F검정　14.5절에서 F확률분포를 기반으로 하는 F검정 역시 회귀식의 유의성 검정에 사용될 수 있음을 살펴보았다. 셀 F24의 값 0.0000255는 유의성에 대한 F검정과 관련된 p-값이다. 유의수준 $\alpha = 0.01$이라고 하면, p-값$= 0.0000255 < \alpha = 0.01$이므로 H_0를 기각하고 학생 모집단과 분기별 매출액 사이에는 유의한 관계가 있다고 결론내릴 수 있다. 이는 p-값 방식을 사용한 t검정의 결론과 동일하게 된다. 실제로 유의성에 대한 t검정과 F검정이 단순선형회귀에서 동일하기 때문에 두 방법에서 얻은 p-값 모두 동일하다. 엑셀은 유의성에 대한 F검정임을 확인시켜주

기 위해 셀 F23에 나오는 것처럼 유의한 F라는 이름을 사용한다. 9장에서는 p-값을 관측된 유의수준이라고 하였으므로, 유의한 F라는 이름은 셀 F24에 있는 값이 F검정에서 관측된 유의수준이라고 생각하면 된다.

4 회귀분석 통계량 결과값 해석

* <그림 14-13>의 셀 B18에 표시된 조정된 결정계수는 단순선형회귀에서는 의미가 없다. 조정된 결정계수는 두 개 이상의 독립변수를 갖는 선형회귀를 설명하는 15장에서 다룰 것이다.

셀 A15:B20에 있는 출력은 회귀분석에 사용되는 통계량을 요약하여 보여준다. 관측값의 수 10은 셀 B20에 나와 있으며 결정계수는 셀 B17에 0.9027로 계산되어 있다. 결정계수의 제곱근을 구하면 셀 B16에 나타나는 표본상관계수 값 0.9501이 나오며, 엑셀은 이 값을 다중 상관계수(셀 A16)라고 부른다. 셀 A19에서 표준오차라는 이름을 사용하여 σ의 추정값인 s값을 나타내며, 셀 B19에서 s값이 13.8293임을 알 수 있다. 엑셀 출력에는 표준오차라는 이름이 서로 다른 두 곳에서 나온다는 점을 주의하자. 회귀분석 통계량 부분에 있는 표준오차는 σ의 추정값을 나타내고, 추정회귀식 부분의 표준오차 s_{b_1}은 b_1의 표본분포의 추정표준편차이다.

연습문제

응용문제

29. 한 부동산 회사의 상업부서는 연간 총 임대료(단위: \$1,000)와 아파트 건물의 판매가격(단위: \$1,000) 사이의 관계를 살펴보기 위한 연구를 실시하여 다음의 엑셀 결과를 얻었다.

분산 분석

	자유도	제곱합	제곱 평균	F 비	유의한 F
회귀	1	41587.3			
잔차	7				
계	8	51984.1			

	계수	표준 오차	t 통계량	P-값
Y 절편	20.000	3.2213	6.21	
연간 총 임대료	7.210	1.3626	5.29	

a. 표본에 얼마나 많은 아파트 건물이 있는가?

b. 추정회귀식을 작성하라.

c. t검정을 이용하여 판매가격이 연간 총 임대료와 관련이 있는지를 검정하라($\alpha = 0.05$).

d. F검정을 이용하여 판매가격이 연간 총 임대료와 관련이 있는지를 검정하라.($\alpha = 0.05$).

e. 연간 총 임대료가 \$50,000인 아파트 건물의 판매가격을 예측하라.

30. 어느 특정한 브랜드의 컴퓨터 단말기 사용량(단위: 시간/주)과 응용 프로그램의 유지 보수비용(단위: 달러/월)에 관한 엑셀 출력의 일부가 다음과 같다.

분산 분석					
	자유도	제곱합	제곱 평균	F 비	유의한 F
회귀	1	1575.76			
잔차	8	349.14			
계	9	1924.90			

	계수	표준 오차	t 통계량	P-값
Y 절편	6.1092	0.9361		
사용량	0.8951	0.1490		

a. 추정회귀식을 작성하라.

b. t검정을 이용하여 월간 유지비용과 사용량이 관련이 있는지를 검정하라. 유의수준은 $\alpha = 0.05$이다.

c. 추정회귀식의 적합도는 어떠한가를 설명하라.

31. 한 사무실에서 영업 사원 수와 연간 매출(단위: $1,000)에 관한 회귀분석을 실시하여 다음과 같은 엑셀 출력을 얻었다.

분산 분석					
	자유도	제곱합	제곱 평균	F 비	유의한 F
회귀		6828.6			
잔차					
계		9127.4			

	계수	표준 오차	t 통계량	P-값
Y 절편	80.0	11.333		
영업사원 수	50.0	5.482		

a. 추정회귀식을 작성하라.

b. F검정통계량을 계산하고, 유의수준 0.05에서 관계의 유의성을 검정하라.

c. t검정통계량을 계산하고, 유의수준 0.05에서 관계의 유의성을 검정하라.

d. 영업사원 수가 12명인 멤피스 지점의 연간 매출액을 예측하라.

8 실질적 적용: 단순선형회귀분석에서 빅데이터와 가설검정

7장에서 우리는 표본평균 $\bar{x}$와 표본비율 $\bar{p}$의 표준오차가 표본크기가 증가함에 따라 감소하는 것을 살펴보았다. 8장과 9장에서는 이러한 결과들이 가설 $H_0: \mu \leq \mu_0$와 $H_0: p \leq p_0$ 검정에서 더 작은 p-값과 μ와 p에 대한 더 좁은 신뢰구간을 제공한다는 것을 살펴보았다. 이러한 결과는 단순선형회귀로도 확장되어, 단순선형회귀에서 표본크기가 증가함에 따라 다음의 현상이 발생한다.

- 종속변수와 독립변수 간의 유의한 관계가 존재하는지 여부를 판단하는 데 사용되는 t검정의 p-값이 감소한다.
- 독립변수와 관련된 회귀식 기울기의 신뢰구간이 좁아진다.
- y의 평균값에 대한 신뢰구간이 좁아진다.
- y의 개별값에 대한 예측구간이 좁아진다.

따라서 표본크기가 증가함에 따라 우리는 종속변수와 독립변수 사이에 관계가 존재하지 않는다는 가설을 기각하고 관계가 존재한다고 결론을 내리기 쉽다. 회귀식의 기울기, y의 평균값, y의 개별 예측값과 관련된 추정이 표본크기가 증가함에 따라 더 정확해질 것이다. 그러나 이것은 표본의 크기가 커짐에 따라 반드시 그 결과가 더 신뢰할 만하다는 것을 의미하는 것은 아니다.

단순선형회귀식을 추정하는 데 사용된 표본의 크기에 상관없이 자료에 비표본 오차가 존재할 가능성에 대해 걱정해야 한다. 실제로 관심 있는 모집단의 확률표본이 잘 추출되었는지의 여부에 대해 신중하게 고려하는 것이 중요하다. 독립변수와 종속변수 간에 어떤 관계도 없다는 가설을 검정하기 위해 사용된 자료가 비표본 오차를 갖는 경우, 비표본 오차가 없는 표본 자료보다 제1종 또는 제2종 오류를 범할 가능성이 높을 수 있다. 독립변수와 종속변수 간의 관계가 통계적으로 유의하다면 단순선형회귀식에서의 관계가 실질적으로 유의한지에 대해서 고려하는 것도 중요하다. 단순선형회귀는 매우 강력한 통계 도구이지만 최대한 정보에 입각한 결정을 내리기 위해서 다른 출처로부터 수집된 정보와 결합된 증거를 제공해야 한다. 전적으로 단순선형 회귀의 추론에 기반하여 비즈니스 결정을 내려서는 안 된다. 비표본 오차는 잘못된 결과를 초래할 수 있고, 통계적 유의성과 함께 실질적인 유의성이 고려되어야 한다. 이는 매우 큰 표본을 기반으로 가설검정을 하는 경우, p-값이 매우 작을 수 있기 때문에 특히 중요하다. 단순선형회귀를 기반으로 한 추론이 적절하게 수행되면 비즈니스 의사결정 과정에서 중요한 요소가 될 수 있다.

요점정리

이 장에서는 회귀분석이 종속변수 y가 독립변수 x와 어떻게 연관되어 있는지를 결정하기 위해 사용될 수 있다는 것을 살펴보았다. 단순선형회귀에서 회귀모형은 $y = \beta_0 + \beta_1 x + \epsilon$이다. 단순선형회귀식 $E(y) = \beta_0 + \beta_1 x$는 y의 기댓값, 즉 평균값이 x와 어떻게 관련되는지를 설명한다. 우리는 표본자료와 최소제곱법을 이용하여, 회귀식 $\hat{y} = b_0 + b_1 x$를 추정하였다. 실제로 b_0와 b_1은 미지의 모수인 β_0와 β_1을 추정하는 데 사용되는 표본통계량이다.

결정계수는 추정회귀식의 적합도에 대한 측도로 종속변수 y의 변동 중에서 추정회귀식에 의해 설명되는 비율이라고 해석할 수 있다. 상관계수는 두 변수 사이 선형관계의 강도를 나타내는 측도이다.

회귀모형 및 오차항 ϵ과 관련된 가정을 설명하고, 이들 가정에 기초한 t검정과 F검정은 두 변수의 관계가 통계적으로 유의한지 여부를 판단하는 수단이라고 설명하였다. 추정회귀식을 이용하여 y평균값의 신뢰구간과 y개별값의 예측구간을 추정하는 방법에 대해 살펴보았다.

그리고 엑셀을 이용해서 회귀문제를 푸는 방법을 설명하였으며, 마지막 절에서는 단순선형회귀에서 가설검정을 해석하는 데 빅데이터가 미치는 영향에 대해서 논의하였다.

보충문제

DATA files
DJIAS and P500
www.hanol.co.kr

32. 다우 존스 산업 평균(DJIA: The Dow Jones Industrial Average)과 스탠다드 앤 푸어스(S&P 500: Standard & Poor's 500) 지수는 주식시장의 전반적인 움직임의 측도이다. DJIA는 30대 대기업의 주가 움직임을 기반으로 하고, S&P 500은 500개의 주식으로 구성된 지수이다. 혹자는 S&P 500이 많은 기업의 주가를 기반으로 하기 때문에 주식시장 성과를 측정하는 더 나은 측도라고 말한다. 2012년 1월 6일을 시작으로 DJIA와 S&P 500의 15주 동안의 종가는 다음과 같다.

날짜(Date)	DJIA	S&P
January 6	12,360	1278
January 13	12,422	1289
January 20	12,720	1315
January 27	12,660	1316
February 3	12,862	1345
February 10	12,801	1343
February 17	12,950	1362
February 24	12,983	1366
March 2	12,978	1370
March 9	12,922	1371
March 16	13,233	1404
March 23	13,081	1397
March 30	13,212	1408
April 5	13,060	1398
April 13	12,850	1370

a. DJIA를 독립변수로 하는 산점도를 작성하라.

b. 추정회귀식을 구하라.

c. $\alpha=0.05$에서 유의한 관계인지 검정하라.

d. 추정회귀식의 적합도를 설명하라.

e. DJIA의 종가가 13,500이라고 가정했을때의 S&P 500의 종가를 예측하라.

f. 문항 (e)에서 S&P 500의 값을 예측할 때, DJIA의 값 13,500이 회귀식을 추정하기 위해 사용된 자료 범위에서 벗어난 것에 대해서 걱정해야 하는가?

33. 최근 몇 년 동안 고등 교육에서 가장 큰 변화 중 하나는 온라인 대학의 성장이다. 다음 표는 29개의 온라인 대학의 재등록율(단위: %)과 졸업비율(단위: %)을 나타낸다.

재등록율(RR)	졸업비율(GR)
7	25
51	25
4	28
29	32
33	33
47	33
63	34
45	36
60	36
62	36
67	36
65	37
78	37
75	38
54	39
45	41
38	44
51	45
69	46
60	47
37	48
63	50
73	51
78	52
48	53
95	55
68	56
100	57
100	61

a. 유지율을 독립변수로 하는 산점도를 작성하라. 산점도는 두 변수 사이의 관계에 대해서 무엇을 나타내는가?

b. 추정회귀식을 구하라.

c. 유의한 관계인지 검정하라. $\alpha=0.05$를 사용하라.

d. 추정회귀식이 자료에 잘 적합되는가를 설명하라.

34. 젠슨 타이어 앤 자동차(Jensen Tire & Auto)는 새로 구입한 휠 얼라이먼트와 밸런싱 기능을 제공하는 컴퓨터의 유지보수 계약에 가입할지 여부를 고려 중이다. 관리자는 유지보수비용이 사용시간과 관계가 있다고 생각한다. 다음은 주당 사용시간(단위: 시간)과 연간 유지비용(단위: $100)에 대한 정보이다.

주간 사용시간(Usage)	연간 유지보수비용(Expense)
13	17.0
10	22.0
20	30.0
28	37.0
32	47.0
17	30.5
24	32.5
31	39.0
40	51.5
38	40.0

a. 연간 유지보수비용을 주당 사용시간과 관련시키는 추정회귀식을 구하라.

b. 문항 (a)의 관계의 유의성을 유의수준 0.05에서 검정하라.

c. 젠슨은 신형 컴퓨터를 주당 30시간 이용할 것으로 기대한다. 연간 유지비용의 95% 예측 구간을 구하라.

d. 유지보수비용이 연간 $3,000이면 계약을 추천하겠는가? 이유를 설명하라.

35. 주요 대도시 지역의 교통당국은 버스의 사용 연수(단위: 년)와 연간 유지보수비용(단위: 달러) 사이에 어떤 관계가 있는지 알고 싶어한다. 10대의 버스 표본에서 다음의 자료를 얻었다.

버스의 사용 연수(Age)	유지보수비용(Cost)
1	350
2	370
2	480
2	520
2	590
3	550
4	750
4	800
5	790
5	950

a. 최소제곱 추정회귀식을 구하라.

b. 두 변수가 유의한 관계에 있는지를 $\alpha = 0.05$에서 검정하라.

c. 최소제곱 회귀선은 관측된 자료에 잘 적합되는가를 설명하라.

d. 사용 연수가 4년인 특정 버스에 대하여 유지보수비용의 95% 예측구간을 구하라.

1. 주식시장 위험 측정

개별 주식의 위험 또는 변동성의 측도로 총수익(자본이득과 배당금의 합)의 표준편차를 사용할 수 있다. 표준편차는 계산하기 쉽지만 주어진 주식의 가격이 S&P 500과 같은 표준 시장 지수의 변화에 따라 변동하는 정도를 고려하지 못한다. 그 결과, 많은 금융 분석가들은 베타(beta)라고 불리는 다른 측도를 사용하는 것을 더 선호한다.

개별 주식의 베타는 단순선형회귀로부터 결정된다. 종속변수는 개별 주식의 총수익이고 독립 변수는 주식시장의 총수익이다. 이 사례연구에서는 S&P 500 지수를 주식시장의 총수익의 지표로 사용할 것이고, 월별 자료를 이용하여 추정회귀식을 구할 것이다. 주식의 베타는 추정회귀식의 기울기(b_1)이다. Beta 이름의 파일에 포함된 자료는 상장된 8개의 보통주(Microsoft, Exxon Mobil, …, Procter&Gamble)의 36개월 동안 총수익과 S&P 500의 총수익(S&P 500)을 나타낸다.

전체 주식시장의 베타값은 항상 1이므로 주식시장과 같이 상승과 하락하는 경향이 있는 주식은 1에 가까운 베타값은 가질 것이다. 베타가 1보다 크면 그 주식은 시장보다 좀 더 위험하다는 것을 나타내고 베타가 1보다 작으면 시장보다 덜 위험하다는 것을 나타낸다. 예를 들어서 만약에 주식의 베타가 1.4라면 시장보다 40% 더 위험하고 주식의 베타가 0.4라면 시장보다 60% 덜 위험하다고 할 수 있다.

경영 보고서

당신은 이러한 주식의 위험 특성을 분석하는 일에 배정되었다. 다음을 포함하지만 이에 국한되지 않는 보고서를 작성하라.

    a. 각 주식과 S&P 500의 기술통계량을 계산하고 결과를 서술하라. 어떤 주식이 가장 위험한가?

    b. 각 주식의 베타값을 계산하라. 주식시장이 상승하는 경우 어떤 주식이 우수한 성과를 내겠는가? 주식시장이 하락하는 경우 어떤 주식이 가치를 유지하고 있겠는가?

    c. 주식시장의 총수익(S&P500 지수)이 개별 주식이 수익 중 어느 정도를 설명하는가?

사례연구 **2. 미교통부(U.S. Department of Transportation)**

교통안전에 대한 연구의 일환으로 미교통부는 42개 도시의 표본에서 21세 이하 면허보유 운전자 비율과 면허소지자 1,000명당 사망사고 건수의 자료를 수집하였다. 자료는 1년에 걸쳐 수집되었으며 Safety라는 이름의 파일에 저장되어 있다.

DATA files
Safety
www.hanol.co.kr

21세 이하의 비율	사망사고 건수	21세 이하의 비율	사망사고 건수
13	2.962	17	4.100
12	0.708	8	2.190
8	0.885	16	3.623
12	1.652	15	2.623
11	2.091	9	0.835
17	2.627	8	0.820
18	3.830	14	2.890
8	0.368	8	1.267
13	1.142	15	3.224
8	0.645	10	1.014
9	1.028	10	0.493
16	2.801	14	1.443
12	1.405	18	3.614
9	1.433	10	1.926
10	0.039	14	1.643
9	0.338	16	2.943
11	1.849	12	1.913
12	2.246	15	2.814
14	2.855	13	2.634
14	2.352	9	0.926
11	1.294	17	3.256

경영 보고서

1. 자료를 자료의 수치 및 그래프로 요약하라.

2. 사망사고 건수와 21세 이하 면허보유 운전자 비율 사이의 관계를 조사하기 위해 회귀분석을 이용하라. 분석을 통해 발견한 것은 무엇인가?

3. 분석결과로부터 유도될 수 있는 결론은 무엇인가?

3. 포인트 앤드 슛(Point-and-Shoot) 디지털 카메라 고르기

컨슈머 리포트(Consumer Reports)는 166개의 포인트 앤드 슛 디지털 카메라를 테스트하여, 메가픽셀의 수, 무게(단위: 온스), 화질, 사용의 용이성 같은 요소들에 기초하여 각 카메라의 전반적인 점수를 부여했다. 점수는 0에서 100점이고, 높은 점수는 좋은 테스트 결과를 나타낸다. 많은 옵션이 있는 카메라를 선택하는 것은 어려운 과정이나, 가격은 확실히 대부분의 소비자들에게 중요한 문제이다. 비용을 더 지출함으로써 소비자는 정말 뛰어난 카메라를 얻을 수 있는가? 화질이 좋은 것으로 간주되는 요소인 더 많은 메가픽셀을 가진 카메라에 더 적은 메가픽셀을 가진 카메라보다 많은 돈을 지불해야 하는가? 다음 표는 컨슈머 리포트에서 테스트한 13개의 캐논과 15개 니콘의 서브콤팩트 카메라의 브랜드와 평균 소비자 가격(단위: $), 메가픽셀의 수, 무게(단위: 온스), 전반적인 점수이다.

DATA files
Cameras
www.hanol.co.kr

관측값	브랜드	가격(단위: $)	메가픽셀 수	무게(단위: 온스)	점수
1	Canon	330	10	7	66
2	Canon	200	12	5	66
3	Canon	300	12	7	65
4	Canon	200	10	6	62
5	Canon	180	12	5	62
6	Canon	200	12	7	61
7	Canon	200	14	5	60
8	Canon	130	10	7	60
9	Canon	130	12	5	59
10	Canon	110	16	5	55
11	Canon	90	14	5	52
12	Canon	100	10	6	51
13	Canon	90	12	7	46
14	Nikon	270	16	5	65
15	Nikon	300	16	7	63
16	Nikon	200	14	6	61
17	Nikon	400	14	7	59
18	Nikon	120	14	5	57
19	Nikon	170	16	6	56
20	Nikon	150	12	5	56
21	Nikon	230	14	6	55
22	Nikon	180	12	6	53
23	Nikon	130	12	6	53
24	Nikon	80	12	7	52
25	Nikon	80	14	7	50
26	Nikon	100	12	4	46
27	Nikon	110	12	5	45
28	Nikon	130	14	4	42

1. 자료를 수치적으로 요약하라.

2. 점수를 종속변수로 하고 가격, 메가픽셀의 수, 무게를 독립변수로 하는 3개의 산점도를 각 각 작성하라. 이 세 가지 독립변수 중에서 어떤 것이 전반적인 점수를 잘 예측하는가?

3. 단순선형회귀를 이용하여 카메라의 가격이 주어졌을 때 점수를 예측할 수 있는 추정회귀 식을 구하라.

4. 캐논 카메라에 대한 관측값만 사용하여 분석한 후, 단순선형회귀를 사용하는 것이 적절한 지 설명하고 카메라의 가격만을 이용해서 점수를 예측하는 것에 대한 의견을 제시하라.

미적분을 이용한 최소제곱 공식의 유도

이 장에서 언급한 바와 같이 최소제곱법은 잔차제곱의 합을 최소화하는 b_0과 b_1값을 결정하는 과정이다. 잔차제곱합은 다음과 같다.

$$\sum(y_i - \hat{y}_i)^2$$

$\hat{y}_i = b_0 + b_1 x_i$로 대체하여 최소화해야 할 식 (14.34)를 얻게 된다.

$$\sum(y_i - b_0 - b_1 x_i)^2 \tag{14.34}$$

식 (14.34)를 최소화하기 위해, b_0과 b_1에 대해 각각 편미분을 하고 0이 되도록 하여 다음의 식을 얻는다.

$$\frac{\partial \sum(y_i - b_0 - b_1 x_i)^2}{\partial b_0} = -2\sum(y_i - b_0 - b_1 x_i) = 0 \tag{14.35}$$

$$\frac{\partial \sum(y_i - b_0 - b_1 x_i)^2}{\partial b_1} = -2\sum x_i(y_i - b_0 - b_1 x_i) = 0 \tag{14.36}$$

식 (14.35)를 2로 나누어주고, 각 항을 분해하면 다음과 같다.

$$-\sum y_i + \sum b_0 + \sum b_1 x_i = 0$$

$\sum y_i$를 우변으로 넘기고 $\sum b_0 = n b_0$이므로 다음의 식을 얻게 된다.

$$n b_0 + (\sum x_i) b_1 = \sum y_i \tag{14.37}$$

식 (14.36)도 마찬가지로 정리하면 다음의 식을 얻게 된다.

$$(\sum x_i) b_0 + (\sum x_i^2) b_1 = \sum x_i y_i \tag{14.38}$$

식 (14.37)과 (14.38)은 정규 방정식으로 알려져 있다. 식 (14.37)을 b_0에 대해 정리하면

$$b_0 = \frac{\sum y_i}{n} - b_1 \frac{\sum x_i}{n} \tag{14.39}$$

이 되고 식 (14.38)의 b_0에 식 (14.39)를 대입하면 다음의 식을 얻는다.

$$\frac{\sum x_i \sum y_i}{n} - \frac{(\sum x_i)^2}{n} b_1 + (\sum x_i^2)b_1 = \sum x_i y_i \qquad (14.40)$$

식 (14.40)의 항들을 재배열하고, b_1에 대해 정리하면 다음을 얻게 된다.

$$b_1 = \frac{\sum x_i y_i - (\sum x_i \sum y_i)/n}{\sum x_i^2 - (\sum x_i)^2/n} = \frac{\sum(x_i - \bar{x})(y_i - \bar{y})}{\sum(x_i - \bar{x})^2} \qquad (14.41)$$

$\bar{y} = \sum y_i/n$, $\bar{x} = \sum x_i/n$이므로 식 (14.39)를 다시 쓰면 다음과 같다.

$$b_0 = \bar{y} - b_1 \bar{x} \qquad (14.42)$$

식 (14.41)과 (14.42)는 추정회귀식의 계수를 계산하기 위해 사용한 식 (14.6) 및 (14.7)과 같다.

상관관계를 이용한 유의성 검정

표본 상관계수 r_{xy}를 사용하여 모집단 상관계수 ρ_{xy}에 대한 다음의 가설을 검정함으로써 x와 y 간의 선형관계가 유의한지 여부를 결정할 수 있다.

$$H_0: \rho_{xy} = 0$$
$$H_a: \rho_{xy} \neq 0$$

H_0가 기각되면 모집단 상관계수가 0이 아니며, 두 변수 간의 선형관계가 유의하다는 결론을 내릴 수 있다. 유의성에 대한 검정은 다음과 같다.

상관계수를 활용한 유의성 검정

$$H_0: \rho_{xy} = 0$$
$$H_a: \rho_{xy} \neq 0$$

검정통계량

$$t = r_{xy}\sqrt{\frac{n-2}{1-r_{xy}^2}} \tag{14.43}$$

기각규칙

p-값 방식: p-값 $\leq \alpha$이면 H_0 기각

임계값 방식: $t \leq -t_{\alpha/2}$이거나 $t \geq t_{\alpha/2}$이면 H_0 기각

여기서 $t_{\alpha/2}$는 자유도 $n-2$인 t분포를 따른다.

14.3절에서 $n=10$인 표본에서 학생 수와 분기별 매출액 간 표본 상관계수는 $r_{xy}=0.9501$이므로 검정통계량은 다음과 같다.

$$t = r_{xy}\sqrt{\frac{n-2}{1-r_{xy}^2}} = .9501\sqrt{\frac{10-2}{1-(.9501)^2}} = 8.61$$

t분포표에서 자유도가 $n-2=10-2=8$이고, $t=3.355$일 때, 오른쪽 꼬리의 면적은 0.005이다. 따라서 검정통계량 $t=8.61$에 해당하는 t분포의 오른쪽 꼬리 면적은 0.005보다 작다. 이 검정은 양측검정이므로 이 값을 두배로 늘려 $t=8.61$일 때의 p-값은 $2\times0.005=0.01$보다 작다고 결론 내리게 된다. 엑셀을 사용하면, p-값$=0.000$이 되므로 p-값이 $\alpha=0.01$보다 작기 때문에 H_0를 기각하고 ρ_{xy}는 0과 같지 않다고 결론을 내리게 된다. 이러한 증거는 학생 수와 분기별 매출액 사이에는 유의한 관계가 있다는 결론을 내리기에 충분하다.

반올림을 제외하고는 검정통계량 t와 유의한 관계에 대한 결론은 아르만즈 추정회귀식 $\hat{y}=60+5x$를 사용한 14.5절의 t검정 결과와 동일하다. 회귀분석을 수행하면 x와 y 사이의 유의한 관계에 대한 결론을 얻을 수 있으며 변수들이 어떻게 관련되어 있는지를 보여주는 식을 알 수 있다. 따라서 대부분의 분석가는 최신 컴퓨터 패키지를 사용하여 회귀분석을 수행하고, 상관관계를 사용한 유의성 검정이 필요하지 않다는 것을 안다.

데이터 분석을 위해
엑셀로 100% 구현된
앤더슨의 경영통계학

데이터 분석을 위해
엑셀로 100% 구현된
앤더슨의 경영통계학

15

다중회귀분석

인터내셔널 페이퍼(International Paper)*
PURCHASE, NEW YORK

인터내셔널 페이퍼는 세계 최대 종이 및 임업제품 회사이다. 이 회사는 50개국에서 117,000명 이상의 직원을 고용하고 있으며, 130개국 이상에 제품을 수출한다. 이 회사는 목재 및 합판과 같은 건축 자재와 일회용 컵 및 용기와 같은 소비자 포장제품, 골판지 박스 및 선적 컨테이너와 같은 산업용 포장재, 복사기, 프린터, 책 및 광고물에 사용되는 다양한 용지를 생산한다.

종이제품을 만들기 위해 펄프공장은 목재 칩과 화학물질을 처리하여 목재 펄프를 생산한다. 그 다음 목재 펄프는 제지 공장에서 종이제품을 생산하는 데 사용된다. 흰색 종이제품을 생산하는 데 변색을 제거하기 위해 펄프를 표백해야 한다. 이 공정에 사용되는 표백제인 이산화염소는 가연성이 강해서 펄프공장에서 생산된 다음 용액 형태로 파이프를 통해 펄프공장의 표백실로 보내진다. 이산화염소 생산에 사용되는 공정 중 하나를 개선하기 위해 연구자들은 공정의 제어와 효율성을 연구하였다. 연구의 한 측면으로 이산화염소 생산을 위한 화학적 흡수율을 조사하였다.

이산화염소를 생산하기 위해 4가지 화학물질이 정해진 비율대로 이산화염소 발생기로 흘러 들어간다. 발생기에서 생성된 이산화염소가 흡수기로 흘러 들어가면 냉각수가 이산화염소 가스를 흡수하여 이산화염소 용액을 형성한다. 그리고 용액은 파이프를 통해 제지공장으로 간다. 화학적 흡수율이 공정 제어의 핵심적인 부분이다. 과거부터 숙련된 작업자가 화학적 흡수율을 조정해 왔지만 이 방식은 작업자의 과도한 통제로 이어졌다. 따라서 작업자들이 흡수율을 설정하는 데 도움이 되도록 각각의 화학물질의 비율을 알려주는 일련의 제어 방정식을 개발해 달라고 공장의 화학 엔지니어들이 요청하였다.

통계분석가는 다중회귀분석을 이용하여 공정에 사용된 4가지 화학물질 각각에 대한 추정 다중회귀방정식을 개발하였다. 각각의 방정

다중회귀분석의 도움으로 흰색 종이 제품 생산에 더 좋은 표백과정을 개발하였다. RGB Ventures/SuperStock/Alamy Stock Photo

식은 이산화염소의 생산에 사용된 화학물질의 양과 이산화염소 용액의 농도와 관련된다. 결과로 나온 4개의 방정식은 각 공장에서 컴퓨터에 프로그래밍되었다. 새로운 시스템에서 작업자는 이산화염소 용액의 농도와 원하는 생산비율을 입력한다. 그러면 컴퓨터 소프트웨어가 원하는 생산비율을 달성하는 데 필요한 화학물질의 양을 계산한다. 작업자들이 제어식을 사용하기 시작한 후 이산화염소 발생기의 효율성이 증대되고, 농도가 허용범위 내로 떨어지는 횟수가 크게 증가하였다.

이 예는 다중회귀분석을 사용하여 흰색 종이제품 생산을 위한 더 나은 표백공정을 개발하는 방법을 보여준다. 이 장에서는 이러한 목적을 달성하기 위해 Excel을 사용하는 방법을 보여줄 것이다. 단순선형회귀에 대해 14장에서 소개한 대부분의 개념은 다중회귀로 직접 확장할 수 있다.

---

*저자는 이 내용을 제공한 Marian Williams와 Bill Griggs에게 감사드린다. 이 사례는 2000년에 인터내셔널 페이퍼의 일부가 된 Champion International Corporation에서 처음으로 작성되었다.

14장에서 단순선형회귀를 소개하고 두 변수들 사이의 관계를 설명하는 추정 회귀방정식을 개발하는 방법을 보여주었다. 예측이나 설명되는 변수를 종속변수라고 하고 종속변수를 예측하거나 설명하는 데 사용되는 변수를 독립변수라고 부른다는 것을 기억하자. 이 장에서는 두 개 이상의 독립변수를 포함하는 상황을 고려한 회귀분석에 대한 공부를 계속한다. 다중회귀분석(multiple regression analysis)이라는 주제를 통해 더 많은 요인을 고려할 수 있기 때문에 단순선형회귀보다 더 나은 예측을 할 수 있다.

① 다중회귀모형

다중회귀분석은 종속변수 y가 두 개 이상의 독립변수와 어떻게 관련되는지를 연구하는 것이다. 일반적으로 독립변수의 수는 p로 표시한다.

1 회귀모형과 회귀식

앞장에서 소개한 회귀모형과 회귀식의 개념은 다중회귀에도 적용된다. 종속변수 y가 독립변수 x_1, x_2, $\cdots$, x_p 및 오차항과 어떻게 관련되는지를 설명하는 방정식을 다중회귀모형(multiple regression model)이라고 한다. 다중회귀모형이 다음 형식을 취한다는 가정으로 시작하자.

다중회귀모형

$$y = \beta_0 + \beta_1 x_1 + \beta_2 x_2 + \cdots + \beta_p x_p + \epsilon \tag{15.1}$$

다중회귀모형에서 β_0, β_1, β_2, $\cdots$, β_p는 모수이고 ϵ(그리스 문자 epsilon)은 확률변수이다. 이 모형을 자세히 보면 y는 x_1, x_2, $\cdots$, x_p의 선형함수(β_0, $\beta_1 x_1$, $\beta_2 x_2$, $\cdots$, $\beta_p x_p$ 부분)와 오차항 ϵ으로 이루어져 있다. 오차항은 p개 독립변수의 선형관계로 설명될 수 없는 y의 변동성을 나타낸다.

15.4절에서 다중회귀모형과 ϵ의 가정들에 대해 설명할 것이다. 가정 중 하나는 ϵ의 기댓값, 즉 평균이 0이라는 것이다. 이 가정의 결과로, $E(y)$로 표기되는 y의 기댓값, 즉 평균값은 $\beta_0 + \beta_1 x_1 + \beta_2 x_2 + \cdots + \beta_p x_p$가 된다. y의 평균값이 어떻게 x_1, x_2, $\cdots$, x_p와 관련되는지를 설명하는 식이 다중회귀식(multiple regression equation)이다.

다중회귀식

$$E(y) = \beta_0 + \beta_1 x_1 + \beta_2 x_2 + \cdots + \beta_p x_p \tag{15.2}$$

2 다중회귀식의 추정

$\beta_0, \beta_1, \beta_2, \cdots, \beta_p$ 값들을 알면, $x_1, x_2, \cdots, x_p$ 값들이 주어졌을 때 y의 평균값을 계산하기 위해 식 (15.2)를 이용할 수 있다. 불행히도 일반적으로 이러한 모수값을 알지 못하기 때문에 표본데이터로부터 추정해야 한다. 모수 $\beta_0, \beta_1, \beta_2, \cdots, \beta_p$의 점추정치로 사용되는 표본통계량 $b_0, b_1, b_2, \cdots, b_p$를 계산하기 위해 확률표본을 이용한다. 이들 표본통계량은 다음과 같은 추정 다중회귀식(estimated multiple regression equation)을 제공한다.

추정 다중회귀식

$$\hat{y} = b_0 + b_1 x_1 + b_2 x_2 + \cdots + b_p x_p \tag{15.3}$$

여기서

$b_0, b_1, b_2, \cdots, b_p$는 $\beta_0, \beta_1, \beta_2, \cdots, \beta_p$의 추정값이고
$\hat{y}$는 종속변수의 추정값임

〈그림 15-1〉은 다중회귀의 추정과정을 나타낸 것이다.

* 단순선형회귀에서 b_0, b_1은 모수 β_0, β_1을 추정하는 데 사용되는 표본통계량이다. 다중회귀에서도 이러한 통계적 추론 과정은 동일하며, 모수 β_0, β_1, β_2, $\cdots$, β_p를 추정하는 데 $b_0, b_1, b_2, \cdots, b_p$로 표기하는 표본통계량을 사용한다.

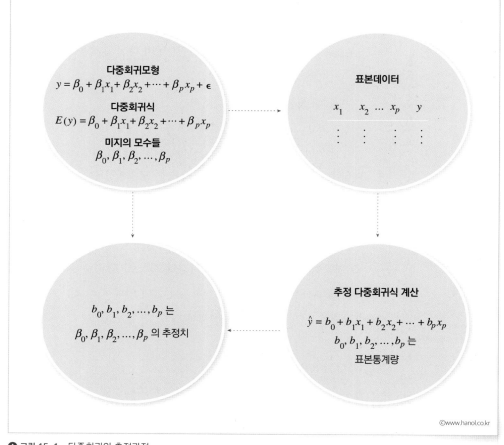

🔺 그림 15-1 _ 다중회귀의 추정과정

2 최소제곱법

14장에서 종속변수와 독립변수 사이의 직선관계를 잘 나타내는 회귀식의 추정에 최소제곱법(least squares method)을 사용하였다. 다중회귀식 추정에도 동일한 방법이 적용된다. 최소제곱기준을 다시 쓰면 다음과 같다.

최소제곱법

$$\min \Sigma(y_i - \hat{y}_i)^2 \tag{15.4}$$

여기서

$$y_i = i번째\ 관측값에\ 대한\ 종속변수\ 관측값$$
$$\hat{y}_i = i번째\ 관측값에\ 대한\ 종속변수\ 예측값$$

다음의 추정 다중회귀식을 이용하여 종속변수의 추정값을 계산한다.

$$\hat{y} = b_0 + b_1x_1 + b_2x_2 + \cdots + b_px_p$$

식 (15.4)와 같이 최소제곱법은 표본데이터를 이용하여 잔차(종속변수의 관측값 y_i와 종속변수의 추정값 $\hat{y}_i$의 편차)제곱합이 최소화되도록 만드는 $b_0, b_1, b_2, \cdots, b_p$의 값들을 제공한다.

14장에서 추정 단순선형회귀식 $\hat{y}=b_0+b_1x$에 대하여 최소제곱 추정값 b_0와 b_1을 계산하는 공식을 소개하였다. 상대적으로 자료의 크기가 작아서 공식을 이용하여 직접 b_0와 b_1을 계산할 수 있었다. 그러나 다중회귀에서 회귀계수 $b_0, b_1, b_2, \cdots, b_p$를 계산하는 식은 이 책의 범위를 벗어나는 행렬대수를 활용한다. 따라서 이 절에서는 추정회귀식과 다른 정보를 얻기 위해 엑셀의 사용법과 컴퓨터 출력물의 해석 방법에 초점을 맞춘다.

1 예제: 버틀러 화물운송 회사

다중회귀분석의 예로 남부 캘리포니아주 소재 버틀러 화물운송 회사가 직면한 문제를 생각해 보자. 이 회사의 주력사업은 각 지역으로 배송하는 일이다. 더 나은 작업시간표를 작성하기 위해 관리자는 운전기사들의 일일 총 운행시간을 추정하고자 한다.

처음에 관리자는 일일 총 운행시간은 하루 동안 운행한 거리와 밀접한 관계가 있을 것으로 믿었다. 〈표 15-1〉은 10개의 운행기록으로 구성된 확률표본이고, 〈그림 15-2〉는 이 자료의 산점도이다. 산점도를 검토한 결과, 단순선형회귀모형 $y=\beta_0+\beta_1x_1+\epsilon$을 사용하면 총 운행시간($y$)과 운행거리($x_1$) 사이의 관계를 설명할 수 있다고 판단하고, 최소제곱법으로 다음의 추정회귀식을 구했다.

$$\hat{y} = b_0 + b_1x_1 \tag{15.5}$$

표 15-1_ 버틀러 화물운송의 예비데이터

운행 작업번호	x_1=운행거리 (단위: 마일)	y=운행시간 (단위:시간)
1	100	9.3
2	50	4.8
3	100	8.9
4	100	6.5
5	50	4.2
6	80	6.2
7	75	7.4
8	65	6.0
9	90	7.6
10	90	6.1

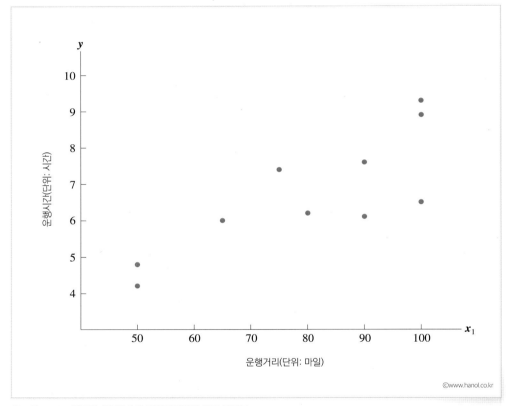

그림 15-2_ 버틀러 화물운송의 예비데이터에 대한 산점도

〈그림 15-3〉은 〈표 15-1〉의 데이터에 단순선형회귀를 적용하여 나온 엑셀출력으로,[1] 추정회귀식은 다음과 같다.

$$\hat{y} = 1.2739 + .0678x_1$$

---

1) 출력을 얻기 위해 엑셀의 회귀분석 도구를 이용했다. 14.7절에서 단순선형회귀에 엑셀의 회귀분석 도구를 활용하는 방법을 설명하였다.

앤더슨의 경영통계학

그림에 표시된 엑셀 회귀분석 출력:

배정번호	운행거리	배송건수	운행시간
1	100	4	9.3
2	50	3	4.8
3	100	4	8.9
4	100	2	6.5
5	50	2	4.2
6	80	2	6.2
7	75	3	7.4
8	65	4	6.0
9	90	3	7.6
10	90	2	6.1

요약 출력

회귀분석 통계량

다중 상관계수	0.8149
결정계수	0.6641
조정 결정계수	0.6221
표준 오차	1.0018
관측수	10

분산 분석

	자유도	제곱합	제곱 평균	F 비	유의한 F
회귀	1	15.8713	15.8713	15.8146	0.0041
잔차	8	8.0287	1.0036		
계	9	23.9			

	계수	표준 오차	t 통계량	P-값	하위 95%	상위 95%	하위 99.0%	상위 99.0%
Y 절편	1.2739	1.4007	0.9095	0.3897	-1.9562	4.5040	-3.4261	5.9740
운행거리	0.0678	0.0171	3.9768	0.0041	0.0285	0.1072	0.0106	0.1251

©www.hanol.co.kr

○ 그림 15-3_ 1개의 독립변수를 사용한 버틀러 화물운송의 회귀분석 도구 출력

유의수준이 0.05일 때 F값은 15.8146이고 이에 대응하는 p-값은 0.0041로 관계가 유의하다고 판단할 수 있다. 즉, p-값이 $\alpha=0.05$보다 작기 때문에 $H_0 : \beta_1=0$을 기각할 수 있으며, t값 3.9768과 상응하는 p-값 0.0041을 통해서도 같은 결론이 도출된다. 따라서 총 운행시간과 운행거리 사이의 관계는 유의하다고 결론내릴 수 있으므로, 운행시간이 길어지면 운행거리도 길어지는 관계에 있다고 할 수 있다. 결정계수 R^2은 운행시간 변동성의 66.41%는 운행거리의 선형효과에 의해 설명될 수 있음을 보여주고 있다. 이러한 추론은 상당히 우수하지만, 관리자는 두 번째 독립변수를 추가하여 종속변수의 변동성 중 남은 부분을 설명하기를 원한다.

⊞ 표 15-2_ 운행거리(x_1)와 배송건수(x_2)를 독립변수로 갖는 버틀러 화물운송 데이터

운행 작업번호	x_1=운행거리	x_2=배송건수	y=운행시간
1	100	4	9.3
2	50	3	4.8
3	100	4	8.9
4	100	2	6.5
5	50	2	4.2
6	80	2	6.2
7	75	3	7.4
8	65	4	6.0
9	90	3	7.6
10	90	2	6.1

다른 독립변수를 찾는 시도 중 관리자는 배송건수 또한 총 운행시간과 관련이 있다고 생각하였다. 배송건수가 추가된 버틀러 화물운송 자료는 〈표 15-2〉에 있다. 운행거리(x_1)와 배송건수(x_2) 모두를 독립변수로 하는 추정 다중회귀식을 구하기 위해 엑셀의 회귀분석 도구가 사용된다.

2 엑셀의 회귀분석 도구를 이용하여 다중회귀식 추정하기

14.7절에서 아르만즈 피자 팔러에 대해 엑셀의 회귀분석 도구를 이용하여 추정 회귀식을 구하는 방법을 설명하였다. 버틀러 화물운송에 대한 추정 다중회귀식을 구하기 위해서 이를 일부 변형하지만, 대체로 동일한 절차를 따른다. 수행해야 할 작업에 대한 설명은 〈그림 15-4〉와 〈그림 15-5〉를 참조하라.

데이터입력   Butler 이름의 파일을 연다. 데이터는 셀 B2:D11에 있고 레이블은 A열과 셀 B1:D1에 있다.

도구사용   다중회귀분석을 위해 다음 단계에 따라 회귀분석 도구를 이용한다.
  1단계   리본의 데이터 탭 선택
  2단계   분석 그룹에서 데이터 분석 선택
  3단계   분석도구 목록에서 회귀분석 선택
  4단계   회귀분석 대화 상자가 나타나면〈그림 15-4〉참조)

▲ 그림 15-4 _ 버틀러 화물운송 예제의 회귀분석 대화상자

	A	B	C	D	E	F	G	H	I	J
1	배정번호	운행거리	배송건수	운행시간						
2	1	100	4	9.3						
3	2	50	3	4.8						
4	3	100	4	8.9						
5	4	100	2	6.5						
6	5	50	2	4.2						
7	6	80	2	6.2						
8	7	75	3	7.4						
9	8	65	4	6.0						
10	9	90	3	7.6						
11	10	90	2	6.1						
12										
13	요약 출력									
14										
15	회귀분석 통계량									
16	다중 상관계수	0.9507								
17	결정계수	0.9038								
18	조정 결정계수	0.8763								
19	표준 오차	0.5731								
20	관측수	10								
21										
22	분산 분석									
23		자유도	제곱합	제곱 평균	F 비	유의한 F				
24	회귀	2	21.6006	10.8003	32.8784	0.0003				
25	잔차	7	2.2994	0.3285						
26	계	9	23.9							
27										
28		계수	표준 오차	t 통계량	P-값	하위 95%	상위 95%	하위 99.0%	상위 99.0%	
29	Y 절편	-0.8687	0.9515	-0.9129	0.3916	-3.1188	1.3814	-4.1986	2.4612	
30	운행거리	0.0611	0.0099	6.1824	0.0005	0.0378	0.0845	0.0265	0.0957	
31	배송건수	0.9234	0.2211	4.1763	0.0042	0.4006	1.4463	0.1496	1.6972	
32										

그림 15-5_ 2개의 독립변수를 사용한 버틀러 화물운송의 회귀분석 도구 출력

Y축 입력 범위에 D1 : D11 입력

X축 입력 범위에 B1 : C11 입력

이름표 클릭

신뢰수준 클릭

신뢰수준 상자에 99 입력

출력 옵션에 출력 범위 선택

출력 범위 상자에 A13 입력(출력이 표시되는 워크시트의 섹션의 왼쪽 위 모서리를 정하기 위해)

확인 선택

〈그림 15-5〉의 엑셀출력에서 독립변수 x_1의 명칭은 '운행거리'(셀 A30 참조)이고, 독립변수 x_2의 명칭은 '배송건수'(셀 A31 참조)이다. 추정회귀식은 다음과 같다.

$$\hat{y} = -.8687 + .0611x_1 + .9234x_2 \tag{15.6}$$

엑셀의 회귀분석 도구를 이용한 다중회귀는 단순선형회귀와 거의 동일하다. 가장 큰 차이점은 다중회귀의 경우 독립변수들을 지정하기 위한 셀의 범위가 더 크다는 것이다.

다음 절에서는 다중결정계수를 이용하여 추정회귀식이 얼마나 적합한지에 대해 논의할 것이다. 이전에 식 (15.6)의 회귀계수의 추정값 $b_1 = 0.0611$과 $b_2 = 0.9234$를 주의 깊게 살펴보자.

3 계수 해석에 대한 주의사항

운행거리만을 독립변수로 하는 추정회귀식과 배송건수를 두 번째 독립변수로 추가하는 추정회귀식 사이의 관계를 비교해 보자. 두 경우에 b_1값은 같지 않다. 단순선형회귀에서 b_1은 독립변수 한 단위 변화에 대한 y값 변화의 추정값으로 해석하였다. 다중회귀분석에서는 이 해석을 약간 수정하여야 한다. 즉, 다중회귀분석에서는 각각의 회귀계수를 다음과 같이 해석한다. b_i는 다른 모든 독립변수가 일정한 경우에 x_i 한 단위 변화에 대응하는 y변화의 추정값이 된다. 독립변수가 두 개인 버틀러 화물운송 예제에서 $b_1 = 0.0611$이다. 따라서 0.0611시간은 배송건수를 일정하게 두었을 때, 운행거리 1마일 증가에 대응하는 운행시간의 증가분에 대한 추정값이다. 마찬가지로 $b_2 = 0.9234$이므로 운행거리를 일정하게 두었을 때, 배송이 1건 증가에 대응하는 운행시간의 증가분에 대한 추정값은 0.9234시간이다.

연습문제

기초문제

1. 2개의 독립변수를 포함한 10개의 관측값으로 구성된 자료의 추정회귀식은 다음과 같다.

$$\hat{y} = 29.1270 + .5906x_1 + .4980x_2$$

a. 이 추정회귀식에서 b_1과 b_2를 해석하라.

b. $x_1 = 180$이고 $x_2 = 310$일 때, y를 추정하라.

2. 두 개의 독립변수 x_1, x_2와 종속변수 y에 대한 자료는 다음과 같다.

DATA files
Exer2
www.hanol.co.kr

x_1	x_2	y
30	12	94
47	10	108
25	17	112
51	16	178
40	5	94
51	19	175
74	7	170
36	12	117
59	13	142
76	16	211

a. y를 x_1과 관련시키는 회귀식을 추정하라. $x_1 = 45$일 때 y를 추정하라.

b. y를 x_2와 관련시키는 회귀식을 추정하라. $x_2 = 15$일 때 y를 추정하라.

c. y를 x_1과 x_2로 관련시키는 회귀식을 추정하라. $x_1 = 45$, $x_2 = 15$일 때 y를 추정하라.

3. 30개의 관측값으로부터 다음과 같은 회귀식을 추정하였다.

$$\hat{y} = 17.6 + 3.8x_1 - 2.3x_2 + 7.6x_3 + 2.7x_4$$

a. 추정회귀식의 계수 b_1, b_2, b_3, b_4를 해석하라.

b. $x_1 = 10$, $x_2 = 5$, $x_3 = 1$, $x_4 = 2$일 때, y를 추정하라.

응용문제

4. 한 신발 매장에서는 매출액을 재고투자액과 광고비에 관련시키는 다음의 회귀식을 추정하였다.

$$\hat{y} = 25 + 10x_1 + 8x_2$$

여기서

$$x_1 = \text{재고투자액}(\text{단위: } \$1,000)$$

$$x_2 = \text{광고비}(\text{단위: } \$1,000)$$

$$y = \text{매출액}(\text{단위: } \$1,000)$$

a. 재고투자액이 $15,000이고 광고비 예산이 $10,000일 때, 매출액을 추정하라.

b. 추정회귀식의 b_1과 b_2를 해석하라.

DATA files
Showtime
www.hanol.co.kr

5. 쇼타임 영화사의 경영자는 광고비의 함수를 사용하여 주간 총매출액을 추정하고자 한다. 지난 8주간의 표본자료(단위: $1,000)는 다음과 같다.

주간 총매출액 (Weekly Gross Revenue)	TV 광고비 (Telecvision Advertising)	신문 광고비 (Newspaper Advertising)
96	5.0	1.5
90	2.0	2.0
95	4.0	1.5
92	2.5	2.5
95	3.0	3.3
94	3.5	2.3
94	2.5	4.2
94	3.0	2.5

a. TV 광고비를 독립변수로 하는 추정회귀식을 구하라.

b. TV 광고비와 신문 광고비 모두를 독립변수로 하는 추정회귀식을 구하라.

c. 문항 (a)와 (b)에서 TV 광고비의 추정회귀식의 계수는 동일한가? 각각의 경우에 대하여 계수를 해석하라.

d. TV 광고비로 $3,500, 신문 광고비로 $2,300이 지출된 주의 주간 총매출액은 얼마로 추정되는가?

DATA files
PassingNFL
www.hanol.co.kr

6. 미국 미식축구연맹은 개인과 팀에 대한 다양한 성과 데이터를 기록한다. 경기의 승리에서 패스의 중요성을 알아보기 위해 다음과 같은 한 시즌 동안 16개 팀의 확률 표본에서 소속 리그와 패스 시도당 평균 전진 거리(단위: 야드), 패스 시도당 가로채기의 수, 승률(단위: %)을 조사하였다.

팀 (Team)	소속리그 (Conf)	패스 시도당 전진거리 (Yds/Att)	패스 시도당 가로채기 의 수(Int/Att)	승률 (Win%)
Arizona Cardinals	NFC	6.5	.042	50.0
Atlanta Falcons	NFC	7.1	.022	62.5
Carolina Panthers	NFC	7.4	.033	37.5
Cincinnati Bengals	AFC	6.2	.026	56.3
Detroit Lions	NFC	7.2	.024	62.5
Green Bay Packers	NFC	8.9	.014	93.8
Houston Texans	AFC	7.5	.019	62.5
Indianapolis Colts	AFC	5.6	.026	12.5
Jacksonville Jaguars	AFC	4.6	.032	31.3
Minnesota Vikings	NFC	5.8	.033	18.8
New England Patriots	AFC	8.3	.020	81.3
New Orleans Saints	NFC	8.1	.021	81.3
Oakland Raiders	AFC	7.6	.044	50.0
San Francisco 49ers	NFC	6.5	.011	81.3
Tennessee Titans	AFC	6.7	.024	56.3
Washington Redskins	NFC	6.4	.041	31.3

a. 패스 시도당 전진 거리가 주어졌을 때, 승리를 예측할 수 있는 추정회귀식을 구하라.

b. 패스 시도당 가로채기를 당한 횟수로 승률을 예측할 수 있는 추정회귀식을 구하라.

c. 패스 시도당 평균 전진 야드와 가로채기 당한 횟수가 주어졌을 때, 승률을 예측할 수 있는 추정회귀식을 구하라.

d. Kansas City Chiefs의 패스 시도당 평균 전진 야드 수는 6.2이고 가로채기 당한 횟수는 0.036이다. 문항 (c)에서 구한 추정회귀식을 이용하여 이 팀의 승률을 예측하라.(참고로 이 시즌 동안 Kansas City Chiefs는 7승 9패를 기록하였다.) 예측과 실제 승률을 비교하라.

DATA files
SpringHouses
www.hanol.co.kr

7. 봄은 주택 매매의 성수기이다. SpringHouses 파일에는 2018년 봄 켄터키 주 토마스에서 판매된 26가구의 판매가격(Selling Price), 욕실 수(Baths), 평방피트(Sq Ft), 침실 수(Beds)가 포함되어 있다.

a. 욕실 수, 평방피트, 침실 수 각각을 독립변수로 하고 판매가격을 종속변수로 하는 산점도를 작성하라. 판매가격과 이 세 변수 간의 관계를 설명하라.

b. 세 가지 독립변수(욕실 수, 평방피트, 침실 수)가 주어졌을 때 판매가격을 예측하는 데 사용할 수 있는 추정회귀식을 구하라.

c. 욕실 수와 침실 수는 모두 필요하지 않다는 주장이 있다. 평방피트와 침실 수가 주어졌을 때 판매가격을 예측하는 데 사용할 수 있는 추정회귀식을 구하라.

d. 집에 침실이 4개 있고 면적이 2,650제곱피트라고 가정하자. 문항 (c)에서 구한 모형을 사용하여 결정된 판매가격은 얼마인가?

DATA files
PitchingMLB
www.hanol.co.kr

8. 미국 메이저리그 야구(MLB)는 아메리칸 리그와 내셔널 리그로 구성되어있다. MLB는 팀과 선수들의 통계를 폭넓게 수집한다. 종종 투수의 능력을 평가하기 위해 다음과 같은 통계자료를 활용하며, 주어진 표는 한 시즌 동안 아메리칸 리그의 투수 20명으로부터 수집한 자료이다.

선수(Player)	팀(Team)	승(W)	패(L)	ERA	SO/IP	HR/IP	R/IP
Verlander, J	DET	24	5	2.40	1.00	.10	.29
Beckett, J	BOS	13	7	2.89	.91	.11	.34
Wilson, C	TEX	16	7	2.94	.92	.07	.40
Sabathia, C	NYY	19	8	3.00	.97	.07	.37
Haren, D	LAA	16	10	3.17	.81	.08	.38
McCarthy, B	OAK	9	9	3.32	.72	.06	.43
Santana, E	LAA	11	12	3.38	.78	.11	.42
Lester, J	BOS	15	9	3.47	.95	.10	.40
Hernandez, F	SEA	14	14	3.47	.95	.08	.42
Buehrle, M	CWS	13	9	3.59	.53	.10	.45
Pineda, M	SEA	9	10	3.74	1.01	.11	.44
Colon, B	NYY	8	10	4.00	.82	.13	.52
Tomlin, J	CLE	12	7	4.25	.54	.15	.48
Pavano, C	MIN	9	13	4.30	.46	.10	.55
Danks, J	CWS	8	12	4.33	.79	.11	.52
Guthrie, J	BAL	9	17	4.33	.63	.13	.54
Lewis, C	TEX	14	10	4.40	.84	.17	.51
Scherzer, M	DET	15	9	4.43	.89	.15	.52
Davis, W	TB	11	10	4.45	.57	.13	.52
Porcello, R	DET	14	9	4.75	.57	.10	.57

ERA: 9이닝당 투수의 평균 자책점. 자책점은 실책으로부터의 실점을 제외하고 투수에게서
　　상대팀이 얻은 점수
SO/IP: 투구 이닝당 평균 탈삼진 수
HR/IP: 투구 이닝당 피홈런 수
R/IP: 투구 이닝당 실점

a. 투구 이닝당 평균 탈삼진 수(SO/IP)가 주어졌을 때, 평균 실점(R/IP)을 예측할 수 있는 추정
　회귀식을 구하라.

b. 투구 이닝당 평균 피홈런 수(HR/IP)가 주어졌을 때, 평균 실점(R/IP)을 예측할 수 있는 추정
　회귀식을 구하라.

c. 투구 이닝당 평균 탈삼진 수(SO/IP)와 평균 피홈런 수(HR/IP)가 주어졌을 때, 평균 실점(R/
　IP)을 예측할 수 있는 추정회귀식을 구하라.

d. 뉴욕 양키즈의 투수 A.J. Burnett은 이닝당 평균 탈삼진 수는 0.91이고 평균 피홈런 수는
　0.16이었다. 문항 (c)에서 구한 추정회귀식을 이용하여 이 선수의 이닝당 평균 실점을 예
　측하라. (참고: 실제로 R/IP는 0.6이었다.)

e. 어떤 사람이 문항 (c)에서 또 다른 독립변수로 ERA 사용을 제안했다고 가정하자. 이 제안
　에 대해 어떻게 생각하는가?

③ 다중결정계수

단순선형회귀에서 총제곱합은 회귀제곱합과 오차제곱합 두 요인으로 분해될 수 있다고 설명하였다. 다중회귀의 제곱합에 대해서도 같은 절차가 적용된다.

SST와 SSR, SSE 사이의 관계

$$SST = SSR + SSE \qquad (15.7)$$

여기서

$$SST = 총제곱합(\text{total sum of squares}) = \Sigma(y_i - \overline{y})^2$$
$$SSR = 회귀제곱합(\text{sum of squares due to regression}) = \Sigma(\hat{y}_i - \overline{y})^2$$
$$SSE = 오차제곱합(\text{sum of squares due to error}) = \Sigma(y_i - \hat{y}_i)^2$$

이 세 제곱합의 계산이 어렵기 때문에 컴퓨터 패키지를 이용하여 이 값들을 계산한다. 〈그림 15-5〉는 두 개의 독립변수를 갖는 버틀러 화물운송 문제에 대한 엑셀출력의 분산분석 결과이며, SST=23.9, SSR=21.6006, SSE=2.2994라는 것을 알 수 있다. 〈그림 15-3〉은 독립변수가 운행거리 하나인 경우의 엑셀출력으로 SST=23.9, SSR=15.8713, SSE=8.0287이었다. SST의 값은 $\hat{y}$과 관련이 없으므로 두 경우 모두 동일하다. 그러나 두 번째 독립변수(배송건수)가 추가되면서 SSR은 증가하고 SSE는 감소하였다. 이는 추정 다중회귀식이 관측된 자료에 더 나은 적합성을 제공한다는 의미가 된다.

14장에서는 추정회귀식의 적합성을 평가하는 데 결정계수 R^2=SSR/SST를 이용하였다. 다중회귀에도 같은 개념이 적용된다. 다중결정계수(multiple coefficient of determination)는 추정 다중회귀식의 적합성을 측정할 때 사용되며, R^2으로 표기하는 다중결정계수는 다음과 같이 계산한다.

> * 엑셀의 회귀분석 도구 출력에서는 '결정계수'라는 이름으로 R^2값을 보여준다.

다중결정계수

$$R^2 = \frac{SSR}{SST} \qquad (15.8)$$

다중회귀계수는 종속변수의 변동성 중에서 추정 다중회귀식으로 설명된 비율로 해석될 수 있다. 따라서 100을 곱하면 결정계수는 y의 변동성 중에서 추정 다중회귀식으로 설명된 비율이며, 버틀러 화물운송의 두 독립변수 예제에서 SSR=21.6006이고 SST=23.9이므로

$$R^2 = \frac{21.6006}{23.9} = .9038$$

가 된다. 즉, 운행시간 y의 변동성 중에서 90.38%는 두 독립변수 운행거리와 배송건수로 추정된 추정 다중회귀식에 의해 설명된다. 〈그림 15-5〉에서 다중결정계수 역시 엑셀출력에서 제공되며 결정계수 $R^2 = 0.9038$임을 알 수 있다(셀 B17 참조).

* 독립변수를 추가하면 예측오차(잔차)가 줄어들어서 오차제곱합이 작아진다. SSR = SST-SSE이므로 SSE가 줄어들면 SSR은 커지고 R^2=SSR/SST은 커진다.

〈그림 15-3〉은 독립변수가 운행거리(x_1) 하나인 경우 추정회귀식의 '결정계수' 값은 0.6641임을 보여준다. 따라서 배송건수가 두 번째 독립변수로 추가되면서, 운행시간의 변동성 중에서 추정회귀식으로 설명되는 비율은 66.41%에서 90.38%로 증가한다. 일반적으로 모형에 독립변수가 추가되면 R^2은 항상 증가한다.

많은 분석가들은 독립변수가 추가됨으로써 추정회귀식으로 설명되는 변동성의 크기가 과대평가되는 것을 피하기 위해 독립변수의 수에 따라 R^2을 조정하는 것을 선호한다. n을 관측값의 수, p를 독립변수의 수라고 하면 조정 다중결정계수(adjusted multiple coefficient of determination)는 다음과 같이 구한다.

* 모형에 하나의 변수가 추가되면 그 변수가 통계적으로 유의하지 않은 경우에도 R^2은 커진다. 조정 다중결정계수는 모형에 포함된 독립변수의 수에 따른 보정작용을 한다.

조정 다중결정계수

$$R_a^2 = 1 - (1 - R^2)\frac{n - 1}{n - p - 1} \tag{15.9}$$

$n = 10, p = 2$인 버틀러 화물운송 예제에서 조정 다중결정계수는 다음과 같다.

$$R_a^2 = 1 - (1 - .9038)\frac{10 - 1}{10 - 2 - 1} = .8763$$

따라서 두 독립변수에 대한 조정 다중결정계수는 0.8763이 된다. 〈그림 15-5〉에 있는 엑셀출력에서 '조정 결정계수'= 0.8763이다(셀 B18 참조).

연습문제

기초문제

9. 연습문제 1에서 10개의 관측값에 기초하여 다음과 같은 추정회귀식을 얻었다.

$$\hat{y} = 29.1270 + .5906x_1 + .4980x_2$$

이때, SST=6,724.125 이고 SSR=6,216.375 이다.

a. SSE를 구하라.

b. R^2을 구하라.

c. R_a^2을 구하라.

d. 적합도에 대해 설명하라.

10. 연습문제 2에서 10개의 관측값을 종속변수 y와 두 개의 독립변수 x_1, x_2에 적용하였다. 이때, SST = 15,182.9이고 SSR = 14,052.2이다.

　　a. R^2을 구하라.

　　b. R_a^2을 구하라.

　　c. 추정회귀식은 데이터 변동성의 얼마나 많은 부분을 설명하는가?

11. 연습문제 3에서 30개의 관측값을 이용하여 다음과 같은 추정회귀식을 도출하였다.

$$\hat{y} = 17.6 + 3.8x_1 - 2.3x_2 + 7.6x_3 + 2.7x_4$$

이때, SST = 1,805이고 SSR = 1,760이다.

　　a. R^2을 구하라.

　　b. R_a^2을 구하라.

　　c. 적합도에 대해 설명하라.

응용문제

12. 연습문제 4에서 신발 매출액을 재고투자액과 광고비에 관련시키는 추정회귀식은 다음과 같았다.

$$\hat{y} = 25 + 10x_1 + 8x_2$$

이 모형을 구하는 데 사용된 자료는 10개 점포의 설문결과이며, SST = 16,000이고 SSR = 12,000이다.

　　a. 추정회귀식에 대하여 R^2을 구하라.

　　b. R_a^2을 구하라.

　　c. 이 추정회귀식은 데이터 변동성의 많은 부분을 설명하는가?

DATA files
Showtime
www.hanol.co.kr

13. 연습문제 5에서 쇼타임 영화관은 총매출액을 TV 광고비와 신문 광고비의 함수로 예측하는데 다중회귀분석을 활용하였다. 추정회귀식은 다음과 같았으며, SST = 25.5, SSR = 23.435이다.

$$\hat{y} = 83.2 + 2.29x_1 + 1.30x_2$$

　　a. R^2과 R_a^2을 구하고, 해석하라.

　　b. TV 광고비만 독립변수로 하는 경우 R^2 = 0.653이고 R_a^2 = 0.595이다. 다중회귀 결과를 선호하는가? 설명하라.

DATA files
PassingNFL
www.hanol.co.kr

14. 연습문제 6에서 한 시즌 동안 16개 팀의 표본자료에서 패스 시도당 평균 전진 거리(Yds/Att), 패스 시도당 가로채기 수(Int/Att), 승률(Win%)을 제시하였다.

　　a. 패스 시도당 평균 전진 야드를 독립변수로 하여 승률을 예측하는 추정회귀식은 적절한 적합도를 제공하는가?

앤더슨의 경영통계학

b. 패스 시도당 평균 전진 야드와 패스 시도당 가로채기 수 모두를 사용하여 승률을 예측하는 것의 장점에 대해 논하라.

15. 연습문제 7에서 세 가지 독립변수(욕실 수, 평방피트, 침실 수)가 주어졌을 때, 판매가격을 예측하는 데 사용할 수 있는 추정회귀식을 구하였다.

a. 이 추정회귀식은 적절한 적합도를 제공하는가?

b. 연습문제 7의 문항 (c)에서 평방피트와 침실 수가 주어졌을 때 판매가격을 예측하는 추정회귀식을 구하였다. 이 단순회귀모형과 독립변수로서 욕실 수가 포함된 문항 (a) 다중회귀모형의 적합도를 비교하라.

④ 모형의 가정

1절에서 다음과 같은 다중회귀모형을 소개하였다.

다중회귀모형
$$y = \beta_0 + \beta_1 x_1 + \beta_2 x_2 + \cdots + \beta_p x_p + \epsilon \tag{15.10}$$

다중회귀모형의 오차항 ϵ에 관한 가정은 단순선형회귀모형의 가정과 유사하다.

다중회귀모형 $y = \beta_0 + \beta_1 x_1 + \cdots + \beta_p x_p + \epsilon$의 오차항에 대한 가정

1. 오차항 ϵ은 확률변수이며 평균, 즉 기댓값은 0이다. 즉, $E(\epsilon) = 0$.

   시사점: 주어진 x_1, x_2, $\cdots$, x_p 값에 대한 y의 기댓값, 즉 평균은 다음과 같다.

   $$E(y) = \beta_0 + \beta_1 x_1 + \beta_2 x_2 + \cdots + \beta_p x_p \tag{15.11}$$

   식 (15.11)은 1절에서 소개된 다중회귀식이다. 식에서 $E(y)$는 x_1, x_2, $\cdots$, x_p의 주어진 값에 대하여 나타날 수 있는 모든 가능한 y값의 평균을 의미한다.

2. ϵ의 분산은 σ^2으로 표기하고 x_1, x_2, $\cdots$, x_p의 모든 값에 대하여 동일하다.

   시사점: y의 분산은 σ^2이며 x_1, x_2, $\cdots$, x_p의 모든 값에 대하여 동일하다.

3. ϵ 값들은 독립이다.

   시사점: 독립변수에 대한 특정 관측값의 ϵ값은 다른 관측값의 ϵ값과 관계가 없다.

4. 오차항 ϵ은 정규분포를 따르는 확률변수이다.

   시사점: x_1, x_2, $\cdots$, x_p의 주어진 값에 대해 β_0, β_1, β_2, $\cdots$, β_p는 상수이기 때문에 종속변수 y 또한 정규분포를 따르는 확률변수이다.

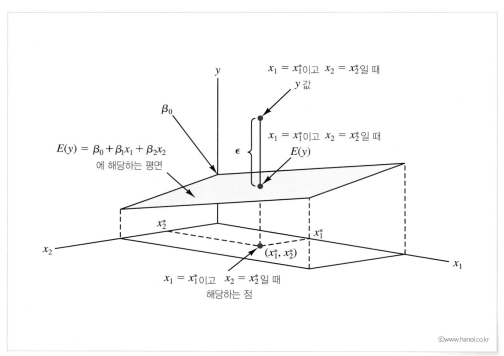

△ 그림 15-6_ 2개의 독립변수를 가진 다중회귀식 그래프

식 (15.11)에 주어진 관계의 형태에 대한 더 깊은 이해를 위해 다음과 같은 2개의 독립변수를 갖는 다중회귀식에 대해 생각해보자.

$$E(y) = \beta_0 + \beta_1 x_1 + \beta_2 x_2$$

이 식의 그래프는 3차원 공간의 평면이다. 〈그림 15-6〉은 그러한 그래프의 예를 보여준다. 그림에서 ϵ의 값은 $x_1 = x_1^*$이고 $x_2 = x_2^*$일 때 실제 y값과 y의 기댓값 $E(y)$의 차이라는 점을 주목하자.

회귀분석에서 종속변수(dependent variable)라는 용어 대신에 반응변수(response variable)라는 용어를 종종 사용한다. 또한 다중회귀식은 평면이나 표면을 만들기 때문에 그 그래프를 반응표면(response surface)이라고 부른다.

⑤ 유의성 검정

이 절에서는 다중회귀관계에 대한 유의성 검정을 수행하는 방법을 설명한다. 단순선형회귀에서 사용한 유의성 검정방법은 t검정과 F검정이었으며, 두 검정방법 모두 같은 결론을 제공하였다. 즉, 귀무가설이 기각되면 두 개의 검정 모두 $\beta_1 \neq 0$이라는 결론을 내렸다. 그러나 다중회귀에서 t검정과 F검정은 목적이 다르다.

1. F검정: 종속변수와 모든 독립변수로 구성된 독립변수 집합 사이에 유의한 관계가 있는지 여부를 판단하는 데 F검정이 사용되며, 이러한 측면에서 F검정을 전반적 유의성(overall significance)에 대한 검정이라고 부른다.

2. t검정: F검정이 전반적 유의성을 보여준다면, t검정은 각각의 독립변수가 유의한지 여부를 판단하는 데 사용된다. 즉, 각 독립변수에 대해 별도의 t검정을 실시하며, 이러한 t검정 각각을 개별적 유의성(individual significance)에 대한 검정이라고 한다.

1 F검정

4절에서 정의한 다중회귀모형은 다음과 같다.

$$y = \beta_0 + \beta_1 x_1 + \beta_2 x_2 + \cdots + \beta_p x_p + \epsilon$$

F검정을 위한 가설은 다음과 같이 독립변수의 계수인 다중회귀모형의 모수들을 모두 포함한다.

$$H_0 : \beta_1 = \beta_2 = \cdots = \beta_p = 0$$
$$H_a : \text{모수들 중 적어도 하나는 0이 아니다.}$$

만약에 H_0가 기각되면, 하나 이상의 모수는 0이 아니며 y와 독립변수의 집합 x_1, x_2, $\cdots$, x_p 사이의 전반적인 관계는 통계적으로 유의하다고 결론내리기에 충분한 증거가 된다. 그러나 H_0를 기각할 수 없으면, 유의한 관계가 존재한다고 결론내리기에 충분한 증거를 갖지 못한다.

F검정의 단계를 설명하기 전에 평균제곱(mean square) 개념을 다시 생각해보자. 평균제곱은 제곱의 합을 이에 해당하는 자유도로 나눈 값이다. 다중회귀의 경우, 총제곱합의 자유도는 $n-1$, 회귀제곱합(SSR)의 자유도는 p, 오차제곱합(SSE)의 자유도는 $n-p-1$이다. 따라서 회귀평균제곱(MSR)은 SSR/p이고, 오차평균제곱(MSE)은 SSE/($n-p-1$)이다.

$$\text{MSR} = \frac{\text{SSR}}{p} \tag{15.12}$$

$$\text{MSE} = \frac{\text{SSE}}{n - p - 1} \tag{15.13}$$

14장에서 논의한 것처럼 MSE는 오차항 ϵ의 분산인 σ^2의 불편추정값이다. 만약에 $H_0 : \beta_1 = \beta_2 = \cdots = \beta_p = 0$이 참이라면, MSR 또한 σ^2의 불편추정값이 되고 MSR/MSE의 값은 1에 가까울 것이다. 그러나 H_0가 거짓이라면, MSR은 σ^2을 과대평가하고 MSR/MSE의 값은 더 커진다. H_0를 기각하기 위해 MSR/MSE의 값이 얼마나 커야 하는지를 결정하기 위해, H_0가 참이고 다중회귀모형의 가정이 유효할 때 MSR/MSE의 표본분포는 분자의 자유도가 p이고 분모의 자유도가 $n-p-1$인 F분포라는 사실을 이용한다. 다중회귀의 유의성에 대한 F검정을 요약하면 다음과 같다.

전반적 유의성에 대한 **F 검정**

$H_0 : \beta_1 = \beta_2 = \cdots = \beta_p = 0$

H_a : 모수들 중 적어도 하나는 0이 아니다.

검정통계량

$$F = \frac{\text{MSR}}{\text{MSE}} \qquad (15.14)$$

기각규칙

p-값 방식: p-값 $\leq \alpha$이면 H_0 기각

임계치 방식: $F \geq F_\alpha$이면 H_0 기각

여기서 F_α는 분자의 자유도가 p, 분모의 자유도가 $n-p-1$인 F분포에 기반한다.

F검정을 버틀러 화물운송회사 다중회귀 문제에 적용해 보자. 독립변수가 2개이므로 가설은 다음과 같다.

$$H_0 : \beta_1 = \beta_2 = 0$$

$$H_a : \beta_1, \beta_2 \text{ 중 적어도 하나는 0이 아니다.}$$

〈그림 15-7〉은 〈그림 15-5〉에서 운행거리(x_1)와 배송건수(x_2)를 독립변수로 하는 다중회귀모형에 대한 엑셀 회귀도구의 출력으로, 분산분석 부분에서 MSR = 10.8003이고 MSE = 0.3285이다. 식 (15.14)를 이용하여 다음과 같이 검정통계량값을 계산할 수 있다.

$$F = \frac{10.8003}{.3285} = 32.9$$

* 셀 F23에 있는 '유의한 F'는 셀 F24에 있는 p-값을 나타낸다.

엑셀출력에서 $F = 32.8784$임을 주목하자. 위에서 계산한 값과 차이가 나는 이유는 MSR과 MSE 값을 반올림하였기 때문이다. $\alpha = 0.01$을 사용하면 셀 F24에 있는 p-값 = 0.0003은 $\alpha = 0.01$보다 작기 때문에 $H_0 : \beta_1 = \beta_2 = 0$을 기각할 수 있다. 마찬가지로 부록 B의 〈표 4〉에서 분자의 자유도가 2, 분모의 자유도가 7일 때, $F_{0.01} = 9.55$이다. $32.9 > 9.55$이므로 $H_0 : \beta_1 = \beta_2 = 0$을 기각하고 운행시간 y와 두 독립변수(운행거리와 배송건수) 간 유의한 관계가 있다고 결론내릴 수 있다.

앞에서 설명한 바와 같이 MSE는 오차항 ϵ의 분산인 σ^2의 불편추정값이다. 따라서 σ^2의 추정값은 MSE = 0.3285이며 MSE의 제곱근은 오차항 표준편차의 추정값이 된다. 14.5절에서 정의한 것처럼 이 표준편차는 추정값의 표준오차로 s로 표기한다. 버틀러 예제에서 표준오차는 $s = \sqrt{\text{MSE}} = \sqrt{.3285} = .5731$로 〈그림 15-7〉의 셀 B19에 나타나 있다.

〈표 15-3〉은 다중회귀분석에 대한 분산분석표의 일반적인 형식이다. F검정통계량의 값과 마지막 열의 p-값은 가설검정의 결론을 내리는 데 사용할 수 있다. 〈그림 15-7〉의 버틀러 화물운송회사에 대한 엑셀출력의 분산분석표에 이 정보가 포함되어 있음을 알 수 있다.

△ 그림 15-7_ 버틀러 화물운송의 두 독립변수에 대한 회귀분석 도구의 출력

📊 표 15-3_ 독립변수가 p개인 다중회귀모형의 일반적인 분산분석표

요인	제곱합	자유도	평균제곱	F	p-값
회귀	SSR	p	$\text{MSR} = \dfrac{\text{SSR}}{p}$	$F = \dfrac{\text{MSR}}{\text{MSE}}$	
오차	SSE	$n - p - 1$	$\text{MSE} = \dfrac{\text{SSE}}{n - p - 1}$		
계	SST	$n - 1$			

2 t 검정

F 검정에서 다중회귀 관계가 유의하다고 판단되면, 각 개별 모수의 유의성을 결정하는 t 검정을 실시할 수 있다. 개별 유의성을 판단하는 t 검정은 다음과 같다.

개별 유의성에 대한 t 검정

모수 β_i에 대하여

$$H_0: \beta_i = 0$$
$$H_a: \beta_i \neq 0$$

검정통계량

$$t = \frac{b_i}{s_{b_i}} \tag{15.15}$$

기각규칙

p-값 방식: p-값 $\leq \alpha$일 때 H_0 기각

임계치 방식: $t \leq -t_{\alpha/2}$이거나 $t \geq t_{\alpha/2}$이면 H_0 기각

여기서 $t_{\alpha/2}$는 자유도 $n-p-1$인 t분포에 기반한다.

검정통계량에서 s_{b_i}는 b_i 표준편차의 추정값으로 컴퓨터 소프트웨어 패키지에서 제공될 것이다. 버틀러 화물운송회사 예제에서 t검정을 살펴보자. 〈그림 15-7〉 엑셀출력의 마지막 표로부터 b_1, b_2와 s_{b_1}, s_{b_2}의 값은 다음과 같다.

$$b_1 = .0611 \quad s_{b_1} = .0099$$
$$b_2 = .9234 \quad s_{b_2} = .2211$$

식(15.15)로 부터 모수 β_1과 β_2의 가설에 대한 검정통계량을 다음과 같이 구할 수 있다.

$$t = .0611/.0099 = 6.1717$$
$$t = .9234/.2211 = 4.1764$$

이러한 t-값과 p-값은 모두 〈그림 15-7〉의 엑셀 회귀도구 출력에서 제공된다. 엑셀출력의 p-값은 0.0005와 0.0042이므로 α=0.01에서 $H_0:\beta_1=0$와 $H_0:\beta_2=0$를 기각할 수 있으며, β_1과 β_2 모두 통계적으로 유의하게 된다. 또는 부록 B의 〈표 2〉에서 자유도가 $n-p-1=10-2-1=7$일 때 $t_{0.005}=3.499$이고 $6.1717>3.499$이므로, $H_0:\beta_1=0$는 기각된다. 같은 방법으로 $4.1763 > 3.499$이므로 $H_0:\beta_2=0$도 기각된다.

*엑셀의 회귀분석 도구 출력의 t값은 6.1824와 4.1763 이다. 반올림 오차 때문에 차이가 발생한다.

3 다중공선성

회귀분석에서 독립변수(independent variable)라는 용어는 종속변수의 값을 예측하거나 설명하는 데 사용되는 변수를 의미한다. 그러나 이 용어는 독립변수 자체가 통계적 관점에서 독립적임을 의미하지는 않는다. 반대로 다중회귀문제에서 대부분의 독립변수들은 서로 어느 정도 상관관계가 있다. 예를 들어 버틀러 운송회사 예제에서 두 독립변수 x_1(운행거리)과 x_2(배송건수)의 관련성 여부를 판단하기 위해 운행거리를 종속변수로 하고 배송건수를 독립변수로 한 후, 변수들의 상관 정도를 알아보기 위해 표본상관계수 $r_{x_1x_2}$를 계산한다. 실제로 $r_{x_1x_2}=0.16$이 되어 두 독립변수 사이에 어느 정도의 선형관계가 있다는 것을 알 수 있다. 다중회귀분석에서 독립변수들 사이의 상관관계를 다중공선성(multicollinearity)이라고 한다.

다중공선성의 잠재적인 문제를 더 잘 이해하기 위해 버틀러 화물운송 예제를 변형해서 생각해보자. x_2를 배송건수가 아니라 휘발유 소비량(갤론)이라고 하자. 분명히 x_1(운행거리)과 x_2는 관련이 있다. 즉, 휘발유 소비량은 운행거리에 의해 결정된다. 따라서 논리적으로 x_1과 x_2는 상관관계가 높은 독립변수라고 결론짓게 된다.

식 $\hat{y}=b_0+b_1x_1+b_2x_2$의 유의성에 대한 F검정에서 그 관계가 통계적으로 유의하다는 결론이 도출되었다고 하자. 그리고 $\beta_1 \neq 0$인지 여부를 판단하기 위해 t검정을 실시하였으나 $H_0:\beta_1=0$을 기각할 수 없다고 하자. 이 결과는 운행시간(y)과 운행거리(x_1)가 관련이 없음을 의미하는가? 반드시 그렇지는 않다. 이 결과가 의미하는 것은 이미 모형에 x_2가 있으면 x_1은 y값을 결정하는데 크게 기여하지 않는다는 것이다. 휘발유 소비량(x_2)을 알고 있다면 운행거리(x_1)를 아는 것은 y의 예측에 유용한 추가적인 정보가 되지 못한다. 마찬가지로 운행거리(x_1)를 알고 있을 때 휘발유 소비량(x_2)을 아는 것은 큰 도움이 되지 않기 때문에 t검정에서 $\beta_2=0$이라는 결론이 도출될 수 있다. 또한, 다중공선성이 존재하는 경우에는 기울기의 부호와 크기가 잘못 추정될 수 있다.

요약하면 다중공선성이 야기하는 어려움은 F검정에서 다중회귀식이 전체적으로 유의한 관계가 있음을 보여주는 경우에도 개별 모수의 유의성 검정을 위한 t검정에서 유의한 모수가 하나도 없을 가능성이 있다는 점이다. 또한 다중공선성은 모수값(기울기)을 오도할 수도 있다. 그러나 독립변수들 사이에 상관관계가 적으면 이러한 문제를 피할 수 있다.

통계학자들은 다중공선성이 심각한 문제를 일으킬 만큼 심각한지의 여부를 판단하기 위한 몇 가지 방법을 개발하였다. 경험법칙에 따르면 두 개의 독립변수 간 표본상관계수의 절대값이 0.7보다 크면 다중공선성이 잠재적인 문제가 된다고 한다. 다른 방법은 이 책의 범위를 벗어나므로 고급과정에서 다룬다.

가능하면 상관관계가 높은 독립변수가 포함되지 않도록 모든 노력을 기울여야 하지만 실제로 이 원칙을 준수하는 것은 쉽지 않다. 회귀모형에 상당한 다중공선성이 존재한다면, 의사결정자들은 종속변수에 대한 개별 독립변수의 효과를 분리하는 것이 어렵다는 것을 인식해야 한다.

* 두 독립변수의 표본상관계수가 +0.7보다 크거나 -0.7보다 작다면 다중공선성이 잠재적 문제점이 된다고 판단한다.

* 독립변수들이 높은 상관관계를 갖는 경우, 특정한 독립변수가 종속변수에 미치는 영향을 구분하여 판단하는 것이 불가능하다.

 보충설명

일반적으로 다중공선성은 회귀분석을 하거나 연구 결과를 해석하는 데 큰 영향을 주지 않는다. 그러나 다중공선성이 심각한 경우, 즉 둘 이상의 독립변수가 서로 높은 상관관계가 있는 경우, 개별 모수에 대한 t검정 결과를 해석하는 데 어려움이 따를 수 있다. 이 절에서 설명한 문제점에 더하여, 다중공선성이 심각한 경우에는 최소제곱 추정값의 부호가 반대로 나올 수 있다. 즉, 연구자들이 회귀모형을 설정하고 최소제곱 기법을 적용하여 β_0, β_1, β_2들의 추정값을 구하는 과정을 반복하는 모의실험을 수행하였는데 그 결과 다중공선성이 심각한 경우에 최소제곱 추정값의 부호가 해당되는 모수의 부호와 반대로 나올 수 있음을 알게 되었다. 예를 들어 실제로 β_2는 +10이지만 그 추정값 b_2가 -2로 나올 수 있다. 따라서 다중공선성의 정도가 심한 경우, 개별 계수를 신뢰하기 어렵다.

16. 연습문제 1의 10개 관측값에 기초하여 다음과 같은 추정회귀식을 얻었다.

$$\hat{y} = 29.1270 + .5906x_1 + .4980x_2$$

이때, SST=6,724.125, SSR=6,216.375, s_{b_1}=0.0813, s_{b_2}=0.0567이다.

a. MSR과 MSE를 구하라.

b. F값을 계산하고, α=0.05를 사용하여 F검정을 실시하라.

c. β_1의 유의성에 대해 α=0.05를 사용하여 t검정을 실시하라.

d. β_2의 유의성에 대해 α=0.05를 사용하여 t검정을 실시하라.

17. 연습문제 2에 있는 자료를 활용한 추정회귀식은 다음과 같다.

$$\hat{y} = -18.4 + 2.01x_1 + 4.74x_2$$

이때, SST=15,182.9, SSR=14,052.2, s_{b_1}=0.2471, s_{b_2}=0.9484이다.

a. α=0.05를 사용하여 모형의 전반적 유의성을 검정하라.

b. β_1의 유의성에 대해 α=0.05를 사용하여 t검정을 실시하라.

c. β_2의 유의성에 대해 α=0.05를 사용하여 t검정을 실시하라.

18. 두 개의 독립변수가 있는 모형의 추정회귀식은 다음과 같다.

$$\hat{y} = 40.7 + 8.63x_1 + 2.71x_2$$

이 모형에서 x_2를 제거한 다음 최소제곱법을 활용하여 x_1만 포함된 추정회귀식을 다음과 같이 구하였다.

$$\hat{y} = 42.0 + 9.01x_1$$

a. 두 모형에서 x_1의 계수에 대해 해석하라.

b. 두 모형에서 x_1 계수에 차이가 존재하는 이유가 다중공선성 때문이라고 설명할 수 있는가? 만약에 그렇다면 어떻게 해야 하는가?

19. 연습문제 4에서 10개 점포의 자료로부터 신발 매출액을 재고투자액과 광고비에 관련시키는 추정회귀식은 다음과 같이 얻을 수 있다.

$$\hat{y} = 25 + 10x_1 + 8x_2$$

이때, SST = 16,000이고 SSR = 12,000이다.

a. SSE, MSE, MSR을 계산하라.

b. 모형의 전반적 유의성을 판단하는 F검정을 유의수준 0.05에서 실시하라.

20. 연습문제 5를 참조하여 x_1=TV 광고비(단위:$1,000)이고 x_2=신문 광고비(단위:$1,000)일 때 모형 $y=\beta_0+\beta_1 x_1+\beta_2 x_2+\epsilon$에 대해 다음 물음에 답하라.

a. α=0.01을 사용하여 다음 가설을 검정하라.

$$H_0:\beta_1=\beta_2=0$$

$$H_a:\beta_1 이나 \beta_2 중 적어도 하나는 0이 아니다.$$

b. α=0.05를 사용하여 β_1의 유의성을 검정하라. 모형에서 x_1을 제거해야 하는가?

c. α=0.05를 사용하여 β_2의 유의성을 검정하라. 모형에서 x_2를 제거해야 하는가?

21. 미식축구연맹은 개인 및 팀에 대한 다양한 성적 데이터를 기록한다. 한 시즌 동안 게임당 공격 시 획득한 평균 패스 거리(단위: 야드)와 게임당 수비 시 허용한 평균 거리(단위: 야드), 승률(단위: %)은 다음과 같다.

팀 (Team)	공격 시 획득한 평균 거리 (OffPassYds/G)	수비 시 허용한 평균 거리 (DefYds/G)	승률 (Win %)
Arizona	222.9	355.1	50.0
Atlanta	262.0	333.6	62.5
Baltimore	213.9	288.9	75.0
⋮	⋮	⋮	⋮
St. Louis	179.4	358.4	12.5
Tampa Bay	228.1	394.4	25.0
Tennessee	245.2	355.1	56.3
Washington	235.8	339.8	31.3

a. 게임당 공격 시 획득한 평균 패스 거리와 수비 시 허용한 평균 거리가 주어졌을 때, 승률을 예측할 수 있는 추정회귀식을 구하라.

b. F검정을 이용하여 모형의 전반적 유의성을 유의수준 0.05에서 검정하라.

c. t검정을 이용하여 각 독립변수의 유의성을 유의수준 0.05에서 검정하라.

22. 혼다 어코드가 Kelly Blue Book에서 2018년 중형차 재판매 가치가 가장 높은 차로 선정되었다. AutoResale 파일에는 33대의 혼다 어코드 표본에 대한 가격(Price), 주행거리(Mileage), 연식(Age)이 포함되어 있다.

a. 자동차의 주행거리와 연식이 주어졌을 때, 중고 혼다 어코드의 판매가격을 예측하는 추정회귀식을 구하라.

b. 이 모형에서 다중공선성이 문제가 되는가? 이 질문에 답하기 위해 두 독립변수 간의 상관관계를 구하라.

c. F검정을 이용하여 모형의 전반적 유의성을 유의수준 0.05에서 검정하라.

d. t검정을 이용하여 각 독립변수의 유의성을 유의수준 0.05에서 검정하라.

추정과 예측을 위한 추정회귀방정식 활용

다중회귀에서 y의 평균값을 추정하고 y의 개별값을 예측하는 절차는 독립변수가 하나인 회귀분석의 절차와 유사하다. 먼저 추정회귀식 $\hat{y}=b_0+b_1x$를 활용하여 x가 주어졌을 때 y의 기댓값과 y의 개별값을 추정할 수 있다는 14장의 설명을 기억하자. 다중회귀에서도 같은 절차를 이용한다. 즉, $x_1, x_2, \cdots, x_p$의 값을 추정회귀식에 대입하여 계산한 $\hat{y}$의 값으로 $x_1, x_2, \cdots, x_p$가 주어졌을 때 y의 개별값을 예측하고 또한 y의 기댓값을 추정한다.

예를 들어, 버틀러 화물운송회사는 다음의 두 가지 구간을 추정하기 위해 x_1(운행거리)과 x_2(배송건수)를 독립변수로 하는 추정회귀식을 이용한다고 가정하자.

1. 100마일을 운행하고 2건을 배송한 모든 트럭에 대한 평균 운행시간의 신뢰구간
2. 100마일을 운행하고 2건을 배송한 특정 트럭에 대한 운행시간의 예측구간

〈그림 15-5〉의 추정회귀식

$$\hat{y} = -.8687 + .0611x_1 + .9234x_2$$

에서 $x_1 = 100$, $x_2 = 2$일 때의 $\hat{y}$의 값은 다음과 같다.

$$\hat{y} = -.8687 + .0611(100) + .9234(2) = 7.09$$

따라서 100마일을 운행하고 2건을 배송한 모든 트럭의 평균 운행시간의 점추정값은 대략 7시간이다. 또한, 100마일을 운행하고 2건을 배송한 특정 트럭의 운행시간의 예측치도 7시간이 된다.

다중회귀에서 신뢰구간과 예측구간을 계산하는 공식은 이 책의 범위를 벗어나며 직접 계산하는 것도 쉽지 않다. 엑셀의 회귀분석도구는 구간추정값을 계산하는 옵션을 갖고 있지 않지만, 일부 소프트웨어 패키지는 신뢰구간과 예측구간을 제공한다. 구간에 대한 해석은 단순선형회귀와 동일하다. 〈표 15-4〉는 선택된 x_1, x_2에 대한 버틀러 화물운송 문제에 95% 예측구간을 나타낸 것으로, 100마일을 운행하고 2건을 배송한 한 특정 트럭의 운행시간의 예측구간은 대략 5.5시간에서 8.7시간이 됨을 알 수 있다.

표 15-4_ 버틀러 화물운송의 95% 예측구간

x_1값	x_2값	예측구간	
		하한	상한
50	2	2.414	5.656
50	3	3.368	6.548
50	4	4.157	7.607
100	2	5.500	8.683
100	3	6.520	9.510
100	4	7.362	10.515

23. 연습문제 1의 10개 관측값에 기초하여 다음과 같은 추정회귀식을 얻었다.

$$\hat{y} = 29.1270 + .5906x_1 + .4980x_2$$

   a. x_1 = 180, x_2 = 310일 때, y의 평균값에 대한 점추정값을 구하라.

   b. x_1 = 180, x_2 = 310일 때, y의 개별값을 예측하라.

24. 연습문제 2에 있는 자료를 활용한 추정회귀식은 다음과 같다.

$$\hat{y} = -18.4 + 2.01x_1 + 4.74x_2$$

   a. x_1 = 45, x_2 = 15일 때, y의 평균값에 대한 점추정값을 구하라.

   b. x_1 = 45, x_2 = 15일 때, y의 95% 예측구간을 구하라.

응용문제

25. 연습문제 5에서 쇼타임 영화사는 다중회귀분석을 활용하여 TV광고비(x_1)와 신문광고비(x_2)의 함수로서 총매출액(y)을 예측하였다. 이때, 추정회귀식은 다음과 같다.

$$\hat{y} = 83.23 + 2.29x_1 + 1.30x_2$$

   a. TV 광고비로 $3,500($x_1$=3.5), 신문 광고비로 $1,800($x_2$=1.8)를 지출한 주의 총매출액은 얼마로 기대되는가?

   b. 광고비가 문항 (a)에 나온 금액으로 할당되었다고 가정하고 다음 주 매출액의 95% 예측구간을 구하라.

26. 연습문제 21에서 한 시즌 동안 게임당 공격 시 획득한 평균 패스 거리와 게임당 수비 시 허용한 평균 거리가 주어졌을 때 NFL 팀의 승률을 예측할 수 있는 추정회귀식을 구하였다.

   a. 게임당 공격 시 획득한 평균 패스 거리가 225야드이고 게임당 수비 시 허용한 평균 거리가 300야드일 때, 특정한 팀의 승률을 예측하라.

   b. 게임당 공격 시 획득한 평균 패스 거리가 225야드이고 게임당 수비 시 허용한 평균 거리가 300야드일 때, 특정한 팀에 대한 승률의 95% 예측구간을 구하라.

27. 연습문제 22의 문항 (a)에서 구한 추정회귀식을 활용하여 다음 질문에 답하라.

   a. 주행거리가 40,000마일이고 연식이 4년인 혼다 어코드의 판매가격을 추정하라.

   b. 문항 (a)에 있는 자료로 자동차 판매가격에 대한 95% 신뢰구간을 구하라.

   c. 문항 (a)에 있는 자료의 특성을 지닌 특정 자동차 판매가격에 대한 95% 예측구간을 구하라.

⑦ 범주형 독립변수

* 독립변수는 범주형이거나 정량적일 수 있다.

지금까지 살펴본 예제는 학생 수, 운행거리 및 배송건수와 같은 양적(정량적) 독립변수를 고려하였다. 그러나 많은 경우에 성별(남성, 여성)과 지불방법(현금, 신용카드, 수표) 등과 같은 범주형 독립변수(categorical independent variables)로 작업해야 한다. 이 절에서는 회귀분석에서 범주형 변수의 처리방법을 설명하고, 존슨 정수기회사(Johson Filtration, Inc.)의 경영자가 직면한 문제를 살펴본다.

1 예제: 존슨 정수기회사

존슨 정수기회사는 플로리다 남부 전역에 걸쳐 정수기의 유지보수 서비스를 제공한다. 고객은 정수기에 대한 유지보수 서비스를 요청하기 위해 존슨 정수기회사에 연락한다. 존슨의 경영자는 서비스 시간과 비용을 추정하기 위해, 각각의 유지보수 요청에 소요되는 수리시간을 예측하고자 한다. 종속변수인 수리시간은 최근의 유지보수 서비스 이후 경과시간(월)과 수리 문제의 유형(기계적 또는 전기적)이라는 두 가지 요인과 관련이 있다고 판단하고 〈표 15-5〉와 같이 10건의 서비스 요청에 관한 표본을 수집하였다.

수리시간을 y, 최근의 유지보수 서비스 이후 경과 월수를 x_1이라고 하자. x_1만을 이용해서 y를 예측하는 회귀모형은 다음과 같다.

$$y = \beta_0 + \beta_1 x_1 + \epsilon$$

추정회귀식을 구하기 위해 엑셀의 회귀도구를 사용하면 〈그림 15-8〉과 같은 엑셀출력을 얻는다. 추정회귀식은 다음과 같다.

$$\hat{y} = 2.1473 + .3041 x_1 \tag{15.16}$$

t검정(또는 F검정)의 p-값은 0.0163이므로, 0.05의 유의수준에서 최근의 유지보수 서비스 이후의 경과 월수는 수리시간과 유의한 관계가 있다. 결정계수=0.5342이므로 x_1만으로 수리시간 변동성의 53.42%를 설명한다.

📊 표 15-5_ 존슨 정수기회사 예제의 자료

접수번호	최근 서비스 후 경과 월수	수리유형	수리시간
1	2	전기	2.9
2	6	기계	3.0
3	8	전기	4.8
4	3	기계	1.8
5	2	전기	2.9
6	7	전기	4.9
7	9	기계	4.2
8	8	기계	4.8
9	4	전기	4.4
10	6	전기	4.5

* 회귀분석 대화상자에서 출력 옵션을 새로운 출력범위(New Worksheet Ply)로 지정하면 엑셀 회귀분석도구 출력이 새로운 워크시트에 나타난다.

▲	A	B	C	D	E	F	G
1	요약 출력						
2							
3	회귀분석 통계량						
4	다중 상관계수	0.7309					
5	결정계수	0.5342					
6	조정 결정계수	0.4759					
7	표준 오차	0.7810					
8	관측수	10					
9							
10	분산 분석						
11		자유도	제곱합	제곱 평균	F 비	유의한 F	
12	회귀	1	5.5960	5.5960	9.1739	0.0163	
13	잔차	8	4.8800	0.6100			
14	계	9	10.476				
15							
16		계수	표준 오차	t 통계량	P-값		
17	Y 절편	2.1473	0.6050	3.5493	0.0075		
18	경과 월수	0.3041	0.1004	3.0288	0.0163		
19							

©www.hanol.co.kr

● 그림 15-8_ 최근 서비스 이후의 경과 월수를 독립변수로 하는 존슨 정수기회사 예제의 엑셀 회귀분석도구 출력

수리유형을 회귀모형에 추가하기 위해 다음과 같이 변수를 정의하자.

$$x_2 = \begin{cases} 0, & \text{수리유형이 기계적일 때} \\ 1, & \text{수리유형이 전기적일 때} \end{cases}$$

회귀분석에서 x_2를 더미변수(dummy variable) 또는 지시변수(indicator variable)라고 하며, 더미변수를 사용한 다중회귀모형은 다음과 같이 쓸 수 있다.

$$y = \beta_0 + \beta_1 x_1 + \beta_2 x_2 + \epsilon$$

〈표 15-6〉은 더미변수의 값을 포함한 수정된 자료이다. 〈표 15-6〉의 자료를 엑셀에 적용하면 모수의 추정값을 구할 수 있다. 〈그림 15-9〉의 엑셀 회귀도구 출력에서 추정 다중회귀식은 다음과 같다.

$$\hat{y} = .9305 + .3876x_1 + 1.2627x_2 \tag{15.17}$$

📊 표 15-6_ 수리유형을 더미변수(기계적이면 $x_2 = 0$, 전기적이면 $x_2 = 1$)로 하는 존슨 정수기회사 예제의 자료

고객	최근 서비스 후 경과 월수(x_1)	수리유형(x_2)	수리시간(y)
1	2	1	2.9
2	6	0	3.0
3	8	1	4.8
4	3	0	1.8
5	2	1	2.9
6	7	1	4.9
7	9	0	4.2
8	8	0	4.8
9	4	1	4.4
10	6	1	4.5

● 그림 15-9 _ 최근 서비스 후 경과 월수와 수리유형을 독립변수로 하는 존슨 정수기회사의 엑셀 회귀분석도구 출력

F 검정에서 $F=21.357$이고 이에 해당되는 p-값은 0.001이므로, 0.05의 유의수준에서 회귀관계는 유의하다. 〈그림 15-9〉 출력의 t 검정 부분은 최근 서비스 후 경과 월수(p-값=0.0004)와 수리유형(p-값=0.0051) 모두가 통계적으로 유의함을 의미한다. 또한 결정계수=0.8592와 조정 결정계수=0.8190은 추정회귀식이 수리시간의 변동성을 잘 설명함을 나타낸다. 따라서 식 (15.17)은 다양한 서비스 요청에 소요되는 수리시간을 추정하는 데 도움이 된다고 할 수 있다.

2 모수의 해석

존슨 정수기회사의 예제에 대한 다중회귀식은 다음과 같다.

$$E(y) = \beta_0 + \beta_1 x_1 + \beta_2 x_2 \tag{15.18}$$

범주형 변수가 존재할 때, 모수 β_0, β_1, β_2를 해석하는 법을 이해하기 위해, $x_2=0$(기계적 수리)인 경우를 생각해 보자. 기계적 수리($x_2=0$)인 경우의 수리시간의 기댓값을 $E(y\,|\,$기계)라고 표기하면 다음과 같이 구할 수 있다.

$$E(y\,|\,\text{기계}) = \beta_0 + \beta_1 x_1 + \beta_2(0) = \beta_0 + \beta_1 x_1 \tag{15.19}$$

마찬가지로 전기적 수리($x_2=1$)의 경우의 수리시간의 기댓값은 다음과 같이 구할 수 있다.

$$\begin{aligned} E(y\,|\,\text{전기}) &= \beta_0 + \beta_1 x_1 + \beta_2(1) = \beta_0 + \beta_1 x_1 + \beta_2 \\ &= (\beta_0 + \beta_2) + \beta_1 x_1 \end{aligned} \tag{15.20}$$

식 (15.19)와 (15.20)을 비교하면, 평균 수리시간은 기계적 수리와 전기적 수리 모두 x_1의 선형함수임을 알 수 있다. 두 식의 기울기는 둘 다 β_1이지만 y절편은 다르다. 수리시간에 대한 y절편

이 식 (15.19)의 기계적 수리의 경우에는 β_0이고, 식 (15.20)의 전기적 수리의 경우 $\beta_0 + \beta_2$이다. 따라서 β_2는 전기적 수리의 평균 수리시간과 기계적 수리의 평균 수리시간의 차이를 나타낸다고 해석할 수 있다.

β_2가 양수라면 전기적 수리의 평균 수리시간이 기계적 수리의 평균 수리시간보다 더 클 것이고, β_2가 음수라면 전기적 수리의 평균 수리시간이 기계적 수리의 평균 수리시간보다 작을 것이다. $\beta_2 = 0$이라면 전기적 수리와 기계적 수리 사이에는 평균 수리시간에 차이가 없고, 수리유형은 수리시간과 관련이 없을 것이다.

추정회귀식 $\hat{y} = 0.9305 + 0.3876 x_1 + 1.2627 x_2$를 이용하면 β_0의 추정값은 0.9305, β_1의 추정값은 0.3876, β_2의 추정값은 1.2627이다. 따라서 $x_2 = 0$(기계적 수리)일 때의 추정회귀식은

$$\hat{y} = .9305 + .3876 x_1 \tag{15.21}$$

이 되고, $x_2 = 1$(전기적 수리)일 때의 추정회귀식은

$$\begin{aligned}\hat{y} &= .9305 + .3876 x_1 + 1.2627(1)\\ &= 2.1932 + .3876 x_1\end{aligned} \tag{15.22}$$

이 된다. 수리유형을 더미변수로 사용하는 것은 수리시간 예측에 사실상 두 개의 추정회귀식(전기적 수리와 기계적 수리)을 제공하는 것이고, $b_2 = 1.2627$이므로 전기적 수리가 기계적 수리보다 평균적으로 1.2627시간 더 소요된다는 정보를 알 수 있다.

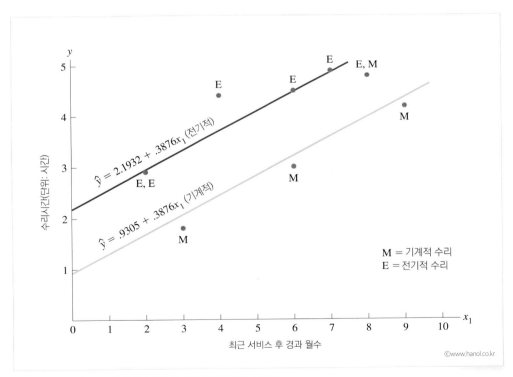

◆ 그림 15-10_ ⟨표 15-6⟩의 존슨 정수기 수리 자료에 대한 산점도

〈그림 15-10〉은 〈표 15-6〉의 존슨 자료에서 수리시간(y)은 세로축에, 최근 서비스 후 경과 월 수(x_1)는 가로축에 표시한 그림이다. 기계적 수리에 해당하는 점은 M, 전기적 수리에 해당하는 점은 E로 표시하였다. 수리시간을 예측하기 위해 두 개의 식(기계적 수리시간과 전기적 수리시간)을 사용할 수 있음을 시각적으로 보여주기 위해 식 (15.21)과 식 (15.22)를 직선의 그래프로 나타냈다.

3 복잡한 범주형 변수

* k수준의 범주형 변수는 $k-1$개의 더미변수를 사용하여 모형화해야 한다. 더미변수를 정의하고 해석할 때는 주의해야 한다.

존슨 정수기의 예에서 범주형 변수에는 두 가지 범주(기계 및 전기)만 있기 때문에 0은 기계적 수리를 나타내고 1은 전기적 수리를 나타내도록 더미변수를 정의하는 것은 쉬웠다. 그러나 범주형 변수의 범주가 셋 이상인 경우에는 더미변수를 정의하고 해석할 때 주의해야 한다. 다음에 설명하겠지만, 범주형 변수가 k개이면 $k-1$개의 더미변수가 필요하다. 이때, 각 더미변수는 0 또는 1의 값만을 갖게 된다.

예를 들어 어느 복사기 제조업체는 특정한 주(state)의 판매지역을 A, B, C로 구분한다고 하자. 경영자는 주(week)당 복사기 판매대수를 예측하기 위해 회귀분석을 활용하고자 한다. 복사기 판매대수를 종속변수로 하고 판매원 수, 광고비 등 몇 가지 독립변수를 고려하고 있으며, 판매지역이 또한 중요한 요인이라고 믿고 있다. 판매지역은 A, B, C 세 가지 범주의 범주형 변수이기 때문에, 3−1=2개의 더미변수가 필요하다. 각 변수는 다음과 같이 0 또는 1의 값을 갖도록 정의된다.

$$x_1 = \begin{cases} 1, & \text{판매지역이 B일 때} \\ 0, & \text{그렇지 않을 때} \end{cases}$$

$$x_2 = \begin{cases} 1, & \text{판매지역이 C일 때} \\ 0, & \text{그렇지 않을 때} \end{cases}$$

이 정의를 사용하면 지역에 따라 다음과 같은 x_1과 x_2의 값을 얻는다.

지역	x_1	x_2
A	0	0
B	1	0
C	0	1

지역 A에 해당하는 $x_1=0$, $x_2=0$이고, 지역 B에 해당하는 $x_1=1$, $x_2=0$이며, 지역 C에 해당하는 $x_1=0$, $x_2=1$이 된다.

더미변수만을 독립변수로 할 때, 판매대수의 기댓값 $E(y)$를 나타내는 회귀식은 다음과 같다.

$$E(y) = \beta_0 + \beta_1 x_1 + \beta_2 x_2$$

지역 A, B, C 각각이 주어졌을 때, 판매 대수의 기댓값을 나타내는 다음 세 가지 유형의 회귀식을 얻을 수 있다.

$$E(y \mid \text{지역 A}) = \beta_0 + \beta_1(0) + \beta_2(0) = \beta_0$$
$$E(y \mid \text{지역 B}) = \beta_0 + \beta_1(1) + \beta_2(0) = \beta_0 + \beta_1$$
$$E(y \mid \text{지역 C}) = \beta_0 + \beta_1(0) + \beta_2(1) = \beta_0 + \beta_2$$

여기서 β_0는 지역 A의 판매대수의 평균값 또는 기댓값이고, β_1은 지역 B의 판매대수의 평균값과 지역 A의 판매대수 평균값의 차이가 된다. 또한, β_2는 지역 C의 판매대수의 평균값과 지역 A의 판매대수의 평균값과의 차이가 된다.

판매지역의 범주가 셋인 범주형 변수이기 때문에 두 개의 더미변수가 필요하다. 다만 $x_1=0$, $x_2=0$은 지역 A를, $x_1=1$, $x_2=0$은 지역 B를, $x_1=0$, $x_2=1$은 지역 C를 의미하도록 한 것은 임의로 설정한 것이다. 예를 들어 $x_1=1$, $x_2=0$은 지역 A를, $x_1=0$, $x_2=0$은 지역 B를, $x_1=0$, $x_2=1$은 지역 C를 의미하게 선택할 수도 있다. 이 경우 β_1은 지역 A와 지역 B 사이의 평균값의 차이로 해석할 수 있고, β_2는 지역 C와 지역 B 사이의 평균값과의 차이로 해석할 수 있다.

기억해야 할 중요한 점은 범주가 k개이면 다중회귀분석에서는 $k-1$개의 더미변수가 필요하다는 것이다. 따라서 판매지역 예제에서 네 번째 지역인 지역 D를 추가한다면, 세 개의 더미변수가 필요하다. 예를 들어 세 개의 더미변수를 다음과 같이 정의할 수 있다.

$$x_1 = \begin{cases} 1, & \text{판매지역이 B일 때} \\ 0, & \text{그렇지 않을 때} \end{cases} \quad x_2 = \begin{cases} 1, & \text{판매지역이 C일 때} \\ 0, & \text{그렇지 않을 때} \end{cases} \quad x_3 = \begin{cases} 1, & \text{판매지역이 D일 때} \\ 0, & \text{그렇지 않을 때} \end{cases}$$

연습문제

기초문제

28. 종속변수 y와 양적 독립변수 x_1, 두 가지 수준(레벨 1, 레벨 2)의 범주형 독립변수와 관련된 회귀분석을 생각해 보자.

   a. x_1과 범주형 변수를 y에 관련시키는 다중회귀식을 작성하라.
   b. 범주형 변수의 수준이 레벨 1일 때 y의 기댓값은 무엇인가?
   c. 범주형 변수의 수준이 레벨 2일 때 y의 기댓값은 무엇인가?
   d. 회귀식의 모수를 해석하라.

29. 종속변수 y와 양적 독립변수 x_1, 세 가지 수준(레벨 1, 레벨 2, 레벨 3)의 범주형 독립변수와 관련된 회귀분석을 생각해 보자.

   a. 범주형 변수를 나타내는 데 필요한 더미변수는 몇 개인가?
   b. x_1과 범주형 변수를 y에 관련시키는 다중회귀식을 작성하라.
   c. 회귀식의 모수를 해석하라.

30. 경영자는 패스트푸드 매장의 매출액 예측을 위해 다음과 같은 회귀식을 제안하였다.

$$y = \beta_0 + \beta_1 x_1 + \beta_2 x_2 + \beta_3 x_3 + \epsilon$$

여기서

$$x_1 = 1마일\ 내\ 경쟁업체의\ 수$$
$$x_2 = 1마일\ 내\ 인구수(단위:1{,}000명)$$
$$x_3 = \begin{cases} 1, & 차량픽업시스템이\ 있는\ 경우 \\ 0, & 그렇지\ 않은\ 경우 \end{cases}$$
$$y = 매출액\ (단위:\$1{,}000)$$

20개 매장을 조사한 후 다음과 같은 추정회귀식을 도출하였다.

$$\hat{y} = 10.1 - 4.2x_1 + 6.8x_2 + 15.3x_3$$

a. 차량픽업시스템이 기여하는 매출액의 기댓값은 얼마인가?

b. 1마일 이내 경쟁업체가 2개이고 인구는 8,000명이며 차량픽업시스템이 없는 매장의 매출액을 예측하라.

c. 1마일 이내 경쟁업체가 1개이고 인구는 3,000명이며 차량픽업시스템이 구비된 매장의 매출액을 예측하라.

31. 이 절에서 소개된 존슨 정수기 문제를 참조하라. 경영자는 최근 서비스 이후 경과 월수와 기계적 고장인지 전기적 고장인지의 여부에 추가해서 서비스를 수행한 수리공의 이름을 얻었다고 가정하자. 수정된 데이터는 다음과 같다.

수리시간	최근 서비스 후 경과 월수	수리유형	수리공
2.9	2	전기	Dave Newton
3.0	6	기계	Dave Newton
4.8	8	전기	Bob Jones
1.8	3	기계	Dave Newton
2.9	2	전기	Dave Newton
4.9	7	전기	Bob Jones
4.2	9	기계	Bob Jones
4.8	8	기계	Bob Jones
4.4	4	전기	Bob Jones
4.5	6	전기	Dave Newton

a. 최근 서비스 이후의 경과 월수(x_1)와 서비스를 수행한 수리공의 이름은 무시하자. 수리유형(x_2)이 주어졌을 때 수리시간(y)을 예측하는 단순선형회귀식을 추정하라. 수리유형이 기계적이면 $x_2=0$, 수리유형이 전기적이면 $x_2=1$임을 기억하자.

b. 문항 (a)에서 구한 식은 관측된 데이터에 잘 적합하는가?

c. 최근 서비스 이후의 경과 월수와 정수기와 관련된 수리유형은 무시하자. 서비스를 수행한

수리공의 이름이 주어졌을 때 수리시간을 예측하는 단순선형회귀식을 구하라. Bob Jones 가 서비스를 수행했으면 $x_3=0$, Dave Newton이 서비스를 수행했으면 $x_3=1$이라고 하자.

d. 문항 (c)에서 구한 식은 관측된 데이터에 잘 적합하는가?

32. 이 문제는 연습문제 31에서 계속되는 문제이다.

   a. 최근 서비스 이후의 경과 월수와 수리유형, 서비스를 수행한 수리공의 이름이 주어졌을 때 수리시간을 예측하는 추정회귀식을 구하라.

   b. 유의수준 0.05에서 문항 (a)에서 구한 추정회귀식의 독립변수와 종속변수 사이의 관계가 유의한지 여부를 검정하라.

   c. 새로운 독립변수로서 서비스를 수행한 수리공의 이름 x_3의 추가가 통계적으로 유의한가 를 $\alpha=0.05$에서 검정하라.

DATA files
Stroke
www.hanol.co.kr

33. 미국심장협회(American Heart Association)는 연령(Age), 혈압(Pressure), 흡연(Smoker)이 뇌졸중 위험과 어떤 관련이 있는지에 대한 10년간 연구 자료의 일부를 공개했다. 자료에서 위험(Risk) 은 환자가 향후 10년 동안 뇌졸중에 걸릴 확률(백분율)을 의미한다. 흡연 변수에 대하여 흡연 자는 1, 비흡연자는 0을 부여하였다.

위험	연령	혈압	흡연자
12	57	152	0
24	67	163	0
13	58	155	0
56	86	177	1
28	59	196	0
51	76	189	1
18	56	155	1
31	78	120	0
37	80	135	1
15	78	98	0
22	71	152	0
36	70	173	1
15	67	135	1
48	77	209	1
15	60	199	0
36	82	119	1
8	66	166	0
34	80	125	1
3	62	117	0
37	59	207	1

   a. 뇌졸중 위험을 연령, 혈압, 흡연 여부와 관련시키는 추정회귀식을 구하라.

   b. 흡연이 뇌졸중 위험에 유의한 요인인가? $\alpha=0.05$를 사용하여 설명하라.

   c. 나이가 68세이고 혈압이 175인 흡연자 Art Speen이 향후 10년간 뇌졸중에 걸릴 확률은 얼마인가? 의사는 이 환자에게 어떤 조치를 권고할 것인가?

이 장에서는 14장에서 설명한 단순선형회귀분석의 확장으로서 다중회귀분석을 소개했다. 다중회귀분석은 종속변수가 두 개 이상의 독립변수와 어떻게 관련되는지를 설명해준다. 다중회귀식 $E(y) = \beta_0 + \beta_1 x_1 + \beta_2 x_2 + \cdots + \beta_p x_p$는 종속변수 y의 기댓값, 즉 평균값이 독립변수의 값 $x_1, x_2, \cdots, x_p$와 어떠한 관계가 있는지를 보여준다. 표본데이터와 최소제곱법을 이용하여 추정 다중회귀식 $\hat{y} = b_0 + b_1 x_1 + b_2 x_2 + \cdots + b_p x_p$를 구한다. 사실 $b_0, b_1, b_2, \cdots, b_p$는 모수 $\beta_0, \beta_1, \beta_2, \cdots, \beta_p$를 추정하는 데 사용되는 표본통계량이다. 다중회귀분석에 필요한 수많은 계산을 실행하는 현실적인 유일한 수단은 컴퓨터 소프트웨어 패키지라는 점을 강조하기 위해 이 장 전반에 걸쳐 엑셀의 출력을 활용하였다.

다중결정계수는 추정회귀식의 적합도를 측정한다. 이는 추정회귀식으로 설명되는 y의 변동성의 비율을 의미하며, 수정 다중결정계수는 더 많은 독립변수를 추가할 때의 영향을 과대평가하는 것을 방지하는 적합도 측도이다.

변수들 사이의 관계가 유의한지 여부를 통계적으로 결정하는 방법으로 F검정과 t검정을 소개하였다. F검정은 종속변수와 모든 독립변수들 사이에 전반적으로 유의한 관계가 있는지를 결정하는 데 사용되며, t검정은 회귀모형에서 다른 독립변수들이 주어졌을 때 개별독립변수와 종속변수 사이에 유의한 관계가 있는지를 결정하는 데 사용된다. 다중공선성으로 알려진 독립변수들 간의 상관관계에 관해서도 논의하였다.

범주형 독립변수에 대한 절에서는 더미변수를 이용하여 범주형 자료를 다중회귀분석에 포함시키는 방법을 설명하였다.

34. Clearwater College의 입학담당관은 대학에서의 GPA를 학생의 SAT 수학점수 및 고등학교 GPA와 관련시키는 추정회귀식을 다음과 같이 구하였다.

$$\hat{y} = -1.41 + .0235x_1 + .00486x_2$$

여기서

$$x_1 = \text{고등학교 GPA}$$
$$x_2 = \text{SAT 수학점수}$$
$$y = \text{대학 GPA}$$

a. 이 추정회귀식의 계수를 해석하라.

b. 고등학교 GPA가 84이고 SAT 수학점수가 540점인 학생의 대학 GPA를 예측하라.

35. 다음은 엑셀의 회귀분석도구를 사용하여 회귀분석을 수행한 컴퓨터 출력의 일부분이다.

	A	B	C	D	E	F	G
1	요약 출력						
2							
3	회귀분석 통계량						
4	다중 상관계수						
5	결정계수	0.923					
6	조정 결정계수						
7	표준 오차	3.35					
8	관측수						
9							
10	분산 분석						
11		자유도	제곱합	제곱 평균	F 비	유의한 F	
12	회귀		1612				
13	잔차	12					
14	계						
15							
16		계수	표준 오차	t 통계량	P-값		
17	Y 절편	8.103	2.667				
18	X1	7.602	2.105				
19	X2	3.111	0.613				
20							

a. 이 출력의 빈칸들을 계산하라.

b. $\alpha=0.05$를 사용하여 전반적인 유의성을 검정하라.

c. t 검정을 사용하여 $\alpha=0.05$에서 $H_0 : \beta_1 = 0$과 $H_0 : \beta_2 = 0$을 검정하라.

36. 연습문제 33번에서 Clearwater College의 입학담당관은 대학 GPA를 학생의 SAT 수학점수 및 고등학교 GPA와 관련시키는 추정회귀식을 다음과 같이 구하였다.

$$\hat{y} = -1.41 + .0235x_1 + .00486x_2$$

여기서

$$x_1 = \text{고등학교 GPA}$$
$$x_2 = \text{SAT 수학점수}$$
$$y = \text{대학 GPA}$$

다음은 엑셀 회귀분석도구 출력의 일부분이다.

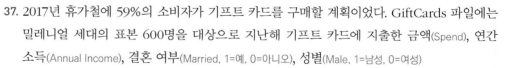

	A	B	C	D	E	F	G
1	요약 출력						
2							
3		회귀분석 통계량					
4	다중 상관계수						
5	결정계수						
6	조정 결정계수						
7	표준 오차						
8	관측수						
9							
10	분산 분석						
11		자유도	제곱합	제곱 평균	F 비	유의한 F	
12	회귀		1.76209				
13	잔차						
14	계	9	1.88				
15							
16		계수	표준 오차	t 통계량	P-값		
17	Y 절편	-1.4053	0.4848				
18	X1	0.023467	0.0086666				
19	X2	0.00486	0.001077				
20							

a. 이 출력의 빈칸들을 계산하라.

b. $\alpha = 0.05$에서 전반적인 유의성을 검정하라.

c. 추정회귀식은 자료에 잘 적합하는가?

d. t 검정을 사용하여 $\alpha = 0.05$에서 $H_0 : \beta_1 = 0$과 $H_0 : \beta_2 = 0$을 검정하라.

37. 2017년 휴가철에 59%의 소비자가 기프트 카드를 구매할 계획이었다. GiftCards 파일에는 밀레니얼 세대의 표본 600명을 대상으로 지난해 기프트 카드에 지출한 금액(Spend), 연간 소득(Annual Income), 결혼 여부(Married, 1=예, 0=아니오), 성별(Male, 1=남성, 0=여성)

a. 연간 소득, 결혼 여부, 성별 데이터가 주어졌을 때, 기프트 카드에 대한 연간 지출금액을 예측하는 추정회귀식을 구하라.

b. $\alpha = 0.05$를 사용하여 전반적인 유의성을 검정하라.

c. 0.05의 유의수준을 사용하여 각 개별 변수의 유의성을 검정하라.

38. 신시내티 동물원과 식물원은 2017년에 187만 명이라는 기록적인 방문객 수를 달성하였다. 동물원, 박물관과 같은 비영리조직에서도 고객 서비스를 개선하기 위한 데이터 활용방식이 점점 정교해지고 있으며, 기대 수익을 정교하게 예측하여 조직의 운영을 효율적으로 하고 있다.

ZooSpend 파일은 동물원에 입장한 125 가족의 표본으로 다음과 같은 자료가 포함되어 있다. 지출금액(Spend), 가족 규모(Number of Family Members), 동물원에서 사는 곳까지 거리(Distance from the Zoo, 입구 관리인이 동물원에 입장하는 각 가족의 우편번호를 확인함), 동물원 회원 여부(Member, 1=예, 0=아니오).

a. 가족 규모, 동물원 회원 여부, 동물원에서 가족이 사는 곳까지 거리가 주어졌을 때, 가족의 지출금액을 예측하는 추정회귀식을 구하라.

b. 유의수준 0.05에서 동물원 회원 여부 독립변수의 유의성을 검정하라.

c. 문항 (b)에서 검정한 추정값의 부호에 대해 설명하라.

d. $\alpha=0.05$를 사용하여 전반적인 유의성을 검정하라.

e. 가족이 5명이고, 동물원에서 125마일 떨어져 살고 있으며, 동물원 회원이 아닌 가족이 동물원에서 지출할 금액을 추정하라.

39. 미국농구협회(NBA)는 각 팀에 관한 다양한 통계를 기록한다. 이 중 다섯가지 통계는 아래와 같다. 게임의 승률(Win%), 필드 골 성공률(FG%), 3점 슛 성공률(3P%), 자유투 성공률(FT%), 경기당 평균 공격 리바운드 수(RBOff), 경기당 평균 수비 리바운드 수(RBDef). NBAStats 파일은 한 시즌 동안 NBA 30개 팀에 대한 자료로, 다음은 이의 일부이다.

팀	Win%	FG%	3P%	FT%	RBOff	RBDef
Atlanta	60.6	45.4	37.0	74.0	9.9	31.3
Boston	59.1	46.0	36.7	77.8	7.7	31.1
⋮	⋮	⋮	⋮	⋮	⋮	⋮
Toronto	34.8	44.0	34.0	77.0	10.6	31.4
Utah	54.5	45.6	32.3	75.4	13.0	31.1
Washington	30.3	44.1	32.0	72.7	11.7	29.9

a. 필드 골 성공률이 주어졌을 때 승률을 예측할 수 있는 추정회귀식을 구하라. $\alpha=0.05$를 사용하여 관계의 유의성을 검정하라.

b. 문항 (a)에서 구한 추정회귀식의 기울기를 해석하라.

c. 필드 골 성공률, 3점 슛 성공률, 자유투 성공률, 경기당 평균 공격 리바운드 수, 경기당 평균 수비 리바운드 수가 주어졌을 때, 승률을 예측할 수 있는 추정회귀식을 구하라.

d. 문항 (c)에서 구한 추정회귀식에서 $\alpha=0.05$에서 유의하지 않는 독립변수를 제거하고 남아있는 독립변수를 이용하여 새로운 추정회귀식을 구하라.

e. 문항 (d)에서 구한 추정회귀식을 2012-2013 시즌에 이용한다고 하자. 4개의 독립변수의 값 FG%=45, 3P%=35, RBOff=12, RBDef=30이 주어졌을 때, 팀의 승률을 예측하라.

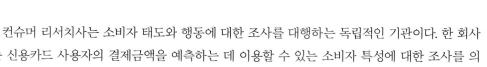
컨슈머 리서치사는 소비자 태도와 행동에 대한 조사를 대행하는 독립적인 기관이다. 한 회사는 신용카드 사용자의 결제금액을 예측하는 데 이용할 수 있는 소비자 특성에 대한 조사를 의뢰하였다. 컨슈머 리서치는 다음과 같이 50명의 소비자 표본으로부터 연간소득, 가족 수와 연간 신용카드 결제금액에 대한 자료를 수집하였다.

DATA files
Consumer
www.hanol.co.kr

소득 (단위: 천 달러)	가족 수	결제금액 (단위: 달러)	소득 (단위: 천 달러)	가족 수	결제금액 (단위: 달러)
54	3	4016	54	6	5573
30	2	3159	30	1	2583
32	4	5100	48	2	3866
50	5	4742	34	5	3586
31	2	1864	67	4	5037
55	2	4070	50	2	3605
37	1	2731	67	5	5345
40	2	3348	55	6	5370
66	4	4764	52	2	3890
51	3	4110	62	3	4705
25	3	4208	64	2	4157
48	4	4219	22	3	3579
27	1	2477	29	4	3890
33	2	2514	39	2	2972
65	3	4214	35	1	3121
63	4	4965	39	4	4183
42	6	4412	54	3	3730
21	2	2448	23	6	4127
44	1	2995	27	2	2921
37	5	4171	26	7	4603
62	6	5678	61	2	4273
21	3	3623	30	2	3067
55	7	5301	22	4	3074
42	2	3020	46	5	4820
41	7	4828	66	4	5149

경영 보고서

1. 기술통계 방법을 활용하여 데이터를 요약하고, 조사 결과를 설명하라.

2. 먼저 연간 소득을 독립변수로 하고, 그 다음에는 가족 수를 독립변수로 하여 결제금액을 종속변수로 하는 추정회귀식을 구하라. 어떤 변수가 결제금액을 예측하는 데 더 나은 지표인가?

3. 연간 소득과 가족 수 모두를 독립변수로 하는 추정회귀식을 구하고 조사 결과를 논하라.

4. 연간 소득이 $40,000인 3인 가구의 연간 예상 신용카드 결제금액은 얼마인가?

5. 모형에 추가할 수 있는 다른 독립변수의 필요성에 대해 논의하라. 어떤 추가 변수가 도움이 되겠는가?

DATA files
CarValues
www.hanol.co.kr

어떤 차를 구매할지 결정할 때 실제 가치는 반드시 초기 구매가격에 의해 결정되어지는 것은 아니며, 신뢰할 수 있고 소유 비용이 많이 들지 않는 자동차가 최고의 가치를 나타내는 경우가 많다. 또한 자동차의 기능 또한 중요한 결정기준이다.

자동차 가치를 측정하기 위해 컨슈머 리포트는 가치점수라고 하는 측도를 개발하였다. 가치점수는 5년 소유 비용, 도로테스트 점수, 예측 신뢰성 등급에 기초한다. 5년 소유 비용은 감가상각, 연료, 유지보수 및 수리 등을 포함하여 소유 첫 5년 동안 발생한 비용을 기준으로 하며, 연간 12,000마일을 주행한다는 가정하에 주행한 마일당 평균비용이 5년 소유 비용의 측도로 사용된다. 도로테스트 점수는 50회 이상의 테스트 및 평가 결과이며 100점 만점으로 점수가 높을수록 성능, 편안함, 편의성 및 연비가 더 좋은 것을 나타낸다. 컨슈머 리포트가 실시한 테스트에서 얻은 가장 높은 도로테스트 점수는 Lexus LS 460L의 99점이었다. 예측 신뢰성 등급(1=나쁨, 2=보통, 3=좋음, 4=매우 좋음, 5=우수)은 컨슈머 리포트의 연례 자동차 조사 자료를 기반으로 한다.

가치점수가 1.0인 자동차는 "평균 가치" 차로 간주되며, 가치점수가 2.0인 자동차는 가치점수가 1.0인 자동차보다 가치가 두 배 좋은 것으로 간주된다. 또한 가치점수가 0.5인 자동차는 평균보다 절반 정도 좋다고 간주된다. 각 자동차의 가격(단위: $)을 포함하여 세 가지 크기의 자동차(소형 세단 13대, 패밀리 세단 20대, 고급 세단 21대)에 대한 자료는 CarValues(Consumer Report website) 파일에 포함되어 있다. 세 가지 값(소형 세단, 패밀리 세단, 고급 세단)이 있는 범주형 변수인 자동차 크기의 효과를 포함하기 위해 다음과 같은 더미변수를 사용할 수 있다.

$$\text{패밀리 세단} = \begin{cases} 1, & \text{자동차가 패밀리 세단인 경우} \\ 0, & \text{그 외의 경우} \end{cases}$$

$$\text{고급 세단} = \begin{cases} 1, & \text{자동차가 고급 세단인 경우} \\ 0, & \text{그 외의 경우} \end{cases}$$

경영 보고서

1. 마일당 소유 비용을 종속변수로 하고, 패밀리 세단과 고급 세단을 독립변수로 하는 추정회귀식을 구하라.

2. 가치점수를 종속변수로 하고, 마일당 소유 비용, 도로테스트 점수, 예측신뢰성, 패밀리 세단, 고급 세단을 독립변수로 하는 추정회귀식을 구하라.

3. 유의수준 0.05를 사용하여 문항 2에서 구한 추정회귀식에서 유의하지 않은 독립변수를 제거한 후 새로운 추정회귀식을 구하라.

4. 누군가가 "작은 차가 큰 차보다 더 나은 가치를 제공한다"고 주장한다고 가정하자. 이 파일에 있는 자료에서 소형 세단은 가장 작은 유형의 자동차를 나타내고 고급 세단은 가장 큰 유형의 자동차를 나타낸다. 당신의 분석은 이 주장을 지지하는가?

데이터 분석을 위해
엑셀로 100% 구현된
앤더슨의 경영통계학

Appendixes

부록 A 참고 문헌

통계학 전반General

Freedman, D., R. Pisani, and R. Purves. *Statistics*, 4th ed. W. W. Norton, 2007.

Hogg, R. V., and E. A. Tanis. *Probability and Statistical Inference*, 8th ed. Prentice Hall, 2010.

McKean, J. W., R. V. Hogg, and A. T. Craig. *Introduction to Mathematical Statistics*, 7th ed. Prentice Hall, 2012.

Miller, I., and M. Miller. *John E. Freund's Mathematical Statistics*, 7th ed. Pearson, 2003.

Moore, D. S., G. P. McCabe, and B. Craig. *Introduction to the Practice of Statistics*, 9th ed. Freeman, 2017.

Wackerly, D. D., W. Mendenhall, and R. L. Scheaffer. *Mathematical Statistics with Applications*, 7th ed. Cengage Learning, 2007.

실험계획Experimental Design

Cochran, W. G., and G. M. Cox. *Experimental Designs*, 2nd ed. Wiley, 1992.

Hicks, C. R., and K. V. Turner. *Fundamental Concepts in the Design of Experiments*, 5th ed. Oxford University Press, 1999.

Montgomery, D. C. *Design and Analysis of Experiments*, 9th ed. Wiley, 2017.

Winer, B. J., K. M. Michels, and D. R. Brown. *Statistical Principles in Experimental Design*, 3rd ed. McGraw-Hill, 1991.

Wu, C. F. Jeff, and M. Hamada. *Experiments: Planning, Analysis, and Optimization*, 2nd ed. Wiley, 2009.

시계열 및 예측Time Series and Forecasting

Bowerman, B. L., and R. T. O'Connell. *Forecasting and Time Series: An Applied Approach*, 3rd ed. Brooks/Cole, 2000.

Box, G. E. P., G. M. Jenkins, and G. C. Reinsel. *Time Series Analysis: Forecasting and Control*, 4th ed. Wiley, 2008.

Makridakis, S. G., S. C. Wheelwright, and R. J. Hyndman. *Forecasting Methods and Applications*, 3rd ed. Wiley, 1997.

Wilson, J. H., B. Keating, and John Galt Solutions, Inc. *Business Forecasting with Accompanying Excel-Based Forecast X*[TM], 5th ed. McGraw-Hill/Irwin, 2007.

비모수적 방법Nonparametric Methods

Conover, W. J. *Practical Nonparametric Statistics*, 3rd ed. Wiley, 1999.

Gibbons, J. D., and S. Chakraborti. *Nonparametric Statistical Inference*, 5th ed. CRC Press, 2010.

Higgins, J. J. *Introduction to Modern Nonparametric Statistics*. Thomson-Brooks/Cole, 2004.

Hollander, M., and D. A. Wolfe. *Non-Parametric Statistical Methods*, 2nd ed. Wiley, 1999.

확률Probability

Hogg, R. V., and E. A. Tanis. *Probability and Statistical Inference*, 8th ed. Prentice Hall, 2010.

Ross, S. M. *Introduction to Probability Models*, 11th ed. Academic Press, 2014.

Wackerly, D. D., W. Mendenhall, and R. L. Scheaffer. *Mathematical Statistics with Applications*, 7th ed. Cengage Learning, 2007.

품질관리Quality Control

DeFeo, J. A., and J. M. Juran, *Juran's Quality Handbook*, 6th ed. McGraw-Hill, 2010.

Evans, J. R., and W. M. Lindsay. *The Management and*

Control of Quality, 6th ed. South-Western, 2006.

Montgomery, D. C. *Introduction to Statistical Quality Control*, 7th ed. Wiley, 2012.

회귀분석 Regression Analysis

Chatterjee, S., and A. S. Hadi. *Regression Analysis by Example*, 5th ed. Wiley, 2012.

Draper, N. R., and H. Smith. *Applied Regression Analysis*, 3rd ed. Wiley, 1998.

Graybill, F. A., and H. K. Iyer. *Regression Analysis: Concepts and Applications*. Wadsworth, 1994.

Kleinbaum, D. G., L. L. Kupper, and K. E. Muller. *Applied Regression Analysis and Multivariate Methods*, 5th ed. Cengage Learning, 2014.

Neter, J., W. Wasserman, M. H. Kutner, and C. Nashtsheim. *Applied Linear Statistical Models*, 5th ed. McGraw-Hill, 2004.

Mendenhall, M., T. Sincich, and T. R. Dye. *A Second Course in Statistics: Regression Analysis*, 7th ed. Prentice Hall, 2011.

의사결정 분석 Decision Analysis

Clemen, R. T., and T. Reilly. *Making Hard Decisions with Decision Tools*, 3rd ed. Cengage Learning, 2014.

Goodwin, P., and G. Wright. *Decision Analysis for Management Judgment*, 5th ed. Wiley, 2014.

Pratt, J. W., H. Raiffa, and R. Schlaifer. *Introduction to Statistical Decision Theory*. MIT Press, 1995.

표본추출 Sampling

Cochran, W. G. *Sampling Techniques*, 3rd ed. Wiley, 1977.

Hansen, M. H., W. N. Hurwitz, W. G. Madow, and M. N. Hanson. *Sample Survey Methods and Theory*. Wiley, 1993.

Kish, L. *Survey Sampling*. Wiley, 2008.

Levy, P. S., and S. Lemeshow. *Sampling of Populations: Methods and Applications*, 4th ed. Wiley, 2009.

Scheaffer, R. L., W. Mendenhall, and L. Ott. *Elementary Survey Sampling*, 7th ed. Duxbury Press, 2011.

데이터 시각화 Data Visualization

Cleveland, W. S. *Visualizing Data*. Hobart Press, 1993.

Cleveland, W. S. *The Elements of Graphing Data*, 2nd ed. Hobart Press, 1994.

Few, S. *Show Me the Numbers: Designing Tables and Graphs to Enlighten*, 2nd ed. Analytics Press, 2012.

Few, S. *Information Dashboard Design: Displaying Data for At-a-Glance Monitoring*, 2nd ed. Analytics Press, 2013.

Few, S. *Now You See It: Simple Visualization Techniques for Quantitative Analysis*. Analytics Press, 2009.

Fry, B. *Visualizing Data: Exploring and Explaining Data with the Processing Environment*. O'Reilly Media, 2008.

Robbins, N. B. *Creating More Effective Graphs*. Wiley, 2004.

Telea, A. C. *Data Visualization Principles and Practice*, 2nd ed. A. K. Peters Ltd., 2014.

Tufte, E. R. *Envisioning Information*. Graphics Press, 1990.

Tufte, E. R. *The Visual Display of Quantitative Information*, 2nd ed. Graphics Press, 1990.

Tufte, E. R. *Visual Explanations: Images and Quantities, Evidence and Narrative*. Graphics Press, 1997.

Tufte, E. R. *Visual and Statistical Thinking: Displays of Evidence for Making Decisions*. Graphics Press, 1997.

Tufte, E. R. *Beautiful Evidence*. Graphics Press, 2006.

Wong, D. M. *The Wall Street Journal Guide to Information Graphics*. W. W. Norton & Company, 2010.

Young, F. W., P. M. Valero-Mora, and M. Friendly. *Visual Statistics: Seeing Data with Dynamic Interactive Graphics*. Wiley, 2006.

📊 표 1_ 표준정규분포포

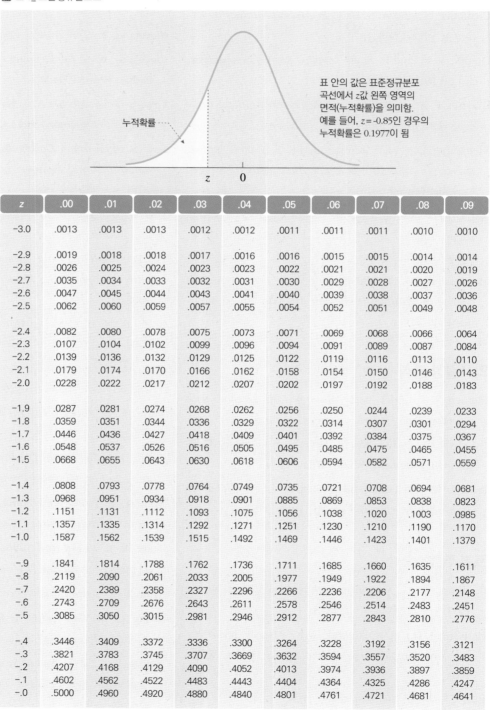

표 안의 값은 표준정규분포 곡선에서 z값 왼쪽 영역의 면적(누적확률)을 의미함. 예를 들어, z = -0.85인 경우의 누적확률은 0.1977이 됨

누적확률

z	.00	.01	.02	.03	.04	.05	.06	.07	.08	.09
-3.0	.0013	.0013	.0013	.0012	.0012	.0011	.0011	.0011	.0010	.0010
-2.9	.0019	.0018	.0018	.0017	.0016	.0016	.0015	.0015	.0014	.0014
-2.8	.0026	.0025	.0024	.0023	.0023	.0022	.0021	.0021	.0020	.0019
-2.7	.0035	.0034	.0033	.0032	.0031	.0030	.0029	.0028	.0027	.0026
-2.6	.0047	.0045	.0044	.0043	.0041	.0040	.0039	.0038	.0037	.0036
-2.5	.0062	.0060	.0059	.0057	.0055	.0054	.0052	.0051	.0049	.0048
-2.4	.0082	.0080	.0078	.0075	.0073	.0071	.0069	.0068	.0066	.0064
-2.3	.0107	.0104	.0102	.0099	.0096	.0094	.0091	.0089	.0087	.0084
-2.2	.0139	.0136	.0132	.0129	.0125	.0122	.0119	.0116	.0113	.0110
-2.1	.0179	.0174	.0170	.0166	.0162	.0158	.0154	.0150	.0146	.0143
-2.0	.0228	.0222	.0217	.0212	.0207	.0202	.0197	.0192	.0188	.0183
-1.9	.0287	.0281	.0274	.0268	.0262	.0256	.0250	.0244	.0239	.0233
-1.8	.0359	.0351	.0344	.0336	.0329	.0322	.0314	.0307	.0301	.0294
-1.7	.0446	.0436	.0427	.0418	.0409	.0401	.0392	.0384	.0375	.0367
-1.6	.0548	.0537	.0526	.0516	.0505	.0495	.0485	.0475	.0465	.0455
-1.5	.0668	.0655	.0643	.0630	.0618	.0606	.0594	.0582	.0571	.0559
-1.4	.0808	.0793	.0778	.0764	.0749	.0735	.0721	.0708	.0694	.0681
-1.3	.0968	.0951	.0934	.0918	.0901	.0885	.0869	.0853	.0838	.0823
-1.2	.1151	.1131	.1112	.1093	.1075	.1056	.1038	.1020	.1003	.0985
-1.1	.1357	.1335	.1314	.1292	.1271	.1251	.1230	.1210	.1190	.1170
-1.0	.1587	.1562	.1539	.1515	.1492	.1469	.1446	.1423	.1401	.1379
-.9	.1841	.1814	.1788	.1762	.1736	.1711	.1685	.1660	.1635	.1611
-.8	.2119	.2090	.2061	.2033	.2005	.1977	.1949	.1922	.1894	.1867
-.7	.2420	.2389	.2358	.2327	.2296	.2266	.2236	.2206	.2177	.2148
-.6	.2743	.2709	.2676	.2643	.2611	.2578	.2546	.2514	.2483	.2451
-.5	.3085	.3050	.3015	.2981	.2946	.2912	.2877	.2843	.2810	.2776
-.4	.3446	.3409	.3372	.3336	.3300	.3264	.3228	.3192	.3156	.3121
-.3	.3821	.3783	.3745	.3707	.3669	.3632	.3594	.3557	.3520	.3483
-.2	.4207	.4168	.4129	.4090	.4052	.4013	.3974	.3936	.3897	.3859
-.1	.4602	.4562	.4522	.4483	.4443	.4404	.4364	.4325	.4286	.4247
-.0	.5000	.4960	.4920	.4880	.4840	.4801	.4761	.4721	.4681	.4641

📊 표 1_ 표준정규분포포(계속)

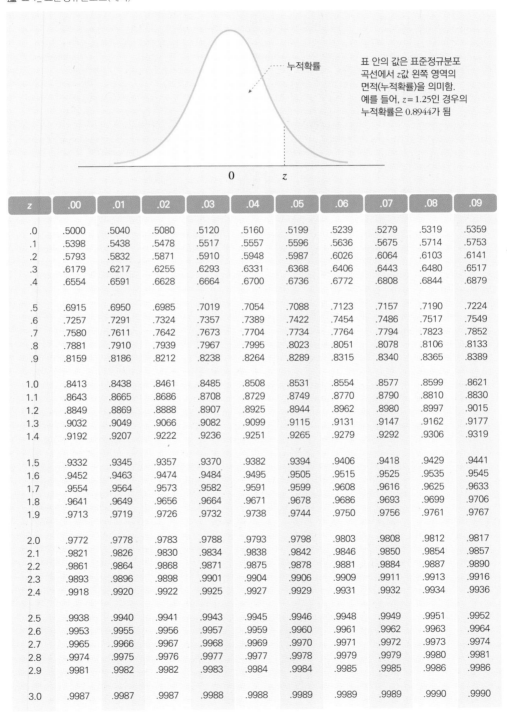

누적확률

표 안의 값은 표준정규분포 곡선에서 z값 왼쪽 영역의 면적(누적확률)을 의미함. 예를 들어, $z = 1.25$인 경우의 누적확률은 0.8944가 됨

z	.00	.01	.02	.03	.04	.05	.06	.07	.08	.09
.0	.5000	.5040	.5080	.5120	.5160	.5199	.5239	.5279	.5319	.5359
.1	.5398	.5438	.5478	.5517	.5557	.5596	.5636	.5675	.5714	.5753
.2	.5793	.5832	.5871	.5910	.5948	.5987	.6026	.6064	.6103	.6141
.3	.6179	.6217	.6255	.6293	.6331	.6368	.6406	.6443	.6480	.6517
.4	.6554	.6591	.6628	.6664	.6700	.6736	.6772	.6808	.6844	.6879
.5	.6915	.6950	.6985	.7019	.7054	.7088	.7123	.7157	.7190	.7224
.6	.7257	.7291	.7324	.7357	.7389	.7422	.7454	.7486	.7517	.7549
.7	.7580	.7611	.7642	.7673	.7704	.7734	.7764	.7794	.7823	.7852
.8	.7881	.7910	.7939	.7967	.7995	.8023	.8051	.8078	.8106	.8133
.9	.8159	.8186	.8212	.8238	.8264	.8289	.8315	.8340	.8365	.8389
1.0	.8413	.8438	.8461	.8485	.8508	.8531	.8554	.8577	.8599	.8621
1.1	.8643	.8665	.8686	.8708	.8729	.8749	.8770	.8790	.8810	.8830
1.2	.8849	.8869	.8888	.8907	.8925	.8944	.8962	.8980	.8997	.9015
1.3	.9032	.9049	.9066	.9082	.9099	.9115	.9131	.9147	.9162	.9177
1.4	.9192	.9207	.9222	.9236	.9251	.9265	.9279	.9292	.9306	.9319
1.5	.9332	.9345	.9357	.9370	.9382	.9394	.9406	.9418	.9429	.9441
1.6	.9452	.9463	.9474	.9484	.9495	.9505	.9515	.9525	.9535	.9545
1.7	.9554	.9564	.9573	.9582	.9591	.9599	.9608	.9616	.9625	.9633
1.8	.9641	.9649	.9656	.9664	.9671	.9678	.9686	.9693	.9699	.9706
1.9	.9713	.9719	.9726	.9732	.9738	.9744	.9750	.9756	.9761	.9767
2.0	.9772	.9778	.9783	.9788	.9793	.9798	.9803	.9808	.9812	.9817
2.1	.9821	.9826	.9830	.9834	.9838	.9842	.9846	.9850	.9854	.9857
2.2	.9861	.9864	.9868	.9871	.9875	.9878	.9881	.9884	.9887	.9890
2.3	.9893	.9896	.9898	.9901	.9904	.9906	.9909	.9911	.9913	.9916
2.4	.9918	.9920	.9922	.9925	.9927	.9929	.9931	.9932	.9934	.9936
2.5	.9938	.9940	.9941	.9943	.9945	.9946	.9948	.9949	.9951	.9952
2.6	.9953	.9955	.9956	.9957	.9959	.9960	.9961	.9962	.9963	.9964
2.7	.9965	.9966	.9967	.9968	.9969	.9970	.9971	.9972	.9973	.9974
2.8	.9974	.9975	.9976	.9977	.9977	.9978	.9979	.9979	.9980	.9981
2.9	.9981	.9982	.9982	.9983	.9984	.9984	.9985	.9985	.9986	.9986
3.0	.9987	.9987	.9987	.9988	.9988	.9989	.9989	.9989	.9990	.9990

표 2_ t분포표

표 안의 값은 t분포의 오른쪽 꼬리
면적(확률)이 주어진 경우의 t값을 의미함.
예를 들어, 자유도가 10이고 오른쪽 꼬리
면적이 0.05인 경우 $t_{0.05} = 1.812$가 됨

면적(확률)

자유도	오른쪽 꼬리 면적(확률)					
	.20	.10	.05	.025	.01	.005
1	1.376	3.078	6.314	12.706	31.821	63.656
2	1.061	1.886	2.920	4.303	6.965	9.925
3	.978	1.638	2.353	3.182	4.541	5.841
4	.941	1.533	2.132	2.776	3.747	4.604
5	.920	1.476	2.015	2.571	3.365	4.032
6	.906	1.440	1.943	2.447	3.143	3.707
7	.896	1.415	1.895	2.365	2.998	3.499
8	.889	1.397	1.860	2.306	2.896	3.355
9	.883	1.383	1.833	2.262	2.821	3.250
10	.879	1.372	1.812	2.228	2.764	3.169
11	.876	1.363	1.796	2.201	2.718	3.106
12	.873	1.356	1.782	2.179	2.681	3.055
13	.870	1.350	1.771	2.160	2.650	3.012
14	.868	1.345	1.761	2.145	2.624	2.977
15	.866	1.341	1.753	2.131	2.602	2.947
16	.865	1.337	1.746	2.120	2.583	2.921
17	.863	1.333	1.740	2.110	2.567	2.898
18	.862	1.330	1.734	2.101	2.552	2.878
19	.861	1.328	1.729	2.093	2.539	2.861
20	.860	1.325	1.725	2.086	2.528	2.845
21	.859	1.323	1.721	2.080	2.518	2.831
22	.858	1.321	1.717	2.074	2.508	2.819
23	.858	1.319	1.714	2.069	2.500	2.807
24	.857	1.318	1.711	2.064	2.492	2.797
25	.856	1.316	1.708	2.060	2.485	2.787
26	.856	1.315	1.706	2.056	2.479	2.779
27	.855	1.314	1.703	2.052	2.473	2.771
28	.855	1.313	1.701	2.048	2.467	2.763
29	.854	1.311	1.699	2.045	2.462	2.756
30	.854	1.310	1.697	2.042	2.457	2.750
31	.853	1.309	1.696	2.040	2.453	2.744
32	.853	1.309	1.694	2.037	2.449	2.738
33	.853	1.308	1.692	2.035	2.445	2.733
34	.852	1.307	1.691	2.032	2.441	2.728

표 2_ *t*분포표(계속)

자유도	오른쪽 꼬리 면적(확률)					
	.20	.10	.05	.025	.01	.005
35	.852	1.306	1.690	2.030	2.438	2.724
36	.852	1.306	1.688	2.028	2.434	2.719
37	.851	1.305	1.687	2.026	2.431	2.715
38	.851	1.304	1.686	2.024	2.429	2.712
39	.851	1.304	1.685	2.023	2.426	2.708
40	.851	1.303	1.684	2.021	2.423	2.704
41	.850	1.303	1.683	2.020	2.421	2.701
42	.850	1.302	1.682	2.018	2.418	2.698
43	.850	1.302	1.681	2.017	2.416	2.695
44	.850	1.301	1.680	2.015	2.414	2.692
45	.850	1.301	1.679	2.014	2.412	2.690
46	.850	1.300	1.679	2.013	2.410	2.687
47	.849	1.300	1.678	2.012	2.408	2.685
48	.849	1.299	1.677	2.011	2.407	2.682
49	.849	1.299	1.677	2.010	2.405	2.680
50	.849	1.299	1.676	2.009	2.403	2.678
51	.849	1.298	1.675	2.008	2.402	2.676
52	.849	1.298	1.675	2.007	2.400	2.674
53	.848	1.298	1.674	2.006	2.399	2.672
54	.848	1.297	1.674	2.005	2.397	2.670
55	.848	1.297	1.673	2.004	2.396	2.668
56	.848	1.297	1.673	2.003	2.395	2.667
57	.848	1.297	1.672	2.002	2.394	2.665
58	.848	1.296	1.672	2.002	2.392	2.663
59	.848	1.296	1.671	2.001	2.391	2.662
60	.848	1.296	1.671	2.000	2.390	2.660
61	.848	1.296	1.670	2.000	2.389	2.659
62	.847	1.295	1.670	1.999	2.388	2.657
63	.847	1.295	1.669	1.998	2.387	2.656
64	.847	1.295	1.669	1.998	2.386	2.655
65	.847	1.295	1.669	1.997	2.385	2.654
66	.847	1.295	1.668	1.997	2.384	2.652
67	.847	1.294	1.668	1.996	2.383	2.651
68	.847	1.294	1.668	1.995	2.382	2.650
69	.847	1.294	1.667	1.995	2.382	2.649
70	.847	1.294	1.667	1.994	2.381	2.648
71	.847	1.294	1.667	1.994	2.380	2.647
72	.847	1.293	1.666	1.993	2.379	2.646
73	.847	1.293	1.666	1.993	2.379	2.645
74	.847	1.293	1.666	1.993	2.378	2.644
75	.846	1.293	1.665	1.992	2.377	2.643
76	.846	1.293	1.665	1.992	2.376	2.642
77	.846	1.293	1.665	1.991	2.376	2.641
78	.846	1.292	1.665	1.991	2.375	2.640
79	.846	1.292	1.664	1.990	2.374	2.639

표 2_ t분포표(계속)

자유도	오른쪽 꼬리 면적(확률)					
	.20	.10	.05	.025	.01	.005
80	.846	1.292	1.664	1.990	2.374	2.639
81	.846	1.292	1.664	1.990	2.373	2.638
82	.846	1.292	1.664	1.989	2.373	2.637
83	.846	1.292	1.663	1.989	2.372	2.636
84	.846	1.292	1.663	1.989	2.372	2.636
85	.846	1.292	1.663	1.988	2.371	2.635
86	.846	1.291	1.663	1.988	2.370	2.634
87	.846	1.291	1.663	1.988	2.370	2.634
88	.846	1.291	1.662	1.987	2.369	2.633
89	.846	1.291	1.662	1.987	2.369	2.632
90	.846	1.291	1.662	1.987	2.368	2.632
91	.846	1.291	1.662	1.986	2.368	2.631
92	.846	1.291	1.662	1.986	2.368	2.630
93	.846	1.291	1.661	1.986	2.367	2.630
94	.845	1.291	1.661	1.986	2.367	2.629
95	.845	1.291	1.661	1.985	2.366	2.629
96	.845	1.290	1.661	1.985	2.366	2.628
97	.845	1.290	1.661	1.985	2.365	2.627
98	.845	1.290	1.661	1.984	2.365	2.627
99	.845	1.290	1.660	1.984	2.364	2.626
100	.845	1.290	1.660	1.984	2.364	2.626
∞	.842	1.282	1.645	1.960	2.326	2.576

📊 표 3_ χ^2분포표

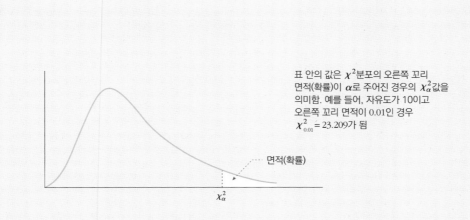

표 안의 값은 χ^2분포의 오른쪽 꼬리 면적(확률)이 α로 주어진 경우의 χ^2_α값을 의미함. 예를 들어, 자유도가 10이고 오른쪽 꼬리 면적이 0.01인 경우 $\chi^2_{0.01} = 23.209$가 됨

면적(확률)

χ^2_α

자유도	오른쪽 꼬리 면적(확률)									
	.995	.99	.975	.95	.90	.10	.05	.025	.01	.005
1	.000	.000	.001	.004	.016	2.706	3.841	5.024	6.635	7.879
2	.010	.020	.051	.103	.211	4.605	5.991	7.378	9.210	10.597
3	.072	.115	.216	.352	.584	6.251	7.815	9.348	11.345	12.838
4	.207	.297	.484	.711	1.064	7.779	9.488	11.143	13.277	14.860
5	.412	.554	.831	1.145	1.610	9.236	11.070	12.832	15.086	16.750
6	.676	.872	1.237	1.635	2.204	10.645	12.592	14.449	16.812	18.548
7	.989	1.239	1.690	2.167	2.833	12.017	14.067	16.013	18.475	20.278
8	1.344	1.647	2.180	2.733	3.490	13.362	15.507	17.535	20.090	21.955
9	1.735	2.088	2.700	3.325	4.168	14.684	16.919	19.023	21.666	23.589
10	2.156	2.558	3.247	3.940	4.865	15.987	18.307	20.483	23.209	25.188
11	2.603	3.053	3.816	4.575	5.578	17.275	19.675	21.920	24.725	26.757
12	3.074	3.571	4.404	5.226	6.304	18.549	21.026	23.337	26.217	28.300
13	3.565	4.107	5.009	5.892	7.041	19.812	22.362	24.736	27.688	29.819
14	4.075	4.660	5.629	6.571	7.790	21.064	23.685	26.119	29.141	31.319
15	4.601	5.229	6.262	7.261	8.547	22.307	24.996	27.488	30.578	32.801
16	5.142	5.812	6.908	7.962	9.312	23.542	26.296	28.845	32.000	34.267
17	5.697	6.408	7.564	8.672	10.085	24.769	27.587	30.191	33.409	35.718
18	6.265	7.015	8.231	9.390	10.865	25.989	28.869	31.526	34.805	37.156
19	6.844	7.633	8.907	10.117	11.651	27.204	30.144	32.852	36.191	38.582
20	7.434	8.260	9.591	10.851	12.443	28.412	31.410	34.170	37.566	39.997
21	8.034	8.897	10.283	11.591	13.240	29.615	32.671	35.479	38.932	41.401
22	8.643	9.542	10.982	12.338	14.041	30.813	33.924	36.781	40.289	42.796
23	9.260	10.196	11.689	13.091	14.848	32.007	35.172	38.076	41.638	44.181
24	9.886	10.856	12.401	13.848	15.659	33.196	36.415	39.364	42.980	45.558
25	10.520	11.524	13.120	14.611	16.473	34.382	37.652	40.646	44.314	46.928
26	11.160	12.198	13.844	15.379	17.292	35.563	38.885	41.923	45.642	48.290
27	11.808	12.878	14.573	16.151	18.114	36.741	40.113	43.195	46.963	49.645
28	12.461	13.565	15.308	16.928	18.939	37.916	41.337	44.461	48.278	50.994
29	13.121	14.256	16.047	17.708	19.768	39.087	42.557	45.722	49.588	52.335

자유도	오른쪽 꼬리 면적(확률)									
	.995	.99	.975	.95	.90	.10	.05	.025	.01	.005
30	13.787	14.953	16.791	18.493	20.599	40.256	43.773	46.979	50.892	53.672
35	17.192	18.509	20.569	22.465	24.797	46.059	49.802	53.203	57.342	60.275
40	20.707	22.164	24.433	26.509	29.051	51.805	55.758	59.342	63.691	66.766
45	24.311	25.901	28.366	30.612	33.350	57.505	61.656	65.410	69.957	73.166
50	27.991	29.707	32.357	34.764	37.689	63.167	67.505	71.420	76.154	79.490
55	31.735	33.571	36.398	38.958	42.060	68.796	73.311	77.380	82.292	85.749
60	35.534	37.485	40.482	43.188	46.459	74.397	79.082	83.298	88.379	91.952
65	39.383	41.444	44.603	47.450	50.883	79.973	84.821	89.177	94.422	98.105
70	43.275	45.442	48.758	51.739	55.329	85.527	90.531	95.023	100.425	104.215
75	47.206	49.475	52.942	56.054	59.795	91.061	96.217	100.839	106.393	110.285
80	51.172	53.540	57.153	60.391	64.278	96.578	101.879	106.629	112.329	116.321
85	55.170	57.634	61.389	64.749	68.777	102.079	107.522	112.393	118.236	122.324
90	59.196	61.754	65.647	69.126	73.291	107.565	113.145	118.136	124.116	128.299
95	63.250	65.898	69.925	73.520	77.818	113.038	118.752	123.858	129.973	134.247
100	67.328	70.065	74.222	77.929	82.358	118.498	124.342	129.561	135.807	140.170

표 4 _ F분포표

표 안의 값은 F분포의 오른쪽 꼬리
면적(확률)이 α로 주어진 경우의 F_α값을
의미함. 예를 들어, 분자의 자유도가 4,
분모의 자유도가 80고 오른쪽 꼬리
면적이 0.05인 경우 $F_{0.05} = 3.84$가 됨

분모의 자유도	오른쪽 꼬리 면적 (확률)	분자의 자유도																	
		1	2	3	4	5	6	7	8	9	10	15	20	25	30	40	60	100	1000
1	.10	39.86	49.50	53.59	55.83	57.24	58.20	58.91	59.44	59.86	60.19	61.22	61.74	62.05	62.26	62.53	62.79	63.01	63.30
	.05	161.45	199.50	215.71	224.58	230.16	233.99	236.77	238.88	240.54	241.88	245.95	248.02	249.26	250.10	251.14	252.20	253.04	254.19
	.025	647.79	799.48	864.15	899.60	921.83	937.11	948.20	956.64	963.28	968.63	984.87	993.08	998.09	1001.40	1005.60	1009.79	1013.16	1017.76
	.01	4052.18	4999.34	5403.53	5624.26	5763.96	5858.95	5928.33	5980.95	6022.40	6055.93	6156.97	6208.66	6239.86	6260.35	6286.43	6312.97	6333.92	6362.80
2	.10	8.53	9.00	9.16	9.24	9.29	9.33	9.35	9.37	9.38	9.39	9.42	9.44	9.45	9.46	9.47	9.47	9.48	9.49
	.05	18.51	19.00	19.16	19.25	19.30	19.33	19.35	19.37	19.38	19.40	19.43	19.45	19.46	19.46	19.47	19.48	19.49	19.49
	.025	38.51	39.00	39.17	39.25	39.30	39.33	39.36	39.37	39.39	39.40	39.43	39.45	39.46	39.46	39.47	39.48	39.49	39.50
	.01	98.50	99.00	99.16	99.25	99.30	99.33	99.36	99.38	99.39	99.40	99.43	99.45	99.46	99.47	99.48	99.48	99.49	99.50
3	.10	5.54	5.46	5.39	5.34	5.31	5.28	5.27	5.25	5.24	5.23	5.20	5.18	5.17	5.17	5.16	5.15	5.14	5.13
	.05	10.13	9.55	9.28	9.12	9.01	8.94	8.89	8.85	8.81	8.79	8.70	8.66	8.63	8.62	8.59	8.57	8.55	8.53
	.025	17.44	16.04	15.44	15.10	14.88	14.73	14.62	14.54	14.47	14.42	14.25	14.17	14.12	14.08	14.04	13.99	13.96	13.91
	.01	34.12	30.82	29.46	28.71	28.24	27.91	27.67	27.49	27.34	27.23	26.87	26.69	26.58	26.50	26.41	26.32	26.24	26.14
4	.10	4.54	4.32	4.19	4.11	4.05	4.01	3.98	3.95	3.94	3.92	3.87	3.84	3.83	3.82	3.80	3.79	3.78	3.76
	.05	7.71	6.94	6.59	6.39	6.26	6.16	6.09	6.04	6.00	5.96	5.86	5.80	5.77	5.75	5.72	5.69	5.66	5.63
	.025	12.22	10.65	9.98	9.60	9.36	9.20	9.07	8.98	8.90	8.84	8.66	8.56	8.50	8.46	8.41	8.36	8.32	8.26
	.01	21.20	18.00	16.69	15.98	15.52	15.21	14.98	14.80	14.66	14.55	14.20	14.02	13.91	13.84	13.75	13.65	13.58	13.47
5	.10	4.06	3.78	3.62	3.52	3.45	3.40	3.37	3.34	3.32	3.30	3.324	3.21	3.19	3.17	3.16	3.14	3.13	3.11
	.05	6.61	5.79	5.41	5.19	5.05	4.95	4.88	4.82	4.77	4.74	4.62	4.56	4.52	4.50	4.46	4.43	4.41	4.37
	.025	10.01	8.43	7.76	7.39	7.15	6.98	6.85	6.76	6.68	6.62	6.43	6.33	6.27	6.23	6.18	6.12	6.08	6.02
	.01	16.26	13.27	12.06	11.39	10.97	10.67	10.46	10.29	10.16	10.05	9.72	9.55	9.45	9.38	9.29	9.20	9.13	9.03

표 4_ F 분포표(계속)

분모의 자유도	오른쪽 꼬리 면적 (확률)	분자의 자유도																	
		1	2	3	4	5	6	7	8	9	10	15	20	25	30	40	60	100	1000
6	.10	3.78	3.46	3.29	3.18	3.11	3.05	3.01	2.98	2.96	2.94	2.87	2.84	2.81	2.80	2.78	2.76	2.75	2.72
	.05	5.99	5.14	4.76	4.53	4.39	4.28	4.21	4.15	4.10	4.06	3.94	3.87	3.83	3.81	3.77	3.74	3.71	3.67
	.025	8.81	7.26	6.60	6.23	5.99	5.82	5.70	5.60	5.52	5.46	5.27	5.17	5.11	5.07	5.01	4.96	4.92	4.86
	.01	13.75	10.92	9.78	9.15	8.75	8.47	8.26	8.10	7.98	7.87	7.56	7.40	7.30	7.23	7.14	7.06	6.99	6.89
7	.10	3.59	3.26	3.07	2.96	2.88	2.83	2.78	2.75	2.72	2.70	2.63	2.59	2.57	2.56	2.54	2.51	2.50	2.47
	.05	5.59	4.74	4.35	4.12	3.97	3.87	3.79	3.73	3.68	3.64	3.51	3.44	3.40	3.38	3.34	3.30	3.27	3.23
	.025	8.07	6.54	5.89	5.52	5.29	5.12	4.99	4.90	4.82	4.76	4.57	4.47	4.40	4.36	4.31	4.25	4.21	4.15
	.01	12.25	9.55	8.45	7.85	7.46	7.19	6.99	6.84	6.72	6.62	6.31	6.16	6.06	5.99	5.91	5.82	5.75	5.66
8	.10	3.46	3.11	2.92	2.81	2.73	2.67	2.62	2.59	2.56	2.54	2.46	2.42	2.40	2.38	2.36	2.34	2.32	2.30
	.05	5.32	4.46	4.07	3.84	3.69	3.58	3.50	3.44	3.39	3.35	3.22	3.15	3.11	3.08	3.04	3.01	2.97	2.93
	.025	7.57	6.06	5.42	5.05	4.82	4.65	4.53	4.43	4.36	4.30	4.10	4.00	3.94	3.89	3.84	3.78	3.74	3.68
	.01	11.26	8.65	7.59	7.01	6.63	6.37	6.18	6.03	5.91	5.81	5.52	5.36	5.26	5.20	5.12	5.03	4.96	4.87
9	.10	3.36	3.01	2.81	2.69	2.61	2.55	2.51	2.47	2.44	2.42	2.34	2.30	2.27	2.25	2.23	2.21	2.19	2.16
	.05	5.12	4.26	3.86	3.63	3.48	3.37	3.29	3.23	3.18	3.14	3.01	2.94	2.89	2.86	2.83	2.79	2.76	2.71
	.025	7.21	5.71	5.08	4.72	4.48	4.32	4.20	4.10	4.03	3.96	3.77	3.67	3.60	3.56	3.51	3.45	3.40	3.34
	.01	10.56	8.02	6.99	6.42	6.06	5.80	5.61	5.47	5.35	5.26	4.96	4.81	4.71	4.65	4.57	4.48	4.41	4.32
10	.10	3.29	2.92	2.73	2.61	2.52	2.46	2.41	2.38	2.35	2.32	2.24	2.20	2.17	2.16	2.13	2.11	2.09	2.06
	.05	4.96	4.10	3.71	3.48	3.33	3.22	3.14	3.07	3.02	2.98	2.85	2.77	2.73	2.70	2.66	2.62	2.59	2.54
	.025	6.94	5.46	4.83	4.47	4.24	4.07	3.95	3.85	3.78	3.72	3.52	3.42	3.35	3.31	3.26	3.20	3.15	3.09
	.01	10.04	7.56	6.55	5.99	5.64	5.39	5.20	5.06	4.94	4.85	4.56	4.41	4.31	4.25	4.17	4.08	4.01	3.92
11	.10	3.23	2.86	2.66	2.54	2.45	2.39	2.34	2.30	2.27	2.25	2.17	2.12	2.10	2.08	2.05	2.03	2.01	1.98
	.05	4.84	3.98	3.59	3.36	3.20	3.09	3.01	2.95	2.90	2.85	2.72	2.65	2.60	2.57	2.53	2.49	2.46	2.41
	.025	6.72	5.26	4.63	4.28	4.04	3.88	3.76	3.66	3.59	3.53	3.33	3.23	3.16	3.12	3.06	3.00	2.96	2.89
	.01	9.65	7.21	6.22	5.67	5.32	5.07	4.89	4.74	4.63	4.54	4.25	4.10	4.01	3.94	3.86	3.78	3.71	3.61
12	.10	3.18	2.81	2.61	2.48	2.39	2.33	2.28	2.24	2.21	2.19	2.10	2.06	2.03	2.01	1.99	1.96	1.94	1.91
	.05	4.75	3.89	3.49	3.26	3.11	3.00	2.91	2.85	2.80	2.75	2.62	2.54	2.50	2.47	2.43	2.38	2.35	2.30
	.025	6.55	5.10	4.47	4.12	3.89	3.73	3.61	3.51	3.44	3.37	3.18	3.07	3.01	2.96	2.91	2.85	2.80	2.73
	.01	9.33	6.93	5.95	5.41	5.06	4.82	4.64	4.50	4.39	4.30	4.01	3.86	3.76	3.70	3.62	3.54	3.47	3.37
13	.10	3.14	2.76	2.56	2.43	2.35	2.28	2.23	2.20	2.16	2.14	2.05	2.01	1.98	1.96	1.93	1.90	1.88	1.85
	.05	4.67	3.81	3.41	3.18	3.03	2.92	2.83	2.77	2.71	2.67	2.53	2.46	2.41	2.38	2.34	2.30	2.26	2.21
	.025	6.41	4.97	4.35	4.00	3.77	3.60	3.48	3.39	3.31	3.25	3.05	2.95	2.88	2.84	2.78	2.72	2.67	2.60
	.01	9.07	6.70	5.74	5.21	4.86	4.62	4.44	4.30	4.19	4.10	3.82	3.66	3.57	3.51	3.43	3.34	3.27	3.18
14	.10	3.10	2.73	2.52	2.39	2.31	2.24	2.19	2.15	2.12	2.10	2.01	1.96	1.93	1.91	1.89	1.86	1.83	1.80
	.05	4.60	3.74	3.34	3.11	2.96	2.85	2.76	2.70	2.65	2.60	2.46	2.39	2.34	2.31	2.27	2.22	2.19	2.14
	.025	6.30	4.86	4.24	3.89	3.66	3.50	3.38	3.29	3.21	3.15	2.95	2.84	2.78	2.73	2.67	2.61	2.56	2.50
	.01	8.86	6.51	5.56	5.04	4.69	4.46	4.28	4.14	4.03	3.94	3.66	3.51	3.41	3.35	3.27	3.18	3.11	3.02
15	.10	3.07	2.70	2.49	2.36	2.27	2.21	2.16	2.12	2.09	2.06	1.97	1.92	1.89	1.87	1.85	1.82	1.79	1.76
	.05	4.54	3.68	3.29	3.06	2.90	2.79	2.71	2.64	2.59	2.54	2.40	2.33	2.28	2.25	2.20	2.16	2.12	2.07
	.025	6.20	4.77	4.15	3.80	3.58	3.41	3.29	3.20	3.12	3.06	2.86	2.76	2.69	2.64	2.59	2.52	2.47	2.40
	.01	8.68	6.36	5.42	4.89	4.56	4.32	4.14	4.00	3.89	3.80	3.52	3.37	3.28	3.21	3.13	3.05	2.98	2.88

표 4_F분포표(계속)

분모의 자유도	오른쪽 꼬리 면적 (확률)	분자의 자유도																	
		1	2	3	4	5	6	7	8	9	10	15	20	25	30	40	60	100	1000
16	.10	3.05	2.67	2.46	2.33	2.24	2.18	2.13	2.09	2.06	2.03	1.94	1.89	1.86	1.84	1.81	1.78	1.76	1.72
	.05	4.49	3.63	3.24	3.01	2.85	2.74	2.66	2.59	2.54	2.49	2.35	2.28	2.23	2.19	2.15	2.11	2.07	2.02
	.025	6.12	4.69	4.08	3.73	3.50	3.34	3.22	3.12	3.05	2.99	2.79	2.68	2.61	2.57	2.51	2.45	2.40	2.32
	.01	8.53	6.23	5.29	4.77	4.44	4.20	4.03	3.89	3.78	3.69	3.41	3.26	3.16	3.10	3.02	2.93	2.86	2.76
17	.10	3.03	2.64	2.44	2.31	2.22	2.15	2.10	2.06	2.03	2.00	1.91	1.86	1.83	1.81	1.78	1.75	1.73	1.69
	.05	4.45	3.59	3.20	2.96	2.81	2.70	2.61	2.55	2.49	2.45	2.31	2.23	2.18	2.15	2.10	2.06	2.02	1.97
	.025	6.04	4.62	4.01	3.66	3.44	3.28	3.16	3.06	2.98	2.92	2.72	2.62	2.55	2.50	2.44	2.38	2.33	2.26
	.01	8.40	6.11	5.19	4.67	4.34	4.10	3.93	3.79	3.68	3.59	3.31	3.16	3.07	3.00	2.92	2.83	2.76	2.66
18	.10	3.01	2.62	2.42	2.29	2.20	2.13	2.08	2.04	2.00	1.98	1.89	1.84	1.80	1.78	1.75	1.72	1.70	1.66
	.05	4.41	3.55	3.16	2.93	2.77	2.66	2.58	2.51	2.46	2.41	2.27	2.19	2.14	2.11	2.06	2.02	1.98	1.92
	.025	5.98	4.56	3.95	3.61	3.38	3.22	3.10	3.01	2.93	2.87	2.67	2.56	2.49	2.44	2.38	2.32	2.27	2.20
	.01	8.29	6.01	5.09	4.58	4.25	4.01	3.84	3.71	3.60	3.51	3.23	3.08	2.98	2.92	2.84	2.75	2.68	2.58
19	.10	2.99	2.61	2.40	2.27	2.18	2.11	2.06	2.02	1.98	1.96	1.86	1.81	1.78	1.76	1.73	1.70	1.67	1.64
	.05	4.38	3.52	3.13	2.90	2.74	2.63	2.54	2.48	2.42	2.38	2.23	2.16	2.11	2.07	2.03	1.98	1.94	1.88
	.025	5.92	4.51	3.90	3.56	3.33	3.17	3.05	2.96	2.88	2.82	2.62	2.51	2.44	2.39	2.33	2.27	2.22	2.14
	.01	8.18	5.93	5.01	4.50	4.17	3.94	3.77	3.63	3.52	3.43	3.15	3.00	2.91	2.84	2.76	2.67	2.60	2.50
20	.10	2.97	2.59	2.38	2.25	2.16	2.09	2.04	2.00	1.96	1.94	1.84	1.79	1.76	1.74	1.71	1.68	1.65	1.61
	.05	4.35	3.49	3.10	2.87	2.71	2.60	2.51	2.45	2.39	2.35	2.20	2.12	2.07	2.04	1.99	1.95	1.91	1.85
	.025	5.87	4.46	3.86	3.51	3.29	3.13	3.01	2.91	2.84	2.77	2.57	2.46	2.40	2.35	2.29	2.22	2.17	2.09
	.01	8.10	5.85	4.94	4.43	4.10	3.87	3.70	3.56	3.46	3.37	3.09	2.94	2.84	2.78	2.69	2.61	2.54	2.43
21	.10	2.96	2.57	2.36	2.23	2.14	2.08	2.02	1.98	1.95	1.92	1.83	1.78	1.74	1.72	1.69	1.66	1.63	1.59
	.05	4.32	3.47	3.07	2.84	2.68	2.57	2.49	2.42	2.37	2.32	2.18	2.10	2.05	2.01	1.96	1.92	1.88	1.82
	.025	5.83	4.42	3.82	3.48	3.25	3.09	2.97	2.87	2.80	2.73	2.53	2.42	2.36	2.31	2.25	2.18	2.13	2.05
	.01	8.02	5.78	4.87	4.37	4.04	3.81	3.64	3.51	3.40	3.31	3.03	2.88	2.79	2.72	2.64	2.55	2.48	2.37
22	.10	2.95	2.56	2.35	2.22	2.13	2.06	2.01	1.97	1.93	1.90	1.81	1.76	1.73	1.70	1.67	1.64	1.61	1.57
	.05	4.30	3.44	3.05	2.82	2.66	2.55	2.46	2.40	2.34	2.30	2.15	2.07	2.02	1.98	1.94	1.89	1.85	1.79
	.025	5.79	4.38	3.78	3.44	3.22	3.05	2.93	2.84	2.76	2.70	2.50	2.39	2.32	2.27	2.21	2.14	2.09	2.01
	.01	7.95	5.72	4.82	4.31	3.99	3.76	3.59	3.45	3.35	3.26	2.98	2.83	2.73	2.67	2.58	2.50	2.42	2.32
23	.10	2.94	2.55	2.34	2.21	2.11	2.05	1.99	1.95	1.92	1.89	1.80	1.74	1.71	1.69	1.66	1.62	1.59	1.55
	.05	4.28	3.42	3.03	2.80	2.64	2.53	2.44	2.37	2.32	2.27	2.13	2.05	2.00	1.96	1.91	1.86	1.82	1.76
	.025	5.75	4.35	3.75	3.41	3.18	3.02	2.90	2.81	2.73	2.67	2.47	2.36	2.29	2.24	2.18	2.11	2.06	1.98
	.01	7.88	5.66	4.76	4.26	3.94	3.71	3.54	3.41	3.30	3.21	2.93	2.78	2.69	2.62	2.54	2.45	2.37	2.27
24	.10	2.93	2.54	2.33	2.19	2.10	2.04	1.98	1.94	1.91	1.88	1.78	1.73	1.70	1.67	1.64	1.61	1.58	1.54
	.05	4.26	3.40	3.01	2.78	2.62	2.51	2.42	2.36	2.30	2.25	2.11	2.03	1.97	1.94	1.89	1.84	1.80	1.74
	.025	5.72	4.32	3.72	3.38	3.15	2.99	2.87	2.78	2.70	2.64	2.44	2.33	2.26	2.21	2.15	2.08	2.02	1.94
	.01	7.82	5.61	4.72	4.22	3.90	3.67	3.50	3.36	3.26	3.17	2.89	2.74	2.64	2.58	2.49	2.40	2.33	2.22

표 4 _ F분포표(계속)

분모의 자유도	오른쪽 꼬리 면적 (확률)	1	2	3	4	5	6	7	8	9	10	15	20	25	30	40	60	100	1000
										분자의 자유도									
25	.10	2.92	2.53	2.32	2.18	2.09	2.02	1.97	1.93	1.89	1.87	1.77	1.72	1.68	1.66	1.63	1.59	1.56	1.52
	.05	4.24	3.39	2.99	2.76	2.60	2.49	2.40	2.34	2.28	2.24	2.09	2.01	1.96	1.92	1.87	1.82	1.78	1.72
	.025	5.69	4.29	3.69	3.35	3.13	2.97	2.85	2.75	2.68	2.61	2.41	2.30	2.23	2.18	2.12	2.05	2.00	1.91
	.01	7.77	5.57	4.68	4.18	3.85	3.63	3.46	3.32	3.22	3.13	2.85	2.70	2.60	2.54	2.45	2.36	2.29	2.18
26	.10	2.91	2.52	2.31	2.17	2.08	2.01	1.96	1.92	1.88	1.86	1.76	1.71	1.67	1.65	1.61	1.58	1.55	1.51
	.05	4.23	3.37	2.98	2.74	2.59	2.47	2.39	2.32	2.27	2.22	2.07	1.99	1.94	1.90	1.85	1.80	1.76	1.70
	.025	5.66	4.27	3.67	3.33	3.10	2.94	2.82	2.73	2.65	2.59	2.39	2.28	2.21	2.16	2.09	2.03	1.97	1.89
	.01	7.72	5.53	4.64	4.14	3.82	3.59	3.42	3.29	3.18	3.09	2.81	2.66	2.57	2.50	2.42	2.33	2.25	2.14
27	.10	2.90	2.51	2.30	2.17	2.07	2.00	1.95	1.91	1.87	1.85	1.75	1.70	1.66	1.64	1.60	1.57	1.54	1.50
	.05	4.21	3.35	2.96	2.73	2.57	2.46	2.37	2.31	2.25	2.20	2.06	1.97	1.92	1.88	1.84	1.79	1.74	1.68
	.025	5.63	4.24	3.65	3.31	3.08	2.92	2.80	2.71	2.63	2.57	2.36	2.25	2.18	2.13	2.07	2.00	1.94	1.86
	.01	7.68	5.49	4.60	4.11	3.78	3.56	3.39	3.26	3.15	3.06	2.78	2.63	2.54	2.47	2.38	2.29	2.22	2.11
28	.10	2.89	2.50	2.29	2.16	2.06	2.00	1.94	1.90	1.87	1.84	1.74	1.69	1.65	1.63	1.59	1.56	1.53	1.48
	.05	4.20	3.34	2.95	2.71	2.56	2.45	2.36	2.29	2.24	2.19	2.04	1.96	1.91	1.87	1.82	1.77	1.73	1.66
	.025	5.61	4.22	3.63	3.29	3.06	2.90	2.78	2.69	2.61	2.55	2.34	2.23	2.16	2.11	2.05	1.98	1.92	1.84
	.01	7.64	5.45	4.57	4.07	3.75	3.53	3.36	3.23	3.12	3.03	2.75	2.60	2.51	2.44	2.35	2.26	2.19	2.08
29	.10	2.89	2.50	2.28	2.15	2.06	1.99	1.93	1.89	1.86	1.83	1.73	1.68	1.64	1.62	1.58	1.55	1.52	1.47
	.05	4.18	3.33	2.93	2.70	2.55	2.43	2.35	2.28	2.22	2.18	2.03	1.94	1.89	1.85	1.81	1.75	1.71	1.65
	.025	5.59	4.20	3.61	3.27	3.04	2.88	2.76	2.67	2.59	2.53	2.32	2.21	2.14	2.09	2.03	1.96	1.90	1.82
	.01	7.60	5.42	4.54	4.04	3.73	3.50	3.33	3.20	3.09	3.00	2.73	2.57	2.48	2.41	2.33	2.23	2.16	2.05
30	.10	2.88	2.49	2.28	2.14	2.05	1.98	1.93	1.88	1.85	1.82	1.72	1.67	1.63	1.61	1.57	1.54	1.51	1.46
	.05	4.17	3.32	2.92	2.69	2.53	2.42	2.33	2.27	2.21	2.16	2.01	1.93	1.88	1.84	1.79	1.74	1.70	1.63
	.025	5.57	4.18	3.59	3.25	3.03	2.87	2.75	2.65	2.57	2.51	2.31	2.20	2.12	2.07	2.01	1.94	1.88	1.80
	.01	7.56	5.39	4.51	4.02	3.70	3.47	3.30	3.17	3.07	2.98	2.70	2.55	2.45	2.39	2.30	2.21	2.13	2.02
40	.10	2.84	2.44	2.23	2.09	2.00	1.93	1.87	1.83	1.79	1.76	1.66	1.61	1.57	1.54	1.51	1.47	1.43	1.38
	.05	4.08	3.23	2.84	2.61	2.45	2.34	2.25	2.18	2.12	2.08	1.92	1.84	1.78	1.74	1.69	1.64	1.59	1.52
	.025	5.42	4.05	3.46	3.13	2.90	2.74	2.62	2.53	2.45	2.39	2.18	2.07	1.99	1.94	1.88	1.80	1.74	1.65
	.01	7.31	5.18	4.31	3.83	3.51	3.29	3.12	2.99	2.89	2.80	2.52	2.37	2.27	2.20	2.11	2.02	1.94	1.82
60	.10	2.79	2.39	2.18	2.04	1.95	1.87	1.82	1.77	1.74	1.71	1.60	1.54	1.50	1.48	1.44	1.40	1.36	1.30
	.05	4.00	3.15	2.76	2.53	2.37	2.25	2.17	2.10	2.04	1.99	1.84	1.75	1.69	1.65	1.59	1.53	1.48	1.40
	.025	5.29	3.93	3.34	3.01	2.79	2.63	2.51	2.41	2.33	2.27	2.06	1.94	1.87	1.82	1.74	1.67	1.60	1.49
	.01	7.08	4.98	4.13	3.65	3.34	3.12	2.95	2.82	2.72	2.63	2.35	2.20	2.10	2.03	1.94	1.84	1.75	1.62
100	.10	2.76	2.36	2.14	2.00	1.91	1.83	1.78	1.73	1.69	1.66	1.56	1.49	1.45	1.42	1.38	1.34	1.29	1.22
	.05	3.94	3.09	2.70	2.46	2.31	2.19	2.10	2.03	1.97	1.93	1.77	1.68	1.62	1.57	1.52	1.45	1.39	1.30
	.025	5.18	3.83	3.25	2.92	2.70	2.54	2.42	2.32	2.24	2.18	1.97	1.85	1.77	1.71	1.64	1.56	1.48	1.36
	.01	6.90	4.82	3.98	3.51	3.21	2.99	2.82	2.69	2.59	2.50	2.22	2.07	1.97	1.89	1.80	1.69	1.60	1.45
1000	.10	2.71	2.31	2.09	1.95	1.85	1.78	1.72	1.68	1.64	1.61	1.49	1.43	1.38	1.35	1.30	1.25	1.20	1.08
	.05	3.85	3.00	2.61	2.38	2.22	2.11	2.02	1.95	1.89	1.84	1.68	1.58	1.52	1.47	1.41	1.33	1.26	1.11
	.025	5.04	3.70	3.13	2.80	2.58	2.42	2.30	2.20	2.13	2.06	1.85	1.72	1.64	1.58	1.50	1.41	1.32	1.13
	.01	6.66	4.63	3.80	3.34	3.04	2.82	2.66	2.53	2.43	2.34	2.06	1.90	1.79	1.72	1.61	1.50	1.38	1.16

합을 표현하는 기호

합^{Summations}의 표기

정의

$$\sum_{i=1}^{n} x_i = x_1 + x_2 + \cdots + x_n \tag{C.1}$$

예를 들어 $x_1 = 5, x_2 = 8, x_3 = 14$이면

$$\sum_{i=1}^{3} x_i = x_1 + x_2 + x_3$$
$$= 5 + 8 + 14 \tag{C.2}$$
$$= 27$$

결과 1

상수 c에 대하여

$$\sum_{i=1}^{n} c = \underbrace{(c + c + \cdots + c)}_{n \text{번 더함}} = nc$$

예를 들어 $c = 5, n = 10$이면

$$\sum_{i=1}^{10} 5 = 10(5) = 50$$

예를 들어 $c = \bar{x}$이면

$$\sum_{i=1}^{n} \bar{x} = n\bar{x}$$

결과 2

$$\sum_{i=1}^{n} cx_i = cx_1 + cx_2 + \cdots + cx_n$$
$$= c(x_1 + x_2 + \cdots + x_n) = c\sum_{i=1}^{n} x_i \tag{C.3}$$

예를 들어 $x_1 = 5, x_2 = 8, x_3 = 14, c = 2$이면

$$\sum_{i=1}^{3} 2x_i = 2\sum_{i=1}^{3} x_i = 2(27) = 54$$

결과 3

$$\sum_{i=1}^{n} (ax_i + by_i) = a \sum_{i=1}^{n} x_i + b \sum_{i=1}^{n} y_i \tag{C.4}$$

예를 들어 $x_1 = 5$, $x_2 = 8$, $x_3 = 14$, $\alpha = 2$, $y_1 = 7$, $y_2 = 3$, $y_3 = 8$, $b = 4$이면

$$\begin{aligned}
\sum_{i=1}^{3} (2x_i + 4y_i) &= 2 \sum_{i=1}^{3} x_i + 4 \sum_{i=1}^{3} y_i \\
&= 2(27) + 4(18) \\
&= 54 + 72 \\
&= 126
\end{aligned}$$

이중 합 Double Summations 의 표기

변수 x_{ij}로 구성된 다음의 자료를 생각해보자. 여기서 아래 첨자 i는 행의 위치를, j는 열의 위치를 의미한다.

		열		
		1	2	3
행	1	$x_{11} = 10$	$x_{12} = 8$	$x_{13} = 6$
	2	$x_{21} = 7$	$x_{22} = 4$	$x_{23} = 12$

정의

$$\begin{aligned}
\sum_{i=1}^{n} \sum_{j=1}^{m} x_{ij} &= (x_{11} + x_{12} + \cdots + x_{1m}) + (x_{21} + x_{22} + \cdots + x_{2m}) \\
&\quad + (x_{31} + x_{32} + \cdots + x_{3m}) + \cdots + (x_{n1} + x_{n2} + \cdots + x_{nm})
\end{aligned} \tag{C.5}$$

예제

$$\begin{aligned}
\sum_{i=1}^{2} \sum_{j=1}^{3} x_{ij} &= x_{11} + x_{12} + x_{13} + x_{21} + x_{22} + x_{23} \\
&= 10 + 8 + 6 + 7 + 4 + 12 \\
&= 47
\end{aligned}$$

정의

$$\sum_{i=1}^{n} x_{ij} = x_{1j} + x_{2j} + \cdots + x_{nj} \tag{C.6}$$

예제

$$\begin{aligned}
\sum_{i=1}^{2} x_{i2} &= x_{12} + x_{22} \\
&= 8 + 4 \\
&= 12
\end{aligned}$$

간략한 표기

모든 첨자의 값에 대한 합을 계산하는 경우에는 다음의 간략한 표기를 사용할 수 있다.

$$\sum_{i=1}^{n} x_i = \sum x_i \qquad \text{(C.7)}$$

$$\sum_{i=1}^{n} \sum_{j=1}^{m} x_{ij} = \sum \sum x_{ij} \qquad \text{(C.8)}$$

$$\sum_{i=1}^{n} x_{ij} = \sum_{i} x_{ij} \qquad \text{(C.9)}$$

통계분석을 위한 엑셀 활용

엑셀은 자료를 구조화하여 분석하고, 복잡한 계산을 하고, 다양한 도표를 작성하는데 사용되는 스프레드시트형 프로그램이다. 이 책에서는 독자들이 셀 선택, 함수 입력, 복사 등의 기본적인 엑셀 이용에 익숙하지만, 엑셀을 활용한 통계분석에는 익숙하지 않다고 가정하였다.

이 부록에서는 엑셀 개요와 엑셀 워크시트로 작업을 수행하기 위한 기본 기능 및 엑셀을 활용하여 통계분석을 하는 데 필요한 도구를 설명한다. 엑셀의 추가 기능인 데이터 분석 도구는 통계분석에 매우 중요한 기능으로, 부록의 마지막 부분에 도구를 설치하는 방법을 설명한다.

엑셀 개요

> *통합문서는 하나 이상의 워크시트가 포함된 일종의 파일이다.

엑셀을 활용하여 통계분석을 수행할 때에는 원자료 및 각종 분석결과와 도표가 나타난 여러 개의 워크시트로 구성된 통합문서를 사용한다. 〈그림 D-1〉은 엑셀이 시작될 때 생성되는 비어 있는 초기 통합문서이다. 통합문서의 이름은 '통합 문서1'이며 여기에 포함된 워크시트의 이름은 'Sheet1'이다. 워크시트 탭(Tab)에서 사용하고자 하는 시트를 선택하면 해당 워크시트의 이름(현재는 Sheet1)이 강조되고 화면에 워크시트의 내용이 표시되며, 초기 워크시트에는 해당 워크시트의 셀 A1이 선택되어 있다.

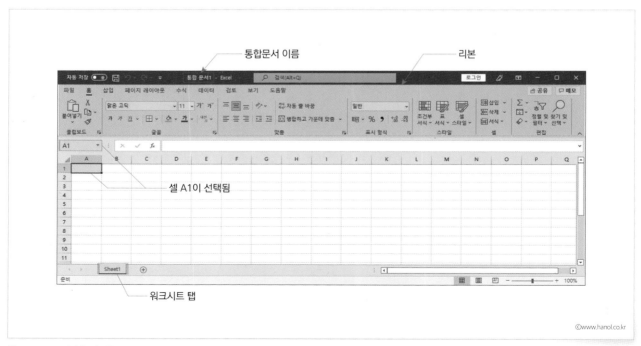

🔺 그림 D-1_엑셀을 시작할 때에 만들어지는 초기 통합문서

통합문서 상단에 있는 큰 바(bar)는 리본(Ribbon)이라 불린다. 리본 맨 위에 있는 탭은 명령어 그룹에 쉽게 접근할 수 있도록 관련된 명령어 그룹을 묶어 놓은 것이다. 〈그림 D-1〉에는 파일; 홈;삽입;페이지 레이아웃;수식;데이터;검토;보기;도움말 등의 탭이 있으며, 엑셀이 시작되면 홈 탭이 선택된다. 〈그림 D-2〉는 홈 탭을 선택할 때 사용할 수 있는 명령어 그룹을 표시한 것으로, 홈 탭에는 클립보드;글꼴;맞춤;표시형식;스타일;셀;편집 등의 그룹이 있다. 예를 들어, 선택된 셀을 굵은 글씨로 바꾸려면, 홈 탭에서 글꼴 그룹에 있는 **가**를 클릭하면 된다.

🔵 그림 D-2_홈 탭 그룹들

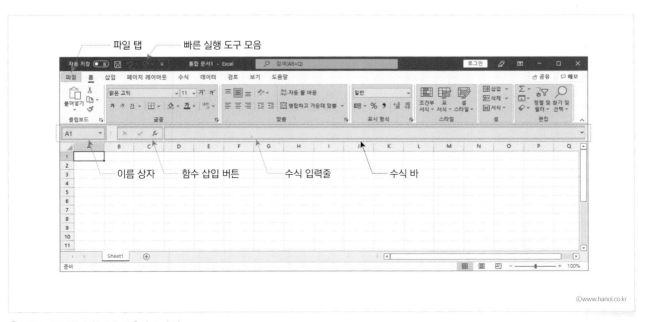

🔵 그림 D-3_빠른 실행 도구 모음과 수식 바

〈그림 D-3〉은 빠른 실행 도구 모음과 수식 바를 보여준다. 빠른 실행 도구 모음은 통합문서 옵션들을 빠르게 사용할 수 있게 하며, 추가나 제거하려면 끝에 있는 ▽를 클릭하면 된다.

〈그림 D-3〉에 있는 수식 바에는 이름 상자와 함수 삽입 버튼 ⨍, 수식 입력줄이 있다. 〈그림 D-3〉의 이름 상자에 있는 "A1"은 셀 A1이 선택되었다는 것을 의미하며, 다른 셀을 선택하면 이름 상자에는 새롭게 선택된 셀의 위치가 나타난다.

수식 입력줄은 현재 선택된 셀의 수식을 보여준다. 예를 들어, 셀 A3에 =A1+A2를 입력한다면, 셀 A3을 선택할 때마다 수식 입력줄에 =A1+A2가 나타날 것이다. 이를 이용하면 특정 셀에 있는 수식을 쉽게 확인하고 수정할 수 있다. 함수 삽입 버튼은 엑셀에 있는 모든 함수를 쉽게 이용할 수 있게 도와준다.

통합문서 기초 작업

〈그림 D-4〉는 워크시트 탭에서 마우스 오른쪽 버튼을 클릭하여 나타나는 워크시트 옵션을 나타낸 것이다. 현재 워크시트 이름을 "Sheet1"에서 "Data"로 바꾸고 싶다면 "Sheet1" 탭을 마우스 오른쪽 버튼으로 클릭하고 이름 바꾸기 옵션을 선택한다. 음영 처리되어 보이는 현재 워크시트 이름(Sheet1)을 새 이름(Data)으로 바꾸고 엔터키를 누르면 이름이 변경된다.

Sheet1을 복사하고 싶다면 이동/복사 옵션을 선택한 후 나타나는 대화창에서 복사본 만들기를 체크하고 위치를 선택하면 된다. 복사된 워크시트의 이름은 자동으로 Sheet1(2)로 설정되며 수정하기를 원하면 이름을 바꾸면 된다.

통합문서에 새로운 워크시트를 추가하려면 삽입 옵션을 선택한 후 나타나는 대화창에서 워크시트를 선택하거나, Sheet1 탭 오른쪽에 있는 ⊕를 클릭하면 된다. 워크시트를 삭제하려면 삭제 옵션을 선택하면 되고, 워크시트 탭의 이동/복사 옵션을 선택하여 워크시트를 현재 통합문서의 다른 위치 또는 다른 통합문서로 이동시킬 수 있다.

🔺 그림 D-4_워크시트 탭에서 마우스 오른쪽 버튼을 클릭하여 나타나는 워크시트 옵션

파일의 생성과 저장, 열기

자료는 워크시트에 직접 입력하거나 자료가 있는 워크시트를 열어서 사용할 수 있다. 직접 자료를 입력하고, 저장하고, 파일을 여는 방법을 설명하기 위해 2장에서 사용한 청량음료 50개의 구매자료(《표 D-1》)를 이용한다.

새로운 통합문서의 워크시트 Sheet1에 50개 청량음료 구매 자료를 직접 입력한다고 가정하자. 셀 A1에 레이블(변수명)로 사용할 "청량음료"를 입력하고, A2:A51에 50개의 구매 자료를 입력한다. 다음으로 워크시트의 이름을 Sheet1에서 Data로 수정한다. 〈그림 E-5〉는 자료를 입력한 결과를 나타낸 화면이다.

자료를 분석하기 전에 엑셀이 비정상적으로 종료되어 자료를 재입력하는 일을 방지하기 위해 파일을 저장할 것을 권장한다. 파일 이름을 "SoftDrink"로 저장하기 위해서는 다음의 단계를 따른다.

📊 표 D-1_ 청량음료 50개의 구매 자료

Coca-Cola	Sprite	Pepsi
Diet Coke	Coca-Cola	Coca-Cola
Pepsi	Diet Coke	Coca-Cola
Diet Coke	Coca-Cola	Coca-Cola
Coca-Cola	Diet Coke	Pepsi
Coca-Cola	Coca-Cola	Dr. Pepper
Dr. Pepper	Sprite	Coca-Cola
Diet Coke	Pepsi	Diet Coke
Pepsi	Coca-Cola	Pepsi
Pepsi	Coca-Cola	Pepsi
Coca-Cola	Coca-Cola	Pepsi
Dr. Pepper	Pepsi	Pepsi
Sprite	Coca-Cola	Coca-Cola
Coca-Cola	Sprite	Dr. Pepper
Diet Coke	Dr. Pepper	Pepsi
Coca-Cola	Pepsi	Sprite
Coca-Cola	Diet Coke	

* 〈그림 D-5〉 행 11-49는 숨겨짐.

🔵 그림 D-5_청량음료 자료를 입력한 워크시트

단계 1 '파일 탭' 클릭

단계 2 옵션 중 '저장' 선택

단계 3 다른 이름으로 저장 윈도우가 나타나면:

　　　　'이 PC' 선택

　　　　'찾아보기' 선택

　　　　저장하고자 하는 위치 선택

　　　　'파일이름' 상자에 파일이름을 "SoftDrink"로 입력

　　　　'저장' 클릭

* 단축키: 파일을 저장하기 위해 CTRL+S를 누른다.

엑셀의 저장 명령어는 파일을 엑셀 통합문서로 저장한다. 파일의 자료를 분석한 결과가 없어지는 것을 방지하기 위해 주기적으로 저장하는 습관을 갖는 것이 바람직하다. 간단히 옵션에서 저장을 선택하면 된다.

때로는 현재 파일의 복사본을 만들어야 할 때가 있다. 예를 들어, 청량음료 자료와 분석결과를 "SoftDrink Analysis"라는 파일로 저장한다고 하자. 다음의 과정은 SoftDrink 통합문서를 새로운 파일인 "SoftDrink Analysis"로 저장하는 과정이다.

단계 1 '파일 탭' 클릭

단계 2 '다른 이름으로 저장' 선택

단계 3 다른 이름으로 저장 윈도우가 나타나면:

　　　　'이 PC' 선택

　　　　'찾아보기' 선택

　　　　저장하고자 하는 위치 선택

　　　　'파일이름' 상자에 파일이름 "SoftDrink Analysis" 입력

　　　　'저장' 클릭

통합문서가 저장되었다면 자료를 이용하여 통계분석을 계속하여 진행할 수 있다. 작업을 끝냈으면 간단히 파일 탭을 클릭하고 옵션 중 닫기를 클릭하면 된다. 다시 "SoftDrink Analysis" 파일을 열기 위해서는 다음의 단계를 수행한다.

단계 1 '파일 탭' 클릭

단계 2 '열기' 선택

단계 3 열기 윈도우가 나타나면:

　　　　'이 PC' 선택

　　　　'찾아보기' 선택

　　　　이전에 파일을 저장했던 위치 선택

　　　　'파일이름' 상자에 파일이름 "SoftDrink Analysis" 입력

　　　　'열기' 클릭

통합문서를 저장하거나 열기 위해 파일 탭을 클릭한 후 저장 및 열기 명령에 접근하는 방법을 설명하였다. 엑셀을 사용했던 독자라면 이러한 명령을 빠른 실행 도구 모음에 추가하는 것이 더 편리하다는 것을 알고 있을 것이다.

엑셀 함수 이용하기

엑셀은 자료관리와 통계분석에 관한 다양한 함수를 제공한다. 필요한 함수와 사용방법을 안다면, 필요한 셀에 입력하여 쉽게 이용할 수 있다. 엑셀은 적절한 함수를 모르거나 이용하고자 하는 함수의 사용방법을 모르는 경우를 대비하여 지원도구를 제공하고 있다. 이 절에서는 SoftDrink Analysis 통합문서를 이용하여 함수를 사용하는 방법을 설명한다.

엑셀 함수 찾기

엑셀에서 사용 가능한 함수를 확인하기 위해 함수를 삽입하려는 셀을 선택한다. 셀 D2를 선택했고 하자. 리본에 있는 '수식' 탭을 클릭하고 맨 왼쪽에 있는 '함수삽입' 옵션을 선택하거나 '수식 바'에 있는 '함수 삽입' 버튼 □을 클릭한다. 그러면 〈그림 D-6〉에 있는 '함수 마법사' 대화상자가 나타난다.

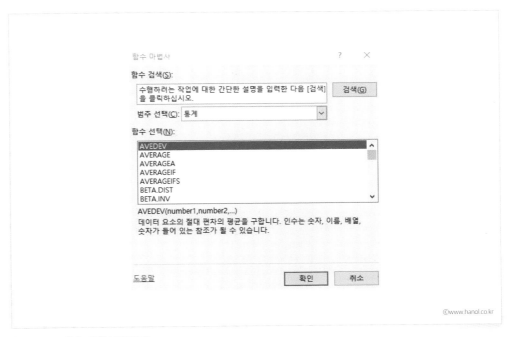

◉ 그림 D-6_함수 마법사 대화상자

대화상자 맨 위에 있는 '함수 검색' 상자에 원하는 작업에 대한 간단한 설명을 입력한 후 검색을 클릭하면 적절한 함수를 함수 선택 리스트에서 보여준다. 그러나 많은 사용자는 '함수 선택'을 이용하여 모든 함수 리스트에서 원하는 함수를 선택한다. 이 경우, 엑셀에서 제공하는 함수를 범주별로 나누어 보여주는 '범주 선택'이 도움이 된다. 〈그림 D-6〉은 통계 범주에서 선택할 수 있는 함수의 목록을 나타낸 것으로, 함수들은 abc순으로 정렬되어 나타난다.

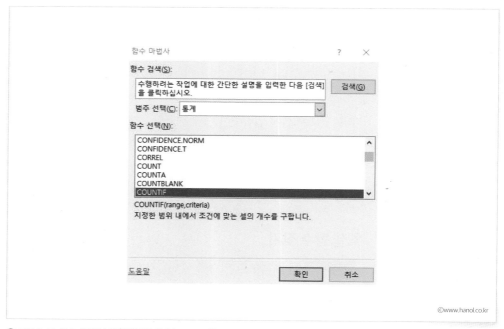

🔺 그림 D-7_함수 마법사 대화상자에서 COUNTIF 함수 설명

🔺 그림 D-8_Countif 함수의 인수 대화상자

처음에는 AVEDEV 함수가 선택되어 함수 선택 상자 아래에 간략한 설명이 나와 있다. 함수 선택 상자의 스크롤 막대를 이용해 모든 통계 함수의 이름과 간략한 설명을 얻을 수 있다. 예를 들어, 스크롤 바를 아래로 내려 〈그림 D-7〉과 같이 COUNTIF를 선택해 보자. COUNTIF 함수는 범위(range)와 조건(criteria) 2개의 인수를 갖는 COUNTIF(range, criteria) 형태라는 것을 알 수 있다. COUNTIF 함수 설명에 의하면 COUNTIF는 지정한 범위(range) 내에서 조건(criteria)에 맞는 셀의 개수를 구하는 함수이다.

원하는 함수를 선택한 후 '확인'을 클릭하면 '함수 인수' 대화상자가 나타난다. 〈그림 D-8〉은 COUNTIF 함수의 함수 인수 대화상자이다. 이 대화상자는 선택된 함수에 적합한 인수를 적용하도록 도와준다. 인수를 입력하고 '확인'을 클릭하면 셀에 함수가 입력된다.

엑셀 추가기능 이용하기

엑셀 데이터 분석 도구 추가기능

엑셀의 데이터 분석 도구 추가기능은 엑셀 패키지에 포함되어 있으며 통계분석에 매우 유용한 도구로 사용하기 전에 설치해야 한다. 이미 설치되어 있다면 데이터 탭의 분석 그룹에 데이터 분석 도구가 포함되어 있을 것이다. 분석 그룹이나 데이터 분석 도구가 없다면 다음의 단계를 거쳐 추가기능을 설치하여야 한다.

단계 1　'파일' 탭 클릭

단계 2　'옵션' 클릭

단계 3　옵션 대화상자가 나타나면:

　　　　'추가 기능' 선택

　　　　'관리' 상자에서 'Excel 추가 기능' 선택

　　　　'이동' 클릭

단계 4　추가 기능 대화상자가 나타나면:

　　　　'분석 도구 팩' 체크

　　　　'확인' 클릭

데이터 분석을 위해
엑셀로 100% 구현된
앤더슨의 경영통계학

대표역자
장영순(명지대학교)

역자

김도현(명지대학교)	권영훈(경남대학교)	김웅규(한밭대학교)
박진한(경남대학교)	서종현(한국산업기술대학교)	유태종(상명대학교)
이근철(건국대학교)	허 정(한경대학교)	황윤민(충북대학교)

앤더슨의 **경영통계학**

초판 1쇄 인쇄　2022년　3월　2일
초판 1쇄 발행　2022년　3월　5일

저　자　Anderson·Sweeney·Williams
　　　　　Camm·Cochran·Fry·Ohlmann
역　자　장영순·김도현·권영훈·김웅규·박진한
　　　　　서종현·유태종·이근철·허　정·황윤민
펴낸이　임 순 재
펴낸곳　(주)한올출판사
등　록　제11-403호
주　소　서울시 마포구 모래내로 83(성산동 한올빌딩 3층)
전　화　(02) 376-4298(대표)
팩　스　(02) 302-8073
홈페이지　www.hanol.co.kr
e-메일　hanol@hanol.co.kr
ISBN　979-11-6647-193-3

데이터 분석을 위해
엑셀로 100% 구현된
앤더슨의 경영통계학

데이터 분석을 위해
엑셀로 100% 구현된
앤더슨의 경영통계학

데이터 분석을 위해
엑셀로 100% 구현된
앤더슨의 경영통계학